ISBN 978-1-5280-6745-4

PIBN 10931147

1 MONTH OF
FREE
READING

at

www.ForgottenBooks.com

By purchasing this book you are eligible for one month membership to ForgottenBooks.com, giving you unlimited access to our entire collection of over 1,000,000 titles via our web site and mobile apps.

To claim your free month visit:

www.forgottenbooks.com/free931147

English
Français
Deutsche
Italiano
Español
Português

www.forgottenbooks.com

Mythology Photography **Fiction**
Fishing Christianity **Art** Cooking
Essays Buddhism Freemasonry
Medicine **Biology** Music **Ancient
Egypt** Evolution Carpentry Physics
Dance Geology **Mathematics** Fitness
Shakespeare **Folklore** Yoga Marketing
Confidence Immortality Biographies
Poetry **Psychology** Witchcraft
Electronics Chemistry History **Law**
Accounting **Philosophy** Anthropology
Alchemy Drama Quantum Mechanics
Atheism Sexual Health **Ancient History**
Entrepreneurship Languages Sport
Paleontology Needlework Islam
Metaphysics Investment Archaeology
Parenting Statistics Criminology
Motivational

ÉTUDES

PUBLIÉES PAR DES PÈRES DE LA COMPAGNIE DE JÉSUS

—

TOME 80

ÉTUDES

PUBLIÉES

R DES PÈRES DE LA COMPAGNIE DE JÉSUS

REVUE BIMENSUELLE

PARAISSANT LE 5 ET LE 20 DE CHAQUE MOIS

———

36ᵉ ANNÉE

TOME 80. — JUILLET-AOUT-SEPTEMBRE 1899

PARIS

ANCIENNE MAISON RETAUX-BRAY

VICTOR RETAUX, LIBRAIRE-ÉDITEUR

82, RUE BONAPARTE, 82

PARIS

IMPRIMERIE D. DUMOULIN

5, RUE DES GRANDS-AUGUSTINS, 5

CONTRE L'ALCOOLISME

I

Les congrès contre l'abus des boissons alcooliques furent inaugurés à Anvers en 1885. Ce fut au moins là un premier essai de ces réunions revêtues d'un caractère international, où se rencontrent des savants, des médecins, des économistes, sans distinction de frontières, de races et de nationalités. Jusqu'alors, des congrès nationaux avaient été convoqués pour étudier le fléau et combattre ses progrès. C'est ainsi, qu'en 1878, à l'occasion de l'Exposition universelle, on vit se réunir à Paris les représentants les plus autorisés de la science médicale. Le décret ministériel donnait bien à cette assemblée le titre de Congrès international pour l'étude des questions relatives à l'alcoolisme; un certain nombre de savants, étrangers à la France, prirent bien part aux discussions; mais les travaux présentés, fort remarquables, du reste, se limitèrent à peu près aux questions générales, et ne descendirent aux détails pratiques qu'en ce qui concernait le pays où se tenait le congrès.

Le sentiment du danger, dont se trouvent aujourd'hui menacées les diverses nations du globe, et les progrès effroyables du fléau qui dévore les races livrées à l'intempérance, semblent avoir réveillé, sur ce point, comme sur quelques autres, l'instinct de solidarité qui rend les peuples tributaires les uns des autres pour le mal comme pour le bien. Désormais, les congrès contre l'alcoolisme se tiendront à intervalles aussi rapprochés que possible, sans regarder aux frontières, tantôt chez un peuple, tantôt chez un autre, selon qu'il y aura espérance de mieux atteindre le but, et de recruter de plus nombreux auxiliaires. A ce double titre, Paris méritait d'être choisi comme siège du Congrès. Pour avoir tardé, relativement aux nations du Nord, à se livrer à l'alcoolisme, la France n'a que trop rapidement conquis une place

de premier rang dans ce triste concours où l'honneur est
cependant d'être distancé par tous les autres. C'était donc
bien sur un terrain largement contagionné que se rencontraient, venus de tous les points du monde, les hommes désireux de trouver un remède à ce fléau, pour le moins aussi
redoutable que la peste.

Le Dr Legrain, qui a présidé avec un dévouement et un
tact parfaits les séances du Congrès ; le Dr Boissier, son
collaborateur dans le travail, toujours difficile, d'organisation d'une aussi importante assemblée, ont vu leurs efforts
couronnés d'un plein succès. Les adhésions ont dépassé le
chiffre de douze cents. Plus de cinq cents sont venues des
pays étrangers. Deux cents rapports, un grand nombre de
communications diverses, présentés au Congrès et discutés, au moins dans leurs points essentiels, ont fourni aux
congressistes une masse de documents de premier ordre.
Toutes les faces de la question si complexe de l'alcoolisme y
sont dessinées, avec la physionomie spéciale qui leur vient
des races qui s'alcoolisent, et des poisons divers qu'elles
absorbent. Aussi, peut-on dire d'avance que le volume des
comptes rendus du Congrès formera une véritable encyclopédie, et fournira sur la matière tous les renseignements nécessaires pour se faire une idée exacte du mal, de ses progrès et des moyens de le combattre.

Si le Congrès a fait abstraction des frontières et réuni des
savants de toute nationalité, il faut dire aussi qu'il a très sagement écarté toute question de personnalité politique ou
même religieuse. Il suffit de remarquer que Mgr Turinaz,
évêque de Nancy, M. Millerand, député radical, et M. Rochat,
pasteur protestant, se sont vu conférer la vice-présidence
d'honneur, pour démontrer que les organisateurs du Congrès
faisaient appel à toutes les compétences et à toutes les énergies. En parcourant la liste des adhérents à l'œuvre de guérison et d'hygiène sociale, on observe, sans doute, que l'élément protestant est, peut-être, plus largement représenté
que tout autre, et qu'il fournit dans la lutte les personnalités
les plus actives. Mais cette prédominance s'explique par le
fait que les régions de l'Europe septentrionale, où domine
la réforme, ont été les premières à subir la contagion de

l'alcoolisme. Et il faut rendre cette justice aux pasteurs de
ces diverses Églises, qu'ils ont mis à lutter contre le mal
une activité et un dévouement dignes de tout éloge. Mais,
depuis que le fléau, parti du Nord, son vrai pays d'origine,
est venu contaminer nos régions plus exclusivement catholiques, le clergé n'a pas cru qu'il lui fût permis de se désin-
téresser d'une œuvre à laquelle il pouvait apporter un concours
d'une incontestable efficacité. Voilà pourquoi la présence de
Mgr l'évêque de Nancy, et d'un bon nombre de membres du
clergé catholique, a donné au Congrès une physionomie nouvelle et marqué un progrès véritable, en affirmant l'union
de toutes les forces morales, capables de contribuer à la victoire sur l'ennemi de la société civile et religieuse. Les intelligents organisateurs du Congrès l'ont bien compris, et ils
n'ont pas craint d'affirmer hautement leur satisfaction de voir
venir à eux le clergé catholique. Plût à Dieu que tant d'autres prétendus guérisseurs de nos infirmités sociales suivis-
sent cet exemple et fussent assez intelligents, ou assez loyaux,
pour reconnaître dans l'élément religieux une force dont il
est au moins imprudent de vouloir se passer !

Comme nations, l'Angleterre, la Belgique et la Suisse,
étaient celles qui nous avaient envoyé le plus grand nombre
de représentants. On remarquait surtout, pour la Belgique,
M. Lejeune, ministre d'État; pour l'Angleterre, l'Hon. Conrad
Dillon; pour la Suisse, MM. Forel et Rochat; pour la Russie,
MM. Raffalovich et Borodine; pour l'Allemagne, M. Baer et
Mlle Hoffmann; Mme Selmer, pour le Danemark; M. Tigers-
tedt, pour la Suède; M. Kiaer, pour la Norvège; M. Thiron,
pour la Roumanie; le baron Mollerus, pour la Hollande;
M. Hebra, pour l'Autriche, et M. Crothers pour les États-
Unis.

On vit ainsi, pendant trois jours, Français et étrangers,
professeurs, prêtres, pasteurs, socialistes, soldats, femmes,
pénétrés d'une même conviction et animés d'un même désir,
monter à la tribune pour s'exhorter mutuellement à remplir
leur devoir dans la croisade contre l'alcoolisme. On remarqua, ce qui ne se voit pas toujours, l'assiduité des congressistes aux diverses séances. L'affluence devint même si grande.
qu'il fallut se transporter dans le grand amphithéâtre des tra-

vaux pratiques de la Faculté de médecine, pour donner une place aux nombreux auditeurs désireux d'entendre les orateurs du Congrès.

II

Il serait difficile de résumer en quelques pages les communications si nombreuses qui furent faites aux diverses séances. Nous nous contenterons de rappeler quelques-uns des points les plus importants sur lesquels portèrent les discussions. M. le D⟨r⟩ Legrain, en prenant, le matin du 4 avril, la présidence du Congrès, prononça un discours dont il importe de retenir la substance et de signaler les lignes principales. D'autant qu'il définit d'une manière précise le but qu'il s'agit de poursuivre : « Nos Congrès, dit-il, sont instructifs ; ils sont une sorte de quartier général où chaque nation vient au rapport ; où chacun vient puiser auprès de ses frères d'armes une nouvelle provision de courage, renouveler ses munitions et son mot d'ordre ; où, enfin, l'on peut embrasser d'un coup d'œil le chemin parcouru dans la dernière campagne, compter les victoires remportées sur les divers points du globe. » Elles sont nombreuses, et l'orateur en trace le bilan en ces termes :

En Angleterre, où travaillent des millions d'abstinents, la tempérance est définitivement une plate-forme électorale ; on est à la veille d'y conquérir l'option locale ; une nouvelle loi sur la coercition des buveurs d'habitude vient d'éclore. — Dans les pays scandinaves, les suffrages féminins font faire à la prohibition un pas décisif. — La Russie a réalisé le monopole de l'alcool, non pas dans un but fiscal, mais dans le but avéré de détruire l'ivrognerie. — L'Autriche légifère sur les asiles de buveurs. — La Belgique s'agite contre les distilleries agricoles, et s'apprête, grâce aux efforts soutenus de notre fidèle ami et collègue, M. Lejeune, à chasser de son territoire les boissons à essence et à mater le cabaret de la plus dure façon. — J'en passe et des meilleurs.

Partout c'est une floraison inusitée d'enrôlements dans l'armée de la tempérance. C'est par centaines de mille qu'il faut compter les nouvelles recrues. Enfin, messieurs, vous avez tous dans la mémoire l'acte héroïque accompli par tout un peuple, le Canada, qui, en septembre dernier, par la voie du plébiscite, a proscrit hors de ses frontières toute espèce de boisson alcoolique. C'est un des plus beaux exemples d'affranchissement qu'il ait été donné à l'histoire d'enregistrer.

Voilà, certes, de quoi réjouir les tenants du bon combat, et de quoi les animer à la lutte, qui donne de si beaux résultats. M. le Dr Legrain attribue à la volonté individuelle toute la gloire des succès obtenus, et il ajoute :

Mais, de cet intéressant mouvement antialcoolique international se dégage, à mon sens, toute une philosophie et tout un enseignement. C'est que partout les efforts des gouvernements sont restés vains tant que ceux de l'initiative privée ne sont pas venus à leur aide. L'histoire de la lutte contre le fléau est partout le triomphe progressif et l'apothéose finale de la *volonté*. Ce triomphe s'est incarné, il faut bien le reconnaître, puisque c'est un fait tangible, dans le mouvement lent, mais sûr, en faveur de l'*abstinence*, devenue petit à petit le but exclusif des sociétés de tempérance. C'est par une solidarité progressive de tous les gens actifs, imprégnés de l'idée de sacrifice, convaincus de leur apostolat que votre échafaudage s'est élevé. C'est alors, mais alors seulement, que les pouvoirs publics ont pu mettre à l'édifice son couronnement, qui se trouve encore, quoique indirectement, l'œuvre de chacun. Et ainsi s'est confirmé une fois de plus ce fait qu'il n'y a pas d'institution stable dans une société sans qu'elle soit fortement *voulue* par tous, sans qu'elle soit le fruit de l'exercice de la liberté, sans qu'elle émane d'une foi profonde en soi-même, sans qu'elle reflète une conscience nette des dangers publics.

L'éminent docteur n'a donc qu'une médiocre confiance dans les mesures législatives, pour « vaincre cet immense accès de folie qui entraîne tout un peuple, dans toute la sérénité de son inconscience, vers la submersion finale ». Il donne en exemple la loi sur l'ivresse, qui repose chez nous dans un coma profond ; le régime des boissons, ballotté de législature en législature, qui esquisse çà et là des tentatives de réforme, aussitôt démolies, parce que le peuple ne les *veut* pas. Les Français commencent-ils cependant à vouloir ne plus s'empoisonner ? On le dirait à la sympathie dont le Congrès est l'objet, au chiffre inusité d'adhésions reçues, et aussi à l'habitude qu'on se fait de ne plus regarder l'abstinent comme un ascète ridicule, mais simplement comme un homme qui refuse d'absorber un poison. Ici le président touche en passant la grosse question de l'abstinence totale ou de la simple tempérance, sur laquelle nous aurons à revenir. Il espère que de la libre discussion jaillira, pour ceux qui hésitent encore, une lumière capable de produire la conviction dans les esprits irrésolus, qui jugeraient suffisant de recourir aux demi-mesures pour assurer le succès final.

De ce discours, en quelque sorte inaugural du Congrès, il ressort que la Société antialcoolique fait, avant tout, appel à l'initiative individuelle. Elle croit, non sans raison, que l'exemple personnel est seul efficace, dans une question encore plus morale qu'économique. Cependant elle ne repousse pas le concours du législateur. Elle dirige même ses travaux de manière à lui fournir tous les documents nécessaires à la confection de lois vraiment pratiques, susceptibles d'être exécutées.

M. Jules Legrand, sous-secrétaire d'État au ministère de l'Intérieur, en ouvrant la première séance générale du Congrès, a soutenu la même thèse. Après avoir reconnu que la France traverse, au point de vue de l'alcoolisme, une période critique, il a rappelé les quelques tentatives faites par le pouvoir législatif pour combattre le fléau : la loi sur l'ivresse manifeste élaborée par M. Théophile Roussel, le dégrèvement des boissons hygiéniques voté par le Parlement, la proposition de loi déposée tout dernièrement par M. Siegfried sur la réglementation des cabarets. Le sous-secrétaire d'État n'a pas craint d'avancer que les gouvernements, surtout dans les pays d'organisation démocratique, sont à peu près désarmés, s'ils ne sentent pas un point d'appui solide du côté de l'opinion publique. Sans doute M. Legrand ne voulait pas dire autre chose, sinon que, dans la lutte contre l'alcoolisme, il y a une solidarité évidente entre l'action des pouvoirs et l'initiative individuelle, mais que c'est surtout à celle-ci qu'il appartient, avec l'appui moral et matériel des autorités, de préparer l'action définitive des lois. Agir sur les mœurs, préparer le terrain social, coordonner, en un mot, toutes les énergies, voilà bien, en effet, le seul moyen d'organiser, selon l'expression du sous-secrétaire d'État, « la sainte croisade pour le triomphe de la raison sur une bestialité d'autant plus hideuse qu'elle est contraire à la nature, pour le salut de la race et la noblesse de l'être pensant, pour le patrimoine commun de l'humanité ».

D'après ces deux discours il est facile de voir quelle devait être, dans la pensée de ses organisateurs, la physionomie du

Congrès. Il se présentait avec un caractère éminemment pratique et bien défini. Sans doute les congressistes pouvaient, dans les assemblées de sections, livrer à la discussion des travaux composés sur un thème de leur choix. Enseignement, éducation, propagande, médecine, physiologie, hygiène, histoire, législation, économie politique, autant de sujets et d'études d'ordre documentaire, qui ont, en effet, fourni matière à communications d'un haut intérêt, et qui trouveront place dans le volume des procès-verbaux. Mais la partie principale, ce qu'on peut appeler la base du Congrès, était une série de questions soumises de longue date, par le Comité d'organisation, à l'étude de rapporteurs choisis pour les traiter en assemblée plénière. C'est sur cet ensemble d'idées que se concentrait tout l'intérêt. C'est là ce qu'il fallait faire prévaloir en une réunion générale, comme le résultat de l'entente commune, et comme le plan de bataille à suivre dans la lutte contre l'ennemi. Ces idées, mûries d'avance par les rapporteurs désignés, peuvent se résumer ainsi : « L'initiative du combat appartient à l'individu ou aux groupements d'individus; parmi eux, il en est qui semblent tout naturellement désignés par leur rang ou leur poste dans la société pour jouer le rôle d'initiateurs ou de propagandistes; ce sont : les maîtres de la jeunesse, la femme, le prêtre de toutes les religions, le soldat, l'homme qui se voue au développement intellectuel, moral et matériel du travailleur. » Voilà le vrai programme, très homogène, du VII° Congrès antialcoolique. Nous ferons aussi remarquer que le Congrès a substitué une dénomination nouvelle à celle qu'il avait coutume de mettre en tête de ses communications. Il lui a semblé que le titre de *Congrès contre l'abus des boissons alcooliques* n'était pas suffisamment compréhensif. Il a donc été décidé que désormais l'assemblée porterait le nom de *Congrès international contre l'alcoolisme.*

III

Malgré les limites précises imposées aux membres du Congrès par le comité d'organisation, qui, dans sa circulaire, écartait les questions théoriques, et supposait complètement instruit le procès de l'alcool, un grand nombre de communications sont revenues sur ce procès, dont l'accusé varie à l'infini les preuves de sa scélératesse.

On a, une fois encore, prouvé qu'il tue, qu'il abrège la vie, la rend misérable, ôte la raison, pousse au crime, au suicide et se fait l'agent actif de la dépopulation. M. le Dᴿ Faidherbe a prononcé contre lui un violent réquisitoire, dont voici les conclusions manifestement approuvées par le Congrès :

1) *L'alcool est-il un digestif ?* — Non ; son ingestion produit une excitation passagère, néfaste au bon fonctionnement des muscles stomacaux, parce que l'alcool anesthésie, après l'avoir irritée, la paroi de l'estomac, parce qu'il attire le sang à la peau et empêche l'action du suc gastrique.

2) *L'alcool est-il un apéritif ?* — Non ; mais il produit une excitation de l'estomac qui détermine une sensation, prise illusoirement pour la faim.

3) *L'alcool est-il un aliment ?* — Non ; il ne répond pas à cette définition, et les calories qu'il produit ne servent ni à un réchauffement réel, ni à une action musculaire.

4) *L'alcool réchauffe-t-il ?* — Non ; en fait, il y a un afflux de sang à la peau et un refroidissement général.

5) *L'alcool est-il un stimulant ?* — En aucun cas, ni physique, ni intellectuel.

6) *L'alcool préserve-t-il des contagions ?* Non ; il dispose le corps à recevoir la contagion.

7) *On ne pourrait pas vivre sans alcool ?* — C'est une erreur et un préjugé que des faits nombreux démentent.

8) *L'alcool fait-il du bien aux enfants ?* — Non ; jamais d'alcool aux enfants.

9) *L'alcool n'empêche pas la longévité ?* — Il la diminue, suivant des statistiques indiscutables.

L'alcool n'a de raison d'être que comme médicament et ne doit être débité que par le pharmacien, sur avis du médecin.

Sous leur forme absolue quelques-unes de ces conclusions touchent au paradoxe, et donneraient lieu à discussion contradictoire. Et cependant elles n'ont pas semblé suffisantes, dans leur rigueur, à M. Drysdale, médecin consultant au *Metropolitan Hospital* de Londres. Avec le Dᴿ Nansen, l'illustre voyageur, il regarde l'emploi, même médical, de l'alcool comme inutile et toujours dangereux. Il attribue l'épidémie d'ivrognerie qui sévit, en Angleterre et sur le continent, aux mauvaises habitudes thérapeutiques de la très grande majorité des praticiens. Nous avons quelque peine à supposer le corps médical coupable d'un tel méfait, et bon nombre d'ivrognes seraient fort surpris d'apprendre qu'un médecin, qu'ils n'ont peut-être jamais vu, leur a donné le goût de l'absinthe et du whisky. Néanmoins, il y a lieu de convenir que, de l'autre côté de la Manche, on a trop facilement recours aux préparations alcooliques pour soulager les malades, en leur donnant des toniques qui ne feront qu'aggraver leur infirmité.

Cette intransigeance de la majorité des congressistes s'est bientôt trouvée en présence d'une question susceptible de diviser les esprits, et de compromettre l'union si nécessaire pour le succès de la cause. Pour être digne de contribuer au relèvement social, faut-il être abstinent? Suffit-il d'être tempérant? Faut-il déclarer la guerre à l'alcool sous quelque forme qu'il se présente, ou doit-on tolérer l'usage modéré du vin, du cidre et de la bière? Les abstinents ne font grâce à aucune boisson fermentée, les tempérants ne proscrivent que les produits de la distillation. Quand M. Forel, de Zurich, déclara que l'abstinence totale peut seule abattre l'alcoolisme, la majorité du Congrès couvrit ses paroles d'applaudissements répétés. Mais on remarqua facilement que l'élément étranger donnait le signal de cette approbation de la thèse des abstinents radicaux. De fait, presque toutes les ligues étrangères sont fondées sur le principe de l'abstinence totale de toute liqueur distillée ou fermentée, tandis que l'Union française antialcoolique estime que l'abstention doit être limitée aux spiritueux.

Les abstinents raisonnent dans l'hypothèse absolue que l'alcool, sous toutes ses formes, est toujours un poison. Dès lors le but que doit, selon eux, se proposer l'hygiéniste, c'est de convertir la société où il vit, non à la modération seulement, mais à l'abstinence totale. Tel est l'avis du Dr Drysdale, de Londres. L'Union des femmes pour l'abstinence totale, que représentait au Congrès Mrs. Finlay, motive sa règle de conduite dans les trois propositions suivantes :

« 1ª Nous pouvons parfaitement nous passer d'alcool ; 2° Nous nous portons mieux, si nous nous en abstenons toujours et partout ; 3° Nous devons montrer l'exemple aux buveurs par notre conduite, aussi bien que par notre parole. L'alcool est bon ou mauvais. S'il est mauvais, pourquoi temporiser avec un ennemi si perfide ? Abstenons-nous donc complètement. »

Le principe de la nocuité de l'alcool une fois posé, il est incontestable que les femmes de l'Union ont pour elles la logique. Mais cette société et les autres similaires, qui prêchent l'abstinence et repoussent la modération et la tempérance, partent d'un supposé qui se trouve en partie faux. Oui, l'alcool pur ou mêlé de substances aromatiques par voie d'infusion ou de macération est un poison, surtout quand il est le produit de la distillation de pommes de terre ou de grains de diverses espèces. Mais il y a loin de ces alcools toxiques au produit de la distillation de nos vins naturels et de bonne origine. Si la race s'alcoolise, c'est surtout par l'usage, même modéré, de ces horribles produits d'une industrie sans conscience, que les lois devraient proscrire d'une manière impitoyable. Ici, l'abstinence totale s'impose comme un devoir. Elle doit être inscrite en tête des statuts de toute société de tempérance. Mais, quand il s'agit de l'alcool vrai de raisin, nous ne regarderions pas tout à fait comme indigne celui qui en userait avec modération. Il est bien vrai, cependant, que le choix n'est pas facile, et que, de l'usage modéré, on tombe vite dans l'excès. Et puis, la grande leçon de l'exemple chère, et avec raison, à toutes les sociétés de tempérance, perd singulièrement de son efficacité et le médecin ressemble trop au malade qu'il voudrait guérir. Nous serions donc, en définitive, de ceux qui prêcheraient l'abstinence des liqueurs spiritueuses, sauf le cas où la science les jugerait utiles à la guérison ou au soulagement d'un malade. Tel fut aussi au Congrès l'avis qui prévalut du côté de l'élément français.

Le directeur de l'enseignement primaire, M. Bayet, se chargea, du reste, de préciser la situation dès la première séance du Congrès. Il déclara nettement que nous autres, en France, nous ne faisions la guerre qu'à l'alcool, n'estimant pas nuisible un usage modéré du vin et de la bière. Cette abstinence « à la française » n'a pas déplu au Congrès et, si les abstinents absolus ont gardé leurs positions, ils n'ont pas trouvé mauvais que nous tenions à conserver les nôtres. Et, de fait, il est de notoriété scientifique que le vin naturel, non sophistiqué, n'est pas ce qu'on peut appeler un poison. Nos pères en buvaient et ils ignorèrent l'alcoolisme. Si, dans nos régions vinicoles nous avons fait connaissance avec lui, c'est grâce à la fraude, et au peu de vigilance des pouvoirs publics en ce qui touche à la santé générale. Encore aujourd'hui, bien que l'abondance soit revenue dans les caves de nos propriétaires, nous conseillerions assez volontiers l'abstinence, ou du moins une extrême modération, dans l'usage des crus qui viennent de Bercy, sans pousser toutefois la rigueur jusqu'à prétendre qu'aucun d'eux ne peut être authentique. Mais, dans un pays assez aimé des dieux pour être fertile en bon vin, où la culture de la vigne occupe une si large place dans le travail du sol, venir prêcher autre chose que la tempérance, c'est vouloir courir à un échec certain. On ne change pas du jour au lendemain les conditions économiques d'un pays. Que les hommes du Nord éteignent les alambics d'où coulent à torrents des flots de mauvais alcool, mais qu'ils ne prétendent pas faire arracher nos vignes, sous le prétexte faux que leur produit empoisonne ceux qui en usent même avec modération.

Du reste, quand les abstinents viennent nous dire, avec le Dʳ Drysdale, qu'en « notre civilisation fertile en jouissances variées, l'usage de l'alcool est inexcusable », et qu'ils en appellent, pour remplacer le vin, au thé, au café, au chocolat, etc., etc., ne méritent-ils pas qu'on les traite eux aussi d'empoisonneurs ? L'abus du thé et du café ne se produit pas sans inconvénients sérieux. Ces liquides ont eux aussi leurs principes toxiques. Le *théisme* et le *caféisme* sont des affections tout aussi connues que l'alcoolisme. Les phénomènes sont moins rapidement aigus, peut-être, le mal n'atteint pas moins profondément l'organisme. Il semble que la vraie mesure, conforme à l'hygiène et à la saine raison, serait de tolérer les boissons fermentées aux repas et jamais en dehors. C'est malheureusement ici qu'apparaît l'ennemi de toute tempérance et de toute modération, le cabaret, prêt à fournir à toute heure du jour le liquide, vin ou alcool, qui ira brûler un

e'stomac, sans fournir à l'organisme le moindre aliment répa-
rateur.

En définitive, la proscription absolue du vin emporte,
comme conséquence logique, qu'il ne faut boire que de
l'eau. C'est là, en effet, la boisson naturelle de l'homme, la
seule qu'appelle cette sensation spéciale et cette souffrance
physiologique qui est la soif. Heureux donc l'homme qui ne
boit qu'à sa soif, et qui, pour l'étancher, trouve toujours de
l'eau pure! Car même ici, dans nos villes, il faut prendre
garde à ce qu'on a dans son verre. La mauvaise eau tue, tout
aussi bien que le mauvais alcool. Elle opère même plus vite
l'œuvre de destruction, comme nous le révèle la microbiologie.

Un Congrès, dans nos mœurs actuelles, ne va pas sans un
banquet. Les congressistes de 1899 n'ont eu garde de rompre
avec l'usage. Ils ont même profité de l'occasion pour montrer
qu'ils sont conséquents avec leurs principes. On n'a bu que
de l'eau, et on a pu constater qu'elle ouvrait parfaitement l'appétit, et ne mettait aucun obstacle à la douce gaieté, que
d'autres demandent aux fumées de l'alcool. On a cependant
observé que la bonne humeur se maintenait plus calme,
sans les éclats qu'amènent d'ordinaire les lampées successives des vins généreux. Les toasts seuls furent poussés,
paraît-il, presque jusqu'à l'intempérance, et chacun voulut
lever son verre d'eau à la santé du Président de la République, des souverains et de leurs sujets. Et, comme il faut
cependant concéder quelque chose à l'usage et se montrer
miséricordieux envers les faibles, on voyait, sur la table où
triomphait l'eau, des flacons aux liquides diversement cò-
lorés, qu'un buveur ordinaire aurait pris pour du champagne,
du xérès ou du meilleur bourgogne. Erreur, c'était du vin
qui n'en méritait qu'à moitié le nom, puisqu'il n'avait pas fermenté. M. Lionel Mundy nous avait appris au Congrès, ce
que nous savions déjà, que, dans l'antiquité, les Juifs, les
Grecs et les Romains connaissaient les vins non fermentés.
La chaleur, le froid, l'épaississement par évaporation, l'addition du sucre, des résines, des divers antiseptiques servaient
à arrêter la fermentation. Le procédé pratique consiste à
chauffer le jus à 82° c. Après quoi on le colore, on le filtre,

on le chauffe de nouveau. Mis en bouteille, il se conserve bien, et subit sans altération le transport partout où le demande la consommation.

Nous avons peine à croire qu'elle atteigne jamais de sérieuses proportions. On nous a fait goûter diverses préparations de ce vin des abstinents. Nous avons cru boire des sirops d'un goût pas trop désagréable, mais qui doivent paraître à table franchement mauvais. Il vaut cent fois mieux un verre d'eau pure. Le goût et l'estomac doivent s'en trouver mieux.

IV

Nous arrivons maintenant au vrai but du Congrès. Comme nous l'avons dit, son objet était tout pratique. Or, quand il s'agit de lutte contre l'alcoolisme, on peut se trouver en face du buveur déjà plongé dans sa triste habitude, ou en présence de tous ceux qui, encore indemnes, pourraient à leur tour subir la contagion. De là une double obligation : guérir des malades, préserver ceux qui sont en bonne santé. Œuvres de guérison et œuvres de préservation, voilà l'objet des discussions pratiques du Congrès.

La question qui se pose tout d'abord est celle-ci : Peut-on guérir un buveur, ramener un ivrogne à la modération, ou même en faire un abstinent? « Qui a bu boira », dit le proverbe bien connu. Il s'est trouvé, dans le Congrès, des voix autorisées pour donner au proverbe un démenti éclatant. MM. Colla (de Poméranie), Forel (de Zurich), Marthaler (de Berne), Crothers (des États-Unis), non seulement ont affirmé la possibilité du relèvement moral et physique des buveurs, mais ils ont encore présenté des résultats positifs obtenus dans les asiles, en Suisse surtout et aux États-Unis. Il est vrai qu'ils exigent une mesure que nos habitudes et nos préjugés rendront fort difficile à obtenir, bien qu'elle soit déjà mise en pratique dans le canton de Saint-Gall. Il s'agirait, ni plus ni moins, de faire voter une loi qui autorisât l'internement forcé des alcooliques. Leur prison ne devrait cependant ressembler en rien au *carcere duro*. Au contraire, tout devrait être agréable et riant dans l'asile des buveurs. Il serait situé à la campagne, les appartements seraient gais et commodes. Il y aurait des locaux pour la récréation, le jeu, la lecture, et des travaux d'agriculture ou de jardinage servi- raient d'exercice physique, ou même seraient pour les malades une source de profit matériel aussi bien que moral.

Des asiles de ce genre fonctionnent aux États-Unis et en Suisse. Le traitement est basé sur quatre principes tous fon- damentaux : « L'*abstinence totale* de toute boisson alcoolique (vin, bière, cidre, eau-de-vie); l'*alimentation* suffisante; le *travail physique* (travail agricole et industriel), qui est en même temps remède et moyen orthopédique, et le *relèvement moral et religieux*. Il est indispensable que le directeur soit un homme de cœur et d'intelligence. »

Nous ferons remarquer, en passant, que, dans les asiles ouverts en Suisse, sous les auspices de la Croix-Bleue, le côté religieux tient la plus grande place parmi les moyens employés pour le relèvement du buveur. On lui fait prendre un engagement d'abstinence totale formulé en ces termes : « Je promets, *avec l'aide de Dieu*, de m'abstenir totalement pendant... à partir d'aujourd'hui, de toute boisson enivrante, sauf usage religieux ou ordonnance médicale. » C'est à Dieu, en effet, dit M. Rochat, « que la société adresse celui qui veut se corriger et qui sent sa faiblesse. Elle lui recommande de demander lui-même à son Père céleste de rétablir en lui l'énergie morale affaiblie par l'alcool. Elle lui rappelle que Jésus-Christ est venu apporter la liberté aux captifs, et qu'il peut communiquer aux buveurs qui se confient en lui la force nécessaire pour s'affranchir de l'esclavage de leur passion. De là la grande place faite à la prière individuelle et collective, à la lecture des Saintes Écritures et à l'exhorta- tion mutuelle dans les séances de la société. Elle aspire, en effet, à une régénération complète des buveurs, et à faire d'eux non seulement des abstinents convaincus et fidèles, mais encore des chrétiens vivants. »

On conçoit que cette action religieuse, unie à l'influence du milieu, à l'exemple donné par les membres de la société, à la vie de cette même société, avec ses réunions, ses fêtes, l'égalité parfaite de tous ceux qui la composent, exerce une action énergique sur le buveur et le transforme en un homme nouveau. Aussi M. Marthaler peut-il nous assurer que, dans les dix asiles suisses, 40 à 50 p. 100 des malades ont été guéris radicalement, c'est-à-dire sont devenus abstinents totaux. De son côté M. Crothers nous donne, pour les cinquante asiles américains, le même chiffre de 40 p. 100, comme représentant les guérisons obtenues parmi les buveurs invétérés. Le Congrès ne pouvait qu'applaudir à des résultats obtenus par des moyens d'ordre si élevé.

M. le Dr Shepard, de Brooklyn, propose un système de thérapeutique qui ne manque pas d'originalité. Il prétend guérir les buveurs au moyen du bain turc, qu'il appelle « un luxe nécessaire » et « le bain du peuple ». Voici le raisonnement de ce bon docteur, qui dit s'être convaincu de l'efficacité de son système par trente années d'expérience. « Il est prouvé que l'alcool empoisonne le sang. Un des moyens de débarrasser le sang de ce poison, c'est de l'attirer vivement à la peau et de le lui faire éliminer par les pores en développant, grâce au bain turc, une chaleur intense et en produisant une sudation abondante. » Nous ne comprenons pas trop cette façon de concevoir l'action physiologique de l'alcool; mais, puisque un praticien tel que M. Shepard nous l'affirme, nous voulons bien admettre que cette façon de faire rendre l'alcool absorbé ôte au buveur l'envie d'en boire de nouveau. Nous inclinons cependant du côté du système suisse.

V

S'il est utile de guérir les malades, il est bien autrement important de préserver de la contagion ceux qu'elle n'a pas encore atteints. Les communications faites au Congrès sur la médecine préventive du mal alcoolique ont été extrêmement nombreuses. Nous nous contenterons d'en signaler quelques-unes et de donner une idée de l'esprit général des congressistes sur la matière.

Par qui faut-il donc commencer ce travail de préservation et d'hygiène morale et sociale? Miss Jessy Forsyth, de Boston, s'est chargée de nous le dire. Ce n'est pas auprès de l'adulte, qui a déjà ses idées faites et ses habitudes prises, qu'il convient de dépenser le meilleur de ses forces dans la lutte contre l'alcool. Il vaut mieux prévenir que guérir, et l'expérience a

démontré qu'il n'était pas d'œuvre de tempérance plus fruc-
tueuse que celle de la préservation des enfants. Une double
méthode est à notre disposition : faire prendre aux enfants
des engagements d'abstinence et leur ouvrir les yeux sur les
dangers des boissons alcooliques. Cet engagement qui n'est,
après tout, qu'une simple promesse, et ne revêt en rien la
forme d'un serment, virilise cependant et fortifie la conscience de l'enfant.

La réalisation d'un tel programme suppose, en dehors de
la famille, l'action de l'instituteur, du prêtre et de tous ceux
qui peuvent à un titre quelconque exercer une influence sur
l'enfance et sur la jeunesse.

Le Congrès, à l'unanimité, a émis le vœu que partout fût
organisé dans l'école l'enseignement antialcoolique. M. Hercod, de Genève, est, en effet, d'avis qu'il faut s'adresser à
l'intelligence de l'enfant plus encore qu'à ses sentiments.
Mais, pour donner avec fruit sa leçon, il faut que le maître
s'y prépare en recevant lui-même une formation technique
dans les écoles normales. Non sans quelque raison, M. Hercod
exprime la crainte que, vu l'état de l'opinion, l'enseignement
officiel hésite à donner droit de cité à cette proposition que
l'alcool sous toutes ses formes, même sous celle de vin ou de
bière, est pour l'organisme un poison. Et cependant, criait-
il, pour faire quelque chose il faut aller jusque-là.

M. Don, de Hollande, partage cette manière de voir. Comme
l'enseignement antialcoolique doit toujours être sincère,
s'adressant au cœur des enfants autant qu'à leur intelligence,
il convient, d'après lui, qu'il demeure facultatif et ne soit
donné que par des instituteurs abstinents.

M. L. Marillier, maître de conférences à l'école des Hautes
Études, veut, lui aussi, que l'instituteur ou l'institutrice eux-
mêmes révèlent à l'enfant les dangers de l'alcool. Il demande
de leur part non la simple connaissance de quelques phrases
de manuel, mais une science réelle de la question tout
entière. Mais ici revient la querelle entre les modérés et les
absolus. M. Marillier n'est pas d'avis qu'on érige l'abstinence
totale en une sorte de dogme hygiénique hors duquel il n'y
a point de salut.

Le Congrès a reconnu l'utilité de la formation de sociétés

de tempérance entre les instituteurs. Comme l'a fait remarquer M. Hercod, ces sociétés devront se proposer un quadruple but :

1º Organiser entre leurs membres une sorte d'enseignement mutuel antialcoolique;

2º Gagner à la cause qu'elles défendent de nouveaux instituteurs;

3º Préparer l'avènement de l'enseignement antialcoolique au nombre des disciplines admises à l'école en éclairant la religion des autorités scolaires et en disposant l'opinion à accepter cette mesure;

4º Rassembler les matériaux et créer les instruments (livres, cahiers, tableaux, etc.) nécessaires à cet enseignement.

La fin qu'elles se proposent une fois atteinte, le rôle de ces sociétés ne sera pas terminé : elles devront se transformer en comités de surveillance qui assureront par leur vigilance et leur activité l'application constante et sincère de la loi.

C'est avec raison que M. Gilbault, professeur au lycée de Toulouse, est venu réclamer, pour l'enseignement secondaire, le devoir d'instruire les élèves sur les dangers de l'alcool. Les deux raisons qu'il apporte ne sauraient être contestées. D'abord la bourgeoisie n'échappe pas de nos jours à la contagion de l'alcoolisme; et puis, les lycéens d'aujourd'hui seront demain la classe dirigeante, qui pourra exercer une salutaire influence sur les habitudes du peuple.

Nous nous permettrons d'ajouter ici, en parenthèse, le vœu que nos établissements libres entrent résolument dans la lutte par l'enseignement du danger de l'alcool. Il importe, sans doute et même avant tout, de graver dans les jeunes âmes que l'ivrognerie est contraire à la loi de Dieu; mais, en inspirant une crainte salutaire de l'ennemi du corps, on aide singulièrement l'énergie de la volonté.

Après l'école, que faut-il faire pour assurer le fruit d'une première formation ? Il faut la continuer, sous des formes diverses adaptées à l'âge et au milieu. Il a même paru bon, à quelques congressistes, de préparer dès l'école cette continuation du travail déjà fait sur l'esprit de la jeunesse. Le moyen, ce serait l'organisation de sociétés antialcooliques parmi les enfants et les adolescents. Sur cette question, les étrangers surtout ont été affirmatifs. M. Buisson, professeur à la Sorbonne, s'est fortement élevé contre l'idée d'enrôler l'enfant dans des sociétés, et de faire de lui un prédicateur, un apôtre ; la chose n'irait pas, a-t-il dit, sans quelque ridicule. Nous avouons n'avoir rien compris aux difficultés de M. Buisson. Quel mal y a-t-il donc à former de bonne heure l'enfant à prendre l'initiative du bien ? Craindrait-on que, devenu membre d'une société, il se crût trop tôt capable de jouer un rôle et de se passer de la tutelle de son maître ? N'y a-t-il pas là plutôt un reste de cette vieille habitude de ne laisser à l'enfant aucune initiative, et de le supposer incapable de se conduire de temps en temps par lui-même ? L'avis de M. Buisson est loin d'avoir prévalu. M. Barbey, un jeune avocat à la Cour d'appel, est venu donner au Congrès la longue liste des petites ligues de tempérance qu'il a organisées dans les lycées de Paris et de province. M. Gilbault, dont nous avons déjà parlé, a soutenu l'utilité de ces créations. M. Baudrillart, inspecteur à Paris, s'est montré, lui aussi, partisan des sociétés scolaires de tempérance. Il observe avec raison qu'il y a là, pour l'enfant, un moyen de satisfaire ce besoin qu'il éprouve d'imiter les grandes personnes. On lui demandera une promesse qu'il s'engagera à tenir sur l'honneur, car il est incontestable que l'engagement a une valeur éducative considérable.

Les délégués étrangers ont été plus catégoriques encore sur la question de l'enrôlement et de la promesse. Il y a cependant cette différence entre la manière dont s'établissent les sociétés, qu'elles n'ont pas nécessairement l'école pour support, comme nous l'observons en France et en Belgique. Voici ce que nous dit miss Dillon, de Londres, sur les « Bands of Hope » :

« Les Bandes de l'Espérance, sociétés cadettes de tempérance, existent depuis cinquante ans en Angleterre.

« La première a été fondée à Lead, en 1847, par Mrs. Carlile. Leur succès a été prodigieux ; il n'a pas été contrarié par les préjugés ordinaires aux buveurs. Avec le consentement de leurs parents, les enfants signent des engagements d'abstinence complète, sans limite de durée.

« Ces Bandes ont réuni près de trois millions d'enfants et de leur sein sont sortis de nombreux combattants contre l'alcoolisme. L'Angleterre en compte soixante-dix mille. Un grand nombre de ces sociétés ont formé en 1864, par les soins de M. Shirley, une Fédération des Bandes anglaises de l'Espoir.

« Les enfants, ainsi groupés, ont des réunions hebdomadaires avec chants, prières, leçons. Parfois de grandes fêtes, à entrées payantes, leur fournissent le principal de leurs ressources. »

M. Thorp, d'York, nous apprend que depuis 1879 s'est aussi constituée, en Angleterre, l'Union des jeunes abstinents, composée d'enfants d'un rang social élevé qui les tient en dehors des ligues de l'Espoir. Cette Union compte soixante sociétés comprenant cinq mille membres tous abstinents. De son côté, la Société de tempérance des femmes britanniques a formé des groupements analogues pour les jeunes filles sous le nom de « Y Branches » ou « Young Branches ».

Miss Jessie Forsyth de Boston présente au Congrès, comme types des associations d'enfants et de jeunes gens, celle des *Jeunes Templiers* qui se rattache à l'*Ordre national des Bons Templiers*. Ces derniers constituent une véritable société, avec des allures un peu mystiques, et se proposent, sans doute, de détruire la vieille légende des Templiers réputés pour être assez peu tempérants. Quoi qu'il en soit, l'association est née aux États-Unis en 1867; elle a reçu son organisation définitive en 1874. Il y a des loges pour les enfants de six à douze ans, et des loges pour les adolescents de douze à seize ans. Elle compte en Amérique plus de cent cinquante mille membres répartis en un grand nombre de sections. En Europe, l'Ordre, répandu surtout dans les îles Britanniques et en Suisse, a déjà enrôlé plus de quatre-vingt-quinze mille enfants ou adolescents. La base de l'association est religieuse, mais non confessionnelle.

Les membres s'engagent à l'abstinence totale. Ils promettent, en outre, de ne pas jouer, de ne pas fumer et de s'abstenir de jurements et de mots grossiers. Les réceptions se font d'après un rituel simple, paraît-il, mais majestueux et impressionnant. Ce sont là autant de moyens d'agir sur l'enfant et sur l'adolescent, qui doivent être mis en œuvre conformément aux mœurs de chaque pays, mais dont la propagande ne saurait être que très utile dans la lutte contre le fléau.

M. Petit, inspecteur général de l'Instruction publique, ne veut pas, et avec raison, que l'adolescent, au lendemain de l'école, soit abandonné à lui-même. Il préconise les cours d'adultes, les lectures, les conférences, les patronages, les sociétés de tout genre, et il recommande de les orienter nettement dans le sens d'une active et systématique propagande contre l'alcoolisme. Tous ces moyens de combattre l'envahissement de la jeunesse par le poison ont reçu l'approbation du Congrès et les félicitations chaleureuses du bureau.

VI

La lutte par l'association ne se borne pas à l'enfance et à la jeunesse. Elle s'étend à tous les âges et à toutes les conditions de la vie. La simple nomenclature des sociétés qui, en Europe et en Amérique, travaillent à guérir ou à préserver, prendrait de longues pages. En suivant l'ordre des Mémoires envoyés au Congrès, nous nous bornerons à citer les principales. En Angleterre, nous rencontrons l'Association de tempérance des armées de terre et de mer. Sur deux cent mille hommes, l'armée anglaise compte trente-cinq mille membres de l'Association, dont trente-deux mille abstinents totaux. Les résultats accusent six fois moins de crimes et deux fois moins d'entrées à l'hôpital. En Angleterre, nous trouvons aussi :

La *National Temperance League*, une fille de la *British and Foreign Temperance Society* qui fut fondée en 1831, et dont le but était de lutter contre l'accroissement de la consommation des spiritueux.

De cette société naquit en 1842, la *National Temperance Society*, qui prit comme programme l'abstinence totale. A la suite de l'Exposition de 1851, fut créée la *London Temperance League* qui, en 1856, se fondit avec la *National Temperance Society*. La nouvelle association prit alors le nom de

National Temperance League. C'est une association incon-
fessionnelle et qui n'est affiliée à aucun parti politique.
Tous ses membres signent l'engagement d'abstinence ; ses
ressources consistent uniquement en souscriptions volontaires.

C'est encore à Londres que s'est fondée en 1882 la Société
britannique de tempérance dans les chemins de fer. Elle
compte actuellement vingt mille membres parmi les quatre
cent soixante-dix mille employés. Son but est d'encourager le
personnel des chemins de fer à la tempérance, et de retenir
les intempérants en leur faisant signer un engagement d'abstinence totale. Elle se place sur le terrain chrétien, mais n'a
pas de caractère confessionnel et politique. On conviendra
que la sécurité des voyageurs doit gagner à cette tempérance
des chauffeurs et des mécaniciens.

L'ordre des Bons Templiers, dont nous avons parlé, fut
aussi fondé en Angleterre. Ce n'est pas une société secrète,
quoiqu'elle ait des secrets. Ses ramifications, au nombre de
plus de sept cent cinquante branches, s'étendent en Suède,
en Suisse, et aux États-Unis.

Des sociétés semblables fonctionnent en Amérique, en
Allemagne et en Russie. Nous devons pour la France une
mention spéciale à l'Union française antialcoolique fondée en
avril 1895 et qui compte aujourd'hui 435 sociétés locales et
30 000 membres actifs. Il faut citer encore la Société française
de tempérance de la Croix-Bleue, qui n'est qu'une branche
de la Croix-Bleue de Genève, et semble devoir faire parmi
nous de rapides progrès.

Nous arrêtons ici la nomenclature de toutes les autres sociétés de ce genre, qui exercent un peu partout leur influence
salutaire. Mais avant de finir, nous tenons à signaler deux
communications qui ont vivement intéressé le Congrès : celle
de M. Ruyssen sur les « Maisons de marins », et celle du
lieutenant Ch. Guieysse sur la lutte contre l'alcool dans
l'armée.

Les Maisons de marins ont pour objet d'offrir aux marins
débarqués un abri sûr, pendant le temps qu'ils passent à terre
avant de reprendre la mer.

A l'heure présente, huit maisons de marins existent en

France : à Marseille, Bordeaux, Rochefort, La Rochelle, Nantes, Le Havre, Boulogne, Dunkerque. Toutes sont dues à l'initiative privée, soutenue par des subventions de diverse provenance.

Deux de ces établissements sont dus à l'initiative de sections de la Société contre l'usage des boissons spiritueuses : celles du Havre et de La Rochelle.

Une autre, celle de Rochefort, ne sert absolument que du vin, en quantité limitée.

Toutes indistinctement luttent d'une façon plus ou moins directe contre l'alcoolisme :

1° En fournissant le logement et des repas à meilleur marché que les hôtels et restaurants fréquentés par la clientèle maritime;

2° En refusant de servir un plus ou moins grand nombre de boissons alcooliques, et en ne donnant pas de boissons frelatées;

3° En encourageant les marins débarqués à se dessaisir de leur solde entre les mains du gérant, qui la tient en dépôt ou en assure le placement ou l'envoi aux familles.

Nous connaissons peu d'œuvres aussi dignes d'intérêt que ces abris offerts par le dévouement d'hommes généreux à cette classe si intéressante de nos marins, que tant de dangers attendent au débarquement sous la forme d'êtres abjects qui se disposent à leur ravir, avec leurs ressources matérielles, la vertu et trop souvent l'honneur.

Le lieutenant Ch. Guieysse, dans une causerie pleine de charme et de tact, a mis tout son esprit et tout son cœur, ce qui n'est pas peu dire, à nous initier aux misères du soldat victime de l'alcool. Voici le résumé de cette conférence qui fut vivement applaudie.

Actuellement on ne peut dire que le service militaire a une influence sur l'alcoolisme dans un sens ou dans l'autre ; le soldat ne prend ni ne perd l'habitude de boire. Donc il y a quelque chose à faire.

Mais tout ce qu'on peut demander à l'armée de faire à côté de la formation proprement dite du soldat, n'est admissible qu'à la condition que l'instruction militaire en tire directement profit. Il ne doit y avoir dans l'armée qu'un but poursuivi ; on peut seulement y atteindre par une infinité de moyens secondaires qui forment l'homme en même temps que le soldat.

Envisageant la lutte contre l'alcoolisme, on peut :

1° Par acte d'autorité disciplinaire, enlever aux soldats les facilités qu'ils ont d'entretenir leurs habitudes : prohiber l'alcool dans les cantines, surveiller avec une extrême sévérité les débits de la garnison ;

2° Par acte d'autorité morale, faire une propagande individuelle qui ne peut que rehausser le prestige de l'officier ;

3° Par acte d'autorité morale et administrative, créer dans chaque unité (compagnie, batterie, escadron) des cercles de soldats, qui auront une très grande influence pour développer la camaraderie, pour augmenter la solidarité entre futurs combattants, en même temps qu'ils donneront l'habitude de se réunir ailleurs qu'autour d'une table de débit ou de cantine.

Ce dernier moyen d'action est, peut-être, le meilleur, car il exige la collaboration de tous et organise une propagande anonyme qui est la plus puissante de toutes.

Ce qu'un tel résumé ne dit pas, c'est l'intensité de dévouement à ses soldats dont témoignait la parole émue du jeune officier, et qui souleva à plusieurs reprises les applaudissements et les bravos de la salle tout entière.

Nous serions bien incomplet et nous manquerions à toute justice si nous ne signalions pas la part prise par les femmes aux travaux du Congrès. Elle a été des plus larges et non pas des moins applaudies. Du reste, après les hommes, sans doute, mais de bonne heure, les femmes ont résolument pris position dans le monde sur le terrain de la lutte contre l'alcoolisme. Premières victimes du fléau, plus intéressées que l'homme lui-même à la sainteté du foyer et au bien-être des enfants, elles doivent être au premier rang dans la réforme des habitudes qui ruinent si vite dans la famille la santé des corps et celle des âmes. Miss Agnès Slack s'est chargée de nous dire comment elles ont fait leur devoir, dans un rapport très intéressant dont voici la substance.

C'est l'ordre des Bons Templiers qui, le premier, a reconnu aux femmes le droit de s'employer à la réforme. Né en 1851, dans l'état de New-York, il admit, dès 1852, quelques femmes comme bonnes-templières. Plus tard, 1868, il reconnut l'égalité absolue des deux sexes sur ce terrain.

En 1873, quelques femmes pieuses de Hillsborough (Ohio) s'associèrent pour lutter elles-mêmes contre le fléau, par une campagne de prières et de démarches personnelles : processions dans les rues, chants à la porte des cabarets, appels pressants adressés aux débitants et aux buveurs. Ce mouvement gagna de proche en proche.

De ce premier organisme naquit l'Union de tempérance des femmes chrétiennes des États-Unis (1874). Plus tard, l'Union de tempérance des femmes britanniques et l'Association des abstinentes de la Grande-Bretagne, et enfin, sous l'inspiration de miss Frances E. Willard, l'Union de tempérance des femmes chrétiennes du monde entier, qui est l'une des plus puissantes organisations féminines qui existent. Elle tient un congrès biennal : le dernier à Toronto, Canada (1898) ; le prochain à Édimbourg (1900).

Cette association a organisé, en faveur de la prohibition complète, un pétitionnement polyglotte, qui a réuni 7 500 000 signatures féminines. Elle a pour présidente lady Henry Somerset, et pour secrétaire miss Agnès Slack.

Résultats obtenus : Un enseignement scientifique sur l'alcool et ses effets sur l'organisme a été rendu obligatoire dans les écoles publiques des États-Unis : le principe de la prohibition a été inscrit dans la constitution de l'État du Maine ; une conspiration ourdie entre les marchands de boissons et certains hommes politiques de l'État de Vermont, pour abroger la prohibition, a été démasquée ; enfin, en Norvège, grâce au vote des femmes, des victoires législatives ont été obtenues.

Maintenant les femmes sont instruites ; leur association leur donne la force ; elles ont prouvé que, comme réformatrices, même livrées à elles seules, elles n'étaient pas inférieures aux hommes. L'avènement des femmes dans la lutte antialcoolique marquera l'ère nouvelle de l'affranchissement de la chrétienté.

Mme Selmer, de Danemark, a été dans le Congrès l'orateur principal de l'armée féministe. En un très bon français, avec une mesure parfaite, elle a exalté le rôle de la femme

dans la lutte contre le fléau du temps moderne. Elle a rappelé
comment, dans les pays anglais, de bonne heure, la femme
avait regardé comme son privilège de travailler à la guérison
des malades et à la préservation des enfants. Pourquoi n'en
serait-il pas ainsi partout en Europe, où elle souffre de l'alcool
autant que l'homme qui s'enivre ? Qu'elle se mette donc à
l'œuvre. Il lui appartient de donner le bon exemple, et d'u-
ser de tous les moyens de persuasion et de contrainte morale pour arracher les hommes au fléau, et pour sauver les
enfants qui sont l'avenir du pays.

 L'éloquence simple et émue de Mme Selmer a vivement impressionné l'auditoire, et nous ne doutons pas qu'elle n'ait
conquis à la cause les femmes très nombreuses qui l'entendaient et qui l'applaudissaient.

VII

Nous avons déjà fait remarquer que le Congrès, élargissant un horizon que trop de réformateurs, surtout en
France, s'acharnent à restreindre, avait fait appel à toutes
les forces capables d'agir dans la lutte contre l'alcoolisme.
Il avait reconnu, comme en font foi toutes les communications adressées spécialement de l'étranger, que, pour amener
l'homme à vaincre cette passion qui le pousse à s'empoisonner, il fallait autre chose que des considérations d'hygiène
ou d'économie. On avait pu constater que, sauf toujours,
hélas ! les associations plus ou moins officielles en France,
partout les sociétés antialcooliques donnaient à la religion un
rôle souvent prépondérant, et jamais ne professaient pouvoir,
se passer d'elle. Cet idéal nécessaire pour soutenir l'homme
contre l'entraînement qui vient de lui-même ou du dehors,
le Congrès l'a entendu solennellement proclamer dans la
séance générale du 5 avril. Deux hommes se sont présentés
de confession religieuse bien différente, mais unis dans une
même conviction sur l'importance de la pensée de Dieu dans
la lutte contre l'ennemi de l'individu et de la société. Mgr Turinaz, évêque de Nancy, et M. Rochat, pasteur suisse, ont
nettement défini le rôle de la religion et du clergé dans le
relèvement social par la guerre faite à l'alcoolisme.

M. Rochat, dans un discours où se révélait un profond
dévouement à l'œuvre dont il est un ardent promoteur, fait
connaître au Congrès le rôle du clergé protestant et les
devoirs qui l'obligent à concourir à la nouvelle croisade. Il
lui a donné pour exemple le Bon Pasteur qui court après la
brebis perdue. L'alcoolisme, en effet, arrache au bercail les
brebis; car il n'est pas seulement un mal social, mais il est
avant tout un mal individuel, une intempérance, un péché.
Aux savants, aux instituteurs, le côté technique; aux ministres des cultes, la partie spirituelle, l'âme du mouvement, la
charge de réveiller chez le buveur l'image du Créateur.
M. Rochat a fait ensuite l'historique de la lutte du clergé
protestant contre l'alcoolisme. Elle a été réellement glorieuse
et féconde, surtout en Angleterre et en Suisse. Cet éloquent
discours, souvent interrompu par les applaudissements de
l'assemblée, s'est terminé par une chaude péroraison sur le
rôle que doit assumer le clergé protestant, et qui est, avant
tout, un devoir de donner l'exemple et de payer de sa personne.

Mgr Turinaz s'est levé à son tour. C'était bien quelque
chose de nouveau que cet évêque catholique paraissant, non
point déguisé, mais revêtu du costume et des insignes de sa
dignité, au milieu d'une réunion composée de croyants d'origines diverses, d'indifférents et sans doute aussi de libres
penseurs. Et cependant, à peine l'évêque a-t-il paru à la
tribune que les applaudissements les plus chaleureux l'ac-
cueillent. Ce n'est pas sans émotion que l'on assiste à ce spectacle d'une assemblée où près de quinze cents auditeurs de
croyances et de conditions très différentes affirment l'union
la plus parfaite dans la poursuite d'un but éminemment social
et patriotique. L'évêque de Nancy n'est pas de ceux qui
cachent ou diminuent la vérité. Il sait la dire et, mieux
encore, il sait la faire accepter, précisément parce qu'il la
présente dans sa force intégrale et dans sa beauté logique. Son
éloquent discours nous a révélé comment on doit aller au
peuple, non pour flatter ses défauts et ses tendances dangereuses, mais pour les corriger avec la tendresse du père et
l'autorité du docteur.

Après un hommage plein de délicatesse rendu à Mᵐᵉ Selmer,

cette « noble femme venue des froides régions du Nord
pour nous apporter les chauds accents de son dévouement »,
à M. le pasteur Rochat qui « a parlé avec l'ardeur de sa
foi chrétienne », à M. le Dr Legrain, « l'intelligent, dévoué
et éloquent président du Congrès », Mgr Turinaz a tracé le
tableau de ce qu'a déjà fait le clergé catholique pour lutter
contre l'alcoolisme. Il a rappelé la grande et noble figure
du P. Mathews et la prodigieuse action qu'il a exercée
en Irlande, en Angleterre et en Amérique. Il a évoqué le
souvenir de Mgr de Laval au Canada, raconté les œuvres
des abbés Lemmens et Vaslet en Belgique, et rappelé un
grand nombre d'actes épiscopaux tendant à la répression
du fléau parmi les catholiques. Puis l'éloquent évêque a
dit pourquoi le clergé devait résolument se jeter dans la
lutte. C'est au nom de la religion, de la charité et de la patrie
qu'il doit combattre pour le salut du peuple ouvrier, et pour
la grandeur et l'avenir du pays. Cette lutte, il la soutiendra
par l'enseignement, par les associations de tout genre, par
l'éducation de la femme rendue capable d'être bonne ména-
gère, et surtout par le sacrifice qu'impose le dévouement à
une grande cause. Et le puissant orateur termine par cette
promesse un discours qui, on le sent, a gagné tous les
cœurs : « Oui, il faut que le clergé soit avec vous et qu'il
vous donne son concours dévoué. Ce concours, soyez-en
sûrs, il vous le donnera ; il sera avec vous dans le travail et
dans la lutte, et un jour il sera avec vous dans la victoire. »
Quand nous avons vu avec quel enthousiasme ce discours
était accueilli, et quelle ovation toute l'assemblée debout
faisait à l'orateur, nous avons compris une fois encore de
quelle puissance et de quelle autorité est armé pour le bien
l'évêque catholique. Et il nous a semblé qu'il était vraiment
à sa place, dans un congrès où il fallait de la lumière pour les
esprits et de la force pour les volontés.

Nous nous reprocherions, puisqu'il s'agit d'idéal, de ne
pas dire un mot de celui que M. Vandervelde, député socialiste belge, est venu présenter au Congrès. Il a d'abord soutenu une thèse diamétralement opposée à celle que les socialistes ont coutume de professer à l'égal d'un dogme ou d'un
principe. « C'est la misère, disent-ils, qui produit l'alcoo-

lisme » ; ou bien : « L'abus de l'alcool est une conséquence
capitaliste et ne disparaîtra qu'avec le système lui-même. » Or,
le député belge établit cette double thèse à l'encontre des deux
autres. « Nous ne pouvons admettre que l'alcoolisme soit,
exclusivement, un effet du paupérisme, un produit de la
misère. » D'autre part : « Il est inexact de prétendre, d'une
manière absolue, que l'abus de l'alcool est une conséquence
du système capitaliste. » Et l'orateur après avoir, d'une façon
très éloquente, étayé ces deux assertions de preuves, dont
toutes n'ont peut-être pas la même valeur, s'est écrié dans
un mouvement fort applaudi : « Il faut un idéal, une mission
quelconque, catholicisme, protestantisme, socialisme, pour
agir efficacement sur les ouvriers. Il faut avoir le courage de
leur dire : Des ouvriers qui se remplissent de genièvre ne
sont pas capables de marcher avec nous à la conquête d'un
monde meilleur. Ceux qui aspirent à la direction morale d'un
peuple doivent se maîtriser tout d'abord.

C'est fort bien dit, mais les journaux de Belgique n'ont pas
manqué d'observer que, si M. Vandervelde regarde l'idéal
catholique comme une des grandes forces capables de moraliser le peuple, il ferait bien, lui et son parti, de travailler un
peu moins à détruire une force qu'ils jugent nécessaire au
même titre que l'idéal socialiste.

Nous arrêtons ici ce compte rendu du VII° Congrès international contre l'alcoolisme, reconnaissant que nous avons
passé sous silence bien des choses dignes d'intérêt. Nous
n'avons rien dit des mesures législatives déjà prises ou qu'il
serait bon de prendre, pour arrêter le progrès du mal. Cette
question était un peu en dehors du programme général et de
l'esprit même du Congrès. Elle pourra faire l'objet d'un travail spécial.

Nous terminons donc en nous associant à la pensée du
Dr Legrain dans l'appréciation qu'il a faite des travaux de
l'assemblée. Tout le Congrès, tout son esprit, toutes ses
tendances, tous ses desiderata tenaient dans ses cinq réunions générales. Elles ont eu un succès que nul ne songe à
contester. Quelques-uns, peu au fait de l'habitude que pro-
fessent les adhérents de s'en rapporter à eux-mêmes pour le

triomphe de la cause, ont regretté que des vœux ne fussent pas émis et que le Congrès parût ainsi manquer de sanction. Ce sont là de généreuses illusions dont l'expérience a démontré le néant. C'est en connaissance de cause que les organisateurs ont mis une digue à ces torrents de conclusions qui submergent les dernières séances des congrès, divisent les congressistes, et fournissent aux cartons à vieux papiers de solennelles résolutions qui n'en sortiront jamais.

Il ne s'agit pas, en effet, dans les Congrès antialcooliques, d'en appeler immédiatement au pouvoir législatif. On y pratique le système individualiste qui fait appel à la conscience de chacun, et, sans nier le devoir des gouvernants ou l'efficacité des lois, travaille à promouvoir avant tout l'effort personnel. Or, il est certain que, pendant les cinq jours qu'a duré le Congrès, il est tombé de la tribune des paroles bien faites pour réveiller le zèle de ceux qui, jusqu'à ce jour, auraient négligé leur devoir, parce qu'ils ne le comprenaient pas dans toute sa gravité, ou parce qu'ils n'avaient pas le courage de l'accomplir dans toute son étendue. Maîtres, élèves, prêtres, pasteurs, hommes et femmes, ont dû se convaincre de la responsabilité qui pèse sur eux, et de l'obligation où ils sont de prendre part à la lutte contre l'ennemi commun. La formation d'une phalange d'hommes résolus à se dévouer sans réserve à la cause des victimes de l'alcool vaut mieux, comme fruit d'un congrès, qu'une proposition de loi qui s'en irait dormir dans quelque tombeau ministériel. Nous sommes sûr que le VIIe Congrès international contre l'alcoolisme aura, au moins, grossi les rangs des hommes décidés à prêcher à leurs semblables le respect de leur dignité, de leur foi, de leur destinée, et l'horreur du poison qui les tue, après les avoir ravalés au niveau de la brute.

Hippolyte MARTIN, S. J.

ENCORE LES FRANCS-MAÇONS

RÉCENTS ET IMPUDENTS MENSONGES

La franc-maçonnerie est pour le moment en mauvaise posture.

Plusieurs ligues, la Ligue de la Patrie française, la Ligue plébiscitaire, la Ligue antisémitique... ont été perquisitionnées, et le parquet coup sur coup les poursuit, les condamne, comme associations illégales en contravention avec le code pénal et la loi de 1834. L'opinion publique, manifestée par les journaux des nuances les plus diverses, s'étonne qu'une autre association, très en vue — la *franc-maçonnerie* — n'ait encore reçu la visite d'aucun magistrat et reste indemne de toute poursuite.

Ému de ces réclamations très naturelles, « un des membres les plus influents du Conseil de l'Ordre du Grand-Orient de France, et l'un des mieux documentés », s'est fait interviewer par le journal *le Temps*, qui s'empressa de « rapporter impartialement ses intéressantes explications » dans son numéro du 8 mars 1899 [1].

Le Temps ne donne pas le nom du membre du Conseil de l'Ordre « des plus influents et des mieux documentés ».

Nous imiterons la discrétion bienveillante du journal. Mais nous tenons cependant à faire savoir que, d'après nos renseignements, le F.·. en question serait un homme de loi [2] assez en vue, qui depuis longtemps s'est donné pour objectif spécial de pousser à la destruction de toutes les congrégations religieuses de France.

Il serait l'auteur, dit-on, de la fameuse *carte* répandue à foison par le G.·. O.·. et montrant la prétendue *augmentation*

---

1. Les *Études* ont reproduit à titre documentaire cet entrefilet du *Temps*. V. le numéro du 20 mars 1899, p. 857.

2. On comprend d'ailleurs que les FF.·. aient choisi un homme de loi pour les défendre sur la question *juridique* de la prétendue autorisation de la franc-maçonnerie comme association.

des biens des congrégations. Cette carte, avec le texte qui l'accompagne, fut louée publiquement dans plusieurs *convents* du Gr.·. Or.·. comme une étude des plus saisissantes sur les richesses des congrégations et du clergé. Elle fut imprimée et distribuée à toutes les loges à l'aide des fonds de propagande maçonnique. Quel qu'en soit l'auteur, ce travail, publié sans nom d'imprimeur par crainte des poursuites judiciaires, est un tissu d'odieux et monstrueux mensonges. Pour exciter contre les religieux la populace ignorante, on exagère leurs richesses d'une façon absolument fantaisiste; on ne dit pas que leurs biens servent à instruire, à nourrir, à soigner, par centaines de mille, des enfants, des vieillards, des orphelins, des malades... On se garde bien de faire savoir que tel banquier juif possède à lui seul cinq ou six fois plus que toutes les congrégations religieuses de France prises ensemble... C'est en un mot une campagne littéralement infâme.

Mais voilà que ces ennemis si acharnés de la liberté des autres, ces pourfendeurs des congrégations religieuses se trouvent obligés de changer rapidement leur fusil d'épaule, quand quelques journaux — très indiscrets — osent venir insinuer que des poursuites ne seraient pas impossibles contre la franc-maçonnerie, contre la *Congrégation laïque du Grand Orient.*

Au nom de ses FF.·., pour défendre sa chère congrégation laïque, le membre « des plus influents, très documenté » du Conseil de l'Ordre et 33ᵉ, se mit donc à composer une plaidoirie *pro domo sua*, où il dit en substance :

« Vous parlez de poursuivre la franc-maçonnerie; vous n'y pensez pas, c'est insensé!... Mais la franc-maçonnerie est une bonne personne, très inoffensive, très douce, très pacifique, très bienveillante pour tous les hommes et toutes les opinions. Elle se trouve être, et de tout temps, en relations amicales avec les divers gouvernements, quels qu'ils soient. — Elle compte des rois et des princes parmi ses membres et ses protecteurs. — Sans doute la grande Révolution française de 1789 et même de 1793 (le bloc) fut notre œuvre, et nous nous en glorifions. Évidemment aussi nous avons eu une influence considérable et déterminante sur tout ce qui

s'est fait en France depuis vingt ou trente ans. Les lois scolaires, militaires, celle du divorce, toutes les autres réformes,
c'est à nous qu'on les doit... Cependant, croyez-le bien, nous
ne sommes constitués que pour l'étude de la morale universelle, nous sommes une association de haute philosophie
pour l'examen des réformes que nécessite le progrès de
l'humanité. La pure théorie, l'idéal transcendant, voilà notre
domaine.

« Car nous proscrivons toute discussion politique, nous
nous tenons à l'écart de toute agitation. Jamais nous ne
nous mêlons à la politique *militante*, jamais nous ne présentons un candidat à quelque élection que ce soit...

« Comment donc théoriciens, philosophes si doux, si pacifiques, si conciliants, pourrions-nous mériter d'être poursui-
vis? D'ailleurs nous sommes légalement autorisés. »

L'illustre membre du Grand Orient n'a pas mis dans sa
harangue le vieux cliché d'autrefois, que la franc-maçonnerie
n'est qu'une société de bienfaisance et de secours mutuel.
Par un oubli regrettable, cela manque au tableau.

Nous ne pouvons pas, dans un travail nécessairement très
court, réfuter toutes les inexactitudes, les erreurs, les mensonges impudents dont le F.·., membre du Conseil de l'Ordre,
a largement pimenté ce que *le Temps* appelle « ses intéressantes explications ».

Nous nous contenterons donc de choisir quelques-uns de
ses énoncés les plus saillants, et nous en prouverons successivement la fausseté par des témoignages et des documents
empruntés le plus souvent aux francs-maçons eux-mêmes[1].

---

1. Nous avons entre les mains le *Bulletin du Grand Orient de France* des
vingt-cinq dernières années, où se trouvent relatées les délibérations du
Conseil de l'Ordre, ainsi que les discussions et travaux des grands *Convents*
de chaque année. C'est tout un arsenal; les agissements de la secte y sont
authentiquement consignés. — Ces deux dernières années le titre de *Bulletin* a été changé en celui de *Compte rendu*. « C'est une modification de
pure forme..., dit le F.·. Dazet au Convent de 1897 ; nous n'avons pas
voulu avoir un journal, *être astreints au dépôt* » (*Compte rendu*, p. 114). —
Dès lors, sur chacun des fascicules se trouve écrit : *Ce compte rendu n'est
pas destiné à être publié;* et il n'est plus déposé à la Bibliothèque nationale.
— Les francs-maçons tiennent donc de plus en plus à tramer dans l'ombre.
« Eh bien, mes FF.·., à quoi bon vous cacher si vous faites le bien ! »
(Paroles du franc-maçon F.·. Goffin dans son journal *la Franc-maçonnerie
belge*.)

I. — *Les Francs-maçons et le Pouvoir*

L'illustre F∴ 33ᵉ commence par nous prôner les *relations amicales* des loges avec les gouvernants sous tous les régimes passés, présents — et futurs sans doute.

« *Sous tous les régimes*, dit gravement notre docteur (ce sont ses paroles textuelles), *sous tous les régimes, la franc-maçonnerie s'est attiré la sympathie des chefs de l'État par la force morale de ses doctrines.* »

Et il donne en preuve le fait qu'un certain nombre de rois et de princes furent et sont protecteurs ou même membres des loges. Le F∴ 33ᵉ pense aussi sans doute, bien qu'il n'ose trop le dire, par pure modestie, que les francs-maçons méritèrent toujours, par leur conduite et leur loyalisme, la bienveillante sympathie des princes et des rois.

Mettons d'abord en regard de ces assertions pompeuses un certain revers de la médaille que le membre du Conseil de l'Ordre laisse ignorer entièrement : c'est que beaucoup de chefs d'État, et non des moins avisés, en monarchie et en république, témoignèrent leur amitié pour les francs-maçons en les proscrivant, les condamnant et fermant leurs loges. Dans son ouvrage : *Acta latomorum* ou Chronologie de la F∴-M∴, le franc-maçon F∴ Thory[1] donne la liste précise et détaillée des interdits, poursuites et condamnations, *au nombre de soixante-dix*, que la franc-maçonnerie eut à subir de 1735 à 1814 de la part des gouvernements.

Ce sont là, ce nous semble, des actes d'une sympathie au moins douteuse.

Quant aux princes ou souverains, assez illusionnés et imprudents pour protéger la franc-maçonnerie ou s'y affilier, voici ce qu'en pense un écrivain dont le membre du Grand Orient ne récusera pas le témoignage.

Dans son *Histoire de la Révolution française* (chap. III), Louis Blanc, l'historien très connu, franc-maçon lui-même, bien informé par conséquent et plutôt favorable à la secte qu'hostile, s'exprime ainsi :

---

1. Les *Annales maçonniques* disent que l'illustre F∴ Thory a mérité par ses écrits un titre éternel à la reconnaissance de tous les maçons de l'univers.

Il plut à des souverains, au grand Frédéric, de prendre la truelle et de ceindre le tablier. Pourquoi non? L'existence des hauts grades leur étant soigneusement dérobée, ils savaient seulement, de la franc-maçonnerie, ce qu'on pouvait montrer sans péril ; et ils n'avaient point à s'en inquiéter, retenus qu'ils étaient dans les grades inférieurs où le fond des doctrines ne perçait que confusément à travers l'allégorie, et où beaucoup ne voyaient qu'une occasion de divertissement, que des banquets joyeux, que des principes laissés et repris au seuil des loges, que des formules sans application à la vie ordinaire, et en un mot qu'une comédie de l'égalité. Mais *en ces matières la comédie touche au drame*, et il arriva, par une juste et remarquable dispensation de la Providence, que les plus orgueilleux contempteurs du peuple furent amenés *à couvrir de leur nom, à servir aveuglément de leur influence les entreprises latentes dirigées contre eux-mêmes.*

Plus récemment, des francs-maçons d'Italie formulent, dans un langage un peu plus brutal, la même pensée que M. Louis Blanc :

Le bourgeois a du bon, mais le prince encore davantage. La Haute Vente [1] désire que sous un prétexte ou un autre, on introduise dans les loges maçonniques le plus de princes et de riches que l'on pourra... Flattez tous ces ambitieux... Faites-en des francs-maçons : ils serviront de glu aux imbéciles, aux intrigants, aux citadins, aux besogneux. Ces pauvres princes feront notre affaire en croyant ne travailler qu'à la leur. C'est une magnifique enseigne. (Lettre à la Vente piémontaise, saisie par la police romaine sous Léon XII.)

Les faits nous montrent réalisées pour « ces pauvres princes » les paroles de Louis Blanc : *En ces matières la comédie touche au drame.*

Oui, les loges sont ordinairement des foyers de révolte et d'opposition contre le pouvoir, et les bouleversements sociaux les plus sanglants, les plus iniques de ces derniers temps ont été tramés dans le secret des loges avant d'éclater au grand jour.

On connaît la déclaration retentissante faite au Congrès de Vérone, en 1822, par le comte de Haugwitz, alors ministre du roi de Prusse, et qui pendant longtemps avait eu la direction supérieure de la franc-maçonnerie en Prusse, en Pologne et en Russie. Dans un Mémoire, lu au Congrès de Vérone, il dit, au sujet de la Révolution française : « J'acquis la ferme con-

---

1. C'est un des noms des arrière-loges maçonniques.

viction que le drame commencé en 1788 et en 1789, la *Révolution française, le régicide avec toutes ses horreurs,* non seulement avaient été résolus alors (longtemps à l'avance), mais encore étaient le résultat des associations et des serments, etc... Cette conviction me fit prendre la résolution de renoncer absolument à la Maçonnerie[1]. »

D'ailleurs, les francs-maçons modernes se glorifient maintes et maintes fois de l'influence décisive des loges sur la grande Révolution. C'est chez eux de la monnaie courante. Au Convent de 1890, le F∴ Fernand Maurice, un des orateurs les plus écoutés, disait : « N'oublions pas une chose, MM∴ FF∴, c'est que la Maç∴ a fait la Révolution de 1789[2]. »

Le F∴ Fernand Maurice et les autres ont parfaitement raison. Les francs-maçons avaient préparé la grande Révolution et, quand elle eut lieu, on les retrouva sur les bancs de la Constituante, de la Législative et de la Convention. « Les trois quarts de l'Assemblée nationale appartenaient à la franc-maçonnerie, et je ne crois pas que l'on puisse citer *un seul* conventionnel qui ne dût son mandat à sa qualité d'adepte. » (*Révélations d'un Rose-Croix,* 1876, p. 50.) Tous ceux qui ont voté la mort de Louis XVI étaient des francs-maçons.

Nous constatons aussi qu'avant 1789 la franc-maçonnerie s'était attiré — sans doute « par la force morale de ses doctrines » — la sympathie de la famille régnante, et Philippe-Égalité fut affilié à la secte, et même grand maître.

---

1. On trouvera ce document dans Claudio Jannet, *les Sociétés secrètes et la société,* t. II, p. 33. Un jésuite autrichien célèbre a prononcé à Vienne, pendant le carême de 1898, les paroles suivantes : « Et ne croyez pas, chers messieurs, que l'influence de la franc-maçonnerie ne s'exerce que contre l'Église. Elle n'épargne pas davantage la société civile. En voulez-vous un exemple ? Le voici. En 1784, il y eut à Francfort une réunion extraordinaire de la *Grande Loge éclectique ;* un des membres mit aux voix la condamnation à mort de Louis XVI, roi de France, et de Gustave, roi de Suède. Cet homme s'appelait Abel. C'était mon grand-père. » Et comme les journaux maçonniques, en tête l'organe juif, la *Nouvelle Presse libre* de Vienne, lui reprochaient son manque de « piété filiale », le prédicateur déclara la semaine suivante qu'il n'avait fait qu'obéir à l'ordre testamentaire de son père, ancien ministre de Bavière, franc-maçon converti, et qu'il réparait ainsi par un *mea culpa* public le mal que celui-ci avait commis.

2. *Bulletin du G∴ O∴,* 1890, p. 500.

Par retour de gratitude pour ces princes et ces chefs d'État, les francs-maçons — ils s'en vantent — provoquèrent les bouleversements qui devaient les renverser. Par un mouvement de sympathie plus grand encore ils votèrent la mort de Louis XVI.

On pourrait démontrer qu'il est dès lors de tradition dans les loges d'avoir, surtout en France, à l'égard des chefs d'État, des sentiments de bienveillance de ce genre-là — plus ou moins accentués suivant les circonstances. — Il suffit de rappeler les événements plus récents avec les aveux mêmes des francs-maçons.

La comédie de quinze ans sous Charles X se termina, on le sait, par la révolution de Juillet 1830, dont les principaux héros furent des francs-maçons. Charles X, retiré à Rambouillet, aurait pu vaincre encore facilement le mouvement insurrectionnel, quand il fut indignement trompé par trois hauts dignitaires de la franc-maçonnerie, le maréchal Maison, MM. de Schonen et Odilon Barrot. On peut voir le récit détaillé de cette trahison dans Louis Blanc : *Histoire de dix ans* [1].

La révolution de Février 1848 avait été décrétée et préparée par le grand Convent maçonnique international, tenu à Strasbourg en 1847 [2]. Il n'y a donc rien d'étonnant que des francs-maçons, comme Crémieux et Garnier-Pagès, soient à la tête du gouvernement provisoire de Paris.

Une députation du Grand Orient de France vint aussitôt, au nom de tous les ateliers du rit, faire acte d'adhésion au nouveau pouvoir. La députation fut accueillie et félicitée par les FF.˙. Crémieux et Garnier-Pagès, *revêtus de leurs insignes maçonniques* [3]. C'est ainsi que les francs-maçons se réjouissent ensemble et comme en famille d'avoir détrôné les d'Orléans, qui cependant furent jadis pour eux assez bienveillants.

Le second Empire du moins qui, d'après le membre du Conseil de l'Ordre, permit aux FF.˙. d'exister légalement, trouva-t-il en eux des amis et non des conspirateurs ? —

---

1. T. I, p. 430.
2. Voir Claudio Jannet, *les Sociétés secrètes et la société*, t. II, p. 281.
3. *Ibid.*, t. II, p. 283.

Hélas ! les enfants de la Veuve sont vraiment des monstres d'ingratitude ! Écoutez plutôt ce que dit au Convent de 1890 l'illustre F.˙. Bordier, orateur de l'Assemblée, dans le grand discours de clôture : « La Maç.˙., dans les dernières années qui ont précédé la chute de l'Empire, n'était à vrai dire qu'une sorte de société secrète s'exerçant sans relâche ni trève à tenter d'arracher au pouvoir les libertés qu'il ne voulait pas donner à la France.

« Et l'histoire dira *de quelle importance ont été les efforts* de cette poignée d'hommes *pour l'obtention si désirée de notre chère République*[1]. »

Ces paroles sont claires et elles expriment la vérité. — Oui, l'histoire dira que le mouvement insurrectionnel du 4 Septembre, qui renversa l'Empire, a eu pour auteurs des fr.˙.-m.˙., et que sur onze membres du gouvernement provisoire, installé alors à Paris, dix appartenaient à la secte.

L'histoire dira aussi quelle est, dans tout l'ensemble et depuis des siècles, la nature des relations *amicales et sympathiques* de la franc-maçonnerie avec les chefs d'État : conspirer contre les gouvernements et les renverser quand ils ne leur plaisent pas, voilà le rôle véritable des loges et leur œuvre habituelle, en France surtout.

Ne faut-il pas avouer cependant que le F.˙. « des mieux informés » a tout à fait raison quand il affirme l'accord parfait, l'entente cordiale entre le *gouvernement actuel* de la France et les francs-maçons, qui n'ont « jamais cessé de demander et d'obtenir la protection gouvernementale » ?

Oui, le F.˙. informé dit vrai sur ce point. Il y a accord... parce que c'est le gouvernement qui obéit à la secte et fait toutes ses volontés. La franc-maçonnerie, comme nous l'avons démontré dans d'autres articles, règne et gouverne en France depuis vingt ans.

Nous n'en redirons pas les preuves trop évidentes. Produisons seulement un argument tout nouveau, une *grande parole* dite au dernier Convent de 1898 par le défenseur du monopole universitaire. Cette parole peint d'une manière vive et originale l'omnipotence présente de la secte en notre pays.

---

1. *Bulletin du G.˙. O.˙.*, août-septembre 1890, p. 589.

Nous citons textuellement.

« Le F∴. GEYER, rapporteur. — Le jour où l'État qui, aujourd'hui, est obligé de faire des concessions pour s'amener des élèves pourra, dans sa libre indépendance, faire de nouveaux programmes de libre pensée, ce jour-là le monopole de l'État sera laïque... COMME L'ÉTAT C'EST NOUS, l'État sera républicain, et nous, républicains et maçons, nous *imposerons* ces réformes [1]. »

Autrefois Louis XIV, ayant conscience de sa puissance absolue, disait : « L'État c'est moi. » Les francs-maçons en sont arrivés là maintenant, et ils trouvent tout naturel de déclarer en plein Convent : *L'État c'est nous.*

Peut-être tous les Français ne sont-ils pas d'avis qu'il en soit et qu'il en reste ainsi.

II. — *La tolérance des FF∴.*

Après avoir dépeint les relations *amicales* de la franc-maçonnerie avec les rois, les princes et tous les gouvernants, le dignitaire du G∴. O∴. de France nous la montre, dans une sphère plus élevée, tout aussi amicale, douce et conciliante pour les idées, pour les opinions philosophiques ou religieuses les plus diverses : elle se fait une gloire de leur sourire aimablement, de les accueillir toutes dans un même et fraternel embrassement.

Écoutez plutôt notre oracle :

La franc-maçonnerie s'adapte à tous les temps et à tous les milieux. Elle n'est pas plus dogmatique dans l'ordre politique que dans l'ordre métaphysique.

Comme nous sommes en France et non pas en Amérique ou en Angleterre, il s'agit pour nous spécialement de la Maçonnerie française, et surtout de celle du Grand Orient qui domine notre malheureux pays.

Eh bien! comment le F∴. 33ᵉ qui a fait les serments de son grade, qui, pour être membre du Conseil de l'Ordre, a dû promettre de se faire enterrer civilement, qui depuis longtemps fréquente les loges, qui a assisté aux derniers Convents

1. *Compte rendu des travaux de l'Assemblée générale*, septembre 1898, p. 313.

et en particulier à celui de 1898, comment peut-il venir nous dire que les francs-maçons du Grand Orient de France ne sont pas des dogmatisants, mais des tolérants, des conciliants ?

Le F∴ 33ᵉ s'imagine donc que les oreilles des naïfs profanes n'entendent absolument aucun écho de ce qui se passe dans les réunions maçonniques, des proclamations libres penseuses, des cris de haine, de persécution, d'intolérance sauvage, qui y sont continuellement à l'ordre du jour ?

Jadis sans doute on lisait dans les statuts même du G∴ O∴ la déclaration suivante :

« Elle (la f∴-m∴) regarde la liberté de conscience comme un droit propre à chaque homme et n'exclut personne pour ses croyances. » Mais le Convent de 1885 a voté la suppression de ce paragraphe, qui ne cadrait plus avec le fanatisme antireligieux devenu à la mode.

Dès lors et actuellement plus que jamais — au Conseil de l'Ordre on le sait — les membres de la Fédération du G∴ O∴ font profession publique d'un dogmatisme très net et très clair. Ils se proclament eux-mêmes libres penseurs[1] jusqu'à l'athéisme, à l'occasion, et au matérialisme. Ils ont au cœur la haine de toute idée, de tout sentiment religieux et plus encore de l'Église catholique ; haine non pas seulement platonique et de pure théorie, mais active, intolérante pour les autres, pratique, légiférante. Cette haine, ils la manifestent toujours et partout avec une âpreté et une violence de véritables forcenés.

Ils sont en proie, dit M. Copin-Albancelli, jadis un des leurs, au vertige de l'intolérance et du fanatisme[2].

Ces dispositions indignent parfois même certains francs-maçons plus calmes et plus humains. Voici ce que disait, dès 1885, au Ch∴ Isis Montyon le F∴ Francolin, nom très connu dans les loges : « On pousse l'intolérance dans les

1. « Nous sommes tous républicains et libres penseurs », disait un dignitaire du G∴ O∴ à un rédacteur du Matin (août 1891). « Assurément nous sommes ici libres penseurs et républicains », disait le F∴ Lehugeur au Convent de 1892 (Bulletin du G∴ O∴, p. 359, etc.).

2. La Franc-maçonnerie et la question religieuse, par M. Copin-Albancelli.

statuts de l'Orphelinat maçonnique jusqu'à exiger des parents, que la pauvreté force à confier leurs enfants à cet établissement, de s'engager à ne leur laisser pratiquer aucun culte religieux, même dans leur domicile, en dehors de l'école! » Le F. Francolin, après avoir cité d'autres actes de despotisme antireligieux, ajoute : « La franc-maçonnerie du Gr∴ Or∴ de France oublie, à mon sens, les traditions de la franc-maçonnerie universelle... *elle va droit au culte de l'athéisme et du matérialisme, culte qui est aussi intolérant que le plus intolérant des cultes religieux.* Elle se sépare de plus en plus de la Maçonnerie du monde entier, *remplaçant la largeur d'idée et la tolérance fraternelle par le fanatisme de la négation*[1]. »

C'est l'état d'esprit du Gr∴ Or∴ de France, vigoureusement dépeint et flétri par un confrère. Cet état n'a fait que s'accentuer ces dernières années. Qu'on en juge par quelques textes et citations :

Le dix-neuvième siècle verra-t-il s'effondrer sous le poids écrasant de la raison déchaînée. cet échafaudage de mensonges, de principes grossiers et de théories scandaleuses qu'on appelle l'Église catholique? Espérons-le, mes très chers frères. (*Le F∴ Chantegrain, directeur de l'école primaire supérieure de Maintenon*, le 8 avril 1888[2].)

Le catholicisme comprend que, dans un avenir peu éloigné, l'Institution maçonnique remplacera l'Église. Il faut se préparer à ce rôle et accepter le combat. (*Le F∴ Victor Jeanvrot, conseiller à la Cour d'appel d'Angers*, au Congrès maçonnique de Nantes, le 25 mars 1885[3].)

Le cléricalisme[4] est l'ennemi du monde moderne; c'est lui qu'il faut terrasser et anéantir. (*Le F∴ Salva, l'oracle alors de la Maçonnerie de Rouen*, août 1886[5].)

Ce ne sont pas là seulement des sentiments individuels et isolés.

---

1. *Chaîne d'union*, journal de la Maçonnerie universelle, janvier 1886, p. 4.
2. *Journal de la Maçonnerie universelle*, 1876, p. 172.
3. *Compte rendu officiel du Congrès*, p. 22.
4. *Cléricalisme*, on ne saurait trop le dire, n'est qu'un terme hypocrite et voilé pour signifier le *catholicisme*. Nous en avons pour preuve les paroles mêmes d'un franc-maçon de marque qui, ce jour-là, eut un peu de franchise : « La distinction entre le catholicisme et le cléricalisme est *purement officielle*, subtile *pour les besoins de la tribune;* mais ici, en loge, disons-le hautement et pour la vérité, *le catholicisme et le cléricalisme ne font qu'un.* » (Paroles du F∴ Courdaveaux à la loge l'*Étoile du Nord* de Lille.)
5. *Bulletin de la Grande Loge symbolique écossaise*, vol. VII, p. 162.

A chacune des Assemblées générales de la Maçonnerie française, à chacun des *Convents* du mois de septembre, le cri de guerre contre l'idée religieuse et contre l'Église retentit de nouveau, et il est souligné par les applaudissements unanimes des délégués de toutes les loges de France.

Entendez d'abord au Convent de 1885 le F.·. Fernand Faure, un orateur d'un talent remarquable, auquel pour ce motif la tâche de faire le discours de clôture fut confiée :

Je dis, MM.·. TT.·. Ch.·. FF.·., que nous devons poursuivre de la façon la plus énergique, la plus constante, dans notre société française, l'*élimination de l'influence religieuse...* Je dis que nous devons éliminer l'influence religieuse sous quelque forme qu'elle se présente, même en dehors et au-dessus du cléricalisme. Je vais plus loin ; nous devons éliminer toutes les idées métaphysiques ou, pour mieux dire, toutes les croyances qui, ne relevant pas de la science, de l'observation des faits, de la seule et libre raison, échappent à toute vérification et à toute discussion. *Ces croyances-là sont une véritable infirmité dans l'esprit de l'homme...* Tout acte de foi en des croyances indémontrées et indémontrables est un acte d'abdication. (*Applaudissements.*)

Puis, après avoir parlé de la propagande à faire contre l'influence religieuse et en faveur de la libre pensée, l'orateur poursuit :

Eh bien, MM.·. FF.·., il conviendrait que la F.·.-M.·. fût l'association des libres penseurs ; il conviendrait que nous fussions, en quelque sorte, *leur association professionnelle,* et je pense que, par ce seul fait, ils pourraient acquérir une grande puissance, leurs forces seraient augmentées dans une proportion véritablement incommensurable [1].

L'impression du discours du F.·. Fernand Faure fut votée d'enthousiasme par l'Assemblée.

Ce que souhaitait en 1885 le F.·. Faure semble s'être par-

---

1. *Bulletin du Grand Orient de France,* novembre-décembre 1885, p. 706. On voit, par les paroles du F.·. Faure, que les francs-maçons, absolument ignares en ces sortes de matières, ressassent l'idée d'après laquelle *foi et religion sont choses indémontrées et indémontrables.* — Suivant eux, les catholiques admettent tout cela à l'aveugle, en vrais imbéciles. Merci du compliment. — Il est évident que ces FF.·., qui se targuent de science, ne connaissent pas même de nom les démonstrations rationnelles de la foi, les traités d'apologétique anciens et modernes écrits par les penseurs et philosophes chrétiens. S'ils y jetaient un coup d'œil, ils pourraient peut-être entrevoir, ce qui est la vérité, que les croyants instruits, bien loin de les abdiquer, usent plus et mieux qu'eux de leur intelligence et de leur liberté.

2. *Bulletin du G.·. O.·.,* 1885, p. 708.

faitement réalisé les années suivantes et maintenant surtout la fédération du G.·. O.·. est devenue l'*association profes-sionnelle de la libre pensée et de la lutte antiréligieuse.*

Convent de septembre 1891 :

Nous avons derrière nous un passé glorieux, nous voyons chaque jour l'idéal de la Maçonnerie se réaliser ; grâce à nos efforts persévé-rants, nous avons fondé définitivement la République en France ; les grands principes de la liberté civile et de la *libre pensée* pénètrent les esprits dans les pays les plus asservis par la tradition despotique, et nous sentons autour de nous les trônes chanceler. On peut entrevoir le jour où la Fédération maçonnique aura fait de l'Europe une Fédération républicaine à son image... (*Applaudissements.*) (*Paroles du F.·. Thulié, président du Conseil de l'Ordre*, maintenant sénateur [1].)

Il paraît bon de recommander aux Loges d'aider l'action des groupes de la *libre pensée*. La *Libre pensée* française compte six cents groupes, *dont la formation est due pour la plus grande partie à la Franc-maçonnerie.* (*Paroles du F.·. Bergère, dont le vœu est adopté par l'Assemblée* [2].)

L'homme se transformera, il chassera de son cerveau la superstition et *s'arrachera à l'hystérie cléricale ;* alors, sans préoccupation d'un avenir hanté par les rêves et *les chimères de nos religions disparues,* il pourra se donner tout entier à faire le bien, à aimer ses semblables, à mettre son intelligence au service de la science, de la justice et de la liberté... (*Applaudissements prolongés.*) (*Paroles du F.·. Girod, orateur du Convent, discours de clôture* [3].)

Convent de septembre 1892 :

En 1892, à la séance de clôture, le F.·. Doumer, député, président de l'Assemblée et appelé depuis à de si hautes fonc-tions, laisse à ses Frères en guise d'adieu ce cri de haine et de guerre contre l'Église catholique :

Le Grand Orient perdrait toute action politique, si les francs-maçons qui le composent, et surtout ceux qui le dirigent, *ne faisaient pas réso-lument face au cléricalisme,* notre éternel ennemi [4].

Convent de septembre 1895 :

Notre Ordre possède un idéal moral particulier et spécial qu'il en-seigne et prêche dans le monde depuis plus d'un siècle, *un idéal moral*

1. *Bulletin du G.·. O.·.*, 1891, p. 286.
2. *Ibid.*, août-septembre 1891, p. 602.
3. *Ibid.*, 1891, p. 645.
4. *Compte rendu analytique de l'Assemblée générale*, 1892, p. 14.

antagoniste à l'idéal moral chrétien. (*Paroles du F.·. Blatin, président du Conseil de l'Ordre*[1].)

Le chef du G.·. O.·. dit donc très clairement que, depuis un siècle, la franc-maçonnerie *dogmatise* bien positivement en fait de morale et prêche une doctrine morale opposée au dogmatisme catholique.

A ce même Convent de 1895 une discussion très curieuse se produisit. La loge de Paris : *Les Amis triomphants*, dans un accès de sincérité et de franchise, proposa à l'article I, § 3, de la Constitution maçonnique, qui se termine par ces mots : « Elle (la fr.·.-m.·.) se refuse à toute affirmation dogmatique », cette addition : « *et considère les pratiques reli-gieuses comme nuisibles au perfectionnement. intellectuel et moral de l'humanité.* » L'adjonction sent bien un peu le dog-matisme, mais puisqu'elle exprime le sentiment général des FF.·. français, pourquoi ne pas le dire dans la Constitution ? — Aussi le vœu fut-il adopté par le Congrès des loges pari-siennes et proposé au Convent de 1895.

Quelle fut la réponse de celui-ci ? Réponse originale. Il repoussa l'adjonction comme *inutile* et *dangereuse*. — *Inutile* : « Je vous assure que ce n'est pas la peine de faire une réimpression de la Constitution pour y insérer cette addition. Nous tous, fr.·.-maç.·., nous reconnaissons les pratiques religieuses comme nuisibles au perfectionnement intellectuel et moral de l'humanité[2]. »

Dangereuse : « Il ne faut pas oublier, MM.·. FF.·., qu'il est plus facile de faire de la franc-maç.·. à Paris qu'en province...

---

1. *Bulletin du G.·. O.·.*, 1895, p. 188. — Déjà au Convent de 1892, le F.·. Blatin avait parlé de « cet idéal moral » maçonnique et avait proféré contre la morale catholique des blasphèmes qu'on nous pardonnera de citer : « La Fr.·.-maç.·., en effet, MM. FF.·., possède une morale d'une nature particulière... qui est nettement l'antagoniste de la morale catholique, car elle exalte ce que le catholicisme condamne et elle condamne ce qu'exalte le catholicisme. (*Bravos.*) Pendant quinze siècles le catholicisme, au nom de sa morale, a prêché l'inégalité des conditions, le mépris des intérêts ter-restres, l'indifférence à la santé du corps, la perpétuité de la misère, l'exal-tation de la fainéantise, il a transformé la saleté en vertu. (*Applaudissements prolongés.*)... Il faut que l'on sache bien que rien n'est si antagoniste de la morale chrétienne que la morale altruiste, que la morale qui sort de nos temples. » (*Bulletin du G.·. O.·.*, 1892, p. 520.)

2. *Bulletin du G.·. O.·.*, août-septembre 1895, p. 310.

Nous pouvons nous, francs-maç.·. de province, *travailler* et nous faire les apôtres des idées républicaines et anticléricales; mais *il est dangereux d'inscrire dans notre Constitution que nous proscrivons toute idée religieuse.* »

« De plus, ajoute le F.·. Bidon, le jour où vous aurez adopté ce vœu et où il fera partie de la Constitution, les *relations extérieures* que la Maç.·. française entretient avec certains GG.·. OO.·. *seront* absolument *supprimées... ce qui nous reste* comme relations *disparaîtra le jour où nous viendrons officiellement* dans notre Constitution *nous proclamer des athées*[1]. »

Ce qui signifie en bon français : Nous sommes vraiment antireligieux et athées, mais ne le disons pas trop haut; cachons notre drapeau pour ne pas effrayer les profanes de France et les francs-maçons de l'étranger !

Chez d'autres, les FF.·. appelleraient cette manière d'agir du vil opportunisme et de la tartuferie.

Avouons cependant que dans ces derniers temps, la violence prenant le dessus, ils craignent moins de se montrer ce qu'ils sont et de déclarer ouvertement la guerre, en pleine Assemblée générale de la franc-maçonnerie, non seulement au vague cléricalisme, mais à l'Église catholique elle-même nettement désignée par son nom.

Au Convent de septembre dernier 1898, déchirant de plus en plus tous les voiles et rejetant toute possibilité d'équivoque, le F.·. Bourceret, 33ᵉ, membre du Conseil de l'Ordre, dans le discours solennel de clôture, dénonce violemment, insulte, flétrit, et l'*Église*, et les *dogmes catholiques.* Voici quelques-unes de ses paroles qui méritent d'être citées :

Il n'y a pas et il ne peut pas y avoir un seul maçon qui n'ait appris dans sa Loge à se prémunir contre l'*œuvre de dépression intellectuelle* que poursuit l'Église dans la société, et cela depuis quinze siècles, et qui ne sache à quels dangers on expose les cerveaux à qui l'on inflige l'*empreinte atrophiante des dogmes catholiques.* (Vifs applaudissements.)

C'est dans la Maçonnerie seule que la vieille doctrine républicaine a été maintenue dans toute sa pureté... Dans tous les autres milieux l'*esprit républicain n'est point adéquat à l'esprit anticlérical.* Dans la franc-maçonnerie au contraire, — et l'on ne saurait trop le répéter, —

---

1. *Bulletin du G.·. O.·.,* août-septembre 1895, p. 311.

le vieil esprit républicain est une et même chose avec l'esprit anticlérical.

A l'œuvre donc, mes FF.·., courageusement et plus étroitement unis que jamais pour préparer et consommer la ruine irrémédiable, définitive du cléricalisme et de toutes les réactions dont il est le symbole détesté. (*Applaudissements prolongés* [1].)

Le discours du F.·. Bourceret a été interrompu souvent par les « tonnerres d'applaudissements » des trois cent cinquante FF.·. délégués de toute la Maçonnerie française, et l'assemblée vota par acclàmation l'impression du discours et son envoi à toutes les loges.

On voit à quel degré de mansuétude et de *tolérance* sont arrivés maintenant les FF.·. et adeptes du Grand Orient.

III

Les citations que nous avons faites suffisent à prouver que les francs-maçons de la Fédération du Gr.·. Or.·. de France sont des dogmatisants, des sectaires haineux, des libres penseurs intolérants et impies, dont le but, la suprême ambition est de détruire l'Église catholique et toute religion, regardées par eux comme des fléaux de l'humanité et des folies, afin d'arriver à mettre en leur place leurs dogmes à eux : la libre pensée et l'athéisme maçonniques.

Mais les FF.·. de la rue Cadet ne se contentent pas, pour répandre leurs théories, de la propagande vulgaire par la presse et la parole ; la douce et persuasive éloquence ne leur suffit aucunement. Leur haine antireligieuse tend à être bien autrement active, efficace, pratique, et, sous son impulsion ils en sont venus à porter l'intolérance pour autrui jusqu'à ses dernières limites. C'est que leur haine, comme ils sont au pouvoir, a pu devenir *légiférante* et, par là même, despotique, cruelle, visant à faire de plus en plus un monceau de ruines de toutes les œuvres, associations, institutions qui ne cadrent pas avec leurs idées.

Nous avons déjà démontré dans d'autres articles [2] la thèse

---

1. *Compte rendu*, 19 au 24 septembre, p. 420 et 425.
2. Voir, dans les *Études*, *la Franc-maçonnerie et le gouvernement de la France*, janvier, mars, avril, juin 1893.

tristement vraie de leurs méfaits législatifs. Nous ne pouvons ici que la résumer rapidement et la compléter sur certains points plus actuels.

Les différentes lois et mesures importantes votées ou décrétées en France depuis vingt ans ont été forgées dans les loges et imposées par elles au pays. Les francs-maçons eux-mêmes l'avouent et s'en glorifient. Or, il suffit d'énumérer la longue suite de ces lois pour saisir toujours et partout leur inspiration et leur but antireligieux.

Nous avons vu l'*athéisme officiel* introduit, la loi du dimanche abolie, les prières publiques supprimées.

Nous avons vu l'*enseignement laïcisé* : plus de religion à l'école, même pour les petits enfants; plus de catéchisme, plus de maîtresses ou de maîtres religieux; l'enseignement public interdit à des milliers de frères et de sœurs comme à des repris de justice; les lycées de filles établis sous l'impulsion du franc-maçon juif Camille Sée...

Nous avons vu l'aumônerie militaire détruite, le divorce rétabli, les sœurs chassées des hôpitaux.

Nous avons vu en 1880 dix mille religieux expulsés par la force brutale, des centaines de chapelles fermées, les FF∴ Ferry, Cazot, Lepère, Grévy exécutant les ordres de la secte.

Nous avons vu la *persécution contre le clergé*, le Concordat devenant une arme de combat, les traitements des curés arbitrairement supprimés, la caserne imposée aux séminaristes et même aux prêtres, la promiscuité des cimetières décrétée, les enterrements civils favorisés, les processions prohibées... le budget du culte catholique réduit de plus en plus.

Nous avons vu le service militaire de trois ans imposé à tous les religieux enseignants, missionnaires, hospitaliers...; des impôts iniques décrétés contre les congrégations pour les ruiner, en attendant qu'on puisse les détruire.

Voilà, indiquée dans ses grandes lignes durant ces vingt dernières années, l'œuvre de la haine antireligieuse des FF∴, haine devenue *légiférante*.

C'est déjà d'une violence et d'une tyrannie étrange de la part de gens qui se disent modérés, tolérants, respectueux de toutes les libertés et de toutes les convictions.

Cependant tout cela ne semble rien encore en comparaison, non pas de la haine, mais de la fureur antireligieuse qui anime les francs-maçons maintenant, et des projets de lois qu'ils viennent d'élaborer ces derniers temps et qu'ils veulent faire voter au plus tôt par le Parlement. C'est, pour tout homme sensé qui y réfléchit, du *despotisme* et du *vandalisme*[1].

N'est-ce pas du *despotisme*, en effet, que leur projet relatif aux fonctionnaires de l'État? Les FF.·. veulent qu'on arrive à dire à tous les fonctionnaires, aux plus élevés jusqu'aux plus humbles : « Les lycées, l'école laïque pour vos enfants, ou la révocation ! » Ce projet de loi a été voté à l'unanimité par le Convent de 1891, puis rappelé souvent dans la suite avec insistance, et encore en 1898. Il est contraire à la liberté de conscience la plus essentielle... Le fonctionnaire chrétien, qui croit et sait que le lycée sera pour son enfant la ruine de la foi et des mœurs, se trouvera donc forcé, ou de sacrifier son enfant, ou de mourir de faim... Ainsi le demande la franc-maçonnerie au nom de la liberté.

N'est-ce pas du *despotisme* plus violent encore et plus étendu, que le projet des francs-maçons relatif aux candidats et aux examens? Ils veulent qu'on dise un jour à tous les candidats aux grandes écoles de l'État, aux fonctions publiques ou même aux plus simples diplômes : « Le lycée, l'école laïque, au moins pendant vos dernières années d'étude, ou bien point de place, point de diplôme, point de carrière pour vous ! »

Ce projet de loi, appelé vœu Pochon, a été voté au Convent de 1891 et repris ensuite chaque année jusqu'à ce qu'il fût présenté à la Chambre.

Il est contraire à tous les principes de liberté, de justice, d'égalité proclamés en 1789, puisqu'on décrète que, d'avoir fait ses études dans une école libre, ce sera à jamais pour des citoyens français une tare, une marque de déchéance et d'incapacité. Mais entendez la réponse péremptoire du défenseur de ce projet de loi au Convent de 1891. Il adjure éloquem-

---

1. Le dernier Convent de 1898 (dont nous avons le *Compte rendu* sous les yeux) rappelle, par le langage violent, haineux, brutal de ses orateurs, les plus beaux jours du club des Jacobins et de la Convention.

ment ses FF.·. de le voter : « Vous avez toujours été à
l'avant-garde de la démocratie, vous avez toujours servi de
guide à nos législateurs. Eh bien ! *indiquez-leur par votre
vote que l'instruction religieuse doit disparaître de la France*[1].»
Ce mot dit tout, c'est là le but que l'on poursuit, et, pour l'atteindre, il est permis de fouler aux pieds tous les droits et
toutes les libertés.

Le Congrès des Loges parisiennes de juillet 1898 précise
encore les choses et nous marque pourquoi les sectaires
tiennent tant à ce que les *dernières années d'étude*, rhétorique et philosophie (le Convent de 1891 dit au moins les
deux dernières années), soient passées par les élèves dans
les lycées de l'État et jamais dans les collèges catholiques.
Sans doute, c'est pour découronner ceux-ci ; mais il y a une
autre raison odieusement antireligieuse.

« Le Congrès des Loges parisiennes émet le vœu que la
fréquentation pendant une année d'une *classe de philosophie*,
classe où les jeunes Français reçoivent une éducation démocratique et *libératrice de leur cœur et de leur esprit*, soit
exigée de tous les fonctionnaires et de tous les futurs officiers[1]. »

On espère donc que, grâce aux dernières années passées
forcément au lycée, et spécialement par l'enseignement philosophique donné alors aux jeunes gens, on arrivera à
« émanciper leur cœur et leur esprit », à tuer en eux la foi et
les vertus chrétiennes, et à en faire des libres penseurs à
l'image des francs-maçons du Grand Orient. C'est de la haine
antireligieuse, c'est aussi du prosélytisme libre penseur introduit dans l'éducation, non plus hypocritement seulement,
mais ouvertement.

On veut en arriver là. « Le fanatisme de la négation »,
suivant l'expression du F.·. Francolin, y pousse les francs-
maçons du Gr.·. Or.·.

IV

Toutefois, au Convent de 1898, on ne se contente pas encore de ces mesures despotiques. Des projets de plus en

---

1. *Bulletin du G.·. O.·.*, août-septembre 1891, p. 474.

plus violents y sont à l'ordre du jour. Ce n'est plus seulement de l'intolérance et de la tyrannie, c'est du *vandalisme*.

A la séance du 23 septembre 1898, vint en discussion, au grand Convent maçonnique de la rue Cadet, la proposition ayant trait à *l'abrogation de la loi Falloux* et au *monopole de l'enseignement par l'État*.

Ces projets de loi ont d'ailleurs déjà été déposés au Parlement par des mandataires du Gr∴ Or∴.

Il s'agit donc tout simplement, ainsi le veulent les doux enfants de la Veuve, de détruire d'un trait de plume des milliers d'établissements libres et d'écoles où, sur toute la surface du pays, sont donnés à une grande partie de la jeunesse française l'enseignement supérieur, secondaire, primaire ; où des enfants, des jeunes gens, des jeunes filles, par centaines de mille, reçoivent une éducation que leurs parents choisissent parce qu'ils en ont le droit et qu'elle leur convient. Cependant tout cela doit être démoli, détruit, anéanti, tout cela doit disparaître pour toujours ; les droits, les intérêts, les œuvres de millions de citoyens français doivent être immolés, foulés aux pieds... pourquoi ?

Le rapporteur de la Commission des vœux au Convent de 1898 va vous le dire :

« Ce n'est un secret pour personne que l'enseignement libre est aujourd'hui complètement aux mains des cléricaux. Ce n'est donc point l'enseignement libre à proprement parler que nous combattons. C'est l'enseignement de la doctrine cléricale. En un mot, celui que nous combattons *c'est l'éternel ennemi*. Cet ennemi, si nous n'y mettons ordre, est bien près de nous envahir... Il nous faut détruire la loi Falloux et restituer à l'État, au nom de la vraie liberté, le monopole de l'éducation[1]. »

---

1. *Compte rendu*, 19 au 24 septembre 1898, p. 300. — Notons en passant, qu'une fois le monopole établi, les francs-maçons, au nom sans doute de la neutralité et de la vraie liberté, rendront l'*enseignement public libre penseur*. « Le F∴ Vars. — Il ne suffit pas que l'État soit le seul enseignant, il faut qu'il imprime à l'enseignement *une direction libre penseuse* et républicaine. » (*Compte rendu*, p. 311.) — « Le jour où l'État, qui aujourd'hui est obligé de faire des concessions pour s'amener des élèves, pourra, dans sa libre indépendance, faire de nouveaux *programmes de libre pensée,* ce jour-là le monopole de l'État sera laïque. » (*Compte rendu*, p. 313.)

La haine antireligieuse, poussée au paroxysme dans le cœur des francs-maçons, devient donc la rage de détruire par la force brutale tout ce qui n'est pas eux.

Il eût été étonnant qu'à propos d'enseignement et d'éducation le Convent de 1898 ne parlât pas des *congrégations religieuses*.

On sait que la franc-maçonnerie est animée contre toutes les congrégations et ordres religieux d'une haine implacable et féroce. Elle en a déjà voté la suppression depuis des années coup sur coup. Voici la motion adoptée par le Convent de septembre 1891 : « Le Convent, par une décision solennelle... invite les FF.·. faisant partie du Parlement à mettre *le gouvernement en demeure* d'appliquer la loi de 1792, qui n'est pas abrogée, et interdit d'une façon absolue toutes les congrégations d'hommes et de femmes. » Le gouvernement obéit actuellement à cette injonction, et la loi sur les associations, qui s'élabore, atteindra le but voulu par les loges.

Ici, remarquons encore les desseins de *vandalisme* brutal et sauvage que poursuivent les FF.·., réputés cependant si doux et si tolérants.

Ils demandent la suppression absolue de *toutes les congrégations d'hommes et de femmes*.

Ce seront donc des centaines, des milliers de maisons religieuses qui devront être supprimées et détruites.

Il en est cependant, sur le nombre, qui ne font certainement de mal à personne : les carmélites, les clarisses, les chartreux. Il en est d'autres qui, aux yeux de tout homme doué de cœur et de bon sens, font du bien : les petites sœurs des pauvres, les filles de la Charité, les frères de Saint-Jean de Dieu. Des malades, des vieillards, des orphelins, par centaines de mille, sont dans ces maisons religieuses soignés, nourris, veillés. Un grand nombre de ces congréganistes se dévouent avec quelque succès au rude labeur de l'enseignement ; d'autres vont, comme missionnaires, porter la civilisation chrétienne et soutenir l'influence française au loin, dans le monde entier. Eh bien, tout cela devra disparaître. L'éducation surtout devra être absolument interdite même à « tout individu *ayant* appartenu ou *ayant été* affilié à une

congrégation religieuse quelconque I ». Ainsi le décréta le
Convent de 1898.

Pourquoi donc cet ostracisme et ces procédés violents
contre toute une catégorie de citoyens français ? Pourquoi,
d'une manière générale, tout est-il permis en fait d'attentat,
de confiscation ou de destruction dès qu'il s'agit des congrégations religieuses ?... Le F.·. Geyer, rapporteur de la Commission des vœux au Convent de 1898, va vous le dire. Son
langage mérite d'être cité et marque bien l'*état mental* des
francs-maçons du Gr.·. Or.·.

Nous ne comprenons pas qu'on vienne nous dire que nous attentons
à la liberté des sociétés et des congrégations religieuses en leur interdisant l'éducation de la jeunesse. *Il ne saurait*, à notre avis, *être question de liberté pour des êtres mutilés et ânonnants* que la nature, ni la
société ne saurait reconnaître. Ces hommes et ces femmes se sont volontairement placés en dehors de la société. Ils ont volontairement
tué en eux la nature. *Il ne saurait être question pour eux de lois sociales et naturelles.* Il ne saurait être question de respecter en eux une
liberté qu'ils ont aliénée au profit d'une collectivité, laquelle n'a d'autre
but que d'étouffer toutes les libertés ou de les faire servir à sa domination.

Et puis quelles garanties ces êtres antisociaux et antihumains
peuvent-ils fournir[2]... ?

Ainsi, *il ne saurait être question pour eux de lois sociales
et naturelles,* les religieux sont des *êtres ânonnants, antisociaux, antihumains...* comme par exemple saint Thomas
d'Aquin, la sœur Rosalie, le P. Lacordaire, le P. de Ravignan... !

Est-ce là le langage d'un habitant de Charenton ou d'un
exalté isolé prêchant dans le désert ? Non ; c'est le langage, ce
sont les idées habituellement reçues et applaudies par les
FF.·. du G.·. O.·.

Aussi comprend-on facilement que des hommes, qui
cependant ne sont point cléricaux du tout, en soient révoltés.

Voici comment M. Jules Lemaître, de l'Académie française,
caractérise ce qu'il appelle l'*esprit maçonnique* actuel :

« Outrages, déni de justice, proscription, mise hors la loi,
tout y est. Voilà comment trente-six millions de Français,

1. *Compte rendu,* 19 au 24 septembre 1898, p. 312.
2. *Ibid.,* p. 304.

qui appartiennent nominalement et sans protestation à
l'Eglise catholique, et dix ou douze millions qui en observent
partiellement ou totalement les pratiques, sont traités par un
groupe de dix-huit mille citoyens (c'est le chiffre approxima-
tif des sectateurs du Grand Orient), dont on ne saurait dire
que la moyenne intellectuelle ou la moyenne morale soient
supérieures à celles du reste du pays (je m'exprime, comme
on voit, avec la plus grande modération). .

« L'état d'esprit maçonnique, c'est le fanatisme dans toute
sa pureté. Le fanatisme consiste à haïr un homme, non pour
le mal qu'il nous fait, mais parce que, comme dit Mardoche,
« nous n'avons pas le cerveau fait de même ». Il consiste par
suite à haïr sans distinction et sans examen des collectivités
dont les membres ont ceci de commun qu'ils pensent autrement que nous...

« Je vois que des millions de braves gens et de simples
femmes, et bon nombre d'hommes, d'intelligence peut-être
aussi distinguée que tels ou tels Vénérables, croient à certains
dogmes : péché originel, incarnation, rédemption, etc. Cela
forme une explication du monde et de la vie, suprascienti-
fique par définition, c'est entendu, mais qui, assurément, a
sa beauté morale et sa beauté émotive. En quoi cela est-il
haïssable ? ou pour mieux dire, en quoi cette conception de
l'univers rend-elle haïssables *a priori* ceux qui la portent
en eux ?

« Et si de cette conception découlent pour eux des règles
de conduite qui les aident à être bons ou moins mauvais et à
supporter la vie, — et cela quand nous ne pourrions leur offrir
à la place que des théories « scientifiques » confuses et bran-
lantes et sur lesquelles à coup sûr ne saurait se fonder une
obligation morale, — *irons-nous les haïr et voudrons-nous les
rayer du nombre des citoyens*, uniquement parce que l'explication du monde acceptée par eux, et qui les fortifie et les
console, renferme une part d'indémontrable et de « surnaturel » ?

« Je vous avoue que ce sentiment me passe.

. . . . , ...

« ... L'esprit maçonnique aspire à la tyrannie... nous n'acceptons pas la tyrannie des Fils de la Veuve. Elle deviendrait atroce s'ils pouvaient tout ce qu'ils veulent[1]. »

Voilà ce que pense l'académicien M. Jules Lemaitre de l'état d'esprit actuel des francs-maçons du Grand Orient et *de leur tolérance*.

Tout observateur impartial et bien renseigné reconnaîtra la vérité, la justesse et le bon sens de ses appréciations.

(A suivre.)   Emmanuel ABT, S. J.

---

1. Dans l'*Écho de Paris* du lundi 20 mars 1899. — Comme conclusion naturelle de sa vaillante campagne contre la franc-maçonnerie, M. Jules Lemaitre a lancé une *pétition* dont nous donnons ici le téxte.

Les soussignés,

Considérant que les sociétés secrètes sont interdites par la loï;

Que l'association dite Franc-maçonnerie est en fait, par ses statuts, et de son propre aveu, une société secrète ;

Que ce caractère secret, délictueux en lui-même, emprunte une gravité particulière à ce fait que la franc-maçonnerie affecte de donner des ordres au gouvernement, d'imposer aux législateurs le vote de projets de loi élaborés par elle, et que son dessein paraît être l'accaparement des pouvoirs publics ;

Qu'elle entretient avec les francs-maçonneries étrangères des relations occultes et, à ce seul titre, suspectes ;

Que la loi doit être égale pour tous ;

Que la conscience publique ne saurait admettre qu'une société politique et secrète bénéficie d'un régime de tolérance, alors que la loi est appliquée à des associations qui agissent à ciel ouvert,

Prient respectueusement M. le garde des sceaux, ministre de la Justice, de sanctionner le principe de l'égalité de tous les citoyens devant la loi, en appliquant aux membres de la société secrète dite Franc-maçonnerie l'article 13 du décret-loi des 28 juillet et 2 août 1848, maintenu par la loi du 30 juin 1881.

LA LIBERTÉ D'ENSEIGNEMENT

ET LE

CONGRÈS DE LYON

I

Il y a dans l'air des menaces contre les collèges libres ; l'illusion n'est plus possible à cet égard. Depuis une dizaine d'années environ, dans la presse, dans les congrès et jusque dans les assemblées parlementaires, certaines gens ne manquent pas une occasion de dénoncer la *loi Falloux* comme un péril qu'il importe de conjurer au plus tôt et à tout prix. Déjà MM. Pochon et Cocula avaient hasardé à la tribune de la Chambre des motions qui n'eurent pas alors beaucoup de succès, mais qui rendirent presque fameux des noms peu faits, semblait-il, pour l'illustration. M. Burdeau ne fut guère plus heureux ; le terrain était encore insuffisamment préparé.

Dès 1891, la question fait un grand pas. M. Charles Dupuy préludait alors à une fortune plus haute dans les fonctions de rapporteur du budget de l'Instruction publique. C'est lui qui, le premier, avait le courage de dévoiler le malaise dont souffraient les lycées et collèges universitaires. Après en avoir indiqué les causes et les remèdes, il terminait sa consultation par ces paroles dénuées d'artifice : « Il y a autre chose à faire ; il y a à supprimer la loi de 1850. Cette loi est mauvaise à peu près dans toutes ses parties. » De nombreux et chaleureux applaudissements saluèrent cette audace, et, à partir de ce moment, on peut dire que la campagne est officiellement ouverte contre une liberté qui, décidément, dépasse la mesure de ce que peut supporter le tempérament de nos modernes jacobins.

Ce n'est pas que cette liberté soit bien grande, ni qu'il y ait beaucoup à faire pour supprimer ce qu'on appelle encore, par habitude, la loi de 1850. Il y a vingt ans, en effet, qu'on s'acharne contre elle ; on l'a démolie pièce par pièce. D'abord tout le titre Ier relatif à l'enseignement primaire a été abrogé en bloc par les lois de 1882 et de 1886. Le reste n'a pas été beaucoup plus respecté, et l'on ne voit guère ce qu'il est possible d'en abolir sans restaurer le monopole de l'État enseignant. En effet, depuis la reconstitution du Conseil supérieur de l'Instruction publique par Jules Ferry, non seulement les évêques en ont été évincés, mais l'enseignement libre lui-même n'y est représenté que d'une façon absolument dérisoire. L'enseignement secondaire ecclésiastique et religieux, qui a au moins autant d'élèves que l'Université, n'y est même pas représenté du tout. Inutile de dire que tout contrôle sur l'enseignement primaire a été enlevé aux curés, puisqu'il ne leur est même pas permis de franchir le seuil de l'école. On ne s'est pas contenté de retirer aux maîtres congréganistes le bénéfice de la lettre d'obédience et celui de l'engagement décennal, mais on les a déclarés incapables d'enseigner dans les écoles publiques, ce qui constitue une véritable déchéance de leurs droits de citoyens. Enfin les décrets de 1880 ont, en fait, interdit l'enseignement aux religieux appartenant à des congrégations non autorisées par l'État; car, s'ils se trouvent plusieurs sous le même toit, exerçant le droit individuel qu'on leur reconnaît, l'association dissoute est censée reconstituée, et le directeur de l'établissement peut être suspendu comme coupable d'*immoralité*.

En un mot, toutes les dispositions de la loi de 1850 qui avaient un caractère d'équité et de bienveillance envers l'Église ont été abolies et remplacées par des privilèges à rebours, c'est-à-dire par des mesures d'exception qui nous frappent en notre qualité de prêtres et de religieux. Ce qui en reste, c'est uniquement la faculté, pour ceux qui n'en sont pas exclus, d'ouvrir à leurs risques et périls, en face des maisons alimentées par le budget, des établissements où ils donneront l'enseignement secondaire d'après les programmes de l'État, sanctionné par l'examen de l'État, devant le jury de l'État; car, sans l'estampille de l'État, savoir et diplômes sont réputés de nulle valeur.

Voilà la liberté qui subsiste encore et qu'il s'agit de supprimer ou de restreindre, si tant est qu'on puisse la diminuer sans l'anéantir.

La raison, c'est que les collèges chrétiens ont eu le tort
de réussir trop bien. En dépit de toutes les entraves, ils ont
soutenu avec avantage la lutte contre les lycées et collèges
universitaires. Chaque année le bilan de l'Instruction publique, présenté à l'occasion du vote du budget, ramène cette double constatation : d'une part, l'effectif de l'enseignement secondaire officiel demeure stationnaire ; de l'autre, celui des collèges libres accuse une hausse constante. Si bien que l'on en
est venu à parler couramment de la crise de l'enseignement
secondaire dans l'Université.

Toutefois, il faut bien le dire, il y a ici une méprise. Le
progrès des établissements libres est plus apparent que réel.
Le rapport de M. Maurice Faure pour le budget de 1899
signale la création de quatre-vingt-dix établissements ecclésiastiques nouveaux de 1890 à 1897. Or, en y regardant de
près, il est aisé de voir qu'il s'agit la plupart du temps d'une
simple transformation. Depuis l'organisation de l'enseignement secondaire moderne en 1891, un certain nombre de
pensionnats de Frères, parfaitement outillés pour donner cet
enseignement, ont été classés comme institutions secondaires. A eux seuls, les Frères de la Doctrine chrétienne possèdent trente établissements de ce genre, comprenant une
population de onze mille élèves, qui ont ainsi passé en masse
dans les statistiques des colonnes de l'enseignement primaire
à celles du secondaire[1]. Il est bien vrai, comme on l'a fait
remarquer à la commission parlementaire, que cette manière
de compter est celle de l'Université elle-même, qui a actuellement dans les lycées et collèges onze cent soixante-huit
classes primaires dont deux cent neuf sont des classes enfantines, généralement confiées à des dames. La comparaison
entre l'Université et l'enseignement libre n'est donc point
faussée par l'introduction de ces nouveaux contingents ; mais
on ne peut pas non plus les donner comme représentant le
gain des établissements libres.
Cette observation, le ministère de l'Instruction publique
était en mesure de la faire bien avant les révélations de l'en-

1. Voir la déposition du F. Justinus devant la Commission de l'enseignement secondaire. (Séance du 24 mars 1899, p. 594.)

quête, puisqu'il a en mains tous les éléments des statistiques. Il aurait ainsi ramené à de justes proportions la marche en avant de l'*ennemi*, et du même coup diminué les appréhensions et calmé les colères.

Mais qui sait s'il n'entrait pas dans ses vues de les laisser s'exaspérer ? Toujours est-il que la prospérité telle quelle de l'enseignement secondaire libre est la véritable, ou, pour mieux dire, l'unique cause de l'orage amoncelé sur sa tête. Il s'est formé de beaucoup d'orgueils froissés et surtout de beaucoup de haines sectaires. L'Université elle-même ne pardonne pas à ses rivaux de la tenir en échec. Je vois qu'on cherche à la mettre ici hors de cause ; ce n'est pas elle qui demanderait à être débarrassée d'une concurrence gênante ; la conscience de sa supériorité suffirait à l'élever au-dessus d'un sentiment aussi mesquin. Pour son honneur, on voudrait le croire.

Malheureusement, les preuves abondent que la haute culture intellectuelle n'affranchit pas ce grand corps des communes faiblesses de l'humanité. Sans doute il compte en grand nombre des hommes à l'esprit large et d'un libéralisme sincère, qui pensent, comme l'un de ses maîtres les plus éminents, que « l'Université souffre encore plus par les conséquences de ses propres fautes que par le fait de ses ennemis[1] ». Il en est qui ont déclaré très nettement que toute atteinte à la liberté des rivaux de l'Université serait funeste à l'Université elle-même. Mais, d'autre part, si l'on en juge par ceux qui parlent ou qui écrivent, il n'est guère possible d'admettre que l'esprit universitaire soit favorable à la liberté d'enseignement. J'en appelle à ceux qui se tiennent au courant des publications relatives aux questions scolaires. Il y a des faits plus significatifs encore que les paroles et les écrits. Au mois de janvier dernier, les agrégés des lettres étaient appelés à nommer un des leurs au Conseil supérieur de l'Instruction publique. En réalité, l'élection s'est faite sur la question qui est à l'ordre du jour, du retour plus ou moins dissimulé au monopole de l'Université. Le candidat timide, qui se

1. Lettre de M. Michel Bréal. *Revue bleue*, 29 avril 1899, p. 518.

bornait à déclarer que ce point n'était pas de la compétence des électeurs ni même du Conseil, a été battu par un collègue qui n'avait pas les mêmes scrupules. Cette élection a passé inaperçue du public comme un incident sans importance de la vie universitaire ; mais, pour ceux qui cherchent à se renseigner, elle est assurément symptomatique de l'état d'esprit du personnel enseignant dans les principales chaires des lycées.

De plus, si nous consultons les catalogues de nos sénateurs et députés, nous y voyons figurer un contingent respectable d'universitaires. Or, c'est un fait digne de remarque, ces messieurs à peu près sans exception comptent parmi les plus violents adversaires de la liberté d'enseignement. C'est toujours eux que l'on voit au premier rang, quand il s'agit de la combattre. C'est un fonctionnaire de l'Université, ex-inspecteur de l'Académie de Paris, M. Levraud, qui a eu le triste honneur de déposer à la tribune de la Chambre le brutal projet de loi pour lequel on a créé la grande commission parlementaire et qui, sans plus de façon, interdit aux prêtres, aux religieux et aux religieuses toute participation à l'enseignement. A peu de temps de là, l'honorable vice-recteur de l'Académie de Paris, M. O. Gréard, dans une réunion du Conseil académique, annonçait que M. Levraud avait, au cours de l'année écoulée, quitté l'Université pour entrer au Parlement, et lui adressait félicitations et remerciements pour ses bons et loyaux services. Assurément, ce n'était là que l'accomplissement d'un banal devoir de politesse envers un collègue dont on se sépare ; mais la coïncidence était peut-être fâcheuse.

En somme, sans vouloir aucunement imputer à l'Université elle-même le mouvement de réaction contre la liberté qui s'opère en sa faveur, on peut bien dire qu'elle a manqué une bonne occasion de se montrer généreuse et fière. Il semble même qu'il eût été habile de sa part de protester énergiquement contre les amis maladroits qui, pour lui assurer la victoire, ne trouvent rien de mieux que de supprimer les concurrents. Nous ne voyons pas qu'elle l'ait fait jusqu'ici.

II

Mais, nous le reconnaissons volontiers, l'enseignement libre a d'autres adversaires que ceux que lui suscite la rivalité de métier; c'est la légion des politiciens qui en sont toujours au mot d'ordre de Gambetta : « Le cléricalisme, voilà l'ennemi. » Or, le cléricalisme c'est l'Église catholique, c'est la religion elle-même. Autrefois, on se défendait de cette confusion; sans jamais définir nettement le cléricalisme, on prétendait séparer sa cause de celle de la religion; aujourd'hui on se gêne moins, peut-être parce que l'on se sent plus fort.

Les hommes qui ont déclaré la guerre à l'enseignement libre ont eu du moins le mérite d'une certaine franchise. Ils ont constaté que cette liberté profite à l'Église; ils vont même répétant avec une insistance marquée qu'elle ne profite qu'à elle seule, parce que seule l'Église est assez puissante pour entretenir des écoles et surtout des collèges; l'enseignement secondaire serait ainsi devenu un monopole à deux, partagé entre l'Église et l'État, par moitiés à peu près égales. Or, c'est là, disent-ils, une situation pleine de dangers, qui ne saurait se prolonger sans compromettre les conquêtes de la Révolution et l'avenir de la République, car l'Église inspire la haine de la Révolution et de la République, outre que, par l'enseignement de ses dogmes, elle « déforme les cerveaux et abêtit l'intelligence. »

Telle est la thèse d'une infinité de gens qui ne croient pas à l'Évangile, mais qui, à part cela, ont la foi singulièrement robuste; elle se résume en un mot : antipathie irréductible entre l'enseignement chrétien et les principes de la société moderne. On nous dit que c'est là une conviction enracinée dans l'esprit d'une multitude d'hommes politiques, éclairés, influents, parmi lesquels sans doute il y a des passionnés et des haineux, mais beaucoup d'autres aussi modérés, sincères et de bonne foi [1]. Cela prouve, pour le dire en passant, que l'enseignement universitaire inspire lui aussi des préjugés

1. Voir *Revue du clergé*, 15 juin. Article de M. l'abbé Gayraud.

qui·ne sont ni moins tenaces ni moins malfaisants que les autres.

Les cris d'alarme poussés périodiquement à la tribune, les sommations adressées au gouvernement par des parlementaires échauffés, les articles de journaux et de revues dénonçant le péril clérical de l'enseignement, accoutumaient peu à peu l'opinion à l'idée d'une revision de la loi de 1850. La liberté de nos collèges, liberté si entamée et si précaire, est entrée trop avant dans le droit public et dans les habitudes du pays pour qu'on puisse l'attaquer sans précautions. On avançait lentement mais sûrement, comme au siège d'une place forte, attendant l'occasion favorable pour l'assaut.

L'occasion parut venir sous la forme de l'*affaire*. La maudite affaire, dont probablement nous ne saurons le fin mot qu'au jugement dernier, a été dès l'abord érigée en machine de guerre par les anticléricaux de toute dénomination, francsmaçons, protestants, libres penseurs, anarchistes, etc., sans parler des fils d'Israël. Jamais coalition semblable ne s'était vue pour invoquer la justice en faveur d'un innocent. Que dans les rangs de cette armée bizarre se soient rencontrés des champions du droit, poursuivant uniquement la réparation d'une erreur judiciaire, personne ne le contestera. Mais à qui fera-t-on croire que tous les contingents aient été rassemblés, disciplinés, maintenus dans l'ordre de bataille par cette préoccupation sublime, qui rappelle les beaux jours de l'antique chevalerie? L'*affaire* est devenue très vite une campagne contre la religion et contre l'armée. Cela malheureusement est clair comme l'évidence; il y aurait de la naïveté à vouloir le démontrer. Les ennemis des collèges chrétiens en ont pour leur compte tiré parti avec plus d'empressement que de loyauté. Comme il y a dans l'armée un certain nombre d'officiers sortis de ces collèges, ils ont attribué à leur esprit de fanatique intolérance la condamnation de Dreyfus. On a eu beau leur dire que tous les juges qui l'avaient condamné, aussi bien que tous les ministres de la Guerre qui avaient ratifié la sentence, étaient élèves de l'Université, ces gens-là avaient leur siège fait. C'était désormais un fait acquis que les Jésuites — entendez : les maîtres de l'enseignement libre — ont cléricalisé l'armée; il n'est que

temps d'arrêter l'invasion du fléau; et on n'a pas l'embarras
du choix des moyens; il faut leur interdire l'enseignement,
ou, ce qui revient au même, fermer à leurs élèves l'entrée de
l'école militaire. Amis et ennemis nous ont annoncé ces représailles; la liberté de l'enseignement chrétien serait la
rançon du jugement qui, à tort ou à raison, a frappé l'officier
juif, et, comme le disait M. de Mun, pour se venger de ceux
qui l'ont condamné, on fermerait les collèges où ils n'ont pas
été élevés.

Déjà le Sénat était entré en campagne. Deux anciens ministres de l'Instruction publique, membres de la haute Assemblée, MM. Combes et Rambaud, avaient rédigé des projets de
loi qui, sous prétexte de réformer le baccalauréat, porteraient
à l'enseignement libre des coups dont il lui serait difficile de
ne pas mourir. La commission nommée pour les étudier a
achevé son œuvre et le rapport du Dr Pozzi, conclut à l'adoption du projet Combes. Il avait même été mis à l'ordre du
jour de la haute Assemblée pour le 27 juin. Mais le ministre
a demandé l'ajournement jusqu'à la fin de l'enquête poursuivie par la commission de la Chambre. M. le Dr Combes a
protesté avec emportement et fait éclater une fois de plus
contre l'*enseignement congréganiste* une animosité qui étonne
de la part d'un homme qui lui doit d'être ce qu'il est. Le projet viendra en discussion à la première séance de la session
d'automne.
Mais, pendant que cette manœuvre s'opérait au Luxembourg,
le Palais-Bourbon, piqué sans doute de s'être laissé devancer, engageait l'action avec un bien autre fracas. Ce qui va
suivre est absolument inexplicable, sans l'intervention de la
puissance occulte qui exerce une influence prépondérante
dans la politique de notre pays et dont Jules Ferry disait : « Il
n'est pas une de nos lois républicaines sur l'enseignement
qui n'ait été préparée et élaborée dans nos loges. »
Au mois de septembre dernier, la *Ligue de l'enseignement,*
œuvre essentiellement maçonnique, à laquelle le Président
de la République offre l'appui de son patronage, tenait à
Rennes son congrès annuel sous la présidence du fr.·. Léon
Bourgeois. Il y fut décidé que le moment était venu de livrer

l'assaut à la loi de 1850, et les fr.∴ du Parlement furent
invités à payer de leur personne avec l'ardeur due à la plus
sainte des causes. En conséquence, le 22 novembre, sans que
rien pût faire prévoir pareil éclat, le député Levraud, au
début de la séance, lisait à la tribune son fameux projet pour
lequel il demandait l'urgence. L'exposé des motifs était
d'une violence, disons mieux, d'une grossièreté de langage
qui rappelle les mauvais jours de la Convention. A vrai dire,
la motion ne fut bien accueillie que sur les confins extrêmes
de la gauche. Le gouvernement, par l'organe de M. Charles
Dupuy, se déroba, s'en remettant à la prochaine loi sur les
associations; l'orateur du parti radical, M. Millerand, déclara
que la question rentrait dans une autre plus vaste qu'il faudrait
enfin aborder, à savoir la séparation de l'Église et de l'État.
Des protestations indignées et de fines railleries se firent
entendre d'autre part à l'adresse des hésitants pris entre
leurs passions sectaires et leurs scrupules devant un attentat
à la liberté trop peu dissimulé. L'urgence fut repoussée, ce
que l'on pouvait prendre pour un signe de réprobation de la
majorité contre le projet Levraud. Sur quoi, une autre proposition, rédigée, séance tenante, était présentée par M. Rabier, se résumant en une formule très simple: Art. 1er. Le monopole universitaire est rétabli tel qu'il fut organisé par
Napoléon. — Art 2. La loi de 1850 sur la liberté de l'enseignement secondaire et la loi de 1875 sur la liberté de l'enseignement supérieur sont abrogées.

Évidemment les députés Levraud et Rabier n'étaient que
des tirailleurs d'avant-garde, et leurs lois d'une brutalité simpliste n'avaient d'autre but que d'amorcer l'affaire. La nomination d'une grande commission de trente-trois membres
avait été décidée au préalable, à laquelle seraient renvoyées
toutes les propositions relatives à l'enseignement. On commença par celles dont la Chambre venait d'être saisie. Deux
ou trois autres y furent ajoutées peu après.

Ici surtout il devient manifeste que la marche en avant
et l'ordre de bataille avaient été parfaitement concertés d'a-
vance. D'ordinaire, ces grandes commissions sont destinées
à enterrer honorablement les questions de quelque impor-

tance qu'on désespère de résoudre. Les débats sur l'Algérie, par exemple, se sont plus d'une fois terminés de la sorte. La grande commission, sitôt saisie, s'occupe si bien de l'affaire, qu'on n'en entend plus parler. Ici, tout au contraire. On a vu une grande commission travailler avec un véritable acharnement. Elle a tout d'abord spontanément élargi son champ d'action ; elle a dressé un questionnaire où rien n'est oublié de ce qui touche à la réforme ou même à la refonte de l'enseignement secondaire. Non contente de provoquer à distance la réponse des intéressés, elle a appelé dans son sein des personnages marquants, de conditions très diverses, pour recueillir de vive voix leurs avis. Du 17 janvier au 27 mars, la commission, présidée par M. Ribot, a tenu trente-huit séances et entendu cent quatre-vingt-seize dépositions consignées dans deux volumes de grand format parlementaire qui comptent ensemble plus de treize cents pages à deux colonnes. Les journaux nous informent qu'un troisième volume renfermant les réponses du personnel de l'Université au questionnaire, vient d'être distribué aux sénateurs et députés. Et la grande commission travaille toujours, à raison de deux séances par semaine !

> Quid tanto dignum feret hic promissor hiatu !

Il est bien à craindre que le plus clair résultat de ce grand labeur soit un amoindrissement de notre liberté, si ce n'en est pas la confiscation. Aux dernières nouvelles qui nous soient parvenues de la commission, le gouvernement, alors encore représenté par M. Charles Dupuy, avait été appelé à faire connaître ses vues. Elles se résumaient en ce mot : Le gouvernement est partisan de la liberté, mais d'une liberté réglementée. On sait trop ce que cela veut dire. L'article premier de la loi proclame la liberté ; les autres la réglementent et l'étouffent.

III

C'est de ces appréhensions, trop justifiées, hélas ! qu'est née l'idée du Congrès tenu à Lyon pendant la semaine de la Pentecôte. Le comité de patronage comptait, à côté de cinq cardinaux et de trente-trois archevêques ou évêques, des sénateurs, des députés, des académiciens, des magistrats connus pour leur dévouement aux intérêts catholiques. Certaines personnes ont exprimé le regret qu'on n'y eût point fait place à des libéraux dissidents et que le Congrès ait ainsi paru dès l'abord se placer sur le terrain religieux et confessionnel. C'était, disent-elles, se priver d'auxiliaires précieux et diminuer d'avance la portée des revendications qu'on allait formuler. Les organisateurs du Congrès ont eu sans doute leurs raisons pour agir comme ils l'ont fait, et nous n'avons pas ici à les discuter. Le choix de la ville de Lyon était indiqué par un glorieux précédent. C'est dans les salons du cardinal de Bonald, archevêque de Lyon, que, en 1843, Montalembert, avec un petit groupe de Lyonnais, avait dressé le plan de la campagne qui aboutit à la conquête de la liberté d'enseignement. Au successeur du cardinal de Bonald revenait de droit la présidence d'honneur de l'assemblée réunie pour défendre la conquête menacée. Le grand orateur catholique, le comte de Mun, avait accepté la présidence effective. Lui aussi était tout désigné pour recueillir la succession de Montalembert.

Les trois jours du Congrès furent des jours bien remplis ; les matières inscrites au programme étaient abondantes, trop abondantes peut-être. A côté de la grande question de la liberté, qui aurait pu suffire, l'ordre du jour amena des rapports et des discussions sur des sujets d'ordre purement pédagogique ; le danger de cette abondance était qu'on ne perdît un peu de vue l'objet propre du Congrès. *Pluribus intentus*..... Mais, avec une insistance pleine de tact et une maîtrise qui fut beaucoup admirée, le président sut ramener les congressistes, même les plus diserts, à la réalité pratique. Il s'agissait de faire une œuvre plus encore que des discours ; on était venu à Lyon pour aviser à défendre une portion du patrimoine de nos libertés, la plus chèrement achetée, mais aussi la plus précieuse; il fallait que le Congrès laissât derrière lui un organisme constitué, vivant et prêt pour l'action. Cet organisme, on l'avait sous la main, l'*Association catholique de la Jeunesse française*, qui déjà avait eu l'initiative du Congrès. Après les éclaircissements nécessaires, un vote unanime lui confia le soin de procurer la réalisation des vœux adoptés à Lyon. Elle constituerait, en faisant appel à toutes les bonnes volontés, un comité central et des comités locaux, lesquels, à leur tour, provoqueraient dans tout le pays une campagne de presse, de conférences, de pétitionnement, et, par tous les moyens en leur pouvoir, s'efforceraient de détourner le péril qui menace la liberté d'enseignement.

Ce résultat du Congrès de Lyon n'a pas échappé aux critiques. Des gens, bien intentionnés d'ailleurs, ont dit que c'était peu; que ni l'*Association de la Jeunesse française*, ni tel autre groupe n'avaient besoin pour aller de l'avant de l'investiture d'un Congrès; qu'il y avait d'autres méthodes meilleures, plus efficaces pour réussir que des appels à l'opinion des masses, assez indifférentes aux intérêts de l'enseignement secondaire. Soit; toute œuvre humaine est défectueuse par quelque endroit, et, si l'on s'attache à relever les imperfections, on est sûr d'avoir toujours de l'ouvrage devant soi. Mais nous avons mieux à faire qu'à discréditer le bien accompli par la perspective du mieux qu'on aurait pu atteindre. Le Congrès de Lyon n'a pas renouvelé la face de la terre; aucun Congrès ne saurait avoir cette prétention. Mais il a attiré l'attention de bien des gens, qui n'y pensaient pas, sur un péril redoutable. Il a fait entendre, lui aussi, un cri d'alarme, qui a retenti au loin. A s'en tenir là, il ne faudrait point regretter la dépense de temps ni d'argent. C'est beaucoup pour enrayer certaines entreprises que de les dénoncer au grand jour; quelquefois, il n'en faut pas davantage.

Puis des hommes actifs et dévoués s'y sont rencontrés, ont échangé leurs idées, se sont encouragés et fortifiés mutuellement par la promesse d'une aide fraternelle; ils sont partis avec la résolution de travailler à une œuvre précise, d'après un plan concerté et des moyens nettement définis. Cela aussi, c'est quelque chose. Maintenant, semble-t-il, notre devoir, à nous tous catholiques, est bien tracé, et il répugne de croire que, pour des susceptibilités plus ou moins avouables, il s'en trouve parmi nous qui refusent de payer de leurs personnes dans une partie où se joue l'avenir de la France chrétienne.

IV

Déterminer un courant d'opinion à l'encontre des entreprises sectaires qui menacent la liberté d'enseignement, tel
est le but que l'on s'est assigné au Congrès de Lyon. Il s'agit,
comme on le voit, de recommencer l'agitation pacifique qui
aboutit après des années d'efforts persévérants à la loi de
1850, avec cette différence à notre avantage que nous défendons un bien en notre possession, et qu'on veut nous reprendre, alors que nos pères avaient à l'arracher des mains
jalouses et toutes-puissantes de l'État. Mais les doctrines au
nom desquelles on prétend nous spolier sont bien toujours
celles que l'on invoquait pour repousser les justes revendications de nos pères. Il y a en particulier deux points, je
dirais volontiers deux erreurs, deux sophismes sur lesquels
il importe de faire la lumière.

Le premier est celui qui consiste à faire de l'enseignement
une fonction de l'État. Il a été convenu au Congrès de Lyon
que l'on éviterait d'attaquer l'enseignement d'État, aussi
bien que d'en appeler au droit supérieur et inamissible que
l'Église tient de son divin fondateur d'enseigner toutes les
nations de la terre. Ces arguments auraient le tort, ou de
n'être pas compris, ou d'irriter certaines gens dont le concours nous est nécessaire. Gardons-nous donc de toute
agression, et ne réclamons rien qu'au nom des principes du
droit public moderne. Mais, raison de plus pour bien définir
les droits de chacun, ceux de l'État aussi bien que ceux des
particuliers.
Comme il se forme des légendes qui n'ont rien de commun avec la vérité historique, il s'établit aussi des croyances
peu conformes aux principes du bon ordre social et politique. Nous faisons à l'État un crédit illimité, dans tous les
sens du mot; ce qu'il fait est bien fait, et il a toujours le
droit de le faire. Pour peu que cela dure, le fait prend la valeur d'un axiome de droit. Un exemple : Voilà bien longtemps
que l'État est chez nous l'unique manufacturier de tabac.
Personne ne songe plus à discuter pareil accaparement. On

aurait l'air d'attaquer un droit régalien. Et cependant il n'est pas dans les attributions naturelles de l'État de manufacturer les tabacs, ni les allumettes, ni l'alcool, ni les porcelaines, ni chose quelconque que les particuliers peuvent fabriquer. En règle générale, toute industrie d'État est un mal, mal nécessaire quelquefois, et tolérable seulement dans la mesure où il est nécessaire.

Or, c'est en matière d'enseignement plus qu'en toute autre que s'est produite l'erreur d'appréciation dont nous parlons. Depuis un siècle que le gouvernement s'est chargé de nous instruire, l'idée de l'État enseignant est si bien entrée dans nos esprits et dans nos mœurs que nous avons peine à comprendre que certains raisonneurs se permettent de la contester. Il y a un ministère de l'Instruction publique, c'est donc que l'enseignement est un service d'État, comme la Guerre, comme la Marine, comme les Postes et télégraphes. Mieux que cela, l'État s'étant attribué la charge de l'enseignement public, on en est venu à le considérer comme la source originaire du pouvoir d'enseigner ; nul ne l'exercera qu'en vertu d'une délégation reçue de lui. Peut-être pourrez-vous enseigner, mais moyennant sa permission ; c'est une concession que vous tiendrez de sa grâce souveraine, un privilège qu'il vous accorde, mais qu'il peut retirer, si tel est son bon plaisir.

Cette extension du droit de l'État en matière d'enseignement a trouvé créance chez nous par suite de circonstances faciles à expliquer. C'est d'abord le tempérament national d'un peuple qui fut longtemps gouverné plus qu'il ne convenait, qui laissa le pouvoir royal absorber les unes après les autres toutes les prérogatives, toutes les fonctions de la vie publique. De là est née cette tendance, si favorable à l'épanouissement du socialisme, à remettre aux mains de l'État tous les services, et à sa providence tous les soucis de la chose publique. Puis, la mainmise de l'État sur l'enseignement n'allait pas sans certains avantages et de nombreuses commodités pour la masse du peuple souverain. L'État, entrepreneur d'instruction publique, vous débarrasse de mille tracas, il prend à son compte les sollicitudes du père de famille pour l'éducation de ses enfants, et, ce qui est mieux

encoré, la plus grosse part de la dépense. Évidemment, le
système était pour réussir. Seulement, on ne remarque pas
que, à se décharger ainsi de ses responsabilités, on aliène
d'autant son indépendance. Toute extension des attributions
de l'État a pour contrepartie une restriction des franchises
de l'individu ; il y a une logique des choses à laquelle on ne
résiste pas, et, quand on a remis à l'État l'éducation, c'est-à-
dire l'intelligence et le cœur de ses enfants, il n'est rien
que, avec le temps, on ne se résigue à confier à ses bons
soins.

Ainsi s'est accréditée chez nous la *légende* qui fait de l'État
l'instituteur-né de tous les jeunes Français. Nous autres, particuliers ou associations libres, nous ne pouvons aspirer plus
haut qu'à être agréés par lui à titre d'adjoints et de surnumé-
raires, sans autres droits que ceux qu'il aura bien voulu nous
concéder.

Voilà l'erreur capitale qui se dresse tout d'abord devant
nous ; c'est ce dogme de contrebande qui barre le chemin à
la liberté. C'est l'obstacle qu'il faut attaquer de front et jeter
par terre avant de pousser plus avant. Tant qu'il subsistera
dans l'esprit public, la liberté n'aura qu'une situation précaire, toujours à la merci d'un retour offensif du despotisme.
C'est pourquoi il faut protester à temps et à contre-temps
contre une théorie malfaisante au premier chef, car jamais la
tyrannie ne saurait avoir à sa disposition d'arme comparable
à celle-là. Il faut en appeler contre elle à l'histoire, au bon
sens, et, à l'occasion même, aux principes abstraits de la
sociologie et de la politique. Oui, que la métaphysique ne
nous fasse pas peur. Après tout, la métaphysique, c'est-à-dire
l'idée, est le refuge du droit contre la brutalité du fait et le
suprême rempart de la liberté contre l'oppression de la
force.

V

La question du droit — il serait peut-être plus exact de
dire du devoir — de l'État en matière d'enseignement public
est une de celles où l'on peut disserter à l'infini. Philosophes, légistes, politiques et théologiens l'ont traitée à des
points de vue très divers et ont donné des conclusions très

discordantes. Nous ne songeons point à aborder le débat. D'ailleurs, à quoi bon ? Il y a en cette matière, comme en bien d'autres, quelques données très simples, très élémentaires, que les subtilités de la discussion peuvent obscurcir, mais point ébranler. C'est celles-là qu'il faut retenir ; elles suffisent à asseoir la liberté sur une base indestructible.

Dans la séance du 27 février de cette année, M. Maurice Faure, rapporteur du budget de l'Instruction publique à la Chambre des députés, fut amené à faire sur le sujet qui nous occupe des déclarations dont il est bon de prendre acte. Je cite l'*Officiel* :

M. LE RAPPORTEUR. — Tandis que l'État soutient, avec tous les vieux jurisconsultes français, que le pouvoir d'enseigner est un droit régalien, une attribution nationale, une délégation de l'autorité politique, le clergé revendique invariablement comme un privilège le droit d'enseigner, dénonçant à ce point de vue le privilège invoqué par l'État comme une véritable usurpation.

Puis, avec une courtoisie dont je ne puis qu'être fort reconnaissant, l'honorable rapporteur me prit à partie comme l'un des tenants de la thèse qu'il répudie.

L'un de vos plus savants polémistes, le R. P. Burnichon, de la Compagnie de Jésus, dans un livre très intéressant, intitulé l'*Enseignement secondaire et ses rivaux*[1], dénie à chaque page à l'État toute compétence en matière éducatrice.

« C'est surtout en matière d'enseignement, dit-il, que l'État, chez un peuple libre, devrait s'estimer heureux qu'on n'eût pas besoin de lui, se bornant à surveiller discrètement, à aider et encourager par tous les moyens les individus et les associations qui remplissent une fonction si utile et si délicate. »

M. LE COMTE DE LANJUINAIS. — C'est très bien, cela !

M. GAYRAUD. — Voilà la liberté.

M. LE RAPPORTEUR. — Et plus loin, voici une citation, non moins caractéristique :

« L'État maître d'école, écrit-il, surtout l'État maître de pension, fait une besogne pour laquelle il n'a pas compétence et qu'il devrait, dans l'intérêt général, laisser à l'initiative des citoyens. » (*Exclamations ironiques à gauche.*)

M. GAYRAUD. — Il n'y a pas de doute là-dessus.

M. LE COMTE DE LANJUINAIS. — C'est la doctrine de la liberté.

---

1. Le titre du livre est : *l'État et ses rivaux dans l'Enseignement secondaire*. Poussielgue, éditeur.

M. LE RAPPORTEUR. — On ne saurait condamner en termes plus nets l'enseignement actuel de l'État[1]...

Voilà la situation nettement accusée. Pour l'honorable rapporteur et la grande majorité de nos représentants « le pouvoir d'enseigner est un droit régalien, une attribution nationale » ; un citoyen ne peut enseigner qu'en vertu d'une « délégation de l'autorité politique ». Nous, au contraire, nous disons : Non, l'État n'est pas par nature un pouvoir enseignant; l'enseignement et l'éducation ne sont point par leur essence une fonction d'État, mais une fonction familiale, une attribution, non pas de la puissance politique, mais de la puissance paternelle. C'est aux parents et non pas à l'État qu'incombe le devoir et qu'appartient le droit d'élever leurs enfants, et, par suite, si d'autres assument cette charge, ce sera en vertu d'une délégation du pouvoir paternel et non pas du pouvoir politique. Autrement, il faut dire que les enfants appartiennent à la nation avant d'appartenir à leurs parents. C'est la conséquence à laquelle on est acculé par une logique implacable quand on a proclamé le droit souverain de l'État en matière d'enseignement ; c'est la doctrine monstrueuse de la cité païenne, formulée par Lycurgue et Platon, refoulée dans l'ombre par cette divine déclaration des droits de l'homme qui s'appelle l'Évangile, doctrine qui a fait de nouveau son apparition avec Rousseau et Robespierre et que l'on a entendu, il n'y a pas bien longtemps, tomber des lèvres d'un des modernes jacobins du Conseil municipal de Paris.

Voilà, à notre avis, une de ces données très simples, très élémentaires du problème, sur laquelle nous pouvons avec confiance en appeler au bon sens, à la raison, et à cette autre lumière qui ne trompe guère, le sentiment intime des droits et des devoirs de la famille.

M. Maurice Faure appuie sa thèse sur l'autorité des vieux jurisconsultes. C'est chose vraiment singulière que la vénération professée par des républicains libéraux pour ces revenants d'un autre âge. Les légistes français, depuis Philippe

1. *Chambre des députés.* Séance du 27 février 1899, p. 519.

le Bel, se sont appliqués à élargir en tous sens la prérogative royale au détriment des libertés publiques. Rien de plus
vrai, malheureusement. Ces théoriciens de l'absolutisme ont
revendiqué pour le pouvoir royal bien d'autres attributions
que le contrôle de l'enseignement. Ce sont eux qui, par leur
acharnement à ressusciter au bénéfice de la royauté les pratiques et les maximes du césarisme romain, sont parvenus à
confisquer une à une toutes les franchises traditionnelles et
à installer l'autocratie de l'ancien régime au lieu et place
de la monarchie chrétienne du moyen âge. Œuvre néfaste
à laquelle nous devons, et les terribles réactions qu'elle a
rendues inévitables, et ce malaise social, passé chez nous à
l'état chronique, provenant de ce que ni l'autorité ni la liberté ne savent se contenir dans de justes limites..

Sous l'impulsion des théories césariennes, le pouvoir royal
s'arrogea en effet sur l'instruction publique un droit souverain qu'il n'avait nullement connu à l'origine. Il en vint à
contrôler l'enseignement des universités ; au nom du roi, les
parlements, transformés en conciles, se faisaient juges des
doctrines, imposaient les unes, condamnaient les autres.

En même temps l'ouverture des établissements d'instruction, ou du moins des collèges, aussi bien que l'admission
des maîtres au droit d'enseigner, était soumise au *placet*
royal. Mais, si envahissant qu'il fût, jamais l'État, sous l'ancien régime, n'imagina de s'attribuer à lui-même la fonction
éducatrice. A cet égard, M. Maurice Faure fait une confusion,
quand il parle de « la lutte acharnée que se sont livrée à travers les âges l'enseignement de l'Église et l'enseignement de
l'État ». L'idée de l'enseignement d'État date du protestantisme ; c'est Luther qui suggéra aux princes de se faire
maîtres d'école chez eux pour imposer la Réforme. Chez
nous, l'idée n'apparaît pas avant la Révolution, et encore elle
eut de la peine à vaincre la résistance des libéraux de la première heure. Mirabeau la repoussait de toute son énergie ;
« Aucun pouvoir permanent, s'écriait-il, ne doit avoir à sa
disposition une arme aussi redoutable que celle de l'éducation. » La Convention n'eut pas les mêmes scrupules ; c'est
dans son sein que l'enseignement d'État a pris naissance.
Napoléon, lui, fit mieux encore ; l'État, c'était lui ; il ne de-

vait pas y avoir d'autre enseignement que celui de l'État. Une fois établi, le système parut bon; c'était un merveilleux instrument de règne; les pouvoirs qui se succédèrent n'eurent garde de s'en dessaisir, et c'est quand on voulut le leur arracher que les doctrinaires comme Dupin, Villemain, Cousin, Troplong, pour donner au fait une base juridique, osèrent soutenir que l'enseignement est un attribut de la souveraineté.

Tels sont, réduits à de justes proportions, et l'argument historique, et l'autorité « des vieux jurisconsultes français » que l'on invoque à l'appui des intolérables prétentions de l'État.

Toutefois, je n'ai point dénié à l'État, comme l'affirme M. Maurice Faure, « toute compétence en matière éducatrice ». Le mot *compétence* prête à l'équivoque; disons plutôt : *droits* et *devoirs*. Assurément, les uns comme les autres assignent à l'État un rôle considérable sur le terrain de l'enseignement. Nul ne conteste qu'il ait à exercer une surveillance sur un service public qui intéresse si grandement le bien général. Il veillera donc pour réprimer et prévenir tout ce qui serait dommageable au point de vue des bonnes mœurs et de l'hygiène, aussi bien que ce qui serait contraire à la Constitution et aux lois.

Mais nous ne limiterons pas son rôle à cette fonction de simple police. « Les vraies fonctions de l'État, selon la formule de Le Play, sont celles qui ne peuvent être exercées ni par l'individu, ni par la commune, ni par la province. » Par suite, il semble bien qu'il y ait place dans nos sociétés modernes pour un enseignement d'État, c'est-à-dire un enseignement organisé par l'État, en vue de nécessités spéciales auxquelles les ressources ordinaires ne peuvent suffire. Son rôle est un rôle de suppléant, dans les cas où l'initiative des particuliers ou des autres organismes sociaux est impuissante. En dehors de là, il fera mieux de s'abstenir. Car, on me permettra de le répéter : « C'est surtout en matière d'enseignement que l'État, chez un peuple libre, devrait s'estimer heureux qu'on n'eût pas besoin de lui, se bornant à surveiller discrètement, à aider et encourager par tous les moyens les individus et les associations qui remplissent une fonction si utile et si délicate. »

Cette manière de penser et de dire provoque, paraît-il, les rires ironiques des singuliers libéraux qui nous gouvernent, mais elle est universellement admise dans des pays comme l'Angleterre et l'Amérique où on écrit moins que chez nous le nom de la liberté sur les murs, mais où on la pratique davantage.

C'est chose vraiment instructive, mais combien étonnante pour des Français, que la timidité avec laquelle les pouvoirs publics de l'autre côté de la Manche abordent les questions scolaires, alors même qu'ils y sont contraints par un courant d'opinion. On voit qu'ils se sentent là, non pas sur le domaine de l'État, mais plutôt sur celui de la libre initiative, où les susceptibilités anglo-saxonnes sont si ombrageuses. Rien ne prouve mieux que cette réserve combien le sens de la liberté est profond dans cette race et avec quel instinct perspicace elle veille à ne pas la laisser entamer. L'État, en effet, ressemble à beaucoup de gens pour qui, en face de certaines convoitises, il est d'ordinaire moins difficile de s'abstenir que de se modérer. Du moment qu'il est admis à prendre sa part, non seulement il prend la plus grosse, qui lui revient, car il s'appelle lion, mais il les prend toutes, parce qu'il est le plus fort. Le grand danger de l'État qui se fait industriel ou commerçant, c'est qu'il vise au monopole. L'État n'est pas un concurrent comme les autres; le sentiment de sa dignité et surtout de sa force ne lui permet pas de supporter ses rivaux; il veut être le seul.

Cette démangeaison est particulièrement irrésistible quand il s'agit d'enseignement. Nous ne le voyons que trop chez nous. Au temps où l'État s'appelait Napoléon, il prit tout. Plus tard, il dut partager avec les citoyens qui avaient faim et soif d'un peu de liberté. Naturellement, il a gardé la grosse part : le budget, les maisons, les programmes, les examens. Cela ne lui suffit pas; tant qu'il n'aura pas tout, il lui manquera quelque chose.

Aussi, rien n'est épargné pour écraser les rivaux. D'après la loi, il existe dans le pays deux sortes d'enseignement, l'un organisé par l'État, l'autre par les particuliers; l'un est officiel, l'autre est libre, mais d'ailleurs celui-ci est aussi national que celui-là. Ainsi le veut le bon sens, ainsi le veut la langue elle-même. Supposez que l'État se mette à fabriquer du sucre, celui des usines particulières serait-il moins national que celui du gouvernement ? Mais non ; du moment qu'il s'agit d'enseignement, c'est autre chose. Il n'y a de national, paraît-il, que l'enseignement distribué par l'État. Question de mots, dira-t-on peut-être. Soit; mais non pas de mots vides de sens. On nous le fait bien voir. L'État ne reconnaissant comme enseignement national que le sien, celui qui est donné par d'autres est à ses yeux non pas un auxiliaire, non pas même un concurrent, mais un étranger et un ennemi. Il n'y a qu'une attitude possible à son égard, la guerre, et la guerre jusqu'à extermination. C'est ainsi que l'on fonde et que l'on entretient sur les ressources du budget des établissements qui n'ont pas d'autre raison d'être que d'empêcher l'établissement libre voisin de prospérer, et, s'il se peut, de le faire périr. Ainsi, pour citer un exemple topique, l'État s'est empressé de créer à Lille une école de médecine, puis une école d'arts et métiers, dont le besoin ne se fit sentir que le jour où l'on vit s'élever dans cette ville une école libre de médecine et une école libre d'arts et métiers.

VI

L'État aspire au monopole, et c'est au monopole qu'on nous ramène. Il existe de fait pour l'enseignement supérieur ; il existe presque pour l'enseignement primaire. Entre ces deux extrêmes, la liberté s'était fait une part assez belle. Cela ne saurait durer plus longtemps. Les appétits de l'État nous sont révélés par ses amis avec une naïveté qui ferait rire, si le rire était possible en pareille matière. Comment ! l'enseignement secondaire libre se permet d'avoir autant d'élèves que l'enseignement d'État ! C'est une situation intolérable. Et nous sommons le Gouvernement de prendre les mesures nécessaires pour la faire cesser.

Voilà un langage qui, depuis quelques années, se fait entendre à la tribune de la Chambre et du Sénat avec des variantes, et sur un ton plus ou moins violent, selon le tempérament des orateurs.

Ah! si les collèges libres se contentaient de recevoir les déchets de l'Université; si l'on en rencontrait seulement quelques-uns çà et là, vivotant comme de pauvres plantes souffreteuses, et faisant ressortir, par leur aspect miséreux, l'air de santé des lycées de l'État, tout serait pour le mieux et ils pourraient achever de mourir en paix. Mais puisqu'ils s'avisent de faire à l'État une concurrence indécente, on saura bien les faire rentrer dans leur poussière.

Oui, c'est le monopole qu'il s'agit de restaurer, monopole honteux, qui renie son nom et cache sa figure sous un masque, parce qu'on ne voudrait pas de lui, s'il se présentait tel qu'il est. On nous prépare quelque chose de très hypocrite; on veut avoir la chose en rejetant le vocable; mais on a beau s'en défendre et se mettre martel en tête pour expliquer au public comme quoi vous êtes toujours libre, quand on vous a lié bras et jambes, c'est le monopole qu'on nous ramène, qui est à nos portes, le hideux monopole, aurait dit Mirabeau.

Monopole, du moment que l'égalité de sanction n'existe plus. Les maîtres universitaires délivreront à leurs élèves des certificats d'études qui auront toute la valeur du baccalauréat; les élèves des collèges libres auront à subir l'examen comme par le passé.

Monopole, à plus forte raison, si l'on est obligé de passer deux ou trois ans dans les établissements officiels pour pouvoir se présenter aux grandes écoles ou aux fonctions publiques. Parler encore de liberté dans cette hypothèse est une dérision amère et insultante, que l'on pardonne aux politiciens, mais que les écrivains universitaires devraient nous épargner. Vous êtes libres de faire élever vos fils où bon vous semble; mais si ce n'est pas chez nous, ils subiront la *deminutio capitis*; ils ne pourront être ni officiers, ni fonctionnaires, pas même gardes-champêtres. Il leur restera les professions libérales : avocats, médecins, ingénieurs. Est-ce bien sûr? Tous ces gens-là ne sont-ils pas quelque peu fonctionnaires? Prêtres? Mais rien de plus fonctionnaire que les prêtres. Quand l'État aura pris les chemins de fer, ils ne pourront pas même être hommes d'équipe. En démocratie, la liberté ne se conçoit pas sans l'égalité. Du moment que l'usage de ma liberté me fait perdre une part du droit commun, ma liberté n'est qu'un leurre.

La meilleure preuve que l'enseignement d'État tend au monopole, et que nous sommes menacés du retour au monopole, c'est l'accusation qu'on jette à l'enseignement libre de briser l'unité morale du pays. Si l'accusation est fondée, la liberté d'enseignement constitue un péril national. Il faut, même à l'encontre de ses répugnances personnelles, sacrifier la liberté sur l'autel de la patrie. C'est là le grand argument que l'on invoque à l'heure présente pour abolir la loi de 1850. C'est le second sophisme, très spécieux, à l'aide duquel on soulève le patriotisme lui-même contre la liberté. Nous l'examinerons dans un prochain article.

Joseph BURNICHON, S. J.

SAINT FRANÇOIS DE SALES

ET LA

PRÉDICATION AU XVII° SIÈCLE

A PROPOS D'UN OUVRAGE RÉCENT [1]

I

Sans revenir sur la critique d'ensemble dont l'ouvrage de M. Strowski a été dernièrement l'objet dans les *Études*[2], nous nous proposons ici d'étudier, à l'occasion d'un des plus importants chapitres, une question très controversée : Quel est le caractère et quelle fut l'influence de la prédication de saint François de Sales ?

Nous ne prétendons point d'ailleurs la trancher.

L'opinion a été longtemps défavorable à l'évêque de Genève. « Les latinismes, les trivialités, les métaphores interminables, tous les défauts du vieux style joints à la fadeur du goût présent, se retrouvent dans ses sermons », écrivait Fremy, il y a un demi-siècle[3].

Avec M. Robiou se produit une complète réaction. Si dans l'oraison funèbre du duc de Mercœur et le sermon pour l'Assomption, deux des principaux discours et les seuls imprimés du vivant de François de Sales, il trouve encore des traces de subtilité, il est frappé du sentiment poétique, de la grandeur et même de la magnificence du style ou de la pensée alternant avec la simplicité du langage. La chaleur du pathétique lui semble à désirer ; « mais la langue est *par-*

---

1. *Saint François de Sales. Introduction à l'histoire du sentiment religieux en France au XVII° siècle*, par Fortunat Strowski, ancien élève de l'École normale supérieure. Paris, Plon, 1898. In-8. Ouvrage couronné par l'Académie française.

2. *Études*, 5 juin 1899, p. 656. — Voir aussi, dans l'*Univers* du lundi 19 juin notre article intitulé : *Un nouveau critique de saint François de Sales, M. Fortunat Strowski*, et le compte rendu de M. l'abbé Urbain dans la *Revue du clergé français* du 1er octobre 1898, p. 244.

3. Arnould Fremy, *Essai sur les variations du style français au XVII° siècle*. Paris, 1843. In-8, pp. 48.

faite, l'élévation constante et le goût *irréprochable*, presque
d'un bout à l'autre[1] », dans l'oraison funèbre « prononcée en
la grande église de Nostre-Dame de Paris, le 27 avril 1602,
par Messire François de Sales, coadjuteur et esleu evesque
de Geneve[2] ».

Cette réaction était excessive. M. P. Jacquinet, dans sa
thèse soutenue en 1863 sur les *Prédicateurs du dix-septième
siècle avant Bossuet*, consentit à admettre que l'aimable génie
de saint François de Sales, même en ses parties quintes-
senciées, « est très supérieur à ces orateurs du temps, tels
que les Pierre de Besse, les Seguiran, dont il suit alors la
manière[3] »; mais ce n'est point par ses sermons qu'il le voit
dominer la littérature de son époque, et il explique par de
bonnes raisons, telles que la différence des genres, pourquoi
ses autres écrits de piété échappent aux imperfections de sa
prédication[4]. Là il créait; ici il imitait.

Les sujets vont nécessairement en se circonscrivant.
M. l'abbé Adrien Lezat, dans sa thèse datée de 1872, limite
ses recherches à *la Prédication sous Henri IV*, et, en saint
François de Sales, il ne considère ni le doux prélat, ni le
moraliste pénétrant, ni le charmant et original écrivain, mais
seulement l'orateur. De l'orateur même il veut surtout savoir
« s'il a été et en quoi il a été utile au progrès de la prédication[5] ». C'est encore la question ouverte aujourd'hui. Combattant les conclusions de M. Jacquinet qu'il juge trop
sévères, l'abbé Lezat donne à saint François de Sales une
sorte de lignée littéraire, dont les principaux représentants
sont Camus, Fenouillet et Molinier; le premier, disciple abondant et médiocre; les deux autres, plus dignes du maître,
quoique d'un talent moins fleuri.

Aux chapitres perdus dans les ouvrages de critique ou
d'histoire littéraire succède un livre entier. Et c'est deux ans
seulement après la thèse de l'abbé Lezat, que, devant les

---

1. Robiou, *op. cit.*, p. 311.
2. *Orayson funebre*. Paris, Rolin-Thierry, 1602.
3. P. Jacquinet, *Des Prédicateurs du XVII⁰ siècle avant Bossuet*, 2⁰ édit.
Paris, 1885. In-8, pp. 85.
4. *Ibid.*, p. 78.
5. Adrien Lezat, *De la Prédication sous Henri IV*. Paris, 1872. In-8,
p. 212.

mêmes juges de la Sorbonne, M. l'abbé Sauvage soutient sa
thèse de doctorat sur *Saint François de Sales prédicateur*.
La question semble momentanément épuisée par ses conclusions que voici : « Comparés à ses autres ouvrages, les sermons de saint François de Sales sont d'une infériorité relative[1]. » Mais tout en constatant que le dix-septième siècle,
épris d'un autre idéal, sembla bientôt l'oublier, l'abbé Sauvage assure que « par ses qualités littéraires, François de
Sales se montra à la hauteur de sa mission, et fut un promoteur de la réforme future. Il avait, dit-il spirituellement, fait
à tous ce dont se plaignait un de ses auditeurs, beaucoup de
bien, et un mal dont on ne guérirait plus, il avait dégoûté des
autres prédicateurs. Les restes des vieux abus disparaîtront
avec la génération qui s'en va... la dignité de la chaire est
retrouvée, le fond de la vraie prédication est fixé[2]. » Dès lors
peu importe que le dernier hommage rendu à l'écrivain éclipsé
par Corneille et Descartes soit l'acte de l'Académie française
qui, en entreprenant son Dictionnaire, rangea encore sa prose
parmi les modèles de notre langue, et que le dix-huitième
siècle ne se soit guère plus occupé de saint François de
Sales que d'Amyot ou de Coëffeteau.

Après l'abbé Sauvage, nous devons mentionner encore le
plus autorisé des modernes appréciateurs du talent de saint
François de Sales. Le futur évêque d'Angers, Mgr Freppel,
alors professeur d'éloquence sacrée à la Sorbonne, n'avait
point manqué dans ses conférences sur Bossuet de lui donner
une place honorable parmi les précurseurs du maître à venir.
Ami des parallèles, le sermon sur l'Assomption l'amena à
rapprocher l'évêque de Genève de l'évêque de Meaux;
comme, à propos des lettres, il compara François de Sales
et sa spirituelle parente Mme de Sévigné. « Un sens plus
droit, un goût plus vif, plus délicat, faisait trouver comme
par instinct à François de Sales, ainsi s'exprimait l'éminent
conférencier, le premier mot de la réforme que Bossuet re-
prendra pour l'achever avec l'autorité du génie[3]. »

1. *Saint François de Sales prédicateur*, par l'abbé H. Sauvage. Paris,
1874. In-8, p. 15.

2. *Ibid.*, p. 265-267.

3. *Bossuet et l'éloquence sacrée au XVIIe siècle*, par Mgr Freppel. Paris,

Mais tous ces critiques ne formulaient leur jugement qu'avec une certaine réserve. Ils n'osaient se fier aux éditions imprimées des sermons du saint, et les autographes se cachaient. En 1896 seulement a commencé de paraître une édition authentique et, autant qu'on peut l'affirmer en pareille matière, définitive, l'édition d'Annecy. Entreprise, il y a moins de dix années, cette publication monumentale qui comprend déjà dix volumes est un vrai chef-d'œuvre d'érudition. Les tomes VII à X contiennent les sermons et sont la partie la plus neuve de cette édition, qui annule simplement les anciennes. Rappelons seulement pour mémoire que l'abbé Migne remplissait les canevas de saint Francois de Sales !

Le principal mérite de ce travail ne consiste pourtant, à notre avis, ni dans sa scrupuleuse exactitude ni dans ses trésors d'inédit, — quatre-vingt-six pièces sur quatre-vingt-quinze dans le seul tome II ; — son meilleur titre à la reconnaissance des critiques est l'établissement de la *chronologie* des sermons. Saint François de Sales n'assurait-il pas que la sainteté consiste à mettre toute chose à sa place? Et n'en pourrait-on pas prétendre autant de la valeur d'une édition d'œuvres oratoires? Comment observer, sans ce classement rigoureux, le développement graduel du talent d'un maître de la parole? Comment, hors de cette gradation, ne pas s'exposer à maint jugement erroné? Telle expression, charmante dans la bouche encore naïve de François sous-diacre ou jeune prévôt, ne semblera-t-elle pas mièvre et affectée sur les lèvres de l'évêque de Genève et du prédicateur à la cour de France? Et n'ont-elles pas leur explication toute naturelle dans une mémoire encore toute farcie des études universitaires, ces citations de l'*Énéide* ou de Plutarque qui sentent encore leur étudiant dans le prédicateur débutant de 1593?

Ces bases, nécessaires pour une enquête scientifique, une fois établies, le religieux bénédictin qui collabore avec les Visitandines d'Annecy, dom Mackey, a jeté un regard en arrière sur l'œuvre complète de François de Sales orateur. Mieux que personne il avait analysé le détail ; il avait qualité pour faire maintenant la synthèse. On peut lire en tête du

1893. In-8, t. I, p. 152. — Les *Leçons sur saint François de Sales* appartiennent au cours de 1855-1856.

quatrième volume des Sermons son *Étude sur saint François de Sales prédicateur;* c'est le jugement d'ensemble le mieux informé et le plus sûr qu'on puisse consulter aujourd'hui[1]. On nous saura gré de la résumer, avant de revenir à M. Strowski et à ses conclusions qui sont si différentes.

II

Tour à tour le docte bénédictin considère notre saint comme modèle et comme restaurateur de l'éloquence sacrée. Dans la première partie il nous fait assister à sa formation oratoire et à sa vie apostolique; nous suivons François au collège de Clermont, à Padoue, à Rome, à Annecy, au Chablais, à la cour de France, théâtres de ses études, de ses missions, de ses stations. Mais François de Sales n'a pas été seulement un orateur admiré de son temps. « On peut être grand prédicateur sans faire école, écrit l'auteur, et par conséquent sans acquérir le titre de *maître de l'éloquence;* mais celui qui enseigne excellemment cet art, alors même qu'en pratique il ne serait pas à la hauteur de sa théorie, celui-là est réellement un maître, dût-il, comme le cardinal de Bérulle, ne jamais monter dans la chaire de vérité[2]. » Or François de Sales adressa une *Epistre* à André Fremyot, archevêque de Bourges, qui est appelée et est, en effet, un *Traité de la prédication.* Le saint l'écrivit à sa prière au château de Sales les 4 et 5 octobre 1604. Il y réduit tous ses enseignements à quatre chefs : Qui doit prêcher; pour quelle fin; quoi et comment. Celui-là seul doit prêcher qui en a reçu la mission de l'Église, et le but qu'il doit poursuivre est, à l'égard des pécheurs, leur conversion; à l'égard des justes, leur sanctification croissante. Deux moyens pour y atteindre : instruire et émouvoir, éclairer l'esprit et échauffer la volonté. « Délecter » n'est utile que si le charme produit dans l'âme de l'auditeur est le fruit direct de la lumière et de la ferveur communiquées, mais non point d'un « certain chatouillement d'oreilles qui provient d'une certaine élégance

1. Cette magistrale introduction a paru à part. Annecy, Niérat, 1898. In-8, pp. 97.
2. Dom Mackey, *Saint François de Sales prédicateur,* p. 27.

seculiere, mondaine et profane, de certaines curiosités, ageancemens de traitz, de parolles, de motz; bref, qui depend entierement de l'artifice ». Cette délectation, « il la faut laisser aux orateurs du monde ».

François de Sales, s'appuyant sur saint Paul, déteste ces prédicateurs qui « veulent complaire », et traite leur genre de pédantisme. Puis il met en scène les bonnes et les mauvaises dispositions de l'auditoire : « Au sortir du sermon, je ne voudrois point qu'on dît : O qu'il est grand orateur ! ô qu'il a une belle memoire ! ô qu'il est savant ! ô qu'il dit bien ! Mais je voudrois que l'on dît : O que la penitence est belle ! ô qu'elle est nécessaire ! Mon Dieu, que vous êtes bon, juste ! et semblable chose; ou que l'auditeur, ayant le cœur saisy, ne peût tesmoigner de la suffisance du predicateur que par l'amendement de sa vie [1]. »

Qu'on nous permette un rapprochement. Je ne sais trop ce qu'un des puristes les plus délicats du dix-septième siècle, le P. Bouhours, peut bien avoir hérité de saint François de Sales. Cependant n'y a-t-il pas une analogie surprenante entre ce passage de la lettre du saint et cette réflexion de l'auteur des *Pensées ingénieuses des Pères de l'Église* [2] ? Bouhours fait le portrait, presque la satire des « jeunes prédicateurs qui cherchent moins à toucher le cœur qu'à flatter l'oreille; qui aiment à estre louez, et qui sont fort contens d'eux-mesmes, lorsque durant le sermon on se récrie aux endroits brillans; ou qu'aprés les auditeurs, gays et tranquilles, se disent l'un à l'autre : Que cela est beau ! je suis charmé, je n'ay jamais rien entendu de pareil. Un prédicateur de ce caractere seroit bien mortifié, si l'on sortoit de son sermon sans dire mot, ou si l'on ne s'expliquoit que par des soûpirs ». Il nous semble qu'il y a ici un écho lointain de la doctrine recommandée, trois quarts de siècle plus tôt, par François de Sales à l'évêque de Bourges. Seulement le grammairien dit en style raffiné ce que le saint exprimait familièrement.

1. *OEuvres complètes de saint François de Sales*, 5e édit. Vivès, 1872. In-8, pp. v-506.

2. Bouhours, *Pensées ingénieuses des Pères de l'Église*. 1700; in-12, pp. 204.

La troisième partie du traité de saint François de Sales détermine la matière du discours. Les sources où l'orateur évangélique puisera sont la Bible, les Pères, les Vies des Saints ; la Bible surtout, car elle est la parole de Dieu. Cet autre livre écrit par Dieu encore mais d'une autre manière, ce grand livre de l'univers toujours ouvert sous nos yeux et dont « toutes les parties chantent la gloire de l'ouvrier », nous fournit des similitudes et « nulle autre chose ».

Et les histoires profanes ? — « Elles sont bonnes, mais il faut s'en servir comme l'on fait des champignons, fort peu, pour seulement reveiller l'appetit ; et lors encore faut-il qu'elles soient bien apprestées. » On voit que le saint ne tarde guère à joindre l'exemple au précepte en imageant son langage avec l'une de ces comparaisons qui sont la broderie ordinaire de sa trame toujours ornée.

Les fables des poètes doivent être écartées.

Les éléments du discours une fois réunis, il reste à le disposer avec ordre. François de Sales tient pour la méthode et pour une méthode qui soit apparente.

Mais qu'on traite un mystère ou une sentence, qu'on fasse une homélie ou un panégyrique, l'orateur devra rester lui-même, et c'est par l'exercice qu'il se développera. Saint Charles Borromée, écrit François à Mgr Fremyot, n'avait pas la dixième partie des talents que vous avez. « Plustost vous commencerez, plustost vous réussirez ; et prescher souvent, il n'y a que cela pour devenir maistre. » N'oublions pas ce dernier conseil. Celui qui le donnait, nous le verrons plus tard, le pratiqua plus que personne. Lui-même nous avoue qu'il aimait à *s'alléguer*, et ceci est à noter, parce que si nous le trouvons de fait en contradiction avec sa théorie, nous n'en avons pas moins le droit d'affirmer que cette théorie était l'idéal auquel il tendait. Par une erreur assez commune à ceux qui gravissent une montagne élevée, il se croyait plus près de la cime qu'il ne l'était en réalité ; mais· n'est-ce pas déjà beaucoup d'avoir entrevu le terme de l'ascension et d'avoir orienté les autres ?

· Ceux qu'il essaya ainsi d'entraîner à sa suite, sans nous être tous connus, sont assez nombreux cependant et marchèrent assez loin dans la voie qu'il leur avait frayée,.pour que Fran-

çois de Sales à son titre de maître et modèle joigne celui de
réformateur de l'éloquence de la chaire à son époque. Dom
Mackey fait remarquer avec raison qu'en les lui attribuant, il
ne fait que développer le bref qui, en 1877, concédait au
saint le titre de Docteur de l'Église. Nous devons à sa suite
rappeler ces graves paroles de Pie IX : « Il (saint François
de Sales) donna aussi les enseignements les plus sages sur
la prédication, et, en remettant en honneur les exemples des
Pères, il contribua dans une large mesure à rappeler à son
ancienne splendeur l'éloquence sacrée, qui avait été obscurcie
par le malheur des temps. De cette école sortirent les orateurs éminents qui ont produit des fruits si merveilleux de
salut dans l'Église universelle. C'est pourquoi saint François
de Sales mérite d'être reconnu de tous comme Restaurateur
et Maître de l'éloquence sacrée. »
    Les abus de la chaire chrétienne à la fin du seizième siècle
ont été souvent décrits et même chargés. Ch. Labitte a donné
le ton, dans sa *Démocratie chez les prédicateurs de la Ligue*.
Sa thèse est-elle absolument convaincante ? Le serait-elle,
on en devrait seulement conclure à une éclipse momenta-
née. Les sermons de Simon Vigor, qui fut prédicateur de
Charles IX et mourut archevêque de Narbonne (1515-1575),
— il précède donc François de Sales d'un demi-siècle, —
nous paraissent aussi bien écrits, moins la verve et l'originalité, plus français et moins gaulois, plus rapprochés par
conséquent de la langue du grand siècle que ceux de notre
saint (1567-1622) dont il est l'aîné. Une certaine réaction
avait commencé avec le concile de Trente, où Vigor s'était distingué, mais n'avait pas duré. Le mérite de saint François de
Sales est d'avoir renoué les traditions de la grande assemblée.
Il rejette les argumentations subtiles et parfois inextricables,
legs de la scolastique en décadence ; il évite les allusions
mythologiques et donne en exemple, au lieu des héros de
l'antiquité, les saints. Tout cela fait école. Quand il prêche à
Paris en 1602, Duval, le fameux docteur de Sorbonne, lui
envoie ses bacheliers en théologie, disant « qu'il desiroit que
tous les predicateurs se conformassent à sa façon de prescher et que cela estoit la vraye et excellente maniere[1] ». Dix-

────────

1. Dom Mackey, p. 86.

sept ans plus tard, lors du dernier voyage de l'évêque de
Genève à Paris, des ecclésiastiques se réunissaient en grand
nombre à Saint-Nicolas du Chardonnet pour demander à son
expérience les règles de la saine prédication. Les prêtres de
la paroisse Saint-Paul s'efforcent de reproduire ses méthodes.
Plusieurs sociétés d'ecclésiastiques, à Dinan, à Avignon, à
Toulouse, s'établissent dans le même but. Son action s'étend
ainsi de Paris en province et rayonne à travers toute la France.
Les Jésuites et les Feuillants éditent ses œuvres et propagent
sa doctrine. Bérulle n'enseigne pas d'autres principes que
les siens à cette congrégation de l'Oratoire qui va donner à
la chaire chrétienne Bourgoing, Senault et Lejeune, Lejeune
le plus populaire de tous et le plus apostolique. Or Bérulle
avait connu François de Sales. Saint Vincent de Paul, un
autre réformateur de l'éloquence, lui a voué de son vivant
une estime dont il témoignera après sa mort. Aux Conférences
du mardi qu'il institue en 1633 pour apprendre « à prêcher à
la missionnaire », il allègue à tout propos à ses ecclésiastiques réunis — on sait que l'un d'eux fut Bossuet — « le
bienheureux François de Sales », et il a voulu que le portrait
de l'évêque de Genève fût exposé dans la salle des séances.

L'Allemagne catholique entre à son tour dans le mouvement. En 1667, le docteur Gaspard Stadler proclamait François
le meilleur pasteur et prédicateur des âmes ». Au dix-
huitième siècle, le savant évêque de Ratisbonne, Mgr Sailer ;
au dix-neuvième, le docteur Jocham tiennent le même langage.

III

Tant de témoignages divers constituent un faisceau de
preuves difficile à rompre.

M. Strowski s'est essayé à la besogne. Avait-il connu la
dissertation de dom Mackey ? Il semble que non[1]. Mais il l'a
pour ainsi dire prévenue et combattue d'avance, en soutenant
une thèse diamétralement opposée qu'il a résumée en ces

---

1. Elle n'a été publiée qu'en tête du tome IV. Or M. Strowski, en nous
disant avoir usé de « cette excellente édition », regrettait qu'il y manquât
encore « une partie des *Sermons* » (p. VIII). Il aurait donc écrit avant l'apparition du tome quatrième et dernier.

quelques lignes : « Aux éléments si riches d'où allait sortir le sermon, que doit saint François de Sales ? Rien. Qu'y ajoute-t-il ? *Moins que rien.* Sa théorie de l'éloquence religieuse nous apparaît toute différente de celle qui se crée en son temps et qui triomphera bientôt[1]. » Aussi M. Strowski place-t-il le saint à distance du courant déterminé par le concile de Trente, et encore plus en dehors de ce fleuve abondant et majestueux de la grande éloquence sacrée, qui réjouira la Cité de Dieu, je veux dire l'Église de France, au dix-septième siècle en sa splendeur.

Énumérant les quatre sources de renseignements auxquelles il a puisé pour sa critique, il dit avoir consulté les sermons et les canevas manuscrits, les rédactions des Visitandines, ou, pour employer la division consacrée, les *Sermons autographes* et les *Sermons recueillis*, enfin la Lettre à l'archevêque de Bourges sur la prédication. Devant un fonds aussi riche d'information, l'on penserait qu'il se tient satisfait. Quand on songe que des Sermons de Bourdaloue il ne reste pas une seule page autographe connue, et que les manuscrits de Massillon sont tout aussi introuvables[2], le sort des Œuvres de saint François de Sales ferait plutôt des jaloux. Mais M. Strowski est de ces heureux que l'excès même de l'opulence a rendus dégoûtés. « De ces quatre sources, écrit-il, aucune n'est absolument sûre, aucune ne laisse une définition exacte et complète de son génie oratoire[3]. » Nous ne discuterons pas cette assertion en ce qui concerne les trois premières sources, encore que l'auteur se soit exprimé d'une façon désobligeante (p. 144) sur les Visitandines dévouées qui recueillirent et sauvèrent tant d'Entretiens spirituels de leur fondateur, tant de Conférences ascétiques et familières. Si elles eurent jadis la main « lourde, maladroite », elles ont amplement racheté leurs torts passés par leurs services présents. Mais sur la quatrième source, la Lettre à Mgr Fremyot, nous ne saurions accepter une manière de l'envisager qui tend à restreindre et même à annihiler sa

1. Strowski, p. 153.
2. Cf. Chérot, *Bourdaloue inconnu* (1898), et A. Delpy, *la Dispersion des papiers de Massillon.* Paris, Charavay, 1898.
3. Strowski, p. 147.

portée. M. Strowski se laisse aller, sur son chapitre, à une
trop facile raillerie.

« Il semble, dit-il, qu'on l'ait prise *très au sérieux*, et l'on a
l'air d'y voir les réflexions les plus profondes et le dernier
mot de saint François de Sales sur l'éloquence de la chaire.
C'est peut-être le beau latin de maître Martin Steyaert, professeur royal de théologie à l'université de Louvain, qui est
responsable de ce *contresens* ; il a traduit en latin la lettre
écrite par saint François de Sales en français, et son élégante
version, *plus connue que l'original* et souvent attribuée à
saint François de Sales lui-même, présente sa lettre sous un
faux jour ; toute familiarité, tout abandon, tout naturel ont
disparu. L'archevêque de Bourges est devenu un de ces personnages anonymes et hypothétiques auxquels s'adressent
les traités écrits en forme de lettres ou de discours; il s'appelle *quidam antistes* : un certain prélat. La « vraie façon de
prêcher » y devient *vera prædicandi ratio* ». Qui ne sent combien cette traduction est trompeuse avec toute son exactitude ? En réalité, saint François de Sales s'est peut-être proposé, au début de sa lettre, d'écrire un traité complet sur la
vraie méthode de la prédication, et il esquisse une division
qui promet une étude approfondie de la matière. Mais il s'est
bientôt rappelé pour qui il écrivait... » C'était pour Mgr Fremyot, et ces insinuations tendent à faire croire qu'écrivant
pour le seul archevêque de Bourges, François de Sales n'a
pas composé un traité proprement dit. M. Strowski est un
normalien distingué et un aimable littérateur. Qu'il nous permette de lui demander si l'Épître d'Horace aux Pisons n'en
est pas moins un Art poétique pour avoir été adressée à ces
illustres inconnus. Et n'est-ce pas précisément l'indice évident qu'une œuvre dépasse le but et va plus haut que sa destination individuelle et première, quand le jugement de la
postérité l'élève à la hauteur d'une œuvre générale par son
objet et impersonnelle par son but. Dans la première édition
collective des *Œuvres* du saint, en 1637, la Lettre sur la prédication figure parmi les *Epistres spirituelles*[1]. Avec cette
mention de destinataire, vague comme beaucoup d'autres,

1. L'édition originale des *Epistres spirituelles* est de 1626 ; in-4.

mais qui par son vague même atteste qu'on lui fait viser une catégorie et non pas seulement un personnage : *A vn seigneur d'Eglise*. Les titres et sous-titres font ressortir encore cette intention de convertir en méthode ce qui fut d'abord une lettre privée : « *Il lui prescrit la* MÉTHODE *de bien prescher. Aduis sur là vraye maniere de prescher. Qui doit prescher. De la fin du predicateur* », etc.

Cela se lisait dans l'édition des *Œuvres*, parue *à Tolose*, chez Pierre Bosc, en 1637, in-folio. Nous répétons la date à dessein, et nous faisons de plus remarquer que c'était quinze ans seulement après la mort du saint (1622). On retrouve la même Lettre dans l'édition de 1647, et avec les mêmes sous-titres et divisions, sauf l'en-tête qui semble tombé par mégarde. L'on n'avait donc pas attendu Martin Steyaert né en 1647, ni sa traduction latine, pour transformer la Lettre en *méthode*. Le savant professeur de théologie à l'université de Louvain n'a fait aucun *contresens* par l'emploi du mot *ratio*, puisqu'il trouvait le mot *méthode* dans le sous-titre français. De même qu'il n'est pas responsable du *quidam antistes*, ayant trouvé, en français, *A un seigneur d'Église*. Ce n'est pas lui, comme M. Strowski voudrait nous le faire croire, qui a transformé l'archevêque de Bourges en un personnage « anonyme et hypothétique ». Et la traduction latine n'est point trompeuse, ou bien il faut en dire autant du texte français des premiers éditeurs. Alors que devient tout ce bel esprit sur Martin Steyaert ?

Mais M. Strowski ne s'en tient pas aux indices extérieurs; il extrait quelques-uns des conseils donnés par saint François au nouvel archevêque de Bourges et il conclut : « Ces conseils ne montrent-ils pas clairement que cette fameuse lettre sur la prédication n'avait pas d'autre but que de mettre en état de prêcher un *apprenti* de la prédication ? » (P. 147.) Nous répondrons que ce n'est pas aux maîtres qu'on donne généralement des conseils, mais aux débutants ; aux maîtres on demande des leçons. Or, ces conseils, saint François de Sales ne les donna pas à un seul prélat. L'année précédente (3 juin 1603), il adressait une lettre analogue à Antoine de Revol, évêque de Dol, dont il avait fait la connaissance à Paris en 1602. On y trouve le germe et les linéaments de la doctrine qu'il développera pour l'archevêque de Bourges. Et doit-on conclure aussi que celui-là n'était pas apte à recevoir une direction méthodique, parce que François de Sales lui dit qu'il faut « peu de chose pour bien prescher à un Evesque, car ses sermons doivent estre des choses necessaires et utiles, non curieuses ni recherchées, ses paroles simples, non affectées ; son action paternelle et naturelle, sans art ni soin ; et (que) pour court qu'il soit et peu qu'il die, c'est tous-jours beaucoup » ?

François de Sales avait vraiment des principes généraux sur la prédication. Il aimait à les communiquer, et il allait jusqu'à donner aux jeunes des leçons de déclamation. Le P. Philibert de Bonneville, premier historien du saint, a déposé, au procès de béatification, comment le saint le prit un jour à part, « se mit contre la table, disant quelques periodes pour m'enseigner la façon de gouverner la voix et faire les actions et gestes ». Au P. franciscain Rendu, il recommande surtout de bannir « toute vanité de paroles » ; à plusieurs jeunes prêtres, il donne « un *Directoire* pour prescher fructueusement ». Dira-t-on que ce n'est pas là une méthode ? Mais écoutons le plus illustre de ces témoins, le fils d'Antoine Favre ce premier président du Sénat de Savoie si lié avec saint François de Sales, l'auteur du Dictionnaire de l'Académie et le meilleur grammairien de France au dixseptième siècle, Favre de Vaugelas : « Je n'ay jamais ouy de predicateur qui m'ayt ravi ni qui m'ayt touché si doucement ny si sensiblement que lui. Je prenois un singulier plaisir à l'entendre... Il montroit un jugement admirable à observer exactement toutes les circonstances requises, soit du lieu, du temps, ou des personnes, devant lesquelles il preschoit ; il ne disoit pas un mot qui ne servît... Son langage estoit net, nerveux et puissant en persuasion, mais surtout il excelloit dans la propriété des mots dont il faisait un choix si exquis que c'estoit ce qui le rendoit ainsy lent et tardif à s'expliquer... » Malgré cette lenteur, son débit n'était pas désagréable, parce qu'il était vivant et varié. « Le bienheureux, continue Vaugelas, ne pouvoit bonnement approuver la façon de prescher de ceulx qui parlent tousjours d'un mesme ton de voix,... car oultre, disait-il, qu'ilz s'incommodent fort bien eux-mêmes... ilz n'ont garde de faire une si forte impression sur les esprits de ceulx qui les escoutent que s'ils varioient leur voix, la haussant et baissant selon qu'ils jugeroient à propos, d'autant que par ce moyen il semble à chaque auditeur que c'est à luy à qui s'addresse la parolle de celuy qui presche... Ce bienheureux Prelat appelloit ceste façon de mesnager sa voix *alloqui hominem*, c'est-à-dire parler à son homme [1]. »

François de Sales possédait donc un art. Il le pratiquait et il l'enseignait. On peut d'ailleurs admettre avec M. Strowski que le saint a restauré plutôt le fond que la forme de la prédication, et que son éloquence avait un charme de physionomie plutôt que de traits [2]. M. l'abbé Beurlier qui a adopté cette manière de voir, ne voulant pas que saint François de Sales, avec son genre propre plus fait de *conversation* que de *logique*, ait en rien connu l'art oratoire des Bossuet et des Bourdaloue, reconnaît aussi hautement que « le premier il fit dans le choix des sujets la révolution la plus salutaire peut-être qui ait été faite en cette matière [3]. » C'est déjà un fort bel éloge.

Henri CHÉROT, S. J.

. 1. Dom Mackey, p. 54 et 45.

2. Chapelain, qui, en 1663, se souvenait avoir entendu dans sa jeunesse cet excellent prélat prêcher à l'église Saint-Paul, s'exprime ainsi : « Son air dans la chaire n'estoit pas véhément, mais il respiroit partout la piété, et la persuadoit autant par son visage que par ses paroles. » Chapelain à Godeau, Paris, 29 mars 1663. T. de Larroque, *Lettres de Chapelain*, II, 299.

3. Abbé E. Beurlier, *Influence de saint François de Sales sur l'esprit chrétien*, dans la *Revue du clergé français*, 15 octobre 1898, p. 290.

LES PROJETS POUR 1900

« UN SIÈCLE »

I

Parmi les projets déjà formés et en voie d'exécution pour l'année prochaine, les uns sont d'ordre purement temporel, par exemple « la lune à un mètre », les autres, directement ou indirectement, se rapportent aux intérêts de l'Église. Il s'agit ici des projets du second genre.

Le premier de tous, le seul si l'on veut, c'est le projet de l'Église elle-même, son rêve idéal, jamais accompli, toujours en voie d'exécution, poursuivi avec une ardeur particulière à l'occasion du siècle nouveau. Car toutes les divisions du temps, et surtout les plus importantes, ramènent la pensée de l'Église catholique vers sa grande œuvre en ce monde. Ordonner l'humanité vers Dieu; détruire tous les obstacles interposés entre le Créateur et la créature; conserver ou rétablir chacune des âmes dans l'état de libre et efficace tendance vers sa fin dernière : elle n'ambitionne rien de moins que cela. Elle a d'ailleurs les moyens de le faire, et elle le ferait en effet, si tous répondaient à ses avances. Se rappeler à elle-même son but, et rappeler aux hommes la possibilité de l'atteindre, s'ils le veulent, c'est où tendent les solennelles invitations par elle adressées au monde; c'est où tendent très spécialement les grands jubilés des années séculaires.

Léon XIII se conforme aux exemples de ses prédécesseurs depuis Boniface VIII. La bulle du 11 mai dernier promulgue, pour la ville de Rome, le jubilé de l'an 1900; la même faveur sera étendue au monde entier en l'an 1901. Rien ne peut surpasser ni égaler en grandeur cette offre de la grâce, faite sans réserve et à toute âme humaine. La manifestation religieuse, désirée de tous pour la fin du siècle, ce sera le jubilé même. Toutes les autres, si l'on veut en faire, devront se subordonner et se rattacher à celle-là.

Et, en effet, le Pape signale, à propos du jubilé, et comme

une circonstance opportune pour sa promulgation, « les honneurs qui, sur cette frontière de deux siècles, doivent être rendus par toute la terre à Jésus-Christ rédempteur ». A ce sujet, continue-t-il, « Nous avons loué et approuvé volontiers ce qui a été imaginé par la piété particulière ». Et, rappelant qu'on se propose de rendre à Notre-Seigneur des hommages d'adoration et d'actions de grâces, et aussi de réparer les blasphèmes des modernes ariens, les fautes privées et les outrages publics envers la majesté du Christ : « Courage, dit-il, ô vous tous qui avez offert un stimulant à la piété du peuple par ce nouveau et très louable projet. »

L'allusion est parfaitement claire. Ces encouragements s'adressent aux promoteurs de l'« hommage solennel à Jésus-Christ rédempteur et à son auguste vicaire », et donc très particulièrement au cardinal Jacobini, président d'honneur, et au comte Acquaderni, président effectif du « comité international de l'hommage[1] ».

Aussi ce comité a-t-il voulu sans retard affirmer la connexion de ses projets avec le jubilé. A la date même de la bulle, le 11 mai, le cardinal Jacobini écrivait à l'épiscopat catholique, pour lui communiquer une délicate pensée, suggérée par Mgr Respighi, archevêque de Ferrare[2]. On propose aux évêques du monde entier de s'unir, afin d'offrir au Pape le marteau et la truelle d'or dont il doit se servir, au commencement et à la fin du jubilé, pour ouvrir et fermer la « porte sainte ». Mgr Respighi exprime en quelques mots le sens symbolique du rite lui-même et celui du cadeau. Les évêques, dit-il, voudraient tous, dans ces fêtes solennelles, être groupés autour du pasteur suprême ; les circonstances s'y opposent absolument : « Du moins, les instruments offerts remplaceront leur présence ; ils exprimeront l'union des pontifes de chaque église avec le pontife souverain ; tous ensemble paraîtront étendre les bras, soit pour faciliter aux

1. Sur l' « hommage solennel », dont l'initiative revient à M. le comte Giovanni Acquaderni, et sur le comité international de Bologne, voir dans les *Études* du 5 septembre 1897 l'article intitulé : *Fêtes chrétiennes pour l'an 1900.*

2. Voir la lettre de Mgr Respighi (aujourd'hui cardinal) au comte Acquaderni, 15 mars, et celle du cardinal Jacobini à l'épiscopat catholique, 11 mai 1899, dans la revue *Il solenne omaggio*, mai 1899, p. 345 et suiv.

fidèles le retour vers le Christ rédempteur, soit pour les enfermer dans une étroite union avec lui. »

Au reste, le programme de l'« hommage », depuis que les *Études* en ont parlé, est resté à peu près le même. On a organisé — et nous apprenons chaque jour avec quel succès — de grands pèlerinages à Lourdes, à Lorette, à Jérusalem ; on annonce des pèlerinages à Rome, plus nombreux encore et plus enthousiastes ; on prépare surtout, pour les deux années jubilaires, des missions, des cérémonies religieuses, des plantations de croix, des sociétés d'adoration et de réparation.

En France, le mouvement s'est largement dessiné. Il y a deux ans, on citait à peine quelques noms d'adhérents. Depuis lors, un très grand nombre de nos évêques ont adressé au cardinal Jacobini et au comité central leurs assurances de sympathie et leurs promesses de concours[1] ; des commissions se sont constituées dans les diocèses ; à Paris enfin s'est formé un comité français, ayant pour président d'honneur S. Ém. le cardinal Richard, pour président effectif Mgr Péchenard, recteur de l'Institut catholique.

II

Non content d'encourager les pèlerinages, les missions et autres solennités religieuses prévues au programme général de l'« hommage », ce comité a lancé l'idée d'une entreprise particulière à la France, à laquelle travaille aujourd'hui tout un groupe d'écrivains catholiques : la publication d'un livre de circonstance, pour le 1ᵉʳ janvier 1900, donc dans les derniers jours de la présente année 1899.

Depuis quelques mois déjà, il était vaguement question de cet ouvrage, et, en le laissant entrevoir, on l'intitulait *le Livre d'un siècle ;* aujourd'hui, des prospectus-spécimens

---

1. Un certain nombre de ces lettres ont été publiées dans la revue spéciale *Il solenne omaggio* (Bologne, 94, *via Mazzini*), où l'on trouve également les listes des comités et des commissions diocésaines pour les diverses parties du monde. — NN. SS. les évêques de Nevers et de Tarentaise non seulement ont adhéré à l'« hommage », mais encore en ont parlé dans leur mandement pour le carême de 1899.

somptueusement illustrés, et toutes les voix de la presse
l'annoncent sous. le titre définitif de *Un siècle*. La première formule éveillait l'idée d'un examen de conscience;
comme, au soir des importantes journées, les sages ancêtres
tant célébrés par M. Ch. de Ribbe notaient sur leur « livre de
raison » les événements de la famille, en les éclairant par des
sentences morales, ainsi le siècle, à ses dernières heures,
paraissait se recueillir pour enregistrer les grands faits de
sa vie, ses repentirs, ses bons propos, ses espérances pour
le lendemain. La formule plus brève se prête, si l'on veut, à
la même interprétation; et de plus, elle témoigne du mouvement général de la langue française : de plus en plus, nous
tendons à nous dégager de la périphrase. Si, par impossible,
les classiques de 1699 avaient conçu l'idée d'un pareil ouvrage
à publier pour les étrennes de 1700, ils eussent dit à peu
près : *Discours sur l'histoire du dernier siècle, pour expliquer
les guerres et les révolutions des États, le progrès des lettres
et des arts, et la perpétuité de la véritable religion.* En 1799,
on eût à peine gagné une ligne : *Considérations philosophiques sur le dix-huitième siècle, contenant le tableau
abrégé de l'histoire politique, littéraire et religieuse du genre
humain.* La postérité saura qu'en 1899 on a hésité entre
quatre mots : *le Livre d'un siècle*, et deux mots : *Un siècle*,
et qu'on s'est décidé pour deux mots. Évidemment, les
hommes de 1999 simplifieront encore de moitié ; un seul
mot, allégé de quelques lettres par l'orthographe phonétique
d'alors.

Jusqu'ici pourtant, l'usage, en abrégeant les titres, permet
encore de donner, par voie de sous-titres, un supplément
d'informations. Il y a deux cents ans, on articulait gauchement le sous-titre à l'aide d'un : *où l'on verra que;* il y a cent
ans, on le suspendait par la banale conjonction *ou : Timagène
ou l'honneur malheureux;* aujourd'hui, on laisse le titre bien
dégagé et bien alerte dans sa brièveté, et l'on garantit sòn
indépendance par un point; puis, de l'autre côté du point, on
juxtapose le sous-titre. C'est justement le cas pour le livre
projeté : *Un siècle. Mouvement du monde de* 1800 *à* 1900.
Dans le corps de l'ouvrage, les titres particuliers de chaque
partie avertiront qu'il s'agit du mouvement *politique et éco-*

·nomique, du mouvement *intellectuel* et du mouvement *religieux.*

De 1800 à 1900, il y a eu plus de mouvement que de 1700
à 1800; beaucoup plus que de 1600 à 1700; plus même que de
1500 à 1600, car le seizième siècle a bouleversé seulement
l'Europe et colonisé seulement une partie du monde; plus
enfin que dans n'importe. quel autre intervalle de cent années, excepté la période d'Auguste à Trajan : encore le premier siècle du christianisme mit-il dans le monde un. germe
fécond de transformation, plutôt qu'il n'en renouvela l'aspect extérieur. Donc, établir le bilan d'un siècle rempli
comme le nôtre, c'est une redoutable entreprise. On a beau
nous promettre trois volumes, dont la réunion pourra donner
au moins huit cents pages de texte plein, l'illustration étant
comptée à part, c'est trop peu et beaucoup trop peu pour contenir l'histoire de cent ans, et la vie de tant d'hommes fameux,
et l'exposé de tant de systèmes et de théories.

Les collaborateurs semblent avoir bien vu cette objection.
Et ils y répondent en se défendant d'avoir voulu faire un dictionnaire encyclopédique du siècle. Ils conçoivent leur œuvre
comme un livre d'idées, non comme un catalogue des choses,
des personnes et des événements. Les noms propres, les
dates, les faits seront rappelés à chaque page, et indiqués
d'une façon précise; mais indiqués sans longues narrations,
moins pour instruire que pour éclairer la pensée. Les auteurs
sont, la plupart, des spécialistes, et ils écrivent pour des lecteurs suffisamment au courant. Ils renverront par voie d'allusions aux points supposés connus, et s'appliqueront surtout à
mettre en lumière l'origine des doctrines ou des institutions,
la liaison des faits et des idées, leur marche générale et leur
aboutissement.

Prendre à leur naissance les grands courants politiques,
intellectuels et religieux du siècle; en suivre l'évolution,
toujours dirigée, à travers le caprice des faits, par l'inflexible tendance des principes; dire lesquels de ces courants contraires ont à l'heure actuelle le plus de force, de
quel côté ils vont emporter le nouveau siècle, et s'ils le
mènent au large ou l'entraînent vers les écueils; aider enfin,
dans la mesure du possible, à en rectifier la direction, en pro-

fitant pour cela de l'expérience du centenaire qui va mourir :
voilà le programme. S'il est fidèlement suivi, l'œuvre sera
utile et grande. Car assurément, en cette année où publicistes et conférenciers vont exposer et apprécier, chacun
d'après ses vues, l'histoire et les doctrines contemporaines,
c'est aux savants largement informés, aux penseurs d'un
jugement sain, aux catholiques, de parler les premiers, de
parler haut, de dire sur chaque question le mot juste, et d'imprimer une sage direction aux esprits.

III

Naturellement, les non-catholiques seront en défiance
contre la sage direction. Ils auront peur de voir l'histoire dé-
naturée en faveur des principes, les faits et les doctrines
tordus de façon à converger vers Rome, les sciences et les
arts servant de prétexte à des chapitres d'apologétique. Mais
vraiment, le plan du livre paraît trop largement conçu, et
l'esprit scientifique des auteurs est trop connu de tous, pour
que nos adversaires trouvent prétexte à rajeunir cette vieille
calomnie.

Sans doute, pour tout catholique, le mouvement religieux
est le principal de tous, rien n'y est absolument indifférent,
tout s'y subordonne ; et pourtant, les sphères inférieures de
la politique et de la science ont, elles aussi, leur mouvement
propre et, dans une large mesure, indépendant ; on peut en
étudier les oscillations, sans tenir compte, à chaque observation, de l'impulsion donnée ou du contre-coup ressenti par
la sphère supérieure. Dieu même n'est-il pas principe et fin
de toutes choses ? Et pourtant, quel libre jeu il laisse à l'activité, au caprice même et à la révolte de l'être créé ! Tout ce
que Dieu permet, l'historien ou le penseur catholique peut
et doit le constater ; rien ne l'empêche d'avoir la claire vue
des réalités du monde et d'en tracer un très fidèle tableau.

Ainsi feront les auteurs de *Un siècle*. Ils s'efforceront de
peindre au complet les choses de leur temps, sciences, histoire, arts, littérature, industrie, merveilleuses inventions et
lourdes erreurs, grandes guerres et réunions pacifiques, entreprises scélérates et œuvres de charité ou d'apostolat,

calculs terrestres et élans vers le ciel ; chacune de leurs pages ne sera pas forcément une leçon de dogme ou un sermon de morale, et chacune des illustrations ne sera pas non plus une scène de l'Évangile ou une image de saint. Et pourtant, ce spectacle, étalé dans le plein jour de la plus objective histoire, laissera voir la vérité que Dieu conserve en effet toujours visible dans le monde : la grandeur transcendante de l'Église, édifice de fondation et de construction divine au milieu des maçonneries humaines. D'elle est venu ce qui a paru de plus beau dans le siècle; elle seule tient encore la solution de toutes les questions vitales ; vers elle se tourne toute l'espérance de l'avenir.

A prendre son point de vue du ciel, le chrétien gagne une connaissance plus compréhensive de l'ensemble et de la direction ; mais il n'en perd pas un détail des choses de la terre. Les écrivains de *Un siècle* en ont pour garant leur plus illustre devancier. Car, à bien considérer cette entreprise, leur vrai modèle littéraire, c'est Dante ; le plus ancien des livres séculaires, le plus beau, le seul jusqu'ici où vive au complet tout un siècle de l'histoire du monde, c'est la *Divine Comédie*. N'en place-t-on pas d'ordinaire l'action en l'an 1300, la conversion du poète se rapportant, dans cette hypothèse, au premier et au plus fameux des jubilés? Quant au tableau du treizième siècle, on s'accorde à le trouver ample, varié et riche en couleurs. Pourtant, s'il est un poète convaincu de l'action de Dieu dans le monde, c'est bien l'Alighieri. Il va jusqu'à essayer de confondre ses jugements avec les jugements de Dieu ; pour regarder la terre, il se placé dans les régions de l'éternelle justice. En est-il gêné pour apprécier, outre la direction religieuse des papes, les tendances politiques des empereurs, des rois de France et des princes italiens? ou pour parler des intellectuels d'alors, de Brunetto Latini, comme de Sigier de Brabant et de Thomas d'Aquin? ou pour peindre au vrai, à côté de François et de Dominique, le comte Ugolin et l'archevêque Ruggieri, Pierre des Vignes et Frédéric II? Les passions humaines ont pu quelquefois troubler la vue de ce croyant ; la foi ne l'a jamais empêché de bien analyser et de bien décrire les passions de l'humanité.

Dante fut seul à faire son poème. Et plus tard, l'orthodoxie
littéraire déclara que « l'on n'a guère vu jusqu'à présent un
chef-d'œuvre d'esprit qui soit l'ouvrage de plusieurs ». Mais
La Bruyère n'écrirait plus cela de nos jours ; ou, s'il le main-.
tenait pour les œuvres d'imagination, il lui faudrait le nier ·
pour les œuvres de science. Désormais, partout où .des questions multiples doivent être sérieusement traitées, il est indispensable de diviser le travail. Nos grands dictionnaires
demandent le concours d'une centaine d'érudits ; nous
voyons s'achever une *Histoire de la littérature française* à
laquelle ont déjà travaillé quarante et un écrivains ; le *Vatican*
relève de cinq auteurs, la *France chrétienne* de trente-sept ;
le programme de *Un siècle* en porte inscrits trente-quatre.

Parmi les noms les plus en vue, on remarque : M. le
vicomte de Vogüé,. pour l'introduction intitulée *l'An 1800 ;*
M. le vicomte de Meaux, pour les *Peuples nouveaux;* M. le
comte de Mun, pour la *Question sociale;* M. G. Goyau, pour
les *Courants politiques du siècle et l'attitude de l'Église romaine;* Mgr Péchenard, pour l'*Éducation;* M. de Lapparent,
pour les *Sciences de la terre;* M. Paul Allard, pour l'*Archéologie;* M. l'abbé Duchesne, pour l'*Histoire;* M. Brunetière,
pour la *Littérature;* M. le comte d'Haussonville, pour les
Œuvres et la charité de l'Église; S. G. Mgr Touchet, pour la
Vie intime de l'Église; S. Ém. le cardinal Perraud, pour la conclusion, *Vers l'unité.* Dans cette fraction de la liste, et aussi
dans les deux autres tiers, on trouve plusieurs fois vérifiée la
formule : *The right man in the right place;* d'une façon générale, chaque auteur ou bien est spécialiste dans· la question
qu'il traite, ou du moins s'est assez exercé sur des sujets
analogues, pour pouvoir la traiter avec compétence et sûreté
de main.

Au reste, les trente-quatre, s'ils se prêtent aux lois modernes
de la coopération et de la division du travail, ne paraissent
pas avoir accepté du même coup, avec toutes ses conséquences, la loi également moderne de la solidarité. Ils sont
unanimes et solidaires dans la foi. Les exceptions, s'il y en a,
s'expliquent aisément. Ceux qui avouent leur regret de ne
pas partager nos croyances, lorsqu'ils font cette déclaration
dans d'éloquents discours en faveur du catholicisme, ne sont-

ils pas de ces alliés auxquels les conseils de Léon XIII et notre propre sympathie nous pressent d'ouvrir nos rangs ? Donc,, dans le présent ouvrage, un cardinal et un évêque, cinq académiciens et deux autres membres de l'Institut, un recteur avec des professeurs de Facultés libres et plusieurs membres de l'Université de l'État, des écrivains de la *Revue des Deux Mondes* et de l'*Univers*, l'administrateur de la *Revue thomiste* et le directeur de la *Quinzaine*, enfin des collaborateurs des *Études*, redisent d'une seule voix le symbole des apôtres, même la profession de foi de Pie IV, avec un certain nombre d'articles annexes : voilà certes un bel exemple de l'unité catholique, et l'on chercherait vainement l'accord sur des formulaires aussi développés dans les rangs de la science indépendante ou dans ceux du protestantisme. Mais, en dépit des insinuations du protestantisme et de la science indépendante, le dogme reçu par voie d'autorité n'étouffe chez les fidèles ni la vie de l'esprit, ni l'initiative intellectuelle, ni la liberté d'appréciations. Donc présager que, dans les limites sévèrement respectées de l'orthodoxie, chacun restera indépendamment responsable de ses assertions et de ses vues, ce serait interpréter d'après toutes les vraisemblances la pensée des collaborateurs.

Pour achever de faire revivre le dix-neuvième siècle dans ces trois volumes, on nous promet une abondante illustration. Le prospectus, ce détail est bon à noter, dit qu'on veillera à ce qu'elle soit absolument décente. Des reproductions de tableaux célèbres rappelleront les grandes scènes de notre histoire, et permettront en même temps d'apprécier le talent des maîtres contemporains. De nombreux portraits présenteront aux yeux les principaux personnages de ces cent années, papes, souverains, ministres, généraux, savants, artistes, écrivains. La librairie d'art qui s'est chargée de l'édition, l'une des premières de Paris, annonce au moins cent photogravures, exécutées d'après le procédé Goupil, devenu le sien par droit de succession. C'est dire que la valeur artistique de l'ouvrage ne le cédera pas à la valeur littéraire et le fera rechercher des délicats.

IV

Sur tout ce projet, la critique la mieux fondée, c'est le prix très élevé de *Un siècle*. Peu de privilégiés pourront, dans six mois, s'accorder de pareilles étrennes, ou faire dans leur entourage ce joli cadeau de nouvel an. Espérons, pour la diffusion des idées catholiques, qu'on fera quelque jour une édition du texte non illustrée. Il faudra sans doute attendre. Y aurait-il chance de l'avoir du moins pour l'année suivante? Le jubilé de 1900 est pour la ville, *urbi;* celui de 1901 pour le monde, *orbi*. De même, le régal littéraire serait en 1900 pour un cercle restreint, en 1901 pour tous.

Pour tous, c'est-à-dire pour toutes les intelligences plus que médiocrement cultivées. Car, à fonder des prévisions sur les noms des collaborateurs, les questions traitées et la façon dont on paraît devoir les traiter, il ne suffira pas d'enlever les photogravures pour avoir un livre populaire. Et pourtant, à l'occasion du nouveau siècle, et de l'Exposition, et de tout ce qui sera fait et dit alors, il faudrait songer au peuple, aux ouvriers, aux masses. Ne pourrait-on entreprendre quelque publication analogue à *Un siècle*, et proportionnée à un public infiniment plus nombreux et tout aussi digne d'intérêt que le « grand public »? Reprendre un peu différemment les mêmes questions à peu près, découvertes, histoire politique, histoire religieuse du siècle, dans des livraisons hebdomadaires ou bimensuelles illustrées, qui se réuniraient en volumes à la fin de 1900 et de 1901? Espérons qu'il se trouvera pour y songer quelque habile et généreuse initiative.

A signaler encore, une résolution du comité de l' « hommage », siégeant à Gand. On a décidé de publier une statistique des œuvres religieuses et sociales en Belgique, au cours du dix-neuvième siècle. Il faudrait de plus amples renseignements pour bien apprécier cette entreprise. Du moins, on entrevoit combien l'ouvrage peut être intéressant et suggestif.

Inutile de remarquer que tous les projets catholiques rappelés ici ont un caractère absolument privé. Dans l'autre hémisphère, on cite cet exemple de manifestation nationale : par une loi du 4 novembre 1898, le Congrès de Colombie décrète :

Article premier. — A la fin du siècle où commença sa vie de nation souveraine et indépendante, la République de Colombie accomplit le devoir de reconnaître d'une façon explicite, par le moyen de la présente loi, la divine autorité sociale de Jésus-Christ, et de lui rendre grâces pour les bienfaits reçus de lui.

Art. 2. — En témoignage de cette reconnaissance, comme symbole de la gratitude de la nation, et pour perpétuer le souvenir de cet acte du Congrès, par lequel il exprime les inébranlables et profonds sentiments des peuples de la Colombie, il sera érigé un monument qui, après entente préalable avec l'autorité ecclésiastique, sera placé dans la cathédrale de Bogota.

Art. 3. — Une copie de cet acte sera remise à S. Exc. le délégué apostolique à Bogota, et une autre envoyée à S. S. Léon XIII par l'intermédiaire de la légation de la République auprès du Vatican, en signe de l'attachement des Colombiens au vicaire de Jésus-Christ[1]...

Par malheur, cet américanisme du Sud menace moins que jamais d'envahir l'Europe.

Jacques DUTEL, S. J.

1. Cité dans la revue *Il solenne omaggio*, janvier 1899, p. 326.

LETTRE

DE

L'ÉVÊQUE DE CHARTRES A LOUIS XIV

(1697)

Les auteurs qui se sont occupés le plus récemment de Mme de
Maintenon considéraient comme perdu l'original de la lettre écrite
à Louis XIV par son directeur, Paul Godet des Marais, évêque
de Chartres, dans laquelle se trouvait le témoignage explicite
de son mariage avec le grand roi. Cet original existe. L'obli-
geance de son propriétaire actuel, M. l'abbé Crancée, professeur
au petit séminaire de Saint-Chéron, à Chartres, nous a permis de
le voir de nos yeux et de l'étudier à loisir. Le document se compose de cinq feuilles, de quatre pages chacune, formant en tout
vingt pages in-quarto, dont dix-huit seulement étaient écrites,
d'une écriture grande, largement étalée. La première page n'a que
le mot *Sire* en haut, et deux lignes de texte tout au bas de la page.
Nous avons comparé la pièce avec d'autres lettres autographes
de l'évêque Godet des Marais, que possède la Bibliothèque nationale : l'écriture, assez personnelle, est manifestement identique.
Non moins évidente est l'analogie de style et d'idées avec les
lettres du même prélat à Mme de Maintenon, dont les copies
fidèles sont conservées au grand séminaire de Versailles. Si à
cela on ajoute l'attestation autographe de Mme de Maintenon
inscrite sur le document même, et la déclaration des Dames de
Saint-Louis qui y est jointe, l'authenticité de la pièce ne paraît
pas douteuse. Et, comme elle n'a pas encore été publiée exactement en son entier, nous ne pouvons que profiter avec empressement de l'autorisation, qui nous est gracieusement donnée, de
la reproduire intégralement dans les *Études*[1].

---

1. M. l'abbé Crancée, qui a découvert cette lettre chez un bouquiniste, il
y a déjà trois ans, a fait connaître alors sa trouvaille à la Société archéologique d'Eure-et-Loir ; sa communication sur ce sujet figure dans les procès-
verbaux de cette société à la date du 6 août 1696 ; le texte des pages 12-16
du document y est joint.

C'est un document historique, qui, même en dehors de la question du mariage, qu'il trancherait, si elle était encore incertaine, est intéressant à plus d'un point de vue ; on le reconnaîtra en le lisant. Le passage où il est fait allusion à l'union secrète de Mme de Maintenon avec Louis XIV, se retrouve tel quel (à un mot près) dans l'édition de La Beaumelle, qui a trop librement remanié le reste de la lettre ; le même passage a été publié par le duc de Noailles d'après les Mémoires manuscrits de Mlle d'Aumale, et une copie de notre lettre qui existait dans les archives de Noailles, au Louvre, avant 1871[1]. Mais on aimera aussi à lire dans leur forme authentique les sages et fortes exhortations, que le saint évêque ne craint pas d'adresser au grand roi, avec ses félicitations et ses hommages obséquieux. La lettre ne porte point de date, mais elle ne peut être que de la fin de 1697 : elle a été écrite en effet à l'occasion d'une paix, terminant une guerre que Louis XIV avait victorieusement soutenue contre toute l'Europe coalisée ; l'épiscopat de Godet des Marais ne s'étendant que de 1690 à 1709, il ne peut être question que de la paix de Ryswick, conclue en octobre 1697.

Voici donc le texte de cette lettre, reproduit le plus exactement possible : nous indiquons par la différence du caractère typographique les parties que le mauvais état de la pièce oblige de suppléer, et nous donnons en note les variantes de l'édition infidèle de La Beaumelle[2].

        [1] Sire,

Après avoir remercié Dieu de la paix qu'il nous a enfin donnée par les [2]soins de Vostre Majesté, il est juste que nous la remer-

---

1. Cette copie est signalée dans les *Papiers de Noailles de la Bibliothèque du Louvre*, par M. L. Paris (1875), 2ᵉ partie, p. 5, n° 28. Elle portait la date « octobre 1697 » (il est en effet évident qu'il faut rapporter à elle cette date qui est accolée à la pièce n° 27, dans l'inventaire de M. Paris).

2. On peut voir ce que nous avons dit de cette édition dans les *Études* du 5 avril, notamment pages 124-125. — Dans la transcription qui suit, nous avons conservé l'orthographe du document, à l'exception des accents, qu'il met ou omet sans règle fixe et que nous plaçons suivant l'usage actuel. Les mots entre crochets manquent totalement dans la pièce originale, qui est mutilée à l'endroit correspondant ; sont imprimés en italiques les compléments que nous suppléons aux mots dont une partie plus ou moins grande est seule conservée. Nous indiquons la succession des pages par des chiffres intercalés dans le texte ; les petites lettres italiques renvoient aux notes, contenant les variantes de La Beaumelle, qui y est désigné par l'initiale B.

cions elle-mesme de tout ce qu'elle veut bien sacrifier à nostre
repos, les bontés que Votre Majesté a pour moy me font espérer*a* qu'elle ne trouvera pas mauvais que je prenne cette liberté.
Dieu enfin, Sire, a exaucé vostre foy, il vous a délivré parce que
vous avés eu confiance en luy, il vous a protégé parce que vous
avez cognu son nom ³selon la parole du profète. Il a esté touché
de la droiture de vos intentions et de votre grand zèle pour la
relligion, il veut que ce soit vous qui donniés*b* le calme à touts
les princes de l'Europe*c*, après vous avoir soutenu miraculeusement contre tous leurs efforts*d*. Quelles actions de grâces ne de-
vons-nous pas rendre*e* à Dieu, Sire, des biens qu'il répand sur
nous par vostre sagesse, par vostre générosité et en récompense
de vostre foy. Les ⁴Evesques estant*f* les pères spirituels [des] peuples, ils ont droit de répandre leur cœur *g*aux pieds de Votre
Majesté. Agréés donc, Sire, que pour le diocèse que vous m'a-
vés confié je vous marque n̄re très*h* profonde recognoissance,
tous vos peuples, Sire*i*, sentent les obligations qu'ils vous ont
dans cette paix si désirée, ils vont de tous costés élever*k* leurs
mains au ciel pour demander ⁵[la] conservation de votre sacrée
personne ; c'est à nous, Sire*l*, à faire un saint usage du bien ines-
timable que vous nous procurés, et à continuer nos vœux pour
*obte*nir en faveur de Vostre Majesté les grâces qui luy sont nécessaires, affin qu'elle remplisse tous les desseins de Dieu sur
elle*m* ; la paix va vous fournir, Sire, les moiens d'affermir la relligion catholique, et de restablir*n* par tout les loix et la discipline*o* ⁶en remédiant aux maux que la guerre avoit*p* introduits ;
vous aurés à présent la facilité de soulager vostre peuple de l'acca-
blement où il est, qui *damn*e *u*ne infinité *par les* injustices,
l'insensibilité, l'oubli du salut et le désespoir*q*, que la grande misère traisne souvent*r* après elle. Vous avés, Sire, besoin d'une

---

*a*B. Les bontés, qu'elle a pour moi me flâtent. — *b*B. rendiés. — *c*B. à
l'Europe agitée. — *d*B. miraculeusement soutenu contre les efforts de tous
les princes réunis. — *e*B. *omet* rendre. — *f*B. sont. — *g*B. leurs cœurs. —
*h*B. *om.* très. — *i*B. *om.* Sire. — *k*B. de tous côtés, ils élèvent. — *l*B. *om.*
Sire. — *m*B. du bien que nous devons à votre amour pour nous ; mais tandis
que nous faisons des vœux pour obtenir les grâces nécessaires à V. M., c'est
à elle à remplir tous les desseins de Dieu sur elle. — *n*Ce mot est en sur-
charge et remplace *remettre* raturé. — *o*B. *om.* et la discipline. — *p*B. a.
— *q*B. où il est : vous aurés pitié de tant d'ames exposées aux injustices, à
l'insensibilité, à l'oubli du salut, au désespoir. — Dans le mot *damne*, les trois
premières lettres sont elles-mêmes encore assez visibles. — *r*B. *om.* souvent.

nouvelle sagesse, et d'une *force d'en haut ; non seulement pour
réparer les [7] désordres de la calamité dont nous sortons, mais
encore pour bien user de la grande prospérité où vous entrés :
Un père de l'Esglise remarque que[b] David [se] conserva pur et
innocent tant qu'il fust emploié à la guerre contre les [c] ennemis
du peuple de Dieu, et qu'il se perdit dans l'oisiveté ; que Samson
le plus fort de tous les hommes[d] fust invincible tant qu'il combatit
contre les [8] Philistins, et que sa force l'aban*donna* lorsqu'il[e] cessa
de combattre les ennemis de Dieu[f] : que Salom*on* enfin[g] le plus
sage des roys d'Israel demeu*r*a ferme dans sa sagesse[h], tant qu'il
fust occupé à bâtir[i] le temple du Seigneur mais qu'aiant fini cet ouvrage, il se livra ensuite en proye à toutes sortes d'excès et à l'idolâtrie[k]. La grande place que vous occupés, Sire, seroit un piège
pour vous, dans la *guerre* et dans la paix comme[9] [elle] l'a esté à[l]
tant de vos prédécesseurs, si Dieu n'avoit rempli vostre cœur d'une
crainte salutaire pour son salut[m], d'une grande horreur du mal,
d'un grand zèle pour [l'Esglise] et d'un amour sincère [pour] son[n]
peuple : les Roys sont chargés de tout, ils répondent[o] des injustices de la guerre[p], et au temps de la paix, ils ont encore d'autres
contes à ren*dr*e et d'autres ennemis à cra*indre* plus dangereux
souvent [que][10] les premiers, mais, Sire, n*o*us prierons pour vous,
nous offr*i*rons avec instance nos sacrifices affin que vous ne vous
départi*és* en aucun temps des grands [desseins] que Dieu a sur
Vostre Majesté. Il faut, Sire, m*archer* sur les traces de saint Louis,
vous remplir comme luy de bon*nes* œuvres, car ce seront le*s*
bonnes œuvres qui décideront [de] vostre sort dans l'éternité [et]
qui suppléront aux austérités[11] de la pénitence que vostre estat
ne peut porter ; il faut se haster, Sire, tandis qu'il est temps de
semer *les* fruits de justice, pour les recueillir en abondance à
l'heure de la mort, l'homme *moisson*nera, dit saint Paul, ce *qu'il*
aura *se*mé pendant [la] vie, et saint Jacques nous ave*rtit* que c'est

*B. de la. — *b*B. tant qu'il fit la guerre aux. — *c*B. *om.* le plus fort de
t. l. hommes. — *d*B. *om.* Un père de l'É. rema*r*que que. — *e*B. dès qu'il.
— *f*B. de combattre et de vaincre, *om.* les en. d. D. — *g*B. Et Salomon, *om.*
enfin. — *h*B. *om.* d'Israel, demeu*r*a ferme dans sa sagesse. — *i* B. tant
qu'il bâtit. — *k*B. du Seigneur, fut la proie des passions dès qu'il eut achevé
son ouvrage. — *l*B. pour. — *m*B. *om.* pour son salut. — *n*B. votre. —
C'est du reste par inadvertance que l'évêque a écrit « *son* peuple », comme
plus haut « *son* salut ». — *o* B. Chargés de tout, les Rois *r*épondent à Dieu.
— *p* B. *ajoute* et des vices de la paix. — Ici commence le passage le plus
altéré chez La Beaumelle.

dans la paix que [l'on] sème les doux fruits de [la] justice chrétienne. Vostre Majesté, Sire, peu à peu remettra aisément le bon
[12] ordre par tout, elle faira justice [à] tout le monde autant qu'elle
[le] pourra, et elle procurera en tous lieux la gloire de ce grand
Dieu qui s'est déclaré si hautement [en sa] faveur [a]. Il me semble,
Sire, qu'il est visible [b] que *Dieu* veut vous sauver, une des marques
de prédestination pour les princes, c'est quand Dieu les réserve
à un âge meur *après* les avoir retirés *de l'*idolâtrie des plaisirs
et de la [13] volupté, car lorsqu'ils sont enlevés dans une jeunesse
livrée aux grandes passions et aux occasions qui les environnent [c],
ils vont ordinairement [d] remplir une des *plus tristes* places de la
réprobation éternelle, avec les impies dans l'enfer [e] : leur salut [f]
est d'estre réservés à un âge plus sage [g], surtout quand Dieu leur
inspire de l'humilité de la religion, de la crainte de ses jugemens
et qu'après les avoir exercés [14] par différentes contradictions, il
leur donne un bon conseil et des personnes fidèles et pieuses
pour les soutenir ; c'est ce que Dieu a fait pour vous, Sire, vous
avés une excellente compagne [h], pleine de l'esprit de Dieu et de
discernement ; et dont la tendresse, la sensibilité et la fidélité [i]
pour vous est sans égale [k] ; il a pleu à Dieu que je cognusse le
fons de son cœur, je serois bien sa caution, Sire, [15] qu'on ne peut
vous aimer plus tendrement [l] ny plus respectueusement qu'elle
vous aime, elle ne vous trompera jamais si elle n'est elle-mesme
trompée, dans tout [ce que] j'ay [eu] l'honneur de traiter avec
elle, je ne l'ay jamais veu prendre un mauvais parti, elle est
comme Vostre Majesté, quand on luy expose bien le fait, elle

---

[a] Tout le passage depuis « et au temps de la paix » (page 9) est ainsi transformé par La Beaumelle : « et les ennemis de l'Etat ne sont pas les plus dangereux. Vos œuvres, Sire, décideront de votre sort dans l'éternité : remplissez
de vertus vos jours, comme saint Louis : elles suppléeront aux austérités de
la pénitence incompatibles avec votre état. V. M. remettra peu à peu aisément le bon ordre par tout : elle rendra justice à tout le monde : elle avancera en tous lieux la gloire de ce grand Dieu qui s'est si hautement déclaré
en sa faveur : c'est dans la paix que l'on seme les doux fruits de la justice
chrétienne. — [b] B. Il est visible, Sire. — [c] Ce passage depuis « une des
marques... » (page 12) est réduit par La B. à ceci : « Malheur aux Princes
enlévez dans une jeunesse livrée aux grandes passions ! » — [d] B. *om.* ordinairement. — [e] B. *om.* avec les imp. dans l'enfer. — B. [f] Le salut des Rois. —
[g] B. *intercale ici* après avoir été affranchis de l'Idolâtrie de la volupté (cf.
page 12 de l'original). — [h] B. *met ce mot en italiques.* — [i] B. la tendresse,
la sensibilité et la fidélité *en italiques.* — [k] B. sont sans égales. — [l] B. vous
aimer plus tendrement *en ital.*

choisit toujours [et *a*] immanquablement le *costé* de [16] la sagesse et de la justice, il paroit bien visiblement, Sire, que le Ciel *b* vous a voulu donner une aide semblable à vous *c*, au milieu de cette troupe d'hommes intér*essés et tromp*eurs [qui vous] font la cour, en vous accor*dant* une femme *d* qui ressemble à la femme forte de l'Escriture occupée de la gloire et du salut de son Époux *e* et de toute sorte *de bonnes* œuvres *f*, il me paroit [17], Sire, que Dieu est avec elle en tout ce qu'elle fait, et qu'elle l'aime préférablement à tout, voilà *le conte* que j'ay à rendre *à Vostre* Maj*esté* de [la] *préci*euse brebis qui m'est confiée. Si je suis trop hardi et trop ennuieux, je supplie très humblement Vostre Majesté de le pardonner à mon zèle. [18] *Je* puis l'assurer que je fais *des* prières continuelles pour elle et qu'on ne peut estre, Sire, avec une plus parfaite *esti*me, recognoissance, fi*délité* ny plus d'amour et u*n plus* profond respe*ct* que moy,

Sire,

De Vostre Majesté,

Son très humble et très obéissant et très fidèle sujet,

† PAUL, Évêque de Char*tres g*.

a A cet endroit semble arraché un petit mot, dont il reste un trait. — *b* B. que Dieu vous a. — *c* B. une aide s. à v. *en ital.* — *d* B. vous a. une f. *en ital.* — *e* B. *époux en ital. — f* B. toutes sortes. — C'est le passage allant de « une des marques de prédestination » (page 12) jusqu'à l'endroit où nous sommes rendu ici, que le duc de Noailles a reproduit, en l'abrégeant de quelques lignes, dans l'*Histoire de Mme de Maintenon*, II, 123-124 (2ᵉ édit., 1849). — *g* Au lieu de cette fin : « Je puis l'asseurer », etc., La B. n'a que ces mots : « On ne peut être avec plus de reconnoissance, de fidélité, d'amour, de respect, que moi, etc. *Signé* PAUL, *Évêque de Chartres*. »

Du dernier feuillet (p. 17-18) il ne reste que deux lambeaux, dont l'un porte ces mots, de l'écriture de Mme de Maintenon : Lettre [très] secrette de M. L. de Chartres au roy L. 14.

Voici maintenant l'attestation des Dames de Saint-Cyr, consignée sur une feuille à part :

*N*ous reconnoissons avoir receu avec vénération *et* reconnoissance, une lettre de feu Mᵍr l'Évêque *de C*hartres, Paul de Godet des Marais au Roy [Louis] quatorze, nōtre fondateur, laquelle lettre [a été] donée par feüe Mᵉ de Maintenon, nostre *institu*-

trice, à Mgr Charles-François des Monstiers *de Me*rinville[1], apré-
sent notre digne prélat, [qui a eu] la bonté de nous la confier
après l'avoir [revêtue] de son sceau †. Nous l'avons mise dans le
coffre fort de notre [maison] et nous promettons [de ne là faire]
voir que [du consentement] exp*rès* de Monseigneur [et d'en]
garder le [secret] *i*nviola*ble*] *tan*t qu'il [plaira] à Dieu de conserver Sa Grandeur pour le *bon*heur de l'Église et celui de nôtre
maison en particulier.

Fait double à Saint-Cyr, ce 26 May 1739.

Sr de Boufflers, sup͞re.

Sr de Genetines, assistante.   Place du sceau
                                                de St-Cyr.
Sr du Pérou, maîtresse des novices.

Sr de Linemare, maîtresse générale des classes.

Sr de Bosredon, dépositaire.

[Au dos] de cette lettre est écrit de la main de Mme de Maintenon :

Lettre très secrette de M. [L. de] Chartres au Roy.

Pour copie conforme .:

J̲o̲s̲e̲p̲h̲ BRUCKER, S. J.

1. Charles-François des Montiers de Mérinville, neveu de l'évêque Paul
Godet des Marais, lui succéda en 1709 et mourut à Chartres le 10 mai 1746.

LIVRES ET BIBLIOTHÈQUES

Que lire parmi la multitude des livres que chaque jour produit ? Comment seulement les connaître ? Quel guide suivre pour ne pas s'égarer dans cette foule ? Faut-il se résigner à aborder au hasard ces nouveaux venus ?

Nous ne parlons pas ici des spécialistes ou des savants. Il existe à leur usage des recueils qui leur font connaître les plus importantes publications dans chaque branche du savoir. Un des plus vastes, en même temps que des plus commodes et des plus utiles à consulter, en ce genre, est le *Répertoire des sources historiques du moyen âge*, publié par M. l'abbé Ulysse Chevalier. Il comprend deux parties : 1° Une *bio-bibliographie* qui énumère en quarante mille articles environ les ouvrages publiés sur la vie et les œuvres des personnages historiques qui ont vécu depuis le commencement de l'ère chrétienne jusqu'à l'an 1500 ; 2° une *topo-biblio-graphie*, en cours de publication, qui indique les travaux dont tel pays, telle localité, tel fait, telle institution, a été l'objet. M. Gabriel Monod, de son côté, a publié une *Bibliographie de l'Histoire de France* ou *Catalogue méthodique et chronologique des sources et des ouvrages relatifs à l'Histoire de France depuis les origines jusqu'en* 1789 (Paris, 1888). C'est une publication annuelle, également restreinte à la France, que M. A. Vidier a commencée en 1895, sous le titre de *Répertoire méthodique du moyen âge français ;* en même temps que les livres nouveaux, on y signale les articles de recueils périodiques.

Les recueils annuels bibliographiques pour les diverses sciences se sont d'ailleurs multipliés dans ces dernières années. Citons seulement l'*Année psychologique*, 1ʳᵉ année, 1894 (Alcan, Schleicher) ; l'*Année sociologique*, 1ʳᵉ année, 1896 (Alcan) ; l'*Année biologique*, 1ʳᵉ année, 1895 (Schleicher).

Que si ces recueils se bornent à une simple énumération ou à une courte analyse des ouvrages, des revues spéciales en font la critique.

Nombre d'écrivains ont aussi pris l'habitude d'ajouter à leur

LXXX. — 8

livre la liste des auteurs consultés. En somme, c'est souvent un essai de bibliographie sur le sujet traité. Quelques-uns de ces essais ont une vraie valeur; d'autres ont trop manifestement pour objet d'en imposer au public par un étalage facile d'érudition.

Les élèves débutants en histoire pourront trouver quelques indications très élémentaires (un peu inégales) dans le *Petit Aide-mémoire de bibliographie historique* (A. Noyon, 35, rue de Sèvres).

Ce besoin des bibliographies fait aussi rechercher les catalogues des livres composant la bibliothèque de savants illustres. Ainsi, pour ne mentionner que deux des plus récents, le *Catalogue de la Bibliothèque de feu M. le comte Riant*, rédigé par L. de Germon et L. Polain (Paris, Picard, 1899. 2 vol. in-8) est une véritable bibliographie orientale, particulièrement pour la Palestine et pour l'époque des croisades. Tel encore le *Catalogue de la Bibliothèque orientale de feu M. Charles Schefer* (Paris, Leroux, 1899. In-8.)

Les recueils bibliographiques sont assez nombreux pour que M. Henri Stein ait pu composer un *Manuel de bibliographie générale* de près de 900 pages (Paris, Picard, 1898[1]). C'est une bibliographie des bibliographies, « la synthèse de toutes les bibliographies publiées jusqu'à la fin de l'année 1896 ».

Tout ceci constitue des instruments de travail pour les chercheurs, les écrivains de métier, les savants de toute catégorie; et il faut déjà une certaine initiation pour en tirer profit.

Mais tout le monde (heureusement) ne fait pas de la science; et, en dehors des savants et des érudits, il y a des amateurs de bons et beaux livres, ou mieux, de bonnes et belles lectures; il y a des gens intelligents qui veulent s'instruire, qui veulent connaître ce qui s'écrit. A ces esprits s'adressent des revues comme le *Polybiblion*, qui signalent et analysent les principales publications, au fur et à mesure de leur apparition.

Éclairer et guider les lecteurs, c'est aussi le but que se proposent les *Études* dans leur partie bibliographique ou revue des livres. Une table publiée récemment (Paris, Retaux) donne la

1. Voir *Études*, 5 décembre 1898, p. 717.

liste de tous les ouvrages analysés pendant les vingt-cinq premières années de la revue de 1856 à 1880; elle comprend 223
pages. Une autre *table générale* paraîtra en 1900, mentionnant
les ouvrages analysés pendant les onze dernières années du siècle,
et résumant les tables annuelles de cette période.

Une revue de ce genre est évidemment indispensable à qui
veut se tenir au courant de ce qui se publie de plus important.

Mais certaines catégories de lecteurs peuvent désirer avoir
entre les mains l'indication de livres choisis spécialement pour
eux. C'est à un besoin de ce genre que répond le catalogue
dressé par la Société bibliographique : *Catalogue de livres choisis
à l'usage des gens du monde, contenant les meilleures productions
de la littérature contemporaine* (seconde édition, entièrement
refondue. Paris, Lamulle et Poisson, 1896. In-12, pp. viii-296).
« Ce catalogue, est-il dit dans l'Avant-propos, s'adresse au grand
public qui lit et qui aime à s'instruire ; il ne vise ni l'érudit ou
le spécialiste, ni l'homme de la classe populaire. » Les livres y
sont partagés en cinq grandes divisions : *Théologie. Jurisprudence. Sciences et Arts. Belles-Lettres. Histoire.* Chacune de ces
parties est, à son tour, subdivisée en un certain nombre de sections qui représentent les diverses branches d'une même science.

Ce catalogue a été dressé avec un soin sérieux par des hommes
compétents, et répond bien à l'objet qu'il se propose. Signalons
en particulier ce qui concerne la philosophie, l'éducation, l'économie politique et sociale, les beaux-arts et l'archéologie[1]. On
serait heureux de trouver à la fin du volume une table de tous les
auteurs, avec renvoi à la page où il en est fait mention.

Voici un *Catalogue méthodique de livres choisis pour une Bibliothèque ecclésiastique*, par l'abbé L. Dementhon (Lyon, Vitte,
1897. In-8, pp. 15). Il se compose de deux parties : *Bibliothèque
du séminariste et du jeune prêtre; — Bibliothèque du prêtre : pro-*

---

1. Mais rien n'est parfait en ce monde; et les imperfections sont particulièrement faciles à commettre, ou au moins à signaler, en bibliographie. Ainsi,
p. 5, lire *Lesêtre* au lieu de *Lecètre*; p. 13, *Mehler* au lieu de *Melher*, *Deharbe*
au lieu de *Dehorbe*, *Schoofs* au lieu de *Schoos*; p. 76, *Jaffre* au lieu de *Joffre*.
— Omissions : de Bonniot, *le Miracle et ses contrefaçons*; — Naville, *le
Libre arbitre* (*la Physique moderne*, indiquée p. 97, rentre plutôt dans la
Philosophie); — Mme d'Hoffelize, *Avis spirituels*, etc.

fesseur, aumônier, curé. Ce catalogue nous semble surtout précieux comme indication de livres modernes sur des sujets très
délimités. Il pourrait être étendu avec profit. Dans la première
partie, la division tripartite, presque partout répétée, manque de
souplesse : la *Controverse* comporterait l'indication de plus d'ouvrages que la *Tenue extérieure*. Puis, ce qu'on appelle *Actualités*
ou *Mélanges* est vraiment trop *mêlé*. Mais ceci n'est que défaut
de rédaction, défaut d'un ancien professeur qui a gardé le culte
du genre didactique.

Boulogne-sur-Mer possède une *Bibliothèque catholique* (catalogue : Abbeville, C. Paillart), riche de quarante-deux mille volumes. Cette bibliothèque se compose de quatre parties. Deux
sont réservées à la ville de Boulogne même : d'après un article du règlement, tout lecteur doit toujours avoir, parmi ses
demandes, un livre traitant de questions religieuses ou d'histoire
religieuse. Six mille volumes sont mis à la disposition des ecclésiastiques, soit de la ville, soit du dehors. Enfin, la *Bibliothèque
roulante de Saint-Expédit* fait des *expéditions* de livres à tout
amateur de France et de l'étranger. On voit l'activité féconde de
cette œuvre. Son succès prouve l'habile sollicitude avec laquelle
a été dressé le catalogue [1]. En tête de chaque série, on a eu soin
d'indiquer à quel âge, à quelle catégorie de lecteurs elle convient
plus spécialement. D'ailleurs, le choix en est très varié. A côté
des livres de théologie, ou des *nouvelles*, il y en a qui enseignent
la bonne tenue d'un ménage : nous conseillons aux jeunes filles
de ne pas trop dédaigner ces derniers.

Si toutes les dames du monde ne lisaient que des livres comme
ceux de la *Bibliothèque catholique des femmes chrétiennes* (Rue
de Naples, 18, à Paris, chez les religieuses de Marie-Réparatrice,
1897), les conversations des salons seraient moins frivoles et
gagneraient en agrément. Sur deux cents pages environ que com-

---

1. Dans la bibliothèque ecclésiastique, nous aurions aimé à trouver le
Cursus Scripturæ Sacræ édité par Lethielleux, le *Dictionnaire apologétique*
de Vigouroux, tous les ouvrages exégétiques de Mgr Meignan, le *Traité des
Indulgences* de Béringer. — *Les Questions actuelles d'Écriture Sainte* du
P. J. Brucker sont mal placées à la section des catéchismes. — Quelques
omissions dans les autres bibliothèques : *Apologétique* du P. Devivier, *les
Enfants mal élevés* de Nicolay, *l'État et ses rivaux* du P. Burnichon. —
Gondal est incomplet.

prend ce remarquable catalogue, une quarantaine seulement sont
réservées aux romans. Encore voulons-nous croire que ce n'est
pas la partie de la bibliothèque la plus consultée. Nous connaissons une bibliothèque, pour dames du monde et institutrices, aux
environs de Paris, où, pendant l'année 1898-1899, il n'a pas été
demandé un seul roman. Pour obtenir ce résultat, il a suffi aux
directrices de guider un peu les abonnées dans leurs demandes
et de pouvoir leur offrir toutes les nouveautés vraiment intéressantes. Pourquoi ne pas le dire? elles avaient comme source d'information, et comme source unique, les *Études*.

C'est ce même esprit sérieux qui a présidé à la confection de
la *Bibliothèque d'une enfant de Marie*, *Catalogue de livres choisis
pour une chrétienne vivant dans le monde*, par le P. O.-J. de
Benazé, S. J. (Paris, Retaux, 1899. In-12, pp. 115.) Ce catalogue
a été extrait, en partie, du *Catalogue de livres choisis à l'usage
des gens du monde*, dont nous avons parlé plus haut. Mais on a
encore restreint ce choix dans le sens chrétien. Ainsi, parmi les
onze cent trente-deux numéros qu'il compte ne figure pas un seul
roman. C'est d'un courageux exemple et qui peut être salutaire.
D'ailleurs, le choix des ouvrages est fait avec une grande intelligence, et les indications bibliographiques sont données d'une
façon très exacte. Toutes les bibliothèques chrétiennes auront
profit à se guider sur ce catalogue.

On a aussi éliminé tout roman de la liste d'ouvrages qui termine le livre : *La Jeune fille à l'école de Jeanne d'Arc* (Société de
Saint-Augustin, 1898. In-8). L'auteur anonyme ne se contente
pas d'indiquer ce qui *doit* ou *peut* garnir les rayons de la bibliothèque d'une jeune fille chrétienne ; elle lui donne aussi des conseils sur la lecture. Que lire? Comment lire? Lire non pas le bon,
mais l'excellent; lire avec réflexion. Un homme d'esprit disait :
« Je ne lis pas, je relis. » C'est en relisant les mêmes ouvrages
qu'on s'instruit.

Dans cette liste, qui s'étend le long de trente grandes pages au
texte serré, je crains que l'inexpérience des jeunes filles ne soit
exposée à s'égarer. Un ou deux astérisques aux ouvrages de valeur
ou de nécessité spéciale auraient fixé leurs recherches. Un peu
trop aussi de manuels de piété et de livres de méditations recom-
mandés. Pensez donc : une vingtaine de manuels ou de formulaires de prières avec une quarantaine de livres de méditations et

de retraite! Même à titre d'indication, même pour un choix à
faire, c'est trop. En revanche, j'aurais allongé la liste des ouvrages de théologie apologétique, de philosophie morale, de monographies profanes. Il y a une science qui ne contrarie pas, qui
favorise la piété.

L'*Œuvre de Saint-Michel pour la propagation et la publication
des bons livres à bon marché* (Téqui, Paris, 29, rue de Tournon)
n'a pas cru devoir s'interdire les romans. Cette interdiction était,
en effet, impossible, au moins présentement : l'Œuvre s'adresse
surtout aux bibliothèques paroissiales, aux patronages, aux ateliers chrétiens, et cette jeunesse ne saurait guère se passer de
récits imagés et dramatiques. D'ailleurs les romans qu'on leur
présente ici sont, en somme, de la morale en action, quelque
chose comme les paraboles et les fables antiques accommodées à
la moderne. Telles les œuvres de M. Eugène de Margerie ou de la
comtesse de Beaurepaire. Les ouvrages d'histoire, les récits de
voyages, les livres d'enseignement chrétien ne font pas défaut, du
reste, dans cette collection bien adaptée à son public spécial.
D'autres livres de cette même collection s'adressent à un public
plus étendu : il suffit de citer les *Œuvres*, si pleines de choses
et de fortes pensées, du R. P. Félix.

Si c'est dans un sens tout particulier que l'Ecclésiaste a dit :
Faciendi plures libros nullus est finis, il n'en est pas moins vrai
qu'on écrira toujours des livres et que ceux-ci trouveront toujours
des lecteurs. Il y aura donc toujours lieu d'être reconnaissant à
ceux qui font connaître les bons livres et s'efforcent de guider les
lecteurs.

Lucien ROURE, S. J.

REVUE DES LIVRE

I. **Nos raisons de croire.** *Étude historique et critique sur les motifs de crédibilité que présente l'Église catholique*, par le R. P. D. Lodiel, S. J. Paris, Maison de la Bonne-Presse. Petit in-8, pp. ix-523. — II. **Cours élémentaire d'apologétique chrétienne**, par Mgr M. Rutten, vicaire général de Liège, 10ᵉ édition revue et augmentée. Bruxelles; Société Générale de librairie, 1898. In-12, pp. xiv-548. — III. **Savants et chrétiens** ou **Étude sur l'origine et la filiation des sciences**, par le R. P. Th. Ortolan, O.M.I. Paris, Briguet, 1898. In-8, pp. 484. Prix : 5 francs.

I. — Les apologistes, théologiens ou orateurs, se contentent le plus souvent d'affirmations générales, de vues d'ensemble. Ils disent : « Les martyrs chrétiens ont été d'une constance admirable, ils ont montré des vertus héroïques » ; et ils développent par énumération rapide, quelquefois (quand ils sont artistes) par un trait ou un mot saillant, pour se hâter de conclure qu'il y a là quelque chose de surhumain. Le procédé est bon; c'est, d'ordinaire, le seul possible. Mais, on le voit, il suppose les faits plutôt qu'il ne les donne. Autre est la manière du P. Lodiel. Il ne nous présente pas seulement la plaidoirie, il nous fait assister à l'audition des témoins. Quelques récits de martyres sont plus éloquents parfois que tous les développements oratoires, plus convaincants pour beaucoup que tous les arguments en forme. Même chose pour la sainteté, pour le miracle : « L'Église catholique est une école de sainteté, affirme-t-on, et le miracle y a toujours été, y est encore. » Le P. Lodiel nous résume rapidement quelques vies héroïques, il nous raconte des miracles du passé et d'autres qui sont de nos jours.

On devine les avantages du procédé. Grâce aux « histoires », ce livre d'apologétique devient un livre de lecture fort intéressant.

Et cette lecture pleine d'intérêt est singulièrement efficace et réconfortante : « Ce sont les faits qui prouvent, dit quelque part

La Bruyère, et la manière de les raconter. » De ces faits, triés avec critique, groupés en nombre autour d'une assertion générale, et de ces récits simples, sobres, où l'auteur s'oublie et se fait oublier, l'impression se dégage, forte et concluante, que la vérité est là. Après cela, quelques mots de l'auteur suffisent pour mettre en relief, à l'usage de la raison raisonnante, la valeur de la preuve.

L'apologiste devrait tout savoir ; toute science ne peut-elle pas témoigner en faveur de la vérité chrétienne, et toute science, par malheur, n'est-elle pas employée comme une arme contre elle ? Mais on ne peut être spécialiste en tout. C'est beaucoup d'avoir l'esprit ouvert, de se rendre compte des méthodes et de se tenir au courant des principaux résultats. Le P. Lodiel a cela.

A la compétence historique, il joint la compétence scientifique. Il en a donné des preuves dans plus d'un genre. Pour ne rien dire de ses articles dans les *Études*, sur le Darwinisme notamment, son beau livre sur l'*Ordre du monde physique* (qu'il a eu le tort, par excès de modestie, de ne pas signer de son nom) témoigne d'une connaissance plus qu'ordinaire des méthodes scientifiques et des principales découvertes du siècle. Dans le présent ouvrage, les *sciences*, comme on dit, ont nécessairement moins de place ; mais les pages sur la *science et la foi* laissent deviner que l'auteur en sait plus qu'il ne dit.

Avec les faits, les autorités. On a beau crier à l'indépendance d'esprit, l'autorité reste un des grands facteurs de nos idées et de nos convictions. L'auteur, qui est pratique, fait donc beaucoup de citations, et, qui mieux est, d'excellentes. Il en est des amis, des ennemis, des simples observateurs. Il en est de vieilles, toujours bonnes à répéter, et il en est de toutes fraîches, cueillies dans les derniers numéros d'une revue en vogue, ou dans les pages d'un livre qui n'est que d'hier : *nova et vetera*. Ainsi passent sous nos yeux bon nombre des plus belles pages qui aient été écrites sur le christianisme et sur l'Église.

Ajoutons que presque toujours des renvois précis nous mettent à même de contrôler faits et citations — en même temps que de nombreuses indications bibliographiques ouvrent au lecteur la voie pour des recherches plus étendues.

Le plan du livre est très clair, très bien ordonné. L'auteur veut mettre en relief « nos raisons de croire ». Il ne perd jamais de

vue le but où il tend. Au début d'une question, explications
nettes sur le point à prouver ; puis les preuves de fait ou d'autorité, avec réponse aux principales objections ; enfin quelques
réflexions pour dégager rapidement les conclusions ; de distance
en distance, un arrêt pour voir d'un coup d'œil le chemin parcouru, et ce qui reste encore à faire ; à la fin du livre, résumé
rapide et conclusion. C'est bien une excellente démonstration
catholique.

La marche suivie est celle des cours de religion, celle qu'indique le concile du Vatican. Après un chapitre préliminaire,
court mais substantiel, sur la révélation et les mystères, deux
parties dans le livre : *Divinité du christianisme; divinité de l'Église
catholique.* Le christianisme est étudié d'abord dans son origine
et dans son divin fondateur, critique des sources, vie et enseignement de Jésus, miracles de Jésus, prophéties messianiques, prophéties de Jésus. Conclusions : l'histoire évangélique est vraie ;
le caractère et les enseignements de Jésus, ses miracles, les prophéties qui l'annoncent et celles qu'il a faites lui-même, tout cela
est marqué d'un sceau divin. Il faut louer, dans la critique des
sources, la précision des arguments, l'usage des découvertes
récentes, l'heureux parti tiré des *Actes* et des *Épîtres* incontes-
tées de saint Paul. Suivent deux chapitres sur les premiers siècles
chrétiens : *Propagation du christianisme et transformation morale
du monde ; les martyrs chrétiens.* De l'analyse philosophique des
faits, de l'insuffisance manifeste des causes humaines alléguées,
de la comparaison avec l'impuissance de la philosophie d'un côté,
et, de l'autre; avec les grands mouvements qui ont bouleversé
l'humanité, on doit conclure la transcendance et la divinité du
christianisme.

La seconde partie est consacrée à l'Église catholique. Esquisse
de l'Église chrétienne d'après le Nouveau Testament en vue de la
confrontation avec l'Église catholique ; caractères de l'Église
catholique ramenés à l'unité dans l'universalité de l'espace et du
temps ; vie et fécondité de l'Église (vertus nouvelles, ce qu'elle a
fait pour l'instruction et pour la liberté, pour la famille, pour la
civilisation, pour les pauvres et les misérables ; les missions
catholiques) ; les saints de l'Église catholique : types divers ; les
miracles dans l'histoire de l'Église catholique (depuis les premiers siècles jusqu'à la Croix de Migné, jusqu'à Lourdes ; cano-

nïsation des saints). Avec cela, la preuve est faite, et suivant le
programme tracé par le concile du Vatican : en face de ce magnifique spectacle, comment ne pas voir le doigt de Dieu sur le front
de notre Église ? Suivent pourtant quelques chapitres complé-
mentaires, en vue surtout des objections courantes, *positifs* cependant plutôt que *polémiques* : l'un sur la science et la foi (toujours
avec faits précis, au lieu de discussions abstraites), où savants et
sciences viennent tour à tour faire hommage à l'Église ; les deux
autres sur les religions non chrétiennes et sur les Églises chrétiennes non catholiques (c'est, comme par contre-épreuve et par
élimination, une démonstration nouvelle du catholicisme). Le
livre s'achève par un bref résumé de la preuve et par un mot sur
le devoir de la foi ; il se ferme, comme il convenait, sur une
chaude invitation à prier.

L'auteur a donné son livre à la *Maison de la Bonne-Presse* lui
assurant ainsi une large diffusion jusque dans les milieux populaires [1]; mais il mérite d'être lu partout, jusque dans le monde le
plus cultivé. A part de rares endroits où le désir de rester populaire l'a poussé à se contenter d'explications peut-être un peu
simplistes [2], son ouvrage de prétentions si modestes, d'accès si
facile, est un ouvrage, sérieux et savant autant qu'agréable : la lec-

---

1. Il en a paru deux éditions, l'une avec nombreuses gravures (dont quelques-unes peut-être déparent un peu le texte, au lieu de le rehausser, celle
de la page 252 par exemple, qui ne répond à rien, l'auteur ayant évité, avec
sa prudence ordinaire, de parler de sainte Catherine), au prix de 3 francs,
brochée, et de 4 fr. 50 avec reliure et tranches dorées ; l'autre, celle qui est
indiquée en tête de cet article, sans enjolivements et plus distinguée peut-
être dans sa simplicité.

2. La note sur les *Acta sanctorum*, p. 345, n'est pas inexacte, mais elle ne
dit les choses qu'à moitié, et les Bollandistes actuels ne la signeraient pas,
je crois, sans glose. Les gens du métier feront une remarque analogue sur
l'explication de l'axiome : « Hors de l'Église, pas de salut», p. 477 ; car on y
semble oublier que l'Église est de nécessité de moyen ; de même, p. 478,
on ne dit pas assez nettement qu'il ne saurait y avoir de foi sans révélation.
Enfin, les difficiles diront peut-être que l'énumération des savants catholiques ne prouve pas beaucoup, et que tel philosophe vivant rougira peut-être,
dans sa modestie, d'être « fait argument », p. 418. Mais sur ce dernier point
la réponse est facile ; et, sur les autres, l'auteur pourrait dire que sa solution
reste juste et que les braves gens ne comprendraient guère des explications
plus approfondies. Pour moi, qui voudrais voir le livre en d'autres mains
encore qu'en celles des « braves gens » et des simples, j'ai cru devoir
signaler mes desiderata à cet égard. On voit qu'ils se réduisent à peu de
chose.

ture en sera pour tous instructive et fortifiante. On ne saurait notamment trop le répandre dans les maisons d'éducation : il y sera lu avec intérêt et profit. Jean BAINVEL, S. J.

II. Le livre de Mgr Rutten réalise presque l'idéal d'un manuel d'apologétique, destiné surtout aux cours supérieurs d'humanités. Il est exact, clair, concis, plein de faits et d'idées. Si une trame si serrée présente quelques inconvénients pour de jeunes lecteurs ; si elle ne charme pas leur imagination et ne remue pas leur sensibilité, c'est aux professeurs qu'il appartient d'aviver et de soutenir leur attention, en donnant de vive voix les développements appropriés à chaque sujet.

Nous félicitons Mgr Rutten de ne s'être point borné, comme la plupart des auteurs d'apologétiques élémentaires, à démontrer l'existence et les attributs de Dieu, la spiritualité et l'immortalité de l'âme, la nécessité d'une religion et la divine origine du catholicisme. A cette base indispensable de toute apologétique, il ajoute une série d'études sur l'Église et la civilisation.

De la page 321 à la page 512, après avoir rappelé les enseignements de l'Église, il expose les doctrines du libéralisme dans ses rapports avec le bonheur temporel de l'humanité. A leurs funestes conséquences il oppose l'action civilisatrice exercée par l'Église dans le passé et le présent. Dans son dernier chapitre, il montre d'une façon péremptoire que le protestantisme n'est pas plus favorable que le catholicisme à la prospérité des nations. A cet effet, il observe d'abord que, même aujourd'hui, les peuples protestants ne sont pas dans une situation plus florissante que les peuples catholiques. Puis, cette supériorité fût-elle incontestable, il serait illogique de l'attribuer au culte réformé. Quel gouvernement, d'ailleurs, est encore assez soumis à la religion catholique pour lui laisser donner la mesure de son influence civilisatrice ?

S'il nous fallait cependant risquer quelques desiderata, nous souhaiterions de voir mieux préciser quelles sont les dispositions intellectuelles et morales pour acquérir et conserver la foi.

III. Parmi les indifférents en matière religieuse et les libres penseurs, c'est un préjugé profondément enraciné, que l'Église entrave l'essor des sciences mathématiques, physiques et naturelles, ou que, du moins, elle n'encourage pas les chercheurs et

les savants, uniquement soucieuse de favoriser la culture ascé-
tique, d'instruire les âmes des dogmes révélés et de les élever
pour le ciel.

Le livre du R. P. Ortolan est une réfutation sans réplique de
ces calomnies. Après avoir exposé, dans une première partie
l'origine et le développement des sciences exactes, physiques et
naturelles chez les Anciens, il montre dans une seconde partie,
les progrès réalisés par les chrétiens du moyen âge. Les monuments élevés par les Bède, les Vincent de Beauvais, les Roger
Bacon, les Hildegarde, sont moins connus que ces belles cathédrales gothiques, gloire indestructible de nos aïeux ; ils ne sont
peut-être pas moins remarquables. Si, depuis, la science est
montée plus haut, si elle voit s'ouvrir des horizons insoupçonnés,
si elle gravit des sommets, près desquels les cimes atteintes au
moyen âge semblent des « taupinières », il ne faut pas oublier
que les efforts, les tâtonnements, les découvertes du moyen âge
ont préparé celles de notre temps, et nous rappeler que les mois
d'hiver, où le grain reste enseveli sous la neige, ne sont pas moins
profitables à la future moisson que les mois du printemps. Au
reste, le P. Ortolan doit·nous montrer, dans un second volume,
que, depuis le moyen âge, l'Église n'a pas cessé de favoriser la
culture des sciences, et de contribuer à leur progrès.

François TOURNEBIZE, S. J.

Aux mères. *Causeries sur l'éducation,* par le P. Jean CHAR-
RUAU, S. J. Paris, Retaux, 1899. In-8, pp. VIII-376. — Livre
excellent, pratique, très opportun, que toute mère intelligente
voudra lire et relire. Beaucoup y trouveront leur portrait très
ressemblant, trop ressemblant peut-être, quand il s'agira de défauts si agréables à critiquer chez autrui, si pénibles à reconnaître en soi-même.

Telle journée sera désastreuse pour l'éducation. Pourquoi ?
Parce qu'elle a commencé par un accès de mauvaise humeur envers les domestiques et s'est continuée par de honteuses capitulations avec les nerfs, les antipathies, etc. : piquant récit qui fait
rire ou réfléchir sérieusement, selon que l'on se figure saisir au
vif les autres ou soi-même.

Les causes multiples du peu d'autorité des parents sur les enfants sont analysées de main de maître ; de main de maître aussi

sont mises en lumière et en honneur les vieilles traditions catholiques et françaises de sollicitude constante, de surveillance vigilante et scrupuleuse : traditions si facilement raillées aujourd'hui
par des êtres plus ou moins intellectuels, mais vides d'expérience,
ennemis de la pudeur, de la réserve et du respect, et jaloux,
semble-t-il, d'enlever à la génération qui s'élève la fleur de
bonne éducation.

Ce n'est pas que l'auteur déconseille d'éclairer celles qui vont
prendre les responsabilités d'épouse et de mère ; une mère doit
savoir le faire, soit par elle-même, soit par d'autres, mais seulement au moment de la première démarche qui pourrait engager
un peu l'avenir. N'est-il pas, en effet, dangereux et absurde, sous
prétexte d'initier à la littérature ou aux basses réalités de ce
monde, d'étaler avant l'heure, aux regards angéliques d'âmes
d'enfants et de vierges, les nécessités matérielles d'une vie qu'ils
ne vivront peut-être jamais ?

Les grands devoirs d'une mère ne s'accomplissent qu'au prix
de sacrifices souvent très douloureux : attentes longues et pénibles ; vigilance assidue sur l'âme et le corps des enfants ; renoncement à tout ce qui contrarierait l'éducation ; séparations imposées
soit par le mariage et les vocations religieuses, soit par la mort ;
vieillesse solitaire dans la maison de famille, d'autant plus vide et
muette que tout y rappelle de plus nombreux absents. Dans toutes
ces pages, que de conseils précieux délicatement donnés éclairent
l'intelligence, encouragent et consolent le cœur !

Mais voici venue pour la mère chrétienne l'heure de retourner
à Dieu. Les dernières années, les derniers jours sont décrits en
termes simples et grands qui causent l'impression du sublime.
Sublime en effet est la vie d'une mère constamment fidèle, coûte
que coûte, à sa mission. La vie conjugale et la maternité ont été
pour elle une source de pureté, lui ont donné l'intelligence des
mystères de ce monde et de Dieu, et l'ont préparée à une mort
humble et sainte. Aussi trouve-t-on naturelles les hautes pensées
qu'inspirent à cette sainte mère, courbée sous le poids des ans et
des sacrifices, les solennités de l'Église et les grands spectacles
de la nature ; les voiles du monde se soulèvent à demi pour cette
âme et lui laissent entrevoir les splendeurs de celui qu'elle attend.

Il faut lire ces pages émouvantes, impossible de les analyser.
A la fin du volume, deux petits traités, simples, substantiels, pra-

tiques, sur les deux principales sources de force, toujours accessibles à l'âme chrétienne : la prière et les actes d'amour de Dieu.

Heureuses les âmes assez intelligentes pour comprendre les beautés de ce livre; plus heureuses celles qui seront assez courageuses, assez fidèles, pour le mettre en pratique ! Les mères chrétiennes ont fait la France, elles peuvent encore la refaire en façonnant le cœur de leurs enfants à l'image de leur propre cœur.

R. C.

I. Au delà du tombeau, par le R. P. J. HAMON, S. J. Paris, Téqui, 1899. In-12, pp. VIII-327. Prix : 3 francs. — II. Vers l'éternité, par l'abbé POULIN. Paris, Rondelet, 1899. In-12, pp. 423. Prix : 3 fr. 50. — III. La Femme chrétienne dans ses rapports avec Dieu, avec la société et avec elle-même, par l'abbé L.-M. PIOGER. Paris, Haton, 1899. In-12, pp. XII-345. Prix : 3 francs. — IV. Corrigeons nos défauts, par l'abbé E. BEAU DE VERDENEY. Paris, Haton, s. d. In-24, pp. 156. Prix : 1 fr. 15. — V. Trois grands moyens de salut et de sanctification, d'après saint Léonard de Port-Maurice, par UN MISSIONNAIRE CAPUCIN. Paris, Œuvre de Saint-François d'Assise, s. d. In-12, pp. 80. Prix : 30 centimes. — VI. Aux âmes éprouvées, consolations et conseils, d'après saint Léonard de Port-Maurice, par UN MISSIONNAIRE CAPUCIN. Paris, Œuvre de Saint-François d'Assise, s. d. In-24, pp. 80. Prix : 30 centimes. — VII. Avis à l'usage des confrères de patronages, par l'abbé GUÉRARD. Être homme. — La franchise. — L'honnêteté. — La conscience. — La liberté. Paris, Rondelet, s. d. Chaque opuscule : in-24, pp. 32. Prix : 15 centimes.

I. — Au delà de l'Océan, dans ce pays appelé jadis la Nouvelle-France, un zélé missionnaire a écrit un volume qui ne sera pas lu sans profit dans notre vieille France par ceux auxquels il est dédié : « Ouvriers, pauvres, tous ceux qui n'auront jamais qu'une part bien modeste aux joies et aux plaisirs de la terre ». Cette lecture raffermira leur foi et confirmera leurs espérances. C'est, sans vouloir, faire de la science, mais en s'appuyant sur l'Écriture et la tradition, et en mettant à la portée de tous les doctrines de saint Thomas et de Suarez, que le P. J. Hamon traite, dans une première partie, de la mort, du jugement, de la résurrection ; la seconde partie, après avoir dégagé les réalités des illusions, parle de la béatitude, de la vision béatifique, du bonheur secondaire du ciel ; la troisième, entrant plus dans le détail, décrit les joies des sens, du cœur, de l'intelligence des bienheureux. Enfin, en manière de conclusion, l'auteur dit *où Jésus prend ses saints*, et termine par la belle vision d'Esdras : « Et je glorifierai ceux qui combattirent vaillamment pour le Seigneur. » Cette publication, qui veut être « purement populaire », fera du bien à tous ceux qui espèrent le bonheur *au delà du tombeau.*

II. — *Vers l'éternité* n'est pas « écrit directement, dit l'auteur, pour les indifférents ni pour les impies. Il s'adresse aux âmes fatiguées, lasses du monde, affaiblies par mille luttes »..., afin de « rappeler à grands traits, dans une vive lumière, le souvenir de l'éternité à ceux qui doutent, qui chancellent sous le poids de la vie, qui murmurent... On n'y trouvera pas une marche didactique, un exposé catéchistique, une série de démonstrations rigoureuses ; non, ce sont des cris entendus, des échos de souffrances innommées, des réponses brèves aux questions muettes », dans le but louable et sincère de « renouveler un courage abattu, apaiser une torture, calmer un douloureux scrupule, étouffer un murmure, changer en un cri de résignation et d'abandon un blasphème à peine ébauché ». Que l'auteur ait tenu ces promesses de sa Préface, le lecteur s'en rendra compte en parcourant, ou mieux en méditant cette série de chapitres courts, substantiels, écrits avec le cœur. D'aucuns estimeront que tels souvenirs évangéliques (p. ex. la rencontre de la Véronique, p. 182) sont dramatisés avec trop d'imagination ; du moins se graveront-ils dans l'âme et tout esprit sérieux saura élaguer les détails ajoutés, pour retenir la vérité nue.

III. — Le volume de M. Pioger sur la *femme chrétienne*, avec ses divisions précises, ses chapitres courts et substantiels, ses conseils vraiment pratiques, convient parfaitement au public à qui il est destiné. Les pages sur l'éducation, entre autres, feront l'objet d'excellentes méditations : la mère de famille y apprendra comment il faut tempérer la tendresse par la sévérité et la sévérité par la tendresse. Noble est sa mission, et son rôle ne saurait être tenu par d'autres. « Rien ne peut suppléer cette première éducation, a dit de Maistre ; si la mère surtout s'est fait un devoir d'imprimer sur le front de son enfant le sceau divin, on peut être

à peu près sûr que la main du vice ne l'effacera jamais. » Le chapitre *Des devoirs de la femme à l'égard de son mari* ne renferme
pas des leçons moins opportunes. Ce livre est offert à la femme
chrétienne « comme un ami fidèle et un bon conseiller » ; il sera
l'un et l'autre. « J'ai regardé autour de moi, dit l'auteur, j'ai beaucoup vu, beaucoup entendu, beaucoup écouté, et toujours pour
votre bien... Si vous saviez tout ce que vous devez au christianisme, vous n'auriez pas assez d'amour dans votre cœur pour
aimer Celui qui vous a délivrées de votre honteux esclavage ; pour
vous, ne point aimer et servir votre Sauveur, ce n'est pas seulement une ingratitude, c'est un crime, c'est un suicide. »

IV. — Il y a quelques mois à peine, M. Beau de Verdeney,
dans un opuscule intitulé *Nos défauts*, et portant en vedette cette
petite question : « Qui n'a pas de défauts? », esquissait, d'un
crayon léger et faisait défiler sous nos yeux madame d'Épinglon,
madame Cancanelli, madame du Crampon, et tant d'autres : ces
noms indiquent le ton du volume. Aujourd'hui le spirituel chanoine nous donne sous forme d'examens de conscience la suite
naturelle du précédent ouvrage. *Corrigeons nos défauts*, dit-il
hardiment ; car, « qui n'a pas à se corriger » ? Orgueil et humilité, malveillance et charité, impatience et douceur, mollesse et
pudeur, égoïsme et pureté d'intention, plaisir et sacrifice : ample
matière de travail pour six mois de l'année, puisque chacun de
ces chapitres est partagé en quatre semaines. Combien de « très
peu charitables habitudes », par exemple, à faire disparaître dans
la vie de chaque jour, pour me rendre « miséricordieuse et bonne
envers tous ceux qui forment mon prochain » ! Mais, par un examen suivi et un exercice incessant, j'arriverai à élaguer un à un
« mes défauts, parfois si subtils qu'ils prennent à mes yeux des
dehors, des apparences de qualités et de vertus ».

V et VI. — Les œuvres de saint Léonard de Port-Maurice, que
saint Alphonse cite fréquemment et avec éloges dans ses ouvrages, sont depuis longtemps appréciées des âmes pieuses ; ces
trois grands moyens de salut, ces *consolations et conseils*, que le
R. P. Jean-Baptiste, missionnaire capucin, met en œuvre et dédie
aux âmes éprouvées, le feront mieux connaître et goûter.

VII. — Voici les premiers numéros d'une série en cours de

publication, qui offre aux directeurs de patronages des instructions appropriées à leurs jeunes gens. Les titres qu'on vient de lire et ceux des opuscules suivants disent assez que l'auteur va droit aux questions pratiques ; on se rendra compte aisément, en parcourant ces pages, qu'il les traite en homme expérimenté, en véritable ami de la jeunesse, en apôtre. P. P., S. J.

La Propriété individuelle et le collectivisme, par Alphonse CAPPART, S. J. Namur, P. Delvaux, 1898. In-8, pp. 574. — Ce volume, un peu massif, un peu diffus, un peu trop chargé d'une érudition, de bon aloi d'ailleurs, est une étude très approfondie et très juste de ces deux grandes questions, la propriété et le collectivisme.

L'auteur eût peut-être mieux fait de partager son travail en deux volumes distincts.

Pour commencer par le commencement, nous ne voyons pas pourquoi l'auteur loue si fort la définition du code civil : *La propriété est le droit de disposer des choses de la manière la plus absolue, pourvu qu'on n'en fasse pas un usage prohibé par les lois et par les règlements.*

Pourquoi cette suprématie des lois et des règlements ? Et s'ils sont injustes ? Est-ce que, comme l'observe Léon XIII, la propriété n'est pas antérieure à l'État, ainsi que la famille, ainsi que l'homme lui-même ? Il n'y a donc pas de raison, ajoute le Pape, de faire venir ici l'État. *Neque est cur providentia introducatur reipublicæ, etenim homo quam republica senior.* (De regimine opificum.) Si les lois et les règlements prennent sur une succession indirecte 20 p. 100, comme cela a lieu maintenant, et si, cette succession se répétant six fois en trente-cinq ans, l'État perçoit ainsi en trente-cinq ans 120 p. 100 de la valeur d'un héritage, est-ce que ce n'est pas de la tyrannie et du socialisme, cela ? Est-ce que mon droit de propriété doit céder devant cette loi absurde ?

La discussion du droit de propriété est longue et solide, mais sans aucune vue neuve ; il eût cependant été facile de faire ressortir l'immense supériorité des enseignements de l'Église sur les arguments des défenseurs contemporains de la propriété, par exemple sur ceux qui invoquent, pour justifier le droit, l'argument pitoyable de l'utilité sociale. Seule, l'Église a bien défendu la propriété au dix-neuvième siècle.

·A côté de la réfutation du collectivisme, qui est peut-être un peu banale, après les livres de M. Leroy-Beaulieu, de M. Deschanel et du P. Castelein, nous aurions désiré voir la réfutation d'erreurs bien plus dangereuses que celle des collectivistes, celles par exemple qui minent le droit de propriété en développant le socialisme d'État, et en préconisant les théories les plus fausses sur le droit qu'on suppose à l'État d'égaliser les fortunes par l'impôt, et en particulier par l'impôt progressif : ce côté de la question n'a pas été traité.

Sous ce rapport, le beau livre du P. Castelein sur le socialisme nous a paru plus satisfaisant, bien que nous reconnaissions avec plaisir le mérite incontestable, le rare bon sens, la netteté, les analyses très complètes qui ont valu à l'ouvrage du P. Cappart d'être couronné par l'Académie royale de Belgique.

J. Forbes, S. J.

I. Les Saints. *Saint Henri*, par Henri Lesêtre. Paris, Lecoffre, 1899. In-12, pp. 215. Prix : 2 francs. — II. Les Saints. *Sainte Mathilde*, par L. Eugène Hallberg. Paris, Lecoffre, 1899. In-12, pp. 177. Prix : 2 francs.

I. — Parmi cette vingtaine de héros qui « ont réussi à faire briller au-dessus de leur couronne royale l'auréole de la sainteté », au milieu de cette trop courte liste de saints rois qui s'ouvre avec saint Sigismond pour se clore avec saint Louis, *saint Henri* occupe dignement son rang. Son nouvel historien nous donne un vivant tableau de cette existence constamment aux prises avec les difficultés, en esquissant dans une série de chapitres qui suivent l'ordre chronologique : l'enfant, le duc, le roi, l'empereur. Sur la jeunesse de saint Henri, l'histoire n'a rien conservé de ces mille traits qu'on recherche tant aujourd'hui ; la double influence de sa mère et des moines bénédictins sur son éducation laissa dans l'âme du prince une ineffaçable empreinte. Nous ne suivrons pas le duc dans ses expéditions nombreuses jusqu'au jour où l'archevêque de Mayence, Wiligis, sacra et couronna, comme roi d'Allemagne, l'élu des seigneurs et du peuple. Investi de l'autorité souveraine, Henri continue ses luttes avec les princes ses voisins, et particulièrement avec Boleslas, duc de Pologne. C'est le 14 février 1014 qu'il est sacré empereur par Benoît VIII et couronné solennellement dans la basilique de Saint-Pierre avec l'impéra-

trice Cunégonde. L'intervention de l'empereur en Bourgogne et
en Italie remplit un intéressant chapitre. Tous ces événements,
remarque judicieusement le biographe, ne constituent, à proprement parler, que le cadre de la vie de saint Henri ; cadre qui ne
manque, il est vrai, « ni de variété ni de richesse », mais dont il
faut savoir dégager, pour la mettre en relief, la physionomie du
saint. C'est ce qu'a su faire M. l'abbé Lesêtre, tout en élaguant
de son récit bien des traits, « dont on s'est plu autrefois à orner
la figure de saint Henri » et qui ne lui ont pas paru assez bien
démontrés historiquement. L'idéal que l'empereur poursuivit
sans cesse, ce fut le règne de Dieu sur la terre : à la lumière de
cette pensée maîtresse, on comprend mieux ces vingt-deux années
de règne où « le saint n'a pas cessé de consacrer son temps et
ses efforts à la défense et à la sage administration de son empire ;
cette vie merveilleusement remplie, au cours de laquelle on ne l'a
vu obéir à aucune autre passion que celle de l'honneur de Dieu,
de la grandeur de l'Église et du bonheur de son peuple ».

II. — Du petit-fils remontons à la grand'mère, *sainte Mathilde*.
Dans une docte introduction, le distingué biographe exécute de
main de maître nos modernes critiques, fils de l'ange déchu,
que Gœthe appelle *celui qui nie*. Ils ont adopté un système fort
commode pour eux, très spécieux pour le public ignorant ou irré-
fléchi, mais qui n'a de scientifique que le nom : ils commencent
par nier tout ce qui les choque ou leur déplaît, et consentent ensuite à discuter sur des textes ou des faits acceptés par eux, sans
se préoccuper de tout le reste, qu'ils écartent dédaigneusement
en lui appliquant l'appellation de « légendes, mysticisme; inventions ou fraudes pieuses ». Ainsi a-t-on fait pour la vie de sainte
Mathilde. C'est donc œuvre de reconstitution que M. Hallberg
a entreprise et menée à bonne fin à l'aide des Bollandistes et des
Monumenta Germaniæ historica.

Née le 14 mars 872, élevée par sa grand'mère, abbesse du couvent d'Herford, Mathilde avait au moins trente-sept ans quand
elle épousa Henri de Saxe. Elle lui donna cinq enfants, « qui tous
ont joué un rôle considérable dans l'histoire : trois fils, Othon Ier
le Grand, Henri de Bavière, et Brunon, archevêque de Cologne ;
deux filles : Gerburt qui, veuve du duc de Lorraine, épousa le roi
de France Louis IV d'Outremer, et Hatwig ou Hedwige, qui fut

mariée au comte de Paris (Hugues le Grand) et devint ainsi la
mère des Capétiens ». Après la mort du roi Henri, elle se retire
au couvent, où elle partage sa vie entre la contemplation et les
œuvres de charité, « ne faisant que de rares apparitions dans le
monde ». Le 14 mars 968, elle s'endort dans le Seigneur, à Qued-
linbourg : « Son corps y repose dans l'église du saint évêque et
confesseur Servatius, où elle fut honorablement ensevelie à côté
du tombeau de son époux et seigneur Henri. »

« La reine Mathilde a eu la rare fortune d'être la compagne, la
mère, l'aïeule et la bisaïeule de princes vraiment grands...; mais
elle a eu le bonheur bien plus rare d'être la tige de toute une
famille de saints et d'être sainte elle-même : et, à ce double titre,
elle a droit à une place des plus glorieuses dans les annales de
la sainteté chrétienne non moins que dans celles de l'humanité. »

P. P., S. J.

**Maris, Amri et Slibæ de Patriarchis Nestorianorum com-
mentaria,** *ex codicibus Vaticanis edidit ac latine reddidit,* Hen-
ricus GISMONDI, S. J. Pars prior : *Maris textus arabicus et versio
latina.* Rome, 2 vol., 1899. Prix : 25 francs ; — Pars altera : *Amri
et Slibæ textus arabicus et versio latina.* Rome, 2 vol., 1897-1899.
Prix : 16 francs. — En vente à Rome, via del Seminario, 120.
— Les *Études* (20 février 1897, p. 561) ont rendu compte du
texte arabe d'Amri et de Sliba, avec indication des manuscrits originaux. Elles ont dit un mot de l'importance de l'ouvrage et de
sa valeur historique ; je n'y reviens pas.

Nous avons aujourd'hui la traduction latine d'Amri et de Sliba ;
de plus, deux volumes contenant le texte arabe de Mari ibn Sou-
leiman, avec traduction. C'est la rédaction la plus ancienne et la
plus précieuse des commentaires. Elle est tirée de la cinquième
partie du fameux *Kitab al-Majdal* (La Tour), conservé à la Bibliothèque Vaticane (Codex CIX).

Depuis longtemps déjà, les orientalistes et ceux qui s'occupent
de l'histoire et de la liturgie des Églises orientales connaissaient
l'existence des chroniques arabes des patriarches nestoriens.
Assémani en a donné des extraits dans sa riche Bibliothèque.
Tout récemment, MM. Harder et Hilgenfeld en ont tiré de courtes
et intéressantes monographies. Mais l'on désirait avoir le texte
complet tel quel. C'est ce que vient de nous donner le R. P.

H. Gismondi, S. J., professeur d'Écriture sainte et de langues orientales à l'Université grégorienne de Rome. Il a rendu par là un service signalé aux études historiques et ecclésiastiques; le monde savant lui en saura gré.

Édition et traduction sont faites très consciencieusement, au prix de grands efforts, vu la rareté des manuscrits, et l'obscurité du texte, maltraité par les siècles et les copistes. La langue de nos chroniqueurs nestoriens, correcte sans doute, et parfois élégante, offre çà et là de véritables difficultés. On y trouve une foule d'expressions plus syriaques qu'arabes, des formes par trop concises, des mots que l'on ne rencontre guère dans les lexiques. Mais le Révérend Père était bien préparé à une telle besogne par sa connaissance sérieuse des langues orientales, et par un long séjour dans les missions de la Compagnie de Jésus en Syrie. Je n'affirmerai pas que tous seront de son avis sur tel et tel point de détail, sur le sens exact d'une expression ou d'un mot. Mais tous seront heureux de posséder le texte arabe tel que les manuscrits l'ont conservé, et une traduction élégante, aussi exacte que possible.

Quand on parle d'ouvrages orientaux, même traduits, on a souvent l'air — à tort ou à raison, je ne sais — de s'adresser aux amateurs de métaphores exotiques, au petit cercle de ceux qui prétendent au titre de savant ou d'orientaliste.

Ici, du moins, je crois pouvoir dire que de nombreux lecteurs feront bon accueil aux chroniqueurs nestoriens. Ceux qui s'intéressent aux choses chrétiennes de l'Orient y trouveront, avec la liste complète des patriarches, des renseignements circonstanciés et curieux sur leur élection et leur vie, des détails de folklore oriental, le nom d'un grand nombre de chrétiens qui ont joué un rôle plus ou moins important dans les cours des rois persans et des califes. Ils y verront d'un côté l'abaissement où était tombé ce pauvre clergé séparé de l'unité catholique; la vénalité et les intrigues qui conduisaient souvent aux premières dignités de l'Église; le relâchement des mœurs et de la discipline ecclésiastique. Ils y rencontreront aussi quelques détails sur l'état des malheureux chrétiens esclaves de l'Islam, exposés aux caprices du plus vulgaire musulman; les persécutions intermittentes dont ils ont été l'objet, même sous les rois que l'histoire traite de libéraux et de justes. Ces chroniques ne disent pas tout. Pour

compléter le tableau, il y aurait eu beaucoup à prendre dans les
auteurs arabes. Le Révérend Père a cru devoir laisser ce travail
à d'autres.

Un mot, en finissant. A l'encontre de nombre d'auteurs de
l'autre côté des Alpes, souvent fort avares en fait de tables, le
docte professeur nous donne, à la fin de chacun des deux volumes
des textes arabes, un Index historique et géographique. Mais les
titres sont en arabe. Les Orientaux, que l'on oublie d'ordinaire
en Europe, quand on édite des ouvrages *orientaux*, en seront
reconnaissants. Les orientalistes européens réclameront sans
doute, et peut-être non sans raison; la traduction ne s'adresse-
t-elle pas à eux? J'avouerai cependant que l'Index donné est insuffisant. Une table analytique bien détaillée, avec renvois aux
quatre volumes, serait un utile instrument de travail, et double-
rait l'utilité déjà grande de l'ouvrage.

Et maintenant, puisque l'auteur, professeur d'Écriture sainte
et de langues orientales, sait trouver des loisirs suffisants pour
publier des éditions et des traductions si soignées, j'ose me faire
l'écho de tous ceux qui s'intéressent à l'histoire des Églises
orientales, en lui demandant de tirer de la Bibliothèque Vaticane
quelque autre manuscrit historique dans le genre des commentaires nestoriens. Rome en possède un certain nombre. Qui mieux ·
que le P. Gismondi est à même de nous en faire profiter?

Antoine Rabbath, S. J.

I. Les Moines de Constantinople depuis la fondation de la
ville jusqu'à la mort' de Photius, par l'abbé Marin, docteur ès
lettres, professeur à la Malgrange. Paris, Lecoffre, 1897, in-8,
pp. xx-546. — II. De Studio Cœnobio Constantinopolitano.
Thesim Facultati litterarum Universitatis Nanceiensis proponebat
Eugenius Marin. Paris, Lecoffre, 1897, in-8, pp. x-130.

Ces deux ouvrages de M. l'abbé Marin sont, le premier, la
thèse française, l'autre, la thèse latine, présentées par l'auteur à
la Faculté de Nancy, pour le doctorat ès lettres.

I. — Au sujet des Moines de Byzance, il a longtemps régné,
surtout en certains milieux, des préventions dont le jugement de
Montalembert résumait les formules variées : « L'ordre monastique se laissa gagner dans tout l'empire byzantin par l'affaiblis-

sement et la stérilité : il n'a rien sauvé, rien régénéré, rien
relevé. » Grâce au livre de M. l'abbé Marin, cette appréciation,
aussi peu justifiée que sommaire, disparaîtra pour faire place à
des vues plus justes et plus conformes à la réalité de l'histoire.
En effet, les moines ont eu, à Constantinople, une influence
réelle et bienfaisante, non seulement dans le domaine spirituel,
mais sur l'autorité impériale et sur le mouvement intellectuel de
leur temps. De cette influence M. l'abbé Marin a essayé de montrer les effets depuis l'origine des établissements monastiques à
Byzance jusqu'au schisme de Photius. Voilà comment son ouvrage
se divise très naturellement en cinq livres : les monastères, les
moines et la vie religieuse, les moines et le pouvoir spirituel, les
moines et l'autorité impériale, l'activité intellectuelle des moines
de Constantinople. Un copieux index alphabétique des noms
propres rend les recherches faciles et rapides.

L'ouvrage de M. Marin est, malgré ses apparences extérieures
d'austère érudition, d'une lecture agréable. D'ailleurs, le sujet
de sa thèse, aussi instructif qu'intéressant, ne peut manquer d'attirer l'attention, non seulement des érudits, mais encore de tous
ceux qui cherchent à se rendre compte des grands mouvements
de l'histoire. On a longtemps dédaigné la civilisation de Byzance,
comme on avait négligé le moyen âge. Aujourd'hui le branle est
donné, les études byzantines ont trouvé de fervents adeptes, et
cet ouvrage est de ceux qui contribueront à populariser encore
davantage en France le goût des choses de la Grèce.

Si, au point de vue de la haute vulgarisation, le livre de
M. l'abbé Marin rendra les meilleurs services et entraînera d'ardents imitateurs, il nous faut pourtant, au nom de la rigoureuse
précision de la science, faire quelques réserves sur un certain
nombre d'assertions particulières de l'auteur. Erreurs de détail,
dont il convient du reste de n'être pas surpris plus que de raison.
En effet, qu'en une œuvre de si longue portée et de sujet si
étendu, on n'eût pas à signaler la moindre inexactitude, cela
supposerait l'érudition consommée d'un vétéran, et ce serait exigence déraisonnable de l'attendre du travail d'un débutant. Un
point pourtant doit être relevé, parce qu'il ne faudrait pas que
la théorie de M. Marin à cet égard s'implantât le moins du monde,
c'est son opinion sur la date des fondations monastiques à Constantinople. M. Marin en signale une quinzaine qu'il fait remonter

au quatrième siècle. Le R. P. Pargoire a naguère soumis la question à un nouvel examen (*Revue des questions historiques*, janvier 1899), et il a montré, avec preuves à l'appui, que les fondations monastiques de Constantinople attribuées aux sept dernières années de Constantin doivent être reportées à une date beaucoup plus tardive.

II. — Parmi les monastères de Constantinople qui ont exercé sur leur époque et leurs contemporains l'action que M. Marin a essayé de caractériser dans sa thèse française, celui de Stoudion a brillé au premier rang. Il était donc tout désigné pour servir de sujet d'une monographie spéciale de monastère byzantin. M. l'abbé Marin raconte la fondation de Stoudion, en décrit l'aspect intérieur et extérieur, et en refait l'histoire sommaire d'abord jusqu'à l'abbé Théodose, le plus fameux des Higoumènes. C'est sous le gouvernement de cet abbé que le monastère de Stoudion jette le plus vif éclat; après, c'est la décadence et bientôt la ruine complète. Les derniers chapitres retracent la vie religieuse des moines Stoudites, et leurs travaux littéraires qui furent particulièrement remarquables.

On le voit par ce court aperçu des recherches de M. l'abbé Marin, les études byzantines ont acquis en lui un fervent adepte, et le premier pas qu'il vient de poser dans la carrière est plein de promesses pour l'avenir. J. G.

Souvenirs de Plouguernevel, réunis par M. le chanoine CHATTON. Saint-Brieuc, Prud'homme, 1899. Un beau vol. in-8, pp. 410. — La haine sectaire des francs-maçons se rue sur toutes les libertés, et se déchaîne en particulier contre l'enseignement chrétien. N'est-ce pas le moment de montrer ce que peuvent pour la civilisation, l'éducation et l'instruction des prêtres qui aiment véritablement leur Dieu et leur pays? M. l'abbé Chatton, doyen du chapitre de la cathédrale de Saint-Brieuc, nous en donne une idée exacte dans son beau livre : *Souvenirs de Plouguernevel...* Ces vrais Bretons, sans ressources matérielles et sans appui humain, font de l'héroïsme avec simplicité et sans s'en douter. Aussi que de merveilles !... Ce sont plus que des héros ; aussi je m'étonne pas que ce petit séminaire de Plouguernevel ait Monu vénérable P. Maunoir le glorieux surnom de « Pépinière tique s » — *Magherez Sœnt...* L'auteur, qui s'efface, est pourtant un écrivain de marque. Les scènes qu'il peint sont gracieuses et pittoresques. Elles ont toutes les teintes de notre ciel et de notre sol tant de fois décrit et chanté. Les mœurs, les traditions, les usages sont burinés avec un stylet de fer. Si quelques minimes détails laissent à désirer pour l'exactitude, le fait dans son ensemble est toujours vrai, saisissant ou réjouissant. Il y a place aussi pour la légende, qui est, dit-on, une forme fleurie de l'histoire.

Les portraits sont vivants et parlants, les encadrements parfaits. L'auteur connaît son monde et son temps. Avec son style chatoyant et plein d'humour, il a pu tout montrer et tout dire. Au reste, tout est à dire et à montrer dans ces types au tempérament à la fois celtique et gaulois : les saillies, les brusqueries, les jovialités, avec cette bonté d'âme, cette patience indomptable, cette ténacité légendaire que rien ne peut effrayer ni lasser.

Les Bretons aiment les images. Et M. Chatton a eu le bon goût d'appeler à son secours le dessin, la photographie et la phototypie pour faire visiter le pays des Druides, des Duz, des Tasmans et des Korrigans... Avec quelle joie on revoit ces vieilles fontaines, ces chemins creux, ces ponts de bois, ces croix de pierre, ces menhirs, ces manoirs et ces vénérables églises où l'on prie tant! Parcourir ce livre si littéraire et si artistique est une fête pour les yeux de l'esprit. Mais ce qui réjouit le cœur, — s'il est honnête, — c'est le bien immense que font dans toute la Cornouaille ces prêtres modestes et savants. Qu'on les compare avec les mercenaires qui débitent une science frelatée et osent nous parler de leur patriotisme !   Guillaume MAHÉ, S. J.

I. **Henri Beck, de la Compagnie de Jésus,** *missionnaire au Congo belge,* par Paul PEETERS, S. J. Bruges, Société de Saint-Augustin, 1898. In-8, pp. 212. — II. **Sœur Thérèse de l'Enfant-Jésus.** Paris, Œuvre de Saint-Paul. In-8, pp. xxvii-475. Prix : 4 francs.

I. Arrêté par la mort au début même de sa carrière de missionnaire, *Henri Beck* méritait néanmoins que son souvenir fût conservé dans cette intéressante biographie. Né à Courtrai le 1er mars 1874, il manifesta dès son enfance une nature énergique, loyale et tendre, un caractère droit, franc, d'une seule pièce. A la fin de ses études au collège Notre-Dame de Tournai, sa dé-

cision était prise : il serait missionnaire au Congo. Mais sa vivacité, ennemie de toute contrainte, ne faisait guère pressentir son
entrée dans la Compagnie de Jésus : « J'étoufferais là ! » c'était
l'impression que lui avait laissée la vie de saint Jean Berckmans.
Dieu l'y voulait pourtant et « le lui signifia par un ordre, comme
sa grâce les adresse aux forts, sans mettre leurs goûts dans la
complicité de leurs devoirs ». Toute la générosité de son âme se
révèle dans ses luttes contre lui-même au noviciat et pendant ses
études. Enfin, le plus cher de ses désirs est comblé : Henri part
pour le Congo avec deux compagnons; on le suit dans les trop
rares extraits de son journal de voyage, « où, dans le négligé de
la forme, se joue le plus aimable esprit ». Le samedi 7 août, nos
voyageurs débarquent à Matadi, et, quatre jours plus tard, ils
sont entre les bras de leurs frères à Ki-Santu; mais le Père supérieur juge le F. Beck trop malade pour lui permettre d'aller rejoindre le poste qui lui était destiné. Les forces déclinent...; la
douleur d'Henri est de quitter le Congo, à peine débarqué et sans
y avoir rendu aucun service. On l'envoie à Madère; le bateau
relâche à Las Palmas, dans la grande Canarie. Le 30 décembre 1897, après avoir serré son crucifix contre son cœur, le jeune
et vaillant religieux rendait sa belle âme à Dieu.   P. P., S. J.

II. La sœur Thérèse naquit dans une famille admirable par ses
sentiments chrétiens. Dès l'âge de quinze ans, elle entra au
Carmel de Lisieux, où elle se trouva avec trois de ses sœurs et
une cousine. Elle mourut à vingt-trois ans, ayant été jugée digne
d'être maîtresse des novices. Par ordre de sa supérieure, elle
écrivit son autobiographie, qu'on vient de publier.

Ce qui frappe dans Thérèse c'est son caractère gai, aimable,
mais en même temps généreux, capable des vertus solides. Au
moment de sa première communion, elle sent un vif attrait pour
la souffrance, et le désir de ne chercher désormais la joie qu'en
Dieu seul. A peine arrivée au noviciat, elle comprend et pratique
le renoncement dans un degré héroïque; bien différente, en cela,
de tant d'autres âmes, qui n'arrivent jamais à accepter complètement l'abnégation. Quand on l'humilie, qu'on lui fait des repro-
ches, elle est ravie: Elle ne craint qu'une chose, c'est qu'à cause
de son jeune âge, on ne l'entoure de gâteries. Elle veut être une
sainte et non le « joujou » des autres sœurs.

Cette vie sera lue avec grand fruit dans les communautés de femmes. Elle retrace leurs occupations quotidiennes, transfigurées par l'amour divin et l'abnégation. Le style lui-même ne leur déplaira peut-être pas. C'est le style *jeune fille*, avec sa grâce encore enfantine et ses comparaisons printanières. Les hommes préfèrent généralement une langue plus rude. Laissons à chacun son goût; un livre, comme celui-ci, peut être excellent, quoique ne s'adressant pas à tous les genres de lecteurs.

Louis D'OCTEVILLE.

La Protection diplomatique et consulaire dans les échelles du Levant et de Barbarie, *avec des documents inédits tirés des archives du ministère des Affaires étrangères*, par Francis REY, avocat, docteur en droit. Paris, Larose, 1899. In-8, pp. XVI-552. Prix : 12 francs. — Ce volume, qui a été une thèse de doctorat en droit très remarquée, est en même temps un excellent ouvrage historique. Certes, l'on a beaucoup écrit sur les Capitulations et sur le protectorat de la France dans l'empire turc, — la bibliographie si complète et si méthodique placée par l'auteur en tête de son livre en ferait foi à elle seule ; mais nulle part on ne trouvera ces questions traitées avec des vues d'ensemble aussi étendues, sans que la précision des détails en souffre aucunement.

Après avoir exposé dans son Avant-propos et son Introduction la grandeur du rôle de la France au Levant et la nécessité pour elle, à titre de peuple civilisé, d'exiger des garanties exceptionnelles pour ses sujets dans un pays voué à l'immobilité du Coran, M. Rey nous fait assister à l'origine de ces glorieux et utiles privilèges, les uns datant des croisades, les autres hérités de la seigneurie de Venise ou obtenus par François Ier; il suit leurs vicissitudes à travers les siècles et définit leur état actuel.

L'objet exact de cette thèse, si bien divisée et si consciencieusement étudiée, est l'assistance accordée par l'ambassadeur et les consuls de France en Turquie, non point à nos nationaux, mais à cette catégorie d'individus qu'on appelle les *protégés*. L'auteur examine successivement la condition des protégés étrangers et juifs, des protégés indigènes et des protégés religieux. Quand cette institution du protectorat a donné lieu à des abus, il le reconnaît avec impartialité ; mais, dans une sage et énergique conclusion, il fait des vœux pour que la France, loin de renoncer à ses privilèges séculaires ou de les laisser entamer par les puissances rivales, les invoque fréquemment, les rappelle aux fonctionnaires ottomans et se garde bien de les laisser tomber en désuétude. Dans un saisissant tableau, il montre l'Angleterre, la Russie et même l'Autriche et l'Italie prêtes à saisir la proie que nous laisserions échapper, ou plutôt le drapeau que nous avons si fièrement tenu à travers les âges pour le bien commun de la chrétienté. Nous félicitons vivement M. Rey d'avoir entrepris et mené à bonne fin un si beau et si important travail indispensable désormais à ceux qui s'occupent de ces questions toujours actuelles.   H. CHÉROT, S. J.

Les Lieutenants de Charette, par Joseph ROUSSE. Nantes, Cier, 1899. In-12, pp. 106. — Ces lieutenants de l'illustre général breton — et non vendéen — furent le général de Couëtus, le général Savin, Louis Guérin, Guillaume Faugaret et Gaston Bourdic. Chacun d'eux offre un type bien tranché, et qui méritait d'être mis nettement en lumière. Doux et conciliant, Jean-Baptiste René de Couëtus, ancien page de la reine, ancien officier de cavalerie, est le gentilhomme d'ancien régime. M. Rousse nous raconte des traits charmants sur sa femme et ses filles, héroïnes dignes, par leur caractère chevaleresque, de celui qui refusa de sauver sa vie par un mensonge.

Jean-René Savin, de famille bourgeoise, est un royaliste démocrate ; personnellement il déteste Charette, — hélas ! ces divisions ne furent pas la moindre cause de l'insuccès final, — mais c'est un homme de décision, d'un courage tenace et d'une vive intelligence. Comme Couëtus, il fut pris et fusillé par les Bleus.

Guérin, le joyeux marchand ambulant, unit la hardiesse au sang-froid. Il périt en combattant.

Faugaret était presque un enfant. Il survécut aux horreurs de la guerre et s'éteignit en 1851.

Gaston Bourdic est ce fameux « perruquier Gaston » que la Convention croyait à la tête des armées de la Vendée. Il tomba sous les balles des républicains, dans une affaire restée obscure.

M. Joseph Rousse, poète à ses heures de jeunesse, et dont les *Études* recommandaient les vers en 1866, a étudié ces questions d'histoire en critique et en érudit, comme il convient à un bibliothécaire de la ville de Nantes.   H. CHÉROT, S. J.

Récamier et ses contemporains (1774-1852). *Étude d'histoire de la médecine aux XVIIIᵉ et XIXᵉ siècles,* par Paul Triaire. Paris, J.-B. Baillière, 1899. In-8, pp. xviii-471. — Notre savant confrère de Tours, le Dʳ Triaire, poursuit utilement le cours de ses travaux historiques. Après *Bretonneau et ses correspondants,* dont nous avons rendu compte, il y a quelques années, voici un nouveau livre qui nous édifie pleinement sur Récamier, et que tout médecin voudra posséder.

Un tel ouvrage ne s'analyse pas. Les quinze chapitres nous donnent non seulement la vie du grand chirurgien, mais l'histoire des doctrines médicales depuis cent ans. Nous signalerons comme particulièrement remarquable le chapitre xii, où le Dʳ Triaire rend un hommage mérité à notre maître Chauffard, et montre les tendances rassurantes de la science contemporaine vers le *vitalisme,* ou plus exactement l'*animisme* traditionnel. Mentionnons enfin le dernier chapitre, où l'auteur dépeint avec talent et sincérité la part considérable prise par Récamier dans le mouvement religieux de l'époque, ses relations avec Lacordaire, Ozanam, Montalembert.

Ce beau livre se lit d'un bout à l'autre avec un intérêt soutenu ; c'est un hommage mérité au plus grand chirurgien du siècle, qui fut, par surcroît, un grand chrétien. M. le Dʳ Triaire a droit à la reconnaissance de tout le corps médical pour avoir écrit, au milieu des tracas d'une absorbante clientèle, une œuvre aussi utile que documentée, qui montre l'accord fécond de la science et de la foi, et donne aux jeunes générations un exemple des plus salutaires.

Dʳ Surbled.

ÉVÉNEMENTS DE LA QUINZAINE

Juin, 11. — A Paris, la journée du grand prix de Longchamps, à laquelle le président de la République a assisté sous la protection d'un énorme déploiement de forces militaires et policières, s'est passée sans incident, sauf une bagarre assez grave dans un café.

12. — A la Chambre des députés, M. Vaillant, socialiste, interpelle le ministère sur les « violences » commises la veille par la police « contre les républicains ». M. Dupuy, président du Conseil, répond et demande à la Chambre un ordre du jour de confiance. La majorité s'y refuse et se prononce finalement, par 321 voix contre 173, pour l'ordre du jour suivant, sur lequel s'unissent les partis les plus opposés : « La Chambre, résolue à ne soutenir qu'un gouvernement décidé à défendre avec énergie les institutions républicaines et à assurer l'ordre public, passe », etc. Le ministère a aussitôt donné sa démission.

13. — **M.** Poincaré, député, est chargé par M. Loubet de former un **nouveau ministère.**

14. — A Paris, est publiée la lettre suivante, qui a été récemment adressée par le Souverain Pontife au cardinal archevêque de Paris et communiquée aux chefs des sept groupes adhérant au programme de la « Fédération » constituée au Congrès national des catholiques, en 1897.

  Monsieur le cardinal,

 Après les nombreux témoignages de bienveillance que Nous avons donnés à la France durant tout Notre pontificat, il Nous avait été particulièrement agréable d'apprendre que les catholiques français s'étaient unis plus étroitement dans le Congrès national catholique de Paris en 1897, pour travailler de concert au bien de la religion catholique et de la patrie.

 Mais le résultat n'a pas répondu pleinement aux communes espérances. Aussi, cédant aux instances d'un grand nombre de catholiques français, et sans examiner les causes multiples de la situation présente, Nous voulons attirer votre attention sur l'action efficace exercée par les œuvres et les groupes catholiques.

 Ceux-ci, tout en conservant l'autonomie dans la sphère d'action qui leur est propre, doivent se donner la main pour travailler d'un commun accord à ce qui intéresse tous les bons citoyens, le bien suprême de la patrie française.

 Ce bonheur de la nation, comme Nous l'avons répété plusieurs fois, les catholiques ont le devoir de le procurer à leur pays, et il n'est personne qui soit mieux à même de le lui donner.

 Qu'ils se placent donc résolument sur le terrain des institutions existantes que la France s'est données, pour y travailler à l'intérêt commun de la religion, et de la patrie, avec cet esprit d'unanimité et de concorde dont tout bon catholique doit être animé.

Tel a toujours été dans tous les siècles le rôle des vrais fils de la nation très chrétienne, et telle sera, Nous en avons la ferme confiance, leur mission dans l'avenir.

C'est dans cet espoir qu'appelant sur vous les faveurs du ciel, Nous vous accordons de grand cœur, à vous, au clergé et aux fidèles de votre diocèse, la bénédiction apostolique.

LÉO P. P. XIII.

15. — **A Rouen,** mort de S. Ém. le cardinal **Sourrieu** (Guillaume-Marie-Romain), archevêque de Rouen. Né à Aspet (Haute-Garonne), le 27 février 1825, ordonné prêtre en 1847, nommé évêque de Châlons le 20 septembre 1882, il avait été promu au siège de Rouen le 15 mai 1894 et créé cardinal le 19 avril 1897.

16. — **A Paris,** M. Poincaré, ayant échoué dans ses efforts pour constituer son cabinet, a rendu son mandat au Président de la République.

— Dans l'affaire de la **manifestation du 4 juin,** à Auteuil, outre M. de Christiani, l'auteur de l'agression contre M. Loubet, qui a déjà été condamné, le 13 juin, à quatre ans de prison, sept accusés sont frappés de peines variant de quinze jours à trois mois de prison, avec des amendes pour quelques-uns de 100 à 200 francs. La prévention de « réunion » ou de complot a été écartée.

17. — **M. Waldeck-Rousseau,** sénateur, a accepté la mission de former un ministère.

19. — **M. Waldeck-Rousseau** remet, lui aussi, son mandat.

— **A Rome,** consistoire secret dans lequel le Saint-Père a d'abord approuvé l'élection de Mgr Élie Huayek comme patriarche d'Antioche du rite syro-maronite, et déclaré patriarche d'Alexandrie pour les Coptes Mgr Cyrille Macaire, évêque titulaire de Césarée Panéas; puis il a créé treize **cardinaux,** dont deux réservés *in petto.* Des onze cardinaux nommés, dix appartiennent à l'Italie; la France à S. Ém. le cardinal Matthieu (François-Désiré), archevêque de Toulouse, qui devient cardinal de curie, c'est-à-dire qu'il quitte le siège de Toulouse pour résider à Rome.

20. — **A la Haye,** la conférence de la paix a adopté les dix articles qui étendent les principes de la convention de Genève aux guerres navales.

21. — **A Paris, M. Bourgeois,** appelé par dépêche de la Haye pour aider à la solution de la crise ministérielle, repart le soir après avoir décliné la tâche de former un cabinet.

— **A Berlin,** le Reichstag ratifie l'achat par l'Allemagne des îles Carolines, Palaos et Marianes.

22. — **A Paris, M. Waldeck-Rousseau** consent à essayer de nouveau de constituer un ministère.

— A Rome, consistoire public pour donner le chapeau aux ÉÉmm. càr-
dinaux Casali del Drago, Cassetta, Portanova, Ciasca, Matthieu, Respighi, Richelmy, Trombetta et Vives y Tuto, créés le 19. Puis consistoire
secret où le Saint-Père a préconisé quarante-trois archevêques ou
évêques, nommés pour la première fois ou promus. Plusieurs vicaires
apostoliques français sont dans le nombre, mais aucun des sièges vacants en France n'a été pourvu, l'accord avec le gouvernement n'ayant
pu encore s'établir.

23. — Le *Journal officiel* publie les décrets nommant les nouveaux
ministres. Ce sont : MM. **Waldeck-Rousseau**, à l'Intérieur et aux cultes,
avec la présidence du Conseil; **Monis**, sénateur, à la Justice; **Delcassé**,
qui reste aux Affaires étrangères; **Caillaux**, député, aux Finances; le
général **de Galliffet**, à la Guerre; **de Lanessan**, député, ancien gouverneur général de l'Indo-Chine, à la Marine; **Leygues** (Georges), maintenu à l'Instruction publique; **Baudin** (Pierre), député, aux Travaux
publics; **Millerand**, député, ministre du Commerce, de l'industrie, des
postes et télégraphes; **Dupuy** (Jean), sénateur, à l'Agriculture; **Decrais**,
député, ancien ambassadeur, ministre des Colonies. Deux de ces ministres appartiennent au parti socialiste, M. Pierre Baudin, de la nuance
radicale-socialiste, et M. Millerand, directeur de *la Lanterne* et chef
des socialistes-collectivistes.

Le 26 juin 1899.

Le gérant : Charles BERBESSON.

Imp. D. Dumoulin, rue des Grands-Augustins, 5, à Paris.

LE DROIT DE POSSÉDER

DANS

LES ASSOCIATIONS RELIGIEUSES

Depuis un quart de siècle, plus de vingt projets ont été déposés dans le but de consacrer la liberté d'association. Aucun d'eux n'a pu aboutir; bien peu même ont eu l'honneur d'un commencement de discussion; et la promesse inscrite dans la constitution de 1848 est restée jusqu'à présent lettre morte. Les Sociétés d'économie politique ont entendu de belles paroles, des publicistes de haut mérite ont écrit de belles pages en faveur du droit d'association. Les vieux préjugés et les passions ont empêché jusqu'aujourd'hui le triomphe des idées. On dirait que sur ce point l'intelligence française ne puisse se dégager des vues étroites de l'esprit de parti, ni parvenir à comprendre que le droit, dans toutes ses manifestations, devrait être placé en dehors et au-dessus des luttes politiques, que les lois de principe, et non de circonstance, peuvent être seules des lois fécondes et durables.

Nous parlons des modérés. Quant aux sectaires, c'est bien une arme de combat contre l'Église qu'ils méditent de forger par le moyen d'une loi d'association, en organisant l'oppression sous le nom de la liberté, en ne débarrassant l'association civile de quelques-unes de ses entraves que pour mieux resserrer celles qui étouffent l'association religieuse.

Le dernier ministère est tombé, et son président a disparu avant d'avoir pu mettre en délibération le projet de violence et de perfidie dont il avait confié la rédaction à son Conseil d'État. Le successeur de M. Dupuy va-t-il en accepter le legs? On n'en sait rien; en pareille matière un nouveau ministre a généralement l'ambition d'apporter et d'imposer ses conceptions personnelles. Il est vraisemblable que le Conseil d'État sera invité à mettre de nouveau sur le métier cette « loi de Pénélope »; ce qui, étant données l'époque de l'année où nous sommes et l'ouverture des vacances parlementaires, nous permet d'espérer quelques mois de répit. La menace n'en demeure pas moins suspendue sur nos têtes ; la lutte ne peut manquer de reprendre sur ce terrain ; et il importe de s'y préparer [1].

Dans l'association religieuse, comme en toute autre, il y a lieu de distinguer la faculté d'exister, et la faculté de posséder. L'ordre logique demanderait que nous commencions par la première ; mais c'est du côté de la seconde que se portent de préférence les ruses de l'ennemi. Fidèles à leur tactique de reprendre sournoisement d'une main ce qu'ils ont fait semblant d'accorder de l'autre, nos adversaires, après avoir déclaré sur un ton de généreuse emphase : « L'association même religieuse est libre », reviennent, par un détour hypocrite, sur cette parole d'affranchissement, la réduisent à néant, en coupant les vivres, en retranchant à l'association tout moyen de subsister.

Nous voudrions montrer que le droit de posséder dans les associations religieuses s'appuie tout à la fois, et sur le droit public de l'Église, et sur le droit privé des associés religieux ; qu'il est indépendant du privilège de la *personnalité civile* dont l'État se réserve l'octroi.

I

Le droit des religieux de posséder s'appuie tout d'abord sur le droit public, social de l'Église. Par son origine surnaturelle, l'Église tient ses droits de Dieu ; ils ne dépendent d'aucune loi humaine, pas plus que le juste et l'injuste ne dépendent d'aucune sanction des lois civiles [2]. Les associa-

1. On le sait, l'effort des sectaires se concentre présentement sur deux libertés également nécessaires à l'Église, la liberté de l'enseignement catholique, la liberté des congrégations religieuses. Deux congrès ont été tenus, dans le courant du mois de mai, l'un à Lyon, l'autre à Paris, pour sauvegarder les deux citadelles que l'ennemi se propose d'assaillir. A Paris, les défenseurs du droit d'association, ayant à leur tête M. Étienne Lamy, ont rédigé un programme et formé un comité d'action, ainsi qu'ont fait du reste à Lyon les défenseurs de la liberté d'enseignement. Ces comités ont pour mission d'organiser la résistance ; chacun d'eux est le noyau d'une force que toutes les bonnes volontés sont invitées à grossir.

2. On ne dit pas que certaines choses, indifférentes en soi, ne puissent

tions, les congrégations que l'Église crée ou approuve, existent dans son sein à l'état de Sociétés homogènes subordonnées, dont la fin ne se distingue pas de celle qu'elle se propose elle-même. A ce titre, les associations religieuses sont, de plein droit, soustraites à la juridiction civile en tout ce qui touche à leur constitution. A l'État de fonder, d'organiser, de surveiller les établissements publics qu'il juge nécessaires pour la gestion des affaires temporelles qui lui sont confiées. A l'Église d'instituer, de reconnaître, de réglementer les associations religieuses en qui elle doit trouver les organes nécessaires à l'accomplissement de son œuvre ici-bas.

Age d'admission des postulants, durée du noviciat, nombre des membres de chaque congrégation, congrégations nouvelles à établir, nombre de maisons qu'elles peuvent comprendre, approbation de la règle, modifications à y introduire, raisons possibles d'une dissolution, tout cela, mais de plus, capacité pour les congrégations de posséder des biens et de les administrer, est exclusivement du ressort de l'Église. Ce n'est que subsidiairement et du consentement de l'Église que l'État peut intervenir dans ces questions.

Société juridiquement parfaite en son genre, indépendante des pouvoirs humains, l'Église possède en elle-même, en vertu du droit propre dont l'a investie l'expresse volonté de son divin Fondateur, toutes les ressources nécessaires à son action. Société tout à la fois divine et humaine, spirituelle et terrestre ; divine et spirituelle par son origine et son but, son sacerdoce et ses sacrements, mais humaine et terrestre par les sujets qui la composent, les chefs qui la gouvernent, les éléments et instruments matériels dont elle se sert, l'Église compte parmi les droits qu'elle tient de son auteur celui de posséder. Ses biens sont à elle, ils lui appartiennent en propre. La dénomination de *res nullius* (Institutes, II, ɪ, § 7), appliquée aux choses sacrées par les jurisconsultes de l'ancienne Rome, ne signifie nullement qu'elles soient des biens vacants et sans maîtres ; elle veut dire sim-

pas devenir licites ou illicites par décision de la loi civile ; mais que ce qui est juste ou injuste en soi ne devient pas tel en vertu d'une sanction de la loi civile.

plement que leur destination, leur consécration, les soustrait
aux usages profanes des particuliers.

Unanimes à affirmer le droit de propriété de l'Église, les
théologiens et les canonistes ne manifestent plus un accord
aussi parfait quand il s'agit de déterminer quel est, dans
l'Église, le *sujet* du domaine religieux, le *titulaire* de la propriété ecclésiastique [1]. Est-ce l'Église universelle, est-ce le
Pape en qui elle est comme condensée, ou bien encore les
institutions et communautés particulières [2] ? La grande majorité des maîtres de la science sacrée pensent que le domaine
de la propriété ecclésiastique réside dans les divers établissements pour l'usage desquels les biens ont été donnés ou
acquis, sauf le haut domaine du Pape. Ce sentiment paraît
mieux répondre aux intentions des bienfaiteurs, qui se sont
proposé de donner à telle institution religieuse plutôt qu'à
telle autre. Il est aussi plus conforme aux prescriptions générales et aux textes du droit canonique [3].

Nous avons dit : *sauf le haut domaine du Pape.* Le Pape,
en effet, et c'est une conséquence de la constitution monarchique de l'Église, exerce sur tout l'ensemble du patrimoine
religieux un pouvoir suprême d'administration ; il peut réglementer la propriété ecclésiastique, prélever sur elle des im-

1. Remarquons que c'est bien à tort que quelques-uns ont cru pouvoir
s'autoriser de ce dissentiment pour nier le droit de propriété de l'Église ;
car après tout, il est d'une importance secondaire de déterminer à qui le
domaine religieux doit être attribué, pourvu, dit très bien Carrière (*de
Justitia et Jure*, t. III, p. 168), qu'il ne sorte pas de l'Église et que sa destination ne soit pas changée.

2. Une autre opinion veut que le propriétaire des biens d'Église soit
Dieu, selon ces passages des canons apostoliques (38, 40) qui les appellent
res dominicæ, res Deo sacratæ ; ou encore du concile de Trente qui, parlant
des biens ecclésiastiques, ajoute *quæ Dei sunt.* D'autres en attribuent plus
spécialement la propriété au Christ : *substantia Christi.* Mais les textes allégués signifient avant tout la consécration des biens de l'Église au culte et à
l'honneur de Dieu. Et quelque sainte que soit leur destination, et alors
même qu'ils sont d'une manière spéciale la propriété de Dieu et du Christ, les
biens ecclésiastiques n'en demeurent pas moins soumis au domaine visible
de la société religieuse, qui est libre d'en user selon la nécessité et les
prescriptions canoniques. Et la question est de savoir qui, dans la société
religieuse, a le droit d'agir en propriétaire.

3. « Ipsæ vero res in ditione *singularum parochiarum* erant... et sunt
usque adhuc, et futuris semper debent esse temporibus.» (Caput Videntes xvi,
causa 12, quest. 1.)

pôts ; il y aura même des circonstances exceptionnelles où,
pour des raisons graves de nécessité, d'utilité, de charité, le
Pape pourra disposer des biens de l'Église, les aliéner.
Pie VII l'a fait, à l'égard de l'Église de France, par le Concordat de 1801, article XIII [1]. Mais ce sont là des actes de souveraineté plutôt que de propriété [2]. Dans l'Église, et participant en quelque manière au droit de posséder qu'elle a reçu
du Christ, les institutions particulières, et plus spécialement
les associations religieuses, puisque c'est d'elles que nous
nous occupons, ont leur patrimoine propre, elles sont vraiment propriétaires des biens affectés à leur vie et à leur fonctionnement.

Mais ici une nouvelle question se pose : à quel titre la
communauté, la congrégation, est-elle propriétaire ? Est-ce à
titre de tout *collectif* ou bien de tout *général*; est-ce comme
réunion et collection d'individus, ou bien comme entité et
substance abstraite différente de chacun d'eux ?

Un fait historique considérable, dont les conséquences
durent encore sous nos yeux et se perpétueront, peut nous
aider à saisir le sens et la portée de cette question, et nous
faire pressentir la réponse qu'il convient d'y faire. Dans la
discussion mémorable de l'Assemblée constituante [3], octobre 1789, qui se termina par la mainmise de l'État sur les
biens ecclésiastiques et la transformation, en France, d'un
clergé propriétaire en un clergé salarié, les raisons philosophiques furent sans doute pour peu de chose dans la décision
finale. En cette circonstance comme en beaucoup d'autres,
l'intérêt politique, la force des partis, la passion antireligieuse firent pencher la balance. Cependant, animés par

1. Avant Pie VII, Martin V au concile de Constance, Paul III et Jules III
au seizième siècle, Clément X et Clément XII au dix-septième et au dix-
huitième siècle, avaient sacrifié des biens ecclésiastiques, dans des intentions de paix pour les peuples et de salut pour les âmes.
2. Saint Thomas, examinant la question de savoir si le Souverain Pontife
peut se rendre coupable de simonie, dit : « Quamvis res Ecclesiæ sint ejus
ut principalis dispensatoris, non tamen sunt ejus ut domini et possessoris. »
(II, 2, q. 6, a. 1., ad VII.)
3. Commencée le 15 octobre 1789, la discussion dura plusieurs jours.
Talleyrand, Thouret, Tronchet, Mirabeau d'une part, et pour l'aliénation
des biens ecclésiastiques ; d'autre part, et pour le maintien des biens du
clergé, Malouet et Maury s'y firent entendre.

l'espérance d'y trouver des arguments spéciaux en faveur de leur thèse, les adversaires de la propriété ecclésiastique ten- tèrent quelques excursions sur le terrain de la métaphy- sique. Que le lecteur veuille bien nous permettre de les y suivre un instant.

Le clergé, disait Mirabeau et ses adhérents, à la suite de Turgot[1], est propriétaire; oui, mais en tant qu'unité idéale et entité abstraite, non pas en tant que somme ou réunion d'indi- vidus; il est propriétaire à la façon d'un tout généralisé, dont les individus ne sont pas les membres, pas même les sujets, à peine les modifications accidentelles et transitoires[2]. Or, l'unité abstraite, le tout idéal n'existent pas en eux-mêmes et par eux-mêmes; ils n'existent que par la société et pour la société. S'ils exercent des droits, et, par exemple, s'ils possè- dent, ce ne peut être qu'en vertu d'une fiction légale, d'une convention juridique, d'une sorte de création du Pouvoir souverain qui, à raison de ses prérogatives, a pu donner la vie et attribuer la personnalité à de pures abstractions. C'est la Nation — on ne disait pas encore l'État — qui crée les per- sonnes morales; c'est d'elle qu'émane la personnalité ecclé- siastique. Mais ce que la nation a fait, elle peut le défaire; elle peut supprimer ces êtres moraux qui sont son ouvrage; leur retirer l'existence, et, à plus forte raison, leurs biens.

On aura saisi du premier coup tous les vices de cette argu- mentation. Nous n'insisterons pas sur cette idée « immorale », disait Maury, qui fait du meurtrier l'héritier de sa victime. C'est un peu le raisonnement criminel des fermiers de l'Évangile qui, ayant aperçu le fils de leur maître, se dirent entre eux : « Celui-ci est l'héritier, venez, tuons-le, et nous aurons son héritage. » Arrivons tout de suite à de plus gra- ves erreurs. Admettons, si l'on veut, pour un instant, que

1. Un écrit de Turgot, publié dans l'*Encyclopédie*, eut l'influence la plus décisive sur la résolution de l'Assemblée constituante : c'est l'article *Fon- dations*.

2. La logique distingue deux espèces de tout : le tout collectif et le tout général. Autre chose est un tout collectif, une armée par exemple ; autre chose un tout général, le soldat, l'homme. Une armée est composée de substances réelles, c'est une somme d'individus ; le soldat au contraire est une abstraction, l'homme est une abstraction. Les adversaires de la pro- priété ecclésiastique soutenaient que le propriétaire c'était le *clergé en soi*, indépendamment des membres qui le composent.

dans les groupements sociaux, c'est l'entité abstraite, l'association en soi, indépendamment des associés, qui soit investie des droits civils et juridiques, entre autres du droit
de posséder. Comment oser soutenir que cette investiture,
quand il s'agit du clergé, et la remarque s'étend à tous les
groupements religieux, provient de la nation ou de l'État?
N'y a-t-il pas là un empiètement manifeste sur les droits
sacrés de l'Église? N'est-ce pas l'Église qui communique aux
associations écloses dans son sein, comme à ses membres et
à des portions d'elle-même, le droit de propriété qu'elle a
reçu de son Fondateur, quelle que soit d'ailleurs la manière
dont on envisage la constitution de la propriété dans les
sociétés religieuses particulières et subordonnées?

Mais de plus, en même temps que l'on fait si bon marché
des prérogatives inviolables de l'Église, ne fait-on pas trop
bon marché aussi du droit privé des individus? Est-il possible de faire reposer, même au moyen d'un artifice légal,
le droit de propriété sur une abstraction, sur une générali-
sation? N'est-ce pas renouveler la vieille erreur de Guillaume
de Champeaux et admettre la réalité des êtres généraux, ou,
selon l'expression scolastique, des universaux[1]? Au fond,
l'individu est la seule substance, et, par conséquent, le seul
propriétaire réel. Les hommes seuls, ici-bas, peuvent être
propriétaires, et les seuls hommes que nous connaissions ce
sont les individus. En réalité, il n'y a pas d'autre propriété
que la propriété individuelle. Qu'on ne nous accuse pas trop
vite de plaider contre notre propre cause; cette assertion
n'est nullement exclusive, comme on pourrait le croire de
prime abord, du droit de l'association; car les individus
peuvent se réunir et former un tout par leur réunion; mais
alors c'est la collection des individus, et non pas une substance abstraite, distincte de chacun d'eux, et dans laquelle ils
seraient absorbés, qui devient le sujet du droit; ce n'est, à
vrai dire, qu'une extension de la propriété individuelle; il y a
là encore des propriétaires réels.

Cette propriété collective, cette propriété des associés, les

---

1. L'association en soi n'est qu'une *relation*, un *lien* contre les personnes;
ce n'est pas un être, une personne qui existe en dehors des associés et qui
puisse avoir des droits.

pouvoirs publics pourront la confirmer, la soutenir, en aider et en étendre les opérations, ils ne la créent pas. Personne, mieux que M. de Vareilles-Sommières, dans ses judicieuses et savantes études sur les associations [1], n'a mis en lumière le rôle respectif des associés et du législateur dans l'organisation et le fonctionnement de la propriété sociale. La personnalité civile conférée par la loi à une association ne produit pas, elle reconnaît et fortifie le droit préexistant des associés. Loin d'être la cause de ce droit, elle en est elle-même l'épanouissement ; elle ne cesse pas de s'y appuyer comme sur sa base et d'y prendre ses racines. Ce n'est pas parce que le pouvoir leur a donné la personnalité que les associations peuvent posséder ; c'est parce qu'elles peuvent posséder, et que ce droit mérite une faveur particulière, que le Prince les élève au rang de personnes morales. La personnalité civile, d'une part, résumera dans une formule commode tous les effets naturels du contrat d'association ; d'autre part, elle y ajoutera certains avantages, comme d'augmenter le crédit, de simplifier les formalités et les procédures, d'assurer, si l'on veut, la perpétuité du patrimoine. Mais elle n'est pas le moins du monde indispensable à l'association. En quoi une personne imaginaire est-elle nécessaire là où se trouvent des personnes réelles, vivantes et palpables, très capables assurément de remplir l'office de propriétaires, de prendre et de tenir des engagements ? La personnalité civile absente ou disparaissant, il reste les associés, et c'est en eux qu'il faut chercher les fondements rationnels du droit de posséder de l'association.

Pour en revenir aux Constituants de 89, leur tort fut de faire reposer obstinément la propriété sur la tête de cet être de raison qu'ils appelaient le *clergé en soi* ; tandis qu'il y avait là le clergé composé de prêtres, propriétaires réels, chacun

---

1. *Études sur le droit d'association* (Pichon, Paris) ; — *l'Impôt sur les bénéfices des congrégations et autres associations* (Ducoulombier, Lille); — *l'Accroissement et les Congrégations* (Pichon, Paris) ; — *Du contrat d'association* (Pichon, Paris). — M. de Vareilles-Sommières déclare modestement n'avoir fait que creuser un peu plus profondément et un peu plus méthodiquement la mine d'idées ouverte par un savant professeur belge, M. Van den Heuvel : *De la situation légale des associations sans but lucratif en France et en Belgique.* C'est lui à son tour qui nous sert ici de guide.

à son rang et selon sa fonction, sous certaines conditions, et avec, par exemple, l'obligation de conserver aux biens ecclésiastiques leur triple destination de servir à l'entretien du culte, à l'assistance des pauvres, à l'enseignement du peuple; propriétaires réels, que l'on ne pouvait dépouiller sans violer leur droit à eux, aussi bien que le droit public de l'Église.

En est-il de même des religieux? Leur droit personnel est-il engagé dans la question des biens des communautés, en même temps que le droit supérieur de l'Église? C'est ce que nous prétendons et voudrions présentement mettre en lumière.

Élargissons la thèse; montrons d'abord comment, aux termes et d'après les principes du seul droit naturel, la propriété va s'organiser dans les associations en général; nous ferons ensuite l'application de la théorie aux associations religieuses en particulier.

II

L'erreur de la Constituante, loin qu'elle ait disparu, semble n'avoir fait, depuis un siècle, que s'enraciner et s'étendre. De nos jours encore, les légistes français enseignent couramment, comme une doctrine indiscutable, que le droit de posséder, pour les associations, n'est pas autre chose qu'un privilège concédé par le Pouvoir. Un préjugé invétéré en France veut que, sans l'intervention d'une loi positive, et dans l'état de nature, les hommes associés entre eux ne puissent pas, comme tels, posséder, et que le secours du législateur leur est indispensable pour acquérir ce droit, qu'on présente ainsi comme une pure faveur. D'où il suit que le droit de propriété collective serait aussi factice, aussi fragile, aussi précaire que la faveur gouvernementale de laquelle on le fait dépendre.

Il est impossible à l'association non reconnue de posséder, dit-on à l'école et au palais, parce qu'elle n'a pas la personnalité civile. Tout apport, toute libéralité, toute aliénation à titre onéreux consentie au profit d'un groupe d'associés et en vue de leur entreprise, serait nulle, d'après nos meilleurs jurisconsultes, et, à plus forte raison, d'après les autres, parce qu'elle s'adresserait à un être qui n'existe pas civilement,

à un néant juridique absolument incapable d'être propriétaire, à l'association dépourvue de personnalité légale.

Le tort des juristes est de se représenter l'association
comme un être absolument distinct des associés. Ils prêtent
la vie, ils attribuent la personnalité à cet être abstrait et impalpable ; ils lui décernent le rôle principal et dominant dans
l'entreprise collective ; ils en viennent à négliger complètement les associés, à ne plus voir en eux que des modes, des
formes accidentelles, des prête-noms de cette entité, des personnes interposées entre elle et le. public. Ils constatent
ensuite sans peine que l'être créé par leur imagination n'est
pas reconnu par la loi civile, et ils en concluent imperturba-
blement qu'il n'y a personne dans l'association qui puisse
posséder, « car l'être abstrait en qui ils ont anéanti les associés est tout, et il se trouve que légalement ce tout n'est
rien. »

La vérité est au contraire que, de droit naturel, sans aucune
concession des législations positives, l'association, pourvu
qu'elle ne soit pas illicite et prohibée, peut posséder ; autrement dit, les associés, personnes bien vivantes et capables,
peuvent constituer entre eux une propriété collective définitivement affectée à la poursuite du but commun pour tout le
temps que durera l'association.

Rien n'est plus facile et plus simple, ils n'ont qu'à le vouloir et à le faire ; ils n'ont qu'à mettre en commun certains
biens, leurs apports, et à s'engager les uns envers les autres
à ne pas changer la destination du fonds social. De ce fonds
social, les associés, à la suite et en vertu de leur convention,
sont devenus et demeurent copropriétaires. Ils acceptent les
avantages, ils acceptent aussi les inconvénients de cette indivision. La portion de leurs biens propres qu'ils se sont
cédée les uns aux autres, et dont ils ont fait une masse
déterminée, ils se sont interdit d'en rien distraire pour leur
usage privatif et personnel. Chacun d'eux a limité au profit
des autres son droit de propriété sur la part qu'il a apportée ; et il ne peut en reprendre la libre disposition tant que
les autres ne lui ont pas fait remise de son engagement.

Les associés n'ont pas seulement le droit naturel de posséder, sous réserve de cette limitation réciproque, les biens

qu'ils ont mis en commun ; ils peuvent encore, en vertu du
droit naturel, recevoir des dons, des legs, à la charge de
consacrer les biens donnés ou légués à la poursuite du but
social. Il y aura même cette différence entre les biens sociaux mis en commun par les membres mêmes de l'association et ceux qui proviennent de la générosité d'autrui, que
les associés, d'un commun accord, peuvent désaffecter les
premiers, non pas les autres, car la volonté des testateurs et
donateurs doit être respectée.

Capables de faire et recevoir les apports qui constitueront
une masse commune affectée à la poursuite du but social,
capables de recevoir des dons et legs grevés de la charge
d'être aussi appliqués à l'entreprise sociale, les associés
pourront également, il est presque inutile d'en faire la remarque, acquérir à titre onéreux des biens qui seront communs et consacrés au même objet.

Ainsi, comme on le voit, la propriété de l'association peut,
de droit naturel, se former et s'accroître, sans secours étranger, sans fiction ni création artificielle de l'État ; elle est le
résultat direct des conventions les plus légitimes ; elle n'est
en somme qu'une des formes de la propriété individuelle ;
chaque associé est individuellement propriétaire de sa part,
limitée par une affectation consentie, chacun étant maître de
faire de son bien, dans les bornes de l'honnêteté, ce que bon
lui semble.

Ce sont les associés et eux seuls qui sont propriétaires des
biens sociaux, ils en font l'emploi qu'il leur a plu ; ils tirent
de leur avoir commun un genre de jouissance, d'utilité, ou
d'agrément qu'une foule de propriétaires tirent d'une partie
de leur fortune individuelle. La propriété des associés est au
fond de même nature que celle de l'individu ; elle est aussi
sacrée, elle doit être aussi libre, pour cette raison péremptoire qu'elle est tout simplement la propriété de plusieurs
individus.

Il n'est pas un seul des arguments justifiant la propriété
individuelle que l'on ne puisse invoquer en faveur de la propriété sociale. Le droit de vivre est pour l'homme le point de
départ de la légitimité de la propriété individuelle. Mais
les associations, qui ont le droit de vivre, — nous le suppo-

sons, — ne peuvent pas plus que les individus le faire sans
propriété. L'association n'est pas chose tellement éthérée
qu'elle ne mette en commun que des aspirations et des sentiments. S'il en est quelques-unes, telle qu'une association de
prières, qui puisse à la rigueur fonctionner sans dépenses
et sans revenus, toutes les autres, si elles ne possèdent rien,
sont condamnées à mourir dans un délai plus ou moins long.
On s'associe pour agir et non pour rêver. Et l'action commune, en vue d'un but commun, réclame de chaque associé,
en outre de l'effort personnel, des ressources matérielles
sans lesquelles l'effort même ne saurait s'exercer. Il faut à
l'association un fonds social aussi bien qu'à la société proprement dite ; seulement, la société a pour but,.l'association n'a
pas pour but de partager le bénéfice qui en peut provenir : là
gît toute la différence.

On défend encore la propriété individuelle en montrant
comment elle stimule l'intérêt personnel, l'activité, le travail ; combien elle est favorable au développement moral et
au bien-être de l'humanité. Or, la propriété des associations
n'est pas moins féconde en heureux résultats, puisqu'elle
seule rend possible leur fonctionnement ; puisqu'elle seule,
par ses accroissements, leur permet de devenir des foyers de
plus en plus actifs de force et de progrès en tout genre.

Enfin, s'il y a un mode d'employer sa fortune non seulement licite mais digne d'éloges, n'est-ce pas celui qui consiste à la mettre au service de la science, de la piété ou de la
charité, dans des entreprises collectives, conjointement avec
d'autres associés, quand on ne possède pas, à part soi, les
ressources suffisantes pour se passer du concours d'autrui ?
Il est bien sans doute de placer ses fonds dans des opérations
financières, industrielles et commerciales, avec l'espérance
de toucher de forts dividendes. Mais on conviendra qu'il est
mieux encore de les consacrer aux œuvres de bienfaisance et
de moralisation, en dehors de toute vue de profit personnel,
et que, plus le but de l'œuvre est élevé et désintéressé, plus
cette manière de jouir de ses biens est noble et respectable.

L'association a donc naturellement le droit de posséder.
Quelle est l'amplitude de ce droit ? Jusqu'où peut-il s'é-
tendre ?

Peut-il englober non pas seulement une portion déterminée, mais la généralité, la totalité des biens actuels des
associés ? On ne voit pas qu'il y ait rien en cela qui excède
les limites du droit naturel. Personne n'a jamais prétendu
que l'article 1837 du Code Napoléon ait rien ajouté au droit
naturel quand il a autorisé dans les Sociétés la mise en commun « de tous les biens présents... de tous les meubles et
immeubles actuellement possédés par les parties ».

Pendant combien de temps le contrat d'association sera-t-il
assuré de produire ses effets ? Quelle durée est-il permis
d'assigner à cette indivision des apports et des acquêts, fondement nécessaire de la vie de l'association ? Le droit naturel
ne prescrit aucune limite.

Sera-t-il permis de faire entrer dans cette indivision non
pas seulement les biens présents, mais encore les biens
éventuels qui, au cours de cette durée indéfinie, pourront
advenir aux associés par succession, donation, ou legs ? La
loi naturelle n'y contredit pas.

Pourra-t-on insérer au contrat la clause dite de *réversion*,
moyennant laquelle la part des mourants accroît à la part des
survivants, toujours avec l'affectation première ? Notons
d'abord qu'en l'absence de clause de réversion, l'associé
mourant ne pourrait transmettre à son héritier *ab intestat* ou
testamentaire la part qui lui appartient que telle qu'elle est,
c'est-à-dire avec la destination qui en est inséparable ; de
même que, de son vivant, il n'aurait pu la vendre ou la céder
en gage à ses créanciers que sous la charge de cette affectation. Il ne saurait transférer aux autres plus de droits qu'il
n'en a lui-même. Quant à la clause de réversion, sauf peut-
être cette portion des biens que la nature prescrit de réserver
aux plus proches héritiers du sang, elle n'est en aucune façon
contraire au droit naturel.

Le droit naturel l'autorise, alors même qu'elle serait
accompagnée d'une autre clause, celle d'adjonction de nouveaux membres, renouvelant perpétuellement le personnel
de l'association.

Tout cela est si vrai que, plus d'une fois, le législateur,
dans les projets qu'il a élaborés, a paru se dégager, à son
insu peut-être, et par la seule force du bon sens, des théories

sophistiques de l'école. Il a reconnu la capacité naturelle des associés, et par conséquent le droit pour l'association non autorisée de posséder. Il· l'a fait dans le projet Goblet de 1892, dans le projet tout récent de M. Dupuy. Implicitement, il a confessé que l'avoir de l'association est bien réellement possédé par les associés, non par un mythe ou par une abstraction.

Et ici nous serions tenus de lui faire amende honorable pour nos précédentes critiques si, après avoir posé un principe excellent, il ne prenait point à tâche de le restreindre de toutes parts, de ne lui laisser qu'une efficacité dérisoire, de le faire tourner au détriment de l'association, de lui préparer par ce moyen une situation pire que celle où elle se trouve présentement. Actuellement, bien que la théorie refuse absolument, dans les livres, aux associations le droit de posséder, pourtant, dans la pratique, grâce à la modération des tribunaux, qui refusent de suivre les légistes jusqu'aux extrêmes conséquences de leurs doctrines ; grâce à la conscience des particuliers qui ne veulent pas s'approprier, même légalement, le bien d'autrui, les associations ne sont pas dépouillées, elles vivent. Mais que le législateur, après avoir dit : « L'association non reconnue peut posséder », ajoute, par exemple : « toutefois l'association ne pourra posséder que « les immeubles *strictement nécessaires* à l'habitation ou à la réunion de ses membres ; les fonds et biens mobiliers strictement *nécessaires à son objet* » ; que cette limitation générale se précise et se resserre encore par une foule de prohibitions subsidiaires ; qu'elle s'accompagne d'annulations et de pénalités redoutables ; qu'il s'établisse autour de la propriété sociale réduite à rien un cercle de fer infranchissable, ce sera l'impuissance, l'anémie, la mort lente de cette association que l'on avait paru vouloir hypocritement laisser vivre ; ce sera un déni de justice contre lequel il importe de protester.

III

Sur quel prétexte s'appuie le législateur, quand il essaye d'introduire dans le Code la limitation arbitraire contre laquelle nous nous élevons ? Ici, il n'invoque plus de prétendus principes juridiques; de préférence, il met en avant les considérations économiques. Il agite l'épouvantail de la mainmorte; la mainmorte, expression « sépulcrale et cabalistique », qu'il suffit de prononcer pour exciter dans l'âme de nos hommes d'État, de nos députés, de nos masses. bourgeoises et même de nos jurisconsultes, de puériles terreurs. La mainmorte, à vrai dire, ne peut se rencontrer que dans la propriété des associations *personnifiées*[1], et encore, de là, est-elle loin de produire autour d'elle les ravages que l'on décrit avec un effroi de commande. Mais, par contre-coup, grâce à des confusions soigneusement entretenues, on en aperçoit, on en montre le fantôme troublant dans la propriété de toutes les associations.

Essayons de nous rendre compte de cette mainmorte « libre et occulte » qui, à ce que l'on assure, va se constituer dans l'association telle que nous venons de la voir se former, surtout par le mécanisme combiné de l'adjonction de nouveaux membres et de la réversion, contrairement à toutes les règles de l'ordre public. Indéfiniment, dit-on, les membres nouveaux, introduits dans l'association en prolongeront la durée; indéfiniment la réversion, dépouillant les associés défunts, maintiendra aux mains des associés vivants — la masse immobile et soustraite à la circulation, — la masse négligée et d'un rendement appauvri, — la masse stérile pour le trésor public, — la masse grandissante, envahissante des biens sociaux; quatre griefs qu'il nous faut examiner.

En premier lieu : constitution d'un patrimoine immobile, soustrait au courant fécondant de la circulation. Mais d'abord les biens, même immobiliers, d'une association établie sur le modèle que nous venons de tracer, y compris le fonctionnement simultané de l'adjonction et de la réversion, sont librement aliénables; l'immobilité dont on parle n'est donc pas

---

1. La mainmorte ne se réalise véritablement qu'au profit des personnes morales créées par le pouvoir, lesquelles, de leur nature, ne meurent pas, sont perpétuelles ; outre la pérennité de la personne morale propriétaire, dans les associations personnifiées, il faut tenir compte de la tutelle de l'État qui surveille le patrimoine social, en empêche le démembrement. Rien de tout cela n'a lieu dans l'association libre ; le patrimoine y repose sur la tête de personnes vivantes, mais sujettes à mourir; les aliénations comme les acquisitions y sont libres de toute entrave administrative.

absolue. Accordons, si l'on veut, que les associations en
général savent mieux garder leurs biens que les particuliers ;
on ne voit pas bien quel intérêt il y a pour la société à ce que
les biens, les immeubles surtout, changent souvent de
mains. Les mutations sont par elles-mêmes stériles. Elles
sont plutôt une cause de déperdition de temps, de travail,
d'expérience. Les ventes fréquentes d'immeubles sont un
signe de gêne et de mauvaise administration, la stabilité des
héritages et des entreprises un indice de prospérité. On ne
veut point de capital fixe, on ne veut qu'un capital roulant :
faudra-t-il donc que l'État, les communes, l'assistance publique, les fabriques, vendent au moins tous les vingt ans
leurs mairies, leurs musées, leurs écoles, leurs hôpitaux,
leurs églises, et en achètent d'autres destinés aussi à circuler; faudra-t-il qu'aucune famille ne conserve le foyer domestique, que tout agriculteur se défasse des champs pater-
nels[1] ?

Deuxième grief : constitution d'un patrimoine infécond, de
rendement appauvri. Les biens des associations seraient-ils
donc moins habilement, moins fructueusement exploités que
les autres ? Cette assertion *à priori* est contredite par les
faits. Les collèges des associations libres d'enseignement
sont-ils dépeuplés d'élèves ? Les hospices des Sœurs de Charité sont-ils vides de malades ? Les terres des Trappistes
sont-elles en friche[2] ? Au contraire et dans la réalité, si l'on
récrimine contre la propriété collective, le motif secret n'en
est-il pas que les immeubles de certaines associations sont
trop bien exploités et atteignent avec trop de succès leur
destination ? On a dit que l'intérêt personnel est le seul stimulant sérieux de l'activité humaine ; n'était-ce point calom-
nier notre pauvre nature qui a assez de tares vraies sans qu'on

---

1. On estime à huit milliards de francs le total des biens de mainmorte
en France ; les biens ecclésiastiques et religieux y figurent pour moins d'un
demi-milliard ; il faudrait demander aussi la circulation des sept milliards
et demi de la mainmorte civile.

2. Dans les huit milliards de biens de mainmorte qu'il y a en France, les
communautés autorisées figurent pour *5 pour 100 en valeur* et *moins de
5 pour 1000 en contenance ;* si bien qu'à contenance égale les biens des communautés autorisées *valent dix fois plus* que les autres biens de mainmorte.

lui en prête encore d'imaginaires? Est-ce que le dévouement, la charité, la religion, le devoir, l'esprit de corps, ne
sont pas aussi pour l'homme des mobiles de quelque puissance? Et enfin, dans l'association, l'intérêt personnel ne
pousse-t-il pas lui-même très vivement les associés à bien
faire? ne trouvent-ils pas dans l'activité de leur coopération
des satisfactions personnelles très grandes, des joies dési-
rées, de l'honneur, la dignité et la sécurité de l'existence, et
jusqu'au pain quotidien?

Troisième grief : constitution d'un patrimoine stérile pour
le trésor public. Rappelons de nouveau que les biens de
l'association, fondée d'après les principes du droit naturel,
ne sont pas immobiles, qu'il s'y produit des mutations entre
vifs et des mutations par décès, donnant lieu, les unes et les
autres, à d'abondantes perceptions fiscales. Ce ne sont pas
des biens de *véritable mainmorte*; nous insistons pour dis-
siper une confusion que l'on ne cesse de reproduire; ce ne
sont pas des biens dont les possesseurs ne meurent jamais,
que les possesseurs n'aliènent qu'en de rares circonstances,
moyennant l'agrément préalable du gouvernement sous la
tutelle de qui ils sont placés. Dans les associations libres,
dont il est ici question, on vend et l'on achète couramment,
et les droits de chaque transfert sont régulièrement acquit-
tés. Que l'on veuille bien se rappeler, par exemple, depuis
un siècle, tant de patrimoines religieux fondés, accrus, dé-
membrés, désagrégés, disparus, on reconnaîtra que cette
catégorie de propriétés soumise à de continuels mouvements,
n'est pas en reste avec le Trésor.

Allèguera-t-on que les taxes ainsi perçues sont insuffisantes pour rétablir l'égalité entre les associés et les autres
contribuables. Si l'assertion est reconnue exacte, l'État a la
ressource, dont il peut user, d'arriver à l'équilibre par le
moyen de taxes spéciales et compensatrices ; il peut en user,
mais à la condition de ne pas rompre l'équilibre en sens inverse, à la condition de ne pas violer outrageusement, comme
il l'a fait par la loi du 28 décembre 1880 sur l'impôt des bénéfices obligatoires, par la loi du 29 décembre 1884 sur le droit
d'accroissement, l'égalité au détriment de certaines associations, les associations religieuses ; à la condition de ne pas

convertir le fisc en instrument légal de confiscation et de vol[1].

Quatrième grief : constitution d'un patrimoine qui va toujours s'accroissant et qui menace, à la longue, d'envahir toute la surface du pays. Mais existe-t-il une autorité humaine qui soit en droit et en mesure de poser la borne où commence l'excès de la richesse et de fixer un terme à l'extension de la fortune légitimement acquise? Les pouvoirs publics ne l'osent pas faire quand il s'agit des individus et des familles ; pourquoi seraient-ils plus hardis quand il s'agit des associations? D'après quelle règle, d'après quel *critérium*, se détermineront-ils, s'ils ne veulent pas tomber dans l'arbitraire et la tyrannie?

A la rigueur, on conçoit le péril lointain, incertain, que l'association, surtout si en vertu du pacte initial elle est destinée à se perpétuer, puisse accumuler entre ses mains une quantité démesurée d'immeubles, inutiles à la poursuite du but social, négligés à cause de cette inutilité même, ou trop vastes pour être fructueusement exploités, — ce qui retomberait dans le second des griefs que nous avons énumérés ; — bref, image affaiblie des *latifundia* de l'empire romain. Toujours est-il que l'expérience, jusqu'à présent, n'a nulle part vérifié ces craintes ; et la cause en est que si, en effet, les associations acquièrent, elles peuvent aliéner ; si les patrimoines s'y font, ils peuvent s'y défaire[2].

---

1. Nous ne parlons pas de la taxe édictée par la loi du 29 février 1849 sur les biens de mainmorte, — 70 centimes pour franc en plus du principal de l'impôt foncier, sans compter les décimes d'enregistrement, — et qui frappe toutes les associations autorisées. Nous ne parlons pas des impôts communs à tous les contribuables et perçus sur les biens de l'association libre comme sur les biens des particuliers.

2. Lorsque M. Brisson voulut obtenir de la Chambre le vote des odieuses lois fiscales de 1880, il dénonça les accroissements rapides, formidables, des biens des congrégations. Armé des résultats de l'enquête que venait d'achever l'administration de l'Enregistrement, il apprit à la Chambre que les immeubles des congrégations reconnues, évaluées en 1848, lors de l'établissement de la taxe de mainmorte, à 48 millions, atteignaient en 1880 421 millions ; que ceux des congrégations non reconnues s'élevaient à 160 millions ; qu'en ajoutant aux immeubles possédés directement par les congrégations, les immeubles occupés par elles, c'est-à-dire possédés pour elles par des prête-noms, on arrivait, rien que pour leur fortune immobilière, à un total de 714 millions. Leur fortune mobilière était invisible,

Ajoutons que dans l'association, l'ampleur de l'entreprise et l'ampleur des ressources, même immobilières, ne sont pas sans corrélation l'une avec l'autre, et que restreindre arbitrairement la seconde c'est restreindre arbitrairement la première.

Ceci est absolument vrai de la richesse mobilière. Plus l'entreprise se développe, plus il faut de capitaux ; plus il y a de capitaux, plus l'entreprise se développe ; et comme l'entreprise généralement n'a pas de bornes, il est rationnellement impossible de limiter les capitaux qui lui sont indispensables. Avec cinq cent mille francs, une association charitable fonde un hôpital de cent lits ; avec un million, un hôpital de trois cents lits ; avec deux millions, elle fonde plusieurs hôpitaux, accomplit les transformations et les progrès indiqués par la science, nourrit mieux, soigne mieux ses malades. On pourra, injustement et tyranniquement, limiter le nombre et la grandeur des hôpitaux d'une telle association, restreindre la quantité de lits qu'elle entretiendra, l'empêcher de reconstruire et d'améliorer ; mais on ne pourra lui dire *à priori* que les capitaux indispensables à son action ne doivent pas dépasser tel chiffre.

Et comme, d'autre part, la richesse mobilière se développe indéfiniment, et que la part des uns, si considérable qu'elle soit, ne retrécit pas le champ ouvert à l'activité des autres ; comme l'excédent de capitaux qui, dans l'association ne serait pas consacré au développement de l'œuvre sociale, trouverait ailleurs son emploi et ne constituerait pas une sorte de poids mort et de masse inerte, on ne voit pas sur quel principe on s'appuierait pour limiter l'avoir mobilier des associations.

impalpable, mais elle devait être immense. Et M. Brisson concluait que c'est par milliards qu'il fallait chiffrer le patrimoine total des congrégations.

Dès 1881, la Commission du budget abaissait ce chiffre fantastique à 900 millions. Le 24 octobre 1890, dans un mémoire rédigé par la Direction générale de l'Enregistrement, le chiffre de 900 millions était réduit lui-même à 560 millions. « L'expérience, disait-on, avait démontré l'exagération de l'évaluation de 300 millions pour les biens meubles des associations religieuses. »

Enfin, en 1892, M. Brisson lui-même, calculant le rendement probable de la taxe de 30 centimes (Rapport n° 2359, p. 45), attribuait aux congrégations une fortune totale de 500 millions. On était loin des milliards de 1880.

En ce qui concerne l'avoir immobilier, admettons, si l'on y tient, le danger quelque peu imaginaire d'une accumulation excessive de biens-fonds entre les mains de la même association ; acceptons, comme base d'une réglementation de la propriété foncière, si flottante et indécise que soit cette règle, la quantité d'immeubles largement convenables, — nous ne disons pas strictement nécessaires[1], — à la poursuite du but social, les mesures préventives contre un abus possible ne doivent jamais dégénérer en violation d'un droit certain ; le législateur, qui peut prendre les premières, est avant tout tenu de respecter le second.

IV

Tels sont les principes de droit naturel qui légitiment le droit de posséder des associations en général. Il ne nous sera pas difficile d'en faire l'application aux associations religieuses, aux congrégations. Les congrégations, en effet, se forment, comme toute autre société ou association, par la libre agrégation de leurs membres. A l'origine, trois, quatre, dix, douze individus, usant librement d'un droit naturel, conviennent spontanément de se réunir pour travailler ensemble à la poursuite d'un but commun, qui est soit leur sanctification et perfection personnelle, soit le bien spirituel ou temporel du prochain, par des moyens communs à savoir l'exercice de la contemplation ou de l'action, ou des deux réunies. Dans cet accord des volontés, tendant à un même but par les mêmes moyens, il y a les éléments essentiels de toute société ; le caractère religieux du but et des moyens, loin de s'opposer ici à la constitution de l'association, lui donne au contraire des racines plus profondes et plus fortes dans le droit naturel et dans le droit divin ; car il n'y a rien dans l'homme qui tienne plus intimement à sa nature que ses tendances religieuses, et, d'autre part, ce n'est que pour répondre plus pleinement à ses tendances religieuses que Dieu a établi l'admirable économie de l'ordre surnaturel représenté par le christianisme.

1. C'est l'avis de beaucoup parmi les défenseurs les plus zélés et les plus judicieux de la liberté d'association.

Mais la poursuite commune et constante d'un même but suppose l'existence assurée des ressources matérielles nécessaires à l'entretien de la vie et à l'accomplissement des œuvres propres aux associés religieux. Que parfois une situation de tout point précaire, sans autres ressources que les aumônes de la charité, et le concours journellement éventuel de la Providence, soit possible, pour un temps limité, dans une association, on ne le nie pas. Mais tout le monde conviendra qu'il y a là un cas anormal qu'on ne saurait ériger en règle ordinaire. Règle générale, il faut dans une association, même religieuse, des ressources permanentes, des moyens stables de pourvoir aux besoins de chacun des membres et à ceux de l'œuvre collective ; en un mot, un patrimoine.

La constitution du patrimoine, la formation d'une masse commune appartenant en propre à la société, peut se faire par une convention expresse ou tacite des membres. A l'origine, cette convention est expresse et se consigne généralement par écrit, au moins quant à sa substance, dans les statuts fondamentaux de l'association. Elle se perpétue dans la suite par un accord tacite, mais réel et légitime, entre les membres anciens et les membres nouveaux, par le maintien et la libre acceptation du pacte fondamental, qui subsiste comme la charte toujours vivante de la société.

La convention expresse qui intervient entre les premiers membres d'une association religieuse, par la seule application du droit naturel, peut se réduire à cette simple formule : « Nous (trois, quatre, dix, douze individus), usant chacun, dans la plus entière liberté, de nos droits individuels, nous convenons de former ensemble pour la vie une société universelle de biens et de gains, en vue de telle œuvre pie, à laquelle nous entendons consacrer nos personnes et nos fortunes; ajoutant cette double clause qu'à la mort de chacun d'entre nous, tous ses droits passeront aux membres restants; et qu'à toute époque les membres restants auront la faculté de s'adjoindre d'autres associés aux mêmes conditions. Cette convention, universelle dans son objet, indéfinie dans sa durée, est l'exercice parfaitement légitime d'un droit que tout homme porte en lui-même; elle est absolument valable en conscience; elle crée des droits et des devoirs réciproques entre les sociétaires.

Cette constitution primordiale de l'association religieuse, en ce qui concerne la propriété, n'est nullement modifiée, dans le laps du temps, par l'adjonction de nouveaux membres; elle reçoit au contraire une application nouvelle à chaque admission, comme aussi à chaque décès. L'incorporation d'un nouveau membre dans une société religieuse se fait, de part et d'autre, après une délibération si longue, si grave, si solennelle, qu'elle équivaut à un vrai contrat, pour la partie matérielle de la vie non moins que pour la partie spirituelle, entre les anciens sociétaires et le nouvel associé, quand même rien ne serait stipulé par écrit à cet égard. Par ce contrat tacite, mais réel, les membres de la société qui reçoit admettent le candidat à la participation de tous leurs droits spirituels et temporels, s'engageant à pourvoir à son entretien, sa vie durant, d'une manière conforme à la règle qu'il embrasse; de son côté, le nouvel associé, outre l'apport qu'il fait ou non suivant l'exigence de la règle ou l'étendue de sa propre générosité, s'engage à mettre en commun, au profit de tous, le fruit de son travail et de son dévouement, à ne disposer d'aucun des biens communs sans l'autorisation du supérieur, à laisser, en cas de mort, tous ses droits aux membres survivants de la société, laquelle, par ce moyen, pourra se perpétuer de siècle en siècle, sans que rien soit changé à l'acte constitutif de sa situation temporelle.

Cette convention produit la possession en commun pour tous et chacun des sociétaires ; les religieux ont à cet égard tous les droits qu'auraient personnellement des séculiers, des laïques, sur un fonds ou un capital social constitué dans les mêmes conditions; droits qu'ils peuvent au besoin revendiquer devant les juridictions compétentes : en premier lieu, devant la juridiction ecclésiastique à qui il appartient de connaître des questions relatives à la propriété religieuse; et mieux devant les tribunaux civils, supposé que l'État reconnaisse, comme il devrait le faire, un contrat si manifestement établi sur le droit naturel.

Mais précisément, la question est maintenant de savoir si le droit positif, canonique ou civil, reconnaît, tout au moins s'il n'enlève pas aux associations ce droit naturel qu'elles ont de posséder; il faut examiner si l'un ou l'autre n'édicte pas, en cette matière, pour des raisons spéciales, des incapacités et des nullités particulières, ou bien s'il respecte le droit des individus et la liberté des conventions.

Hippolyte PRÉLOT, S. J.

MADAME DE STAËL[1]

Chateaubriand, Mme de Staël : ces deux grands noms de
notre histoire littéraire se font-ils antithèse ? On l'a cru ou
feint de le croire. Une antithèse est une si bonne fortune à
qui, manquant de principes, est assez pauvre d'idées ! « Chateaubriand est tourné vers le passé, Mme de Staël vers
l'avenir. » Chateaubriand, c'est l'ancien régime : ne fut-il
pas émigré, légitimiste, pair de France, mais surtout ne fut-il
pas chrétien ? Visiblement, le principal grief est là. Mme de
Staël, c'est le dix-huitième siècle qui continue, c'est la révolution, c'est le progrès. Et l'on peint notre monde lettré
tiraillé entre ces deux influences rivales comme le monde
politique entre l'esprit de 89 et l'esprit de réaction[2].

Il est vrai qu'au début les apparences y étaient, et que les
deux émules y furent plus ou moins trompés eux-mêmes.
Quand Mme de Staël donna, en 1800, son premier manifeste
littéraire[3], Chateaubriand le combattit après Fontanes[4]. A son
tour, en conversation ou par lettres, Mme de Staël railla fort
le *Génie du Christianisme*, et plus tard, dans son salon de
Coppet, les *Martyrs* passèrent pour une chute brillante mais
complète. Plus tard, il y eut une réconciliation, voire un certain commerce d'amitié[5]. Quant aux théories d'art prises
d'ensemble, nous les verrons se rencontrer dans tous les
points principaux, y compris l'inspiration chrétienne, et il
sera plaisant d'entendre la critique de tout à l'heure en

1. Ces pages sont extraites d'un travail d'ensemble sur la littérature
contemporaine, travail actuellement en préparation.
2. P. Albert, *la Littérature française au XIXe siècle*, p. 194. — J'indique
à titre de pure curiosité ce dithyrambe en l'honneur de la révolution présentée comme l'antichristianisme radical.
3. *De la Littérature considérée dans ses rapports avec l'état moral et politique des nations.*
4. Lettre à Fontanes, publiée dans *le Mercure*, 22 décembre 1800.
5. En 1817, Chateaubriand visitait Mme de Staël mourante, et elle l'appelait familièrement *My dear Francis.*

gémir[1]. De vrai, c'est la question religieuse qui fait tout
d'abord la dissidence. Née calviniste, incrédule bientôt,
Mme de Staël, en 1800, adore la perfectibilité humaine ; elle
adore l'humanité, au sens et avec la ferveur du dix-huitième
siècle. Dans la suite, elle en revient à cette disposition vague
et illusoire qu'on appelle le sentiment religieux. Point de
christianisme précis, mais un « latitudinarisme piétiste », au
témoignage de son propre gendre, le duc Victor de Broglie;
un déisme sentimental fort tolérant, lisez fort indifférent, à
toutes les croyances positives[2]. Quoi qu'on en dise et quoi
qu'elle en pense peut-être, elle reste donc étrangère de sa
personne à ce renouveau chrétien par où l'on peut caractériser son époque. En littérature cependant, elle n'y est pas
hostile, elle y concourt même indirectement et comme du
dehors; loin de contrecarrer Chateaubriand, elle fait campagne avec lui, elle le complète, elle le devance même quelquefois.

Il y a, chez elle, comme trois personnages : l'un romanesque, l'autre politique, et le troisième littéraire. La critique
moderne, j'entends celle que l'on peut prendre au sérieux[3],
est très indulgente au premier, elle exalte volontiers les
autres. Nous nous intéresserons de préférence au dernier,
mais il ne nous en coûtera point d'être équitable à tous les
trois.

I. — *Le personnage romanesque. — Son éducation malheu-
reuse. — Mariage. — Liaisons diverses. — Un chapitre du*
Traité de l'influence des passions. — *Les deux romans* :
Delphine, Corinne.

Anne-Germaine Necker était assurément, par nature, un

1. P. Albert, *loc. cit.*, p. 244 et suiv.
2. N'est-ce pas d'ailleurs sous ces traits qu'elle figure le protestantisme,
et à ce titre qu'elle le préconise ? Ainsi dans la *Littérature*, dernière partie,
chap. xi.
3. Villemain, *Cours de Littérature française au XVIIIe siècle*, leçons
LX, LXI ; — Sainte-Beuve, *Portraits de femmes. Nouveaux lundis*, t. I ; —
Merlet, *Tableau de la Littérature française sous le Premier Empire*, t. III ;
— Faguet, *Politiques et Moralistes au XIXe siècle*, première série ; — Sorel,
Madame de Staël; — Caro, *la Fin du XVIIIe siècle*, t. II, chap. iv, v, vi ; —
G. Pellissier, *le Mouvement littéraire au XIXe siècle*, p. 49 et suiv.

esprit et un cœur d'élite, et il le faut bien pour que, malgré la
plus périlleuse éducation, elle ait conservé une part de bon
sens parmi ses erreurs et quelque dignité parmi ses rêves.
Dès l'âge de onze ans (1777), on la voit siégeant sur un
tabouret de bois dans le salon de sa mère, écoutant avec une
attention ardente les tenants de la philosophie du jour :
Diderot, Grimm, Galiani, Morellet, d'autres encore. Voilà
les précepteurs de sa pensée. Bientôt elle leur donne la
réplique, elle les amuse de son esprit précoce, ils la font
parler et briller, ils la provoquent incessamment par la flat-
terie. Enfant prodige, enfant gâtée, ainsi prélude-t-elle à
cette royauté des conversations qui sera l'un des besoins de
sa vie. Ainsi grandit et s'exagère cette verve d'improvisation
impétueuse et bientôt dominatrice, qui devance et compromet la réflexion; cette intelligence toute en élans et en
saillies, incapable d'attention soutenue comme d'étude méthodique, ne sachant d'ailleurs ni borner sa curiosité ni
douter quelque peu d'elle-même. Qu'à pareil régime et à
pareille école la fille de Necker soit devenue autre chose
que la plus insupportable des Philamintes; que, dans ses
ouvrages, un certain fonds de jugement et de rectitude perce
toujours au milieu des préjugés et des utopies : je le dis fort
sérieusement, c'est où il faut reconnaître le bonheur de son
naturel.

Il n'est pas moins attesté par ce qu'elle conservera toujours
d'élévation, de noblesse d'âme ; car, de ce côté encore, son
éducation est singulièrement aventureuse. Elle se fait dans
les romans, dans les plus capables d'égarer et de séduire :
la *Nouvelle Héloïse, Clarisse Harlowe, Werther*[1]. Après cela,
sachons-lui gré de n'avoir été qu'une femme romanesque, et
non pas une femme affranchie, une George Sand.

Au moins demeurera-t-elle femme et romanesque jusqu'à la
fin, mais encore à sa façon, et avec un certain tempérament
d'honnêteté qui lui vient des souvenirs domestiques autant
que de sa propre nature. Son père trop indulgent, mais

1. « On doit admirer comme un prodige qu'après une pareille éducation,
il soit resté un cœur à l'idole. Le cœur y survécut, mais non la grâce. »
— Lamartine, *Souvenirs et portraits*, t. I, p. 213. On jouit, non sans quelque
étonnement, de trouver le critique poète si justement sévère.

qu'elle adore; sa mère trop ambitieuse pour elle et bien vite impuissante à la contenir, lui donnent par.ailleurs un exemple rare d'union conjugale. Combinez cette influence avec l'exaltation de ses déplorables lectures, et vous concevrez l'idéal qu'elle se forme : c'est le roman sans fin, mais dans le mariage, la tendresse légitime mais passionnée, toujours passionnée, d'un homme. Et quel homme encore ! « Un protecteur sublime, un guide fort et doux, dont le regard commande et supplie, et qui reçoit à genoux le droit de disposer de notre sort[1]. » Il suffit : ni cet esprit n'avait chance d'être modeste, ni ce cœur d'être heureux.

Il ne le fut pas. L'héritière de cinq cent mille livres de rente dispose rarement d'elle-même. En 1786, après une négociation de sept ans, menée de puissance à puissance entre le banquier ministre et Gustave III de Suède, Germaine Necker se laissa faire ambassadrice et baronne de Staël Holstein; c'était le mariage sans le roman.

Le mariage n'amena point l'intimité; il aboutit, après douze ans, à une séparation légale. Quant au roman qui fuyait, Mme de Staël ne cessa pas de le poursuivre. Si la dignité mondaine fut sauve, le cœur semble avoir cherché moins à se défendre qu'à se donner. Après Talleyrand, après Narbonne, ce fut, plus que tout autre, Benjamin Constant qui le captiva ; Benjamin Constant, si riche de talents et si méprisable par le caractère, l'homme le moins fait pour le rôle de « protecteur sublime », de « guide fort et doux ». On l'aima éperdument, despotiquement; on voulut l'épouser après la mort de Staël (1802). Il se déroba, et ce fut la grande douleur; mais l'instinct romanesque surnageait à tout. Il crut se satisfaire en 1811; sans vouloir quitter un nom qu'elle avait rendu célèbre, la baronne s'unit secrètement à un officier genevois de beaucoup plus jeune; elle avait alors quarante-cinq ans.

A l'entendre, la littérature, la politique, la célébrité en tout genre n'auraient été pour elle qu'une diversion brillante à des sentiments toujours refoulés. « Quelque secours contre les blessures du cœur », voilà ce qu'elle attend des « plaisirs de la pensée[2] ». Gloire de l'esprit, gloire des lettres : que

1. *De l'Allemagne*, quatrième partie, chap. XII.
2. *De la Littérature*, seconde partie, chap. IX.

peut être cela pour une femme ? Un moyen d'être aimée, ou
si le moyen échoue, « un deuil éclatant du bonheur ». Ce
roman qu'elle ne peut mettre dans sa vie, elle ne se lasse pas
de le caresser en idée, en rêve. Au fort de sa liaison avec
Benjamin Constant (1796), elle ébauche un traité de l'influence des passions[1], et là, dans un chapitre spécial, elle nous
livre sa théorie : qu'on en juge[2]. L'amour est la vraie fin
dernière de l'homme, de la femme plus encore[3] ; à telles
enseignes que ceux qui le goûtent dans une union légitime
« ont peut-être déjà reçu tout le bonheur que nous espérons
dans l'autre vie, et que peut-être il n'est pas pour eux
d'immortalité ». Conjecture naïvement sacrilège. Aussi bien
prenez-y garde : cet idéal de bonheur, ce bonheur qui vaut
l'autre et le supprime peut-être, c'est l'amour heureux dans
le mariage, c'est la rencontre exceptionnelle de la passion
avec le devoir. A cette clause relativement morale, vous
reconnaissez la fille de Necker et ses premières impressions
de famille. Mais vous avez pu lire trois lignes plus haut :
« Dans quelque situation qu'une profonde passion nous
place, jamais je ne croirai qu'elle soit éloignée de la véritable vertu. » Cette fois, c'est l'élève de Rousseau qui parle,
ou plutôt c'est Rousseau lui-même. Donc le sentiment romanesque est partout saint et sanctifiant. Pourquoi ? Parce qu'il
est dévouement et sacrifice. Illusion dont Mme de Staël n'est
qu'à moitié dupe ; car, à la page suivante, il lui échappe de le
définir « l'égoïsme transporté dans une autre » ; — on a mieux
dit, l'égoïsme à deux, mais c'est tout un. Et comment, avec
tous ses efforts, arrive-t-elle à nous le figurer ? Adoration
d'une créature, au fond, adoration de soi ; idolâtrie d'ailleurs
pleine de risques et de douleurs qu'elle ne s'épargne pas à
dépeindre. Cette passion, où elle a mis le bien suprême, elle
la déclare sans marchander « la plus fatale », et ceux-là seuls

---

1. *De l'Influence des passions sur le bonheur des individus et des nations.*
La seconde partie manque. Lamartine a dit de cet ouvrage : « C'est de la
métaphysique légère, c'est-à-dire ce qu'il y a de plus vain et de plus fastidieux en littérature ; des axiomes sans solidité, de la pesanteur sans prix,
de l'ennui sans compensation. » *Souvenirs et Portraits*, t. I, p. 237.

2. Section I, chap. iv.

3. Elle dit quelque part le contraire, mais peu importe. Voilà bien ce
qu'insinue, ce que respire le chapitre tout entier.

qui auraient, au besoin, le courage du suicide, peuvent, « avec
quelque ombre de sagesse, tenter cette grande route de
bonheur[1] ». En morale romanesque, voilà le beau, le grand
fin du fin. La conclusion passe tout le reste ; Mme de Staël
dit aux femmes : « Vous êtes victimes de l'homme et de la
société ; mais n'essayez pas de secouer le joug ; c'est la nature
même qui vous l'impose. » Encore du Rousseau tout pur ;
avec la même justice, la même logique et les mêmes chances
d'être obéi, Jean-Jacques répétait aux misérables : « La
société vous écrase, elle est monstrueuse ; mais gardez-vous
bien d'y toucher. »

Après la théorie, l'application, la mise en scène ; après le
chapitre de l'*Amour* (1796), *Delphine* (1802), *Corinne* (1807) ;
deux romans, ou, si l'on veut, un seul en deux tomes : de
part et d'autre, la femme incomprise, deux fois accablée par
les conventions sociales, et parce qu'elle est femme, et parce
qu'elle est femme supérieure ; de part et d'autre, Mme de
Staël en personne, victime de la tyrannie mondaine d'abord
(*Delphine*), puis de sa propre gloire (*Corinne*) ; toujours
déçue dans sa chimère de bonheur. Aujourd'hui les voiles
sont levés et l'original parfaitement reconnu sous le nuage
idéal dont il s'entoure. Dès lors, sans doute, il s'attendait
bien à transparaître et n'en était pas autrement fâché. C'était
encore le *moi* entrant largement dans la littérature, et sous
des traits qui font sourire ; mais plût à Dieu qu'ils n'eussent
pas d'autre défaut !

« Un homme doit savoir braver l'opinion, une femme doit
s'y soumettre. » Mme Necker avait écrit cette maxime ; sa
fille en fait une thèse de roman. Supposons les rôles inter-
vertis, la femme hardie et l'homme faible contre cette opinion
despotique : alors tout devient malheur, et nous avons précisément le cas de Delphine. Cette jeune veuve s'éprend furieusement d'un homme du monde, Léonce de Mondoville, et,
plutôt que de n'être pas heureuse, elle romprait en visière au
genre humain. Le héros, épris comme elle, n'a pas la maîtresse vertu des romanesques, le courage de sacrifier à la

---

1. En 1812, Mme de Staël adressait au prince royal de Suède (Bernadotte)
ses *Réflexions sur* ou plutôt contre *le suicide*. Mais que ne pouvait-elle
effacer ce qu'elle avait écrit seize ans plus tôt ?

passion « les combinaisons factices de la société ». Dès lors,
ni entente ni bonheur possibles. Et voilà le thème principal
étendu, parfilé, déroulé dans un nombre infini de lettres; car
cette fiction garde les formes de la *Nouvelle Héloïse* comme
elle en a l'esprit. Cependant, il faut que tout finisse, même le
roman épistolaire. Léonce est fusillé à tort, comme émigré;
Delphine s'empoisonne pour le suivre. Grâce à des scrupules d'amis, le suicide fut un moment remplacé par la
phtisie; mais le vrai dénouement a prévalu, le seul conforme
à la doctrine. Ne pouvant épouser, Delphine se tue; c'est où
l'on voit qu'elle était capable de « tenter avec quelque ombre
de sagesse cette grande route de bonheur ».

Observation et invraisemblance, profondeur par endroits
et subtilités plus souvent, accents de douleur vraie parmi
des déclamations infinies, par-dessus tout, longueur pénible :
tel est ce roman au regard de la littérature. Moralement et religieusement il vaut moins encore. Léonce, qu'on dit parfait
sauf le point que nous savons, agit çà et là en furieux ou en
maniaque. Delphine est l'étourderie généreuse, l'orgueil immense et naïf; mais de bonnes vérités lui échappent, celle-ci
par exemple : « Moi qui me traîne sans force sur les dernières
limites de la morale, essayant de me persuader que je ne les
ai pas franchies [1]. » A ce compte elle les aurait étrangement
reculées. Qui s'en étonnera, du reste? Il est tel moment où —
notez encore l'aveu — elle souhaiterait d'être chrétienne pour
trouver la force de se combattre [2]; mais, si elle a des épi-
grammes contre le catholicisme qu'elle ignore, elle ne remonte même pas à la hauteur du calvinisme; elle reste vaguement déiste, et c'est au déisme qu'elle convertira *in extremis*
le beau Léonce, athée jusque-là. Religiosité commode et qui
permet tout, jusqu'à des inconséquences bien voisines de
l'hypocrisie. Près du dénouement, Delphine s'avise de prendre
le voile sans croire en Jésus-Christ. Empoisonnée par elle-
même, elle plaide contre Dieu son innocence. Après tout,
pourquoi non? Le suicide répugne bien à la seule morale
naturelle; mais avec le Dieu de la pure philosophie il est des
accommodements faciles; la pratique ne vaut jamais la lo-

1. *Delphine*, troisième partie, lettre XIII.
2. *Ibid.*

gique et, devant la passion souveraine, la logique en personne a bientôt fait de s'éblouir et de s'aveugler. Or, que la
passion soit souveraine, quelle autre impression ressort et
domine ici à travers un incessant parlage de vertu?

Entre *Delphine* et *Corinne*, Mme de Staël a vu l'Allemagne
(1803) et l'Italie (1805); elle a perdu son père (1804). L'âge
est plus mûr, les idées plus riches, l'âme, dit-on, convertie,
mais nous verrons tout à l'heure à quoi. En tout cas, le fond
romanesque de nature n'est ni vaincu, ni épuisé; il s'affirme
et s'étale, un peu moins impétueux, mais non moins ardent.
Delphine était femme supérieure par le sentiment; Corinne
l'est par le sentiment et le génie : double fatalité dans un
monde impitoyable au mérite féminin. Anglaise de naissance
— mais on ne le saura qu'au moment voulu — Italienne par
le séjour et.les habitudes, Corinne aime un noble Écossais,
Oswald, lord Nelvil, qui n'y demeure pas insensible. On promène à travers la Péninsule cet attrait partagé; on va même
jusqu'aux fiançailles. Mais du pays « où fleurit l'oranger »,
du pays de l'azur et des beaux rêves, Nelvil retourne à celui
de la vie positive et pratique; il y redevient tout Anglais et
songe à rompre. Elle, qui l'a suivi incognito, le prévient par
générosité pure, et, toujours invisible, lui rend le gage de sa
foi. Il épouse donc une compatriote, qui se trouve être la
demi-sœur de Corinne. Quant à la délaissée, elle retourne en
Italie. Pas de suicide, cette fois; le chagrin suffit, ce qui est
plus simple et de meilleur exemple. Nelvil, assez embarrassé
de son rôle, arrive à temps pour la voir mourir et s'accuser
du malheur.

De quoi cependant est-il coupable? De s'être laissé adorer
sans prévoir? Assurément, bien que l'auteur ne songe pas à
lui en faire un reproche. — D'avoir repris la foi qu'on lui
rendait quand déjà il l'avait à demi violée? « Je ne veux
ni le blâmer, ni l'absoudre », conclut Mme de. Staël; c'est-
à-dire qu'elle ne conclut pas. On l'a justement remarqué, ce
serait juger entre les deux éléments de sa nature, entre les
deux moitiés d'elle-même. Car son *moi*, qui continue de tout
remplir, s'est comme dédoublé dans ce livre. Corinne est
son cœur et son imagination. Nelvil, cet Anglais, ce protes-

tant qui pleure un père et fait scrupule, au début, de pouvoir aimer encore, c'est sa part de sens droit et pratique, héritage de famille, dont un deuil récent lui a rendu la conscience et l'estime. Esprit romanesque et bon sens : les deux forces demeurent en équilibre. Plus de paradoxe aventureux comme dans *Delphine* ; Corinne semble une question plutôt. La femme de génie est-elle faite pour le bonheur domestique ? L'héroïne l'espère, le héros n'ose y croire, Mme de Staël ne se prononce pas. C'est sagesse ; il y a progrès, mais fort incomplet du reste. Malgré tout, l'impression n'est pas saine, tant la passion éclate encore, tant la destinée de l'héroïne est assombrie à plaisir par un fatalisme navrant. Corinne est bien le contraire de ce qu'il faut pour assagir les prétentieuses et les incomprises, tout comme René pour nous faire peur de la mélancolie.

Corinne meurt avec les sacrements de l'Église, car elle est catholique, mais d'un catholicisme arrangé au gré de l'auteur et tristement intéressant par là même. Elle n'entend rien aux moines, gens inertes ou exaltés[1] ; peu de chose aux martyrs, en qui elle n'admire que la force de l'enthousiasme[2] ; elle est, de fait, naturaliste et néo-païenne. Belle occasion d'ailleurs de mettre aux prises le vieux papisme et la soi-disant Réforme. Dans un dialogue, « admirable » selon quelques-uns[3], les deux religions plaident leurs avantages opposés, et l'auteur, je n'en doute pas, veut et croit tenir la balance exacte. Mais il a beau faire, le protestantisme d'Oswald n'est qu'un déisme rationaliste et rengorgé ; le catholicisme de Corinne, un déisme poétique et attendri. La différence est là tout entière. Pendant qu'ils rompent courtoisement ces lances de paille, vous les étonneriez fort de leur demander si Jésus-Christ n'aurait pas établi une Église, voire même s'il est Dieu, oui ou non. Question étroite, impertinente, au moins indiscrète, et dont ils ne s'aviseraient jamais l'un ni l'autre. Leur idéal commun est un vague sentiment religieux, aux

1. Livre X, chap. i.
2. Livre IV, chap. iv ; livre V, chap. ii.
3. *Histoire de la Langue et de la Littérature française*, publiée sous la direction de M. Petit de Julleville, t. VII, p. 95. — Le chapitre visé est le cinquième du livre X.

nuances diverses et indifférentes, parmi lesquelles on est
maître de choisir. Aussi, quand, le jour de Pâques, ils reçoivent ensemble la bénédiction papale *urbi et orbi*, rien ne les
empêche d'être également émus, et de décider que « tous les
cultes se ressemblent[1] », ce qui veut dire manifestement qu'ils
se valent. — « Système original », dit-on, « piété chaleureuse
et large », marque d'un génie « très étendu et très libre[2] ».
— Oui, vraiment libre de toute religion positive, de tout
dogme formel ; c'est par où l'on juge ce chapitre admirable,
et c'est précisément par où il est illusoire, indigent et vide.
Mme de Staël nous donne ici la mesure de ce qu'on appelle
sa conversion, l'idée vraie de sa religion personnelle et
définitive.

L'œuvre d'art importe moins dans *Corinne*. Œuvre com-
posite où le drame s'entrelace laborieusement aux impressions de voyage ; dissertations sèches et cris de passion éloquente ; descriptions pâles et glacées ; l'Italie, non pas vue
par un artiste, mais racontée, raisonnée, par un historien
philosophe au bas mot et pédant çà et là, sans y prendre
garde. Qui fut moins artiste que Mme de Staël ? N'avouait-elle
pas que, n'était le respect humain, elle quitterait la baie de
Naples pour aller chercher à cinq cents lieues la conversation d'un homme d'esprit ? N'a-t-elle pas dit qu'à son
gré, le plus beau ruisseau du monde était celui de la rue
du Bac ?

Aujourd'hui, ses deux romans ne sont plus guère à la mode,
et certes on en a fait de bien pires ; mais elle avait donné de
scabreux exemples, et le talent déployé, fût-il cent fois supérieur, ne serait qu'une circonstance aggravante comme toujours. Viennent maintenant des panégyristes plus hardis encore de la passion libre, souveraine, divine : ils ont de qui
tenir. Si Mme de Staël avait pu les voir à l'œuvre, je veux
croire pour son honneur qu'elle eût désavoué cette branche
de sa postérité littéraire, comme a fait Chateaubriand pour la
race pullulante des René.

1. Livre X, chap. v.
2. *Histoire de la Langue et de la Littérature française*, loc. cit.

II. — *Le personnage politique.* — *Encore l'éducation.* — *Le salon de la rue du Bac.* — *Mme de Staël et Napoléon.* — *Les Considérations sur les principaux événements de la Révolution française.* — *Le rationalisme constituant.* — *Les Doctrinaires.*

Mais voici un étrange contraste. Dans cette femme si complètement femme, il y a quelque chose au moins d'un politique, d'un homme d'État. Elle est de son sexe par les faiblesses du cœur; elle en sort par les habitudes et les visées de l'esprit; et ce déclassement d'un nouveau genre fait une partie de ses malheurs, mais aussi de sa gloire. Gloire contestée du reste. Les uns vantent son talent d'avoir eu tout à la fois « énergie d'homme et grâce de femme[1] » : c'est la nuance élogieuse, académique. — « Je suis las de cet homme-femme », s'écrie un jour Benjamin Constant[2] : c'est le mot dur, mais quelque peu vrai. Si l'on veut la note moyenne, sans complaisance ni aigreur, il faut la demander à J. de Maistre. Il écrit à sa fille aînée : « Le plus grand défaut pour une femme, c'est d'être homme[3] », et bien qu'il ne désigne personne, je gage qu'il pense à Mme de Staël. Aussi bien, s'en est-il expliqué ailleurs. « Femme célèbre ou fameuse, qui aurait pu être adorable et qui a voulu n'être qu'extraordinaire »; esprit prodigieux, cœur « pas mauvais du tout », mais « tête complètement pervertie », ce qui est « l'opération infaillible de la philosophie sur toute femme quelconque[4] ». Rien de plus juste, et, le reste de la lettre le prouve, ce n'est point parole d'ennemi; Mme de Staël n'est point pour J. de Maistre « l'abomination vivante[5] », mais une femme qui a tort de se faire homme et libre penseur : voilà tout.

Un point seul m'arrête. Elle n'a été qu'extraordinaire, pense-t-il, parce qu'elle l'a voulu ainsi. Or, d'après elle-même, la politique, la science, les lettres figureraient plutôt

1. Villemain, *XVIIIe siècle*, leçon LX.
2. A. Sorel, *Madame de Staël*, p. 13.
3. A Mlle Adèle de Maistre, 26 décembre 1804.
4. A la marquise de Priero, août 1805.
5. Ainsi pense pourtant M. Sorel, *Madame de Staël*, p. 46.

dans sa vie comme un dérivatif à d'autres besoins, une préface éclatante ou une compensation telle quelle au roman
personnel toujours appelé, toujours fuyant. Tout considéré,
l'un et l'autre peuvent être vrais, ce semble. Mme de Staël a
voulu être admirée pour se consoler de n'être point adorée;
mais je me doute qu'elle aurait cherché l'admiration quand
même et par les mêmes voies : son éducation l'y prédestinait. Élevée dans le salon de sa mère, enveloppée presque
dès l'enfance dans le tourbillon d'idées ou d'utopies réformatrices qui donnait le vertige à tout le monde, entourée de
brillants parleurs intrépides à refaire la société par effort de
raison avec l'optimisme superbe et naïf de l'époque, elle
prenait là un pli bien difficile à perdre. Le moyen d'imaginer
qu'elle n'ambitionnerait pas d'avoir un salon à elle, et un
salon politique, et un salon à Paris, la chose n'étant possible
que là? Ce rêve d'esprit et d'amour-propre était assez naturel
pour n'avoir pas besoin des déceptions du cœur.

Elle le conçoit donc, elle s'y attache éperdument; écartée
par la Terreur, par le Directoire, par Bonaparte, rien ne lui
fait lâcher prise, et la mort seule l'arrête au début de la Restauration, alors qu'elle vient de reconquérir pour la troisième
fois cette sorte de tribune domestique où il fait si bon jouer
à l'orateur, à l'homme d'État. De 1786 à 1792, elle est la
reine, la muse des constitutionnels plus ou moins anglo-
manes, les Broglie, les Lally, les Narbonne, les Talleyrand,
les Mounier, les Malouet. Elle ne fuit que devant les massacres de septembre, et revole à Paris dès que la période de
sang est close. En 1795, le salon se rouvre, il devient un
lieu de rencontre pour les révolutionnaires modérés et les
survivants libéraux du royalisme; de ces deux éléments rapprochés, Mme de Staël voudrait faire sortir une manière de
république à l'américaine. De là, bien des ombrages qui,
malgré ses protestations de civisme, la contraignent moralement de fuir une seconde fois à Coppet et d'abandonner un
temps la politique pour la littérature. Elle reparaît deux ans
plus tard, et la tribune de la rue du Bac se relève. Mais alors
un personnage entre en scène qui va les renverser toutes :
Bonaparte rapporte au Directoire ses premiers trophées
d'Italie. Mme de Staël l'approche avec une curiosité pleine

de sympathie et d'arrière-pensées ambitieuses; mais, pour la première fois depuis qu'elle se connaît, la voilà déconcertée, intimidée, c'est elle-même qui l'avoue[1] :

Mon génie étonné tremble devant le sien,

et je croirais volontiers avec d'autres qu'elle ne lui pardonne pas cette défaite de son amour-propre. Non qu'elle se résigne de longtemps à la croire définitive. Il faut suivre dans son dernier historien les manèges de coquetterie par où elle essaye de désarmer, de fasciner son vainqueur[2]. Ce ne sont, pendant trois ans, que cajoleries visibles alternant avec des éclats de dépit. Tout vient échouer contre le rude bon sens de l'homme d'action, devant son mépris affiché pour les idéologues et les bavardes. Le conflit s'aigrit peu à peu jusqu'à la haine; et cependant il est curieux de voir que, même alors, elle a des retours d'espoir; que, tout en offensant le maitre, çà et là elle cherche encore à le fléchir. C'est qu'elle perd, à le combattre, ce qui lui tient le plus au cœur, ce salon parisien où elle a mis le meilleur de sa vie. En 1803, on la relègue à quarante lieues de la capitale; en 1810, pour faire lever son ban, elle a l'étrange pensée d'envoyer à l'Empereur son livre *de l'Allemagne* avec une lettre digne mais soumise. Peine perdue : l'édition tout entière est détruite par ordre; Mme de Staël est internée à Coppet, et bientôt, harcelée jusque-là par les tracasseries de la police, elle médite, elle aussi, sa fuite de Varennes et l'exécute avec plus de bonheur (1811). Elle traverse l'Autriche, la Pologne, la Russie, pour gagner enfin l'Angleterre, d'où elle ne reviendra qu'après la chute de son impérial ennemi.

Lutte d'une femme contre le maître de l'Europe, on dirait duel de la quenouille et de l'épée, si Mme de Staël n'avait eu le tort de manier trop peu la quenouille. A qui le beau rôle ? De part ou d'autre, je voudrais être plus à l'aise pour admirer. Napoléon a l'avantage du bon sens pratique; mais qu'il serait plus grand s'il avait su dédaigner les propos d'une frondeuse en chambre et ne la point traiter à peu près comme

1. *Considérations sur les principaux événements de la Révolution française*, troisième partie, chap. xxvi.
2. A. Sorel, *Madame de Staël*, p. 76, 78, 89, etc.

un conscrit réfractaire ! Avec l'intérêt qu'inspire la faiblesse
opprimée, ne refusons à Mme de Staël ni l'élévation, ni la
générosité naturelle, ni la persévérance dans son amour de la
liberté ; ne concluons point de ses avances au despote qu'elle
lui eût été plus indulgente s'il avait bien voulu l'accepter
comme conseillère. Au moins est-il vrai que ces mêmes
avances l'amoindrissent quelque peu. Et puis, pourquoi
s'acharner à la politique ? Devant César, qu'elle ne pose pas
plus en Cornélie qu'en Cléopâtre[1] ; qu'elle reste femme tout
simplement.

J'ajouterai, dans le même ordre d'idées : témoin de la
Révolution et de l'Empire, que n'a-t-elle écrit ses Mémoires
au lieu d'essayer des *Considérations*[2] ? Les récits, les portraits, voilà qui devait tenter sa plume et qui ne dépassait
point son talent. Par contre, tout lui manquait pour soutenir
le personnage d'historien philosophe. Elle était femme, et
une femme peut bien approcher de Saint-Simon ou de
La Bruyère ; elle ne sera jamais un Bossuet, un Joseph de
Maistre, voire un Montesquieu. Mais encore, fût-on homme,
Bonald a justement observé que, pour bien *considérer*, il faut
« s'asseoir », il faut se poser, se recueillir[3], et c'est de quoi
elle semble incapable, elle que Napoléon définissait une
« machine à mouvement ». Esprit supérieur, j'y consens, mais
de tout temps habitué à se dépenser en improvisations, en
fusées, en éclairs, si l'on veut ; insuffisant dès lors à la tâche
qu'elle osait prendre. Or, nous le savons, nous l'aurions de-
viné peut-être, ses ouvrages, composés sans suite et sans
recueillement, ne sont guère que ses conversations, moins la
spontanéité, la couleur, la flamme ; laves refroidies et ternes,
mais immobilisées dans la direction et dans la forme que
leur a données le premier jet.

Ce n'est pas que les *Considérations* soient de tout point
méprisables. Avec un peu de patience, on en pourrait extraire

1. C'est elle-même qui autorise ce dernier rapprochement, et je n'entends
pas le prendre à la lettre. (Voir Sorel, p. 76.)
2. *Considérations sur les principaux événements de la Révolution française.* Ouvrage inachevé, publié après sa mort (1818).
3. Observations sur un ouvrage de Mme la baronne de Staël, ayant pour
titre : *Considérations*, etc. — Bonald, *Mélanges*, t. I, p. 529.

une anthologie d'observations vraies et fines, de pensées justes, saines, généreuses ; on y lirait çà et là de quoi répondre à bien des préjugés de l'auteur et le réfuter assez joliment par lui-même[1]. Je laisse à d'autres ce facile travail, et, sans entrer dans l'analyse détaillée du livre, je marque seulement les deux grands vices qui enlèvent à l'ensemble toute valeur.

Si Mme de Staël est ingénieuse à noter la surface des choses, le fond lui échappe, elle l'ignore. Tout occupée des formes constitutionnelles, elle n'aperçoit pas la question sociale bien autrement grave de fait ; elle ne soupçonne pas que le Français de 89 a le malheur d'être, comme il sera cent ans plus tard, beaucoup plus soucieux d'égalité que de liberté. Moins encore aperçoit-elle ce qu'a si bien vu J. de Maistre, la question religieuse, plus profonde et plus actuelle que la question sociale [2], cet esprit d'irréligion, d'athéisme pratique, dont les réformateurs d'alors sont pénétrés à la suite de Rousseau, leur prophète, et le plus souvent sans en avoir conscience, non plus que lui peut-être. Déisme en théorie, athéisme dans l'action et les résultats : c'est tout le *Contrat social*, c'est toute la *Déclaration des droits de l'homme*. Ceux qui la font ne commencent-ils point par se mettre « en présence de l'Être suprême », pour établir ensuite en quinze articles que tout ira désormais sans lui? Là est le péché originel de la Révolution française, le venin qui empoisonne ses réformes, ses bienfaits, ses conquêtes, tout ce qui serait excellent par ailleurs, n'étant, de fait, qu'un retour à la tradition chrétienne, au véritable ordre chrétien. Infail-

---

1. Par exemple, Mme de Staël nous donne à entendre que son père eût sauvé la France si on l'eût laissé faire ; et ailleurs, excusant jusqu'à un certain point la faiblesse de Louis XVI, elle se raille des gens qui pensent qu'un homme aurait suffi à tout prévenir, et une résolution à tout arrêter. (Troisième partie, chap. XIII.) — Elle voudrait voir chez nous la constitution anglaise, et il lui arrive d'avouer, fort sagement, qu'une constitution ne se transplante pas, etc.

2. La même lacune est signalée par des auteurs que l'intérêt du christianisme ne préoccupe pas outre mesure. Ainsi, M. Faguet reproche à Mme de Staël de ne point nous montrer « cet affaiblissement du sentiment religieux en France depuis 1700, qui est sans conteste, la cause principale de la Révolution française. » *Politiques et Moralistes au XIX* siècle, première série, p. 174 et suiv.

libilité, divinité pratique de la volonté générale, de l'humanité collective, c'est-à-dire, quoi qu'on fasse, de la majorité, du nombre : les chrétiens peuvent se rallier loyalement aux régimes les plus divers ; ils ne se rallieront jamais à ce principe, à cet esprit, qui est l'antithèse radicale de toute religion, même purement naturelle. Les libéraux conséquents ne le sauraient faire davantage, car ce même principe est pour rendre toujours possible, légale et même légitime, l'oppression de toutes les libertés honnêtes. Historiquement, c'est de là qu'est sortie presque aussitôt la guerre à l'Église, et non pas des richesses et privilèges dont le clergé avait consenti la perte. En dépit de toutes les illusions, c'est d'où la Terreur devait naître ; c'est par où la Convention était en germe dans la Constituante, 93 dans 89.

De tout cela Mme de Staël ne voit rien. Elle blâme les maladresses, les imprudences des constituants ses amis ; elle réprouve les crimes des Jacobins ; elle a en horreur le meurtre du roi[1], elle plaide éloquemment pour la reine[2] ; je la crois très sincèrement indignée contre la Terreur. Mais quelle explication étrange en donne-t-elle ! Si le peuple s'est montré féroce, elle en rend presque responsables, et le gouvernement, et les prêtres qui avaient dû le former ; à ses fureurs elle ne sait trouver qu'une cause : il avait été depuis cent ans le plus malheureux de tous[3]. Fantaisie historique, mais qui a son aspect odieux ; c'est plaider les torts des victimes et donner jour à ces apologies des bourreaux, à ces réhabilitations éhontées qui ne manqueront pas de venir. Elle n'y prend pas garde ; qui en doute ? Sa générosité très réelle est offusquée par l'ignorance du vrai fond des choses, et par le préjugé même qui le lui cache, par le rationalisme politique et humanitaire dont le livre est tout plein comme l'auteur.

Il y avait eu, parmi les hommes supérieurs du dix-huitième

1. *Considérations*, troisième partie, chap. xii et xiii.
2. *Réflexions sur le procès de la Reine*, écrites de Coppet, 1793. A la même époque, une autre femme, que plusieurs admirent encore, Mme Roland, disait de l'infortunée Marie-Antoinette : « J'aurais voulu jouir de sa longue humiliation. » Voilà qui peint une âme, et l'on peut mesurer ici la distance qui sépare Germaine Necker de Manon-Jeanne Philipon.
3. *Considérations*, troisième partie, chap. xvi.

siècle en France, « un superbe enthousiasme pour les principes qui fondent le bonheur et la dignité de l'espèce humaine [1] ». C'est elle qui le dit, et, en le disant, elle se peint
elle-même. Voilà bien ce qu'elle avait respiré dès l'enfance
dans le salon maternel. Et certes rien de plus noble en soi
et de meilleur. Mais pourquoi ces enthousiastes de la dignité
et de la félicité humaines avaient-ils la double prétention de
les découvrir par leurs propres lumières et de les réaliser
par leurs propres forces ? Pourquoi commençaient-ils par
écarter Celui qui seul en avait rendu aux hommes la possibilité, l'idée même ? Quand une société qui fut chrétienne
bannit de fait Jésus-Christ ; quand elle se croit capable de
tout reconstituer sans lui et contre lui par un effort de sa
propre sagesse ; elle peut traîner encore une vie précaire, et
perpétuellement inquiète ; elle le peut parce que, tout en
rejetant le Maître, elle garde, malgré qu'elle en ait, quelque
chose de l'enseignement divin. Mais dans cette inquiétude
même, dans cette impossibilité de fonder rien qui tienne et
qui dure, vous voyez l'inévitable châtiment de sa présomption. Or, cette présomption faisait bien le caractère saillant
du dix-huitième siècle ; ces enthousiastes dont parle Mme de
Staël, et dont elle était, je crois sans peine à leur passion
pour le bonheur et la dignité de l'espèce humaine ; mais, plus
sincères avec eux-mêmes, ils se seraient avoués aussi enthousiastes pour le moins de leurs lumières et de leur puissance personnelle. De là, chez le plus grand nombre, l'audace
à faire table rase des traditions et des circonstances pour
légiférer sur l'homme abstrait ; de là, chez tous, la fureur de
constituer, la confiance naïve dans la vertu des institutions
délibérées entre philosophes, l'optimisme intrépide qui leur
montre la raison, leur raison, toujours suffisante à convaincre
la foule, à la contenir, à la guider. Dira-t-on qu'en le croyant
ils honorent l'homme ? Soit : mais ils s'adorent eux-mêmes ;
c'est leur malheur et le nôtre aussi.

Tel est l'esprit des *Considérations*, tel sera jusqu'au bout
celui de l'auteur. On le vante d'être demeuré fidèle à son
idéal, de n'en avoir désespéré ni devant l'anarchie terroriste,

---

1. *Considérations*, quatrième partie, chap. iv.

ni devant le despotisme napoléonien. Tout n'est pas faux dans l'éloge ; mais, pour l'honneur de Mme de Staël, je la voudrais un peu plus désabusée de son rationalisme constituant. A la fin de ce livre, son dernier ouvrage et comme son testament politique, elle persiste à juger la France capable d'un régime vraiment libéral[1], et je veux l'espérer comme elle, encore bien que, depuis quatre-vingts ans passés, la preuve soit encore à faire. Mais où elle se trompe, c'est de compter visiblement pour ce grand œuvre sur la seule force de la sagesse humaine. Il n'est possible que par un retour du grand nombre à Jésus-Christ, qu'elle nomme, qu'elle vénère, mais dont elle se passe de fait, parce qu'elle ne le connaît pas.

Et pourtant bien des expériences auraient dû lui ouvrir les yeux sur l'infaillibilité de la raison philosophique. Ne cite-t-elle pas ce joli mot d'un ancien conventionnel : « Oh ! madame, nous en sommes arrivés au point de ne plus songer à sauver les principes de la Révolution, mais seulement les hommes qui l'ont faite[2] » ? Ne dit-elle pas à propos d'elle-même : « Dans toutes les circonstances de ma vie, les erreurs que j'ai commises en politique sont venues de l'idée que les hommes étaient toujours remuables par la vérité, si elle leur était présentée avec force[3] » ?

Aveu piquant, mais stérile ; rien ne corrigera l'*intellectuelle* de son rationalisme obstiné. Bien plus que l'anglomanie, bien plus que l'illusion filiale qui lui montre dans Necker un grand homme, un sauveur, ce rationalisme philosophique gâte et neutralise ce qu'il y a de généreux et de sensé dans son ouvrage. J. de Maistre a quelque droit d'y voir toutes les erreurs de la Révolution concentrées et comme sublimées : oui, toutes en une, qui est précisément celle-là.

Mme de Staël a fait école. On la dit avec raison mère ou marraine pour le moins[4] de ce groupe très honorable de politiques connus sous le nom de *doctrinaires*, gens d'esprit élevé, de cœur fier, d'âme parfois religieuse, qui, sous la

1. *Considérations*, sixième partie, chap. I.
2. *Ibid.*, quatrième partie, chap. III.
3. *Ibid.*, troisième partie, chap. XXVII.
4. Lanson, *Histoire de la Littérature française*, p. 867.

Restauration et la monarchie de Juillet, ont pris à tâche de
conserver la Révolution, en la limitant, la moralisant, la
philosophant dans la mesure qu'ils jugeaient possible. Ne
leur refusons pas justice : on nous a mis au point de les
regretter. Assurément une morale, même imparfaite, est
plus noble en soi que l'intérêt, et, au regard de la dignité
humaine, les principes, même contestables, font meilleure
figure que les pots-de-vin. Mais il y avait encore chez ces
hommes trop de superbe rationaliste ; de là, leur impuissance ; de là, celle de la bourgeoisie lettrée et raisonnante,
mais incrédule, dont ils furent les chefs et les pédagogues.
Le plus éminent d'entre eux, Guizot, a dû, pour se soutenir,
employer des moyens qui n'étaient pas tous empruntés à la
pure doctrine, et, au moment de raconter sa propre chute,
il fait cet aveu, sorte d'écho mélancolique à celui de tout à
l'heure : « Nous avons trop et trop tôt compté sur le bon sens
et la prévoyante politique que répand la longue pratique de
la liberté ; nous avons cru le régime constitutionnel plus fort
qu'il n'était réellement [1]. » C'est-à-dire : nous avons trop
compté sur la raison et sur nous-mêmes. Encore un coup,
voici qui reste vrai, surtout avec la logique et l'impétuosité
françaises : Quand un peuple fut chrétien, il n'est qu'un
moyen de l'assagir assez pour le rendre capable et digne
d'être libre : c'est de le convertir si l'on peut. Mais que penser de ceux qui croiraient bien faire de le pervertir ? N'en
doutons pas : malgré son préjugé dix-huitième siècle,
Mme de Staël les avertirait tout comme nous qu'ils servent
étrangement « le bonheur et la dignité de l'espèce humaine ».

Georges LONGHAYE, S. J.

(*A suivre.*)

---

1. Guizot, *Mémoires pour servir à l'Histoire de mon temps*, t. VIII, p. 546.

ENCORE LES FRANCS-MAÇONS

RÉCENTS ET IMPUDENTS MENSONGES

(Deuxième article [1])

Nous avons dit ce qu'il faut penser, contrairement aux affirmations de l'avocat des francs-maçons, de leurs *relations amicales* avec les chefs d'État et de leur *esprit de tolérance*.

Nous arrivons maintenant à une autre assertion du F.·. 33e, membre du Conseil de l'Ordre de la Fédération du Grand Orient.

Les francs-maçons, à ce qu'il paraît, ne font *point de politique,* mais point du tout, absolument point, jamais l'ombre du plus petit soupçon de politique...

Écoutez : « *D'ailleurs* (ce sont les paroles textuelles de notre très doux et très pacifique F.·. 33e), *d'ailleurs nous proscrivons toute discussion politique et nous nous tenons à l'écart de toute agitation... Nous sommes constitués pour l'étude de la morale universelle, tels que des philosophes et non tels que des politiciens... Jamais nous ne nous mêlons de politique militante, jamais nous ne présentons, par exemple, un candidat à quelque élection que ce soit, et nous bornons notre rôle à l'élaboration des doctrines* [2]. »

Voilà les affirmations solennelles du F.·. 33e. Pour les proférer, le membre du Conseil de l'Ordre, bien renseigné sur ce que font ses FF.·., a dû d'abord se rappeler à nouveau les paroles de Voltaire : « Mentez, mentez, mentez effrontément. » Mais pour oser livrer au public ces affirmations, il lui a fallu une impudence vraiment colossale, et il doit s'imaginer que les Français, auxquels il conte de telles énormités, sont tous aveugles ou imbéciles à un degré invraisemblable.

---

1. V. *Études*, 5 juillet.
2. Voir la communication faite au journal *le Temps* (8 mars) par « l'un des membres les plus influents du Conseil de l'Ordre du Grand Orient de France et l'un des mieux documentés ».

'Les francs-maçons, point de politique ! point de politique
militante ! point d'agitation électorale ! mais, c'est trop manifeste, ils ne font que cela et avec acharnement.

Nous pourrions le prouver par des centaines de textes, de
faits, de documents puisés aux sources maçonniques les plus
sûres et les plus authentiques. Nous n'avons que l'embarras
du choix.

I. — *La franc-maçonnerie et la politique.*

Autrefois, sous la Royauté et sous l'Empire, la franc-maçonnerie se donnait comme une simple Société de bienfaisance,
et elle montrait à tous, écrite dans ses statuts, la défense
expresse de s'occuper dans les loges de politique et de religion.

Mais, peu à peu, sous la République, elle démasque ses
batteries. Déjà au Convent de 1881, le F.·. Bélat, maire de
Valence, dans le discours de clôture, après certains raisonnements un peu subtils et certaines circonlocutions, avait
fini par déclarer : « Oui, il est exact de dire que la franc-
maçonnerie est une institution politique, et c'est son honneur
que de mériter une pareille qualification[1]. »

En 1884, la Grande Loge symbolique écossaise prit une
décision qui marque de sa part un progrès d'action politique
ou plutôt de franchise. A la séance plénière du 12 avril 1884,
la Commission d'initiative, présidée par le F.·. Mesureur,
député de Paris, ayant proposé « de supprimer comme inutile
le paragraphe de la Constitution par lequel la Grande Loge
s'interdit toute discussion politique », la proposition fut
adoptée à l'unanimité[2].

Plus tard, au Convent de 1886, on se gêne de moins en
moins. Le F.·. Orateur, dans le discours du banquet final, en
vient jusqu'à exalter et chanter, pour ainsi dire, l'action politique de la franc-maçonnerie, en se moquant agréablement
des niais qui prenaient au sérieux les prohibitions inscrites
autrefois dans la Constitution maçonnique. Écoutez les
paroles du F.·. Gonnard ; elles sont instructives :

1. *Bulletin du G.·. O.·.*, septembre et octobre 1881, p. 356.
2. *Bulletin de la Grande Loge symbolique écossaise*, vol. VII, p. 35.

Il fut, un moment, non pas de règle, mais de formalisme, de déclarer que la Maç.˙. ne s'occupait ni de religion ni de politique. Était-ce de l'hypocrisie ? Je ne le dirai pas. C'était sous l'impression de lois et de la police que *nous étions obligés de dissimuler ce que nous tous avons mission de faire ou plutôt de faire uniquement.* (*Bravos.*)...

Oui ! nous faisons de la politique...; dans tous nos Conv.˙. que faites-vous sinon de la politique et de la meilleure?...

Il est donc incontesté, MM.˙. FF.˙., qu'en maç.˙. nous faisons de la politique, et que nous n'avons pas à le regretter...

Oui, la question politique et la question sociale sont non *seulement notre rôle,* mais *notre objectif,* et, disons-le, *notre objectif avoué.*

Je vous demande, MM.˙. FF.˙., de prendre part, sans fausse modestie, *sans hypocrisie* et sans restriction, au *rôle politique* et social de la maçonnerie. (*Vifs applaudissements* [1].)

Ne semble-t-il pas que le F.˙. Gonnard et les trois cents FF.˙. du Convent de 1886 qui l'applaudissent aient voulu réfuter, ou plutôt invectiver à l'avance notre membre du Conseil de l'Ordre, et lui dire : T.˙. C.˙. F.˙., mais vous *retardez* d'au moins cinquante ans en présentant encore au public l'hypocrite pancarte : « Nous proscrivons toute discussion politique »? Ce mensonge, par trop démodé, ne prend plus.

Nous pourrions citer encore mille autres aveux des francs-maçons sur l'action politique des loges. Ils se trouvent, maintenant surtout, pour ainsi dire à chaque page du *Bulletin* du Grand Orient ou des *revues* maçonniques [2]. Rapportons seulement une petite aventure, racontée par M. Copin-Albancelli, au sujet d'un franc-maçon *retardataire* et un peu naïf. « Dans une des séances du Convent de 1888, où l'on discutait tumultueusement une question politique, un franc-maçon d'esprit philosophique et tolérant, comme il en reste peu, se trouvait près d'un franc-maçon juif et politicien. Le premier se mit à exprimer, dans un groupe, l'avis que la franc-maçonnerie trahissait ses statuts et son origine *en faisant de la politique* radicale et antireligieuse.

---

1. *Bulletin du G.˙. O.˙. de France,* septembre 1886, p. 545.
2. Voici, par exemple, ce que dit le F.˙. Rousselle au Convent de 1893, séance du 11 septembre : « Ce que nous voulons tous, c'est une réforme politique... *Tout le monde ne sait-il pas que les maçons font de la politique?* » (*Bulletin du G.˙. O.˙.,* août-septembre 1893, p. 268.)

« — Ah, par exemple ! s'écria le politicien, voilà une singulière idée ! De quoi prétendez-vous donc que nous nous
occupions, si ce n'est de politique?

« — Mais d'histoire, de philosophie, de morale, de sociologie
et de toutes les sciences susceptibles de suppléer à l'éducation
morale qui manque à notre génération.

« — Eh bien! ce ne serait vraiment pas la peine de se
déranger pour cela, repartit l'Israélite. On peut étudier ces
sortes de questions au coin de son feu, si l'on s'imagine
qu'elles servent à quelque chose. Moi, je trouve qu'il n'y
a que la politique de vraiment intéressante en franc-maçonnerie, et, si l'on n'en faisait pas, je n'y mettrais jamais les
pieds. »

« Quelques mois plus tard, le premier des deux francs-maçons
dont je rapporte l'entretien donnait sa démission, tandis que
le second était nommé conseiller municipal de Paris.

« Ce trait résume toute la philosophie de l'histoire actuelle
du Grand Orient [1]. »

II

Pour montrer que les francs-maçons s'occupent de politique,
nous avons actuellement, par malheur, une preuve plus forte
que leurs paroles et leurs aveux, ce sont *les faits*, c'est *la
puissance politique des FF.∴*, puissance manifeste et dont eux-
mêmes se glorifient.

Il faut que la franc-maçonnerie reste ce qu'elle doit être, *la maîtresse* et non la servante *des partis politiques* [2].

Nous avons organisé dans le sein du Parlement un véritable
syndicat de francs-maçons pour obtenir des interventions extrêmement
efficaces des pouvoirs publics [3].

Nous sommes deux cents francs-maçons à la Chambre et *notre
influence y est considérable*; car si nous sommes aujourd'hui les alliés
les plus actifs de la République, nous sommes aussi une Société secrète
agissant secrètement [4].

---

1. *La Franc-maçonnerie et la question religieuse*, par Paul Copin-
Albancelli, p. 66. — M. Copin-Albancelli a été lui-même franc-maçon jadis.
2. *La République maçonnique*, 30 avril 1882.
3. *Journal officiel de la franc-maçonnerie*, année 1888, p. 529.
4. M. Colfavru, député, président du Conseil de l'Ordre du G.∴ O.∴

Nous avons à répondre aux cris dirigés contre la franc-maçonnerie, en démontrant qu'elle est digne d'être à l'avant-garde du progrès,
qu'elle est digne de diriger la République. On le dit, et c'est vrai [1].

Il ne devrait *rien se produire* en France, *sans qu'on y trouve l'action* cachée, l'action secrète de la *Maçonnerie...* Si la Maçonnerie veut
s'organiser... je dis que dans dix ans d'ici elle aura emporté le morceau et que *personne ne bougera plus en France en dehors de nous.*
(*Vifs applaudissements.*) (*Paroles du F.·. Fernand Maurice au grand
Convent de septembre* 1890 [2].)

Pour terminer, un autre orateur, le F.·. Dequaire, au discours de clôture du Convent de 1892, disait :

MM.·. FF.·...., vous avez fait, enfin, la *République actuelle...* vous
avez fourni à cette troisième République, que nous aimons comme on
aime le Benjamin de la famille, les *états-majors qui l'ont dirigée*, les
principes qui l'ont animée, la discipline et la sagesse qui l'ont fait
vivre et grandir.

Voilà avec quel enthousiasme, avec quelle sorte de délire
les FF.·. prônent et exaltent leur puissance politique. On
comprend ces sentiments de leur part quand on considère la
réalité des faits. Il est vrai que depuis vingt ans les *francs-
maçons* non seulement font de la politique, mais *dirigent la
politique de notre pays.*

Ils commandent en maîtres souverains à la Chambre, au
Sénat, au Conseil des ministres.

D'abord, depuis 1880, le *Parlement est maçonnique.* La
plupart des députés de la gauche sont francs-maçons. Dans
chaque législature on compte de 200 à 230 députés connus
comme affiliés aux loges. Ceux-ci inspirent et mènent les
autres députés anticléricaux, et forment avec eux cette majorité de 350 à 360, qui depuis vingt ans vote les lois et les
mesures décrétées par la *secte.*

Au Sénat, moins radical, mais non moins maçonnique,
même tactique de la part des 160 ou 180 sénateurs affiliés, et
mêmes résultats.

Le Parlement étant depuis 1880 maçonnique à ce point, on
pourrait déjà en conclure que le pouvoir exécutif doit l'être,

1. Paroles du F.·. Fontaine, président du grand Convent de septembre
1891 (*Bulletin du G.·. O.·.*, p. 281).
2. *Bulletin du G.·. O.·. de France,* août-septembre 1890, p. 505.

puisque, d'après le jeu de nos institutions, c'est la majorité des Chambres qui fait ou défait présidents et ministres. Mais, de plus, les données positives sont là pour nous montrer la franc-maçonnerie installée aux plus hauts sommets du gouvernement.

A la première magistrature du pays nous avons vu monter le F.·. Adolphe Thiers, le F.·. Jules Grévy, le F.·. Sadi-Carnot, le F.·. Félix Faure, etc.

Toutefois, suivant notre constitution, la réalité du pouvoir se trouve, plus que partout ailleurs, entre les mains des *ministres responsables*.

Or, un fait entre tous digne de remarque, c'est que, depuis 1880, si les ministères changent très souvent et deviennent suivant les circonstances plus ou moins opportunistes ou radicaux, *la majorité du Conseil des ministres reste toujours maçonnique* [1].

Sous la présidence du *F.·. Jules Grévy* :

Ministère Waddington,   6 francs-maçons sur 9 ministres.

— · de Freycinet, 5   —   sur 9   —

Grand ministère Gambetta, 8   —   sur 12   —

Sous la présidence du *F.·. Sadi-Carnot* :

Ministère de Freycinet (1890), 6 fr.-m.   sur 10 ministres.

—   Loubet (1892),   7 —   sur 10   —

—   Ribot (7 déc. 1892), 7 —   sur 10   —

Sous la présidence du *F.·. Félix Faure*,

après les ministères Dupuy et Ribot, qui comptaient chacun au moins six ou sept francs-maçons, nous avons eu le *ministère Bourgeois*, le plus maçonnique de tous. De fait, sur onze ministres, dix étaient sectaires et des plus actifs, comme Bourgeois, Lockroy, Doumer, Mesureur, etc. Enfin, le ministère Méline lui-même renfermait sept francs-maçons sur onze ministres. Il va sans dire que les ministères Brisson, Dupuy et Waldeck-Rousseau continuèrent la tradition.

1. Voici à ce sujet les paroles prononcées à la fête solsticiale de la loge *Amitié fraternelle* à Bourg (juin 1896) par le F.·. Dequaire, membre du Conseil de l'Ordre du Grand Orient : « Au Parlement, disait ce dignitaire de la franc-maçonnerie, nos idées sont maîtresses, si bien qu'*il est impossible désormais de former un ministère sans qu'il comprenne des FF.·. ou même une majorité de FF.·.* »

Constatons de plus que, depuis 1880, les ministères qui ont le plus d'influence sur les destinées et l'avenir du pays sont confiés d'ordinaire plus exclusivement à des francs-maçons et à des francs-maçons sectaires :

Instruction publique : F.·. Jules Ferry à différentes reprises, F.·. Paul Bert, F.·. Bourgeois, F.·. Combes...

Ministère des finances : presque toujours des FF.·. : F.·. Rouvier, F.·. Peytral, F.·. Tirard à trois reprises différentes, F.·. Doumer, puis encore F.·. Peytral.

Inutile d'ajouter que, les loges détenant depuis si longtemps les sommets du pouvoir, toutes les administrations du pays sont encombrées de plus en plus de juifs et de francs-maçons.

La franc-maçonnerie règne donc en souveraine par ses affiliés, par le *personnel gouvernemental*.

Le secte cependant ne se contente pas encore de cette domination.

Les francs-maçons, même les plus dévoués, une fois devenus députés ou ministres, pourraient vouloir agir à leur guise avec une certaine indépendance.

C'est ce que la franc-maçonnerie ne souffre pas ; elle prétend que gouvernants et gouvernés exécutent toujours les volontés de la *fédération*, « qui doit être la maîtresse et non la servante des partis politiques ».

Voici comment s'opère cette dernière mainmise des loges sur la politique et sur le pays.

Les francs-maçons sont organisés. Le Grand Orient de France ou fédération du Rite français, avec ses 18 000 maçons et ses 300 loges distribuées sur toute la surface du territoire, forme un véritable État dans l'État.

Les loges envoient leurs délégués au grand *Convent* ou Parlement maçonnique, qui se réunit chaque année, en septembre, à l'hôtel de la rue Cadet. Le Grand *Convent* nomme le *Conseil* de l'Ordre composé de trente-trois membres.

Celui-ci constitue le pouvoir exécutif et permanent de la maçonnerie. Son président actuel est le F.·. Lucipia, ancien membre de la Commune et aussi président du Conseil général de la Seine.

Or, le grand Convent du 10 septembre 1891 a décidé que

« le Conseil de l'Ordre convoquerait à l'hôtel du Grand Orient, chaque fois qu'il lui paraîtrait nécessaire, *tous les membres du Parlement* qui appartiennent à l'Ordre (maçonnique), afin de leur communiquer les vœux exprimés par la généralité des maçons ainsi que l'*orientation politique* de la Fédération. Le Conseil de l'Ordre dirigera les travaux[1]. »

Le Convent de 1891 indique immédiatement ce qu'on devra dans la première réunion de cette nature « exiger du gouvernement ».

Les décisions du Convent, renouvelées les années suivantes, sont depuis lors mises à exécution, et le *Bulletin du Grand Orient* de juin 1895 (p. 88) rend compte d'une de ces réunions sous ce titre : *Les francs-maçons du Parlement au Grand Orient en France.*

Suit le texte que voici :

Pour obéir aux prescriptions de la dernière Assemblée générale, le *Conseil* a réuni le mois dernier, au Grand Orient, les sénateurs et députés qui appartiennent à l'Ordre. Cette réunion a donné les meilleurs résultats. Un nombre très important de nos FF∴ du Parlement étaient sur les colonnes... Les noms des quelques FF∴ qui, convoqués, ne sont pas venus et ne se sont pas excusés, seront envoyés à leurs loges ainsi que l'a promis le Conseil... Le secret maç∴ a été respecté et aucune indiscrétion n'a été commise.

Ces révélations, extraites du journal officiel de la franc-maçonnerie, nous montrent le procédé très simple qui met le gouvernement de la France aux mains de la secte : le Conseil de l'Ordre réunit d'office à la rue Cadet les francs-maçons membres du Parlement, — ceux qui manquent à l'appel sont dénoncés à leurs loges ; — là il leur communique officiellement l'*orientation politique* qu'ils doivent suivre et les mesures qu'ils doivent « exiger » du gouvernement ; puis les francs-maçons, sénateurs et députés, maîtres de la majorité, imposent cette orientation et ces mesures aux ministres et au pays. C'est ainsi que les francs-maçons, non seulement s'occupent de politique, mais dirigent en maîtres souverains toute la politique en France.

----

1. *Bulletin du Grand Orient*, août-septembre 1891, p. 470.

III

Le très pacifique membre du.Conseil de l'Ordre prétend que les francs-maçons ne font, point de politique, mais surtout, affirme-t-il, *point de politique militante : « Jamais nous ne nous mêlons de politique militante ; nous nous tenons à l'écart de toute agitation ;* on ne peut en rien nous assimiler aux associations diverses qui, sous le noms de « ligues », *essaient une action de circonstance.* Nous sommes au contraire une association *d'études philosophiques et morales* de tous les temps et de tous les lieux. » .

Prenez exactement le contre-pied de tout ce que vous raconte ici le F∴ 33ᵉ, et vous serez dans la vérité. Les preuves de notre assertion abondent. Le cri de guerre lui-même, poussé si souvent par les FF∴ contre l'« éternel ennemi », la gloire qu'ils se donnent d'être toujours « à l'avant-garde » de la République et du progrès, ne signifient rien ou signifient de la *politique militante.*

D'ailleurs, allons aux faits.

Toutes les lois dites anticléricales, imposées à la France depuis vingt ans, les francs-maçons, nous l'avons prouvé et eux-mêmes l'avouent, en sont les auteurs. — Eh bien ! n'est-ce pas là de la politique de combat, une lutte acharnée, implacable, non seulement contre l'Église catholique, mais contre une partie de la nation, contre la *masse du pays ?* On se rappelle en effet le mot de M. Clémenceau, l'ex-chef de la gauche radicale : « De bonne foi, voyons... a-t-on consulté le pays sur l'instruction laïque ? Jamais. Et on a bien fait. Le pays mal éclairé aurait peut-être répondu non. » (*La Justice,* décembre 1886.) Et cette lutte, elle continue et les loges poussent chaque jour le gouvernement à laïciser de plus en plus, malgré les populations, et à détruire l'enseignement libre.

N'y aurait-il que ces lois contre les écoles catholiques, contre le clergé (la caserne), contre les religieux (le droit d'accroissement), contre la famille chrétienne (le divorce), etc., que ce serait, de la part des FF∴, de la politique très militante — en même temps que désastreuse, et matériellement, et moralement.

Nous nous tenons à l'écart de toute agitation, poursuit le
F.·. 33°.

Dites au contraire que, dès qu'il y a agitation et mouvement dans le pays, les FF.·. sont parmi les plus violents, et
agités et agitateurs.

Du temps du *boulangisme*, par exemple, sont-ils restés à
l'écart ?

Donnons à ce sujet quelques citations maçonniques, d'où
ressortira pour ainsi dire par double et triple coup l'impudence des mensonges de notre membre du G.·. O.·.

Nous puisons dans *la Chaîne d'union,* journal de la Maçonnerie universelle du F.·. Hubert, et dans le *Bulletin* du G.·. O.·.

Voici d'abord ce que dit *la Chaîne d'union,* dans le numéro
de janvier 1889, et comment elle « se tient à l'écart » de l'agitation boulangiste et de l'*élection* qui devait avoir lieu le 27.

Il est des heures qui imposent des devoirs auxquels on ne saurait se
dérober...

Au moment présent, c'est comme un assaut formidable et suprême
que préparent les partis hostiles à la forme actuelle de notre gouvernement...

Paris est appelé, dans peu de jours, à élire un député.

Deux candidats sont en présence : *M. le général Boulanger* et le citoyen
Jacques, notre F.·. en maçonn.·.

*Je considère que ce serait la plus grande calamité qui pût nous arriver
si l'élu,* en cette circonstance, *était M. le général Boulanger.*

Dans des conjectures (*sic*) aussi graves que les nôtres... je ne puis,
comme conséquence, qu'engager tous mes FF.·. à déposer dans l'urne
du scrutin du 27 janvier un vote favorable à l'élection comme député de
la Seine de notre estimé et vaillant F.·. Jacques [1].

On voit par cet exemple combien est vraie l'assertion du
F.·. 33°. (sur laquelle nous reviendrons), que *jamais les
francs-maçons ne présentent un candidat à quelque élection
que ce soit.*

Du reste, ce n'est pas seulement la revue maç.·. *la Chaîne
d'union* qui prend parti dans l'agitation boulangiste et se
mêle de la fameuse élection, mais ce sont les *loges elles-
mêmes,* dans leurs tenues solennelles, qui mènent campagne.
La Chaîne d'union les cite avec une complaisance marquée
sous la rubrique : *La franc-maçonnerie et le boulangisme.*

---

1. *Chaîne d'union,* janvier 1889, pp. 3 et 4.

Nous transcrivons :

L.·. de *Lutèce*. — Dans sa tenue solennelle du 9 janvier, la loge *Lutèce* a voté l'ordre du jour suivant : « Les frères de la L.·. *Lutèce* se donnent rendez-vous le 27 janvier pour défendre la République et combattre le césarisme.

« L.·. *L'Union de Belleville*. — Dans sa dernière tenue, la R.·. loge *L'Union de Belleville*, à la suite de l'installation de ses officiers... le citoyen *Péan*, conseiller général, *membre du Conseil de l'Ordre*, a, dans une spirituelle et éloquente improvisation, engagé tous les FF.·. présents à voter et à *propagander* contre le *monsieur à la barbe blonde qui monte un beau cheval noir*. Cette attaque directe contre le futur dictateur Boulanger a été accueillie par une salve d'applaudissements, et, en se quittant, chacun se donnait rendez-vous au 27 janvier pour écraser dans l'œuf l'aigle dictatoriale [1].

Dans son numéro de février 1889, *la Chaîne d'union* relate les ordres du jour votés par un grand nombre d'autres loges contre l'élection du général Boulanger et en faveur du F.·. Jacques.·..

Elle signale la loge *Les Amis bienfaisants*, la loge *La France maçonnique*, la loge *L'Humanité* de Nevers, la loge *La Justice*, la loge *Renaissance*, la loge *L'Union fraternelle*. Celle-ci, dans sa tenue du 11 janvier, à l'unanimité :

Décide que ses membres feront, chacun dans sa sphère d'action, toute propagande possible en vue d'assurer le succès de la candidature républicaine du citoyen Jacques, opposée à une candidature césarienne.

Les francs-maçons de la loge *L'Union des peuples*, réunis dans leur tenue solennelle du 17 janvier, déclarent qu'ils considèrent la candidature Boulanger comme un danger... et s'engagent à voter pour... le citoyen Jacques... De même la loge *Les Zélés philanthropes*, orient de Paris-Vaugirard.

Le groupe fraternel des Vénérables, anciens Vénérables et Délégués de la Seine, s'est réuni le 28 janvier sous la présidence du F.·. Francolin pour s'occuper spécialement de l'élection du 27... La *Réunion* a adopté l'ordre du jour suivant présenté par le F.·. Benoît-Lévy :

Considérant que la franc-maçonnerie manquerait à tous ses devoirs si elle ne concourait par tous les moyens à la défense des institutions républicaines, *invite tous ses membres et tous les francs-maçons de la Seine à faire une propagande active* en faveur de la candidature Jacques et réprouve énergiquement les menées plébiscitaires et monarchiques du candidat Boulanger dont le succès mettrait en péril les institutions républicaines.

1. *Chaîne d'union*, janvier 1889, p. 32.

Enfin, *L'Orphelinat maçonnique* (qu'on ne s'attendait guère à voir en cette affaire), dans la séance du 18 janvier, a voté l'ordre du jour suivant :

Plein de gratitude pour le régime républicain... *L'Orphelinat maçonn.·.* croit de son devoir... d'inviter tous ses membres à donner, le 27 janvier, leurs suffrages au citoyen Jacques, seul candidat de la République [1].

Voilà donc la grande *revue* maçonnique, *la Chaîne d'union*, voilà les ordres du jour d'une dizaine de loges rapportés par *la Chaîne d'union* (et d'autres loges évidemment se sont prononcées dans le même sens), voilà les Vénérables et anciens Vénérables de Paris engageant tous les FF.·. de la Seine « à faire une propagande active en faveur de la candidature du F.·. Jacques »; et l'on nous dit que « jamais les francs-maçons ne présentent un candidat à quelque élection que ce soit »!

Cependant, malgré l'activité fiévreuse et désespérée de la franc-maçonnerie, la répulsion populaire contre le joug des loges — qui était pour beaucoup dans le mouvement boulangiste — l'emporta, et l'homme « au cheval noir » fut élu. Les francs-maçons en furent atterrés, et *la Chaîne d'union* gémit tristement. « L'heure est difficile pour la franc-maçonnerie en France; on ne peut ni on ne doit se le dissimuler [2]. »

L'heure était d'autant plus difficile pour la franc-maçonnerie que, si la masse des FF.·. était violemment opposée au général Boulanger, quelques francs-maçons cependant, et même une loge, *La République démocratique*, dont M. Laguerre était le Vénérable, se lancèrent d'une manière très bruyante et très militante dans le mouvement boulangiste.

Ce fut là — il y a lieu de le raconter — l'occasion d'une bagarre ineffable, qui fit grand bruit jusque dans le monde profane [3].

Le Vénérable de *La République démocratique* avait annoncé que, dans la tenue du 4 février de sa loge, à l'hôtel du G.·. O.·., aurait lieu l'affiliation à la franc-maçonnerie du

1. *Chaîne d'union*, février 1889, pp. 56 et suivantes.
2. *Ibid.*, février 1889, p. 35.
3. *Ibid.*, février 1889, p. 58, et mars, p. 93.

profane M. Lalou, rédacteur de *la France*, et ardent boulangiste.

Grand émoi, on le comprend, parmi tous les FF.·.. Au jour désigné, plus de cinq cents francs-maçons accourent de tous les points de Paris. Le local est trop petit... Le Vénérable F.·. Laguerre, après les trois coups de maillet, déclare la séance ouverte et annonce que la réception du profane sera ajournée à un mois. Aussitôt protestations violentes, le tumulte atteint son paroxysme : « Hors du temple, les Pharisiens ! A bas les partisans de la dictature ! » Des altercations sans fin s'élèvent entre partisans et adversaires du général Boulanger.

M. Laguerre est obligé de lever la séance. Le F.·. Opportun envahit sa place et fait voter une motion au Conseil de l'Ordre pour demander la mise en accusation du F.·. Laguerre.

Celui-ci veut se retirer. Ses amis font le coup de poing et arrivent ainsi à le dégager. Le Vénérable, bousculé par les uns, violemment interpellé par les autres, injurié, outragé, parvient, avec des difficultés extrêmes, à atteindre la porte. Les cris : « A bas Boulanger ! à bas Laguerre ! » l'accompagnent jusqu'à la rue. « Enfin, dit le F.·. Laguerre dans sa plainte au Conseil de l'Ordre, enfin, fait encore plus regrettable, peut-être unique dans la maçonnerie, le *Tronc de la Veuve* a disparu dans le tumulte et *a été retrouvé vide*, quand, au contraire, il contenait une somme plus élevée que celle recueillie ordinairement [1]. »

Ceux qui n'admettent pas après cela que les francs-maçons « se tiennent à l'écart de toute agitation » ont vraiment mauvaise volonté.

Cependant, ce n'est pas tout. Le grand Convent lui-même, l'Assemblée générale, le Parlement des francs-maçons de tout le pays, devait, lui aussi, s'occuper de l'agitation boulangiste et s'en occuper encore *après coup*.

Le boulangisme avait avorté ; il était entièrement vaincu. Mais les colères, les haines maçonniques, n'étaient pas

---

1. **Paroles textuelles dans la plainte adressée au Conseil de l'Ordre par la loge *la République démocratique* et signée par tous les officiers de la loge. (*Bulletin du G.·. O.·.*, avril 1889, p. 119.)**

étèintes. Et voilà qu'au Convent de 1890, à la séance du
13 septembre, le F.·. Benoît-Lévy a l'honneur de soumettre
à ses FF.·. une proposition « qui n'a pas besoin de considérants » :

« Les soussignés demandent que le Conseil de l'Ordre
mette en œuvre la justice maç.·. *pour exclure de la fr.·.-maç.·.*
ceux qui ont coopéré à la direction du mouvement que l'histoire flétrira sous le nom de boùlangisme [1]. »

Il s'agit là d'une mesure qui touche à la politique. Le
F.·. Poule lui-même, membre du Conseil de l'Ordre, l'avoue :

« Le F.·. Poule. — Il est toujours très délicat de prendre
la parole dans une question qui touche à la politique *et
celle-là y touche d'une façon complète* [2]. »

Il s'agit aussi d'une mesure grave et odieuse.

Après une discussion longue, vive, mouvementée, il arriva, comme on devait s'y attendre, que l'intolérance, l'ostracisme, la haine, l'emportèrent; et le Convent adopta, à une
immense majorité, la proposition suivante :

L'Assemblée invite le Conseil de l'Ordre à mettre en œuvre la justice
maçonnique pour exclure de la Maçonnerie ceux qui ont coopéré à la
direction du mouvement que l'histoire flétrira du nom de boulangisme,
et principalement la loge *La République démocratique* et son Vénérable, tous les FF.·. députés et sénateurs qui ont donné leur nom aux
comités boulangistes [3].

La décision du Convent de 1890 fut exécutée rigoureusement, afin de démontrer aux plus aveugles que la franc-maçonnerie « ne se mêle pas de politique » et « reste à l'écart
de toute agitation ».

On pourrait prouver, avec documents à l'appui, que les
francs-maçons « ne sont pas restés à l'écart » non plus de
certaines agitations plus récentes, le *Panama* par exemple,
et l'*Affaire Dreyfus;* que dans l'une et l'autre, ils ont eu, avec
leurs complices les juifs, et pour le malheur de la France, une
influence prépondérante. Mais ces démonstrations ont été
faites et se font encore chaque jour pour qui veut voir.

1. *Bulletin du G.·. O.·.*, août-septembre 1890, p. 558.
2. *Ibid.*, p. 562.
3. *Ibid.*, septembre 1890, p. 580.

IV

Nous avons signalé tout à l'heure une autre assertion de l'interviewé. Les francs-maçons, nous disait-il, planent dans les hauteurs de la philosophie transcendante, et *ne cherchent pas*, comme certaines ligues, *à exercer une action de circonstance* au temps présent.

C'est encore le contre-pied de la vérité.

Les francs-maçons, tout au contraire, ont, plus que n'importe quelle association, une *action politique des plus présentes, des plus actuelles, des plus étendues* : attaquant ou soutenant les ministres et les ministères, suivant qu'ils leur plaisent ou leur déplaisent; cherchant à les renverser ou à les constituer; s'occupant des mesures législatives ou administratives les plus variées de la France et des colonies; en un mot, se mêlant de tout, dans leurs réunions et leurs Convents, comme s'ils étaient à la fois, et le Parlement du pays, et le Conseil des ministres.

Quelques citations seulement.

Nous sommes à la fin de 1895 et au commencement de 1896.

Le ministère *Léon Bourgeois*, le plus maçonnique qu'il y ait jamais eu (dix francs-maçons sur onze ministres), règne sur la France. Dans les loges, on accueille son avènement par des « batteries » d'allégresse. « Jamais, dit la *Revue maçonnique* (novembre 1895), jamais un groupe si compact d'hommes ayant porté le symbolique tablier ne s'était trouvé au sommet du pouvoir politique. »

A la fête « solsticiale d'hiver » donnée au Grand Orient, le 1ᵉʳ mars 1896, par la loge *La Justice*, le F∴ Nicolas, chef adjoint du cabinet de M. Doumer, ministre des Finances, et au nom de ce dernier, s'exprimait ainsi : « M. Gadaud (sénateur, ancien ministre), disait un jour que la République était la franc-maçonnerie découverte, et la franc-maçonnerie la République couverte. Je crois que cette formule n'a jamais été plus vraie qu'en ce moment; *il suffit pour s'en convaincre de lire la liste des ministres.* »

Peu après, M. Ténière, directeur de l'orphelinat maçonnique, ajoutait : « Si le Conseil de l'Ordre (du Grand Orient), venait à disparaître, il pourrait être remplacé par le conseil des ministres. La situation est exceptionnelle pour les maçons. On pourrait fonder une loge à l'Élysée, le nombre des maîtres serait suffisant, le Vénérable serait tout indiqué. » (Cité par les journaux *le Temps*, *l'Agence nationale*, etc.)

Durant le voyage du président de la République dans le Midi (mois de mars 1896), aux réceptions publiques qui lui sont faites par les autorités civiles et religieuses, on voit les francs-maçons prendre rang comme les représentants d'un corps constitué ou d'une nouvelle religion d'État (Journal des Débats, 2 mars).

A Marseille, le F∴ Desmons, sénateur du Gard, présentant à Faure les francs-maçons de la ville, lui dit :

Nos loges se réjouissent avec toutes les loges de France de voir à la tête de la République française un des membres les plus éminents de la grande famille maçonnique... Permettez-moi de vous dire, monsieur le Président, au nom de nos vaillantes loges du Midi... combien elles vous sont reconnaissantes d'avoir su appeler et maintenir à côté de vous *le cabinet actuel,* dont les sentiments politiques, les aspirations sociales, répondent si bien aux sentiments du pays.

On voit que la franc-maçonnerie laisse de côté pour un moment ses hautes études de philosophie et de morale universelle, pour faire nettement de la *politique très actuelle* en soutenant de toutes ses forces le ministère « de ses amours ».

Mais voilà que la situation change. Les FF∴ Bourgeois, Doumer, Mesureur et Cⁱᵉ, tombent du pouvoir comme de simples mortels ; le *ministère Méline* les remplace. Et les francs-maçons continuent à faire de la politique actuelle — seulement d'un tout autre ton. Écoutez leurs cris de rage au Convent de 1897.

Le F∴ Maréchaux, rapporteur de la Commission de propagande, après avoir parlé des préoccupations de l'heure présente, — les élections si proches, — poursuit :

Je veux vous parler de l'offensive vigoureuse, inouïe, du clergé, je dirais honteuse pour la République, *si je m'abusais au point de confondre la République avec le gouvernement que nous subissons...*
Unis dans une promiscuité infâme, l'or des fonds secrets — qui ne devraient être employés qu'à assurer la sécurité du pays par une sur-

veillance spéciale — et la mitraille dorée du Vatican forment un trésor de guerre à toutes les épaves des anciens régimes autour desquels sont venus se grouper toutes les haines, tous les appétits, toutes les corruptions, toutes les lâchetés [1].

On voit que l'or des fonds secrets de M. Méline est placé en bonne compagnie.

M. Hubbard, l'orateur du Convent dans le grand discours de clôture, est encore plus expressif :

C'est un devoir maçonnique, de jeter une lumière éclatante sur de tels périls, — c'est un devoir républicain de répudier des hommes qui, élus comme républicains, s'allient avec tous les débris des partis dynastiques... c'est un devoir français de *condamner un ministère* qui transforme la France en une province vassale de la Congrégation du Gesù, du Collège des cardinaux italiens et du Pape italien infaillible... (*Triple salve d'applaudissements.* [2])

Toutefois les francs-maçons ne se contentent pas de crier contre le ministère Méline et de l'injurier, ils vont tout simplement jusqu'à décréter son renversement et sa mort.

Le F.·. Frémiot, rapporteur. — La L.·. *L'Évolution sociale* O.·. de Vendôme, émet le vœu suivant :

Que tous les francs-maçons munis d'un mandat législatif dirigent tous leurs efforts en vue de la constitution homogène d'un cabinet franchement républicain progressiste [3], et bien résolu à poursuivre les réformes et l'épuration des fonctionnaires.

La Commission émet un avis favorable. Sur conclusions conformes du F.·. Orat.·., *ce vœu est adopté par l'Assemblée* [4].

Ainsi les FF.·. du Convent de 1897 trament entre eux la chute du ministère existant, ils poussent tous les francs-maçons *députés* à « diriger tous leurs efforts » vers ce but.

Franchement, n'est-ce pas là de la politique, et *très actuelle* ?...

1. *Compte rendu*, 20 au 27 septembre 1897, p. 176.
2. *Ibid.*, p. 294.
3. Cela signifie un cabinet *radical ;* à ce moment-là, les républicains modérés n'avaient pas encore pris la dénomination de *progressistes.*
4. *Compte rendu* du 20 au 25 septembre 1897, p. 200.

V

Dans les loges, et spécialement à chaque Convent maçonnique de septembre, on s'occupe, suivant les cas, de prôner
ou de vilipender, de soutenir, de renverser ou de constituer
les ministères.

Les Convents, disions-nous, se mêlent aussi *de tous les
actes politiques possibles* concernant le pays, actes de l'ordre
législatif, de l'ordre judiciaire ou de l'ordre administratif,
absolument comme si les Convents étaient le gouvernement
même de France, à la fois Parlement et Conseil des ministres :
« L'État, c'est nous. »

En preuve de notre assertion, nous pourrions rappeler
que presque toutes nos lois depuis vingt ans sont d'origine
maçonnique, ont été discutées, élaborées dans les loges;
mais il nous suffit, ce semble, comme démonstration toute
nouvelle et toute récente, de mettre sous les yeux de nos
lecteurs la *suite des vœux adoptés par le dernier Convent de
1898*. Nous allons les transcrire comme ils se trouvent à la
table des matières du *Compte rendu* officiel ; mais pour bien
faire ressortir le *caractère politique* de chacun de ces vœux,
nous ajouterons chaque fois *en italiques* les pouvoirs publics
auxquels ils sont naturellement destinés pour aboutir et être
exécutés :

PROPOSITIONS, RÉSOLUTIONS ET VŒUX ADOPTÉS PAR L'ASSEMBLÉE
GÉNÉRALE (MAÇONNIQUE) DE 1898.

1. Séparation des Églises et de l'État (p.·. 177[1]). — *Renvoyé au Sénat et à la Chambre des députés.*

2. Suppression des lois organiques du Concordat (p.·. 187
à 190). — *Renvoyé au Sénat et à la Chambre des députés.*

3. Application des décrets du 28 mars : expulsion des
Jésuites et des congrégations non autorisées (p.·. 177). —
Renvoyé aux ministres de l'Intérieur et de la Justice.

---

1. Cette indication, qui fait partie du texte même du *Compte rendu*,
marque à quelle page se trouve la discussion, parfois vive et longue, à laquelle le vœu en question a donné lieu au Convent.

4. Interdiction des processions (p.·. 176). — *Renvoyé au préfet de police.*

5. Suppression des aumôniers des lycées (p.·. 79). — *Renvoyé au ministre de l'Instruction publique.*

6. Interdiction aux instituteurs de chanter au lutrin dans les églises (p.·. 176). — *Renvoyé au ministre de l'Instruction publique.*

7. Protestation contre l'institution d'une fête nationale dite Fête de Jeanne d'Arc (p.·. 185 à 189). — *Renvoyé à la Chambre des députés.*

8. Destruction de la Chapelle expiatoire (p.·. 86). — *Renvoyé au Sénat et à la Chambre des députés.*

9. Création du Patronage laïque (p.·. 191 à 197). — *Renvoyé au ministre de l'Instruction publique.*

10. Revision de la Constitution (p.·. 177). — *Renvoyé à l'Assemblée nationale.*

11. Principe de la représentation des minorités (p.·. 198). — *Renvoyé au Sénat et à la Chambre des députés.*

12. Principe de la progression en matière d'impôt (p.·. 177). — *Renvoyé au Sénat...*

13. Question du dépeuplement de la France; moyens d'y remédier (p.·. 241 à 250). — *Renvoyé au Parlement et aux pères de famille.*

14. Préparation et promulgation d'un code du travail (p.·. 251 à 257). — *Renvoyé au Parlement.*

15. Constitution d'un service spécial de prévoyance de retraites et de solidarité sociale sur les fonds généraux du budget de l'État, des départements et communes (p.·. 362 à 379 et 410). — *Renvoyé au Parlement.*

16. Abrogation de la loi Falloux et monopole de l'enseignement par l'État (p.·. 300 à 314). — *Renvoyé au Conseil général de la Seine, au Sénat et à la Chambre des députés.*

17. Interdiction de l'enseignement public ou privé aux membres des congrégations religieuses (p.·. 312). — *Renvoyé au Conseil général de la Seine, au Sénat et à la Chambre des députés.*

18. Meilleure répartition des postes d'instituteurs dans l'enseignement primaire (p.·. 82). — *Renvoyé au ministre de l'Instruction publique.*

19. Réduction du service militaire à deux ans (p∴ 259).— *Renvoyé au Parlement et au ministre de la Guerre.*

20. Réorganisation du service de la Justice militaire (p∴ 240). — *Renvoyé au ministre de la Guerre.*

21. Assimilation des adjoints du génie, des gardes d'artillerie et des archivistes d'état-major aux officiers d'administration (p∴ 86). — *Renvoyé au ministre de la Guerre.*

22. Mise à la retraite des fonctionnaires des colonies après vingt-cinq ans de service sans condition d'âge (p∴ 187[1]). — *Renvoyé au ministre des Colonies.*

Qu'un homme de bon sens, même le plus prévenu, lise la série de ces questions, traitées et discutées au Convent de 1898, et il sera bien forcé d'admettre, ce nous semble, que les francs-maçons font *de la politique*, rien que de la politique, *très actuelle*, et aussi, certes, *très militante*, surtout dans les projets de loi qui visent la destruction de tout l'enseignement libre en France.

Mettez en regard de ces travaux du Convent de septembre 1898 les paroles de notre ineffable membre du Conseil de l'Ordre : *Nous sommes une association d'études philosophiques, nous sommes constitués pour l'étude de la morale universelle,.. nous proscrivons toute discussion-politique!*

Emmanuel ABT, S. J.

(*A suivre.*)

---

1. *Compte rendu des travaux de l'Assemblée générale* du 17 au 24 septembre 1898, pp. 450 et 451.

LA LIBERTÉ D'ENSEIGNEMENT
ET
L'UNITÉ NATIONALE [1]

I

« Il s'agit de savoir si nous laisserons se creuser un fossé de plus en plus profond dans les rangs de la jeunesse française, et si nous n'interviendrons pas pour empêcher qu'elle se partage en deux camps opposés, de plus en plus hostiles, de plus en plus irréconciliables, de plus en plus animés de sentiments divergents. Il s'agit de savoir si nous ne prendrons pas des mesures pour mettre fin, autant que possible, à cette division funeste, et pour préparer à l'avenir de jeunes générations nourries des mêmes idées, imbues des mêmes sentiments, rangées sous le même drapeau, le drapeau du progrès républicain ! »

Ainsi s'exprimait, le 27 juin dernier, à la tribune du Sénat, M. Combes, auteur d'une proposition de loi sur la réforme du baccalauréat. Déjà adoptée par la commission et inscrite à l'ordre du jour, la proposition se voyait menacée d'ajournement sur la demande du ministre de l'Instruction publique. M. Combes ne l'entendait pas ainsi. D'après lui, il y avait péril en la demeure ; et il adjurait le Sénat « de ne pas accorder un jour, une minute de délai, à la concurrence congréganiste ». En réalité, le baccalauréat et ses sanctions n'étaient ici que l'accessoire ; au fond, il s'agissait, comme disait encore l'orateur, « de ramener à l'Université, à sa tutelle, à ses leçons, la foule des jeunes gens qui sont poussés chaque jour dans le camp de ses adversaires ». Sénateurs et ministres devaient « se bien pénétrer de cette vérité, que, derrière la question universitaire, il y a une question éminemment politique, je veux dire les générations d'élèves à former, les saines doctrines à leur inculquer, la concorde sociale à établir, la République à consolider ».

1. V. *Études*, 5 juillet.

Au mois de novembre passé, lorsque M. Fernand Rabier avait déposé sur le bureau de la Chambre son projet pour le rétablissement pur et simple du monopole universitaire, il l'avait appuyé sur la même considération. On lit, en effet, dans l'exposé des motifs :

« Ainsi s'élèvent les générations de demain ! Il apparaît aux yeux des moins clairvoyants que les hommes et les femmes seront divisés en deux camps animés d'un esprit différent, d'aspirations et de tendances contraires, qui concevront l'organisation sociale sur des principes diamétralement opposés, qui ne rêveront pas pour la France d'une même influence sur le monde, par conséquent, nécessairement, infailliblement adversaires, prêts à s'entre-déchirer au moindre prétexte ; qu'en un mot, à laisser aller les choses ainsi, c'est la plus épouvantable, la plus féroce des guerres sociales qui se prépare pour une époque dont on pourrait presque fixer la date, tant les événements nous y conduisent à pas mesurés et sûrs.

« Pour nous, le remède à ce mal réside dans le retour au monopole universitaire, qui, en faisant de l'État la seule puissance enseignante, rétablira le calme dans les esprits par l'unité de la doctrine professée[1]... »

Voilà, très nettement formulée, le grief le plus redoutable qu'on ait imaginé contre l'enseignement libre. Dégagé de toute amplification oratoire et des mots à effet, il peut s'énoncer ainsi : Du moment qu'il existe un enseignement d'État, l'enseignement libre, ne s'inspirant pas des mêmes principes, aboutit à briser l'unité nationale. C'est l'expression que nous voyons revenir d'ordinaire sous la plume des journalistes, aussi bien que dans la bouche des parlementaires ; et c'est au nom de l'unité nationale que les uns réclament la restauration du monopole universitaire, et que d'autres, sans aller aussi loin, affirment hautement leurs préférences pour ce régime. D'autre part, l'unité nationale, alors même que l'idée en reste passablement vague et confuse, apparaît comme chose sacrée au premier chef, et dénoncer ceux qui la mettent en péril, c'est infailliblement

---

1. *Journal officiel.* Débats de la Chambre. Séance du 22 novembre 1898, p. 2253.

appeler sur eux la réprobation et les colères du public. A
tous égards l'accusation mérite donc qu'on s'y arrête.

Mais tout d'abord une réflexion s'impose. Si la coexistence
dans un pays de deux enseignements, l'un officiel, l'autre
libre, est funeste au point qu'il devienne nécessaire de supprimer l'un d'eux, est-ce bien l'enseignement libre qui doit
être sacrifié ? Le soutenir sans autre examen, c'est placer le
droit de l'État en matière d'éducation au-dessus de celui du
père de famille, et, par suite, retomber dans l'abominable
doctrine d'après laquelle l'enfant appartient à l'État avant
d'appartenir à ses parents. Pour employer le langage du
droit, c'est ici la liberté qui *possède*, et, en cas de conflit, la
condition de celui qui possède est la meilleure, *melior con-
ditio possidentis*. Ceux qui invoquent contre nous l'autorité
« des vieux jurisconsultes français » nous pardonneront de
leur emprunter cet axiome. Le droit du père de famille de
donner ou de faire donner à son fils l'éducation de son choix
est antérieur à celui que peut avoir l'État d'organiser un système d'enseignement. Si donc la question se pose entre l'enseignement d'État d'une part, et de l'autre les libres institutions scolaires ; pour préciser davantage, s'il s'agit d'opter
entre l'une de ces deux alternatives, l'État enseignant à l'exclusion de tout autre, ou bien chacun libre d'enseigner à
l'exclusion de l'État ; l'éducation tout entière dévolue à l'État,
ou, inversement, tout entière réservée à l'initiative des citoyens pris isolément ou librement associés, nous pensons
qu'il n'y a pas à hésiter. Il se peut que, à raison de circonstances exceptionnelles, le monopole de l'État apparaisse dans
un cas donné comme un moindre mal ; mais, en thèse générale, c'est au régime de la liberté que nous donnerons notre
suffrage. Tout au moins, on ne voit pas en vertu de quel
principe nous serions obligés d'adopter le parti contraire.
Donc, à bien examiner les choses, si la dualité d'enseignement constitue un danger, s'il n'est pas bon qu'il y ait à la
fois institution scolaire d'État et institution scolaire libre, il
ne s'ensuit nullement que, en toute hypothèse et *a priori*, on
doive supprimer celle-ci plutôt que celle-là. Il se pourrait
fort bien, en effet, que la solution favorable à l'État ne fût ni

la plus juste, ni la plus avantageuse au bien public. A ceux
qui disent : « L'enseignement officiel et l'enseignement libre
ne peuvent vivre ensemble, mettons l'enseignement libre
dehors », on a donc parfaitement le droit de répondre : Êtes-
vous bien sûrs qu'il ne serait pas mieux de congédier
l'autre ?

Mais, évidemment, nous sommes ici dans le domaine de la
spéculation pure. Si quelqu'un doit céder, ce ne sera point
l'État, car il a pour lui la raison du plus fort, laquelle, comme
chacun sait, fut toujours la meilleure. Sans doute, c'est un
titre à une situation privilégiée. Il nous suffit d'avoir montré
qu'il n'en a pas d'autre.

Sous le bénéfice de cette observation préliminaire, arrivons
à l'unité nationale à laquelle on parle d'immoler en holo-
causte la liberté d'enseignement. Quelle est donc cette unité
nationale mise en péril par l'enseignement libre?

On peut l'entendre en des sens divers, plus ou moins larges, plus ou moins stricts. Il y a d'abord l'unité nationale,
au sens matériel, ou, si l'on veut, au sens politique du mot.
Elle existe chez nous, cette unité, plus qu'en aucun pays du
monde. C'est la résultante de causes multiples et variées,
parmi lesquelles il faut compter tout d'abord le temps. Une
nation ne s'improvise pas; la politique l'a essayé parfois, mais
on s'est vite aperçu que le temps ne respecte pas ce que l'on
fait sans lui. La France a une existence nationale quatorze
fois séculaire. A elle seule, cette longue série de siècles a
resserré les liens de l'unité française comme ne l'aurait pu
faire aucune puissance humaine; elle a donné aux éléments
constituants de la nationalité française une force de cohésion
que ni la communauté des intérêts, ni l'identité même de race
ne sauraient produire. Rien ne vaut pour créer l'unité d'un
peuple les joies et les douleurs, les prospérités et les éprou-
ves partagées par quarante générations d'aïeux.

Puis, c'est la royauté, se faisant dès l'origine le centre et
comme le principe vital de cet organisme, assemblant une à
une les pièces nécessaires à son intégrité, les contenant, les
assimilant comme un chêne de bonne venue supprime autour
de lui les essences moins robustes, attire à soi et s'incorpore

toute la substance du sol convenable à son développement. C'est la forte main de la royauté qui a été l'instrument de l'unité française. Par une action persévérante, tantôt habile et douce, tantôt énergique et rude, elle a fondu et pétri ensemble des éléments fort disparates, réprimé et, à la longue, aboli toute tendance séparatiste, enfin fait un bloc de cette poussière de nations qui couvrait la France. A cet égard, l'absolutisme royal eut des effets heureux ; sans lui, on ne voit pas bien quelle puissance se fût imposée au particularisme provincial et eût prévenu des divisions funestes.

Si la royauté fut l'ouvrière de l'unité française, on peut dire que la religion en fut le ciment. Sous l'ancienne monarchie, l'unité de croyance fut la base de l'ordre politique et social. On comprend qu'alors le pouvoir royal s'attribuât le droit de contrôler l'enseignement. La religion entrait dans le concept de la nationalité ; pour être Français, il fallait être catholique. Attenter à la doctrine de la foi, c'était donc porter atteinte à la nationalité elle-même. De fait, le protestantisme ne tendait à rien moins qu'à un démembrement. Les huguenots aspirèrent de bonne heure à se constituer politiquement en dehors de l'unité française ; leur rêve fut toujours l'établissement d'une république indépendante. La royauté les combattit sans ménagement ; Richelieu et Louis XIV finirent par en avoir raison. Leur politique heurte nos idées ; mais la France lui doit de n'avoir pas été coupée en deux tronçons. Après eux, l'œuvre était achevée ; l'ancienne monarchie à son déclin laissait la France complètement unifiée ; toutes les pierres de l'édifice étaient si solidement reliées, le bloc tellement compact, que dès lors aucune secousse ne serait capable d'en détacher la moindre part. La Révolution, en abolissant les anciennes divisions administratives, l'Empire par une centralisation à outrance, par la conscription, par tout un ensemble d'institutions uniformément étendues à toutes les parties du territoire, ont fini par exagérer l'unification de la patrie française. Les nuances s'effacent, les traits originaux de la physionomie de nos provinces disparaissent. Nous commençons même à nous apercevoir que nous avons dépassé le but. Un peu de variété dans l'unité ne gâterait rien. C'est une opinion qui gagne du chemin tous les jours. Des

efforts sont faits pour nous décentraliser quelque peu et ressusciter la vie provinciale. C'est la meilleure preuve que
l'unité nationale n'a plus rien à redouter du dedans. Il n'y a
en France ni province ni fraction de province qui songe à
faire scission pour jouir de l'autonomie et moins encore pour
passer à une autre nationalité. Depuis longtemps la violence
seule pourrait détacher un coin de la terre de France, comme
on arrache un lambeau de chair à un être vivant.

Quand, à propos de l'enseignement libre, on parle d'un
danger pour l'unité nationale, il ne saurait donc être question de l'intégrité de la nation française. Ce danger serait réel
dans un État dont toutes les parties ne seraient pas également assimilées, comme par exemple la Pologne dans l'empire des tsars ; on comprend que, dans ce cas, le gouvernement impose plus ou moins l'enseignement officiel. Mais, en
France, soupçonner l'éducation donnée en dehors de l'État
d'entretenir des aspirations séparatistes et de préparer le
morcellement de la nation serait pure bouffonnerie.

Il y a ensuite l'unité nationale, qui est le couronnement de
l'unité politique, et qui résulte de l'attachement de tous les
citoyens à la patrie commune.

A ce point de vue, l'unité nationale se confond presque
avec le patriotisme. Dieu merci, ce sentiment est vivace au
cœur des Français. Nous sommes lamentablement divisés et
furieusement animés les uns contre les autres ; mais, à l'appel
de la patrie française, l'unanimité se ferait encore, et tous
sont prêts à suivre le drapeau, quelle que soit la main qui le
porte.

Ce qu'il y a de plus triste, de plus inquiétant aussi, dans
le dévergondage actuel des idées et des doctrines, c'est que
cette chose sacrée qui s'appelle la patrie n'est pas plus à
l'abri des éclaboussures que la religion, la famille et l'ordre
social. Peut-être bien, le patriotisme est-il lui aussi menacé
d'une crise. Du moins, ce n'est pas l'enseignement libre, je
veux dire l'enseignement chrétien, que l'on pourra rendre
responsable d'une telle calamité.

Je vois que dans les sphères universitaires on se préoccupe
beaucoup de trouver ce qu'on appelle un idéal à proposer à

cette pauvre jeunesse qui, décidément, n'est plus jeune du tout. On paraît croire que le patriotisme pourrait bien être cet idéal. A défaut de la religion, qui n'est plus de mise, l'éducation universitaire, au collège comme à l'école primaire, aurait un ressort intime, mieux encore une âme vivante, le patriotisme. M. Jacques Bonzon, M. Henry Bérenger, M. Jacques Rocafort, pour ne citer que ceux-là, ont écrit sur ce thème de fort beaux livres. Dieu veuille que leurs exhortations soient entendues ! Mais, de grâce, qu'on ne s'autorise pas de semblables écrits, non plus que des manifestations d'ardeur républicaine en usage dans les solennités scolaires officielles, pour prétendre que, à défaut d'autre monopole, l'enseignement d'État a gardé celui du patriotisme.

Cette prétention se rencontre vraiment plus souvent qu'il ne convient sous la plume et dans la bouche des adversaires de l'enseignement libre. Il n'en est pas de plus intolérable, ni de plus mal fondée. Nous n'avons garde de nous attribuer un monopole que nous refusons à d'autres. Mais, du moment qu'il s'agit de patriotisme, les collèges chrétiens ne redoutent aucune comparaison, ni même aucune concurrence. Ils pourraient même dire que, sur ce terrain, ils se flattent d'être quelque peu attardés, et de s'en tenir encore à une simplicité archaïque. Manifestement, à l'Université, maîtres et élèves sont moins naïfs ; ils ont mieux le ton du jour ; ils sont plus dans le train. C'est un universitaire éminent, M. Marcel Dubois, qui naguère expliquait pourquoi il s'était enrôlé dans la *Ligue de la patrie française* : « J'étais écœuré, écrivait-il, d'entendre des élèves de l'Université traiter leurs camarades de *vils patriotards*. » Un fait prouve peu de chose ; peut-être même rien du tout. Soit ; mais ce fait s'est rencontré dans les établissements officiels ; on ne le rencontrerait pas dans une maison d'éducation libre et chrétienne.

II

Mais alors que veut-on dire, et quelle est cette unité nationale qui ne sera en sécurité que lorsque l'État sera seul à donner l'enseignement ?

Évidemment, il s'agit d'une unité morale qui ne peut

être réalisée que par l'unité de doctrine, de croyances, d'opinion. Il y aura une orthodoxie d'État, hors de laquelle il ne sera pas possible d'être bon Français, et que l'État imposera à tous les citoyens. Ce fut, en effet, l'idée dont s'inspira Napoléon quand il créa le monopole : « Dans l'établissement d'un corps enseignant, disait-il, mon but principal est d'avoir un moyen de diriger les opinions politiques et morales. » Lui aussi, il voulait faire l'unité des esprits telle qu'elle existait dans l'ancienne France, sur le fondement d'une foi religieuse, mais surtout d'une foi politique. On enseignerait aux nouvelles générations les dogmes du christianisme, mais bien plus encore le dogme impérial. Dans la pensée du maître, la religion avait pour mission essentielle d'affermir le trône de César. C'est ainsi que fut rédigé le catéchisme de l'Empire. Il n'était pas nécessaire d'avoir la clairvoyance du génie pour comprendre que le meilleur moyen de faire entrer la saine doctrine impériale dans les esprits et dans les cœurs, c'était de se réserver le service de l'enseignement national. De cette façon, il n'y aurait bientôt plus de dissidents, et l'unité de la France serait faite dans le culte de l'empereur, la fidélité à la dynastie et l'attachement aux institutions impériales. Seulement, pour enrégimenter ainsi les âmes de tout un peuple, il fallait avoir, avec le sentiment de son omnipotence, ce parfait mépris de la liberté et de la dignité humaine, sans lequel certaines audaces du despotisme ne s'expliqueraient pas.

Et voilà, en définitive, l'expérience que l'on voudrait recommencer : Faire l'unité morale du pays, et la faire par l'enseignement d'État. Mais cela suppose d'abord que l'État a un corps de doctrine. Or, quelle peut bien être cette doctrine ? Écartons d'abord la religion. L'État moderne, l'État républicain spécialement, ignore toute religion. C'est du moins la théorie ; de fait, il y a plutôt chez nous une véritable irréligion d'État, et, pour dire le mot, l'athéisme d'État. La France gouvernementale et officielle ignore autant la religion naturelle que les religions positives ; elle ne connaît pas plus le Dieu de la raison et de la philosophie que le Dieu de la révélation ; sa neutralité envisage du même œil indifférent le pur matérialisme et les différentes confessions religieuses.

Quant à l'État enseignant, c'est-à-dire l'Université, il est entendu qu'il garde une neutralité bienveillante et respectueuse. Mais c'est affaire d'opportunisme bien plus que de principe. Je vois même que des hommes occupant une très haute position dans l'Université commencent à se plaindre d'une attitude qui ne leur paraît ni franche ni habile. Je signale à ce propos une lettre très remarquable d'un professeur de Sorbonne, M. Gustave Lanson, répondant à une consultation sur la liberté d'enseignement. M. Gustave Lanson ne veut pas du retour au monopole : le salut de l'Université est entre ses mains ; pour se guérir du malaise dont elle souffre, pour recouvrer la faveur du public, il lui suffirait d'être elle-même, sans respect humain et à visage découvert, enseignant la libre pensée puisqu'elle la pratique. Au reste, voici comment s'exprime le très distingué secrétaire de la Faculté des Lettres de Paris :

« Prenons garde de n'être pas dupes encore. Tandis que l'enseignement ecclésiastique est, comme il doit être, nettement catholique, l'enseignement de l'État est, par un touchant scrupule, *neutre*. Cela se concevait du temps du monopole ; il ne fallait effaroucher aucune conscience. Mais nous continuons de ménager les susceptibilités des catholiques qui ne sont plus chez nous, mais chez eux. Nous craignons de blesser des oreilles qui ne nous entendent plus, d'exercer une pression sur des esprits que l'absence protège assez. Nous sous-entendons nos principes et la vérité que nous croyons ; nous atténuons notre action...; en vérité, nous ne gagnons pas les anathèmes qu'on nous donne[1]. »

Il serait difficile de dire plus clairement que l'Université prise dans son ensemble, persuadée de la fausseté de toutes les religions, estime que la simple neutralité qu'on lui impose n'est pas exempte d'hypocrisie et aspire à mettre son enseignement d'accord avec ses convictions.

· En fin de compte, le premier article du symbole qui doit faire l'unité morale de la France, c'est l'absence de religion. Par la force des choses, par la logique inéluctable de ses prin-

1. *Revue bleue*, 6 mai 1899, p. 557.

cipes, l'État moderne en arrive là, du moment qu'il veut restaurer l'unité que ces mêmes principes ont brisée. « Faire
l'unité morale de la France, disait Jules Simon, cela ne
signifie rien, ou cela signifie religion d'État. Toute la différence entre l'ancienne religion d'État et la nouvelle, c'est
que le nom de l'ancienne est christianisme et que le nom de
la nouvelle est nihilisme. »

A défaut de religion, l'État nous présentera-t-il une doctrine philosophique et morale sur laquelle se puisse faire
l'unité? De fait, il l'a tenté : il le fallait bien puisqu'il s'est
chargé d'enseigner en dehors de toute religion. Mais ici encore il se met en contradiction avec son principe, et, à ceux
qui lui contestent son droit, il n'a absolument rien à répondre.
Jusqu'ici, par exemple, l'Université a dû enseigner le spiritualisme aux élèves de ses lycées et collèges. Fort bien; mais
si vous demandez à l'État pourquoi il impose cette doctrine,
il vous dira que c'est uniquement par égard pour les jeunes
élèves et aussi pour l'opinion. Et on verra un homme comme
M. Jules Simon lui-même réduit à faire cette étrange distinction : Au lycée, nous obligeons le professeur de philosophie
d'enseigner le spiritualisme, auquel il ne croit pas peut-être ;
mais qu'il passe dans une chaire de Faculté, et il enseignera, si
bon lui semble, le pur matérialisme, toujours au nom de l'État.
    C'est avouer que l'État n'a pas de doctrine et qu'il distribue
son enseignement philosophique, non pas d'après des convictions qu'il ne saurait avoir, mais en tenant compte des
convenances de temps et de milieux.
    Autant en faut-il dire de la morale. Quand on demandait à
Jules Ferry quelle serait enfin cette morale qu'on allait enseigner à l'école primaire à la place du catéchisme, il répondait:
« La vieille morale de nos pères. » Soit; mais nos pères n'ont
connu en fait de morale que celle du Décalogue, ou plutôt la
morale de l'Évangile. De quel droit l'État impose-t-il encore
cette doctrine, même réduite et arrachée de sa base? Il y en
a d'autres qui se réclament de la science et qui prétendent
avoir leur tour. Voilà ce que s'empresseront de lui dire des
gens contre qui on pourra élever beaucoup de griefs, mais
non pas celui de manquer de logique.

Tout récemment, M. Jean Jaurès, à qui les électeurs ont fait des loisirs, a publié un premier volume sur l'*Action socialiste*. Il débute par le *Socialisme et l'Enseignement*. Dès les premières pages, nous le voyons refuser à l'État le droit de s'en tenir à l'enseignement de ses doctrines traditionnelles : « Vous êtes l'État, et vous ne pouvez faire qu'une chose, traduire pour l'enfant la conscience moyenne du pays. J'entends que l'on ne peut guère enseigner dans les écoles de l'État que les opinions les plus généralement répandues dans le pays ; mais j'ajoute que le spiritualisme, qui est notre doctrine d'État, est contesté par un très grand nombre d'esprits ; il est répudié par l'élite, — à tort ou à raison, je n'ai pas à me prononcer là-dessus, — par l'élite intellectuelle de l'Europe. » Or, continue l'orateur socialiste, dans les grandes villes de France, la majorité des esprits a fait son évolution dans le même sens. Donc, vous, État, vous devez changer l'orientation de votre enseignement, et, si vous ne le pouvez pas, laisser ce soin aux municipalités des grandes villes.

Ainsi donc, pas de doctrine arrêtée, ni en religion, ni en philosophie, ni en morale. L'État, en vertu même de son principe, s'est interdit d'en avoir une. Celle qu'il enseigne est toujours sujette à revision ; comme la loi, comme les institutions elles-mêmes, elle dépend de la majorité qui sort des urnes électorales. Si demain les élus du socialisme arrivent aux Chambres en nombre suffisant, s'ils s'emparent du pouvoir et président par là même à l'instruction et à l'éducation du pays, rien n'empêche que l'évangile collectiviste ne devienne la base de l'enseignement national. Les *Manuels d'éducation civique et morale* seront refondus, et les jeunes citoyens apprendront dès les bancs de l'école primaire que la propriété c'est le vol, et que la famille est une institution vieillotte, bonne pour les sociétés dans l'enfance. Et puisque l'enseignement d'État, dans les lycées et collèges, doit refléter l'opinion moyenne du pays, c'est-à-dire celle de la majorité des électeurs, il faudra bien que cette doctrine prenne dans les programmes de l'enseignement secondaire la place du conservatisme banal et routinier d'aujourd'hui. Et ainsi en ira-t-il en attendant que la dernière phase de l'évolution

sociale amène au pouvoir les partisans de l'anarchie ; eux
aussi ont une doctrine, et, avec le même droit que leurs devanciers, ils estimeront que pour faire l'unité morale du pays,
il est nécessaire de l'enseigner et de n'en pas laisser.ensei-
gner d'autres.

Tout cela est chimérique et absurde ; mais c'est la conséquence rigoureuse à laquelle il faut se résoudre du moment
que l'on prétend réaliser l'unité morale du pays, tout en gardant les principes de la Révolution qui sont la négation même
de cette unité. L'incohérence et la contradiction dans les prémisses ne sauraient aboutir à des conclusions raisonnables
et pratiques. Comment ! Vous mettez à la base du droit public nouveau la liberté de conscience et la liberté de penser,
c'est-à-dire que vous refusez à l'État toute ingérence et à plus
forte raison tout contrôle dans le domaine de l'intelligence,
et, après cela, vous parlez de faire l'unité des esprits, et par
quel moyen ? Par l'enseignement que l'État se réserve de
donner aux petits enfants et aux adolescents ! Et l'État qu'est-
ce donc ? Dans sa réalité concrète, visible et agissante, un
groupe d'hommes d'opinion variable comme les hasards
mêmes de la politique. Mais qui ne voit que, dans ces conditions, donner à l'État le monopole de l'enseignement sous
prétexte de faire l'unité morale, c'est remettre aux mains de
quelques individus l'instrument de la plus abominable oppression qui se puisse imaginer, celle qui pèse sur l'esprit et la
conscience, et du même coup abolir cette liberté fondamentale sur laquelle est assis l'ordre politique et social moderne !

C'est un axiome chez tous les libéraux qui ne se laissent
pas aveugler par le fanatisme sectaire, que la liberté d'enseignement est le corollaire de la liberté de conscience. Quand
même, en d'autres temps et s'inspirant d'autres principes, la
monarchie aurait exercé sur l'instruction publique une surin-
tendance plus ou moins équivalente au monopole, l'État ne
saurait aujourd'hui en tirer argument en faveur de ses prétentions. Il a répudié le principe sur lequel la monarchie
appuyait la sienne ; il a proclamé une liberté que l'ancien
régime ne connaissait point ; il s'en fait gloire ; il en est très
fier, car il pense avoir émancipé la conscience humaine. Nous
ne discutons pas ce point ; nous demandons seulement à l'État

moderne d'être conséquent avec lui-même. Peut-être est-ce trop exiger de lui ?

III

Mais, sans doute, ce n'est pas précisément sur les doctrines religieuses, philosophiques ou morales, que l'on compte réaliser l'unité des esprits. On nous concéderait aisément, je crois, que, à vouloir y employer son pouvoir souverain, l'État ferait œuvre aussi vaine que tyrannique. Mais il n'en va pas de même de la doctrine politique. A défaut de l'unité morale résultant d'une même foi religieuse ou d'une même conception philosophique de la vie humaine, il y a celle qui résulterait d'un même idéal civique, et, pour préciser, d'un même attachement aux institutions républicaines. Or, seul l'État peut, par son enseignement, préparer les générations nouvelles à cette précieuse unanimité, d'autant plus que l'éducation donnée par l'Église s'inspire d'un esprit foncièrement hostile à celui de la République.

Voilà, en dernière analyse, et dégagé de tous les nuages de la phraséologie, l'argument suprême de l'unité nationale à l'encontre de l'enseignement libre. L'État a besoin du monopole, parce qu'il faut mettre dans le sang de tous les jeunes Français l'amour de la République; moyennant quoi l'unité morale du pays sera faite, nous serons un peuple de frères, et l'horrible Discorde sera bannie de chez nous.

Assurément, ce programme est pour séduire l'esprit d'un despote ou d'un Jacobin; d'ailleurs ces gens-là sont de même famille. Robespierre et Napoléon s'entendaient parfaitement sur ce point : Que tout le monde pense comme nous, et nous serons tous d'accord. Ceux qui se permettent de penser autrement que nous sont des perturbateurs de la paix publique, des ennemis de l'unité nationale; rien ne doit être épargné pour les empêcher de nuire, et ce sera leur montrer de l'indulgence que de se contenter de les bâillonner.

Voilà les vrais initiateurs de la méthode proposée aujourd'hui par nos étranges libéraux pour faire l'unité morale de la France républicaine. Il est permis de la juger détestable.

Notre pays retrouvera-t-il jamais cette unité qui fit sa force pendant des siècles, alors que personne en France ne son-

geait à mettre en question la forme de son gouvernement,
comme pas un Anglais à l'heure présente ne songe à discuter
la constitution monarchique de l'Angleterre, ni pas un Américain la constitution républicaine des États-Unis? Les Français en viendront-ils jamais à communier tous ensemble
dans le culte de la République? Nos arrière-neveux le sauront dans un avenir lointain. Quand un grand pays a subi
une secousse comme celle qui, sur la fin du siècle passé, détruisit chez nous jusqu'aux fondements de l'édifice politique,
il lui est bien difficile de retrouver une assiette solide. Quand
la tempête a cessé, que le vent s'est calmé et le ciel rasséréné,
les vagues continuent encore de longues heures leur agitation tapageuse et stérile. L'unité rêvée, si elle doit se faire
en ce pays, sera faite par le temps, le grand pacificateur, qui
finit par résoudre les impossibles problèmes. Prétendre le
devancer, créer l'opinion politique par le moyen d'un enseignement obligatoire, se servir de l'école pour propager,
pour imposer aux générations qui s'élèvent le dogme républicain, avec tout ce qu'il comporte en histoire et en philosophie sociale, ce serait, dans un pays divisé comme le nôtre,
un tyrannique et odieux abus de pouvoir. Au reste, l'expérience nous a appris que l'entreprise réussit mal. Napoléon
en essaya le premier pour imposer le dogme impérial; après
lui, la Restauration crut bien faire d'employer à son profit
l'instrument d'oppression forgé par l'autocrate tombé. La
royauté de Juillet en usa à son tour. On ne voit pas que le
monopole si jalousement gardé, afin sans doute de s'assurer
le parfait loyalisme de l'enseignement, ait valu à ces divers
régimes la fidélité des générations cultivées par leurs soins.
    La République peut-elle se promettre un succès meilleur?
Il faut songer à demain. La fortune est changeante et la politique a des surprises. Sans parler des Césars que la fatalité
fait surgir du sein des Républiques, il se pourrait qu'un parti
réactionnaire arrivât au pouvoir. Et alors, s'il trouve sous sa
main l'arme du monopole, qui l'empêchera de s'en servir,
comme ses devanciers, pour le triomphe de son idéal politique? Et voilà le cléricalisme officiel façonnant la jeunesse
française à porter le joug, et préparant le pays à une prochaine restauration monarchique.

Cette perspective hante le cerveau des plus clairvoyants parmi nos adversaires, et suffit à les gagner à la cause que nous défendons. « Je m'empresse de dire, écrit M. G. Lanson, qu'à mon sens il n'est pas de l'intérêt de la République démocratique de prendre la mesure (le retour au monopole) que des amis passionnés lui recommandent imprudemment. Qui sait si on ne la retournerait pas un jour contre nous[1] ? »

Restons tous sous cette appréhension salutaire. La crainte est le commencement de la sagesse. Puisse-t-elle arrêter sur une pente fatale ceux qui seraient disposés à faire litière des droits les plus sacrés de leurs concitoyens qui ne pensent pas comme eux! Le monopole de l'enseignement entre les mains de l'État n'est supportable en aucune hypothèse ; quand il s'agirait du peuple le plus uni de la terre, quand tous les citoyens n'auraient qu'un cœur et qu'une âme, le gouvernement de cette heureuse et chimérique Salente devrait encore s'abstenir d'y accaparer le service de l'éducation, même sous le très spécieux prétexte d'y conserver cette perle merveilleuse de l'unité ; et la raison, à défaut d'autre, c'est que ce n'est point l'affaire du gouvernent d'enseigner les peuples; à plus forte raison, de les enseigner à lui tout seul. Mais, dans une nation, où l'évolution historique a amené la formation de plusieurs partis, et où, de par la constitution même, toutes les opinions religieuses, politiques, philosophiques, sociales, ont également droit de vivre et de se produire, il n'y a plus, en fait d'enseignement, d'autre régime possible que celui de la liberté. Outre que le monopole est alors illogique et oppressif, il y a quelque chose de singulièrement indécent dans une institution qui fait de l'éducation de la jeunesse une machine de propagande politique au service des régimes qui se renversent et se remplacent tour à tour.

L'unité existait dans le pays avant la grande explosion de 1789. Le sceptre royal était une houlette qui savait contenir les agneaux folâtres et les béliers récalcitrants ; il n'y avait qu'un bercail et qu'un berger. C'était l'unité dans la

1. *Revue bleue*, 6 mai 1899, p. 556.

contrainte ; on nous le dit assez, pour que nous n'ayons plus envie d'y revenir. Désormais l'unité ne peut se faire que dans la liberté.

Et, Dieu merci, ce n'est pas impossible. Si ceux qui ont créé le nouvel état de choses et qui remplissent l'air des fanfares de la liberté voulaient bien la donner à ceux qui, sans être des malfaiteurs, ont seulement le tort de ne pas partager toutes leurs idées ; si tous les honnêtes gens, y compris les catholiques, se sentaient vraiment libres en France, sous l'enseigne républicaine, plus libres que sous les autres régimes qui par malheur ont presque toujours pris à l'Église son indépendance en échange de leur protection, oh ! bien certainement l'œuvre de l'unité morale de la nation serait plus avancée. On pourrait bientôt redire en toute vérité : la République est le régime qui nous divise le moins ; car c'est elle qui nous donne le plus de liberté. Les plus prévenus et les plus rebelles se laisseraient.désarmer dans la jouissance d'un bien si désiré et si peu connu.

En tout cas, pour obtenir le retour des dissidents, mieux vaudrait, bien certainement, une large liberté que la conversion imposée par l'enseignement obligatoire. On reproche à l'enseignement libre de faire une seconde France, séparée de l'autre par un infranchissable fossé. Cette autre France, la vraie, apparemment, c'est celle qui est formée par l'enseignement d'État. Certes, il y a une différence entre les deux enseignements : nos élèves sont chrétiens ; ceux de l'Université ne le sont pas, sinon par exception. Mais, si cela fait deux Frances, à qui la faute ? Qui a creusé le fossé ? qui s'acharne à le rendre tous les jours plus large et plus profond ?

On a fait passer en axiome que chrétien et républicain sont deux termes qui s'opposent irréductiblement, comme le blanc et le noir, l'être et le non-être. Si la formule n'est pas tout à fait proclamée comme article de loi, elle n'en est pas moins devenue une règle de gouvernement. Nous sommes exclus de partout ; on ne trouverait pas sur tout le territoire de la République un sous-préfet faisant ses pâques ; si ce malheur arrivait à l'un d'eux, il serait infailliblement révoqué. Nous sommes des citoyens diminués, qui ne jouissent de la plénitude de leurs attributions civiques que sur les rôles de l'impôt. Pour tout dire d'un mot, on nous repousse comme des pestiférés, puis on nous reproche de faire bande à part; on nous met hors de la maison, puis on se plaint que nous cherchions un abri en face.

. Non, l'enseignement chrétien ne prépare pas des ennemis aux institutions républicaines. Nous ne faisons pas crier : Vive la République! dans nos écoles, ni nos collèges, parce que nous ne voulons pas qu'on nous oblige demain à crier : Vive la Commune! ni même : Vive César! et parce que nous devons respecter les scrupules des familles, qui n'ont pas toutes les mêmes convictions politiques. Il n'en va pas autrement d'ailleurs dans les lycées et collèges universitaires. Mais que la République se souvienne de sa devise; qu'elle assure aux catholiques l'Égalité et la Liberté; la Fraternité viendra par surcroît, et l'unité avec elle.

Joseph BURNICHON, S. J.

DEUX PRINCESSES DE LA MAISON DE FRANCE

LA DUCHESSE DE BOURGOGNE. — LA Vén. Mme LOUISE[1]

I

Si, en 1712, l'évêque de Meaux, l'historien, l'orateur, le poète biblique des grandeurs et du néant de l'homme, avait survécu au grand siècle, nul doute qu'il n'eût rassemblé les restes de sa voix puissante, pour l'égaler, une fois encore, à l'irréparable deuil de la Maison de France. Dans l'espace de quelques mois — entre un soir et un matin — la mort frappait, en pleine force ou en pleine fleur, d'abord le grand Dauphin, fils de Louis XIV et élève de Bossuet ; puis le second Dauphin, duc de Bourgogne, emporté presque en même temps que sa jeune et charmante épouse, Adélaïde de Savoie.

Pour pleurer sur ces tombeaux, à la veille de la mort du grand Roi, l'éloquence de Bossuet fit défaut ; Bossuet, qui avait assisté à la mort la grande Dauphine et avait, en cette occasion, parlé de façon à « tirer les larmes du roi et des assistants », dormait son grand sommeil. Fénelon, exilé, se contenta de pleurer le prince tendrement aimé, qu'il avait formé aux vaillantes vertus, et pour lequel sa gracieuse fantaisie avait rêvé le *Télémaque*, écrit les *Fables* et composé ces nobles leçons d'histoire qu'il intitula *Dialogues des morts*. Le P. Martineau, jésuite, confesseur du duc de Bourgogne, écrivit, dès 1712, un *Recueil des vertus de Louis de France*, et l'abbé Fleury, sous-précepteur des fils de France, publia un *Portrait du duc de Bourgogne* [2]. Le portrait d'Adélaïde de Savoie était encore à faire. Pour conter cette vie si brillante et si courte, les splendides fêtes du mariage, les espérances qui éclatèrent autour de cette union des deux maisons royales ; puis les intrigues et les « énigmes » enveloppées de nuages ; enfin,

---

1. *La duchesse de Bourgogne et l'alliance savoyarde sous Louis XIV*, par M. le comte d'Haussonville de l'Académie française ; 1 vol. in-8, pp. VI-502. Calmann-Lévy. Prix 7 fr. 50 ; — *Madame Louise de France*, par M. Léon de La Brière ; 1 vol. in-8, pp. 403. Victor Retaux. Prix : 7 francs.

2. La quatrième édition du *Recueil* du P. Martineau, parue en 1714, contient ce *Portrait*, par M. l'abbé Fleury.

l'assombrissement d'un soir si tôt venu et la mort de la princesse, « fleur de Savoie, éclose au flanc des rudes Alpes, transplantée à peine ouverte dans le riche jardin de France » (p. 3), où elle s'épanouit, de sa onzième à sa vingt-septième année, il fallait un écrivain sûr de lui-même, habitué à évoluer dans la lumière, sachant dire les grandes choses avec le tact magnifique et la bonne grâce du grand siècle. Est-il besoin d'affirmer que M. le comte d'Haussonville était à la hauteur de cette tâche délicate et multiple ?

Son but, dans le premier volume publié sur la *Duchesse de Bourgogne*, a été de montrer, dans un rayon de soleil, la réconciliation passagère de la Savoie avec la France ; et son livre s'arrête au mariage des deux jeunes princes. C'est la période de la paix entre Turin et Versailles, des promesses, de l'enchantement et des joies, — période qui justement coïncide avec cette fin du grand siècle où Perrault écrivait ses immortels *Contes des fées*.

Dans le cadre de cette histoire se détachent surtout trois aimables figures, qui nous intéressent à divers titres : le duc de Bourgogne, la duchesse Adélaïde, et Fénelon précepteur des fils du grand Dauphin.

Sur Adélaïde et sa première enfance, les détails abondent, inédits, curieux, cueillis avec soin dans les archives inexplorées. Cette princesse de Savoie, fille d'une sainte mère, avait été élevée dans un « nid de verdure », mais solitaire ; dans cette triste *Vigna*, qui ressemblait si peu aux éblouissantes splendeurs de Versailles. Elle était vive et intelligente ; mais on eut grand'peine à lui apprendre l'écriture ; quant à l'orthographe, il fallut y renoncer. Les lettres ou billets qui nous restent de la duchesse de Bourgogne offrent à cet égard des modèles d'une audace singulière ; même pour cette époque, où les grandes dames — y compris la marquise de Sévigné — s'octroyaient, dans ce genre, toutes sortes de fantaisies [1].

L'éducation morale d'Adélaïde de Savoie fut « parfaite », nous dit M. d'Haussonville ; c'est tout un chapitre dans un adjectif ; mais le chapitre est bien concis. L'historien se réserve pour les années où la princesse sera élevée à la française ; il commence à

---

1. La sous-gouvernante qui y perdit ses soins (est-ce simple effet du hasard ?) est nommée par M. d'Haussonville, tantôt *Mme Dunoyer*, tantôt *Mme Desnoyers*. Entre le pluriel et le singulier, que choisir ?

épandre les menus faits au moment où la fiancée du duc de
Bourgogne, âgée de onze ans, part pour la France. Les étapes du
voyage sont des fêtes, mais avant tout, des fêtes religieuses ; on
assiste à la messe ; on reçoit la bénédiction du Saint Sacrement ;
chemin faisant, on convertit une dame « huguenote et endurcie » ;
on visite les églises et les couvents : par exemple, le Carmel de
Lyon, où la royale voyageuse donne l'habit à une novice ; puis
les Jésuites, chez qui « on lui fit admirer la bibliothèque, et où
les écoliers récitèrent en son honneur des vers composés par les
Pères » (p. 229) : les Jésuites de Moulins avaient rimé, pour la
circonstance, une demi-douzaine de madrigaux.

Avec le même luxe de détails, M. d'Haussonville nous met au
courant de la formation intellectuelle de cette enfant, qui aurait
pu devenir reine de France. Et, à ce propos, nous signalons
les fines analyses du livre de Fénelon sur l'*Éducation des filles*.
L'historien y met en relief le génie inventif et tout moderne du
grand prélat qui, à la fin du dix-septième siècle : 1° recommande
aux femmes l'étude de l'histoire et des beaux-arts ; 2° qui les
prémunit contre les écarts et les fâcheux « entêtements » de la
science ; étant donné que l'esprit de la femme est plus faible que
celui de l'homme ; 3° qui se préoccupe de l'hygiène pour l'enfance, longtemps avant les théories du sensible Jean-Jacques ;
4° qui s'élève contre le surmenage : car, dit-il, « il ne faut point
presser les enfants » ; 5° qui, enfin, veut qu'on s'adresse au
cœur des enfants, à leur imagination, voire à leur amour-propre.
En quoi Fénelon se séparait sur toute la ligne des Messieurs de
Port-Royal, éducateurs de marbre, toujours à l'affût pour mâter
les surprises de l'orgueil et de la sensibilité enfantine, et condamnant les larmes, comme une déplorable manifestation de la
nature déchue.

Sur la vie de la jeune princesse à la Cour, et la part active que
le roi lui-même prenait à son éducation, le chapitre intitulé : *La
Princesse à Versailles* est riche d'enseignements ; alors, par
exemple, qu'il s'agit des distractions et jeux, où figurent les pro-
menades fréquentes, même « par pluie ou crotte », le colin-mail-
lard et les marionnettes. La première maîtresse d'Adélaïde fut
Mme de Maintenon, dont la belle passion était de former les
jeunes âmes au bien ; et dont le meilleur passe-temps était
« d'aller enseigner le catéchisme aux petits garçons et aux petites

filles de l'école d'Avon », près de Fontainebleau. Mme de Maintenon fit donner des leçons d'histoire à la jeune duchesse par le
marquis de Dangeau ; mais comme premier article du programme
de cette éducation princière, elle avait eu soin de marquer : « Il
ne faut rien oublier pour l'élever chrétiennement » ; et Louis XIV,
entrant dans ces vues, avait défendu à l'entourage de sa future
belle-fille de jamais prononcer devant elle le nom de l'Opéra ou
de la Comédie.

Mme de Maintenon se hâta d'ouvrir les portes de Saint-Cyr à
sa pupille, qui s'y rendait une fois ou deux par semaine ; prenait
le costume de la Maison et suivait, autant que possible, le règlement des élèves, parmi les *rouges*, c'est-à-dire les plus petites ;
aimant à être « *apostrophée* comme les autres sur le catéchisme »,
ou encore à écouter les sermons d'une bonne vieille sœur con-
verse qui lui prêchait la vanité du monde ; enfin, jouant sérieusement à la religieuse, par exemple, un jour de funérailles, où on
lui fit tenir le drap mortuaire. Évidemment, nos éducateurs modernes, qui font si grand cas des leçons de choses, n'inscriront
jamais cette leçon-là dans leurs catalogues, pourtant bien chargés.
Tenir le voile mortuaire, près d'un cercueil, pendant qu'on
chante le *De Profundis*, cela ne peut être bon que pour les
enfants d'ancien régime. Autres temps, autres mœurs et autres
jeux.

L'éducation du petit duc de Bourgogne, dont la naissance avait
été saluée par des explosions de joie populaire délirante, est
plus utile encore à étudier, par ce temps où l'on ne parle que de
méthodes et de programmes. Louis XIV avait donné comme gouverneur à son petit-fils le duc de Beauvilliers, chrétien exemplaire,
pénitent de M. Tronson, et qui communiait deux ou trois fois la
semaine : — « Saint Louis, écrivait Mme de Sévigné, n'aurait pas
mieux choisi. » Beauvilliers s'associa comme précepteur l'abbé
de Fénelon. M. d'Haussonville venge Fénelon contre les dires du
rancunier et sournois calomniateur de génie que fut Saint-Simon ;
il n'ose admettre tout à fait le propos du roi sur le prélat « le
plus bel esprit du royaume et le plus chimérique » ; mais il hésite
un peu devant la « nature complexe », très riche, très souple,
très ondoyante, de M. de Cambrai. Du moins, il montre sous le
jour le plus favorable, comme le plus vrai, ce merveilleux éducateur, dont Saint-Simon lui même admira la patience, le dévoue-

ment et le succès. L'éducateur et l'élève furent dignes l'un de l'autre.

Veut-on jeter un coup d'œil sur l'éducation d'un prince français, à l'ombre, pour ainsi dire, du trône de Louis XIV? Le marquis de Louville, dans un *Mémoire* inséré parmi les Œuvres de Fénelon, assure « qu'aucun bourgeois de Paris ne voudrait hasarder un pareil régime sur ses enfants ». De fait, le régime était rude ; il mériterait d'être proposé aux partisans de l'éducation athlétique et *sportive*; mais je doute que, chez aucun bourgeois de notre époque, les enfants soient traités comme l'étaient ces princes de huit à douze ans. Glanons quelques détails, concernant le règlement de la journée, les exercices et les repas.

1° Au déjeûner et à la collation, un morceau de pain sec, avec de l'eau claire ou de l'eau rougie, au choix.

2° Au dîner et souper, trois jours de la semaine, du bœuf bouilli ; les autres jours, de la viande sans assaisonnement recherché ; les jours maigres, les princes étaient servis, sans apparat, par leur gouverneur.

3° Jamais de « vin de liqueur ». Pour dessert, un seul massepain, et « quelque écorce d'orange ».

4° Quelque temps qu'il fît, les princes sortaient toujours tête nue ; chaque jour et par tous les temps, promenade à pied ou à cheval ; ou encore, ils étaient obligés de suivre à pied les chasses à courre.

5° Il fallait se livrer à ces exercices, même en cas de rhume ; en cas de fièvre, on se contentait de leur servir un verre de quinquina.

6° Ils n'avaient qu'un quart d'heure pour la toilette ; après quoi, chaque matin, ils entendaient la messe.

7° Tout le reste du temps était occupé par l'étude, la lecture, le dessein, le jeu, la danse. Leur jeu de préférence était la chasse au lapin ; et Louis XIV prenait plaisir à voir tirer ses petits-enfants, de même qu'il s'amusait bonnement à voir la jeune duchesse pêcher des carpes dans l'étang de Fontainebleau.

8° Pour les punitions, — car il y en avait, — on ne fouettait point, comme ç'avait été l'usage jusque-là ; cette mitigation des peines était due probablement, dit M. d'Haussonville, à l'abbé de Fénelon, qui voulait gouverner par l'amour plus que par la crainte. Du reste, il faut lire les pages, où sont exposées, avec tant de charme, les méthodes imaginées par Fénelon et ses victoires sur les accès d'orgueil ou de colère du duc de Bourgogne ; même sur ses espiègleries : comme quand il s'agit de lui faire passer la manie de dessiner partout le nez un peu démesuré du poète et académicien l'abbé Genest[1].

9° L'élève de Fénelon devait savoir parfaitement le latin ; et nous constatons, par ses *corrigés*, quelle exactitude le maître apportait à revoir les thèmes de son élève. A treize ans, le duc de Bourgogne avait lu Virgile, Horace, presque tout Tacite. Mais suivant le même Fénelon, un prince ne devait étudier que le latin et le français ; par la raison, que tout le monde avec qui il aurait à faire savait l'une ou l'autre de ces deux langues. Donc, point de grec, ni de langues vivantes ; sauf peut-être, beaucoup plus tard, l'espagnol et l'italien.

10° Un prince ne devait point apprendre à jouer d'un instrument de musique ; ni à faire de vers, soit latins, soit français ; il n'avait pas davantage à s'occuper de mathématiques. Mais il lui fallait connaître l'histoire, en y joignant des notions développées de stratégie. Quant à la géographie de la France, le jeune duc la connaissait « comme le parc de Versailles ».

Somme toute, le royal élève de Fénelon n'avait à étudier que peu de choses : mais il devait les posséder à fond. Ne serait-ce point, après tout, la vraie méthode d'enseignement, la seule raisonnable et féconde ? Au lieu d'éparpiller l'attention d'un enfant de dix à quinze ans, sur toutes les matières, *de omni re scibili ;* au lieu de tirailler son intelligence en tous sens, ou de l'écraser sous le poids de plusieurs encyclopédies, ne vaudrait-il pas mieux s'en tenir à cette perfection de science *minimum*, qui fortifie l'esprit, l'éclaire, le meuble, et le prépare à tout approfondir ? Sans vouloir approuver toutes les vues de Fénelon, où il se glisse encore quelque chimère, nous croyons sa méthode infiniment plus rationnelle, plus profitable, plus humaine, que notre système moderne, où l'on enseigne tout, sans donner le temps et les moyens de rien apprendre.

Ajoutons au moins quelques notes très brèves sur l'éducation religieuse du duc de Bourgogne ; éducation qui est l'essentiel pour un fils de roi, comme pour un fils de bourgeois et d'artisan.

1. J'ignore pourquoi M. d'Haussonville, contrairement à tous les autres historiens, appelle cet ancien confrère « l'abbé *Geneste.* »

Cette formation chrétienne, dit Louville, était « répandue sur le tout »; M. de Beauvilliers allongeait à sa guise les exercices de dévotion de son élève; Fénelon, de son côté, lui faisait lire les Lettres choisies de saint Jérôme, de saint Augustin, de saint Ambroise et de saint Cyprien. A douze ans, le jour de Pâques 1694, le duc de Bourgogne, bien instruit des dogmes de la foi et de tous les devoirs qu'elle impose, fit sa première communion. Il avait auparavant demandé pardon à son père et au roi; Louis XIV, en lui accordant ce pardon, l'embrassa et lui annonça qu'il communierait avec lui. L'enfant salua de véritables transports de joie l'aurore de cette grande fête où il allait recevoir son Dieu; Fénelon prononça une courte allocution, appropriée à la circonstance et à l'auditoire; le roi accompagna son petit-fils à la sainte table.

En 1697, après l'apparition des *Maximes des Saints*, Louis XIV, dont la foi éprouvait une instinctive répugnance pour toute nouveauté, s'émut de cette publication; il écrivit de sa propre main au pape Innocent XII, pour lui dénoncer ce livre que, dit-il, des évêques, des docteurs, des religieux appartenant à divers Ordres lui déclaraient être « très mauvais, très dangereux »; et là-dessus, il congédia M. de Cambrai, le priant de ne plus reparaître à Versailles. Le duc de Bourgogne pleura son maître, qui ne fut pas même invité aux fêtes du mariage. Le mariage eut lieu le 7 décembre 1697; et les deux jeunes fiancés s'y préparèrent l'un et l'autre par une communion fervente.

Bornons là nos citations et nos emprunts au bel ouvrage de M. le comte d'Haussonville; ou plutôt, achevons-les, en rappelant la phrase fameuse de Saint-Simon, bien inspiré par une sincère admiration pour les vertus d'un prince si accompli et qui devait mourir à trente ans : « La France n'en était pas digne; et il avait paru à Dieu déjà mûr pour la bienheureuse éternité. »

II

L'histoire de Madame Louise de France, petite-fille du duc de Bourgogne et d'Adélaïde de Savoie, est écrite avec le même esprit de foi chrétienne, le même respect des grands souvenirs et des grands noms, le même souci de la vérité, comme aussi de l'exacte couleur des temps et des faits; mais avec d'autres allures de composition. Le soin extrême que prend M. de la Brière pour

épargner jusqu'à l'ombre de l'ennui à ses lecteurs, il le prend
pour élaguer de son ouvrage toute apparence d'érudition encombrante, pour voiler ses propres efforts et ses trouvailles dans la
poussière des bibliothèques. Il a cherché, il a trouvé; mais il
évite de le dire, ou d'en faire étalage. Pas une note, pas un
chiffre, ou une référence, au bas des pages — là où les historiens
confient leurs secrets et le bonheur de leurs découvertes; amon-
celant les titres, les textes, les dates, les cotes des archives; accro-
chant à ces buissons une bribe de grec et d'allemand, un lambeau
de français d'une orthographe qui équivaut à une date, et qui
porte en elle-même ses preuves.

Pour avouer toute notre pensée, nous regrettons un peu, dans
ce beau livre sur *Madame Louise*, ces broussailles où fleurit la
critique contemporaine, où se révèlent les sources; et où, malgré
les aspérités entassées au bas des pages, on marche d'un pas plus
assuré[1]. Mais glissons là-dessus. M. de la Brière écrit moins une
histoire que des *Mémoires*. En le lisant, on jurerait qu'il a vécu dans
ce monde d'il y a cent ans, dont il conte les vertus, les scandales,
les menues anecdotes, les âpres médisances ou les spirituelles ma-
lices; dont enfin il parle la langue, comme s'il était un habitué de
l'Œil-de-bœuf. On croirait qu'il a chevauché, au matin du Mercredi saint 11 avril 1770, près du carrosse qui emportait la fille de
Louis XV, du palais de Versailles au Carmel de Saint-Denis; encore que la princesse n'eût accepté, ce jour-là, ni pages, ni escorte.

Quoi que le Carmel soit vigoureusement défendu par ses
règles, non moins que par les longues dents de fer de ses grilles,
M. de la Brière semble avoir non seulement fréquenté le *Parloir*,
où il fait défiler presque tous les personnages illustres et hono-
rables de l'autre siècle; mais avoir en outre, par un privilège
royal, visité les pauvres cellules, vu leur mobilier plus que modeste, la chaise de paille, la cruche de grès, le balai de bruyère,
et le sablier à compter les heures. C'est plaisir de le suivre, quand
il introduit dans le cloître Louis XV, qui vient chercher la paix
auprès de sa sainte fille; et Louis XVI, prenant sa place aux
stalles du chœur, où il priait de si bon cœur et chantait d'une
voix si fausse.

---

1. M. de La Brière cite, au beau milieu des pages, une foule de publications qu'il a consultées; sans oublier les trois articles « très substantiels »
du P. Émile Régnault, parus dans les *Études* en 1873 (voir p. 62).

Nous ne saurions, à notre vif regret, l'accompagner ici tout au
long des douze chapitres, où il promène ses lecteurs sans nulle
fatigue, depuis l'abbaye de Fontevrault jusqu'au Carmel édifié et
gouverné par la mère Thérèse de Saint-Augustin. — Sur Fontevrault et la première éducation de Mesdames, filles de Louis XV,
signalons les documents tout nouveaux entassés dans la plaquette
du P. Henri Chérot : *les Filles de Louis XV à Fontevrault*[1]; où
l'auteur recueille les souvenirs et les billets inédits des jeunes
princesses; où il reproduit même le pauvre petit dessin, essayé
par Madame Louise âgée d'environ neuf ans. On y voit, entre
autres détails curieux, les preuves péremptoires d'un fait que M. de
la Brière (p. 118) ne veut admettre, dit-il, que « sous bénéfice
d'inventaire »; à savoir que, dans l'intimité toute bourgeoise de
sa vie, Louis XV donnait à ses filles les surnoms extrêmement
familiers de *Coche, Loque, Graille* et *Chiffe.* Ce dernier surnom
était celui de la future carmélite, qui signe elle-même : *Chiff.*
une de ses petites lettres, où l'orthographe rivalise hardiment avec
celle de sa grand'mère la duchesse de Bourgogne.

Autour de douze titres, qui ont par eux-mêmes un attrait et un
intérêt, M. de la Brière groupe les événements, les citations
choisies dans les *Papiers intimes*, les particularités plus ou moins
connues sur les personnages de l'époque, soit de la Cour, soit de
l'Église, soit du monde de la politique et de la littérature; enfin
les apologies que réclament et amènent les calomnies. Les âmes
les plus pures et les plus désintéressées n'échappent point aux
flèches venimeuses des mauvaises langues; et, par exemple, dans
le chapitre : *Orgueil et intrigue*, M. de la Brière répond, avec
une éloquence aussi victorieuse qu'indignée, aux *dires* de
Mme Campan, qui sont loin d'être paroles d'Évangile.

Nous ne voulons nous arrêter qu'au troisième de ces douze
chapitres, intitulé : *Le Pourquoi*, et qui est également une apologie très consolante. Pourquoi Madame Louise de France a-t-elle
fui les magnificences de Versailles, et s'est-elle enfermée, à trente-
trois ans, dans un Carmel, et, en quelque façon, dans l'ombre
même des tombeaux de ses aïeux ? Quand la nouvelle fut connue,
toute la « philosophie » en frémit d'horreur; et Mme du Deffand,
la vieille libre penseuse, qui allait en cachette boire de l'eau du

1. Librairie Techener. Paris, 1899. In-16, pp. 35.

puits de Nanterre pour obtenir de sainte Geneviève la guérison
de ses yeux, cria à l'extravagance, à la « faiblesse d'esprit ». —
D'autres perdirent leur temps et le peu de bon sens dont ils
étaient nantis, à chercher des raisons très mystérieuses à cette
fuite, qu'ils ne s'expliquaient point ; Mme Campan y découvrit un
acte d'orgueil grandiose et triomphant, qui a besoin d'étonner le
monde.

La seule raison, bien certaine, bien démontrée, absolument
évidente pour qui sait voir et comprendre, c'est que Madame
Louise de France voulait sauver son âme et obtenir, par son sacrifice, la conversion du roi. Louis XV aimait d'une affection toute
paternelle la dernière de ses filles ; la séparation lui coûta ; et
chaque fois qu'il put s'échapper de la cour, il vint au Carmel
s'entretenir avec sa généreuse enfant immolée à Dieu pour lui.
De cette immolation les preuves surabondent. Elles éclatent dans
les notes manuscrites de la pieuse princesse ; dans celles-ci entre
autres :

« Moi Carmélite, et le Roi tout à Dieu, quel bonheur ! Dieu le peut,
Dieu le fera...

« Mourir Carmélite et laisser toute ma famille dans le chemin du
ciel... » (Page 128.)

Une fois carmélite, elle le dit, elle le répéta de toute manière à
sa communauté ; elle l'avoua à Louis XV, qui, probablement, s'en
doutait. Un jour qu'on l'invitait à modérer l'excessive rigueur de
ses pénitences : « Songez, répondit-elle en pleurant, songez, je
vous prie, que le Roi se meurt ; songez que je suis venue ici pour
son salut, comme pour le mien ; et dites-moi si je puis en trop
faire pour une âme qui m'est si chère. »

Cette âme si chère et si malheureuse, la sainte carmélite la
reconquit à Dieu par ses larmes et ses austérités. En apprenant
la maladie du roi, elle lui envoya son crucifix indulgencié par le
Pape ; présent suprême, dont Louis XV remercia sa fille. De ce
moment, Madame Louise ne vécut, pour ainsi dire, que prosternée
devant le Saint Sacrement, priant et pleurant, tandis que, de deux
en deux heures, les courriers de Versailles lui apportaient au
Carmel les nouvelles du malade repentant.

Car il se repentit. Louis XV, pour qui on implorait avec tant
de courage et de foi la miséricorde divine, eut honte de sa vie,
et déclara qu'il ne voulait pas « mourir comme un chien ». Après

une entrevue avec l'héroïque archevêque Christophe de Beaumont et le cardinal de la Roche-Aymon, il renvoya Mme du Barry;
il se confessa au vaillant prêtre aveugle, l'abbé Maudoux; et,
le vendredi 6 mai, reçut le saint Viatique. Tout le monde sait,
qu'en voyant arriver son Dieu, le pauvre roi pécheur ôta son
bonnet, rejeta ses couvertures, et essaya de s'agenouiller, disant
à ceux qui l'en empêchaient : « Quand mon grand Dieu fait à un
misérable comme moi l'honneur de le venir trouver, c'est bien le
moins qu'il soit reçu avec respect. »

Après la communion, il fit lire par le cardinal grand aumônier
l'acte public du désaveu de ses scandales, dont il demandait pardon à ses sujets; et, se soulevant sur l'oreiller, il insista pour que
le cardinal répétât le mot : « Il se repent. » — Puis il ne cessa
plus, jusqu'à la fin, de prier, de réclamer de l'eau bénite, de
baiser le crucifix. Le lendemain, Louis XVI écrivait à la carmélite, sa tante : « Les grâces que Dieu lui a faites étaient bien
consolantes. Il est mort, tenant son crucifix et récitant lui-même
les prières. » Par son testament, Louis XV protestait de sa foi,
priait la sainte Vierge, tous les saints, et surtout saint Louis, de
lui obtenir le pardon de ses péchés, « de Jésus-Christ, son divin
Rédempteur et Sauveur. »

La joie chrétienne de la carmélite fut plus grande encore que
son deuil. Dieu l'avait exaucée; il avait accepté âme pour âme,
vie pour vie. L'admirable fille de sainte Thérèse avait sauvé l'infortuné fils de saint Louis, — en attendant qu'un autre fils de
saint Louis, très chrétien et très pur, payât de son sang, pour les
fautes de sa race et de son peuple.

Sur quoi, on nous permettra d'accentuer une conclusion fort
juste de M. de la Brière. Parmi les descendants du saint roi, chevalier, justicier et « bon sergent de Jésus-Christ », il y eut des oublis
et des fautes; mais, entre autres sortes de courage, ils ont eu celui
de s'humilier, en sollicitant le pardon de Dieu et des hommes.
Après avoir vu Louis XV, mourant, essayer de se jeter à genoux
devant le Dieu de l'Eucharistie, on peut rappeler les paroles de
Louis XIV à l'agonie, — paroles rapportées par son grand aumônier, le premier cardinal de Rohan : « Je voudrais souffrir davantage... Agréez-moi dans mon repentir, ô grand Dieu ! »

Et que d'expiations sublimes ont été offertes autour du trône
de France, depuis les premiers jours où la reine sainte Clotilde

se retirait près du tombeau de saint Martin ; où la reine sainte
Radegonde s'enfermait en son monastère de Poitiers ; où la reine
sainte Bathilde mourait en son abbbaye de Chelles ; où saint
Félix de Valois se dévouait au rachat des chrétiens esclaves !
Avant Madame Louise, d'autres filles de France, comme sainte
Isabelle, sœur de saint Louis ; sainte Jeanne de Valois, fille de
Louis XI ; Anne, sœur de Louis XII, s'étaient généreusement
immolées dans la vie religieuse.

D'autres s'offrirent à Dieu et donnèrent au monde l'exemple
des plus nobles vertus, auprès du trône, même à la cour de
Louis XV. Des femmes, enfin, qui avaient scandalisé la cour et
la France, les édifièrent par leur repentir : Mme de la Vallière
expia ses fautes pendant trente-six ans, sous la règle sévère du
Carmel ; la malheureuse Pompadour elle-même, par son testament, réclamait la pitié de Dieu, et la faveur d'être ensevelie
— comme elle le fut — avec l'habit du Tiers-Ordre de Saint-
François.

En vérité, c'est le cas de dire, selon la belle pensée de Madame
Louise, que la miséricorde divine dépasse toutes les misères ; et
que là où la foi demeure, pour un pays comme pour une âme,
tout espoir n'a point disparu ; là aussi, où les sacrifices volontaires se multiplient aux pieds du Dieu de la croix[1].

Peut-être un jour verrons-nous sur nos autels ce petit-fils de
Louis XV, que le pape Pie VI appela le Roi-martyr ; et cette petite-
fille de Louis XV, qui fut la *sainte* reine de Sardaigne, Marie-
Clotilde, déclarée Vénérable, en 1808, par le pape Pie VII ; mais,
auparavant, nous espérons invoquer comme Bienheureuse cette
pure victime, fille du même Louis XV, que Pie IX, le 14 juin
1873, déclara Vénérable, après en avoir été prié par la supplique
vraiment royale du comte de Chambord.

La cause de la princesse carmélite de Saint-Denis se poursuit,
en même temps que celle des seize carmélites de Compiègne.
Sa Béatification serait pour notre patrie une nouvelle preuve de
l'amour du Cœur de Jésus ; car Madame Louise de France, comme

---

1. Rappelons ici, d'un mot, que cette œuvre d'expiation et de réparation
se continua, sous la Restauration, par les soins de la pieuse princesse Louise
de Condé qui, précisément dans cette vue, fonda les Bénédictines du Saint-
Sacrement du Temple, dans cette prison où avait souffert la famille royale.
Nous en avons parlé tout au long dans les *Études*, en octobre 1888.

le Dauphin son père, et comme son neveu Louis XVI, avait mis son espérance dans le Sacré Cœur ; et dans ses *Papiers intimes* (voir p. 87), on lit sur cette dévotion une page fort belle, dont nous détachons ces deux lignes rayonnantes d'espérance :

« Nous l'avons percé ce Cœur divin ; mais nous devons le regarder avec autant de confiance que de douleur. »

Victor DELAPORTE, S. J.

QU'EST-CE QUE L'ART ?

A PROPOS DE L'OUVRAGE DU COMTE LÉON TOLSTOÏ[1]

On peut lire, dans les vénérables Logiques en latin, une règle formulée en ces termes : *Ex falso potest sequi sive falsum sive verum*. De prémisses fausses peuvent suivre, en certains cas, des conséquences vraies. Il est bien difficile de ne se pas remémorer ce vieux précepte, en parcourant la théorie d'art du célèbre écrivain russe. Il y a là mainte page exacte, éloquente, généreuse : réunissez ces pages, vous aurez un noble et puissant réquisitoire contre les dégradations trop réelles de l'art contemporain. Et cependant la lecture de tant de choses justes et belles demande assez souvent un effort pénible ; d'autant que l'auteur développe lui-même plus d'effort pour tout rattacher à la donnée fondamentale de son étude. La rigueur logique, la sévérité de déduction doivent être comptées parmi ses mérites les moins douteux. Seulement, dans l'espèce, ces qualités portent souvent à faux : la donnée première étant erronée, l'exactitude dialectique devient principe d'obscurité.

Au jugement du comte Tolstoï, le vice profond, essentiel, de l'Art actuel, héritier de celui de la Renaissance, consiste en ceci : on s'est habitué à définir l'Art : un producteur de beauté — et la beauté : ce qui plaît. On ajoute bien : ce qui plaît sans exciter le désir[2]. Mais peu importe. Il demeure trop évident qu'un pareil concept est illégitime et pernicieux au premier chef : illégitime, car le *plaisir*, donnée personnelle, subjective, variable, ne saurait avoir place dans une définition rationnelle[3] ; — pernicieux, car il l'est souverainement d'accorder les droits et les privilèges de l'Art à toute œuvre qui *plaît*, fût-elle incohérente, inintelli-

1. *Qu'est-ce que l'Art ?* Traduit et précédé d'une Introduction par Teodor de Wyzewa. In-12, pp. xii-270. Paris, Perrin.
2. P. 46 ; chap. i-iii, *passim*.
3. P. 49.

gible, immorale. Baudelaire, Verlaine ont aussi leurs admirateurs[1].

Tout autre, poursuit l'éminent écrivain, est l'idée vraie, la
fonction essentielle de l'Art. « Évoquer en soi-même un sentiment déjà éprouvé, et, l'ayant évoqué, le communiquer à autrui
par le moyen de mouvements, de lignes, de couleurs, de sons,
d'images verbales », tel est son « objet propre ». « L'art est une
forme de l'activité humaine consistant... à transmettre à autrui
ses sentiments, consciemment et volontairement, par le moyen de
certains signes extérieurs[2]. » L'art est, par essence « un moyen
d'union parmi les hommes », et c'est pourquoi il doit être accessible, non seulement à l'élite, mais à la masse, au peuple. Là est
le critère qui distingue l'art véritable de l'art faux[3].

A cette théorie, dont nous nous garderons de contester l'élévation morale, on peut opposer tout d'abord les conséquences, il
faut bien le dire, inadmissibles, qu'elle entraîne. Si l'art est, par
essence, « un moyen d'union parmi les hommes » ; s'il est vrai,
comme nous venons de l'entendre, que sa fin première, sa raison
d'être nécessaire consiste dans la *transmission des sentiments*, il
s'ensuit que « l'art de l'élite », j'entends celui qui demande, pour
être pleinement compris, une initiation, une préparation spéciales,
n'est pas digne du nom « d'art véritable » ; qu'il faut du moins
le rabaisser jusqu'aux degrés les plus inférieurs. Qu'à cela ne
tienne, répond le comte Tolstoï, qui n'est pas homme, non
plus que Hegel ou Kant, à reculer jamais devant la conclusion
logique d'un syllogisme dont il admet les prémisses. Je tiens en
effet pour art non véritable, ou tout au moins très inférieur, l'art
de la Renaissance et, pour une grande partie, celui qui lui a succédé chez les différents peuples de l'Europe, l'art de Raphaël, de
Michel-Ange, « y compris son absurde *Jugement dernier* », de
Tasse, de Milton, de Shakespeare, de Gœthe[4]... Oui, j'admets
que, dans l'art véritable, la part de l'initiation, de la préparation
doit être fort réduite ; qu'il y faudrait supprimer, ou à peu près,
l'élément critique, technique, professionnel[5].

---

1. Chap. ix.
2. P. 58, et chap. iv, *passim*.
3. Chap. v, vi, vii.
4. Voir chap. vii ; chap. ix, p. 119 ; chap. xi, p. 153.
5. Chap. xi, xviii.

A la bonne heure!... et c'est là parler net. Il demeure toutefois
fort probable que la grande majorité des esthéticiens, il s'agit de
ceux qui comptent, n'aura de longtemps assez de force d'esprit
pour suivre jusque-là le comte Tolstoï. Et nous ne croyons pas
devoir nous attarder à faire voir que, pour cette fois, l'avis de la
majorité sera celui des dieux du Parnasse, pour ne pas dire celui
de la raison.

Il n'est donc pas exact que la fin essentielle, l'objet premier de
l'Art, soit *la communication des émotions et des sentiments*.
L'erreur du principe appert suffisamment de l'erreur des conséquences qui en découlent logiquement.

Cette fin essentielle, cet objet premier, quel est-il? Eh bien, en
vérité, il semble que ces malencontreux esthéticiens, desquels
le comte Tolstoï nous a dit tant de mal, ne se soient pas si fort
trompés en répondant d'un mot : *la production de la beauté*.
Nous sera-t-il permis d'ajouter que telle est aussi, à la bien prendre, la pensée du maître des philosophes scolastiques, saint
Thomas? La fin *propre, spécifique* de l'art, écrit-il[1], n'est pas le
perfectionnement moral de l'homme, mais la bonne et juste exécution de l'œuvre, le « bien de l'œuvre[2] ». N'est-il pas certain,
en effet, que cet unique élément, à défaut de tout autre, — l'œuvre
bien faite, — étant donné ou supprimé, l'art se trouve, du coup,
supprimé ou donné? Et ne suit-il pas de là, très clairement, que
celle-là, et celle-là seule, est le terme nécessaire, essentiel, de
celui-ci? L'Art, considéré en sa propre notion, pris « comme tel »,
dit saint Thomas, a pour objet et pour fin l'œuvre bien faite. Et,
s'il s'agit de beaux-arts, qui sont exclusivement en question dans
la présente étude, il est manifeste que l'œuvre bien faite est
l'œuvre belle. L'Art, pris « comme tel » est un facteur de *beauté*,
voilà tout.

De *beauté*. Mais, qu'est-ce que la beauté? Ce qui plaît. — Que
non, objecte le comte Tolstoï; ce n'est pas là une définition. —

---

1. *Summa theol.*, 1ᵃ 2ᵃᵉ, q. 57, art. 3 et 4. Voir aussi Suarez, *Disp. Met.*,
44, sect. 13; tract. V ad 1ᵃᵐ-2ᵃᵉ. S. Thomæ, tract. ɪᴠ, disp. 3, sect. 3.

2. « Respondeo dicendum quod ars nihil aliud est quam ratio recta ali-
quorum operum faciendorum. Quorum tamen bonum non consistit in eo
quod appetitus humanus aliquo modo se habet : sed in eo quod ipsum opus
quod fit, in se bonum est. Non enim pertinet ad laudem artificis, in quantum artifex est, qua voluntate opus faciat : sed quale sit opus quod facit. »
Loc. cit., a. 3.

Oui, si nous la séparons de son complément nécessaire, la définition *réelle*, la définition réelle du *beau*, toujours constante en ses
expressions variées, que vous la preniez chez Platon, chez Augustin, chez Aristote, chez saint Thomas... ou dans votre âme et
sur vos lèvres, cher lecteur, quand vous voulez vous justifier à
vous-même votre admiration devant les chefs-d'œuvre d'un
Raphaël, d'un Michel-Ange, d'un Murillo, d'un Vernet, d'un
Beethoven, d'un Rossini. Cela est beau, dites-vous, et vous parlez ni mieux ni plus mal que Platon et saint Thomas [1] ; cela est
beau, parce que cela est achevé, complet, bien proportionné en
ses éléments, parce que j'y perçois en outre je ne sais quel rayon-
nement d'idéal qui est comme la marque propre des talents supérieurs.

La beauté, la beauté qui *plaît*, parce qu'elle est la perfection
resplendissante de l'être, *splendor veri*, tel est l'objet de l'art
humain, comme il l'est de l'art divin [2]. Telle est la fin commune,
universelle, qui supporte, s'il est permis de parler ainsi, la
superstructure des fins particulières spéciales à chacun des arts.

Mais il faut aller plus loin. Et c'est ici que nous pouvons « rejoindre » la théorie de Tolstoï, pour en montrer les conséquences
vraies et saines. Le *beau* artistique, celui qui vient d'être défini,
est de trois sortes ou à triple degré : il y a le beau des formes
corporelles, le beau matériel ou sensible, auquel s'est limité trop
souvent l'art de la Renaissance, — le beau moral, — le beau surnaturel et chrétien. Car il est d'expérience que la beauté de l'âme
et celle de la grâce divine peuvent marquer la chair humaine
d'une indéfinissable empreinte, et que l'Art en peut reproduire
l'éclat. Maintenant, il est manifeste qu'un tel art, celui qui attein-
drait à cette triple beauté, serait, tout ensemble, et très excellent comme art, et, de plus, comme par surabondance, très accessible, en ses principaux éléments, à l'intelligence du peuple,
éminemment apte à le moraliser. Et s'il n'est pas exact, comme

---

1. Voir notamment les magnifiques textes de la Somme : 1ᵃ, q. 39, a. 8,
etc.

2. Je sais bien que l'esthétique moderne se place, pour définir la beauté,
à un point de vue non plus objectif (comme le faisaient les anciens et leurs
disciples), mais subjectif. L'œuvre belle est celle qui manifeste la beauté de
l'âme. Si les limites de cet article le permettaient, il serait facile de montrer
que la différence entre les deux théories n'est pas si profonde ni si irréductible qu'elle le peut paraître d'abord.

nous avons essayé.de le montrer, que la *communication des senti-*
ments, l'influence morale constituent la fin première, essentielle
et universelle de l'Art, le critère indispensable de tout *art véri-*
table, au moins faut-il y reconnaître les caractères habituels,
comme les privilèges de race de l'art spiritualiste et chrétien.
Nos aïeux, tous, lisaient sans peine les poèmes sublimes qu'étaient
leurs églises symboliques. Et je ne sache pas qu'une éducation
de choix, qu'une exquise érudition soient nécessaires pour recevoir en son âme ces impressions de pureté et d'amour divin qui
se dégagent des tableaux de Fra Angelico ou de la Sainte-Mo-
nique d'Ary Scheffer. Oui, l'art spiritualiste et chrétien est, tout
naturellement et sans effort, un art populaire... « contagieux »,
comme dit si bien le comte Tolstoï, moralisateur.

De ce point de vue et sous ces réserves, les critiques de l'éminent écrivain contre l'art de la Renaissance et l'art contemporain
reprennent toute leur force. Le premier, trop souvent, le second,
presque toujours, se sont placés à l'opposé de l'art spiritualiste,
de l'art chrétien. Et le châtiment en a été, qu'avec le secret du
beau moral et surnaturel, ils ont perdu, l'un et l'autre, le don de
« communiquer » avec la multitude, la popularité saine, la « contagion » moralisatrice. Sous l'influence de l'école décadente et
symboliste, écrit l'éminent auteur, l'art contemporain s'éloigne
de plus en plus du peuple, se fait de plus en plus inaccessible à
la grande majorité même des hommes instruits. Ses caractères
sont, avec « l'appauvrissement de la matière artistique », « la
recherche de l'obscurité », l'absence d'inspiration sincère, l'abus
révoltant du procédé, du convenu, de l'artificiel. Au jugement
du comte Tolstoï, qui voudra bien, s'il lui plaît, porter seul la
responsabilité d'une telle impiété, Wagner, oui, Wagner, serait,
en dépit de ses remarquables talents, le type achevé, fixé, de cet
art « de contrefaçon [1] ».

L'Art est donc perdu sans ressource, s'il ne se retrempe enfin
aux sources fécondes de son inspiration, s'il ne se fait *universel*
et *chrétien* [2]. Seulement, pour l'écrivain, l'un et l'autre terme présentent un sens identique, ou bien peu s'en faut, le christianisme,
tel qu'il le conçoit, se réduisant à l'imprécise et vague religion de
l'humanité. D'ailleurs, le mot « art *universel*» nous semble peu

1. Chap. xii.
2. Chap. xvii-xviii,

exact : de quel droit exclure, comme le fait du reste très franchement le comte Tolstoï, l'art national, l'art « patriotique » ? Nous aimons mieux, quant à nous, souhaiter à « l'art de l'avenir » d'être spiritualiste et catholique, comme le fut, en la simplicité un peu rudimentaire de sa technique, l'art populaire, suave et fortifiant des primitifs, l'art des « maîtres maçons » qui bâtirent nos cathédrales, et, pour une notable part de ses œuvres, notre art classique français. Il faut savoir gré au comte Tolstoï, si sévère envers ses propres ouvrages[1], de la réserve plutôt bienveillante qu'il a gardée à ce dernier point de vue.

Sauf les observations plus spéciales qui précèdent et celles qui portaient sur la position même de la thèse, on voit assez tout ce qu'il y a, en ce livre, de vérités et d'aspirations généreuses. Le talent et l'influence du noble auteur donnent une très haute portée à sa courageuse revendication des droits de la « conscience religieuse », aux flétrissures qu'il inflige aux décadences, aux turpitudes de « l'art contemporain ».

Camille de BEAUPUY, S. J.

1. P. 215 (note).

REVUE DES LIVRES

I. Esquisse d'une Apologie philosophique du Christianisme dans les limites de la nature et de la Révélation, par l'abbé Ch. Denis, directeur des *Annales de philosophie chrétienne*. In-8, pp. xx-410. Paris, Alcan, 1898. Prix : 4 fr. — II. Histoire de la Religion *prouvant la Révélation divine et sa conservation par l'Église*, par le R. P. W. Wilmers, de la Compagnie de Jésus, traduite de l'allemand. Seule édition française approuvée, publiée avec l'autorisation de l'auteur. 2 vol. in-8. Paris, Lethielleux, 1898. Prix : 13 fr. 50.

I. — Cette *Esquisse* est la réunion des articles publiés sous le même titre dans les *Annales de philosophie chrétienne*. L'éminent directeur de cette Revue a voulu faire « une démonstration philosophique du christianisme autre que celle basée communément sur le témoignage et la dialectique ». Il ne présente pas cette méthode comme contraire à l'apologétique classique et consacrée, il la place *à côté* (p. 10). Elle ne vise, dans sa pensée, qu'une certaine catégorie d'esprits, et même d'incrédules; elle ne s'appuie nécessairement que sur une catégorie d'arguments (p. 194 et 237). Aux philosophes modernes, qui admettent comme dogme fondamental l'autonomie de la raison, le croyant doit montrer « la connexité progressive qui existe entre la science qui se fait et la Révélation donnée, entre le moi autonome et pensant et la Lettre divine susceptible de devenir notre esprit. Il faut donc dégager la loi de préharmonie qui existe entre la nature et le surnaturel. »

C'est à dégager cette loi de préharmonie que tendent tous les efforts de l'auteur. D'après la méthode d'immanence, il applique d'abord l'analyse psychologique à l'âme elle-même, mais à l'âme prise avec tous les développements de son activité religieuse, pour constater les exigences intimes de notre nature. Or, l'étude du *fait religieux* ou de la *croyance*, base et condition de la foi, nous montre « l'âme toute pleine, toute grosse d'une finalité qui la dépasse, d'une finalité qui appelle Dieu », et c'est là précisé-

ment que l'homogénéité entre la nature et la surnature prend son
principe (p. 70). « La surnature est en quelque sorte une aspiration impérieuse qui, à elle seule, préjuge son objet, sa possibilité,
sa réalisation. Et par là elle rejoint librement le fait d'une Révélation historiquement déterminable (p. 186).

M. l'abbé Denis détermine ensuite quels devront être les conditions du surnaturel en lui-même et en nous, quels en devront
être les critères, ce que la Révélation devra être. On s'appuie
alors sur une double connaissance : celle des exigences intrinsè-
ques de notre nature qui doit recevoir le surnaturel, et celle des
attributs de Dieu qui le donne. En d'autres termes, étant donnée
l'hypothèse d'un christianisme, d'un surnaturel, d'une Révélation
qui viennent de Dieu et qui doivent être reçus et vécus par des
hommes suivant les exigences immanentes de leur esprit et de
leur volonté, quelles seraient les conditions de leur réalisation?
C'est en ce sens qu'il est possible de *préjuger* le surnaturel. Par
exemple, c'est en vertu des exigences immanentes de notre esprit
autonome qu'est formulé ce postulat (p. 207): « La Révélation ou
la religion surnaturellement vraie est celle qui donne un objet à
la croyance et à l'idée religieuse autre que celui qu'elles se donnent naturellement, pourvu que cet objet, en lui-même indéter-
minable, leur soit homogène, transcendant et susceptible d'expérience intérieure. » De même, c'est en vertu de ses propres
attributs, non moins qu'en vertu des exigences de notre esprit,
que Dieu, s'il a dessein de nous proposer une religion surnaturelle d'une manière convenable, doit l'accompager de signes, de
critères qui l'authentiquent ; le miracle a donc sa raison d'être,
il se justifie par sa finalité.

Or, il arrive que les conclusions, tirées ainsi de l'analyse psychologique du fait religieux, des virtualités et des aspirations
qu'il révèle dans l'âme, des conditions qu'il suppose dans la Révélation considérée comme acte ou comme objet, réalisent une
coïncidence parfaite entre les postulats de la Raison et le don de
la Révélation. C'était le but poursuivi, et, ce travail achevé, la
Révélation objective et extérieure peut se présenter. La volonté
suffisamment disposée se portera par un mouvement intime vers
ce surnaturel entrevu déjà, désiré d'une certaine manière, et
reconnu maintenant par l'esprit comme le complément de sa
nature, par suite ne choquant plus sa loi d'autonomie. Gardons-

nous toutefois de confondre ces deux idées, surnaturel postulé par notre nature, et surnaturel répondant aux postulats de cette nature : « Le surnaturel n'est postulé en aucune façon par notre nature…, mais seul le surnaturel lui donne pleinement satisfaction. Et il y a entre eux une coïncidence, elle est rigoureusement discernable, bien qu'elle ne soit nécessaire en aucune manière. »

Telles sont les grandes lignes de cet ouvrage, dégagées des longueurs, des redites, des surcharges qu'entraîne une préoccupation constante de toucher ou de répondre à tout en passant, mais qui rendent souvent la marche de l'auteur obscure, et la lecture de son livre difficile pour le plus grand nombre. Ce qui n'empêche nullement que dans l'ensemble il n'y ait d'excellentes pages, et des vues pratiques dont les apologistes actuels peuvent et doivent tenir compte pour adapter les vieux et solides procédés aux exigences plus ou moins légitimes des esprits modernes.

Dans une étude précédente[1], j'ai essayé de mettre en relief ce qui paraît incontestablement vrai dans les nouvelles méthodes : c'est tout d'abord la mise à profit du fait religieux ou de la croyance naturelle dans la préparation subjective des esprits philosophiques modernes à l'acceptation de la Révélation qui se présente du dehors, suivant la voie normale, voulue par Dieu : *Fides ex auditu.* Il y a plus : dans l'hypothèse d'une élévation effective du genre humain à une destinée surnaturelle, l'analyse psychologique de nos instincts les plus intimes, la grâce de Dieu aidant, peut amener quelqu'un à conclure du fait à sa cause ou de l'acte à sa finalité, et à reconnaître dans le contenu de la Révélation, proposée au nom de Dieu, ce qui comblera ses exigences immanentes. Et c'est là, me semble-t-il, tout ce qu'il y a dans ces passages un peu abstraits, où l'on entend parler de « deux activités profondes, l'idée religieuse et la croyance, qui agitent par leurs remuements intérieurs, par leur prescience transcendante, par leur inquiétude naturelle, tant qu'elles n'ont pas d'aliment; tout homme réfléchi, sincère avec lui-même et chez qui les passions charnelles ne font pas taire les aspirations supérieures… Idée religieuse, croyance, réceptivité et intériorité, appel moral du divin, aspiration et amour vers Dieu : voilà ce que nous avons

1. De l'Apologétique « traditionnelle » et de l'Apologétique « moderne » (troisième article dans les *Études*, 20 août 1897 ; chap. iv dans le tiré à part (Paris, Lethielleux)).

reconnu comme le magnifique portique du temple chrétien »
(p. 205 et 209).

Quand ensuite M. l'abbé Denis prétend faire l'équation d'homogénéité ou établir une coïncidence parfaite entre les.postulats
de la Raison et les données de la Révélation, je ne saurais me
défendre d'une certaine inquiétude sur la valeur de tout son
procédé à l'égard de ceux-là mêmes qu'il veut convaincre. Personnellement, je ne puis juger, par l'analyse psychologique de
ma croyance *vécue*, ce qu'un incroyant éprouvera en face de la
démonstration proposée; toutefois, s'il est permis de *préjuger*
un état d'esprit par ce qui en transpire au dehors, voici peut-être
ce qu'il dira : Toute cette analyse de l'idée religieuse et de la
croyance avec ces virtualités, ces postulats, ces aspirations de
surnature, où j'entends même parler de l'Incarnation et des sacrements, vous la faites sur votre âme déjà chrétienne, sur votre
âme croyante et vivant de sa foi ; vous croyez trouver tout cela
dans le fait religieux, dans la croyance naturelle, suivant une certaine loi d'évolution ou de déterminisme, et vous ne vous aper-
cevez pas que vous l'y trouvez avec votre foi, ou du moins non
pas sans votre foi de chrétien, et même de catholique. Moi, qui ne
partage pas votre foi, je ne trouve pas les mêmes postulats et je
ne vois pas cette coïncidence parfaite entre la Raison et la Révélation. Faites-moi d'abord vivre, comme vous, de cette foi expéri-
mentale, et alors je trouverai sans doute dans les virtualités développées de ma réceptivité religieuse ce que vous y trouvez
vous-même.

Puissé-je mériter le reproche d' « intellectualisme » en raison-
nant ainsi, mais hélas ! les faits sont là. Tel personnage éminent,
vivant et écrivant de nos jours, n'a-t-il pas fait des réflexions
semblables pour son compte et celui de beaucoup d'autres, en
parlant de la méthode du regretté M. Ollé-Laprune ? Au reste, on
peut voir par l'*Esquisse* même, combien il serait difficile d'établir
une coïncidence parfaite entre les deux ordres, si l'on voulait
tout à la fois prendre la Révélation intégrale et rester dans les
strictes limites de la Raison. Ainsi, au chapitre v, § 3, l'auteur se
trouve en présence du surnaturel *libre*; pour le justifier aux yeux
de la philosophie, à quoi s'arrête-t-il ? A l'hypothèse d'une déchéance originelle, comme raison possible et probable. L'inco-
vénient, c'est que l'ordre surnaturel présenté par la Révélation

chrétienne est *absolument gratuit*, libre, indépendamment de l'hypothèse d'une déchéance originelle. Quand on regarde dans le christianisme ce qui n'est pas surnaturel au sens strict, on comprend la coïncidence ; mais sitôt qu'on passe à ce qui est surnaturel au sens strict, à ce qui dépasse la raison ou les exigences de toute créature, on comprend moins, ou plutôt ce qu'on comprend bien, c'est qu'alors la coïncidence entre la nature et la surnature ne peut avoir qu'un sens relatif et restreint.

Dans le même ordre d'idées, le surnaturel chrétien se pose comme *obligatoire*, non pas précisément par sa *convenance* ou par son homogénéité avec notre nature, mais par sa finalité ou par son rapport essentiel de moyen nécessaire en vue de la fin surnaturelle à laquelle Dieu nous a destinés. C'est donc l'élévation de l'homme à cette fin surnaturelle qu'il faut établir ou justifier ; sans cela, le surnaturel chrétien ne peut apparaître comme vraiment obligatoire, il n'aurait même pas sa raison d'être.

Enfin, dans son horreur de ce qu'il appelle l'intellectualisme scolastique et sa tendance toute contraire à prendre en bloc le fait psychologique concret et vécu, M. l'abbé Denis distingue-t-il assez nettement ce qui dans l'acte de foi se rapporte à l'intelligence, et ce qui se rapporte à la volonté, ou même à la grâce, principe surnaturel de l'acte ? Ne semblerait-il pas parfois sacrifier le côté intellectuel ou rationnel au côté affectif ? Sa conception de la croyance, qui reste une théorie philosophique discutable, l'amenait tout naturellement à présenter l'ordre surnaturel presque exclusivement sous un aspect dynamique ; ainsi nous montre-t-il dans la foi chrétienne comme une sorte de transsubstantiation de la croyance naturelle. L'idée traditionnelle est plus large, et à juste titre ; en celui qui se trouve d'une façon permanente dans l'ordre surnaturel, elle distingue, à la base de ce qu'on pourrait permettre d'appeler le surnaturel dynamique, la grâce sanctifiante, principe en un certain sens statique et *quasi nature*. C'est ainsi, pour prendre un exemple, que par cette grâce sanctifiante l'ordre surnaturel existe d'une façon permanente dans l'enfant baptisé, et tout autrement que par une sorte de transsubstantiation de la croyance naturelle.

D'autres ont déjà relevé dans l'*Esquisse* un côté agressif à l'endroit des scolastiques, intellectuels et dialecticiens, et de ce chef ils ont fait leurs réserves. Au fond, l'attaque me semble s'adres-

ser surtout à l'abus de la raison *raisonnante*; si elle tendait à insinuer qu'il n'y a de procédés vraiment philosophiques que chez
les modernes, je ferais les mêmes réserves, et j'ajouterais : Les catholiques qui se rallient plus ou moins aux écoles modernes
n'auraient-ils pas un rôle plus utile et plus urgent à remplir, que
celui de provoquer une crise aiguë entre la philosophie contemporaine et la philosophie scolastique ?

II. — C'est un complément de son *Lehrbuch* ou *Traité de la
Religion*[1] que le R. P. Wilmers présente en cette *Histoire*; aussi
avertit-il son lecteur qu'il omet, comme déjà traitées dans son
premier ouvrage, maintes questions qu'un Manuel de l'histoire
de la Religion ou de l'Église devrait traiter en détail. La traduction française reproduit la sixième édition allemande (Munster,
1885) où l'auteur signalait des corrections et des améliorations
concernant plus particulièrement la partie relative aux fondements de la Révélation.

L'ouvrage entier contient deux parties générales : l'histoire de
la Révélation, et l'histoire de l'Église gardienne de la Révélation.

Le Rév. Père suit naturellement l'ordre historique. Dans la
première partie, il étudie successivement les révélations surnatu-
relles, depuis leur commencement dans le paradis terrestre jusqu'à leur entier accomplissement par le Rédempteur promis dès
l'origine. Ce sont les révélations primitive, patriarcale et mosaïque, puis la révélation chrétienne, qui passent ainsi sous nos yeux,
dans le milieu historique où elles se réalisèrent, pour nous amener
à ce terme : Jésus l'Envoyé de Dieu.

Ensuite, l'Église, fondée par le Christ, commence son rôle de
gardienne de la Révélation. C'est d'abord la période de l'antiquité
chrétienne, depuis le jour de la première Pentecôte jusqu'au rétablissement de l'empire romain d'Occident : l'Église apparaît, se
propage, lutte, souffre et triomphe. A partir de Charlemagne,
dans la période du moyen âge, elle manifeste surtout son activité
infatigable dans l'accomplissement de sa tâche parmi les peuples

1. Il n'existe pas, à proprement parler, de traduction française du *Lehrbuch der Religion*, mais une simple adaptation, sous ce titre : *Cours de
Religion*, d'après l'ouvrage du R. P. Wilmers, par l'abbé Grosse. Le traducteur de l'*Histoire* renvoie encore à un autre ouvrage du même théologien : *Handbuch der Religion* (3e édit. Ratisbonne, 1891), publié récemment
à la librairie Mame, sous le titre de *Précis de la Doctrine catholique*.

d'Occident : elle les christianise, les civilise, les instruit et les dirige ; elle est mère et reine, malgré les grandes crises qu'elle traverse, au dedans comme au dehors. Mais avec les temps modernes commence la grande défection de la foi en Occident. La Réforme protestante naît avec Luther et se propage rapidement; les nations catholiques elles-mêmes faiblissent et parfois chancellent. En face de l'une et des autres, solennellement au Concile de Trente et pratiquement par la direction constante de ses Pontiles, l'Église maintient l'intégrité du dépôt qui lui a été confié par son divin fondateur. On comprend que, dans cette dernière période, le P. Wilmers ait traité avec un soin spécial tout ce qui concerne la Réforme et les mouvements religieux qui se sont produits depuis lors. Il termine son *Histoire* par un excellent résumé du concile du Vatican, et s'arrête à l'aurore du brillant pontificat de Léon XIII, en énonçant cette conclusion finale : La durée persistante de l'Église est une preuve de son origine divine.

Plusieurs appendices enrichissent l'édition française : une chronologie des Papes et des élections pontificales, empruntée au savant prélat qui signe Lucius Lector ; une liste des conciles œcuméniques; les listes chronologiques des empereurs d'Occident et des rois de Germanie depuis Charlemagne, des empereurs d'Orient après le rétablissement de l'empire d'Occident, des rois de France et des rois d'Angleterre; enfin, une bonne table alphabétique des matières contenues dans les deux volumes.

Pour faire l'éloge de cet ouvrage, il suffit de dire qu'il est digne de son auteur; on y retrouve, adaptées au sujet, les qualités maîtresses du P. Wilmers. C'est d'abord l'heureuse alliance d'une substantielle brièveté et d'une érudition riche et sûre qui sait toucher à tout ce qu'il faut et comme il faut. Elle est immense, la matière qu'il a su condenser en deux volumes de 500 pages chacun. Il est vrai que, pour embrasser plus de choses, sans trop augmenter le format de l'ouvrage, il a recours à l'usage, fréquent chez les écrivains allemands, de donner les développements plus longs en caractères plus petits ou même de les renvoyer en note. La manière dont le Rév. Père se sert de cette méthode contribue encore à donner à son travail plus de clarté.

Une autre qualité remarquable, c'est l'éminent esprit théologique qui guide l'auteur dans les parties, paragraphes ou notes, relatifs aux problèmes d'une grande importance ou d'une véri-

table actualité. Comme exemples du genre, on peut voir dans la
première partie les développements qui répondent à ces questions : unité de l'espèce humaine, universalité du déluge, sup-
putation du temps depuis la création de l'homme jusqu'à Abra-
ham, cérémonial mosaïque, résumé des preuves de la mission
divine de Moïse, réalité des miracles et de la résurrection de Jésus.
Tels encore, dans la seconde partie, les passages qui se rapportent à la cause des persécutions, à la propagation rapide du
christianisme et à ses martyrs considérés comme preuves de son
origine divine, aux papes Libère, Vigile et Honorius, au concile
de Constance, à la question de Galilée.

Il n'est que juste de féliciter le traducteur de son méritoire et
utile labeur. Les trois ouvrages du P. Wilmers, le *Cours de Religion*, le *Précis de la Doctrine catholique* et l'*Histoire de la Religion* forment un ensemble de doctrine précieux, non seulement
pour ceux qui étudient ou enseignent la science sacrée, mais
encore pour les laïques instruits qui veulent dépasser la médio-
crité dans la connaissance de notre sainte religion.

X.-M. Le Bachelet, S. J.

**Évolution et immutabilité de la doctrine religieuse dans
l'Église**, par M. l'abbé Prunier, Supérieur du grand séminaire
de Séez. Paris, Bloud et Barral, 1898. In-12, pp. 76. (Collection
Science et Religion. Études pour le temps présent.) — Le petit
volume de M. l'abbé Prunier fait honneur à la collection dont il
fait partie. On sait l'importance du sujet. L'auteur a su le traiter
dans ses lignes principales avec précision et clarté ; la chaleur et
le mouvement du style, — sans rien d'emphatique d'ailleurs ni de
déclamatoire, — le choix judicieux des citations et des exemples,
l'abondance des faits qui éclairent la théorie, ajoutent encore à
l'intérêt, et facilitent la lecture. Bref, excellent résumé, et bien
au point, des principales questions qui touchent à la Tradition
et au magistère ecclésiastique. Après avoir formulé dans les mots
évolution et immutabilité « la loi qui préside à la vie de la doctrine religieuse dans la société des croyants », l'auteur étudie
tour à tour la notion du « progrès de la doctrine religieuse, les
occasions qui le provoquent, les causes qui l'accomplissent, la
loi qui le règle ». Sur chacune de ces questions, les enseignements de la théologie nous sont présentés en fort bons termes.

Quelques points sont spécialement bien mis en relief : la manière dont l'erreur est occasion de progrès dans la connaissance et l'expression du dogme, le secours que les sciences humaines peuvent prêter à la foi, le développement de la doctrine par l'épanouissement des principes théologiques, les limites imposées à la critique et aux hypothèses au nom d'une vérité supérieure.

Partout on sent le théologien maître de son sujet ; partout aussi la haute intelligence ouverte à tout progrès, non moins que le ferme jugement en garde contre tout excès.

M. Prunier « invite les âmes à ne pas rester inertes dans le convenu, dans le formalisme » ; il fait écho à Mgr Baunard pour demander dans le prêtre « la science complète », et « une théologie qui, à l'exemple de celle des vrais maîtres, se serve de toutes les acquisitions de la raison pour illuminer ses propres doctrines, les corroborer, les défendre, les mettre en communication avec toutes les intelligences » ; et, dans cette vue, il salue avec joie l'élan du jeune clergé vers les sciences, et notamment vers les sciences ecclésiastiques, soit dans les Universités catholiques, soit dans les grands séminaires. Mais il croit constater que « de nos jours on a trop donné à la pensée individuelle, au détriment du sens traditionnel » ; il craint que la critique n'ait été « trop hardie à l'égard de la théologie », et, en appelant « le décri sur les théologiens qui ne sont que théologiens », n'ait établi des distinctions malheureuses entre théologiens et critiques. En ce sens, remarque avec raison M. Prunier, un bon théologien « n'est pas que théologien », et il faut se garder de confondre la théologie avec la théologie sans critique.

Sous couleur de s'en prendre aux contrefaçons, ne nourrit-on pas çà et là les dédains ou les antipathies contre les produits les meilleurs et les plus authentiques ? « Que l'érudition de détail et la science des principes, que la critique et le raisonnement, que l'histoire et la théologie se donnent la main. C'est à cette condition qu'elles pourront disposer de toutes leurs ressources pour le triomphe de l'Évangile. Mais que la théologie demeure une reine vénérée sur le trône où les plus beaux siècles de l'Église l'ont placée. » Qui ne souscrirait à des remarques si justes et à des conclusions si modérées[1] ? Jean BAINVEL, S. J.

1. Comme il faut des critiques dans une critique, voici les miennes. Si je comprends bien, il doit y avoir, p. 56, une faute d'impression deux fois

Gesù Cristo nell' Eucaristia. *Considerazioni raccolte dalle opere dell' angelico Dottore S. Tommaso d'Aquino*, per Ruggero Freddi, d. c. d. G. (*Jésus-Christ dans l'Eucharistie*. Considérations tirées des œuvres du Docteur angélique S. Thomas d'Aquin, par le P. Roger Freddi, S. J.). Rome, 1898. In-8, pp. viii-478, typogr. de la Propagande. — Dans la *Préface* d'un premier ouvrage sur *Jésus-Christ Verbe incarné*[1], le P. Freddi avait fait cette promesse au lecteur : « Si Dieu nous en donne les forces et le loisir, nous publierons un second volume de considérations puisées aux mêmes sources, sur Jésus-Christ considéré dans ses sacrements, surtout dans l'Eucharistie. » La promesse est maintenant réalisée.

Pour la méthode et les sources, ce second ouvrage ressemble au premier; l'auteur a voulu « exposer purement et simplement la doctrine de saint Thomas ». De là un genre de développement simple et sobre, mais clair, précis, substantiel, où se rencontrent dans un degré éminent la science théologique et la piété solide. Ce sont des idées très élevées et singulièrement fécondes, soit pour la prédication, soit pour la dévotion personnelle, que la série de considérations sur l'Eucharistie développées dans tout l'ouvrage, et particulièrement dans certains chapitres d'une portée pratique plus immédiate. Tels ceux qui ont pour titre : Effets de l'Eucharistie dans l'âme, dans le corps; l'Eucharistie banquet précieux, tout admirable, très salutaire, très suave; l'Eucharistie fiançailles mystiques entre le Christ et l'âme; l'Eucharistie gage et arrhes de la vie éternelle; Excellences de l'Eucharistie.

Pour prendre une comparaison qui est de l'auteur lui-même, quel riche bouquet résulte de toutes ces idées cueillies dans le jardin du Docteur angélique, jardin délicieusement fleuri, sur-

---

répétée : *loi* au lieu de *foi* ; à la table, ne faudrait-il pas un titre de plus : *Quatrième partie*? La citation empruntée à Wiseman, p. 45-46, ne répond pas à l'état actuel de la science. Enfin je crois voir une petite lacune dans ce qui est dit sur l'Église, règle de foi et sur son rôle modérateur : on attendait, sinon quelques pages, au moins quelques lignes sur l'Église interprète de l'Écriture. Les pages 34-41 répondent en partie à ce désir, mais non pleinement, car le point de vue y est tout différent.

1. *Gesù Cristo Verbo Incarnato*. Rome, typogr. de la Propagande, 1888. Voici le titre complet de la traduction : *Jésus-Christ Verbe incarné*. Considérations tirées des œuvres du Docteur angélique saint Thomas d'Aquin, par le P. Roger Freddi, S. J., traduites de l'italien par le P. Le Chauff de Kerguenec, de la même Compagnie. Paris, J. Leday, 1891.

tout quand il s'agit de l'Eucharistie! Car l'Ange de l'École, auteur de la *Somme* théologique et chantre du *Lauda Sion*, c'est
celui-là même auquel Jésus-Christ daigna dire un jour : « Tu as
bien écrit de moi; *Bene scripsisti de me, Thoma.* »

Il est naturel de souhaiter que ces nouvelles Considérations du
P. Freddi soient traduites en notre langue, comme l'ont été ses
précédentes sur *Jésus-Christ Verbe incarné*.

Xavier-Marie Le Bachelet, S. J.

Éloquence de la chaire, *orateur et discours sacrés,* par l'abbé
Donatien Hiron-Coudray, 1 vol., pp. 398. Paris, Bloud et Barral.
— L'auteur a voulu, suivant sa propre formule « faire un manuel
court, clair et complet. » Il a réalisé son programme et tenu ses
promesses pleinement. Dans un ouvrage qui ne dépasse point les
proportions d'un juste volume, avec une méthode exacte, il a
étudié toutes les questions de son vaste sujet : dans la première
partie, la sainteté, la science, la mission du prédicateur ; dans la
seconde partie, l'invention, la disposition, l'élocution, les divers
genres de discours sacrés, l'action oratoire.

C'est pour ses « jeunes confrères » principalement que M. Hiron
a écrit son livre, mais pour quiconque doit distribuer au peuple
chrétien le pain de la parole évangélique, il y aura profit et agrément à parcourir ces pages où, sans étalage d'érudition, nous
sont rappelées les grandes lois de l'éloquence de la chaire.

L'auteur a profité des meilleurs travaux de ses devanciers, il
le déclare dès l'abord dans sa préface, rendant hommage aux
« maîtres qui ont avant lui traité de la prédication ». Pour n'en
citer qu'un exemple, les lecteurs du P. Longhaye trouveront ici
quelques-unes des théories chères à l'auteur de la *Prédication,
grands maîtres et grandes lois.* Cependant, M. Hiron a fait une
œuvre originale, très pratique, et, malgré la sévérité didactique
du plan, très agréable à lire.

En finissant, une observation qui témoignera de l'intérêt avec
lequel nous avons parcouru ce nouveau livre sur l'*éloquence de
la chaire.* La critique littéraire de M. Hiron, quand il s'agit des
grands orateurs sacrés du dix-septième siècle, est bien incomplète, bien vague, et, par une suite nécessaire, trop inexacte. Massillon, par exemple, est trop flatté. On accumule pour le louer les
vieilles formules de l'admiration que le dix-huitième siècle pro-

fessait pour l'autenr du *Petit Carême* ; mais de sa préciosité, de
la redondance dont il est coutumier, de l'abus qu'il fait des procédés d'une rhétorique vulgaire, de ses exagérations dogmatiques
et morales, on ne nous dit pas un mot.

Inutile d'ajouter que voilà dans ce livre une lacune qui n'est
point grave et qui ne l'empêchera point de rendre de très bons
services à tous les semeurs de la bonne parole.

Louis CHERVOILLOT, S. J.

L'Amour et la Chute, par A. BLANC de SAINT-BONET. Lyon,
Vitte ; Paris, Lecoffre, 1898. In-8, pp. 379. — La publication de
cette œuvre posthume, due à un sentiment « de profonde et filiale
affection fraternelle », sera bien accueillie de ceux qui ont conservé le souvenir du penseur, du philosophe chrétien qu'était
Blanc de Saint-Bonet. On a dit du docte abbé Noirot, dont il fut
l'élève : *C'est un Socrate à qui manque un Platon.* Sans insister sur la comparaison, je suis tenté de protester au nom de
Blanc de Saint-Bonet, dont l'œuvre importante mériterait d'être
mieux connue.

« Son esprit profondément chrétien s'est particulièrement
complu et appliqué — nous dit-on — à la composition de ces
pages. De ses divers ouvrages, c'est celui qu'il a le plus médité ! »
C'est que ce travail contient le développement de son idée-mère.
La donnée de la Chute a été en effet le point de départ de toutes
les œuvres de Blanc de Saint-Bonet. Aucune n'était plus digne
de tenter un philosophe catholique. L'idée de la Chute et celle
de la Rédemption ne sont-elles pas la base de l'histoire et de
toute saine philosophie ? Ne résument-elles pas le christianisme ?
Mystère, sans doute ; mais, suivant le mot de Pascal, l'homme
est plus inconcevable sans lui, que ce mystère n'est inconcevable
à l'homme.

Ici et là nous trouvons des pages que Bonald eût signées ; ainsi,
lorsque Blanc de Saint-Bonet parle de la Révolution, on croit
entendre l'auteur de la *Législation primitive.*

De tels ouvrages, sans doute, ne s'adressent qu'à une élite de
lecteurs, aux amateurs de haute et pure métaphysique. Il en est
encore. Ajoutons que l'éditeur, avertissant que Blanc de Saint-
Bonet n'a pu avoir le bonheur de profiter des admirables enseignements de Léon XIII dans l'ordre des sciences philosophiques,

se porte garant de la soumission absolue de l'auteur à la foi
catholique et au chef de l'Église. Lucien Treppoz.

Le Savoir-vivre pour les jeunes gens, par MM. Salva. Paris, Bloud et Barral. In-12, pp. viii-307.

Si le *savoir-vivre* se bornait à quelques règles rigides et fixes sur la
manière de se moucher et d'éternuer, de parler et de se taire à propos,
on pourrait les codifier comme on a essayé de le faire en maint ouvrage,
qu'il suffirait, dit l'auteur de celui-ci, d'ouvrir au chapitre qui regarde
le cas embarrassant, et, sûr de soi, on s'en irait avec les avantages de
la situation. Malheureusement, je ne crois pas qu'il soit si facile de
donner toujours les règles absolues, et l'on sait combien les usages du
monde sont variables. Nos ancêtres avaient recours au maître à danser
pour « apprendre au moins à faire la révérence et à entrer dans une
chambre ». Pour nous, sachons gré à MM. Salva de vouloir enseigner
aux jeunes gens « la source, plus haute qu'un principe mondain, où se
puisent et le vrai tact et la délicatesse du cœur, sans lesquels les plus
habiles et les mieux élevés ne sont pas assurés d'être toujours irréprochables ». En fait de distinction, rien ne remplace les traditions de
famille; mais, puisqu' « au dix-neuvième siècle on sort des rangs », et
qu'il est nécessaire pour frayer avec le monde d'apprendre l'étiquette,
on trouvera dans ce livre des leçons d'usage. On pourrait généraliser
ce que dit l'auteur à propos d'un détail : « Il faut se conformer à la
mode sans s'en faire l'esclave et ne pas se faire remarquer à dessein » ;
ou encore avec Erasme : « Ès choses où la variété n'a rien de répu-
gnant à la bienséance, il sera en la liberté de chacun de pratiquer
l'usance du pais ou suivre les façons estrangères. » P. P. S. J.

L'État social de la France au temps des Croisades, par L. Garreau. In-8. pp. 530. Paris, Plon, 1899. Prix : 7 fr. 50.

— Ce livre n'est pas un recueil où les lecteurs de la Bibliothèque de l'École des Chartes viendraient chercher des renseignements nouveaux ou inédits. Il s'adresse à tous les curieux, même non initiés, à tous ceux qui désirent s'instruire avec
quelque détail sur ce qu'étaient les institutions politiques, sociales, religieuses, de la France des Croisades. Aussi M. Garreau
n'a pas prétendu mettre dans son ouvrage une richesse documentaire égale, par exemple, à celle des travaux de M. Luchaire sur
des matières semblables. Mais, avec une méthode d'information
ordinairement très sûre, il expose les principaux résultats acquis
par la science, se préoccupant surtout d'apporter en toutes choses
une parfaite clarté, une exactitude précise. Assurément, si
M. Garreau a découvert peu de nouveaux détails d'institutions, il

en a élucidé beaucoup, et c'est, nous semble-t-il, le grand mérite
de son intéressant travail.

Il est permis de regretter que *certaines* références soient vraiment trop vagues et indiquent tel ou tel volume d'une grande
collection sans préciser le chapitre et la page. ·Parfois aussi les
renvois sont faits à des recueils anciens, même pour des parties où
ces recueils ont été notablement dépassés : pourquoi, par exemple,
presque ·toujours nous renvoyer à Dom Bouquet et presque jamais au tome XXVI des *Monumenta Germaniæ* ? On pourrait aussi
demander à M. Garreau s'il est bien certain de l'authenticité d'un
diplôme « du temps de Clovis » (496) que, dans la note de la
page 10, il nous cite sur la foi du même Dom Bouquet : dans son
Manuel de Diplomatique, M. Giry met ses lecteurs fort en
défiance contre les diplômes attribués à cette époque lointaine.
Quoi qu'il en soit, du reste, ces réserves ne portent que sur quelques détails de moindre importance, et il faut; pour l'ensemble,
rendre hommage à l'exactitude et à la conscience qu'apporte
M. Garreau dans ses informations.

Entre leur naissance et leur disparition, les institutions du
moyen âge ont subi des transformations nombreuses et profondes. Leur histoire est celle d'une lente·évolution s'effectuant à
travers plusieurs siècles. Mais, afin de donner une plus forte impression d'ensemble, M. Garreau, loin de disperser les multiples
éléments du problème, les a, au contraire, groupés en faisceau
autour d'un fait unique et dominant : les Croisades. Ces grandes
luttes pour la conquête du saint Sépulcre eurent, en effet, une
durée assez longue pour que l'on y puisse rapporter sans effort
toutes les formes successives des institutions médiévales. Lors
de la première Croisade, à la fin du onzième siècle, la condition
des classes nobles et roturières est encore celle du moyen âge
primitif, « du haut moyen âge ». Lors des dernières Croisades
d'Orient, au déclin du treizième siècle, les Papes ont considérablement étendu leur action, la royauté impose peu à peu à tous
les seigneurs une autorité désormais respectée, les populations
urbaines conquièrent leurs franchises municipales et se préparent à gagner leur part d'influence dans les affaires publiques ; en un mot, toutes les grandes transformations qui
marquent la fin du moyen âge commencent à s'accomplir.
M. Garreau a donc très heureusement disposé son étude sur

l'époque médiévale en l'intitulant l'*État social de la France au temps. des Croisades.*

L'auteur étudie d'abord le monde féodal, la royauté, la chevalerie, la « population souveraine » ; puis il aborde la « population dépendante » : les serfs, les cultivateurs libres, les bourgeois, les Juifs, ainsi que l'état des corps de métiers, des populations rurales, et, surtout, le développement des communes ; enfin, la troisième partie est consacrée à « l'Église » et à « l'Institut monastique ». M. Garreau a le mérite de ne pas s'attacher seulement à la description matérielle des institutions. Dans des appendices fort bien choisis et dans des chapitres dont la lecture est un vrai charme, il fait connaître les idées, les mœurs, les préoccupations, les caractères des hommes du moyen âge.

A ce point de vue, le chapitre viii de la première partie offre un particulier intérêt : l'auteur montre la nature toute « primitive » de ces vieux chevaliers ; il expose « pourquoi ces hommes ressemblent à des enfants » ; il fait ressortir la grande supériorité intellectuelle et morale des femmes du moyen âge sur leurs maris. On peut seulement reprocher à M. Garreau, lorsqu'il déplore, avec grande justesse, qu'en général les hommes de ce temps n'aient pu recevoir de l'Église une culture assez forte, d'aller jusqu'à prétendre, sans beaucoup de restrictions, qu'ils « n'ont pas été façonnés par le christianisme » (p. 152).

En étudiant très minutieusement la chevalerie, .M. Garreau aborde (p. 179) cette délicate question : « L'Église a-t-elle institué la chevalerie? » Contrairement à M. Léon Gautier, l'auteur conclut par la négative : nulle trace, selon lui, ni dans les actes des conciles, ni dans les anciennes chroniques, soit d'une « institution » de la chevalerie semblable à l'institution de la *Paix* ou de la *Trève de Dieu*, soit d'un « caractère religieux » attaché à la profession de chevalier. Les écrivains du moyen âge, lorsqu'ils enregistrent l'entrée d'un chevalier en religion, emploient sans cesse des expressions comme celles-ci : « Il a quitté la milice mondaine, — ou la milice du siècle pervers, — « pour la milice de Jésus-Christ ». Peut-être M. Garreau prend-il un peu trop plaisir à contrarier l'opinion généralement reçue. Sans doute l'Église n'a pas « institué la chevalerie » de la même manière qu'elle a « institué l'Ordre des Franciscains », mais il semble bien prouvé qu'elle a influé considérablement sur l'esprit des chevaliers ;

qu'elle a tourné, autant qu'elle l'a pu, l'âme de ces guerriers
encore si brutaux vers un certain idéal de religion et de dévouement. M. Garreau, il est vrai, m'a répondu d'avance (p. 183) :
« L'Église donc a tâché de rendre les chevaliers aussi chrétiens
que possible. Elle a cherché aussi à rendre pieux les orfèvres et
les tisseurs de laine, en donnant aux corporations d'ouvriers des
saints patrons et des solennités religieuses. Nul ne dit cependant
qu'elle ait créé l'orfèvrerie ou le tissage. » Assurément. L'Église
n'a pas plus institué la guerre, qui était le métier des chevaliers,
qu'elle n'a institué le tissage ou l'orfèvrerie, qui étaient les métiers
des tisserands ou des orfèvres. Mais elle a institué la « consécration religieuse » de la profession de chevalier, de même
qu'elle a institué l'organisation chrétienne des corporations ouvrières.

Les lecteurs seront frappés du chapitre fort curieux sur les
Juifs (p. 305). Ils y verront très clairement exposé ce qui est si
familier à quiconque a un peu approfondi l'histoire du Moyen
âge : les Juifs furent alors et des persécutés et des privilégiés;
des persécutés, car leur usure sordide exaspérait les populations
chrétiennes, qui, avec une irritation un peu superstitieuse, les
rendaient responsables de tous les maux qui survenaient; des
privilégiés, car ils étaient presque les seuls hommes de ce temps
à pratiquer le prêt à intérêt, à se livrer aux spéculations financières : de la sorte, les gouvernements avaient souvent besoin
d'eux et leur procuraient certains avantages. Aussi, les Juifs,
d'ailleurs si détestés, jouissaient-ils des deux immunités les plus
enviables : l'exemption du guet, ce service le plus pénible de
tous aux autres citadins, et l'exemption de toute autre juridiction
que leurs tribunaux spéciaux ou la Cour du Roi. Mais leur situation était bien précaire, moins par suite des haines jalouses de la
foule que par suite de l'avidité de beaucoup de princes : souvent,
tel roi, tel seigneur, laissait pendant plusieurs années les Juifs
pressurer à leur aise les chrétiens, gagner par l'usure des mon-
ceaux d'or; puis un édit de proscription bannissait les Juifs,
ordonnait la confiscation de tous leurs biens : et le trésor du roi
ou du seigneur bénéficiait de toutes les copieuses recettes accumulées par les fils d'Israël (auxquels, du reste, au bout d'un certain temps, on permettait de recommencer les mêmes opérations
financières, quitte à subir de nouveau les mêmes rigueurs). Les

Juifs étaient donc parfois, pour les grands, comme des « éponges à or », qn'on ne se faisait pas faute de presser !

M. Garreau étudie avec beaucoup de conscience le sort des classes populaires. L'énumération des métiers de Paris est forcément un peu sèche, mais vraiment instructive. Au sujet des populations rurales, l'auteur observe que l'émancipation civile et politique des cultivateurs coïncida constamment, à partir du treizième siècle, avec une diminution de leur aisance. C'est pour cela que « les rares villages toujours restés en servage (servage de plus en plus adouci), se garderont bien, aux dix-septième et dix-huitième siècles, d'acheter la liberté, de l'obtenir à un titre quelconque. » (p. 344). Quant aux communes, M. Garreau renseigne fort bien sur leur évolution. On souhaiterait toutefois un développement plus ample encore, s'il se pouvait, sur l'institution des « Bourgeois du Roi », qui semble avoir eu en France des résultats beaucoup plus étendus que le mouvement communal proprement dit. Mais la meilleure réforme, pour les classes non privilégiées comme pour tout le pays, fut, depuis le douzième siècle, l'extension souhaitée surtout par l'Église et par le peuple (p. 391), de la dynastie capétienne, de la monarchie nationale, qui sut être alors ce qu'elle sera plus tard, selon la belle expression de M. Hanotaux : « l'incarnation vivante de l'intérêt public. »

Les chapitres relatifs à « l'Église » et à «l'Institut monastique » sont très remarquables et pour leur exactitude et pour leur orthodoxie. M. Garreau fait surtout merveilleusement ressortir à quel danger redoutable échappa l'Église, grâce à la réforme de Cluny, au onzième siècle, et à celle de Cîteaux, au douzième : la féodalité, en l'absorbant, comme elle faillit le faire, lui aurait enlevé son existence indépendante (p. 374). Nous n'avons de réserves à faire qu'au sujet des appréciations de M. Garreau sur l'Inquisition (p. 421).

Ces quelques critiques, que nous nous sommes permises, nous donnent plus de liberté pour dire avec quelle exactitude et quel intérêt sont dépeintes, dans l'ouvrage de M. Garreau, les institutions et les mœurs de la France des Croisades. Les lecteurs y trouveront l'image fidèle d'une époque, à certains égards, bien grossière et bien turbulente, mais en même temps profondément croyante, et féconde en grandes choses.

Y. B., S. J.

Le royaume de Lorraine sous les Carolingiens (843-923), par
M. Robert Parisot. Avec deux cartes. Paris, A. Picard, 1899.
Grand in-8, pp. xxxi-820. — C'est un bien triste tableau que
celui que nous présente ce remarquable volume. Comme le dit
fort bien M. Parisot (p. 697), au sujet de l'aristocratie laïque,
les hommes de cette époque n'étaient pas de ceux qui, après s'être
tracé un programme, le suivent avec persistance et continuité.
Incapables de réflexion et de vues à longue portée, ils faisaient
de la politique au jour le jour; c'était l'intérêt du moment qui les
déterminait à agir. Ajouter de nouveaux domaines à ceux qu'ils
possédaient déjà, voilà généralement le but qu'ils se proposaient,
et, pour satisfaire cette passion, rien ne les arrêtait : leur refusait-
on l'objet de leur convoitise, ils le prenaient de force, car leur
avidité n'avait d'égale que leur violence et leur brutalité. » A ces
défauts il faut ajouter encore, ainsi que M. Parisot le démontre
de reste, la duplicité, la perfidie, le mépris de la foi donnée et
jurée. Et ce noir portrait, dont les teintes sont loin d'être exagérées, ne s'applique pas seulement aux seigneurs, mais aussi aux
souverains et même, hélas! à la plupart des hommes d'église.
C'est ce qui ressort bien clairement de cette longue étude sur
l'histoire du royaume de Lotharingie.

Cette étude embrasse exactement la même période que l'*Histoire de l'Empire franc*, de M. Ernest Dümmler, l'éminent directeur du Comité de publication des *Monumenta Germaniæ historica*[1]. Il a fallu un certain courage à M. Parisot pour aborder un
sujet que bien d'autres, après avoir lu l'ouvrage allemand,
auraient pu croire épuisé. Il n'a sans doute pu échapper complètement aux inconvénients de ce parallélisme. Il a dû le plus
souvent rapporter les mêmes faits, dans le même ordre et en
s'appuyant sur les mêmes autorités. Il ne faudrait pas croire
pourtant que son livre n'est que le décalque de ce qui se lit sur
l'histoire de la Lotharingie dans les trois volumes de M. Dümmler. S'il a pu être beaucoup aidé par ce dernier travail, il a certainement aussi étudié directement et soigneusement les sources
par lui-même, et il a mis en lumière plus d'un détail intéressant
qui avait échappé à l'historien allemand ou avait été négligé par
lui comme étant d'une importance trop secondaire dans la scène

1. *Geschichte des Ostfränkischen Reiches*, 2e Aufl. Leipzig, 1887-1888.
3 vol. in-8.

plus vaste qu'embrassait le cadre de son sujet. C'est le cas spécialement pour le tracé des limites de chacun des États après les divers partages qui les modifièrent si souvent, et aussi pour bien des particularités des actes des souverains de la Lotharingie et des autres personnages qui jouèrent un rôle prépondérant dans les affaires de ce royaume. Le plan et le mode de composition sont du reste à peu près identiques dans les deux ouvrages, c'est-à-dire extrêmement simples. La suite des faits clairement déroulée dans leur ordre chronologique, les détails de ces faits établis par des documents contemporains cités avec la précision que demandent les exigences actuelles de l'érudition ; guère de tableaux d'ensemble aux traits fortement marqués et aux vives couleurs.

M. Parisot se montre bien au courant aussi des autres travaux modernes qui se rapportent à la matière de son livre ; et ce n'est pas seulement en énumérant les titres de ces travaux en tête du sien, mais en analysant et discutant, à l'occasion, les opinions émises par leurs auteurs au sujet de faits diversement appréciés ou aussi leurs conjectures par rapport à ceux qui ne sont pas ou ne sont pas clairement consignés dans les sources historiques. On pourrait même juger qu'il y a ici quelque excès, comme aussi pour les hypothèses qu'il propose lui-même afin de suppléer au silence des documents. Sans doute on trouve là un nouvel indice du travail consciencieux dont son livre est le fruit. Sans doute encore, il est, en général, extrêmement prudent dans ses affirmations, ne présentant comme certain que ce qui est suffisamment établi comme tel et ne surfaisant pas la valeur des conjectures. C'est de la bonne critique. Mais peut-être M. Parisot aurait-il encore été mieux inspiré en passant sous silence une foule de ces conjectures, qui ne reposent souvent que sur une impression subjective et dont la multitude embarrasse le récit et ne laisse pas de donner une impression plus ou moins fâcheuse au lecteur. Nous croyons ne pas exagérer en évaluant à quinze cents au moins le nombre des phrases où se rencontre le modificatif *probablement* ou quelque autre expression synonyme. Il y a là un véritable encombrement pour la mémoire, et de plus comme une ombre d'incertitude jetée sur tout l'ensemble des faits racontés et qui est de nature à fortifier le préjugé déjà beaucoup trop répandu concernant le défaut de solidité et de stabilité des conclusions de la science historique.

Certes, nous sommes loin de condamner le judicieux emploi de la conjecture. En histoire comme dans les autres sciences d'observation, c'est un puissant instrument de découvertes. Mais nous voudrions que l'hypothèse imaginée ne fût produite au grand jour que lorsqu'on est parvenu à l'asseoir solidement sur des arguments vraiment scientifiques. On dirait parfois, à lire certains écrivains modernes d'histoire, que, ne trouvant plus de détails nouveaux à tirer des sources déjà toutes minutieusement fouillées, ils veulent forcer la curiosité par d'ingénieuses et d'audacieuses conjectures, qu'ils jettent en avant sans se donner la peine d'en vérifier la justesse. Naturellement, il se trouve ensuite d'autres critiques pour les combattre ; et, en somme, il n'en résulte que plus de confusion dans le tableau qu'on présente comme l'histoire d'un pays ou d'une époque.

Un autre inconvénient de l'abus des conjectures, c'est que, après les avoir proposées d'abord timidement comme une explication possible de faits certains, on oublie ensuite cette réserve et on accepte la supposition comme si elle était elle-même un fait établi. M. Parisot, malgré sa prudence et son sens critique, ne me semble pas avoir toujours su éviter cet écueil. Ainsi, la première fois qu'il parle de l'opposition de Charles le Chauve au mariage de Lothaire II avec Waldrade (p. 172), tout en penchant vers l'opinion qui assigne pour motif de cette conduite l'espoir de voir le roi de Lotharingie mourir sans héritier et son royaume être annexé en tout ou en partie à celui de la France occidentale, il marque cependant bien nettement que cette opinion n'est que probable et que l'opinion contradictoire peut le sembler aussi. Mais, dans la suite de l'ouvrage, cette explication est rappelée plusieurs fois, et toujours avec plus d'assurance (p. 201, 279, 289, 290, 333 et surtout 727), de manière à ne plus apparaître comme une hypothèse, mais comme un fait certain.

Il arrive même que ces suppositions se trouvent être contradictoires entre elles, sans que ceux qui les ont émises aient l'air de s'en apercevoir. C'est ainsi que d'un côté on nous montre Louis le Germanique et Charles le Chauve empressés à faire reprendre à Lothaire II sa femme légitime Theutberge, et cela afin d'éviter que ce roi ne fût excommunié par le pape Nicolas Ier, ce qui eût été d'un très mauvais exemple (p. 268), et que d'un autre côté les deux mêmes souverains nous sont présentés comme tout à fait disposés à profiter de la résistance de leur neveu aux ordres du Pape pour s'emparer de ses États (p. 272, 273, 278).

On trouvera peut-être que nous nous sommes arrêté plus que de raison à signaler un défaut qui peut être regardé comme l'excès d'une bonne qualité, d'autant que, de notre propre constatation, M. Parisot a très généralement eu soin de distinguer les faits acquis des hypothèses qu'ils ont suggérées. Cette précaution sans doute prévient certains inconvénients, mais elle ne les écarte pas tous, et nous n'avons pas cru devoir nous abstenir de protester contre une tendance qui semble faire école et que nous regardons comme fort dangereuse pour l'avenir de la science historique. Le danger est d'autant plus grand que le procédé est plus séduisant, car il permet de renouveler en quelque façon un sujet presque sans autre travail nouveau que celui de l'imagination, et il amène facilement à traiter avec plus de légèreté ce qui se rapporte à la connaissance exacte des faits que les inventions ingénieuses de l'esprit par lesquelles on prétend en rendre compte.

Sauf cette réserve[1], nous croyons pouvoir recommander le travail de M. Parisot comme un répertoire des plus complets et des mieux documentés de tous les incidents qui ont marqué l'histoire de l'éphémère royaume de Lotharingie.

Charles DE SMEDT, S. J.

I. **La Liturgie aixoise.** *Étude bibliographique et historique*, par l'abbé E. MARBOT, chapelain de Notre-Dame de la Seds. Aix, Makaire, 1899. In-8, pp. 430. Prix : 7 francs. — II. **Les Livres liturgiques du diocèse de Langres.** *Étude bibliographique, supplément*, par l'abbé L. MARCEL, préfet des études au petit séminaire de Langres. Paris, Picard, 1899. In-8, pp. 100. Prix : 3 francs.

I. — Ouvrage à la fois bibliographique et historique, *la Liturgie aixoise* de M. l'abbé Marbot contient d'abord la liste et la des-

---

1. Nous aurions bien à relever encore quelques points particuliers où nous ne pouvons nous rallier aux appréciations de l'auteur. Ainsi, nous ne voudrions pas qualifier d'illégale la déposition des archevêques de Cologne et de Trèves par le pape Nicolas Ier. Nous ne croyons pas non plus qu'Adrien II ait été porté à juger l'affaire du divorce de Lothaire II dans un autre sens que son prédécesseur, et qu'il ait pu donner au roi le moindre espoir de le voir entrer dans ses vues. Mais la discussion de ces questions nous mènerait trop loin.

cription des évangéliaires, bréviaires, martyrologes, lectionnaires, bibles, missels et livres d'office de l'Église d'Aix. Notons les *Heures du roi René*, manuscrit du quinzième siècle appartenant à la Méjanes, et les livres choraux composés par Pierre Burle au seizième siècle. Ces descriptions techniques sont ornées de jolis dessins par M. Jules de Magallon, reproduisant des enluminures ou des spécimens d'écritures anciennes. L'auteur signale en passant certains textes liturgiques relatifs au culte des saints de Provence, qui datent de la fin du onzième ou du commencement du douzième siècle.

Dans une seconde partie, relative au Droit liturgique, M. Marbot, s'attachant désormais à l'ordre des matières plus qu'à l'ordre chronologique, donne le détail des conciles, synodes diocésains, ordonnances épiscopales, délibérations et statuts capitulaires, ordinaires et cérémoniaux, *ordos* et règlements, sans parler de divers documents secondaires. Il n'excepte pas les livres de prières, de cantiques, d'exercices de piété. J'aurais aimé une place distincte pour les catéchismes qui sont noyés au milieu de titres d'une beaucoup moindre valeur. La *lex credendi* doit se développer parallèlement à la *lex precandi*.

Sur les rapports de la liturgie aixoise avec la liturgie gallicane et la liturgie romaine, l'auteur a tenu sagement compte (p. 208-209) des observations faites sur ses premiers travaux par les savants bénédictins de Ligugé.

La partie la plus intéressante de cette œuvre utile est l'histoire des cérémonies. L'auteur y reconstitue toutes les coutumes religieuses de l'Église d'Aix à travers les âges, et même les célèbres *Jeux du roi René*, qui, durant trois siècles, furent intimement liés aux solennités de la Fête-Dieu. Signalons encore un curieux chapitre, déjà paru à part, sur la célébration du mariage à Aix aux seizième et dix-septième siècles, et félicitons l'auteur de tant de précieuses recherches.

II. — Dans son énumération des principales publications liturgiques de ces dernières années, M. l'abbé Marbot parle des « travaux-types de grande envergure, comme celui des *Livres liturgiques de Langres* de M. l'abbé Marcel » (P. 8). Nous avons présenté ce remarquable ouvrage aux lecteurs des *Études*, lors de son apparition. (*Partie bibliographique*, 31 mai 1892, p. 326.)

C'est donc un devoir et aussi un plaisir pour nous de leur annoncer le Supplément, digne du volume, qui s'y ajoute aujourd'hui. L'auteur ne s'était pas fait d'illusion sur les lacunes de son œuvre; tant de causes contribuent à dérober aux érudits ces sortes d'ouvrages : jalousie des collectionneurs privés, manque de catalogues dans les grandes bibliothèques, notamment à la Nationale où les Imprimés attendent encore le leur (la complaisance du personnel y supplée heureusement pour les travailleurs sur place).

Après sept ans de nouvelles investigations, M. l'abbé Marcel est parvenu à ajouter à ses catalogues quarante-deux volumes, — tout un rayon, — soit vingt et un manuscrits et autant d'imprimés. La belle collection de M. Joseph Royer, à Langres, a fourni la plus riche contribution. Combien il est à souhaiter que chacun de nos chefs-lieux de diocèse possède des amateurs aussi intelligents et des savants aussi persévérants pour réunir et mettre au jour ces éléments de la liturgie et de la littérature chrétiennes en notre pays!

M. l'abbé Marcel nous promet à bientôt les drames religieux. Nous faisons appel en sa faveur à tous ceux qui posséderaient des documents relatifs aux représentations des Mystères dans l'ancien diocèse de Langres.   Henri Chérot, S. J.

Histoire du second Empire, par Pierre de La Gorce. Ouvrage couronné par l'Académie française. Tome IV. Paris, Plon, 1899. In-8, pp. 642, avec deux cartes du Mexique. Prix : 8 francs. — La devise qui s'étale à la couverture, *labor omnia vincit improbus*, est ici bien à sa place. En moins de deux années, M. Pierre de La Gorce est arrivé à nous donner le tome IV de sa grande Histoire. Nous disions en 1897 (*Études*, 5 janvier, p. 135) quel intérêt présente le tome III, à raison des deux guerres de Crimée et d'Italie, des expéditions de Chine et de Syrie, de Castelfidardo et de la question romaine. Le présent volume est consacré à l'expédition du Mexique, à la politique intérieure avant et après les élections de 1863, aux affaires du Danemark et aux préludes de Sadowa. Nous entrons dans l'Empire libéral, et, de loin, déjà nous entrevoyons la chute même du régime. Les nuages s'amoncellent; l'orage se prépare. Le second Empire, dit fort bien l'auteur, fut une de ces journées où il a fait beau trop matin.

L'empereur, hypnotisé par sa malheureuse idée de l'unité italienne, ne regarde ni au Rhin, ni à l'Elbe, mais vers l'Adriatique, où il convoite de conduire le nouveau royaume de Victor-Emmanuel. Chose plus incroyable encore, il a les yeux fixés sur le golfe du Mexique et dépense plus d'efforts diplomatiques pour fonder l'empire de Maximilien, répand plus de sang français de Vera-Cruz à Puebla pour faire rentrer Morny dans le remboursement des bons Jecker, que n'en eût demandé la défense du Danemark contre les entreprises agressives de la Prusse. Il rêve de rejeter l'Autriche vers les principautés danubiennes qui compenseraient pour elle la perte de la Vénétie; timidement et maladroitement, il intervient en faveur des Polonais lors du soulèvement de 1863; enfin il se laisse jouer par Bismarck qui avait profité de l'insurrection de Langiewicz pour s'assurer la neutralité de la Russie, préparer l'isolement de la France et l'écrasement de l'Autriche. M. de La Gorce montre bien, et c'est un des chapitres les plus neufs de son livre, comment l'homme d'État de Berlin, par la Convention du 8 février 1863 conclue entre le roi de Prusse et le tzar, avait lié les intérêts de ces deux souverains. Aux yeux des contemporains elle passa presque inaperçue; mais le chef du cabinet prussien « avait posé son premier jalon » dans la vaste partie qui allait remanier l'Europe. (P. 433.)

Si nous signalons ce détail, c'est pour montrer par un exemple que M. de La Gorce est un historien philosophe autant qu'un narrateur et un descriptif. Il lâche rarement la chaîne qu'il tient en main et qui d'anneau en anneau mène Napoléon III aux bords de l'abime. Non pas qu'il évite les digressions, il en a de charmantes. Le lettré dessine parfois à loisir quelque figure originale pour en faire le portrait. Dans cette galerie, on contemplera Prévost-Paradol, ce charmeur exquis, ce penseur délicat, cet admirable ciseleur de style, « qui cueillit chemin faisant toutes les fleurs de la renommée, mais s'arrêta sur le seuil de la gloire... De cet enfant gâté de la fortune il ne reste plus que des feuilles dispersées, le souvenir d'un suicide tragique, une tombe en terre étrangère; et dans le cloître, une fille, seul reste d'un foyer éteint, priant silencieusement pour celui qui fut le dernier des Athéniens ». (P. 203.)

Non loin de Prévost-Paradol, dans le même milieu du *Journal des Débats* et de la *Revue des Deux Mondes,* apparaît le masque ondoyant de Renan. L'histoire du scandale provoqué par la *Vie de Jésus* est racontée au long, et le personnage est peint au vif avec son hypocrisie religieuse et son dilettantisme littéraire. (P. 267.)

Un homme plus vigoureux de talent, historien laborieux, ministre actif, qui à sa manière ne fit pas une guerre moins dangereuse à l'Église, fut Victor Duruy (p. 272). Ce plébéien devenu l'ami et le collaborateur de César, ce grand maître de l'Université qui, fait assez rare, connaissait les questions d'enseignement, révolutionna vers cette époque la vieille machine pédagogique. Ce fut un réformateur zélé et aussi un précurseur de tous les systèmes soi-disant démocratiques, dont l'avant-dernier mot est l'école laïque, gratuite et obligatoire; le dernier, la création des lycées de filles. Ici encore, avec son intéressante méthode de vision du passé à travers le présent, et d'analyse des causes lointaines dans leurs effets actuels, M. de La Gorce a écrit un bon chapitre utile à ceux qui s'occupent des questions redevenues brûlantes, d'enseignement primaire, de neutralité de l'école, de liberté des pères de famille menacée par des sectaires qui ont tout hérité de Victor Duruy, moins son talent, son labeur, et peut-être son sincère amour du peuple.

En ce même ordre d'idées, nous recommandons l'histoire de la guerre faite aux Sociétés de Saint-Vincent de Paul et de leur interdiction par M. de Persigny. C'est un épisode de la grande et éternelle lutte entre la charité privée et la philanthropie officielle, le dévouement personnel inspiré par la foi et l'assistance publique soutenue par le budget. Non seulement l'État ne fait rien, mais il ne veut pas qu'on fasse. Cette lâche mesure restera une des hontes du second Empire (1861). M. de Persigny, par sa circulaire du 18 octobre, assimilait les conférences de Saint-Vincent de Paul à la Franc-Maçonnerie. En conséquence, l'empereur donnait aux Francs-Maçons le maréchal Magnan pour grand maître, mais il demandait que la Société de Saint-Vincent de Paul acceptât le cardinal Morlot, et devînt ainsi lige du pouvoir. « C'eût été, écrit M. de La Gorce, le triomphe du bel ordre symétrique... la perfection de la régularité administrative qui, contrôlant tout, contenant tout, émondant tout, eût doucement plié sous le même niveau étouffant et protecteur » les partis les plus extrêmes. (P. 144.) Réflexion juste, et que feraient bien de méditer ceux

qui s'apprêtent à recevoir, après cinquante ans, de nouvelles entraves imposées à la liberté au nom d'un gouvernement qui n'a
plus même pour lui l'excuse de protéger le clergé à l'intérieur et
de défendre à l'extérieur la souveraineté temporelle du Pape.

Terminons par le portrait de Bismarck : « Le dur chancelier,
alors dans toute la vigueur du corps, dans toute la maturité des
années, étroitement serré dans son armure, comme il convient
aux conseillers même civils d'une monarchie militaire, reflète en
ses traits la force, la résolution, l'activité ; réaliste en ses conceptions, plus réaliste en ses actes, tour à tour dissimulé jusqu'à la
fourberie ou franc jusqu'à l'indiscrétion, et aussi dangereux
dans ses accès de sincérité que dans ses raffinements d'astuce,
également habile à invoquer le droit, à le tourner ou à le trans-
gresser, et le transgressant avec ostentation, dédaigneux des
considérations générales et uniquement sensible aux profits... »
(P. 598.)

En face de lui, Napoléon III, ouvrant sur toutes choses « un
regard mi-clos qui ne pénètre point les pensées des autres et ne
livre point les siennes ».

Ce dernier trait est rapide et exact. Mais ailleurs, il semble que
M. de La Gorce, qui a lu ses classiques anciens et modernes, les
a retenus et même les adapte avec bonheur, prenne trop au sérieux
certains procédés de rhétorique, tels que les parallèles rétrospec-
tifs entre les hommes et les choses. Ces parallèles très justifiés,
s'il s'agit de l'entrevue de Plombières et de celle de Biarritz, ou
de la mission historique du Piémont comparée à celle de la
Prusse, semblent parfois moins naturels. La perspicacité de l'auteur, magistrat avant d'être historien, le porte à démêler, dans
l'histoire diplomatique du conflit austro-prussien et du traité
prusso-italien de 1866, les moindres intrigues de cette trame
complexe et confuse. Les résultats en valent-ils la peine ? Saura-
t-on jamais jusqu'où a été la duplicité de ces cours, de ces souverains, de ces ambassadeurs, de ces agents qui se trompent entre
alliés, mentent aux autres et à eux-mêmes, et finalement n'ont
pas laissé de preuves matérielles suffisantes de leurs fourberies
machiavéliques et de leurs perfidies dignes de l'Italie du quinzième siècle ? Ce qu'il y a de plus clair est la parfaite inertie de
Napoléon III. Plus tard il dira au général Fleury : « J'avais deux
cartes à tirer ; j'ai pris la mauvaise. » N'eût-il pas été plus loyal et

plus sage de suivre la politique des principes et du droit, au lieu
de celle des aventures? Ceci, M. Thiers le fit entendre au Corps
législatif, et M. de·La Gorce, avec raison, ne cesse pas de le redire en cette magistrale étude. Henri CHÉROT, S. J.

**Les Jésuites à Marseille·au dix-septième et au dix-huitième
siècle,** par le P. E. SOULLIER, de la Compagnie de Jésus, d'après
les documents recueillis par le R. P. Terret, de la même Compagnie. Avignon; F. Seguin; Marseille,Verdot; 1899. Grand in-8,
pp. 214. Prix : 4 francs. — Bien faites, les études sur les anciens
collèges ont plus qu'un intérêt local. Outre les informations
d'ordre général qu'elles contiennent parfois, elles font souvent
connaître des faits curieux, ignorés, particuliers, qui donnent à
chaque maison une physionomie originale. L'établissement de la
Compagnie de Jésus à Marseille ne fait pas exception. Dans cette
ville, si différente de toutes les autres par la provenance de ses
premiers colons et par le caractère de sa population, les Jésuites
ne s'introduisirent pas comme partout ailleurs, et leurs créations
y furent assez anormales. D'abord, malgré le désir des magistrats
et des habitants, il fallut une longue attente et des démarches
nombreuses avant d'obtenir des Pères, et, quand ils arrivèrent
(1623), au lieu d'une maison, il s'en ouvre deux. Plus tard, quand
la première, Saint-Jaume, se transforme en collège Belzunce,
des circonstances imprévues font surgir une troisième création
(Saint-Régis) et ce ne fut pas faute de bonne volonté, s'il n'y eut
pas deux collèges érigés en même temps. D'ailleurs, Marseille,
avec ses cent mille habitants, aurait pu les alimenter sans peine,
surtout si l'un d'eux avait été transformé en école pour les hautes
études. Les édits de Louis XV (1762) mirent fin à ces vastes
projets. :

Les premiers chapitres du nouvel ouvrage donnent des détails
nombreux et précis sur la fondation de Saint-Jaume (Saint-Jac-
ques) et de Sainte-Croix. Sans la moindre amertume, l'auteur
n'a pas manqué de laisser voir la résistance insurmontable que les
Pères de l'Oratoire, établis au collège de Sainte-Marthe, opposè-
rent à l'ouverture des classes chez les Jésuites, de 1623 à l'épiscopat de Mgr de Belzunce. Dans ce long intervalle, les Jansénistes
eurent beau jeu et leur influence délétère aurait causé de plus
grands ravages encore si les deux résidences n'avaient combattu

avec succès les efforts de la cabale. Les obstacles ne vinrent pas
de ce seul côté. Le Parlement d'Aix, par un arrêt rendu en 1603,
avait interdit aux Pères de la Compagnie de Jésus d'ouvrir un
autre collège dans l'étendue de son ressort et cette restriction
avait été renouvelée en 1621. Pour en triompher, l'autorité royale
dut intervenir et casser la sentence.

En dépit de tous les obstacles, Saint-Jaume et Sainte-Croix
ouvrirent avec le temps une école de théologie, un cours d'hy-
drographie et un observatoire. Les pages consacrées à ces trois
établissements sont pleines d'intérêt. Sans interrompre la marche
du récit, l'auteur y a intercalé fort habilement des notices biographiques sur les principaux personnages mêlés à leur organisation
et à leurs succès. Tour à tour, les PP. Guesnay et Ricordy, Laval
et Pézenas, Croiset et Milley, Maire, Fabre et Gérin sont placés
en bonne lumière sous les yeux du lecteur et chacun peut, sans
effort, admirer leurs œuvres. La peste de 1720, dont le nom du
P. Milley est inséparable, occupe tout un chapitre, comme le
P. Croiset et la dévotion au Sacré-Cœur. Aussi, une place naturelle est-elle faite au mysticisme. A la suite, apparaît la douce et
rayonnante figure de Mgr de Belzunce. En dépit des injures de la
secte janséniste, pendant sa vie, et de la haine des philosophes,
après sa mort, l'illustre prélat n'a jamais cessé d'être cher à la
mémoire des catholiques de Marseille, de la France et de l'Église
tout entière. Aux yeux des incroyants et des dissidents, Belzunce était resté Jésuite de cœur [1]. C'était un crime impardonnable. Au lieu de prêter l'oreille à leurs vaines clameurs, le pieux
évêque préféra signaler son fécond épiscopat par de sages réformes et des fondations multiples. De ce nombre fut la transformation de Saint-Jaume en collège. De leur côté, les Jésuites
avaient rêvé une création différente : collège avec pensionnat,
hautes études, cours de langues orientales et lieu de repos pour
les missionnaires épuisés par les labeurs de l'apostolat dans le
Levant. Déjà même, les murs de Saint-Régis étaient sortis de
terre quand, sur l'ordre venu de Rome, de peur de déplaire au
fondateur du collège Belzunce, on ajourna les premiers projets.

1. Une maladie, alors réputée incurable, la gale (*scabie infectus*), avait
forcé Belzunce à quitter la Compagnie de Jésus où il était entré dans la
province de France. Il en sortit vers la fin du séjour qu'il fit à Amiens
comme régent de rhétorique.

Saint-Régis fut terminé, mais il demeura simple résidence, jusqu'aux édits de proscription, signés par Louis XV, en 1762.

L'histoire du collège de Marseille est donc un ouvrage à consulter et dont la lecture sera fort intéressante. Nous devons pourtant y signaler quelques légers défauts. Plusieurs regretteront
l'omission presque complète de la bibliographie. Il y aurait eu
utilité à reproduire l'indication des ouvrages publiés à Marseille
par les Jésuites, et de ceux composés par les Pères nés à Marseille. Cette nomenclature est facile à extraire de la bibliothèque.
de la Compagnie de Jésus, par le P. C. Sommervogel [1].

Le mot *hospitium* (p. 9), peut-il être rendu par hospice? L'auteur ne sait-il pas qu'il équivaut à *domus*, *statio*, et veut plutôt
dire *hôtellerie*? L'expérience avait montré qu'en certains cas il
importait d'avoir un logis à soi, pour des séjours fréquents, mais
temporaires, dans certaines villes. Données ou achetées, quand
on prévoyait un long usage, et au moins louées, ces maisons dispensaient de prendre l'hospitalité chez des étrangers, et surtout
à l'auberge. On retrouve cette expression *hospitium* dans divers
catalogues. N'est-elle pas mieux traduite par *hôtellerie*? Ce sont
là de bien petites imperfections, et le critique, en les faisant,
s'expose à se faire accuser de pédanterie, même quand ces ombres
sont projetées par lui sur le tableau pour en faire mieux ressortir les tons brillants.   Alfred HAMY, S. J.

L'Ossature de la trahison, par A. TOLLAIRE. Paris, Pierret,
s. d. In-12, pp. 248. Prix : 3 fr. 50. — Une couverture qui tire
l'œil, c'est de l'art pratique en librairie; de là, ces couvertures
roses, bleu tendre, jaune d'or; œil ébloui, œil pris; le reste suit.
L'Ossature néglige cet art séducteur et se présente sous une
forme lugubre. Une couverture noire; sur ce noir, un crâne blanc
avec un titre qui ressemble aux larmes d'argent sur un drap mortuaire.

Tournez la page; c'est bien plus triste encore. Voici, en
grosses lettres, les paroles authentiques et funèbres de l'ancien
ministre Henri Brisson, paroles prononcées en conseil de cabinet,

1. On aurait pu y ajouter encore des pièces, dont la connaissance a
échappé à ses yeux de lynx, comme les thèses de 1733, 1735, 1736, 1749,
1754 et 1757, mentionnées par les *Nouvelles ecclésiastiques* de 1733, p. 166-
210 ; 1735, p. 164 ; 1736, p. 45 ; 1749, p. 104 ; 1754, p. 59 ; 1757, p. 205.

le 26 septembre 1898 : « L'ossature du parti républicain, depuis
1870, a été constituée par les Israélites, les Protestants et les
Francs-maçons. » De là, le titre : *Ossature de la trahison*, autour
duquel M. A. Tollaire groupe les dix chapitres consacrés aux manœuvres de ce trio funeste qui nous envahit, nous enchaîne, nous
mine, nous déshonore, à l'intérieur et à l'étranger, notamment
dans les pays d'Orient. Beaucoup de noms propres figurent dans
ces pages, dont la lecture nous promène du quai d'Orsay aux environs de Fachoda, et de Zanzibar à l'Ile du Diable.

L'auteur s'attarde particulièrement aux bords du Nil, où il voit
et montre maints dessous de cartes ; des cartes maniées et mani-
pulées par John Bull, sous le regard indulgent de tel ou tel de
nos gouvernants. C'est là le côté le plus nouveau du livre. M. Tollaire tend à prouver que les traîtres, appartenant à la triple ossature affirmée par Henri Brisson (un des francs-maçons les plus
actifs et des mieux renseignés), travaillent avec le concours,
sinon pour le compte, de l'Angleterre. Il cite des pièces à l'appui ;
et je m'imagine qu'il pourrait en dire plus encore sur ce triple
mal de mort qui nous ronge.

Il achève par le cri de : « Vive la patrie française ! » qui résume
sa pensée ; et il espère, comme nous, que la patrie française se
dégagera de cette lamentable « ossature de trahison ».

                                        Victor DELAPORTE, S. J.

M. Montrieux, par L. COSNIER. Angers, Lachèse, 1899. In-8,
pp. 158. — A une époque où, d'un bout à l'autre du pays, on se
plaint de tyranneaux qui font peser sur leurs concitoyens et ad-
ministrés le poids de leur nullité égoïste et de leur impiété tracassière, il fait bon rencontrer la physionomie d'un honnête
homme, administrateur aussi intègre que dévoué, élu par le suffrage des meilleurs, n'usant du pouvoir que pour le bien de tous
et pour le bien de la cité.

Ce fut le cas de M. Montrieux, maire d'Angers pendant onze
ans, à qui son historien rend ce juste témoignage : ces onze
années constituent « une période privilégiée de notre histoire
locale ». — Né en 1806, mort en 1883, M. Montrieux, tout jeune
encore, consacra son activité à la grande industrie angevine des
ardoisières. Or, quelque cinquante ans avant les sociologues de
notre fin de siècle, il avait inventé et créé : 1° Une *Caisse de*

secours; 2° Une *Caisse des invalides;* 3° Une sorte de Société coopérative qu'il appela *Chambre de dépense;* et, ce que l'on ne pourra jamais dire d'un socialiste, il fut pour ses ouvriers, « pendant plus de cinquante ans, le meilleur et le véritable ami ». (Page 19.)

Pour les autres services rendus par M. Montrieux à son pays, nous renvoyons à la biographie où M. Cosnier enregistre *con amore,* mais aussi avec ordre et intérêt, les entreprises de cet homme de bien pour sa bonne ville. N'oublions point que les églises, les écoles chrétiennes, les œuvres de charité, furent au premier rang de ses sollicitudes ; et qu'il seconda les vues si admirablement épiscopales du grand évêque d'Angers, Mgr Freppel. Ce digne maire inaugura, sur une de ses places, le buste du fameux sculpteur David d'Angers ; en un temps où l'on emploie si mal le marbre et le bronze, n'y aura-t-il pas un héritier de David, pour faire revivre les traits de cet angevin qui « s'inspira toujours de l'amour de Dieu et de la patrie » ? (Page 155.)

Victor DELAPORTE, S. J.

La Vie et les Œuvres de Voltaire, par L. CROUSLÉ, professeur à la Faculté des Lettres de Paris. Paris, Champion, 1899. 2 vol. in-8. pp. XLVIII-415 et 334. Prix : 20 francs. — Ouvrage de bonne foi et de bonne critique, ce livre est appelé à rendre d'importants services à tous ceux qui ont à se prononcer sur l'œuvre de Voltaire et n'ont ni le temps ni le goût de la lire. Or, c'est le plus grand nombre. Professeurs, publicistes, historiens, parlent journellement de ce trop fameux personnage, sans savoir autre chose de lui que son nom et quelques mots classiques, par exemple :

Si Dieu n'existait pas, il faudrait l'inventer.

M. Crouslé a eu le courage d'ouvrir ces quatre-vingts volumes à jamais fermés, et, très obligeamment, de nous en passer la clé. Il résume dans une première partie tous les *faits* de la vie de Voltaire ; il formule, dans la seconde, la critique de ses *idées* et de ses *écrits.* La méthode est excellente et épargnera de difficiles recherches. Le travail d'érudition était à peu près épuisé par Beuchot, Desnoiresterres, l'abbé U. Maynard, Ch. Nisard, Pierron, Henri Beaune, Bengesco, Campardon et le regretté M. Nourrisson, qui ont achevé au bout d'un siècle l'entreprise com-

mencée du vivant même de Voltaire par Wagnière, poursuivie
par le marquis de Luchet, La Harpe, Paillet de Warcy et tant
d'autres. Mais de cette bibliothèque entière de biographes, de
bibliographes, d'historiens littéraires et de philosophes, de critiques et d'éditeurs, comment dégager des informations précises
et des jugements nets ? Seul, un maître dans l'art de l'analyse et
dans l'art de l'exposition, tel que le distingué professeur de la
Sorbonne, était à même de réaliser cette tâche complexe avec
autant de méthode et de clarté.

Déjà la longue Préface et la courte Introduction du tome Ier
nous donnent toute la substance de l'ouvrage, présentée d'abord
en vingt-deux paragraphes ou sommaires, dont chaque mot ouvre
pour ainsi dire un aperçu distinct et nouveau. On voudrait
presque tout citer. Nous allons essayer de condenser.

En Voltaire, il y a deux écrivains à distinguer : le poète et le
philosophe. Voltaire n'a jamais été un écrivain national, par la
bonne raison qu'il n'écrivait que pour une élite de gens du monde
ou de lettrés. Aujourd'hui ses poèmes quelconques n'intéressent
plus personne.

Pour le grand public, Voltaire est un philosophe. Mais quelle
philosophie fut la sienne ? Il n'enseigne guère que le doute.
Quand il est décisif, ce n'est que dans l'incrédulité et la moquerie. Proclamant avec Locke que toute connaissance vient des
sens, il ne croit qu'à l'expérience et se débarrasse ainsi à bon
compte de tous les graves problèmes de la métaphysique. S'il
proclame l'existence de Dieu, c'est plutôt par intérêt, pour son
profit personnel et celui de la société; mais de cette Divinité à
laquelle il daigne accorder l'existence et la justice, il refuse de
connaître les attributs. La raison, voilà son véritable Dieu. Encore
n'est-ce pas la raison absolue, mais seulement la sienne propre.
Persuadé qu'il est lui-même la raison incarnée, il regarde la plupart des hommes comme des sots et des imbéciles.

De cette foi en la seule raison dérive chez lui une double erreur. Il rejette les dogmes chrétiens et, en général, toute religion
positive, oubliant que l'on ne saurait appliquer aux mystères les
méthodes de raisonnement ordinaires; et il s'inscrit en faux
contre le témoignage universel, au nom de son infaillibilité personnelle.

En morale, il est épicurien. Le plaisir lui paraît, et c'est là à ses yeux un principe incontestable, le devoir et le but de tout être humain.

M. Crouslé, qui a beaucoup étudié les philosophes catholiques du commencement de ce siècle, J. de Maistre, Lamennais, Bonald, — on·n'a pas oublié ses cours de 1886 à la Sorbonne, — n'a pas de peine à réfuter plusieurs des sophismes qui découlent de ces faux principes; mais il le fait toujours sans parti pris et avec une parfaite modération. De Maistre avait déclaré Voltaire *médiocre en tout*. Selon M. Crouslé, « on ne voit rien de plus *médiocre* que ses doctrines philosophiques ». Voici donc un point où le grand écrivain catholique et le docte critique universitaire se rencontrent, et ce n'est pas le seul.

Mais que penser du bon sens proverbial de Voltaire? Ici le philosophe railleur et suffisant se relève un peu, car, « dans les questions d'ordre moyen, il n'a guère d'égaux »; mais encore sa claire vue, même dans ces questions plus accessibles, est-elle troublée par ses passions et par ses préventions. « Il ne s'interdit pas d'arranger les faits à sa guise et de plier la vérité à ses idées préconçues. On le prend souvent en flagrant délit de légèreté, de précipitation ou de mauvaise foi... »

La guerre qu'il a faite à la religion lui a-t-elle du moins réussi? Certes, malgré beaucoup de manœuvres hypocrites, il ne s'est pas épargné à l'attaquer de front. Il a imputé aux croyances religieuses tous les maux de l'humanité; il n'a pas su proposer à ses contemporains d'œuvre plus salutaire que d'exterminer les prêtres; il a persiflé les dogmes, bafoué la crédulité, combattu le fanatisme et l'imposture. La grande Révolution est son œuvre, dans sa partie la plus violente et la·moins durable. Le culte catholique, un instant aboli, n'en a pas moins refleuri sur les ruines. D'admirables écrivains ont vengé l'Église des injures que lui avait prodiguées ce soi-disant représentant de l'esprit humain. Dors-tu content, Voltaire?...

Mais il était partisan de la tolérance! — « Erreur capitale, répond M. Crouslé. Oui, il voulait la tolérance pour toutes les religions, mais à l'exclusion du christianisme. Il préconisait la tolérance, mais en soufflant la haine... Il était le légitime patron de ce parti qui professe le principe de la liberté de conscience, mais pour lui seul, c'est-à-dire pour l'incrédulité. » M. Crouslé en a peut-être su quelque chose, et je comprends qu'il s'indigne. Le

même conseil municipal de Paris qui fonda, pour la plus grande
gloire de M. Aulard, la chaire d'histoire de la Révolution à la
Sorbonne, trouvait mauvaise, il y a quinze ans, la libre critique
de J.-J. Rousseau par M. Crouslé.

Conclusion. L'esprit français n'est pas l'esprit de Voltaire.
Pour la prose, Bossuet, Pascal, Fénelon, La Bruyère, font autant
d'honneur que lui à notre langue, qu'il avait apprise au collège
Louis-le-Grand, sous les Jésuites. Pour la poésie, il est écrasé
entre le dix-septième et le dix-neuvième siècle. Descartes, Jules
Simon, Taine, sont plus vigoureux ou plus souples que lui en
philosophie. Il n'a ni couleur ni saveur. Mais il donne une haute
idée des lettres françaises par la variété de ses talents, et il est
maître dans la satire.   Henri CHÉNOT, S. J.

Pour ma Paroisse, par L. NEMOUAS-GODRÉ. Paris, Téqui,
1899. In-12, pp. 356. Prix : 3 francs. — *Pour ma Paroisse*, ne
veut pas dire : pour mon clocher, pour mon saint ; encore que
M. Nemours-Godré aime, comme un bon chrétien, l'église paroissiale de son quartier, et qu'il la fréquente, j'en suis sûr,
beaucoup plus assidûment que le digne M. Charmulot, — un de
ses plus sympathiques personnages. La paroisse pour laquelle il
plaide est beaucoup plus large ; elle est vaste comme le monde.
M. de Lamartine disait jadis, avec l'humilité qui lui était familière :

Je suis concitoyen de toute âme qui pense ;

M. Nemours-Godré est le frère de toute âme qui croit et qui
prie ; sa paroisse est l'Église catholique ; et, dans ces trois dou-
zaines de causeries, il ne nous entretient que des intérêts, des
gloires, des douleurs, des espérances de cette grande famille des
âmes. Ses causeries pourtant ne sont point des sermons ; et, en
plus d'un endroit, il aborde des questions dont on ne parle point
au prône. Ce sont des récits, des contes, des souvenirs, des
tableaux, des satires, — mais très courtes ; trop courtes même ;
quand on arrive au dernier trait, au mot de la fin, on est tenté
de se plaindre et de dire : Comment ! déjà ?

Quoiqu'il n'y ait rien de l'homélie ou du prône, que de belles
pages dans ces causeries sur le rôle du prêtre ; par exemple, aux
chapitres des *Feignants* et de *Civilisation sauvage* ; et dans
Propos d'ambassadeur et *Exploiteur du peuple*, où passent les

silhouettes souriantes de l'apôtre des faubourgs, ou du prêtre
sauveur des gitanos ! Il y a aussi des croquis de bons paroissiens,
comme celui de Jean Briquet, le brave serrurier qui ne voulut
point crocheter la porte des capucins ; celui de Valain, l'ouvrier
relieur converti par la sainte Vierge ; du *Facteur rural*, qui fut
révoqué pour n'avoir pas retiré son fils de l'école des Frères ;
enfin, du pauvre petit *Gavroche*, qui devint bel et bien un vrai
martyr du bon Dieu.

Par contre, l'auteur des *Cyniques* et de *Pour ma Paroisse* daube,
du meilleur cœur et avec une verve justicière, sur les scélérats
qui en veulent à l'Église ; ceux du temps jadis, Dolet, Arouet... ;
ceux d'aujourd'hui, qu'on connaît trop. Mais, le plus souvent, il
cache la leçon sous l'allégorie diaphane. Voici l'incrédulité, sous
les traits du bonhomme *Plainsac*, qui soigne avec tant de dévouement sa dyspepsie ; voilà la politique, sous la figure du bourgeois
Mécopin, qui se fait, pour son malheur, le compagnon des « so-
cialos » ; et du député *Vatard*, qui s'oublie à la buvette ; et d'un
sous-préfet, dont le sermon d'un moine a troublé la digestion ; et
du maire *Darradère*, à qui la cloche du village joue un si méchant tour, quand elle se met en grève, un 14 juillet, à midi
sonnant.

Et combien d'autres histoires touchantes, naïves, édifiantes,
priantes, auxquelles je vous renvoie, sûr que vous ne vous en-
nuierez point ; et qu'en fréquentant la *Paroisse* de M. Nemours-
Godré, vous deviendrez bien meilleur encore que le bon M. Charmulot. Victor Delaporte, S. J.

Romans et Nouvelles. — La pluie d'encre qui, sous forme de
publications littéraires *de omni re scibili*, s'abat, implacable, sur
le bureau du critique, à peine interrompue par le désarmement
de l'été, fait songer à la boutade d'Alphonse Daudet : « Un jour
viendra où chaque Français majeur publiera son volume. »

Nous semblons être à la veille de ce jour-là. La littérature
d'imagination surtout est particulièrement abondante, trop souvent inepte ou malsaine, bien rarement morale et littéraire à la
fois, mais reflétant toujours les tendances intellectuelles et les
préoccupations du moment.

En ce temps où le *merveilleux* a retrouvé tout son crédit, une

pointe d'occultisme sied bien; d'où le titre du roman de
M. *Schuré* : le **Double**[1]. Son héros, le peintre Marrias, est atteint
d'une hantise singulière qui lui montre en d'étranges cauchemars
son propre « double », dont l'apparition lui présage toujours
quelque tragique événement. Ce *Double*, dont le nom éclate sur
la couverture du livre, ne joue d'ailleurs dans l'action elle-même
qu'un rôle de comparse assez effacé, destiné, semble-t-il, à ajouter
quelque piquant aux épisodes racontés.

Le roman de M. Schuré, timbré de l'épigraphe « Ars vitæ
salvatrix », est surtout symbolique, incarnant en ses quatre personnages les instincts pervers et les aspirations élevées de l'âme
humaine : les Puissances, comme les appelle l'auteur en son langage toujours hiératique et mystérieux.

L'évolution du peintre Marrias s'arrachant à la volupté par
l'amour pur et désintéressé, encore que souvent racontée, cesse
d'être banale sous la plume de M. Schuré. Grâce à son style
robuste et élégant à la fois, les amours tragiques de Marrias, le
fougueux « torero » de la peinture, et de la perverse et fatale
Ténébra; l'idylle du pauvre peintre Rosembrouk, disciple de
Memling égaré dans notre âge, et de sa douce fiancée Marion,
prennent une couleur et un relief surprenants. Tout le tableau
baigne dans cette atmosphère irréelle et mystérieuse qui flotte
d'ordinaire autour des personnages évoqués par l'auteur de
l'*Ange et la Sphynge*.

Quelles que soient les idées philosophiques de M. Schuré, au
sujet desquelles il y aurait bien des réserves à exprimer, sachons-lui gré de nous donner autre chose que le spectacle
déprimant et banal des éternelles marionnettes mondaines
et de nous raconter, en un roman évocateur d'idéal, le récit
d'une « ascension » dans la vie morale.

Un vague occultisme se dégage également d'une œuvre étrange
qui nous vient de Hollande : la **Peine du Dam**[2], par *M. Reepmaker*. Est-ce un roman? Une thèse de philosophie morale? Ni
tout à fait l'un, ni tout à fait l'autre. En tout cas, une déception
pour qui a lu la grandiloquente préface dans laquelle l'auteur
jette son livre à travers le monde comme une panacée pour toutes

1. *Le Double*, par Édouard Schuré. Paris, Perrin, 1899. In-18.
2. *La peine du Dam*. Paris, P.-V. Stock, 1899. In-18. Prix 3 fr. 50.

les souffrances. Se posant en Messie révélateur, il prétend dévoiler à tous l'énigme de la vie et de la douleur : *Deus, ecce Deus!* vaticine-t-il avec un enthousiasme d'illuminé fait pour surprendre quelque peu en ce calme pays de « vies encloses ».

Après ce retentissant exorde, à la suite duquel le voile du temple doit se déchirer, que trouve-t-on ? Un drame intime, bien conté d'ailleurs, mettant en scène deux jeunes mariés pleurant leurs femmes disparues dans une catastrophe de voyage et décrivant l'évolution de la souffrance dans leurs âmes.

Le premier, fou de douleur et frappé à mort, sombre dans la folie et meurt dans un accès de délire furieux dont le récit fantastique évoque les macabres imaginations d'Edgar Poë ; l'autre, également brisé de corps et d'âme, se sent doucement revivre sous la parole consolatrice d'une sorte de prophète errant, mystique entraîneur de foules qui, raillé des uns et suivi des autres, attire le pays entier autour de sa parole ensorceleuse.

Le prince indien, fils de roi devenu apôtre, cache mal la personnalité de l'auteur, qui avoue d'ailleurs l'avoir choisi pour son truchement. Dans ses théories un peu confuses passent les rêveries chères aux occultistes contemporains, mais aussi de hautes pensées philosophiques et morales sur le rôle du sacrifice et de la douleur dans la vie de l'homme, ange déchu dont elles rachètent les fautes.

Tout en louant les intentions pures de l'auteur et la haute moralité de son œuvre, l'on ne peut s'empêcher de songer que l'humble catéchisme de l'enfant résout mieux le problème de la vie que toutes les philosophies humaines, dans lesquelles on ne retrouve qu'un écho dénaturé des paroles séculaires du Christ. Nous aurions mauvaise grâce de reprocher à un auteur, — protestant, sans doute, — de les « laïciser » quelque peu.

Alternant avec les éloquentes tirades du prince Duryodhana, quelques tableaux de la vie hollandaise, le décor fleuri des jacinthes de Harlem, de fines remarques psychologiques et de bons paysages de Hollande. Parfois, quelques tournures exotiques accentuant la « couleur locale » de ce livre bizarre.

La *Peine du Dam* n'aboutit point. Ce n'est là, paraît-il, que le préambule du système religieux et philosophique de M. Reepmaker. Jugera-t-il le « *vulgum pecus* » digne d'entrer plus avant dans les arcanes de sa science ?

M. Warnery, dans le **Chemin d'Espérance**[1], cherche, lui
aussi, à faire

> « Un livre
> Beaucoup plus vécu qu'inventé
> Et qui, par sa sincérité,
> Aide quelqu'un peut-être à vivre. »

comme le dit son épigraphe.

Ce n'est plus ici un roman, mais bien la confession vraie d'une
âme troublée à la recherche d'une foi. Point de discours méthodiques, mais des notes « vécues » jetées sur le papier aux heures
tristes, à travers lesquelles passe souvent un appel angoissé vers
Dieu ; la noble inquiétude d'une âme faite pour le comprendre
ou mieux le retrouver, car dans cette recherche sincère du Vrai,
du Beau et du Bien, vibre encore l'écho des prières désapprises et
le regret d'une foi perdue.

Parmi ces âpres pensées, un hymne à la Bonté ; de clairs et consolants tableaux comme « la veillée de Noël dans un hôpital » ; le
gracieux symbole du papillon, assoiffé d'idéal, rêvant d'atteindre
la fleur de son rêve : une étoile ; quelques pages empreintes de la
plus délicate poésie, qui, dans ce livre d'angoisse, « font plaisir
comme un chant d'oiseau lorsqu'on gravit une montagne ».
(Mistral.)

Battements d'aile et *Lueurs d'aube*, telles sont les premières
étapes de cette âme de poète et d'artiste vers la source de toute
lumière. Puissent ses nobles aspirations la porter plus haut que
cette zone indécise et nébuleuse de l'humaine philosophie. L' « inconnu », dont M. Warnery nous transcrit la confession, semble
lui-même en exprimer l'espoir dans un aveu qu'il nous est précieux de recueillir : « Voilà, s'écrie-t-il, la lumière qui a lui à
mes yeux. Peut-être n'est-ce que l'aube d'un jour plus complet. »
Espérons-le de tout cœur avec lui !

M. Lucien Donel nous donne dans l'*Augure*[2] un roman «pathologique » qui traite, ou mieux effleure, la question des mariages
consanguins, trop fréquents chez les familles aristocratiques
jalouses de la pureté de leur race. Le sujet n'est pas nouveau,
même dans le roman, témoin, entre autres écrivains, Daudet qui
y touche incidemment dans les *Rois en exil*.

Mettant en scène une famille dont le « sang bleu » se perpétue

1. *Le Chemin d'Espérance. Confession d'un Inconnu*, par H. Warnery.
Paris, Perrin, 1898. Prix : 3 fr. 50.
2. *L'Augure*, par Lucien Donel. Paris, Perrin, 1898. In-18. Prix : 3 fr. 50.

en une succession d'alliances familiales, l'auteur résume en quelques pages les arguments des deux parties sur cette question physiologique. Mais la thèse scientifique n'alourdit pas le roman, et outre les Corvaillans, derniers du nom, mourant, les moelles vidées et la volonté abolie, victimes de la dégénérescence héréditaire, le livre renferme nombre d'autres personnages intéressants. Autour des hôtes du château, qui justifient si douloureusement l'*Augure* prononcé sur eux, gravitent des êtres de volonté et de dévouement : la douce et mélancolique figure d'Elise Bernan poussant l'abnégation jusqu'à s'unir au descendant abâtardi des Corvaillans pour le sauver de lui-même et infuser un sang nouveau à la race épuisée ; le robuste caractère de Pierre Varly, jeune paysan avisé et tenace, s'élevant par son labeur jusqu'aux plus hautes sphères du savoir, et la silhouette plus déconcertante, en ce milieu agreste, de la jeune bourgeoise éprise d'art et rêvant théâtre jusqu'à devenir une tragédienne illustre.

Encore que l'action soit un peu morcelée, cet ensemble de scènes familières, encadrées dans des paysages du Morvan décrits avec pittoresque et poésie, forme un attachant roman, lequel après maintes péripéties tragiques, se termine — selon la formule — par l'union des deux véritables héros du livre, le savant Verly et la douce Élise, qui font un peu oublier la thèse incarnée par M. Donel dans les lamentables héritiers des Corvaillans.

Les problèmes sociaux préoccupent M. *Dubost* qui, dans la Socialiste [1], nous raconte la genèse d'une grève.

Un jeune « bourgeois » noblement épris d'idées libérales et venant étudier sur place l'irritante question du Capital et du Travail ; sa collaboratrice, une honnête fille d'ouvriers, intelligente et dévouée, devenue son meilleur auxiliaire dans la mission sociale qu'il s'est assignée, et bientôt une idylle venant accompagner en sourdine leur belle œuvre d'apaisement et de concorde, tel est le thème romanesque sur lequel vont se dérouler, bien étudiés, les épisodes de la lutte sociale. Le « traître » du drame, prétendant évincé de la « Socialiste », vient troubler ce noble rêve et l'héroïne, nouvelle Hélène, allume inconsciemment la guerre des partis. Sans atténuer les torts de chacun, M. Dubost

1. *La Socialiste*, par Paul Dubost. Paris, Perrin, 1898. In-18. Prix : 3 fr. 50.

suit attentivement l'œuvre de rancune et de haine : bonnes intentions méconnues de part et d'autre, sourde défiance du « bourgeois » habilement exploitée par les fauteurs de désordre, lamentables malentendus envenimés par l'hostilité réciproque, enfin
toutes les tristes étapes d'une grève où les réunions sont devenues des émeutes et les protestations des crimes. Le malheureux
conciliateur, suspect aux deux partis, voit s'évanouir son rêve de
paix à la lueur des incendies, et l'héroïne meurt, frappée d'une
balle, en se jetant au-devant des fusils des soldats.

Mettant en œuvre de trop véridiques « faits divers », M. Dubost — dans un roman honnête, ce qui ne gâte rien — a su nous
montrer avec impartialité les stériles et lugubres résultats de la
violence aveugle et de la « propagande par le fait » dans l'œuvre
de la régénération sociale.

C'est encore des ouvriers que va nous parler M. *Paul Renaudin*
dans ses **Silhouettes d'Humbles**[1], regards rapides et instructifs
jetés dans les mansardes parisiennes où s'agite, non plus la populace si complaisamment décrite par l'école naturaliste, mais le
peuple laborieux et honnête de la grande Ville.

« A côté du prêtre et de l'homme d'œuvres, dit l'auteur, le
romancier a son rôle dans l'œuvre sociale de rapprochement et
de fraternité. » M. Renaudin y collabore efficacement en nous
faisant prendre contact avec les drames intimes et les obscurs
dévouements de ce vrai peuple si dédaigné par les romanciers du
ruisseau. Il passe des bouffées de poésie dans ces esquisses du
pauvre monde, et, ce qui vaut mieux, il s'en dégage des leçons
de charité et de vertu.

Le livre de M. Renaudin justifie son titre sans prétention ; ce
ne sont, en effet, que de rapides silhouettes, parfois de simples
impressions, résumées en quelques traits jetés au courant de la
plume. Certains récits cependant sont un peu plus poussés, et
s'ils renferment parfois quelques traits un peu équivoques, il en
est en revanche d'absolument exquis. Telle l'histoire intitulée
une Fête, qui nous montre une bonne vieille de soixante ans apprenant à lire pour déchiffrer les œuvres de son « fieu », et l'écrivain en renom, éclairé sur l'immoralité de son œuvre à l'idée de

1. *Silhouettes d'humbles*, par Paul Renaudin. Paris, Perrin, 1899. In-18.
Prix : 3 fr. 50.

voir ses grivoises chroniques entre les mains de la digne femme, renonçant à sa notoriété malsaine pour écrire le premier livre honnête qu'il puisse dédier à sa mère. C'est là un des meilleurs récits de M. Renaudin, qui a mis beaucoup de son cœur dans les peintures de ses humbles et nous les fait aimer avec lui.

La préface du livre de M. *Édouard Dupré* nous annonce une sorte de roman *ethnique*, où l'**Innocente de Rochebignon** [1] incarne la « préhistoire » de l'humanité, passant tour à tour par l'âge de pierre et l'âge pastoral, puis gravissant les premiers degrés de la conscience et de la raison pour naître à la vie sentimentale par l'amour maternel. Les autres personnages du livre représentent, au dire de l'auteur, l'humanité moyenne d'aujourd'hui, et la suave figure de Céleste l'Idéal toujours rêvé, jamais atteint.

La prétention d'enfermer l'histoire des premiers âges de l'humanité dans la vie d'une simple « innocente » n'est peut-être pas bien flatteuse pour nos ancêtres, mais l'hypothèse est tout au moins ingénieuse. Est-ce à dire qu'elle soit historiquement exacte? Nous ne chicanerons pas M. Dupré sur ce point, nous contentant de constater que son roman, bien écrit, est une bonne étude paysanne. Les personnages, sérieusement étudiés, intéressent par leur sincérité et patoisent agréablement dans un idiome qui rappelle la langue savoureuse du seizième siècle. Autour de la pauvre héroïne, « dont l'âme ne grandit pas avec le corps », gravitent d'attachantes et agrestes silhouettes.

De l'idylle et du drame, de bons paysages et une fine étude de mœurs, voilà plus qu'il n'en faut pour rendre le roman de M. Dupré agréable à lire. Nous regrettons d'y trouver quelques détails un peu libres et quelques opinions trop discutables.

Le joli et mélancolique sonnet qui sert de dédicace au nouveau livre de M. *Champol* : **les Justes** [2], nous indique la thèse morale qui l'inspire. Tout le roman n'est qu'un hymne à la « vraie » Bonté — ou, plus chrétiennement, à la Charité — incarnée dans une exquise et délicate figure de princesse russe vingt fois millionnaire qui sait donner plus et mieux que sa fortune, en répandant sa tendresse sur les misères morales et les plaies cachées.

1. *L'Innocente de Rochebignon*. Paris, Perrin, 1899. Prix : 3 fr. 50.
2. *Les Justes,* par Champol. Paris, Plon, 1899. Prix : 3 fr. 50.

M. Champol stigmatise, en un suggestif parallèle entre la stricte
Justice et l'ardente Charité, ces justes « égoïstes vertueux qui
donnent et ne se donnent pas », et, dans le cadre élégant de la
Côte d'Azur, met en scène le monde cosmopolite et oisif des
« heureux », démasquant tout ce que ses dehors luxueux cachent
de douleurs et de tares. Humbles misères ou peines aristocratiques, à toutes la rayonnante charité de la princesse offre abri et
réconfort, au grand scandale des gens du monde qui taxent
d'extravagante folie une charité aussi peu rigoriste et lui prédi-
sent les plus fâcheuses conséquences. Les Cassandres vont avoir
raison, car un procès perdu par la trahison d'un de ses obligés
— *Deus ex machina* pas très neuf, il faut l'avouer — vient lui montrer l'ingratitude sous sa forme la plus répugnante et lui apprendre la dureté de cœur de ces « justes », chez lesquels « après les
vices certaines vertus sont ce qu'il y a de plus hideux au monde ».
— A peine deux ou trois nobles âmes parmi cette tourbe fai-
sandée de *rastas* et de parasites. Le pieux optimisme de la princesse ne s'en étonne pas, et, continuant à faire le bien sans espérance, la douce créature meurt en se disant évangéliquement :
« Ce qui sur terre est erreur ou folie sera peut-être ailleurs ce
qu'il y aura de plus utile et de plus vrai ! »

Roman élevé et chrétien, original par sa donnée et attrayant
par son cadre, peut-être un peu long ; dans un livre intéressant,
ce défaut-là n'est pas bien grave.

Nous aimons moins l'**Homme blanc**[1] du même auteur, roman
quelconque, déjà lu et relu, emprunté à la période troublée de la
Révolution et de l'Empire. M. Champol est assez original, ses
Justes viennent de nous le prouver, pour ne pas devoir pasticher
Mademoiselle de la Seiglière.

Son **Amour d'antan**[2] contient quelques nouvelles « pas méchantes » mais ingénieuses, dans lesquelles on retrouve les traits
spirituels et vrais qui caractérisent son talent.

Dans l'**Une et l'Autre**[3], M. *Edmond Coz* nous raconte, non

1. *L'Homme blanc*, par Champol. Paris, Gautier, 1899. In-18. Prix : 3 fr. 50.
2. *Amour d'antan*, par Champol. Tours, Mame, 1898. In-18. Prix : 3 fr. 50.
3. *L'Une et l'Autre*, par Edm. Coz. Paris, Gautier. In-18. Prix : 2 francs.

sans quelque agrément, l'histoire d'un jeune clubman gagné aux charmes agrestes de la vie en plein air par les doux yeux de la fille de son hôte. Le beau rêve s'ébauche et son amour, partagé par l'aimante et fidèle créature, lui promet le bonheur quand, à travers cette idylle, vient à passer le charme capiteux d'une brillante et capricieuse mondaine. D'abord hésitant, révérence parler, tel l'âne de Buridan, le jeune homme se laisse séduire par la femme de vanité, qui l'emporte sur l' « ange du foyer » d'abord rêvé, et fait du même coup deux malheureux : son mari qu'elle traîne de fête en fête jusqu'à ce que mort s'ensuive, et la douce Éliette douloureusement fidèle au souvenir de son amour brisé.

Historiette sans prétention, se passant dans le milieu « distingué » cher aux romanciers.

Plus vibrant est le livre de M. *Marcel Luguet :* **Le sabre à la main** [1] : peinture vécue de la vie militaire, que traverse parfois un souffle épique de patriotisme et de foi, auquel vient se mêler en sourdine le duo d'amour obligatoire.

Certaines scènes, telles que les manœuvres de nuit, sont peintes d'une touche pittoresque qui rappelle la puissance évocatrice de d'Esparbès. Quelques traits n'en sont peut-être pas d'un goût très sûr, mais tout est emporté par cet hymne à l'armée qui éclate, réconfortant, chrétien et français, dans le volume de M. Luguet, et résonne fièrement parmi les veuleries contemporaines.

Les amateurs d'émotions fortes dévoreront la **Cage de cuir** [2] de *G. Pradel,* émule de Dumas et de Gaboriau; c'est le roman d'imagination dans toute son invraisemblance : enlèvements, séquestrations, meurtres, explosions, rien n'est ménagé pour l'agrément du lecteur. Le personnage principal, sorte de Gilles de Rais, cent fois millionnaire et atteint de démence scientifique, enlève et séquestre dans un château formidable, gardé par des ours, une jeune fille et un enfant qui lui servent de sujets pour

1. *Le sabre à la main,* par Marcel Luguet. Tours, Mame. In-18. Prix : 3 francs.
2. *La Cage de cuir,* par Georges Pradel. Tours, Mame. In-18. Prix : 3 francs.

ses expériences *in anima vili* sur la greffe animale et la transfu-
sion du sang.

Les efforts tentés par un officier français, fiancé de la jeune
fille, aidé d'un policier bénévole et de quelques amis dévoués,
pour arracher ses victimes à ce vampire de la science, à travers
mille péripéties extravagantes, forment une action touffue et fantastique à plaisir.

C'est du roman-feuilleton avec plus d'érudition et de tenue, au
demeurant tout aussi attachant, presque aussi long, et plus moral
qu'un Ponson du Terrail ou un Montépin.

                                        Édouard GALLOO.

ÉVÉNEMENTS DE LA QUINZAINE

Juin 25. — A Vienne (Autriche), mort du cardinal François comte Schœnborn, archevêque de Prague.

— M. Chabert, radical, est élu député de la deuxième circonscription de Valence (Drôme) en remplacement de M. Bizarelli, élu sénateur.

26. — A Paris, le nouveau ministère se présente devant les Chambres et obtient un vote de confiance, au Sénat, de 187 voix contre 25; à la Chambre, de 262 voix contre 237.

— A Nice, le général italien Giletta de Saint-Joseph est condamné pour espionnage à cinq ans de prison et trois mille francs d'amende.

26 et 27. — Troubles en Espagne, principalement à Saragosse, à l'occasion des nouveaux impôts.

27. — A Birmingham, discours quelque peu belliqueux de M. Chamberlain sur la question du Transvaal.

— A Bruxelles, séance tumultueuse à la Chambre des représentants, à propos de la nouvelle loi électorale proposée par le ministère.

28 et 29. — Nouveaux désordres à la Chambre et dans la rue.

30. — A Bruxelles encore, M. Vandenpeereboom, président du Conseil des ministres, ayant déclaré que le gouvernement désire la conciliation, le calme se rétablit.

— A Rome, séance violente à la Chambre des députés; les urnes sont brisées par des députés socialistes.

— Dans la nuit du 30 juin au 1ᵉʳ juillet, Dreyfus, ramené de l'île du Diable par le *Sfax*, est débarqué à Port-Haliguen en Quiberon, et conduit à Rennes pour y être jugé par le Conseil de guerre de cette ville, en vertu de l'arrêt de la Cour de Cassation.

Juillet 1ᵉʳ. — Nouveaux troubles en Espagne, principalement à Valence.

2 et 3. — Des troubles se produisent à Barcelone.

4. — A Paris, clôture de la session parlementaire.

— A Bruxelles, sur la proposition de M. Vandenpeereboom, la Chambre décide que tous les projets de réforme électorale seront renvoyés à une commission de quinze membres, dont dix de la majorité catholique et cinq de gauche.

Juillet 6. — **A Bergen**, en Norvège, l'empereur d'Allemagne, Guillaume II, se trouvant de passage, sur le *Hohenzollern*, visite la frégate-école française l'*Iphigénie*. A cette occasion, il y a eu échange de télégrammes de courtoisie entre M. Loubet, président de la République, et l'empereur Guillaume.

8. — Le général **Brugère** est nommé gouverneur de Paris, en remplacement du général Zurlinden.

— **A Côme**, en Italie, l'Exposition d'électricité et de soieries, en l'honneur de Volta, à l'occasion du centenaire de l'invention de la pile électrique, a été complètement incendiée par suite d'un accident dû à un courant électrique. Des documents historiques de la plus haute valeur ont péri dans ce désastre.

— **Au Transvaal**, le président Krüger propose à l'approbation des Chambres des mesures sur la naturalisation des *uitlanders*, qui semblent devoir écarter toute complication belliqueuse.

9. — **A Rome**, clôture du concile des évêques de l'Amérique latine.

— **A Paris**, parmi les grâces accordées à l'occasion du 14 juillet se trouve celle du général Giletta de Saint-Joseph, condamné le 26 juin dernier pour espionnage.

— **A Lyon**, M. Louis Million, député, est élu **sénateur** du Rhône en remplacement de M. Perras, décédé.

10. — **Mort** du grand-duc **Georges**, tsarévitch, frère cadet et héritier présomptif du tsar régnant, Nicolas II. Il était né le 9 mai 1871.

Le 10 juillet 1899.

Le gérant : Charles BERBESSON.

Imp. D. Dumoulin, rue des Grands-Augustins, 5, à Paris.

LA
JEUNESSE DE LOUIS VEUILLOT[1]

C'était l'honneur de Louis Veuillot que les catholiques attendissent impatiemment son histoire. Non moins impatient de nous la donner, l'auteur s'est vu retardé par des nécessités de situation qui n'échapperaient à personne quand même il ne s'en expliquerait pas dès les premières pages. Nous n'avons qu'à nous incliner et à remercier M. Eugène Veuillot de ce qu'il peut enfin nous offrir.

J'estime d'ailleurs qu'il y aurait indiscrétion et faute de goût à prendre son œuvre par le côté littéraire. M. Eugène Veuillot est aujourd'hui le vétéran, le doyen de la presse, et l'on connaît depuis longtemps sa manière, cette concision grave, simple et sobre, aisément puissante, redoutable au besoin : l'éloge n'en est plus à faire, et je n'y insisterai pas.

Je ne relèverai qu'un mérite entre autres, et parce qu'il est ici tout particulièrement de mise, et parce que, si je ne me trompe, il pourrait échapper à une première vue, si même il n'avait pas à prévaloir contre une impression capable de l'offusquer pour quelques yeux. Les admirateurs, j'oserais dire, les fervents de Louis Veuillot — et je m'honore d'en être — pourront s'étonner tout d'abord de ne pas trouver ce livre monté au ton de leurs propres sentiments. Il leur semblera peut-être qu'ils eussent mis à les traduire moins de réserve, plus d'émotion communicative. Mais en avançant, ils en viendront à une impression toute autre ; dans la simplicité même du récit, ils trouveront une étrange force, un accent de vérité, d'autorité, qui pénètre et s'impose. Finalement, ils sauront à l'auteur un gré infini de s'être ainsi contenu. Rien ici du panégyriste ; l'historien même aurait droit de s'abandonner davantage, car nous n'admettrons ja-

---

1. *Louis Veuillot*, par Eugène Veuillot (1813-1845). Paris, Retaux. In-8, pp. xi-552.

mais qu'on le lui défende au nom de l'impartialité, laquelle
n'est que la véracité rigoureuse. Vous entendrez sans doute
un historien, mais plus encore un témoin, un frère de sang
et d'armes. Il ne s'en cache pas assurément ; mais il se croit
tenu par là même à une sorte de pudeur fière, où je trouve,
pour ma part, le cachet original de l'œuvre et son mérite singulier. Je l'ai dit, en louer quelque autre me paraîtrait gauche
ou même indiscret.

M. Eugène Veuillot n'a encore pu conduire son héros qu'au
seuil de la maturité. Quand le livre se ferme, le grand écrivain a trente-deux ans ; il est au tiers de sa carrière militante, mais en pleine lutte déjà et en pleine épreuve, car il a
goûté de la prison, et cet accident n'était pas pour l'amoindrir. Il est connu de tous, craint de plusieurs, et non des
moindres, cher à quiconque porte une âme sérieusement et
bravement catholique. S'il fallait résumer en deux mots cette
féconde jeunesse, j'y verrais surtout une vocation providentielle, servie et secondée par un absolu dévouement. Une fois
de plus, donnons-nous-en le spectacle ; il y aura là mieux
qu'une diversion aux intolérables dégoûts de l'heure présente : il y aura une grande leçon et, s'il plaît à Dieu, une
heureuse contagion de foi et de courage. Nous en avons
besoin.

I

Louis Veuillot a dit quelque part : « Peut-être en ce moment, l'homme qui sauvera la société fume-t-il sa pipe dans
quelque bivouac de l'Algérie. » Et tandis que nous écrivons
ces lignes, pourquoi ne se trouverait-il pas dans un bureau
quelconque, dans un atelier, sur les bancs de quelque institution très laïque, un adolescent que nous ignorons et qui
s'ignore, mais que Dieu prédestine à illustrer, à guider pour
une part le vingtième siècle chrétien ? L'amènerait-il de plus
loin à ce rôle qu'il n'a fait, il y a soixante ans et plus, le fils
aîné du brave tonnelier de Boynes ? Nous connaissions déjà
son enfance ; il nous l'avait contée avec un charme saisissant
dans l'introduction de *Rome et Lorette ;* il y était revenu, et
cette fois avec une vigueur poignante, au début des *Libres
penseurs.* Après le « grand frère », M. Eugène Veuillot nous

redit à son tour cette existence étroite et laborieuse que lui-même commença de mener cinq ans plus tard ; et voici de nouveaux détails, exquis dans leur précision familière.

Louis a, de naissance, l'humeur originale et indépendante. A Boynes, une fois muni de sa *Croix de par Dieu*, il déchire impitoyablement la page apprise, parce qu'il n'entend pas étudier deux fois les mêmes choses. Sur ce, l'oncle maternel, charron de son état, s'avise d'écrire l'alphabet, croix en tête, sur une manière de raquette en bois qu'il confectionne. Autre inconvénient : ce livre singulier devient aux mains du neveu une arme de combat qu'il faut lui ôter. Qui voudrait s'amuser verrait là d'avance, comme en un symbole, le polémiste qui fera de sa littérature une massue à l'encontre des mécréants. — Ne nous amusons pas.

Le tonnelier a quitté Boynes ; il est ouvrier principal et garde-magasin dans un entrepôt de Bercy, du Bercy d'alors, moins peuplé qu'aujourd'hui, aussi peu chrétien, mais non pas révolutionnaire. Un jour on y voit descendre de sa carriole la tante Rosalie, mercière à Beaumont en Gâtinais. Derrière elle se tient ou se cache « un enfant vêtu de gros drap lourdement façonné, et coiffé d'un bonnet de coton bleu ». C'est Louis, c'est Veuillot, comme on disait en famille, selon la vieille mode française[1]. La tante le ramène après quatre ans qu'il a passés seul chez le grand-père maternel. Or, il a eu la petite vérole ; il se sent enlaidi et craint de n'être pas reconnu par sa mère. La chose arrive en effet ; mais, en revanche, de ce jour date la première entrevue de Louis et d'Eugène, et cette amitié fraternelle dont l'aîné devait faire un si délicieux tableau[2].

On sait la suite : l'école mutuelle de Bercy, l'intelligence qui éclate, mais sous une direction déplorable ; les lectures mauvaises, le catéchisme enseigné par un instituteur entre deux vins, la première communion ignorante et malheureuse. Tout cela semble préparer, soit un ouvrier incrédule, soit un déclassé, chose pire encore. Dieu a ses vues pourtant.

1. Dans la délicieuse correspondance de l'auteur d'*Athalie*, son fils Jean-Baptiste est désigné sous le nom de Racine : c'était le privilège de l'aîné.

2. *Libres penseurs*. Le public, XLII. — Eugène était au berceau lors de la séparation.

La mère aussi a les siennes. Glorieuse par nature et fière de son fils, elle veut le pousser, en faire un monsieur, « un jurisconsulte », dit-elle sans trop se comprendre. Mais le moyen? — Il se présente à l'improviste ; le patron signale une place de petit clerc vacante chez son avoué. O bonheur d'écrire passablement et de savoir l'orthographe ! Du jour au lendemain l'écolier de treize ans a trouvé sa voie : cela lui semblait alors « un trait de conte de fée »; c'était beaucoup mieux.

Le voilà donc entrant dans le monde bourgeois, mais par une porte assez étroite, à vrai dire. Si l'étude de Mᵉ Fortuné Delavigne, frère du poète, est un milieu fort littéraire et favorable à l'éveil d'un talent, quelle peine le petit clerc n'aura-t-il pas à se tirer d'affaire avec ses vingt francs par mois ! Pensionnaire de la tante Annette, fabricante de chandelles, il se lasse bientôt d'une hospitalité trop chiche à la fois et trop exigeante. Hébergé un temps par le père Renard, un vieux tailleur natif de Boynes, ce lui est une fortune de conquérir enfin une mansarde chez l'avoué, son patron. Encore doit-il joindre à ses fonctions officielles bien des industries supplémentaires; il se fait copiste; le matin avant l'ouverture de l'étude il charge du sable à raison de cinq sous par heure[1] : le tout pour réaliser un budget mensuel de cinquante francs. Nous n'en sommes plus à trouver pareils détails indignes de l'histoire. Ils intéressent par voie de contraste ; ils instruisent et fortifient en montrant le rude noviciat que la Providence ménage à son soldat futur. Il saura parler du peuple et pour le peuple, ce plébéien de race, entré de haute lutte dans la société dirigeante ou, pour le citer lui-même, parmi les « gens de littérature et de drap fin ».

Mais sa place est marquée dans la presse catholique, et, de ce chef, un autre genre de noviciat lui devient nécessaire. Il lui faut apprendre, pour le compte de l'Église, le métier de journaliste : il l'apprendra sous des maîtres que l'Église préoccupe fort peu. Il n'a pas encore dix-sept ans lorsque tombe la branche aînée; il n'en a pas tout à fait dix-huit, quand un ancien habitué du cabinet Delavigne, Gustave Olivier, lui offre une

---

1. On exploitait alors le sable fin de la Seine ; il y avait des pêcheurs *ad hoc*, et c'est à eux que Louis prêtait ses bras.

place à l'*Écho de la Seine-Inférieure*. Si la presse est, comme
on l'a dit, un sacerdoce, il faut avouer que le clergé laïque se
recrutait alors assez lestement. Pendant une année, ce garçon
intelligent et hardi, mais qui ne peut bonnement savoir
grand'chose, endoctrine le peuple rouennais bien pensant.
Gagé surtout pour faire le compte rendu des théâtres et la
chronique locale, il sort du cadre et touche à tout d'une main
intrépide. Politique, économie sociale, histoire, archéologie,
hagiographie même, rien ne lui coûte ou ne l'embarrasse, et il
se repose de ces graves objets en tournant la nouvelle, la
chanson, le conte en prose ou en vers. Après quatorze mois
de cette fièvre, il s'en va, content de son rôle, — pourquoi
non? — sans doute aussi passablement fier de ses deux duels,
quitte à revenir plus tard en faire, sur place, amende honorable à Dieu. Si d'ailleurs il part, c'est qu'il est assez bien
noté dans son monde pour qu'on l'improvise, à dix-neuf ans,
rédacteur « en chef et en seul » du *Moniteur de la Dordogne*.

Naturalisé périgourdin, il aura, pendant quatre années,
une situation plus importante qu'onéreuse, de larges loisirs,
dont nous verrons tout à l'heure l'emploi, des relations charmantes et utiles, avec une considération croissante et de
belles perspectives d'avenir. En 1836, on juge la province
trop étroite pour son mérite ; on l'appelle à Paris ; il y entre
« avec des idées de conquête et bien résolu à devenir ministre
aussitôt qu'il se pourra[1] ». Le plus clair est qu'il y devient
sceptique, en politique, s'entend. Grâce à l'instabilité ministérielle, il fait en deux ans trois journaux, et d'ailleurs la machine gouvernementale se montre à lui de trop près pour
garder beaucoup de prestige. A vingt-quatre ans, le journaliste conservateur est désabusé de bien de choses et fort las
de lui-même, lorsque, au commencement de mars 1838, son
ami Olivier lui propose un grand voyage dont l'Italie sera la
première étape. C'est où Dieu l'attend ; mais en l'attendant, il
a pris soin qu'on le formât pour la tâche inconnue, et maintenant, il l'envoie chercher la conversion, le « baptême[2] », sous
le couvert d'une mission officielle quelconque, c'est-à-dire
aux frais de l'État.

1. *Rome et Lorrette.*
2. *Ibid.*

J'ai dit qu'on l'avait formé : n'est-il pas plus vrai qu'il
s'était formé lui-même, et à travers quels hasards, sinon pour
sa foi, qui avait à renaître, au moins pour son honnêteté, son
bon sens et son bon goût! Nous devons à M. Eugène Veuillot
l'histoire de cette éducation intellectuelle· et littéraire ; elle
est curieuse; on y voit à plein, avec le bonheur d'un naturel
privilégié, la protection de Dieu qui veut ce talent à son
service.

Talent précoce et annoncé d'abord par un vif appétit de
lecture. Mais sur quoi l'assouvir ? A Boynes, avant l'âge de
dix ans, Louis avait épuisé la bibliothèque du grand-père
Jacques Adam. Il est vrai que le catalogue en était court :
une Bible, *Mathieu Lansberg*, *les Quatre Fils Aymon* et quelques tomes dépareillés de La Calprenède ; — comment
étaient-ils venus échouer là ? — Rien d'ailleurs qui pût incliner à mal une imagination enfantine ; mais ce fut autre
chose à la *Mutuelle* de Bercy. L'instituteur communal tenait un
cabinet d'abonnements; ses élèves avaient charge de colporter
par le pays les romans de Paul de Kock, de La Mothe-Langon
et autres maîtres en fait de goût et de morale ; on juge s'ils
en prenaient leur part.

Chez Fortuné Delavigne, Louis trouva beaucoup mieux au
regard de la littérature. Cette étude d'avoué était, nous le
savons, un cénacle au petit pied. On y voyait Barbier le
poète ; les deux Wailly, Jules et Natalis ; Damas-Hinard, qui
devait mourir secrétaire des commandements de l'impératrice Eugénie; Louis Monrose, fils d'acteur et plus tard acteur lui-même; Gustave Olivier, le dilettante universel : tous
libéraux, tous plus ou moins romantiques, sans préjudice
pour leur enthousiasme à l'endroit de Casimir, le frère du
patron. Après s'être un peu amusés de l'inexpérience du
petit clerc, ces jeunes gens se prirent d'intérêt pour lui, s'em-
ployèrent à le former, lui procurant à l'envi livres ou billets
de spectacle; qui lui faisant lire la *Nouvelle Héloïse*, qui s'efforçant de l'enthousiasmer pour les *Niebelungen;* d'autres,
plus sérieux, l'initiant au *Lycée de Laharpe*. A mesure que
sa situation devenait moins étroite et plus indépendante, il
put aller entendre, çà et là, les virtuoses de l'enseignement
public : Villemain, Cousin, Guizot; suivre le mouvement

théâtral et faire le brouhahà aux orageuses représentations
d'alors.

> J'escortais Hernani, le poing haut, l'œil sauvage.
> Bref, je fus romantique [1]...

Il le fut comme tous les Jeune-France, mais avec des réserves où perçait déjà le bon sens personnel ; ébloui du brillant de V. Hugo, étourdi de son fracas, mais non pas dupe
des excentriques à la suite, mais assez méprisant pour l'esprit bourgeois et vulgaire, pour les Scribe et les Béranger.
Un converti des illusions romantiques l'affermissait dans sa
critique naissante ; c'était un des locataires de la maison où
était sise l'étude, Henri de Latouche, romancier, dramaturge,
poète, journaliste, premier et peu fidèle éditeur d'André
Chénier, au reste, littérateur en vogue et presque célèbre,
homme de talent et d'esprit, mais de moralité déplorable. Il
résistera plus tard à son disciple devenu chrétien et s'efforçant de le ramener lui-même. Comment ne pas reconnaître sa
lamentable fin dans une des pages les plus navrantes des
Libres penseurs[2] ? Au moins L. Veuillot lui avait-il dû, avec
des encouragements précieux, des leçons de goût assez
bonnes, et même un premier jour ouvert sur la presse, la
joie de se voir imprimé dans le *Figaro*.

Depuis longtemps d'ailleurs, il ne s'agissait plus d'être
jurisconsulte, mais homme de lettres ; vers et prose allaient
leur train, et nous avons vu qu'ils ne chômèrent point à Rouen
pendant la première année de journalisme. Dans ce torrent
d'écritures juvéniles, M. Eugène Veuillot a ramassé quelques épaves qui ne manquent pas de valeur significative. Le
poète rime assez joliment, à la manière de Lamartine plutôt
que de V. Hugo. Le critique débutant a le coup d'œil prompt,
le trait malin et juste ; il faut l'entendre dauber sur tel dramaturge, sur tel romancier à la mode, Prévôt d'Arlincourt ou
quelque autre. Mais quand s'offre l'occasion de toucher aux
classiques, la main devient discrète, respectueuse, ou plutôt

---

1. *Satires*, Confession.
2. « J'ai vu la vieillesse d'un de ces hommes et j'en ai frémi... » *Libres
penseurs*. Écrivains.

l'admiration éclate, assez conséquente avec elle-même pour
dire leur fait aux œuvres de l'école moderne. Ligier vient à
Rouen jouer du Corneille, et le feuilletonniste de s'écrier :
« Que nous sommes petits, mon Dieu, à côté de cela, et que
le théâtre est dégénéré, et que nos grands drames pleins
d'adultères, de bourreaux, de meurtres, de décorations, de
machines, de passions monstrueuses, auprès d'un vers de
Corneille, sont peu chose !... » On voit ses progrès.

Et cependant, c'est de Périgueux qu'il a daté sa conversion
littéraire. Seulement, en la racontant depuis[1], il l'a faite un
peu plus radicale peut-être qu'elle ne fut en réalité. Parlant
de nos anciens auteurs, « je ne les goûtais pas, dit-il, je ne
les lisais pas[2] ». Nous venons de constater que c'est trop
dire ; mais, de fait, il les lut alors, comme ils méritent qu'on
les lise, et il les goûta jusqu'à se désenchanter de bien des
œuvres jadis admirées. Un hasard le mit d'abord en commerce avec Le Sage, et *Gil Blas* lui fit tomber des mains
Lélia. Les vrais génies vinrent à la suite, et c'est plaisir de
voir l'appréciation qu'il en donne à vingt-cinq ans de distance. N'entreprenons pas de la discuter. J'y trouverais sur
La Bruyère ou Saint-Simon, par exemple, quelques sévérités
que je ne voudrais pas accepter sans examen. A cela près,
l'ensemble est exquis, et il s'en détache plus d'un aphorisme
critique fort digne de servir de thème aux travaux de nos licenciés ès lettres ; mais l'auteur est encore trop mal en cour
chez les princes de l'enseignement officiel.

Je ne me souviens plus, du reste, si, dans sa fameuse conférence contre le vieil enseignement classique, M. Jules
Lemaitre s'est prévalu de la formation littéraire de Louis
Veuillot. D'autres au moins concluraient de cet exemple insigne que, pour faire un grand écrivain français, les Grecs
et les Latins ne sont point indispensables. Soit, en rigueur :
on peut s'assimiler le meilleur de l'esprit des maîtres en ne
fréquentant directement que leurs plus glorieux disciples.
C'est la route que tint Louis Veuillot ; mais, pour l'y suivre,
il serait bon tout d'abord d'être Louis Veuillot ; mais en outre
je m'assure qu'une instruction plus complète et plus métho-

1. *Ça et là*, t. II. Vues prises du cloître. Confession littéraire.
2. *Ibid.*

dique l'aurait mis plus vite lui-même en pleine possession de
son talent. Le dirai-je enfin, avec l'indépendance respectueuse dont j'userais à son égard s'il vivait encore? Lorsque,
plus tard, il fera campagne contre les classiques païens, le
manque de souvenirs personnels l'empêchera d'entrer assez
bien dans certains arguments pratiques et d'expérience que
lui opposeront leurs défenseurs, dans celui-ci, par exemple,
que, les expurgations nécessaires une fois faites, l'auteur est
peu de chose et le professeur presque tout[1].

Mais ce n'est pas le lieu de batailler courtoisement sur
une question de pédagogie. Constatons seulement qu'en 1838,
le jeune journaliste ministériel était déjà écrivain de marque
et homme de goût. Il nous raconte qu'il avait dès lors abjuré
l'idolâtrie quasi universelle du don littéraire, puis il ajoute,
avec une ferme sagesse : « Le don, en lui-même, est certainement quelque chose, puisqu'il sort du commun. Il signale
un homme destiné de Dieu à quelque besogne particulière[2]. »
Que serait la sienne? Il ne s'en doutait pas encore et, avant
de la lui montrer, la Providence avait à le faire chrétien.

II

Rome et Lorette, le beau, l'aimable livre ! Je n'avais pu me
défendre d'un certain froid en lisant, dans l'Avant-propos de
la Correspondance, qu'il n'est pas sans quelque littérature.
En le confrontant aujourd'hui avec le récit de M. Eugène
Veuillot, je me sens pleinement rassuré. Certes le héros avait
trop de probité pour embellir, pour romancer l'événement le
plus décisif et le plus sacré de sa vie. Tant il y a qu'il s'est
un peu chargé, un peu noirci lui-même; qu'il a omis bien
des traits antérieurs, indices d'une âme naturellement chrétienne. Voilà tout. Ces traits, le biographe nous les restitue,
et nous l'en remercions. Louis Veuillot y gagne encore; la

---

1. Qu'on ne se le figure pas d'ailleurs étranger à la langue latine. — Il y
avait quelque peu touché dès la *Mutuelle* de Bercy, puis chez Fortuné Delavigne. A Périgueux, il s'y remit à l'aide d'un professeur du lycée. Devenu
chrétien, il y revint plus sérieusement encore. Seulement le latin de l'Église
le préoccupa beaucoup plus que celui de Cicéron.

2. *Çà et là.* Vues prises du cloître.

grâce n'y paraît pas moins belle, mais on y prend mieux sur le fait ses procédés ordinaires. Capable de terrasser et de ressaisir le plus indigne, elle aime d'ailleurs s'adapter à la nature; on oserait dire qu'elle travaille plus à l'aise sur un fond droit et généreux.

C'était le cas. Et d'abord si la loi d'atavisme n'est ni absolue ni surtout fatale, encore n'est-elle point chimérique, et même dans l'ordre surnaturel. Nés tous deux à l'époque révolutionnaire, François Veuillot et Marianne Adam n'avaient pu ni recevoir ni donner à leurs enfants le bienfait de l'éducation chrétienne. Par contre, il y avait dans la famille de beaux exemples et qui dataient d'hier. En 1793, à Boynes, l'aïeule maternelle, une première Marianne Adam, faisait, la cognée en main, reculer les sans-culottes venus de Pithiviers pour abattre la grande croix du village. En Bourgogne, l'aïeul paternel, Brice Veuillot, était dénoncé comme cachant un prêtre. Louis avait de qui tenir.

Personnellement et si mal initié qu'il fût aux pensées religieuses, il paraît que, vers les premiers temps de son séjour chez l'avoué, il avait fait auprès de l'archevêque de Paris une démarche assez inattendue. Sa lettre, qui n'obtint pas de réponse, et peut-être n'arriva même pas jusqu'à Mgr de Quélen, sollicitait une place gratuite au Petit Séminaire. — Qu'en serait-il arrivé? Nourri des préventions dites libérales, instruit à craindre les empiétements du parti prêtre, il les combattit quand il fut journaliste, mais sans grand zèle, et mollement au gré de ses patrons. S'il ignorait les choses divines, l'impiété du moins le révoltait. A Périgueux, rencontrant deux défroqués dans une société joyeuse avec laquelle il festoyait de temps à autre, il fit bientôt mettre aux voix leur exclusion ou sa propre retraite. Là encore, il nous l'apprend, la sottise, la grossièreté d'une petite feuille irréligieuse agirent sur lui comme elles auraient fait sur toute âme noble: il en devint plus sympathique à la religion. Bien des conversions commencent par là, et non les pires.

Notez surtout certaines délicatesses fraternelles. A Bercy, pendant les loisirs du dimanche, il amusait l'imagination enfantine d'Eugène avec de belles réminiscences de La Calprenède; mais de Paul de Kock ou de La Mothe-Langon pas un mot. Un peu plus tard, ses sœurs le préoccupèrent. Lui le premier lettré, le premier bourgeois de la famille, il sentit que la force des choses l'en faisait le chef moral. Elle lui donnait à garder l'innocence de ces jeunes filles, et nous savons de.lui-même que cette responsabilité fut pour beaucoup dans son franc retour au christianisme[1]. D'ailleurs, il s'avouait tourmenté, persécuté par lui-même, par sa conscience encore confuse, mais qu'il ne voulait pas étouffer. La grâce le travaillait donc, et sans rencontrer les obstacles où elle échoue d'ordinaire : inconduite grave et orgueil d'esprit. Au moral, ce journaliste n'était ni plus ni moins qu'un honnête jeune homme de son temps et de son monde. Par-dessus tout, il n'avait, pour son bonheur, aucun entêtement doctrinal, aucune infatuation scientifique, rien de ce personnage si content de lui-même et si fort à plaindre, que l'on appelle aujourd'hui l'*intellectuel*.

Quand se fit le voyage de Rome, l'œuvre divine était déjà passablement avancée ; la preuve en est dans les dates mêmes. Louis arrive le 15 mars au soir avec son ami, Gustave Olivier, converti depuis quelque deux ans ; il prend gîte chez Adolphe Féburier, chrétien de tout temps ainsi que sa jeune femme. Dès le lendemain 16, entendant parler du P. Rosaven[2], il s'avoue curieux de voir un Jésuite; on l'y mène, et, du premier coup, la question religieuse est posée. Elle l'est si bien, qu'il revient deux fois dans la journée du 17, et déjà commence à pressentir le dénouement. Suit une excursion de quinze jours, mais qui n'interrompt pas le travail intime. On revient de Naples pour la semaine sainte, et, après quelques combats inévitables en pareille rencontre, Louis se confesse le vendredi. Le jour de Pâques, il fait à l'*Ara Cœli* sa seconde communion, la première à son gré, la première, en effet, par l'intelligence et l'amour. Cette fois Louis Veuillot est chrétien, chrétien convaincu, pratiquant ; et en voilà jusqu'à la mort.

Qu'on relise maintenant les délicieuses pages de *Rome et*

1. « ... C'est surtout la pensée de mes sœurs qui a servï à me convertir. » *Louis Veuillot à Mme de W*...
2. Alors assistant du Père Général pour la France.

Lorette. Aucun détail qui ne soit vrai en lui-même. La seule chose qu'il convienne de remettre au point, c'est une certaine impression d'ensemble ; à entendre le néophyte, on le croirait revenu de bien loin, et nous venons d'entrevoir au moins quelles nobles dispositions rendaient ce retour possible, quelles touches de grâce le préparaient doucement.

En est-il moins admirable ? Non : toute conversion bien étudiée le sera toujours. Que celle-ci n'étonne pas autant que d'autres par l'imprévu et la soudaineté ; qu'on n'y retrouve point, comme ailleurs, une sorte de violence divine, l'éclair du chemin de Damas : qu'importe ? La grâce a plus d'une allure. Si, dans le cas présent, elle ne s'entoure pas de circonstances merveilleuses, au moins s'affirme-t-elle par la plénitude de ses effets, mais, en outre, par certains dons exceptionnels aussi frappants que le miracle pour qui connaît les choses de Dieu.

> Je suis chrétien, Néarque, et le suis tout à fait,

dit Polyeucte sortant du baptême. Ainsi pouvait dire Louis Veuillot, le jour de Pâques 1838, au sortir de l'*Ara Cœli*. Nous savons, par sa correspondance et par le récit de son frère, que la conversion accomplie, au lieu de lui apporter paix et joie, souleva, presque dès le lendemain, une tempête intérieure [1]. Phénomène en soi peu nouveau ; mais prenez garde aussi, que, pendant ces quelques semaines douloureuses, ni la conviction ne chancelait, ni la volonté ne songeait à revenir en arrière. C'était plutôt parce qu'il entendait n'être pas chrétien à demi, qu'il prenait frayeur des périls dont il avait tout d'abord la vive conscience. Et ne sentez-vous pas Dieu attentif à ménager et à fortifier tout ensemble cette âme d'élite, en ne déchaînant les orages qu'après lui avoir fait toucher le port ?

En outre, il lui conférait sans attendre certains privilèges où d'autres n'arrivent que lentement, par effort et par conquête. La foi de ce néophyte, cette foi d'hier, sans culture ni

---

1. Il est touchant de l'entendre, trois ans plus tard, soutenir dans une épreuve toute semblable un autre converti qui lui tenait de fort près. (*Correspondance*, t. VII, p. 53.)

exercice, eut tout d'abord la profondeur et la fermeté des
longues habitudes. — Ce n'est pas tout : elle fut aussi nette
dans l'esprit que vivace dans le cœur. Moins de six mois
après, paraît le premier ouvrage du converti [1], et il y parle
avec la compétence d'un croyant de vieille roche. Savoir sa
religion : chose trop peu commune parmi les chrétiens !
Quant à Louis Veuillot, il la sait, dirait-on, avant d'avoir eu
le temps de l'apprendre. Ne crions pas au miracle, mais
avouons là un don singulier du Saint-Esprit.

Voyez encore : avec la foi essentielle, il a, dès le premier
moment et dans un degré rare, l'orthodoxie d'instinct, le beau
et droit sens catholique, en tout docile à l'Église, mais encore assez heureux pour se rencontrer d'ordinaire avec elle
avant même qu'elle ait prononcé. Il reste homme assurément,
et n'est pas sacré infaillible ; mais s'il doit se tromper une
fois ou l'autre sur quelqu'une des innombrables questions
que touchera sa plume, ce ne sera jamais que par défaut ou
excès de logique, par une application ou légèrement inexacte
ou un peu trop rigoureuse du principe chrétien. Car c'en est
fait : il ne partira plus que de là ; ni sa pensée n'aura plus
d'autre inspiration, ni son intention d'autre mobile. Nouveau
trait, nouvel indice d'une grâce privilégiée, mais où apparaît
aussi déjà la fidélité courageuse. Une fois saisie par le vrai,
cette âme s'y livre tout entière, elle y rattache et y subordonne tout le reste.

Conviction profonde, inébranlable, droiture simple, et, en
même temps finesse aiguisée du sens catholique : il y faut
joindre tout ce qui vient sous le beau nom d'esprit de foi :
unité puissante des vues ; les personnes et les choses jugées
d'après la lumière chrétienne et pesées au poids de Dieu ;
l'histoire, la politique, la science de la société, l'esthétique
et la littérature, tout se rangeant autour de la vérité centrale
et supérieure ; tout relevant d'elle et, dans cette dépendance
légitime, nécessaire, trouvant son explication, sa garantie,
son harmonie, sa splendeur.

Citons ici, ne pouvant mieux dire, le plus singulier, le plus
hardi, le plus complet à certains égards, des panégyristes de

1. *Les Pèlerinages de Suisse*, février 1839.

Louis Veuillot, M. Jules Lemaître[1]. Oui, c'est bien cette ingérence, cette domination universelle de la foi, qui fait la vie de
l'illustre croyant, « admirable et presque surnaturelle d'unité »
(p. 42). — Encore pourrait-on dire en un sens vrai que *presque*
est de trop dans la phrase. — Oui, Louis Veuillot « ne lâche
point la croix ; mais, du pied de la croix, il a, sur tout ce qui
se passe, des vues d'une ampleur souvent surprenante »
(p. 29). — Surprenante, elle ne l'est que pour ceux qui ont le
malheur de ne pas croire. — Oui, au gré de Veuillot, « être
catholique, c'est l'être à toutes les minutes de la vie et dans
toutes les démarches sans exception », en politique, par
exemple, comme en tout le reste (p. 35). Et pour avoir pensé,
pour avoir agi de la sorte, il est bien « le grand catholique » du
siècle (p. 70), à quoi M. J. Lemaître ajoute : « pour un peu,
je dirais le seul. » Je ne l'oserais pas quant à moi ; mais, sans
blâmer ni amoindrir personne, je dois reconnaître l'évidence.
Jamais, à aucun moment de sa vie, Louis Veuillot ne se
trouva même dans le cas de sacrifier à son catholicisme un
système, une opinion, une idée, une prédilection quelconque.
C'est que, chez lui, dès l'abord et toujours, le catholicisme
ne fut pas seulement à la première place, il fut tout. Pour
d'autres, pareil sacrifice reste une gloire, leur meilleure
gloire ; mais c'en est une assurément de n'avoir pas même eu
besoin de le faire, d'avoir été, du retour à la mort, pur catholique et rien de plus. Heureux, en un sens, de ne se trouver
engagé ici ou là par aucune tradition de famille, de parti,
d'école ; plus heureux à coup sûr d'être investi d'une grâce
de foi assez éminente pour prévenir et absorber d'avance
toute opinion ou prédilection d'ordre purement humain. Et
comme il en est ainsi dès la première heure ; comme ce don
et les autres semblent instantanés et, pour ainsi dire, infus
dans cet ignorant, dans cet étranger de la veille, c'est par

---

1. *Les Contemporains*, sixième série. — Chose étrange, en effet ! Jamais
Veuillot n'a été plus exactement défini, mieux loué dans la fière intégrité de
son christianisme. A travers beaucoup d'erreurs, en dépit de l'incrédulité
affichée, motivée sur de bien pauvres raisons, il est visible que le contact
du héros détermine un de ces vifs retours de sens chrétien qui ne sont pas
rares dans les œuvres de M. J. Lemaître. Il est tel passage où le libre penseur semble demander pardon à Veuillot de n'avoir plus la foi (p. 72 et suivantes).

où sa conversion achève de se montrer admirable. Certes, de telles avances providentielles ne pouvaient être que l'indice d'une très haute et très singulière vocation.

III

Mais laquelle? « Dès qu'il fut chrétien, atteste son biographe, il eut, sous toutes les formes, le zèle des âmes. » On ne se l'imaginerait guère autrement. Aussi bien avait-il à mettre au service de Dieu une arme déjà connue et redoutée de plusieurs, sa plume, sa plume que Pie IX égalera plus tard à une épée[1]. Son rôle semblait donc tracé d'avance, mais d'une manière encore assez confuse et qui ne devait pas se préciser avant quatre ou cinq ans.

Tout d'abord les grands projets de voyage sont rompus. Quittant Rome, Louis Veuillot visite Lorette, il traverse la Suisse, et peu s'en faut qu'il n'y reste au moins quelque temps pour compléter ses études[2]. C'est à Fribourg qu'il débat cette question devant Dieu et dans la retraite. Mais le Jésuite qui le dirige lui montre son vrai champ de bataille en France, à Paris, et le nouveau soldat du Christ y revient après cinq mois, non sans quelque saisissement à la pensée de se replonger dans la fournaise, et tout à la fois plein de la confiance que son guide spirituel lui a prêchée en style énergique et original[3]. La presse lui fait horreur, mais rien ne l'oblige à rentrer dans le « sabbat infernal et immonde des journaux[4] ». Il est sous-chef de bureau à l'Intérieur et attaché au cabinet du ministre : sorte de sinécure ouvrant de belles perspectives, chaîne légère et suffisamment dorée pour un homme bien déterminé à ne jamais être riche. Avec cette situation et les écrits qu'il médite, il peut vivre, soutenir les

1. Le Pape lui dit ce mot en le décorant de la croix de Mentana.

2. Peut-être même songeait-il à l'état ecclésiastique ou religieux. Le 9 juillet il écrivait de Fribourg à son frère que sa future pourrait bien être la sainte Trinité. Il lui vantait le désintéressement des Jésuites qui, ayant peu de chose à faire pour le retenir, le renvoyaient dans le monde, à Paris. (*Correspondance*, t. I, p. 39-40.)

3. Le P. Geoffroy lui disait : « Si par hasard, vous aviez besoin d'un petit morceau de la lune, il faudrait le lui demander » (à Dieu). *Correspondance*, t. I, p. 38.

4. *Correspondance*, t. I, p. 41.

débuts de son frère, élever ses jeunes sœurs. En 1841, il
accompagne pour quelques mois le général Bugeaud nommé
gouverneur d'Algérie; un peu secrétaire du grand soldat
qu'il connaît depuis Périgueux, un peu *reporter* au service
de M. Guizot son ministre. Voilà pour sa vie extérieure et
quasi officielle.

Hors de là et parmi tout cela, c'est le chrétien apôtre,
l'homme de lettres aux gages du bon Dieu. Il s'est hâté de
prendre position comme il convenait à sa foi et à son caractère; il a publié sa conversion sans étalage, mais sans embarras; écartant avec une égale aisance le respect humain et
la bravade, il s'est montré tout de suite, et jusqu'à la fin il se
montrera catholique hardiment, insolemment, effrontément,
au gré des mondains et des timides.

En même temps, il ne néglige rien pour pousser dans la
même voie tous ceux qu'il aime, tous ceux qu'il approche.
« Depuis que je suis catholique, écrira-t-il bientôt, j'ai vu
beaucoup d'hommes; je ne crois pas qu'il en soit un seul à
qui j'aie parlé une heure sans lui parler de Dieu[1]. » Dès 1839,
son pauvre père mourait en chrétien dans ses bras; deux ans
plus tard, pendant sa campagne algérienne, son frère lui
donnait une immense joie en entrant à son tour dans le christianisme pratique et bientôt militant.

Quant aux amis et connaissances d'autrefois, quelques-uns
s'étaient rendus, d'autres s'y refusaient, tel ne se cachant
pas de l'envier, tel autre se dépitant ou essayant la raillerie.
Ces derniers étaient bien l'exception; d'ordinaire, la sincérité résolue commandait aux plus réfractaires, sinon la
sympathie, du moins le sérieux et le respect. Et s'il lui arrivait de prêcher, — avec quel à-propos et quel esprit! —
personne ne dormait à ses sermons ou n'en prenait ombrage.
« Ce Veuillot! s'écriait un jour quelqu'un, il vous dit des
choses énormes, et on ne songe pas à le blaguer, ni à se
fâcher! »

Cependant sa plume ne chômait guère. *Les Pèlerinages de
Suisse* parurent en février 1839 : c'était son premier ouvrage,

1. *Les Français en Algérie*, p. xxvi.

son début dans ce qu'il appelle « la littérature volumineuse ». Le succès fut vif, et l'*Univers*, avec qui Louis Veuillot n'avait encore rien de commun que la foi, salua le jeune écrivain comme un de ceux auxquels l'avenir appartenait du droit de la supériorité intellectuelle.

L'année suivante, ce fut un premier roman tout chrétien et psychologique, *Pierre Saintive*, grandement estimé de Saint-Marc Girardin ; puis un livre de prières, *le Saint Rosaire médité*. *Rome et Lorette* s'acheva en janvier 1841. En 1842, vint *Agnès de Lauvens* ou *le Sub tuum*, tableau aimé d'une éducation de jeune fille, hommage reconnaissant au couvent dit des *Oiseaux*, où Mlles Veuillot achevaient la leur. *L'Honnête Femme*, *les Français en Algérie* virent le jour un peu plus tard, quand l'auteur était redevenu journaliste.

Ne voulant faire ici ni une étude sur son talent ni un abrégé complet de son histoire, je n'analyserai point ces livres. Une seule remarque paraît bonne à recueillir. Lui-même disait des *Pèlerinages* : « Cela ne ressemblera peut-être pas à tout ce qu'on a fait[1] ». Il ne se flattait point. Mais où gît précisément cette nouveauté déjà manifeste dans ce premier essai, dans ceux que je nommais tout à l'heure, la même qui se retrouvera dans *Çà et là*, par exemple, et dans *le Parfum de Rome* ? Volontiers, j'en ferais l'honneur à la pensée religieuse partout présente et circulante. Sans apprêt, sans gaucherie, sans intention visible capable d'effaroucher ou de faire sourire, elle vient et revient, sortant de l'abondance du cœur, naturelle, spontanée, souple à miracle, toujours à sa place et à son aise dans l'infinie diversité des objets et des sentiments. Que Louis Veuillot raisonne ou décrive, raconte ou plaisante, nous ne cessons pas un moment d'entendre le chrétien, et nous apprenons — leçon exquise — comment la foi peut devenir l'âme d'une âme, se plier à tous ses mouvements pour les conduire, la pénétrer jusqu'au fond et en jaillir sous toutes les formes, voire celle de la gaîté.

En ce point, il a mieux que personne donné le ton aux croyants de notre époque, et ce leur est un bonheur. Rappelez-vous ceux du dix-septième siècle ; imaginez, si vous

---

1. A son frère, 31 juillet 1838. (*Correspondance*, t. I, p. 46.)

le voulez, *Çà et là* ou *les Pèlerinages* aux mains, non d'un
Arnauld ou d'un Nicole — des jansénistes ! — mais d'un
Racine[1] ou d'un La Bruyère. Quel étonnement, si même il
n'y avait pas quelque scandale ! J'admire, j'envie la gravité
religieuse de nos pères, leur incomparable respect ; mais ne
les bridait-il jamais outre mesure ? Ne faisait-il point trop rigoureuse, trop jalouse la distinction, la séparation entre le
profane et le sacré ? Leur religion, si elle n'était pas trop
solennelle et compassée, ne se tenait-elle pas au moins dans
une sorte d'isolement superbe, au-dessus et comme en dehors
des lettres, de la poésie, des habitudes familières de l'esprit ? Dès qu'il s'agissait de littérature, mais surtout du badi-
nage, on recourait à la fable païenne. C'était mode et routine ; mais c'était aussi, n'en doutez pas, crainte de ravaler la
foi en la commettant avec des objets trop indignes d'elle.
Aujourd'hui nous sentons autrement, et il faut y voir un
progrès ; Louis Veuillot n'y a pas nui, et cela doit lui être
compté comme un service. Non, elle n'est pas irrespectueuse,
encore moins avilissante, cette hantïse plus libre et plus
familière avec les choses divines ; dès là qu'elle se surveille
en s'abandonnant, elle est utile et douce, plus filiale, plus
évangélique d'autant et plus vraie.

Mais nous avons hâte de voir le champion catholique à son
poste définitif, d'entendre le dernier mot de sa vocation privilégiée.

IV

Avant le voyage de Rome, il dînait un jour avec des gens
de lettres. Victor Considérant, l'un des convives, proposa
d'aller prendre le café à l'estaminet de l'Univers, lequel,
ajoutait-il, « n'a, Dieu merci, rien de commun avec l'*Univers
religieux*. — Qu'est-ce cet *Univers religieux* ? demanda
Veuillot. — C'est, répondit le Fouriériste, une maussade
petite feuille de calotins où l'on nous dit des injures, sous
prétexte que les doctrines de Fourier sont immorales. » Voilà
sous quels traits ce journal apparut pour la première fois à
l'homme qui devait en faire une puissance.

---

1. On sait que Racine, janséniste de relations et d'accointance, l'était aussi
peu que possible d'esprit et d'âme.

Il y avait alors quatre ans environ que la maussade petite feuille travaillait de son mieux. L'*Avenir* était tombé en 1832, ne laissant après lui pour défendre les intérêts de l'Église que l'*Ami de la religion*, gallican et monarchiste, et le *Journal des Villes et Campagnes*, publication incolore bien qu'assez répandue dans le clergé. Un homme d'œuvres et de propagande, M. Bailly, avait essayé une *Tribune catholique* destinée à répandre avec beaucoup de modération des idées légèrement ultramontaines. Enfin, en novembre 1832, commença de paraitre l'*Univers religieux, politique, scientifique et littéraire*. Le fondateur était l'abbé Migne, prêtre auvergnat naturalisé Orléanais, encore plus honorablement connu dans la suite comme éditeur de la patrologie. Le nouveau journal promit beaucoup, et d'abord tint ce qu'il put; moins riche de rédacteurs effectifs que de collaborateurs honoraires, fort peu en fonds, car la *Tribune catholique*, en fusionnant avec lui, n'avait guère fait, pour parler comme Saint-Simon, qu'un mariage de la faim et de la soif. Après tout, on vivait, on était catholique purement et franchement, bien qu'avec prudence; on avait déjà l'honneur d'être injurié pour la bonne cause; et puis l'homme providentiel allait venir : il n'ouvrirait point une route nouvelle, mais, sous son impulsion vigoureuse, on ferait plus que doubler le pas.

Converti, Louis Veuillot ne pouvait manquer d'envisager l'*Univers* avec d'autres yeux que ceux de Victor Considérant. Toutefois les approches furent assez lentes et les relations ne se nouèrent pas d'enthousiasme. C'est au mois de novembre 1838 que le journal inséra, un peu par grâce, les premières lignes de son futur rédacteur en chef. Sous le couvert d'un collaborateur en titre, Alexandre de Saint-Chéron, cet étranger, cet inconnu présentait une réclamation en faveur du général Bugeaud, fort impopulaire alors et assez malmené de la veille.

Sept mois plus tard, il donnait un premier article, un feuilleton sur la bénédiction de l'église des *Oiseaux*, et, devant corriger ses épreuves, il faisait une première visite aux bureaux de la rédaction. Pauvres bureaux ! Pas de lumière à la porte, pas de garçon pour introduire ; dans une salle étroite, mal éclairée, mal meublée, deux hommes à une

table : l'un en soutane, c'était Melchior du Lac[1] ; l'autre en
habit laïque, c'était le gérant Barrier, collant gravement sur
papier gris les nouvelles diverses du jour ; entre eux deux,
une tabatière, muse du travail et fréquemment invoquée. Les
épreuves arrivent, elles sont revues, puis on se sépare sans
avoir échangé plus de dix mots. Dans la rue, les deux visi-
teurs, car Eugène était de la partie, se communiquent en
riant leurs impressions. « Eh bien, petit frère, dit l'aîné, si
je refais du journalisme, ce sera probablement là. »

Bientôt en effet, sollicité par M. Bailly, poussé par le
P. Varin, son confesseur, il commençait d'apporter à l'*Univers* une collaboration libre et parfaitement gratuite. Son
cœur s'attachait vite à l'œuvre, et sa vocation de militant par
la plume lui devenait plus manifeste. En 1841, il écrivait d'Algérie, où il faisait bravement campagne affublé, par ordre,
d'un uniforme et d'un sabre : « Quand je lis mon cher *Univers*,
j'enrage de n'être point en France pour dégainer contre
M. de Villemain... Voilà de la guerre : se battre contre les
idées... La seule position qui me convienne, c'est d'écrire,
c'est de prêcher. » L'année suivante, le journal subit une
crise. Les fonds manquaient, et, plutôt que de laisser mourir
le meilleur des organes catholiques, d'aucuns négociaient
pour le faire, moyennant finance, quelque peu ministériel.
Du Lac y résista fort ; Louis Veuillot s'indigna. On n'abdi-
quait certes pas la liberté de courir sus aux mécréants ; mais
garderait-on celle de défendre l'Église contre les tracasseries
du pouvoir ? Aux yeux de ce vaillant, c'était là un « métier de
Judas, un lien de honte », mieux valait « un journal catholique mort que vendu ». Joignant les actes aux paroles, il
cessa un moment de collaborer ; puis les choses s'arran-
gèrent, la pleine indépendance fut reconquise ; après deux
mois seulement (mars, avril 1842), l'Achille chrétien sortit de
sa tente pour n'y rentrer jamais que par force (1860-1867).
Vocation et dévouement : voilà disions-nous, toute l'his-

---

1. Melchior du Lac de Monvert, ancien mennaisien, docte et solide polémiste. Hanté par le désir du sacerdoce et même de la vie religieuse, il fut
un temps bénédictin, mais des embarras de famille le rejetèrent malgré lui
dans le monde.

toire de sa jeunesse. Le dévòuement fut entier, mais il n'aveuglait pas la prudence. Louis Veuillot se trouvait, de fait, chef de famille; il devait penser à son frère, beaucoup plus à ses jeunes sœurs; il n'était donc pas maître de se donner aussi vite et aussi entièrement qu'il l'eût voulu. Aussi gardait-il, avec l'espoir de le transmettre à Eugène, son titre de sous-chef au ministère de l'Intérieur. En même temps il caressait bien des projets littéraires qui lui permettraient de vivre et de doter Annette et Élise. Et comment accepter pour lui-même les propositions de mariage qui venaient çà et là? En 1841, répondant sur ce point à M. Guerrier de Dumast, il accusait nettement sa double préoccupation d'alors : pourvoir à l'avenir des siens, conquérir et garder pour lui-même le droit de rompre en visière à une société officielle de moins en moins chrétienne. Toute cette lettre est admirable : on y voit, avec la vertu et la paix croissantes du converti, l'abnégation du frère seule assez puissante pour contenir les ardeurs du soldat. C'est bien la sagesse dans la force, l'ordre mis entre les devoirs.

Cependant, parmi les obscurités, les tiraillements et les dégoûts, les plans de la Providence allaient à leur terme. Après le risque de devenir plus ou moins ministériel, l'*Univers* avait couru celui de s'inféoder à la cause légitimiste, en se laissant absorber par l'*Union catholique*. Ce fut le contraire; l'*Union* capitula (1843); elle se fondit avec l'*Univers*, lequel resta libre de tout engagement de parti. Un autre dénouement eût décidé Louis Veuillot à la retraite; celui-ci le fixa. Dès lors il fut rédacteur en titre; presque aussitôt il le fut en chef, non pas encore officiellement, mais de fait. Du Lac était entré à Solesmes (mars 1843) et, sous le couvert de M. Bailly, le nouveau venu devait tout conduire. Pour quelque temps, la fonction précédait le grade : qu'importe? Veuillot appartenait à l'*Univers*, et l'on a eu raison de le dire, à compter de cette époque, l'*Univers*, ce fut lui[1].

Mais au prix de quels sacrifices! Où étaient les idées de conquête avec lesquelles le journaliste conservateur abordait

[1]. Thureau-Dangin, *l'Église et l'État sous la Monarchie de Juillet.*

Paris sept ans plus tôt? Aujourd'hui encore (1843) titulaire
d'un emploi officiel, bien vu dans les ministères, patronné
par MM. Guizot et Duchâtel, par le vainqueur de l'Algérie,
il restait, s'il eût voulu, en passe d'un bel avenir. A trente
ans, il le brisait d'un trait de plume, avec la conscience de
s'aliéner le pouvoir et l'opposition tout ensemble; mais, avait-
il écrit : « L'ambition est le premier fumier dont la grâce ait
nettoyé mon. cœur. » Ne parlons même pas de la fortune.
Depuis deux ans volontaire sans solde dans la presse catholique, elle était encore bien pauvre quand il résolut à
n'attendre plus guère que d'elle son pain quotidien, comp-
tant sur Dieu pour le trouver, mais assuré de n'aller jamais
au delà[1]. Il y avait des renoncements plus sérieux. On lui
offrait ses entrées au *Journal des Débats*; c'était, avec la
haute camaraderie littéraire, la vogue assurée à ses écrits
futurs; c'étaient, en perspective, les grands honneurs du métier. S'il se fût engagé dans cette voie, je m'assure que, tôt
ou tard, l'Académie se serait donné l'honneur qu'elle a laissé
perdre, celui de posséder le premier écrivain du temps[2].

Mais entre tous les biens, il semble avoir prisé par-dessus
tout l'indépendance. Or, en se démettant de son emploi officiel, il la regagnait d'une part, et il en avait une joie d'enfant[3]; mais par ailleurs il l'aliénait plus complètement et en
pleine connaissance de cause. Combien de fois il faudrait,
ainsi qu'il l'a dit depuis lors, écarter comme fruit défendu
les meilleures joies du talent, l'inspiration libre, le travail
maitre de choisir son heure, l'œuvre achevée et mûrie au gré
de l'ouvrier; combien de fois, sourd aux appels du soleil et
des oiseaux, rester là, esclave de la tâche, tenant sa plume,
son arme, en face de quelque ennemi de Jésus-Christ! Et

1· Au moment où nous sommes, l'*Univers* lui faisait quatre mille francs.
Quand le journal sera supprimé en pleine prospérité (1860), Louis Veuillot
pourra écrire : « J'avais douze mille francs de revenu : l'empereur m'en a
pris tout justement douze mille. »

2. Je n'attribue aucunement à L. Veuillot l'ambition académique ; je note
seulement qu'il se fermait le chemin des honneurs comme celui de la fortune. Aussi bien, pour sa gloire personnelle, quel besoin avait-il de pouvoir
signer : l'*Un des Quarante* ?

3. Il a souvent conté à son frère que, le jour de sa démission, il s'accorda
pour lui tout seul un déjeuner de fête, et le prit avec une gaîté dont le
garçon était ébahi.

quand, dès le premier jour, il se résignait, lui et ses frères
d'armes, à « supporter, non seulement l'injure et la calomnie
des méchants, mais parfois aussi la suspicion et le blâme des
gens d'honneur et de foi[1] »; quand, immédiatement après, il
acceptait à mots couverts d'être sacrifié d'un commun accord
par amis et ennemis au jour de leur réconciliation, fruit de sa
peine; quand, par avance, il acquiesçait contre lui-même à
ces transactions conclues d'ordinaire aux dépens du militant
qui les prépare et sur sa tombe[2], s'il n'avait pas besoin d'être
prophète, au moins ne se dissimulait-il point le vrai des
choses; l'œil était ferme, le dévouement absolu, l'âme de
tout point fidèle à sa vocation enfin déclarée. Pour faire un
défenseur de l'Église, c'est peu que le talent; il y faut de
hautes et solides vertus.

V

Heureux temps d'ailleurs, temps de réveil religieux, de
guerre ardente pour la liberté de l'enseignement catholique.
Cette guerre, il n'y a pas longtemps que je la rappelais ici
même à propos de Montalembert; je n'y reviendrai point.
N'esquissons même pas, d'après l'éminent biographe, la rude
campagne de 1843 et 1844. Déjà Montalembert était reconnu
chef du mouvement, et Louis Veuillot lui gardait jalousement
ce titre; mais le jeune *leader* était loin, à Madère, frémissant
de ne pas rentrer encore dans la mêlée, lançant au moins,
comme un appel de clairon, sa brochure *Du devoir des catholiques dans la question de la liberté d'enseignement;* l'épiscopat commençait seulement à s'ébranler; c'était l'*Univers*
qui portait, au bénéfice de tous, le poids de la lutte quoti-
dienne; il lui fallait combattre et pâtir.

Mieux que personne, Louis Veuillot fit l'un et l'autre. Sa
plus belle passe d'armes fut la *Lettre à M. Villemain, ministre de l'Instruction publique, sur la liberté d'enseignement.*
Qu'on la relise, comme je viens de la relire moi-même, et
l'on comprendra que Montalembert l'ait jugée « admirable »,

1. Programme de l'*Univers*, 1843. *Mélanges*, première série, t. I, p. 3.
2. « ... Épuiser nos forces à réunir, paisibles dans la profondeur du
même lit, ces torrents qui nous submergeront au moment de se confondre... »
(*Loc. cit.*, p. 3.)

qu'il en ait été transporté d'enthousiasme et de sympathie[1]...
C'est bien, en effet, la liberté chrétienne dans son droit supérieur et divin, mais aussi dans son droit constitutionnel,
s'élevant contre l'oppression avec une force, une fierté, une
hardiesse noble et bien nouvelle pour l'époque. Ni violence,
ni injure, ni bravade, — elles étaient dans l'autre camp ; —
non pas manifeste insurrectionnel, mais profession de résistance indomptable à la guerre hypocrite menée de par l'État
contre la foi des Français. Vrai chef-d'œuvre de polémique
et digne de figurer parmi les plus belles pages littéraires du
siècle ; bien mieux encore, grande action et faisant date.

La brochure de Veuillot et celle de Montalembert, éclatant
coup sur coup, signifiaient au pouvoir que, pour les catholiques, l'heure était passée des gémissements timides ; que la
conscience opprimée entendait parler haut dorénavant, et
qu'on n'aurait d'elle ni paix ni trêve tant qu'on n'aurait pas
dégagé la promesse écrite dans la charte. Ce ton nouveau
doublait le courage des militants, mais n'agréait pas à tout le
monde ; il effarouchait les soi-disant modérés, les pacifiques,
les « charitains », comme les appelait Veuillot, plus préoc-
cupés de ranimer par la douceur les gouvernants et les universitaires. Il leur répondait que ce n'était point là sa vocation personnelle [2], et faisait entendre qu'avant de songer à
convertir le loup, il fallait courir au plus pressé en lui arrachant les brebis [3]. En somme, les positions étaient tranchées,
le pouvoir mis en demeure : ou les catholiques obtiendraient
de lui justice, ou ils l'acculeraient à la persécution déclarée ;
on leur ouvrirait ou l'école ou la prison.

Ce fut la prison qui s'ouvrit tout d'abord pour l'intrépide
journaliste. Villemain, outré, avait organisé autour de sa
Lettre la conspiration du silence ; mais il ne pardonnait pas.
Le 6 avril 1844, l'abbé Combalot, pour avoir « dépeint l'enseignement officiel[4] », était condamné à quinze jours de

1. A Louis Veuillot, de Madère, 13 janvier 1844.
2. A M. Foisset, 20 juin 1843. (*Correspondance*, t. VII, p. 143.)
3. *Du zèle et de la modération*, 25 mai 1843. *Mélanges*, première série,
t. I, p. 72.
4. *Les Libres penseurs.* Introduction.

détention. Notre tour viendra, disait Veuillot, et il n'eut guère
à l'attendre. Le 4 mai, il comparaissait « devant un aréopage
de ferblantiers, avocats, marchands de peaux, etc. » Au pré-
toire, il se voyait fouetté comme un enfant mal appris, —
c'est son mot, — et en sortait honoré d'une amende de trois
mille francs, plus un mois de Conciergerie. Autant y en avait-il
pour Barrier, le gérant de l'*Univers*. Leur crime à tous deux
était d'avoir publié le procès Combalot, avec une introduction
de quelques pages, qu'un magistrat, préalablement consulté,
avait déclarées irréprochables. De ce chef, ils passèrent un
mois d'été sous les verrous, et, tout compte fait, la justice
préleva sept ou huit milliers de francs sur la générosité catholique. Ce fut tout son triomphe. Ceux qui la mirent en campagne espéraient un grand effet d'intimidation ; rationalistes,
ils ignoraient naïvement ce que sont la foi et la conscience.
Ils l'auraient entrevu s'ils avaient eu l'indiscrétion de déca-
cheter et la capacité de comprendre les lettres que Louis
Veuillot écrivait de la Conciergerie [1]. Jamais condamné ne
prit sa peine avec plus de fierté et d'humilité tout ensemble ;
jamais aussi de façon plus allègre et plus spirituelle, ce qui
ne gâte rien. Il sortit de cette retraite encore agrandi dans
l'estime des siens, retrempé d'ailleurs par l'épreuve, et plus
résolu que jamais ; on s'en aperçut dès le premier jour [2]. Les
incrédules purent s'en étonner ; les croyants trouvèrent la
chose toute simple, leur énergique frère d'armes venait de
recevoir le baptême du feu et la croix d'honneur.

Après un beau fait de guerre, le livre s'achève sur une
idylle chrétienne. En 1845, Louis Veuillot avait assez bien
pourvu à l'avenir de sa famille pour accepter que l'on songeât
à lui-même. Bien souvent déjà l'on s'était mis en devoir de
le marier ; cette fois, enfin, il se laissa faire et, le 31 juillet,
le P. de Ravignan bénissait son union avec une pieuse jeune
fille de Versailles, Mlle Mathilde Murcier.

Dans les préliminaires, pas ombre de roman ; rien que le
facile accord de deux âmes dignes l'une de l'autre par leur foi

---

1. *Correspondance*, t. I, p. 232-254.
2. *Ce que l'on pense en prison* (article du 17 juillet 1844). *Mélanges*, première série, t. I, p. 327.

commune; elles s'entendent vite, se donnent simplement, et
s'aimeront d'autant mieux. L'écrivain en a très légèrement
idéalisé, je devrais plutôt dire coloré, animé l'histoire. Ne
craignez rien pourtant; ni les faits ne sont inventés, ni la personne surfaite à plaisir. « Après sa mort, écrivant le premier
chapitre de *Çà et là*, je me suis amoureusement souvenu
d'elle. Il n'y a rien d'exagéré dans le portrait que j'en ai tracé. »
Ainsi parlait-il après vingt ans de veuvage, résumant en quelques pages intimes l'histoire d'un bonheur si tôt fini. Pages
étonnamment simples, bourgeoises même, si l'on veut; mais,
en fin de compte, aussi émouvantes que ce début de *Çà et là*,
qui arrache un cri d'admiration à M. J. Lemaître[1].

Et voilà donc le bon soldat de Jésus-Christ engagé dans
sa rude carrière. Puisse-t-il être donné à M. Eugène Veuillot
de le mener jusqu'au terme! Qui saurait le faire comme lui?
Que Dieu lui garde longtemps encore ses forces! Tout catholique forme ce vœu, et, chez nous, les vœux se tournent en
prière.

Georges LONGHAYE, S. J.

1. « Chef-d'œuvre... merveille des merveilles... idylle franchement édifiante, et exquise cependant. » (J. Lemaitre, *les Contemporains*, t. VI,
p. 67.)

LA

CRISE RITUALISTE EN ANGLETERRE

I

Depuis un an, en Angleterre, il n'est pas de grand journal ni de grande revue, ecclésiastique ou politique, qui ne se soit occupé et préoccupé de la « Crise ritualiste ». Le vote, émis en mai dernier par la Chambre des Communes, ayant suspendu les hostilités, c'est toute une période de cet important débat qu'on peut dès maintenant résumer[1].

La crise ne s'est pas produite subitement; une phase de préparation, éloignée et prochaine, l'a précédée. Le ritualisme avait eu son ère de tranquillité, où le mouvement s'était développé, mais sans ensemble, et parfois sans mesure. Pour beaucoup, ce n'était plus assez des fameux « six points », jadis l'idéal du parfait ritualiste[2]; la tendance portait à l'imitation de plus en plus accentuée des cérémonies romaines; souvent aussi l'acceptation des doctrines réglait ou accompagnait la pratique. Pour aider le lecteur à suivre le développement de la controverse, voici un groupement en deux séries des principaux points du débat, que j'emprunte à un ritualiste modéré[3].

Première série : la confession privée et l'absolution, mais réglées par la conscience des individus; les prières pour les fidèles défunts; la doctrine d'une présence réelle, spirituelle

1. Divers articles de détail seront cités au cours de cette revue. Sur l'ensemble de la question, voir entre autres : The Edinburgh Review, janvier 1899, article compte rendu sur le Trouble dans l'Église d'Angleterre; — The Nineteenth Century, février 1899, article de lord Halifax sur la Crise présente dans l'Église d'Angleterre; — La Science catholique, janvier et mai 1899, deux bulletins du P. Ragey sur le Mouvement religieux en Angleterre; — Revue du clergé français, 1er avril 1899, article de M. E. Dimmet, sous ce titre : En Angleterre.

2. Les « six points » sont : la position du célébrant face à l'Orient (the eastward position), les vêtements eucharistiques, les cierges à l'autel, l'eau mêlée au vin dans le calice, le pain azyme et l'usage de l'encens.

3. The Ritual Crisis, brochure du Dr Herbert Mortimer Luckock, doyen de Lichfield (3e édit. Londres, Longmans, 1899).

et objective de Notre-Seigneur dans le Saint Sacrement; le caractère de sacrifice dans la sainte Eucharistie; les vêtements eucharistiques autorisés par le premier *Prayer Book* d'Édouard VI[1], avec les cierges, l'encens et les cérémonies qui conviennent à l'acte le plus sublime du culte chrétien; la réserve du Saint Sacrement pour la communion des malades. Ces pratiques et ces doctrines, le Dr Luckock les admet et les considère comme légales, soit en vertu du *Prayer Book* lui-même, soit en vertu des règles plus générales du Droit canonique qui n'auraient pas été périmées à la Réforme.

Deuxième série : l'invocation directe des saints, le culte de la sainte Vierge ; la confession privée *obligatoire* ; l'absoute des âmes des défunts; la célébration de la Cène sans fidèles qui communient; les interpolations faites dans le cérémonial de la communion; la réserve des saintes espèces *en vue du culte*; la cérémonie de l'*Asperges*; les cierges devant les statues. Ces pratiques et autres semblables, le doyen de Lichfield ne croit pas pouvoir les justifier légalement; elles n'en existaient pas moins dans un bon nombre d'églises ritualistes[2].

Ces tendances devaient naturellement porter ombrage aux protestants évangéliques et aux dissidents. La campagne faite à Rome en vue d'obtenir la reconnaissance des ordres anglicans vint encore augmenter l'irritation. La tactique fut alors, plus que jamais, de diminuer autant que possible le caractère *protestant* de la Réforme en Angleterre, d'affirmer et de mettre fortement en relief le caractère sacerdotal de son clergé, de montrer qu'entre l'Église romaine et la véritable Église anglicane il y avait plus de malentendus que de divergences réelles : « Nous sommes convaincus, disait lord Halifax, qu'il n'y a absolument rien d'essentiellement irrécon-

1. Il s'agit de la fameuse rubrique qui, dans le *Prayer Book*, précède l'Ordre à suivre dans les prières : « Et il faut observer ici que les ornements de l'Église et de ses ministres seront tels, pendant tout le service, qu'ils ont été spécifiés pour cette Église d'Angleterre, par l'autorité du Parlement, *la seconde année* du règne du roi Édouard VI. »
2. La suite le fera voir. Cf. *The Contemporary Review*, juillet 1898, article sur le *Développement du ritualisme*, par un ancien ritualiste devenu catholique, H. C. Corrance; — *The Month*, décembre 1898, article intitulé *Anglican Extremists*.

ciliable avec les doctrines de l'Église de Rome dans les documents autorisés de l'Église anglicane, à l'exception des gloses traditionnelles d'un protestantisme pratique[1]. » Mais, pour soutenir cette thèse, que d'entorses il fallait donner, soit à l'histoire ecclésiastique d'Angleterre, soit aux trente-neuf Articles d'Élisabeth !

Qu'est-il arrivé ? Ce que faisait assez prévoir l'attitude d'un grand nombre de revues et de journaux au cours même de la campagne ritualiste pour l'Union en corps[2]; une réaction violente s'est produite dans la masse foncièrement protestante de l'Église anglicane. Deux circonstances en ont favorisé l'explosion : la publication d'un livre à sensation, et la singulière campagne de M. Kensit.

A la fin de l'année 1897, parut un ouvrage de M. Walter Walsh, sous ce titre : *l'Histoire secrète du mouvement d'Oxford*[3]. Dans la préface de la première édition, l'auteur énonce clairement son but : il a composé son livre sur la demande d'un haut dignitaire de l'Église anglicane, pour appeler l'attention des loyaux serviteurs de l'Église établie sur ce qui se passe dans l'ombre. Puis, à l'aide de documents imprimés secrètement, et pour l'usage privé des ritualistes eux-mêmes, il fait connaître les diverses sociétés « romanisantes » issues du mouvement d'Oxford : la Société de la Sainte-Croix, l'Ordre de la Réunion en corps, la Confrérie du Saint-Sacrement; les communautés religieuses de femmes fondées sur le modèle des institutions monastiques de Rome ; une Confrérie du Purgatoire, la Corporation de toutes les âmes, les Ordres secrets du Saint-Rédempteur et de Saint-Jean l'Évangéliste, la Société de Saint-Osmond qui prie pour le Pape, etc. Ce que M. Walsh voit en toutes ces institutions, c'est le mouvement vers Rome, *the Romeward Movement* (ch. ix et x).

Le livre se termine par un appendice bien approprié au but que l'auteur se proposait; sous ce titre : *Ce que les ritualistes*

1. *De l'union des Églises.* Discours prononcé à Bristol, le 14 février 1895.
2. V. *Études*, 20 avril 1897, p. 240 et suiv.
3. *The Secret History of the Oxford Movement*, by Walter Walsh. Londres, Swan Sonnenschein. L'ouvrage en est actuellement à sa 6ᵉ édit., 52ᵉ mille.

enseignent, une série de citations détachées passent sous nos yeux. Les unes sont directement opposées aux idées protestantes sur la Bible, le *Prayer Book*, les trente-neuf Articles, les réformateurs et la Réforme. Les autres sont parfaitement conformes à la doctrine ou à la pratique de l'Église romaine sur la présence réelle, le pouvoir et la dignité du prêtre sacrificateur, le sacrifice et les cérémonies de la messe, le purgatoire, la confession auriculaire et l'absolution sacerdotale, l'invocation des saints, l'eau bénite, les saintes huiles, les institutions monastiques, les ornements ecclésiastiques, etc.

Lord Halifax a dit de cet ouvrage (*art. cité*, p. 175) que, si les faits rapportés sont vrais, fausses sont les conséquences qu'en tire l'auteur; mais il n'hésite pas à le rendre en grande partie responsable de l'agitation produite au sein de l'Église anglicane; l'analyse succincte qui vient d'en être faite suffit pour expliquer ce jugement.

A cette campagne de presse il faut joindre celle d'un tout autre genre, que M. Kensit faisait parallèlement dans les églises « romanisantes ». Singulière aventure que celle de ce petit libraire de Londres, qui donne le signal d'un formidable mouvement d'opinion publique contre les ritualistes. Il faut avouer que ses exploits étaient de nature à frapper l'attention. A Shrewsbury, il exhibe dans les rues de la ville des « instruments de torture », semblables à ceux dont les pères confesseurs et les supérieurs ritualistes des couvents anglicans se servent pour martyriser leurs pauvres dupes! A Londres, dans l'église de Sainte-Éthelburge, sa paroisse, il se présente à la communion avec quarante à cinquante hommes de sa bande, et quand on leur montre la coupe où le célébrant avait mêlé un peu d'eau, ils s'écrient : « Du vin, rien que du vin! » et se retirent tumultueusement. A Londres encore, le Vendredi saint, il s'en prend à la cérémonie de l'adoration de la Croix; une année, il s'écrie d'une voix forte que ce scandale est intolérable et que sa femme ne peut en supporter la vue; une autre année, à Saint-Cuthbert, il s'avance jusqu'à l'autel, saisit la croix et l'élève sur sa tête en s'écriant : « Je proteste contre l'idolâtrie. »

Inutile de détailler les autres exploits de M. Kensit et de

sa brigade de défense protestante, ou, comme il les appelait, de ses « prédicateurs de Wiclef[1] ». Procédés de bas étage, évidemment, que les feuilles anglaises de bon ton·n'ont pas approuvés, même quand elles ont applaudi au résultat ; c'est en ce sens qu'on a écrit : « Il est arrivé souvent qu'une cause de peu d'importance, et même ignoble, a pu exciter l'opinion jusqu'au point nécessaire pour faire tomber des abus et provoquer des réformes[2]. » Le succès que M. Kensit a obtenu, la sympathie que lui ont témoignée beaucoup de ceux qui ont blâmé ses procédés, s'expliquent par les circonstances et par le but qu'il poursuivait. Sa campagne faisait toucher au doigt ce que le livre de M. Walsh dénonçait.

Rien n'est plus instructif à ce sujet que sa lettre du 11 janvier 1898 à l'évêque de Londres. Ce que M. Kensit abhorre dans son curé, c'est qu'il est membre de cette Société de la Sainte-Croix qui a publié le livre inconvenant du *Prêtre au confessionnal*[3], dans le but de rétablir le système de la confession secrète des péchés faite à de prétendus prêtres. Ce qu'il attaque dans le clergé de Sainte-Éthelburge, son église paroissiale, ce sont des « prêtres à messe », qui portent des ornements semblables à ceux de la grande Babylone. Ce qu'il ne peut supporter dans l'église même, ce sont les objets idolâtriques qu'on y voit : trois grands crucifix, une image de la « Madone avec l'Enfant » devant laquelle brûlent des cierges, une crèche avec statuettes, de l'eau bénite. Ce qu'il dénonce dans l'exercice du culte, ce sont des cérémonies ou des pratiques à la romaine : l'*Asperges* au début de l'office, les cierges sur l'autel, l'encens, le pain azyme, l'élévation et l'adoration de l'hostie, la communion faite par le

---

1. M. Dimmet dépeint avec verve la physionomie générale de cette fausse « croisade », dans la *Revue du Clergé*, article cité, p. 228-229.
2. *Edinburgh Review*, article cité, p. 2. Lord Halifax a discrètement insinué quelle était la valeur morale de ce puritain réformateur du culte : « Il s'est fait aussi remarquer en vendant publiquement et à tout venant des ouvrages qui n'étaient pas pour tous, et qu'il avait lui-même taxés d'obscénité. » (Article cité, p. 175.) Voir *The Month*, juin 1898 : *A Prominent Protestant*, by James Britten.
3. *The Priest in absolution*, adaptation à l'usage des confesseurs ritualistes du *Manuel* de l'abbé Gaume ; la première partie fut publiée en 1866 et la seconde en 1872. Cet ouvrage causa plus tard un violent émoi et fut censuré par le Dr Benson, archevêque de Cantorbéry.

célébrant seul, les ablutions et autres détails du même
genre.

C'est ce caractère « antiromanisant » de la « croisade » de
M. Kensit qui lui a valu son succès. L'évêque de Londres se
trouva même dans une.position délicate. Il semble bien qu'il
fermait un peu les yeux sur les pratiques ultraritualistes
d'un certain nombre d'églises de son diocèse; personnellement,.il avait fait usage d'une croix pectorale et d'une mitre
à la romaine, il se laissait encenser dans les cérémonies.
Pris à partie par son terrible diocésain, il jugea prudent de
faire quelques concessions; il accepta la démission du curé
de Sainte-Éthelburge, défendit l'usage de l'encens et prohiba
l'exhibition des confessionnaux dans les églises. Mais ces
mesures et quelques autres furent insuffisantes pour ramener le calme. On commença même à crier contre le droit
de *veto* accordé aux évêques par le *Public Worship Regu-
lation Act* de 1874; c'était l'obstacle qui empêchait les
laïques de se défendre contre les empiétements du clergé
ritualiste[1].

Sur ces entrefaites, un nouveau champion entre en lice :
c'est sir William Harcourt, alors leader du parti libéral à la
Chambre des Communes. Il commence dans le *Times* la publication d'une série de lettres d'une vigueur peu commune,
pour dénoncer l'état d'illégalité et d'anarchie qui règne dans
l'Église nationale[2]. Il y a dans le clergé une vaste conspiration, dans le but de « romaniser » cette Église nationale. Les
prescriptions du *Prayer Book*, loi suprême du culte anglican,
sont violées ou éludées; à l'aide de « services additionnels »
et en introduisant graduellement des cérémonies et des pratiques romaines, le clergé ritualiste s'efforce de saper par la
base l'œuvre de la Réforme. Et ce qu'il y a de plus grave,
c'est à la nonchalance ou même à la connivence des évêques,

1. En vertu de la loi de 1874 concernant le culte public, la signature de
trois paroissiens suffit pour intenter une action contre les *clergymen* en
matière liturgique, mais l'évêque a un droit de *veto* qui lui permet, s'il le
juge à propos, d'arrêter la procédure.

2. *Lawlessness in the National Church*. Reprinted from *the Times*. By the
Right Hon. Sir William Vernon-Hartcourt, M. P. Londres, Macmillan,
1899. Cette réimpression contient dix-neuf lettres, de juillet 1898 à février 1899.

le primat en tête, qu'est dû cet état de choses. Il est urgent de faire respecter la loi.

On conçoit ce qu'un pareil langage, venant d'un personnage aussi marquant, dut ajouter à l'effervescence des esprits ; la crise passait à l'état aigu. Ce sont des protestations, vives partout, mais sans unité de vues : Gardons notre héritage protestant ! Pas de papisme ! A bas l'arrogance sacerdotale ! Désétablissement !

II

Dans les derniers jours de septembre, le Congrès annuel de l'Église anglicane se réunit à Bradford. La question du jour ne pouvait échapper à l'attention des évêques ; on parla, en effet, d'abus existant, et l'archevêque de Cantorbéry déclara que, malgré les difficultés que présenterait l'œuvre de la réforme, tous feraient leur devoir. Pratiquement rien ne fut décidé ; on se contenta d'écouter la lecture de beaux discours, où des orateurs aux opinions les plus variées dissertèrent sur l'« inquiétude du temps présent » et les moyens d'y remédier [1]. Aussi, tout en prenant acte des aveux de l'épiscopat, sir William Harcourt manifesta son mécontentement de leur attitude réservée et passive [2].

Un acte plus important suivit bientôt. Dans la seconde semaine d'octobre, l'archevêque de Cantorbéry commença la première visite pastorale de son diocèse. Il en profita pour faire une véritable déclaration de doctrines sur les principaux points de la question brûlante. Son *Allocution* est un document de première valeur. Peu importe que le primat de l'Église d'Angleterre soit pleinement convaincu qu'il ne lui appartient pas de rien définir *ex cathedra* ; peu importe que sa manière de voir reste, juridiquement parlant, celle du Dr Temple, comme on le lui a répété sur tous les tons : il n'en est pas moins vrai que si quelqu'un doit savoir ce que pense l'Église anglicane, c'est assurément un évêque qui compte déjà près de trente ans passés sur les sièges d'Exeter,

---

1. Le P. Ragey donne quelques extraits de ces discours (*Science catho-lique*, 15 janvier 1899). Dans plusieurs on insiste singulièrement sur le caractère compréhensif, *the comprehensiveness*, de l'Église d'Angleterre.
2. Quatrième lettre : *The Action of the Bishops.*

de Londres et de Cantorbéry. Et puis, pour parler avec le
Catholic Times, « si le primat ne le sait pas, qui le saura ? »

L'*Allocution* ou *Pastorale* se compose de plusieurs discours, prononcés à divers endroits de la visite ; réunis en
brochure [1], ils forment cinq parties distinctes, qui ont pour
titres : la doctrine de l'Eucharistie ; l'objet du culte et les
prières pour les morts ; la pratique de la confession ; l'uniformité de cérémonial ; le pouvoir des évêques [2].

Sur la cinquième et la deuxième partie quelques mots suf-
firont. Le primat revendique pour les évêques un pouvoir
non coercitif, qui repose sur le droit ecclésiastique et ne fait
usage que de moyens spirituels ; le pouvoir coercitif s'exerce
par les Cours du royaume. Il exprime, du reste, nettement
le peu de goût et de confiance que lui inspire le recours aux
mesures de contrainte pour obtenir dans l'Église une saine
obéissance aux lois.

En fait de culte, l'Église d'Angleterre n'en admet aucun
autre que celui de Dieu. Les prières pour les morts ne sont
pas défendues, mais elles ne peuvent être introduites dans
le culte public que de la manière la plus prudente et la plus
réservée, à cause de l'incertitude où nous sommes de l'état
des âmes dans l'autre vie.

Ce qui se rapporte à l'*uniformité de cérémonial* est plus
important ; non pas en soi, remarque d'abord le Dr Temple,
mais parce que la chose touche notre nature humaine par
son côté faible. Elle peut donner lieu aux controverses les
plus amères. Aussi l'Église d'Angleterre se montre plus exigeante sur ce terrain.

Le cérémonial de l'Église est prescrit dans le Livre de la prière
commune, et nul écart de ce qui s'y trouve prescrit n'est permis, sauf
intervention de l'autorité légitime en chaque cas particulier... C'est
assurément le contraste qui existe entre la grande tolérance de l'Église
en matière d'opinions et sa rigueur en matière de cérémonial, qui a
fait croire à quelques-uns qu'ils avaient le droit de réclamer la même

---

1. *Charge delivered at his first Visitation*, by Frederick, archbishop of
Canterbury. Londres, Macmillan, 1898.

2. Cette phrase mérite d'être signalée : « On peut adorer le Christ présent dans le sacrement, si l'on croit à cette présence ; mais pour ce qui est
des marques extérieures d'adoration, aucune n'est permise sauf de s'agenouiller pour recevoir les espèces consacrées. »

liberté dans l'un et l'autre cas. S'ils peuvent enseigner, pourquoi ne pourraient-ils pas éclairer cet enseignement par un cérémonial approprié? La réponse est facile. C'est l'unité du cérémonial qui rend possible la tolérance en matière d'opinions. Le cérémonial se présente à nous comme l'ordre de l'Église; l'enseignement est et doit être, dans une large mesure, la voix de l'individu. Le cérémonial est pour tous sans distinction; il oblige également l'ecclésiastique et le laïque; mais quand l'ecclésiastique est en chaire, ce qu'il fait entendre n'oblige pas le laïque. Celui-ci a le droit d'exercer son jugement privé...

Suivent quelques applications, importantes pour le ritualisme. Réserver les espèces consacrées après l'office, les transporter hors de l'église à n'importe quel effet, sont choses absolument illégales; illégale encore l'élévation des espèces dans l'office même de la communion. D'autres pratiques sont illégitimes dans la mesure où leur caractère reste cérémoniel : ainsi on ne peut mêler l'eau au vin d'une façon visible au cours de l'office; on ne peut porter l'encens en procession ni encenser les personnes ou les choses. Enfin, l'introduction de prières additionnelles, l'introduction de psaumes, d'hymnes ou d'antiennes à un moment quelconque des services liturgiques, n'est légitime qu'en vertu d'une permission spéciale ou quand le service même peut s'interrompre.

Le prélat se demande ensuite quelle est, en cette matière, l'autorité légitime à laquelle on renvoie constamment dans le *Prayer Book*. C'est dans tous les cas, sauf un petit nombre d'exceptions, celle de l'Ordinaire. Sans doute il y aurait abus de pouvoir, si l'évêque laissait violer gravement la loi; mais il n'en a pas moins le droit d'autoriser de légers changements, de *recommander* l'usage de prières spéciales pour des circonstances spéciales, et même de sanctionner des services additionnels ou particuliers, suivant le besoin des temps et des lieux.

La *Pratique de la confession* fait l'objet de la troisième partie de la *Pastorale*. L'archevêque rappelle la discipline de l'Église dans les temps qui ont précédé la Réforme, sa doctrine sur le caractère sacramentel et obligatoire de la confession. Il voit dans ce système un empiétement sur la liberté individuelle, un ennemi de l'activité morale et spirituelle, un danger d'hypocrisie et surtout d'immixtion dans la privauté sacrée de la vie domestique. Malgré tout, il reconnaît qu'il y a des hommes et des femmes qui trouvent dans la confession un vrai secours spirituel, ou du moins une consolation. Aussi conclut-il que sur ce point, comme sur tant d'autres, l'Église d'Angleterre tient pour la liberté.

En premier lieu, l'Église d'Angleterre insiste pour que le recours à la confession soit en tout et toujours volontaire. Nulle contrainte, directe ou indirecte, n'est permise. Nul prêtre n'a le droit d'exiger la confession avant de présenter à la confirmation ou d'admettre à la sainte communion... De même encore, l'Église anglicane n'autorise pas le ministre à vouloir que le pénitent confesse autre chose que la matière de son embarras ou de son trouble [1]. Le ministre n'a pas le droit de lui demander la confession intégrale de toutes ses fautes, et s'il fait pareille demande, c'est sans l'autorité de l'Église dont il est ministre...

Inutile d'avertir le lecteur que le Dr Temple ne reconnaît pas à cette absolution de valeur *ex opere operato*[2].

Reste la *Doctrine de l'Eucharistie*, que le primat expose dans la première et principale partie de son *Allocution*. Il distingue d'abord, chez les chrétiens, deux opinions générales.

Il y en a qui tiennent qu'aucun don spécial n'est conféré par ce sacrement, mais que son efficacité réside principalement, sinon totalement, dans l'effet produit sur l'âme de celui qui le reçoit par le

1. Allusion aux deux passages très importants du *Prayer Book*, où il est question de confession. D'abord, dans l'*Ordre pour la communion*, le ministre, annonçant la célébration prochaine de la sainte Cène, dit aux fidèles : « Et parce qu'il ne faut pas que personne vienne à la sainte Communion sans une pleine confiance en la miséricorde de Dieu, et sans une conscience tranquille, s'il y a quelqu'un de vous qui ne puisse mettre son esprit en repos par ce moyen (celui du repentir), et qui ait encore besoin de consolation ou de conseil, qu'il s'adresse à moi ou à quelque autre ministre de la parole de Dieu, qui ait la prudence et les lumières nécessaires; afin que, lui découvrant son mal, il reçoive par le ministère de la sainte parole de Dieu le bienfait de l'absolution, en même temps que conseil et avis spirituel, pour l'apaisement de sa conscience et pour ne laisser lieu à aucun scrupule ni doute. » De même, dans l'*Ordre pour la visite des malades*, on lit cette rubrique : « En cas que la conscience du malade lui reproche quelque chose d'important, il sera exhorté ici à faire une confession particulière, « a special confession », de ses péchés. Et après cette confession, le prêtre l'absoudra, s'il le désire humblement et de tout son cœur. »

2. Voir le premier fascicule, récemment paru, du *Dictionnaire de Théologie catholique*, publié sous la direction de M. l'abbé Vacant, article *Absolution des péchés chez les Anglicans*, par le P. Bainvel.

souvenir commémoratif de cet acte prodigieux d'amour qu'a fait Notre-Seigneur en se sacrifiant lui-même sur la croix. Rien de plus, disent-ils, n'est requis, et rien de plus n'est donné... D'autre part, il y en a, et il y en a toujours eu, qui croient que ce sacrement confère à celui qui le reçoit un don particulier, mystérieux, nous unissant au Christ d'une manière et dans un degré spécial... Ce don est quelque chose de fort au-dessus de l'opération naturelle de nos intelligences. Nous ne pouvons pas le définir...

Or, de ces deux opinions l'Église tient assurément la seconde. La partie interne du sacrement, c'est, d'après le catéchisme, le corps et le sang du Christ, qui sont vraiment et réellement pris et reçus par les fidèles dans la Cène du Seigneur...

Ainsi l'Église anglicane ne se contente pas, comme Zwingle, d'une présence toute métaphorique, qui se réduirait à un effet spirituel produit dans l'âme; elle croit à une présence fondée sur un don particulier du corps et du sang de Jésus-Christ. Mais quand cette présence a-t-elle lieu, ou mieux, quand commence-t-elle, non pour le communiant, mais pour l'assemblée où se célèbre la sainte Eucharistie ?

C'est cette dispute que l'on nomme communément la dispute sur la présence réelle. L'Église d'Angleterre n'a pas donné de réponse à cette question ; et Hooker, qui est incontestablement une très grande autorité en ce qui concerne les doctrines de l'Église d'Angleterre, maintient qu'il ne faudrait pas chercher la présence réelle dans les espèces consacrées, mais dans ceux qui les reçoivent... L'Église enseigne certainement la doctrine de Hooker; il faut cependant ajouter qu'elle ne proscrit nulle part la doctrine qui va plus loin, en affirmant une présence réelle attachée en quelque sorte aux espèces au moment de la consécration et avant la communion... Il est difficile, pour ne pas dire impossible, de distinguer réellement cette dernière doctrine de celle de Luther communément appelée *Consubstantiation ;* ce qui est important, c'est qu'on comprenne clairement qu'il n'est pas défendu de la tenir et de l'enseigner dans l'Église d'Angleterre.

Jusque-là l'Église d'Angleterre laisse la question pendante. Mais l'Église romaine a fait un pas de plus ; elle a prétendu établir non seulement le temps où se fait le grand don, mais encore la manière dont il se fait... La doctrine de la Transubstantiation est exprimée en termes empruntés à la philosophie scolastique... L'Église d'Angleterre a condamné cet enseignement comme contraire à l'Écriture...

Telle est donc, d'après Sa Grâce, l'attitude de l'Église anglicane. Aux deux pôles opposés, deux doctrines qu'elle rejette : la doctrine zwinglienne du pur symbole, et la doctrine romaine de la transubstantiation. Entre deux, ce qu'elle tolère, la doctrine luthérienne de la consubstantiation ; et ce qu'elle enseigne officiellement, la doctrine calviniste d'une présence mystérieuse et toute spirituelle, intimement liée à la réception des espèces eucharistiques. La conséquence, c'est que l'Église anglicane n'enseigne pas, à proprement parler, la présence de Jésus-Christ sous les espèces eucharistiques.

III

Ce n'est pas le lieu de discuter dogmatiquement la théologie de la *Pastorale*; les revues catholiques anglaises l'ont fait dans les limites où cette discussion pouvait être encore nécessaire, après la controverse relative aux ordinations anglicanes[1]. Toutefois, il est une de leurs remarques qui s'impose en ce qui concerne l'Eucharistie. Quelle attitude singulière, a-t-on dit, que celle d'un primat d'Angleterre qui se présente au public en tenant Calvin de la main droite et Luther de la gauche; qui proclame une doctrine comme officielle dans son Église et permet en même temps de tenir ce qui la contredit! Car la doctrine *réceptioniste* de Calvin et la *consubstantiation* luthérienne sont opposées en elles-mêmes, et surtout dans leurs conséquences pratiques. D'où vient précisément que l'archevêque de Cantorbéry rejette l'élévation et toute réserve des espèces consacrées, tandis que le ritualiste avancé admet et réclame le contraire ?

De là encore cette question : Comment justifier le rejet absolu de la doctrine catholique de la *transubstantiation* et le passeport délivré à l'opinion luthérienne de la *consubstantiation* ? La présence réelle sous les espèces eucharistiques une fois permise, n'a-t-on pas le droit de demander laquelle des deux interprétations, catholique ou luthérienne, répond à l'antique et commune tradition·de l'Orient et de l'Occident, laquelle s'en tient aux paroles du Christ : *Ceci est mon corps, ceci est mon sang?* « Être *dans* le pain et le vin, ou *avec* lui,

---

1. *The Month*, novembre et décembre 1898 : *The Allocution of the archbishop of Canterbury; — The Law and practice of Confession in the Catholic Church; — The Tablet*, 15 octobre 1898 : *The Archbishop of Canterbury on the Eucharist.*

ou *sous* lui, ce n'est pas *être* le pain et le vin », comme on l'a justement remarqué même dans le camp protestant[1].

C'est vrai ; mais ne fallait-il pas appliquer le principe anglican du « latitudinarisme » tout juste assez pour que les ritualistes partisans de la présence réelle attachée aux espèces eucharistiques pussent rester dans l'Église nationale à côté de ceux qui la nient ? On comprend alors que M. Mallock ait pris comme titre d'un article cette question : « L'Église d'Angle-·terre enseigne-t-elle quelque chose[2] ? » Pour justifier le doute, il lui suffit d'interroger les divers partis qui forment la haute Église, la basse Église, l'Église large : doctrines opposées sur le sacerdoce, sur la Cène du Seigneur, sur la divinité du Christ et autres points aussi fondamentaux. En quel sens donc l'Église d'Angleterre enseigne-t-elle quelque chose ?

Mais, dans cette même Église anglicane, quel accueil a-t-on fait à l'*Allocution* du primat ? Naturellement il faut s'attendre à la diversité de sentiments. La haute Église, en général, a fait gracieuse mine au document. Le *Church Times* l'a reçu « avec une profonde gratitude », en se permettant seulement quelques faibles mots de critique. Le *Guardian* a loué dans l'acte du Dr Temple « la franchise, le courage, la pleine reconnaissance du caractère si largement compréhensif, « the wide comprehensiveness », de l'Église dont il est le premier pasteur », et déclaré que « depuis deux siècles au moins pareil document n'était pas sorti de Cantorbéry[3] ».

Cette attitude surprend, car l'archevêque de Cantorbéry enseigne officiellement sur plusieurs points ce que les ritualistes tiennent pour de véritables erreurs dogmatiques. Sans aller plus loin, contentons-nous de constater ici cette poli-

---

1. *The Contemporary Review*, décembre 1898, article du professeur James Orr : *The Archbishop's charge : the Doctrine of the Lord's Supper*, p. 790.
2. *Does the Church of England teach anything ?* dans le *Nineteenth Century*, décembre 1898. — C'est à peu près dans le même sens que dans un article du *Tablet*, 14 janvier 1899, on signale comme l'une des caractéristiques de la crise présente l'*impuissance dogmatique* de l'Église anglicane.
3. Dans son article du *Nineteenth Century*, lord Halifax ne dit qu'un mot en passant de cette *Pastorale*, « où le courage ne fait assurément pas défaut, et qui commande le respect même quand elle provoque le dissentiment ». Il y a, on le voit, de la réserve.

tique du compromis, si familière à l'Église anglicane[1]. Au demeurant, le primat avait tendu la main gauche aux groupes avancés ; ses concessions, habilement ménagées, leur laissaient la porte entr'ouverte.

C'est même là ce qui explique les sentiments de défiance ou de protestation manifestés par les antiritualistes de toute nuance, érastiens[2], évangéliques ou dissidents[3]. En général, ce qu'ils ont vu dans la *Pastorale* de l'archevêque de Cantorbéry, ou du moins ce qu'ils n'y ont pas trouvé suffisamment proscrit, c'est le *sacerdotalisme*, c'est-à-dire un ensemble de doctrines ou de pratiques, du reste mal définies, qu'ils jugent propres à déprotestantiser l'Église d'Angleterre, en la rapprochant graduellement de Rome. Telle la conception d'un ministre du culte qui se dit « prêtre », avec tendance à exalter son autorité sacerdotale et à concentrer toute la vie religieuse sur les sacrements dont la dispensation lui est confiée. Telle la doctrine eucharistique d'une présence réelle du corps et du sang du Christ sous les espèces du pain et du vin en vertu de la consécration, doctrine qui entraîne ou favorise l'idée sacerdotale d'un sacrifice renouvelé à la Cène et rappelant plus ou moins la « Messe » papiste. Telle encore, et telle surtout, la tolérance du confessionnal dans les Églises ritualistes ; peu importe l'idée dogmatique qu'on attache à la confession et à l'absolution, si la pratique s'implante. C'est merveille comment, sur ce point du confessionnal, toutes sortes de voix ont eu leur écho dans les journaux et les revues : ainsi, dans *The Contemporary Review*, voix des hommes d'église avec l'évêque Barry, ou des protestants évangéliques et des dissidents avec M. Francis Peek et le Rév. Guinness

---

1. Dans l'article du *Tablet* qui vient d'être cité, on prononce le mot de *complicité dogmatique*, en voyant là une seconde note caractéristique de la crise ritualiste.

2. On appelle *érastiens* ceux qui suivent la doctrine du théologien protestant, Thomas Lieber ou *Erastus* (1523-1583), soit en professant le principe de la subordination de l'Église à l'État, soit en niant à l'Église tout pouvoir doctrinal.

3. Sir W. Harcourt, Lettre V sur les *Pastorales* des évêques ; — Prof. James Orr, art. cité ; — Francis Peek, art. *Sacerdotalism*, dans *The Contemporary Review*, janvier 1899 ; — Rév. Dr. J. Guinness Rogers, art. *Ceremonialism v. Experimental Religion*, dans la même revue, février 1899.

Rogers[1]; dans le *Times* et le *Nineteenth Century*, voix des érastiens et des hommes politiques, avec sir W. Harcourt et M. Bosworth Smith; voix des femmes mêmes en la personne de Mme Chapman, réclamant contre la confession comme mère et comme épouse[2].

Et tous de réclamer l'observation rigoureuse du cérémonial prescrit par le *Prayer Book*, comme le moyen le plus radical de s'opposer aux tendances romanisantes des ritualistes. Petits détails, à la vérité, que les ornements, les cierges, l'encens et autres objets extérieurs du culte, si on les considère en eux-mêmes ; mais, dans l'état actuel de la controverse, c'est de la *chose signifiée* par tout cet ensemble de cérémonies ou d'objets religieux qu'il s'agit, et c'est là une question de suprême importance pour l'Église anglicane. Toutes ces tendances romanisantes des ritualistes, favorisées par la théorie et la pratique des « services spéciaux et additionnels », représentent un système de doctrine et de culte complètement balayé par la Réforme protestante. Il est temps d'agir; il ne faut pas compter sur les évêques, ils ont pactisé avec l'ennemi[3] ; entre leurs mains le droit de *veto* n'a été qu'une arme dont ils ont abusé pour paralyser la loi.

Puis chacun conclut conformément à ses vues sur l'avenir de l'Église anglicane. Désétablissement! crient les uns, dissidents ou autres partisans de la séparation de l'Église et de

1. *The Contemporary Review*, novembre 1898 : *What is Ritualism*, by the Right Rev. Bishop Barry; — janvier et février 1899, articles cités de M. Francis Peek et du Rev. Guinness Rogers.

2. Sir W. Harcourt, Lettres, 5, 12, 13, 14; — *Confession*, art. de l'Hon. Mrs. Chapman, dans le *Nineteenth Century*, novembre 1898; — *The Crisis in the Church*, art. de Mr. R. Bosworth Smith, dans la même revue, mars 1899. — D'autres, sans vouloir s'opposer à la confession elle-même, ont désapprouvé la manière dont elle existe chez les ritualistes, c'est-à-dire sans approbation préalable du confesseur, sans réglementation ni contrôle d'aucune sorte. Tel, en particulier, l'auteur anonyme de l'article : *Lawlessness in the Church*, dans le *Fortnightly Review*, avril 1899, p. 630-631.

3. M. Francis Peek reproche aux évêques d'avoir pris dans le parti ritualiste 28 archidiacres, 25 chanoines résidants pourvus de beaux traitements, 318 chanoines honoraires; d'avoir conféré des bénéfices à 70 membres de la Confrérie romanisante du Saint-Sacrement. Le tout représentant pour ce parti un avantage pécuniaire de 47 000 liv. st. (1 175 000 fr.) par an (art. cité, p. 96).

l'État[1]. Aux laïques, disent les autres, de prendre l'affaire en main, et d'enlever aux évêques leur *veto* abusif. Et sir William Harcourt fait chorus sur un ton érastien, en dénonçant les abus du *veto* et en rappelant à l'État son universelle suprématie[2]. A quoi la haute Église de répondre, sous une forme ou sous une autre : Pas d'érastianisme ; laissez l'Église régler ses affaires ; qu'on nous donne seulement une Cour suprême ecclésiastique, ou du moins des Cours ecclésiastiques pourvues d'une autorité suffisante[3].

Au milieu de tout ce tapage, les évêques ne restaient pas insensibles. En même temps que le primat ou après lui, beaucoup se prononcèrent dans leurs mandements, avec plus ou moins de netteté, contre les pratiques romanisantes[4]. Enfin, après plusieurs réunions au palais archiépiscopal de Lambeth, les prélats convinrent, le 16 janvier, de soumettre aux Convocations des provinces de Cantorbéry et d'York un projet de loi sur la réforme des Cours ecclésiastiques[5].

1. *The Nineteenth Century*, février et mars 1899, articles de M. George W. E. Russell, *Ritualism and Desestablishment*, et du Rév. Guinness Rogers, *The Nation and the Ritualists*.

2. Francis Peek, art. cité ; — Sir W. Harcourt, Lettres 15, 18 et 19.

3. *The Contemporary Review*, novembre 1898, art. cité de l'évêque Barry ; — avril, art. du chan. Gore, *The English Church Union Declaration*. Puis dans le *Nineteenth Century*, novembre 1898, art. du Rév. Frédéric George Lee, *the O. C. R.* (Order of Corporate Reunion) *and its Work* ; — février 1899, art. cité de lord Halifax ; — avril, art. de sir George Arthur, *The « Lawless » Clergy of « this Church and Realm »*.

4. Deux de ces documents méritent d'être signalés : « *The Present Distress* » : *an Advent Pastoral...* by William Dalrymple, archbishop of York, 1898 ; — *The Position of the Church of England...* november and december 1898, with an Appendix ; by Mandell Creighton, bishop of London. Londres, Longmans, 1899.

5. A proprement parler, c'est la reprise d'un projet de loi, demandé en 1881 par l'archevêque Tait, élaboré par une Commission royale en 1883, puis proposé au Parlement par l'archevêque Benson : *A Bill intituled an Act for amending the Procedure in Ecclesiastical Cases touching the Doctrine and Ritual of the Church of England* (*The Lord Archbishop of Canterbury*). Ordered to be printed, march 2nd, 1888. Submitted to the Convocations by the archbishops of Canterbury and York, february 1899. — La *Quarterly Review*, a analysé et apprécié ce projet en avril dernier (art. 12 : *Ecclesiastical Courts*). Pratiquement, son avenir est fort incertain.

XAVIER-MARIE LE BACHELET, S. J.

(*A suivre.*)

ENCORE LES FRANCS-MAÇONS

RÉCENTS ET IMPUDENTS MENSONGES

(Troisième article [1])

VI. — *La franc-maçonnerie et les élections.*

Une question importante, dont nous avons dit quelques
mots, mais qu'il faut traiter avec tous les développements
qu'elle réclame, c'est la question de l'*action maçonnique sur
les élections*.

Un membre du Conseil de l'Ordre du Grand Orient vient
affirmer solennellement, en face de tout le monde profane et
avec un aplomb imperturbable :

« Jamais nous ne nous mêlons à la politique militante, *jamais nous ne présentons*, par exemple, *un candidat à quelque
élection que ce soit, et nous bornons notre rôle à l'élaboration
des doctrines.* »

Jamais vous ne présentez de candidat à quelque élection
que ce soit? — Jamais? Vous ne l'avez pas même fait du temps
du *boulangisme*?... quand l'ensemble des loges de Paris dans
leurs tenues solennelles, quand les Vénérables et anciens
Vénérables de la Seine, fraternellement réunis, quand la
revue maçonnique, la *Chaîne d'Union*, se prononçaient avec
une sorte de fureur contre l'homme « au cheval noir » et pour
« l'élection, comme député, de notre vaillant et estimé
F∴ Jacques » ?

Mais, dira-t-on peut-être, le boulangisme fut une crise
exceptionnelle qui fit sauter de leurs gonds tous les enfants
de la Veuve, les poussa à manquer en masse à leurs devoirs
de philosophes pacifiques, et les éloigna momentanément du
« rôle auquel ils se bornent toujours, de l'*élaboration des
doctrines* ».

Il s'agit donc d'examiner la question dans toute sa généralité.

1. V. *Études*, 5 et 20 juillet.

Les francs-maçons s'occupent-ils habituellement des élections, font-ils de l'action électorale, agissent-ils avec zèle,
avec énergie, par efforts concertés, avec passion afin de hisser
leurs FF.·. le plus possible dans tous les corps électifs ?

A cette demande, nous voyons une première réponse qui
saute aux yeux.

C'est, en prenant les faits, *le nombre étonnant de sénateurs
et de députés francs-maçons* qui siègent au Parlement depuis
vingt ans, nombre absolument disproportionné avec les
quelques milliers de FF.·. qui se trouvent en France.

M. Copin-Albancelli fait bien ressortir — et il a raison —
cette situation anormale, j'allais dire monstrueuse[1].

Il suffit, pour le comprendre, de raisonner sur les chiffres.

Il y a en France neuf millions et demi d'électeurs et, au
Parlement, 300 sénateurs et 580 députés.

En faisant le calcul nous trouvons, en chiffres ronds, *un*
sénateur *pour 30 000 électeurs*, et *un* député *pour 16 000
électeurs*.

D'autre part, les francs-maçons ne sont pas en France plus
de *25 000.*

En conséquence, *proportion gardée*, si on met les FF.·. au
rang de simples citoyens français, ils devraient avoir à peine
(en forçant les chiffres) *un* sénateur franc-maçon (pour en
obtenir *un* de plein droit, il leur faudrait être 30 000, et ils ne
sont que 25 000).

Et, *proportion gardée*, ils ne devraient avoir qu'*un seul* député franc-maçon (pas *deux* — pour *deux*, il leur faudrait
être deux fois 16 000, c'est-à-dire 32 000 électeurs francs-
maçons, et ils ne sont que 25 000).

Or, de fait, depuis des années, nous trouvons habituellement au Sénat *150 à 200* affiliés, et à la Chambre *200
à 230*[2].

Cela signifie que, dans l'une et l'autre Chambre, *un
Français franc-maçon est à peu près* DEUX CENTS FOIS

1. Voir l'ouvrage, remarquable à de multiples points de vue, *la Franc-
maçonnerie et la question religieuse,* par M. Copin-Albancelli. Paris, Perrin.
2. Dans la Chambre élue en 1893, nous avons compté 224 francs-maçons;
à la Chambre actuelle, ils sont presque autant.

*plus représenté et plus favorisé qu'un Français qui n'est
que Français* [1].

En d'autres termes, en comparant tous les électeurs et *tous
les élus*, sénateurs et députés, nous avons *neuf millions* d'é-
lecteurs, et 300 sénateurs, plus 580 députés, c'est-à-dire *880*,
mettons *900 élus ;* ce qui nous donne, chiffres ronds, *100 élus
pour un million d'électeurs.*

Or, les francs-maçons ont accaparé pour eux seuls *400 de
ces élus* [2], — plus de la moitié du Sénat et plus du tiers de la
Chambre, — c'est-à-dire que le petit groupe des *25 000 électeurs francs-maçons* a la même puissance que celle dévolue
légalement à une masse de *quatre millions* d'électeurs ordinaires.

N'est-ce pas là un fait scandaleusement étrange ?

Les journaux de la secte sont bien venus après cela à
parler de la puissance envahissante des prêtres et du cléricalisme. La puissance sur le pays réside pratiquement dans
le Parlement et se mesure par l'influence qu'on y exerce.
Or, les *cinquante mille* prêtres français sont représentés
au Sénat et à la Chambre par *deux* des leurs, tandis
que les *25 000* francs-maçons y sont représentés par *400*
des leurs.

Et ceux-ci, envahisseurs et puissants de cette insolite
façon, osent parler des envahissements et de la puissance du
clergé! — N'est-ce pas vraiment le comble de l'impudence
et de la folie ?

De ce fait brutal, basé sur la statistique et les chiffres, de
ce fait trop réel du nombre exorbitant d'élus francs-maçons,
que faut-il conclure ?... Les FF∴ vont-ils nous faire accroire
qu'ils sont nommés ainsi *à foison* par accident, par hasard, ou
par l'influence de leur valeur intellectuelle et morale absolument transcendante, supérieure à ce point — *pour eux
tous* — à celle du reste des citoyens français ?

Eux-mêmes, bien qu'ils se proclament couramment dans
les loges l'élite de la nation, n'admettront pas cette hypo-

---

1. D'une part, 1 député pour 16 000 Français ordinaires ; d'autre part,
1 député pour 115 francs-maçons. D'une part, 1 sénateur pour 30 000 Français ordinaires ; d'autre part, 1 sénateur pour 125 francs-maçons.
2. Ce chiffre est actuellement plutôt en dessous qu'au-dessus de la réalité.

thèse. Il faut donc chercher une autre cause au fait anormal
dont il s'agit. Cette cause la voici.

Les francs-maçons, qui savent parfaitement que celui qui
est maître des élections est maître du pays, prennent, en
hommes pratiques et mieux avisés que d'autres, la question
et l'action électorale *pour objectif principal* de leurs préoccupations et de leurs efforts. Ils y travaillent d'une façon
active, acharnée, continue, constante, et surtout par des efforts *concertés, organisés, s'étendant à tout le pays.*

En réalité, la franc-maçonnerie, depuis vingt-cinq ans
surtout, n'est, en France, qu'une grande machine politique,
antireligieuse et *électorale*, ayant son centre à Paris et ses
ramifications partout.

Le Comité central des élections s'appelle le *Convent maçonnique*, continué durant toute l'année par le *Conseil de l'Ordre.*
Les trois à quatre cents loges constituent, dans les différents
départements, des *comités électoraux permanents et régio-
naux*[1]; ils sont destinés à faire entrer dans les différents
corps électifs le plus possible de francs-maçons et d'amis des
francs-maçons.

Le comité central et les comités locaux agissent continuellement, de loin déjà et à l'avance préparent le terrain, mais
redoublent d'activité quand les élections sont proches. —
Vienne, par exemple, l'année où les députés de la Chambre
doivent renouveler leur mandat, au Convent qui précède la
consultation nationale, on discutera ce qui concerne la campagne électorale pour toute la France, les fonds à recueillir
à cet effet, la propagande à organiser, le programme à imposer aux candidats et les mesures à prendre pour les faire
réussir.

Puis le rôle de chaque comité local, c'est-à-dire de chaque
loge, commence. C'est à elle de désigner, en suivant les
instructions du comité central, les candidats à maintenir ou ·

---

1. Dans presque toutes les villes de France le Comité électoral *républicain* — opportuniste ou radical — n'est qu'une doublure de la loge
maçonnique ; la loge se couvre extérieurement de ce nom et de ce masque
pour tromper les honnêtes gens qu'une déclaration ouverte de maçonnisme
pourrait rebuter.

à faire surgir, de leur imposer des engagements précis et de
veiller à ce que ces engagements soient tenus. C'est à elle
aussi et aux francs-maçons qui la composent de mener, d'organiser, de diriger la campagne électorale elle-même. Mais
ils la dirigeront en cachant soigneusement leur qualité de
francs-maçons, en restant société secrète, ce qui leur donnera
encore plus de force.

Ordinairement les FF.·. se lancent dans la lutte électorale
avec un acharnement, une passion, une violence extrêmes.
Ils emploient pour faire réussir le candidat choisi par la loge
toutes les ruses, tous les mensonges, toutes les manœuvres[1].

Ils sont soutenus dans leur action et leurs efforts par le
comité central. Au *Convent* précédent, leur ardeur avait été
surexcitée et orientée dans le sens voulu, et voici que, au
moment même de la lutte, le *Conseil de l'Ordre* continue
ce qu'a commencé le Convent. Parfois il envoie, pour les
élections, des circulaires à toutes les loges ; d'autres fois,
quand un candidat est en danger, il délègue dans la circonscription un conférencier ; toujours il aide et il soutient la
lutte par la propagande des brochures électorales et surtout
par l'influence puissante de tous les journaux sectaires,
poussant l'opinion publique dans le même sens.

Voilà ce que fait la franc-maçonnerie pour les élections
dans tout le pays. Pendant ce temps, les candidats des autres

---

1. Voici, entre autres, une de ces manœuvres (employées par les FF.·.
pour lancer et faire agréer le candidat de la loge). Nous avions déjà
signalé cette manœuvre, mais il est bon de la rappeler ici. — La date des
élections, secrète pour le bon peuple, est indiquée à l'avance aux francs-
maçons par leurs compères du gouvernement. Les loges peuvent dès lors se
réunir pour s'entendre et choisir leurs candidats. Lorsque la date des élections est annoncée officiellement, on provoque une ou plusieurs réunions
publiques du corps électoral. Dans une de ces réunions se trouvent, je
suppose, douze cents électeurs et, au milieu d'eux, disséminés un peu partout, cinquante ou soixante individus qui se connaissent mais qui ne
paraissent avoir aucun rapport entre eux. Seulement, ils ont reçu le mot
d'ordre : c'est par eux que le candidat doit être imposé. Toute la salle, sans
y prendre garde, subit leur influence et, avec plus ou moins de tirage, le
candidat est acclamé. Le futur élu s'est bien gardé de se donner comme
franc-maçon et a même protesté, suivant les circonstances, de son respect
pour la religion et la liberté. Le lendemain, au nom de la fameuse discipline républicaine, c'est-à-dire, en ce cas, de la discipline maçonnique, on
persuade aux autres électeurs qu'ils doivent s'incliner devant le choix de la
réunion ou du congrès, et le tour est joué.

partis, et spécialement les candidats catholiques, restent isolés, abandonnés chacun à ses propres forces, sans organisation,
sans comité central, sans association qui les relie entre eux.

On comprend donc que du côté des francs-maçons, grâce à
leur formidable organisation électorale, unique en son genre
et qui n'a pas d'équivalent ailleurs, organisation agissant
constamment, fortement, agissant elle seule ou presque seule,
sur la masse plus ou moins aveugle et indécise des électeurs,
se produise, depuis des années, le fait signalé plus haut :
cette pléthore anormale et désastreuse de sénateurs et de
députés francs-maçons.

VII

Nous avons à prouver maintenant *par des textes et des
faits* que ce que nous venons d'exposer rapidement *est la
réalité même*, que les francs-maçons exercent une action électorale, qu'ils présentent et poussent des candidats à toutes
les élections possibles, et que l'immense organisme électoral
du Gr∴ Or∴, comme nous l'avons décrit, fonctionne en
pleine et plantureuse activité.

Voici d'abord quelques documents sur l'action électorale
des loges *en général;* nous viendrons ensuite aux dernières
élections de 1893 et de 1898.

Le Grand Orient de Belgique traçait bien, et en peu de
mots, dès 1855, la marche à suivre dans les loges pour
toutes les élections politiques :

Un candidat maçon sera d'abord proposé par la loge dans le ressort de laquelle se fera l'élection, à l'adoption du Grand Orient, pour
être ensuite imposé aux Frères de l'obédience; 2º dans l'élection, qu'elle
soit nationale, provinciale ou communale, l'agrément du Grand Orient
sera également *nécessaire*, également *réservé;* 3º chaque·maçon jurera
d'employer toute son influence pour faire réussir la candidature
adoptée; 4º l'élu de la maçonnerie sera tenu de faire en loge une profession de. foi dont acte sera dressé; 5º il sera invité à recourir aux lumières de cette loge ou du Grand Orient dans les occurrences graves
qui peuvent se présenter pendant la durée de son mandat; 6º l'inexé-
cution de ses engagements l'expose à des peines sévères et même à
l'exclusion de l'Ordre maçonnique [1].

---

1. Arrêté du grand maître Verhaegen du 5 janvier 1855 énonçant les décisions prises par le Grand Orient.

Il y a quelques années (en 1889), dans la Côte-d'Or, un franc-maçon — et des plus marquants cependant, le F.·. Colfavru — ayant manqué aux prescriptions que nous venons de rapporter, et s'étant permis d'attaquer dans une réunion électorale le candidat soutenu par les loges de Dijon et de Beaune, celles-ci portèrent plainte contre ce scandale maçonnique devant le Conseil de l'Ordre de Paris, et elles obtinrent justice I.

Donnons seulement quelques textes, entre mille qui montrent, en France, l'*action* électorale et les *succès* de l'action électorale des loges.

Au Convent de 1885, le F.·. Colfavru, président alors du Conseil de l'Ordre, disait :

> Toutes les bonnes volontés sont avec nous, témoin les *élections* de Seine-et-Oise dans lesquelles une *grosse part du succès* est à l'*actif* de nos vaillants amis et *Frères* des loges maçonniques...

Un peu après il ajoute :

> C'est le moment de faire appel à tous nos Frères qui sont membres du Parlement et *qui doivent tant à la franc-maçonnerie dans leur élévation*... Je bois dans ces termes à la concentration des forces maçonniques. (*Approbation et longs applaudissements*[2].)

La même année, au banquet final du Convent, le F.·. Osselin, grand Commandeur du rite de Misraïm :

> Je porte un toast à nos Frères maçons qui, *arrivés au pouvoir* et aux honneurs, n'oublient pas la maçonnerie *qui leur en a frayé le chemin*[3].
>
> Il est bon, disait en 1884 le F.·. Francolin, que nous rappelions de temps en temps à ceux de nos Frères que notre confiance a placés *à la tête des affaires de la République* qu'ils doivent fidélité aux principes que proclame la franc-maçonnerie... Nous devons rappeler à ceux qui les oublient leurs serments de solidarité, juger maçonniquement ceux qui, *arrivés par nous* et *qui sans la maçonnerie ne seraient rien*, oublient et dénigrent l'*Alma Mater*[4].
>
> Il y a dans le Parlement nombre de Frères *qui doivent leur élévation* et leurs succès à la franc-maçonnerie[5].

1. *Bulletin du G.·. O.·. de France*, août-septembre 1890, p. 271 et 328.
2. *Ibid.*, 1885, p. 740.
3. *Ibid.*, p. 734.
4. *Chaîne d'union*, 1885, p. 51.
5. *Monde maçonnique*, 1885, p. 255.

D'autre part, le Dr Després, dont nous avons déjà cité les
paroles, disait un jour en plein Conseil municipal de Paris :
« Je suis franc-maçon et libre penseur ; comme tous les autres membres républicains du Conseil, *je dois mon élection
et mes succès dans la vie politique à la franc-maçonnerie.* »
Or, absolument, aucun conseiller n'a eu l'idée de se récrier
contre ces paroles. Il est donc bien et publiquement avéré
que la masse des conseillers municipaux de la Ville-lumière
« doivent leur élection à la franc-maçonnerie ».

Par les aveux relatés ici, nous voyons que la franc-maçonnerie, non seulement fait de l'action électorale, mais qu'elle
la fait en grand. Nous lui sommes redevables de tous les
conseillers républicains de Paris (et aussi d'autres villes sans
doute) ; un nombre considérable de sénateurs et de députés
lui doivent leur élévation « et sans elle ne seraient rien » ; elle
se déclare humblement l'*Alma Mater* des membres du Parlement.

En d'autres termes, la franc-maçonnerie est une *grande
officine,* nous allions dire — si nous ne craignions de parler
irrespectueusement — une grande fabrique de sénateurs et
de députés. L'officine est prospère, puisque près de la moitié
des membres du Sénat et le tiers de ceux de la Chambre sont
francs-maçons[1].

VIII

Il est d'un intérêt très actuel, disions-nous, de parler tout
spécialement des dernières élections, *des élections législatives de 1893 et de 1898.*

Nous allons tâcher d'y bien montrer le fonctionnement de
la franc-maçonnerie comme *grande machine électorale,* avec
le Convent, *comité central des élections,* et les loges, *comités
locaux.*

Nous savons que le Convent se compose des membres du
Conseil de l'Ordre et d'*un délégué* de chaque loge.

---

1. Nous ne serions pas étonné de voir la franc-maçonnerie revendiquer
quelque jour le *monopole* de cette fabrication. Elle déposerait à la Chambre
un projet de loi dans ce sens, dont la rédaction serait facile et qui trouverait
d'ardents défenseurs. M. Rochefort lui-même, dans l'*Intransigeant* du
2 juillet dernier, constate la transformation de la franc-maçonnerie « en
agence électorale » et « en société d'élection mutuelle ».

Que devra donc faire le Convent en tant que comité central des élections pour toute la France ? Il devra s'occuper des *fonds électoraux* nécessaires pour la propagande, — l'argent étant le nerf de la guerre, — il devra discuter la tactique générale, le *programme* à imposer aux candidats, puis il devra raviver le *feu sacré* dans le cœur des délégués pour qu'ils aillent communiquer cette ardeur à chaque loge, à chaque comité local.

Le Convent de 1892, qui précède les élections, va remplir ce rôle avec d'autant plus d'ardeur qu'il juge la lutte plus nécessaire. Le Souverain Pontife venait, à différentes reprises, d'engager les catholiques de France à accepter le pouvoir établi. Les FF.·. invectivent contre cette politique papale avec la dernière violence et en redoutent les effets. Aussi, dès la première séance, le Convent de 1892 fait-il nommer, en vue des élections, une Commission extraordinaire de propagande.

Entendez le rapporteur de cette Commission. On traitera d'abord, tout naturellement, du *nerf de la guerre*, des *fonds électoraux*.

Nous citons :

Le F.·. ROLLET. — Dans votre première séance, vous avez décidé la nomination extraordinaire d'une Commission de contrôle et de propagande... La Commission s'est réunie dès le premier jour et a tenu, matin et soir, des séances très longues ; ... de ces travaux est sortie immédiatement dans son esprit cette idée qu'il fallait à tout prix et immédiatement créer *un fonds de propagande maç.*·.... Il faut à tout prix que nous arrivions à organiser cette propagande, il faut que nous arrivions *avant les élections législatives* de 1893 avec des cerveaux préparés, avec des électeurs prémunis déjà contre l'action du cléricalisme... et que les doctrines de ralliement avec ceux qui se sont compromis partout et à toute occasion avec les régimes passés ne puissent pas prédominer.

En conséquence, MM.·. FF.·., la Commission de propagande vous propose la création d'un fonds de propagande par un *impôt volontaire extraordinaire* de façon que nous puissions mettre à la disposition du Conseil de l'Ordre les ressources suffisantes pour agir.

La Commission désire que, pour créer cette action..., les membres du Conseil aillent dans les ateliers qui sont dans la torpeur... aillent réveiller la flamme maçonnique... Il faut que nous agissions par la parole dans les réunions publiques, que nous fassions la propagande par écrit, soit par des brochures, soit par des journaux [1].·.   .

1. *Bulletin du G.·. O.·.*, août-septembre 1892, p. 406 et 407.

Le F.·. Dumas-Guilin, chargé par la Commission du *rapport financier*, parle dans le même sens que le F.·. rapporteur.

Pour soutenir, à la veille des élections législatives, la lutte engagée
par l'Ordre contre les ennemis de la maç.·. et de la République, il faut
des ressources.

Puis le F.·. fait connaître de quoi se compose « ce budget
extraordinaire et d'un caractère strictement confidentiel » :
des fonds existants, de dons volontaires et « *d'une contribution extraordinaire* fixée pour l'année 1893 à 50 centimes par
membre actif de chaque atelier. »

Le F.·., pour enlever le vote, termine par ces mots :

Votre Commission de propagande attend avec confiance votre décision, persuadée que les membres du Convent de 1892 auront à cœur de
ne pas se séparer avant d'avoir assuré l'avenir de la fr.·. maç.·. et
préparé le triomphe définitif de la République démocratique[1].

Plusieurs délégués objectent qu'ils ont reçu mandat de
leurs loges de s'opposer à toute augmentation d'impôt. On
leur répond qu'il s'agit d'un impôt extraordinaire qui a déjà
été voté pour les élections de 1889, et qui est nécessaire : « il
y va du salut de la maçonnerie. »

Eh bien, dit le F.·. Constans, que voulez-vous que fassent les membres du Conseil de l'Ordre, ces ministres du G.·. O.·. que vous avez
nommés ? Comment voulez-vous qu'ils aient une action quelconque,
s'ils n'ont pas d'argent, s'ils n'ont pas le nerf de la guerre ? (*Très bien.*)
MM.·. FF.·., si, les élections passées, les résultats ne répondent pas
à vos aspirations, vous récriminerez... vous formulerez des réserves sur
l'énergie qu'auront montrée les membres du Conseil de l'Ordre...; il ne
faut pas qu'ils puissent vous répondre : « Nous n'avions pas d'argent[2]. »

Enfin, deux membres du Conseil de l'Ordre, les FF.·. Blatin et Sincholle, interviennent et adjurent le Convent de voter
ces fonds électoraux : « J'espère, dit le F.·. Sincholle, que
cet appel que je vous fais au nom de la propagande sera entendu et que vous voudrez, dans l'intérêt de la République,
nous voter ces 50 centimes exceptionnels que nous vous
demandons[3]. »

1. *Bulletin du G.·. O.·.*, août-septembre 1892, p. 409 et 410.
2. *Ibid.*, p. 416.
3. *Ibid.*, p. 417.

Et l'impôt extraordinaire de 50 centimes pour l'année 1893-1894 est voté par le Convent à une immense majorité. Aussitôt après le vote, le F.·. Sentini de s'écrier :

> Je demande que les fonds qui viennent d'être votés et imposés aux loges servent exclusivement à *une propagande électorale*... (*Bruit.*) Je vous demande pardon, on ne parle que de propagande électorale depuis le commencement du Convent. J'espère donc que le Conseil de l'Ordre voudra bien s'inspirer des diverses décisions prises pour la désignation des sommes qui seront ainsi recueillies [1]. (*Bruit.*)

On voit, par ces murmures, que le Convent réprouve la *franchise* d'expression du F.·. Sentini. Les francs-maçons doivent faire, et à outrance, de l'action électorale ; oui, mais sans l'avouer ainsi. C'est ce que fait observer très judicieusement le président de l'assemblée, le F.·. Doumer : les fonds votés ne sont pas destinés à la propagande électorale, mais seulement à défendre, en temps d'élection, les grands principes! Et le Convent d'applaudir cette triomphante distinction.

Le comité central des élections pour la France et les colonies a donc rempli le premier point de sa tâche; il a obtenu ce qui constitue, dans la lutte future, le nerf de la guerre, les *fonds électoraux*. Il lui faut aussi, en tant que *comité central*, donner une direction générale à ses troupes, marquer l'orientation politique à suivre, en un mot déterminer le *programme* que tous les candidats devront adopter.

Dès la première séance, le Convent indique clairement que la politique qu'il entend faire prévaloir est plus radicalement antireligieuse que jamais. Les futurs députés devront s'engager à provoquer la séparation *immédiate* de l'Église et de l'État, la suppression *immédiate* du budget des cultes et de l'ambassade au Vatican, etc., enfin une politique de brise-tout.

M. Lombard, député de l'Isère, était, en 1892, membre du Conseil de l'Ordre. Député depuis dix ans, M. Lombard sait que ses électeurs ne veulent pas de cette politique de violence, et, se conformant au mandat reçu de ses commettants, il a voté à la Chambre le maintien du budget des cultes.

---

1. *Bulletin du G.·. O.·.*, août-septembre 1892, p. 423.

Et voici, à l'ouverture du Convent, une interpellation du F∴ de Vidau qui dit entre autres choses : « Quand un F∴ M∴ vote ces subsides (le budget des cultes), il commet une faute, mais lorsqu'un pareil vote est celui d'un membre de notre Conseil, d'un dirigeant, d'un F∴ revêtu de la plus haute dignité maçonnique, il constitue une *trahison*[1]. »

Une discussion des plus vives s'ensuivit, à laquelle le F∴ Lombard lui-même prit part. Elle eut pour conclusion un vote de l'assemblée décrétant que le F∴, coupable d'avoir voté conformément à son mandat de député, se trouvait indigne de rester membre du Conseil de l'Ordre. Sous le coup de cette flétrissure, le F∴ Lombard et trois autres de ses collègues donnèrent leur démission de membres du Conseil.

Malgré ces incidents, la majorité de l'assemblée — voulant mériter le nom de *grand Convent anticlérical* que lui donnera le F∴ Dequaire — maintint résolument son orientation politique. Et l'on imposa à tous les futurs députés le programme que voici :

Le Convent décide qu'il est de devoir strict pour un franc-maçon :
. S'il est membre du Parlement, de voter la suppression du budget des cultes et des dépenses afférentes aux cultes inscrites aux chapitres des différents ministères, de voter la suppression de l'ambassade auprès du Vatican, de se prononcer en toutes circonstances pour la séparation des Églises et de l'État, sans abandonner les droits de police de l'État sur les Églises ; d'agir vigoureusement pour amener la suppression des établissements congréganistes reconnus ou non et la liquidation de leurs biens ; de s'opposer à ce que la loi militaire soit violée au bénéfice des séculiers ou congréganistes par le ministère des Cultes et surtout par le ministère des Affaires étrangères ; enfin, de réclamer l'exclusion des élèves des congrégations ou des établissements ecclésiastiques des écoles militaires, des grades dans l'armée et des emplois dans l'administration civile[2].

C'est, on le voit, un résumé parfait de la politique de haine et d'intolérance, de la politique de despotes et de vandales dont nous avons déjà parlé et qui s'accentuera encore davantage au Convent de 1898.

Il ne restait donc plus au Comité central de 1892 qu'à

1. *Bulletin du G∴ O∴*, août-septembre 1892, p. 199.
2. *Ibid.*, 1892, p. 488..

exciter vigoureusement au combat et *à la lutte électorale* ces FF.·. venus là de toute la France, ces délégués de tous les Comités locaux. « Il faut, comme le déclarait le F.·. Rollet, il faut faire ce que nous disait un membre du Conseil de l'Ordre en une expression qui peint très bien notre pensée : il faut *mettre le feu au ventre* de ceux qui ne veulent pas marcher[1]. »

Le F.·. Doumer, président de l'assemblée, et surtout le F.·. Dequaire, se chargent de cette besogne[2].

> J'ajouterai, dit le président, qu'une autre chose se dégage de vos discussions : c'est que vous entendez vous-mêmes que les loges maçonniques dans la France entière, que ceux qui dans votre pouvoir administratif vont être appelés à vous administrer..., que ceux-là, *pendant l'année qui vient*, aient une action de plus en plus énergique, fassent une propagande toujours plus grande. Vous sentez que le combat qui va se livrer est peut-être décisif, vous voulez que la victoire soit complète... Vive à jamais notre République ! (*Salve d'applaudissements[3].*)

Le F.·. Dequaire, membre lui aussi du Conseil de l'Ordre, est encore plus ardent à donner le coup de clairon pour la lutte :

> Aujourd'hui, je voudrais qu'on nous écoutât... Je voudrais surtout qu'on fût bien persuadé qu'il y a dans ce pays une vaillante phalange de républicains et de maçons qui ne demandent qu'à être conduits, une dernière fois, à la victoire *contre les prétendus ralliés*, contre ceux qui essaient le dernier mouvement tournant contre la République. (*Salve d'applaudissements.*) MM.·. FF.·., ce que je crois devoir vous demander maintenant... ce que je vous demande, c'est d'être des *disciplinés.* (*Plusieurs voix : Nous le jurons !*) Il ne faut pas vous dissimuler que l'année prochaine est une année terrible pour nos idées... Vous allez livrer la bataille décisive, et vous voulez la livrer avec tous les atouts dans votre jeu. (*Applaudissements prolongés.*) Eh bien, vous les aurez ces atouts, vous aurez cette situation nette et franche, car nous allons

1. *Bulletin du G.·. O.·.*, p. 407.
2. Outre les séances publiques, destinées à « mettre le feu au ventre » des FF.·., il y eut aussi, durant le Convent de 1892, des *séances électorales* tout à fait *secrètes.* C'est le F.·. Perreau qui, au Convent de 1893, veut bien nous l'apprendre : « L'année dernière, dit-il, on a réuni dans une *tenue secrète* tous les FF.·. du Convent *pour leur demander des renseignements sur la situation électorale de leur arrondissement.* Un Vén.·. de loge a pris la parole : il a dit que le député de son arrondissement était contre la Maç.·., etc. » (*Bulletin du G.·. O.·.*, 1893, p. 269.) Les FF.·. vont donc dans la préparation de leur campagne électorale jusqu'aux détails les plus précis et les plus individuels.
3. *Bulletin du G.·. O.·.*, 1892, p. 494.

faire à ce pays, grâce à votre merveilleuse attitude... nous allons faire
des déclarations... qui deviennent *comme le programme des élections
de* 1893. (*Bravos prolongés.*) Nous avons un programme; nous savons
où nous allons, nous savons sur quelles idées... et même *sur quelles
personnalités* (car nous nous connaissons bien entre nous), sur quelles
personnalités nous nous compterons. Je vous convie à la bataille de
l'an prochain, que ce soit la consécration du triomphe définitif de la
République que j'ai appelée anticléricale, libertaire, socialiste et laïque.
(*Salve d'applaudissements.* [1])

Le Convent de 1892 a donc rempli complètement son rôle
de *Comité central des élections.* On ne voit pas ce qu'il pourrait faire de plus, comme tel, pour préparer et chauffer la
consultation nationale de 1893.

Le Conseil de l'Ordre va continuer l'action du Convent. Il
dépensera les fonds électoraux (qui doivent lui être remis
avant le 1ᵉʳ mars) pour la propagande : propagande par la
presse, brochures et journaux; propagande aussi par la parole. Les membres du Conseil payent eux-mêmes de leur
personne. Ils vont de tous côtés faire des conférences électorales. Le Convent de 1893 les en félicitera. « Notre premier
devoir est d'adresser nos plus chaudes félicitations aux FF.·.
du Conseil qui, dans des conférences prof.·., sur l'invitation
des LL.·. organisatrices, etc. Certains membres du Conseil,
et en particulier notre excellent F.·. Dequaire, se sont dévoués à cette œuvre de propagande. Ce dernier a fait, pour
sa part, plus de cinquante conférences [2]... »

Le Conseil de l'Ordre envoya aussi à toutes les loges, peu
de jours avant les élections, une *circulaire,* circulaire « qui,
dit le F.·. Benoît-Lévy, était presque une invitation aux loges
à *se lancer, en tant que loges, dans la lutte électorale* [3] ».
« Vous le savez comme moi, dit ce même F.·., nous avons
reçu, quelques jours avant les élections dernières, une circulaire qui nous a été envoyée avec un luxe de précautions
extraordinaire : deux enveloppes; sur la seconde : prière de
n'ouvrir qu'en loge, après convocation spéciale [4]. »

1. *Bulletin du G.·. O.·.,* 1892, p. 335 et suivantes.
2. Le F.·. Mercier, rapporteur de la Conférence de propagande (*Bulletin
du G.·. O.·.,* août-septembre 1893, p. 465).
3. *Bulletin du G.·. O.·.,* 1893, p. 259.
4. *Ibid.,* p. 289.

Cette circulaire fut blâmée par certains FF.·. comme maladroite et dangereuse; par d'autres, comme trop peu énergique. Pour le moins, montrait-elle le zèle ardent du Conseil de l'Ordre dans la lutte électorale.

Quels furent les résultats de tous ces efforts, et quelle fut, dans les élections elles-mêmes, l'activité des comités locaux, des loges ?

Le Convent de 1893, réuni au mois de septembre, c'est-à-dire peu de temps après le scrutin de ballottage, va nous l'apprendre.

Entendez d'abord le F.·. Bonnet, comme un général qui a pris part au combat, caractériser nettement la lutte récente, et ses conséquences relativement à la composition de la Chambre :

Nous venons de livrer une première bataille aux ralliés... Notre victoire n'a pas été décisive : plus de quarante ralliés sont élus... Nous avons gagné des sièges à droite sur les monarchistes, mais nous en avons perdu au centre et à gauche, parce que les quarante ralliés et les quatre-vingts centre-gauchers formeront à la Chambre un groupe uni et compact, animé des mêmes sentiments pour ce qu'ils appellent la défense des libertés religieuses...; groupe d'autant plus dangereux, qu'il porte l'étiquette républicaine. Or, on l'a dit et proclamé, on veut faire une *majorité de gouvernement* avec les trois cent cinquante républicains soi-disant modérés, parmi lesquels vous voyez quatre-vingts centre-gauchers et quarante ralliés [1].

Le F.·. Bonnet conclut que, pour empêcher le désastre de cette majorité modérée, les francs-maçons ont le devoir d'accentuer de plus en plus leur politique anticléricale.

Si la victoire n'a pas été aussi complète que pourraient le désirer les plus exigeants, les loges, cependant, ont-elles bien mené la campagne électorale, et les francs-maçons ont-ils gagné du terrain ?

Les voix les plus autorisées du Convent vont nous répondre.

Le F.·. Doumer, membre du Conseil de l'Ordre :

Je le déclare nettement, la fr.·.-maç.·. a fait son devoir très résolument, très énergiquement. Je vois des Orients (des loges), et je sais combien

---

1. *Bulletin du G.·. O.·.*, 1893, p. 471. — A ces dernières paroles de l'orateur, un F.·. naïf interrompt : « Mais c'est de la politique, cela ! » Ineffable interruption !... Il est bien vrai de dire toutefois que le langage du F.·. Bonnet ne prouve pas précisément que les FF.·. ne s'occupent ni de politique ni d'élections.

la Maç.·. a fait son devoir, et combien elle a été heureuse dans ses résultats, grâce, en grande partie, à l'action personnelle et énergique de ses membres. Ce n'est donc pas moi qui dirai *que la Franc-Maç.·. n'a pas joué un rôle décisif* dans cette grande bataille électorale [1].

Le F.·. Poule, président du Convent :

Maintenant, MM.·. FF.·., je crois être votre interprète à tous en félicitant chaleureusement tous nos FF.·. francs-maçons qui ont été victorieux dans le scrutin de la Chambre des députés. Gloire aux vainqueurs, dit-on ; j'y ajouterai : Gloire aux vaincus. Les vaincus... ont tenu bravement le drapeau de la République, le drapeau de la Maç...' (*Applaudissements* [2].)

Le F.·. Dequaire, membre du Conseil de l'Ordre :

Ce n'est un secret pour personne qu'un *certain nombre de loges ont réussi*, et nous les en félicitons, *à faire les élections dans leurs régions...* Demandez donc aux députés que vous avez fait nommer, aux sénateurs que vous ferez nommer prochainement, de vouloir bien, en échange de votre appui, se mettre à la disposition dé la Commission des requêtes du G.·. O.·., etc [3].

Le F.·. Amiable, membre du Conseil de l'Ordre, et orateur du Convent, dans le discours de clôture :

Telle a été la lutte qui vient de finir, lutte qui s'est terminée par l'éclatant triomphe de la cause républicaine, par l'effondrement des partis de réaction, par le lamentable échec de la politique papale [4].

Malgré, ou peut-être à cause même de cet acharnement (contre nous), *nos candidats l'ont emporté presque partout*, et notre contingent dans la représentation nationale, déjà considérable, se trouve sensiblement accru. Je salue donc, au nom de l'Assemblée générale du Grand Orient, les francs-maçons qui sont aujourd'hui les élus du suffrage universel. Nous sommes profondément heureux de leur réussite [5].

On voit que le Convent, c'est-à-dire le *Comité central des élections* et la *Franc-maçonnerie en général* sont heureux de recueillir ce qu'ils ont semé.

1. *Bulletin du G.·. O.·.*, p. 295.
2. *Ibid.*, p. 265.
3. *Ibid.*, p. 475.
4. Nous avons vu que le F.·. Bonnet n'est pas du même avis que le F.·. Amiable.
5. *Bulletin du G.·. O.·.*, 1893, p. 561.

IX

Aux élections législatives de 1893, la franc-maçonnerie, nous l'avons vu, travailla vigoureusement *comme organisation électorale*. Aux dernières élections de 1898, elle agit plus ouvertement encore et avec plus de passion.

Entendez comment le F.·. Dequaire, membre du Conseil et une des illustrations de l'Ordre, définit le Convent de 1897 qui précède les élections; il l'appelle « le *Convent de la veillée des armes*, de cette veillée d'armes un peu agitée à l'approche d'une période électorale[1] ». C'est dire d'une façon pittoresque et énergique que le Convent allait devenir plus que jamais le *Comité central des élections* pour toute la France, et un comité *très agissant*.

Nous allons montrer rapidement son action avec le caractère spécial de violence qu'elle revêt.

Le Convent de 1897 comme celui de 1892 s'occupa de la question importante des *fonds électoraux*, le nerf de la guerre. Voici ce qu'en dit le F.·. Adrien Durand, président de la Commission de propagande : « Une question s'est encore posée dans la Commission de propagande, c'est celle qui concerne le *trésor de guerre des prochaines élections*. A cet égard la Commission s'est déclarée prête à seconder l'action du Conseil de l'Ordre... L'argent est le nerf de la guerre; nos ennemis en possèdent beaucoup, il nous en faut au moins un peu; notre cause triomphera, mais... il faut un peu d'argent... Que le Conseil se préoccupe d'en trouver[2]. » Pour trouver cet argent, on n'eut pas à discuter longuement comme en 1892. En effet, le Convent de 1894 avait adopté, après d'orageux débats, un *impôt de un franc* par membre actif de toutes les loges pour la commission de propagande; le rapporteur de cette commission, le F.·. Marichaux, ne fit donc que « demander instamment le maintien de la cotisation personnelle au taux fixé par le Convent de 1895 et confirmé par celui de 1896[3] ».

1. *Compte rendu des travaux de l'Assemblée générale*, 1893, p. 445.
2. *Ibid.*, 1897, p. 181.
3. *Ibid.*, p. 171.

Ce qui fut voté par l'Assemblée.

Les fonds recueillis eurent la même destination qu'en 1892 :
la propagande électorale par la parole — conférences, tenues
blanches ; et par la presse — brochures, journaux[1].

Nous arrivons maintenant à la séance du Convent où eut
lieu, sur cette question électorale, la discussion la plus importante et la plus mouvementée, celle du *programme à imposer aux candidats*.

Depuis les élections de 1893, les francs-maçons du Gr.·.
Or.·. avaient marché ; ils sont devenus de plus en plus antireligieux et ils ont évolué aussi, déjà au Convent de 1896 et
en plein à celui de 1897, *vers le socialisme*[2]. Ils veulent donc
imposer désormais à tous les candidats FF.·. un *programme
antireligieux à outrance et nettement socialiste*. C'est ce qui
ressort de la séance que nous allons analyser. Il est bon que
les Français sachent à quoi les députés francs-maçons sont
forcés de s'engager actuellement dans leurs loges, par-dessus
la tête de leurs électeurs et en se moquant de ce que veut
ou ne veut pas le peuple. On verra aussi combien les orateurs
du Convent se gênent peu pour dire que les loges doivent
avoir toute action et tout pouvoir sur les élections et sur les
élus. Nous citons l'essentiel des discours et des résolutions.
Nous en tirerons ensuite les conclusions.

Le thème de la discussion est un vœu des loges de la région
parisienne :

1. Notons à ce sujet les paroles suivantes du F.·. rapporteur : « Nous
avons été saisis d'une proposition... tendant à la création « d'un journal
destiné à combattre l'action funeste exercée par les organes du clergé,
notamment par la *Croix* ». Il répond que la création d'un journal maçonnique quotidien ne serait guère possible et ferait tort à d'autres journaux qui
sont maçon.·. sans le dire. — Ces attaques contre *la Croix* et *les Croix* sont
très fréquentes dans les loges et prouvent le grand bien que font ces journaux.

2. Il serait curieux d'étudier le phénomène de transformisme à la Darwin
qui s'est opéré dans la maçonnerie française depuis vingt à trente ans —
opportunisme d'abord, puis radicalisme et maintenant enfin socialisme accentué, et dans ses discours, et dans ses actes. Elle nomme pour président
du Conseil de l'Ordre le F.·. Lucipia socialiste, ex-communard ; elle le
nomme aussi président du grand Convent de 1897 et l'acclame avec enthousiasme quand, à la dernière séance, il s'écrie : « Vive à jamais la République démocratique et sociale ! »

Le Congrès des LL.·. de la région parisienne :

En présence de l'alliance manifeste des ministres actuels de la République avec la réaction [1].

. . . .

Attendu qu'il y a la plus grande urgence à faire tomber le masque derrière lequel s'abritent de pseudo-républicains....

Pour ce motif, décide :

Les réformes à effectuer de toute urgence sont les suivantes :
1° Séparation des Églises et de l'État ;
2° Revision de la Constitution pour la nomination du Sénat par le suffrage universel ;
3° Suppression des Congrégations ;
4° Impôt sur le revenu global et progressif [2].

Le Président de la Commission des vœux :

La Commission des vœux croit qu'il serait difficile, dans les conditions où la lutte va s'engager dans les départements, de forcer les candidats qui vont se présenter comme francs-maçons à soutenir ce programme, sous peine de manquer à leur devoir maçonnique.

Le F.·. Alphonse Bouyer, membre de la Commission des vœux :

MM.·. FF.·. voici ce qui s'est passé à la Commission des vœux. Elle s'est dit : Le Convent s'est déjà prononcé : 1° Sur la séparation des Églises et de l'État ; 2° sur la revision de la Constitution et la nomination du Sénat par le suffrage universel ; 3° sur la suppression des congrégations... cela a été voté une douzaine de fois, au moins ; 4° sur l'impôt global et progressif qui a été voté l'année dernière... La Commission n'avait pas à examiner ces divers points qui ont déjà été admis par les Convents précédents. Il s'agissait de faire un *programme minimum* [3] à l'usage des candidats qui voudraient se recommander de la Franc-maçon.·. ; lorsqu'un franc-maçon se présente, il doit savoir les résolutions qui ont été prises par les Convents... *c'est à sa loge de prendre des mesures* pour l'empêcher de se présenter ou le faire échouer, s'il ne porte pas à son programme la solution des questions qui ont été indiquées par le Convent.

Nous avons vu un autre danger ; nous nous sommes dit qu'il y a des

1. M. Méline était au pouvoir.
2. *Compte rendu*, 1897, p. 225.
3. On appelle ici programme *minimum* les revendications qui viennent d'être énumérées et que demandent les loges parisiennes, parce que bien des FF.·. entendent aller plus loin encore et veulent, par exemple, la *suppression* du Sénat et de la présidence de la République.

FF∴ qui admettent tous ces points, qui peuvent les défendre, mais *qui se garderaient bien de les imprimer ou de les faire afficher*[1]...

Et le F∴ Bouyer pense qu'il y aurait lieu de faire de la *conciliation* et de ne pas prendre une mesure générale...

D'autres ne sont pas de cet avis, et l'on pressent déjà que l'intransigeance l'emportera.

Le F∴ Morin :

J'estime qu'à la veille des élections il est d'un intérêt capital *que le Convent indique ses intentions*... Il est extrêmement important que, surtout en province, on connaisse parmi les candidats maçons ceux qui sont républicains et ceux qui ne le sont pas... *il y a des faux frères*...

C'est pourquoi, mes FF∴, je demande qu'on admette le *programme minimum* qui nous permettra de reconnaître les bons candidats non seulement francs-maçons, mais réellement républicains.

Stimulés par ces paroles, les francs-maçons du Convent vont aller de l'avant sans hésiter.

Les FF∴ Thiébaud et Souchet présentent, sous forme d'amendement, la proposition suivante dont le président donne lecture : « LE CONVENT DE 1897 DEMANDE QUE TOUS LES CANDIDATS FRANCS-MAÇONS S'ENGAGENT EN FACE DE LEURS LOGES RESPECTIVES A SOUTENIR TOUTES LES LOIS ANTICLÉRICALES, SOCIALISTES ET OUVRIÈRES[2]. » — La Commission des vœux déclare se rallier à cette proposition — qui, on le voit, est nettement antireligieuse et *socialiste*. Puis la proposition est adoptée à mains levées par le Convent.

Mais un membre de l'Assemblée, d'un esprit pratique évidemment et réfléchi, signale les graves inconvénients qui peuvent résulter de ce qu'on vient de voter.

Le F∴ Jullien :

MM∴ FF∴, j'ai peur en vérité que nous n'entrions dans une voie bien dangereuse. Républicains nous sommes, et nous voulons le triomphe de la République, mais ce n'est pas en votant des formules comme celle que nous venons d'adopter, que nous ferons quelque chose d'utile ; je considère, au contraire, que cela nous ferait courir *les plus graves dangers*. On vous présente un programme... qui comprendra toutes les lois républicaines, toutes les lois socialistes... mais avec une pareille formule, où irons-nous ? Nous sommes nous aussi des partisans d'une démocratie progressiste, vous le savez bien ; mais ne prenez

---

1. *Compte rendu des travaux*, 1897, p. 227
2. *Ibid.*, p. 234.

pas des formules aussi vagues, aussi inquiétantes, aussi troublantes dans lesquelles nos adversaires pourraient trouver tous les éléments pour combattre les meilleurs républicains. *Avec cette formule il n'y a pas un candidat républicain qui puisse tenir debout dans ce pays.* Dans bien des départements on ne peut pas se présenter ainsi devant les électeurs...; *la majeure partie des électeurs n'est pas au point que vous pourriez croire,* et c'est une nécessité impérieuse que celle qui consiste à ne se présenter qu'avec les idées qui sont celles de la majeure partie des électeurs républicains... mais non avec des doctrines... qui éloigneront tout le monde [1].

En face de ces objections si graves et si bien résumées, en face du danger réel et fréquent d'une *déclaration publique de socialisme,* etc., danger pour la République et pour le succès même des élections, que va faire le Convent ?

Quelle réponse va-t-il donner à ces objections, quelle solution à ces difficultés ?

Une réponse, une solution tout à fait dignes de l'hypocrisie et de l'improbité maçonniques.

C'est tout simple : on décrétera que les candidats francs-maçons devront, *en face de leurs loges* et dans un écrit au Conseil de l'Ordre, s'engager à voter un jour, comme députés, toutes les lois anticléricales et socialistes... mais qu'il n'auront pas à l'afficher publiquement, à le dire à leurs électeurs, ils pourront le cacher à ceux-ci et se déclarer même (langage maçonnique fort usité) très respectueux de la religion et de la liberté.

Le bon peuple électeur sera dupé, mais tant pis pour lui.

Voilà ce que l'on proclame sans vergogne à l'Assemblée générale des FF∴ de 1897.

Écoutez le F∴ Guillemot :

Si vous *affichez,* même ce programme minimum dont on vous parlera tout à l'heure, il se produira que beaucoup de républicains essayeront de mener la lutte sans vous.

En 1887, nous soutenions, dans le département de la Haute-Garonne, la candidature d'un de nos FF∴ qui a siégé au Conseil de l'Ordre, le F∴ Calvinhac... Qu'avons-nous demandé à Calvinhac ? D'*afficher,* sur tous les murs de la Haute-Garonne, une déclaration, *un programme,* une profession de foi démocratique *socialiste* comme elle était dans son cœur ? Assurément, non !... Il n'a pas été question dans son pro-

1. *Compte rendu des travaux,* p. 235 et 236.

gramme d'un seul des articles qu'il est question d'imposer à tous nos candidats. Il est nécessaire que nous agissions avec une *habileté* d'autant plus grande que nos adversaires sont plus forts, plus nombreux.

Oui, *au sein des loges*, exigeons du candidat qu'il signe d'abord la déclaration philosophique du Conseil de l'Ordre [1], demandons-lui qu'il signe le *programme minimum* que vous aurez élaboré, mais ne lui demandons pas davantage... S'il manquait de parole, nous aurions toujours le temps de lui infliger la flétrissure qu'il mériterait [2].

Ces mêmes pensées sont exprimées d'une façon plus précise encore par le F.·. Souchet, qui répond directement aux objections formulées précédemment.

Le F.·. Souchet. — Le F.·. Jullien disait qu'il pourrait y avoir danger pour la République; mais il se trompe, ou il n'a entendu les termes de mon amendement. J'ai dit que le candidat franc-maçon devait s'engager, *non par affiches* sur les murs d'une commune ou d'une circonscription, mais s'engager *vis-à-vis de sa loge*. Par conséquent, la plus grande latitude est laissée aux loges pour faire ce qu'elles croiront devoir faire pour le succès de leurs candidats. Il y a une question de principe qui nous tient au cœur; nous voulons que les loges sachent que les hommes qu'elles soutiendront, *lorsqu'ils seront à la Chambre* (si les électeurs veulent bien les y envoyer), *voteront* toutes les fois qu'il en sera présenté, *des lois anticléricales, des lois socialistes*, des lois foncièrement républicaines, des lois protégeant le travailleur, des lois protégeant les pauvres et les petits. Mais nous ne demandons rien qui puisse compromettre les candidatures des maçons que les loges voudront soutenir. Je crois qu'il ne peut rester maintenant la moindre équivoque.

Le F.·. Guillemot. — Après la déclaration qui vient d'être faite, je crois que nous allons être bien d'accord. Le F.·. Souchet entre tout à fait dans mes vues en disant qu'*aucune de ces déclarations ne devra être exigée publiquement* du candidat [3].

Tout cela est, en effet, très clair comme hypocrisie et escamotage du vote des électeurs.

Mais voici, au cours de la discussion, un franc-maçon méticuleux, qui se mêle de faire intervenir inconsidérément dans la question la *volonté des électeurs*, que, de fait, ses frères avaient entièrement oubliée, en n'imposant au futur député, pour ses votes, que les seules décisions de la loge.

1. Cette déclaration philosophique qui se trouve dans le *Compte rendu du G.·. O.·.*, fascicule de juillet 1897, p. 15, est simplement une profession de libre pensée.

2. *Compte rendu des travaux*, 1897, p. 232.

3. *Ibid.*, septembre 1897, p. 236.

En admettant la théorie de la Commission, interrompt le F.˙. Barthélemy, le candidat maçon qui aura accepté le programme minimum (le programme des loges parisiennes), mais qui aura promis moins à ses électeurs, se verra dans l'obligation, ou *de ne pas tenir la promesse qu'il aura faite à ses électeurs, ou de manquer de parole au Conseil de l'Ordre* [1].

On ne daigne pas répondre à cet interrupteur importun, pas un seul mot... tant il semble évident à tous que, en regard des promesses signées à la loge, il n'y a aucun compte à tenir des promesses qu'on pourrait avoir faites par hasard à de profanes électeurs, et du mandat qu'on a reçu d'eux. La franc-maçonnerie qui, suivant une parole célèbre « doit être la maîtresse et non la servante des partis politiques [2] », doit être aussi très évidemment la maîtresse et non la servante du suffrage universel [3].

Tout étant ainsi bien entendu et bien conclu pour la duperie colossale des naïfs électeurs français, il n'y avait plus qu'à en rédiger la formule que le Convent s'empressa de voter.

La voici :

Le Convent de 1897 demande que tous les candidats aux élections prochaines, se réclamant de l'appui de la fr.˙.-maç.˙., remettent au Vénérable de leur loge, qui la transmettra au Conseil de l'Ordre, une déclaration signée de leurs principes philosophiques et de leurs principes politiques, qui devront être : les premiers, en conformité avec la déclaration récente du Conseil de l'Ordre ; les seconds, au moins conformes au programme politique minimum du Congrès des loges parisiennes.

L'AFFICHAGE DE CETTE DÉCLARATION NE POURRA ÊTRE EXIGÉ D'AUCUN CANDIDAT [4].

C'est l'affichage de cette décision du Convent de 1897 qui devrait se faire dans toutes les communes de France.

---

1. *Compte rendu des travaux*, 1897, p. 232.
2. *La République maçonnique*, 30 avril 1882.
3. Nous lisons à ce sujet dans le *Bulletin maçonnique* : « Le franc-maçon doit être citoyen, il a pour devoir de traduire en actes dans la vie profane les enseignements reçus dans la loge. Quand la confiance de ses concitoyens l'appelle au périlleux honneur des charges publiques, il ne doit point se dérober. Mais il doit *être franc-maçon d'abord*, candidat, conseiller de la cité, député, sénateur, ministre, président de la République ensuite (*Bulletin maçonnique*, 1889, p. 267).
4. *Compte rendu des travaux*, 1897, p. 237.

X

L'importante question du programme électoral étant réglée, il ne restait plus aux orateurs du Convent, — suivant l'expression imagée d'un membre du Conseil de l'Ordre que nous avons déjà citée, — il ne leur restait plus « qu'à mettre le feu au ventre » des FF.·., à sonner vigoureusement la charge pour la future bataille.

Plusieurs FF.·. de marque et d'autorité le font, chacun des jours et surtout le dernier de la session parlementaire... maçonnique.

Quelques citations seulement.

Le président de la Commission de propagande :

MM.·. FF.·., nous touchons... à une heure très grave pour la maçonnerie et pour la République, mais nous sommes convaincus que, si la maçonnerie aborde la lutte électorale avec son esprit traditionnel de liberté et, comme le disait si bien... notre président, de tolérance [1], si elle sait englober, dans la grande famille et la grande armée qui va lutter, toutes les fractions dignes de ce nom du parti républicain, elle aura la victoire. La seule chose que nos ennemis pourraient souhaiter ardemment, ce serait notre division ; mais je suis convaincu que la maçonnerie n'en voudra aucune ; elle marchera unie à la bataille du mois de mai prochain, qui, j'en suis persuadé, sera une victoire. (*Applaudissements* [2].)

Le rapporteur de la même Commission de propagande n'est pas si rassuré ; son coup de clairon, très retentissant aussi, a plutôt un son lugubre :

Nous sommes à la veille d'une bataille, MM.·. FF.·., *qu'il faut gagner ;* car, s'il n'y a pas là pour nous une question de vie ou de mort, il y a pour le progrès humain... le danger d'un ajournement indéfini suivi d'un recul d'un siècle peut-être... Jamais le parti clérical ne s'est montré aussi avide, aussi effronté, aussi astucieux... Nous allons entrer dans une lutte terrible, qui sera, je le crains pour l'honneur de notre siècle, le triomphe de l'or, l'or de la monarchie, l'or de l'empire, l'or de l'Église, l'or des congrégations! Sommes-nous armés pour ce combat ?

Ne vous y trompez pas, MM.·. FF.·., dans cette bataille, nous avons

---

1. Tolérance signifie ici que les francs-maçons doivent marcher la main dans la main avec les socialistes les plus avancés.
2. *Compte rendu des travaux,* septembre 1897, p. 182.

un double devoir : il ne s'agit pas seulement de défendre la liberté pour laquelle nos pères ont versé leur sang, nous avons aussi à protéger l'*existence de la maçonnerie* dont la garde nous est transmise.

Et croyez bien que si la République avait le dessous, la maçonnerie succomberait avec elle ; car, dans la lutte, nous serons l'objectif.

Ces inquiétudes, inquiétudes poignantes que nous devions vous révéler, nous n'avons pu les taire à nos Frères du Conseil de l'Ordre... Nous vous demandons donc, MM.·. FF.·., de les inviter avec nous à tout tenter et à tout faire pour mettre notre Ordre à l'abri du péril.

Nous faisons notre devoir. MM.·. FF.·., faites le vôtre ! (*Applaudissements prolongés* [1].)

Après tous les autres, à la séance de clôture du Convent, le F.·. Louis Lucipia, membre du Conseil de l'Ordre et du Conseil général de la Seine, président du Convent, ancien membre de la Commune, vient à son tour pousser à l'action. Avec l'autorité exceptionnelle que lui donnent tous ses titres, il ne se contente pas de mettre le feu... de *chauffer les élections*, il les chauffe à blanc :

MM.·. FF.·., jamais Convent n'a mieux montré combien vous êtes actifs, jamais Convent n'a mieux montré combien vous êtes disposés à l'action... Je suis convaincu, MM.·. FF.·., que cette agitation, qui surpassait celle des Convents antérieurs, tient à ce que nous sommes à la veille de la grande bataille et que, malgré vous, la chaleur du combat vous a entraînés...

Eh bien ! oui, MM.·. FF.·., c'est bientôt la bataille, la grande bataille qui décidera du sort de la République...J'ai la certitude que cette bataille sera acharnée. C'est alors qu'il ne faudra pas se départir... de l'union nécessaire entre tous les Maçons, entre tous les républicains, pour faire face à l'ennemi. (*Applaudissements prolongés.*)

C'est alors, MM.·. FF.·., qu'il faudra quelquefois faire taire ses préférences personnelles pour ne songer qu'à l'intérêt général. (*Bravos.*) C'est alors qu'il ne faudra pas avoir peur des mots ; c'est alors qu'il ne faudra pas craindre les épithètes distinctives, qu'il ne faudra pas croire que parce qu'on aura dit qu'on est socialiste on est un ennemi de la société. (*Applaudissements.*) Celui-là seul est un ennemi de la société qui précisément n'est pas socialiste. (*Nouveaux applaudissements.*) En somme, MM.·. FF.·., le socialisme n'est pas autre chose que la doctrine enseignée dans nos ateliers, c'est la doctrine maçonnique de l'altruisme...

Je suis convaincu que, comme toujours, la franc-maç.·. fera son devoir ; mais, cette fois encore, elle a un devoir plus considérable ; il faut que son action se développe, il faut que sa propagande soit plus active,

1. *Compte rendu des travaux*, septembre 1897, p. 176 et 177.

qu'elle soit incessante, qu'on sente que nous voulons quand même le triomphe de la République. (*Vifs applaudissements.*)

Permettez à votre président, avant de clore les travaux, de résumer en un seul mot tout ce qui a été dit... un mot qui doit être la devise de la franc-maç.·., s'inspirant du grand révolutionnaire Danton : De l'action, toujours de l'action, et encore de l'action. (*Applaudissements.*) MM.·. FF.·., vive à jamais la République démocratique et sociale. (*Applaudissements prolongés* [1].)

Le Convent de 1897 a terminé ses travaux. Il a fonctionné vigoureusement comme comité central des élections : fonds électoraux, programme, feu sacré mis au cœur des FF.·.; rien n'y a manqué.

Les membres du Convent, délégués de toutes les loges de France, sont allés porter leur ardeur partout, et les loges, en qualité de *comités locaux*, ont dû mener la campagne électorale avec plus d'acharnement, plus de passion que jamais.

Quel a été le résultat de tous ces efforts ?

Nous remarquons d'abord qu'au Convent de 1898, qui suit les élections, on n'affiche pas les mêmes airs de triomphe qu'en 1893. On ne dit pas comme alors : « Nos candidats *l'ont emporté presque partout...* et *notre contingent* dans la représentation nationale *se trouve sensiblement augmenté...* Nous sommes profondément heureux de leur réussite. »

Sans doute on déclare encore très nettement que les loges ont agi, que dans certaines circonscriptions *elles ont fait les élections.* Par exemple, dans le *compte rendu* d'une séance du Conseil de l'Ordre (5 septembre, p. 3), au cours du récit d'une fête maçonnique de Valence, je lis : « Le F.·. Paul Faure (député d'Orange) a remercié les maçons, disant que, *grâce à l'union des loges, la franc-maçonnerie a triomphé dans le Vaucluse contre la réaction.* »

Au Convent même de 1898, on parle à différentes reprises de l'« *influence considérable* de la franc-maçonnerie dans les dernières élections ». Entendez le rapporteur de la Commission de propagande : « Le Conseil de l'Ordre a, cette année, comme les années précédentes, plus même que les années précédentes, multiplié brochures et conférences... Au mo-

1. *Compte rendu des travaux,* septembre 1897, p. 299 et 310.

ment des élections, vous savez, MM.˙. FF.˙., quelle a été, *non pas officiellement, mais d'une manière effective néanmoins*, l'œuvre de la F.˙.-M.˙.. *Partout* nous sommes descendus dans l'arène[1]... »

Ainsi, l'action de la franc-maçonnerie s'est trouvée partout, partout les loges sont descendues dans l'arène électorale et ont mené la campagne vigoureusement; on ne saurait en douter. Mais les résultats, les succès, ont-ils correspondu à tant d'efforts ? Ou bien, par hasard, quelque chose des sombres pronostics de certains orateurs se serait-il réalisé ? Quand l'un d'eux disait : « Avec cette formule (ce programme), *il n'y a pas un candidat* qui puisse tenir dans ce pays »; quand un autre parlait de « *ses inquiétudes poignantes* » !

Eh bien ! oui, après tant d'efforts et de travail pour chauffer les élections, les chauffer à blanc, elles n'ont pas réussi tout à fait au gré des loges. Le rapporteur lui-même de la Commission de propagande l'avoue — discrètement — comme il convient. Après avoir dit : « Partout nous sommes descendus dans l'arène », il ajoute d'un ton mélancolique : « et *si parfois nous avons reçu des coups*, nous avons eu aussi la satisfaction d'en porter[2]... » Puis viennent deux lignes de points, c'est-à-dire deux ou peut-être vingt lignes de faits et de pensées qu'il convient de cacher absolument au regard des profanes... Vous vous rappelez peut-être certaines statues de l'antiquité : l'artiste, désespérant de pouvoir rendre l'expression de douleur d'un de ses héros, jette un voile sur sa figure. Ainsi le *compte rendu* voile-t-il derrière une série de points les tristesses maçonniques.

De fait, malgré l'évolution de la franc-maçonnerie vers le socialisme pour obtenir un regain de popularité, malgré les fonds électoraux et les programmes, malgré les travaux du Convent de septembre 1897, consacrés presque entièrement à préparer les dernières élections, *un assez grand nombre* de fils de la Veuve des plus marquants, des plus qualifiés, et même (gémissez, gémissez, gémissez !) *neuf membres du*

1. *Compte rendu des travaux*, septembre 1898, p. 276.
2. *Ibid.*, p. 276.

Conseil de l'Ordre, ont été rejetés par le très ingrat et très inintelligent suffrage universel[1].

XI

Quelles conclusions avons-nous à tirer de ces études sur la franc-maçonnerie et spécialement du dernier fait que nous venons de signaler ? Les francs-maçons eux-mêmes vont nous les insinuer.

Le F.·. Poule, membre du Conseil de l'Ordre, disait déjà au grand Convent de 1893, dont il était président :

> MM.·. FF.·., je crois être votre interprète à tous en félicitant chaleureusement tous nos FF.·. francs-maçons qui ont été victorieux dans le scrutin de la Chambre des députés. Gloire aux vainqueurs, dit-on ; j'y ajouterai : Gloire *aux vaincus*. Les vaincus, MM.·. FF.·., ont tenu bravement le drapeau de la République, le drapeau de la Maç.·., *car s'ils ont succombé, ce n'est pas comme républicains qu'ils ont succombé, c'est comme francs-maçons*[2].

Voilà donc le président de l'assemblée générale des francs-maçons qui constate et certifie lui-même, déjà en 1893, un certain éloignement du suffrage universel, un certain mouvement de répulsion populaire *contre les francs-maçons comme francs-maçons*.

Aux élections de 1898, ce sentiment instinctif de dégoût, d'hostilité, de répugnance, n'a fait que s'accroître et gagner du terrain. C'est là ce qui explique l'échec précisément de ces fr.·.-maç.·. plus marquants, plus qualifiés et des membres du Conseil de l'Ordre, qui sont connus facilement et sûrement des électeurs comme affiliés à la secte.

La lumière commence donc à se faire, grâce à Dieu ; les sectaires commencent à être connus, et, par suite, à être jugés comme ils le méritent.

---

1. *La Franc-Maçonnerie démasquée* (juin 1898) donne le nom des francs-maçons qui ont échoué aux dernières élections ; ils sont soixante-deux, sans compter une quinzaine qui avaient renoncé à la lutte. Mais il y a eu aussi des sièges gagnés par les FF.·. ; dans l'ensemble, nous croyons qu'ils sont moins nombreux que dans la Chambre précédente, bien qu'il y ait plus de députés radicaux et socialistes. Une bonne partie de ceux-ci tâchent maintenant de se passer de l'appui de la fr.·.-maç.·. pour se faire élire.

2. *Bulletin du G.·. O.·.*, août-septembre 1893, p. 265.

Puissent ces dispositions répulsives devenir générales et se trouver enfin au cœur de tous les Français. Ce serait le salut du pays.

Et certes les motifs de répulsion ne manquent pas. Il suffit de savoir et de dire à tous : — ce qu'ont fait, ce que veulent et ce que sont ces sectaires.

Ce qu'ils ont fait... Depuis vingt ans de leur règne, que de ruines ! Quelle déchéance matérielle, financière, morale, de notre chère France ! A cause d'eux, par leur influence néfaste, la discorde, la guerre religieuse, persévèrent parmi nous... ; le peuple n'est pas hostile à la religion, eux seuls soufflent la haine et empêchent la pacification.

Ce qu'ils veulent pour l'avenir, les vandales, nous le savons : — la destruction complète de ce qui reste encore en France de liberté, de dévouement héroïque, d'honnêteté !

Ce qu'ils sont... nous l'avons vu aussi et nous l'avons prouvé — des esclaves de leur loge et des dupeurs du peuple. Ils promettent à leurs électeurs n'importe quoi, et puis ils se moquent des promesses faites, pour voter toujours à la Chambre suivant le mot d'ordre du G∴ O∴.

Ce serait donc un véritable acte de folie pour qui est renseigné d'élire des hommes si funestes à notre pays, des hommes plus sectaires et plus révolutionnaires que jamais, des hommes plus que jamais esclaves, plus que jamais hypocrites et trompeurs d'après les instructions mêmes du Gr∴ Or∴. *Plus de francs-maçons !* tel devra être le mot d'ordre de la prochaine consultation nationale.

Une autre conclusion importante à tirer de notre étude sur la franc-maçonnerie nous est inspirée par ce que la fédération maçonnique du Gr∴ Or∴ a de bon, j'allais dire d'admirable : l'union des FF∴ entre eux et surtout leur splendide *organisation électorale !* Ces *comités locaux* (les loges) parlant, travaillant, agissant d'une façon persévérante, non interrompue — puis le *comité central* (le Convent) avec sa session parlementaire de septembre, et se continuant par le Conseil de l'Ordre durant toute l'année. Tout cela organisé et agissant en vue de faire arriver au Parlement, c'est-à-dire au pouvoir, le plus possible de francs-maçons.

En face de cette organisation merveilleuse des sectaires, des malfaiteurs (nous savons que ce mot n'est pas trop fort), qu'y a-t-il du côté des bons Français, des catholiques? Rien ou presque rien en ce genre.

Nous avons, certes! des hommes de talent, d'intelligence, de cœur ; nous avons des hommes de dévouement et de vertu plus, beaucoup plus que nos adversaires. Dans notre Église de France, il y a des associations exceptionnellement fortes et prospères : notre clergé catholique, nos œuvres et Sociétés laïques — conférences de Saint-Vincent de Paul, cercles et patronages ouvriers; il y a les œuvres de la Propagation de la foi, de la Sainte-Enfance, du Vœu national, où des millions sont recueillis et dépensés chaque année; il y a les congrégations et ordres religieux qui embrassent tous les genres de travaux, d'abnégation et de sacrifices pour le bien et le soulagement des corps et des âmes; ce qui se dépense là d'héroïsme et de vertu est incalculable.

Mais toutes ces œuvres particulières, toutes ces associations — qui s'interdisent en général complètement le domaine électoral et politique — peuvent être supprimées et détruites d'un trait de plume gouvernemental, dû à l'influence d'une seule association : *la congrégation laïque du Grand Orient*, parce que celle-ci est une association *électorale* qui, comme telle, devait conquérir et a conquis de fait la puissance publique et la domination sur tout le pays.

Et une *œuvre électorale* semblable, une organisation *électorale*, une association *électorale* avec comité central et comités locaux couvrant toute la France, cette œuvre capitale, la plus importante, la plus efficace dans ses résultats généraux sur le pays, la plus nécessaire de toutes, — cherchez et regardez bien, celle-là précisément n'existe pas du bon côté!

En 1885, elle allait se fonder. Un homme politique d'un splendide talent, d'un catholicisme à toute épreuve, avait pris l'initiative de cette œuvre, de cette association politique et électorale qui étendrait bientôt son action sur toute la France. Il en avait courageusement lancé dans la presse l'idée et le plan, résolu de s'en faire le chef, comme O'Connell en Irlande ou Windthorst en Allemagne..... Il y a sujet, vraiment, quand on y réfléchit, pour tout catholique français, de pleurer des

larmes de sang que cetté œuvre indispensable, œuvre de
salut, œuvre providentielle, ait été attaquée, combattue, et
enfin empêchée par des frères, par ceux précisément qui
avaient le devoir strict de l'encourager, de la seconder, de
s'y associer.

Est-ce que maintenant, du moins, une semblable association électorale ne devrait pas s'établir ? Faudra-t-il donc en
laisser le monopole, et par suite le monopole, du pouvoir à
nos adversaires ?

Au dernier Convent maçonnique de 1898, le F.·. Massé,
rapporteur de la Commission de propagande, disait :

> Je vous ai parlé de l'influence de notre Ordre dans les dernières
> élections. Cette influence est considérable; mais il faut, s'il est possi-
> ble, que, dans les batailles de demain, elle soit plus grande encore.
> Une organisation comme celle que nous rêvons nous rendrait invinci-
> bles. Mais elle ne peut se faire en un jour : il faut y travailler de longue
> main, garder avec un soin jaloux le secret sur les décisions que nous
> prenons... Le jour de la bataille venu, nous étonnerons nos adversaires
> par la justesse et la rapidité des coups que nous porterons[1].

Ces paroles seraient mille fois plus vraies pour les catholiques unis aux autres bons Français, une fois que, au lieu de
rester impuissants par l'isolement, ils sauraient se concerter
et s'organiser[2].

Faudra-t-il donc que, plus capables, plus honnêtes, plus
pleins de dévouement et d'esprit de sacrifice que d'autres,
nous périssions et la patrie avec nous, parce que nous n'avons
pas, comme le camp des ennemis de Dieu et de la France,
une action commune, une organisation, une *association électorale*, s'étendant comme un réseau sur tout le pays pour le
conduire au salut?

EMMANUEL ABT, S. J.

---

1. *Compte rendu des travaux*, septembre 1898, p. 281.
2. Une *OEuvre électorale* est établie à la rue François Ier, 8. Nous souhaitons qu'elle prospère de plus en plus et arrive à combler le grand vide
que nous signalons ici. Elle a un bulletin mensuel : *l'OEuvre électorale*,
petite revue de l'organisation catholique (3 francs par an).

FIGURES DE SOLDATS[1]

IV. — UN VOLONTAIRE ALGÉRIEN

LE GÉNÉRAL FLEURY (1815-1884[2])

J'étais soldat! C'est en ces termes que, nouvel engagé volontaire sur la terre d'Afrique, Émile-Félix Fleury exprimait son bonheur. Il éprouvait alors la joie de vivre, avait le feu sacré au cœur et se sentait déborder d'énergie. Costumé en spahi, avec son burnous rouge et son turban, le jour où, pour la première fois, il traversa, monté sur un joli cheval et porteur d'un message, la ville d'Oran, il se crut le plus heureux des mortels. C'était en 1837, et le futur grand-écuyer de la cour impériale avait alors vingt-deux ans. Lorsque, près de cinquante ans plus tard, il écrivait ses *Souvenirs*, dans les loisirs de la retraite, le même enthousiasme le ressaisissait; mais l'écho de sa lointaine jeunesse se formulait en regrets, presque en remords. L'ex-courtisan se demandait avec amertume si, « au lieu d'avoir joué des rôles de général diplomate », il ne lui eût pas mieux valu suivre sa carrière. Cette pensée ne cessa de le hanter durant les heures de tristesse qui suivirent les grands revers de 1870, et pendant la longue inactivité où s'éteignit cet homme d'action (11 déc. 1884).

I

Né le 23 décembre 1815, en cette année qui fermait le cycle épique des guerres de la Révolution et de l'Empire, Émile-Félix avait fait ses études au collège Rollin, situé alors rue des Postes, et qui venait de passer par les mains de l'abbé

---

1. *Études*, 20 Janvier, 20 mars et 5 juin 1899.
2. D'après *les Souvenirs du général comte Fleury*. Paris, Plon, 1897-1898. 2 vol. in-8. — Voir aussi *les Souvenirs du général du Barail*, 3 vol. 1896-1897 ; — *la Conquête de l'Algérie*, par Camille Rousset, 2 vol. 1889 ; — *l'Algérie*, par Léon Galibert, édit. 1846, etc.

Nicole. Excellents professeurs ; peu d'élèves ; chacun sa chambre. Fleury y entrevit du Barail, plus jeune que lui de cinq ans. Tous deux se retrouveront souvent au milieu des hasards de la vie militaire, et tous deux écriront leurs Mémoires. Mais leur méthode de narrer les faits ou de dépeindre les personnages est fort différente. Autant Fleury est sobre, autant le général du Barail est abondant. L'un a quelque chose de l'*imperatoria brevitas* des anciens, et, d'un seul trait, bref mais juste, il évoque toute une vision ; l'autre, doué d'une prodigieuse mémoire, développée par un labeur assidu, compose ses innombrables scènes à la manière touffue de Saint-Simon. L'un ne voit que lui et ne parle guère que de lui ; l'autre, plus désintéressé ou plus curieux, passe en revue tout ce qu'il a connu ou rencontré de figures, historiques ou non, en plus de trois quarts de siècle. L'un indulgent et sceptique, ou n'ayant de foi qu'en l'étoile des Bonaparte ; l'autre moins homme de parti, et voyant, au-dessus des régimes qui passent, la France qui reste. Il est bon de les contrôler l'un par l'autre, et c'est ce que nous ferons constamment.

Ayant perdu son père de bonne heure, peu ou mal surveillé par sa mère, grand amateur de chevaux, Fleury avait commencé à manger sa fortune dès le collège. Il eut bien vite dissipé le reste en compagnie de la jeunesse dorée de l'époque où le duc d'Orléans était très populaire. Mais ces hautes relations ne devaient pas lui être inutiles. Réunissant les épaves de son patrimoine, il partit pour l'Angleterre et chercha à entrer dans une maison de banque, afin de se refaire une situation. Il en revint bientôt, « laissant ses derniers louis dans les brouillards de Londres, écrit le général du Barail, et ne rapportant de ce voyage qu'une connaissance dont il ne pouvait pas soupçonner l'importance capitale, celle du prince Louis-Napoléon[1]. » Fleury assure, au contraire, avoir dès lors entrevu l'avenir qui s'ouvrait devant le neveu de l'empereur. Le comte Fialin de Persigny et le marquis de Gricourt le grisaient de ces brillantes perspectives. « Bientôt, lui disait Persigny, ce sera l'Empire, avec son cortège de pompes, de gloire et d'influence en Europe. » Le prince n'é-

1. Du Barail, t. I, p. 77.

tait connu encore que par l'échauffourée de Strasbourg (1836).
L'année suivante, en revenant des États-Unis, il s'arrêtait à
Londres. Fleury lui fut présenté. Il admira l'extérieur sympathique et imposant de Louis-Napoléon, dont les traits graves et fermes, le regard bienveillant, les manières simples et
nobles, lui laissèrent un souvenir ineffaçable.

A Paris, il retrouva des protecteurs parmi le monde de la
vie élégante ; mais le plaisir ne mène à rien : il tomba dans
la détresse. En cette extrémité, il rencontra, au salon d'un
de ses amis, le célèbre Yusuf, alors en disgrâce à Paris
pour avoir conseillé la première expédition de Constantine,
qui fut manquée (nov. 1836). Si le prince Louis-Napoléon avait
séduit Fleury, on peut dire que Yusuf le conquit. « Malgré
sa petite taille, écrit-il, Yusuf m'avait vivement impressionné.
Sa belle tête, son habillement à la turque, son air avenant et
martial, sa réputation de bravoure, son histoire étrange, tout
concourait à frapper un jeune homme, dont l'esprit était aventureux. »

Elle était étrange, en effet, l'histoire de cet Italien qui avait
vu, enfant, Napoléon Ier à l'île d'Elbe, et qui, enlevé par des
corsaires barbaresques, passait depuis pour un Turc ou un
Circassien. Intelligent et brave, il était sans rivaux parmi les
mameluks de la régence de Tunis pour son sang-froid et sa
hardiesse à la chasse au lion ou à la panthère. Avec une égale
dextérité, il maniait le cimeterre ou le fusil des fantasias.
Musicien, peintre, homme d'esprit et héros de roman, il était
fait pour tourner les têtes.

Il promit à Fleury, s'il s'engageait au 3e spahis à Oran, de
se charger de lui et de le prendre pour secrétaire. Et, lui
tendant la main : « Vous serez mon ami », lui dit-il affectueu-
sement.

II

Mais, en ce temps-là, l'Algérie était très loin de Paris et
de la France. De Toulon à Mers-el-Kébir, la traversée fut
longue et pénible. Fleury achetait chèrement la faveur peu
commune de pouvoir s'engager directement dans la colonie.
Tenu à distance du carré des officiers, couché sur le pont
pêle-mêle avec des soldats entassés en troupeau, et la plu-

part dirigés sur les compagnies de discipline, le dandy de
la veille souffrait fort au contact de ces hommes grossiers.
Sous les lames qui balayaient le pont et trempaient sa couverture, il se rappelait les encouragements prophétiques de
Persigny : « Engagez-vous et vous reviendrez officier supérieur. Allez, et vous commanderez un jour un des régiments
de la garde. »

Avaries à la machine. Relâche à Palma. La vieille capitale
de Majorque, avec ses monuments gothiques, ses églises,
ses châteaux forts, ses rues étroites, ses coutumes d'un autre
âge, le captiva au point qu'il songea à y finir bourgeoisement
ses jours. Enfin, il reprit la mer et débarqua à Mers-el-Kébir[1].
Deux lieues qu'il franchit à pied, par un chemin rocailleux,
furent la fin de tant de rêves et de cauchemars. Le commandant de Montauban, futur comte de Palikao, l'attachait à sa
personne, avec l'assurance de le rendre à Yusuf, à son retour.

Le voilà donc incorporé au 3e escadron de spahis. De fait,
ce n'est pas auprès du commandant, mais auprès du maréchal
des logis chef qu'il exerçait d'abord ses modestes fonctions.
Elles consistaient à régler au crayon les papiers de la comptabilité. L'arrivée de Yusuf l'arracha à ce métier de commis.
Le soldat se réveilla sous le bureaucrate. Yusuf, à peine débarqué avec ses chevaux et ses serviteurs, l'emmenait au
camp de Misserghin. Ce lieutenant-colonel, semblable à un
prince des *Mille et une Nuits*, fascinait sa jeune imagination.
« Je ne pouvais me lasser d'admirer ce beau cavalier, maniant
avec coquetterie et habileté son magnifique cheval blanc, le
plus bel animal, sans contredit, des trois provinces. Fièrement campé sur sa selle à la housse dorée, suivi de deux
nègres, précédé d'un peloton de spahis, fusil haut, coiffé
d'un turban en cachemire vert, couleur du prophète », Yusuf
lui apparaissait comme un prince asiatique d'autrefois allant
à la rencontre des Croisés.

Rien ne trahit un homme comme ses premières admirations.
Le nouveau spahi, qui a des éblouissements devant ce cavalier au costume oriental, sera un jour un général de cour,
organisateur de cortèges d'apparat et de voyages officiels.

1. Nous allons ici à regret contre le récit du général du Barail, t. I, p. 78.

Les fêtes, les cérémonies publiques, les défilés et les revues, le costume de son beau régiment des Guides, seront son incessante préoccupation.

Yusuf rendait en bienveillance pratique au jeune Fleury émerveillé sa sympathie ardente et son enthousiaste dévouement. « Vous allez être, lui dit-il, mon ami, mon confident, mon secrétaire », et il lui conta sa fort dramatique histoire, mais surtout il se chargea de son avancement. Aux spahis, comme aux chasseurs, les fils de famille étaient nombreux et l'épaulette se faisait attendre. Engagé en novembre 1837, Fleury, nommé bientôt brigadier, était sous-lieutenant le 11 janvier 1841, lieutenant en 1842, capitaine en 1844 et chef d'escadron, toujours au 3ᵉ spahis, en 1848. Mais cet avancement était dû à son mérite autant qu'à l'amitié de son chef.

Confident et inspirateur de Yusuf, qui avait la prétention d'en savoir autant que ses officiers, mais qui, en attendant, apprenait à parler et à écrire correctement, il commandait le régiment derrière le rideau, « réglant non plus du papier mais aussi bien les affaires militaires que les affaires privées[1] ». Ces délicates fonctions, Fleury les remplit d'abord en qualité de secrétaire jusqu'au grade de sous-lieutenant, puis comme fonctionnaire chef d'état-major, quand son colonel fut appelé au commandement des trois régiments de spahis, avec autant de tact que de discrétion; « il eut une telle légèreté de mains et une telle habileté de manœuvres qu'il sut inspirer à Yusuf une amitié qui ne se démentit jamais, et se concilier dans tout le régiment, parmi ses chefs et parmi ses camarades, non seulement l'estime, mais encore la plus chaude sympathie. » Ici encore le présent n'était qu'une esquisse de l'avenir. Un jour Oran sera Paris; Yusuf sera Napoléon III, et Fleury, resté toujours le même, continuera de jouer avec une égale perfection ce rôle difficile d'homme du monde et de courtisan autant que de soldat, de conseiller fidèle et d'intermédiaire obligeant. Il était fait pour être attaché à la personne de quelqu'un, pour représenter, pour plaire. Son physique même l'y prédestinait. Qu'on jette seulement les yeux, non sur le portrait du général déjà fatigué, peint par Meissonier durant la

1. Du Barail, t. I, p. 80.

campagne d'Italie, mais sur ceux du commandant de spahis en 1848 ou du colonel des Guides en 1852.

III

En 1841 et, durant l'hiver de 1842, il fit au régiment les expéditions de Takedempt et de Mascara. Bugeaud venait d'arriver en Algérie comme gouverneur général, et, dès son débarquement (22 février 1841), l'armée, mal conduite avant lui par le maréchal Valée, avait mis sa confiance dans son nouveau chef : « Soldats de l'armée d'Afrique, avait-il dit, la campagne prochaine vous appelle à montrer à la France ces vertus guerrières dont elle s'enorgueillit[1]. » Fleury fut de ceux qui répondirent noblement à cet appel. Il a raconté lui-même son premier exploit avec cette coquetterie de détails où se complaît la mémoire d'un vieux général qui se souvient de ses prouesses de sous-lieutenant.

La colonne expéditionnaire était partie de Mostaganem le 18 mai. Le 25 elle atteignait Takedempt, ruine romaine dont Abd-el-Kader avait fait le siège de son gouvernement. Nos troupes trouvèrent un fort de pierre évacué et incendié; au lieu d'un siège en règle, on entra dans la place sans coup férir. Mais, quelques étapes avant d'y arriver, nous avions dû tirer à l'arrière-garde plus d'un coup de fusil contre les réguliers de l'émir qui harcelaient nos fourrageurs.

A Takmaret, entre autres, mon régiment étant au fourrage sous la conduite d'un capitaine et des officiers de jour, fut assailli par des forces supérieures. Malgré le désordre inévitable d'une troupe dispersée la faucille à la main et protégée seulement par quelques pelotons à cheval, les spahis se ralliant bien vite firent bonne et solide contenance. Entendant une fusillade très vive, le colonel Yusuf et les officiers restés au camp arrivaient au galop. Plusieurs bataillons et quatre escadrons de chasseurs se mirent en marche pour nous dégager. Dès que cette colonne fut en vue, nous nous élançâmes sur les réguliers qui nous serraient de très près. Dans cette charge vigoureuse, j'eus la chance de tuer de ma main un officier de réguliers et de lui prendre un étendard[2].

---

1. C. Rousset, t. I, p. iv.
2. Fleury commet ici une erreur de date (t. I, p. 98). L'affaire de Takmaret n'eut lieu que quelques mois plus tard, au retour de l'expédition,

Bugeaud était accouru sur le lieu de combat. Sitôt qu'il vit Fleury revenant à la tête de son peloton, le fanion à la main, il le fait appeler, l'embrasse et lui prenant son trophée : « Donnez-le-moi, mon jeune ami, en échange de la croix que je vais demander pour vous[1]. »

Cette croix, on le pense bien, fut le point de départ d'une reconnaissance qui finit seulement avec la vie du maréchal Bugeaud (1849). Un des traits du caractère de Fleury est en effet la fidélité de son attachement envers tous ceux qui l'ont obligé, et ce trait il l'a emporté dans la tombe. Jusqu'au bout aussi, il détesta les oublieux et les ingrats.

La campagne d'hiver (1842-1843) fut particulièrement rude. La division de La Moricière était presque bloquée dans Mascara. La saison sévissait avec une rigueur exceptionnelle. Du 19 décembre au milieu de février, ce ne fut que pluie, neige et grêle. Les maisons s'écroulaient; dans la plaine, les terres se détrempaient. On en était réduit à razzier les troupeaux et à fouiller les silos. Yusuf représentait aux yeux de Fleury le bon génie de la petite armée si éprouvée. « Fallait-il préparer une razzia contre les tribus redoutables qui nous enserraient de toutes parts, Yusuf, à pied, dans la neige jusqu'aux genoux, le fusil sur l'épaule, suivi de quelques hommes d'élite, partait la nuit battre l'estrade. Nous ne rentrions qu'au matin, après avoir reconnu l'emplacement, l'importance et les feux de l'ennemi[2]. »

En cette même année 1843, le lieutenant Fleury fut avec le général duc d'Aumale, les colonels Yusuf et Morris, le sous-

---

après la destruction de Saïda par Abd-el-Kader, puis par les Français. « L'étendard des réguliers qu'il avait failli perdre dans le combat du 8 octobre, leur fut décidément enlevé, écrit Camille Rousset, par le sous-lieutenant Fleury. Au bout d'une demi-heure, les Khiélas étaient en déroute, et Yusuf ramenait au bivouac ses spahis ivres d'orgueil. C'était bien à eux seuls qu'était dû le triomphe. » (C. Rousset, t. I, p. 66.)

1. Bugeaud n'était pas un metteur en scène moins habile que Yusuf. Qu'on en juge par son rapport : « Je ramenai au camp ma cavalerie victorieuse et dans l'enthousiasme. Les dépouilles sanglantes des vaincus étaient portées devant elle par un peloton, au milieu duquel se trouvait l'étendard conquis et qu'accompagnaient vingt-deux chevaux de prise. Les trompettes sonnaient des fanfares auxquelles succédaient des chants guerriers. C'était un spectacle enivrant qui frappa au plus haut degré nos nouveaux alliés, accoutumés à redouter la cavalerie rouge d'Abd-el-Kader. »

2. Fleury, t. I, p. 20 ; — C. Rousset, t. I, p. 88.

lieutenant du Barail, un des héros de la Smalah. Il cheminait avec Yusuf, quand un éclaireur indigène vint à eux à fond de train, leur criant : « Fuyez, fuyez ; ils sont là soixante mille ! » Et tandis que du Barail était envoyé prévenir le prince, lui, avec Yusuf et le coureur arabe, se portait sur le point culminant d'un mamelon, pour vérifier les dires de Mohamed-ben-Ayad. Ils étaient là trois fantômes, en face de l'immense cité mouvante à laquelle ils présageaient le désastre.

La smalah venait d'arriver sur le cours d'eau. Elle s'installait pour camper. Femmes, enfants, défenseurs, muletiers, troupeaux, tout était encore pêle-mêle. On entendait les cris, les bêlements de cette foule confuse. A la lorgnette, on distinguait les armes étincelantes au soleil de nombreux réguliers de l'émir, présidant à l'installation du campement. Quelques rares tentes blanches, abritant les femmes d'Abd-el-Kader ou des grands chefs, étaient à peine dressées. Tout était au travail comme dans une ruche, des milliers de chameaux et de mulets encore chargés attendaient. Ceux qui avaient été soulagés de leur fardeau se répandaient au loin, le long des bords verts, à gauche de la petite rivière ; d'innombrables troupeaux de moutons et de chèvres venaient encore augmenter ce gigantesque désordre. Tous ces êtres assoiffés semblaient devoir tarir ce filet d'eau précieux qui se déroulait en sinuosités capricieuses au milieu de ce chaos[1].

Il faut que Fleury ait été bien frappé de ce grandiose et bizarre panorama, pour s'être abandonné à une si longue description, lui d'ordinaire si bref, parfois même si sec.

Yusuf était homme de décision. « Il n'y a pas une minute à perdre, dit-il, après avoir constaté l'exactitude de tout ce que venait de rapporter Ben-Ayad. Et repartant comme des éclairs, les cavaliers se dirigèrent vers Aumale qui se rapprochait. Aussitôt le prince s'arrêta ; un conseil de guerre improvisé se forma sur place. L'avis de Yusuf fut d'attaquer, malgré les dangers sérieux de l'entreprise, et le duc d'Aumale s'y rangea. Comme le général de Beaufort et le colonel Jamin insistaient pour qu'on attendît que les renforts fussent à portée : « L'infanterie que l'on est allé prévenir va hâter sa marche, répond le prince. La situation périlleuse dont vous parlez commande justement de marcher en avant. Mes aïeux

1. Fleury, t. I, p. 55. — Comparer le récit du général du Barail, Souvenirs, t. I, p. 196-207 ; certains détails diffèrent et nous ne cherchons pas à les concilier. — C. Rousset, t. I, p. 192.

n'ont jamais reculé, je ne donnerai pas l'exemple ! Messieurs,
en avant ! Et à ce moment, le jeune duc était haut de cent
coudées, et semblait être un prince de l'avenir. »

La réflexion est naturelle et répond à une impression vécue,
mais avec une note finale de mélancolie auquel le passage
suivant donne son vrai sens.

C'est parce que le duc d'Aumale n'a pas joué le rôle important que
l'on pouvait attendre de lui, lorsqu'il était si facile de faire embarquer
quinze ou vingt mille hommes, de marcher sur Lyon et d'arriver à
Paris avec cent mille, s'il eût voulu, pour sauver le trône de son père ;
c'est parce que je n'ai pas compris sa conduite que, me souvenant de
Londres et du prince Louis-Napoléon, je me suis jeté dans le parti impérial.

Fleury sera en effet, avec Saint-Arnaud, un des artisans du
coup d'État, et le soldat sera peu à peu absorbé en lui par le
politique, puis par le diplomate. Dans ses *Souvenirs*, c'est
l'homme de parti, le panégyriste des grandeurs et l'apologiste des fautes du régime impérial, qui tient le plus souvent
la plume. Mais ici, nous le redisons, nos lecteurs ne verront
que des scènes de la vie militaire.

Avec Bugeaud, la conquête définitive de l'Algérie faisait de
rapides progrès. On ne se contentait plus de lutter pour la
possession du littoral ; on emportait pièce à pièce l'empire
que s'était taillé Abd-el-Kader, de Takedempt à Boghar ;
mais aussi l'on organisait. C'est une époque de transition.
Des nombreuses améliorations introduites alors dans l'administration civile ou dans l'armée, les uns, parmi les historiens, attribuent la meilleure part à Bugeaud, d'autres cherchent à en accaparer l'honneur au profit de La Moricière. En
fait, écrit Camille Rousset, ce fut l' « œuvre commune de tous
les deux et de quelques autres encore [1] ».

Un de ceux-là fut Fleury.

Les questions d'uniforme, comme plus tard d'étiquette, lui
tenaient fort à cœur. « C'est moi, dit-il à propos des officiers
de spahis, qui composai le nouvel uniforme simple et gracieux qui a été conservé jusqu'à ces derniers temps [2]. » Une
idée élevée se rattachait à cette transformation : il s'agissait

1. C. Rousset, t. I, p. 30.
2. Fleury, t. I, p. 28.

d'assimiler les Arabes et de leur faire estimer les choses eu-
ropéennes. Ce fut seulement du jour où Yusuf renonça à son
habillement exotique qu'il devint correct dans ses relations
officielles. L'ancien uniforme à la turque, qui avait eu ses
avantages au début en n'effarouchant point les indigènes, eût
présenté à la longue l'inconvénient de leur donner trop bonne
opinion d'eux-mêmes. Il avait convenu de faire le premier
pas vers eux ; c'était à eux de faire le second vers nous.
Yusuf, Fleury, Lepic et du Barail renoncèrent donc à porter
le *haïk* en corde de chameau, à monter sur une housse
brodée, avec des étriers argentés, à laisser pendre la *djebira*,
sabretache recouverte de peau de tigre, qui complétait ce
harnachement oriental.

Une innovation plus importante est due à Fleury. Il assure
avoir été l'organisateur des smalahs de cavaliers indigènes.

Au temps de la grande guerre contre les réguliers d'Abd-
el-Kader, la composition des spahis ne pouvait être régionale,
puisque les colonnes expéditionnaires partaient alors de
Blida, de Milianah, de Mostaganem ou d'Oran, des bords
mêmes de la Méditerranée ; mais, avec l'occupation de l'intérieur, la question changea de face. Fleury tenait garnison
à Orléansville, sur les bords de ce Chélif dont la rive gauche
commençait à devenir aussi bien nôtre que la droite. Comment s'attacher les tribus du voisinage ? Ce n'était certes pas
en continuant de recruter les spahis parmi les étrangers, les
gens tarés des villes et les déserteurs des tribus. Ne ferait-on
pas sagement, désormais, en considérant les cavaliers à notre
solde comme des garants de la fidélité des tribus, sinon
comme otages, mais surtout comme de précieux auxiliaires
qu'on s'attacherait facilement du jour où une existence plus
en rapport avec leurs mœurs leur serait offerte ?

Plus tard, le maréchal Randon, un des meilleurs gouver-
neurs d'Algérie, celui dont le nom est resté attaché à la conquête de la Kabylie (1857), appliqua en grand ce système
aux escadrons détachés à l'intérieur, et les smalahs, de plus
en plus éloignées des centres par suite des progrès de la
colonisation, furent constituées en postes avancés. Auprès
des tribus de spahis s'élevèrent des enceintes carrées ou rec-
tangulaires, avec des tourelles aux angles, et, à l'intérieur,

adossés aux quatre faces, des hangars-écuries, des magasins, des baraquements affectés au logement des cadres français. Cette sorte de caravansérail ou de camp devenait, en cas d'alerte, un lieu de refuge, où femmes, enfants et troupeaux pouvaient trouver un abri sûr, tandis que les spahis étaient en expédition.

L'installation imaginée à Orléansville par Fleury était plus rudimentaire. Aux portes de la ville, il avait attiré des hommes de *grande tente*, fils ou neveux de caïds ou d'aghas, leur permettant de former des groupements et d'y planter leurs tentes pour eux, leurs familles et leurs serviteurs. Affranchis de la vie de caserne, il les obligeait seulement à avoir leurs chevaux au quartier. Leurs moyens de transport restaient à la smalah. Comme principale attraction, un grand café arabe était établi au milieu.

La difficulté était de se procurer des ressources pécuniaires pour payer les constructions. Fleury se fit agriculteur ; au temps de Bugeaud, l'exemple partait de haut, il n'avait qu'à imiter. Le colonel de Saint-Arnaud lui fit délivrer des terres à cultiver par l'escadron d'Orléansville, et le futur général Tripier, alors commandant du génie, lui donna des ouvriers et des matériaux. Au bout de trois mois, Fleury mettait en ligne un superbe escadron, composé des meilleurs cavaliers du pays, bien habillés, bien harnachés, et, signe de noblesse, ayant tous des étriers d'argent. Quelles prouesses n'accomplira-t-il pas à la tête de ce magnifique escadron qui était son œuvre ! Mais il ne fera sa première sortie, à la tête de ces brillants cavaliers que le 14 avril 1845, et d'abord il nous faut raconter la part qu'il avait prise l'année précédente (13 août 1844) à la bataille d'Isly.

L'un des témoins de cette bataille, le futur général Trochu, s'est efforcé, dans son *Histoire anecdotique*, non pas de refaire « le récit si souvent fait et toujours surfait » de cette victoire qui valut au maréchal Bugeaud le titre de duc, mais d'en mesurer l'importance [1]. D'une part, il admire la promptitude de l'offensive, l'excellent ordre de bataille de nos troupes rangées en losange et prêtes à former le carré, leur

1. Trochu, *Œuvres posthumes*, t. II, p. 306-308.

parfaite cohésion qui réduisait contre elles à l'impuissance les rassemblements marocains dépourvus d'organisation et de discipline, composés d'ailleurs de seize à dix-huit mille chevaux, sans infanterie, et soutenus par une artillerie anté- diluvienne, enfin la vivacité de notre charge de cavalerie faite à propos et bien menée. Mais il a soin de remarquer que la résistance et le choc furent loin de répondre à l'idée qu'en donne la légende, en sorte que nos pertes ne dépassèrent pas vingt-huit tués. Notre unique pièce d'artillerie ne tira que quelques coups, dont l'un porta dans le groupe de Mouley-Mohammed et détermina la déroute du fils de l'Em- pereur avant celle de l'armée.

En rabaissant l'importance de cette journée, Trochu avait son plan. Il voulait montrer la folle confiance des Français en des effectifs insuffisants, et la terrible désillusion qui en ré- sulterait, le jour où, au lieu de cavaliers arabes, ils auraient devant eux les masses profondes des modernes armées con- tinentales.

Si nos officiers d'Afrique péchèrent réellement par igno- rance de la grande guerre et par présomption, conséquence de la petite, il faut bien reconnaître que cet état d'esprit fut celui de Fleury, et que les terribles leçons de 1870 elles- mêmes ne lui ouvrirent pas les yeux.

Cette grande journée d'isly, écrit-il, fut une des plus belles dans la carrière de Yusuf. Ce fut lui qui, à la tête de six escadrons de spahis, appuyés par trois escadrons de chasseurs, se lança audacieusement au milieu de cette masse confuse et *formidable* de cavaliers et de *fantas- sins* qui disputaient le terrain pied à pied, et disposaient de *quatorze pièces d'artillerie*.

On ne saurait imaginer deux récits plus contradictoi- res. Les fantassins, d'après Trochu, ne brillaient que par leur absence, et les pièces d'artillerie (il en compte une vingtaine) furent prises presque aussitôt qu'aperçues. On peut juger de leur valeur d'après la description qu'il donne de l'une d'elles : deux chameaux en file attelés à un très long brancard portant un mortier « que ses servants, on le croira sans peine, n'avaient pas eu le temps de mettre en batterie ».

A l'arme blanche, Fleury eut occasion de montrer sa bra- voure. Au moment où il abordait la grande tente impériale, un cavalier nègre de la garde de Mouley-Mohamed lui tirait un coup de feu presque à bout portant. Sa capote fut brûlée par la poudre, mais il n'était pas blessé, et, comme le nègre se trouvait encore à portée, il lui passa son sabre à travers le corps.

Presque au même moment, il recevait trois balles qui venaient s'aplatir sur son fourreau de sabre et sa fonte, ou traversaient ses habits. Son cheval était tué raide, et lui abandonné au milieu du camp par la charge qui continuait. Un brave trompette l'aida à dégarnir sa monture et à replacer son harnachement sur un magnifique cheval du Sultan ; il délia le superbe animal de ses entraves et l'enfourcha, au péril de sa vie, pour rejoindre ses camarades.

Les chevaux jouent d'ordinaire un grand rôle dans les anecdotes de Fleury, et il n'y a pas à s'en étonner. C'était un si beau cavalier ! Un jour, qu'entraîné à une grande distance, il tardait à reparaître : « Ce diable de Fleury, s'écrie La Moricière ; je serais inquiet de lui, si je n'étais sûr qu'il a toujours sa tête, même au galop [1]. »

Qu'on juge de son action sur les Arabes ! Le premier au combat, il les frappait par sa hardiesse, et parlant familièrement leur langue, il les séduisait par son expansion. Il considérait l'Arabe comme un grand enfant qu'il faut savoir prendre. « Soyez brave, soyez juste, disait-il, ayez un bon cheval, ayez de beaux vêtements, et vous les entraînerez au plus fort de la mêlée. »

Que de faits d'armes n'a-t-il pas accomplis à la tête de ses spahis d'Orléansville ! Un jour dans une charge, il sème ses cavaliers derrière lui, et seul, en avant, il distingue *Bou-Maza, l'homme à la chèvre*, le plus terrible chef d'insurrection après Abd-el-Kader. Son cheval, il le sent, a encore de l'haleine. Va-t-il foncer sur Bou-Maza et lui brûler la cervelle ? Le chérif avait vingt hommes d'escorte ; lui, personne. Il eut le courage de reculer.

Mais voici que son cheval est tué et que le cavalier reste engagé sous la bête, sans même pouvoir faire un mouvement pour user de ses armes. Et déjà les Kabyles sortant de leurs

1. Fleury, t. I, p. 34.

cachettes, rampent vers lui comme des hyènes et s'apprêtent à lui trancher la tête à coups de couteau. Le capitaine Berthaut et quelques spahis rejoignirent à temps le malheureux offi-cier, inerte et cloué au sol. Ils sabrèrent ses exécuteurs et lui sauvèrent la vie.

L'insurrection du Dahra se prolongea trois ans. Bou-Maza terrorisait, pillait, soulevait les tribus à cinquante lieues à la ronde. Ce fut la période la plus active de Fleury ; souvent il fut cité dans les rapports adressés à Bugeaud. En 1845, il reçut une blessure à la main et une contusion à la tête en poursuivant l'Homme-à-la-chèvre sur des pentes rocheuses. Une autre fois, il dégageait l'arrière-garde serrée par les Kabyles, et le colonel Saint-Arnaud écrivait : « Le capitaine Fleury a eu les honneurs de la journée et a chargé trois fois à fond. » En 1846, son cheval est tué sous lui et il a la cheville démise; mais il se console en apprenant que Bou-Maza a le bras fracassé. Ne dirait-on pas une lutte homérique ou un combat singulier du moyen âge?

IV

L'année 1848 fut la fin morale de cette carrière militaire. Tout ce feu de jeunesse s'éteignit.

Une dizaine d'années après, Fleury accompagnait l'empe-reur Napoléon III à la campagne d'Italie, en qualité d'aide de camp. Ce n'est plus le même homme. A la naissance du prince impérial, il avait été nommé général de brigade, et, dans une revue mémorable passée sur la terrasse de Saint-Germain-en-Laye, il avait fait ses adieux à son magnifique régiment des Guides. Un sentiment de tristesse se mêlait à la joie de sa promotion. Il lui était pénible de quitter ces soldats à qui il devait, dit-il, « tant de satisfactions d'amour-propre et qu'il aurait tant désiré conduire au feu[1] ». Mais cette tris-tesse était celle du père de famille qui abandonne ses enfants plutôt que celle de l'homme de guerre transformé en homme de cour.

Rien de plus mélancolique que ses lettres à la générale

1. Fleury, t. I, p. 339.

Fleury, tandis que nos troupes marchent de triomphe en triomphe, de Montebello à Solférino. Il a beau écrire à sa femme que son cœur de soldat lui est tout à fait revenu[1] ; on sent que son cœur n'est plus au métier. Il fait un peu de tout, s'occupe de l'intendance et finalement porte à Villafranca la demande d'armistice. Son message lui paraissait doux ; comme son maître, il souhaitait la paix.

Des idées humanitaires qui l'eussent fait sourire en Afrique, hantent maintenant son esprit :

Décidément, la guerre brutale pour le soldat vivant de l'air du temps, même la maraude si nous étions en pays ennemi, ne serait plus possible. *Les idées ont marché, les besoins ont grandi.* Le courage est le même ; le soldat meurt aussi bravement, si ce n'est plus héroïquement qu'autrefois ; mais l'éducation, le progrès sont tels dans les masses, qu'elles sont plus exigeantes et rendent le devoir du chef encore plus difficile[2].

Un général a-t-il été frappé d'apoplexie, il regrette pour lui la mort glorieuse à l'ennemi ; mais il se prend à lui désigner aussitôt un remplaçant et il s'excuse de cet « affreux égoïsme[3] ». Et quelle autre réflexion amère à la fin de cette tirade :

La guerre est belle de loin. Elle profite aux généraux en chef, elle glorifie le pays quand il en a besoin ; mais elle coûte bien des larmes, elle fait couler des larmes de sang. La guerre d'indépendance nationale a seule le droit d'imposer de durs sacrifices. La guerre d'influence ne suffit pas pour passionner longtemps même les ambitieux de l'armée ; *ils craignent à leur tour de ne pouvoir jouir des grades que la mort de leurs frères d'armes est venue leur donner.*

Napoléon Ier, au déclin de sa prodigieuse fortune, avait connu ce sentiment de lassitude chez ceux qu'il avait le plus comblés, ses maréchaux, ses grands officiers, ses propres parents dont il avait fait des princes et des rois. Comment ne l'eût-on pas éprouvé durant cette campagne d'Italie, dont l'armée comme le pays ignorait la raison ? Le souverain lui-même en était venu bien vite à partager ces sentiments. Il avait commencé la guerre à cinquante ans et il savait que Magenta avait pu être un désastre.

1. Fleury, t. II, p. viii.
2. *Ibid.*, t. II, p. 69.
3. *Ibid.*, t. II, p. 69.

Je crois que la vue des blessés et des morts lui a été pénible, quand il a réfléchi que tant de braves gens s'étaient fait tuer pour un peuple qui ne nous aime pas et pour une cause dont l'avenir est si plein de doute et d'impénétrabilité [1].

Ici Fleury avait vu juste. Napoléon III s'était jeté tête baissée dans l'inconnu, et la gloire de Solférino ne pouvait lui faire oublier que la Prusse déjà menaçante mobilisait ses troupes sur le Rhin.

Fleury ne retrouvait sa fierté des jours d'Algérie qu'en voyant parader à Villafranca, devant l'empereur François-Joseph, « les magnifiques Cent-Gardes et le brillant escadron des Guides. Jamais en France, écrit-il, je le crains bien, l'on ne reverra d'aussi belles troupes. Un niveau démocratique passe sur tous les uniformes de l'armée. Infanterie, cavalerie, train des équipages, tout finit par se ressembler. Nos ministres de la guerre — qui changent tous les ans — détruisent ainsi l'esprit de corps, cet amour-propre de régiment qui, à un moment donné, enfantait des prodiges [2] ».

La remarque peut être exacte. Mais on aimerait à rencontrer, dans ces *Souvenirs*, des observations plus profondes sur les causes qui amenèrent nos défaites et sur les moyens de nous en relever. Nous acceptons sur le colonel Fleury le jugement que portait un inspecteur général de 1854 : « capacité, intelligence, activité, zèle bien entendu, conception facile, décision prompte, bravoure téméraire, instinct de la guerre [3]. » Bugeaud lui disait un jour qu'avec soixante mille hommes comme lui il ferait le tour de l'Europe.

Si la postérité en rabat un peu, elle retiendra du moins avec sympathie le nom du brillant officier de cavalerie des guerres d'Afrique, et elle regrettera seulement que pour lui, comme pour tant d'autres, il n'y ait pas eu de meilleure école de guerre. Si Trochu s'était formé auprès de Bugeaud, son maître à lui avait été Yusuf.

Henri CHÉROT, S. J.

1. Fleury, t. II, p. 72.
2. *Ibid*, t. II, p. 127.
3. *Ibid.*, t. I, p. 423.

NÉCROLOGIE

LE R. P. GABRIEL DESJARDINS

Le P. Gabriel Desjardins, qui vient de mourir à Toulouse, à l'âge de soixante-quinze ans, a droit de notre part à quelque chose de plus qu'un simple souvenir devant Dieu. Non seulement, à travers cinquante-six ans de vie religieuse[1], il s'est toujours montré vrai fils de saint Ignace en défendant les saines doctrines et les droits de la sainte Église, mais il a appartenu à notre œuvre comme rédacteur en titre. Et, lorsqu'il dut quitter les *Études* pour devenir professeur de droit canon à l'Institut catholique de Toulouse, il ne cessa de collaborer à notre revue avec un dévouement qui ne se démentit jamais. Pendant plus de quinze ans sa collaboration nous valut des travaux théologiques d'une remarquable solidité. Il venait de nous donner un commentaire, aussi sage que ferme et juste, de l'encyclique de Léon XIII sur l'américanisme. Nos lecteurs ont sûrement apprécié cette discussion calme et modérée dans la forme, mais rigoureuse dans le fond, de ces doctrines hasardées qui ont fait tant de bruit durant ces derniers temps. Il se proposait encore de réduire à leur juste valeur les calomnieuses divagations de Michelet sur la confession, si malencontreusement exhumées et recommandées par M. Fouillée dans la *Revue philosophique*. La mort a arrêté la plume de l'écrivain. Nous avons ainsi le droit de dire qu'il est tombé les armes à la main dans un labeur dont les lecteurs des *Études* devaient recueillir le fruit.

Le P. Desjardins ne laisse aucun ouvrage considérable. Du moins il n'a rien publié en volume, sauf un recueil d'*Exercices pour l'adoration perpétuelle*, les quarante heures et les visites au Saint Sacrement, et une Vie du R. P. Gury, le théologien moraliste bien connu. Mais les divers articles qu'il a fournis à un certain nombre de revues, réunis ensemble d'après l'ordre des ma-

1. Né à Toulouse le 6 décembre 1823, il entra dans la Compagnie de Jésus le 18 septembre 1843.

tières, formeraient de véritables traités auxquels les lecteurs
sérieux feraient bon accueil. Il n'est guère, en effet, de controverses théologiques un peu importantes, depuis vingt-cinq ans,
auxquelles le P. Desjardins n'ait pris part, avec la haute compétence d'un esprit formé aux sciences sacrées par le travail personnel et par l'expérience d'un long enseignement.

Dès 1866, il donnait à la *Revue des sciences ecclésiastiques* une
série d'articles sur l'administration des sacrements, sur l'habitation du Saint-Esprit dans les âmes justes et l'ordre surnaturel.
Ces dernières questions étaient de celles qu'affectionnait particulièrement le P. Desjardins, et ceux qui ont eu l'avantage de l'avoir
comme professeur de théologie dogmatique savent avec quelle
lucidité il exposait les problèmes si difficiles de la grâce et du
concours que l'homme demeure libre de lui prêter. Profondément
pénétré de la doctrine de saint Thomas, il savait l'interpréter en
se tenant à l'abri de toute exagération, à la suite des docteurs autorisés, sans s'arrêter aux querelles stériles d'école ou de parti.

Les *Études* ont eu la part la plus large dans les nombreux articles qui ont suivi ces premiers essais du P. Desjardins. En 1876
commence une série de travaux sur le concile du Vatican et la
constitution *Dei filius*, qui sont une excellente réfutation du rationalisme contemporain. Comme théologien de Mgr Desprez,
archevêque de Toulouse, l'auteur avait pris une part active aux
travaux préparatoires des discussions conciliaires. Il pouvait donc
en parler avec une incontestable autorité. Saint François de
Sales, docteur de l'Église, la bulle *Unam sanctam*, le droit de
régale, le divorce de Napoléon, le Saint-Siège et les catholiques
français, le budget des cultes, les élections, les nouveaux règlements sur les fabriques, le conclave, la nouvelle constitution
apostolique sur l'Index, et, en dernier lieu, la lettre au cardinal
Gibbons, tels sont les sujets principaux traités dans les *Études*
par le P. G. Desjardins.

La *Revue catholique des Institutions et du Droit* a, elle aussi,
reçu de lui de nombreux et remarquables travaux. Il lui réservait
les questions de droit canonique, qui convenaient plus spécialement au but de cette revue. Le Concordat et les articles organiques, les droits de l'Église dans ses rapports avec la société civile, la propriété ecclésiastique, les évêques devant le conseil

d'État, les grades canoniques, le mariage, autant d'articles qui sont de vrais traités sur la matière, et qui prouvent surabondamment que, dans l'auteur, le canoniste égalait le théologien.

En dehors de ces deux revues, qui ont profité plus largement de sa collaboration, le P. Desjardins a donné quelques articles de polémique dans le *Monde*, dans l'*Univers* et dans la *Revue du monde catholique*. Cette nomenclature suffit à démontrer qu'il n'était étranger à aucune des questions intéressant l'Église dans la lutte contemporaine contre la Révolution.

Le P. Desjardins n'avait rien de brillant dans sa manière d'exposer la vérité. Il avait ce qui vaut mieux que l'éclat du style dans les questions philosophiques et théologiques, la clarté, la précision, la méthode, et une sûreté de doctrine que nous n'avons jamais trouvée en défaut.

On peut dire qu'il est mort après avoir beaucoup travaillé et après avoir fidèlement servi l'Église et la Compagnie à laquelle il appartenait. Nos lecteurs partageront nos regrets, et ils voudront bien donner un souvenir devant Dieu à celui dont ils ont lu si souvent les pages pleines de doctrine.

Hippolyte MARTIN, S. J.

HISTOIRE ET CRITIQUE LITTÉRAIRE

OUVRAGES RÉCENTS [1]

1° A tout seigneur, tout honneur. Quand il s'agit de critique littéraire, il sied que l'on commence par M. Jules Lemaître : *Ab Jove principium.* Cela sied d'autant mieux, que le volume des *Impressions de théâtre* est un volume d'antan. Nous venons bien tard ; à force d'attendre sur le tas des autres, la couverture jaune d'or des *Impressions* (10° série) a pris les teintes des feuilles d'octobre.

Ce livre vit le jour, un peu avant que l'auteur eût résolument consacré son génie souple et alerte au service et à la défense des bonnes causes. A ces quatre cents pages, où M. Jules Lemaître enveloppe d'un suaire définitif une trentaine d'œuvres drama-tiques, ont succédé les vigoureuses plaidoiries contre la déplo-rable engeance des fils de la Veuve ; et, en vérité, à tout point de vue, ceci vaut cela et plus que cela. Dans ses *Impressions*, le critique poursuit de ses ironics barbelées la sottise prétentieuse ou triviale, le galimatias, l'embrouillamini septentrional ; tout ce qui, au théâtre, jure avec le bon goût français, l'esprit français, la logique et la grammaire françaises. Dans ses articles tout neufs, le président de la Ligue de la Patrie française daube sur la franc-maçonnerie antinationale, qui enlace, ruine et avilit la France. Son bon sens de Français et de vieux Berrichon s'est réveillé et s'est révolté ; et voilà que, secouant les plis des phrases ondoyantes, il va, comme d'autres gens de lettres de vraie race française, droit à l'ennemi, sonnant des claironnées d'alarme,

---

1. 1° Jules Lemaître, *Impressions de théâtre*, 10° série. Paris, Société française ; — 2° Louis Arnould, *Racan.* Paris, A. Colin ; — 3° Ern. Laffay, *le poète Gilbert.* Paris, Bloud et Barral ; — 4° Marius Sepet, *les Maîtres de la poésie française.* Tours, Mame ; — 5° L'abbé A. Tougard, *les Trois Siècles palinodiques,* etc. Paris, Picard ; — 6° V. Jeanroy-Félix, *Fauteuils contem-porains de l'Académie française,* 2° série. Paris, Bloud et Barral ; — 7° Barbey d'Aurevilly, *les Philosophes et les Écrivains religieux.* Paris, Lemerre ; — 8° Charles Recolin, *l'Anarchie littéraire.* Paris, Perrin ; — 9° F. Lhomme, *la Comédie d'aujourd'hui.* Paris Perrin.

invitant au combat et au travail de. la délivrance. Le geste est
beau ; le courage est fier ; l'appel a été entendu des meilleurs[1].

Mais déjà, par un phénomène que le même bon sens produit
ou qu'il explique, le goût de l'écrivain, dans ce dixième tome des
Impressions, regimbe et se raidit contre toute œuvre qui ne porte
point la marque évidente et naturelle du génie de France, qui
est : vie, mesure, raison et lumière.

C'est aussi, comme chacun sait, la marque classique. Or, les
éloges de M. Jules Lemaître vont d'abord aux classiques ; et l'une
de ses meilleures études, en ce présent volume, ce sont les vingt
pages, vivantes et claires, sur le bon vieux critique Geoffroy, son
ancêtre intellectuel ; lequel était tout pénétré des « classiques,
dont son enfance avait été nourrie chez les Jésuites » (p. 259).
Veut-il porter aux nues — *ad astra* — un poète qu'il admire,
M. Jules Lemaitre nous fait voir en son préféré le classique, l'héritier convaincu des Anciens, l'élève des Latins : « Nul, dit-il,
n'est plus nourri du lait fort de la Louve ; il a, du latin, la ferme
syntaxe, la précision un peu dure, la couleur en rehauts, la sono-
rité pleine et rude ; jamais de vague ni de demi-teintes » (p. 119).

Et dire que, naguère encore, M. Jules Lemaitre, classique jusqu'aux moelles, et fortement allaité par la Louve de Rome, battait
sa nourrice comme les « enfants drus » de Montaigne ; et s'en
allait chantant, à sa façon, dans les carrefours de l'Université
anxieuse :

> Qui nous délivrera des Grecs et des Romains !

N'insistons pas, cette histoire est vieille ; depuis, il a coulé de
l'eau sous les ponts ; et il coule aujourd'hui de la bonne encre de
l'encrier de M. Jules Lemaitre, patriote et Français de France.

Là où le critique des *Impressions* triomphe, c'est quand il
houspille les *snobs* de toute venue, solennels ou naïfs prôneurs de
la psychologie exotique, de la littérature polaire, de la drama-

---

1. En applaudissant à la campagne, vigoureusement menée par M. Jules
Lemaitre contre les pires ennemis de la France, il est bien entendu que
nous ne saurions louer, sans restriction, toute la stratégie qu'il y déploie,
ou les projectiles qu'il décoche. La fin ne justifie point les moyens. Parmi
les moyens et arguments mis en œuvre par M. Jules Lemaître, plusieurs
ne valent rien. Il le reconnaîtra lui-même, quand il prendra le temps d'y
réfléchir, après la bataille, et qu'il se donnera l'agréable peine de voir l'évidence.

turgie blafarde, boréale, norvégienne. On a beau lui répéter que le jour vient du Nord, il n'en peut croire ses oreilles ; mais il continue d'en croire ses yeux, habitués à voir flamboyer le soleil, chez nous, en plein midi ; il ne peut admettre que les Ibséniens et autres assembleurs de nuages slaves ou scandinaves doivent remplacer dorénavant nos vieux maîtres, les classiques — vrais génies humains, créateurs d'âmes, marchant sur toutes les hauteurs, descendant à toutes les profondeurs, mais toujours en pleine clarté.

C'est plaisir de le voir dépecer *Peer Gynt* ou *Jean Borkman*. « *Peer Gynt*, déclare-t-il bonnement, cela relève du genre auquel nous devons *Faust*, mais auquel nous devons aussi d'innombrables *Caïns, Prométhées, Psychés* ou *Don Juans* de poètes appliqués, mais sans génie : le genre philosophico-symbolico-dramatique. Ces poèmes-là se piquent de profondeur ; mais la vérité, c'est qu'il est difficile que l'idée *philosophique* qui y est développée, se sauve du banal autrement que par l'obscur » (p. 40). — Elle ne se sauve de rien du tout.

En essayant de nous exposer, à nous autres occidentaux, le sujet de *Jean Borkman*, M. Jules Lemaitre ahane ; mais comme il s'amuse ! Il s'aperçoit vite qu'on a grand'peine à le suivre ; alors il s'arrête : « Ces événements, dit-il en souriant, ne laissent pas d'être un peu compliqués ; mais ils sont parfaitement clairs » (p. 69). Il reprend sa besogne ; la chose devient tout à fait emmêlée, entortillée, absolument ennuyeuse ; le critique pose la plume, souffle, et respirant une bouffée d'air : « La scène est jolie et d'une limpidité qui ne laisse rien à désirer » (p. 71). On est en pleine nuit, une nuit sans étoiles ; il fait noir, comme dans un four... de Norvège ; on ne sait où l'on est, ni ce que l'on entend, ni ce que l'on dit : « Cela, insinue M. Jules Lemaitre, qui se divertit de plus en plus, cela, si vous voulez, est vague en quelques points, mais nullement obscur. Et nous continuons donc à nager dans un air transparent comme le cristal et dans une clarté plus que tourangelle » (p. 73). Après quoi, il achève par cette simple remarque : « Nous nous demandons malgré nous, subissant la fatalité de notre pauvre cerveau latin : « *Mais enfin qu'est-ce donc que l'auteur a voulu dire?* et nous ne trouvons pas » (p. 76).

C'est la meilleure vengeance, celle du bon sens de chez nous,

contre ces engouements qui nous font courir au hasard sur les
grèves de la Baltique, à l'affût de tous les *canards sauvages*; et
sur la piste des chefs-d'œuvre qui éclosent dans le brouillard.
M. Jules Lemaitre préfère au brouillard la « clarté tourangelle »
et l'esprit de France; c'est d'un bon signe.

Quel dommage qu'il n'ait à promener sa lanterne, son fouet et
son esprit transparent qu'au milieu de véritables écuries d'Augias!
Car enfin, dans presque toutes ces trente pièces, on ne s'occupe que
de la « bête humaine »; rien de grand, rien de pur, rien qui soit
chrétien et, partant, français. Louis Veuillot, parlant d'un prince
qu'il estimait peu, disait que, de tout son règne, on ne tirerait
pas une pinte de gloire. De tous les drames que M. Jules Lemaître remue on ne tirerait pas un setier d'honneur ou de
vertu. Le critique ne s'en émeut guère — pas assez; — il dissèque
la pourriture dramatique, comme les artistes de la morgue analysent les cadavres; d'où il suit que, par endroits, la lecture des
Impressions n'est point édifiante. Pourtant, une fois ou deux, au
milieu de ces ignominies et de cette putréfaction littéraire, il lui
arrive de se fâcher; c'est lorsque, à toute force, les pauvres réhabi-
liteurs du vice veulent, comme jadis Hugo, prêter toutes les qualités, tout courage, toute noblesse, aux « viveurs ». D'abord, c'est
vieux jeu; et puis, dans la réalité des choses, c'est stupide : « Ils
sont persuadés, dit M. Jules Lemaitre, que l'oisiveté, le jeu et la
débauche ont pour effet ordinaire d'affiner secrètement le sentiment de l'honneur, et qu'il y a dans tout jeune décavé un héroïque soldat d'Afrique qui sommeille » (p. 4).

Ailleurs, bien que sa foi soit vacillante, et qu'il lui échappe
des demi-phrases qu'il regrettera, j'espère, un jour, il prend le
parti de défendre l'Évangile divin et l'adorable personne de
Jésus-Christ contre les fantaisies des dramaturges, qui bar-
bouillent des *Mystères* lamentables; il leur dit carrément que
c'est là « une monstrueuse faute de goût » (p. 152); qu'il ne peut
souffrir ces faux Christs qu'on pousse sur les planches pendant la
semaine de la Passion; que la *Samaritaine* de Rostand est doublement exécrable, comme pièce, et comme inconsciente parodie
de l'Évangile. Nous sommes de cet avis; mais nous serions (et
nous avons été) plus sévère.

Quant à *Cyrano de Bergerac*, M. Jules Lemaitre nous semble
avoir dicté le jugement de la postérité; il bat des mains, mais

non point à tout rompre ; il s'extasie, mais avec modération, devant ces prodigalités d'esprit ; devant ces trouvailles et ces traits que le parterre applaudit, bien souvent de confiance, et que si peu de gens comprennent sans chercher. Sur cinquante spectateurs de *Cyrano*, y en a-t-il quatre qui saisissent le fin du fin ? J'en doute fort ; d'autant que plusieurs honnêtes spectateurs, je le sais, non dépourvus de toute culture, se sont merveilleusement ennuyés à *Cyrano*, ou même y ont bâillé avec une certaine énergie. Le régiment d'acteurs qui se meut sur la scène, le pittoresque des costumes du temps de l'hôtel de Rambouillet, le jeu d'artistes fameux, les réclames enlevantes de la presse du boulevard, les voix de la renommée, les facéties qui tournent, cinq actes durant, autour d'un nez démesuré, tout cela jette les *snobs* et le gros public dans la stupeur ; au fond, la pièce n'est faite que pour des lettrés bien au courant des choses et des personnages de l'histoire de 1640 à 1650 ; car le *Cyrano de Bergerac*, c'est de l'histoire ; les personnages, les détails, les mots eux-mêmes sont de l'histoire. Il n'y a qu'un malheur, c'est que l'histoire, qui fournit tout, y soit moralement travestie d'un bout à l'autre ; que M. Rostand ait métamorphosé en héros le fou, l'impertinent, le libertin auteur du *Pédant joué* et des *États du soleil et de la lune* ; qu'il ait rabaissé au rôle imbécile de précieuse, la pieuse baronne de Neuvillette (Roxane) — une des trois vaillantes chrétiennes qui travaillèrent à convertir le pauvre Cyrano.

M. Jules Lemaitre n'ignore point qu'il y eut un vrai Cyrano, et que celui de M. Rostand est, ou faux, ou invraisemblable, ou étrangement maquillé en beau et à la moderne ; mais ce côté de la question le touche peu ; non plus que la morale, qui laisse trop à désirer ; il s'emploie davantage à expliquer l'énorme succès de cette comédie romanesque ; et de ce succès il énumère diverses raisons qui sont vraies :

1° Ce drame est venu à propos et à point, « après tant d'études psychologiques, tant d'historiettes d'adultères parisiens, tant de pièces féministes, socialistes, scandinaves... » (p. 335).

2° C'était une pièce française, « d'une grâce et d'une fantaisie qui sont de *chez nous* » ; sans compter que ce fut un drame à panache, et que le panache met, chez nous, tous les braves gens en fête ; dans le cœur de tout bon Français sommeille un cadet de Gascogne, du type inventé par M. Rostand.

3º Les vers, sans être tous d'une poésie intense, ni d'une parfaite prosodie, sont d'un virtuose, d'un virtuose de Paris ; même quand ils boitent, ces alexandrins marchent.

Somme toute, cette comédie étourdissante de verve, et absolument neuve, n'est point « une date » : c'est le dernier mot de M. Jules Lemaitre. A ce mot, nous n'ajouterons pas une syllabe.

2º Le bon marquis de Racan, comme tout bon gentilhomme français, aimait la gloire ; dans sa jeunesse, il la chercha sur les traces d'Henri IV, le roi au panache blanc ; plus tard, il la poursuivit en compagnie et avec les conseils de Malherbe. Or, voilà que, l'an passé, il cueillit une moisson de palmes posthumes sur la Montagne Sainte-Geneviève.

Il y avait beau temps qu'on ne parlait plus guère des *Bergeries*, et qu'on ne les lisait plus ; pas même, je crois, en Touraine. La jeunesse, en quête de diplômes, savait encore vaguement un vers ou deux des *Stances*, clouées jadis au Panthéon des *Morceaux choisis;* par exemple :

> Tircis, il faut songer à faire la retraite...
> Il est temps de jouir des délices du port.

Plusieurs rhétoriciens se souvenaient sans doute de quelques hémistiches de l'*Art poétique*, à la louange de Racan ; mais que nous sommes loin des jours où, en plein midi du grand Siècle, Boileau écrivit à Maucroix : « Racan avait plus de génie que Malherbe » ; et dit avec emphase à l'univers, dans la Satire neuvième :

> Racan pourrait chanter à défaut d'un Homère.

Tout le dix-septième siècle avait retenti du nom de Racan : les salons, les ruelles, l'Académie, la Ville, la Cour. Les partisans des Modernes et les tenants des Anciens, Perrault, Fénelon, La Fontaine, tout le monde avait égalé Racan aux plus fiers génies. Mme de Sévigné, en cheminant de Paris vers les Rochers, se rappelait le bonhomme Alcidor des *Bergeries* et son bonheur champêtre :

> Heureux qui se nourrit du lait de ses brebis !

Enfin, nous dit M. Louis Arnould, en ce temps-là, Racan était

« grandement estimé par les Jésuites pour sa poésie religieuse »
(p. 534).

Mais, depuis, quel déchet ! quel silence ! quel oubli ! Racan dormait, lui aussi, « dans sa mémoire harmonieuse », lorsqu'un
brillant professeur de l'Université de Poitiers se prit d'un beau
zèle pour la mémoire et les œuvres du digne seigneur de la Roche-
Racan. Le volume que M. Louis Arnould consacre au gentilhomme tourangeau (ou plus exactement, manceau-angevin) est
plus qu'une thèse ; c'est un monument. Voici près de huit cents
pages in-octavo, serrées ; des tables, des notes, des pièces justificatives, un colossal lexique de la langue de Racan ; puis, des
gravures curieuses ; des portraits du gentilhomme poète et de sa
famille ; des vues du château de la Roche-Racan et de l'église de
Saint-Paterne, paroisse de Racan ; blason de Racan, fac-similé
d'une superbe chasuble que la marquise de Racan brodait pendant que le poète des *Bergeries* alignait ses rimes : tout cela
s'entasse dans ce livre où tout est dit sur Racan, ses ancêtres et
ses descendants, son histoire intime et publique, sa religion, ses
œuvres : *Odes, Bergeries, Stances, Sonnets, Chansons, Psaumes,
Discours en prose...* Je ne sais si, parmi les gens de lettres des
dix-septième, dix-huitième, dix-neuvième siècle, qui ont parlé de
Racan, l'on pourrait compter une demi-douzaine de noms propres qui ne figurent point dans cette Bibliothèque de huit cents
pages[1].

Mais ce que j'admire, à l'égal au moins de cette science débor-
dante, c'est une toute petite phrase de l'auteur qui, dans sa *Préface*, ayant à remercier, selon l'usage, tous ceux qui lui ont fourni
aide et lumière, commence par une formule de louange à Dieu :
« J'ai à remercier, après Dieu qui m'a soutenu, un grand nombre
de personnes qui m'ont prêté assistance » (p. xxiv). C'est d'un
admirable exemple ; cela rappelle les siècles lointains, où les docteurs de la Sorbonne très chrétienne dédiaient leurs thèses : Au
Dieu Très bon et Très grand.

Je préfère ces deux lignes de prose à plusieurs *Psaumes* et autres poésies de Racan, qui furent si goûtées des Jésuites d'autrefois, des Rapin, des Bouhours, maîtres du bien dire.

1. Je n'y ai point trouvé Furetière, ni l'auteur de *la Guerre poétique*,
l'académicien François de Callières ; qui, tous deux, ont dit du bien de
Racan. Peut-être aurai-je mal cherché.

De ce beau volume, je ne veux ici détacher que trois ou quatre
feuillets, où M. Louis Arnould élucide une question, qui fut dé-
battue à la soutenance et qui amena une déclaration du docte
aréopage en faveur des Grecs et des Latins. Vers ce temps-là,
c'était l'affaire à l'ordre du jour : Faut-il, pour écrire en vrai français de France, avoir sérieusement fréquenté les Anciens ? Faut-il
savoir le latin ; ou, comme parle M. J. Lemaitre, avoir bu le fort
lait de la Louve ? La Sorbonne fut de cet avis, à propos de Racan,
qui, disait-il, à tout venant, ne savait pas le latin.

Racan avait étudié les sciences : l'arithmétique, la géométrie,
l'astronomie ; il en prit même occasion, en 1635, pour composer
sa harangue, ou diatribe académique, *Contre les sciences*, où il
prouva que l'arithmétique, la géométrie, l'astronomie, la mécanique, sont des conséquences directes et fâcheuses du péché originel ; où, par contre, il félicite ses confrères de l'Académie naissante d'avoir approfondi le grec et le latin. Cette connaissance
des langues anciennes vous donne, leur disait-il, « un grand
avantage sur moi et sur tous ceux qui ne sçavent que celle de leur
mère et de leur nourrice ». — Le bon gentilhomme s'accusait —
ou se vantait — de son ignorance ; il écrivait à Chapelain, en 1654,
qu'il ne savait pas même « le nom des figures de Rhétorique » ;
et en novembre 1656 : « Je suis encore bien souvent réduit à
prendre mes *Heures* pour dire mon *Confiteor* à confesse. » Costar,
dans sa liste des gens de lettres qui méritaient les faveurs du roi,
jugeait ainsi Racan : « Il a si peu de naturel, qu'il n'a jamais pu
apprendre son *Confiteor*; et il dit qu'il est obligé de le lire lorsqu'il va à confesse. »

Donc, premièrement, Racan allait à confesse et il ne s'en ca-
chait point ; il a même rimé un joyeux *Sonnet à son confesseur*;
mais, puisqu'il lisait son *Confiteor* en latin, c'est qu'il entendait
au moins quelque peu ce latin-là. Ajoutons, qu'il l'entendait très
bien ; et, suivant M. Louis Arnould, on aurait grand tort de croire
à cette légende, qui est née « d'une de ses coutumières vantar-
dises d'ignorance » (p. 59).

Racan, sans être un latiniste de la force d'un Nicolas Bourbon,
ou d'un P. Sirmond, savait le latin ; « l'examen de ses œuvres
donne un perpétuel démenti » (p. 59) à ses perpétuelles affirmations du contraire ; et l'abbé Michel de Marolles, cité par Tallemant
des Réaux (*Hist.*, t. II, p. 376-377), explique la chose, comme suit :

« Racan entendoit assez bien les Poëtes Latins pour les pouvoir lire en leur propre langue ; mais il estoit très-peu sçavant dans la langue latine, qu'il n'eut jamais d'esprit pour bien apprendre ; ce qui faisoit qu'il disoit à tout le monde qu'il n'en sçavoit pas un mot. »

En d'autres termes, Racan n'était pas un *fort en thème*, et il n'aurait pu, comme presque tous ses contemporains, composer une harangue dans le style du *Pro Archia*, ou soutenir une thèse et argumenter en bon latin, comme le jeune Bossuet et le jeune prince de Condé. Mais, encore une fois, il savait le latin ; il aimait Virgile ; il pouvait lire les poètes de Rome avec son maître Malherbe, qui, selon toute vraisemblance, lui avait inspiré son aversion pour les Grecs, et pour ce qu'il nommait « le galimatias de Pindare » (*Mém.*, LXX).

Et ce serait ici le cas, si nous en avions le loisir, de montrer, par l'exemple de Malherbe, comment un bon écrivain peut devenir un très mauvais maître. Malherbe avait la manie d'élaguer et d'éplucher toutes choses ; il avait biffé dans son livre d'*Heures* les litanies des Saints, sous prétexte que la dernière invocation, *Omnes Sancti et Sanctæ Dei, orate pro nobis*, suffisait pour toutes les autres. Cette boutade, qui faisait rire le bon Racan, révèle bien le caractère de Malherbe ; il aimait à biffer, et, volontiers, il aurait jeté au feu tout ce qu'on avait écrit avant Malherbe. Il détestait les Grecs, pour avoir si mal inspiré Ronsard, et il n'enseigna guère à son disciple Racan que l'art d'être un « arrangeur de syllabes », suivant la manière de Malherbe.

Toutefois, Racan se permit assez souvent d'être lui-même ; il fut poète ; il eut, selon le mot de Sainte-Beuve (*Lundis*, t. VIII, p. 76 et 82), des « accès de talent », des « accidents de génie ». Ce digne gentilhomme eut de très heureux accès, de très gracieux accidents de poésie bucolique. Pourquoi ne fut-il pas un très grand poète ? M. Louis Arnould, entre autres raisons, apporte celle-ci : « Défaut d'instruction première et d'éducation classique » (p. 558). Il a su le latin, mais pas assez pour pénétrer le génie antique et pour s'en pénétrer ; de là, ce manque de force ; et, comme dit Horace,

> ... Sectantem lævia nervi
> Deficiunt animique.

Cette conclusion de M. Arnould a été fortement soulignée par la Sorbonne. Il serait superflu d'ajouter que cette conclusion est aussi la nôtre.

3° Après le poète bucolique Racan, le poète satirique Gilbert. Une étude sur le *poète Gilbert* valut récemment à M. l'abbé Ernest Laffay le bonnet de docteur ; mais Gilbert et son apologiste eurent à passer, en Sorbonne, un mauvais quart d'heure, — un de ces pénibles quarts d'heure qui durent une demi-journée.

Comment ! dans cette thèse, on louait le jeune téméraire qui avait cinglé de ses rimes l'immense M. de Voltaire, avec l'incomparable Jean-Jacques ; qui avait écorniflé, à la fin de l'autre siècle, ces deux puissants dieux de notre *Alma Mater* ; et cela, ô comble de sacrilège ! presque à l'heure juste où notre gouvernement athée et franc-maçon octroyait à leurs cadavres l'aumône posthume de deux sarcophages tout neufs !

Parmi les meilleures pages du volume sur le *poète Gilbert*, se détachent celles du Chapitre sixième, où M. Laffay stigmatise, comme il doit, l'impiété cynique et lâche de ces maîtres corrupteurs, que l'Université de France propose à l'admiration de la pauvre jeunesse des Écoles ; où il cite avec éloge les alexandrins vengeurs de Gilbert :

> Un monstre dans Paris croît et se fortifie,
> Qui, paré du manteau de la Philosophie,
> Que dis-je ? de son nom faussement revêtu,
> Étouffe les talents et détruit la vertu...

Non content d'estimer ces vers d'une belle facture, M. l'abbé Laffay pousse plus loin la vaillance ; il prend parti ; il s'associe de bon cœur à l'œuvre vigoureuse de son jeune héros ; il pense tout haut ; il écrit ce qu'il pense, même dans une thèse ; bien plus, il applaudit le poète qui égratigne Voltaire et Rousseau : « Bravo, Gilbert !... Quand le talent est au service d'une mauvaise cause, il faut le flétrir » (p. 201).

Flétrir le talent de Voltaire, de Jean-Jacques, de Diderot, de toute l'*Encyclopédie* ; le flétrir en Sorbonne ! quel scandale, n'est-ce pas ? L'Université en frémit ; les traits décochés par les doctes juges contre Gilbert et son défenseur retentirent et sifflèrent dans l'air de la Sorbonne ; tout de même que jadis, d'après Homère, retentirent les flèches du carquois d'Apollon :

> ... Ἔκλαγξαν δ'ἄρ' ὀϊστοί...

Gilbert ne s'en porte pas plus mal; il a mérité quand même des palmes et un diplôme à M. Laffay. Quant à nous, nous félicitons le prêtre qui travaille à faire hardiment revivre l'humble gloire du plus brave des poètes contemporains de Voltaire, et qui frotta si bien à coups de lyre le dos du vieil ennemi de Dieu.

Sans être un génie hors de pair, le poète Gilbert fut un homme; il eut plus de vrai courage que Boileau. Boileau ne s'en prenait, pour l'ordinaire, qu'à des sots; Gilbert, inconnu, presque un enfant, s'attaqua résolument aux puissances de son siècle, aux malfaiteurs devant qui les *intellectuels* de ce temps-là étaient à genoux, ou à plat ventre.

Gilbert, comme chacun sait, est mort tout jeune, à vingt-neuf ans; il fut, comme chacun s'en souvient, le « poète malheureux », l'infortuné convive du banquet de la vie ;

> Au banquet de la vie, infortuné convive,
> J'apparus un jour, et je meurs.

En dépit de sa prophétie, on a versé des pleurs sur sa tombe; les âmes sensibles ont été émues par la lecture de deux romans consacrés à la mémoire du poète mort à l'Hôtel-Dieu, en avalant une clef. M. l'abbé Laffay, dans cette étude de trois cents pages, ruine plus d'une légende exploitée par ces contes attendrissants, sèche les larmes inutiles, et brise même (oh ! littérairement parlant) le *Sarcophage du lacrymatoire* des Catacombes de Paris (p. 6).

Mais il est trop certain que Gilbert eut à souffrir. En 1770, âgé de dix-neuf ans, il arrivait de Lorraine à Paris, et il dut coucher trois nuits sous le pont Neuf (p. 42). D'Alembert, à qui Gilbert tendit la main, le laissa dormir à cette enseigne de l'*impécuniosité;* le pauvre poète, mourant de faim,

> N'en put même obtenir une avare pitié.

Des autres « philosophes », tout gonflés d'honneurs, tout cousus d'or, il n'obtint pas davantage. Les premiers vingt-cinq louis, que l'auteur du poème *le Dix-huitième Siècle* vit briller dans sa main, lui vinrent de l'intrépide archevêque de Paris, Christophe de Beaumont. Pendant six années, Gilbert lutta pour la vie et pour la gloire; rima beaucoup; concourut pour les prix de l'Académie, le tout en pure perte. Alors, il se fâcha, — *facit indignatio versum.* — Ce jeune homme chrétien, de mœurs absolument irréprochables, et dans la conduite duquel « ses ennemis n'ont jamais relevé le moindre écart » (p. 116), voyant triompher l'insolence, l'impiété et le vice, sentit se révolter son âme croyante et pure ; il fit « œuvre de salubrité publique » (p. 118). Il écrivit des vers qui restent comme des marques au fer chaud sur la mémoire des gredins de génie ou d'esprit. S'il avait voulu prostituer son talent à la *Philosophie*, « vendre ses vertus » et « ramper », il y aurait gagné les sourires de Voltaire et de la fortune. Il n'y put consentir ; Gilbert préféra la souffrance à l'infamie. Son historien met bien en lumière ce caractère inflexible d'un enfant de vingt-cinq ans, fidèle à son *Credo*, grandi par le malheur, inspiré par de saintes colères (p. 115 et suiv.). Après la satire contre *le Dix-huitième Siècle*, qui « éclata comme une bombe en plein Paris (p. 244) », la célébrité commença pour Gilbert, et la fortune lui vint par les mains les plus dignes, par l'archevêque et Madame Louise de France. Du fond de son monastère de Saint-Denis, la royale Carmélite écrivait au ministre de Louis XVI, M. de Vergennes :

> † J.-M., le 5 octobre 1776.
>
> ... Pour ce qui est du sieur Gilbert, je scait certainement qu'il a des talents, qu'il s'est affiché pour la Religion, que les gens qui aiment la religion luy veulent du bien ; que les philosophes le persécutent, *on travaille à le gagner*, et que la séduction est d'autant plus à craindre qu'il est dans la misère ; les personnes qui mont parlé pour luy ne mont rien dit de plus et nen savent pas davantage ; ainsi je nay rien à opposer, Monsieur, aux informations que vous en avez prises. Je vous prie seulement de les vérifier avec la plus grande précaution par ce que les ennemis qu'on ce fait en deffendant la religion ont une infinité de ressorts cachées auprès même de ceux qui l'aiment et la protègent...
>
> Sœur Thérèse de Saint-Augustin, R. C. I.

Le roi, qui venait d'accorder des lettres de noblesse à Gresset, poète ennemi des *philosophes* et intime ami du saint évêque M. de La Mothe, répondit à la requête de sa tante carmélite, par une rente annuelle de mille livres en faveur de Gilbert.

Dorénavant, le poète « malheureux » fut à l'abri de l'indigence ; il jouissait, comme il l'écrivit à son frère, « de deux mille deux cents livres de revenu viager » ; il portait une « veste brodée d'or » et l'épée au côté ; et il se mit dans ses meubles, qui étaient de fort beaux meubles, avec « glaces et tapis ».

Ces magnificences durèrent peu. A la suite d'une chute de

cheval, il fut pris d'accès de délire; l'archevêque, M. de Beaumont, qui en fut témoin, le fit transporter à l'Hôtel-Dieu, où il fut entouré des meilleurs soins et où « chaque jour un chanoine, du choix du malade, venait prendre de ses nouvelles et lui apporter des consolations » (p. 273).

Les *Philosophes* triomphèrent du délire de leur ennemi, et de sa mort à l'hôpital. Par malheur pour eux, les œuvres de Gilbert subsistent, et les leurs aussi. Et nous avons à présent un bon livre sur les œuvres et la vie de ce jeune poète chrétien, le plus chrétien de tout le dix-huitième siècle, le plus vaillant, qui a légué « un nom sans tache à la postérité », — et à qui Louis Veuillot, au début de ses *Satires*, disait avec amour : « Gilbert, mon frère. »

4° Sous ce titre : *les Maîtres de la Poésie française*, M. Marius Sepet indique, par de longues traînées de lumière, quatorze étapes de notre poésie nationale. Chacun de ces quatorze chapitres représente une époque, ou, comme l'on dit aujourd'hui, une phase de l'*évolution* des genres.

M. Sepet, l'historien et l'érudit, qui a vécu de si belles années en plein moyen âge, s'en est souvenu. Il aime — et ce n'est pas moi qui lui en ferai un crime — les vieux homères français, qui ont chanté sur la vielle, avec force assonances ou rimes peu sonores, Charlemagne, Roland, et les grandes choses de chevalerie. Aussi, dans cette étude sur les *Maîtres*, on n'arrive à Malherbe qu'au septième chapitre; mais on a vu ou retrouvé sur la route tant de nobles récits du temps jadis! L'historien s'attarde en bonne compagnie; et puis, en vérité, il connaît aussi bien — presque mieux — Bertrand de Born, Thibault de Champagne, Rutebeuf, Charles d'Orléans, que nos rimeurs du siècle qui agonise.

Au surplus, comme il a voulu faire un ouvrage lisible à tout le monde, et utile aux *escholliers*, il a pris soin de traduire en bon français moderne, les nombreuses *laisses* cueillies dans les poèmes du passé. M. Marius Sepet cite beaucoup, analyse finement, prononce en toute science, comme en toute justice. Il ne s'avance, dans ses explorations littéraires, qu'avec une solide escorte de témoignages et de références. Il connaît les auteurs modernes qui ont fouillé les siècles et les livres, il reflète leurs pensées; il s'appuie sur leurs dires motivés. Depuis cinquante ans, presque tout a été dit sur nos grands maîtres; si bien, que l'art de faire du neuf consiste à prendre la fleur d'autrui. C'est où se borne assez souvent M. Marius Sepet; mais il ne néglige point les.vues personnelles; il affirme, sans ambages, et pour le plus grand avantage de la jeunesse qui le lira, sa foi de littérateur chrétien; il n'écrit pas un livre neutre.

Il appuie sur tels et tels points, que les critiques les plus fameux relèguent volontiers dans une ombre épaisse. Cela leur importe si peu! M. Sepet cherche, même chez un poète, le fond de son âme; et c'est pour lui une joie de découvrir chez Molière, des vers bien chrétiens et peu connus (p. 246); ou de signaler, dans la biographie de La Fontaine, ce fait très édifiant et dont les gens de lettres ordinaires s'inquiètent médiocrement : que le *bonhomme*, recevant le Viatique, en présence d'une députation de l'Académie, fit humblement amende honorable pour ses écrits licencieux (p. 261). Que nous sommes loin de ces mœurs consolantes; et combien peu, parmi les Quarante immortels vivants ont assisté à une scène pareille! Aussi est-il bon et louable de rappeler ces souvenirs — les meilleurs de toute une vie, de toute la vie du « fablier ».

Au point de vue purement littéraire, les jugements émis dans ce volume, sur *les Maîtres de la Poésie*, sont vrais et sûrs. Je n'ai trouvé M. Marius Sepet légèrement osé, que lorsqu'il dit (p. 315) : Racine, dans ses tragédies, a semé « les belles rimes à pleines mains ». A pleines mains frise l'hyperbole. Les rimes de Racine sont exactes, justes, parfois pleines et fortes; mais ne dépassent point l'honnête moyenne. Ce n'est point par les rimes que brille l'auteur d'*Athalie;* non plus que son ami Despréaux. Ils laissaient les belles rimes à Saint-Amand, voire à Scarron et à Jean Loret.

5° Après *les Maîtres de la Poésie française*, saluons les phalanges des poètes de France qui, durant trois siècles, ont chanté la reine des poètes, la Vierge très pure, dont la France était le royaume.

La « Conception Nostre-Dame » fut, au moins depuis le onzième siècle, une fête bien chère à la Normandie. Plusieurs savent sans doute que, dans l'ancienne Université de Paris, on l'appelait *la Fête aux Normands*; à cause de la dévotion avec laquelle on la célébrait dans la *Nation* de Normandie. Les lettrés n'ignorent point qu'à Rouen, dès le temps de Guillaume le Conquérant, il y avait une Académie sous le vocable de l'Immaculée · Conception. Elle se nommait *le Puy de Palinod*; c'est-à-dire la tribune où on lisait les poèmes à refrain, à retour (Πάλιν ᾠδή), en l'honneur de la sainte Vierge.

Du dixième ou onzième siècle, jusqu'à la Révolution, combien de poèmes de *Palinods* ont été lus au *Puy* de Rouen, on peut s'en faire une idée, si l'on songe que tous les gens d'esprit de Normandie ont toujours été fortement enclins à rimer; et cela, longtemps avant Malherbe et Corneille; dès l'époque de Théroulde et de notre Iliade normande, *la Chanson de Roland*. On versifiait à force, dans les Puys de palinod de Rouen, de Dieppe, de Caen; dans toutes les campagnes plantureuses qu'arrosent l'Orne et la Seine. Mais ces rimeurs étaient, avant tout, chrétiens et « églisiers »; dans les Puys de palinod, on s'édifiait tout autant que l'on versifiait : « Un petit groupe de fidèles réunis pour offrir à la Mère de Dieu quelques pieuses poésies, souvent œuvres de plumes novices, parfois assez pauvres de pensées et de style, n'en a pas moins développé sans prétention et sans bruit une pépinière poétique, dont les écrits rempliraient aujourd'hui plusieurs gros volumes » (t. I, p. 8).

Notons que, dans ces « petits groupes de fidèles », on compta des noms illustres. Les poètes Jean et Clément Marot, les trois Corneille, Pierre, Thomas, Antoine (voir t. II, p. 155) et leur neveu Fontenelle, Malfilâtre, écrivirent des poèmes palinodiques. Ajoutez une légion entière de gentilshommes d'épée ou d'église; des Jésuites tels que les PP. Commire, de la Rue, du Cerceau, de Neuville... La sœur de Pascal, Jacqueline, âgée seulement de quinze ans, remporta, à Rouen, le prix de *Palinod*.

Beaucoup de ces poèmes pieux, odes, ballades, chants royaux, ont dû se perdre, comme les feuilles, *ludibria ventis;* mais il en reste. Voilà environ cent ans, un prêtre de Rouen, l'abbé Joseph-André Guyot, essaya de composer un recueil de ces œuvres, avec des notices sur les humbles vainqueurs, les juges et princes des joutes palinodiques, depuis la fin du quinzième siècle jusqu'à la fin du dix-huitième. Ces notices et fragments, parfois assez longs, publiés aujourd'hui par la Société de l'histoire de Normandie, sous la direction de M. l'abbé Tougard, « offrent un manuel varié de poésies sacrées depuis Charles VIII jusqu'à Louis XVI... » (T. I, p. 11.) — Néanmoins, les *Trois Siècles palinodiques* sont une mine, beaucoup plus qu'un ouvrage définitif et de lecture courante; il est à souhaiter qu'une rédaction complète de tant de souvenirs huit fois séculaires tente un érudit courageux comme M. l'abbé Tougard.

Ce serait un monument historique de foi et de littérature, à la louange de la Normandie, qui bâtissait des églises magnifiques à la Vierge Mère de Dieu et qui lui chantait des *palinods*, jusqu'aux tristes jours où la Révolution supprima les confréries des gens de bien et des gens d'esprit.

Les *Palinods*, publiés par les soins de M. Tougard, valent du reste, au point de vue littéraire, la plupart des vieux poèmes en l'honneur de Clémence Isaure, couronnés des fleurs symboliques du *gay sçavoir*, sur les bords retentissants de la Garonne.

6° Après les *Puys de palinods* et les *Jeux floraux*, parlons un peu de l'Académie française. Les *Études* nouvelles de M. Jeanroy-Félix nous entretiennent de neuf académiciens, morts ou vivants : *Le duc d'Aumale, Pailleron, A. de Mun, G. Hanotaux...* La variété plaît. Ces *Études*, je les définirais, je crois, assez exactement : un feu d'artifice; quatre cents pages, quatre cents fusées; sans compter les soleils, les gerbes, les chandelles et les pétards. De l'esprit, de l'esprit et de l'esprit; des anecdotes, des pointes, des calembours, des allusions qui étincellent, du français qui pétille, de l'histoire; bref, de tout; sauf de l'ennui : car l'auteur ne donne point au lecteur le temps de bâiller; pas plus qu'il ne donne aux gens qu'il critique l'occasion de se plaindre.

De quoi se plaindraient-ils ? Pour M. Jeanroy-Félix, critiquer, c'est louer. Il a lu tous les anciens; il admire tous les modernes. Qu'il ait feuilleté les livres classiques de tout âge et de toute langue, la preuve en éclate, d'un bout à l'autre du volume; il cite du latin à plaisir; il cite du grec excellent, mais dont les protes barbares font du charabia; il cite de l'espagnol, de l'italien et du russe; et dans les divers échantillons de ces trois idiomes, les protes ignares ont laissé se glisser un brin d'auvergnat. M. Jeanroy-Félix, en écrivant, semble avoir devant les yeux toutes les civilisations; et il rapproche, il mêle, le présent, le passé, comme un contemporain de tous les siècles. Exemple : un gentilhomme, sujet de Louis XIV et appelé M. de Bonneval, se sauve en Turquie, prend le nom d'Ahmed ; et là, ce singulier gentilhomme du dix-septième siècle, « se lave cinq fois par jour, comme un simple député de Pontarlier » (p. 84). Pour comprendre, il ne suffit point d'avoir fait ses études, mais il faut avoir lu les journaux de 1895 et d'autres encore.

Quant aux académiciens, M. Jeanroy-Félix sait tout ce que l'on peut savoir et dire. Il sait que M. Pailleron est né le propre « jour de la Saint-Lambert » ; qu'à telle représentation de telle pièce de M. Sardou, un bourgeois lançait à son voisin ce pavé terrible: « Eh ! va donc, abonné de la *Revue des Deux Mondes* ! » (p. 246); que M. André Theuriet, encore écolier (car il le fut comme les hommes de peu), s'en allait à la campagne, les jours de congé, « faire cuire des filets de porc bardés de lard rose » (p. 149).

Ce qui vaut mieux, croyons-nous, que ces détails pittoresques, ce sont les analyses judicieuses des œuvres. M. Jeanroy-Félix a lu ce dont il doit parler : et cela lui donne un appréciable avantage sur plusieurs de ses confrères en critique. Il cueille dans ses lectures le passage saillant, les phrases à effet, les mots; son livre tourne à l'anthologie : jardin égayé de fleurs choisies. Est-il besoin de dire, qu'au double point de vue religieux et moral, on peut se promener dans ce jardin, en toute sécurité et sans encombre? Même, à tel endroit, M. Jeanroy-Félix, malgré son admiration vive pour les Quarante, déclare franchement que le théâtre de V. Sardou enseigne le vice; et qu'il ne peut en aucune sorte conseiller ces spectacles. Mais c'est à peu près la seule restriction ferme; qui, du reste, s'impose. Le critique des *Quarante fauteuils* est bon pour son prochain, même son prochain de la littérature. Quand il a formulé un doute, ou relevé une inexactitude, une tache dans les astres qu'il fixe, — par exemple, dans le *Richelieu* de M. Hanotaux, — il s'étonne, il se repent aux deux tiers; il se hâte de battre sa coulpe et d'appeler ses justes remarques des « criailleries ». Vraiment, cette bonté m'envahit; et j'ai du scrupule à signaler quelque lacune, dans un travail où la délicatesse et la crainte de froisser égalent l'érudition.

Quant à l'érudition, elle est, je le répète, prodigieuse, surabondante. A peine, de-ci de-là, oserions-nous dire : Prenez garde ; ou : Êtes-vous absolument sûr ? Ainsi, page 259, je vois : 1° que la duchesse de Bourgogne « donnait à manger aux carpes du bassin de *Marly* »; n'est-ce pas de *Fontainebleau* ? (Voir *la Duchesse de Bourgogne*, par M. le comte d'Haussonville); 2° que Racine est mort « d'un affront » de Louis XIV; Racine est mort « d'un abcès au foie »; Racine, tué par un froncement de sourcil du Roi, c'est, comme le dit Gaillardin, du « mélodrame populaire »; 3° que le même Racine se cacha « derrière un boulingrin » de Marly; d'abord, est-ce qu'un *boulingrin* n'est pas une simple pièce de gazon ? Ensuite, Racine, d'après les *Mémoires* de son fils, se cacha non derrière un boulingrin, mais « dans un bosquet », non de Marly, mais de Versailles.

Ce sont là des vétilles, qui tirent peu à conséquence. J'ignore si je découvrirais, dans ces quatre cent trente pages, deux ou trois autres phrases à souligner de ces traits noirs. Je n'en souligne qu'une, pour finir. Il est dit, page 240, à la fin de l'étude sur M. le comte de Mun : « Tout le monde sait que le R. P. Fristot et le R. P. Forbes sont, au premier rang, parmi les plus vaillants et les plus éloquents démocrates chrétiens. » Hé, non! tout le monde ne sait pas cela; pas même les intéressés. Ils n'appartiennent, ni comme chefs ni comme soldats, ni au premier rang ni au dernier, à cette milice dans laquelle M. Jeanroy-Félix les embrigade de confiance et croyant, pour sûr, leur faire honneur.

7° D'aucuns s'étonneront de rencontrer un volume de Barbey d'Aurevilly parmi des publications récentes de critique et d'histoire. Barbey d'Aurevilly est déjà un ancêtre; et il y a beau temps qu'il écrivit les vingt articles que renferme ce livre, sur *les Philosophes et les écrivains religieux*. Le premier date d'un demi-siècle et plus. Une amitié fidèle garde et cultive ces fleurs d'outre-tombe; grâce à elle, les œuvres du hardi *campeador* de lettres continuent de vivre, ou de revivre. Voici un tome tout nouvellement éclos; et, en vérité, bon nombre de ces pages brillantes — je devrais dire flamboyantes — méritaient de ne point périr.

Barbey d'Aurevilly, qui traitait Louis Veuillot de timide, ou même de *libéral*, ne pensait pas tout à fait comme tout le monde; mais il se donna souvent le luxe de penser bien et d'écrire comme il pensait. Nous lui devons ici plus qu'un souvenir, pour ses courageuses études sur l'*Histoire de la Compagnie de Jésus*, par Crétineau-Joly, et contre l'*Histoire de Clément XIV*, par Theiner. Ce fut en 1847 (la date même est éloquente) que Barbey d'Aurevilly publia ce double dithyrambe en l'honneur des Jésuites; et cette apologie de leur histoire par Crétineau-Joly — qui est « la substance même de toutes les histoires qu'on sera plus tard tenté d'écrire sur ce magnifique sujet, digne des Tertulliens futurs » (p. 6).

Bien curieux encore, le long article sur le docteur Pusey, écrit en 1848, presque au lendemain de l'apparition des fameux *Tracts for the times*. Sans doute, le bel ouvrage que vient de publier M. Thureau-Dangin sur la renaissance catholique en Angleterre, en particulier sur le *Mouvement d'Oxford*, nous en apprend beaucoup plus; mais on ne saurait oublier l'ouvrage de M. Gondon, *Du mouvement religieux en Angleterre*, paru voilà cinquante ans, et dont Barbey d'Aurevilly s'inspira.

Dans ces vingt articles, Barbey signale l'éclosion de livres qui furent célèbres en naissant, et desquels plusieurs le sont encore : *la Connaissance de Dieu*, du P. Gratry ; *l'Idée de Dieu*, de M. Caro; *Saint Vincent de Paul*, de M. l'abbé Maynard. Chemin faisant, il frappe de droite et de gauche 1° sur Michelet, auquel il emprunte certains détails risqués ; 2° sur Taine qui, en écrivant son livre de l'*Intelligence*, « a donné sa démission d'homme d'esprit », (p. 330); 3° sur Guizot vieilli et donnant au public ce qu'il appelle : *Quatre grands chrétiens français;* à savoir : saint Louis et Calvin; saint Vincent de Paul et Duplessis-Mornay. Barbey, qui ne mâche point les mots, déclare tout net que Guizot est en enfance (p. 345). Mais sa verve éclate surtout à propos de deux ignorants, qui avaient osé rapetisser la grande mémoire de la vénérable Louise de France; l'un des deux, qui s'appelait Soury, est relégué sans honneur parmi les « *rats* de bibliothèque » (p. 350).

Le tout s'achève par de belles pages sur Ernest Hello, penseur au génie puissant mais inégal, si profond mais si obscur. Barbey. le juge dans ces deux lignes : « Fait d'inégalités, il va haut et il tombe; et parfois il se démantibule en tombant, mais il reste un démantibulé sublime » (p. 369). — Ne pourrait-on pas cueillir dans cette phrase de quoi composer assez exactement l'épitaphe littéraire de Barbey d'Aurevilly ?

8° Pourquoi M. Charles Recolin a-t-il publié ce volume bleuâtre,

qu'il intitule : *l'Anarchie littéraire*? Est-ce pour constater l'existence de cette anarchie, et prouver l'évidence? Est-ce pour en
définir les symptômes, les causes, les effets, les remèdes? Serait-
ce pour l'aggraver? ou simplement pour faire un livre?

Toujours est-il que l'anarchie éclate et triomphe dans la littérature, comme dans la société que la littérature représente et
gouverne; et le livre de M. Recolin ne nous indique aucun moyen
sérieux pour secouer ce double cauchemar. Certes, le volume
bleuâtre de *l'Anarchie littéraire* affirme plusieurs choses très
vraies; il en affirme plusieurs très douteuses; il en dit bon nombre d'autres qui ne disent rien; ceci, par exemple : « Notre anarchie est donc peut-être un enfantement; espérons-le » (p. xv).
M. Recolin fonde son espérance sur la parole de M. Doumic,
des *Deux Mondes*; et sur la foi de M. Brunetière, directeur de
M. Doumic. Car, M. Brunetière est, selon M. Recolin, le ferme
mainteneur de toute vérité, tradition, croyance : « Si Bossuet
parle encore, n'est-ce pas grâce à M. Brunetière et par sa voix
d'airain? » (P. 22.) Nous autres, nous nous figurions que Bossuet parlait par lui-même; mais non; c'est M. Brunetière qui a
recueilli les restes de cette voix qui tombe.

Si l'on s'en rapporte à M. Recolin, il n'y a plus guère que deux
hommes de lettres qui « aient le courage d'avoir des principes »;
ce sont, vous le devinez, M. Brunetière et M. Doumic. Que
M. Brunetière ait des principes, tout le monde s'en doute; d'autant que M. Brunetière se prononce d'ordinaire, sur les sujets
qu'il touche, avec l'énergie de la conviction, et d'un ton qui n'invite point à la réplique; quant à M. Doumic, nous ne fatiguerons
point nos lecteurs à leur répéter nos critiques d'antan, sur cet
artiste flottant et divers [1].

M. Recolin nous assure que l'on voit de par le monde d'autres
gens de lettres « qui trouvent le moyen d'être tout à la fois les
disciples de Renan et de Léon XIII » (p. xii). Qui sont ces
phénomènes? pardon, ces monstres. Combien ont-ils de têtes?
A quelle foire les montre-t-on? Quel est le prix d'entrée? Rend-
on l'argent?

Le volume de *l'Anarchie littéraire* vaut mieux par l'ensemble
que par ces détails et autres échappées. L'auteur a des vues

---

1. V. *Études*, 20 janvier 1898 : *la Vérité à tout le monde.*

neuves; il pense par lui-même; et pas toujours par MM. Brune--
tière et Doumic. Quand il voit juste, il écrit bien; il n'est pas
profond, mais il est clair; il admire trop M. Gaston Deschamps;
beaucoup trop M. Édouard Rod; excessivement M. Téodor de
Wyzewa; mais il décoche quelques vérités dures à Émile Zola,
ce qui tendrait à prouver que M. Recolin est un écrivain nanti de
principes. Par contre, ce qu'il refuse à Zola, il l'octroie à Tolstoï,
à Ibsen, et à je ne sais plus qui. Il refuse à notre littérature française trois qualités : « La moralité, la vérité et la vie » (p. 268),
— rien que cela; mais cela, il l'accorde, sans se faire prier, aux
Russes et aux Norvégiens. Le voyageur alpin de Longfellow
criait : *Plus haut!* M. Recolin nous crie : *Plus au nord!* Le
soleil est décidément trop banal; vive la lune! vive l'étoile
polaire!

Par bonheur pour l'Occident, ou pour M. Recolin, un homme
s'est rencontré en Occident; un champion de la vie, de la vérité,
de la moralité; un semeur puissant, qui sème « le monde »
(p. 206); un homme admirable, devant qui on doit s'incliner; un
homme que M. Recolin honore, chérit, acclame et présente à l'humanité, comme le flambeau idéal de l'humanité de l'Occident ou
du Nord. — « Ce n'est pas moi, s'écrie M. Recolin, qui lui mar-
chanderai l'éloge et la sympathie » (p. 208); et, de fait, il ne les
lui marchande point; et, du haut des ruines amoncelées de toutes
les anarchies, il envoie à cet homme « un salut reconnaissant et
fraternel » (p. 209). Cet homme à nul autre second; l'homme
salué par M. Recolin d'un hommage fraternellement reconnaissant; l'homme qui doit nous ramener de l'anarchie à la vérité, à
la vie, à la moralité, c'est... le prêtre apostat Victor Charbonnel.

Après cela, n'est-ce pas, on tire l'échelle; et surtout, on ferme
le livre bleuâtre; auquel il faut marchander l'éloge et la sympathie.

9° A côté du livre bleuâtre de M. Recolin, plaçons le livre jaune
de M. Lhomme; tous deux sortent de la même vitrine; tous deux
traitent d'une même matière, mais point d'une même façon; et
l'auteur de *la Comédie d'aujourd'hui* dédie son œuvre « Aux honnêtes gens ». Je ne sais si les honnêtes gens liront cette œuvre;
mais elle est vraiment écrite pour eux.

En tout, sept chapitres; sept actes de *la Comédie d'aujour-*

d'hui; les Poètes, les Critiques, les Journalistes, le Roman, le
Théâtre; puis, pour finir par quelque chose de plus vaste : les
Mœurs, les Lettres. M. Lhomme constate, lui aussi, l'anarchie
littéraire envahissante et inquiétante ; il fait la portraiture et caricature des contemporains qui rimaillent, écrivaillent et enca-
naillent le public. M. Lhomme imite la façon de La Bruyère et de
Louis Veuillot dans les *Libres Penseurs;* il invente les pseudo-
nymes, et il pose des masques diaphanes. Et quelquefois il
nomme ; il fouaille assez dru les Richepin, les Verlaine, le « hideux Verlaine » (p. 21); les Sâr Peladan, les Rodenbach, toute
l'engeance des déséquilibrés.

Les Quarante y passent aussi, et probablement M. Lhomme ne
sollicitera point, pour son livre, les sourires de l'Académie et le
billet de mille ou cinq cents. Il ne professe qu'une estime très
médiocre pour le bloc de ces Quarante-là. Il n'admire pas plus
ceux qui louent l'Académie avant d'en être, et afin d'en être ;
car, si l'on en croit encore M. Lhomme, « les critiques n'entrent
à l'Académie qu'à quatre pattes » (p. 46). Évidemment, il n'est
pas près de franchir les marches. — Le plus curieux de l'affaire, c'est que M. Lhomme, malgré son franc parler, et à cause
même de cette franchise, a souvent raison; toujours, serait évidemment trop dire.

Je m'imagine que ces honnêtes chapitres ont été ruminés dans
le loisir et le silence de quelque campagne verte, sous de beaux
arbres, loin des arbres du boulevard. C'est calme, c'est clair ;
c'est le jugement d'un critique qui n'aspire point à l'Institut, ni à
la *Revue des Deux Mondes;* bref, qui n'espère rien : « Non, mes
amis; non, je ne veux rien être! » La conversation de M. Lhomme
doit être, comme son livre, celle d'un sage ; il lutte sans colère ; il cingle d'une main tranquille ; il ne se fâche point, ou
si peu.

Je n'ajouterai qu'un mot à ma critique sur ces critiques. Refaire les *Libres Penseurs*, c'est une belle besogne, mais un rude
métier; il y faut des muscles ; il y faut de la sueur ; il y faut presque du sang. Pour emporter pièce, il faut se fâcher ; c'est même
le grand secret pour se faire lire. Louis Veuillot emportait pièce ;
parce qu'il bataillait, résolu à défendre, envers et contre tous, la
foi, l'honneur, le bon sens, la morale ; parce qu'il pourfendait de
sa fière plume, parce qu'il secouait de son rire vaillant, la sottise,

la lâcheté, l'impiété, la *chiennaille.* Alors vraiment, l'inspiration,
naissant d'un cœur intrépide et révolté,

> Au bout du dard vibrant met la pointe d'acier.
>
> (*Satires*, I, i.)

M. Lhomme n'est point un pourfendeur ; il cause sans élever
la voix, presque sans s'échauffer ; il attaque, mais il ne mord
point. Sa *Comédie d'aujourd'hui* est sincère, aimable, juste ; elle
mérite d'être lue ; mais elle ne se fait point lire par force. Heureux les livres de critique qui se font lire par force ; et dont, au
bas de chaque page, chaque dernière ligne crie au lecteur :
« Marche ! marche ! »

J'ai cité Louis Veuillot. Rappelez-vous le programme qu'il se
traçait, et qu'il a rempli, en se faisant lire :

> ... Dussé-je ne laisser de moi dans l'avenir
> Qu'un renom tout couvert de leur encre épaissie,
> C'est mon devoir ; voilà de quoi je me soucie.
> Je les ai trop connus, ils m'ont trop tourmenté ;
> A tout ce que j'honore ils ont trop insulté ;
> Contre Dieu, le bon sens, la grammaire, et l'Église.
> Ils ont trop à leur aise étalé leur sottise,
> Trop menti, trop fourbi le sophisme insolent,
> Trop abusé du vice et parfois du talent :
> Je n'en peux plus ; il faut que mon cœur se soulage ;
> Et qu'à mon tour, ma main frappe, et les endommage.
>
> (*Satires*, Préliminaires.)

Et il les *endommageait,* pour leur plus grand bien, et pour le
nôtre. Que Dieu nous le rende !

Victor DELAPORTE, S. J.

REVUE DES LIVRES

De theologica certitudine maternitatis B. Virginis quoad
fideles, *juxta Christi verba « Mulier, ecce filius tuus »* dissertatio
auctore Henrico LEGNANI, S. J. Venise, Emiliani, 1899. In-8,
pp. 46. — Sur la courte dissertation du P. Legnani, professeur
d'Écriture sainte au scolasticat de Goritz, on peut faire quelques
réserves de détail; discuter tel ou tel raisonnement (p. 29-33);
trouver que tel système d'exégètes catholiques est exposé d'une
façon bien sommaire, qui en facilite la réfutation (p. 44[1]). Dans
l'ensemble, la question traitée intéresse à la fois la science biblique et la piété, et elle est traitée avec compétence.

Nul catholique ne doute de la maternité de la sainte Vierge par
rapport aux fidèles. Tous reconnaissent encore que cette maternité, commencée à l'heure même de l'incarnation, se consomma
sur le Calvaire, dans un douloureux enfantement. Mais Notre-
Seigneur a-t-il voulu exprimer cette vérité par les paroles que, de
la croix, il adressa à Marie et à saint Jean? Sur cette question,
qui n'est point nécessairement liée à la thèse principale, l'accord
est moins complet entre les commentateurs catholiques. Plusieurs,
et même des plus estimés, tiennent que les paroles de Jésus, au
sens littéral, ne vont qu'à recommander Marie aux soins filiaux
du disciple bien-aimé; c'est par accommodation que chaque fidèle
peut s'attribuer à lui-même le rôle de Jean. Tout à l'opposé de
ceux-là, et sans s'arrêter aux positions intermédiaires qu'on pourrait concevoir, l'auteur formule ainsi sa thèse (p. 27) : « Dans
l'intention de Jésus-Christ, les paroles en question signifiaient
directement, *proprement* et *premièrement* la maternité de Marie
par rapport aux fidèles, de telle sorte que tous les fidèles étaient

---

1. Autres détails, qui sont peut-être de simples fautes typographiques :
les deux lettres « S. J. » se trouvent par erreur ajoutées au nom de M. J.
Scheeben, professeur au séminaire archiépiscopal de Cologne, et du R. P.
Petitalot, supérieur de la Société de Marie (p. 16); l'auteur des *Simples
explications sur la coopération de Marie* appartenait bien à la Compagnie
de Jésus, mais il se nommait *Pierre Jeanjacquot*, et non *Jean Jacquot*
(p. 14); etc.

censés représentés en la personne de Jean ; et. *conséquemment*, le
même apôtre était désigné à un titre particulier et éminent pour
rendre à la divine Mère cet hommage filial. »

Assurément, la grandeur du rôle de Marie au pied de la croix
incline fortement à penser que Notre-Seigneur a voulu montrer
en elle la mère du genre humain régénéré. Le sentiment commun
des fidèles et de tant d'écrivains savants et pieux, sentiment fort
bien mis en lumière par le P. Legnani (p. 7-20), donne à cette
manière de voir un très sérieux appui.

René-Marie DE LA BROISE, S. J.

Jacques Thomas. Mélanges d'histoire et de littérature religieuse, recueillis et publiés par l'Institut catholique de Toulouse.
Paris, Lecoffre, 1899. In-12, pp. XXXI-349. — Ce n'est pas,
certes, une banale figure que celle de ce jeune exégète, mort à
trente-neuf ans, avant d'avoir pu donner les importants travaux
que son érudition étendue et sûre promettait au monde savant.
Jacques Thomas revit dans la belle Préface que lui a consacrée
une main amie : critique pénétrant, et dévot à saint Thomas ;
joyeux protagoniste du salon de M. l'abbé Duchesne, et s'esqui-
vant (il avait à cela du mérite, nous dit un témoin) pour achever
le *De Sacrificio Missæ* de Suarez : au total, le type du prêtre
érudit, soucieux de mettre en contact et en accord, sans les confondre, et pour le plus grand avantage des deux, sa science et sa
foi. La tâche, à qui veut l'accomplir en perfection, est délicate,
ajoute Mgr Batiffol : y voir si bien réussir n'en est que plus
réconfortant.

Les *Mélanges* de Jacques Thomas s'ouvrent par une étude vraiment magistrale, et toujours actuelle (car l'école de Baur n'est pas
morte) sur l'*Église et les judaïsants à l'âge apostolique*. La critique minutieuse et pourtant loyale des textes, l'abondance du
détail dominée par la vue d'ensemble, l'ampleur calme de l'exposition rappellent la manière de Maldonat. La réimpression[1] de
cet excellent travail sous une forme commode et accessible justi-
fierait à elle seule ce volume d'essais : l'explication de l'attitude
prise par saint Pierre au synode de Jérusalem, puis à Antioche,
est en particulier digne de toute louange, comme unissant en

1. Cette étude a paru d'abord dans la *Revue des Questions historiques*,
1889-1890.

proportions très justes la psychologie et la critique des documents. Le portrait est suggéré dans son entier par les textes, et
cependant les fait vivre. Suivent, en série, de brèves études se
rapportant presque toutes à la littérature de l'Ancien Testament.
On y trouvera des vues intéressantes — je signalerai (p. 209 *sqq.*)
celles qui décrivent la méthode à suivre dans une étude supérieure de l'Écriture, et celles qui ont trait à l'autorité dogmatique de la Vulgate d'après les anciens théologiens (p. 307 *sqq.*) —
exprimées dans ce style exact et vraiment scientifique, qui est la
marque de l'auteur.

L'édition est soignée[1] et ajoutera au bon renom de l'Institut
catholique de Toulouse, auquel Jacques Thomas avait donné plus
que des promesses, et qu'il se réjouirait de voir grandir et pro-
gresser dans ses chères études de littérature ecclésiastique.

Léonce DE GRANDMAISON, S. J.

Anciennes littératures chrétiennes. — II. *La littérature syria-*
que, par R. DuVAL. Paris. V. Lecoffre. In-12, pp. xv-426. —
Quelques bons articles de M. l'abbé Martin, une vingtaine de
pages fort inexactes dans l'*Histoire des langues sémitiques,* par
M. Renan : c'est tout ce que nous avions en français sur la littérature syriaque. La *Bibliothèque de l'enseignement de l'histoire*
ecclésiastique a eu hâte de combler cette lacune. Nous félicitons
l'éditeur de s'être adressé pour cela à l'homme qui est chez nous
le plus compétent sur la matière : M. Duval, professeur de littérature araméenne au Collège de France.

Comme ses deux aînés, ce nouveau volume est *instructif.* N'est-
ce pas le meilleur éloge qu'on puisse faire des ouvrages de ce
genre? L'historien, l'exégète et le théologien y trouveront des
analyses et des aperçus du plus haut intérêt. Ce sont d'abord
quelques bonnes pages sur les origines si obscures de cette littérature exclusivement chrétienne qui apparaît brusquement, avec
une langue toute faite au moment où l'Évangile est prêché en
Mésopotamie. L'auteur nous dit ensuite pourquoi la langue
syriaque n'a pas sensiblement varié du second au treizième siècle
de notre ère; il essaie aussi de préciser les points d'attache du
syriaque avec le grec. Après avoir été disciples des Grecs, les

1. Voir pourtant, p. 91, trois lignes avant la fin de la note 2 ; p. 151,
ligne 10 ; p. 162, ligne 5 ; p. 285, ligne 10.

. Syriens deviennent à leur tour les maîtres des Arabes, et c'est par leur intermédiaire que ceux-ci s'initient à la philosophie d'Aristote. La poésie n'a pas été oubliée ; et c'est là de nos jours une question tout à fait suggestive. On sait, en effet, que ces dernières années on a tenté — non sans succès — des rapprochements entre la poésie hébraïque et la poésie syriaque, au point de vue du rythme et du parallélisme.

Le lecteur trouvera encore dans ce volume des renseignements précis sur les origines et les rapports mutuels des Versions du Nouveau Testament : la Peshitta, la Curetonienne, et la Sinaïtique récemment découverte. Dans le chapitre consacré aux livres apocryphes se lit une analyse critique de la *Doctrine d'Addaï*, qui est particulièrement intéressante.

Comme de juste, le meilleur de l'ouvrage est consacré à l'histoire générale de la littérature syriaque. Siècle par siècle, tous les auteurs connus à l'heure qu'il est défilent divisés en trois grands groupes : les orthodoxes, les nestoriens et les monophysites. Viennent ensuite ceux qui ont écrit depuis l'invasion arabe — du septième au treizième siècle.

Des livres comme celui-ci ne se résument pas, il faut les lire d'un bout à l'autre, et y revenir souvent.   A. Durand, S. J.

Cours complet de droit canonique et de jurisprudence Canonico-civile, par l'abbé B. Duballet. T. III. Paris, Oudin, 1898. In-8, pp. 576-232*. Prix (avec les deux précédents) : 20 fr. — M. l'abbé Duballet continue la publication de son cours complet de droit canonique, d'après le plan que nous avons exposé.

Dans ce troisième volume, il achève l'explication des principes ; sous le titre III, il traite des lois ecclésiastiques ; sous le titre IV, il traite de quelques lois spéciales : rescrits et privilèges. Il parle ensuite du droit coutumier, des concordats, des sources et des collections du droit canonique et de ses règles. On trouve dans les Appendices plusieurs documents très importants, notamment les principales pièces concernant le concordat de 1801.

L'auteur disserte avec la même sûreté et se prononce avec la même sagesse que dans les questions précédentes. Il expose d'ordinaire les opinions, affirme les vérités qu'il juge hors de conteste ; puis, sur les points controversés, tantôt il choisit entre les avis

opposés, tantôt il adopte une solution conciliatrice, un jugement
intermédiaire entre les deux extrêmes. Ainsi, au lieu de ne voir
dans les concordats des papes avec les souverains temporels que
de simples privilèges octroyés, ou seulement des contrats, il
reconnaît, selon les cas, ici un pur privilège, là un rigoureux
contrat, ailleurs un acte participant de l'un et de l'autre. Qui
oserait le blâmer de se montrer souvent — mais de la bonne manière — opportuniste ?   François TOURNEBIZE, S. J.

Cantiques pour Missions, Retraites, Réunions d'œuvres, par
les PP. L. CLEISSEN et H. VALEUR, S. J. Reims, A. Lefèvre[1].
In-32, avec les airs notés, pp. 115 ; sans notes, pp. 50. —
Nous connaissions l'accueil favorable fait à la première édition
des *Cantiques de mission de Reims*, parue en 1896, et parvenue
en trois ans à son trois centième mille. Mais en feuilletant le nouveau recueil, beaucoup plus complet, et donné cependant au
même prix modique, nous avons été frappé du mérite de cette
œuvre, due à l'inspiration d'un missionnaire qui y a consacré
de laborieuses et patientes recherches continuées pendant plusieurs années.

Nous avons vu avec plaisir qu'il a voulu conserver les cantiques
de mission depuis longtemps en usage et aimés des missionnaires, comme : « Je suis chrétien », « Nous voulons Dieu », etc. ;
mais avec quelques changements devenus nécessaires.

Les autres cantiques, en plus grand nombre, ont été spécialement composés pour ce recueil par le P. L. Cleissen ; la plupart
sur des airs connus et généralement appréciés. Parmi ces cantiques nouveaux, quelques-uns, comme *la Royauté de Jésus-
Christ*, ont été, depuis 1896, chantés avec enthousiasme aux
missions de Reims, Dunkerque, Limoges, Lunéville, etc. D'autres, sur Notre-Seigneur Jésus-Christ et son Cœur sacré, sur la
très sainte Vierge, saint Joseph, la sainte Famille, les saints
Anges, etc., sont certainement appelés au même succès.

En parcourant ces pages animées de foi vive et de filial amour
pour Jésus et la Vierge, en lisant ces « petits sermons en vers »,
comme on pourrait les appeler, nous avons été agréablement surpris d'y rencontrer une véritable valeur doctrinale. Pour mieux

1. Dépôt : Reims, V. Hamann. Prix : sans notes, 2 fr. 50 le cent ; avec
notes, 10 cent. l'exemplaire.

instruire les fidèles, on a pris soin que, dans chaque cantique, à l'exception du premier qui a pour titre : « Abrégé de la Doctrine chrétienne », *une seule vérité* fût développée. Elle l'est ordinairement en sept couplets.

Chanter comme on parle est la règle à observer pour la bonne et intelligible exécution d'un cantique, en particulier par une masse de chanteurs. De là s'impose la nécessité du rythme. La note accentuée du temps fort de la mesure doit correspondre à la syllabe accentuée du mot, ce qui empêche de couper les mots en deux, et fait éviter l'appui désagréable de la voix sur des syllabes muettes. Dans ce recueil, les refrains et les couplets ont été assez régulièrement rythmés.

Les missionnaires et les prêtres directeurs d'œuvres aimeront à constater que l'auteur a conservé à ces cantiques populaires leur cachet d'évangélique simplicité. Pour nous, nous lui savons gré d'avoir eu égard aux légitimes exigences des fidèles, et de s'être appliqué à garder une forme littéraire généralement soignée.

Pendant les missions, le peuple chante ordinairement les refrains à l'unisson. Toutefois, en faveur des chœurs plus exercés, ces refrains ont été presque tous écrits à deux voix. Si le refrain est chanté à l'unisson, cela facilitera au moins l'accompagnement.

L'auteur, musicien et poète, a voulu que les prêtres et les fidèles pussent trouver dans ce recueil des ressources pour les saluts du Très Saint Sacrement et cérémonies diverses en usage dans les missions et les paroisses. Aussi l'a-t-il complété par *vingt-quatre* chants latins, souvent avec plusieurs airs pour les mêmes paroles. Et, ce qui sera particulièrement apprécié des maîtrises et des chorales, parmi ces airs et les tons de psaumes, vingt-trois sont écrits à trois voix. Cependant, grâce à la disposition adoptée, on peut les exécuter à deux voix, ou encore se contenter de l'unisson, écrit en notes plus fortes, en donnant à l'orgue les autres parties.

Les airs difficiles sont la terreur des missionnaires ; c'est pourquoi les airs choisis ou composés pour cette seconde édition, restent, comme dans la première, *simples et populaires*, tout en gardant la dignité religieuse.

L'harmonie adaptée à ces airs revisés avec soin est facile et suave. Elle est, sauf pour quelques chants dont les auteurs sont signalés, l'œuvre spéciale du P. H. Valeur, dont plusieurs motets religieux ont déjà fait louer le talent délicat.

Joseph BRUCKER, S. J.

Déclaration des Droits de l'homme ou Principes de 1789 mis en regard des Lettres apostoliques de S. S. Léon XIII, par l'abbé BONDON, du clergé d'Amiens. Paris, Lethielleux, 1899. In-12, pp. 95. Prix : 1 franc. — Maintenir les principes vraiment catholiques dans toute leur intégrité et opposer une digue aux prétentions de l'ignorance et de l'erreur a toujours été l'objet de la mission et de la constante sollicitude du Pontife romain. Ces principes ne sont-ils pas en effet la seule sauvegarde des sociétés chrétiennes ?

La lecture de la courte brochure que vient de publier M. l'abbé Bondon prouvera avec évidence que l'illustre Pontife qui gouverne actuellement l'Église a excellé entre tous dans l'accomplissement de cette grande mission : nul mieux que lui n'a su comprendre nos temps troublés et apporter à nos maux le remède qui leur convient.

L'auteur du travail dont nous parlons a résumé en quelques pages la doctrine politique et sociale de Léon XIII : son texte est celui des Lettres apostoliques; il sera lu avec intérêt, plaisir et grande utilité.

Ch. ANTOINE, S. J.

L'Année sociale (*en France et à l'Étranger*), 1898. *Première année,* par Paul FESCH. Paris, V. Lecoffre. 1 vol. gros in-18, pp. 665. Prix : 3 fr. 50. — *L'Année sociale* est le résumé, la condensation de tout ce qui s'est passé en France et à l'étranger, au point de vue social. Orateurs ou industriels, écrivains ou commerçants, ouvriers ou patrons, trouveront dans cet ouvrage une foule de documents et de renseignements disséminés un peu partout et d'une recherche difficile et longue.

L'histoire des partis sociaux en France et à l'étranger, depuis leur origine jusqu'en 1898; leurs progrès en 1898; les congrès de toutes sortes avec leurs discussions et leurs vœux y sont fidèment reproduits ou résumés.

A côté des statistiques relatives à la situation commerciale et industrielle des différents pays, M. Paul Fesch nous apporte l'état exact des œuvres d'assistance, de charité, de prévoyance; une étude comparative des diverses lois sur les *accidents du travail* chez les sept nations où elles existent; un chapitre très documenté sur le *commerce allemand,* si menaçant pour la France; les jugements des tribunaux relatifs à l'exécution des lois ouvrières; même un extrait des usages locaux de la Ville de Paris concernant les domestiques, ouvriers, employés; une étude sur l'antisémitisme, le féminisme, les questions agricoles, le terrianisme, etc., etc.

Le volume se termine par une double table : l'une analytique des matières; l'autre alphabétique, contenant plus de *quinze cents* noms propres des personnages cités.

Bref, malgré quelques lacunes, c'est une véritable encyclopédie sociale. Ch. Antoine, S. J.

Vers la ruine, par Léon Poinsard. Paris, A.-L. Charles, 1899. In-16, pp. xxvi-459. — *Vers la ruine* est un livre d'avant-garde, court, simple, clair, exact, documenté; il n'est point fait pour les docteurs ès sciences politiques, mais bien pour ceux dont le temps est mesuré et la préparation sommaire, pour le grand public. Avec une franchise et une loyauté qui l'honorent, M. Léon Poinsard décrit les tristesses de la douloureuse situation où se débat la France, il étale au grand jour un nombre considérable de détails pénibles pour notre amour-propre, indices de notre faiblesse. Que les gens timorés, les esprits fâcheux poussent des cris d'indignation — plus ou moins sincères ! — seuls les faibles et les sots cherchent à se faire illusion sur la gravité de leurs maux et de leurs défauts. Pour s'en guérir, il les faut découvrir, les connaître et les combattre.

Or, le grand mal, l'ennemi héréditaire, c'est la centralisation; et, suivant l'heureuse expression du jeune écrivain : « Le Français du dix-neuvième siècle ce n'est pas un *citoyen* libre, c'est un *administré.* Le pouvoir central, ayant peu à peu dépouillé la nation de toute ou presque toute influence sur la gestion des affaires publiques, a pris lui-même en main cette gestion à peu près exclusivement. Il l'exerce au moyen d'un grand nombre d'agents rétribués. Le gouvernement est ainsi devenu un commode et fructueux moyen d'existence pour beaucoup de gens; de là vient la formation des clans politiques qui s'efforcent non pas d'améliorer le gouvernement par une évolution mesurée, régulière, mais plutôt de s'en emparer par la force pour l'exploiter. Aussi leur compé-

tition maintient le pays dans un état de trouble perpétuel. Du
même coup on a éteint presque totalement parmi nous l'habitude
et le goût des affaires publiques ; dès lors le gouvernement, c'est-
à-dire la bureaucratie, peut nous mener à sa guise, sans résistance
et sans contrôle.

Enfin, la grande machine administrative absorbe, dépense, ou
gaspille beaucoup d'argent qu'elle se procure au moyen d'un
système d'impôts très injustes et très lourds.

Telles sont en résumé les principales idées, groupées sous les
titres suivants, des trois premières parties : *L'État prodigue*, *les
excès de la fiscalité en France*, *le désarroi politique*.

La quatrième traite des réformes nécessaires. Elles sont au
nombre de trois, ou plutôt se ramènent à trois groupes distincts :
1° Réformes *administratives*, dans le but de rendre aux localités
les attributions qu'elles ont perdues, de réduire la bureaucratie en
précisant ses responsabilités et en diminuant son rôle ; de réor-
ganiser notre système militaire, qui nous coûte beaucoup trop de
temps et d'argent ; — 2° Réformes *fiscales* tendant à simplifier
notre régime de contributions, afin d'en éliminer autant que faire
se peut, l'inégalité, l'inexactitude, les abus qui y abondent aujour-
d'hui ; — 3° Réformes *scolaires* par l'allégement des programmes,
la suppression des examens inutiles, la réorganisation de l'inter-
nat, la décentralisation de la direction.

Assurément ces réformes sont excellentes ; mais qui les réali-
sera ? M. Léon Poinsard ne veut ni de la dictature, ni d'une
revision de la constitution, mais il fait appel à l'action privée de
tous les bons Français : « Dans ce but, dit-il, tous les Français
qui réfléchissent, qui voient l'avenir avec crainte, qui comprennent la nécessité d'une réforme profonde, ont le devoir de se
mettre immédiatement à l'œuvre, de travailler à acquérir eux-
mêmes la connaissance pratique des choses de la vie publique,
afin de répandre autour d'eux des idées justes, précises et d'exercer sur les élections de tout ordre une influence capable d'évincer
celle des comités de clans et de fonctionnaires. » Voilà le langage du patriotisme éclairé. Puisse-t-il avoir des échos dans
toute la France et réveiller les bonnes volontés endormies !

Que la fiscalité actuelle soit injuste et détestable, j'en conviens
avec l'auteur, mais lorsqu'il ajoute : « Pour attribuer équitable-
ment à chacun sa part dans le montant des charges publiques,

il suffit de demander au contribuable la déclaration de son revenu, on le taxera alors en proportion; rien de plus simple »; je trouve que la solution est vraiment trop simple, j'allais dire *simpliste*. Sans doute la taxation idéale, c'est bien l'impôt calculé sur le revenu avec déclaration loyale du contribuable; mais, pour être idéale, cette fiscalité ne se heurte pas moins dans la pratique à des difficultés inextricables et insurmontables. Faites une loi qui fixe l'impôt à 7 p. 100 du revenu de chaque citoyen, invitez ceux-ci à déclarer le montant de leur revenu net et à se présenter à la caisse du percepteur... et vous verrez combien il y a loin de la fiscalité idéale à la fiscalité réelle.

Dans le chapitre concernant la politique extérieure, M. Léon Poinsard se méfie de l'alliance franco-russe et préconise l'entente cordiale, l'union pour la paix avec la puissante Albion. Cela part d'un bon sentiment, je le veux bien; mais pourquoi rejeter sur la France la responsabilité de la tension qui existe entre les deux voisines? «Nous jalousons, dit-il, les succès que procure à l'Angleterre la supériorité de son organisation..., nous nous trompons en nous éloignant d'elle par l'effet d'un dépit indigne de nous et souverainement maladroit » (p. 297). Est-ce bien vrai? Car enfin, à étudier l'histoire de la politique anglo-française depuis vingt ans, on reste convaincu que, malgré les déclarations retentissantes de M. J. Chamberlain, les coups d'épingle ne sont point partis de France.

Ces très légères réserves faites, je tiens le livre de M. Léon Poinsard pour un ouvrage intéressant, instructif, documenté et éminemment suggestif.　　　　　　　　Ch. Antoine, S. J.

Compte rendu du Congrès de la Jeunesse catholique, à Besançon (novembre 1898). Besançon, Bossane, rue Ronchaud, 19. In-8 de pp. 900, orné de quinze portraits en phototypie. Prix, franco : 6 fr. 95. — Ce congrès de trois jours, bientôt suivi de celui de Lyon, est le huitième qui ait été organisé par l'*Association catholique de la Jeunesse française*, dont le siège est à Paris, rue des Saint-Pères, 76. La cheville ouvrière du congrès a été le R. P. Dagnaud, eudiste, professeur au collège Saint-François-Xavier de Besançon et directeur de la Conférence Saint-Thomas d'Aquin. Il s'est dévoué ensuite à une tâche pénible : la publication de ce gros et magnifique volume. Il serait impossible d'analyser les nombreux discours et rapports qu'on trouve là *in extenso*. Et sans nous porter garant de toutes les idées qui y sont émises, nous pouvons affirmer du moins que les directeurs d'œuvres de jeunesse puiseront dans ces travaux une foule d'indications utiles. M. Jean Guiraud, le sympathique professeur de l'Université de Besançon, a relié les comptes rendus des séances par des réflexions qui montrent la physionomie de ces réunions. M. G. Goyau, qui est un apôtre autant qu'un lettré des plus distingués, a écrit de belles pages d'introduction, pleines de pensées généreuses sur les aspirations et les devoirs des jeunes catholiques.   Augustin POULAIN, S. J.

L'Hygiène pratique et la Vie chrétienne, *notions élémentaires sur les moyens de conserver la santé du corps et de l'âme,* par le Dᵣ Jules LE BÊLE. Paris, Retaux; Le Mans, Bienaimé-Leguicheux, 1898. 2ᵉ éd. Un vol. in-18 de pp. 750. Prix : 5 francs. — Voilà un traité complet de sage et chrétienne hygiène, qui comble une lacune de notre littérature savante et sera bientôt dans toutes les mains. Il est dû à la plume de notre vénéré confrère du Mans, le Dᵣ Jules Le Bêle, qui a déjà la gloire enviable d'avoir fondé ou plutôt ressuscité la *Société médicale de Saint-Luc, Saint-Côme et Saint-Damien.*

Au point de vue scientifique, ce livre est en général exact et dénote une grande expérience. Mais ce qui en relève singulièrement la valeur, c'est qu'il est imprégné d'esprit chrétien et qu'il montre à chaque page l'union nécessaire de l'hygiène et de la morale. Nous ne pouvons l'analyser ici et devons nous borner à citer la conclusion qui le résume. « *L'hygiène et la morale*, ces deux guides de l'homme ici-bas, lui apprennent *à vivre sagement pour vivre longtemps*. S'il écoute leurs avertissements, sa récompense est, dans ce monde, autant que possible, *une vie longue et heureuse;* dans l'autre, c'est un bonheur assuré, inappréciable et bien autrement long : *la vie qui ne doit plus finir.* »

Que ce bon livre se répande partout, dans les villes, dans les campagnes, au château, au presbytère, au village, qu'il fortifie les uns et éclaire les autres, c'est le vœu du savant auteur, c'est le nôtre et celui de tous ceux qui tiennent à l'union de la foi et de la science et veulent le règne de Dieu !   Dᵣ SURBLED.

Leçons sur la théorie des Fonctions, par Émile BOREL, maître de conférences à l'École normale supérieure. Paris, Gauthier-Villars, 1898. Pp. x-136. — L'intérêt souverain d'une science serait toujours évidemment dans les vérités les plus abstraites et par conséquent les plus philosophiques, si le défaut de précision ou de certitude n'empêchait souvent leur mise en valeur. En mathématiques, où rien n'est que le précis et le certain, lorsqu'on rencontre une de ces vérités, elle fascine. Telle est la théorie des ensembles. Aussi M. Borel, même limité par son plan, n'a-t-il pu s'empêcher d'en faire ressortir la portée. Je ne puis m'empêcher davantage de cueillir quelques propositions, presque toutes bien connues du monde mathématique, mais que les philosophes, un peu étrangers à ce monde d'une tenue plus sévère, pourraient ignorer encore. Un continuum quelconque (par exemple tout l'espace réel, à le supposer mathématiquement continu), même non borné, même à un nombre de dimensions non borné, a même puissance qu'un ensemble de points d'un segment de droite (ou de nombres compris entre 0 et 1), c'est-à-dire qu'ils peuvent être mis en correspondance point par point. La puissance d'un ensemble infini reste la même après qu'on en a enlevé une infinité dénombrable de points. Enlevez d'un segment de droite tous les points compris dans chacun des intervalles $\left(\frac{p}{q} - \frac{1}{q^3}, \frac{p}{q} + \frac{1}{q^3}\right)$, $\frac{p}{q}$ parcourant tous les nombres commensurables auxquels répondent des points du segment: il y restera encore une infinité non dénombrable de points. Peut-être alors sera-t-on « moins disposé à croire que l'on sait ce que c'est que le continu et à raisonner sur lui comme sur une notion intuitive et parfaitement claire ». Un ensemble peut avoir à la fois la puissance du continu et une étendue nulle, être parfait et n'être dense dans aucun intervalle. Enfin la propriété indiquée par Liouville pour les nombres algébriques n'est pas caractéristique.

Le chapitre IV est destiné à préciser la notion de prolongement analytique. On y trouvera en particulier une démonstration nouvelle de la différence entre l'unité formelle d'une expression analytique uniforme et celle d'une fonction analytique. Dans les deux derniers chapitres, l'auteur reprend et développe quelques points de sa thèse. C'est d'abord une série de lemmes curieux et importants sur la convergence de certaines séries réelles le long d'une infinité non dénombrable de lignes se frayant un passage entre une infinité de points, puis la position nette du problème de la représentation analytique des fonctions uniformes. Il s'agit de trouver une représentation qui mette en évidence leurs propriétés et qui pour une fonction donnée soit unique.

Trois notes complètent les notions sur les ensembles. A cause de leur intérêt philosophique, on me permettra peut-être d'en discuter ici quelques points. Qu'un mathématicien ait le droit de juger *scientifiquement* stérile, partant négligeable, telle définition pure, je le maintiendrai toujours. Mais interdire à un honnête homme de concevoir ce qui est logiquement défini, je ne l'oserais. Et un objet n'est-il pas suffisamment déterminé relativement à nous pour être concevable par le seul fait qu'il *nous apparaît* comme déterminé en soi (ou, ce qui revient au même, pour l'intellect divin)? Plus d'un lecteur sans doute s'arrêtera rêveur devant une fonction qui rend telle intégrale « à la fois pourvue et dépourvue de sens », c'est-à-dire à la fois finie et infinie, puisqu'une fonction croissante (même idéale, à moins de ne plus être fonction ou de n'être plus croissante) est intégrable. Du Bois-Reymond lui-même n'osait passer outre. Je conçois encore à peu près la coupure, même caractérisée par l'intégrale en question, comme je conçois celle qui définit $\sqrt{2}$. Mais puis-je dire que le carré de $\sqrt{2}$ est à la fois inférieur et non inférieur à 2? M. Cantor ne dirait-il pas que son second principe nous met par lui-même dans la nécessité de franchir, pour arriver à chaque nouvelle puissance, précisément le pas que M. Borel a franchi sans difficulté pour arriver à la seconde? « L'induction qui nous amène à... la seconde puissance... s'impose comme.... nécessaire. » (P. 117.) Après chaque ensemble de nombres réels dont aucun n'est plus grand que tous les autres, on pose un nouveau nombre qu'on regarde comme leur limite. On le posera dès lors comme un nombre de la classe où l'on est *dans l'hypothèse* que l'ensemble déjà obtenu ne l'a pas épuisée; on le posera comme le premier nombre de la classe suivante dans l'hypothèse opposée. Le nécessaire et le suffisant — le difficile aussi — est d'avoir *défini* la classe précédente (*Acta*, t. II, p. 390). La troisième note est consacrée à la notion de fonction en général et à celle de fonction arbitraire. L'auteur est conduit en particulier à présenter d'un point de vue nouveau l'intégration des équations aux dérivées partielles.

On devine que, sous le titre de leçons, il ne faudrait pas entendre un exposé toujours didactique, régulier et complet. Mais on voit aussi tout ce qu'il peut y avoir, dans ce petit volume, de vues personnelles, d'aperçus lumineux, d'idées suggestives.

Jean DE SÉGUIER, S. J.

I. **Principes de laiterie**, par E. DUCLAUX. Paris, A. Colin. In-12, pp. III-370. Prix : 3 fr. 50. — II. **Les Recettes du distillateur**, par E. FIERZ. Paris, Gauthier-Villars, 1899. In-12, pp. 149.

I. — Les *Principes de laiterie* de M. Duclaux s'imposent à l'attention de tous ceux qui, à un titre quelconque, s'intéressent aux diverses branches de l'industrie laitière, lait, beurre, fromage.

Le savant auteur ne s'est point proposé de décrire tous les modèles d'écrémeuses ou de barattes, ou d'exposer la fabrication de tous les fromages connus, mais de faire pénétrer la lumière de la science des microbes dans un domaine où ces infiniment petits jouent un rôle capital et, cependant, souvent complètement méconnu. « N'est-il pas singulier, par exemple, dit l'auteur, que dans une industrie où les microbes règnent en maîtres, il y ait des traités de laiterie, et non des moins copieux, qui n'en parlent pas et qui décrivent la fabrication d'un fromage comme si c'était celle d'un lingot d'acier ou d'une plaque de blindage ? »

Ici, au contraire, tout s'éclaire, tout prend sa signification véritable. A côté de l'étude physique et chimique du lait, du beurre, etc., de la discussion des méthodes d'analyse, trop souvent illusoires, de ces divers produits, une place considérable est donnée à l'étude des modifications déterminées par les microbes, sans cesse en travail, et dont l'action, tantôt funeste, tantôt bienfaisante, demande à être suivie de très près, si l'on veut se rendre compte des conditions traditionnelles de l'industrie de ces substances si éminemment alimentaires, en devenir maître, pouvoir les améliorer ou les varier à volonté, savoir lutter, non en aveugle, mais à bon escient, contre les difficultés, parfois mystérieuses, dirait-on, qui entravent leur développement. Dans telle ferme, entend-on dire quelquefois, on ne fait pas de bon beurre. La cause en est souvent la présence d'un microbe malfaisant. Des soins de propreté, des précautions, parfois très simples, viendraient à bout du mal ; mais la première chose n'est-elle pas de savoir contre quel ennemi il faut lutter ?

D'ailleurs, cette étude microbiologique n'est encore qu'à ses

LXXX. — 27

débuts. Un champ immense est ouvert aux observations, soit en
ce qui concerne les fermentations du lait, dont M. Duclaux étudie
quelques exemples intéressants, entre autres celles qui fournissent
certaines boissons de lait fermenté, comme le koumys des Tar-
tares ou le kéfyr du Caucase, soit en ce qui regarde surtout les
fermentations si curieuses et si complexes qui constituent la partie
essentielle de la fabrication des fromages. L'auteur étudie, comme
types divers, le parmesan, l'Emmenthal et le Gruyère, les fromages du Cantal, de Hollande, de Roquefort, de Gorgonzola
et de Brie.

La clarté d'exposition, la méthode, la sûreté des principes du
savant auteur se retrouvent ici tout entières et rendent attrayante
la lecture de ce petit manuel qui touche à tant de questions d'un
intérêt vital pour l'industrie française.

II. — Voulez-vous fabriquer vous-même d'excellentes liqueurs,
des amers et des sirops de premier choix, demandez à M. Fierz
des conseils et des recettes.

Après l'exposé des principes généraux concernant les substances
à employer, alcool, eau, sucre, plantes aromatiques, et leur mise
en œuvre, l'auteur donne environ cent cinquante recettes. Depuis
la liqueur de l'Abbaye, jusqu'au sirop de punch au vin du Rhin,
il doit y avoir là dedans bien des choses exquises.

Joseph DE JOANNIS, S. J.

« Les Saints » : Saint Basile, par Paul ALLARD. Paris, Lecoffre
1899. In-12, pp. 209. — Entreprendre une vie de saint Basile,
c'est s'engager à donner en raccourci le tableau des trente
années les plus troublées de l'Église d'Asie Mineure au quatrième
siècle. Persécution néo-païenne, persécution arienne, union maintenue à travers cent obstacles (et les malentendus qui s'ensui-
vent) avec l'Occident chrétien, institutions politiques, monastiques, charitables, pédagogiques même de l'empire d'Orient,
tout cet ensemble doit trouver place dans l'histoire de l'ami de
Grégoire de Nazianze. La connaissance approfondie que possède
M. Allard de cette époque l'a donc naturellement très bien servi.
La masse des documents qui nous restent sur son héros faisait
que la matière, au lieu de manquer, abondait : le difficile était
de la maîtriser assez bien pour faire passer tout l'important, en
négligeant le reste, dans un récit relativement bref. L'auteur y a

réussi : la grande figure de Basile se détache ici en pleine lumière, sans pourtant rejeter dans l'ombre (c'eût été tirer le portrait de son cadre réel) ses adversaires et ses amis. Ce n'est pas néanmoins sans un peu de regret qu'on voit réduite à ces proportions une vie que M. Allard eût pu si facilement étendre et compléter. Mais la faute n'en est pas à lui, et les meilleures communes mesures, imposées par une collection, ont parfois leurs injustices.

Le style limpide et sobre convient à l'austérité grave de Basile. L'érudition ne laisse rien à désirer : les indications de l'*avant-propos* laisseraient penser que l'auteur a peu consulté les modernes. Mais des notes discrètes avertissent, çà et là, qu'en restant de première main, la science de M. P. Allard sait se compléter par les derniers travaux français et étrangers[1]. J'ai noté comme particulièrement intéressantes les pages qui concernent les jeunes « oblats » confiés pour leur éducation aux monastères de Basile (p. 42 *sqq.*), et celles qui décrivent son administration épiscopale (p. 96 *sqq.*). Peut-être n'eût-il pas été impossible de répartir, dans le récit même, l'analyse des œuvres du saint qui forme la troisième partie?

On remarquera (p. 145) le salut envoyé par saint Basile à son émule en Occident, saint Ambroise. La collection des « Saints » vient de rassembler, pour le plus grand charme des érudits et des lettrés, pour la solide édification des chrétiens, le portrait authentique de ces deux grands hommes[2].

L. DE GRANDMAISON, S. J.

I. « Les Saints » : Saint Dominique, par Jean GUIRAUD. Paris, Lecoffre, 1899. In-12, pp. 212. Prix : 2 francs. — II. Saint Hyacinthe et ses compagnons, par la comtesse DE FLAVIGNY. Paris, Lecoffre, 1899. In-12, pp. 207. Prix : 2 francs.

I. — Saint Dominique « a connu les excès de la louange et de la critique »; son nouvel historien a pris à tâche de le dégager de la légende qui auréolait sa figure au mépris de l'histoire, et de venger sa mémoire des injustes attaques adressées au soi-disant

---

1. P. 39, l'on renvoie aux articles du P. Pargoire, parus en 1898; p. 102, 112, 149, aux livres de MM. Ramsay et Rauschen.
2. *Saint Ambroise*, par le duc de Broglie, 1899. (Les *Études* en parleront.)

fondateur de l'Inquisition. Une biographie comme celle-ci — et c'est du reste la caractéristique de cette excellente collection — « doit s'attacher uniquement aux résultats acquis de la science ». C'est pourquoi, sans récuser la noblesse reconnue des parents de Dominique, l'auteur rejette la généalogie fabuleuse qui en faisait un cousin de Blanche de Castille.

Chanoine d'Osma quand il n'était encore qu'étudiant en théologie, le jeune homme s'empresse, ses études terminées, en 1194, d'aller prendre possession de sa stalle et de ses fonctions. Son ami, Didace d'Azevedo, et lui furent sans doute les auxiliaires de l'évêque Martin de Bazan dans la réforme du chapitre qui embrasse la règle de saint Augustin. C'est avec eux qu'il fut envoyé par Innocent III dans le midi de la France prêcher contre les Albigeois dont le Pape avait confié la réduction à l'Ordre de Citeaux. Notons ici que l'exemple des trois Espagnols ramena à la simplicité les missionnaires cisterciens et que leur parole les rappela à l'austérité apostolique.

Quant à la part prise par notre saint dans les procès de l'Inquisition, le critique conclut, à la lumière des documents, « qu'en vertu d'une délégation des moines cisterciens, saint Dominique devait *convaincre* les hérétiques, et qu'en les convainquant (d'hérésie) il les livrait indirectement, mais sûrement, au supplice, à moins que, par un acte de sa clémence, il ne suspendit l'action du bras séculier, instrument docile de l'Église. Sans doute, il ne prononçait pas lui-même contre eux la sentence fatale, mais dans leurs procès il remplissait le rôle d'un expert en matière d'orthodoxie, ou même d'un juré transmettant à la cour un verdict de culpabilité, et pouvant signer aussitôt des recours en grâce. »

Il faut lire dans le détail la fondation du monastère de Prouille et celle de l'Ordre des Prêcheurs ; puis l'action du saint patriarche pour l'organisation de sa famille religieuse, et son influence féconde pour le bien continuée jusqu'à nos jours par les enfants de cet homme de Dieu, qui a « uni harmonieusement le mysticisme et l'action, en les poussant l'un et l'autre jusqu'au sublime ».

II. — Dominique et ses Frères Prêcheurs, cédant leur couvent de Saint-Sixte à un groupe de moniales de l'Ordre des Sœurs Prêcheresses, s'établissaient à Sainte-Sabine, que venait de leur donner

Honorius III. Yves, évêque de Cracovie, alors à Rome, lui demandait des Prêcheurs. « Laissez-moi vos enfants et je vous rendrai
des apôtres », répond le saint patriarche, éclairé d'une révélation
d'en haut. Bientôt, en effet, Hyacinthe et Ceslas, fils d'Eustache
Odrowaz, neveux de l'évêque, déjà prêtres et chanoines, et avec
eux deux autres jeunes hommes, Henri le Morave et Hermann le
Teutonique, recevaient « l'habit blanc des clercs réguliers, avec le
scapulaire monastique, en signe d'innocence, et le manteau noir,
emblème d'humilité ». Après quelques mois de noviciat, Yves les
ramenait dans leurs patries, « devenus, sous l'étendard dominicain, la milice du Dieu vivant ». Hermann est retenu à Friesach,
où la moisson lève nombreuse; Ceslas se rend à Prague, où un
indicible entraînement pousse vers la vie religieuse; Henri est
arrêté à Olmütz, sa patrie, où la communauté des saints, *conventus
vivus*, se réunit, tandis que s'élèvent les murs destinés à l'abriter;
Hyacinthe accompagne seul l'évêque à Cracovie, où l'attendait
un accueil triomphal. Il serait trop long de suivre les deux frères
dans leur apostolat, ou plutôt on voudra le faire point par point
sous un guide bien informé, et qui traduit en style élégant ses
informations. La comtesse de Flavigny met bien en évidence la
puissance de parole de saint Hyacinthe, souvent confirmée d'une
manière éclatante par des prodiges. On sait comment il passe
miraculeusement soit la Vistule à Wyszogród, soit le Dnieper à
Kiew. — De même, Ceslas fait aussi un radeau avec sa chape
pour traverser l'Oder. Après vingt ans de séparation, les deux
frères se retrouvent à Sandomir pour un chapitre provincial. En
juillet 1242, Ceslas, « couché dans sa cellule sur un peu de paille,
se prépare à émigrer au ciel ». Hyacinthe, le plus fécond thaumaturge, paraît-il, après Vincent Ferrier, et l'apôtre qui aurait,
selon la légende, parcouru le plus de pays, avait atteint la vieillesse lorsqu'il expira saintement au milieu de ses Frères de Cracovie, le jour de l'Assomption 1257. Deux ans après la mort
d'Hyacinthe, et plus heureux que lui, Sadoc et ses quarante-huit
religieux du couvent de Sandomir tombent sous les coups des
Tatars, au chant du *Salve, Regina*. Par l'apostolat de saint Hyacinthe, sous la direction du bienheureux Ceslas, et dans le sang
de ses martyrs, la province dominicaine était fondée.

Correspondance de Monseigneur Gay, *évêque d'Anthédon*,

auxiliaire de S. Ém. le Cardinal Pie. T. I et II. Paris et Poitiers, H. Oudin, 1899, In-8, pp. xxxii-426 et 444. — A peine Mgr Gay était-il passé à une vie meilleure, que l'on réclamait son histoire. Les âmes nombreuses qu'il avait dirigées désiraient connaître en détail ses voies et ses actes. La plume semblait prête dans la main du témoin le plus intime des dernières années. Celui-ci a cru meilleur de laisser l'Évêque d'Anthédon se raconter lui-même, et voilà pourquoi les deux volumes publiés aujourd'hui, les premiers d'une série, contiennent les lettres *biographiques,* pour ainsi dire, adressées, de 1834 à 1891, à la famille et à l'ami intime, au *frère,* qu'était M. l'abbé Perdrau. A celles-là se joignent les lettres à Mgr Pie et à Mgr Bellot des Minières.

Nous ne saurions dire l'intérêt que présente cette correspondance sans dépasser le cadre d'un article bibliographique, ou sans répéter l'*Introduction* due à la plume de Mgr Baunard. Disons seulement que c'est une joie de retrouver la spiritualité de Mgr Gay dans un style simple, naturel et lumineux, qu'on regrettait parfois de ne pas trouver dans ses grands ouvrages. Elles viennent aussi à leur heure ces lettres qui apportent sur les hommes et les choses de ce siècle des jugements sûrs et d'une juste modération.

Quant à la vie même de celui qui les a écrites, elle s'y déroule, année par année, dans la majestueuse unité d'une marche constante vers la Vérité, mieux connue et le Bien plus aimé. « Le ciel au fond c'est Jésus », écrivait Mgr Gay. La connaissance, l'amour de Jésus, il les voulait pour lui, en embrassant la carrière ecclésiastique; il voulait les donner aux âmes fidèles, en écrivant ses ouvrages ascétiques; il voulait les faire rayonner sur le monde, en collaborant avec son évêque aux Instructions synodales de Poitiers, ou avec l'Évêque des évêques à la préparation du concile du Vatican. Le 19 janvier 1892, quand la mort se présenta, elle ne l'effraya point, elle ne l'attira pas non plus, elle lui parut simplement l'étape finale de son ascension : « Mourir, c'est voir Dieu. »   Charles BERBESSON, S. J.

Le Monastère des Oiseaux, par le P. V. DELAPORTE, S. J. Paris, Retaux, 1899, In-8, pp. 424. Prix : 6 francs. — A l'heure où l'éducation catholique est d'autant plus attaquée qu'elle est plus florissante, c'est une œuvre actuelle et salutaire de montrer ce que sont les maisons des religieuses enseignantes. Les lecteurs des *Études* n'ont pas pu oublier les deux intéressants articles consacrés naguère par le P. Victor Delaporte aux origines du célèbre couvent des Oiseaux[1]. Après nous avoir raconté des scènes de la Révolution et de l'Empire en ces pages arrêtées à la mort de la mère Euphrasie (20 juillet 1819), il s'est laissé entraîner au charme du sujet, et il l'a conduit, dans un beau volume, jusqu'à la mort de la mère Sophie (1863).

L'histoire d'un établissement scolaire ou monastique n'est pas chose facile à composer. Au fond, toutes les années se ressemblent, et toutes les religieuses aussi et même la plupart de leurs élèves. Il faut se résigner à faire des Annales, à raconter les morts édifiantes, les conversions obtenues par la prière silencieuse et le sacrifice qui s'ignore; une vive alerte au couvent, si la Révolution de 1830 ou une autre gronde dans les rues voisines, escalade les murs ou enfonce les portes; une réception de princesses, si Mme la duchesse de Berry visite les pensionnaires dont l'une, devenue Mlle Mathilde Lebeschu jouera un rôle d'héroïne dans l'expédition de 1832.

Ces mêmes événements sont si bien mis en scène par le P. Delaporte qu'on se laisse prendre volontiers à passer de l'un à l'autre. L'on ne sait jamais, quand on tourne la page, si l'on ne va pas rencontrer quelque lettre de Louis Veuillot, le grand ami de mère Sophie, à cette distinguée supérieure, ou bien à ses propres fillettes; si l'on ne va pas se trouver en présence d'un vieux grognard du premier Empire comme le terrassier Viriot, ou d'un maréchal du second comme Saint-Arnaud; ou de cette princesse à l'âme d'apôtre, la duchesse d'Anhalt, nièce du grand Frédéric et sœur du roi de Prusse, qui abjura avec le duc son mari et ne travailla plus qu'à ramener ses compatriotes à l'Église. Nommons encore Mlle de Trattenberg et le comte de Haza-Radlitz. Série continue de portraits et d'anecdotes.

L'impression qui reste est qu'une excellente maison d'éducation est aussi un foyer chrétien très intense, et c'est sans doute ce qui explique l'aversion des uns, l'admiration des autres.

H. CHÉROT, S. J.

La Querelle du « Cid. » *Pièces et pamphlets publiés d'après les*

1. Voir *Études*, 5 et 20 novembre 1898.

originaux, avec une introduction, par Armand GASTÉ, professeur
de littérature française à la Faculté des lettres de Caen. Paris,
Welter, 1899. In-8, pp. 495. Prix : 20 francs ; papier vergé,
40 francs. — Voici un précieux recueil des libelles, devenus pour
la plupart rarissimes, qui se sont débités en 1637 sur le pont
Neuf au ailleurs, pour attaquer ou défendre le chef-d'œuvre de
Corneille. C'est une bonne fortune pour les amis des lettres de
lire, d'après l'original, ces pamphlets aujourd'hui à peu près introuvables. Le livre de M. Gasté, le savant doyen de la Faculté
de Caen, est donc un complément de la belle édition des œuvres
de Corneille dans la collection des *Grands écrivains.* Désormais
tous auront en main les pièces du procès et ne seront plus réduits
aux analyses plus ou moins succinctes que les historiens de la
querelle du *Cid* nous ont données jusqu'ici. L'ouvrage de M. Ta-
chereau, la notice de M. Marty-Laveaux, la préface de M. Félix
Hémon, tout en nous décrivant suffisamment les phases de cette
guerre si passionnée, nous laissaient un regret. Les esprits curieux
de puiser aux sources seront bien aises de juger *de visu* ces brochures « pour et contre le *Cid* », dont nous n'avions que le titre
ou le sommaire.

Violents et souvent odieux, les écrits qui se succédèrent coup
sur coup pour accabler le poète normand sont à connaître, avec
leur saveur un peu âcre ou leurs discussions lourdement pédantesques. On y cueille d'ailleurs plus d'un trait intéressant. Celui-ci,
par exemple, tiré de la *Deffense du Cid* (p. 131) : « En la fable
de l'assemblée des animaux qui se fit pour réformer leurs meurs
on passa legerement le carnage des hommes que le lyon et le
loup avaient fait, mais le pauvre asne prevenu d'avoir mangé
quelques brins de paille qui sortaient des souliers de son conducteur, fut condamné d'avoir la corde au col et les fers aux pieds.
Voicy une justice toute pareille », etc... La *Deffense du Cid* est
attribuée à Faret « jusqu'à preuve du contraire », non sans vraisemblance, dans l'excellente introduction où M. Gasté raconte
« certains épisodes » de la querelle du *Cid* « mal connus encore
ou trop ignorés », et où surtout il appelle l'attention sur quelques
écrivains du temps, mêlés plus intimement qu'on ne l'avait cru
à cette « guerre de plume ».

C'est plaisir de voir avec quelle sagacité sont conduites deux
ou trois enquêtes, recherches de paternité littéraire, qui mettent

en cause, par des raisons assez probantes, l'intervention, dans la guerre des pamphlets, de l'auteur du *Francion*, Charles Sorel, de Faucon du Ris ou Charleval et surtout de Scarron. Ces problèmes soulevés et discutés ne sont pas le moindre mérite du livre, et l'*introduction* ajoute un vif intérêt à la réimpression de ces quelque quarante plaquettes [1], que leur rareté seule eût déjà rendues précieuses. `E. G., S. J.

De Dumas à Rostand. *Esquisse du mouvement dramatique contemporain*, par Augustin FILON. Paris, Colin. In-18, pp. 300. — M. Augustin Filon ne tient pas en haute estime les gens dont le métier est de faire la critique des livres. Il insinue que c'est à ces gens-là principalement que les préfaces rendent de bons services, « parce qu'elles les dispensent, dit-il, de lire le volume ». L'auteur de l'*Esquisse* n'en croit rien : il a voulu plaisanter agréablement. D'ailleurs, il y a des préfaces si intéressantes et si joliment tournées que l'on ne peut, après les avoir parcourues, s'en tenir là et qu'il faut aller jusqu'au bout, jusqu'à la table des matières.

C'est ce qui arrivera, j'imagine, à quiconque ouvrira ce volume, et, pour montrer à M. Filon que j'ai lu très attentivement ses belles dissertations, j'avouerai dès l'abord qu'elles ne laissent dans l'esprit qu'une impression un peu confuse. La composition est lâche ; le lien est un peu flottant qui réunit ces divers articles parus en 1897 et 1898 dans la *Fortnightly Review ;* les vues d'ensemble n'abondent pas.

Mais j'ai tort d'adresser ce reproche à l'auteur. C'est le sujet même qui par sa variété et ses détails infinis condamne l'écrivain à faire un tableau littéraire où les hommes, les œuvres, les écoles, semblent se confondre. Elles passent si vite sur la scène, toutes ces productions si diverses, et le nom du dramaturge qui resplendissait sur l'affiche retombe le lendemain, ou quelques mois plus tard, dans une obscurité si dense ! Pour me servir d'une image

___

1. Il y en a trente-six exactement, disposés dans l'ordre chronologique le plus voisin possible de la vérité. Mais l'auteur a groupé dans ses Appendices les lettres de Corneille, et les références exactes aux lettres de Chapelain, qui ont trait à la querelle du *Cid*. Ne faudrait-il pas ajouter la lettre CCCXXXIII à Balzac, p. 493, où le *Cid* est préféré à l'*Amour tyrannique*, et celle du 19 février 1640, au même, p. 575, qui annonce la pièce « des *Trois Horaces...* où il y a quantité de belles choses et du même esprit que le *Cid* ?

empruntée au théâtre, ces personnages des drames contemporains
qui pâlissent et s'enfuient dans l'oubli d'une fuite si rapide ne
rappellent-ils pas les marionnettes dont parle une vieille chanson
de nos pères ?

Il faut remercier M. Filon qui a fixé, avant qu'elles soient
effacées totalement, la silhouette de ces figures éphémères. Il l'a
fait d'ailleurs, non pas, selon ses déclarations trop modestes,
comme « un étranger, un passant, un intrus dans le domaine de
la critique dramatique » mais en juge très avisé et fort bien
informé de toutes les choses littéraires.

Il a lu très attentivement — y compris les préfaces, sans
doute — toutes les principales pièces qui ont paru sur le théâtre
depuis les premiers débuts de Dumas et d'Augier jusqu'à ces derniers temps, jusqu'au *Chemineau* de Richepin et à *Cyrano de
Bergerac* de Rostand. Il en donne une analyse vivante et rapide,
il en apprécie la valeur littéraire, il en marque la place dans
l'évolution du système dramatique français. On comprend l'importance de cet ouvrage de bonne critique et quel intérêt il offre
à tous ceux qui pour mille bonnes raisons ne peuvent assister à
toutes les *premières*. Ajoutez qu'on trouve dans ce livre les
remarques les plus ingénieuses, des réflexions piquantes, des
rapprochements qui éclairent les talents et les caractères les plus
opposés; des pages étincelantes où s'unissent d'une façon fort
originale l'humour anglais et la fantaisie française; enfin, d'un
bout à l'autre de cette esquisse du mouvement dramatique contemporain, le ton dégagé et rapide d'un esprit qui porte allègre-
ment et sans être accablé le poids d'une érudition très vaste.

Mais pourquoi, s'il faut signaler quelques inexactitudes, pourquoi, à propos de la distinction établie entre la comédie de
caractère, la comédie de mœurs et la comédie d'intrigue, hous-
piller ce bon Désiré Nisard « qui était encore, dit l'auteur, en
1860, la loi et les prophètes » ? Serait-ce par hasard que l'on a
eu tort, dans l'étude de nos chefs-d'œuvre, d'admettre cette clas-
sification ? Comprendra-t-on, je vous prie, quelque chose à l'histoire de la littérature dramatique, si l'on ne fait une différence au
point de vue de la portée morale et de la composition, entre
l'*Avare*, les *Fâcheux*, les *Fourberies de Scapin* ?

Voici, je crois, une distinction qui semblera plus étrange; c'est
M. Filon qui l'a trouvée et il dit : « Là où le réalisme se contente

d'observer, le naturalisme expérimente ». Si on ne laisse point passer cette affirmation sans réfléchir au sens des mots, on se demandera comment il est possible à l'auteur dramatique et au romancier d'instituer ce [qui s'appelle proprement une *expérimentation*, quand il s'agit d'études morales sur les caractères et les passions des hommes. Ce bon Désiré Nisard, dont on rit si agréablement, n'aurait rien compris à cette façon nouvelle de parler et qui donne aux mots une signification qu'ils n'ont point, — en France, j'entends.

Mais j'oublie qu'il ne faut point chicaner les gens sur un mot et que l'on n'est pas un mauvais critique, ni un méchant écrivain, parce qu'on a faussé le sens d'une locution, ou bien encore parce que certains détails du style rappellent que les lecteurs d'une revue anglaise ont eu la primeur de ces belles études littéraires, le verbe « intensifier », par exemple, que l'on trouve à la page 206.

La critique de M. Filon n'est pas purement littéraire. Elle descend parfois des hauteurs sereines de l'esthétique. Savez-vous pour quelle raison l'auteur admire grandement Napoléon III ? C'est pour avoir cassé la décision du ministre qui voulait supprimer *le Fils de Giboyer*. « Ainsi, nous dit-on, Louis XIV avait protégé l'auteur de *Tartufe*. » Quoi qu'en dise M. Filon, l'histoire n'inscrira point les représentations du chef-d'œuvre d'Augier parmi les souvenirs les plus glorieux du second Empire. Il y a sur ce sujet un livre qui durera plus longtemps que *le Fils de Giboyer* : c'est *le Fond de Giboyer* par L. Veuillot. La conclusion qui en ressort clairement n'est pas précisément celle où veut nous conduire l'auteur de l'*Esquisse*. Que M. Filon veuille bien reviser ce procès : il aura peut-être moins d'admiration pour les exploits de la police impériale qui protégea *le Fils de Giboyer* à Paris et dans la province.

Que nous veut encore M. Filon quand, dans un style qu'il croit plaisant, il se moque des instructions que le Souverain Pontife a données aux catholiques français ? On n'ouvre pas un livre sur le mouvement dramatique contemporain pour s'informer des opinions politiques de l'auteur. Elles peuvent n'être pas indifférentes à tout le monde ; mais, pour le moment, puisque l'auteur nous a promis de parler de Dumas, de Richepin et de Rostand, voilà ce qui nous intéresse, et nous écouterons volontiers

les dissertations littéraires de l'auteur : le reste est inutile. *Dic,
Postume, de tribus capellis.*

Mais toutes ces petites plaisanteries faisaient bonne figure
sans doute dans la revue anglaise. J'attribuerais volontiers à cette
nécessité où se trouvait M. Filon de ne point déplaire aux lecteurs de la *Fortnightly Review* les lacunes de son analyse de
l'*Aînée*. Dans les deux pages où il étudie la pièce de M. Jules
Lemaitre, il ne dit pas un mot des embarras domestiques et des
inquiétudes familiales où se débat le pauvre pasteur protestant et
par quoi il est fort empêché d'accomplir tous les devoirs de sa
charge évangélique. Quel est donc, sur la polémique que l'auteur de l'*Aînée* a dû soutenir à ce sujet, l'avis de M. Filon ? Une
seconde édition de son livre nous le dira peut-être.

La conclusion de ces études sur le mouvement dramatique
contemporain ? La voici. Dans l'état présent de notre littérature,
M. Filon estime qu' « il y a plus que des consolations et plus que
des promesses. Quelque chose va mourir, quelque chose est né
et rien ne prouve que ce qui commence ne doive pas égaler ou
même surpasser ce qui finit. »

Nous ne voulons point troubler l'optimisme de l'auteur de
l'*Esquisse*. Qu'il nous suffise de formuler un souhait que plus
d'un lecteur de M. Filon s'étonnera de ne pas voir exprimé dans
ce livre intéressant : c'est qu'il vienne enfin un grand poète dont
l'influence soit dominante, un dramaturge honnête qui débarrasse
notre théâtre de toutes les frivolités niaises et indécentes, un
observateur qui fonde son œuvre sur l'étude sincère du cœur
humain. Celui-là, ce poète, ce dramaturge, cet observateur aura
fait plus pour le bon renom de notre littérature que tous les faiseurs de drames, de comédies et de vaudevilles dont les noms
paraissent depuis quelque cinquante ans sur les affiches de
théâtre.

Louis CHERVOILLOT, S. J.

ÉVÉNEMENTS DE LA QUINZAINE

Juillet 11-14. — A **Lille**, l'ordonnance de non-lieu rendue en faveur du **frère Flamidien** par la Chambre des mises en accusation et la Chambre des appels correctionnels réunies, à Douai, est l'occasion de graves désordres. Plusieurs jours de suite, des bandes sauvages parcourent la ville en insultant les catholiques et brisant les vitres des établissements religieux.

14. — A **Paris** et en province, la revue annuelle a été une ovation populaire pour l'armée, spécialement pour le commandant Marchand et ses compagnons, français et soudanais, qui figuraient à Longchamps.

17. — En **Bavière**, les élections au *Landtag* (Chambre des députés) ont donné au centre catholique 83 sièges sur 159. Les catholiques ont donc reconquis la majorité ; ils n'étaient que 73 dans la Chambre précédente. Le parti libéral est tombé de 67 mandats à 43 ; les socialistes ont gagné 6 sièges et seront 11 dans le nouveau Landtag.

18. — A **Paris**, le Conseil académique, réuni extraordinairement à la Sorbonne, inflige la peine de la suspension durant un an et un jour à **M. Syveton**, professeur d'histoire au lycée de Reims, trésorier de la Ligue de la Patrie française. L'avocat du prévenu, Me Chénu, et M. Syveton lui-même, dans sa défense, ont insisté avec force sur les progrès de l'*internationalisme* dans l'Université.

21. — A **La Haye**, la **Conférence de la** paix a voté à l'unanimité, moins les voix de l'Angleterre et des États-Unis, l'interdiction des projectiles à gaz asphyxiants et des balles s'épanouissant dans le corps (balles *dum-dum* des Anglais).

— A **Paris**, réception du nouveau nonce, **Mgr Lorenzelli**, à l'Élysée. Les discours échangés, en cette circonstance, entre le représentant du Saint-Siège et le président de la République ont été plus significatifs peut-être qu'à l'ordinaire, notamment par l'allusion au protectorat de la France dans l'Orient et les pays de missions. Nous en reproduisons quelques passages. Mgr Lorenzelli a dit :

En me conférant cette haute mission, Sa Sainteté m'a chargé de renouveler à Votre Excellence les assurances de toute son affection paternelle pour la France et d'apporter ses vœux les plus chaleureux pour la prospérité de cette très noble nation et de l'illustre président de la République.

En gardant à la France une inébranlable affection, Léon XIII, en même temps qu'il remplit les obligations les plus douces de son office apostolique, atteste une idée très nette et très haute des destinées des Francs.

Ma mission, par conséquent, est un nouveau gage de concorde entre la France et la Papauté.

La France, par cette concorde, demeure fidèle à sa vocation historique. Son attachement au catholicisme et l'héroïsme de ses missionnaires, favorisés par les heureuses institutions du pouvoir politique, lui ont valu, à travers l'histoire, des prérogatives, des positions acquises dont l'importance devient de jour en jour plus évidente.

Ami sincère de la France, je ne saurais mieux lui témoigner tout mon dévouement qu'en priant Dieu tout-puissant de répandre sur elle ses meilleures bénédictions et en travaillant à fortifier les liens qui l'unissent au Saint-Siège.

M. Loubet a répondu :

Monsieur le Nonce,

... Vous ne pouvez douter du prix que j'attache au sentiment que le Saint-Père. a bien voulu vous charger de m'exprimer et dont je vous remercie de vous être fait l'éloquent interprète.

Je suis d'autant plus touché que, en me renouvelant l'assurance de l'inébranlable affection que le Souverain Pontife garde à la nation française, vous avez tenu à rappeler les titres traditionnels de notre pays à la confiance du Saint-Siège, en même temps que vous affirmiez les prérogatives qui sont la consécration des services rendus par la France dans le monde aux intérêts religieux.

Le Pape sait trop bien à quel point les vues du gouvernement de la République répondent à son désir d'entente, pour que j'aie besoin d'insister aujourd'hui sur notre intention de continuer à concourir autant qu'il dépendra de nous au maintien et à l'affermissement des liens qui rattachent la France au Saint-Siège.

22. — A Orthez, mort de **M. Chesnelong,** sénateur inamovible. Né à Orthez, le 14 avril 1820, Pierre Chesnelong fut élu député au Corps législatif en 1865, et n'a cessé depuis lors, à de courtes interruptions près, de faire partie de nos grandes assemblées représentatives; iniquement invalidé comme député en 1876, il avait été élu sénateur inamovible le 24 novembre de la même année. On sait avec quel zèle et quelle éloquence il a constamment défendu dans les Chambres les droits du pape, de l'Église et de la religion.

— Nous croyons devoir donner ici la traduction d'une lettre adressée au Pape par les évêques de la province ecclésiastique de Milwaukee (Etats-Unis) au sujet de la récente Lettre de Léon XIII au cardinal Gibbons. Ce grave document (dont le texte latin a été publié à Rome, dans la *Civiltà Cattolica* du 15 juillet) contribuera, avec les autres que les *Études* ont déjà signalés, à mettre mieux en lumière la haute opportunité de l'acte pontifical :

Très Saint-Père,

Nous avons reçu la Lettre apostolique de Votre Sainteté concernant les erreurs désignées sous le nom d'Américanisme, avec d'autant plus de joie et de gratitude que cette sentence du Siège infaillible nous paraissait plus opportune.

Si, jusqu'à ce jour, nous n'avions pas exprimé à Votre Sainteté les senti-

ments de nos cœurs, il faut l'attribuer, non à un manque de piété filiale ou
à une négligence en une matière aussi grave, mais plutôt à l'idée que nous
avions qu'on n'attendait point de réponse de ceux qui avaient détesté ces
erreurs dès le début de la controverse, et qu'il était manifeste que ces fils
constamment dociles écouteraient et accueilleraient avec joie et reconnaissance les avis d'un Père très aimé.

Mais maintenant, puisque certains paraissent abuser de notre silence et
de notre abstention et l'interpréter en mauvaise part et d'une façon conforme
à leurs désirs, nous avons jugé qu'il était de notre devoir de ne pas différer
plus longtemps notre réponse, et d'adresser à Votre Sainteté les plus vifs et
les plus sincères remerciments pour la Lettre vraiment apostolique par laquelle Elle a réprimé, avec tant de fermeté, quoique avec clémence, les erreurs dont certains de nos concitoyens ne sont pas exempts.

Cette lettre établit à nouveau le magistère infaillible de l'Église et de son
Chef suprême; elle soutient et précise heureusement les Traditions de
l'Église; s'oppose avec bonheur au danger des innovations, et confirme les
fidèles dans la profession pure, intégrale et traditionnelle de la foi.

C'est donc sans aucune hésitation ni arrière-pensée, et sans une restriction quelconque, que nous déclarons unanimement accepter la Lettre apostolique sur les erreurs de l'Américanisme avec une obéissance filiale et un
plein assentiment, et l'avoir fait très religieusement dès sa publication.

Mais, en remerciant du fond du cœur Votre Sainteté de la paternelle et
clémente indulgence avec laquelle, en condamnant les erreurs, Elle a rappelé
au droit sentier de la vérité ceux qui erraient, nous ne pouvons nous empêcher d'exprimer notre douleur et notre juste indignation de voir plusieurs
de nos concitoyens, et surtout un si grand nombre de journalistes catholiques, affirmer qu'ils réprouvent et rejettent ces erreurs, et cependant ne
pas hésiter à proclamer en toute occasion, à la façon des jansénistes, que
presque aucun Américain n'a soutenu ces opinions erronées, et que le Saint-
Siège, trompé par de faux rapports, a frappé dans le vide et poursuivi, en
quelque sorte, un fantôme.

Il ne saurait échapper à aucun catholique véritable combien cette façon
d'agir est injurieuse pour le Siège infaillible, et combien elle s'écarte de la
vraie foi, alors qu'il est certain que ces opinions erronées ont été soutenues
chez nous par la plume et par la parole, plus ou moins ouvertement; et quiconque a des sentiments vraiment catholiques ne peut contester que le magistère de l'Église s'étende non seulement aux vérités révélées, mais encore
aux faits dogmatiques, et qu'il lui appartienne de prononcer avec infaillibilité
sur le sens objectif des doctrines et l'existence des erreurs.

En outre, nous déplorons vivement la façon de parler et d'écrire de certains, même parmi les catholiques, qui accusent d'un manque d'amour pour
leur patrie et pour les institutions américaines, ceux qui ont reconnu l'existence des erreurs américanistes chez nous et qui ont exprimé à Votre Sainteté leur adhésion et leur reconnaissance pour sa Lettre apostolique; alors
qu'il est évident pour tout esprit de bonne foi que cette Lettre apostolique
ne renferme aucune censure ni contre la République américaine, ni contre
nos lois ou nos institutions, ni contre les usages ou les qualités du peuple
américain; mais qu'il s'agit seulement des opinions introduites et formulées
par certaines personnalités et dont assurément la condamnation n'a rien de
déshonorant, rien d'injurieux, ni de blessant, soit pour la République et ses
citoyens, soit pour les catholiques d'Amérique.

Contre tous ceux-là, qui transportent sur le terrain laïque une question intéressant la doctrine catholique seule et du ressort exclusif de l'Église, nous déclarons solennellement que, si nous tenons pour opportune, si nous recevons avec joie la Lettre apostolique sur les erreurs de l'Américanisme, et si nous y adhérons religieusement, enfin si nous réprouvons ces erreurs dans le sens où le Saint-Siège les a réprouvées, nous ne sommes pour cela ni moins attachés à l'Amérique notre patrie, ni moins dévoués à nos concitoyens, à la félicité et à la prospérité de l'État.

Tels sont les sentiments que désiraient exprimer à Votre Sainteté les Ordinaires actuels de la province de Milwaukee, aux États-Unis de l'Amérique du Nord.

Prosternés aux pieds de Votre Sainteté, nous sollicitons très humblement pour nous-mêmes et pour les fidèles qui nous sont confiés la bénédiction apostolique, offrant en même temps les vœux de notre amour filial et de notre obéissance.

Milwaukee, en la fête de la Pentecôte, 1899.

> Frédéric-Xavier Katzer, *archevêque de Milwaukee;* Jacques Schwebach, *évêque de La Crosse;* Sébastien Messmer, *évêque de Green-Bay;* Frédéric Eis, *Administrateur apostolique du diocèse de Sault Sainte-Marie et Marquette.*

Le 25 juillet 1899.

Le gérant : Charles BERBESSON.

Imp. D. Dumoulin, rue des Grands-Augustins, 5, à Paris.

L'AUTORITÉ HUMAINE DES LIVRES SAINTS

ET LE

« CONCESSIONISME »

I

On a décoré du nom de « concessionisme » le système, ou plutôt la tendance d'un certain nombre d'écrivains à estomper dans la brume, à voiler, à déguiser tel ou tel point de nos doctrines, ou même à les abandonner volontiers pour perdus, afin de mieux défendre, croit-on, les positions réputées plus importantes, et nous concilier la faveur de nos si « redoutables » adversaires.

Le concessionisme peut être excellent dans la vie pratique ; j'entends par là qu'il vaut mieux parfois se taire ou céder de la rigueur de ses droits, quand, à les exiger, on perdrait son temps et sa peine, ou même davantage. Mais, en matière de doctrine, et de doctrine assurée, s'il est parfois plus opportun de se taire, il n'est jamais à propos de mentir à ce qui est la vérité, et c'est aussi naïveté de croire que la diminution des dogmes amènera la multiplication des élus. Dieu savait bien que la prédication de l'enfer, de l'éternité des peines et de tous les mystères chrétiens qui dépassent la portée de l'humaine raison, soulèverait de véritables tempêtes parmi les intellectuels de tous les temps, et pourtant il les a proclamés, ces mystères, et les a maintenus fermement envers et contre toutes les protestations. Voudrions-nous être plus sages que Dieu ? Et sommes-nous en droit de changer quelque chose à la synthèse des doctrines qu'il nous a lui-même présentées ? Évidemment non. Par conséquent, pas de concession de doctrine ; ce doit être une loi, comme c'est un principe absolu.

On se souvient, du reste, que le Souverain Pontife, dans sa récente Lettre *Testem benevolentiæ*, adressée à S. Ém. le cardinal Gibbons, a stigmatisé l'erreur de ceux qui « soutiennent qu'il est opportun, en vue de mieux attirer les dis-

sidents, de laisser dans l'ombre certains éléments de la doctrine, comme étant de moindre importance, ou de les atténuer
de telle sorte qu'ils ne conserveraient plus le sens tenu
constamment par l'Église ». Toute la première partie de ce
grave document sur ce qu'on a appelé l'*américanisme* est à
méditer par ceux qu'un zèle, assurément bien intentionné,
mais que nous croyons imparfaitement éclairé, porte à céder
sans cesse des doctrines reconnues et enseignées dans
l'Église.

. En ces derniers temps, le concessionisme doctrinal s'est
fait remarquer tout particulièrement dans le domaine des
études bibliques. On « lâchait » d'abord si bien le dogme de
l'inspiration, afin de mettre à l'aise censément les historiens
de l'antiquité et les critiques indépendants, que le Souverain
Pontife dut intervenir et nous rappeler dans son Encyclique
Providentissimus les immuables doctrines de l'Église sur
la matière.

Il est un autre point, celui précisément sur lequel nous
nous proposons aujourd'hui d'attirer l'attention de nos lecteurs, où nous avons le regret de voir, à l'heure présente,
quelques écrivains céder aussi trop facilement et trop largement du terrain à nos adversaires; je veux parler de l'autorité
historique ou purement humaine des Livres saints.

Tel nous déclare, par exemple, qu'il suffit de sauvegarder
le dogme de l'inspiration des Écritures, leur « authenticité
divine », mais que l'on ne doit pas trop se préoccuper de leur
authenticité humaine, qui n'importerait guère. La question
de l'auteur humain, en particulier, ne serait jamais une question d'orthodoxie.

Tel autre nous affirme que, quand même on irait aussi loin
que les rationalistes les plus outrés sur la question des origines du Pentateuque, on n'aurait pas à craindre de tomber
dans l'hérésie ; car on est sur un terrain libre.

Un troisième nous dit que la question d'inspiration relève
du dogme, mais non la question d'authenticité, qui est affaire
de critique et d'histoire.

Enfin, d'autres nous assurent que l'on a eu tort jusqu'ici,
dans le monde de la théologie et de l'apologétique, de s'ap-

puyer sur l'autorité historique des Évangiles pour prouver le
magistère doctrinal de l'Église.

II

Pour qu'on ne nous dise pas que nous formulons des re-
proches immérités, nous commençons notre travail en donnant quelques exemples de ce qui se débite aujourd'hui couramment sur ce sujet.

Voici d'abord ce que l'on écrivait, en 1896, dans une revue
dont la valeur scientifique ne saurait être mise en doute :

« Que dit l'Église touchant les auteurs de nos Livres
saints ?

« Il est une thèse qu'elle affirme comme digne de foi et que
tout catholique reconnaît : la thèse de l'inspiration. La Bible,
dans *toutes ses parties*, est inspirée ; c'est le livre de Dieu.
Telle est l'affirmation définie aux conciles de Trente et du
Vatican. Mais si les Livres saints ont Dieu pour auteur, ils
ont aussi un auteur humain. Saint Paul a donné son concours,
et son concours le plus actif, à la rédaction de ses lettres.
Dans quelle mesure l'identité de l'auteur humain, l'authenticité humaine, est-elle liée à l'authenticité divine ? Il nous
semble qu'à considérer les choses *en elles-mêmes*, les liens
sont des plus larges. Nous ne voyons pas comment l'inspiration de tel ou tel livre serait compromise si l'on venait à
nous démontrer que ce livre n'est pas de l'auteur auquel on
l'attribue généralement. A considérer les choses en elles-
mêmes, il importe très peu, au point de vue du dogme de
l'inspiration, que tout le Pentateuque soit de Moïse, que le
livre d'Isaïe n'ait qu'un seul auteur [1] », etc.

Un peu plus bas, le même auteur continue :

« Il peut se faire que pour certains livres la question présente une difficulté particulière. Il est des livres du Nouveau
Testament sur lesquels la tradition catholique est si constante et si explicite, le concile de Trente est si intentionnel-
lement précis, que l'émission d'un doute sur leur auteur
pourrait paraître téméraire. Mais tel n'est pas le cas pour la

1. *Revue biblique*, 1896, p. 465.

plupart des Livres saints. Le plus souvent les exégètes anciens se sont bornés à suivre l'opinion reçue, sans discuter
les difficultés auxquelles elle donnait lieu. Ils procédaient
d'ailleurs avec une grande liberté dans les questions de ce
genre : *Il est des Pères qui n'ont pas craint de dire qu'Esdras
avait refait tous les livres de l'Ancien Testament* [1]. *Quant à
regarder la question de l'auteur humain comme une question
d'orthodoxie, aucun Père n'y a jamais songé. Le livre est de
Dieu, voilà la seule authenticité que les représentants les plus
autorisés de la Tradition s'appliquent à mettre en relief* [2]. »

C'est nous qui soulignons les dernières lignes comme nous
paraissant particulièrement inexactes. Nous devons faire remarquer que l'auteur de l'article ne s'est pas nommé, et que
la revue qui accueillait son travail déclinait discrètement
toute responsabilité : « Nous avons reçu, disait-elle, les pages
suivantes… : elles émanent d'une plume très grave et très
compétente. Nous ne voulons, pour le moment, que signaler
à nos lecteurs l'intérêt des vues exprimées par notre correspondant, en leur rappelant que la *Revue biblique* est, pour
de telles questions, une tribune ouverte; et que, parmi nous
catholiques, peu de questions appellent une discussion plus
urgente que celle que soulève notre correspondant [3]. »

Cette même année 1896, dans une autre revue, uns avant, de
mérite assurément, distinguait entre la révélation mosaïque,
qu'il admettait, et la provenance mosaïque du Pentateuque,
qu'il abandonnait à peu près à nos adversaires; puis il écrivait textuellement ceci : « Quand même on nierait intégralement l'authenticité du Pentateuque, comme le fait une fraction
avancée du rationalisme biblique, sans s'occuper le moins du
monde de son inspiration, on ne tomberait pas dans le crime

---

1. Un simple mot pour réfuter cette assertion, qui ne viendra pas en discussion dans le présent article. Les Pères qui, sur le témoignage du quatrième livre d'Esdras, livre apocryphe, ont cru qu'Esdras, inspiré par le
Saint-Esprit, avait dicté à ses scribes toutes les Écritures, censément perdues au temps de l'exil, n'admettaient pas pour cela que les livres ainsi
restaurés fussent d'Esdras comme de leur auteur. J'ai déjà eu l'occasion de
le faire remarquer (*Études*, 5 novembre 1898, p. 304), si l'*Énéide* venait à
se perdre et qu'un savant latiniste nous rendît ce poème de mémoire,
l'*Énéide* n'en serait pas moins l'œuvre de Virgile, et non celle du latiniste.
2. *Ibid.*, p. 465-466.
3. *Ibid*, p. 462.

d'hérésie [1]. » Le même auteur disait encore en terminant son travail : « Dans la question des origines du Pentateuque, apportons le plus de largeur d'esprit possible, et même la plus grande indépendance, puisque nous sommes sur un terrain libre [2]. » Nous nous empressons d'ajouter que la revue où s'écrivaient ces choses déclina, comme la précédente, toute responsabilité dans la doctrine de son collaborateur [3].

En 1898, une troisième revue catholique, à propos des Évangiles eux-mêmes, paraît croire que seules la critique et l'histoire sont intéressées au problème de la provenance humaine des Livres saints, et que l'Église ne condamne pas ceux qui ne s'en prennent qu'à leur authenticité. Écoutons plutôt :

« L'Église s'est prononcée sur l'inspiration de tous les livres contenus dans le canon; mais jamais, jusqu'à ce jour, l'œuvre de l'homme dans la composition de ces livres n'a été l'objet d'une décision dogmatique. Ni à Trente, ni au Vatican, elle n'a décidé que tel livre était bien de tel auteur. En se servant des appellations communes pour désigner les Livres saints, elle ne prétend rien décider sur leur provenance humaine. L'inspiration des livres canoniques est définie, mais l'authenticité n'a jamais fait matière d'un dogme. Et, pourtant, cette distinction n'a pas toujours été faite; trop souvent on a confondu inspiration et authenticité, et jeté l'anathème à des critiques sérieux qui, tout en admettant l'inspiration de tel livre ou de tel verset, hésitaient à les attribuer à tel ou tel auteur. Il importe extrêmement, à l'heure actuelle, de ne point faire ces confusions, et de ne pas condamner ce que l'Église ne condamne pas... La question de la provenance humaine des textes sacrés demeure donc, même après les décisions des derniers conciles œcuméniques, ce qu'elle a toujours été, avant tout et par-dessus tout, une question de

1. *Science catholique*, 1896, p. 466. — Cette proposition a été relevée par le R. P. Brucker dans les termes suivants : « Cette négation radicale, qu'il (notre écrivain) ne fait pas sienne, heureusement, serait bien une hérésie, car elle contredit des affirmations solennelles de l'Écriture, qui attribuent expressément à Moïse divers morceaux du Pentateuque. » (*Études*, 5 janvier 1897, p. 123.)

2. *Ibid.*, p. 896.

3. *Ibid.*, note.

critique et d'histoire. Ce qui ne veut pas dire, il s'en faut
bien, une question essentiellement douteuse et éternellement incertaine. La critique porte, dans certains cas, des jugements irrévocables. C'est donc pour nous un devoir de
nous informer, et de la teneur, et du motivé du jugement
porté par la critique, au nom de l'histoire, sur la provenance
humaine de chacun des livres canoniques [1]. »

Enfin, il y a quelques mois à peine, la même revue donnait
un article qui n'avait certainement pas pour but de méconnaître l'importance de la question d'authenticité des Livres
saints ; au contraire. De tout l'article il résultait pourtant ceci :
que le Magistère doctrinal de l'Église, en particulier, ne pouvait pas se démontrer par les Évangélistes, considérés comme
simples historiens.

L'auteur disait :

« Oui, il me paraît, sauf meilleur avis, que ce procédé
mis en crédit au siècle dernier (?), qui va de l'autorité historique de l'Évangile à l'existence du Magistère, et par le Magistère à l'autorité d'inspiration, part d'un faux supposé...

« Quel est, d'abord, le supposé logique, pris ici comme
point de départ, et que j'accuse d'être faux ? C'est la pleine
autorité qu'on attribue implicitement aux textes qui fondent
le Magistère. Et je n'invente pas cette supposition. Une théorie
qui veut fonder un dogme sur un texte donné admet au
moins, comme base, que ce texte est digne de foi.

« Or, pourquoi appelé-je faux supposé l'autorité humaine
accordée à ces textes ? Parce que, à mon avis, leur valeur
probante, mise à part de l'autorité canonique, paraît douteuse ; parce qu'elle est au moins indémontrable [2]. »

1. *Revue du Clergé français*, 15 octobre 1898, p. 345-346. — Les paroles
que nous venons de citer font partie du compte rendu d'un ouvrage que
nous avons loué nous-même tout récemment (*Études*, 5 juin, p. 680-682).
Nous savons bien qu'on trouve dans cet ouvrage des paroles à peu près
semblables, et ce n'est pas sans en avoir éprouvé d'abord quelque étonnement que nous les y avons lues ; mais elles étaient aussi suivies d'un cor-
rectif nécessaire que nous avons signalé, et nous pensons que le critique
eût bien fait à son tour de le mettre en relief. Autrement, on risque de faire
croire à la jeunesse cléricale, et à son grand détriment, que toute doctrine
non réprouvée comme hérétique par une décision *ex cathedra*, est une doctrine libre, ce qu'assurément personne n'admet.
2. *Revue du Clergé français*, 15 avril 1899, p. 329.

Et que manque-t-il donc aux textes sur lesquels on établit le Magistère, pour qu'ils aient une valeur probante, comme textes purement humains ? D'après l'auteur, ce n'est ni l'authenticité, ni l'intégrité des textes, ni davantage la sincérité des Évangélistes, mais bien la compétence humaine des écrivains qui ne serait pas constatée sur ce point particulier. Écoutons :

« J'admets, comme vous, l'authenticité, l'intégrité, la sincérité des textes, et ma raison hésite encore sur leur autorité. Au fait, qui m'assure que l'Évangéliste, envisagé comme simple historien, n'a pas, à son insu, tronqué la parole du Maître ? Comment savoir que sa mémoire n'a point failli ? Où prenez-vous cette évidence que la plume de Jean, de Luc ou de Matthieu rend adéquatement la doctrine du Christ ? Autant de questions irrésolues. Pour moi, j'ai des craintes fort sérieuses, tant que je vois en ces hommes de simples chroniqueurs... Or, quand on étudie leur compétence humaine, c'est bien ainsi qu'il faut les voir [1]. »

En conséquence, l'auteur propose de sacrifier la preuve du Magistère, qui est fondée sur l'autorité historique des Évangiles, et qu'il nomme preuve indirecte, réservant le nom de preuve directe, si je saisis bien, à celle qui est fondée sur les miracles qui accompagnent la vie de l'Église.

« Que conclure de tout ceci ? Qu'il faut sacrifier la preuve indirecte du Magistère et s'en tenir à la preuve directe, comme le firent Bossuet et saint Augustin ? C'est mon avis, à moins qu'on ne trouve une méthode nouvelle, différente du procédé classique, et qui, sans violer la logique, démontrerait par l'Évangile le Magistère doctrinal. Cette méthode existe, je crois. J'essaierai de dire comment je la comprends [2]. »

Dans un second article, l'auteur nous donne la suite, ici promise, de son travail. Il se résume d'abord en ces termes :

« Voici mon argumentation, résumé fidèle de l'article précédent : *L'autorité historique* de l'Évangile ne suffit pas à démontrer le Magistère ; d'autre part, *l'autorité d'inspiration* n'est connue que par le Magistère lui-même. » On verra plus loin que ces deux propositions ne sont pas exactes ; mais ce

1. *Revue du Clergé français*, p. 330.
2. *Ibid.*, p. 337.

n'est pas le moment d'argumenter. L'auteur conclut : « D'où
cette conséquence rigoureuse : Si l'Évangile n'a que l'autorité
historique et l'autorité d'inspiration, l'apologétique ne peut
en tirer le Magistère doctrinal[1]. » Là-dessus, on nous propose
pour les Évangiles une troisième sorte d'autorité, dite *autorité d'assistance*, parce que, en effet, Dieu a assisté les Évangélistes pour qu'ils ne se trompassent point, l'assistance étant
« un élément partiel » de l'inspiration. Et comment prouve-t-on
que Dieu a assisté les Évangélistes ? En recourant à une méthode que l'auteur croit nouvelle, que j'ai apprise pour mon
compte de mes maîtres en théologie, il y a bien longtemps,
et qu'ils employaient pour démontrer l'*inspiration* elle-même,
par conséquent aussi cette *autorité* dite d'*assistance*. C'est
ce que nous appellerons plus loin la démonstration de l'inspiration par voie historique, opposée à la démonstration par
voie d'autorité. Et ainsi l'on verra que l'auteur, après avoir
tenté de démolir, autant qu'il était en lui, une méthode de
démonstration du Magistère usitée en théologie, s'est vainement efforcé d'en trouver une seconde qui fût inédite. On
regrettera donc doublement de l'entendre qualifier l'apologétique de nos maîtres ou de nos orateurs aussi durement qu'il
le fait par les paroles suivantes : « C'est triste à dire, mais le
vice apparent de nos méthodes accrédite de plus en plus cet
aphorisme monstrueux : la religion du Christ ne se démontre
pas[2]. »

Voilà comment on a parlé, comment on parle chaque jour
dans un certain camp, et parmi les nôtres. Après avoir proclamé bien haut que l'autorité divine des Livres saints doit
être maintenue avec fermeté, on n'hésite pas à dire qu'il
n'en va plus de même de leur autorité humaine : l'authenticité du livre, le nom de son auteur, tout cela terrain libre,
terrain de pure critique et d'histoire, qui n'a rien à faire avec
l'orthodoxie. Et, selon d'autres, c'est du moins l'autorité
humaine des textes sur lesquels on s'appuie pour prouver le
Magistère qui ne se démontrerait pas ; d'où il suit qu'on ne
doit plus s'en servir, comme on l'a fait jusqu'ici, pour établir
le Magistère de l'Église.

1. *Revue du Clergé français*, 1ᵉʳ juin 1899, p. 54.
2. *Ibid.*, p. 63.

Eh bien, tout cela ne saurait passer sans réclamation. Non, l'orthodoxie n'est pas si désintéressée qu'on le dit à ce que la valeur humaine des Écritures soit ou ne soit pas reconnue. Non, l'autorité historique des Livres saints n'est pas si caduque qu'on vient de le faire entendre, pour qu'il soit besoin de renier tous nos auteurs, apologistes, théologiens ou orateurs chrétiens. Essayons de le montrer.

III

Il nous paraît d'abord évident que l'on ne ferait pas à nos adversaires tant de concessions dangereuses, si l'on se rendait compte exactement de la place occupée en théologie et en apologétique par l'autorité purement humaine des Livres saints. Voilà pourquoi il est à propos de montrer en premier lieu comment, dans les démonstrations théologiques, tout se tient et s'enchaîne ; quelle est la hiérarchie des preuves dont nous nous servons, soit pour établir les dogmes, soit pour mener un homme à la foi ; et quel est, dans tout cet ensemble, le rôle tenu par la preuve tirée justement de la valeur historique des livres du Canon. Quiconque aura bien vu comment se construit, de la base au sommet, tout l'édifice de la doctrine catholique, évitera sûrement de traiter à la légère ce qui concerne l'autorité humaine des Écritures.

La théologie, pour établir un dogme, une vérité quelconque, emploie deux sortes de preuves : la preuve de raison, quand la matière le comporte, c'est-à-dire quand la vérité à établir est d'ordre naturel, accessible à la simple raison ; et la preuve d'autorité, ce qui veut dire ici la preuve qui découle de la révélation, quand la vérité à établir, soit naturelle, soit surnaturelle, a été l'objet d'une communication divine.

La preuve de raison est de deux sortes ou de deux ordres : rationnelle ou historique, selon qu'elle a pour point de départ un principe, une vérité rationnelle, ou des faits historiques dûment constatés. Laissons de côté la preuve d'ordre rationnel qui n'a plus rien à faire dans la question présente ; quant à la preuve d'ordre historique, que l'on emploie précisément toutes les fois que l'on s'appuie sur l'autorité humaine des Livres saints, on va voir qu'elle est à la base des

démonstrations qui ont pour point de départ l'autorité de la
révélation, c'est-à-dire à la base de toutes les preuves proprement théologiques.

La preuve dite d'autorité, ou preuve fondée sur la révélation, est, en effet, de trois sortes, selon l'autorité même que
l'on invoque : autorité de l'Église, autorité de la Tradition,
autorité des Écritures inspirées. Or, à les étudier séparé-
ment, on constate que toutes les trois, l'Église, la Tradition,
les divines Écritures, reposent elles-mêmes, partiellement
au moins, sur l'autorité humaine des Livres saints comme sur
une base ferme et inébranlable. Essayons de nous en rendre
compte.

I. *Autorité de l'Église.* — L'autorité de l'Église invoquée
en faveur d'une doctrine, quelle qu'elle soit, est démonstrative, chaque fois que l'on a pu prouver que l'Église catholique croit ou enseigne cette même doctrine comme appartenant ou se rattachant au dépôt des doctrines révélées.

Seulement, pour croire raisonnablement qu'une doctrine
est révélée de Dieu par ce seul fait que l'Église le croit ou
l'enseigne comme telle, c'est-à-dire par ce seul fait que cette
doctrine s'appuie sur l'autorité de l'Église, il faut que l'on se
soit prouvé à l'avance l'autorité de l'Église elle-même, son
droit à exiger de nous une foi conforme à la sienne.

Or, sur quoi s'appuie cette autorité de l'Église, ou, si l'on
veut, l'infaillibilité de son enseignement et de sa foi aux
choses d'ordre révélé ? Comment la démontre-t-on ?

L'autorité de l'Église se prouve par deux sortes de preuves, ou par deux méthodes : la méthode du fait prochain et la
méthode du fait éloigné.

La première méthode s'emploie quand on montre qu'à
l'heure actuelle, aux temps où nous vivons, ou dans des époques si peu éloignées de nous qu'on peut les dire présentes,
nombre de faits dépassant les forces physiques ou morales
de la nature, des miracles divins en un mot, et par conséquent des manifestations de la divinité même, suivent, accompagnent l'Église et montrent ainsi que sa doctrine est une
doctrine approuvée du ciel.

La méthode du fait éloigné procède comme la précédente,

mais en s'appuyant, le mot le dit, sur des faits éloignés, des faits miraculeux qui remontent à 'des époques plus ou moins reculées, et particulièrement sur les faits prodigieux qui ont accompagné l'origine même, l'institution de cette Église dont il s'agit de prouver l'autorité.

Et c'est justement ici, à cette base de l'autorité de l'Église, à démontrer par les faits éloignés, que le premier concours de l'autorité humaine des Écritures sera réclamé.

Car, comment prouver des faits éloignés, historiques? Par des documents historiques certains. Et quels pourront être les documents historiques attestant les faits prodigieux qui ont accompagné les origines de l'Église et justifient son pouvoir doctrinal?

Évidemment, ce seront les livres du Nouveau Testament, et en premier lieu les Évangiles et les Actes, qui nous ont laissé le récit des grands miracles opérés par Jésus-Christ et par les Apôtres en témoignage de la vérité de notre foi, de la divinité du Sauveur et de l'origine céleste de son Église. Et ainsi l'on voit, du même coup, s'il importe ou non à l'autorité doctrinale de l'Église, à ce dogme de notre foi prouvé par des faits éloignés, que les livres du Nouveau Testament, les Évangiles particulièrement, aient ou n'aient pas d'autorité humaine, de valeur historique incontestée.

II. *Autorité de la Tradition.* — L'autorité de la Tradition, invoquée en faveur d'une doctrine, est démonstrative chaque fois que l'on a pu prouver, indépendamment de l'autorité *divine* des Écritures dont nous parlerons tout à l'heure, que Jésus-Christ a enseigné cette doctrine, ou du moins que les Apôtres l'ont enseignée et transmise à l'Église comme étant doctrine révélée.

Par conséquent, la Tradition s'appuie ou sur une parole de Jésus-Christ, ou sur un enseignement des Apôtres transmis autrement que par les Écritures *prises comme inspirées.* Considérons à part chacun de ces deux cas, afin de voir à quelles conditions on peut raisonnablement et on doit même croire à l'enseignement soit de Jésus-Christ, soit des Apôtres.

S'il s'agit d'abord de Jésus-Christ, il faudra, pour croire d'une foi raisonnable, prouver au préalable deux faits : pre-

mièrement, que Jésus-Christ a réellement enseigné cette doctrine ; secondement, que Jésus-Christ ne peut pas se tromper
ni nous tromper, et ce second point sera constaté si l'on a
démontré soit la légation divine de Jésus-Christ, soit sa divinité même.

Or, comment prouvera-t-on le premier fait, le fait que
Jésus-Christ a enseigné cette doctrine ? Ce sera, ou bien en
recourant à des documents historiques, aux Évangiles surtout pris comme livres humains, et par conséquent l'on voit
de quelle utilité sera de nouveau l'autorité humaine des Écritures ; ou bien, en recourant droit à l'autorité de l'Église, qui
elle aussi — nous l'avons vu — s'appuie très heureusement
sur la valeur historique des Livres saints.

Semblablement, comment prouver le second fait, à savoir
soit la mission divine de Jésus-Christ, soit sa divinité ? Toujours de la même manière : en recourant ou à des documents
historiques parmi lesquels on mettra au premier rang les
Évangiles, ou bien à l'autorité de l'Église, laquelle — répé-
tons-le — se démontre à son tour par les écrits du Nouveau
Testament pris comme livres historiques.

Si maintenant — c'est notre second cas — la tradition
s'appuie sur un enseignement des Apôtres, il faudra de nouveau, pour croire raisonnablement à cet enseignement, prouver au préalable deux faits : premièrement, que les Apôtres
ont bien enseigné cette doctrine ; secondement, qu'en l'enseignant comme doctrine révélée, ils ne nous trompent pas. Or,
pour l'un comme pour l'autre de ces deux faits à démontrer,
il est évident que nous aurons encore à recourir au témoignage historique des livres du Nouveau Testament, afin
d'établir d'une part quel a été au juste l'enseignement des
Apôtres, et d'autre part comment Jésus-Christ leur a conféré
le privilège de l'infaillibilité doctrinale.

Il est donc manifeste que la preuve théologique, dite preuve
de Tradition, et avec elle, toute la doctrine catholique, est
intéressée à ce que la valeur humaine des Écritures soit et
demeure inébranlée.

III. *Autorité divine des Écritures.* — L'autorité des Écritures est de deux sortes : autorité divine, si on les considère

comme des écrits qui sont la parole même de Dieu ; autorité humaine, si on les considère comme des écrits dus à des auteurs bien informés et sincères. Or, nous disons que l'autorité divine des Écritures elle-même est intéressée à ce qu'il conste de leur autorité humaine. Montrons-le.

L'autorité divine des Écritures, invoquée en faveur soit d'une doctrine, soit d'un fait, est démonstrative, si l'on peut prouver :

1° Que ces Écritures sont sorties d'une plume inspirée de Dieu pour servir de lumière et de guide à l'humanité. En d'autres termes, il faut prouver l'inspiration et la canonicité des Écritures ;

2° Que ces Écritures sont parvenues jusqu'à nous sans avoir subi d'altérations graves qui compromettent leur témoignage ;

3° Que les Écritures contiennent bien réellement l'affirmation de la doctrine ou du fait en faveur duquel on les invoque.

Ce troisième point est affaire à l'exégète. Quant aux deux premiers qui constituent proprement l'autorité divine des Écritures, il faudra les prouver, si l'on veut croire raisonnablement à cette autorité. Or, comment les prouve-t-on ?

Et d'abord l'inspiration et la canonicité ?

L'inspiration et la canonicité peuvent se prouver par deux méthodes ou deux voies : par voie d'autorité, ou par voie historique.

On prouve l'inspiration et la canonicité des Écritures par voie d'autorité, lorsqu'on s'en réfère à l'autorité de l'Église, que l'on invoque sa foi ou son enseignement en faveur de l'inspiration et de la canonicité. Cette démonstration suppose donc déjà prouvée l'autorité de l'Église elle-même. Or, nous avons dit plus haut que l'autorité de l'Église, *quand elle se prouve par la méthode du fait éloigné*, en appelle à l'autorité humaine des Écritures. De ce fait, l'inspiration et la canonicité des Écritures sont donc intéressées à ce que l'autorité humaine des Livres saints soit dûment constatée.

Si l'on prouve, au contraire, l'inspiration et la canonicité par voie historique, voici comment on procède : On établit d'abord par des documents purement historiques — et c'est

là la *majeure* de l'argument — que la Synagogue à telle ou
telle époque de son histoire, ou l'Église chrétienne au temps
de Jésus-Christ, des Apôtres, ou dans les âges subséquents,
croyaient posséder des livres inspirés, telle et telle collection, un Pentateuque, des Prophètes, des Évangiles de Matthieu, Marc, Luc, Jean, etc. Cela posé, on établit la *mineure*
suivante de l'argument : Or, des faits surnaturels certains, de
véritables manifestations divines montraient au même temps
que Dieu approuvait la Synagogue ou l'Église, ainsi que leur
doctrine fondamentale sur la foi aux Écritures divines.

Telle est la manière d'établir par voie historique l'inspiration et la canonicité des Écritures. Mais, justement, qui ne
voit que, pour prouver tant la majeure que la mineure de cet
argument, l'autorité humaine des Écritures doit être invoquée ? Et, en effet, c'est le Nouveau Testament, par exemple,
qui témoignera de la foi des Juifs et de la foi chrétienne, ou
bien les livres plus récents de l'Ancien Testament parleront
des précédents. C'est encore l'Ancien Testament tout entier,
comme aussi le Nouveau, qui, par les récits merveilleux dont
ils sont remplis, prouveront que Dieu était avec la Synagogue
et avec l'Église primitive. Il est donc de toute évidence que
l'inspiration et la canonicité des Écritures ne peuvent se démontrer selon la méthode historique de démonstration, ni
pour les temps antérieurs à Jésus-Christ, ni pour les temps
apostoliques, que si l'on tient pour sûre et certaine l'autorité
humaine des Écritures.

Le second point nécessaire pour établir complètement, *in
concreto*, l'autorité divine des Écritures, c'est de prouver
que ces Écritures inspirées et canoniques sont parvenues
jusqu'à nous, sans avoir subi d'altérations graves compro-
mettant la valeur de leur témoignage ; en d'autres termes, il
faut prouver leur intégrité substantielle.

Comment la prouve-t-on ?

Deux méthodes de démonstration se présentent encore ici :
la méthode historico-critique et la méthode d'autorité.

On suit la première méthode, quand, prenant en main les
textes sacrés aujourd'hui en usage, on montre par comparaison avec les anciens manuscrits, les versions des premiers
siècles et les citations des Pères, que nos textes actuels sont

bien, en substance, exactement les mêmes que ceux des
Églises primitives. Cette méthode est presque la seule employée dans nos *Introductions bibliques.*

Il en est une seconde, dite méthode d'autorité, et qui procède de la manière suivante : Elle expose toute la série des
enseignements et définitions de l'Église concernant l'inspiration et la canonicité des Écritures ; puis elle conclut que
les Écritures ainsi préconisées par l'Église n'ont pas été.
altérées, de telle manière au moins que la substance de leur
rédaction ait été compromise. Il est clair, en effet, que si
l'Église se prononce, de distance en distance sur la route
des siècles, en faveur des Écritures, elle entend toujours
parler des Écritures qu'elle possède *in concreto.* En d'autres
termes, il est évident que si elle défend la canonicité des
Écritures qu'elle a entre les mains, c'est qu'elle répond aussi
de leur intégrité substantielle. Cette méthode suppose admise l'autorité de l'Église, et — ajoutons-le, car l'observation
est ici bonne à faire — l'autorité de l'Église prouvée sans
recourir aux Livres saints, à leur valeur humaine ; autrement, on commettrait un cercle vicieux, prouvant l'intégrité,
qui est partie de l'autorité humaine des Livres saints, par
l'autorité de l'Église, laquelle se serait déjà réclamée de
cette même autorité humaine des Écritures.

Mais, quelle que soit la méthode que l'on emploie pour
prouver l'intégrité des Livres saints, et par là leur donner *in
concreto* toute leur autorité de pièces ou documents inspirés,
dans un cas comme dans l'autre, on voit jusqu'à quel point
la canonicité des Écritures est ici intéressée à ce que l'on ne
jette pas inconsidérément par-dessus bord tout ce qui touche
au problème de l'authenticité humaine. Qu'est-ce, en effet,
que l'intégrité substantielle qui est ici en cause ? L'intégrité
substantielle, comme nous le dirons en son temps, est un
des éléments qui constituent la valeur ou autorité historique
d'un écrit. Et puisque l'autorité divine des Livres saints ne
saurait elle-même exister *in concreto*, s'il ne constait également de l'intégrité matérielle ou substantielle du texte, c'est
donc que la canonicité même des Écritures ne saurait exister
actu indépendamment de leur conservation ou intégrité
substantielle.

Ainsi, de quelque côté que l'on se tourne, de quelque manière que l'on argumente en théologie, partout l'on rencontre la question de la valeur humaine des Livres saints. Argumentez-vous par l'histoire religieuse qui nous est racontée de la Genèse à l'Apocalypse? C'est sur l'autorité historique elle-même de ces livres que vous vous appuyez. Argumentez-vous par l'autorité de l'Église? L'autorité de l'Église la suppose, quand on prouve le Magistère par la méthode du fait éloigné. Vous en appelez à la tradition divine, à la parole de Jésus-Christ ou des Apôtres? Nos Livres saints pris comme livres historiques vous diront, et ce que Jésus-Christ, et ce que les Apôtres ont enseigné; ils vous prouveront ensuite par le récit de leurs miracles que ni Jésus-Christ ni les Apôtres ne peuvent vous tromper, Jésus-Christ étant l'envoyé de Dieu et le Fils même de Dieu, les Apôtres étant les interprètes autorisés de ce même Fils de Dieu. Enfin, vous en appelez à l'autorité divine des Écritures? Cela veut dire que vous croyez à leur inspiration, à leur canonicité, à leur intégrité substantielle. Or, l'inspiration et la canonicité démontrées par la méthode historique supposent la valeur humaine des Livres saints; et démontrer d'autre part l'intégrité substantielle des Écritures, c'est revendiquer pour elle un des éléments qui constituent leur autorité simplement historique.

Après cela, je le demande, de quel droit viendrait-on nous dire que la question de la valeur humaine des Livres saints est une question qui n'a pas d'importance, ou qui n'intéresse pas l'orthodoxie? Autant vaudrait dire que l'orthodoxie peut sacrifier de gaieté de cœur une des bases sur lesquelles tout repose dans la doctrine catholique : l'autorité de l'Église, l'autorité de la Tradition, l'autorité divine des Écritures.

L'Église, du reste, ne pense pas autrement, qu'elle nous parle par la bouche de ses orateurs, de ses théologiens, de ses apologistes, de ses conciles ou de ses papes. Nous le montrerons prochainement.

Lucien MÉCHINEAU, S. J.

MADAME DE STAËL

(Deuxième article[1])

III

Le théoricien littéraire. — Ses deux grands ouvrages : la
Littérature...; l'Allemagne... *Quelques idées principales. —
Mélange d'erreurs et de vérités utiles. — Influence définitive
plutôt heureuse. — Mme de Staël complétant Chateaubriand.*

Venons au personnage littéraire. Il s'affirme dans deux
ouvrages que nous rappellerons brièvement, pour en dégager ensuite les idées générales vraiment fécondes en
bien ou en mal et mesurer ainsi l'influence de l'auteur.

*De la littérature considérée dans ses rapports avec l'état
moral et politique des nations* (1800). Ce titre, un peu long,
avait du moins le mérite de poser nettement le dessein du
livre. Dessein louable en soi et grandiose. Deux années
avant Chateaubriand, Mme de Staël étendait la critique et
l'ennoblissait en y faisant entrer les âmes et les mœurs. —
Dessein riche en promesses, mais un peu inquiétant par la
seconde. L'état moral d'un peuple est le grand facteur de sa
littérature; mais son régime politique y fait par lui-même
assez peu. Et puis quel champ ouvert à la fantaisie, au système ! En tout cas, dessein bien vaste pour l'intelligence et
l'érudition d'une femme : on ne s'en aperçoit que trop.
Relève qui voudra la part d'apologie personnelle et les
avances demi-voilées au premier Consul dont on est loin de
désespérer encore[2]. Il y a surtout dans le livre une thèse, un
programme, un esprit plus visible qu'ailleurs. Présomption
rationaliste, orgueil des lumières et des forces naturelles,

---

1. V. *Études,* 20 mai 1899, p. 464.
2. On peut lire en particulier le chapitre quatrième de la seconde partie.
Avec un solide bon sens et quelquefois un bonheur d'expression dont elle
n'est pas coutumière, Mme de Staël y dit les excellentes raisons qu'elle
aurait de se taire, de se refuser à la célébrité. J. de Maistre écrivait plus

cet esprit nous est connu déjà, et, si nous y regardons encore, c'est pour en voir sortir la thèse maîtresse, la perfectibilité humaine ou, plus exactement, le progrès continu de l'esprit humain. Voilà ce que Mme de Staël s'engage à démontrer par l'histoire, et ses admirateurs mêmes avouent la gageure assez mal tenue. Ainsi les Romains l'emportent sur les Grecs : il le faut pour la théorie ; ainsi, en France, le dix-huitième siècle sur le dix-septième, et Voltaire sur Racine. Par où donc, bon Dieu ? — Par la philosophie, répond intrépidement l'auteur [1]. Mais le moyen âge, un temps qu'elle doit estimer barbare, ne fera-t-il pas solution de continuité dans le progrès ? Qu'à cela ne tienne ! La preuve que l'esprit humain n'avait pas cessé de marcher même alors, c'est la magnifique explosion de la Renaissance [2]; — comme si cette explosion, à lui supposer d'ailleurs tous les mérites, n'était pas, dans son ensemble, une réaction païenne contre le moyen âge chrétien. Du reste, on avoue de bonne grâce que le christianisme, en s'emparant des barbares, avait bien mérité de la civilisation. Mais, ô profondeur des explications naturalistes ! Quoi ! les peuples du Nord s'étaient rendus à la religion nouvelle parce qu'elle favorisait leur penchant à la mélancolie, aux images sombres, leur préoccupation de la destinée des morts ! Et pourquoi donc ceux du Midi ? Comment la religion leur a-t-elle été « moins utile [3] » ? Ne cherchons pas à débrouiller ce chaos de demi-vérités et de fausses lueurs. La science rationaliste ne soupçonne pas combien elle prête à sourire quand elle s'efforce gravement de justifier par des raisons humaines, à tout le moins accessoires, ce qui est principalement et nécessairement œuvre de Dieu.

Mais avec la Révolution française, voici qu'arrivent et s'imposent par droit de conquête, sinon de nouveaux bar-

---

tard à sa fille Constance que la science rend presque toujours les femmes malheureuses ou ridicules ; qu'elle « les expose habituellement au petit danger de déplaire aux hommes et aux femmes, pas davantage » ! (Lettre du 5 novembre 1808.) Avec ou sans intention, il résumait fidèlement le chapitre dont il s'agit, mais qui prend une saveur particulière sous la plume de Mme de Staël.

1. Première partie, chap. xx.
2. Chap. viii.
3. *Ibid.*

bares, au moins des couches sociales moins civilisées et dont l'éducation reste à faire. « Heureux si nous trouvions, comme à l'époque de l'invasion des peuples du Nord, un système philosophique, un enthousiasme vertueux, une législation forte et juste, qui fût, comme la religion chrétienne l'a été, l'opinion dans laquelle les vainqueurs et les vaincus pourraient se réunir[1]! » — Ne reconnaissez-vous pas, dans toute sa naïveté, le rêve doctrinaire ? Eh ! madame, le christianisme est toujours là, seul capable de faire aujourd'hui ce qu'il faisait il y a douze siècles, et précisément parce qu'il est autre chose qu'un système philosophique et un enthousiasme vertueux.

Mais passons vite, et ne nous attardons pas non plus aux vues ou préférences politiques appliquées à la littérature. Nous savons déjà l'importance exagérée que Mme de Staël attribue aux institutions, et nous en pourrions noter encore plus d'un exemple. Que les Anglais fassent céder la logique au bon sens ; que, par suite, ils ne poussent pas à l'extrême le libre examen préconisé par la soi-disant Réforme : c'est un fait et, pour eux, un mérite, un avantage sans prix. Mais ne le doivent-ils pas à leur tempérament de race beaucoup plus qu'à la forme de leur gouvernement, à « la conscience que chacun a de pouvoir influer sur les destinées de son pays[2] » ? Cette conscience, les Français l'ont depuis 89 ; or, fallût-il bouleverser la France et le monde, vous ne les empêcherez pas de courir droit aux conséquences dernières d'un principe faux. Pourquoi, d'ailleurs, étaient-ils en Europe les maîtres du goût, de la grâce et de la gaieté ? L'auteur s'efforce longuement d'en faire honneur au régime monarchique[3] ; il l'expliquerait au moins aussi bien par le caractère et le tour d'esprit.

L'endroit le plus intéressant est celui où la thèse devient programme. Voyant dans l'idéal une république de philosophes, sur laquelle d'ailleurs elle n'ose trop compter, Mme de Staël en esquisse par avance la charte littéraire. On y trouverait de tout : aphorismes de bon sens, illusions rationa-

1. Chap. VIII.
2. Première partie, chap. XIV.
3. Chap. XVIII.

listes, stoïciennes, avec une part de pédantisme légèrement
rengorgé ; conseils excellents par endroits, mais sous lesquels perce une assez piquante inquiétude. Nourrie de pensées plus mâles, la démocratie mettra dans sa littérature une
flamme plus vive de passion ; mais saura-t-elle plaisanter ?
Aura-t-elle de l'esprit ? L'auteur semble lui dire : N'essayez
pas ; ne forcez pas votre talent ; vous êtes née sérieuse, con-
tentez-vous de n'être plus désormais violente ni grossière[1].
Et puis, de la tenue, de la noblesse, de la pureté dans le
style : vous en avez tout particulièrement besoin[2], comme
de politesse, d'urbanité dans les façons[3]. Une crainte domine toutes les autres, celle de la vulgarité prétendue égali
taire. « L'égalité politique... ne peut subsister que si vous
classez les différences d'éducation avec encore plus de soin
que la féodalité n'en mettait dans ses distinctions arbitraires. » La république de Mme de Staël sera donc une aristocratie des mérites ; elle acceptera la suprématie des gens
comme il faut, j'allais dire des *intellectuels*, et, sauf le mot,
c'est bien ce que l'auteur pense. Il est étrange qu'on lui en
veuille, qu'on déclare cette phrase « funeste », qu'on y voie
le germe d'une nouvelle lutte de classes. Voilà prendre la
chose bien au tragique, et fort gratuitement, ce me semble.
On dit : « C'est l'aristocratie des mains gantées[4]. » Pourquoi
pas tout simplement celle des mains propres ? Et pour l'bon-
neur même de la démocratie, ne lui souhaitez-vous pas de ne
se remettre qu'à ces mains-là ? Qu'un ouvrier arrive à pré-
sider la République, rien de mieux, s'il en est digne ; mais de
grâce, qu'il ne la préside pas en blouse et qu'il ne lui parle
pas en argot d'atelier. J'aurais cru que Mme de Staël ne demande pas autre chose, et je l'aime d'avoir senti, parmi tant
d'erreurs, que l'égalité poussée à l'extrême est la pire ennemie de la liberté.

En 1800, ne sachant à peu près rien que par les livres, elle
traitait d'un peu haut les littératures méridionales, à quoi

1. Deuxième partie, chap. ii.
2. Chap. vii.
3. Chap. ii.
4. Lanson, *Histoire de la Littérature française*, p. 868.

l'inclinait du reste le préjugé anticatholique[1]. Visiblement
éprise de celles du Nord, encore manquait-il à cet engouement l'avantage d'une familiarité assez directe avec son objet.
Dix ans plus tard, les informations sont plus riches, les sentiments plus larges aussi. La mort de son père (1804) l'a
rendue, non pas chrétienne, mais moins dédaigneuse des
religions positives, même de la vraie. Elle a traversé l'Italie
(1804-1805), et lui a rendu quelque justice dans *Corinne*.
Déjà elle avait visité l'Allemagne (1803), et l'histoire de ce
voyage est curieuse. A Weimar, qui est alors comme le paradis du génie national, on attendait avec une sorte d'effroi
cette femme déjà célèbre. Si les graves Allemands ne disaient pas tout à fait, comme Philaminte :

Faisons bien les honneurs aù moins de notre esprit,

ils se demandaient comment tenir tête à celui-là, et en français encore, car Mme de Staël ne parlait pas leur langue.
Gœthe se dérobe un temps ; Schiller, qui s'est dévoué le premier, déclare, quand elle s'en va, qu'il pense relever d'une
maladie. Promptitude, volubilité toutes françaises, conversation impétueuse et toujours un peu despotique, curiosité
impatiente, besoin de lumière facile et rapide : c'est de quoi
étourdir et mettre à la gêne ces lents et laborieux méditatifs,
qui d'ailleurs, étant de leur pays, ne haïssent pas l'abstraction, le demi-jour ou même les nuages. Enfin, comme elle
est bonne femme, franche et naturelle jusque dans sa vanité,
elle les laisse contents d'eux-mêmes, contents d'elle par conséquent, tandis qu'elle emporte de chez eux la matière de
son maître ouvrage. Le livre *de l'Allemagne*, arrêté et détruit
en 1810 par ordre de Napoléon, est publié en Angleterre
trois ans plus tard.

Elle y touche à tout avec son intrépidité habituelle, mais
elle a trop peu observé pour nous être un bon garant des
mœurs populaires, et ce n'est pas non plus à son école que
nous voudrions étudier les Kant, les Jacobi, les Fichte et
autres penseurs du cru[2]. Restons en littérature, et là même
ne cueillons que la fleur.

1. Première partie, chap. x.
2. Un jour, parait-il, elle pria Fichte de lui expliquer son système en un

Notons-le d'abord; Mme de Staël n'immole pas la France à
l'Allemagne qu'elle vient de découvrir; elle marque les différences, elle souhaite que l'on se connaisse mieux d'un pays
à l'autre; elle estime que, si la frontière s'abaissait un peu,
nous y gagnerions plus que nos voisins; mais elle ne prétend
pas nous faire Allemands. Apprenons, avouons qu'il est des
beautés hors de notre genre, et que nous pourrions nous les
assimiler sans forcer notre nature. Voilà ce qu'elle demande
et à quel *exotisme* elle nous convie. Après cela, s'il arrive
que, parmi nous, on pille, on singe l'étranger au point de se
dépayser soi-même; si des diversités nationales on conclut
au scepticisme littéraire, à la négation d'un bon goût unique
et universel; enfin si d'aucuns se font patriotes au rebours,
jusqu'à jalouser la prétendue supériorité d'autrui et n'estimer les choses qu'à la condition de n'être point françaises[1],
en bonne justice, l'auteur de l'*Allemagne* n'a pas à répondre
de pareilles excentricités.

Dans ce genre français d'alors, qu'elle voudrait élargir et
non détruire, deux choses surtout la frappent ou la choquent:
la tyrannie de l'esprit de société, le faux classicisme Renaissance. Homme de cercle et de salon, pensant et vivant « dans
les autres », le Français ne lit le matin un livre que pour en
parler le soir, et s'il lui demande d'être clair, c'est pour y
trouver de quoi parler et briller sans peine. Il en résulte que
nos auteurs sont sous le joug, esclaves d'un goût factice,
rétréci à la mesure des opinions et convenances mondaines.
A cette situation comparez la fière solitude, l'indépendance,
la domination de l'écrivain allemand qui fait son public et le
maitrise.

Exagération, en ce qui nous concerne au moins, car l'amour
de la clarté est chez nous un don de race, et Mme de Staël,
qui, Dieu merci, en a sa part, ne préconise qu'à demi l'obscurité germanique. A l'entendre, « les écrivains allemands ne

quart d'heure. Le philosophe s'exécuta de son mieux; mais au bout de dix
minutes, la terrible Française l'arrêtait, se déclarant satisfaite, et tournait
court par une plaisanterie. Cela fit scandale, naturellement. (Voir Sorel,
p. 111.)

1. Telle a été, selon M. Faguet, la manie de plus d'un contemporain.
Histoire de la Langue et de la Littérature française. Introduction aux tomes
VII-VIII. T. VII, p. ix.

se gênent pas avec leurs lecteurs; leurs ouvrages étant reçus
et commentés comme des oracles, ils peuvent les entourer
d'autant de nuages qu'il leur plaît l ». Est-ce épigramme ?
En tout cas, ce n'est pas pur éloge. Au moins reste-t-il vrai
qu'en France, au dix-huitième siècle, l'esprit de salon et
de coterie, l'opinion frivole et railleuse n'étaient pas pour
encourager l'essor du génie, si, de fortune, le génie s'était
rencontré.

Il abondait à l'âge précédent, et, quoi qu'on en pense, il
n'avait guère à se plaindre de la distinction, de la dignité
partout régnantes. Mais j'accorderai de bonne grâce à Mme de
Staël que, dans les genres purement littéraires, il était quelque
peu bridé par un classicisme étroit, païen, formaliste, plus
autoritaire que rationnel. A ce compte, pas de lyrisme[2], pas
de drame national, pas de théâtre populaire[3]; il fallait être
initié, humaniste, pour goûter à ces nobles plaisirs de l'esprit. Aussi bien toutes les littératures méridionales souffrent
plus ou moins de ces contraintes, et là vient la distinction
célèbre entre la poésie classique et la poésie romantique
telles que l'auteur les conçoit. L'une, celle du midi de l'Europe, est toute calquée sur les anciens, païenne à leur image
et fataliste, ce que je ne vois guère, et matérialiste, ce qui
peut renfermer une part du vrai[4]. L'autre, la poésie septentrionale, est celle du monde moderne; fille du christianisme
et de la chevalerie, elle a pour caractères un spiritualisme
élevé, une psychologie profonde, délicate, généreuse ; elle
croit à la Providence comme l'antiquité croyait au destin. Et
voilà ce que Mme de Staël appelle romantisme, sauf à nous
prévenir que cette acception du mot est nouvelle, et sans
d'ailleurs y tenir beaucoup, semble-t-il[5]. Par malheur, nous
verrons le romantisme français ne garder de tout cela que
l'écorce, et devenir, en son fond, bien autrement païen et

1. *De l'Allemagne*, seconde partie, chap. i.
2. Chap. x.
3. Chap. xv.
4. Pour entendre toute la portée de ce dernier mot, il n'est peut-être pas
inutile de se rappeler le préjugé protestant dont Mme de Staël est pleine.
A ses yeux, le catholicisme est une religion tout extérieure, moins soucieuse
de la morale que du culte, et d'un culte imaginé pour la joie des sens.
5. Chap. xi.

fataliste et matérialiste, que ne furent jamais nos lettres
inspirées de l'antique. Supposez-le resté chez nous tel qu'on
nous le figure ici, nous en accepterions d'enthousiasme le
principe au moins et les grandes lignes. Ce romantisme-là
serait, à nos yeux, le vrai, le seul genre classique, étant la
vérité même et la perfection. Le livre *de l'Allemagne* com-
pléterait ainsi le *Génie du Christianisme*. Et qui ne l'aperçoit,
du reste? Sur cette question capitale des sources du grand
art, l'élève du dix-huitième siècle, la muse du rationalisme
et de la perfectibilité orgueilleuse, finit pour donner la main
à Chateaubriand. Qu'on n'oppose donc pas ces deux influences : en littérature, du moins, elles en viennent plutôt à
s'unir.

Non certes que tout soit bon à prendre dans les idées littéraires de la baronne. Est-ce merveille qu'elle flotte, hésite et
se contredise? Bon sens d'une part, de l'autre préjugés
d'éducation, côtés faibles du tempérament romanesque : voilà
pour l'opposer à elle-même en plus d'un point. Quelquefois
c'est insuffisance et impropriété du style; car, de l'aveu de
tous, elle sait peu l'art d'écrire et le pratique mal ; — le plus
souvent, c'est erreur ou inconscience de la pensée. Par
exemple, elle tient pour l'existence d'un bon goût unique,
immortel et vraiment humain[1], qui ne doit être « que l'observation raisonnée de la nature »; qui est fait de sagesse et de
puissance combinées; car, dit-elle excellemment, « la force
dans les discours ne peut être séparée de la mesure[2] »; ou
encore : « la pensée ne se repose que dans l'ordre[3]. » Mais
ce goût, dont elle marque si bien l'origine et la valeur, ne
l'élargit-elle pas çà et là plus que de raison, au gré des préférences et originalités nationales? Il semblerait un moment
qu'elle le suspecte et le redoute. « Le bon goût en littérature
est, à quelques égards, comme l'ordre sous le despotisme : il
importe d'examiner à quel prix on l'achète[4]. » La censure
impériale prit ombrage de la comparaison et biffa cette

1. *De la Littérature...*, livre I, chap. XII.
2. *Ibid.*
3. *Ibid.* Discours préliminaire.
4. *De l'Allemagne*, deuxième partie, chap. XIV.

phrase. Nous demanderions, nous, qu'on nous l'expliquât, qu'on nous dit nettement : Il s'agit du goût d'opinion, du goût factice ; l'autre, le vrai, ne réprouve que les beautés illusoires et ne peut coûter au génie un sacrifice réel.

Avant Chateaubriand, Mme de Staël condamnait la mythologie[1] ; à sa suite elle reconnaît que le christianisme agrandit le spectacle de la création[2] ; mais, comme lui, elle mêle au sens poétique des choses une mélancolie où elle voit « la véritable inspiration du talent[3] ». Mélancolie moins prétentieuse que celle de René, moins personnelle, tranchons le mot, moins égoïste. On n'y sent plus l'ambition vague et la passion inassouvie, s'exaltant d'abord, puis retombant sur elles-mêmes pour se ronger et s'adorer tout à la fois. Ce serait plutôt d'abord un désenchantement philosophique, un dégoût précis et motivé pour les petitesses humaines, poussant l'homme à se réfugier, à se reposer dans la contemplation de tout ce qui est noble et beau[4]. Plus tard et sous l'influence allemande, elle incline aux imaginations fantastiques, à une certaine ivresse, exagération et péril de notre sympathie pour les choses ; enfin elle se plaît aux rapprochements lugubres, j'allais dire macabres, doublant par effet de contraste la joie de voir et de sentir. « L'idée de la mort, qui décourage les esprits vulgaires, rend le génie plus audacieux, et le mélange des beautés de la nature et des terreurs de la destruction excite je ne sais quel délire de bonheur et d'effroi sans lequel on ne peut ni comprendre ni décrire le spectacle de ce monde[5]. » Le contraste est puissant et la poésie réelle, je le veux bien ; mais n'en restons pas là, de grâce. En admirant les œuvres de Dieu, disons-nous qu'elles sont frêles et périssables ; mais sachons passer outre, sachons aller où elles-mêmes nous conduisent, à la Beauté qui ne meurt pas. Nous aurons mieux qu'un délire : nous aurons le sens vrai, la vraie poésie de l'univers pittoresque. Nulle part la mélancolie n'est bonne que si l'on se contente de la traverser.

1. *Littérature...*, deuxième partie, chap. v.
2. *De l'Allemagne*, deuxième partie, chap. x.
3. *Littérature*, deuxième partie, chap. v.
4. *Ibid.*
5. *De l'Allemagne*, deuxième partie, chap. x.

Le théâtre est par excellence le champ de bataille des
écoles littéraires. Là encore, le jugement de l'auteur oscille
et ondoie jusqu'à donner des gages à tous les partis. Aban·
donnons-lui de grand cœur deux *unités* sur trois ; accordons-
lui, sans chicaner le détail, que l'imitation continue et servile
de nos maîtres, « la copie toujours plus pâle des mêmes
chefs-d'œuvre » conduirait à·ne plus représenter que des
« marionnettes héroïques », des abstractions dénuées de
vraisemblance et de vie[1]. Elle a encore raison quand elle
avertit la tragédie de se faire plus large et plus souple, à
peine de se voir détrônée par le drame bourgeois[2]. Aussi
bien ne lui conseille-t-elle pas de déchoir. « Le théâtre est la
vie noble[3] »; il est pour « émouvoir l'âme en l'ennoblissant[4] ».

Voilà des aphorismes tout classiques; mais prenez garde :
Mme de Staël va laisser voir un certain faible pour l'effet,
pour les « émotions délirantes », pour la peinture réaliste
des horreurs physiques de la mort, pour une vraisemblance morale approchant du réel jusqu'à n'avoir plus guère
la vertu d'ennoblir l'âme ; pour les caractères complexes
jusqu'à une certaine incohérence. D'après elle, « c'est préci-
sèment l'homme qui ne sait pas ce qu'il veut, dans lequel la
nature se montre avec une force et une indépendance vraiment tragiques[5] ». Singulier mirage. Fort tragique est assu·
rément le choc des grandes impressions contradictoires;
mais la force et l'indépendance commencent d'apparaître précisément quand la volonté se fixe et triomphe, quand l'homme
se domine assez pour vouloir et se rendre compte de ce qu'il
veut. En toute autre occasion, Mme de Staël le verrait aussi
bien que personne ; ici elle est sous le charme de Schiller, et,
pour la plus grande joie des romantiques à venir, elle prend
de la meilleure foi du monde le contre-pied du vrai.

Est-ce trop d'indulgence ? Il me semble que je lui passerais
ce paralogisme, et beaucoup d'autres, en considération de
quelques pensées justes et hautes semées dans ses deux

---

1. *De l'Allemagne*, chap. xv.
2. *Ibid.*, chap. xvi.
3. *Littérature...*, deuxième partie, chap. v.
4. *De l'Allemagne*, deuxième partie, chap. xv.
5. *Ibid.*, deuxième partie, chap. xviii. — A propos du *Wallenstein* et de
la *Marie Stuart* de Schiller.

ouvrages, et plus largement dans le second. Il se ferme par
une sorte d'hymne à la religion et à l'enthousiasme[1]. Là
encore, obscurités, confusions, erreurs formelles; mais en
regard, combien de traits excellents! Le protestantisme y
sera vanté comme religion de science, d'activité intellectuelle,
et tout ensemble réduit à ce déisme sentimental au-dessus
duquel, nous le savons, l'auteur ne s'éleva jamais[2]. Le « mysticisme » n'y sera que foi et résignation à la Providence.
Pour tout dire, parmi ses effusions piétistes, cette femme,
que l'on prétend revenue au christianisme, n'oubliera, comme
tant d'autres, que Jésus-Christ[3]. Et pourtant de belles lumières jaillissent par instants de ces ombres. Que la religion seule puisse consoler, je ne donnerai pas cela pour une
découverte[4]; mais que dans la piété seule on trouve « une
réunion parfaite du mouvement et du repos », de l'énergie
active et de la paix[5] : voilà qui est moins élémentaire et plus
profond peut-être que l'auteur même ne le voit en écrivant.
Que penser enfin de cette maxime : « La religion n'est rien,
si elle n'est pas tout », si elle n'inspire, ne dirige et ne soutient la vie entière[6]? Bien des catholiques auraient à méditer
la leçon.

Et l'enthousiasme, cette passion du beau, du beau moral
surtout, qui ramasse et concentre dans un sentiment unique
et généreux toutes les forces vives de l'âme[7]! Ne faut-il pas
honorer Mme de Staël de le glorifier, de le venger à l'encontre de ce qui glace ou dessèche, de la raillerie ou du
calcul? Les demeurants du dix-huitième siècle pouvaient
sourire; Napoléon hausser les épaules et répéter : « Idéo-
logue! »; la censure impériale biffer la dernière phrase où
l'on avertissait la France de ne pas laisser éteindre le feu
sacré[8]. Ici l'auteur de l'*Allemagne* avait raison et, par suite, il
lui arrivait çà et là de rencontrer l'éloquence.

1. *De l'Allemagne,* quatrième partie, *La religion et l'enthousiasme.*
2. Chap. i.
3. Son nom y est une fois (chap. vi) ; son rôle vrai, nulle part.
4. Chap. vi.
5. Chap. v.
6. Chap. i.
7. Chap. vi, vii, viii.
8. « O France ! terre de gloire et d'amour ! Si l'enthousiasme s'éteignait

« Femme extraordinaire » et qui, selon le mot de J. de Maistre, eut le tort de n'être que cela ; nature d'élite, mais capable de beaucoup mieux, si une éducation moins scabreuse et une religion plus précise lui avaient appris à dominer ses rêves de cœur et ses prétentions d'esprit.

Des trois personnages qui sont en elle, on voudrait pouvoir en supprimer deux : le romanesque et le politique, l'incomprise et le rationaliste constituant. Quant au critique, au théoricien littéraire, ne le prenez pas pour maître : il est trop hésitant, trop peu sûr. Mais si vous avez déjà des principes suffisamment arrêtés, choisissez dans son œuvre hâtive, inégale ; laissez tomber le clinquant et les perles fausses : il en restera de vraies à recueillir. Et du même coup, son influence définitive nous paraîtra ce qu'elle est : mêlée comme son œuvre même, et cependant plutôt heureuse, à tout prendre.

Ce que prêche surtout Mme de Staël, c'est un classicisme élargi, c'est un exotisme assez discret pour demeurer acceptable. Il faut avoir l'esprit européen, dit-elle ; mais il résulte de l'ensemble qu'elle n'entend pas nous ôter l'esprit français. Elle le voudrait seulement un peu moins exclusif et renfermé en lui-même, affranchi des lois arbitraires de la convention mythologique, du goût factice, de la tyrannie des salons. Elle n'a pas dit que cela, je le sais ; mais elle l'a dit, et cela du moins est bon à prendre, et, si telle était l'essence du romantisme, il y aurait lieu de se déclarer romantique : on en serait meilleur Français et plus chrétien.

Georges LONGHAYE, S. J.

un jour sur votre sol, si le calcul disposait de tout, et que le raisonnement seul inspirât même le mépris des périls ; à quoi vous serviraient votre beau ciel, vos esprits si brillants, votre nature si féconde ? Une intelligence active, une impétuosité savante vous rendraient les maîtres du monde ; mais vous n'y laisseriez que la trace des torrents de sable, terribles comme les flots, arides comme les déserts. » (Chap. xii.)

LES NOṢAIRIS

NOTES SUR LEUR HISTOIRE ET LEUR RELIGION

« Les Noṣairis sont un des peuples qui ont eu le rare privilège d'exciter au plus haut point la curiosité scientifique de
l'Europe. Le silence dont ils entouraient leurs croyances,
les précautions qu'ils prenaient pour qu'on ne les pénétrât
pas... leur réputation de montagnards farouches, tout, jusqu'aux calomnies de leurs voisins et ennemis les Ismaïliens,
les Druses et les Motawâlis, contribuait à attirer l'attention
des savants sur ces habitants de la partie septentrionale de
la Syrie. Le peu qu'on savait par les livres de controverse
des Druses, par un *fetwa* ou décision juridique [1] émanée d'un
jurisconsulte musulman, et enfin par ce que les voyageurs
racontaient de leurs rites particuliers... n'était pas fait pour
diminuer l'intérêt qui s'attachait aux indigènes du mont
Sommâq, d'autant plus qu'on entrevoyait, dans ce qu'on savait
de leurs dogmes, un rapport étroit avec les doctrines des
sectes chiites baténiennes [2]. »

Un voyage fait dernièrement dans la montagne des Noṣairis
a été pour nous l'occasion d'aborder « le mystère qui s'attache à cet intéressant petit peuple ».

A la solution de ce problème nous n'apportons pas de
documents strictement nouveaux. Seulement nous pensons
qu'on n'a pas encore tiré tout le parti possible de ceux publiés jusqu'à ce jour. Il en est de ces documents, comme de
certains monuments épigraphiques, où, en variant l'exposition à la lumière, on découvre des détails qui avaient échappé
aux devanciers. C'est ce que nous avons essayé de faire pour
les rares textes [3] relatifs au peuple et à la religion des Noṣai-

---

1. Celui d'Ibn Taimiya ; il en sera question plus loin.
2. Cl. Huart, *la Poésie religieuse des Noṣaïris* dans *Journal asiatique*,
1879[2], 190.
3. Bibliographie et abréviations : Sc. = Šahrastânî, *Kitâb-al-milal wan-*

ris, nous les avons examinés à un point de vue que nous croyons nouveau. Des observations personnelles, les communications bienveillantes de quelques amis [1] compléteront ce que cet examen nous a révélé.

[]

Et d'abord quelle est l'origine du nom des Noṣairis? D'après Wolff [2], il leur aurait été donné par leurs ennemis, et voudrait dire « petits chrétiens ». Selon Ritter et le docteur M. Hartmann [3], eux-mêmes se nommeraient exclusivement « fallâhin », paysans. M. René Dussaud se contente de dire que « leur nom est synonyme de fellah ».

Commençons par protester contre la détestable orthographe *Ansarieh* qui a prévalu depuis Volney [4] et Tott [5]. Un

---

niḥal (édit. Cureton). Il y a de bonnes notes dans la traduction allemande du même ouvrage par Haarbrucker. — *Catéchisme des Noṣairis* dans Z. D. M. G. = *Zeitschrift der deutschen Morgenländischen Gesellschaft*, III.

B. = Solaimân effendi, *Kitáb-al-bâkoûrat as-solaimâniya fikaṣf asrár ad-diânat an-noṣairiya*, sans date ni lieu d'impression, sorti en 1864 des presses de la mission américaine de Beyrouth. Sur la valeur très réelle de ce travail, voir J. A., 1879², p. 192, 193.

J. A. = *Journal asiatique*, différents volumes.

Article sur les Noṣairis de M. René Dussaud dans la *Grande Encyclopédie*. — *Mémoire sur les Wahabis, les Noṣairis et les Ismaélis*, par M. R(ousseau) ; Paris, 1818. L'auteur consacre aux Noṣairis quatre pages assez insignifiantes.

Le *Dictionary of Islam* de Hughes ne parle pas des Noṣairis ; lacune inexplicable. — Cuinet, *Géographie de la Turquie d'Asie*, II° vol., 8, 122, est rempli d'inexactitudes. — Ritter, *Erdkunde*, XVII, excellent résumé des travaux antérieurs à l'auteur, mérite toujours d'être consulté. — Lieutenant F. Walpole, *The Ansayrii (Or Assassins)*. London, 1851. Le troisième volume traite des Noṣairis, mais il n'y a rien à en tirer. Cf. jugement de Ritter, XVII, p. 945. — Le *Voyage en Syrie* (octobre-novembre 1896) de M. René Dussaud contient aussi de bonnes observations sur les Noṣairis ; voir surtout p. 42. Les auteurs arabes parlent peu des Noṣairis et les confondent fréquemment avec les Ismaʿilis ; ce qui empêche souvent d'utiliser leurs renseignements.

1. Principalement de mon confrère, le P. Barnier, S. J.

2. Z. D. M. G., III, 308.

3. Ritter, XVII, 979, 993. Z. D. P. V., XIV, 152.

4. Cf. Sacy (*Mém. Acad. Inscript.*, IV, 69) et *J. A.*, 1879², 199, et notre brochure : *le Rôle des langues orientales dans l'étymologie contemporaine*, p. 32.

5. Qui dans ses *Mémoires* (Amsterdam, 1784), les nomme Nuséris ou

fait certain, c'est que les montagnards du Ġabal as-Sommâq n'éprouvent aucune répugnance à prendre la qualification de Noṣairis. Ils n'ont jamais paru étonnés ni scandalisés quand je la leur ai appliquée. Dans la question 99ᵉ de leur caté-chisme, ils se nomment Ḥoṣaibites ou partisans de Ḥoṣaibî. Cela provient uniquement du rôle important joué par ce per-sonnage dans leur histoire religieuse[1].

Il faut donc maintenir le terme de Noṣairis et renoncer à l'étymologie de « petits chrétiens » qu'on y a accolée, étymo-logie contraire aux règles de la grammaire arabe comme aux traditions nationales de cette secte syrienne.

Les Noṣairis occupent toute la montagne entre la mer et l'Oronte avec le Nahr-al-Kabîr (Eleuthérus) comme limite sud, à l'exception de quelques enclaves, peuplées de musul-mans sunnites, d'Isma'îlis et de chrétiens. Ils sont également répandus dans les vilayets d'Alep et d'Adana, où ils habitent les régions d'Adana et d'Antioche. Deux ou trois villages noṣairis subsistent encore aux environs de Baniâs, près des sources du Jourdain. Le nombre total des Noṣairis ne doit pas être inférieur à 200 000[2].

La mort de Mahomet fut le signal d'un grand schisme dans l'islam, les uns prétendaient que 'Ali, l'époux de sa fille Fâtima, devait hériter des prérogatives du prophète ; la ma-jorité des musulmans se ralliait autour d'Aboû Bikr, beau-frère de Mahomet. Parvenu enfin au califat, 'Ali se vit enle-ver cette dignité par l'ambitieuse famille des Omiades.

La cause des 'Alides eût été à jamais perdue, si elle n'avait trouvé un centre de ralliement dans la Perse. Ce pays n'avait accepté qu'en apparence la domination étrangère, et il cares-sait secrètement l'idée d'une revanche sur les oppresseurs arabes. La révolte ouverte présentait pour le moment trop peu de chances de succès. Mais en attendant mieux, on pou-

---

Anséris. Le docteur M. Blanckenhorn, renchérissant sur Volney, ajoute un 'ain : « 'Ansâriye. » *Karte von Nord-Syrien. Erläuterungen*, etc. Berlin, 1891. — De même Dᵣ Diener, dans *Libanon. Grundlinien der physische Geographie und Geologie von Mittel-Syrien* ; Wien, 1886, *passim*.

1. Il en sera question plus loin.

2. Contrairement à l'assertion de M. Ern. Chantre (*Archives des Missions scientifiques*, 1883, p. 227), il n'y a pas de Noṣairis à Beyrouth.

vait se grouper, protester contre la religion officielle, imposée par les conquérants.

Les Persans se déclarèrent avec enthousiasme pour les
'Alides ; les mécontents se rattachent tout naturellement aux
partis d'opposition. Leur vénération pour tous ceux qui portaient le nom de 'Ali se changea peu à peu en une sorte d'adoration. Ce guerrier courageux mais inintelligent, les Persans le transformèrent en un héros national ; ils le parèrent
de toutes les grâces de l'esprit et du cœur ; il résuma en sa
personne toutes les délicatesses, toutes les qualités, toutes
les vertus des âmes d'élite. Insensiblement 'Ali grandissant
aux dépens du prophète revêtait un caractère mystérieux et
presque divin.

Mahomet n'eut pas de fils. Il ne paraît pas avoir admis dans
la prophétie « le principe d'hérédité qui répugne si fort au
génie anarchique de la race arabe[1] ». Les Perses, au contraire, croyaient à l'existence de certaines familles privilégiées, régnant de droit divin. Aussi, tout cet ensemble merveilleux de qualités, prêtées à 'Ali, se transmettait à ses
descendants ; en sorte qu'ils héritaient de ses vertus, de sa
science, de sa quasi-divinité. Chacun d'eux devenait de
droit l'« Imâm », le guide, le directeur suprême des adhérents qu'attirait chaque jour plus nombreux la nouvelle doctrine.

A la fin du huitième siècle de notre ère, déjà sept imâms[2]
de sa postérité s'étaient succédé en ligne directe. Le sixième,
Ġa'far aṣ-ṣâdiq, avait, de son vivant, désigné son fils Isma'îl
pour le souverain pontificat. La mort prématurée d'Isma'îl
jeta le trouble au sein de la communauté 'alide. L'imâmat ne
pouvait remonter du fils au père. D'autre part, on n'arriva
pas à s'entendre sur le choix d'un successeur. Plusieurs re-
connurent pour imâm un frère d'Isma'il, appelé Moûsà Al-
Kâẓim. Le plus grand nombre acclamèrent le propre fils
d'Isma il, Moḥammad bin Isma'il. Ce sont les Isma'îliens
proprement dits, d'où devaient sortir plus tard les « Assassins » du temps des croisades.

---

1. J. Darmesteter, le Mahdi, 1885, p. 15.
2. Pour les détails, voir Ṡc. I, 122 sqq.

Comme la plupart de ses prédécesseurs, Moûsâ mourut de mort violente ; il fut empoisonné par le calife des Mille et une Nuits, Hâroûn ar-raśîd [1]. Mais cette succession d'événements tragiques n'interrompit jamais la série des imâms.

Entre les partisans de Moûsâ et ceux de Moḥammad la division s'accentuait de plus en plus. On se traitait réciproquement d'apostats. Dans l'intervalle le concept de la divinité de ʿAli acheva de se fixer.

La paternité en remonte à un certain ʿAbdallah, fils de Sabâ, un juif islamisé du Yémen. « Tu es celui qui est », dit-il un jour à ʿAli (Anta anta), c'est-à-dire tu es Dieu [2]. ʿAli, indigné et inconscient de sa divinité, protesta en lui faisant trancher la tête, et la tête en roulant continuait à crier : Tu es Dieu. Il fut l'origine des Sabâ'iya et des Ġoulât ou chiites exagérés. ʿAli, d'après eux, n'était pas mort ; il était remonté au ciel. C'était lui qu'on voyait passer dans l'orage sur les nuées ; c'était lui dont on entendait la voix dans le tonnerre et dont on apercevait le fouet se tordre dans l'éclair [3].

Les imâms alides étant Dieu, le Mahdi qui joue un si grand rôle chez les islamites en général et tout particulièrement chez les chiites, le Mahdi ou Messie musulman est supprimé par la nouvelle doctrine. Ce nom avait, d'ailleurs, beaucoup perdu de son prestige. En le prodiguant à toutes sortes de califes, la dynastie ʿabbâsside en avait avili la signification [4].

Après ʿAbdallah bin-Sàbâ, d'autres sectaires reprirent le dogme de la divinité de ʿAli [5], et l'étendirent comme tout le reste aux imâms ses successeurs légitimes. Mais personne, croyons-nous, n'alla aussi loin dans cette voie que le fondateur de la religion des Noṣairis.

1. Śc. 127.
2. Śc. 132.
3. Cette explication des phénomènes naturels persiste encore chez les Noṣairis.
4. Elle obéissait en ce faisant à des vues politiques. Z. D. M. G., LII, 218, 224.
5. Śc. 142.

II

Une grande obscurité règne encore sur ce personnage. Il y a quelques années, nous ne connaissions pas même son nom véritable. Chose étonnante, Ṡahrastânî, auteur de la plus ancienne notice sur les opinions religieuses des Noṣairis, paraît ignorer son existence, lui d'ordinaire si précis, si exact à énumérer les qualificatifs et les ethniques des hérésiarques musulmans.

Si l'on identifie les habitants du Ġabal as-Sommâq[1] avec les *Nazerini* que Pline place à peu près dans ces parages, Moḥammad bin-Noṣair ne peut être qu'un héros éponyme. Mais cette identification ne nous paraît pas encore s'imposer[2]. Nous croyons, au contraire, devoir considérer Noṣair comme un personnage historique, au même titre que Hoṣaïbî, son continuateur religieux. C'est aussi l'opinion d'Abou'l Fidâ qui a tort seulement de rattacher les Noṣairis à « un certain Noṣair, affranchi de ʿAli[3] ».

1. C'est-à-dire « montagne du Sommâq », dénomination sous laquelle les géographes arabes désignent la montagne des Noṣairis, le Bargylus des anciens. Aboû'l Fidâ lui donne aussi le nom de Ġabal al-Loukkâm, qui, d'après Maqdisi, Idrisi, Yâqoût, Ibn Goubair, etc., convient plutôt à l'Amanus. Istaḫrî, Ibn Ḥauqal, etc., font descendre le Loukkâm jusqu'à Lattakié (Istaḫrî, 56 ; Ibn Ḥauqal, 108). Beaucoup d'écrivains arabes étendent aussi le Liban jusqu'à Antioche ; ainsi Ibn Goubair et Ibn Baṭoûṭa. Dans Aboû'l Fidâ (229), Ġabal Sikkin comprend les montagnes en face de Maṣyâd où s'élevaient jadis les forteresses des Ismaʿilis. Enfin Yâqoût (II, 110) et Aboû'l Fidâ (259) appliquent le nom de Ġ. al-Ġalil, ou mont de la Galilée, aux hauteurs en face de Ḥoms, où s'élève Ḥisn-al-Akrâd, dénomination à rapprocher du passage d'un annaliste grec, où il est dit qu'au ivᵉ siècle les *Galiléens* de la montagne prêtèrent main-forte aux païens d'Apamée contre les chrétiens. M. Dussaud, qui m'a signalé ce texte, propose de remplacer *Galiléens* par *Nazaréens*, et retrouve ainsi les « Nazerini » de Pline, transformés, selon lui, en Galiléens par le fait d'un chroniqueur ou d'un copiste ignorant. L'hypothèse est ingénieuse, mais alors comment expliquer cette dénomination de « monts de la Galilée » traversant tout le moyen âge arabe ? Rappelons pour mémoire que, à peu près en ces parages, c'est-à-dire à Alep et dans la Célesyrie, — où Pline met la tétrarchie des « Nazerini », — saint Épiphane place des groupes d'hérétiques Nazaréens, Ναζωραῖοι (Migne, P. G., t. LXI, p. 401). Ces Nazaréens auraient-ils quelque rapport avec les « Nazerini » du naturaliste latin ?

2. Du contexte de Ṡahrastânî paraît ressortir que le nom de « Noṣairi » remonte à l'origine de la secte, avant son établissement en Syrie.

3. P. 232.

Sur la foi de Solaimân effendi, nous pouvons affirmer qu'Ibn Noṣair a existé. Chaque fois que le contrôle a été possible, les révélations de l'ancien Nosairi converti en ont reçu une éclatante confirmation[1]. Mais, même à défaut de la *Bâkoûra*, nous pouvons nous en rapporter aux première et quatrième sourates liturgiques des Nosairis qui, en parlant du fondateur de la secte, l'appellent tout au long : « Abou ʿṠoʿaib Moḥammad bin Noṣair al ʿAbdi, al Bakri, an-Nomairî. »

Il semble donc que nous sommes bien en présence d'un personnage historique. On aurait pu le conclure d'avance : les autres sectes chiites — elles sont légion — ayant toutes emprunté le nom d'un chef de file[2]. On ne peut plus soutenir que Noṣairi est un diminutif de Naṣrânî, chrétien. Les Noṣairis portaient ce nom antérieurement à toute admixtion d'éléments chrétiens, comme il apparaît de l'exposé de leurs doctrines fait par Ṡahrastânî. Plus tard, leurs ennemis sunnites auront mis en circulation cette étymologie spécieuse, il est vrai, mais qu'un peu de réflexion aurait dû faire rejeter.

D'après la *Bâkoûra*, Moḥammad bin Noṣair était « la porte » de « Ḥasan al ʿAskari ». Cela nous permet de fixer l'époque où il a paru. Ḥasan al ʿAskarî, onzième imâm de la race de ʿAli, étant mort en l'année 260[3] de l'hégire (873-874 de J.-C.), c'est dans la seconde moitié du neuvième siècle que doit avoir vécu l'ancêtre religieux des montagnards du mont Sommâq. Barhebræus, dans sa *Chronique syriaque*, met vers la même époque (califat de Moʿtamid) le commencement de la prédication d'Ibn Noṣair, qu'il dit originaire du pays de Koûfa, dans le ʿIrâq[4].

Voilà tout ce que nous savons de certain sur l'existence de ce fondateur de secte ; car l'épisode de sa délivrance miracu-

---

1. Cf., dans *Journal as.*, 1879, le travail de Cl. Huart, sur la *Poésie religieuse des Nosaïris*. Un des écrits d'Ibn Noṣair est cité dans le *Maǧmoûʿ al-Aʿyâd* »; cf. B. 31. — Notre impression personnelle est favorable à l'entière sincérité de Solaimân.

2. Voir dans Ṡc. le chapitre consacré aux chiites.

3. Masʿoûdi, *Prairies d'or*, VIII, 40.

4. Malgré l'ethnique arabe, *Bakrî*, etc., accolé à son nom, nous le croyons Persan, comme tous les fondateurs des sectes chiites. Il a pu se rattacher comme *maulâ*, client, à l'une ou l'autre tribu arabe. Cf. Goldziher, *Muhammedanische Studien*, I, 104 *sqq.* Effectivement dans sa chronique arabe

leuse de prison nous paraît devoir être attribué à Hoṣaibî. Grâce à Šahrastânî, nous connaissons un peu mieux sa doctrine.

Cet écrivain, en rangeant les disciples d'Ibn Noṣair parmi les « Ġoulât » ou chiites outrés, nous laisse entendre que, de son temps déjà, ils avaient adopté la plupart des opinions religieuses de ces derniers, en première ligne la divinité de ʿAlî et des imâms ses successeurs.

Voici comment ils essayaient de justifier cette croyance. « Tout homme sensé doit admettre la possibilité pour un esprit de se montrer sous des dehors sensibles. C'est le cas des apparitions de l'ange Gabriel, du démon et des *djinn*. Dieu peut donc apparaître sous une forme humaine. Or, comme après l'Apôtre de Dieu il n'y a pas de plus haute personnalité que ʿAlî et ses fils, la vérité divine a emprunté les apparences de ces derniers et a parlé par leur bouche. Voilà pourquoi nous leur attribuons la divinité[1] », etc.

Nous croyons aussi devoir faire remonter jusqu'à ces commencements, et par conséquent à Ibn Noṣair, plusieurs points de la doctrine noṣairie[2] dont l'origine persane est manifeste et qui n'ont pu prendre naissance sur le sol syrien : comme le dualisme; la haine des trois premiers successeurs de Mahomet, de ʿOmar surtout, le conquérant de la Perse[3]; la glorification de toutes les personnalités touchant de près ou de loin à la Perse, comme Ardašîr, Sapor[4]; l'adoption des fêtes persanes, comme le Nouroûz, le Mahragân, etc.; la préférence marquée pour les prosélytes persans, etc.[5].

Des compagnons de Mahomet, auxquels personne n'avait

(édit. de Beyrouth), p. 259, Barhebræus le fait originaire du Ḫoûzistân. Malheureusement, dans la rédaction syriaque de son histoire, comme dans l'arabe, l'écrivain jacobite confond les Noṣairis avec les Qarmaṭes et attribue à Ibn Noṣair ce qui revient au plus illustre de ses successeurs, Hoṣaibi, comme nous le dirons plus loin.

1. Šc. 144.
2. La métempsycose a été adoptée par tous les chiites outrés — donc aussi par les Nosairis — au moins depuis l'imâm Ġaʿfar. Šc. 125, 133, 134.
3. Šc. 135.
4. Sapor et d'autres héros persans sont considérés comme des incarnations de la divinité nosairie. Cf. B. 17; *J. A.*, 1848, I, 163.
5. B. 81-82.

encore pensé, furent tirés de l'obscurité, comme Aboû Dorr et Salmân al Fârisî. Ces amis dévoués de ʿAli, légitimistes outrés, avaient toujours protesté contre la spoliation dont le gendre du prophète avait été victime. Salmân appartenait de plus à la Perse par sa naissance[1]. Le temps n'était pas loin où on l'associerait à la divinité de ʿAli lui-même.

Toutes ces extravagances n'empêchaient pas les Noṣairis d'être considérés comme des chiites. Aussi Šahrastânî les énumère-t-il parmi les sectes musulmanes. C'est dire qu'ils n'avaient pas encore adopté les éléments chrétiens[2], dont le mélange avec les dogmes chiites forme la caractéristique de leur secte.

III

Après Moḥammad bin Noṣair, un autre Moḥammad bin Ġandab lui succéda. Ce dernier confia le dépôt de la nouvelle doctrine à ʿAbdallah Al-ġannân Al-ġanbalân « du pays de Perse », comme s'expriment les documents noṣairis[3].

Jusqu'ici la nouvelle doctrine ne paraît pas avoir franchi la barrière de l'Euphrate. Cette mission était réservée à Ḫoṣaibî, qu'on doit considérer comme le second fondateur de la religion noṣairie.

Celle-ci, à part les conséquences outrées, déduites de l'idée chiite fondamentale, pouvait toujours, nous l'avons dit, être considérée comme une secte musulmane[4]. Elle acheva de rompre avec l'islam en pénétrant en Syrie.

Ce pays avait gardé des tendances séparatistes très marquées. Jamais les Syriens ne se consolèrent d'avoir, avec les Omiades, perdu l'hégémonie sur les autres provinces de l'empire musulman. Indifférents à la dynastie ʿabbâsside, beaucoup de Syriens en étaient venus à se détacher de l'islamisme orthodoxe que les souverains de Bagdad incarnaient en leur personne. Ces derniers ne l'ignoraient pas, et ils

1. Voir le *Mémoire* de Rousseau, 59, qui l'appelle Solaimân.
2. La Trinité, par exemple.
3. B. 15.
4. D'après certaines phrases de leur liturgie, les Noṣairis se considèreraient toujours comme musulmans : ainsi sourate 7 (B. 21), et t. 11 (B. 26) ; expressions dont il ne faut pas exagérer la portée.

tenaient en suspicion jusqu'aux membres de leur famille résidant en Syrie[1]. Par suite de ces dispositions, cette contrée était un terrain favorable à l'éclosion des doctrines chiites. L'expansion rapide des Isma'ilis, des Druses et des Métoualis suffit pour l'attester.

Du reste, la religion officielle ne parvint jamais à s'implanter sérieusement dans les provinces syriennes, et la conquête religieuse du pays demeura toujours incomplète. Abandonnant aux envahisseurs le littoral et les plaines de l'intérieur, les populations autochtones se retirèrent dans les montagnes. Elles y vivaient dans la pauvreté, mais aussi dans le culte de leurs vieux souvenirs, nourrissant en secret l'espoir d'une revanche, d'un retour possible de la fortune.

C'est ainsi que le Liban devint l'asile des Maronites. Un fait analogue a dû se passer dans le Ġabal as-Sommâq. A l'époque de l'invasion musulmane, la population avait certainement embrassé le christianisme[2]. Nous avons eu récemment l'occasion de visiter la partie méridionale de cette contrée, et partout nous avons été frappé de l'abondance des ruines chrétiennes; même dans le voisinage du vieux sanctuaire phénicien de Ḥoṣn Solaimân[3], on trouve partout des motifs chrétiens : pas de linteaux sans une ou plusieurs croix de formes variées. Elles sont cantonnées des lettres α et ω, parfois aussi de symboles : paons, rinceaux de vigne. Des deux côtés de la croix se lit la date, et assez souvent une devise, comme εἷς Θεός; — Χριστέ δόξα σοι..., etc., ou un

---

1. Z. D. M. G., LII, 218, note 1.
2. Tel n'est pas l'avis de M. R. Dussaud. Dans son article de l'*Encyclopédie*, consacré aux Noṣairis, il écrit : « Le christianisme ne pénétra pas chez les Noṣairis. Vers la fin du ive siècle, nous les voyons prêter main-forte aux païens d'Apamée dans leurs luttes contre les chrétiens ». Nous mettons la conversion des indigènes du mont Bargylus au commencement du ve siècle, à la suite des nombreuses missions envoyées par saint Jean Chrysostome en ces parages. (Cf. Théodoret, *Religiosa historia*, XVI.) Saint Maron a fait de même dans une région assez voisine. Du reste, la réaction païenne fut longue.
3. M. Dussaud m'assure que dans le nord des monts noṣairis les vestiges du christianisme sont rares. D'après le même explorateur (*Voyage*, 42), les Noṣairis « ont conservé les cultes phéniciens même après l'ère chrétienne, comme en témoigne Bœtocécé ». Nous avouons ne pas comprendre. A Bœtocécé (Ḥoṣn Solaimân), nous n'avons rien aperçu qui autorise une telle affirmation.

verset des Écritures. Pas de localité ancienne où l'on ne rencontre les ruines d'une église; les centres un peu considérables en possédaient plusieurs. Les habitations privées se
distinguent par leur grande simplicité; tout le luxe est
réservé pour la maison de Dieu. On rencontre des sanctuaires
dédiés à la sainte Vierge[1]. Le culte des saints est florissant[2].
Souvent les inscriptions conservent le souvenir d'évêques et
de prêtres. Partout on sent que la religion était le centre de
la vie.

Moins bien protégés que les Maronites dans les gorges
sauvages du Liban, les habitants du Bargylus ne purent complètement fermer à l'invasion des hommes et des idées de
l'islam leurs montagnes d'une médiocre élévation[3] et d'un
accès relativement facile, en dépit des innombrables ravins
qui les découpent. A ce contact leurs croyances religieuses
ont dû s'altérer promptement[4], altération accélérée sans doute
par la disparition d'un sacerdoce organisé. Il arriva bientôt
un moment où ces malheureux n'étaient plus chrétiens que
de nom, sans toutefois avoir donné des gages positifs à la
religion de leurs oppresseurs. Mais la lassitude les avait
saisis : heure critique dans la vie des peuples et des individus. Les mages de la Perse avaient succombé à cette tentation. Vers la fin de la dynastie omiade, entendant les émissaires des ʿAbâssides promettre une ère de réparation, ils
s'étaient décidés à embrasser la religion de Mahomet[5]. Un

1. C. Dussaud (*Voyage*, 12). Nous avons découvert un autre de ces
sanctuaires avec inscription à Ḥirbet at-tîn sur la route carrossable de
Tripoli.

2. Principalement celui de saint Georges ; témoin plusieurs inscriptions
trouvées par nous à Goûr; nous les publierons prochainement.

3. La moyenne est de 900 mètres.

4. Si, contrairement aux Noṣairis, les Maronites ont réussi à les conserver,
ce fait nous paraît dû aussi au sentiment de race, à la conscience de la
nationalité, qui se sont de bonne heure développées au sein de ce peuple.
Repoussés non seulement par les musulmans, mais anathématisés par les
Melkites et les Jacobites (Cf. Z. D. M. G., t. XXIX, p. 82, et revue arabe
de Beyrouth, *Al-Machriq*. 1899, p. 265), ils ont senti dès le commencement
le besoin de se grouper. A partir des croisades ce sentiment n'a fait que
se fortifier, en même temps que s'accentuait le rapprochement avec l'Occident. Ç'a été le palladium de cette intéressante population, la seule de
l'Orient qui ait su se créer une patrie.

5. Cf. G. Van Vloten, *Recherches sur le christianisme et les croyances
messianiques sous le khalifat des Omayades*, 67.

fait analogue a dû se passer dans le mont Bargylus. Également écrasés par les différents régimes qui se prévalaient de la loi du Coran, voyant se perpétuer le système islamite, ces montagnards étaient prêts à se donner au premier novateur, pourvu qu'il ne se présentât pas au nom d'une religion abhorrée.

C'est à des peuples ainsi disposés que s'adressa Hoṣaibî, ou, pour lui donner son nom complet, Aboû ʿAbdallah bin Ḥamdân Al Hoṣaibî. Les historiographes de l'islam orthodoxe ne s'étant pas occupés de lui, nous devons nous contenter des maigres renseignements contenus dans les rares documents noṣairis qu'il nous a été possible de recueillir. Il était probablement d'origine persane. C'est ce qu'il est permis d'inférer des magnifiques éloges décernés par lui aux Perses dans un de ses traités religieux[1].

Dans la série des grands chefs religieux, il est signalé au troisième rang après Ibn Noṣair, immédiatement après ses deux premiers successeurs que nous avons nommés plus haut. Il fut le disciple de Aboû Moḥammad ʿAbdallah bin Moḥammad al-ġannân. D'après la *Bâkoûra*, Hoṣaibî fut le plus illustre de tous les docteurs noṣairis. Ce fut lui qui organisa la liturgie : « il mit au point les livres et la doctrine[2] » des Noṣairis et « répandit leur religion dans les provinces[3] ». Aussi, dans les documents de la secte, le noṣairisme est-il qualifié de religion de Hoṣaibî[4], et les Noṣairis prennent-ils volontiers le titre de Hoṣaibîtes[5]. Il a écrit plusieurs ouvrages[6] et composé des poésies religieuses[7] encore employées dans la religion des montagnards du Gabal as-Sommâq.

Sa prédication en Syrie n'eut d'abord guère de succès. Aussi dans une de ses poésies lance-t-il la malédiction sur les Syriens incrédules. Au retour de cette mission, il fut emprisonné à Bagdad; mais il trouva moyen de s'évader et

---

1. *J. A.*, 1848, I, 162, 166.
2. M. Dussaud.
3. B. 16 et 27. *Catéchisme*, quest. 98.
4. B. 90.
5. *Catéchisme*, quest. 99.
6. Cf. *J. A.*, 1848, I, 149 *sqq*; 1848, II, 76 ; Z. D. M. G., III, 309.
7. Voir dans *J. A.* l'article de M. Cl. Huart sur les *Poésies religieuses des Noṣairis*, et *J. A.*, 1876[2], p. 524.

répandit le bruit que le Messie l'avait sauvé de la prison[1].
Nous rapportons à cet ardent apôtre des Noṣairis ce que
Barhebræus[2] met sur le compte de leur fondateur ou d'Ibn
Noṣair[3].

Cet écrivain parle lui aussi de cette mission en Syrie,
dont la date devrait être placée après la sortie de prison.
Dans ce dernier pays il gagna les habitants de la campagne[4]. Après quoi il aurait disparu.

Quoi qu'il faille penser du succès de sa mission, Hoṣaibî
avait préparé les voies aux doctrines de sa secte au delà de
l'Euphrate. La semence par lui confiée au sol prospéra après
lui dans les montagnes syriennes. Nous croyons devoir en
particulier attribuer aux prédications de Hoṣaibî l'origine
du groupe noṣairi de Wâdî 't taim, au pied de l'Hermon, dans
une région qui fut toujours favorable à l'éclosion des doctrines chiites[5]. Le 29 novembre 903, la puissance des Qarmates de Syrie fut anéantie dans une bataille livrée près de
Hamâ[6]. Les débris de ces hordes ne pouvant regagner l'Iraq
à travers le désert se réfugièrent dans l'ancien mont Bargylus, où ils allèrent grossir les rangs Noṣairis[7].

IV

Le siècle qui précéda les croisades fut une époque très
critique pour l'orthodoxie musulmane. La cause des ʿAlides
avait déjà pour elle la Perse; elle comptait de nombreux
partisans dans les autres provinces musulmanes de l'Asie, au
Magrib et en Égypte. En ce dernier pays, les califes fatimites
l'avaient fait monter avec eux sur le trône. Pour la Syrie,

1. B. 16.
2. Barhebræus, *Chronicon syriacum*, édit. de Paris, p. 164 *sqq*; *Moḫtaṣar-
ad-doual*, édit. de Beyrouth, p. 250. Dans ces pages, l'écrivain jacobite
confond Noṣairis et Qarmates.
3. Une sérieuse difficulté, c'est la date (califat de Moʿtamid), qui ne peut
convenir à Hoṣaibî.
4. Sans doute les montagnards.
5. Druses et Métoualis y sont encore représentés en grand nombre.
6. Cf. Ṭabarî, sous cette date; Ibn al-Atîr (même année) se contente de
le copier, selon son habitude; Aboû'l Fidâ; Ibn Baṭrîq, etc.
7. Ou peut-être formèrent-ils des groupes isolés, qui favorisèrent plus
tard l'introduction des Ismaʿîlis dans la montagne.

on peut dire qu'en dehors des grandes cités presque tout le
pays avait embrassé les opinions chiites[1].

La sunna aurait probablement succombé. Pour la maintenir, c'était trop peu du prestige de plus en plus compromis du
califat et des écoles théologiques. Mais alors entrent en scène
les races mongoles fraîchement acquises à la religion du
Coran. Leurs souverains, ennemis naturels des 'Alides, et
obligés par la force des choses à s'appuyer sur les 'Abbâs-
sides, devinrent les plus fermes soutiens de l'ancienne orthodoxie musulmane. Un des résultats les plus inattendus des
croisades fut de favoriser cette réaction étroitement conser-
vatrice et de réunir en un seul faisceau toutes les forces
sunnites. De la Mésopotamie, où il était né, le mouvement
gagna la Syrie et enfin l'Égypte, où Saladin devait porter le
dernier coup au pouvoir politique des 'Alides.

· Mais nous n'en sommes pas encore là. Dans le désarroi
religieux où se trouvaient les musulmans au début du onzième
siècle, les Noṣairis eurent tout le loisir de se multiplier et de
s'organiser au Ġabal as-Sommâq[2]. Ils ne tardèrent pas à
s'étendre sur toute la montagne. Vers ce temps eut lieu,
croyons-nous, l'amalgame entre les dogmes apportés par
Hoṣaibi et par les anciens Qarmates avec les croyances
demeurées vaguement chrétiennes des montagnards. Il en
résulta un système religieux ne dérivant ni du Coran ni de
l'Évangile, ou plutôt les combinant tous deux, combinaison
où entrèrent également plusieurs données gnostiques et
manichéennes, ainsi que des restes des vieux cultes phéniciens[3].

Ce qui nous permet d'assigner à cette époque la constitution définitive des croyances noṣairies, c'est ce que nous
connaissons du « Recueil des Fêtes » Maġmoû ' al-A'yâd de
Aboû Saʿîd Maimoûn bin al-Qàsim aṭ-Ṭabarânî, livre composé vers 398 de l'égire (1002 de J.-C.). L'auteur est cité
comme le quatrième des grands docteurs de la secte[4], immé-

1. L'intérieur, les montagnes surtout, paraissent entièrement abandonnés
à la propagande chiite ; le texte d'Ibn Ġoubair est formel à cet égard
(p. 251, ligne 4).
2. C'est ce que constate le *Fetwa sur les Noṣairis* (*J. A.*, 1871[2], 187, 188).
3. Culte des astres, des arbres, des pierres, etc.
4. B. 17.

diatement après H̱oṣaîbî. Il aurait eu pour maître un disciple de ce dernier[1]. Dans sa préface, Ṭabarânî déclare avoir reçu les données de son ouvrage d'un des douze imâms(?), et cela à Tripoli de Syrie. Il en résulterait, ainsi que du relatif ou *nisbat* Ṭabàrânî[2], que cet auteur était originaire de Syrie, ou du moins qu'il y résida.

Son œuvre[3] nous est seulement connue par une analyse succincte parue dans le *Journal asiatique*[4]. Nous y voyons déjà apparaître les principaux points de la doctrine noṣairie : la distinction dans la divinité du *sens*, du *nom* et de la *porte*. On y mentionne aussi la « fête de Noël, célébrée la vingt-quatrième (*sic*) nuit de décembre de l'année noṣairie ». Si le *Maġmoû'* remonte vraiment à l'année 1002, nous aurions là une preuve qu'à cette époque[5] les sectaires du Ġabal as-Sommâq avaient déjà adopté les fêtes chrétiennes.

Un autre détail de leur liturgie nous paraît également de la plus haute importance dans la question qui nous occupe. Nous voulons parler d'une des prières de leur troisième *messe*[6]. Elle se termine par des malédictions à l'adresse de « Jean Maron, le patriarche maudit[7] ». Cette malédiction encore en usage parmi les Grecs orthodoxes[8] de Syrie, n'a pu être conservée que par d'anciens chrétiens, probablement des Melkites[9]. Pour qui connaît l'état des esprits et les relations des différents rites chrétiens du Levant, cette incise en apparence sans valeur acquiert une grande signification. Les Noṣairis n'ont aucune raison d'en vouloir « au patriarche

---

1. B. 17.
2. C'est-à-dire de la ville de Tibériade.
3. D'autres de ses ouvrages sont signalés dans *J. A.*, 1876[2], 524.
4. 1848[1], 150 *sqq.*
5. Donc, bien avant les croisades, époque que l'on pourrait être tenté d'assigner à la fusion des éléments chiites et chrétiens.
6. B. 40.
7. B. 45.
8. Nous l'avons retrouvée dans plusieurs de leurs livres liturgiques manuscrits. D'après Renan, « les Noṣairis adorent comme un dieu saint Maroun, le patron des Maronites, devenu comme Mar-Antoun, un génie thaumaturge d'une grande réputation dans la croyance de toutes les sectes. » (*Mission de Phénicie*, 114.) Impossible d'accumuler plus d'erreurs en moins de lignes.
9. Même aux Melkites catholiques, le nom de saint Jean Maron inspire encore une répulsion innée. Il y a là comme un instinct de race, un reste d'atavisme vraiment singulier.

Jean Maron » plutôt qu'à Photius ou à Nestorius. Cette malédiction de la troisième messe noṣairie doit remonter à une
époque assez ancienne, les établissements maronites dans le
Ġabal as-Sommâq étant peu nombreux et tous récents. Il y
a là, croyons-nous, un écho lointain de vieilles querelles entre
Maronites et Melkites, querelles antérieures au neuvième
siècle.

Nous croyons trouver d'autres traces de cette origine chrétienne et melkite dans plusieurs fêtes que les Noṣairis continuent à célébrer, comme la fête de sainte Barbe, celles de
saint Jean Chrysostome, de sainte Catherine[1], et aussi la fête
du jour de l'an qu'ils entourent de beaucoup de solennité[2].

Ici encore nous nous trouvons en désaccord avec M. Dussaud. Persuadé — on l'a vu plus haut — que la région de
Bargylus ne fut jamais chrétienne, il considère la religion
noṣairie « comme un moyen terme entre les vieux cultes
syro-phéniciens et l'enseignement ismaélien ». Si l'on objecte
les éléments franchement chrétiens, M. Dussaud les explique
par « la dépendance économique dans laquelle les Noṣairis
vivent par rapport aux populations des villes voisines ».

Comme, dans les villes voisines, la population chrétienne
forme une infime minorité, cette hypothèse suffirait peut-être
à expliquer le maintien de fêtes musulmanes. C'est ainsi que,
selon la remarque de Solaimân effendi[3], les Noṣairis des
villes célèbrent ostensiblement le Ramadan et la fête des
sacrifices, dont ils font assez peu de cas chez eux et dans
leurs propres villages. Ils ont toujours cherché à se dissimuler en face des islamites, à se faire passer même comme
des musulmans orthodoxes. Ils ont même, à ce sujet, inventé
une singulière théorie, où l'hypocrisie est élevée à la hauteur
d'un principe. Nous, Noṣairis, disent-ils, nous sommes le
corps et les autres cultes un vêtement. Or, le vêtement ne
change pas la nature de l'homme et le laisse tel qu'il était.

1. Dévotion d'origine grecque, connue en Occident depuis les croisades.
Les Noṣairis donnent volontiers le nom de Catherine à leurs filles.
2. Cf. dans Al-Bairoûnî, *Al-Atâr-al-bâqia* (édit. Sachau), ce qu'il dit du
calendrier melkite et particulièrement de la fête du 1er janvier.
3. B. 36.

De même nous demeurons Noṣairis, quoiqu'à l'extérieur nous adoptions les pratiques religieuses de nos voisins. Agir autrement serait ressembler « aux fous qui se promènent nus dans les rues ».

On voit à quel degré d'abaissement le fanatisme peut ravaler l'intelligence humaine. Mais aucun intérêt ne poussait les Nosairis à flatter les chrétiens opprimés, esclaves comme eux, au risque de se compromettre aux yeux des musulmans, leurs maîtres communs. L'état de dépendance économique ne suffit donc pas pour expliquer les emprunts chrétiens contenus dans cette étrange religion.

D'après M. Dussaud, il faut rejeter également la tradition qui les fait « originaires de Perse ». Peut-être y a-t-il lieu de distinguer ici. Pour nous aussi le fond de la population nosairie est formé des vieilles races syriennes, plus ou moins autochtones. Mais sur ce substratum sont venues se superposer de nombreuses couches étrangères, où l'élément iranien entre sans doute pour une proportion notable.

Nous ne savons pas au juste comment les Nosairis de l'Irâq, berceau primitif de la secte, ont disparu[1]. Est-il absurde de supposer que se sentant trop surveillés dans la basse Chaldée ils se sont peu à peu repliés sur les montagnes de la Syrie? Comment expliquer autrement la faveur témoignée aux néophytes persans par des sectaires exclusifs à l'égard des prosélytes d'autres races? Ajoutez-y les débris des invasions qarmates, la lente infiltration des Kurdes. Ces derniers ont semé leurs colonies un peu partout sur la surface du Ǧabal as-Sommâq. Nous avons vu l'occasion de le constater dans notre excursion[2]. La fréquence des cheveux blonds et des yeux bleus[3] en ces montagnes oblige à admettre l'existence

---

1. Ces communautés existaient encore au xiiiᵉ siècle. Le célèbre grand-maître des Assassins, Râŝid ad-dîn avait commencé par en faire partie. Cf., *J. A.*, 1877, 355.

2. La trace en est restée dans la toponymie de la région; par exemple : Huṣn al-Akrâd (la forteresse bien connue); Krâd (pour *Akrâd*) ad-dâsiniyé dans le Waʿr, entre Homs et la montagne, etc.

3. Le Dr Lortet (*Syrie d'aujourd'hui*, 46) parle des « Ansariés appelés encore Naŝŝariens, Hassassins ou Ismaélites (*sic*), au teint clair, aux cheveux souvent blonds ». Nous avons également pu constater ces derniers caractères anthropologiques.

d'éléments étrangers[1] de provenance non sémite. C'est également la conclusion des dernières recherches anthropologiques. M. Ern. Chantre n'hésite pas à ranger les Noșairis parmi les populations *arménoïdes*, et il déduit des caractères céphalométriques, qu' « ils présentent plus d'affinités avec les Iraniens qu'avec les Arabes et les Turcs qui les entourent[2] ».

Si ces considérations ont une valeur probante, il semble difficile de rattacher les Noșairis aux *Nazerini* de Pline. Les rares documents que nous possédons sur ces sectaires, ainsi que leurs traditions nationales, nous ont amené à considérer Ibn Noșair comme un personnage historique, et à assigner les provinces limitrophes de la Perse, comme le berceau de leur religion, et jusqu'à un certain point de leur race[3].

V

Les Noșairis furent, paraît-il, assez maltraités lors du premier passage des croisés en 1098. Voici ce qu'on lit dans la *Chronique syriaque* de Barhebræus (cité par Assemani, *Bibl. orient.*, II, 320) : « Les Francs ayant quitté Ma'arra, s'avancèrent dans le Liban[4], et mirent à mort un grand nombre de Noșairis. » D'autres chroniqueurs des croisades leur donnent le nom de *Nossorites*, et assurent qu'ils pratiquent une religion mystérieuse[5].

D'après le fetwa d'Ibn Taimiya, ces montagnards auraient fait cause commune avec les croisés contre les musulmans[6]. Malheureusement, dans tout le contexte le docteur islamite les confond manifestement avec les Isma'ilis, ce qui empêche de faire pleinement fond sur ses assertions[7].

1. Ne pourrait-on en trouver une preuve dans les malédictions dont les poètes noșairis accablent les Syriens ? Cf. B. 31.

2. Cf. *Archives des Missions scientifiques*, année 1883, p. 228; année 1897, p. 140.

3. D'après les Noșairis, un certain Hasan les aurait amenés de Sinġâr en Syrie; un de leurs poètes religieux porte l'ethnique « Sinġâri ». *J. A.*, 1879², 204; Cf. Ritter, 985 ; Lortet, *Syrie d'aujourd'hui*, 46.

4. Sur l'extension de ce terme, voir plus haut, p. 11, note 1.

5. Dans Rey, *Colonies franques de Syrie*, 99. Je n'ai pu retrouver les textes originaux dans les *Historiens occidentaux des croisades*.

6. *J. A.*, 1871², p. 188.

7. Les premières pages contiennent pourtant une bonne exposition de plusieurs points de la doctrine noșairie, telle qu'elle était au xiii⁴ siècle.

Grands amis du secret, les Nosairis n'ont pas dû chercher à attirer sur eux l'attention des barons d'Occident, qui paraissent, en somme, les avoir à peine remarqués. Ces derniers étaient d'ailleurs distraits par les agissements des Ismaʿilis, plus remuants et infiniment plus dangereux.

Et puis, il ne faut pas l'oublier, l'occupation franque du Ġabal as-Sommâq fut restreinte. Elle se borna surtout à enfermer la région, à l'embastiller pour ainsi dire dans une ceinture de puissantes citadelles, commandant les passes, surveillant les issues principales; citadelles reliées entre elles par un système de fortins et de tours de guet, qu'on retrouve encore de nos jours. Ce système défensif ne fut complété que vers le milieu du douzième siècle, grâce à l'intervention des grands ordres militaires de l'Hôpital et du Temple. On leur doit les massives forteresses de Hosn-al-Akrâd, de Bórg Ṣafîtà, et de Mont-Ferrand (Bârin), château frontière du comté de Tripoli.

Ce régime explique l'état d'indépendance presque complète dont jouit la montagne. Les Ismâʿilis en profitèrent pour s'arroger la suzeraineté effective sur leurs voisins.

Jusqu'au commencement du douzième siècle, il n'y avait eu dans le Ġabal as-Sommâq que des groupes isolés d'Ismaʿilis. Vers cette époque, ces sectaires, repoussés des villes syriennes, refluèrent vers la montagne, où tantôt par la force, tantôt par la ruse, ils se rendirent maîtres d'importantes forteresses, comme Masyâd, Qadmoûs, Kahf, Rasâfa, etc. Ces citadelles, groupées les unes autour des autres, perchées sur des montagnes d'un accès difficile, pouvant se prêter un mutuel secours, formaient, en quelque sorte, une enceinte inexpugnable [1]. Resserrés de la sorte entre les forteresses franques de la frontière et les châteaux Ismaʿilis, les Nosairis n'eurent qu'à courber la tête.

Un bon nombre même passa à l'ennemi, je veux dire, embrassa les croyances des Ismaʿilis. Ainsi avait fait le fameux Râšid ad-dîn, vénéré plus tard à l'égal d'un Dieu par les Assassins de Syrie [2]. Ce Nosairi renégat réussit à gagner à sa

---

1. *J. A.*, 1854[1], 417; 1877[1], 349.
2. *J. A.*, 1877[1], 355, 361.

nouvelle croyance plusieurs de ses anciens coreligionnaires. Car le trait raconté par son panégyriste Aboù Firâs[1] a dû se renouveler fréquemment, et tout prouve qu'il y est bien question de Noṣairis venant abjurer entre les mains du grand maître des Assassins[2].

Le bras des Isma'ilis pesa lourdement sur ces paisibles populations, que leurs incessantes divisions devaient mettre à la merci d'une poignée d'aventuriers, fortement organisés, comme l'étaient alors les Assassins de Syrie[3]. Cette dure oppression amassa entre les deux peuples des ferments de haine, qui éclatèrent souvent en luttes sanglantes.

Traités comme des vaincus par les Isma'ilis, ils n'eurent pas davantage à se louer des musulmans, après le départ des croisés. Nous pouvons en juger par le fetwa du docteur sunnite Ibn Taimiya[4], dont voici les plus curieuses conclusions :

1° Il est défendu et illégal de contracter mariage avec les Noṣairis; 2° leur sang et leurs biens sont licites, ce qui veut dire qu'il est permis de les tuer et de les dépouiller; 3° la guerre sainte et les mesures rigoureuses contre eux sont au nombre des actions les plus agréables à Dieu et des devoirs les plus sacrés[5].

Peu de temps après l'apparition de ce fetwa, le célèbre voyageur Ibn Batoûta traversa le pays des Noṣairis. Il rapporte que Al-malik az-zâhir les avait forcés de bâtir des mosquées, donnant ainsi, à six siècles d'intervalle, un exemple suivi de nos jours par le sultan 'Abdul-Ḥamîd. Les Noṣairis obéirent, mais ils ne tardèrent pas à les transformer en écuries pour leurs troupeaux.

---

1. *J. A.*, 1877[1], 446, et 486 du texte arabe beaucoup plus expressif.

2. Nous en trouvons une preuve dans le titre de *moqaddam*, propre aux chefs noṣairis. (Cf. Ritter, *Erdkunde*, XVII, 993.) L'expression de *ahl-al-ǧabal*, « montagnards », convient surtout aux Noṣairis, habitants primitifs du Bargylus; enfin l'hommage rendu au soleil par un de ces moqaddam trahit également un Noṣairi, etc. Sur ce dernier point, voir p. 95 du catéchisme noṣairi.

3. Voir les faits cités par Ibn Ġoubair, 251, 256.

4. Mort en 1327.

5. Cf. *le Fetwa d'Ibn Taimiyah*, dans *J. A.*, 1871[1], 158.

Vers la même époque, ils se révoltèrent; mais ce mouvement, mal combiné, fut étouffé dans des flots de sang. Vingt mille payèrent de leur vie cette tentative d'indépendance. Ils auraient été probablement exterminés jusqu'au dernier, mais le chef des émirs de Tripoli représenta au sultan d'Égypte « que ces peuples labouraient la terre pour les musulmans et que, s'ils étaient tués, les croyants en seraient nécessairement affaiblis. Le sultan ordonna alors de les épargner[1] ».

La conquête turque ne modifia pas d'abord leur situation. Cependant les Noṣairis profitèrent de la faiblesse du nouveau régime et de la décadence des Ismâ'îlis pour ressaisir quelque chose de leur ancienne indépendance. Le premier usage qu'ils en firent fut de demander à ces derniers compte de la trop longue tyrannie sous laquelle ils avaient gémi. Ils organisèrent une véritable chasse aux Ismâ'îlis, pillant leurs villages, démantelant leurs forteresses, et les massacrant partout où eux-mêmes étaient les plus forts.

Une des dernières et des plus sanglantes représailles éclata en 1807. Prétextant un différend avec un de leurs chefs, trois cents familles noṣairies demandèrent asile à l'émir de Maṣyâd. Leur demande fut exaucée. Pendant quelque temps tout demeura tranquille. Un jour que la plupart des Ismâ'îlis étaient aux champs, les Noṣairis tombèrent sur leurs ennemis désarmés, en tuèrent trois cents et s'emparèrent du château. Beaucoup d'autres Noṣairis descendirent de la montagne, témoignant ainsi que le complot avait été préparé d'avance. Que le secret ait pu être gardé pendant trois mois, voilà qui donne, d'après Burchardt, une juste idée de ce peuple mystérieux. Le pacha de Damas accourut à la tête de cinq mille hommes; et quoique le château n'eût que quarante défenseurs, il ne put être emporté qu'après cent jours de siège[2].

L'occupation égyptienne fut fatale aux Noṣairis. Ibrahîm-pacha pénétra dans la montagne, désarma les habitants et détruisit toutes les forteresses. Après le départ des Égyp-

---

1. Ibn Batoûta, I, 177 (édit. de Paris). Nous les voyons dès lors garder ce rôle de « fellah » au profit des musulmans. Ils s'en contentent et en prennent si volontiers le nom que beaucoup de voyageurs s'y sont laissé tromper.

2. Ritter, *Erdkunde*, XVII, 938; Rousseau, *Mémoire*, 57; ce dernier avec plusieurs confusions et inexactitudes.

tiens, les Nosairis retombèrent sous le pouvoir de leurs chefs
nationaux. Le dernier fut Ismâ'îl Hairi-bey qui, contre une
redevance de trois cent mille francs au gouvernement turc,
exerça l'autorité la plus absolue. Les Turcs durent intervenir en 1858. Ismâ'îl trahi fut tué par un de ses parents.
Depuis lors la montagne a été divisée en caïmacamats et
soumise, comme le reste de la Syrie, au gouvernement direct des employés ottomans.

Le pays s'appauvrit dans des proportions effrayantes, appauvrissement causé par l'abandon des cultures favorites : de
la vigne et du tabac. Cette dernière surtout, autrefois source
de richesses pour le pays [1], a été tuée par l'établissement de
la régie ottomane. Si la situation économique est peu rassu-
rante, nous pouvons constater qu'ici, comme dans la Trans-
jordanie et le Bilâd Beśara [2], la sécurité a certainement augmenté. Aucun peuple ne s'entend comme les Osmanlis à conduire des races à demi civilisées et à mettre un semblant
d'ordre au sein du désordre. Nous n'avons pas à examiner
par quels moyens.

VI

Il nous reste à donner un aperçu de la religion des Nosairis. Nous diviserons ces notions en deux parties : dogme
et liturgie. Quant à la morale, quelques lignes seront plus
que suffisantes.

Le premier de leurs dogmes est celui de la Trinité, trinité
composée de trois personnes divines, d'un principe fondamental appelé *Ma'nâ* « sens », et de deux hypostases, procédant de ce principe primordial, ou, comme s'exprime le catéchisme nosairi, « de la lumière de son unité et inséparables
de lui ». Ces deux hypostases reçoivent les appellations de
Ism « nom » et de *Bâb* « porte ».

Le Ma'nâ est donc la divinité archétype, l'essence même
de Dieu; l'Ism est son verbe, sa manifestation extérieure;
le Bâb mène à lui; c'est une sorte de Paraclet nosairi, chargé

---

1. Les Nosairis cultivaient le célèbre tabac de Lattakieh.
2. Cf. *Études*, 20 décembre 1897, p. 723; 5 mars 1899, p. 620.

d'expliquer la doctrine, de faciliter l'accès au sens caché, aux mystères de la religion.

Au sujet de cette trinité une et indivisible, les docteurs et les rares écrits connus de la secte entrent dans des explications assez semblables aux développements contenus dans nos traités *de Trinitate*. Il y a là plus que de simples coïncidences.

M. Dussaud n'admettant pas que les Noṣairis ont professé le christianisme, leur trinité, selon lui, dérive de la triade phénicienne. « Plus tard, ajoute-t-il, la comparaison avec la Trinité chrétienne s'imposa. » Après ce que nous avons dit plus haut sur l'origine chrétienne des habitants du Ġabal as-Sommâq, nous n'avons plus besoin d'expliquer pourquoi nous ne pouvons adopter cette hypothèse.

Après le dogme de la Trinité vient celui de l'Incarnation. Les trois personnes divines ont revêtu des corps humains dans chacun des sept cycles, appelés *qobâb* ou coupoles[1], qui divisent l'histoire du monde. Chacune de ces manifestations eut lieu dans des personnages historiques et était accompagnée d'une incarnation du mauvais principe. Naturellement 'Alî est le principe du bien, et ceux qui lui ont fait opposition, comme Aboûbikr, 'Omar et 'Otmân, sont des incarnations de Satan[2]. La dernière de ces manifestations arriva au temps de Mahomet : elle se composait de 'Ali, Moḥammad et Salmân le Persan. Des initiales de ces trois noms 'A, M, S, les Noṣairis ont formé leur mot sacré *'Amas*.

Quoique les personnes de la Trinité soient égales et inséparables, leurs écrits insistent d'une façon très significative sur la divinité de 'Alî. « C'est 'Alî qui nous a créés », dit leur catéchisme. Cette vénération presque intolérante trahit suffisamment l'origine chiite de la secte. Mahomet et Salmân — le premier surtout — figurent dans la triade noṣairie pour voiler aux yeux des profanes la prééminence exclusive accordée à la personnalité sacro-sainte de 'Alî.

---

1. Pour le détail, voir leur catéchisme, questions 17 *sqq*. Niebuhr, *Voyage en Arabie*, II, 359; *Bâkoûra*, 61; *J. A.*, 1879², p. 195, note 2. *Sur le dogme de l'Incarnation*, admis par plusieurs sectes musulmanes, cf. Z. D. M. G., 1898, p. 469 *sqq*.

2. B. 17.

On ne voit dans l'histoire de Salmân rien qui justifie sa déification, sinon qu'il était Persan [1], ami de ʿAli et très vénéré parmi les sectes ʿAlides. Ce Salmân a créé les cinq *yatîm* (incomparables), sorte d'archanges [2], lesquels à leur tour ont produit tout le monde actuel. Leurs noms sont ceux des personnages ayant joué un rôle prépondérant dans l'islam; mais ils paraissent être en réalité les cinq planètes qui, une fois le soleil et la lune ôtés, nous restent suivant le système des anciens.

Après ces cinq personnages angéliques, la divinité s'est associé sur la terre douze naqîbs [3], ministres subalternes qui répandent les croyances. Ces douze personnages sont évidemment la réminiscence des douze apôtres [4], « comme les soixante-dix [5] » parmi lesquels ils ont été élus rappellent les soixante-douze disciples du Christ [6].

Jusqu'ici tous les Noșairis sont d'accord. Mais la division était trop dans leur tempérament pour qu'ils n'aient pas songé à la transporter sur le terrain religieux. Tous admettent que la divinité se manifeste d'une façon permanente sous forme d'astres et de phénomènes naturels, qui deviennent de la sorte l'objet et le symbole sensibles du culte religieux. La détermination de ce symbole a donné naissance aux quatre sectes qui les divisent [7].

« 1º Selon les *Śimâliya* ou Noșairis du Nord [8], le Maʿnà ou essence divine est personnifié par le ciel.

« 2º Les *Kilâziya* [9] ou partisans de la doctrine de Moḥammad bin-Kilâzo reconnaissent le Maʿnâ dans la lune. Voilà pourquoi on les appelle aussi adorateurs de la lune.

« 3º Les adorateurs du crépuscule croient que le Maʿnà se manifeste sous l'apparence de ces lueurs éclatantes qui ac-

---

1. Le premier persan qui ait embrassé l'islam.
2. B., 26, 27.
3. B., 33.
4. Stanislas Guyard, *J. A.*, 1871 [2], 182, note 3.
5. B., 33, 1re ligne.
6. Sur ces « douze apôtres », voir Barhebræus, *Histoire des dynasties*, p. 260, ligne 5.
7. B., 9.
8. On appelle ainsi les Noșairis fixés au nord de l'Oronte.
9. Ou Kalâziyâ; je n'ai pu vérifier la voyelle de la première lettre, ni trouver des détails sur Ibn Kilâzo.

compagnent le lever et le coucher du soleil et qu'on appelle
en arabe *šafaq*.

« 4° Enfin les adorateurs de l'air ou de l'atmosphère, *hawâ'*,
personnifient le Ma'nâ sous cette dernière forme.

« Pour tous les Noṣairis sans exception, le soleil est la représentation de Moḥammad ou de l'Ism. Il n'y a de divergence
dans leurs opinions que relativement au Ma'nâ, comme nous
venons de l'exposer, et à la *Porte*, que les Šimâliya croient
être la lune, tandis que les Kilâziya prétendent qu'elle est
représentée par le ciel » (à l'encontre de ce qu'ils croient relativement au Ma'nâ[1]).

Pour attester ses opinions particulières, chacun des quatre
rites adopte pendant la prière des attitudes différentes, dont
on peut lire la description dans la Bâkoûra[2].

Métempsycose. — Cette croyance, commune à plusieurs
sectes 'Alides[3], présente chez les Noṣairis certaines particularités intéressantes. La voie lactée est formée des âmes des
fidèles Noṣairis, transformés en étoiles[4]. La deuxième sourate n'a d'autre but que d'obtenir la délivrance des degrés inférieurs de la métempsycose, c'est-à-dire du passage dans les
corps des animaux[5], châtiment constituant, à proprement
parler, l'enfer noṣairi.

Selon les Noṣairis, les musulmans après leur mort seront
changés en ânes, les chrétiens en pourceaux et les juifs en
singes. Quant aux mauvais Nosairis, leurs âmes revêtiront
des formes d'animaux servant à la nourriture des hommes.
Les initiés, qui auront douté de leur religion, seront méta-
morphosés en singes. Pour ceux chez qui le bien et le mal se
balancent à peu près, ils recommenceront leur carrière terrestre, mais dans une religion différente du culte nosairi[6].
Aussi, quand il leur arrive des prosélytes demandant à être
admis chez eux, leur conviction est qu'ils ont auparavant
appartenu à leur nation, mais qu'en expiation de fautes graves

1. Cl. Huart, dans *J. A.*, 1879[2], 197.
2. B., 25.
3. Entre autres aux Isma'ilis, Cf. *J. A.*, 1877[1], 361.
4. B., 9 et *passim*.
5. B., 10, 11.
6. B., 81.

ils ont dû passer par les différents degrés de la métempsycose.

Chute originelle. — Dans le principe, les Noṣairis étaient
tous des corps lumineux, des astres étincelants, jouissant de la vue de la divinité, c'est-à-dire de ʿAli. Ils péché-
rent par orgueil et se complurent dans leur propre excellence. Pour les punir, ʿAli les exila sur la terre et les enferma
dans des corps humains. « Des prévarications des hommes il
créa les démons, et des péchés de ces derniers il tira les
femmes [1]. »

Initiation. — Comme les Druses [2], les Noṣairis se divisent
en deux classes, les ʿâmmat ou profanes et les ḫâṣṣat ou initiés. L'initiation, très longue, comprend plusieurs épreuves.
On peut en lire le détail dans le travail de Solaimân effendi [3].
D'après cet auteur, elle n'a jamais lieu avant dix-huit ans.
Walter Besant (*The City of Herod and Saladin*) distingue
trois degrés dans l'initiation. Dans le premier, on apprend au
néophyte les dogmes que nous venons d'exposer; dans le
deuxième, que le mot ʿ*Amas* désigne la Trinité chrétienne;
dans le troisième et dernier, que la Trinité, objet du culte
noṣairi, se compose du Ciel, du Soleil et de la Lune, le premier étant infini et sans limite; le deuxième procédant du
premier, et le troisième procédant des deux autres.

Nous ignorons où l'écrivain anglais a puisé ces renseignements, auxquels la *Bâkoûra* ne fait jamais allusion.

Pour le motif exposé plus haut, les femmes ne sont jamais
admises à l'initiation, ni à aucun exercice religieux. On leur
enseigne seulement la sourate de la « purification », chef-
d'œuvre de grossièreté, partiellement reproduit dans la
Bâkoûra [4].

La principale obligation de tout Noṣairi est de cacher les
mystères de sa religion et de n'en rien révéler, même pour
échapper à la mort [5]. Afin de se reconnaître entre eux, ces

1. B., 61.
2. La division paraît toutefois moins tranchée chez les Noṣairis.
3. B., p. 2 *sqq.*, où l'on voit que les ʿ*âmmat* reçoivent aussi une initiation
partielle. On leur apprend entre autre les seize sourates liturgiques, etc.
B., 33. Sur ʿ*âmmat* et ḫâṣṣat chez les chiites, voir Z. D. M. G., XXXVI, 278.
4. B., 33.
5. B., 25 ; *Catéchisme*, q. 86.

sectaires ont adopté des mots de passe [1]. On peut dire que jamais loi du secret n'a été plus fidèlement gardée ; l'observation leur en est singulièrement facilitée par la permission de se conformer extérieurement aux pratiques religieuses de leurs voisins [2], et de nier effrontément qu'ils sont Noṣairis. Un seul serment leur demeure interdit : « Il n'y a rien de commun entre moi et le culte de ʿAlı bin aboû Ṭâlib [3]. » Ce serait l'apostasie pure et simple.

VII

Les Noṣairis ne possèdent pas à proprement parler d'édifices religieux, c'est-à-dire destinés aux cérémonies de leur culte. Leur pays est pourtant couvert de *qoubba*, coupoles, encore appelées *mazâr*, parce qu'elles forment des buts de pèlerinage. Ce sont généralement de petits carrés de maçonnerie surmontés d'une coupole soigneusement blanchie et abritant la tombe d'un personnage, chef ou notable, dont la mémoire est restée en bénédiction. Ces édicules se trouvent généralement au milieu d'un bouquet d'arbres séculaires devenus eux-mêmes l'objet d'un culte superstitieux [4]. Les mosquées sont complètement inconnues, et depûis Almalik aẓ-ẓâhir jusqu'au sultan ʿAbdul-Ḥamîd, tous les efforts tentés pour les introduire dans la montagne ont échoué devant la résistance passive de la population.

Quant aux fêtes religieuses, elles se célèbrent dans les maisons particulières, c'est-à-dire dans la demeure du fidèle qui accepte de faire les frais de la cérémonie. L'imâm en officiant est assis au milieu de deux autres ministres, à sa droite le *naqîb*, à sa gauche le *naġîb* : ce sont les trois degrés de la hiérarchie religieuse [5] chez les Noṣairis. Devant eux on place des cierges, des plantes odoriférantes, du mahaleb [6], du

1. B., 82.
2. Voir plus haut.
3. B., 82. Sur l'initiation *ḫiṭáb*. Voir aussi *le Fetwa d'Ibn Taimiya*, p. 180. Il n'y a pas trace du baptême chez les Noṣairis.
4. Cf. Dussaud, *Voyage*, 40.
5. Dans le sens très large du mot; il n'y a pas de clergé proprement dit chez les Noṣairis.
6. De l'arabe « mahlab », sorte de cerisier donnant des fruits odoriférants. Cf. nos *Remarques sur les mots français dérivés de l'arabe*. Beyrouth, 1890, p. 151.

myrte et de l'olivier. Alors le maître de la maison désigne
un autre naqıb, sorte de ministre inférieur, chargé d'étre
l'intermédiaire entre les officiants et l'assemblée. Après que
celle-ci a ratifié ce choix, ce naqıb commence par distribuer
des branches de myrte aux assistants.

Puis il prend un vase rempli de vin, y met du mahaleb et
du camphre, et entonne une longue oraison ou *qoddâs*, appelée « oraison des parfums ». En voici quelques passages,
ils donneront une idée de cette étrange liturgie :

« Croyants, considérez la réunion où vous vous trouvez,
arrachez l'hypocrisie de vos cœurs, le doute et la haine de
vos poitrines, pour que, à l'aide de celui qui vous assiste,
votre religion soit entière, votre prière exaucée, et que Notre
Seigneur et le Vôtre honore votre demeure. Sachez-le, ʿAlì,
fils de Aboû Ṭâlib, est présent au milieu de vous ; il connaît
le fond des consciences, il est le puissant, celui qui pardonne !
Gardez-vous de rire, frères, pendant la prière, comme font
les ignorants. Cette conduite détestable abrège la vie, détruit les bonnes œuvres. Écoutez plutôt la parole de notre
maitre, l'imâm tenant la place de l'Unique, de l'Éternel, du
Très Haut. Nous avons préparé ce mélange odoriférant », etc.

A la fin de cette oraison, le naqıb répand quelques gouttes
du mélange sur les doigts de l'imâm. Puis il passe le vase au
nagîh ; celui-ci fait le tour de l'assemblée en versant une
cuillerée sur les mains des assistants, qui s'empressent de les
porter au visage.

Ensuite le naqıb prend l'encensoir et récite la seconde
oraison (qoddâs), appelée l'« oraison de l'encens ». Il y est fait
mention du célèbre docteur Moḥammad, fils de Sinân. az-
zâhiri[1], qui avait coutume d'encenser les coupes et le vin,
coutume qu'on propose à l'imitation de l'assemblée. L'oraison
se termine par cette phrase singulière : « Croyants, sachez
que la personnalité de ʿAbdannoûr est licite entre vous,
illicite avec les autres ». ʿAbdannoûr est une locution
noṣairie désignant le vin : leur catéchisme nous en donnera
plus loin l'interprétation.

Le naqıb encense l'imâm et les assistants les plus rappro-

1. Cf. *J. A.*, 1877[1], 350, note 4, et B., 33, ligne 8.

chés de lui; puis il passe l'encensoir au naġıb, qui traverse les rangs de l'assemblée en l'encensant[1].

Alors le naqıb, prenant en main une coupe remplie de vin, prononce une troisième oraison, celle de l' « iḏàn » ou appel à la prière, sans doute parce qu'elle débute par le triple cri de *Allah Akbar!* et contient une exhortation à la prière. A la fin de l'oraison, la coupe est remise à l'imàm, d'autres coupes circulent dans l'assemblée, pendant que tous les assistants se baisent mutuellement les mains.

Ici le naqıb, les bras croisés sur la poitrine, demande pardon aux assistants des torts qu'il pourrait leur avoir faits et, après avoir baisé la terre, il revient à sa place.

Alors l'imàm entre en scène. Il commence par demander à l'assemblée si elle l'agrée comme ministre, et il lit la prière de la « justification ». Cette prière est en réalité une série de malédictions contre tous les ennemis de ʿAlì et de la religion nosairie : les califes Aboùbikr, ʿOmar, ʿOtmân, ceux de la dynastie des Omiades[2] et Hâroùn ar-rasid[3]. On leur adjoint les quatre rites orthodoxes : Ḥanafites, Ṣâfıʿites, Mâlikites et Ḥanbalites, les fondateurs des principales confréries ou ordres de derviches musulmans, comme Badawì, Rifâʿi, Dasoùqı, etc.[4], « le patriarche maudit Jean Maron », les juifs, les chrétiens et « tous ceux qui croyent que ʿAli boit, mange, engendre et fut engendré ».

Puis on récite les sourates nosairies et des oraisons que Solaimàn effendi se contente de mentionner. Alors seulement, après avoir mélangé le contenu de sa coupe avec celle de son voisin, l'imàm y trempe les lèvres. A ce signal, tous vident leurs verres et entonnent des chants religieux composés par H̱osaibì[5].

A la fin de toutes ces cérémonies, on éteint les cierges qui ont brûlé jusque-là, excepté toutefois si la cérémonie a lieu

---

1. Rapprochez dans la liturgie chrétienne l'encensement des *oblats*, des ministres et de l'assemblée.

2. La dynastie omiade arracha le califat aux ʿAlides.

3. Il fit empoisonner l'imàm Moûsâ al-Kâzim. Voir plus haut.

4. Ces ordres étant relativement modernes, l'addition de cette malédiction ne peut être ancienne. La liturgie nosairie a dû subir plusieurs manipulations.

5. L'article de M. Cl. Huart en fournit des spécimens.

de nuit[1]. Le maître de la maison remet alors à l'imâm et aux autres ministres une somme d'argent qui tient lieu d'honoraires.

L'imâm se découvre, toute l'assemblée l'imite, et debout : « Frères, dit-il, récitons la sourate « al-fâtiḥa » pour la destruction de la puissance ottomane et le triomphe de la croyance ḥoṣaibite et noṣairie[2]. »

Cette prière termine la partie religieuse de la fête[3]. Un repas est servi : tous les assistants y prennent part et se retirent.

VIII

Après ce rapide aperçu, le lecteur sera certainement frappé des rapports existant entre la liturgie noṣairie et les cérémonies chrétiennes. L'imâm et ses assesseurs rappellent les officiants de nos messes solennelles. L'usage du vin, des cierges, de l'encens, le baiser de paix donné à plusieurs reprises ne peuvent avoir qu'une origine chrétienne ; et à ce titre, sans doute, ils ont été soigneusement exclus des réunions religieuses chez les musulmans, à qui ils n'inspirent que de l'horreur. Cependant M. Dussaud refuse de voir dans tout cet ensemble « un souvenir de la messe chrétienne », et cela parce que « les Noṣairis ne font jamais usage des deux espèces ».

Effectivement, il n'en est pas question dans le travail de Solaimân effendi. Écrivant sous la haute surveillance des missionnaires américains qui ont imprimé son livre, le néophyte protestant, gêné peut-être par sa foi nouvelle, n'aura pas eu la liberté d'esprit nécessaire pour discerner et signaler au milieu des rêveries noṣairies beaucoup d'autres précieux restes des anciennes croyances chrétiennes.

1. Par exemple dans les villes, où les Noṣairis cherchent à se dissimuler.
2. Addition qui ne peut être antérieure au xvie siècle. La sourate al-fâtiḥa ou « al-fatḥ », est la cinquième sourate noṣairie. B, 18. .
3. Rousseau en donne une idée assez exacte dans les lignes suivantes : « Les Noṣairis se rassemblent sous des rotondes, et là, assis autour d'un grand bassin rempli de vin et couronné de bougies allumées, ils chantent des hymnes mystérieuses, s'embrassent ensuite les uns les autres, se lèvent tumultueusement et renversent le bassin pour ramasser et boire dans le creux de leur main le liquide qu'ils ont répandu. » *Mémoire*, 59. C'est en même temps une confirmation des *révélations* de Solaimân effendi.

Or, d'après le catéchisme de ces sectaires, « la messe (qoddâs) est la consécration du vin qu'on boit à la santé du naǵib
ou du naqîb » (sic). Quant au « sacrifice (qorbân), c'est la
consécration du pain offert par les vrais fidèles pour les
âmes de leurs frères »; et « le plus grand des mystères de
Dieu est celui de la chair et du sang dont Jésus a dit : Ceci
est ma chair et mon sang; mangez et buvez de cela, car c'est
la vie éternelle. Le vin s'appelle ʿAbdannoûr, parce que Dieu
s'y est révélé[1] ».

Voilà bien l'usage des deux espèces eucharistiques, usage
signalé en des termes qu'on dirait extraits d'un catéchisme
chrétien. En résumé, la liturgie des Noṣairis doit beaucoup à
l'Évangile; au Coran, presque rien. Ils repoussent tout ce qui
porte l'estampille musulmane. Malgré les efforts tentés depuis six siècles, jamais ils n'ont accepté de mosquées. Comme
au temps d'Ibn Baṭoûṭa, « ils ne prient point, ne se purifient
point, ni ne jeûnent aucunement[2] », pratiques résumant toute
la vie religieuse des islamites. Si un de ces derniers s'avise
de faire « l'appel à la prière, ils lui répondent : Ne braie pas,
ô âne, on te donnera ta pâture[3]. » Impossible d'imaginer des
tendances moins musulmanes.

Ajoutez à cela un calendrier où les fêtes chrétiennes occupent une place considérable, comme Noël, l'Épiphanie,
Pâques, le Dimanche des Rameaux, la Pentecôte, sans compter plusieurs fêtes de saints dont nous avons parlé plus haut.
Les Noṣairis portent volontiers des noms chrétiens, comme
ceux de Mathieu, Gabriel, Spiridion, Catherine, Hélène, etc.[4],
noms odieux aux autres sectes musulmanes.

Enfin, les montagnards du Gabal as-Sommàq n'ont pas la
marque distinctive de tous les islamites, à quelque secte ou race
qu'ils appartiennent : la haine du chrétien. Sunnites et chiites
se détestent mutuellement, mais ils se réuniront toujours
contre les chrétiens. Les Noṣairis ne nourrissent contre nous
aucun sentiment de haine. Je leur ai entendu répéter cent

1. *Catéchisme,* questions 76, 91.
2. *Voyage,* I, 176, 177.
3. *Ibid.,* 177.
4. Nous avons pu constater par nous-même que ces noms sont réellement portés par les Noṣairis. Mon confrère le P. Barnier, S. J., qui les fréquente depuis plus de dix ans, m'a confirmé le fait.

fois qu' « ils entendaient bien mourir dans la religion du
Messie : *'alâ dîn al-masîḥ* ou *'alâ dîn 'Isâ* ». De nos jours
encore ils visitent nos sanctuaires[1], consultent les prêtres
chrétiens, acceptent de leurs mains de l'eau et des objets
bénits, comme j'ai pu le constater par moi-même[2].

A un ensemble de faits si caractéristiques, à la prédilection
témoignée par ces sectaires aux chrétiens[3], j'avoue ne connaître qu'une explication satisfaisante : les Noṣairis furent
chrétiens. Ils continuèrent à pratiquer un christianisme très
altéré sans doute jusque vers le temps de la prédication de
Hoṣaibî. Leur religion est non « un moyen terme entre les
vieux cultes syrophéniciens et l'enseignement ismaélien[4] »,
mais une combinaison de croyances chrétiennes antérieures
avec les rêveries des chiites outrés. Nous savons tout ce que
la religion du Coran doit au christianisme[5]. Mais quand des
sectes nées dans le sein de l'islam ont senti le besoin d'augmenter leur bagage religieux, elles sont allées puiser dans
la réserve du panthéisme, des doctrines gnostiques et manichéennes, dans l'Évangile jamais.

Voisins des Isma'îlis, les Noṣairis ont été confondus avec
ces derniers[6]. On leur a également attribué des pratiques
obscènes, comme le culte des αἰδοῖα, dont les Isma'îlis sont
seuls responsables. Toutefois, la secte des Kilâziya n'est pas
au-dessus de tout reproche. Il paraît prouvé que dans un cas
au moins elle autorise une révoltante promiscuité[7].

Tous les Noṣairis laissent à leurs femmes une très grande

1. Voir un curieux exemple cité par M. Dussaud (*Voyage*, 41).
2. Plusieurs Noṣairis m'ont attesté avoir été guéris de morsures de ser-
pents après avoir pris de l'eau bénite par un curé grec orthodoxe de Borġ
Ṣafîtâ.
3. Ils n'ont fait aucune difficulté de convenir devant moi qu'anciennement
ils furent chrétiens. Certaines de leurs poésies religieuses sont pleines d'allusions et de comparaisons chrétiennes. Voir, par exemple, *J. A.*, 1879[1],
p. 229.
4. M. B. Dussaud.
5. Goldziher, *Muhammedanische Studien*, II, 382.
6. Inutile de citer des exemples de cette confusion très ancienne et non
moins fréquente.
7. L'accusation de la *Bâkoûra* (59, 93) est trop précise pour qu'on puisse
ne pas en tenir compte. D'autre part, si Solaimân effendi avait voulu charger

liberté. Jamais ils ne les obligent à se voiler comme font les Ismaʻilis.

Leur catéchisme [1] contient sur la fraternité et la justice quelques-unes de ces recommandations générales dont aucune secte ne peut honnêtement se dispenser [2].

Henri LAMMENS, S. J.

Beyrouth, 21 mai 1899.

ses anciens coreligionnaires, l'occasion ne lui eût pas manqué. Voir aussi l'accusation beaucoup trop générale portée par les Druses, dans De Sacy, *Exposé de la religion des Druses*, II, 569.

1. *Catéchisme,* question 84.

2. Quant à Solaimân effendi, notre guide principal dans cette étude, le lecteur sera sans doute désireux de savoir ce qu'il advint de lui. Le courageux converti fut assassiné par ses anciens coreligionnaires, « sans aucun doute pour prix de ses révélations ». C'est tout ce que nous apprend une note de la *Palestina in Bild und Wort* d'Ebers et Guthe (II, 447, note 6). Il m'a été impossible de recueillir d'autres renseignements sur cette fin tragique.

CRISE RITUALISTE EN ANGLETERRE

(Deuxième article[1])

IV

Mais la tempête était déchaînée, et l'opinion publique se montait de plus en plus; Sir William Harcourt ne manquait pas de signaler dans le *Times* les exploits ritualistes qui venaient à sa connaissance et lui paraissaient propres à frapper les esprits. Les circonstances l'aidèrent.

Au mois de décembre, l'évêque de Londres avait imposé au clergé romanisant de la fameuse église de Saint-Alban, Holborn, plusieurs réformes qui furent acceptées, mais non sans chagrin. Peu après, le 13 janvier, une réunion d'au moins deux cent vingt *clergymen* bénéficiers ou titulaires eut lieu à l'Holborn Town-hall : trois résolutions furent proposées et acceptées. Dans la première, ils expliquèrent ce qu'ils entendaient par obéissance canonique. Dans la seconde, ils firent cette grave déclaration : « C'est pour le clergé un devoir envers *toute* l'Église catholique du Christ, de refuser fidèlement d'obéir à toute demande, même faite au nom de l'autorité, qui serait en opposition avec la loi, les usages, les coutumes et les rites de l'Église, universelle ou provinciale, qui ont une autorité canonique. » Dans la troisième résolution, l'assemblée spécifiait deux louables pratiques qu'il ne fallait pas abandonner : l'usage cérémonial de l'encens et la réserve du Saint Sacrement dans le but de donner la communion aux malades et aux mourants.

Sir William Harcourt releva naturellement ces conclusions, en les rapprochant de la *Pastorale* des deux archevêques[2]. L'irritation publique se traduisit bientôt par de grandes manifestations. Le 24 janvier, cinq mille personnes réunies à Manchester approuvèrent une motion faite par un membre du Parlement, M. Samuel Smith ; elle tendait à presser le gou-

---

1. V. *Études*, 5 août.
2. Sir W. Harcourt, Lettre 16 : *The Mutiny of the Priests.*

vernement de prendre des mesures efficaces contre la licence et l'anarchie qui se développaient d'une façon alarmante dans l'Église nationale.

Huit jours après, le 31 janvier, avait lieu à Londres la grande démonstration de l'Albert Hall[1], sous la présidence de lord Kinnaird, un des membres les plus influents de la puissante association évangélique *The National Protestant Church Union*. L'auditoire comptait plus de dix mille personnes d'opinions fort différentes ; à côté des évangélistes qui dominaient, des dissidents, des presbytériens ou des gens sans religion déterminée. On y voyait quelques membres du Parlement et des représentants de cinquante associations protestantes, venus de tous les points de l'Angleterre. Les télégrammes de félicitation, d'adhésion et de sympathie s'élevèrent au chiffre de sept cent cinquante. Mais les chefs naturels de l'Église d'Angleterre faisaient défaut ; deux évêques seulement, celui de Liverpool et celui de Sodor et Man, envoyèrent un télégramme ou une lettre. Sir William Harcourt lui-même n'avait pas voulu prendre part à la manifestation. Le caractère antiritualiste de cette réunion fut d'une extrême violence. Quand le président parla de recourir aux évêques, les sentiments de défiance et d'hostilité éclatèrent, surtout à l'adresse du primat dont le nom fut accueilli par des sifflets redoublés[2]. Par contre, il y eut acclamation en l'honneur de sir William Harcourt et de Mr. Kensit. Pratiquement, on résolut de faire tous les efforts pour obtenir, dans la prochaine session des Chambres, une nouvelle législation sur la discipline ecclésiastique, telle qu'on pût poursuivre immédiatement un *clergyman* coupable d'un acte illégal. Puis on condamna en bloc les « six points » ritualistes. Enfin, on décida l'envoi d'un télégramme à Sa Majesté la reine, pour l'intéresser au but poursuivi par les manifestants.

1. *The Month*, march, 1899 : *The Great Protestant Demonstration*, art. du Rév. Joseph Rickaby.
2. M. Dimmet caractérise brièvement l'attitude des manifestants à l'égard de l'archevêque de Cantorbéry : « Son nom a été salué plusieurs fois par les cris répétés de : « Traître! traître! » et quelqu'un ayant demandé ce qu'il faut faire d'un général impuissant à maintenir la discipline dans une armée en campagne, une autre voix a répondu : « Fusillez-le! » (*Revue du Clergé*, p. 232.)

La question était mûre pour le Parlement. A peine se réunit-il, le 7 février, que la bataille s'engagea. A la Chambre des lords, les évêques essayèrent de justifier leur conduite et de dégager leur responsabilité. Sans nier l'existence de certains abus, ni le côté sérieux de la crise, les évêques de Winchester, de Ripon et de Londres, parlèrent de ce qu'il y avait d'exagéré dans l'attaque, de l'inefficacité pratique des procès criminels en matière religieuse, du caractère compréhensif de l'Église anglicane, qu'il faut respecter. Lord Kinnaird, au contraire, reprit ce qu'il avait dit dans la grande réunion de l'Albert Hall, et releva les charges contre les ritualistes, en les appuyant de quelques données positives[1]. Finalement, l'archevêque de Cantorbéry reconnut à son tour qu'il y avait eu des excès de la part des ritualistes, mais sans portée dogmatique, ni volonté d'aller à Rome. Il serait absurde de rejeter des gens qui travaillent avec dévouement; mieux vaut faire appel aux moyens de persuasion qu'aux mesures violentes.

C'est dans ce but que les deux archevêques d'Angleterre annoncèrent la formation d'un tribunal d'arbitrage, pour permettre aux *clergymen* incriminés de se justifier. « Dans tous les cas concernant le rituel qu'on leur présenterait, ils étaient prêts à écouter tout ce que pourraient dire les intéressés, soit par eux-mêmes, soit avec l'aide d'un avocat ou d'experts de leur choix[2]. »

A la Chambre des communes, le débat eut un tout autre caractère. Nulle allusion à la crise religieuse dans le discours du trône, lu au début de la session parlementaire. Aussi, M. Samuel Smith proposa-t-il un amendement à l'effet d'obtenir des mesures coercitives contre les abus croissants du ritualisme. Il appuya cette demande par une série de dénon-

---

1. Par exemple, il établit une proportion entre le nombre d'églises où, en 1882, se rencontraient telles ou telles pratiques illégales et le nombre d'églises où les mêmes pratiques se rencontrent maintenant. La proportion est, pour les vêtements eucharistiques, de 336 à 2,026; pour l'usage de l'encens, de 9 à 381; pour les cierges d'autel à la Cène, de 581 à 4 334.

2. Les archevêques justifiaient ce tribunal d'arbitrage par un passage de la préface du *Prayer Book*, relatif à l'interprétation des rubriques en cas de doute. Sir William Harcourt contesta le bien fondé de cette application, et ajouta qu'il ne fallait attendre rien de sérieux de cette demi-mesure. Lettre 17 : *The Interpretation of the Rubrics*.

ciations, tirées en grande partie du livre de M. Walsh, soit contre les ritualistes eux-mêmes, soit contre plusieurs évêques compromis dans le mouvement. La pétition se terminait ainsi : « Nous représentons humblement à Votre Majesté que, vu l'anarchie qui prévaut dans l'Église d'Angleterre, des mesures législatives devraient être prises pour assurer l'obéissance à la loi. »

La discussion se poursuivit le 9 février. L'amendement, vivement soutenu par divers orateurs, fut habilement combattu par Mr. Balfour. Celui-ci entra, en principe, dans les vues courantes sur l'état de malaise régnant dans l'Église, et dû à l'introduction dans le domaine liturgique de pratiques et d'une terminologie qui n'étaient pas celles de l'Église d'Angleterre ; il déclara, en particulier, au milieu des applaudissements de la Chambre, qu'il ne saurait y avoir pour le pays de plus grande calamité qu'un usage général de la confession privée. Mais, sur le terrain pratique, il prit la défense des évêques et plaida pour la modération et la patience ; il serait imprudent d'agir sous une impression de ressentiment, d'ailleurs naturel ; les mesures proposées ne guériraient pas le mal et pourraient porter un coup sérieux, non seulement aux intérêts de l'Église établie, mais à l'Église protestante elle-même. A la suite de ce discours, l'amendement fut rejeté par deux cent vingt et une voix contre quatre-vingt-neuf. Il y eut un nombre considérable d'abstentions, et la question restait ouverte par la prise en considération d'un projet de loi mis en avant par la *Ligue des laïques de Liverpool*, pour mieux faire observer la discipline dans l'Église d'Angleterre[1].

V

Les ritualistes ne courbèrent pas la tête devant l'orage. Dans la discussion à la Chambre haute, lord Halifax avait parlé franchement, comme il l'a toujours fait. Son attitude s'affirma d'une façon plus générale dans son article sur la

---

1. *A Bill for the better enforcing Discipline in the Church of England.* (Brought in by Mr. David Mc Iver, Mr. Charles Mc Arthur, colonel Sandys, Mr. Channing, and others.) Order by the House of Commons to be printed, february 10 th, 1899.

Crise présente dans l'Église d'Angleterre, paru en février dans le *Nineteenth Century.* Après avoir fait l'historique du mouvement ritualiste, il y examine les principes sur lesquels s'appuient les adversaires et les forces trés hétérogènes dont ils disposent. A la conception étroite de ceux qui ne veulent rien voir de bon dans la pratique et l'enseignement de l'Église romaine, qui prétendent ne dater que de la Réforme, qui donnent au *Prayer Book,* aux Articles d'Élisabeth, et à tous les formulaires de l'Église anglicane un sens protestant et une portée exclusive, il oppose la conception plus large et plus noble de ceux qui, croyant à un lien non interrompu de continuité entre l'Église jadis fondée par saint Augustin et l'Église actuelle d'Angleterre, soutiennent que celle-ci ne saurait se permettre une attitude d'indépendance ou d'indifférence par rapport à l'enseignement du reste de la chrétienté, et qu'elle ne saurait davantage se considérer d'une façon absolue comme déliée de toute obligation à l'égard des règles, des décisions doctrinales et des observances rituelles, jadis portées ou fixées pour la direction spirituelle de ses membres.

Grâce à cette conception, grâce aussi à certaines considérations historiques sur la situation du clergé à l'avènement d'Élisabeth, le noble lord prétend justifier, sans sortir de la loi ni de la loyauté, les pratiques ritualistes incriminées : tels, les ornements eucharistiques, et, plus particulièrement, la réserve du Saint Sacrement et l'usage de l'encens[1]. Pour ces deux derniers points, il regarde même comme certain que les *clergymen* en cause et leurs congrégations ne les abandonneront pas. Du reste, il fait appel à l'esprit de tolérance et de conciliation pour conjurer la crise ; mais il rejette tout recours au Parlement. Ce qu'il voudrait, ce serait une organisation du clergé et des laïques qui sauvegarderait leurs droits réciproques, et telle, qu'insensiblement et sans transition violente, le gouvernement pratique de l'Église, au spirituel et au temporel, passât entre leurs mains.

---

1. Pour le fond même de cette thèse, historique et dogmatique, de lord Halifax que je ne puis discuter ici, je renvoie à un article du *Month,* mai 1899 : *Are they lawless?* by S. F. S. On y trouvera résumé le *pour* et le *contre.*

Lord Halifax exprime encore le désir qu'entre les leaders du parti « évangélique » et ceux qui représentent les principes revendiqués par le « mouvement d'Oxford », il y eût une conférence où l'on pût s'expliquer sur la présence réelle, le sacerdoce, le sacrifice eucharistique, et semblables sujets où règnent les malentendus.

Une belle page mérite d'être citée comme modèle d'explication.

Parmi ceux qui insistent le plus énergiquement sur la nécessité des sacrements, personne ne nie que l'âme chrétienne n'ait un accès direct et immédiat auprès de Dieu ; personne ne croit que les sacrements nous sauvent comme des instruments purement mécaniques, sans aucune coopération morale de notre part. Aucun de ceux qui ont l'habitude de se confesser ne pense que par le fait même il lui est loisible de commettre le péché impunément, ou qu'il peut se dégager ainsi de toute responsabilité vis-à-vis de Dieu. Parmi ceux qui ont l'habitude de recevoir chaque matin l'Eucharistie pour le plus grand bien et la plus grande joie de leurs âmes, personne qui ne croie que cette assiduité à se souvenir de la mort et de la passion du Christ lui profite seulement dans la mesure où il s'associe de cœur et d'âme à l'offrande faite une fois sur la croix par notre Grand Prêtre et renouvelée maintenant sur les autels de son Église. Aucun de ceux qui réclament les prières des initiés du sanctuaire ne confond leur intercession avec la médiation de Notre-Seigneur et unique Sauveur. Aucun de ceux qui prient pour les morts n'ignore que cette vie est le seul temps d'épreuve qui nous soit assigné. Aucun de ceux qui se réjouissent de la plénitude de grâce et de gloire accordée à celle qui, par sa correspondance à la volonté divine, a obtenu d'être seule appelée la Mère de Dieu, n'ignore que Marie est ce qu'elle est en vertu des mérites de son Fils. Aucun de ceux qui croient que le pain et le vin eucharistiques sont ce que le Seigneur les a nommés, « son corps et son sang », ne croit cependant que Notre-Seigneur soit présent dans le Saint Sacrement selon le mode naturel des corps ; il y est sacramentellement, à la manière d'un esprit, mystère absolu, que la foi seule conçoit.

Cet article-programme ne manqua pas d'attirer vivement l'attention publique.

Ce fut bien autre chose, quand, le 28 février, sept cents membres de l'*English Church Union*, réunis à Londres, lancèrent une *Déclaration* où se trouvaient brièvement et distinctement formulées toute la doctrine de lord Halifax, leur président, sur la continuité de l'Église d'Angleterre et les conséquences qu'il en tire sous le rapport doctrinal et liturgique [1]. Qu'on juge de la hardiesse de ce document par ces quelques phrases :

> Nous avons nié, et nous nions de nouveau, que la Couronne ou le Parlement ait le droit de régler la doctrine, la discipline et le cérémonial de l'Église d'Angleterre.
>
> Nous serons heureux de souffrir, s'il le faut, pour soutenir nos convictions. Nous souffrirons joyeusement. Ce à quoi nous ne pouvons consentir, c'est de sacrifier les droits et les libertés de l'Église d'Angleterre aux clameurs populaires et à des préjugés fondés sur l'ignorance...
>
> Nous ne pouvons admettre, eu égard à l'histoire de l'Église d'Angleterre, la légitimité de toute interprétation du *Prayer Book* qui repose sur ce principe : Ce qui n'est pas prescrit est par le fait même prohibé : *Omission to prescribe is equivalent to prohibition to use...*
>
> Nous n'engageons pas moins vivement ceux qui gouvernent l'État à ne pas courir le risque d'un désastre certain, en favorisant une législation qui aurait pour but d'imposer à l'Église d'Angleterre les décisions des Cours séculières dans le domaine spirituel.

Cette *Déclaration* équivalait à un défi éclatant. Aussi lisait-on dans le *Times* du lendemain :

> On ne saurait nier que le rapport publié pour le compte de l'*English Church Union*, au meeting des délégués qui s'est tenu hier à l'hôtel de Cannon Street, ne revête le caractère d'un ultimatum... Ils soutiennent une doctrine anarchiste lorsqu'ils nient énergiquement « que la Couronne ou le Parlement aient le droit de régler la doctrine, la discipline ou le cérémonial de l'Église d'Angleterre... » Dans l'Église catholique romaine, lord Halifax, si ses idées n'étaient pas approuvées par les plus hautes autorités, serait vite expulsé et supprimé comme un perturbateur de la paix publique. Un sentiment protestant très accentué, nos lecteurs le savent, s'est réveillé dans ce pays : lord Halifax et ses amis lui portent délibérément un défi.

Ce fut de tous côtés, dans le camp évangélique, une véritable explosion de colère contre ces rebelles, ces traîtres, ces membres déloyaux de l'Église d'Angleterre. « Enfin, s'écria sir William Harcourt dans une lettre au *Times* du 9 mars, les coupables se sont trahis. « At last we have *confitentes reos...*» La rébellion a été formellement annoncée et l'anarchie

---

1. Le 20 mars, Lord Halifax affirma dans le *Times* que tous les membres de l'*English Church Union*, sauf quelques exceptions insignifiantes, partageaient les mêmes sentiments. Or, cette association compte plus de 35 000 membres, dont environ 4 000 parmi le clergé.

ecclésiastique a été proclamée avec toute la solennité possible. » On réédita le mot de l'archevêque Tait aux ritualistes : « Si vous êtes romains, allez-vous-en à Rome ; mais si vous êtes anglicans, acceptez l'autorité de l'Église anglicane. »

Le gouvernement et les évêques se trouvèrent dans un grand embarras. Ils avaient compté, pour calmer la crise, sur la politique de la temporisation ; il leur devenait difficile maintenant de s'en tenir là. Dès le 3 mars, la question fut reprise à la Chambre haute. Lord Kinnaird proposa de voter une enquête sur le nombre de cas où le *veto* épiscopal s'était exercé depuis 1830, et surtout sur le nombre d'églises anglicanes où des confessionnaux se trouvent installés. Le premier ministre, lord Salisbury, réussit à empêcher la mise aux voix de la proposition, mais en admettant l'idée qu'elle contenait :

Je suis, dit-il, de ceux qui redoutent de voir la pratique de la confession habituelle se répandre dans l'Église d'Angleterre... Mais ma conviction est, qu'en faisant, pour violenter les consciences, un effort qui excède le pouvoir du Parlement, vous arriverez à accroître le mal au lieu de l'arrêter... Je conviens que, dans l'état actuel de l'opinion publique cette enquête doit être faite. Mais permettez-moi de vous faire remarquer qu'elle ne révélera pas la centième partie du mal. Si la confession est pratiquée, ce que je ne souhaite en aucune façon, mieux vaut que ce soit dans un confessionnal, à l'église, que dans un tête-à-tête secret à la sacristie. Vous avez à choisir entre ces deux maux. Vous n'obtiendrez, du reste, jamais, je le crains du moins, que votre enquête soit sérieuse... Et puis, si des hommes, je serais peut-être plus exact en disant, si des femmes désirent se confesser à des hommes, tout le pouvoir que le Parlement possède ne les en empêchera pas. Il faut pour cela un autre pouvoir, celui qui se rapporte à l'ordre de choses confié aux évêques. C'est à eux d'enseigner à leurs ouailles, ce qu'ils ne sauraient faire trop instamment ni trop souvent, les maux qui peuvent résulter de la pratique habituelle et systématique de la confession secrète...

Un autre débat, très vif, eut lieu à la Chambre des lords le 23 du même mois, mais il ajoute peu à ce qui précède [1]. Il suffit de remarquer un point. Aux plaintes faites contre un

---

1. En dehors de l'interpellation relative à la réponse de l'évêque de Londres, le débat portait sur un fait particulier ; un ministre anglican avait en-

curé par un de ses paroissiens, l'évêque de Londres avait
répondu : « Les questions relatives à l'usage de l'encens et
des cierges ont été soumises à l'archevêque de Cantorbéry. »
Le comte de Portsmouth interpelle l'évêque pour lui demander à quel tribunal du primat il en avait référé, et à quel
titre ? Mais la réponse du Dr Creighton, habilement calculée,
dépista son adversaire : « En soumettant ces questions à la
décision de l'archevêque, dit-il, je n'ai pas eu l'intention d'affirmer que cette décision pût infirmer telle déclaration de la
loi qui aurait été déjà donnée par les tribunaux compétents.»
La question glissait, on le voit, sur le terrain brûlant de
l'érastianisme.

Ce fut à la Chambre des communes que le défi, lancé par
lord Halifax et ses amis, fut directement relevé. Le 11 avril,
M. Sydney Gedge présenta une motion « déplorant l'esprit
d'opposition à la loi, *the lawlessness*, manifesté dans le Mémorial adressé le 28 février à la reine et au Parlement par l'*English Church Union*, et exprimant le ferme espoir que désormais le gouvernement ne recommanderait aucun *clergyman*
pour un poste ecclésiastique, sans avoir reçu de lui l'assurance qu'il est disposé à obéir loyalement *à la loi telle qu'elle
est interprétée par les Cours de l'État qui ont juridiction dans
les affaires ecclésiastiques* ». Le but de cette motion, comme
le déclara son auteur, était de s'opposer à ceux qui voudraient détruire l'œuvre de la Réforme, et de maintenir nettement contre eux dans l'Église anglicane le caractère d'Église
établie et protestante.

Un amendement suivit bientôt ; Mr. Hoare White proposait de remplacer, dans la première partie de la motion, les
termes : « manifesté *dans le Mémorial...* » par ces autres :
« manifesté *par certains membres de l'Église* »; puis de substituer, dans la seconde partie, aux paroles : « disposé à obéir
loyalement *à la loi...* », cette autre finale : « ...*à l'Évêque et
au Prayer Book.* » C'était ménager les ritualistes et leur
laisser la porte ouverte, cette dernière finale ne pouvant
guère les embarrasser. Mr. Balfour parla en faveur de cet

tendu la confession d'un enfant sans la permission de ses parents. *Inde iræ.*
Lord Halifax remarqua, en cette occasion, que pour supprimer la confession, il faudrait d'abord altérer le *Prayer Book.*

amendement. Il remarque d'abord qu'il serait peu digne du
Parlement de faire porter la censure sur une association particulière ; il exprime son regret de voir la Chambre s'engager
dans des discussions relatives aux affaires ecclésiastiques,
et montre le peu d'effet qu'auraient des résolutions *abstraites*.
Puis il fait une forte charge contre les ritualistes. Ce n'est pas
qu'il les croie coupables de manœuvres tendant à « romaniser » l'Église anglicane ; ils ont suffisamment déclaré ne pas
admettre certaines doctrines définies par l'Église romaine,
ni tous les points de sa discipline et de son rituel, et sûrement ils ne sont pas disposés à accepter les principes de la
suprématie papale. Il les accuse seulement de manquer de
loyauté envers l'Église à laquelle ils appartiennent, en s'efforçant de changer son caractère d'une façon qui, en pratique, la rendrait méconnaissable à ceux qui, depuis trois
siècles, l'ont le mieux et le plus fidèlement servie. Il reconnaît, du reste, que l'Église anglicane, tout en étant une Église
établie, a droit à l'autonomie dans son domaine propre ;
son désir a toujours été de lui voir posséder une autorité
spirituelle plus grande, à condition toutefois que les laïques,
aussi bien que le clergé, aient leur part dans cette augmentation de pouvoir. Mais le plus grand obstacle à cette réforme,
ce sont des gens comme lord Halifax et ses partisans.

La charge de Mr. Balfour contre les ritualistes fut-elle trop
vigoureuse ? Toujours est-il que le succès dépassa ses vues.
Sur la demande d'omettre toute mention de l'*English Church
Union*, il eut gain de cause, mais il échoua sur l'autre point.
Un second amendement releva la finale de Mr. Gedge : « disposé à obéir loyalement *à la loi...* » Après une vive discussion, il fut définitivement voté par 200 voix contre 14, c'est-
à-dire à une énorme majorité de 186 voix.

C'était une victoire pour le parti antiritualiste, une victoire tant soit peu théorique, à la vérité, puisque la résolution
restait abstraite et n'engageait à rien le gouvernement.

VI

Les feuilles évangéliques triomphèrent ; les autres perdirent de leur assurance habituelle. Dans son numéro du

14 avril, le *Church Times* écrivait : « D'ordinaire la Chambre des communes reflète bien le sentiment du pays ; mais il lui arrive aussi de se tromper et de se laisser entraîner par un courant passager à des mesures peu sages. C'est ce qui s'est vù le mardi 11 avril... » De son côté, lord Halifax disait, dans une lettre à lord George Hamilton : « Je ne compte pas sur la justice en ce moment, et je ne me sens guère troublé d'être accusé de rébellion en compagnie d'hommes tels que Keble et Pusey. » Ce qui ne l'empêchait pas de se dépenser courageusement pour repousser ce reproche de *rébellion* et de *déloyauté* [1].

En même temps, les ritualistes menacés reprenaient un thème où, sur le terrain de la doctrine anglicane et du *Prayer Book*, l'offensive leur était possible. Puisque vous parlez d'abus, disent-ils aux réformateurs du jour, c'est toute l'Église établie qu'il faut entreprendre. Dans l'Église large, pourquoi tolérez-vous, à l'endroit des principaux mystères de notre foi, ces vues rationalistes qui sapent par la base l'essence même de la religion chrétienne ? Et des évêques, en entendant les exemples apportés, pouvaient se frapper la poitrine. Dans la basse Église, pourquoi fermez-vous obstinément les yeux sur la manière dont on observe, ou plutôt dont on n'observe pas les plus graves prescriptions du *Prayer Book* ? Et là encore les preuves ne manquaient point [2].

Enfin le caractère radicalement agressif et parfois injurieux de la campagne érastienne et évangélique eut pour effet d'alarmer et de grouper tous les membres de la haute Église [3].

1. En avril, il répond dans le *Times* à l'évêque de Winchester, à lord George Hamilton, à Mr. Balfour. Il faisait annoncer, dans la même feuille, que, loin de diminuer, l'*English Church Union* augmentait d'une façon exceptionnelle. Dans le seul mois de mars, le gain avait été de 1 311, chiffre dépassant de beaucoup le gain régulier d'une année entière. Le nombre total des adhésions pour le premier trimestre de 1899 s'élevait à 3 195.

2. Dans sa brochure, *The Ritual Crisis*, le Dr Luckock insiste tout particulièrement sur le laisser-aller des ministres évangéliques. (Chap. I : *Charges of defect and negligence*.)

3. Certaines feuilles antiritualistes en arrivèrent à de tels procédés de polémique, que dans un article du 30 mars, intitulé *Ignoble Protestants*, le *Church Times* se crut en droit de stigmatiser leur campagne par ces quatre notes : mensonge, obscénité, tyrannie, hystérie. Le P. Ragey en donne des spécimens dans son Bulletin de mai, p. 563.

A la *Convocation* de la province ecclésiastique de Cantorbéry, sur la fin d'avril, la Chambre des laïques protesta vivement contre le *Church Discipline Bill*, en le déclarant incompatible avec le gouvernement de l'Église. Le 1er mai, une députation composée de personnages influents, le duc de Rutland en tête, se rendit au palais de Lambeth, pour présenter aux archevêques de Cantorbéry et d'York une pétition signée par 9 844 laïques de marque, dont 531 pairs ou membres de la Chambre des communes et des Universités; elle exprimait leur confiance dans les prélats, sans qu'il fût nécessaire de recourir à la contrainte, pour rendre la paix à l'Église.

Ainsi se préparait le grand combat qui devait avoir lieu bientôt. Les 5 et 8 mai, il y eut à la Chambre des lords des interpellations à propos de faits particuliers, escarmouches de détail sans importance sérieuse, mais témoignant de l'état des esprits. Ainsi, le comte de Portsmouth interpella l'évêque de Saint-Alban sur ses intentions à l'égard d'un livre intitulé *Devant l'autel*, qui contenait la doctrine de la transubstantiation et circulait dans son diocèse; l'évêque répondit en somme qu'il n'entendait pas subir un examen public sur ses intentions en pareille matière.

Tout l'intérêt se concentrait maintenant sur la Chambre des communes, où le *Church Discipline Bill* devait venir en seconde lecture. La motion fut faite, le 12 mai, par M. Mac Arthur. Il annonça nettement l'esprit antiritualiste du nouveau projet de loi; on y prohibait le mot de « messe », la confession privée, etc. Les laïques protestants n'ayant pas confiance dans les évêques, il fallait régler promptement et sans frais les questions ecclésiastiques et assurer l'uniformité. D'où le triple objet de la nouvelle législation : restauration de la suprématie des Cours accréditées du royaume[1]; abolition du *veto* épiscopal ; substitution de la suspense et de la déposition à l'emprisonnement, en cas de pratiques illégales.

Le procureur général s'associa à la réprobation du mot de « messe » et de la confession, mais il attaqua le projet de loi

---

1. Le tribunal se composerait d'un juge de la haute Cour et d'un assesseur.

en le montrant gros de conséquences dangereuses, injuste et impraticable. Il proposa cet amendement : « La Chambre n'étant pas préparée à accepter une mesure qui crée de nouveaux froissements, et méconnaît l'autorité des évêques en ce qui concerne le maintien de la discipline ecclésiastique, opine que, si les efforts tentés maintenant par les archevêques et les évêques pour assurer la légitime obéissance du clergé n'ont pas un prompt effet, il sera nécessaire de procéder à une législation ultérieure pour sauvegarder l'observation des lois existantes de l'Église et du royaume. »

Dans la discussion qui suivit, sir William Harcourt se prononça pour le nouveau Bill ; mais prévoyant l'échec, il exprima la consolation qu'il éprouvait du moins en voyant la promesse faite par le gouvernement d'intervenir, s'il le fallait, et le principe de la suprématie de la Couronne et du Parlement maintenu dans l'amendement.

Le discours final de Mr. Balfour fut en substance ce qu'avait été celui du procureur général. Il ne fut guère plus tendre pour les ritualistes, mais il mit également en relief les inconvénients du *Church Discipline Bill*. Ce projet manquerait le but qu'on se proposait, et entraînerait des maux immenses. Il enchaînerait l'Église à une rigide uniformité, sans lui donner d'unité spirituelle. Il ne s'attaque qu'à la surface du mal, sans en atteindre la racine ; c'est peu de chose que de proscrire les mots et les pratiques, quand on laisse intactes les doctrines dont ces mots et ces pratiques ne sont que l'expression extérieure[1]. Sans doute il faut obvier au mal ; l'Église nationale d'Angleterre doit être l'Église purifiée et renouvelée au temps de la Réforme[2]. Mais il faut le faire d'une manière qui fortifie l'Église et ne l'affaiblisse pas ; il faut sauvegarder le caractère épiscopal, sous peine de commencer la ruine de l'Église d'Angleterre. Laissons donc agir les évêques ; s'ils échouent, le Parlement avisera.

1. Mr. Balfour remarque, en particulier, ce qu'avait déjà objecté lord Halifax, que pour avoir le droit de proscrire la confession privée, il faudrait d'abord changer le *Prayer Book*.
2. Dans le numéro de mai du *Nineteenth Century*, article *The Church of England as by Law Established,* Mr. Edmond Robertson, Q. C., M. P., développe cette idée quasi-formule : L'Église établie est une Église épiscopale protestante, *a Protestant Episcopal Church.*

Le vote se fit ensuite sur le projet de loi et donna le résultat suivant : pour la seconde lecture, 156 ; contre, 310. Majorité contre, 154. L'amendement fut accepté à l'unanimité.

La bataille terminée, on lisait dans le *Times :* « Les débats, l'attitude de la Chambre des communes dans la discussion du *Bill,* doivent, pensons-nous, faire réfléchir le clergé violateur de la loi et le faire s'arrêter. » De son côté, le *Daily News* disait du gouvernement : « Ils se sont dérobés. En agissant ainsi, ils ont encouru auprès des protestants tout l'odieux de l'échec infligé au projet de loi, et en même temps ils se sont exposés au juste mépris de tous les membres de la haute Église. »

En réalité, on ne saurait nier que le gouvernement n'ait habilement manœuvré pour passer entre deux écueils dangereux : d'un côté, l'opposition pure et simple à un projet de loi qu'une forte poussée d'opinion publique épaulait ; de l'autre, une campagne de persécution officielle contre les ritualistes, non sans éclaboussure pour tout le parti de la haute Église[1].

C'est un beau spécimen de *compromis,* mais ce n'est que cela. On a temporisé, mais rien de ce qui est au fond de la crise n'a été résolu et ne pouvait l'être. En face de l'Église établie restent les dissidents, qui continueront à crier : Désétablissement ! Dans l'Église établie, en face de la haute Église, restent la basse Église et l'Église large avec leurs doctrines érastienne et antisacerdotale. Et dans la haute Église elle-même, en face du vieux parti traditionnel antiromanisant, reste le parti ritualiste avec toutes les questions de doctrine et de cérémonial qu'il soulève.

On se demande maintenant : Que feront les évêques, et que ne feront-ils pas ? Il vaudrait peut-être mieux dire : Que pourront-ils faire ? La situation est si délicate pour eux ! Leurs convictions personnelles ou le grand principe du « caractère compréhensif » propre à l'Église d'Angleterre, les empêchent de toucher de trop près aux questions de doctrine. La présence réelle *objective* et la confession *libre* ont leur

1. *The Month,* juin 1899, article du R. P. Clarke : *The Church Discipline Bill in the House of Commons.*

passeport. Vraisemblablement, ce n'est pas non plus sur la
thèse antiérastienne qu'ils entreprendront les ritualistes;
depuis l'archevêque Tait, les idées ont fait du chemin. La
question des « ornements eucharistiques » est obscure, il y
a des raisons de part et d'autre. Du reste, et c'est une remarque faite souvent au cours de la controverse, il y a dans
le côté cérémonial du ritualisme quelque chose qui répond
au goût esthétique de l'époque, et qu'il serait difficile maintenant de négliger tout à fait, pour s'en tenir à la forme puri-
taine du culte anglican. Restent alors des détails rituels,
dont l'examen durera longtemps, pour n'amener jamais au
fond des choses. C'est ce qui menace d'arriver. La question
de l'encens a été soumise au nouveau tribunal d'arbitrage,
inauguré le 8 mai au palais de Lambeth par les archevêques
de Cantorbéry et d'York. Le jugement n'a pas encore été
rendu; on se demande ce qu'il sera, — peut-être encore un
compromis [1].

Mais si les évêques poussaient les choses à l'extrême, s'ils
poursuivaient à outrance les pauvres ritualistes (ce qui n'est
pas probable), qu'adviendrait-il ? L'avenir seul peut l'apprendre, pour plusieurs raisons dont l'une, à mon avis,
est qu'on ne saurait dire à l'avance ce que les ritualistes con-
sentiraient enfin à sacrifier. Ils ont, eux aussi, leur souplesse.
L'illusion serait de prophétiser la ruine à brève échéance de
l'anglicanisme; il a, on l'a fort bien montré dans une revue

---

1. Les archevêques de Cantorbéry et d'York ont rendu leur jugement; le
31 juillet, ils ont déclaré illégaux l'usage *liturgique* de l'encens et l'emploi
des cierges *en procession.* La décision est surtout basée sur l'injonction du
36° canon, de s'en tenir, en fait de cérémonial, à la forme indiquée dans le
Prayer Book. Les archevêques remarquent toutefois que la loi n'a pas exclu
d'une façon *permanente* du rituel anglican l'usage liturgique de l'encens ; il
serait toujours loisible à un souverain de faire rédiger, avec l'agrément du
Parlement, un grand cérémonial où l'usage en question aurait sa place.
Mais « pour le moment, l'usage de l'encens dans le culte public, et comme
partie du culte public, n'est ni prescrit ni permis par la loi qui régit
l'Église anglicane. » La presse n'a pas manqué de commenter la décision
des archevêques. (Voir *The Tablet,* 5 août, p. 207-208, 217-219.) Contentons-nous de signaler l'attitude des deux grands organes de la haute Église.
Le Guardian regrette que les archevêques n'aient pas su garder la neutralité,
mais il reconnaît que du point de vue où ils se sont placés, la conclusion
était inévitable. Pour *le Church Review*, la situation résultant de la décision
est grave, et les « catholiques » sont naturellement quelque peu troublés

anglaise [1], ses principes de vitalité puissants encore. Même cette élasticité compréhensive, qui nous apparaît comme une source permanente de faiblesse pour l'unité réelle au dedans de l'Église anglicane, devient un principe de résistance au dehors, c'est-à-dire contre le « mouvement vers Rome » ; car c'est cette élasticité compréhensive qui permet à l'Église établie de retenir en son sein tant d'éléments disparates, qui lui permettra peut-être de s'assimiler suffisamment une secte de plus.

Dieu veuille que tant d'efforts généreux, suscités par le « mouvement d'Oxford », pour remonter le cours des âges à la recherche de la vraie tradition catholique, n'échouent pas ainsi misérablement, mais que les disciples des Pusey et des Keble comprennent un jour tout ce qu'il y a dans ces paroles de l'apôtre (*Eph.*, IV, 15) : « Unus Dominus, *una fides.* »

Xavier-Marie LE BACHELET, S. J.

par les événements de la semaine ; la décision des archevêques est un vrai défi pour ceux qui sont obligés de maintenir la légitimité de pratiques sanctionnées par *toute* l'Église. Et alors se pose la question, répétée dans la plupart des articles au sujet des ritualistes : que vont-ils faire ? Se soumettront-ils ? La revue évangélique *The English Churchman* pense que désormais le parti ritualiste se divisera en deux factions distinctes : ceux qui obéiront, et ceux qui résisteront, au risque de favoriser la destruction de l'Église établie.

1. *The Month*, mars 1899, article du R. P. Clarke : *The Vitality of anglicanism.*

A PROPOS D'UN CONGRÈS RÉCENT

SUR

LE DROIT D'ASSOCIATION

Les 25, 26 et 27 mai de cette année, M. Ét. Lamy a eu l'heureuse idée de convoquer un congrès sur le droit d'association, qui a été fort suivi.

Lui-même a prononcé à l'ouverture de ce congrès un beau discours, très éloquent, très puissant dans son élégance concise et semé de traits d'une ironie mordante.

Les rapports de MM. Fonsegrive, de Vareilles-Sommières, doyen de la Faculté catholique de droit de Lille, de M. Alix, doyen de la Faculté catholique de droit de Paris, de M. Charles Benoist, de M. Hubert-Valleroux, de M. Joly, ont été les plus importants et les plus goûtés. Nous avons constaté avec bonheur la présence à cette assemblée d'hommes influents comme MM. Charles Benoist et Chailley-Bert; nous leur souhaitons la bienvenue, et nous espérons qu'ils voudront bien nous apporter encore l'appui de leur science et de leur expérience.

Nous n'avons pas l'intention de résumer ce congrès, car un article n'y suffirait pas; mais simplement de signaler et de mettre en lumière quelques-unes des idées qui ont paru faire le plus d'impression sur un auditoire d'élite.

Ce ne sont pas des idées neuves pour les catholiques ; et pourtant, comme revendication du droit naturel dans toute sa pureté, comme exclusion formelle de tout socialisme d'État, comme affirmation catégorique du droit absolu de posséder qu'a toute association honnête, par là même qu'elle existe, il y a un progrès marqué sur le passé, et nous avons été particulièrement heureux de recueillir des propositions en ce sens très nettes et très tranchées sur les lèvres d'hommes connus, que nous croyions plus engoués des prétendus droits de l'État. M. Lemaitre n'a pas pris la parole, mais il devait la prendre et il avait accepté d'avance dans toute sa largeur la thèse soutenue par MM. Ét. Lamy, Ch. Benoist et Chailley-Bert, de *la liberté pleine de toute association honnête, sans autre restriction que le droit commun.*

Cette unanimité d'esprits éminents et qu'on craignait de voir plus divisés, est assurément un symptôme de bon augure et mérite qu'on s'y arrête.

On n'a pas traité à part dans ce congrès la question de la liberté des associations religieuses, et nous estimons qu'on a bien fait. Il vaut mieux, en ce moment, traiter la liberté des ordres religieux comme une conséquence forcée de la liberté de droit commun. Nous n'avons pas besoin de législation spéciale : le droit commun comme aux États-Unis, comme en Belgique, en Hollande ou en Angleterre, nous suffit amplement. Ceci soit dit sans sacrifier un iota des droits et des libertés que possède d'ailleurs l'Église comme société surnaturelle et parfaite : c'est une question de tactique I.

I

M. Charles Benoist a remarqué avec tristesse que la France donne en ce moment le spectacle d'une démocratie qui étouffe le droit d'association. Sa législation est, en effet, la plus restrictive de toutes, dans l'Europe occidentale ; énumérez les libertés de la presse, du vote électoral et des réunions publiques et vous êtes à peu près au bout du rouleau des libertés en France.

M. Ét. Lamy a dit spirituellement que ces libertés sont celles qui donnent la fièvre, et qu'il faut maintenant conquérir celles qui donnent la santé ; que, sous la législation tyrannique que nous a léguée la Révolution, le Français est devenu un paralytique bavard : le mot est si joli, qu'on lui pardonnera ce qu'il peut avoir d'un peu outré.

1. L'article du R. P. Prélot, dans les *Études* du 20 juillet 1899, applique aux associations religieuses les principes du droit commun. Le lecteur saisira facilement les différences entre cet article et le nôtre. L'article du P. Prélot est consacré aux congrégations religieuses ; nous ne nous en occupons que dans la sphère des principes généraux ; lui, ne parle pas du droit d'exister ; nous, nous traitons surtout du droit d'exister ; lui, s'occupe surtout du droit de posséder des associations religieuses ; nous, du droit de posséder de toute association honnête.

Eh bien! ajoutait M. Ét. Lamy, à la liberté de parler, il faut enfin ajouter celle d'agir; à la place de ce paralytique bavard, nous voulons une force silencieuse, mais puissante, l'association libre sous toutes ses formes.

Les autres nations nous présentent sur cette question un contraste saisissant avec la France[1].

La Constitution belge dit : *Les Belges ont le droit de s'associer : ce droit ne peut être soumis à aucune mesure préventive.* La Constitution néerlandaise de 1848 disait : *Les habitants ont le droit de s'associer et de s'assembler.*

La Constitution suisse dit : « Les citoyens ont le droit de former des associations, pourvu qu'il n'y ait dans l'objet de ces associations et dans les moyens qu'elles emploient rien d'illicite et de dangereux pour l'État. » Mais M. Charles Benoist est vraiment trop indulgent pour la Suisse, quand il la félicite de sa législation libérale, car elle ne la pratique point. Avec ces mots : *pourvu qu'il n'y ait rien d'illicite et de dangereux*, on élude toute la loi; on laisse libre carrière au franc-maçon et on exile les Jésuites!

Même remarque pour l'Allemagne. Le Parlement de Francfort de 1849 a beau dire dans la Constitution : *Les Allemands ont le droit de s'associer ; ce droit ne peut être restreint par mesure préventive.* Le Culturkampf de 1872 a inauguré un régime violent et arbitraire qui dure encore, exilant les Jésuites et tous les ordres qui leur sont affiliés; aucun ordre n'est affilié aux Jésuites; mais l'État prussien ne veut rien entendre, son ukase arbitraire n'est pas encore rapporté. Il faut ajouter pourtant que, même dans ce pays persécuteur des ordres religieux, il y a une grande liberté d'association pour tout ce qui regarde la charité, l'étude, l'enseignement.

La Constitution autrichienne et la Constitution espagnole de 1876 garantissent à tout citoyen le droit de s'associer avec d'autres pour les buts de la vie humaine.

Le droit anglais proclame la liberté des associations politiques, et, de plus, le droit de s'associer pour tout objet privé, littéraire, scientifique, de bienfaisance ou de plaisir. C'est là un droit privé, où rien ne justifie l'intervention de l'État.

1. Cf. Ch. Benoist, *Revue des Deux Mondes*, juin 1899.

Comme dit très bien Bluntschli (*le Droit public*) : « Les associations sont un des pouvoirs de la nation, à la disposition du public : on doit pouvoir y entrer et en sortir librement. »

C'était chose curieuse et triste tout à la fois d'entendre au Congrès des étrangers nous exposer la législation et la pratique de leur pays en matière d'association, et les comparer à la situation où nous nous trouvons en France et à celle dont on nous menace.

Après M. Alix, doyen de la Faculté catholique de droit de Paris, qui nous résuma, en le critiquant sévèrement, le projet naguère préparé par le ministère Dupuy, un juriste américain nous fit connaître la législation des États-Unis : L'association, et l'association sous toutes les formes, est, aux États-Unis, chose absolument libre et entrée dans la circulation de la vie nationale : communes, associations politiques et industrielles, sociétés d'assistance, sociétés enseignantes, paroisses, ordres religieux, tout ce qui est honnête, tout ce qui n'est pas défendu par le code pénal, est libre.

Si ces lois des divers États diffèrent en des points secondaires, toutes s'accordent, non à entraver la liberté d'association, mais à lui aplanir les voies.

Comment, disait un Américain, aurions-nous l'idée d'entraver des associations qui nous rendent de si grands services ? Car, enfin, elles secourent les malheureux et donnent l'enseignement bien mieux que ne pourraient le faire les organismes officiels, et cela sans qu'il en coûte un centime au contribuable ? Ne pas accabler la nation d'impôts, certes, l'argument est excellent, mais, s'il peut convaincre des Américains, il n'émeut pas le législateur français.

Ajoutons que si, aux États-Unis, une limite est assignée aux biens des associations, cette limite, calculée non sur la valeur des biens, mais sur leur revenu réel, n'est presque jamais atteinte, tant elle laisse de latitude. Il y a là cependant un point noir ; car, qui limite peut limiter encore.

M. Schaepman, député au parlement de Hollande, est venu nous dire que, dans sa petite nation, on veut la liberté des associations comme en Amérique.

En 1840, Montalembert demandait la liberté d'association

comme en Belgique et en Hollande ; bientôt, hélas ! nous devrons nous estimer heureux si on nous la tolère comme en Turquie. Car enfin, en Turquie, oui, en Turquie, les associations religieuses qui y soutiennent l'honneur du nom français sont mieux traitées qu'ici.

En France, il n'y a de vraie liberté que pour les associations à but lucratif. Si vous vous proposez de gagner de l'argent, vous êtes libre : toutes les portes s'ouvrent et les agents de police vous saluent jusqu'à terre.

Mais si vous voulez prier ou vous dévouer en commun, faire de la charité, ou même de la science, vous vous heurtez aux chicanes endiablées d'une armée de sbires qui vous crient : « Il faut la permission de l'État ! » — Et si je l'obtiens ? — On peut vous la retirer demain ! »

« Les Sociétés à but lucratif, dit M. Hubert-Valleroux, même les Sociétés coopératives, peuvent se fonder librement : elles n'ont besoin d'aucune autorisation préalable. Cela n'est écrit dans aucun texte ; mais vient d'une longue pratique et n'est pas contesté. Une fois établies, ces Sociétés peuvent posséder sans aucune limite et sans distinction de biens meubles et immeubles : elles peuvent agir en justice sans restriction, acquérir autant qu'elles veulent à titre onéreux, c'est-à-dire par voie d'achat ; les tribunaux ont même une tendance à leur permettre de recevoir des legs sans aucune autorisation, ce qui est acquérir à titre gratuit. »

Tous les obstacles, toutes les sévérités de la loi et de la pratique administrative sont réservés à ceux qui veulent s'associer pour prier, pour faire la charité, pour enseigner.

« Dès que ces associations comptent plus de vingt membres, il leur faut une autorisation du gouvernement ; et cette autorisation, le gouvernement la donne, la refuse, ou la reprend à son gré [1]. »

Même autorisée, l'association ne peut vivre ; car elle ne peut ni posséder, ni citer en justice, ni acquérir, ni recevoir. Il faudrait, pour qu'elle eût ces droits, qu'elle fût reconnue d'utilité publique, ce qui s'obtient difficilement ; et, même

1. Cf. Hubert-Valleroux, dans *l'Économiste français,* juin 1899.

alors, ce retrait toujours possible de l'autorisation reste suspendu sur sa tête comme une mort toujours en vue, et elle ne peut d'ailleurs posséder et recevoir que comme il plaît à l'État, qui tient en main la liste de ses biens.

Par exception, depuis 1884, les syndicats professionnels et les sociétés de secours mutuels peuvent exister sans auto-risation et posséder dans une certaine mesure, très restreinte quand il s'agit d'immeubles.

M. Charles Benoist s'est demandé pourquoi cette législa-tion tyrannique et arriérée, vrai scandale dans une démo-cratie, est si difficile à déraciner.

C'est, répond-il, qu'elle fait partie de l'héritage et des tra-ditions de la Révolution.

L'ouvrage de M. Taine et d'autres livres nous ont démontré que la Révolution, mentant à toutes ses proclamations, nous a ramenés au césarisme le plus tyrannique.

Elle a jeté bas l'État ancien, dit très bien M. Ch. Benoist, mais elle n'a pas rebâti l'État moderne. Elle s'est couchée dans le lit de Louis XIV et a repris ses procédés les plus des-potiques, en les complétant, et Napoléon Ier, vrai César ro-main, a été le terme logique de cette tendance.

Cherchez en dehors de l'État, soit dans la Constitution de 1791, soit dans les décrets de l'Empire, une collectivité quel-conque, association professionnelle, université, collège, com-munauté; œuvre d'assistance, qui ne relève pas de l'État, qui puisse s'établir en dehors de l'État, vous ne la trouverez pas. La Révolution ne supporte que des individus-poussière, dont elle puisse faire ce qu'elle veut.

Elle déteste instinctivement toute association autre que l'État. Ce serait un État dans l'État! Voilà l'idée fixe qui la hante et l'affole!

Elle énumère les droits de l'homme et omet le plus essen-tiel de tous, celui de l'association. Elle parle de l'association politique, qui défendra tous nos droits; mais cette associa-tion c'est l'État! — Devant cet État, toute association doit dis-paraître ou s'effacer. — L'association nécessaire entre toutes, la famille elle-même, lui porte ombrage et, sous sa pression, devient instable et se termine à chaque génération par une liquidation forcée : les membres se dispersent, emportant chacun sa part.

Tout en permettant à l'Église de revivre, parce qu'on ne peut faire autrement, cette Église, on s'arrange pour ne l'avoir que paralysée et mutilée, s'efforçant de galvaniser les principes trois fois morts du gallicanisme, et, en face d'elle on élève ce que Taine a si bien nommé « l'Église laïque », chargée de couler l'esprit français dans le moule de l'État : l'*Université*, sans doute ainsi appelée parce qu'elle n'a rien d'une université.

On ne peut dire que le despotisme soit une tradition française. Car, même sous les rois les plus absolus et, *à fortiori*, pendant que la France se formait et montait au premier rang, tout ce qui se fit de plus grand fut l'œuvre des associations libres.

La chevalerie était une association libre, et elle devint l'âme des croisades et des premières colonies françaises.

Les ordres militaires étaient des associations libres, et ils ont fait pour la liberté de l'Europe plus encore que les croisades.

Les corporations étaient des associations libres et leurs énergies, dit très bien M. Lamy, ont assuré aux communes leurs franchises, aux provinces leurs privilèges et au pays son inlassable résistance à l'étranger.

Les communes furent longtemps, même sous les rois les plus absolus, de petites républiques autonomes, maîtresses de l'élection de leurs magistrats et de l'emploi de leurs fonds.

Les seize universités françaises, l'honneur du pays, étaient des associations libres et autonomes. Les hôpitaux étaient le plus souvent des associations libres et autonomes.

Les ordres religieux étaient des associations libres, bien qu'il soit juste de reconnaître que, sous les rois de France, leur régime fut plusieurs fois objet de règlements et de concordats entre le pape et la couronne.

Les grandes compagnies, auxquelles la France dut ses plus belles colonies, étaient des associations libres et autonomes. Nous savons bien qu'elles furent réglementées, et souvent plus que de raison, par la main royale; mais, malgré tout, un fait demeure : Richelieu, Colbert, Fouquet et les princes les plus absolus, comprirent alors que la centralisation et le fonctionnarisme sont la mort d'une entreprise coloniale, et se déchargèrent sur ces grandes compagnies du gouvernement des colonies naissantes.

« La Révolution, dit M. Lamy, a étouffé toute cette vie et a présenté aux Français la solitude comme la condition de l'ordre; l'impuissance née de cette solitude, l'obligation échue au gouvernement de suppléer cette impuissance; le citoyen si annihilé, qu'il se détache des intérêts publics; l'État si envahissant, qu'il devient la Providence des intérêts privés; une bureaucratie succombant à usurper la tâche d'un peuple, et la nation appauvrie de ce qui est enlevé à l'indépendance de tous[1]. »

La Charte de l'association, telle que la Révolution nous l'a rédigée, est contenue dans l'article 291 du code pénal : vingt et une personnes ne peuvent, même pour une œuvre légitime, nécessaire, concerter leur action, sans commettre un crime.

Vingt personnes le peuvent; mais vingt et une personnes ne le peuvent pas.

Vingt et une et cent personnes peuvent s'associer pour gagner de l'argent, mais pas pour une œuvre littéraire ou charitable.

Comprenne qui pourra ces chinoiseries et la philosophie d'une législation qui favorise à outrance ceux qui se dévouent à s'enrichir et écrase impitoyablement ceux qui voudraient s'oublier au profit d'autrui !

La clé de ces contradictions, c'est qu'on a peur des ordres religieux. On voudrait pouvoir aimer la liberté, et s'en donner l'honneur ou le vernis ; on voudrait que ce mot qui flambe sur les monuments fût autre chose qu'un mensonge ridicule, ou qu'une rodomontade puérile, mais la liberté profiterait à l'Église; or, cela on ne le veut à aucun prix, et alors on reste le vieux jacobin arriéré, despote et persécuteur qu'on était.

1. Discours d'ouverture du Congrès.

En face de ce parti pris, il n'est pas inutile, certes, de rappeler le principe du droit naturel :

Toute association honnête a le droit imprescriptible de vivre et de posséder.

C'est ce qu'ont très bien fait M. Fonsegrive et M. le marquis de Vareilles-Sommières, doyen de la Faculté catholique de droit de Lille.

II

La liberté d'association n'est qu'une face de la question de la liberté individuelle.

Je suis un être intelligent et libre, donc indépendant, donc juge des moyens qui peuvent me mener à mon but, à ma destinée, et que j'ai le droit d'employer tant que je ne viole pas le droit d'autrui.

Or, il y a beaucoup de moyens que je ne puis atteindre que par l'association. M'interdire l'association serait donc me les interdire, entraver le développement naturel et licite de mon activité et mutiler ma liberté.

Me soutenir que je suis libre alors qu'on m'enlève mon principal moyen d'action, en vérité, c'est se moquer. C'est comme si vous disiez à des voyageurs : Vous êtes libres de circuler ; mais chemins de fer, bicyclettes, automobiles et tramways vous sont interdits : reprenez les vieilles pataches ! Assurément ce n'est pas être libre de circuler que d'être astreint à un moyen inférieur et ridicule.

Il en est des facultés de l'homme comme de sa puissance d'agir : isolées, elles périssent et sont comme des terres en friche : la nature, qui veut le développement rationnel des facultés de l'homme, veut donc aussi l'association, condition normale de leur expansion.

L'association honnête, c'est-à-dire qui a un but honnête, toute association honnête, est donc un droit naturel, primitif, et fait partie de cet apanage, de ce patrimoine naturel, que tout homme apporte à la société, dans laquelle il entre ou reste librement (car enfin il est toujours maître d'en sortir) pour y trouver la protection, la garantie et le développement de ses droits.

Quelle étrange mystification, si l'État, qui n'a d'autre rai-

son d'être que de protéger et de développer les droits naturels, en était au contraire la mort; et si l'homme, qui n'en fait
partie que pour être plus libre, ne pouvait y rester qu'amoin-
dri, étouffé, mutilé, moins homme, moins puissant que ne
l'a fait la nature !

Envisageant la question à un autre point de vue, nous
disons [1] :

L'association ne change pas la nature des actes : ce que
l'homme a le droit de faire isolé, il a le droit de le faire
associé.

Si je puis prier seul, pourquoi pas associé à d'autres? Si
vingt personnes peuvent prier ensemble, pourquoi pas vingt
et une ?

Mon journal, rédigé par moi seul, sera-t-il licite, et illicite
dès qu'il sera l'œuvre de vingt-deux rédacteurs périodiquement réunis ?

Poser de telles questions est, en vérité, chose ridicule et
presque grotesque ; et, rien que d'y penser, on sent le rouge
vous monter au front.

L'association est une multiplication d'énergies; mais
l'énergie ne change pas de nature parce qu'elle est mille et
mille fois répétée. Une machine d'un cheval ne diffère pas,
comme nature d'être, d'une machine de cent chevaux.

L'association est un outillage perfectionné, qui travaille
plus vite et mieux. Mais l'objet fabriqué lentement à la main,
ou rapidement à la machine, ne change pas de nature : ainsi,
dans le même ordre de faits, l'acte isolé et l'acte collectif
sont de même nature quand ils ont le même objet.

Il s'agit de savoir si, par lui-même, un acte est moral ou
immoral, permis ou défendu par le code pénal; et non s'il
est le fait d'un ou de plusieurs.

Autre point de vue. Quand l'homme entre ou reste dans la
société, il le fait avec ses attributs naturels, avec la société
essentielle et nécessaire de la famille, et aussi, implicitement
comme explicitement, avec les associations naturelles, qui

1. Cf. Rapport de M. Fonsegrive.

seront le développement naturel de ses facultés et de sa
liberté ; car enfin la société se compose non seulement d'individus, mais d'organismes vivants, qui, comme les individus, ont le droit d'étre protégés et aidés.

Cet État que la Révolution a voulu nous faire, qui absorbe
tout à son profit, qui veut faire lui-même ce que les individus
seuls ou associés font beaucoup mieux, et qui, pour faire ce
qui ne le regarde pas, accable le pays d'impôts; cet État,
dis-je, est un État contre nature.

La preuve que nous disons vrai, c'est que, s'il s'agit d'intérêts matériels, l'État moderne, si envahissant qu'il soit, le
comprend et s'efface : là, pleine liberté d'association !

Cette liberté ne devient un crime que lorsqu'il s'agit des
intérêts les plus hauts et les plus sacrés de l'humanité, la
prière, la charité, l'enseignement de la vérité.

Eh bien, nous disons que l'État n'a pas le droit de faire
ainsi à son gré de nouvelles catégories de crimes et de dire :
Pour vous enrichir, associez-vous, possédez, sans que j'aie
mot à dire ; mais dès qu'il s'agira de piété, de science, de
charité, si vous êtes plus de vingt, je vous poursuis.

L'État n'a aucune autorité pour définir ainsi ce qui est
crime ; pour créer, à son gré, des culpabilités contre nature.

Ces arguments étincelants de bon sens ont été fort ap-
plaudis.

Ces fortes raisons, tirées du droit naturel, reçoivent un
jour nouveau de l'étude d'une question très intéressante,
que le Congrès n'a pas eu le temps de discuter, mais qui était
indiquée.

Le lecteur nous saura gré de lui en présenter quelques
aperçus.

III

On l'a vu tout à l'heure, les peuples qui progressent, les
États-Unis, la Hollande, la Belgique, l'Angleterre et ses
grandes colonies, l'Espagne même, ont adopté la liberté complète des associations honnêtes.

Dans la lutte, qui devient si âpre, entre peuples rivaux, la
liberté d'association est un des grands éléments de victoire,

et la France commet, en s'en privant de gaieté de cœur, un véritable suicide.

Voilà ce qu'il faut jeter à la tête des sectaires qui étranglent cette liberté : Vous êtes de mauvais patriotes! Cette conclusion se dégage nettement de l'étude très rapide que nous ferons des rapports entre la liberté d'association et les questions les plus graves de notre temps, comme la démocratie, la liberté d'enseignement, l'assistance des pauvres et la question sociale.

La liberté d'association et la démocratie. — Un vieux proverbe a dit : « Point de monarchie sans aristocratie. » On peut dire avec plus de vérité : Point de démocratie prospère sans liberté d'association !

Dans les anciennes monarchies, l'aristocratie servait à la fois d'appui et de frein. Dans les démocraties, les associations libres jouent le même rôle : elles protègent le pouvoir contre l'anarchie populaire, et elles défendent le peuple contre l'omnipotence des majorités, qui, lorsqu'elle prévaut, est la pire des tyrannies.

Quand les majorités despotiques ne trouvent devant elles que des individus, des poussières, elles les écrasent. Quand elles voient des associations libres, fortement organisées, elles reculent.

Le grand danger des démocraties modernes, c'est le socialisme d'État, l'envahissement de toutes les sphères d'action par le pouvoir ; et le seul frein possible, c'est la liberté d'association.

Les associations libres redressent le suffrage universel, si souvent faussé par les intrigues politiques ; assurent la représentation des intérêts ; suscitent des organismes puissants, qui déchargent l'État de fonctions qu'il remplit d'ailleurs mal, comme l'enseignement et l'assistance des pauvres ; et, par là même, allègent l'impôt, ce grand fléau des peuples et ce grand ennemi de la vie à bon marché.

Pour rendre l'élasticité aux finances, on n'aurait le plus souvent qu'à laisser faire la liberté d'association, et c'est parce qu'elles n'en veulent pas que certaines démocraties coûtent si cher.

Ni les États-Unis, ni l'Angleterre n'ont ce budget fantastique de quatre milliards ; et cependant chaque année une
partie de la dette est amortie. Leur secret, c'est qu'ils aban-
donnent à l'initiative privée et associée une foule de fonctions que l'État s'arroge en France.

La liberté d'association et la liberté d'enseignement. — La
Providence a confié la formation morale de l'enfant à ses
parents et à l'Église. La famille est souvent impuissante à
remplir son devoir. Est-ce une raison pour l'État d'intervenir ? Nullement, car l'association libre est là, mille fois
plus habile et plus compétente.

L'État ne peut ouvrir des écoles, qu'en faisant concurrence
à l'initiative libre avec l'impôt public, et en forçant ceux qui
le récusent comme maître, soit par conscience, soit par haine
de sa tyrannie, à payer deux fois : une fois pour leurs enfants et une fois pour les pupilles de l'État. Lorsqu'il est
entré dans cette voie, par la force des choses, l'État se trouve
acculé à la nécessité d'imposer ses écoles, et avec ses écoles
les idées des sectes les plus en vogue, lui, qui n'a pas et ne
peut pas avoir d'idées ! et à faire ainsi de l'éducation à rebours. Ajoutez que la politique vient tout compliquer et
désorganiser par l'ingérence intempérante de ministres in-
compétents. C'est un dédale de contradictions et de tyrannies.

Que les associations libres font donc mieux les choses !
Pour s'en convaincre, il n'y a qu'à se rappeler la gloire des
anciennes universités de France, ou à visiter Oxford, Cam-
bridge ou Harvard.

La grande lacune des études en France, c'est qu'il n'y a
pas d'université véritable, vivante et autonome ; car enfin le
corps universitaire français, cette espèce d'Église à l'envers,
dont le ministre de l'Instruction publique est le pape, n'a
rien d'une université.

Le résultat, c'est que tous sont mécontents, les universitaires éminents comme les catholiques.

On a beaucoup parlé de la supériorité de la formation virile
des jeunes gens dans certains pays. Cette supériorité, si elle
existe, ne tient pas à l'éducation secondaire, comme le veulent

MM. Demolins et de Coubertin : c'est faire trop d'honneur à une action qui se termine à dix-sept ans ; mais à l'éducation des universités, dont l'influence réagit sur les collèges secondaires, et à la constitution de la famille, où le père est monarque absolu, tandis qu'en France il est détrôné.

Jamais en France l'éducation du jeune homme ne sera ce qu'elle doit étre, tant qu'on n'aura pas ressuscité les universités d'autrefois, libres, autonomes, indépendantes de l'État.

Un instant, les universitaires français et le parlement ont paru entrevoir ces vérités et ont établi ce qu'ils ont appelé des universités régionales. Mais ce n'étaient là que de grands mots, de vraies chimères. A ces universités il ne manque qu'une chose, justement ce qui fait les universités : l'autonomie, la libre élection de leur recteur, de leur conseil suprême, de leurs agrégés, le libre choix des programmes et l'indépendance des examinateurs ; en un mot, la vie. Ce sont des fantômes, des squelettes, que remuent des fils partis de Paris.

Ici, encore une fois, ce qui ajourne et compromet cette réforme, dont tous reconnaissent la nécessité, c'est la crainte qu'elle ne profite aux catholiques.

La liberté d'association et la puissance colonisatrice. — Qu'est-ce qui a fait la prospérité des colonies françaises avant la Révolution ? En premier lieu, les grandes compagnies ou associations autonomes qui les administraient et les préservaient du fléau des fonctionnaires ; et en second lieu, le régime successoral, qui poussait une élite nombreuse à chercher fortune au dehors.

Qu'est-ce qui fait maintenant la prospérité des colonies anglaises ?

Deux choses. D'abord elles sont le rendez-vous d'une foule de jeunes gens des meilleures familles, qui n'ayant pas, comme la jeunesse dorée de France, fortune toute faite, vont s'y créer un avenir.

Puis elles sont autonomes, ne coûtent rien à la mère patrie, et lui offrent d'amples débouchés pour son commerce.

En troisième lieu, de puissantes compagnies privées y

jouent un rôle important. Voyez récemment la Compagnie du Niger.

Ce qui écrase et dessèche les colonies françaises, c'est le fonctionnarisme; c'est cette nuée de sauterelles qui dévore les ressources de ces pays neufs, cette armée de parasites qui prévient ou endort toute initiative, accapare les votes et fausse les élections.

En second lieu, la France a créé elle-même, de gaieté de cœur, l'obstacle le plus formidable à la colonisation, par le partage égal et forcé. Le résultat, c'est, d'un côté, le père désarmé; de l'autre, les fils enchaînés au rivage de la mère patrie par la perspective d'une fortune assurée.

Le seul moyen pratique d'atténuer ou de tourner ces difficultés, c'est la pleine liberté d'association.

Sur tous ces points nous sommes heureux de nous trouver d'accord avec M. P. Leroy-Beaulieu, et avec M. Chailley-Bert, qui devait traiter cette question au Congrès.

La liberté d'association et l'assistance des pauvres. — Dans un pays chrétien, l'État travaillera toujours plus efficacement au soulagement des pauvres, en favorisant la pleine liberté et le complet épanouissement des associations charitables, qu'en assistant lui-même les malheureux.

L'assistance légale des pauvres sera toujours, quoi qu'on fasse, une faillite et un fléau nouveau, qui, au lieu d'éteindre la misère, la propagera.

Elle transforme la charité en justice obligatoire, qui prend de force ce qu'elle appelle son dû dans la poche du contribuable; elle subit toujours plus ou moins l'influence de la politique, et réserve à son parti des faveurs qui appartiennent à tous; elle dépense la moitié de ses revenus en traitements de fonctionnaires; elle fige les misérables dans leur pauvreté, par la sécurité qu'elle leur donne, et déracine en eux la prévoyance et le désir même de s'affranchir; elle aboutit par une pente invincible à l'asile, au « workhouse », qu'elle s'empresse de faire le plus dur possible, pour qu'on n'y reste pas.

Avec tout cela, le pauvre n'est pas consolé; il ne l'est que par la charité libre, s'associant à d'autres charités libres, et disposant sans entraves des aumônes et des legs. Il n'y a de remède efficace à la misère que l'association libre de charité.

Arrière donc la charité légale ! Arrière la charité transformée en justice ! Au nom de Dieu et des pauvres, laissez faire la charité. Si vous n'entravez pas cette vierge céleste, elle vous étonnera par ses miracles. Si déjà, bien qu'enchaînée et bâillonnée, elle fait des merveilles, et force à rougir l'Assistance publique, avec ses cent millions de revenus, que serait-ce si elle était libre d'agir et de suivre partout les impulsions de son grand cœur ?

Avec ses revenus énormes, fruit des dons des catholiques, que l'État a injustement accaparés, l'Assistance publique est complètement éclipsée et dépassée par la charité libre ; ce qu'elle fait est mal fait, et n'est rien auprès des prodiges de la charité libre. Quelle leçon ! Mais combien d'obstinés ne veulent pas l'entendre !

La liberté d'association et la question sociale. — Avant tout, la question sociale nous présente un double problème : celui des rapports de l'individu avec l'État, et celui des rapports des faibles avec les forts.

Or, seule la liberté d'association peut résoudre ce double problème ; sans elle, l'individu ne pourra jamais lutter contre la pression des pouvoirs publics, ni contre les abus de force des patrons et des sociétés anonymes de production.

Les concentrations tyranniques de capitalistes n'ont été possibles que parce qu'elles n'avaient affaire qu'à des individus-poussière. Les unions anglaises de travailleurs, et celles des *Chevaliers du travail* en Amérique, nous ont appris comment les associations libres peuvent forcer même les patrons associés à compter avec elles.

En France, les associations de travailleurs ne sont encore qu'à leur début : 6 000 syndicats, 1 888 syndicats de patrons, 2 778 syndicats d'ouvriers, 1 800 syndicats agricoles, 28 banques populaires.

La richesse et la force des associations de travailleurs deviendront une garantie de modération ; quand elles posséderont des biens considérables, elles y regarderont à deux fois avant de les risquer dans une grève déraisonnable.

Toutes les institutions charitables de France se sont multipliées à l'envi; c'est une floraison merveilleuse, l'honneur
et le charme du pays. Les sociétés de secours mutuels dépassent le nombre de 10 000, avec un million et demi d'adhérents, qui possèdent 225 millions et servent une rente à
32 705 personnes.

Les fondations patronales sont devenues innombrables :
caisses de secours, de retraites ; œuvres d'éducation, de logement, etc. — L'Office de la charité et des maisons de travail
à Paris ; l'École de charité et le dispensaire à Lyon, qui soigne
8 000 malades à domicile ; la Société professionnelle du Rhône,
qui distribue l'enseignement à 6 000 élèves, voilà quelques-
uns des fruits de l'association libre.

La liberté d'association arrivera-t-elle un jour à donner
satisfaction aux aspirations de la classe ouvrière, en lui offrant
une organisation stable, dans laquelle le capital, l'outillage
et la direction de l'entreprise, ainsi que les bénéfices légitimes, appartiendront aux travailleurs et seront répartis selon
les mérites de chacun ? C'est possible, mais les expériences
heureuses ne sont pas encore assez nombreuses pour qu'on
puisse répondre franchement : Oui.

Il n'en demeure pas moins que la liberté d'association a
puissamment contribué à alléger la misère ; qu'elle seule a
réussi à consoler le pauvre.

Eh bien alors, que l'État nous fasse au moins une grâce ;
qu'il laisse faire nos associations, qu'il leur accorde pleine
liberté comme en Amérique, et la question sociale sera
bientôt en partie résolue.

Sans doute, cela ne suffira pas ; cela ne dispensera pas
l'État de protéger la morale et l'hygiène, et de prendre en
main la défense de tous les droits ; mais cela enlèvera à la
question sociale son acuité, et préparera les esprits à accepter les solutions ultérieures.

Ce serait ici le lieu de parler à nos lecteurs du contre-projet
de loi sur la liberté d'association qu'avait préparé M. Hubert-
Valleroux. Car, enfin, il ne suffit pas d'attaquer les projets
de loi de nos adversaires, il faut savoir ce que nous voulons

mettre à la place ; et si on nous demandait : Qu'est-ce que vous voulez ? il faut avoir notre réponse prête.

De là le contre-projet de M. Hubert-Valleroux, qui a eu les honneurs d'une discussion très approfondie.

Nous ne résumerons pas cette discussion, ce serait trop long ; mais nous indiquerons un article qui a soulevé des polémiques ardentes : c'est celui qui accorde aux associations libres le droit de poursuivre devant les tribunaux et de mettre en branle la lourde machine de la justice légale.

Aux États-Unis, en Angleterre, au Canada, etc., les associations libres ont ce droit, et cela n'empêche personne de dormir. M. Joly, dans un rapport très étudié, nous a montré qu'il était désirable, nécessaire, que les associations libres eussent ce droit en France, comme en Angleterre. On est tombé d'accord qu'en théorie la chose était désirable ; mais la majorité du Congrès est restée persuadée qu'en France ce droit déchaînerait la guerre civile et la persécution des catholiques.

La suite naturelle du sujet nous amène à parler du beau rapport de M. de Vareilles-Sommières sur le droit de posséder dont jouit, par sa nature même, toute association honnête. Mais dans le numéro du 20 juillet, nos lecteurs auront vu les idées du savant doyen si parfaitement analysées et commentées par le R. P. Prélot, qu'il devient inutile d'insister. Nous renvoyons le lecteur à ce beau travail.

Jacques FORBES, S. J.

UN ÉPISODE DE L'HISTOIRE CONTEMPORAINE
DES
ÉGLISES D'ORIENT

CAPTIVITÉ ET DÉLIVRANCE D'UN ÉVÊQUE GREC (août 1858)

RÉCIT DE M. FERDINAND RONZEVALLE, CONSUL DE FRANCE EN RETRAITE

C'était en 1858. Mgr Neapoléos Benjamin venait d'être nommé archevêque de Bosna-Séraï, après avoir rempli à la satisfaction de tous la charge d'évêque de Galata, à Constantinople. Jusqu'alors, nul ne s'était aperçu de ses tendances au catholicisme, ni de la persistance qu'il mettait à porter, sous l'ample manteau épiscopal de sa confession, une soutane à petits boutons que portent d'ordinaire nos évêques. Mais, comme d'ailleurs il était aisé de le prévoir, des prêtres de son entourage, appelés par leurs attributions à vivre dans son intimité, finirent par découvrir ses dispositions, et s'empressèrent de le dénoncer au patriarcat de Constantinople, qui bientôt après lui enjoignit de se rendre à la capitale.

Bien que cet ordre ne fût accompagné d'aucune explication qui en établît le caractère, l'archevêque devina aisément qu'il allait paraître devant un tribunal, et, plein de courage, s'empressa d'obéir. Cependant, puisque la prudence est la mère des vertus, il s'abstint, en arrivant à Constantinople, de demander l'hospitalité au patriarcat, et prit un logement sous un toit plus sûr.

Un jour qu'il était sorti pour faire un tour de promenade, deux sicaires du patriarcat (pompiers palikares d'une réputation détestable) se ruèrent sur lui, et sans autre forme de procès, l'enfermèrent dans une voiture qui prit au galop la direction d'Andrinople. C'était un enlèvement par la force brutale, et il avait été si subitement exécuté que personne n'avait eu le temps de protester. D'ailleurs, les sicaires chargés du méfait étaient dûment munis de firmans impériaux qui, en cas de résistance de la part des populations, auraient mis la force armée de leur côté, et assuré l'exécution de leur ignoble mandat.

Comme on le pense, un événement de cette sorte était fait pour jeter l'émoi dans tous les cœurs amis de la justice; aussi l'ambassade de France à Constantinople, à la demande de la délégation apostolique, crut-elle devoir intervenir; par le canal du grand-vizirat, elle réclama la personne de Mgr Neapoléos Benjamin au patriarcat grec : celui-ci sans vergogne affirma ignorer totalement le fait de sa disparition et le lieu de sa retraite.

M. Thouvenel, alors ambassadeur de notre nation auprès de la Sublime Porte, en homme indépendant et actif qu'il était, entreprit de découvrir le lieu de détention du malheureux captif, d'arriver jusqu'à lui, et d'en obtenir un document signé de sa main, qui prouverait son enlèvement, sa réclusion forcée, et qui, mis sous les yeux de l'autorité ottomane, l'obligerait de restituer à l'archevêque la liberté que le patriarcat lui avait arbitrairement enlevée.

La tâche n'était pas facile; heureusement la Providence, pour laquelle il n'y a pas de trames inextricables, intervint d'une façon qu'on peut dire merveilleuse.

Nul n'ignore que des nombreux monastères où les Grecs ont l'habitude de se rendre en pèlerinage, deux surtout, bâtis sur des rochers escarpés, se distinguent par leur ancienneté et par les légendes que le peuple s'est plu à y rattacher : le monastère du mont Athos, en Macédoine, et celui de Saint-Jean de Rilla, près de Samakoff en Bulgarie, dans l'une des plus hautes régions des Balkans (Hœmus). M. Thouvenel conjectura que l'un des deux couvents devait cacher l'archevêque de Bosna-Séraï : la situation sauvage des lieux et le caractère de séquestration absolue qui leur est propre, justifiaient largement cette supposition. Sans plus tarder, il écrivit à M. Champoiseau, vice-consul de France à Philippopoli, le priant de faire des recherches actives dans les deux monastères.

C'est alors que M. Champoiseau, mon chef immédiat, s'adressa à moi, et me chargea de cette délicate mission. Il pensait avec raison que ma connaissance de la langue grecque, non moins que des us et coutumes de la religion orthodoxe, m'aplanirait les voies, et me permettrait d'arriver plus facilement jusqu'à Mgr Neapoléos.

Je partis de Philippopoli un peu à la grâce de Dieu, ne sachant quel serait le fruit de mon expédition, et me dirigeai vers Sama-

koff, qui gît au pied des hauteurs où est assis le monastère de
Saint-Jean de Rilla. Mon mandat était de visiter les deux couvents de Rilla et du mont Athos. Je commençai par celui de Rilla,
pour la simple raison qu'il se trouvait être le premier sur mon
chemin. Mais je me réservais de pousser jusqu'au mont Athos, en
cas de résultat négatif.

Trois jours après j'étais à Samakoff, et demandais l'hospitalité
à un certain docteur Unterberg, chargé des intérêts des nombreux sujets autrichiens, qui étaient venus s'établir dans le pays
pour l'extraction du fer qui s'y trouve en grande abondance.
J'avais pour lui des lettres de recommandation du vice-consul
d'Autriche à Philippopoli, ce qui le disposa en ma faveur, et me
rapporta bon lit, bon gîte, et plus encore, ainsi qu'on en jugera
par la suite.

Nous causâmes de choses et d'autres, et je m'aperçus au ton de
ses réponses que le docteur était catholique. J'osai alors hasarder quelques mots vagues sur l'événement du jour, et lui demandai sur un ton un peu badin, s'il avait entendu parler de
Mgr Neapoléos, archevêque de Bosna-Séraï.

« Oh ! que oui, me répondit-il, je connais fort bien son histoire,
et si bien que dernièrement encore j'ai été chargé de lui remettre
une jambe qu'il s'était cassée en essayant de s'évader.

— Comment, dis-je, en tâchant de cacher sous les dehors d'une
indifférence affectée le vif intérêt qu'excitaient en moi ces paroles, serait-il ici par hasard ?

— Oui, me dit M. Unterberg mystérieusement ; il est interné
au monastère de Saint-Jean de Rilla, dont je suis depuis quelque
temps le docteur en titre. Pauvre malheureux ! Croiriez-vous qu'il
a voulu s'évader ; et cela, au moyen d'un semblant de corde qu'il
confectionna avec de vieux restes de drap, qu'il avait peut-être
collectionnés de longue main dans cette intention ? Il n'était pas
encore arrivé au bout de son trajet aérien que la fausse corde
manqua ; de sorte que cette tentative n'a apporté comme résultat
au pauvre prisonnier qu'une fracture de la jambe, et un redou-
blement de sévérité de la part de ses tyranniques gardiens. »

C'en était plus que je ne désirais. Aussi me retirai-je discrètement, tant pour ne pas éveiller par des questions plus pressantes
la défiance de mon hôte, que pour combiner plus à l'aise mon
petit plan de campagne du lendemain.

De grand matin j'étais debout, plein d'espoir. Je préparai mon petit bagage, et suivi d'un fidèle Albanais que j'avais emprunté au consulat même, je me dirigeai sur le couvent en qualité de pèlerin. Par une heureuse coïncidence, on célébrait en ce jour la fête de saint Jean de Rilla, patron du couvent, circonstance qui motiva ainsi ma visite, et me fit passer inaperçu.

Je dois ici ajouter un petit détail intéressant. Avant de partir de Philippopoli, Mgr Canova, évêque latin de cette ville, de l'ordre des Capucins, m'avait donné pleine et entière autorisation d'assister aux cérémonies grecques du couvent; au besoin même de me confesser et de communier à la grecque, pour mieux écarter tout soupçon et arriver à mes fins [1]. J'usai largement de ces privilèges, et fis mes dévotions dans l'église du monastère, en ayant bien soin d'observer en tous points les usages extérieurs du rite grec, qui exclut, par exemple, les génuflexions et les remplace par des prostrations..., toutes choses que je connais bien, étant né dans l'île de Zante (îles Ioniennes), où les Grecs forment la majeure partie de la population. Pour plus de sûreté, j'opérai aussi un changement dans mon nom, et m'appelai Dionysios, du nom d'un saint moine grec universellement vénéré à Zante dont il est le patron. Après avoir pieusement prié dans l'église, et exécuté force prostrations, je demandai à visiter le couvent.

Le hasard voulut que l'on m'assignât comme cicerone un jeune diacre grec de Constantinople, que le patriarcat avait cru devoir envoyer à Saint-Jean de Rilla, en une espèce d'exil, à cause de certaines fautes de jeunesse. Ce jeune religieux s'appelait Aghathangelos; il était d'une grande beauté et semblait bien souffrant et bien à l'étroit dans son nouveau séjour, qui lui laissait trop peu de champ, hélas ! pour de nouveaux exploits.

A peine avions-nous fait connaissance, qu'il m'ouvrit son cœur, me fit part de ses peines, et me dit comment il se sentait isolé au milieu de ces *moines bulgares* qui peuplaient le monastère. Et il soulignait par une expression de mépris le mot bulgares : le fait n'étonnera point; car, Bulgares et Grecs, quoique professant la même religion, ne sympathisent nullement.

1. Bien qu'il soit interdit, en général, aux catholiques de demander les sacrements aux prêtres schismatiques, cela peut être permis dans des cas exceptionnels, où il n'y a pas danger de scandale ni participation à un rite contraire à l'orthodoxie. (Voir Benoît XIV, *De synodo diœcæs.*, l. VI, ch. v, n. 2. — *N. de la R.*)

Avant de souper, grâce à la nuit qui tombait, grâce à la poésie qu'amène avec lui le déclin du jour, grâce aussi et surtout au petit apéritif que nous prîmes de compagnie, les confidences continuèrent le train commencé, à ma grande satisfaction. Aghathangelos me dit tout à coup et à demi-voix :

« Vous dites que vous avez habité Galata; je parie que vous devez connaître au moins de nom le fameux archevêque de Bosna-Séraï, Mgr Napoléos Benjamin ?

— Oui, dis-je, j'ai entendu parler de lui et de son histoire, mais très vaguement.

— Savez-vous, monsieur, continua-t-il, que nous l'avons ici, dans le couvent même, et que seulement une dizaine de pas nous séparent de lui ?... Pauvre homme !... Il est simplement fou; il est pris d'une idée fixe : il veut devenir papiste !... C'est un grand malheur, monsieur, un très grand malheur pour lui et pour la religion grecque. »

Et je sentis dans la voix du jeune moine l'accent d'une pitié sincère et d'un regret vraiment cordial.

« Je ne manque jamais, continua-t-il, de lui faire un petit sermon toutes les fois que j'en trouve l'opportunité. Aussi, ma vue est pour lui un supplice, et quand je lui adresse la parole, il tombe dans un mutisme que rien ne peut briser.

— Oui, dis-je, cela ne m'étonne pas; vous êtes jeune, il ne veut pas se laisser sermonner par un blanc-bec; mais si un étranger lui tenait les mêmes discours, ne croiriez-vous pas qu'il aurait sur lui quelque influence; car enfin, l'étranger ne parlerait pas seulement en son propre nom, mais se ferait l'écho de l'opinion publique? »

Mon diacre fut frappé de cette idée; je le vis à la lueur de satisfaction qui parcourut son visage.

« Ne pourrait-on pas le voir? continuai-je, profitant du bon tour que prenait l'entretien.

— Vous pourriez essayer, répliqua Aghathangelos...; peut-être pourriez-vous quelque chose pour ce pauvre dévoyé... Dans tous les cas, il ne bronchera pas tant que je serai avec vous. Aussi vous laisserai-je seul avec lui après vous avoir conduit jusqu'à sa cellule. »

J'acceptai la proposition, sans montrer trop d'empressement, comme doutant moi-même de l'effet de mon intervention pour

ramener la brebis égarée. Mais si Aghathangelos avait découvert le fond de mon âme, il aurait été bien étonné d'y voir les
transports de joie que j'avais peine à contenir sous les apparences
d'une froideur d'emprunt.

Nous finîmes de souper gaiement, et après nous être donné
mille marques de sympathie et de confiance mutuelle, nous
fixâmes notre visite au lendemain, puis chacun se retira de son
côté.

Mon beau cicerone vint le lendemain plus tôt que je ne pensais,
attiré qu'il était par la société d'un quasi compatriote. Je ne le fis
pas attendre, car j'étais prêt. Il me conduisit à travers un long
et étroit corridor, jusqu'à une porte sombre, pareille à celle d'un
cachot. Mon cœur battait très fort... l'émotion me suffoquait
presque. Le diacre ouvrit la porte, et je vis, ô douleur !... assis
par terre, un homme d'une cinquantaine d'années, vénérable
d'aspect, mais la figure sillonnée par les plis de la souffrance morale et de la faim. C'était Mgr Neapoléos... A côté de lui, se
tenait également par terre un enfant d'une douzaine d'années,
qui rapiéçait pour le prisonnier de vieux habits râpés. C'était un
jeune aspirant moine, qui lui servait de lecteur, de secrétaire; en
un mot, de factotum. Sur tout ce tableau venait tomber un demi-
jour qui le rendait plus poignant; la cellule était basse et humide.
C'est là qu'on avait confiné le prélat après sa tentative d'éva-
sion; maintenant, il était dans un corps de bâtiment situé au
milieu même du monastère, et il n'y avait plus pour lui aucune
possibilité de fuite.

L'archevêque voyant ouvrir la porte, leva la tête avec surprise;
mais il la baissa bien vite dès que ses regards eurent rencontré
ceux de mon guide. Celui-ci lui parla pour lui expliquer le but
de notre visite; mais Mgr Neapoléos était devenu muet; il ne répondait pas.

« Vous voyez, me dit le diacre, il n'y a rien à faire; il ne veut
pas me parler. Je vous laisse, et que Dieu vous vienne en aide ! »

Il tira la porte derrière lui, et je me trouvai seul avec Mgr Benjamin.

Comment pourrais-je exprimer ici les sentiments de pitié, d'indignation, et surtout de joie victorieuse, qui s'entremêlèrent dans
mon cœur à ce moment solennel !... Mais mon devoir était là; et

j'oubliai les sentiments, car mon temps était précieux. J'allai vers la porte et la verrouillai solidement, après m'être assuré qu'aucune oreille ennemie ne se trouvait à proximité. Je revins alors vers l'archevêque, et tombant à genoux, je lui baisai les mains avec effusion.

« Monseigneur, lui dis-je, c'est pour vous que je suis ici; je suis un envoyé de l'ambassade de France!... »

Il leva vers moi avec défiance des yeux qu'il avait tenus jusqu'alors obstinément baissés, comme s'il voulait me dire : Vous ne me trompez pas?

« Il n'y a pas de temps à perdre, continuai-je avec animation ; avez-vous une plume, de l'encre, du papier? Pourriez-vous me donner une lettre signée de votre main, attestant que vous êtes ici? »

Le prélat réfléchit un instant. L'espoir l'avait vivifié. Puis il me répondit :

« Oui, je le pourrai, mais pas aujourd'hui, car je n'ai rien pour écrire.

— Et cet enfant? dis-je, pour alléger mon esprit d'une inquiétude qui le tourmentait.

— Oh! répondit l'archevêque, c'est un bon garçon qui m'est entièrement dévoué : je réponds de lui. »

Nous nous mîmes alors à nous concerter sur la manière dont la lettre me serait remise, et nous nous arrêtâmes au plan suivant : Le lendemain, le jeune aspirant viendrait dans le corridor où j'habitais, et déposerait la lettre dans une des nombreuses latrines qui se trouvent dans cette partie du couvent exclusivement réservée aux pèlerins. J'accédai à la proposition, et ne prolongeai pas davantage l'entrevue.

Le lendemain, à huit heures, j'étais à mon poste et j'attendais... A point nommé, le moinillon déboucha dans le corridor, s'avança vers une des latrines, et y entra... Heureusement, il n'y avait pas d'autre pèlerin que moi à ce moment. Je sortis de ma retraite et me mis à arpenter le corridor, à proximité du compartiment occupé par le garçon. Quelques instants après, l'enfant sortit. Je me dirigeai gravement vers le même compartiment, et y entrai. Sur la lucarne taillée dans le mur épais comme celui d'une forteresse, et par où pénétrait un faible jour, était déposé un mouchoir en toile bleue, et dans le mouchoir était soigneusement enveloppé l'écrit, le précieux écrit que j'étais venu chercher à travers tous ces hasards.

N'eût été l'étrangeté du théâtre, et l'obligation où j'étais de jouer jusqu'à la fin l'homme froid et indifférent, j'aurais chanté un *Te Deum* triomphal... Je le refoulai au fond de ma gorge et le chantai dans mon cœur. Quelques minutes après, j'étais dans ma chambre. Là, sans autres témoins que les anges du ciel qui m'avaient guidé, je me prosternai, abîmé dans un élan de reconnaissance envers Celui qui avait si visiblement béni mon entreprise ardue!

Il ne me restait plus qu'à partir. Je séjournai encore vingt-quatre heures au couvent, je fis mes adieux à Aghathangelos et à mes hôtes, et repris le chemin de Philippopoli, où j'arrivai quelques jours après, heureux de remettre à M. Champoiseau, comme un trophée gage de la victoire, la lettre de Mgr Benjamin. Inutile de dire avec quelle joie mon chef envoya l'écrit à M. Thouvenel, à Constantinople, et avec quelle triomphale assurance notre ambassadeur se présenta chez le grand vizir pour réclamer officiellement la mise en liberté de Mgr Neapoléos Benjamin.

Le grand vizir, qui était de connivence avec le patriarcat lors de l'arrestation du vénérable prélat, se creusa la tête, comme de juste, pour savoir comment nous avions fait pour parvenir jusqu'à lui. Mais le temps des dénégations était passé, et il fallut s'exécuter prestement. Il réclama au patriarcat la personne de l'archevêque, qui bientôt après fut remis officiellement entre les mains des autorités turques de Samakoff; de là, il fut dirigé sur Philippopoli, où il nous arriva après un trajet de quelques jours en voiture, fatigué par le voyage et par sa longue réclusion. Nous l'hébergeâmes durant quarante-huit heures au consulat, et j'eus, pour ma part, le bonheur de l'avoir pour compagnon de chambre pendant les deux nuits qu'il passa sous notre toit. De Philippopoli nous l'envoyâmes à Andrinople, recommandé aux soins de M. Antoine Vernazza, vice-consul de France, qui l'aida à partir pour la capitale.

L'ambassade le reçut à Constantinople avec la pompe et les égards dus à la vertu et à l'héroïsme.

Je ne sais s'il vit encore; car après un échange de correspondance qui dura assez longtemps, la vie tourmentée de la carrière diplomatique me fit rompre des relations si pleines de touchants souvenirs. Je sais cependant que Mgr Neapoléos adhéra ouvertement au catholicisme, et devint l'hôte des Frères Mineurs Conventuels, à Péra. Tous pouvaient le voir célébrer quotidiennement, en l'église de Saint-Antoine, la messe épiscopale, heureux d'appartenir au vrai troupeau du Christ, pour lequel il avait sacrifié tout, et presque sa vie elle-même[1].

Et maintenant, puisqu'il faut se mettre dans la pire des hypothèses, si quelques esprits sceptiques ne voulaient pas ajouter foi à mon récit, et doutaient de la véracité de mes paroles, j'en appelle uniquement au témoignage de mon chef de l'époque, M. Champoiseau, aujourd'hui ministre plénipontiaire en retraite, domicilié à Villa-la-Victoire, à la Croix-Rouge, banlieue de Marseille. Je pourrais recourir aussi bien aux témoignages de l'ambassade et de Rome, qui, peu après, conféra à M. Champoiseau les insignes de Saint-Grégoire, et à moi ceux de Saint-Sylvestre, pour avoir bien mérité de l'Église.

· Jaffa, juin 1899.

1. Mgr Benjamin est mort pieusement, il y a deux ans environ, à Constantinople. Depuis une dizaine d'années, il vivait complètement retiré dans le voisinage de la cathédrale du Saint-Esprit à Pancaldi. On ne le voyait guère paraître qu'une fois l'an, le jour de la fête de saint Jean Chrysostome. Il assistait en habits pontificaux à la messe pontificale, entendait le panégyrique annuel du saint Docteur, et siégeait ensuite à la droite de S. Exc. Mgr le Délégué Apostolique au banquet qui réunit à la Délégation les prélats des divers rites et les membres principaux du clergé latin avec les supérieurs des Missions. Mgr Benjamin s'est éteint doucement dans cette retraite, où la Propagande pourvoyait à son modeste entretien. Mgr le Délégué et archevêque présidait ses funérailles. Les prêtres du rit grec hellène et ceux du rit melchite chantèrent les prières liturgiques. Le corps fut ensuite déposé dans la crypte qui est sous le maître-autel de la cathédrale. (*Communication du R. P. A. André, S. J:, missionnaire en Orient.*)

BULLETI·N

L'ENSEIGNEMENT ET DE L'ÉDUCATION

Le projet de M. Combes devant le Sénat. Trop d'habileté et pas assez de franchise. Ce que l'on poursuit dans la réforme du baccalauréat. La motion Carnaud. La grande Commission. L'enquête. La liberté de l'enseignement. L'inspection des établissements libres. Les grades. Les écoles préparatoires. Les traquenards inaperçus. Opinions universitaires. L'élection de M. Belot. L'enquête de la Revue bleue.

Nous voilà décidément entrés dans la période active des réformes de l'enseignement secondaire. Les deux Chambres, avant de se séparer, ont terminé leurs travaux préparatoires ; il y a tout lieu de croire que l'ouverture des débats suivra de près la rentrée prochaine.

Au Sénat, le projet de M. Combes figure même à l'ordre du jour de la première séance. Ce projet vise seulement les sanctions de l'enseignement secondaire. Il a la prétention d'abolir le baccalauréat ; mais c'est le mot, non la chose, qui disparaît ; à la place du baccalauréat on aura un certificat d'études obtenu comme aujourd'hui après deux examens. Les élèves des lycées et collèges univresitaires subiront ces examens devant leurs maîtres et à l'intérieur même des établissements ; sur le vu de leurs notes, ils pourront même en être dispensés. Quant aux élèves de l'enseignement libre, il leur faudra, comme par le passé, comparaître devant un jury d'État. On ne distingue plus entre l'enseignement classique et l'enseignement moderne, sauf que pour donner accès aux Écoles de droit et de médecine, le certificat de l'enseignement moderne devra porter l'une des mentions *Très bien* ou *Bien*.

Le rapporteur, M. Pozzi, a déclaré que « la liberté d'enseignement fait désormais partie de notre droit public », qu'on ne saurait, malgré les abus qu'elle entraîne, revenir en arrière, et que d'ailleurs la concurrence et l'émulation sont utiles. Le projet ne porte donc nulle atteinte à la liberté ; mais il serait étrange que, sous prétexte de respecter la liberté de ses adversaires, l'État ne fût pas libre d'organiser comme il l'entend les sanctions de son propre enseignement.

Voilà un échantillon des petites hypocrisies avec lesquelles on s'efforce de masquer la vilaine besogne qui se prépare. Nous en verrons bien d'autres. Tel professeur qui demande trois ans de stage dans les maisons de l'Université pour pouvoir conquérir le moindre diplôme, a commencé par crier bien haut qu'il est partisan résolu de la liberté et ne veut à aucun prix du monopole. Il y a des gens que ces habiletés exaspèrent. M. Brunetière est de ceux-là, et il l'a dit, il n'y a pas longtemps, à nos politiciens, avec sa rondeur accoutumée. Cette page est à citer; les idées ne sont point neuves; elles viennent spontanément à l'esprit de quiconque suit les louches manœuvres par lesquelles on veut ramener au bercail de l'Université la jeunesse qui s'en écarte; mais dans la bouche d'un homme de la maison elles ont une autorité et une saveur particulières.

Les intérêts de l'enseignement se confondent pour eux avec les intérêts de l'Université de France, et d'ailleurs ils ne se soucient, en prenant les intérêts de l'Université, que de fortifier ou d'étendre, en matière d'enseignement, le droit de l'État... Les questions d'enseignement ne sont pas du tout à leurs yeux des questions pédagogiques, mais d'abord des questions politiques... Et le vrai problème enfin, n'est pas du tout pour eux de réformer ou de perfectionner l'enseignement, dont ils n'ont cure, mais d'organiser l'école primaire, l'enseignement secondaire, — et, s'ils le pouvaient, l'enseignement supérieur, — de façon à s'en faire « un instrument de règne ».

Nous ne leur reprocherons que de ne pas le déclarer plus franchement. Si l'on veut, en effet, que l'État soit et demeure le maître de l'enseignement public à tous ses degrés, nous ne le voudrions point pour notre part, et nous nous formons une autre idée de l'enseignement, moins jacobine, plus moderne...; mais c'est une thèse, nous en convenons, qui peut se soutenir... Condorcet en donnait de plausibles raisons. Ces raisons ont touché jadis et convaincu les Guizot, les Villemain, les Cousin. On peut, si l'on veut, les reprendre, les développer, les fortifier ; — et, pour notre part, nous les combattrons. Nous les combattrons au nom des droits de l'homme et du citoyen. Nous n'admettrons pas que « le droit d'enseigner » fasse, en quelque manière, partie de la définition du droit de l'État, ni surtout qu'il soit une attribution essentielle du pouvoir ou de la souveraineté... Mais, quelque opinion très nette et très arrêtée que nous professions sur tous ces points, nous reconnaissons qu'on peut en avoir une contraire... Tout ce que nous demandons, c'est que ceux qui sont de cette opinion le disent, c'est qu'ils la soutiennent à découvert et de face, *pectore advorso*, comme disaient les anciens ; c'est, enfin, qu'ils ne masquent point des desseins politiques sous une vaine apparence de prendre aux questions d'enseignement un intérêt qu'ils n'y prennent point. Cet effort de franchise sera-t-il donc toujours au-dessus du pouvoir de nos hommes politiques [1] ?

On a vu ici même comment M. le sénateur Combes s'est empressé de livrer à ses collègues et au pays sa pensée de derrière la tête [2]. La belle fougue qu'il déploya dans la séance du 27 juin pour obtenir la discussion immédiate lui était inspirée par un tout autre souci que celui « de la réforme des sanctions de l'enseignement secondaire ». En vérité, il s'agissait bien de Grecs et de Latins, de classique ou de moderne, de baccalauréat ou de cerficat ! Il s'agissait « de ramener à l'Université, à sa tutelle, à ses leçons, la foule des jeunes gens qui sont poussés chaque jour dans le camp de ses adversaires ». Bien naïfs étaient ceux qui s'imaginaient avoir à débattre une question universitaire. « Derrière la question universitaire il y a une question éminemment politique, je veux dire les générations d'élèves à former, les saines doctrines à leur inculquer, la concorde sociale à établir, la République à consolider. » Bref, la transformation du baccalauréat, c'était la concurrence congréganiste vaincue, et toute la jeunesse française bientôt « rangée sous le même drapeau, le drapeau du progrès républicain ». Et c'est pourquoi, dans sa républicaine impatience, le grave sénateur adjurait l'assemblée « de ne pas accorder un jour, une minute de délai à la concurrence congréganiste ». Et il repoussait avec un inlassable acharnement, malgré la majorité du Sénat lui-même, l'ajournement réclamé par le ministre : « Je vous le répète, disait-il, il est urgent de montrer au pays que nous sommes décidés à agir. Une première délibération aura ce résultat ; son action sur la prochaine rentrée des classes pourra être des plus heureuses [3] ». (*Applaudissements.*)

Malgré une aussi séduisante promesse, l'ajournement fut décidé à une faible majorité. Il ne paraît pas, du reste, que le projet de M. Combes rencontre au Sénat une faveur bien marquée ; la commission elle-même ne l'a adopté que par cinq voix contre

1. *Revue des Deux Mondes*, 1er juillet 1899, p. 179.
2. *Études*, 20 juillet, p. 207.
3. Séance du Sénat, 27 juin 1899. *Officiel*, p. 709.

quatre. Dans le monde universitaire l'opposition est à peu près générale. Il est à remarquer, en effet, que la réforme de M. Combes avait déjà été proposée en 1885, et que l'Université consultée l'avait repoussée énergiquement ; en 1897, le congrès des professeurs de l'enseignement secondaire renouvela ses protestations contre un système qu'ils jugeaient incompatible avec la liberté d'enseignement, et dangereux pour le bon renom de l'Université elle-même.

Quelle que soit sa fortune dans l'avenir, nous connaissons maintenant, par le témoignage même de son auteur, le but réel où tendent les réformes scolaires de nos politiciens. Celle de l'honorable Dr Combes pourrait se résumer en cette enseigne alléchante, que l'on placerait sur la porte des lycées : « Vous tous qui souhaitez des diplômes, entrez ici ; les examens se passent en famille. »

Cette préoccupation de remplir les établissements universitaires a inspiré à un député socialiste de Marseille, M. Carnaud, une proposition ainsi formulée : « La Chambre invite le Gouvernement à préparer un projet de loi pour organiser un concours annuel entre les élèves des écoles primaires nationales, afin que les premiers, dans la proportion de un pour cent sur la population totale de ces élèves, soient admis gratuitement dans nos lycées et collèges. » L'effectif des *écoles primaires nationales* de garçons étant de 2 500 000 en chiffres ronds, l'adoption du projet assurerait aux lycées et collèges universitaires un recrutement annuel de 25 000 élèves. Évidemment la *crise* serait ce jour-là conjurée. Le projet a été renvoyé à la grande commission de l'enseignement secondaire, déjà saisie de ceux de MM. Levraud et Rabier.

Cette commission a mis fin, comme l'on sait, à son *labor improbus*. Aux deux volumes de l'Enquête, dont nous avons parlé précédemment[1], est venu bientôt s'en ajouter un troisième, comprenant les *Statistiques* et les *Rapports des recteurs et des inspecteurs d'Académie*. Le tome IV a suivi de près : *Réponses au questionnaire* proposé par la commission au personnel de l'enseignement secondaire. Le tome V renferme l'*Avis des chambres de*

---

1. *La liberté d'enseignement et le congrès de Lyon. (Études, 5 juillet.)*

commerce et des conseils généraux ; la première partie a paru et
la seconde viendra après la session des conseils généraux, qui a
lieu pendant ce mois. Enfin, un fascicule annexe de LXXII pages
contient une *Analyse sommaire des dépositions par ordre alphabétique.* Si nous avions une autre analyse par ordre de matières,
ce serait parfait ; et vraiment il faudrait rendre des actions de
grâces à la grande commission pour ce qu'elle a fait jusqu'ici,
sans rien préjuger pour l'avenir. Son enquête sera un répertoire
infiniment précieux pour tout ce qui regarde l'enseignement
secondaire en France sur la fin du dix-neuvième siècle.

Outre son président, M. Ribot, qui sera rapporteur général,
la commission à nommé dix rapporteurs spéciaux pour les objets
suivants : 1° Régime des lycées ; 2° régime des collèges ; 3° langues vivantes et dessin ; 4° exercices physiques ; 5° agrégation ;
6° baccalauréat ; 7° plan d'études ; 8° hygiène et service médical ;
9° bourses.

Enfin, le dixième rapport qui, à raison de son importance,
aurait plutôt sa place en tête de la liste, concerne le régime des
établissements libres. C'est le seul point sur lequel la commission
ait fait connaître ses décisions. Elle admet à une grande majorité,
quinze voix contre cinq, — ce qui suppose, il est vrai, treize
abstentions, — le principe de la liberté de l'enseignement, et
par conséquent rejette les propositions de MM. Levraud et Rabier. Ensuite elle constate à l'unanimité que la loi de 1850 reconnaît à l'État le droit d'inspection sur les établissements libres, et
elle demande que cette inspection soit faite sérieusement, et
s'étende non plus aux locaux seulement, mais aux leçons, aux
classes, aux livres, cahiers, etc. En second lieu, elle décide d'imposer aux maîtres de l'enseignement libre le grade de bachelier,
comme dans les collèges universitaires.

Jusqu'ici les conclusions adoptées par la grande commission
ne sont pas bien méchantes. En principe, l'inspection par les
pouvoirs publics des établissements scolaires, et même de l'enseignement que l'on y donne, est chose juste et raisonnable.
L'État a le droit et même le devoir de s'assurer qu'il ne s'y trouve
rien de contraire à l'hygiène et aux bonnes mœurs ; il a pareillement le droit et le devoir de veiller à ce que l'on n'y donne pas
un enseignement contraire à la Constitution et aux lois du pays.
Ce sont les expressions mêmes insérées dans le texte de la loi

Falloux; et, vraiment, on ne voit pas que l'on puisse contester à un gouvernement cette fonction de simple et nécessaire police.

Il faut bien que, le cas échéant, la suprême autorité ait le moyen de mettre le hola à des pratiques éducatrices comme celles qui ont rendu fameux certain orphelinat, et qui jouissaient de la haute approbation du Conseil municipal de Paris.

D'autre part, pour l'exercer effectivement, il faut bien que l'inspecteur, s'il le juge à propos, puisse assister à la classe, entendre les maîtres, interroger les élèves, voir les livres et les cahiers. L'union de l'Église et de l'État qui reste encore une de nos lois fondamentales, la confiance que l'Église mérite, le respect et les égards qui sont de règle entre associés devraient dissuader l'État d'exercer son droit de contrôle sur les établissements dont l'Église a la responsabilité; ce serait pour lui une peine de moins et sa déférence lui ferait honneur. Mais, s'il lui plaît d'aller voir ce qui se passe chez ceux qu'il s'est accoutumé à appeler ses adversaires, je ne crois pas que les maîtres chrétiens, prêtres ou religieux, aient l'intention de se plaindre. Nous ne sommes pas des sociétés secrètes, nous ne faisons pas œuvre de ténèbres dans nos collèges; nous sommes prêts à crier sur les toits ce que nous enseignons à nos élèves. Que l'État nous envoie ses inspecteurs, qu'ils écoutent et regardent tout à leur aise; qu'ils disent, non pas seulement dans des rapports confidentiels adressés au ministre, mais au peuple de France tout entier ce qu'ils ont vu et entendu chez nous. Nous y gagnerons peut-être de voir enfin tomber certaines légendes stupides entretenues par des gens de plume à l'imagination féconde, d'autant plus à l'aise pour parler des collèges chrétiens qu'ils n'y ont jamais mis le pied.

Je vois dans les dépositions de l'enquête que plusieurs directeurs d'établissements libres ont fait des déclarations en ce sens, au grand ébahissement de la plupart des écoutants. Non seulement nous ne redoutons pas l'inspection, et ne la fuyons pas; mais nous offrons à MM. les inspecteurs, quand ils se présentent, de visiter nos classes, et c'est eux qui se récusent.

Mais voici qui est mieux. Beaucoup de gens, universitaires et autres, fort peu suspects de partialité pour l'enseignement libre, regrettent la mesure prise par la grande commission. A les en croire, elle serait tout à l'avantage des rivaux de l'Université.

A quoi bon cette inspection? demande une revue universitaire. Sur quoi portera-t-elle? Sur la valeur des maîtres? L'État n'a pas d'avancement à leur donner. Sur l'inspiration morale de leur enseignement? Quand on aura constaté qu'une école catholique donne un enseignement catholique, saura-t-on quelque chose qu'on ignorât jusqu'ici? Sur ses tendances politiques ou sociales? Ici encore qu'apprendra-t-on de nouveau? Et en supposant qu'il se dise ici ou là des paroles, qu'il se propage des opinions — chose bien délicate à déterminer — qu'on puisse, pour des raisons d'ordre public, juger répréhensibles et répressibles, par quels moyens s'imagine-t-on que des inspections pourront les saisir? — A quoi servira donc l'inspection des établissements libres? A leur donner, dans une certaine mesure, la garantie de l'État, à fournir une raison de plus ou un prétexte, pour y placer leurs enfants, à des familles qui pouvaient hésiter à le faire, à motiver et à faire peut-être aboutir, en un moment de réaction politique, des tentatives pour leur faire obtenir des subventions de l'État ou des départements, pour leur faire donner des représentants dans les jurys de baccalauréat, ou pour leur faire accorder ce droit de décerner des diplômes dont quelques personnes veulent doter malgré lui l'enseignement secondaire public... Je ne m'étonne pas trop, pour ma part, de voir dans les journaux que M. de Mun et ses collègues de la droite ont voté, dans la commission d'enquête, pour l'inspection de l'enseignement libre par les inspecteurs de l'État[1].

C'est aller trop loin sans doute; nous ne pensons pas que l'inspection, devenue sérieuse, et même sévère, ait pour les établissements libres des résultats aussi heureux. Nous ne l'accepterons donc pas avec reconnaissance, comme un bienfait; mais nous la subirons avec une résignation facile, comme une taquinerie sans conséquence.

Quant à l'obligation pour tous les maîtres de se pourvoir du grade de bachelier, elle n'est pas non plus pour nous faire peur. Il y a des prêtres qui demandent que dans tous les petits séminaires on prépare les futurs clercs au baccalauréat; certains même voudraient qu'on exigeât le diplôme à l'entrée du grand séminaire. Si ma mémoire ne me trompe pas, la *Revue du clergé* aurait soutenu, il n'y a pas bien longtemps, cette opinion, au moins dans sa forme la plus mitigée. Entre autres arguments il y a l'exemple des élèves des séminaires protestants, qui ne peuvent obtenir un titre de pasteur sans être bacheliers.

1. *L'Enseignement secondaire*, 15 juillet 1899, p. 267.

Sans vouloir prendre parti à cet égard, nous pensons que ce ne serait pas un mal que ceux qui ont quelque aptitude pour le professorat fussent pourvus d'un grade universitaire. Nous ne voudrions pas qu'on exigeât la licence et surtout l'agrégation, comme dans les lycées. Ce serait imposer une entrave sérieuse au recrutement des maîtres; on oublie trop en effet que les professeurs ecclésiastiques ont d'autres études à faire, et qu'on ne peut raisonnablement pas leur demander de passer le meilleur de leur vie à préparer des examens. Mais c'est au point de vue de notre enseignement lui-même, je ne crains pas de le dire, que cette exigence serait regrettable. Je sais bien que je vais ici à l'encontre des opinions reçues et que j'ai l'air de jouer au paradoxe. On admet dans l'Université, comme postulat, que la valeur de l'enseignement se mesure au nombre et à l'élévation des grades académiques du personnel enseignant; on ne manque pas une occasion de nous les jeter à la tête comme la preuve écrasante de la supériorité de l'enseignement universitaire. Eh quoi! les professeurs du lycée sont tous ou presque tous agrégés, et les vôtres ne sont pas même tous bacheliers; à peine quelques licenciés dans les hautes classes. Comment votre enseignement pourrait-il ne pas être à l'égard de celui de l'État d'une humiliante infériorité?

J'avoue que, depuis une douzaine d'années que je l'entends répéter, ce formidable argument ne m'a pas encore convaincu. J'ai traité la question ailleurs[1], je n'y veux pas revenir; mais je persiste à croire que la meilleure garantie de la qualité de l'enseignement au collège n'est pas dans l'élévation des grades du maître. Rien ne prouve que, pour être arrivé au sommet de la hiérarchie académique et avoir obtenu le bouton des mandarins supérieurs, le professeur de sixième ou même de troisième fera mieux sa classe; il y a même des raisons de craindre qu'il ne la fasse moins bien. Ces raisons, il serait facile de les dire. Mais, une fois encore, je ne veux pas reprendre une discussion épuisée. Je me contente de conclure avec une conviction profonde: Quand même nous aurions introduit dans notre collège un personnel aussi gradé que celui du lycée voisin, il n'est pas sûr que nous aurions du même coup amélioré notre enseignement; et qui donc, parmi ceux qui ont quelque expérience, voudrait soutenir

1. *L'État et ses rivaux dans l'enseignement secondaire*, p. 66.

que, tout compte fait, ce serait pour le plus grand bien de la maison et de ses élèves ?

Le modeste diplôme de bachelier, lui, est inoffensif à tous égards. Si les législateurs veulent l'exiger de tous ceux qui occupent une chaire dans l'enseignement libre, que la volonté des législateurs soit faite ! Cela écartera peut-être de notre corps professoral quelques rares candidats trop pauvrement doués. Il y gagnera d'être déchargé de quelques non-valeurs. Or, un total d'où l'on retranche les quantités négatives grandit d'autant. Est-ce que l'on viserait à donner de la plus-value au personnel de l'enseignement libre ? Singulière façon d'enrayer une concurrence qui donne déjà tant de mal !

*
* *

In cauda venenum. La grande commission ne pouvait s'en tenir à des mesures aussi peu malfaisantes ; elle n'aurait pas répondu à la pensée qui a présidé à sa naissance et inspiré ses travaux. Tout ce grand effort aurait abouti à laisser l'enseignement libre dans le *statu quo ante* ? Ce n'était pas possible. M. Marc Sauzet, député de l'Ardèche, a trouvé le moyen de rendre à l'État son cher monopole, tout en sauvegardant les apparences de la liberté. Voici en quels termes il a lui-même précisé sa proposition :

Plusieurs déposants à l'enquête, MM. J. Bertrand, Darboux, Mercadier, Buquet, ont insisté sur les inconvénients que présentent l'organisation actuelle et le fonctionnement des concours d'admission aux grandes écoles, ainsi que la préparation à ces concours dans les établissements d'enseignement secondaire.

D'où la double idée : D'une part, de séparer de l'enseignement secondaire la préparation à ces écoles ; d'autre part, de substituer aux concours d'admission, tels qu'ils sont pratiqués actuellement, un système de sélection des candidats après des études spéciales appropriées aux exigences de chaque école, études faites *dans des écoles préparatoires de l'État*, pendant une durée d'un an ou de deux ans au plus.

Dans la pensée de l'auteur de la proposition : 1° Les écoles préparatoires, au nombre de quatre, cinq ou six au maximum, comprendraient autant de cours ou divisions qu'il y aurait d'après les besoins de la région, de groupes de candidats aux diverses grandes écoles (Polytechnique et Normale, Sciences, Saint-Cyr, Centrale, Navale) ;

2° L'entrée dans chaque division serait libre, c'est-à-dire indépendante de tout concours et subordonnée simplement aux conditions de diplômes (baccalauréats divers), ou de certificats d'études à déterminer par un comité de direction ou de perfectionnement des écoles préparatoires ;

3° Ce comité, qui serait composé de représentants de l'Université et de chacune des grandes écoles intéressées, fixerait le plan d'études de chaque cours ou division ;

4° Un classement unique de tous les candidats à chaque grande école serait fait trimestriellement ou semestriellement. Ce classement serait éliminatoire pour les élèves qui, n'ayant pas atteint une certaine moyenne, seraient manifestement insuffisants ou incapables. Le dernier classement déterminerait la liste d'admission à chacune des grandes écoles ;

5° Les candidats non classés en rang utile pour être admis pourraient renouveler une année, mais une seule, d'école préparatoire ;

6° Les classes de mathématiques spéciales seraient supprimées dans les lycées et collèges.

En deux mots : l'enseignement secondaire libre est tenu à distance respectueuse des grandes écoles de l'État. Pour y entrer, il faudra aller faire une préparation de deux ans au moins dans des établissements universitaires, où les candidats seront triés à loisir. En d'autres termes, quiconque aspire à quelque haute fonction de l'État, ou simplement quiconque veut être officier, ingénieur, etc. devra, avant d'entrer à l'École spéciale, recevoir dans une école préparatoire la formation qu'il plaira à l'État de lui donner.

Cette prétention a paru assez grave aux membres de la commission pour les faire hésiter. Ils n'ont pu se mettre d'accord, et la question a été réservée pour être reprise à la rentrée.

Il est certain que pareille réforme porterait un coup fatal à l'enseignement libre. Ce ne sont pas seulement, en effet, nos quelques maisons préparatoires qui seraient frappées ; celles-là devraient disparaître purement et simplement. Mais qui ne voit que les collèges eux-mêmes seraient atteints indirectement, et que beaucoup de leurs élèves leur échapperaient par crainte d'être mal notés plus tard à l'école préparatoire en raison de leur provenance ? Que cette appréhension ne soit point chimérique, nous en avons pour preuve ce qui se passe actuellement sous nos yeux. Combien de jeunes gens sont détournés de nos Facultés catholiques uniquement parce que, à tort ou à raison, — ce n'est pas toujours à tort, — eux et leurs familles se persuadent que leur carrière en serait compromise ! Vraisemblablement l'idée de M. Marc Sauzet trouvera beaucoup d'adhérents à la Chambre ; et finalement ce pourrait bien être l'arme choisie pour faire à l'enseignement libre une blessure qui ne le tuerait pas peut-être, mais dont il aurait de la peine à se relever.

Après cela, il y a bien encore sans doute dans les résolutions de la commission parlementaire quelques traquenards plus ou moins dissimulés. Sans chercher plus loin que le chapitre du baccalauréat, nous avons vu plus haut que le baccalauréat peut fort bien devenir un licou pour domestiquer, et, au besoin, pour étrangler l'enseignement libre. Voici, par exemple, la manière de s'en servir imaginée par un de nos ministres actuels, M. de Lanessan : « Le baccalauréat serait délivré aux seuls jeunes gens qui auraient suivi les cours de l'Université... Il serait exigé de tous ceux qui désireraient se présenter aux hautes écoles de l'État pour devenir militaires ou marins, ingénieurs ou médecins, avocats ou magistrats. »

Ce n'est pas plus malin que cela. Remarquez que, quinze lignes plus haut, cette Excellence a fait la déclaration que voici : « Je n'hésite donc pas à me prononcer très nettement contre le monopole de l'État en matière d'enseignement secondaire. Je pense qu'il faut maintenir la liberté de l'enseignement comme l'arme la plus sûre contre l'abus que l'État pourrait faire de son autorité..., contres ses fautes ou ses passions[1]. »

On voit qu'il ne faut pas trop faire fond sur les protestations de libéralisme des gens qui tiennent entre leurs mains les destinées de l'enseignement libre. Ils ont des manières à eux d'entendre la liberté. Mais jusqu'ici, sur ce point de détail, non plus que sur beaucoup d'autres, la commission n'a pas jugé à propos de faire connaître ses vues au public.

***

Par contre le monde universitaire s'est montré prodigue de confidences; on ne pourra pas lui reprocher d'avoir caché sa pensée sur les questions à l'ordre du jour, encore bien que cette pensée ne s'énonce pas toujours avec une clarté et une franchise parfaites. J'ai déjà mentionné l'élection, qui a eu lieu au mois de janvier, du représentant des agrégés de philosophie au Conseil

1. *Revue bleue*, 6 mai 1899, p. 555.

supérieur de l'Instruction publique. J'ai dit que cette élection a
été faite, en définitive, sur la question de la liberté de l'enseignement, et que la majorité s'est portée sur le nom du candidat le
plus nettement hostile à la liberté. Voici l'article essentiel du
programme de l'élu, M. Belot :

> Il y a une dernière question qui paraît près de se poser et sur la-
> quelle je ne puis garder le silence. Je veux parler de ce qu'on appelle
> « le monopole universitaire ». Je ne sais rien de plus impropre qu'une
> telle expression; elle trompe gravement sur la vraie nature du pro-
> blème. Il s'agit de savoir si l'État est tenu d'offrir places et fonctions
> à ceux qui ont commencé par renier ses principes et par refuser son
> éducation. Il s'agit de savoir s'il n'a pas le droit d'exiger certaines ga-
> ranties de ceux qui aspirent à le servir et à détenir une part de son
> autorité. Je me crois vraiment libéral, mais je ne vois point que la liberté
> soit ici en cause; il ne s'agit pas d'enlever à qui que ce soit la faculté
> d'enseigner sous les conditions imposées à tous : il s'agit seulement ici
> de définir un peu plus sévèrement le droit d'accéder à certaines
> fonctions...
>
> Je voudrais voir ces questions, si elles se posaient d'une façon déci-
> sive, résolues dans le sens des droits incontestables de l'État, des in-
> térêts de l'éducation libérale et de l'Université.

Traduite en langage usuel, cette déclaration embarrassée se
réduit à cette formule : Pour être quelque chose, il faudra avoir
passé par l'enseignement universitaire. On a beau varier la sauce,
c'est toujours le même lapin qu'on nous sert.

Le concurrent de M. Belot, M. Delbos, ne paraissait pas avoir
une opinion sensiblement différente :

> Une autre question... concerne les mesures légales à prendre pour
> assurer à l'éducation universitaire le rôle et l'influence qui doivent lui
> appartenir. *Je n'aurais aucun embarras à vous dire là-dessus mon
> sentiment*, s'il y avait lieu; mais je crois qu'il n'y a pas lieu... Les
> mesures dont on parle ne pourraient être prises en tout cas que par
> les pouvoirs publics ; elles ne sont, ni directement ni indirectement, de
> la compétence du Conseil supérieur. Votre représentant, quel qu'il
> soit, n'aura jamais à en délibérer.

Dans une seconde circulaire, M. Delbos donnait encore à entendre d'une manière plus explicite qu'il ne pensait pas autrement
que son rival; mais l'attitude plus combative de celui-ci lui valut
la victoire. Sur cent professeurs de philosophie qui prirent part
au vote, cinquante-quatre approuvèrent par leur suffrage le can-

didat qui, en dépit de ses propres contradictions, s'engageait à revendiquer au Conseil supérieur le monopole universitaire.

Le personnel enseignant des lycées et collèges a été invité par la grande commission à faire connaître son avis sur les questions qu'elle a entrepris de résoudre. Les réponses colligées et fondues ensemble par les soins des recteurs d'académie forment un des volumes de l'enquête parlementaire. Mais ces réponses ont passé par trop d'intermédiaires pour nous arriver avec l'accent personnel de ceux qui les ont faites. J'estime qu'il y a des sources d'informations plus authentiques sur l'état d'esprit des maîtres de l'Université, je veux dire les articles et les lettres dont ils ont au cours de cette année abondamment pourvu la rédaction des revues pédagogiques et autres. Deux périodiques importants, la *Revue internationale de l'enseignement* et la *Revue bleue*, pour ne nommer que celles-là, ont ouvert, elles aussi, leur enquête, parallèlement à celle du Palais-Bourbon. Diverses questions y sont abordées; mais on devine que celle de la liberté occupe la principale place. L'enquête de la *Revue bleue* n'en vise même pas d'autre. La plupart de ces consultations sont vraiment d'une lecture curieuse et instructive. On y voit des hommes d'esprit dans un étrange embarras; ils veulent le monopole pour l'État enseignant, mais ils n'osent pas le dire tout crûment. Et ce sont des prodiges d'ingéniosité et de littérature pour expliquer comme quoi il faut maintenir la liberté sans pourtant la maintenir, et la supprimer sans la supprimer.

Une merveille en ce genre est la lettre de M. Parodi, professeur de philosophie au lycée de Rodez. Ah! si un jésuite avait écrit pareil chef-d'œuvre! A l'encontre de l'opinion du vulgaire, M. Parodi démontre que c'est l'enseignement d'État obligatoire qui sauvegarde la liberté. Écoutons et essayons de comprendre :

L'enfant est un être moral, c'est-à-dire libre ; il a donc une autonomie que l'État doit prévoir et garantir à l'avance... Si donc l'État croit à l'efficacité et aux avantages de son système, il a le devoir d'en assurer à tous le bénéfice. Et ce n'est ni un sophisme ni une formule oratoire que de revendiquer, au nom des élèves de l'enseignement libre, des leçons dont ils ne veulent pas. Car si cet enseignement est bienfaisant, comme nous le pensons (et si nous ne le pensons pas, il faut le supprimer pour tous), c'est précisément l'injustice dont ils sont vic-

times que d'être comme condamnés à le reconnaître et à n'en pas
vouloir[1].

J'avoue pour ma part que la beauté et la force de ce raisonnement m'échappent. Le peu que j'y puisse démêler se résume à
ceci : C'est violer la liberté de l'enfant que de ne pas lui laisser
recevoir les leçons de l'État : l'État a donc le droit et le devoir
de vous obliger à lui confier vos enfants. Et ce faisant, il ne porte
pas atteinte aux droits du père de famille, lequel garde toujours
une bonne part dans la formation morale de son fils. Citons
encore; la pensée va se préciser :

> Comment le père osera-t-il dire qu'on lui vole son enfant, qui exerce
> sur lui de toutes les autorités la plus sainte et la plus douce et qui le
> modèle à son image par toutes les suggestions de l'exemple et toutes
> les insinuations de l'amour? Serait-il vraiment tyrannique..., l'État qui,
> par la voix de ses maîtres, tenterait d'opposer à toute la puissance des
> sentiments quelques idées discrètes et quelques faits impartiaux? La
> véritable contrainte n'est-elle pas dans l'ordre de choses actuel, dans
> l'enseignement libre, ainsi nommé parce qu'il ne l'est pas et que c'est
> même là son unique raison d'être? Enseignement de caste et de coterie
> où, aux idées du père font écho les idées du maître, où l'enfant se
> trouve ainsi savamment isolé de toute influence extérieure, isolé de son
> temps et de son pays, étranger aux idées comme aux faits nouveaux...
> Si, en limitant l'influence du père de famille sans la supprimer, en
> suggérant à l'enfant le plus d'idées et les plus larges qu'il se peut, sans
> le contraindre à en adopter aucune, l'enseignement de l'État assure
> seul à l'individu la liberté de son choix et respecte seul son autonomie
> morale, n'est-il pas naturel et logique que le parti libéral soit amené à
> vouloir l'étendre à tous?...

Quelqu'un disait que les arbres l'empêchaient de voir la forêt;
ici, ce sont les mots qui empêchent de voir l'idée. Mais heureusement la thèse de l'honorable professeur n'est pas neuve. Rousseau l'a mise avant lui en clair langage français; depuis, beaucoup
d'autres l'ont reprise à leur compte et presque toujours, comme
cette fois, en l'enveloppant d'une phraséologie prétentieuse et
obscure.

En somme, voici à peu près comme on l'énoncerait si on
voulait dire simplement ce que l'on pense : Le père de famille,
en faisant élever son enfant dans sa religion à lui, attente à la
liberté de cet enfant. L'État, gardien des droits de tous, surtout

1. *Revue bleue*, 20 mai, p. 625.

des faibles, doit s'opposer à cet abus d'autorité. Il donne un enseignement étranger à toute religion ; il n'en combat aucune, mais il ouvre des horizons nouveaux ; il insinue « quelques idées discrètes et quelques faits impartiaux » qui les ébranlent toutes. Ainsi, l'enfant est mis en mesure de choisir librement entre toutes les doctrines religieuses et morales. C'est pourquoi nous, qui sommes « le parti libéral », nous voulons le monopole de l'État enseignant, parce que « l'État assure seul à l'individu la liberté de son choix ».

Ce bon M. Marion, en son vivant professeur de la science de l'Éducation à la Sorbonne, s'était exprimé sur ce sujet avec la même assurance nébuleuse que M. Parodi, et il ajoutait même un corollaire que nous ne retrouvons plus aujourd'hui formulé que par de rares logiciens. C'est qu'il ne verrait pas de mal à ce que nous fussions exclus de la liberté commune d'enseigner, nous autres prêtres et religieux, parce que notre enseignement est essentiellement contraire à la liberté, comme nous-mêmes nous sommes par état des ennemis de la liberté. M. Parodi ne va pas aussi loin ; mais dans son zèle pour l'affranchissement des esprits, il voudrait imposer aux prêtres, ou du moins à ceux d'entre eux qui se destinent au professorat, l'enseignement libérateur de l'Université. Cette épreuve ne pourrait « qu'élargir et élever leur foi ». Et alors l'enseignement libre « ne serait plus ce quelque chose d'étroit et de mensonger qu'il est trop souvent encore ; c'en serait fini *de ce dogmatisme sectaire, fait d'ignorance, de puérilité, et, si j'ose dire, de mauvaise foi sincère* ».

Voilà l'idée que se font de l'enseignement de la doctrine chrétienne dans nos collèges la plupart des maîtres qui occupent les chaires de philosophie dans les établissements universitaires. C'est leur droit, et on ne le leur conteste point : mais il est bien permis de se demander comment on peut avec cela pratiquer la fameuse neutralité, par quel prodigieux dédoublement de sa personne le maître peut respecter des croyances que l'homme tient pour des puérilités ridicules et malfaisantes.

Joseph BURNICHON, S. J.

REVUE DES LIVRES

I. Jésus-Christ dans l'Évangile, par le R. P. Thomas Pègues, O. P. Paris, Lethielleux, s. d. 2 vol. in-8, pp. xii-348 et 396. Prix : 9 francs. — II. Le Saint Évangile de Notre Seigneur Jésus-Christ, par le chanoine Alfred Weber. Paris, Lefort, s. d. In-12, pp. 220. — III. Les Merveilles de la Salette, par l'abbé J. Berthier, M. S. Paris, Téqui, 1898. In-12, pp. 352. Prix : 1 fr. 50. — IV. Instructions sur les principales Fêtes de l'année, par le R. P. Villard, missionnaire de Notre-Dame de la Salette. Paris, Bloud et Barral, s. d. 2 in-8, pp. 472 et 448. Prix : 8 francs. — V. Conférences populaires apologétiques, par le R. P. Villard. Paris, Bloud et Barral, s. d. In-8, pp. viii-360. Prix : 3 fr. 50. — VI. Les Trois Postulats éternels. *Conférences prêchées en la cathédrale de Noyon au carême de* 1898, par l'abbé C. Quiévreux. Paris, Bloud et Barral, s. d. In-8, pp. xxix-452. — VII. L'Eucharistie, *d'après les prédicateurs contemporains*, par M. l'abbé Pluot. Paris, Téqui, 1899. In-8, pp. 304. — VIII. Suite des Entretiens spirituels du R. P. de Ravignan. Paris, Téqui, 1899. In-12, pp. 271. — IX. En entrant dans le monde. *Conseils de vie chrétienne.* Paris, Téqui, 1899. In-24, pp. xxviii-180. Prix : 1 franc. — X. Souvenirs de première communion, par l'abbé Henri Perreyve. Paris, Téqui, 1899. In-24, pp. vi-186. Prix : 1 franc. — XI. L'Eucharistie, *centre de la vie chrétienne*, par S. Ém. le cardinal Labouré. Paris, Téqui, 1899. In-24, pp. 57. Prix : 50 cent. — XII. La Sainte Communion dans les collèges catholiques, par le P. P.-M. Dagnaud. Redon, Bouteloup, 1899. In-24, pp. 77. Prix : 40 cent. — XIII. Le Manuel des catéchistes de première communion, par M. l'abbé Dassé. Paris, Haton, 1899. In-8, pp. xii-437. — XIV. Exercices de catéchisme, par M. l'abbé Dassé. Paris, Haton, s. d. In-18, pp. 144. — XV. Exposition et démonstration de la doctrine catholique, par M. J. B. Lagarde. Paris, Lethielleux, s. d. In-12, pp. 278. Prix : 1 fr. 50. — XVI. Recueil de dialogues, par Un prêtre du diocèse de Verdun. Lille, Desclée, 1898. In-12, pp. 451. — XVII. Petite

Histoire de Notre Seigneur Jésus-Christ, par l'abbé VANDEPITTE.
Paris, Bloud et Barral, s. d. In-18, pp. 63. — XVIII. **Manuel
complet de dévotion à saint François d'Assise**, par le P. JEAN,
des Frères mineurs capucins. Paris, Delhomme et Briguet, 1898.
In-24, pp. 508. — XIX. **L'Église et la pitié envers les animaux.**
Textes originaux puisés à des sources pieuses. Premier recueil,
sous la direction de la marquise de Rambures, avec une Préface
par Robert de la Sizeranne. Paris, Lecoffre, 1899. In-12,
pp. XXIII-143. — XX. **Le Dimanche de l'homme des champs**,
par Fénelon GIBON. Paris, Desclée, 1899. In-12, pp. 48.

I. — C'est le « fruit de l'enseignement » que donne le R. P.
Thomas Pègues dans son beau travail sur *Jésus-Christ dans
l'Évangile.* « Les Vies de Jésus ou les concordances de l'Évangile
ne se comptent plus... Pourtant aucun de ces travaux n'a pu encore totalement satisfaire tous les esprits. » Le savant dominicain
n'a assurément pas la prétention de parvenir à ce but irréalisable ;
mais, comme il le dit très bien, « il y a encore et il y aura jusqu'à
la fin place pour de nouveaux essais », et les hommes doivent
« toujours étudier sans jamais se lasser la divine figure de Celui
en qui seul réside pour eux le salut ». C'est cette physionomie de
Jésus, étudiée dans l'Évangile et dans la méditation du cloître,
que l'auteur veut faire connaitre et aimer davantage. « Bien
mettre en relief le texte de l'Évangile, montrer et justifier au
besoin, d'une façon rapide et succincte, la suite des événements
en même temps que des pensées ; éclairer le tout par quelques
indications topographiques et chronologiques empruntées aux
meilleurs auteurs », tel est le dessein et telle toute l'économie de
ce modeste ouvrage. Si la modestie du R. P. Pègues ne devait
pas s'effaroucher de mes éloges, je dirais volontiers que son
œuvre marquera ; mais je préfère le féliciter humblement et en
toute sincérité de chercher à « faciliter la lecture de l'Évangile »,
et souhaiter de tout cœur l'accomplissement de son apostolique
désir.

Pour la vie apostolique de Notre-Seigneur, le Révérend Père
préfère « la division territoriale ou topographique » à la division
chronologique. La suite du récit ne semble pas y perdre en intérêt. Notons que le texte sacré traduit intégralement est imprimé
en caractères différents des notes qui le suivent : ce qui aide la

méditation à laquelle le pieux religieux convie ses lecteurs qui peuvent ainsi « relire, savourer, s'arrêter à loisir devant chacune de ces scènes, goûter l'ineffable bonheur d'être en contact avec le Verbe de Dieu fait chair ».

II. — M. le chanoine Weber, lui aussi, veut montrer Jésus à ceux qui « ne font que l'entrevoir dans la pénombre des fragments du Livre sacré qu'ils trouvent dans leur paroissien, mais ne le voient pas dans le plein jour de l'Évangile intégral. » Aussi publie-t-il le *Saint Évangile de Notre Seigneur Jésus-Christ*, fondant en un seul récit le texte des quatre évangélistes. « C'est l'Évangile dans son unité, dans sa simplicité et dans sa grandeur », déclare en son approbation élogieuse Mgr l'Évêque de Verdun. Des notes empruntées « aux maîtres de la science sacrée » ; des cartes et des plans ; en tête de chaque partie, un tableau synoptique des lieux et des dates en regard des faits principaux : tout cela aidera à « suivre le Sauveur pas à pas et souvent même jour par jour dans son terrestre pèlerinage ». Le décret récent de Léon XIII accordant des indulgences à la lecture pieuse de l'Évangile est reproduit au commencement de ce volume pour rappeler qu'il doit être d'un usage quotidien.

III. — Les *Merveilles* que décrit le R. P. Berthier, sont l'apparition de la Salette, la fontaine miraculeuse, les guérisons, les conversions, le pèlerinage. Les deux premières sont racontées en une cinquantaine de pages ; les guérisons opérées de 1846 à 1897 occupent presque tout le corps du volume. Le chapitre suivant redit les prodiges de grâces opérés soit à la Montagne, soit dans tout l'univers, et qui prouvent mieux encore que les guérisons « l'action de Dieu et de sa Mère ». Enfin, les *suites* de l'apparition : les pèlerinages inaugurés dès le mois de novembre 1846 ; la basilique, dont la première pierre est posée le 25 mai 1852 par Mgr Philibert de Bruillard, évêque de Grenoble ; le couronnement de Notre-Dame, le 21 août 1879 ; les missionnaires diocésains institués pour desservir le sanctuaire ; les œuvres inspirées par Notre-Dame de la Salette, parmi lesquelles il faut citer la belle Œuvre des vocations tardives pour les Missions dont le R. P. Berthier s'occupe avec zèle. Personne ne se plaindra qu'après avoir pris le parti de ne plus écrire de nouveaux livres, le Révérend Père ait retaillé sa plume féconde pour retracer à la gloire de

Marie les *Merveilles de la Salette* : l'heureux témoin de ces prodiges depuis plus de quarante ans était désigné pour en être le
chantre ému.

IV. — Le R. P. Villard, pas plus que son confrère, n'a besoin
d'être présenté aux lecteurs des *Études*. J'ai dit ici beaucoup de
bien de ses précédents ouvrages, je ne suis pas tenté de m'en dé-
dire en feuilletant les derniers. S'il parle comme il écrit, — et il
n'est guère permis d'en douter, — il est vraiment un missionnaire populaire. Les deux volumes d'*Instructions sur les principales fêtes*, qui embrassent l'année chrétienne commençant par
l'Avent pour se terminer à la Présentation de la très sainte
Vierge, comprennent soixante-quinze sermons, chacun précédé
d'un *sommaire* détaillé. Je remarque, non sans quelque satisfaction, que les références des textes sacrés sont presque toujours
données entre parenthèses. Les paroles saintes sont largement
semées dans ces discours, ce qui contraste heureusement avec la
parcimonie trop habituelle de tant d'autres contemporains. Nos
grandes fêtes chrétiennes fournissent une ou plusieurs instructions ; sur celles de la très sainte Vierge j'en compte une vingtaine ; l'éloge des saints remplit des pages éloquentes et pratiques.

V. — Les *Conférences populaires apologétiques* répondent aux
objections et éclairent l'ignorance du peuple : comparaisons, citations, exemples sont des armes dont le missionnaire se servira
utilement « pour la défense de la vérité et de la religion ». C'est
pour aider ses confrères que le R. P. Villard publie ces conférences, après les avoir données sous forme de dialogue dans un
grand nombre de missions de campagne. « On ne saurait être
trop clair, trop simple, de nos jours où l'instruction religieuse
est si rare et si faible. »

VI. — Le titre seul des conférences de M. l'abbé Quiévreux
suffit à montrer que c'est surtout à un auditoire moins populaire
qu'elles s'adressent. *Les Trois Postulats éternels*, que le savant
docteur étudie tour à tour, méritent d'autant plus d'attirer l'attention des hommes sérieux qu'ils sont plus méconnus de nos
jours. « Ils forment le polygone des bases de nos destinées :
triangulaire comme le nombre parfait. » M. Quiévreux ne veut

pas s'en tenir « aux vieilles formules, aux méthodes surannées » qui donnent à « notre théologie des airs sauvages de vieille sorcière » ; il prétend que « la belle science humaine, parée de ses grâces les plus étincelantes, s'en vienne avec nous, doucement agenouillée en d'onctueuses larmes, baiser les pieds du Christ comme la Marie de Magdala ». Après une introduction où il révèle sa méthode, l'orateur donne trois discours sur Dieu : l'univers, — la cause, — la Providence ; trois autres sur l'homme : le corps, et l'âme, — le cerveau et l'intelligence, — l'immortalité ; enfin, Jésus-Christ est étudié : dans l'histoire universelle, — dans l'histoire de son temps, — dans sa transcendance. Ces titres résument clairement les sujets traités, mais sont loin de donner une idée complète de la trame savante, de la vigoureuse dialectique, de la forme oratoire du conférencier. On lui a reproché, je le sais, quelque chose de vulgaire et de trivial, qui doit moins frapper quand on l'écoute que quand on le lit. D'autre part, je me demande si certains raffinements ne passent pas plus inaperçus à l'audition qu'à la lecture. « Comment concevoir un arrangement sans une série de rangements ? une disposition sans une direction de positions ?... Autant concevoir un cercle sans circonférence. » Dirai-je encore que plus d'une affirmation me paraît hardie, plus d'une expression nuageuse, plus d'une page un peu déclamatoire ?

VII. — C'est un tout autre genre que le recueil de M. l'abbé Pluot sur l'*Eucharistie*. Le directeur de l'*Enseignement catholique* emprunte aux prédicateurs contemporains des discours qu'il range sous ce quadruple chef : la présence réelle, le sacrifice, la communion, le culte, et ajoute à la fin de chacune des parties un assez grand nombre de traits historiques bien choisis et bien racontés. La table par ordre alphabétique des auteurs me semble insuffisante : le volume en réclamerait une autre aidant mieux à retrouver les divers sujets à traiter dans les différentes solennités eucharistiques.

VIII. — Signalons encore une réimpression : le premier tirage de la *Suite des Entretiens spirituels du R. P. de Ravignan* datait de 1863 ; il était sans doute épuisé ; on le reproduit absolument tel quel, la pagination elle-même n'est pas changée. Les Enfants de Marie, en publiant ces Entretiens, les faisaient précéder de cette note : Ces Instructions « n'ont subi presque aucune correction ;

on y trouvera donc, à peu près mot à mot, la parole simple et les pensées sublimes du célèbre orateur ». On y retrouve, en effet, le religieux « austère et cependant plein d'onction » qui avait le don de faire avancer les âmes dans l'amour de Jésus-Christ et de la souffrance : « Il faut faire entrer ces sentiments bien avant dans nos cœurs, demander à Notre-Seigneur ce dévouement à la peine, à la croix : là est le secret des saints... »

IX. — Si l'Évangile est la nourriture par excellence, il n'est pas défendu, pour alimenter la vie spirituelle, de prendre ailleurs. C'est ce qu'a pensé un de nos plus féconds éditeurs catholiques, en commençant une collection nouvelle sous le titre : *Éducation et piété*. J'en ai sous les yeux quelques échantillons. Les *Conseils de vie chrétienne* proposés par Mme de Maintenon aux élèves de Saint-Cyr *en entrant dans le monde* sont présentés par le R. P. Libercier, et nul ne contredira au religieux si compétent en matière d'éducation, quand il loue, dans ces Conseils, « la sagesse, le bon sens, la mesure, la prudence, la suprême raison qui les inspirent, la foi et la profonde piété dont ils sont pénétrés ».

X. — L'âme élevée de l'abbé Perreyve transpire dans ses *Souvenirs de première communion*, qu'il avait tout d'abord écrits « pour le jeune Charles de Chevreuse, depuis duc de Luynes, mort à la bataille de Patay en 1870 ». On savourera ces directions marquées au coin de la piété affectueuse non moins que de la « vraie dévotion ».

XI. — La lettre pastorale de Mgr l'Archevêque de Rennes sur l'*Eucharistie, centre de la vie chrétienne*, témoigne que « jamais monarque victorieux n'a vu son trône environné de loyautés plus persévérantes et d'amitiés plus fidèles que Jésus n'en voit rangées autour de ses tabernacles dans la plus reculée de nos paroisses bretonnes ».

XII. — *La sainte communion* est aussi en honneur *dans les collèges catholiques*, et je rapproche volontiers des pages magistrales du cardinal Labouré l'opuscule que le R. P. Dagnaud dédie à ses chers enfants. Ils y trouveront des prières et des actes vraiment appropriés à leur situation pour leur faciliter la préparation et l'action de grâces de la communion des dimanches et jours de fête, — des jours ordinaires, — des jours de promenade ; — de la communion réparatrice, — pour la vocation, — des vacances.

XIII-XIV. — M. l'abbé Dassé publie des *Exercices de caté-chisme* (livre de l'élève) et un *Manuel des catéchistes de première communion,* suivant une méthode qui est une « innovation ». Mgr l'Évêque du Mans loue absolument ce nouveau moyen pra-tique, facile et efficace de graver dans les jeunes cœurs les vérités de notre sainte foi. Ce moyen, c'est de proposer aux enfants des exercices écrits ; le livre qu'ils ont entre les mains contient le canevas de la rédaction : ce sont des phrases inachevées à com-pléter au moyen des explications entendues. Après chaque cha-pitre, la partie du maître contient, sous le titre de *Faits bibliques,* des indications sommaires avec renvois au texte de l'Écriture sainte, et, sous le titre de *Faits historiques,* un choix d'exemples que les catéchistes pourront « mettre au point voulu par la com-position de leur jeune auditoire ».

XV. — Dans son *Exposition et démonstration de la doctrine catholique,* M. J.-B. Lagarde veut « graver dans l'âme des enfants des notions que le temps n'efface pas entièrement, et mettre à leur portée les preuves capables de produire la conviction dans leur esprit ». Dans ce but, au moyen de l'histoire et de la raison, il traite tour à tour : de la connaissance de l'homme et de sa fin, de la voie à prendre pour parvenir à cette fin, des secours néces-saires pour marcher dans cette voie. « Notre travail, dit l'auteur, nous paraît se distinguer de tous ceux qui existent dans ce genre par sa forme simple, par sa marche logique et par sa forte doc-trine. »

XVI. — La doctrine chrétienne se retrouve aussi dans le *Recueil de dialogues* que M. le chanoine Mangin a composé à l'usage des enfants du catéchisme. L'auteur a « remarqué que les enfants sont tout heureux et tout fiers d'avoir à lire un rôle dans un dia-logue » ; il n'a pas moins observé l'intérêt qu'y prennent les pa-rents. Aussi propose-t-il comme récompense des bonnes notes obtenues un dialogue à réciter tous les mois devant les parents et quelques autres personnes, ou dans les fêtes de catéchisme, moins fréquentes et plus solennelles. Ces dialogues alternent : il y en a autant pour les petits garçons que pour les petites filles ; la plu-

part résument ou développent un chapitre de catéchisme ; quelques-uns, un fait de l'histoire sainte ; tous captivent l'attention
par le tour vif et saisissant que l'auteur a su donner à ce mode
d'exposition.

XVII. — A la suite des catéchismes, il convient de ranger la
Petite Histoire de Notre Seigneur Jésus-Christ, par l'abbé Vandepitte. Ce n'est qu'un *abrégé* de celle que j'ai louée ici même il y
a deux ans. Le zélé doyen résume non seulement la vie mortelle
de Notre-Seigneur, mais l'existence de Jésus-Christ dans l'Église
à travers les âges, jusqu'à ses récents combats et ses espérances
actuelles.

XVIII. — C'est un véritable *Vade-mecum* que le R. P. Jean a
voulu mettre entre les mains des Tertiaires. Les quarante premières pages de ce *Manuel complet* font connaître saint François
pendant sa vie et après sa mort ; puis l'auteur expose les œuvres
franciscaines, surtout la règle du Tiers-Ordre ; des pratiques de
piété ; enfin, le cérémonial du Tiers-Ordre de Saint-François.
Les Frères et Sœurs trouveront ainsi en quelques pages « tout
ce que leur esprit et leur cœur souhaitent pour mieux connaître,
mieux aimer et servir leur séraphique Père ».

XIX. — La Société de Saint-Augustin publiait l'année dernière un volume, dont les histoires et les images intéressent les
enfants... et d'autres encore. Celui que M. Robert de la Sizeranne
présente aujourd'hui au public puise en partie aux mêmes sources,
et rapporte dans leur texte grec, latin, français, anglais, allemand,
italien, des autorités intéressantes pour prouver la pitié que l'Église
inspire à ses enfants envers les animaux. Si l'on a vu et si l'on
voit des *esprits forts* et d'autres faire parade de sensibleries exagérées et ridicules envers leur chat, leur chien ou leur perroquet ;
si, d'autre part, « depuis que la science se plaît à voir dans les
bêtes des ancêtres de l'homme, on les écorche et on les découpe
vives pour les étudier » ; si les philosophes aussi (tels que Male-
branche) ont été de terribles compagnons pour les animaux, les
artistes sont « de plus aimables camarades », et le christianisme
enseigne la douceur envers ces êtres inférieurs, que saint François appelait « mes frères les agneaux, mes sœurs les tourte-
relles... »

XX. — Examinez vers le milieu de cette brochure l'image prise sur le vif du dimanche profané; lisez les pages sur l'utilité du dimanche au double point de vue individuel et social, vous ne serez point étonné de la rapide diffusion de cet excellent opuscule distribué, en quelques semaines, à plus de cent mille exemplaires; vous n'hésiterez pas à le répandre à votre tour, et vous prouverez ainsi que vous aimez le pays qui « paraît revenir d'instinct » à l'observation du dimanche.   Paul POYDENOT, S. J.

Lectures catholiques de don Bosco, *illustrées*. Publication mensuelle. Une brochure d'environ 120 pages par mois. Marseille, Oratoire Saint-Léon. Abonnement : un an, 2 fr. 50. — Les fils de don Bosco ne se contentent pas d'élever des enfants orphelins, de leur apprendre un métier, de les exercer à l'apostolat et de les envoyer dans les missions, ils vont maintenant leur donner, selon leurs aptitudes, le métier d'imprimeur ou même d'écrivain, afin d'étendre leur apostolat jusqu'à cette grande puissance qui s'appelle la presse.

Les voilà qui mettent en circulation des brochures populaires à publicité périodique. On ne saurait, en ce temps de lecture à outrance, tenter œuvre plus utile; mais encore faut-il se faire lire et réaliser, dans toute l'ampleur de son sens, le titre de lectures catholiques, c'est-à-dire universelles.

Une des conditions est assurément le bon marché; or, il est impossible de faire à meilleur compte : quatre ou cinq sous la brochure, et, pour l'abonnement, à peine un sou par semaine. Le danger pour ces publications de propagande, c'est que l'on puisse dire : Elles valent ce qu'elles coûtent. Non pas que toutes les publications à bon marché ne vaillent rien, c'est déjà trop que l'on dise de certaines qu'elles sont immédiatement au-dessus de rien.

Si c'est le cas trop souvent pour mainte publication pieuse, on ne décochera pas cette épigramme aux *Lectures de don Bosco*, au moins à celles que j'ai lues. Il en est, comme : *A Lourdes*, *le Colporteur*, *l'Émigré*, qui sont des plus attachantes, avec des scènes vivement décrites, un récit prestement enlevé, une forme quasi artistique, quoique toujours populaire. Ces deux choses sont-elles incompatibles? On l'a prétendu, et tel critique, moins sentencieux d'ordinaire, a écrit gravement : « La littérature et

l'art ne sont populaires qu'à la condition d'être médiocres. »
Pourtant, M. René Bazin, qui doit s'y connaître, soutient à l'encontre que les grandes idées sont accessibles au peuple, si l'écrivain a du talent pour les rendre populaires. « Or, dit-il, une
émotion saine, une pensée haute à communiquer, c'est de quoi
légitimer tout un art. »

Nous espérons que tous les auteurs qui écriront pour cette collection le comprendront. Ils se défieront du ton prêcheur, du
genre faussement apologétique. Qu'ils soient tout entiers à
leurs récits, et qu'ils fassent vivre leurs personnages. Le succès
viendra par surcroît, et aussi le bien. Car, s'oublier soi-même
pour faire œuvre vivante et saine, c'est aujourd'hui être sûr de
faire beaucoup de bien, rien qu'en se faisant lire.   A. Boué.

La Mort de d'Elbée, par le marquis D'Elbée. In-8, pp. 36, avec
trois reproductions photographiques. — On sait que d'Elbée,
frappé à mort à la bataille de Cholet, employa vainement le peu
de forces qui lui restait à détourner ses fidèles Vendéens de
passer la Loire. Convaincu que la Bretagne ne bougerait pas, il
voyait d'avance les forces royalistes s'émietter sur un terrain inconnu, loin de ces foyers dont la défense avait doublé leur courage : il
déconseilla donc avec la dernière énergie le fatal passage. Les
désastres du Mans et de Savenay lui donnèrent trop tôt raison.

Réfugié dans l'île de Noirmoutier, que Charette se trouvait
désormais impuissant à défendre contre les troupes de Haxo,
d'Elbée n'avait plus qu'à mourir. A ce moment suprême, sous
l'influence d'indicibles tortures physiques et morales, a-t-il,
comme l'en ont accusé plusieurs historiens, révélé au général
républicain Turreau les plans du parti royaliste, abandonné les
prêtres réfractaires de la Vendée à la vindicte des *Bleus*, et trahi,
par un incompréhensible revirement d'idées, les deux causes
qu'il venait de soutenir si héroïquement : son royalisme et sa
foi ? Quand il s'agit d'un homme de cette trempe, il semble que
poser la question, ce soit la résoudre. M. le marquis d'Elbée n'a
pas voulu s'en tenir à cette solution sommaire, et, à l'honneur du
glorieux nom qu'il porte, il a demandé aux témoignages contemporains les plus autorisés de venger la mémoire du généralissime
vendéen. Cette étude serrée démontre : 1° Que d'Elbée, sans se
départir de ses principes monarchiques, a combattu avant tout la

ÉTUDES

Convention parce qu'elle persécutait le culte catholique ; 2° qu'aucun document historique ne permet d'affirmer que le prisonnier,
interrogé par ses vainqueurs sur les moyens les plus propres à
pacifier la Vendée, ait répondu qu'il fallait accorder une amnistie
générale *dont seraient exclus les prêtres réfractaires*. L'auteur
discute à fond le témoignage de François Piet, invoqué par les
adversaires ; il surprend ce louche personnage, qui joua dans le
drame de Noirmoutier le rôle le plus équivoque, en flagrant délit
d'erreur sur la date même de l'interrogatoire en question, et il
prouve que la prétendue pièce de conviction où M. Chassin et
autres ont voulu voir la condamnation de d'Elbée, n'est rien
moins qu'authentique. Du reste, si le héros vendéen avait donné,
à cette heure solennelle, un tel démenti à tout son passé, Turreau,
qui était présent, n'eût pas manqué de signaler un fait de cette
importance. Or, l'homme des *colonnes infernales* ne dit pas un
mot, dans ses *Mémoires,* de cette ridicule volte-face ; il rend au
contraire le plus éclatant témoignage à l'inébranlable fermeté du
glorieux vaincu.

On lira avec le plus vif intérêt les dernières pages de cette
étude, où la mort de d'Elbée est racontée avec une sobre précision, qui ajoute encore à la grandeur de cette incomparable
scène.   Adrien HOUARD, S. J.

L'histoire sociale au Palais de Justice. Tome II. *Le Silence
et le Secret*, par Émile DE SAINT-AUBAN. (Le Secret maçonnique.
L'Intolérance religieuse. Le Silence et le Chantage. La Justice
et le Secret.) In-12, pp. 307. Paris, Pedone, 1899. Prix : 3 fr. 50.
— Je n'ai point à présenter M. de Saint-Auban à nos lecteurs ; sa
notoriété est grande, et son talent, malgré cela, n'est point vulgaire. Vanter ses succès d'avocat serait, du reste, superflu. Il est
bien connu, comme tel, pour un virtuose de la parole ; mais il
sait, et voilà ce qui le distingue, trouver dans chaque cause qu'il
plaide un épisode de l'histoire sociale. Les sujets ne lui manquent pas à notre époque tourmentée. Grâce à la lumière qu'il
projette sur les mœurs contemporaines, il en éclaire les plaies
intimes et les sonde jusque dans les profondeurs.

Le recueil de discours qu'il nous offre aujourd'hui a pour Préface et pour Épilogue des études sur *le Silence et le Secret;* les
cinq plaidoyers qu'elles encadrent semblent être, dans la réalité

concrète des faits qu'ils présentent, de mystérieuses anecdotes à l'appui. Mystère et franc-maçonnerie, c'est le résumé de toutes choses dans notre histoire contemporaine; « comme l'antique Égypte, notre époque, pour se traduire, devrait élever des sphinx ». (P. 21.)

Pourtant, la presse fait tapage par son indiscrète publicité; mais cette publicité même masque le silence qu'on lui achète. Voyez l'affaire Trocard. La presse est intéressante surtout par ce qu'elle ne dit pas. « Elle crée l'illusion de la parole et le peuple dit : Ce temps n'a plus de mystères. Erreur : Ce temps n'a plus que des mystères. » (P. 84.) Le crime, disait Hello, « fuit la parole comme il fuit la lumière, et le mensonge est une obscurité ». De telles idées, écrites dans ce style, ne semblent-elles pas un commentaire de l'Évangile ? Trois versets du discours de Jésus à Nicodème pourraient servir d'épigraphe à ce livre. « Voici le mot du jugement : La lumière est venue dans le monde et les hommes ont préféré les ténèbres à la lumière, car leurs œuvres étaient mauvaises. Tout homme qui fait le mal hait la lumière. Il ne vient pas à la lumière, afin que ses œuvres ne soient pas révélées. Mais celui qui aime la vérité vient à la lumière afin de manifester ses œuvres, parce qu'elles sont faites en Dieu. »

De là l'antithèse éternelle entre les œuvres de Dieu et celles de Satan, entre l'Église et la franc-maçonnerie, que Mᵉ de Saint-Auban a su mettre en si haut relief. Je ne réponds pas que toutes ses expressions soient d'une orthodoxie parfaite. Malgré son respect évident, il parle de nos dogmes chrétiens, du culte de l'Eucharistie, un peu comme un croyant du dehors, et peut-être que les initiés à la franc-maçonnerie le traiteraient aussi de profane, malgré ses recherches très consciencieuses. Ils ne pourront du moins nier que la lumière du « troisième appartement » est l'obscurité même, et que la tolérance maçonnique, fût-elle au quatrième degré, est une complète intolérance. L'Église, au contraire, est ouverte à tous et n'a de secret pour personne. Si elle condamne la franc-maçonnerie, c'est qu'elle professe, avec Benoît XIV, que « les choses honnêtes aiment le grand jour ». Mᵉ de Saint-Auban a été bien inspiré de montrer sa lumière toujours rayonnant sur les hauteurs.

Ses plaidoyers ne sont pas seulement des pièces d'éloquence jeune et primesautière; ce sont des documents sociologiques. Ils

éclairent les bas-fonds de la politique, de la justice, de l'opinion
publique telle que la presse la fait à notre triste époque ; ils sont
bien de leur temps et respirent en plein le parfum assez cor-
rompu de notre modernité. Moderne aussi est le ton de l'écrivain
orateur et l'allure de son style. Intelligence déliée, dégagée de
préjugés, un peu sceptique, celle du sociologue qui ne s'étonne
plus de rien ; forme incisive, phrase brève et haute en couleur,
élocution prodigue de termes abstraits, verve étonnante pour per-
sonnifier ces abstractions et leur donner une apparence de vie
par les métaphores d'un style figuré : tout cela vise un peu l'effet,
ce qui est bien moderne aussi; mais tout cela produit vraiment
un effet moral, parce que le style rend bien la pensée et que la
pensée s'élève toujours.

Il faut donc lire ces études et ces plaidoiries. Elles sont instructives et apprendront aux lecteurs, même instruits, des épisodes
ignorés de notre histoire sociale. Ce livre, pour plus d'un, aura
des mots révélateurs. Les historiens qui voudront un jour rendre
la physionomie de notre temps iront, je crois bien, y chercher
quelques traits significatifs. Ce sera la gloire de M° de Saint-Auban
de les leur avoir fournis.   A. Boué.

Légendes démocratiques du Nord. *La France devant l'Europe*,
par J. Michelet, précédées d'une étude par Michel Bréal, de
l'Institut. Paris, Calmann-Lévy, 1899. In-12, pp. 515. Prix :
3 fr. 50. — Dans l'œuvre étrange et si tourmentée de Michelet,
ce volume est l'un des moins mêlés ; la note antireligieuse est
rare, encore que l'auteur reproche trop amèrement à Rome
d'avoir abandonné la Pologne, en 1830, « aux puissances de premier ordre, qui fixeraient son sort à la satisfaction commune des
parties » (p. 238). La note révolutionnaire est moins violente que
dans l'*Histoire de France*, telle que l'écrivit l'ancien précepteur
de la princesse Louise, devenu farouche démocrate. Michelet ne
s'inspire guère ici que de ses sentiments d'humanité, qui en firent
un partisan fougueux des nationalités, surtout des nationalités
humbles et opprimées, et aussi de son amour passionné pour la
patrie française, qui lui dicta, au lendemain de nos désastres, son
éloquent appel *la France devant l'Europe*. Comme le dit M. Bréal,
dans une préface aussi modérée que le livre est exalté : ces pages
risquent de ne plus être comprises aujourd'hui. L'Allemagne, qui

passait pour le pays de la métaphysique et de la poésie, nous a trop désabusés de ces choses.

Nous aimons à croire que la Pologne, telle que la dépeint Michelet, telle que la célébra et la défendit Montalembert, n'est plus celle d'aujourd'hui ni de demain. La déportation en Sibérie va, dit-on, être supprimée, et l'on ne pourrait plus répéter cette définition bizarre : « La Russie, *c'est le choléra* » (p. 125), ou encore : « La Russie est un supplice » (p. 167). Ces anathèmes ne regardent plus qu'un passé qui s'éloigne.

HENRI CHÉROT, S. J.

Exposé du commerce public du sel, par le P. Pierre HOANG (*Variétés sinologiques*, n° 15). Chang-hai, imprimerie de la Mission catholique. In-8, pp. 17, avec 14 cartes. — Le P. Pierre Hoang, dont nous avons analysé ici l'an dernier l'excellent travail intitulé : *Notions techniques sur la propriété en Chine*, vient d'ajouter à la collection si intéressante des *Variétés sinologiques* une brochure fort utile pour tous ceux qui étudient les coutumes des Célestes. Le commerce du sel, qui a une si grande importance pour ce pays extra-populeux qui a nom l'Empire chinois, est exposé dans cette brochure de dix-sept pages avec un soin tout particulier. Ce travail a d'autant plus de valeur pour les élèves en sinologie que les caractères chinois sont toujours mis dans le texte à côté des noms propres, ce qui empêche toute équivoque. Les sources sont aussi citées en chinois. Après quelques mots sur l'histoire de la découverte du sel et son exploitation, l'auteur donne la liste des régions salifères et des localités assignées pour la vente de leurs produits. Le paragraphe 2 donne le catalogue des quinze ordres de fonctionnaires préposés à l'administration du commerce du sel et leur nombre dans chaque province. Dans le paragraphe 3 sont énumérées les peines auxquelles sont condamnés les délinquants aux lois qui régissent le commerce du sel, et dont la moindre est cent coups de bâton, la plus grave trois ans d'exil, sans préjudice de la bastonnade.

Nous regrettons que l'auteur n'ait pas donné sur les cartes la traduction en caractères latins des idéogrammes chinois. Cela eût rendu ces cartes beaucoup plus utiles; car, telles qu'elles sont, elles ne peuvent servir qu'aux seules personnes capables de lire le chinois. Or, on sait qu'en dehors des missionnaires, des con-

suls, de leurs chanceliers et des employés des douanes chinoises,
le nombre en est fort restreint. Le docte P. Hoang nous permettra
aussi de lui demander, en plus de cette addition, dans une seconde édition, un aperçu des divers moyens employés par les
Chinois pour retirer le sel de cuisine, non seulement de l'eau de
mer, mais aussi des terres salines par lessivation comme au
Chang-toung nord-ouest, ou des couches souterraines de sel
gemme au moyen de puits artésiens, comme au Yunnan. Nous
sommes persuadé que cela donnerait à l'excellent travail du savant chinois une valeur encore plus considérable.

Albert Fauvel.

Heliand, *poema saxonicum sæculi noni...*, traduction française,
par V. Mohler. Paris, Maisonneuve, 1898. In-8. Pp. 176. —
Héliand est un poème épique écrit au neuvième siècle, en vieux
bas-saxon; le sujet n'est autre que la vie du Sauveur, connue à la
fois par les Évangiles authentiques et par des commentaires très
postérieurs. Signalé au seizième siècle par Flacius Illyricus, dans
ses *Catalogi testium veritatis*, ce poème fut retrouvé en 1794 à la
bibliothèque de Bamberg, par un prêtre français exilé, le chanoine Gley, qui en publia des extraits, édité à Leipzig, en 1830,
par Schmeller, et plusieurs fois traduit en allemand moderne.

M. Mohler a entrepris de le faire connaître à nos compatriotes,
en le traduisant en français. Malheureusement, au lieu de nous
donner un volume écrit dans une langue courante et claire, il a
eu la malencontreuse idée de publier une traduction juxtalinéaire,
ce qui la rend presque illisible. Je cite :

> Alors ils virent un cadavre,
> Un corps sans vie, porté par les leudes,
> Sur une civière, sortant de la cité
> Un jeune enfant.....
>
> (V. 2180-2183.)

ou encore :

> L'un projette et s'inquiète bien plus
> Comment il amassera le trésor, que comment du Roy du ciel
> Il accomplira la volonté ; c'est pourquoi il ne saurait grandir ici
> Le saint commandement de Dieu, quoiqu'il prit,
> Et voulut jeter des racines....
>
> (V. 2518-2522.)

Nous ferons à ce travail, d'ailleurs très méritoire, un reproche
plus grave encore. Son auteur ne paraît pas connaître suffisamment les travaux parus en Allemagne depuis quelques années sur

Héliand. A la vérité, M. Mohler s'excuse sur ce fait que la Bibliothèque nationale ne possède pas tous ceux de ces travaux qui ont été publiés avant 1855, et aucun de ceux dont les auteurs sont encore vivants, pas plus que de documents relatifs à saint Luitger, évêque de Munster, sous le patronage duquel le poème aurait été écrit. C'est là une affirmation un peu téméraire. Sans chercher très loin, M. Mohler aurait appris que les Vies de S. Luitger ont été publiées par les Bollandistes, au tome III de mars; il n'y aurait d'ailleurs rencontré aucune indication utile.

Mais, de plus, sans être aussi riche, à ce point de vue, que la bibliothèque de Strasbourg, notre grand dépôt national possède quelques bonnes publications utiles à consulter sur *Héliand*, et que, semble-t-il, M. Mohler n'a pas utilisées [1]. Dans l'excellente préface mise par Behaghel en tête de son édition, il aurait trouvé une bibliographie très détaillée de toutes les études publiées sur notre poème jusqu'en 1882. Il aurait ainsi connu un article de Schulte (*Ueber Ursprungen und Alter des Heliand*, dans *Zeitschrift f. Philolog.*, t. IV, p. 149), qui démontre jusqu'à l'évidence le caractère apocryphe de la préface, seule base sur laquelle il s'appuie pour affirmer que le poème fut composé en 814, par ordre de Louis le Pieux et sous les auspices de saint Luitger. Avec Windisch, il aurait constaté l'emploi dans *Héliand* des commentaires de Hraban Maur sur saint Matthieu, et, par conséquent, il eût attribué au poème une date postérieure à 820-821, époque où ont été écrits ces commentaires.

Mais, à la fin de sa préface, M. Mohler nous promet une étude plus approfondie de toutes les questions relatives à *Héliand*; nous attendons avec impatience son nouveau travail, persuadé qu'il contribuera pour beaucoup à exciter en France le goût des études relatives à la langue, à la littérature et aux institutions des anciens Allemands. La traduction qu'il nous donne aujourd'hui obtiendra certainement ce résultat, mais elle l'eût atteint avec

1. Citons : Windisch, *Der Heliand und seine Quelle.* Leipzig, 1868 ; — *Héliand*, hgg. V. Otto Behaghel, Hall, 1882. In-8 (*Alt deutsche Textbibliotek*, hgg. V. H. Paul) ; — Lagenpusch, *Das Germanische Recht im Heliand.* Breslau, 1894. In-8 (*Untersuchungen Z. Deutsch. Staats-und Rechtsgesch.*, hgg. V. Dr Gierke, t. XLVI); — Peters, *Der Satzbau im Heliand, in seiner Bedeutung f. die Entscheidung der Frage ob Volksgedicht oder Kunstgedicht*, Schwerin, 1886. In-4 ; — Pratje, *Der Accusativ im Héliand.* Sobernheim, 1882. In-8.

beaucoup plus de succès si M. Mohler avait donné une traduction plus élégante et s'il avait utilisé les travaux qu'avec un peu plus de recherches il eût trouvés à Paris.   André Lesoat.

La Tradition dans la peinture française, par Georges Lafenestre, membre de l'Institut. Paris, L.-H. May. In-12, s. d. — Après avoir rappelé le solennel hommage rendu en 1889 par les artistes étrangers à la supériorité de l'art français contemporain, l'auteur se demande quelles sont les causes d'une suprématie conservée avec une telle persistance à travers toutes les perturbations politiques et sociales, en dehors de toute fixité d'idéal.... Où en étions-nous lorsque nous avons commencé d'exercer cette domination sur les fantaisies? Où en sommes-nous aujourd'hui, après une si longue pratique de la souveraineté? Quelles chances nous reste-t-il de la conserver?

Il suffit de lire ces questions pour deviner l'intérêt d'une étude consacrée à les résoudre. C'est à l'occasion de l'exposition centennale de la peinture française qu'elle fut écrite : elle a pour titre la *Peinture française au XIX⁰ siècle*, et occupe à elle seule plus de la moitié du volume. Nous y suivons l'évolution de notre art national, depuis la réaction héroïque et solennelle menée par David contre la fade élégance où se complaisait l'ancien régime sur son déclin, jusqu'à l'époque présente, époque de liberté, féconde mais périlleuse.

A ce tableau d'ensemble font suite quatre portraits qui le complètent à merveille : *Paul Baudry*, — *Alexandre Cabanel*, — *Élie Delaunay*, — *Ernest Hébert*. — Ces portraits sont fort différents, tous d'une touche fine et veloutée. Comme elle est poétique, attachante, recueillie par moments, cette figure d'Élie Delaunay sur laquelle plane, dans la chapelle de la Visitation de Nantes, l'ombre de Fra Angelico ! Et quelle vaillante carrière d'artiste que celle de Paul Baudry, de ce paysan vendéen à la volonté persévérante, aux conceptions monumentales, qui pendant la guerre abandonne ses pinceaux pour prendre un fusil, puis revient achever son œuvre avec la gravité triste du vaincu !

Je regrette de ne savoir point faire passer dans cette hâtive analyse le style chaleureux, souple, coloré, qui rend si agréable la lecture de l'ouvrage. Puisse la critique d'art parler toujours cette langue saine et limpide ! On apprécie d'autant plus cette simplicité que le livre est d'un penseur et provoque la méditation. Qu'est-ce qui classe les œuvres pour la postérité (p. 9)? Qu'est-ce qui en fait la valeur (p. 71)? Quelle influence ont exercée sur la peinture contemporaine les changements profonds introduits dans nos mœurs par la facilité des communications (p. 78)? Quelle orientation ont imprimée à notre art national les événements de 1870 (p. 116)? Combien la conception que nos artistes ont du paysan et de l'ouvrier l'emporte en gravité sympathique, en grandeur salubre sur la façon dont l'homme du peuple était vu par les Flamands et les Hollandais du dix-septième siècle (p. 138)?... Autant de pages que j'aimerais à citer : on les goûtera mieux dans le livre.

Un regret s'impose. Quelle que soit la réserve de l'auteur, il est impossible de ne pas sentir, ne serait-ce qu'aux titres des fresques ou des toiles mentionnées, combien l'art est aujourd'hui sensuel : ne voyons-nous pas les maîtres eux-mêmes sacrifier parfois l'austérité sereine de leur idéal aux goûts voluptueux de la société pour laquelle ils travaillent ?

Paul Caurel, S. J.

Monsieur l'Aumônier, par Jules Pravieux. Paris, Plon. In-18, pp. 291. — Dans *Ami des Jeunes*, le premier roman, je crois, qu'ait publié M. J. Pravieux, dans ce livre où abondent les observations ingénieuses et fines, l'abbé Pergame explique à ses confrères l'engouement des littérateurs d'aujourd'hui pour les hommes et les choses d'église; il nous montre les *gendelettres*, « ces doux jeunes gens qui se promènent sur la route de Damas pour y trouver un éditeur ».

M. J. Pravieux fréquente volontiers en ces endroits-là. Dans ses excursions, d'ailleurs, il n'est point malheureux; la fortune lui sourit et voici qu'il nous offre, édité par une grande librairie, un second roman ecclésiastique qui a paru déjà dans un grand journal, sous ce titre : *Monsieur l'Aumônier*.

Sur ce chemin de Damas, je veux dire dans ces études sur le monde des abbés, l'auteur de ce nouveau livre trouvera-t-il autre chose qu'un éditeur? Les sentiers où il va chercher l'inspiration ne sont pas inconnus, et il ne pourrait, comme autrefois le vieux Lucrèce, se vanter de fouler aux pieds un sol vierge. Ferdinand Fabre, d'onctueuse mémoire, pour ne citer que le plus illustre de

ces explorateurs, y a passé et repassé sans y cueillir le vert lau-
rier d'une gloire incontestée et durable.

Le genre est difficile. On y glisse par une pente si naturelle à
la caricature et aux redites. Cette première scène, par exemple,
qui ouvre le récit de *Monsieur l'Aumônier*, cette réunion des
dames de l'œuvre des sacristies, qui « tricotaient, brodaient, cousaient et causaient », dirons-nous que c'est du neuf et de
l'inédit ? Passe pour la jolie allitération de la fin : « cousaient et
causaient ». Mais on connaît tout le reste. Il y a quelque cinquante ans, le sénateur Mérimée livrait à la moquerie et aux
rires des gens d'esprit de son époque les dames patronnesses
de je ne sais plus quelle œuvre de charité : de quoi il fut
repris par L. Veuillot, avec infiniment de bon sens et de verve
sarcastique.

Si la mode était encore aux parallèles, je me laisserais entraîner
au plaisir d'expliquer par quelles analogies manifestes *Monsieur
l'Aumônier* m'a rappelé *Ami des Jeunes*. L'abbé Fougère ressemble beaucoup à l'abbé Pergame, et, dans les deux récits qui
se terminent comme tous les romans et toutes les comédies classiques, nous retrouvons le même mariage de raison : dans *Ami
des Jeunes*, c'est « lui » ; dans *Monsieur l'Aumônier*, c'est « elle »
qui se résigne à faire le bonheur de l'autre et à dire, sans la
moindre flamme d'amour au cœur, le oui sacramentel. D'ailleurs,
vous pensez bien que si les événements marchent à cette conclusion prévue, l'abbé, qu'il s'appelle Fougère ou Pergame, n'assiste
point à l'action en spectateur oisif et désintéressé; et c'est lui
principalement que les nouveaux époux remercient à l'heure où
se lève sur eux l'aube de la vie conjugale.

Assurément, il est loisible à tout écrivain de s'imiter soi-
même; mais l'auteur de *Monsieur l'Aumônier* peut faire mieux, et
il ne nous racontera pas éternellement comment un abbé qui
n'est pas sans défauts, honnête homme au demeurant, et, à peu de
chose près, digne et bon prêtre, sait l'art de « perpétrer des
mariages », suivant une expression de l'auteur.

Il y a de belles parties cependant et qui font honneur au talent
de M. Pravieux dans ce nouveau roman ecclésiastique : une
langue originale et saine, qui semble jaillir, toute fraîche et limpide, des sources profondes de l'observation attentive et sincère.
Je parlais tout à l'heure de Ferdinand Fabre. Lisez quelques

pages de l'*Abbé Tigrane* ou de *Mon oncle Célestin*; puis, ouvrez le
dernier livre de M. Pravieux : c'est une autre manière, combien
plus alerte, délicate, fine et spirituelle ! L'auteur de *Monsieur
l'Aumônier* a donné à ses personnages une vraie vie. Il réussit, —
on voit qu'il s'y est efforcé, manifestement, — il réussit à nous
faire aimer son Gildard, le neveu de l'abbé, si naïf et si original,
que les scrupules de conscience ont éloigné du séminaire d'Issy
et de la vocation sacerdotale, et qui revient dans sa petite ville,
soucieux principalement d'éviter le péché et de suivre la pieuse
direction de son oncle. Vous n'oublierez plus les moindres personnages après avoir lié connaissance avec eux dans ces pages intéressantes ; cette veuve de quarante ans, par exemple, qui voit à
l'horizon de sa pauvre existence désolée poindre l'espérance
d'une félicité nouvelle; car voici que, suivant une vieille formule,
vont s'allumer pour elle encore une fois « les flambeaux d'hy-
ménée ». Écoutez-la décrire d'avance la toilette qu'elle portera
dans la cérémonie nuptiale : « Je serai là dans ma robe de soie
mauve; mon chapeau aura une aigrette blanche avec des petits
choux roses. »

J'ai dit assez que le livre de M. Jules Pravieux mérite de ne
pas être confondu dans la foule des volumes jaunes qui s'épa-
nouissent à l'étalage des libraires l'espace du matin et qui meurent à peine nés. L'auteur de *Monsieur l'Aumônier* me permettra-
t-il d'ajouter que, au point de vue littéraire exclusivement, sans
parler davantage des réserves qu'il faut faire sur le genre même,
il y avait dans *Ami des Jeunes* une grâce piquante, je ne sais quoi
de fin et de primesautier que l'on ne retrouve pas entièrement
dans ce nouveau récit. L'abbé Pergame n'a pas légué à l'abbé
Fougère tous ses trésors d'ironie légère et souriante et de verve
railleuse. Je suis sûr que M. Pravieux ne ferait pas difficulté d'en
convenir. Il verra peut-être dans ce fait une indication pour ses
travaux littéraires. Il laissera « les doux jeunes gens » courir sur
tous les chemins à la recherche d'un éditeur, nous peindre toujours le même abbé, aiguiser les mêmes petits traits inoffensifs
contre les gens d'église et contre les dames qui s'occupent de
bonnes œuvres, inventer sans fin de nouveaux obstacles qui retar-
dent le mariage de Pierrot et de Colombine et prolongent le récit
l'espace d'un juste volume ; et lui, l'auteur d'*Ami des Jeunes* et de
Monsieur l'Aumônier, il ira, pour tenir les promesses de ses

beaux débuts, à des sujets plus variés, plus sérieux, plus dignes
de son incontestable talent.   Louis CHERVOILLOT, S. J.

  Tel père, tel fils, par Jacques d'ANTUZAN. Grand in-8, pp. 157.
— **Mère d'orphelins**, par LE MÊME. In-8, pp. 239. Paillart, Abbeville. — Voici deux bons livres et qui méritent de trouver place
dans toutes les bibliothèques paroissiales ou scolaires. Une série
bien enchaînée d'aventures touchantes, des personnages qui se
font aimer du lecteur, une langue claire et saine, toutes ces qualités qui deviennent rares à notre époque promettent un beau
succès aux récits de M. Jacques d'Antuzan. Si l'on trouve qu'il y
a un trop grand optimisme dans cette façon de concevoir la vie
et que, par exemple, dans *Mère d'orphelins*, la scène finale qui se
déroule sous les voûtes de la chapelle du château de Belbosc est
trop belle, je ne partage point cet avis. Il faut bien que l'art nous
donne une image embellie de notre pauvre existence et qu'il nous
fasse oublier la réalité banale et cruelle en nous faisant vivre dans
un monde meilleur où les âmes sont plus douces et plus ver-
tueuses et les caractères sont plus fermes et plus généreux.
  C'est le devoir de la critique d'encourager M. Jacques d'Antuzan à poursuivre ses intéressants travaux littéraires.
                                  Louis CHERVOILLOT, S. J.

  Algebra elementare *ad uso dei licei*, par NASSÒ. Turin, typo-
graphie Salésienne, 1898. In-8 ; pp. 426. Prix : L. 3.50. — Ele-
menti di calcolo algebrico. *Id.*, 1899 ; pp. 105. Prix : L. 0.80. —
En Italie, le programme de l'enseignement secondaire ne spécifie
pas les méthodes à employer en algèbre. Dès lors, pour les fractions, les incommensurables et les opérations, Don Nasso a pu
adopter les méthodes purement logiques des modernes, celles de
Dedekind, Peano, etc.; en France, elles sont surtout exposées
dans le Cours d'analyse de M. Jordan, et dans l'algèbre supérieure
de MM. Borel et Drach. Il est vrai que ces idées nouvelles ne
passent pas pour accessibles aux commençants. Dans ses *Conférences de Chicago*, Félix Klein leur adresse ce reproche, et ajoute
« qu'elles ne font pas acquérir à l'étudiant le pouvoir de se servir
plus tard des principes, dans les cas simples que présentent les
applications » (p. 49). Don Nasso prouvera sans doute le contraire, en formant d'excellents élèves. Il est le premier en Italie
qui fasse cette tentative dans l'enseignement des collèges ; les

traités de Burali-Forti, Ramorino et Gazzaniga ne s'adressaient pas au même genre d'élèves. C'est un honneur pour les Pères Salésiens d'avoir ainsi parmi leurs membres des professeurs d'avant-garde.

Je regrette que l'auteur n'ait pas expliqué dans un appendice quels sont les motifs qui ont amené tant de changements profonds en algèbre[1]. Il me répondra peut-être que les professeurs italiens doivent lire la *Revue de Mathématiques* de M. Prano. Cette revue, qui paraît depuis 1891, a précisément pour but de discuter les principes mathématiques et les méthodes d'enseignement. Soit ; mais est-il bien sûr qu'en fait, les professeurs se pénètrent de cette lecture ? Deux ou trois pages de résumé donneraient des idées d'ensemble à plus d'un, et compléteraient heureusement les « copiose note storiche » qui enrichissent cet ouvrage.

Augustin Poulain, S. J.

1. Voir *Études*, 20 mai 1898, p. 549.

ÉVÉNEMENTS DE LA QUINZAINE

Juillet. — **Rome.** La Sacrée Congrégation des Rites, par une lettre envoyée à tous les évêques, le 21 juillet 1899, leur transmet les félicitations et les remerciements du Saint-Père pour l'accueil fait à sa dernière encyclique sur la consécration du genre humain au Sacré Cœur, et pour l'empressement et la ferveur avec lesquels cet acte solennel a été accompli dans tout le monde catholique ; puis, les exhorte, au nom du Souverain Pontife, à continuer le bien commencé, en s'efforçant de maintenir et de développer parmi les fidèles la salutaire dévotion au Sacré Cœur. Dans cette vue, sans prescrire aucun moyen particulier, Léon XIII recommande spécialement la pratique d'offrir des hommages publics de piété au divin Cœur, tous les jours du mois de juin et tous les vendredis de chaque mois ; puis les confréries du Sacré-Cœur, où il invite à entrer surtout les jeunes gens, principalement les étudiants et les membres des diverses sociétés catholiques déjà existantes.

— Par un Bref adressé à Mgr l'évêque de Marseille, le 19 juillet, le Saint-Père avait déjà félicité et remercié en particulier le digne successeur de Belsunce et tout son diocèse pour l'éclat donné aux fêtes de la consécration au Sacré Cœur ; et il en avait pris occasion de dire à nouveau quels heureux fruits il espérait tout spécialement pour la France de cette dévotion dont le grand développement moderne a son origine dans notre pays.

27. — **A Saint-Domingue,** assassinat du président de la république dominicaine, général Heureaux.

29. — **A La Haye,** clôture de la conférence de la paix. Seize États ont signé la convention d'arbitrage ; dix-sept ont signé la déclaration concernant le lancement de projectiles du haut des ballons ; seize ont signé l'interdiction des projectiles à gaz asphyxiants, et quinze l'interdiction des balles s'épanouissant dans le corps. Parmi les grandes puissances, les seules qui aient tout signé sont la France et la Russie.

— A cette séance de clôture, la reine de Hollande a fait lire une lettre qu'elle a adressée au Pape, le 7 mai, pour demander son « appui moral » en faveur de l'œuvre de la conférence. La réponse de Léon XIII, datée du 29 mai, a été lue également. Voici ces deux documents :

A SA SAINTETÉ LE PAPE,

Très Auguste Pontife,

Votre Sainteté, dont la parole éloquente s'est toujours élevée avec tant d'autorité en faveur de la paix, ayant tout récemment, dans son allocution du 11 avril dernier, exprimé des sentiments généreux plus spécialement par rapport aux relations des peuples entre eux, j'ai cru de 'mon devoir de lui communiquer qu'à la demande et sur l'initiative de Sa Majesté l'Empereur de toutes les Russies, j'ai convoqué une Conférence à La Haye, qui sera chargée de rechercher les moyens propres à diminuer les écrasantes charges militaires actuelles et à prévenir, si possible, les guerres, ou du moins à en adoucir les conséquences.

Je suis persuadée que Votre Sainteté verra d'un œil sympathique la réunion de cette Conférence, et je serais très heureuse si, en me témoignant l'assurance de cette haute sympathie, Elle voulait bien donner son précieux appui moral à la grande œuvre qui, d'après les généreux desseins du magnanime Empereur de toutes les Russies, sera élaborée dans ma résidence.

Je saisis avec empressement l'occasion présente, Très Auguste Pontife, pour renouveler à Votre Sainteté l'assurance de ma haute estime et de mon dévouement personnel.

Hausbaden, le 7 mai 1899.

RÉPONSE DE SA SAINTETÉ LE PAPE
A SA MAJESTÉ WILHELMINA, REINE DES PAYS-BAS

Majesté,

Nous ne pouvons qu'avoir pour agréable la lettre par laquelle Votre Majesté, Nous faisant part de la réunion, dans la capitale de son royaume, de la Conférence pour la Paix, a eu l'attention de solliciter pour cette assemblée Notre appui moral.

Nous Nous empressons d'exprimer Nos vives sympathies soit pour l'auguste initiateur de la Conférence et pour Votre Majesté, qui s'est empressée de donner à celle-ci une honorable hospitalité, soit pour le but éminemment moral et bienfaisant auquel tendent les travaux qui déjà y sont inaugurés.

Pour de telles entreprises, Nous estimons qu'il entre tout spécialement dans Notre rôle, non seulement de prêter un appui moral, mais d'y coopérer effectivement, car il s'agit d'un objet souverainement noble de sa nature et intimement lié avec Notre auguste Ministère, lequel, de par le divin Fondateur de l'Église, et en vertu de traditions bien des fois séculaires, possède une sorte de haute investiture comme médiateur de la paix. En effet, l'autorité du Pontificat suprême dépasse les frontières des nations ; elle embrasse tous les peuples, afin de les confédérer dans la vraie paix de l'Évangile ; son action pour promouvoir le bien général de l'humanité s'élève au-dessus des intérêts particuliers, qu'ont en vue les divers chefs d'Etat, et mieux que personne elle sait incliner à la concorde tant de peuples au génie si divers.

L'histoire, à son tour, vient témoigner de tout ce qu'ont fait Nos prédécesseurs pour adoucir par leur influence les lois malheureusement inévitables de la guerre, arrêter même, quand surgissent des conflits entre princes, tout combat sanguinaire, terminer à l'amiable les controverses les plus aiguës entre nations, soutenir courageusement le droit des faibles contre les prétentions des forts.

Mais aussi, malgré l'anormale condition où Nous sommes réduit pour l'heure, il Nous a été donné de mettre fin à des grands différends entre des nations illustres comme la Germanie et l'Espagne ; et aujourd'hui même, Nous avons la confiance de pouvoir bientôt rétablir l'harmonie entre deux nations de l'Amérique du Sud qui ont soumis à Notre arbitrage leur contestation.

Malgré les obstacles qui puissent surgir, Nous continuerons, puisque le devoir Nous en incombe, à remplir cette traditionnelle mission, sans aspirer à d'autre but que le bien public, sans connaitre d'autre gloire que celle de servir la cause sacrée de la civilisation chrétienne.

Nous prions Votre Majesté de vouloir bien agréer les sentiments de Notre particulière estime et l'expression sincère des vœux que Nous formons pour sa prospérité et celle de son royaume.

Du Vatican, le 29 mai 1899.   LEO PP. XIII.

Août 1ᵉʳ. — A Paris, ordonnance de non-lieu en faveur du lieutenant-colonel du Paty de Clam, qui est remis en liberté.

— En Belgique, la Commission parlementaire ayant repoussé tous les projets de réforme électorale, y compris celui du gouvernement, le ministère Vandepeereboom donne sa démission.

— Un nouveau ministère catholique est formé, sous la présidence de M. de Smet de Naeyer.

5. — A la gare de Juvisy (Seine-et-Oise), par contre-coup, croit-on, de la tempête qui a fait rage sur Paris et les environs vers la fin de cette journée, une fatale rencontre a lieu entre deux trains de chemin de fer : on compte dix-huit morts et soixante-dix-neuf blessés.

7. — A Rennes, ouverture des débats du second procès Dreyfus. La première séance est remplie par l'appel des témoins, par la lecture du rapport d'Ormescheville, qui sert, comme au premier procès, d'acte d'accusation, et par l'interrogatoire du prévenu.

8. — A Lourdes, ouverture du Congrès eucharistique, sous la présidence du cardinal Langénieux, en qualité de légat du Saint-Siège.

— A Rennes, commence la communication au conseil de guerre, siégeant à huis clos, des dossiers secrets, militaire et diplomatique.

— A Paris, les ouvriers gaziers se mettent en grève.

10. — A Rome, mort du cardinal Isidore Verga ; il était né à Bassano le 29 avril 1832 et avait été créé cardinal en 1884.

Le 10 août 1899.

Le gérant : Charles BERBESSON.

Imp. D. Dumoulin, rue des Grands-Augustins, 5, à Paris.

LA CONFESSION

NOUVELLES ATTAQUES ET NOUVELLE DÉFENSE

I

Les protestants se soucient assez peu de la Tradition ; mais quand il semble qu'elle peut leur servir contre nous, les voilà ses chevaliers : les Pères ! les Pères ! — La confession, disent-ils, c'est une invention tardive des siècles de barbarie, puisque les Pères n'en ont point parlé ; tel est l'argument négatif que tournait et retournait déjà en 1651 le calviniste Daillé, ministre de Charenton, dans sa *Dissertatio de sacramentali sive auriculari Latinorum confessione*. Et quand les catholiques lui apportaient des textes anciens sur la confession, il avait un *distinguo* tout prêt : « La confession dont parlent les Pères, ce n'est pas la vôtre ; c'en est une toute différente, qui faisait partie de la pénitence publique. »

Rien de nouveau sous le soleil. M. Lea, auteur protestant d'un très gros ouvrage, plus polémique qu'historique, sur l' « Histoire de la confession auriculaire », a réédité en 1896, à Philadelphie, le *distinguo* de Daillé. Voici sa thèse, brièvement résumée sous forme de syllogisme par M. l'abbé Vacandard [1] : « L'Église primitive n'a pas connu d'autre pénitence que la pénitence publique. Or, la pénitence publique n'était pas sacramentelle. Donc il n'y avait pas de sacrement de Pénitence dans l'antiquité chrétienne. »

Merveilleux syllogisme, où tout cloche, majeure, mineure et conclusion ! Pour trouver le point faible, on n'a que l'embarras du choix. En général, les théologiens et les anciens apologistes de la confession auraient commencé par nier la majeure, et prouvé l'existence d'une pénitence secrète. Mais ici je vois se dessiner une apologétique nouvelle, disposée plutôt à abandonner cette position de combat. Deux membres très distingués du clergé de notre pays, M. l'abbé Boudinhon,

1. *Revue du Clergé français*, 15 mars 1899, p. 156.

professeur à l'Institut catholique de Paris, et, après lui,
M. l'abbé Vacandard, à qui nous devons de si précieux travaux sur saint Bernard, jugent préférable de faire cette concession au polémiste anglican qu'ils réfutent. Ils se rabattent
sur la mineure de son syllogisme : que l'on veuille bien nous
pardonner ces formules quelque peu pédantesques, mais qui
servent à préciser la pensée.

Après avoir prouvé par l'Écriture et la Tradition le pouvoir
sacramentel et judiciaire de la rémission des péchés, le pouvoir des clefs [1], ces auteurs montrent d'une manière bien
satisfaisante que la pénitence publique était un exercice de
ce pouvoir. En conséquence, quand il n'y aurait eu dans les
premiers siècles d'autre pénitence administrée par l'Église
que la pénitence publique ou solennelle, nous aurions encore
le droit de demander compte aux protestants du pouvoir sacramentel des clefs, qu'ils ont totalement supprimé ; nous
pourrions leur dire avec Bergier : « Supposons, pour un
moment, qu'il est question (dans tous nos textes de Pères)
d'une confession publique ; les Pères la jugent nécessaire ;
pouvait-elle l'être, si Jésus-Christ et les apôtres ne l'avaient
pas commandée ? Les pasteurs de l'Église auraient-ils prescrit, de leur propre autorité, une pratique aussi humiliante,
et les fidèles auraient-ils voulu s'y soumettre ? Donc toute
l'antiquité a cru qu'en vertu des paroles de Jésus-Christ et
des apôtres, il fallait, pour la pénitence, une confession faite
aux prêtres, soit en public, soit en particulier. De quel droit
les protestants n'en veulent-ils admettre aucune ? Que l'Église,
après avoir reconnu les inconvénients de la confession publique, n'ait plus exigé qu'une confession secrète et auriculaire, ç'a été un trait de sagesse ; la conduite des protestants,
qui rejettent toute confession,... est une folle témérité. »
(Dictionnaire de théologie, article Confession.)

Ainsi la nouvelle apologétique suffit à retourner contre les
protestants l'argument de tradition qu'ils nous opposaient.
Elle soutient à bon droit la valeur sacramentelle de la péni-

1. L'œuvre de M. Vacandard, beaucoup plus étendue, est particulièrement
remarquable. Elle me dispense de réfuter directement M. Lea, dont les citations inexactes et les singuliers procédés de polémique viennent encore
d'être relevés, en Amérique, dans un opuscule du P. Casey, S. J. *Notes on
a history of auricular confession* (Mc Vey, Philadelphia, 1899).

tence publique, d'accord en cela avec les meilleurs théologiens et l'opinion la plus commune [1]. Mais en revanche, ne fait-elle pas à l'adversaire une concession regrettable, quand elle admet que la primitive Église, pour toute pénitence sacramentelle, n'avait que cette pénitence publique ? Voilà le point difficile que nous voudrions étudier aujourd'hui, en attendant qu'il soit approfondi avec toutes les ressources de l'érudition, suivant le désir de M. Vacandard lui-même. « Y avait-il dans l'antiquité, dit-il, à côté de la pénitence publique, une autre pénitence, secrète ou privée, qui fût sacramentelle ? C'est là un problème délicat. Il nous plairait qu'un candidat au doctorat en théologie en fît le sujet de sa thèse. Quelque accréditée que soit la réponse affirmative, il nous semble qu'elle manque d'attestation historique qui emporte la conviction. Tous les textes qu'on a allégués en faveur de cette opinion sont dénués de valeur démonstrative... Ce qui nous paraît douteux, c'est que, durant les trois premiers siècles, et même au temps de saint Ambroise et de saint Augustin, on connût dans l'Église latine une autre pénitence soumise au pouvoir des clefs que la pénitence publique [2]. » M. Boudinhon est plus affirmatif : « Il n'existait pas dans l'antiquité d'autre rite pénitentiel que la pénitence solennelle : sur ce premier point, je suis d'accord avec M. Lea... La conclusion me semble s'imposer : pendant la période où était en vigueur la pénitence solennelle, il n'y avait pas de pénitence privée sacramentelle, administrée par l'Église. Non seulement il n'existe aucune preuve directe en faveur de son existence, mais on se heurte, pour l'admettre, à une véritable impossibilité [3]. »

En présence d'assertions aussi catégoriques, nous aurions certainement reculé devant le rôle de contradicteur, si nous avions pu nous persuader, avec ces écrivains, que le dogme catholique n'est ici nullement engagé, qu'il ne s'agit que de discipline ecclésiastique, et de discipline appartenant à l'histoire. Mais plus nous avons examiné la question, plus il nous

1. Voir Suarez, *de Pœnitentia*, d. 21, s. 2, n. 9.
2. *Revue du Clergé français*, 1er septembre 1898, p. 7.
3. *Revue d'Histoire et de Littérature religieuses*, juillet-août 1897, p. 330, 334.

a paru impossible de la réduire à ces proportions diminuées. Nous espérons prouver, d'abord, que les concessions de l'apologétique nouvelle sont fâcheuses pour la doctrine catholique ; ensuite que rien n'oblige à les faire.

II

Si, en dehors de la pénitence solennelle, vous ne voulez
pas reconnaître d'autre rite pénitentiel pour l'Église primitive, voici que se présente à vous, sous forme de problème
historique, un dilemme fort embarrassant. La pénitence solennelle, à laquelle vous réduisez tout, devait-elle expier
toute espèce de péché mortel, ou bien seulement une certaine catégorie de crimes particulièrement graves ? M. Vacandard s'arrête à la première hypothèse, M. Boudinhon à la
seconde. Déjà ce problème avait divisé les érudits du dix-
septième et du dix-huitième siècle.

La première hypothèse, par la rigueur de discipline qu'elle
suppose, devait plaire aux jansénistes : aussi Arnauld l'a-t-il
défendue dans son livre de la *Fréquente Communion* (2ᵉ partie, ch. III). Mais, d'autre part, elle devait attirer quelques
apologistes catholiques, par la facilité qu'elle leur donnait
de soutenir, comme ayant existé dès la plus haute antiquité,
la confession secrète de tous les péchés mortels. Car enfin,
avant de hasarder une confession publique, au risque de
scandaliser plutôt que d'édifier, ne fallait-il pas (comme déjà
le remarquait Origène[1]), prendre conseil de l'évêque ou du
prêtre pénitencier, en lui avouant secrètement sa faute ? Et
si tous les péchés, même secrets, étaient soumis, sinon à la
confession publique, du moins aux expiations de la pénitence solennelle, ne fallait-il pas encore une confession préalable, pour pouvoir inscrire dans la classe des pénitents
l'auteur d'une faute secrète, laquelle autrement fût restée
inconnue ? Et puisque la pénitence solennelle était plus ou
moins longue, plus ou moins rigoureuse suivant le degré de
culpabilité, ne fallait-il pas, pour fixer les justes proportions
de la peine à subir, une confession complète de tous les

---

1. Hom. II, n. 6. In Ps. 37; Migne, t. XII, col. 1386.

péchés mortels ? Voilà donc prouvée l'existence, en ces premiers temps, de la confession secrète, distincte et intégrale.

L'hypothèse qui prête à un raisonnement si commode peut paraître séduisante à l'apologiste : mais, en revanche, que fait-elle du secret de la confession ? M. Vacandard a bien vu la difficulté. « Dans le régime pénitentiel que nous venons de définir, dit-il [1], que devenait le secret de la confession ?... Il faut reconnaître que les Pères des premiers siècles ne l'entendaient pas avec la même rigueur qu'on l'a fait plus tard. Tant qu'il y eut une confession publique, écrit le docteur Funk, on ne put pas observer le secret aussi strictement. » N'en déplaise au docteur Funk, on put l'observer aussi strictement, si la confession publique d'un péché secret, demeurait, comme nous le pensons, absolument facultative. Si on veut la supposer obligatoire, qu'on me permette une question : Était-elle obligatoire de droit divin ? — Mais, en ce cas, elle nous serait imposée encore aujourd'hui, le droit divin n'ayant pu changer ; or, vous-même ne l'admettez pas aujourd'hui comme imposée. D'ailleurs, ce qui tranche décidément la question, c'est que le concile de Trente, dans sa session XIVᵉ, ch. v, nie catégoriquement cette obligation de droit divin. — Elle était donc obligatoire en vertu d'une institution purement ecclésiastique? — Mais le Concile, au même endroit, réprouve une telle institution comme dénuée de prudence. « L'obligation, dit-il, de révéler ses péchés dans une confession publique, surtout ses péchés secrets, ne résulte pas d'un précepte divin, et ne serait pas imposée par une loi humaine avec assez de prudence. » Et nous ferions l'Église universelle coupable d'imprudence pendant les quatre premiers siècles? N'est-elle pas infaillible dans sa discipline générale ? Voilà déjà le dogme engagé dans la question, ce me semble. L'hypothèse que nous combattons suppose à l'Église primitive une conduite imprudente, tyrannique, absolument faite pour éloigner les fidèles d'un sacrement aussi nécessaire.

Même en ne considérant pas l'infaillibilité de l'Église, est-il juste de lui supposer une législation aussi défectueuse

1. *Revue du Clergé français*, 1ᵉʳ février 1899, p. 401.

sans des preuves évidentes ? *Nemo malus nisi probetur.* J'ai le droit, avant de condamner ainsi une société pareille, d'exiger des documents décisifs, que l'on n'apporte point. On en apporterait plutôt de contraires. En effet, que signifie cette comparaison fréquente chez les Pères, quand ils veulent combattre la fausse honte et mettre à l'aise le pénitent, cette comparaison du médecin prudent et discret, qui explore en secret les plaies secrètes ? N'exclut-elle pas toute idée de confession publique ? M. Vacandard lui-même (février 1899) cite le beau texte d'Aphraate, le grand docteur syrien.

Qu'il nous suffise d'ajouter, pour représenter l'Église grecque, saint Basile [1] : « De même que l'on ne découvre pas imprudemment les maladies du corps à qui que ce soit, mais seulement à ceux qui savent les guérir, ainsi la confession des péchés doit être faite à ceux qui peuvent les guérir », c'est-à-dire « aux dispensateurs des mystères sacrés », comme il l'ajoute à la règle 288 [2]. Enfin, pour représenter l'Église latine, citons ce fait de la Vie de saint Ambroise, écrite par son notaire Paulin [3] : « Quand quelqu'un lui avait confessé ses fautes pour recevoir la pénitence, il pleurait tellement qu'il le forçait à pleurer lui-même... Les crimes qu'on lui avait confessés, il n'en parlait qu'à Dieu seul, en intercédant pour le coupable ; bel exemple qu'il laissait aux prêtres, d'être des intercesseurs devant Dieu plutôt que des accusateurs devant les hommes. » A quoi bon tant vanter ce respect du secret, si saint Ambroise obligeait tous ses pénitents à la confession publique ?

Mais, dira-t-on, ce qui était imposé à tout fidèle coupable d'un péché mortel quelconque, ce n'était pas la confession publique, c'était la pénitence solennelle, avec son long cortège de cérémonies, de prostrations à la porte de l'église et autres humiliations devant le peuple entier ; celle-ci peut aller sans celle-là. — Même sous cette forme mitigée, l'hypothèse en question nous paraît inadmissible.

Et d'abord, ç'aurait encore été une trahison du secret des consciences. La pénitence solennelle était à elle seule une

<hr>

1. *Reg. brev.*, 229 ; Migne, t. XXXI, col. 1235.
2. Migne, *ibid.*, col. 1283.
3. N. 39 ; Migne, t. XIV, col. 40.

révélation; elle manifestait souvent, par ses prescriptions spéciales, l'espèce du péché commis; en tout cas, elle désignait le pénitent comme ayant commis un péché grave. Ecoutez saint Augustin[1] : Il instruit ses catéchumènes sur l'expiation des péchés, et leur montrant du doigt les pénitents qui sont là dans un coin, au bas de l'église : « Ces gens-là, dit-il, que vous voyez ainsi faire pénitence, ont commis des crimes, ou des adultères, ou d'autres forfaits énormes; c'est pourquoi ils font pénitence. » Une autre fois, il dit aux fidèles : « Cette pénitence est lugubre dans son appareil. Elle suppose une grave blessure; on a commis peut-être un adultère, peut-être un homicide, peut-être un sacrilège[2]. » — Je n'ignore pas que Morin et Noël Alexandre ont essayé de se tirer de la difficulté : la réputation des pénitents et le sceau de la confession, ont-ils dit, étaient suffisamment sauvegardés par le fait que des innocents et des saints, comme Wamba, roi des Goths, au douzième concile de Tolède, se sont soumis par une singulière humilité à la pénitence solennelle : on y était donc en bonne compagnie. Mais la difficulté n'est pas résolue par ce fait exceptionnel du roi Wamba, ou par tel autre que l'on pourrait citer, toujours à une époque tardive et après les invasions des barbares. Et puis comment saint Augustin aurait-il jamais pu conclure immédiatement à de graves forfaits en montrant les pénitents, si ce jugement si dur courait risque d'être téméraire et de s'égarer sur des saints ?

Mais représentons-nous donc ce qui se passait dans la pénitence solennelle. Voilà des gens couverts de cilices et de misérables vêtements, séparés des autres fidèles, et comme à la porte de l'église. Si vous mettez là tous ceux qui sont venus s'accuser d'un péché mortel, quelle foule aurons-nous à l'extérieur, quel vide à l'intérieur? Combien, à peine réconciliés, devront être rejetés de nouveau? Car enfin, la faiblesse humaine a toujours été grande, et les Pères sont les premiers à se plaindre des désordres de leur temps. Vous arrivez donc à une multitude considérable de fidèles soumis à la pénitence solennelle, ce qui ne s'accorde guère avec ce

1. Aug., serm. 1, *de Symbolo ad catechum.*; Migne, t. XL, col. 636.
2. Aug., serm. 352 ; Migne, t. XXXIX, col. 1558.

que nous lisons en général dans les anciens documents. Pour
diminuer cette foule encombrante vous rappellerez, sans
doute, que la pénitence solennelle n'était jamais donnée deux
fois dans la vie. Fort bien ; mais alors, ceux qui après cette
unique pénitence retombaient dans un péché mortel quelconque, public ou secret, quel secours le pouvoir des clefs
leur donnait-il ? Aucun, d'après vous. Donc, refus pur et
simple d'absolution, y compris l'article de la mort. Et cela,
non pas seulement pour quelques crimes extraordinaires et
notoires, comme l'avaient avancé, bien à tort, le P. Sirmond
et quelques autres savants, mais pour la masse des pécheurs,
pour tous ceux qui auront commis dans leur vie plus d'un
péché mortel. Vraiment, pouvons-nous attribuer à l'Église
universelle une pareille dureté, un rigorisme aussi stupé-
fiant ? Ce raisonnement ne suffit-il pas à juger l'hypothèse ?
— Non, répond M. Vacandard ; « ce n'est là qu'une simple induction théologique, qui n'a de valeur qu'autant qu'elle n'est
pas en désaccord avec les faits et avec la discipline » (1er novembre 1898, p. 432). — Mais les faits sont-ils donc si clairs,
quand nous ne les connaissons que par des textes insuffisants, souvent contradictoires en apparence, par de simples
allusions, des expressions vagues, qui divisent leurs propres
interprètes ? Et nos raisonnements théologiques, qui partent
après tout du principe certain de l'infaillibilité de l'Église
gardienne des sacrements, ne sont-ils pas un excellent fil
conducteur dans le dédale des textes obscurs ? Il est raisonnable de faire céder les faits douteux à un principe théologique certain ; il est raisonnable de ne refuser aucune lumière, surtout celle qui nous vient de l'Église et de son
infaillibilité, quand elle peut servir à éclairer ce qui a si grand
besoin de clarté.

D'ailleurs, ceux-là mêmes qui ne suivent pas la même méthode que nous ; ceux qui, plus enfermés dans le fait et dans
le document, négligent trop, peut-être, le fil conducteur dont
nous avons parlé ; ceux-là mêmes, en grande majorité, n'admettent pas que la pénitence solennelle s'étendît à·tous les
péchés mortels. Ici, M. l'abbé Vacandard n'a pas même pour
lui le Dr Funk, dont il avait reproduit après éloge les conclusions historiques, dans son numéro du 1er avril 1898. « Les

péchés (je cite d'après lui le critique allemand), les péchés
qui dès les premiers temps entraînaient avec eux cette conséquence (la pénitence solennelle) étaient l'idolâtrie, l'homicide et l'impudicité... Nous les rencontrons ainsi groupés
depuis le commencement du troisième siècle (Tert., *de Pudicitia*, c. v) jusqu'aux quatrième et cinquième siècles (Greg.
Nyss., *Ep. can.*, 2-5; Pacien, *ad Pœnit.*, c. IV; Aug., *de Fide
et op.*, c. XIX; *Serm.* 352, n. 8). C'étaient les péchés qu'il fallait
expier par la pénitence publique, et comme tels ils étaient
expressément distingués de ceux qui devaient être expiés
d'une autre façon. »

Ainsi, au point de vue de l'histoire, aussi bien que de la
théologie, la première hypothèse que nous avions à examiner
paraît défectueuse. Passons à la seconde.

III

La seconde hypothèse renferme de l'excellent, et du moins
bon. L'excellent, c'est d'affirmer que la pénitence solennelle
n'était imposée qu'à trois espèces de péchés particulièrement
graves. Le moins bon, c'est de réduire toute pénitence sacramentelle, tout exercice du pouvoir des clefs, à une pénitence publique aussi restreinte.

Pour en apercevoir les inconvénients, faisons par exemple
la synthèse des assertions du Dr Funk. Il restreint, nous
l'avons vu, la pénitence publique à ces trois espèces de péchés, que l'on nommait capitaux ou canoniques. En dehors
de la pénitence publique, il n'admet, comme remède aux
péchés des fidèles, que l'humble prière faite à Dieu pour la
rémission des péchés quotidiens, sans absolution, sans aucun
rite sacramentel. Enfin, sur un passage obscur de Tertullien
devenu hérétique, qui d'ailleurs a bien pu mal présenter
ou trop généraliser certains faits, il admet qu'avant le pape
Caliste les trois péchés canoniques ont été privés par l'Église
romaine de toute absolution, même à l'article de la mort, au
moins depuis la publication du *Pasteur* d'Hermas. Mais, de
toutes ces sévérités additionnées que résulte-t-il, si nous faisons bien notre compte? C'est que l'Église romaine, au moins
pendant toute la seconde moitié du deuxième siècle, n'admi-

nistrait plus du tout le sacrement de pénitence, ne donnait pas une seule absolution. Aux trois péchés canoniques, seule matière de la pénitence solennelle, pas d'absolution ; à tous les autres péchés, pas d'absolution non plus, puisque le pouvoir d'absoudre se confinait à la pénitence solennelle. De grâce, un catholique peut-il supposer que l'Église romaine, à aucune époque de son histoire, ait laissé perdre un sacrement, et cela en vertu de la législation ecclésiastique elle-même ? Et dira-t-on qu'en de pareilles suppositions le dogme n'est nullement intéressé ?

Mais peut-être ne partagez-vous pas toutes les idées du Dr Funk ; peut-être n'en retenez-vous que ceci : La pénitence publique était restreinte aux trois péchés canoniques, et il n'y avait pas d'autre pénitence sacramentelle. — Même avec cette modération, vous allez encore bien loin ; j'espère le faire voir.

Partons de ce fait, que la pénitence solennelle n'était donnée qu'une fois dans la vie. Donc, dans votre hypothèse, le pénitent qui, après sa réconciliation publique, avait le malheur de retomber dans le même péché, ou de commettre une des autres fautes capitales, n'avait plus aucune absolution à attendre de l'Église, même à l'article de la mort ; c'était comme un cas réservé et bien plus qu'un cas réservé, puisque le Pape lui-même n'absolvait pas. Sans parler de la cruauté d'une pareille discipline, le concile de Trente ne déclare-t-il pas nettement le contraire au chapitre vii de sa XIVe session, lorsqu'il dit : « La pratique de l'Église a été de tout temps (*semper*) qu'il n'y ait aucune réserve à l'article de la mort, et que tous les prêtres puissent absoudre toute espèce de pénitents de toute espèce de péchés et de censures » ? Il est toujours désagréable pour un catholique d'être en contradiction avec le concile de Trente, même en admettant qu'il ne s'agisse point d'une définition de foi.

Nous avons considéré les péchés canoniques : voyons maintenant les autres péchés mortels, non soumis à la pénitence solennelle.

Prenons des pécheurs coupables, par exemple, d'une grave calomnie, ou d'un faux témoignage, ou d'un vol considérable. Supposons-les repentants et prêts à réparer leur

faute ; dans votre hypothèse, toutefois, l'absolution ne leur
était jamais accordée, ni à la vie ni à la mort, parce qu'elle
ne s'accordait pas en dehors de la pénitence solennelle. Vous
me dites qu'il leur restait le remède de la prière, de la contrition. Mais s'ils se trouvaient n'avoir qu'une contrition imparfaite, les voilà perdus ; tandis qu'avec l'absolution sacramentelle, la contrition même imparfaite aurait suffi à les
réconcilier avec Dieu, d'après une doctrine aujourd'hui communément admise, et très bien fondée. Voilà pourquoi le
refus d'absolution, fait *à priori* et sans même examiner les
dispositions du pénitent, rend le prêtre responsable de la
perte de bien des âmes. Voilà pourquoi saint Augustin [1],
voulant prouver qu'il n'est pas permis à un pasteur de fuir
devant l'invasion ennemie, montre les populations accourant
alors à l'église pour demander qui le baptême, qui l'absolution, et il ajoute : « Si, faute de ministres des sacrements, ces
malheureux quittent la vie sans être régénérés par le baptême, ou sans être déliés par l'absolution, quelle ruine,
quelle perte de leurs âmes ! » Voilà enfin pourquoi saint Célestin Ier blâme si sévèrement l'abus, introduit par quelques
rigoristes, de refuser l'absolution à l'article de la mort :
« Comment qualifier une pareille conduite, si ce n'est en disant qu'ils frappent le moribond d'une nouvelle espèce de
mort, et que dans leur cruauté ils tuent son âme en empê-
chant le pardon [2] ? »

Je le répète : Pouvons-nous, en aucun temps de son histoire, prêter à l'Église universelle, à l'Église romaine, une
pareille cruauté ? Ne faudrait-il pas au moins que l'on nous
apportât des arguments décisifs, et jusque-là n'avons-nous
pas le droit de supposer, à travers l'obscure brièveté des
textes, l'existence d'une pénitence sacramentelle autre que la
pénitence solennelle, dont elle comblait les nombreuses lacunes, d'une pénitence administrée plus simplement, de
même qu'à côté du baptême solennel existait pour les cas de
nécessité un baptême plus court, dépouillé du majestueux
appareil des cérémonies ?

1. Lettre 228 à Honorat, n. 8 ; Migne, t. XXXIII, col. 1016.
2. Lettre aux évêques des provinces de Vienne et de Narbonne, n. 3 ;
Migne, t. LVI, col. 576.

Je dis plus : Sans cette supposition, la controverse montaniste et la controverse novatienne deviennent incompréhen-
sibles. Les Pères traitent ces hérétiques de cruels, de barbares. Saint Cyprien, par exemple, condamne leur conduite
comme « acerbe, dure, inhumaine[1] » ; il appelle Novatien,
« l'ennemi de la miséricorde, le meurtrier de la pénitence[2] ».
Saint Augustin blâme ces sectaires d'avoir fermé aux adultères la porte de la réconciliation, les accuse « d'impiété et de
dure cruauté » pour avoir ainsi « refusé la guérison aux membres du Christ, et dérobé les clefs de l'Église à leurs instances[3] ». Et cependant, que faisaient les montanistes, que
faisaient les novatiens ? Ils admettaient l'existence de quelques péchés irrémissibles. *Alia erunt remissibilia, alia irre-
missibilia* », dit Tertullien, devenu montaniste[4]. — Et quand
il refuse la rémission aux trois péchés capitaux, il entend refuser seulement l'absolution sacerdotale ; il accorde bien que
Dieu peut directement pardonner : *Aut levioribus delictis
veniam ab episcopo consequi poterit, aut majoribus et irre-
missibilibus à Deo solo*[5]. Revenons maintenant à l'hypothèse
historique d'une Église catholique n'administrant en ces
temps-là que la pénitence solennelle, réduite aux trois péchés capitaux : je dis que dans cette hypothèse l'Église catholique aurait été aussi dure, et plus dure, que les montanistes
et les novatiens. Elle aurait constitué autant, et plus, de péchés graves irrémissibles. — On objectera peut-être qu'à
leur pratique rigoriste les hérétiques joignaient une erreur
spéculative : qu'ils regardaient le pouvoir des clefs comme
limité par Dieu même ; que l'Église catholique, elle, admettait en théorie l'universalité du pouvoir des clefs ; seulement,
pour certaines espèces de péché, elle refusait de s'en servir.
Je réponds que cette différence serait appréciable, s'il s'agissait d'orthodoxie ; qu'elle ne l'est pas, s'il s'agit de dureté,
de cruauté envers les âmes. Ou plutôt, n'y a-t-il pas encore
plus de cruauté, en face du péril des âmes, à ne pas vouloir

1. Lettre 52 à Antonianus, n. 19 ; Migne, t. III, col. 787.
2. Lettre 57 à Cornélius, n. 3 ; Migne, t. III, col. 834.
3. Lettre 93 à Vincent, n. 42 ; Migne, t. XXXIII, col. 341.
4. *De Pudicitia*, c. ii ; Migne, t. II, col. 986.
5. *Ibid.*, c. xviii ; Migne, t. II, col. 1017.

se servir d'un pouvoir que l'on prétend avoir reçu de Dieu ? L'évêque novatien pouvait chercher une excuse dans son in- digence : « Que me demandez-vous ? J'en suis désolé; mais Dieu m'a refusé le pouvoir d'absoudre d'un péché si grave. » L'évêque catholique, le Père de l'Église, n'aurait pas eu cette excuse, et en somme nos adversaires lui font dire : « Je ne veux pas vous absoudre; je sais que vous en avez besoin, que vous êtes vraiment repentant; je sais que j'en ai le pou- voir, mais je ne le veux pas. » Après cela, les Pères auraient eu bonne grâce de reprocher aux hérétiques leur dureté, leur inhumaine barbarie, de les appeler assassins des âmes et bourreaux de leurs frères ! Les hérétiques auraient excel- lemment riposté : *Medice, cura teipsum.*

Enfin, dans l'hypothèse que nous combattons, la confes- sion distincte et intégrale de tous les péchés mortels n'est plus qu'une obligation tardivement introduite par l'Église, et qui n'aurait pas existé dans les premiers siècles de son histoire. M. l'abbé Boudinhon a bien aperçu la conséquence, qui ne l'a pas fait reculer. Il croit sauver l'origine divine de ce précepte de la confession intégrale par une autre hypo- thèse greffée sur la première : Notre-Seigneur aurait institué d'une. manière indéterminée le pouvoir judiciaire des clefs, et aurait laissé à son Église la détermination de certaines conditions de validité, telle qu'est pour nous aujourd'hui l'intégrité de la confession. Il y aurait là quelque chose d'ana- logue à l'intervention problématique de l'Église pour déter- miner la matière et la forme de certains sacrements, inter- vention qui, d'après plusieurs théologiens, n'empêcheraient pas ces sacrements d'être d'institution divine. Mais il ne nous semble pas que l'on puisse, dans le cas présent, appli- quer une semblable théorie. Car le concile de Trente ne se contente pas de définir que la confession intégrale est d'ins- titution divine, de droit divin, ce qui pourrait à la rigueur, quoique difficilement, se concilier avec la détermination par l'Église : mais encore, au commencement du chapitre v de la XIV° session, il nous montre la confession intégrale, non pas comme résultant d'une détermination ajoutée plus tard par l'Église, mais comme logiquement et nécessairement dérivée des paroles mêmes de Notre-Seigneur instituant le sacre-

ment de pénitence [1]; et c'est ainsi, dit-il, que l'Église universelle les a toujours comprises.. Le concile n'admet donc pas
que Jésus-Christ, de fait, ait laissé ce point aussi indéter-
miné que le veut l'hypothèse. Je n'insiste pas, le R. P.
Brucker ayant déjà commenté ici ces textes du concile de
Trente [2].

IV

Nous avons vu le lien étroit qui rattache aux doctrines catholiques, à la pleine défense du dogme, l'hypothèse historique, généralement admise en théologie, d'une pénitence
secrète coexistant à la pénitence publique. A cette hypothèse,
M. Boudinhon oppose deux arguments. L'un, négatif, est
tiré du silence des Pères. L'autre, positif, insiste sur le tort
que cette pénitence secrète aurait fait à la pénitence publique, forcément délaissée de tous pour une forme de pénitence plus facile et moins humiliante : ceci aurait tué cela ; la
coexistence n'était pas possible.

Pour commencer par cette dernière objection, elle suppose que le pécheur pouvait toujours, à son gré, recourir
à l'une ou à l'autre des formes de la pénitence, s'il y en avait
deux. Or, en réalité, beaucoup de pécheurs n'avaient pas le
choix. Par exemple, ceux qui avaient commis publiquement
et avec scandale un des trois péchés capitaux étaient obligés
absolument à la pénitence solennelle ; nous admettons nous-
même qu'on ne leur en offrait pas d'autre ; refusaient-ils, ils
restaient excommuniés, séparés du corps de l'Église ; vou-
laient-ils, en pleine santé, sortir de cet état misérable et
honteux, il leur fallait passer par les fourches caudines de la
pénitence publique ; malades et moribonds, on leur faisait du
moins promettre de s'y assujettir en cas de guérison. D'autre
part, les clercs, au moins à une certaine époque, pour aucun
péché, même capital, n'étaient admis à la pénitence publique.
Rome en faisait une règle. Le pape Siricius le constatait formellement : *Pœnitentiam agere cuiquam non conceditur clericorum* [3]. Et, de fait, aurait-il été convenable de voir proster-

1. *Jean*, xx, 23.
2. *Études*, octobre 1897.
3. Lettre à Himérius, n. 18 ; Migne, t. XIII, col. 1145.

nés à la porte de l'église, mendiant les prières des laïques, ceux dont la fonction était de paraître à l'autel, et d'imposer les mains aux pénitents ? Au témoignage de saint Léon, ils devaient accomplir « des œuvres satisfactoires dans une retraite privée, jusqu'à ce que l'expiation fût suffisante pour en recueillir le fruit [1] ».

Les clercs n'étaient pas les seuls à qui l'on fermât l'entrée de la pénitence solennelle ; sans parler de ceux qui en avaient déjà une fois parcouru la carrière, il y avait d'autres cas d'impossibilité : les soldats en activité de service, les magistrats, les travailleurs dont le rude métier absorbait le temps et les forces, les infirmes, les adolescents, et d'autres encore. Pour tous ceux-là, il n'y avait pas à vouloir éviter que la pénitence secrète ne les désaffectionnât de la pénitence publique, puisque celle-ci n'était pas faite pour eux.

Ainsi l'argument que l'on nous oppose n'est pas concluant. Accordons cependant qu'il renferme une part de vérité : oui, la pénitence secrète a tué, mais à la longue seulement, la pénitence publique, dont le règne mêlé d'inconvénients était fatalement destiné à disparaître. A Constantinople et dans d'autres églises, d'après le récit de Sozomène [2], nous voyons de bonne heure la pénitence solennelle, grâce à l'institution du prêtre pénitencier que l'on devait choisir « prudent et gardien fidèle du secret », nous la voyons se tempérer et se rapprocher de la pénitence secrète. Puis, même sous cette forme adoucie, nous voyons la pénitence publique succomber à un scandale dont elle avait été l'occasion, vers 390, du temps de Nectaire, prédécesseur immédiat de saint Jean Chrysostome. Et qui bénéficie de sa disparition ? La pénitence secrète, que nous ne voyons pas alors instituée par un évêque ou un concile, mais qui avait dû coexister, prête depuis longtemps à recueillir toute la succession, avec ses allures plus simples, son champ plus vaste, ses multiples pardons renouvelés après les rechutes, enfin son adaptation beaucoup plus parfaite à toutes les nécessités. Témoin saint

---

1. « Hujusmodi lapsis, ad promerendam misericordiam Dei, privata est expetenda secessio, ubi illis satisfactio, si fuerit digna, sit etiam fructuosa. » Lettre 167 à Rusticus de Narbonne, q. 2 ; Migne, t. LIV, col. 1203.

2. *Hist. ecclés.*, l. VII, ch. XVI ; Migne, t. LXVII, col. 1457.

Chrysostome, dans ces paroles du même temps, que lui reprochèrent plus tard ses ennemis au concile *Ad quercum* (en 403) : « Si vous retombez dans le péché, avait dit le grand Docteur, recommencez à faire pénitence, et aussi·souvent que vous viendrez à moi, je vous guérirai[1]. » .

Mais la pénitence publique, bien que menacée par sa rivale, ne pouvait-elle provisoirement vivre avec elle le temps relativement court qu'elle a vécu? Elle le pouvait, si l'on tient compte des circonstances favorables. D'abord, elle avait des avantages spéciaux, attraits puissants pour la foi vive des premiers siècles. Seule elle représentait la pleine et entière rémission des péchés, telle qu'elle a lieu dans le baptême : plus de fautes, plus de peines même temporaires, plus de dettes à payer, même après une longue vie de crimes ; la parfaite blancheur, l'innocence restaurée, et, si l'on mourait alors, le libre essor vers les cieux : quel rêve ! Ce rêve, dont le baptême de l'adulte avait vu la réalisation facile sortir doucement du courant limpide de ses eaux, un second baptême, la pénitence solennelle, le réalisait à des conditions bien plus dures, *baptismus laboriosus*, comme disaient les Pères ; mais enfin elle le réalisait. Tout tendait à ce but : les humiliations répétées, les expiations si longues, quoique la rémission du péché et de la peine éternelle puisse se faire en un instant, comme le remarquent les Pères[2]; la valeur satisfactoire de toutes ces pénitences augmentée encore parce que le pouvoir des clefs, en les imposant, leur avait communiqué quelque chose de sacramentel ; enfin, un dernier rite destiné à tout suppléer, à tout effacer, à enlever tout reste de peine, la réconciliation finale et solennelle par l'imposition des mains, car elle semble avoir eu le caractère d'une indulgence plénière, n'ayant pas toujours celui d'une absolution sacramentelle, dans le cas, par exemple, où un diacre, faute de prêtre, allait la donner au moribond[3].

Et voilà bien la pénitence telle que la concevaient ordinairement les Pères : réparation parfaite ; retour au grand jour

1. Harduin, *Concilia*, t. I, col. 1042.
2. Par exemple, saint Léon, lettre à Théodore de Fréjus ; Migne, t. LIV, col. 1011.
3. Saint Cyprien, lettre 12 à son clergé, n. 1 ; Migne, t. IV, col. 259.

du baptême, jour inoubliable en ces temps de baptêmes d'adultes, avec ses belles cérémonies, ses vêtements blancs et ses flambeaux allumés, leur laissant à peu près les mêmes souvenirs qu'à nous le beau jour de la première communion. Voilà pourquoi les Pères font sans cesse ce rapprochement entre la pénitence et le baptême; voilà pourquoi la pénitence solennelle, à l'instar du baptême dont elle est l'image, ne se réitère pas; voilà pourquoi ces saints docteurs donnent tant d'importance à des parties relativement secondaires, c'est-à-dire à la satisfaction, telle qu'elle se pratique dans la pénitence publique, et à la réconciliation finale, les considérant comme essentielles à cet idéal de parfaite réparation qu'ils cherchent à réaliser. Modernes, nous prenons le sacrement par un autre côté : courant au plus pressé, à la rémission de la coulpe et de la peine éternelle, nous laissons dans l'ombre ce qui n'est qu'un luxe de la pénitence. La pleine rémission des peines temporelles qui restent à subir après le pardon divin, l'effet splendide du baptême à reproduire laborieusement dans le chrétien tombé, tout cela touche assez peu la masse des chrétiens de nos jours. Si nous voulons juger avec nos habitudes d'esprit la pénitence solennelle, nous ne comprendrons pas qu'elle pût pratiquement subsister, et nous n'y verrons peut-être qu'une espèce de barbarie primitive, de rigorisme désolant, de despotisme ecclésiastique; si nous entrons, au contraire, dans les idées de ces âges reculés, nous comprendrons pourquoi, dans le langage des Pères, la pénitence publique n'est pas un châtiment que l'Église inflige, mais une grâce qu'elle accorde et qu'elle n'accorde qu'une fois de peur de la déprécier : *caute salubriterque provisum est, ut locus illius humillimæ pœnitentiæ semel in Ecclesia concedatur*[1]. Nous comprendrons pourquoi la pénitence n'était accordée qu'à de vives instances[2]. Nous nous expliquerons pourquoi la grande punition de ceux qui étaient retombés dans un crime capital était de n'être pas admis une

---

1. Saint Augustin, lettre 153 à Macédonius, c. iii; Migne, t. XXXIII, col. 656. — Par le fait même que la pénitence solennelle était une faveur, elle ne pouvait être le seul moyen d'obtenir un sacrement que l'Église a le devoir d'administrer, et dont elle ne dispose pas comme d'une faveur.

2. Morin le prouve par de nombreux documents; *Comment. historico-dogm. de Pœnitentia*, l. IV, c. xvi : cf. l. V, c. xxx.

seconde fois à la pénitence solennelle, d'être jugés indignes d'une telle faveur ; à peu près comme dans un ordre religieux la suprême punition est d'en être exclu, bien que l'exclusion apporte au coupable un genre de vie moins austère. Nous nous expliquerons, enfin, le silence relatif des Pères sur la pénitence secrète, cette autre objection que l'on nous fait.

Peut-être ce silence était-il prémédité ? De même que les Pères, à cause des néophytes et des nombreux catéchumènes qu'ils voyaient dans leur auditoire, évitaient souvent de parler du pouvoir des clefs, ne voulant pas laisser supposer qu'après la grâce incomparable du baptême il puisse être encore question de péché mortel à pardonner[1] ; de même, à ceux qui connaissaient la pénitence solennelle, ne devaient-ils pas cacher, à plus forte raison, la perspective d'une seconde pénitence, d'une pénitence secrète et plus facile, à l'usage de ceux qui auraient abusé de la première ? C'est la remarque de Tournely dans sa dissertation historique sur l'ancienne discipline pénitentielle, et de Collet dans son *Traité de la pénitence* (n. 248). Pour encourager les fidèles à accepter, à désirer les durs labeurs et les humiliations de la pénitence publique, que l'on voulait maintenir malgré tout, ne fallait-il pas jeter le voile d'une obscurité relative sur un moyen plus facile de salut ?

Peut-être, aussi, ce silence était-il instinctif. Quand on conçoit la pénitence comme la concevaient les Pères, sous la forme idéale et parfaite de la pénitence solennelle, où la vertu rémissive du sacrement s'exerçait tout entière, d'instinct on rapporte tout à ce premier concept ; la pénitence secrète n'apparaît pas comme une institution spéciale, comme une seconde espèce de pénitence opposée à la première, mais comme un diminutif, un abrégé, un dérivé de la première. Il n'y a pas dualité de pénitence, mais en quelque sorte unité. Et de fait, on pouvait composer de toutes pièces la pénitence secrète ou privée, en ne prenant que des éléments détachés de la pénitence publique : nous allons le

---

1. Tertull, *de Pœnit.*, c. vii ; Migne, t. I, col. 1240 : « Piget secundæ, imo jam ultimæ spei subtexere mentionem, ne retractantes de residuo auxilio pœnitendi, spatium adhuc delinquendi demonstrare videamur. »

faire voir successivement pour la confession, la satisfaction et l'absolution.

V

Il ne faut pas confondre la confession publique avec la pénitence publique : celle-ci n'exigeait nullement celle-là ; comme le fait bien remarquer M. Boudinhon, « aucun texte ne semble requérir la confession publique de fautes déterminées[1] ». Et même saint Léon, dans un passage célèbre, affirme, au nom de la « règle apostolique », que la confession secrète suffit. Un abus s'était introduit dans deux ou trois provinces d'Italie : quelques rigoristes, quand les fidèles venaient solliciter la pénitence, les obligeaient à remettre une liste de péchés pour être lue en public. Dès que le Pape est averti du fait, il proteste avec force, il prononce les mots de « présomption », d'« usurpation illicite » qu'il faut « détruire à tout prix » ; et il rappelle ce principe absolu et universel : *Reatus conscientiarum sufficit solis sacerdotibus indicare confessione secreta*[2]. Que ce texte regarde la pénitence publique, soit ; il sert du moins à prouver que, d'après l'antique règle des apôtres, dont on ne pouvait s'écarter que par un abus intolérable, l'aveu secret des fautes était admis comme suffisant pour la pénitence publique elle-même ; l'aveu public, s'il était parfois conseillé, n'était jamais imposé. Ainsi la confession secrète, *confessio secreta*, ce premier élément d'une pénitence privée, n'est pas une vaine fiction de notre imagination : elle a toujours existé dans l'Église.

Passons à la satisfaction. Dans la pénitence solennelle, elle comprenait des œuvres de deux sortes : les unes frappaient les regards, comme les prostrations dans l'Église, et semblables cérémonies ; les autres étaient d'une nature plus intime, comme les jeûnes, la récitation de certaines prières. Ces dernières pratiques, détachées de la pénitence solennelle et séparées des premières, qui n'étaient pas nécessaires quand il n'y avait pas eu scandale public, ne s'offraient-elles pas naturellement comme élément satisfactoire, s'il s'agissait

1. *Revue d'Histoire et de Littérature religieuses*, août 1897, p. 325.
2. Lettre 168 aux évêques de Campanie et du Samnium ; Migne, t. LIV, col. 1210.

de constituer une pénitence secrète ? La chose est si claire
que je n'insiste pas.

Reste l'absolution. Or nous pouvons, avec la même facilité,
détacher de la pénitence publique une absolution de nature
à compléter la pénitence privée. Il suffit pour cela de reconnaître qu'au moment où l'on imposait la pénitence solennelle,
on donnait déjà au pénitent bien disposé, qui avait confessé
ses fautes et humblement sollicité la pénitence publique, une
véritable absolution sacramentelle, bien distincte de la réconciliation finale, plus solennelle et par cela même plus
connue, qui ne venait que longtemps après. Cette opinion
très probable, déjà fort bien défendue au dix-huitième siècle
par Eusèbe Amort[1] et d'autres théologiens, a été soutenue au dix-neuvième par le cardinal Wiseman[2], le P. Pal-
mieri[3], le Dr Frank[4], le Dr Bickell[5], et d'autres écrivains
allemands[6]. Je suis heureux de voir M. l'abbé Vacandard la
soutenir aussi, dans un article du Grand Dictionnaire de théologie catholique, dont le premier fascicule vient de paraître
(p. 156 et 160). Je ne m'arrêterai pas à montrer que la pénitence publique débutait par une imposition des mains, accompagnée de la prière du prêtre : nos adversaires eux-mêmes
l'admettent; mais je prouverai brièvement ce qu'ils contestent, le caractère sacramentel de ce rite initial.

D'abord, il n'y a pas de doute pour l'Église grecque. Morin
lui-même, notre adversaire, le reconnaît (liv. VI, ch. xxiv), et
le prouve par les plus anciens livres pénitentiaux des Grecs
qu'il a publiés. — De plus Sozomène (l. c.) nous apprend
que le prêtre pénitentier absolvait les pécheurs avant l'exécution de la pénitence imposée. Quant aux Latins, s'ils
s'étaient vraiment séparés des Grecs en un point aussi important et où l'Église latine se serait montrée bien dure, refusant des années entières l'absolution aux pénitents les mieux

---

1. *Demonstratio critica religionis catholicæ*, p. 235 *sqq*, et dans ses autres
ouvrages.

'2. *Conférences sur les doctrines de l'Église catholique;* conf. XII, *sur les
Indulgences* (dans Migne, *Démonstrations évangéliques*, t. XV, col. 1027).

3. *Tract. de Pænit.*, Append., *de Indulgentiis*, § 2.

4. *Die Bussdisciplin der Kirche*, l. V, ch. vi.

5. *Zeitschrift*. Innsbruck, 1877, p. 414.

6. Le P. Hurter, dans son *Compendium*, n. 501, cite Schmitz et Wildt.

disposés, n'y aurait-il pas eu à ce propos quelques controverses, quelques réclamations? Mais il n'y en a pas trace
dans l'histoire : ce qui est déjà une forte présomption.

Et maintenant, si nous ouvrons les plus anciens livres pénitentiaux des Latins eux-mêmes, nous y trouvons, comme
chez les Grecs, des formules d'absolution semblables pour le
commencement et pour la fin de la pénitence publique : Morin l'avoue encore; mais pour échapper à nos conclusions, il
suppose qu'en récitant ces formules au début de la pénitence publique, l'Église latine n'avait pas l'intention d'absoudre[1]. Cette diversité d'intentions en prononçant des formules identiques n'est-elle pas une invention absolument
gratuite? Comment les évêques, auxquels était réservée
d'ordinaire la réconciliation finale, auraient-ils permis aux
prêtres d'employer auparavant une formule toute semblable
pour ce qui n'eût été qu'une simple cérémonie? Pourquoi
exigeait-on un prêtre pour cette cérémonie; et un diacre
n'aurait-il pas suffi? Pourquoi ce nom d'« absolution», donné
dans plusieurs livres liturgiques à cette prière initiale? Et
que dire de cet *ordo* très ancien, publié par dom Martène[2],
où le prêtre, après avoir interrogé et confessé le fidèle qui
vient demander la pénitence, reçoit cette direction : *Tunc da
ei pœnitentiam secundum quodque peccatum quod peccaverit,
sicut in Pœnitentiali continetur : et post absolvat eum sacer-
dos ne forte ei superveniat subitanea mors, et ligatus de hoc
sæculo abscedat ?*

Enfin nous trouvons aussi chez les Pères latins de précieuses indications. J'emprunte à M. Vacandard deux exemples. « Saint Augustin[3], à l'heure de la persécution, blâmait
ses prêtres de déserter leur poste, pendant que les uns demandaient le baptême, d'autres la réconciliation, d'autres
l'imposition de la pénitence, *pœnitentiæ ipsius actionem*, tous
la consolation et l'administration des sacrements. Pourquoi
Augustin distingue-t-il entre la *réconciliation* et l'*action de
la pénitence* (imposition de la pénitence)? Dans quel but les
pécheurs réclamaient-ils à grands cris, non pas la réconci-

---

1. *Comment. de Pœnit.*, l. IX, c. xxxii.
2. *De antiquis Ecclesiæ ritibus*, l. I, c. vi, art. 7 ; Ordo X.
3. Lettre 228 à Honorat, n. 8 ; Migne, t. XXXIII, col. 1016.

liation, mais simplement la pénitence, si ce n'est pour obtenir, au moins dans une certaine mesure, l'absolution sacerdotale ?... Un peu plus tard, le pape Célestin I⁽ᵉʳ⁾ († 432) s'adressant aux évêques des provinces de Vienne et de Narbonne, blâme les prêtres et les évêques qui refusent la pénitence aux moribonds, et il les accuse d'être les meurtriers des âmes. *Quid hoc ergo aliud est, quam morienti mortem addere, ejusque animam sua crudelitate, ne absolvi possit, occidere... Salutem ergo homini adimit, quisquis mortis tempore petenti pœnitentiam denegarit*[1]. Il n'est pas question, dans ce texte, de la réconciliation proprement dite ; l'auteur ne parle que de l'admission à la pénitence, et cependant il semble que l'absolution y soit attachée, *ne absolvi possit.* »

Voilà donc tous les éléments d'une pénitence secrète administrée par l'Église : confession secrète, où l'on impose des œuvres satisfactoires, moins considérables, toutefois, moins visibles, que celles qui caractérisent la pénitence publique ; et avec cette imposition de la pénitence, une absolution, empruntée elle aussi au début de la pénitence canonique, et très distincte de cette réconciliation finale, qui achevait de donner son caractère propre à la pénitence solennelle, et qui n'avait pas d'analogue dans la forme secrète ou privée. — Voulez-vous maintenant voir fonctionner dans sa réalité historique la pénitence ainsi composée ? Transportez-vous par la pensée à ce lit de mort, par exemple, dont parlait tout à l'heure saint Célestin Iᵉʳ. Sous peine d'être un meurtrier des âmes, il faut, dit le Pontife, accorder au pécheur contrit la pénitence demandée : sera-ce la pénitence solennelle, avec ses cérémonies à l'église, et ses stages successifs durant des mois et des années ? Mais quelle absurdité ! Le pénitent ne peut quitter son lit d'agonie, et il va mourir. Il faut absoudre, dit le Pape : s'agit-il de la réconciliation solennelle donnée par l'évêque à la fin de la pénitence publique, en présence de tous les fidèles ? Mais ni cette réconciliation, ni la pénitence qui doit la précéder, n'est possible : il s'agit donc d'une autre absolution. Voilà la pénitence secrète prise sur le fait, dans un texte de Père.

---

1. Migne, t. LVI, col. 576.

En voulez-vous un autre exemple, pris en dehors des moribonds ? Rusticus, évêque de Narbonne, a posé à saint Léon une série de questions : la dernière porte sur des enfants baptisés, emmenés en captivité par des païens, et qui, revenus en pays chrétien, demandent à être admis aux sacrements. Le saint Pontife répond : « S'ils ont adoré les idoles, ou commis des homicides, ou des fornications, il ne faut les admettre à la communion qu'en les faisant passer par la pénitence publique[1]. » Nous retrouvons en ce passage, comme en beaucoup d'autres textes, les trois espèces de crimes seuls soumis à la pénitence solennelle. Ces péchés canoniques mis à part, « s'ils ont seulement (dit saint Léon) commis la faute de prendre part aux festins des Gentils et aux viandes immolées aux faux dieux, ils peuvent être purifiés par des jeûnes et par l'imposition des mains[2] ». Qu'est-ce que cette imposition des mains faite dans le but de purifier du péché, si ce n'est une forme de pénitence administrée par l'Église? Ce n'est pas d'ailleurs la pénitence publique, puisqu'elle lui est formellement opposée. C'est donc une pénitence privée ; et, comme nous le disions, elle est formée de quelques éléments empruntés à la pénitence publique, des jeûnes, une imposition des mains qui purifie, par conséquent une absolution sacramentelle.

<h2 style="text-align:center">VI</h2>

On mène grand bruit autour de deux ou trois passages où saint Augustin, énumérant les diverses espèces de pénitence, outre celle du baptême, n'en mentionne que deux : 1° La pénitence solennelle ; 2° le *Dimitte nobis debita nostra*, la prière par laquelle nous obtenons, sans intervention du pouvoir des clefs, la rémission des péchés quotidiens ou fautes vénielles. Il semble ainsi exclure la pénitence dont nous parlons. Mais, après ce que nous avons dit, ne peut-on supposer qu'il la rattache, comme une forme simplifiée, à la pénitence solennelle administrée par l'Église? Dans un des passages objectés[3], parlant brièvement aux catéchumènes des

1. Lettre 168 ; Migne, t. LIV, col. 1209.
2. « Possunt jejuniis et manus impositione purgari. »
3. Serm. 1, *de Symbolo ad catechumenos*, c. vii ; Migne, t. XL, c. 636.

moyens de purification, ne pouvait-il se borner à leur rappeler ceux qu'ils connaissaient déjà, c'est-à-dire le baptême auquel on les préparait, l'oraison dominicale qu'on leur faisait réciter et qui efface les péchés véniels, enfin cette pénitence publique qu'ils avaient sous les yeux ?

Ailleurs il sera plus complet : ainsi dans l'Enchiridion, après avoir parlé des péchés véniels : « Pour la rémission des crimes dans la sainte Église, dit-il, on ne doit pas désespérer de la miséricorde de Dieu, quand on en fait pénitence suivant le mode spécial de chaque péché, *secundum modum sui cujusque peccati*[1]. » La pénitence publique est le principal de ces modes : son but propre, comme il l'ajoute aussitôt, est, quand il y a eu scandale, de faire réparation non seulement à Dieu, mais encore à l'Église, *ut fiat satis etiam Ecclesiæ*. Donc, quand il n'y a pas de scandale public à réparer, le saint Docteur laisse entrevoir pour les péchés graves un autre mode de pénitence, et de pénitence administrée par l'Église ; car il a soin d'ajouter que la rémission des péchés ne se fait que par elle.

La même pensée se fait jour dans le sermon 351 que l'on nous objecte. Tout fidèle coupable de fautes mortelles (*implicatus mortiferorum vinculis peccatorum*) est justiciable du pouvoir des clefs, et doit en recevoir son mode de pénitence ; mais il ne recevra la pénitence publique qu'en cas de scandale très grave et, quand il y aura utilité, au jugement de l'Église. *Veniat ad antistites, per quos illi in Ecclesia claves ministrantur, et... a præpositis sacramentorum accipiat satisfactionis suæ modum...; Ut, si peccatum ejus non solum in gravi ejus malo, sed etiam in tanto scandalo aliorum est, atque hoc expedire utilitati Ecclesiæ videtur antistiti, in notitia multorum vel etiam totius plebis agere pœnitentiam non recuset*[2]. Et bientôt après il explique aux fidèles qu'ils ne doivent pas se scandaliser quand ils voient, sans aucune pénitence publique, des hommes qu'ils savent criminels approcher de l'Eucharistie. « L'Église, dit-il, en ignore plusieurs ; elle en tolère plusieurs comme Jésus a toléré Judas ; elle en corrige plusieurs comme Jésus a corrigé saint Pierre »,

---

1. Enchir. *de Fide, spe et carit.*, c. LXV ; Migne, t. XL, c. 262.
2. Serm. 351, n. 9 ; Migne, t. XXXIX, col. 1545.

c'est-à-dire en secret : *multi corriguntur ut Petrus;* voilà la pénitence secrète administrée par l'Église.

Qu'on veuille bien m'excuser de tant insister sur les textes augustiniens; mais ils sont le principal fondement des objections de M. Boudinhon[1] et de M. Vacandard[2]. Je le répète, le saint Docteur reconnaît certainement un milieu entre la pénitence publique et la simple prière qui efface les fautes quotidiennes, un milieu entre les péchés canoniques et les péchés véniels. Déjà Tertullien avait divisé les péchés des fidèles en trois espèces, les *majora*, les *media* et.les *minuta ;.* saint Augustin, reprenant cette division[3], place d'abord certains péchés si graves, qu'ils méritent l'excommunication : *quædam ita gravia, ut etiam excommunicatione plectenda sint* Viennent ensuite d'autres péchés qui ne sont pas soumis à une pénitence aussi humiliante, qui ont leurs remèdes spéciaux dans lesquels entrent des corrections, des réprimandes, sans doute les réprimandes du ministre de l'Église : *quædam non ea humilitate pœnitentiæ sananda, qualis in Ecclesia datur eis, qui proprie pœnitentes vocantur, sed quibusdam correptionum medicamentis.* Ces « corrections » rappellent le *Multi corriguntur ut Petrus*[4]. Viennent enfin les péchés véniels, *sine quibus hæc vita non agitur*, et qui ont pour remède quotidien l'oraison dominicale. Mais ailleurs le même Père, réunissant la première et la seconde catégorie, rattache toute rémission d'un péché mortel quelconque à ce qu'il appelle *actio pœnitentiæ* : cette pénitence, ainsi élargie, n'est plus la pénitence solennelle toute seule, mais se confond avec la pénitence des clefs, avec la pénitence administrée par l'Église; ainsi dans le sermon 351, n. 7[5], après avoir parlé de la pénitence qui accompagne le baptême des adultes, puis de la pénitence des péchés véniels, il dit : *Tertia* (pœnitentia)

1. *Revue d'Histoire et de Littérature religieuses,* août 1897, p. 332.
2. *Revue du Clergé français,* septembre 1898, p. 9 ; et février 1899, p. 405.
3. *De fide et operibus,* c. xxvi ; Migne, t. XL, col. 228.
4. Un passage (chap. xiii) de *la Vie de saint Hilaire d'Arles,* écrite par un de ses disciples, emploie cette même idée de correction pour désigner l'exercice du pouvoir des clefs : « Quotiescumque pœnitentiam dedit, sæpe die dominico ad eum turba varia confluebat; volabat ad *ejus castigationem* quicumque adesse volebat; lacrymarum se imbribus eluebat », etc. Migne, t. L, col. 1233.
5. Migne, t. XXXIX, col. 1542.

actio est penitentiæ, quæ pro illis peccatis subeunda est, quæ Legis decalogus continet, et de quibus Apostolus ait : « Quoniam qui talia agunt, regnum Dei non possidebunt » (Gal., v, 21). Ces péchés, Augustin veut qu'on les soumette tous au pouvoir des clefs : l'Église jugera et imposera la pénitence solennelle dans certains cas seulement (*l. c.*, n. 9). La collation de tous ces textes montre suffisamment sa pensée.

VII

Sans doute, nous aimerions à rencontrer chez les Pères plus de détails sur cette pénitence secrète, sur la manière de l'administrer, sur la formule d'absolution dont on se servait. Mais leur réserve s'explique : sans compter les raisons spéciales, données plus haut, de laisser cette sorte de pénitence dans une obscurité relative, il faut bien reconnaître que la loi du secret a retenu les Pères dans une grande discrétion à propos des sacrements, quels qu'ils soient. Pas un d'entre eux ne nous a laissé par écrit la moindre forme sacramentelle. Rien dans leurs livres qui ressemble à un chapitre de théologie morale, ou à une page de rituel. A ce silence général, il faut bien reconnaître qu'une certaine discipline du secret protégeait la partie du moins la plus intime des sacrements, et que ce n'est pas là une invention des théologiens en détresse. Saint Justin, objecte-t-on, a bien décrit l'Eucharistie dans son Apologie aux empereurs! Oui, mais par son côté extérieur seulement; et il était forcé de la défendre contre les calomnies des païens, qui en faisaient un égorgement d'enfants et un repas de cannibales; nulle calomnie païenne n'a amené nos apologistes à parler de la pénitence.

La pénitence publique, bien que mise en lumière par sa nature même, ne nous est pourtant connue que par de simples allusions des Pères ; ils n'ont pas écrit là-dessus l'ombre d'un traité didactique : de là, sur là pénitence solennelle, les nombreuses hypothèses des érudits; de là, à partir du dix-septième siècle, leurs controverses sans fin, renouvelées de nos jours et roulant sur quelques textes toujours les mêmes. Telles sont les données parcimonieuses des Pères sur la pénitence publique. Et l'on voudrait, pour admettre l'existence d'une pénitence secrète, forme secondaire et simplifiée qui attirait beaucoup moins les regards, on voudrait la trouver expliquée par les Pères comme elle l'est aujourd'hui dans nos catéchismes et nos sermons? Les Pères avaient ordinairement des auditoires mêlés de fidèles et de catéchumènes, à une époque où l'on différait beaucoup de se faire baptiser. Ces nombreux catéchumènes n'avaient rien à faire avec la confession et le pouvoir des clefs. L'orateur, quand il voulait parler de la pénitence et de l'expiation des péchés, était donc amené à traiter plutôt ce qui était commun aux divers groupes de son auditoire, et utile à tous, je veux dire la contrition intérieure et ses signes extérieurs, l'humble prière faite à Dieu, le changement de la vie : d'autant plus que la contrition peut suffire à la rémission des péchés avant le sacrement lui-même, et que cette pénitence non sacramentelle est la seule que décrivent les textes de la Bible, où les Pères trouvaient la substance de leurs homélies; par exemple, les exhortations des prophètes à la conversion, et les cris de douleur de David pénitent.

' Les plus anciens livres liturgiques que nous ayons, dit-on encore, sont muets sur la pénitence privée. Mais puisque celle-ci ne faisait qu'emprunter à la pénitence solennelle l'oraison avec imposition des mains qui inaugurait la pénitence, et qui était, nous l'avons vu, une véritable absolution sacramentelle, la difficulté tombe d'elle-même.

On se plaint aussi de ne pas trouver dans la vie des saints évêques d'alors leurs « séances de confessionnal ». Je ne pense pas que l'on réclame le meuble, il n'est pas de l'essence du sacrement. Quant aux séances de confession, où ils accueillaient l'un après l'autre les pénitents qui affluaient en foule, et qui n'étaient certes pas tous destinés à la pénitence solennelle, est-il bien vrai que l'antiquité n'en parle pas? N'avons-nous pas cité plus haut, sur saint Ambroise et saint Hilaire d'Arles, des récits contemporains? Bien des évêques, d'ailleurs, ont pu être trop occupés pour vaquer à ce ministère, ils ont pu le laisser à un prêtre pénitencier, ou à d'autres prêtres. Enfin ces anciennes Vies de saints ne disent pas tout, elles omettent volontiers ce qui est ordinaire et com-

mun, quoique important de sa nature. Par exemple, parlent-
elles davantage des rapports de ces saints évêques avec l'Eucharistie? On en chercherait en vain la mention dans la Vie
assez détaillée de saint Augustin, écrite par Possidius ; et
pourtant personne ne fait de ce silence un argument contre
l'Eucharistie. « Ces anciens hagiographes, observe ici le
P. Francolini[1], avaient pour premier souci d'être courts, en
vue de ne pas donner trop de peine au copiste, ou au lecteur.
Au contraire, les récents biographes semblent avoir pour premier principe d'écrire beaucoup. De là vient que souvent la
vie d'un grand homme d'autrefois tient dans une petite page,
tandis qu'un énorme volume suffit à peine à contenir la vie
d'un bon chrétien de nos jours. » Il écrivait ces lignes au
dix-huitième siècle : le dix-neuvième n'a rien changé.

Est-ce à dire que si quelqu'un de ces anciens Pères revenait visiter nos églises, il ne verrait aucune notable différence dans l'administration de ce sacrement? Non, certes ; car
il ne tarderait pas à s'apercevoir que la pénitence secrète a
pris un grand développement, non seulement par la suppression de la pénitence solennelle, mais encore et surtout par la
coutume de confesser les péchés véniels, coutume qui n'existait pas ou presque pas, dans les premiers siècles. Nous
voyons les Pères assigner aux péchés véniels d'autres remèdes que la confession ; et aujourd'hui encore, la confession
des fautes vénielles reste purement facultative. Seulement
aujourd'hui elle est fort en usage, ce qu'il ne faut point
blâmer[2]; alors, les pieux fidèles, et même les saints dont on
nous a conservé la vie, n'ayant pas commis de péché mortel
depuis le baptême qu'en général ils avaient reçu assez tard,
ne se confessaient jamais, à l'exception peut-être de ceux qui
habitaient les monastères, d'après certains textes de saint
Basile[3]. Saint Alphonse de Liguori admet lui aussi que l'usage

1. *De Disciplina Penitentiæ*, l. II, c. VI. Le P. Francolini, jésuite romain,
infatigable adversaire du rigorisme janséniste, a fort bien expliqué le caractère véritable de la pénitence publique, surtout dans son ouvrage intitulé :
Vcteris Ecclesiæ severitas à calumniis vindicata.

2. Voir le concile de Trente, sess. XIV, ch. V; la bulle de Pie VI, *Auctorem
fidei*, condamnation de la proposition 39.

3. Voir le Dr Jungmann, *Dissertæ select. in hist. ecclesiast.*, t. II,
p. 184.

de confesser les péchés véniels n'existait pas avant le hui-tième siècle[1].

Pour les péchés mortels, l'obligation de la confession exis-tait, sans doute ; mais beaucoup de fidèles, paraît-il, n'en te-naient pas compte en pratique, et, sans être purifiés par la pénitence, se joignaient les jours de fêtes à la grande foule qui s'approchait de la sainte table : saint Jean Chrysostome s'en plaint publiquement, le jour de l'Épiphanie[2]. Peut-être les fidèles, ainsi que le conjecture Francolini, prirent-ils cette habitude au temps des persécutions, à cause de la diffi-culté de trouver alors des ministres de la pénitence ; et ce qui avait pu être d'abord une nécessité, devint plus tard un abus, lent à disparaître. Nous voyons quelque chose de sem-blable pour le baptême : l'Église avait dû le différer souvent, et ne le donner qu'avec une grande circonspection, en ces jours où tout chrétien devait être un martyr : de là, plus tard, chez les catéchumènes, l'habitude de retarder indéfiniment le baptême, abus qui régna longtemps.

Ces grandes différences que nous voyons dans la manière d'agir, quand nous comparons l'époque des Pères et la nôtre, achèvent de nous expliquer pourquoi la pénitence secrète figure si peu dans les anciens textes. Arrêtons là cette étude, déjà trop longue : puisse-t-elle suggérer à de plus savants que nous l'utile projet d'élucider une question si grave et si difficile !

Stéphane HARENT, S. J.

---

1. *Sulla materia della communione frequente.* Voir les Bollandistes, au 22ᵉ jour d'octobre, p. 722.

2. *Hom. de baptismo Christi*, n. 4 ; Migne, t. XLIX, col. 369.

FIGURES DE SOLDATS[1]

V. — LE DERNIER MARÉCHAL DE FRANCE

CANROBERT (1809-1895[2])

I

Le 27 juin 1809, entre Essling et Wagram, naissait dans la petite ville de Saint-Céré (Lot) celui qui devait être le dernier maréchal de France. *François Certain-Canrobert*, d'une famille toute militaire, avait pour cousin germain Marcellin Marbot, l'auteur des *Mémoires*, et il faillit l'avoir pour parrain. Marbot écrivit des bords du Danube qu'il donnait à son soi-disant filleul le nom de Marcellin ; mais celui de François l'emporta.

L'enfant grandit dans un milieu de transition sociale très caractérisé. La Révolution avait créé ces contrastes ; l'Empire les accentuait et le temps seul aurait le pouvoir de les effacer. Le père de François est le type parfait de l'émigré. Agé alors de cinquante-cinq ans, chevalier de Saint-Louis et pensionné par Louis XVIII comme capitaine en retraite, Antoine de Canrobert de Certain avait été, en 1782, un beau lieutenant, à l'air martial, dont la brillante tenue avait frappé le grand-duc Paul de Russie, de passage en France. « Je ne souhaiterais pas à la Russie beaucoup d'ennemis comme vous », lui avait dit aimablement le prince[3]. Capitaine peu après au régiment de Penthièvre-Infanterie, démissionnaire en 1791, volontaire à l'armée de l'émigration, puis chouan en Vendée sous un costume de cultivateur et le nom de *Belerose*, emprisonné au Temple à la suite de l'attentat de la machine in-

---

1. V. *Études*, 20 janvier et 20 mars, 5 juin et 5 août 1899.
2. Germain Bapst, *le Maréchal Canrobert. Souvenirs d'un siècle*. Paris, Plon, 1898. In-8. Tome I (seul paru) ; — Louis Martin, rédacteur au ministère de la Guerre, *le Maréchal Canrobert* (2ᵉ édit.). Paris, Charles-Lavauzelle. In-8 ; — G. Félix, *le Maréchal Canrobert*. Tours, Cattier. In-8 ; — Commandant Grandin, *Canrobert*. Paris, Haton. In-8.
3. Martin, 7.

fernale, il fut, au bout de sept mois, mis en liberté et retourna à Saint-Céré, surveillé par la police que dirigeait Fouché.

Sans s'être rallié à l'Empire, sans avoir rien compris au bouleversement qui avait nivelé et fusionné les classes de l'ancienne société française, il mourut en 1824. En ses dernières années, il s'était donné, avec son entourage d'amis, l'illusion de se croire revenu à l'ancien régime. C'était de la meilleure foi du monde, et quelque opinion que l'on ait sur les idées politiques de cette génération, l'on éprouve une sorte de respect attendri à voir ces hommes d'autrefois échappés à tant de souffrances, se retrouver en commun au foyer désolé de leurs aïeux et y revivre de leurs souvenirs.

Il y avait à Saint-Céré, disait le maréchal Canrobert, quinze chevaliers de Saint-Louis, presque tous fort pauvres, comme mon père. Trois seulement avaient de la fortune, et chaque dimanche, l'un de ces trois seigneurs recevait dans un grand dîner ses confrères; c'était chaque semaine une fête pour ces vieux officiers de l'armée royale. Celui des trois richards qui traitait le mieux ses camarades était le marquis de La Rochebelle. Quoique presque tous eussent été ruinés par la Révolution, ils demeuraient gais, et l'on trouvait à leur réunion l'étiquette et la distinction des salons du dix-huitième siècle. La galanterie n'en était pas non plus exclue, et les dames y assistaient. Aussi ces vieux militaires et ces anciens hobereaux arrivaient encore, en se privant beaucoup, à écouler leur existence sans travailler; car, pour eux, le travail eût été une dérogation à leur noblesse, et ils y tenaient plus qu'à leur bien-être.

Mon père portait la queue avec des cheveux blancs frisés en touffes de chaque côté de la figure. Un de ces vieux chevaliers de Saint-Louis, M. du Montet, qui, lui aussi, portait la queue, avait encore conservé le costume du dix-huitième siècle; je ne l'ai jamais vu qu'avec un chapeau à trois cornes, comme ceux de l'armée française du temps de Louis XVI [1].

Mais chaque famille reflétant pour sa part l'état général du pays, l'esprit libéral et ensuite napoléonien était entré chez les Canrobert par leur alliance avec les Marbot. Une sœur du gentilhomme royaliste avait épousé le général Jean-Antoine Marbot (1754-1800), père du mémorialiste. Pour la seconde génération des Canrobert, celle du maréchal, l'empereur a remplacé le roi. Des deux frères, l'aîné passé par l'école militaire de Fontainebleau, fait la campagne de 1813, est pris

1. Bapst, 13.

par les Russes, rentre en France en 1814, et, à peine a-t-il appris à Saint-Céré, où il se remet de ses blessures, le débarquement de Bonaparte au golfe Juan, qu'il part malgré son père, suit les aigles impériales, et va se faire casser la tête à la bataille de Ligny. Son père défendit que l'on prononçât jamais son nom devant lui.

Le cadet, ce François qui nous occupe, avait eu pour jouets les pistolets et les fleurets du grand frère. Ses yeux s'étaient ouverts sur le plumet rouge de son shako et les épaulettes d'argent de son uniforme bleu. Tout jeune, comme Louis de Bourbon-duc d'Enghien, le futur grand Condé, exerçait militairement et haranguait les enfants de Saint-Amand, sur les pentes du château de Montrond, le petit Canrobert organise une garde nationale enfantine avec ses camarades et s'en proclame le colonel. Son premier tambour, le paysan Tugniet, du même âge, lui a survécu.

Ces montagnes du Quercy semblaient faites exprès pour les manœuvres de la petite troupe. Les chasseurs alpins ne font pas mieux de nos jours. Forêts épaisses, montagnes abruptes aux contours enchevêtrés. Quelle fête pour le gentilhomme campagnard et ces gamins de village de grimper aux arbres, de se laisser glisser sur l'herbe ou sur les cailloux !

Que de fois sommes-nous revenus avec des horions et nos habits en lambeaux ! On nous grondait bien un peu. Mais qu'était-ce à côté des bonnes parties que nous faisions ? En hiver, la neige était profonde dans ces vallées, nous y enfoncions jusqu'aux genoux; mais cela ne nous retenait pas plus que les ardeurs du soleil brûlant ne nous arrêtaient en été... Quelquefois nous allions en excursion dans les ruines du château féodal de Castel-Bretonneux, que l'on disait avoir appartenu à Brunehaut. Nous montions la gorge rocailleuse, ombragée de grands ormes, qui menait jusqu'au pont-levis. Nous parcourions alors les salles du château, ces salles immenses au plafond éventré, aux murs couverts de plantes. Un de nos grands amusements consistait, lorsque nous avions fait beaucoup de tapage dans un coin de ces ruines, à arriver à pas de loup dans une cour d'angle qui regardait la Dordogne, et à en faire envoler toute une nuée de ramiers qui y avaient établi leur demeure [1].

Ne pourrait-on pas intituler ce chapitre : Comment on

1. Bapst, 7.

devient soldat? Ajoutons que si le corps de l'enfant ac-
quérait endurance et souplesse grâce à ces exercices violents, si cette vie au grand air par les températures les
plus opposées le préparait à supporter le soleil d'Algérie
et les froids de Crimée, sa volonté se formait à la discipline sous l'action de l'autorité paternelle. « Mon père,
écrit-il, m'avait toujours habitué à une obéissance passive,
sans jamais me permettre ni réplique ni observation [1]. » On
était loin en ce temps-là de prôner l'éducation par le sentiment de l'indépendance et par l'esprit d'initiative. Était-ce
un bien? Assurément ; mais peut-être, dans le cas présent, y
eut-il excès. L'enfant, ainsi façonné dès le bas âge, se plia
plus aisément et plus vite au règlement du collège et à celui
de l'école. Il était d'ailleurs d'une nature plutôt douce et
flexible, et l'habitude lui dura toujours, il s'en vante, de ne
jamais discuter un ordre et de se persuader que quiconque
manquait aux prescriptions d'un supérieur méritait une punition.

« Dans une armée, dira-t-il au Trianon, et ce mot un de ses
historiens l'a pris pour son épigraphe [2], il y a un chef et des
soldats; qu'ils s'appellent maréchal ou tambour, ce sont les
soldats du général en chef. » C'est parfait, à condition toutefois que le général en chef ne s'appelle point Bazaine et
que la scène ne se passe point à Metz. Si quelque chose a
manqué à Canrobert, c'est plus d'énergie et de décision aux
heures critiques.

A neuf ans, son père le jugea capable d'entrer au collège,
sella un mauvais bidet et le conduisit à la diligence de
Brives-la-Gaillarde. Sur sa feuille de route le maître de
poste écrivit : « A la garde de Dieu et sous la conduite du
conducteur. » A Paris, il ne trouva point Marcellin Marbot.
L'auteur des Mémoires expiait dans l'exil la faute d'avoir, au
temps des Cent jours, soulevé Valenciennes en faveur de
l'empereur. Mais Marbot avait à Paris un frère, nommé

1. Bapst, 41.
2. M. Louis Martin. — Voir aussi Bapst, xii, où le vieux maréchal fait
cette déclaration : « Le principe de toute ma vie a été *le respect de l'autorité*; j'ai agi en toutes circonstances suivant la discipline la plus stricte,
ne discutant jamais les ordres de mes supérieurs et les exécutant de mon
mieux. »

Adolphe, qui se chargea de piloter le petit cadet de Gascogne, nouveau venu dans la vaste capitale.

L'*Hôtel de la Grande Cité* ne logeait guère que des officiers
en demi-solde. Aux murs on voyait le portrait de Napoléon,
ou *la Mort de Poniatowski*, d'Horace Vernet. Paris était ta-
pissé de gravures représentant les grenadiers à Waterloo.
Libraires, marchands d'estampes, brocanteurs et papetiers
exhibaient tous à leur devanture Cambronne et la vieille
garde. Les magasins de bric-à-brac, ce qui frappa beaucoup
l'enfant déjà prédisposé à cette admiration, regorgeaient à
leur étalage de shakos ramassés sur les derniers champs de
bataille. Il contempla la colonne Vendôme, écouta au Car-
rousel une perruche qui criait encore *Vive l'Empereur*, et
partit pour Senlis, où de la cocarde tricolore il passait au
drapeau blanc.

En cette ville, si pittoresque avec ses hauts clochers visibles de Chantilly, le vieux prince de Condé avait fondé, dans
l'ancienne abbaye Saint-Vincent, une école militaire pour
les fils des chevaliers de Saint-Louis. Ce fut un de nos meilleurs établissements de ce genre. Le prince s'y intéressait
vivement. Un jour on mena les élèves au château ; ils furent
reçus dans la Galerie des batailles par « un vieux monsieur,
aux cheveux poudrés, à la figure ronde et assez montée en
couleur, qui portait un habit chamois [1] ». Chaque enfant défi-
lait devant lui, et l'ancien commandant en chef de l'armée des
émigrés disait à chacun d'eux : « J'ai connu ton papa ; tu
feras comme lui un loyal officier. » Soixante ans après, Canrobert visitait pour la seconde fois le château de Chantilly ;
un autre prince le conduisait qui lui aussi parlait de guerre
et d'exil : c'était le duc d'Aumale faisant au maréchal les
honneurs de sa royale demeure.

Une autre fois, vers 1821, le vrai Marbot, le cousin Marcellin, venait voir, à son retour d'Allemagne, le pensionnaire de Senlis. Quelle fête et quel dîner d'auberge ! Trois
ans après, le petit Canrobert perdait son père et n'avait pas
de quoi faire le voyage de Quercy. Que faire ? Napoléon Ier,
mort le 5 mai 1821, avait légué cent mille francs à Marbot,

1. Bapst, 21.

pour lui témoigner sa reconnaissance de ses beaux ouvrages d'histoire militaire. Sur les cent mille francs, Marbot en donna deux cents à son cousin, qui se rendit à Saint-Céré. Au retour de celui-ci, l'école de Senlis fut transférée à Vaugirard, chez l'abbé Groult d'Arcy. Canrobert y fit sa première communion. Il parle de ce grand jour avec émotion, et témoigne partout, dans ses Souvenirs dictés à M. Germain Bapst, des sentiments religieux les plus profonds et les plus sincères.

Son amitié avec Marbot tournait à l'intimité. Il passait chaque année ses vacances chez l'ancien colonel de Waterloo. On en vint à une leçon de choses. Faut-il citer l'histoire de ce bain dans la Marne, où le guerrier de la Bérésina révéla à son jeune disciple le revers des gloires militaires, dans un costume qui rappelait celui de Macdonald traversant l'Elster après la bataille de Leipzig, et avec des détails dignes d'un conseil de revision?

Je vis que son corps était comme une passoire. Rien ne m'intéressait comme de retrouver en quelque sorte écrits sur lui ces fameux Mémoires qui ont eu depuis tant de succès, et que Marbot n'avait pas encore rédigés. Je l'interrogeai sur ces cicatrices, et il me parla surtout de ce *douro*, pièce de monnaie espagnole, plus large qu'un écu, qu'il avait reçu dans les côtes à Saragosse..... Puis il me montra aussi la cicatrice de la flèche qu'un Baskir venu des rives de l'Amour lui avait décochée sur le genou à Leipzig; c'était celle de ses blessures qui l'avait fait le plus souffrir. Il ne se doutait pas qu'un jour un écrivain dirait de lui : « Tout ce que l'industrie humaine a produit en différentes guerres a été épuisé sous forme de projectiles pour venir frapper son corps. »

Oublions le réalisme de ce tableau et n'en retenons qu'un trait. Marbot fut le père adoptif du jeune Canrobert, son protecteur et presque son idole. Comme Marbot avait aimé et servi l'empereur, Canrobert s'attacha à Marbot. L'un procède de l'autre.

D'autres grands soldats de l'Empire, réunis pour le sacre de Charles X, défilèrent un jour devant ses yeux émerveillés et firent tressaillir au fond de son cœur tout ce qu'il y avait en lui de fibres militaires. Au milieu d'un triomphant cortège il voyait caracoler tout chamarrés d'or et salués par la sympathie de la foule, Victor, Moncey, Macdonald, Suchet, Mortier, « les héros de nos gloires nationales », comme il les

appelle[1], et, cramponné pour les mieux dévorer du regard,
à un barreau de grille, il sentit son âme s'enthousiasmer à la
pensée de servir et d'honorer comme eux son pays.

Le 19 novembre 1826, il entrait à l'École royale spéciale
de Saint-Cyr, et, du jour de son entrée, passait élève du roi.
La deuxième année il fut nommé caporal et reçut ses galons
de laine rouge de la main du duc de Bordeaux. Il sortit de
l'école avec le numéro 18, ce qui, en temps ordinaire, lui eût
permis d'entrer dans l'état-major. Ayant à opter seulement
entre la cavalerie et l'infanterie, il choisit, faute de fortune,
et non sans regret, cette dernière arme. Plus tard, au contraire, il se félicita d'avoir servi dans l'infanterie, les chances
de combat et, par suite, d'avancement, y étant plus fréquentes. Une fois chef de bataillon, il eut des commandements indépendants et fut favorisé par la chance en Algérie.

Sous-lieutenant d'abord au 47e de ligne, il mène la vie de
garnison à Lorient et à Belle-Isle. C'est un officier rangé et
studieux. Sa bourse est trop maigre pour qu'il puisse aller
dans le monde ; mais quel bon emploi il fait des trois cents
francs que lui a envoyés sa mère ! A ce sujet eut lieu un
échange touchant et presque un assaut de générosité entre
elle et lui. Enfant ou jeune homme il n'avait guère eu le
temps de connaître Mme de Canrobert. Il lui gardait seulement de loin un culte respectueux, la regardant comme une
sainte, et s'étonnant qu'avec ses quatorze cents francs de
rente la modeste châtelaine du Quercy trouvât encore moyen
de faire de nombreuses aumônes. Ce 47e était un régiment
modèle sous le rapport de l'union entre officiers. Le colonel,
un légitimiste, les commandants et les capitaines, bonapar-
tistes à tous crins, tous gens d'honneur et de dévouement
bien que d'éducation inégale, formaient les membres d'un
seul corps, et l'attachement au chef était absolu. Canrobert,
chaque fois qu'il relisait le portrait de l'officier d'infanterie
tracé par le général Foy, y retrouvait l'image de ses camarades.

Fils, pour la plupart, du laboureur et de l'artisan, leur existence
était tissue de privations ; sobres, braves, simples, désintéressés, mar-

1. Bapst, 31.

chant à pied à la tête de leurs soldats et leur donnant tous les beaux
exemples, la plupart d'entre eux devaient tomber ignorés dans quelque
combat lointain ou sur quelque grand champ de bataille; soutenant
tout avec leurs armes et ne profitant presque jamais de rien, ils étaient
les vrais martyrs du devoir et de la résignation. Que de beaux caractères dans cette race d'hommes que l'on ne louera jamais assez [1] !

Les grognards de l'Empire, pour qui Napoléon était toujours un dieu, inspirèrent à Canrobert ce principe que hors
la foi dans le général en chef il n'y a point de salut.

Mais cet axiome ne lui suffisait pas. Il lisait et étudiait.
Avec deux cents francs du cadeau de sa mère, il s'était empressé d'acheter un choix d'ouvrages militaires, qui se trans-
forma en une véritable bibliothèque payée sur les économies
de sa solde. Jusqu'à l'âge de vingt-six ans il ne cessa de
s'adonner à la lecture et à l'étude, dédaigneux de la politique et des journaux. Aussi ses Souvenirs, bien que retou-
chés par M. Bapst, qui les a recueillis de sa bouche et
presque écrits sous sa dictée, sont-ils d'un esprit cultivé. On
y rencontre même de curieuses échappées de poésie, des
descriptions variées et pittoresques. En même temps il est
servi par une mémoire qui, dès son temps de Saint-Cyr,
était déjà légendaire [2]. Ses auteurs de chevet furent Montluc
et Jomini. A l'inspection de 1829, il obtint parmi ses notes
ces mentions flatteuses : *Fort instruit. — Connaît fort bien
les règlements; a une connaissance parfaite des trois écoles.*

La révolution de 1830 fit passer le 47ᵉ dans le ressort d'inspection du comte de Castellane. Ce futur maréchal porta sur
l'autre un jugement analogue : *Instruit de son métier en théorie
et en pratique.* Ce n'était pas, il faut l'avouer, le cas de tous
ses camarades. A la suite des démissions provoquées par le
changement de gouvernement, le rebut des *briscards* mis à
la demi-solde par la Restauration avait envahi le corps des
officiers. Lorsqu'en 1831, à Thionville, à la veille d'une guerre
qui semblait imminente, Canrobert cherchait à s'édifier sur
la valeur des divers modes d'action de l'infanterie, de l'artillerie et de la cavalerie, s'enfonçant dans cette étude avec une
passion absorbante, un *vieux de la vieille* lui répondait :

1. Bapst, 55.
2. *Ibid.*, xiii.

« Parbleu! c'est simple : nous commençons sur trois rangs...
pour être sur deux à la fin de la bataille[1]. » En Algérie, il
verra un commandant ne pas savoir déployer une compagnie
en tirailleurs et se faire apostropher par le maréchal Clauzel
devant ses hommes.

Canrobert excellait encore à lever des plans, et il se livra à
ce travail durant ses loisirs de garnison, autour de Perpignan.

II

L'année 1835 marque dans ses débuts. Le 47ᵉ est envoyé en
Afrique. L'affaire de la Makta (28 juin) fut, avec l'échec devant Constantine l'année suivante et Sidi-Ibrahim en 1845,
l'un des trois épisodes les plus douloureux de la guerre
d'Algérie. Le 3 novembre, le 47ᵉ était installé au camp du
Figuier. Les souffrances que les troupes eurent à endurer
soit dans la marche sur Maskara, soit au retour, furent
affreuses. Canrobert s'apitoie sur ces tristes spectacles. S'il
avait le cœur haut placé, il était très sensible. Toujours il se
souvint de ces malheureux soldats couverts de boue, décimés
par la dysenterie, s'arrêtant, incapables de faire un pas de
plus, et se tuant de désespoir pour ne pas tomber vivants
entre les mains des Arabes. Lui-même, pris de la fièvre, à
bout de forces et mourant de faim, faillit s'abandonner. Le
devoir seul le retint. Il prit là le germe de sa sympathie
constante et de sa paternelle sollicitude pour le soldat, cette
machine à marcher et cette chair à épidémies.

Une autre leçon qu'il dégagea de toutes ces expéditions
assez mal menées jusqu'à l'arrivée de Bugeaud, soit à cause
de l'inexpérience des chefs en face de l'habileté d'Abd-el-
Kader, soit par suite du relâchement déplorable de la discipline, fut « la supériorité du calme et de l'ordre sur l'impétuosité désordonnée, et aussi l'impuissance des tentatives
individuelles contre une troupe bien tenue en mains par son
chef[2] ».

On recueillerait facilement de nombreux faits de guerre à
l'honneur de Canrobert. Dans cette marche sur Maskara, par

1. Bapst, 151.
2. *Ibid.*, 237.

exemple, les tirailleurs d'arrière-garde avaient failli un moment être coupés de la colonne. Canrobert prend une section avec lui, fond sur l'ennemi avec la promptitude qui le caractérisait à l'heure du danger et le repousse[1]. Le lendemain, le colonel Combes, un vrai homme de guerre qui avait apprécié son jeune subordonné, le proposa pour la croix. Dans la victoire, Canrobert avait été héroïque; après la victoire, il visa au sublime et demanda qu'on mît au lieu de son nom celui du capitaine Lobrot, un de ces revenants du premier Empire qu'on avait appelés en 1830 les *rentrants à la bouillotte*. Il y perdit sa bonne action. Ni Lobrot ni lui n'eurent la croix; mais quelqu'un pas content, ce fut le cousin Marcellin Marbot qu'il avait retrouvé en Algérie aide de camp du duc d'Orléans. Marbot le fit appeler et le tança vertement : « Je ne veux pas de Romain dans ma famille; je ne m'occuperai plus de toi! Tu n'as pas de leçon à donner à tes chefs. »

La principale opération à laquelle Canrobert prit part à cette époque fut le siège et la prise de Constantine. Le 26 avril 1837, il avait été promu capitaine adjudant-major à son régiment. Ce n'était plus un de ces malheureux sous-lieutenants qui passaient alors dix ans dans leur grade. Il avait reçu le baptême du feu et s'était fait une philosophie du combat. Au commencement, aucune émotion; au contraire, envie exagérée de se jeter en avant. C'est cependant le seul moment où l'on reçoive quelque impression; balles et boulets sifflent, sans que personne soit atteint. Chose bizarre; dès qu'on voit tomber les camarades, le sentiment du danger diminue. Plus les coups redoublent, plus le nombre des morts et des blessés augmente, et plus la conscience du péril et la sensation nerveuse de la peur disparaissent. L'exaltation vous empoigne.

Avec toute cette théorie l'adjudant-major était un homme fort pratique, et qui n'était pas pour rien cousin germain de Marbot. Au siège de Constantine, il invente la tente-abri, et, tandis que les camarades dorment dans l'eau et la boue, il découvre un marabout où il se substitue avec un de ses compagnons à un cadavre placé là inconsidérément. A la sortie du

1. Martin, 24; — Bapst, 229.

10 octobre, il eut un cheval tué sous lui. Le 13, jour de l'assaut, il reçut une balle dans la jambe, tandis qu'il portait un
message du colonel Combes au duc d'Orléans. La relation de
cette journée est admirable sous sa plume. La Moricière et
ses zouaves s'élançant vers la brèche ; Combes marchant au
pas de course au cri de : En avant! la muraille qui saute ; les
sacs de poudre et les cartouchières qui font explosion ; puis,
quand la ville est prise, le vieux colonel Combes, mortellement
frappé, se retirant quand même, raide, droit comme un
cadavre qui marcherait, rapportant au duc de Nemours les
péripéties de l'action, et, comme le prince lui disait : « Mais
vous étes blessé ! » répondant : « Non, Monseigneur, je suis
mort », et expirant peu après aux côtés de Canrobert ; c'est
du dramatique le plus saisissant ; le moine de Saragosse si
bien dépeint par Coppée, qui prolonge sa vie à force d'énergie
pour donner encore une fois la bénédiction et tombe ensuite
à l'autel, offre seul une scène plus belle encore.

En 1839, le régiment de Canrobert fut rappelé en France.
Sa blessure guérie, le capitaine fut chargé de l'organisation
d'un bataillon de la légion étrangère, formé de bandes car-
listes réfugiées ; mais comme il désirait retourner en Afrique,
il demanda d'être employé dans un des nouveaux bataillons
de chasseurs à pied. « Mes inclinations militaires, écrivait-il
au colonel de Beaufort, en sollicitant cette faveur, m'ont toujours porté vers l'infanterie *vraiment légère*. » La faveur lui
fut accordée. Il la méritait. Les mêmes soldats qui chantaient
Bugeaud et Bourbaki, lui allaient composer son refrain :

> Cinquième bataillon ventre à terre,
> Commandé par *Certain*-Canrobert [1].

Chef de bataillon aux chasseurs d'Orléans depuis 1842,
officier de la Légion d'honneur en 1843, lieutenant-colonel
en 1845, Canrobert avait vu s'ouvrir en cette dernière année,
avec l'insurrection de Bou-Maza, une période d'activité intense. Le 5e bataillon de chasseurs à pied prit alors définitivement et continue encore aujourd'hui de porter le nom
de « bataillon Canrobert ». Un jour que dans la vallée du
Chélif, cette rivale par sa fertilité de la vallée du Nil, on

1. Martin, 42.

montrait au maréchal Bugeaud le fort auquel on attribuait la sécurité si chèrement acquise de ces plaines couvertes de moissons : « Nous la devons à ce fort, répondit-il, et aux chasseurs de Canrobert. »

Nous avons parlé trop souvent des campagnes d'Algérie dans nos portraits de Trochu, du duc d'Aumale et du général Fleury, pour y revenir ici. Cette guerre tout à fait spéciale, créée par Bugeaud, à l'imitation de la méthode employée en Espagne contre les guérilleros au temps de l'Empire, consistait en marches rapides exécutées par des colonnes volantes, en surprises de nuit, en ruses de jour, en razzias de troupeaux et de grains, en destruction des positions ennemies par le fer et le feu, en rencontres plus fréquentes que sanglantes, parfois même en sièges.

La plus fameuse expédition de Canrobert, celle qui fit baptiser de son nom par les Arabes l'année 1850, année de Canrobert (*Amcanrobert*), fut l'expédition de Zaatcha en 1849. Le commandant du 5e bataillon de chasseurs à pied était devenu colonel et colonel des zouaves (15 juin 1848). La Moricière avait eu Constantine ; Canrobert eut Zaatcha.

Cette oasis tenait en échec plus de quatre mille hommes commandés par le général Herbillon. L'investissement menaçait de tirer en longueur. Canrobert quitta Aumale le 27 octobre, à la tête d'une colonne composée de bataillons de zouaves et du 16e léger, d'un escadron de spahis et d'une section d'artillerie de montagne.

Avant même le départ, les troupes avaient été attaquées par le choléra. Déjà plus de cent quatre-vingts hommes atteints, dont quatre-vingt-dix morts. La colonne emportait avec elle à travers le désert le terrible fléau. Canrobert, à chaque étape, voyait creuser les tombes des victimes fauchées par le mal. Et l'on cheminait lentement. Mais un bon chef profite de tout. Le colonel se fit du choléra un auxiliaire inattendu. Comme il avait à s'ouvrir un passage à travers les tribus arabes devant Bou-Saada, il leur envoya ce message : « Mes soldats ont la peste. Si vous me laissez passer, je l'emporte avec moi ; si vous m'arrêtez, je vous la donne. Choisissez[1]. » Il passa.

1. Martin, 121.

Le 8 novembre, il razzie deux mille cinq cents moutons et mille cinq cents chèvres qu'il amène devant Zaatcha, pour ne pas se présenter *sans biscuits*.

Bientôt toute une petite division et d'immenses convois sont rassemblés autour de la place assiégée. L'effectif est porté à huit mille hommes, sur lesquels il y a mille malades. On opère d'abord contre les tribus nomades qui inquiètent les derrières de l'armée et cherchent à couper ses communications. Surpris, les Arabes se heurtent dans leur fuite à Canrobert qui achève la déroute. Toutes les tentes des vaincus furent prises et la plupart brulées. On ramena au camp français dix-huit cents chameaux et quinze mille moutons. Les travaux d'attaque sont poussés alors avec activité, mais les assiégés exécutent une si vigoureuse sortie qu'ils pénètrent jusque dans une batterie et qu'un combat corps à corps s'y engage avec les artilleurs. Nos soldats sont débordés et reculent. Heureusement Canrobert a rassemblé en hâte deux bataillons, il tourne les assaillants et les reconduit à Zaatcha l'épée dans les reins. L'assaut fut décidé.

Le duc d'Aumale, qui un an et demi plus tôt avait quitté l'Algérie pour ne plus la revoir, s'en consola plus tard en racontant la prise de Zaatcha, d'après le capitaine Bocher qui fut un des combattants :

> On connaît les péripéties émouvantes, dit-il, de ce siège mémorable ; on n'a pas oublié cette colonne qui traverse rapidement le désert portant le choléra dans ses flancs, ces soldats dont l'épidémie, les privations de tout genre, une résistance désespérée n'ont pu abattre l'énergie, rassemblant tout leur courage pour un dernier et décisif assaut ; le colonel Canrobert arrivant le premier sur la brèche, cheminant à travers un dédale de ruelles, échappant par miracle à la mort qui frappe tout autour de lui [1].

Zaatcha fut le sacre de Canrobert. Le signe le plus authentique est que la légende commence à se mêler à l'histoire. Combien de versions différentes de son discours aux zouaves ! Perret, Chadeuil, Camille Rousset, chacun a refait la harangue qui au moment décisif enleva les zouaves. Nous adoptons la plus vraisemblable. Le saint-cyrien « petit, laid, mais bien

---

1. Aumale, *Zouaves et Chasseurs à pied* (édit. 1886, p. 83).

tourné[1] » qu'avait été Canrobert, était après quelques années un officier noté pour son « fort physique ». En 1849, il était déjà très épaissi, et sa tête prenait l'étrange figure des lions de l'Atlas, sans oublier la crinière. Il dit donc aux dix-huit hommes de bonne volonté qui le suivaient : « Enfants, si vous entendez sonner la retraite, vous saurez que ce n'est pas pour les zouaves... Rappelez-vous que je veux être le premier sur la brèche. Vous me porterez, vous me soutiendrez, vous me pousserez, vous me jetterez par-dessus la barricade, mais il faut que j'arrive. » De ses quatre officiers d'ordonnance, deux furent tués et deux blessés. Des dix-huit hommes, seize tués et deux blessés. Seul il resta debout.

Commandeur de la Légion d'honneur en 1849, brigadier en 1850, aide de camp du prince Napoléon en 1852, il est promu général de division en 1853. La première course de sa longue et rude carrière est achevée. Quinze ans durant, il a été en Algérie, comme il s'en vante, un *soldat de guerre.*

Voici son portrait, fait par le général de La Motte-Rouge en 1853 :

De taille peu élevée; au corps et aux épaules larges; à la tête bien attachée, au front très développé, et dénudé jusqu'aux tempes, et à la partie postérieure de la tête entourée d'une couronne de cheveux châtains tombant en boucles sur la nuque; des yeux grands, vifs, spirituels, pleins de bonté bienveillante; le nez large, les narines bien ouvertes, la moustache relevée des deux côtés de la bouche, le menton accentué, le teint chaud; le tout formant une physionomie aussi militaire que sympathique; à la parole franche, facile, entraînante, pleine de charme et de bonhomie dans la conversation; la pose du corps droite, un peu cambrée [2].

L'empereur l'envoya au camp d'Helfaut. Il pouvait, il devait y acquérir l'expérience nécessaire pour apprendre à diriger une armée nombreuse. Mais on ne lui donna que dix mille hommes, ce qui ne permettait guère un grand développement de manœuvres. Canrobert resta toujours, s'il faut en croire Trochu, un bon général d'Algérie.

(*A suivre.*)   Henri CHÉROT, S. J.

1. Martin, 17.
2. *Ibid.*, 141.

NOS VIEILLES MAITRISES

I. — LES ORIGINES

Humbles, très humbles personnages dans l'Église de
Dieu, les enfants de chœur passeraient absolument inaperçus, n'était la note joyeuse qu'ils jettent au milieu des
fêtes saintes. Et qui voudrait s'en passer? La cathédrale sans
maîtrise, autant vaudrait le jardin sans pinson, ou le pré sans
coquelicots. Dans nos grandes basiliques, où les luxueuses
solennités de l'Ancien Régime sont si appauvries, où l'innom-
brable clergé d'autrefois s'est réduit aux prêtres de paroisse,
à une dizaine de chanoines et aux plus prosaïques des
hommes, les chantres, — il ne reste qu'eux, les chers petits,
pour mettre dans l'austère liturgie un peu de poésie, tapageuse parfois, un peu vulgaire même; n'y regardons pas de
si près. Ils ont la voix, la désinvolture, le sans-souci des
« gosses » (Huysmans, *passim*); — mais la foule qui les suit
de l'œil n'est pas si collet monté. Ils sont ses enfants à elle,
et c'est sa joie de les voir, aux grands jours, dans toute leur
gloire.

Il s'est trouvé de savantes gens pour écrire quelques pages
de leur histoire[1]. Elles sont intéressantes, touchantes même
parfois, et l'on prend goût à feuilleter ces annales des
humbles de l'Église. Cela délasse des grands personnages.
Aussi bien cette histoire est loin d'être insignifiante : c'est

---

1. J'ai pour cette petite étude beaucoup profité du savant ouvrage de
M. l'abbé Clerval, *l'Ancienne Maîtrise de Notre-Dame de Chartres*. Poussielgue, 1899. Directeur de la maîtrise nouvelle et très au courant des anti-
quités chartraines, déjà auteur d'un travail approfondi sur *les Écoles de
Chartres au Moyen âge*, nul, mieux que M. l'abbé Clerval, n'était à même
d'écrire cette monographie. Il serait grandement à souhaiter que l'exemple
fût suivi pour toutes nos vieilles cathédrales. Il n'existe d'histoires semblables que pour Rouen (*Histoire de la Maîtrise de Rouen*, par MM. Collette et Bourdon. Rouen, 1892) ; — Lyon (*l'École cathédrale de Lyon*, par
M. Forest. Lyon, 1885), — et Paris (*l'Ancien Chapitre de Notre-Dame de
Paris et sa Maîtrise*, par M. Chartier. Paris, 1890).

ni plus ni moins celle du culte catholique, du recrutement
du clergé et de la musique religieuse.

I

Ne remontons pas plus haut que le quatrième siècle. L'enfant de chœur alors n'est pas l'acolyte, comme on pourrait le
croire, c'est le lecteur. Il ne sert pas à l'autel, mais il lit à
l'ambon et il chante. L'acolyte est un homme mûr; il a passé
la trentaine. Une constitution de saint Silvestre est formelle
sur ce point : trente ans de lectorat, cinq ans d'acolytat, cinq
ans de sous-diaconat, puis cinq autres années dans la charge
de garde des martyrs; diacre dix ans, après quoi le sacerdoce[1]. Pour cette fois, l'étymologie avait raison : prêtre,
c'est-à-dire vieillard. Que penser alors du saint Tarcisius des
poètes et des artistes ?

Le lecteur, — il y en avait, à vrai dire, de tous les âges et
même de mariés, mais il en était de tout jeunes, et l'âge
normal pour se consacrer à Dieu dans le lectorat était de huit
à dix ans, — le lecteur chantait. Sa voix dirigeait et soutenait
celle du peuple. A Hippone, nous le voyons psalmodier les
textes que saint Augustin doit commenter à son peuple ; il
arrive que l'étourdi se trouble et prend un psaume pour un
autre : « Allons, dit le saint, j'aurais voulu quelque texte
plus court; mais on s'est trompé : tenons-nous-en à ce que
Dieu nous assigne par la voix de cet enfant[2]. » Et le bon
évêque d'improviser une longue et charmante homélie. Le
chant d'église eut alors ses martyrs : témoin ces douze
petits chantres, — toute une psallette, — qui suivirent au
désert le long cortège du clergé carthaginois banni et tor-
turé par les Vandales. Un de leurs anciens maîtres de chapelle, un apostat, les ramena de force à la ville, espérant bien
les séduire et faire profiter son nouveau culte de leurs jolies
voix. Ils subirent tous les supplices, mais ne furent pas
ébranlés[3]. A côté des martyrs, dans ces vieilles maîtrises, il
y avait les espiègles. L'épitaphe du saint pape Libère, par-

1. Labbe, *Conciles*, II, p. 411. Conc. Rom., anno 315.
2. *Serm*. 352.
3. Victor de Vite, *Hist. Pers. Vandal*, IV, 10.

lant de son stage de lecteur, loue sa gravité enfantine :
jamais, paraît-il, on ne l'entendit lire de travers ou estropier
les textes pour l'amusement de la galerie[1]. Mais alors, les
autres.. .?

Les autres n'avaient pas toujours que le défaut d'être de
leur âge. Il arrivait, surtout quand ils commençaient à prendre
conscience d'eux-mêmes et à entrevoir le monde, qu'un certain esprit frivole venait altérer leur simplicité cléricale.
Écoutons l'austère saint Jérôme[2] : « Nous devons, dit-il,
chanter, psalmodier, louer Dieu du cœur et non pas seulement des lèvres. C'est le sens du texte : *Cantantes et psal-
lentes in cordibus vestris Domino.* Écoutez cela, jeunes gens ;
écoutez, vous dont l'office est de psalmodier à l'église :
chanter des lèvres, non du cœur. Laissons les acteurs se
badigeonner la gorge avec de doux médicaments ; ici, pas de
modulations théâtrales. Il faut chanter avec crainte, pureté
de vie, science des Écritures. Que tel soit *cacophone*, comme
on dit ; et après ? si ses œuvres sont bonnes, sa voix plaît à
Dieu. Serviteurs du Christ, chantez, non pour faire parade
de votre talent, mais pour faire aimer ce que vous dites ; pour
que l'esprit malin qui possédait Saül quitte ceux qu'il posséderait encore, et pour qu'il n'entre pas en ceux qui changent
en théâtre la maison de Dieu. »

Les lecteurs chantaient, et l'on comptait sur eux pour diriger la voix du peuple. La liturgie, surtout en Orient, com-
portait de longs dialogues entre le diacre et les fidèles. Des
litanies interminables s'y déroulaient, où, à chaque invocation, l'on devait répondre *Kyrie, eleison.* Hélas ! il fallait
compter sans doute avec la fatigue, la somnolence, la mono-
tonie : les voix faiblissaient à la longue, et le diacre eût été
seul à parler si les enfants n'avaient été là qui, de leurs petites
voix aigres et flûtées, soutenaient et réveillaient l'attention[3].
A cet âge, n'est-ce pas toujours un plaisir que de crier un
peu ?

Le chant pourtant n'était pas la fonction unique des lec-

1. Rossi, *Bolletino di Archeologia cristiana*, 1883, p. 8 et 22.
2. *Comment. in Epist. ad. Ephes.*, v, 19.
3. *Const. Apostol.*, VIII, 13. — *S. Silviæ peregrinatio* (cf. D. Chabrol, *Liturgie à Jérusalem*).

teurs. Si l'on chantait beaucoup en Orient, pendant longtemps l'Occident se montra plus austère : il restait les lectures proprement dites. Aux offices de nuit, elles étaient longues et multipliées. Parfois chaque psaume était suivi d'une leçon. Ordinairement, après chaque nocturne, on lisait un chapitre de l'Écriture sainte. A la messe, lorsque les litanies du début, dont il nous reste le *Kyrie, eleison*, étaient achevées, que tout le peuple était réuni, que le célébrant avait dit les prières de la *Collecte*, une série de leçons commençait, entrecoupées de mélodies. Or, ce n'était pas tout de lire, il fallait se faire entendre, et saint Ambroise constatait que le silence alors était difficile à obtenir : « Dès que l'un parle, tous bourdonnent, tandis qu'on prête l'oreille pour écouter la musique[1]. »

Aussi voyez ce que saint Isidore exige du lecteur : « Il doit comprendre ce qu'il dit, savoir distinguer les phrases (ce nous est commode à nous, avec notre ponctuation logique; mais alors la ponctuation était rudimentaire, et souvent n'existait même pas), prononcer de manière à provoquer l'intelligence, varier le ton, rendre exactement le sentiment caché dans chaque passage, enseigner, gémir, reprocher, exhorter. Faute de l'intonation exacte, on fait des contresens; par exemple : *Quis accusabit adversus electos Dei? Deus qui justificat?* Si par inadvertance on prend le ton affirmatif, il s'ensuivra une grosse erreur. Il faudra donc lire comme s'il y avait : *Deusne qui justificat?* « Qui accusera les élus de Dieu ? Sera-ce Dieu, lui qui les justifie[2] ? »

Tout cela supposait une préparation. A vrai dire, le lecteur d'alors représentait souvent notre étudiant ecclésiastique, le séminariste. Cette étude indispensable des saintes Écritures formait son cours de théologie. Offert à Dieu par ses parents dès son bas âge, il trouvait à l'Église l'enseignement dont il avait besoin pour la suite de sa carrière. C'était l'affaire de chaque évêque de pourvoir par là au recrutement de son clergé. Ainsi voyons-nous saint Augustin réfutant je ne sais quelles rêveries d'hérétiques, en appeler au bon sens populaire chrétien et à l'érudition de ses petits clercs. « Audacieux menteurs! aveugles! ils feraient rire jusqu'à ces

1. *In* XII *Psalm.* Præf. n. 9.
2. *Offic. Eccles.*, II, 11.

enfants qui, dans le degré de lecteur, ne font que commencer
leurs éléments [1]. » — « J'ai des écoles de lecteurs, dira plus
tard Leidrade, fondateur de l'École cathédrale de Lyon, qui
non seulement remplissent aux offices leurs fonctions, mais
qui méditent les livres saints, et cherchent l'intelligence des
choses de Dieu. Plusieurs peuvent rendre compte du sens
spirituel des Évangiles : d'autres interprètent les prophètes,
les livres de Salomon, les Psaumes, voire le livre de Job [2]. »

II

Avec le temps, les *écoles de lecteurs* s'étaient presque partout transformées en écoles de *chantres*. La ferveur diminuant, on avait abrégé les offices; presque plus de ces longues veilles, qui retenaient de nuit le peuple à l'église et
rappelaient les réunions clandestines des catacombes. Dès
lors, moins de lectures. Même à la messe, on ne lisait plus
guère que l'épître et l'évangile, privilège du diacre et du
sous-diacre. En revanche, la musique gagnait du terrain.
D'abord si simple en Occident que les Donatistes d'Afrique,
tapageurs et criards, affectaient de s'en scandaliser [3], elle
s'était perfectionnée à Milan, on sait dans quelles dramatiques circonstances. Tout le peuple chantait à deux chœurs,
dans les basiliques de saint Ambroise, à l'orientale ; et c'était,
nous dit-il, comme le grand bruit des vagues sur le rivage.
L'effet était si puissant que le manichéen Augustin écoutait
en songeant cette harmonie nouvelle : il pleurait, et Dieu le
prenant par ses faiblesses d'esthète, la vérité descendait
dans son cœur.

Mais, pour soutenir cet art populaire à une hauteur idéale,
il fallait des âmes d'artistes, et les Ambroises sont rares. Le
peuple se lassait, la piété refroidie ne le soutenait plus, l'entrain tombait : on ne chantait guère, ou on chantait mal. Les
défauts signalés par saint Jérôme renaissaient. De soi-disant
virtuoses gesticulaient en chantant, faisaient des poses, et,
au rapport de saint Isidore de Séville, pour se garder la voix

1. *De Consens. Evang.*, I, 15.
2. *Ep.*, I. Migne, P. L., 99, p. 871.
.3. S. Aug. *Confess.*, X, 33. *Epist.* 199.

suivaient le régime végétarien [1]. Au lieu de cacophonies populaires, hideuses mais naïves, on eut des modulations mondaines et d'inconvenantes improvisations. Par bonheur, Dieu fit surgir un autre artiste, aristocrate de goût comme saint Ambroise, et portant sa délicatesse jusque dans les choses du culte. Saint Grégoire le Grand renouvela le chant et la pratique musicale. Rien n'est célèbre dans l'histoire de l'art chrétien comme les répétitions qu'il donnait lui-même à ses enfants de chœur, étendu sur son lit de rhumatisant et ses verges à la main [2]. Le reste, bien entendu, n'était pas négligé dans les écoles du Latran et du Vatican; avec la musique, on y enseignait toutes les sciences théologiques et littéraires.

Or, les jeunes clercs romains faisaient leur chemin. Orphelins le plus souvent, élevés par la charité de l'Église, les uns, comme le primat Honorius, allaient évangéliser l'Angleterre; d'autres portaient à l'Europe les traditions grégoriennes; d'autres encore montaient sur la chaire de Saint-Pierre [3].

Les conciles, dans le même temps, en Gaule, en Angleterre, en Espagne, voulaient voir partout surgir des écoles cléricales. Toute église, même rurale, devait avoir sa maîtrise : « Il a paru bon, disait un célèbre canon du concile de Vaison, que tous les prêtres de paroisse, selon l'universelle et salutaire coutume d'Italie, reçoivent chez eux de jeunes lecteurs, les élèvent paternellement, leur fassent étudier les psaumes, aimer les saints livres, connaître la loi de Dieu, pour se préparer par là de bons successeurs et mériter les récompenses éternelles [4]. »

Cet appel fut entendu : les écoles se multiplièrent, monastiques, épiscopales, rurales, et firent lentement l'éducation du monde barbare. Toutes, elles avaient un caractère commun : la discipline, comme l'enseignement, était cléricale. Si, plus tard, lors de la renaissance carolingienne, elles s'ouvrirent aux laïques comme aux clercs, aux nobles comme aux fils de paysan, la pédagogie n'en fut point modifiée.

1. S. Isidor. Hispal., *De Offic. Eccles.*, II, 12.
2. Joan. Diac., *Vita Gregorii*, I, 2.
3. Ainsi Deusdedit, Léon II, Sergius I et II, Eugène I.
4. *Conc. Vasoniense*, II, c. 1. Cf. *Conc. Turonense*, II, 12.

Les programmes d'enseignement sont amplement connus par les œuvres d'Alcuin et de bien d'autres. La discipline proprement dite l'est un peu moins. On aimerait cependant à voir aller et venir les petits écoliers, nos ancêtres, à les suivre dans leurs jeux, leurs exercices scolaires, leurs prières, leurs repas. Tous ces menus détails jetteraient un grand jour sur les mœurs d'autrefois. Qu'on en juge par le curieux dialogue qu'un professeur, moine anglais de Winchester, Aelfric, suppose avoir avec un de ses élèves. Il est tiré d'un livre de conversation saxon-latin, tout à fait analogue à nos guides polyglottes [1].

« Aujourd'hui, dit l'enfant j'ai fait beaucoup de choses. Cette nuit, au son de la cloche, je me suis levé, j'ai été à l'église et j'ai chanté matines avec les frères; après quoi nous avons chanté les laudes de l'aurore. Suivirent prime et les sept psaumes, les litanies et la première messe, puis tierce et la messe du jour, et sexte. Alors nous avons bu et mangé et nous sommes retournés nous coucher, pour nous relever ensuite et chanter none. Et maintenant, nous voilà prêts à écouter votre leçon. — Et qui vous a éveillés pour matines? demande l'interlocuteur. — Parfois j'entends sonner, et je me lève de moi-même. Mais souvent c'est le maître qui me réveille à coups de baguette. »

Voilà qui en dit long sur certaines habitudes pédagogiques du haut moyen âge. On siégeait à l'église autant qu'à l'école. C'est que l'âme chrétienne alors était profondément *liturgique*. Nul prince ne fut plus ecclésiastique — nous dirions aujourd'hui plus églisier — que Charlemagne. Ne se chargeait-il pas lui-même de la police de sa chapelle? Et certes, il était exigeant. Il fallait que l'office fût soigneusement prévu. Le clerc lisait, tous suivaient attentivement sur le livre, car tout à coup l'empereur toussait ; du doigt il désignait le lecteur suivant, et il fallait reprendre où l'autre s'était arrêté, sans hésiter, sans bredouiller, sans ânonner [2].

Et Charlemagne n'est point une exception. Ces nouveaux venus sur le vieux sol romain avaient leurs traditions littéraires et leur idéal à eux, passablement sombre et tragique.

1. Aelfric, *Colloquium*.
2. Monach. San Gallensis, *De Gestis Car. M.*, I, n. 7.

L'Église leur en offrit un autre, plus doux, sous une forme paisible et symbolique, doctrinale et profonde. Basiliques, plain-chant, textes bibliques, récits évangéliques, cérémonies, processions, longs offices, tout cela les jetait dans un autre monde, combien calme au prix de leurs rêveries germaines! Par ce canal de la liturgie, toutes les traditions antiques, celles de Judée, celles du monde grec et celles de Rome, se réunissaient et se déversaient sur eux, fondues et unifiées.

Mais plus que tous les autres arts, la musique les ravissait. Ces violents se laissaient prendre au charme des voix. Et les mélodies grégoriennes étaient si neuves à leurs oreilles! Le roi Gontran égayait ses festins en priant les évêques, ses convives, de lui chanter le graduel de la messe du jour[1]. Parmi les moines envoyés par saint Grégoire convertir l'Angleterre, il y avait au moins un enfant de chœur, le jeune Honorius; et on sait que les missionnaires abordèrent la grande île en chantant les litanies. On conte qu'aux premiers accents d'un orgue — quel orgue ce pouvait être! — une femme mourut de saisissement. La voix humaine modulant de simples et primitives cantilènes les jetait en extase. Le cousin de Charlemagne, Adalhard, plus tard abbé de Corbie, quand il assistait au conseil, si par hasard quelque chant lointain arrivait à ses oreilles, ne pouvait plus suivre les affaires : il tombait dans une pieuse rêverie, songeait au ciel, et les larmes coulaient[2].

Qu'était alors cependant la pratique musicale? Comment chantaient les petits maîtrisiens des chapelles impériales ou monastiques? Rien ne nous force à croire à un art bien raffiné. Charlemagne lui-même était-il artiste, au sens moderne du mot? Était-il bien choqué de la rudesse de ses chantres? Du moins il avait le culte de la tradition. Quand, à Rome, s'éleva cette fameuse discussion où les musiciens francs prétendaient l'emporter sur les Romains, pour cette belle raison que leur maître était l'empereur, et où les autres, fins italiens, artistes nourris dans les pures traditions grégoriennes, répon-

---

1. Greg. Turon., *Hist. Eccles.*, VIII, ch. II.
2. S. Gerardi abbatis Silvæ Majoris, *Vita S. Adalardi*, 18-19. Migne, P. L., 147, p. 1053.

daient en haussant les épaules, le prince eut le bon goût de
donner tort aux siens. « Le fleuve, disait-il, est moins pur que
la source. »

On faisait ses gorges chaudes à Rome de ces grossiers
barbares dont les « gosiers avinés » prétendaient exécuter
les mélodies grégoriennes. Ils donnaient bien la note juste,
mais il y avait certaines *tremulas vel tinnulas, sive coellisi-
biles vel secabiles voces*, qu'ils imitaient gauchement, hachant
les mélodies au lieu de les couler[1]. Et l'on avait dans les
maîtrises papales une collection de plaisanteries à l'usage des
artistes ultramontains. « Leurs corps alpestres éclatent en
tonnerre; on croirait, quand ils veulent singer la douceur de
nos inflexions entendre un chariot qui roule du haut d'un
escalier[2]. » Si l'on en croit une tradition orale, transmise par
le moine de Saint-Gall, la jalousie était si avivée à Rome contre
les chantres francs, qui prétendaient ravir aux Italiens leur
monopole musical, que des clercs envoyés par le Pape pour
servir de maîtres en diverses églises, s'étaient entendus pour
tromper Charlemagne et, une fois dispersés, avaient enseigné
chacun leur texte arrangé à leur guise[3].

Quoi qu'il en soit de cette anecdote, la passion pour la musique était universelle et, les théoriciens avaient beau jeu
quand, reprenant de vieilles théories platoniciennes, ils faisaient de cet art le premier de tous, l'art par excellence, le
fond et l'âme de tous les arts : « La musique, disait Raban
Maur, est chose si noble, si utile, que, sans elle, on ne peut
convenablement remplir les charges ecclésiastiques : toute
lecture correcte, tout chant doucement modulé la suppose;
elle nous enseigne à accomplir dignement les rites sacrés.
La discipline musicale pénètre tous les actes de la vie. Ob-
servons-nous les commandements de Dieu? il est certain
qu'il y a dans nos paroles et dans nos actes un rythme musical...; si nous péchons, il n'y a pas de musique en nous[4]. »

1. Monach. Engolism., *Caroli Magni vita*, ad annum 787.
2. Joan. Diac., *Vita Greg.*, II, 7.
3. *Chron. San Gallense*, I, ch. x.
4. *De Instit. Cleric.*, II, 24.

III

Aux termes des Cartulaires de 789, et des décrets conciliaires, les écoles étaient ouvertes à tout le monde sans distinction de naissance. Mais le noyau scolaire le plus solide,
celui qui résista à tous les chocs, était ce petit groupe d'enfants que leurs parents, suivant le vieil usage, avaient offerts
à Dieu, les *oblats*, ou que l'évêque soucieux du recrutement
de son personnel avait rencontrés çà et là dans ses tournées
et distingués pour leur talent et leur piété. Ils sont d'ores et
déjà enrôlés dans le clergé; on s'est hâté de leur donner la
tonsure. Ils servent à l'autel, chantent aux offices et, dans
les intervalles, étudient tous les mystères du *Trivium* et du
Quadrivium. Parvenus au terme, ils entreront définitivement
dans les ordres; ils seront diacres, prêtres, chapelains, chanoines, en cette église, leur mère, qui les a nourris. Parmi
ces petits, recrutés d'hier, il y en a qui grandissent pour la
mitre et reviendront évêques ou cardinaux, là où ils ont été
enfants de chœur. Si les hasards de la vie les dispersent au
loin, en quelque lieu qu'ils aillent, ils n'oublieront jamais leur
berceau, et, quand ils en parleront, ce sera avec tendresse,
pour se dire les humbles nourrissons de Notre-Dame de
Chartres, de Notre-Dame de Paris, de Saint-Jean de Lyon.

C'est qu'en somme, la vie était douce à l'ombre de la basilique romane. Nous sommes à Chartres, par exemple; l'évêque
est Fulbert (1006-1028), un savant doublé d'un saint, et artiste
par surcroît. Ses élèves raffolent de lui. On aime sa gravité
douce, son sérieux enjoué. On l'aime tant que plusieurs
croient bien faire de l'imiter jusque dans ses gestes, son attitude, ses petites manies. Béranger, — l'hérésiarque, — quand
il fait la classe, commence par se rabattre le capuchon sur
les yeux comme pour méditer et ramasser ses idées, puis il
le relève et parle; Fulbert faisait ainsi. Il est Italien, de famille
pauvre, élevé par charité dans une maîtrise d'au delà des
monts; puis, à Rome, employé dans une bibliothèque; à Reims,
élève du fameux Gerbert et condisciple du roi Robert; et
enfin, à Chartres, écolâtre et évêque. De partout il rapporte
un amour plus grand pour le beau; et comme le beau alors

s'est concentré dans l'Église, c'est la vie de l'Église qu'il veut splendide. On le vit bien quand il rebâtit plus magnifique sa cathédrale, détruite par un incendie. On le vit surtout à son goût pour les cérémonies dignement et magnifiquement faites. Il était poète, — comme on pouvait l'être alors, — et compositeur.

Un chroniqueur anglais trouvait *céleste* sa musique. Il faisait école, et ses élèves dispersés portaient par tout l'Ouest, à Poitiers, à Angers, les traditions chartraines. Parfois, il y avait fête de famille à l'évêché; le saint avait composé, paroles et musique, de ces agréables morceaux qui font la joie des réunions intimes; sur l'orgue, la lyre et le monocorde, on accompagnait sa *Philumela*. Le bon évêque pouvait, chez lui, réunir tout un orchestre où chacun de ses amis et enfants avait sa spécialité. Sigon, le *cantor annominatissimus*, était le roi des organistes, *singularis organali regnabat in musica*[1]. Hildegaire jouait du luth, « le luth de Pythagore ». Quelle fête surtout quand c'était l'ancien condisciple de Fulbert, le roi Robert en personne, qui mettait des notes sur les paroles de son ami ! Un roi écrivant du plain-chant... cela fait rêver.

Et puis, on faisait des essais... et il se trouva que, sans qu'on y songeât, toute là musique moderne était en germe dans une tentative bizarre, une fantaisie d'artiste, au onzième siècle, au fond d'un cloître d'évêché.

Ce qui est certain, c'est que le plus ancien exemple connu de contrepoint vient de Chartres, et que Francon de Cologne, le premier théoricien de la musique harmonisée, était élève de saint Fulbert.

On sait que, jusqu'alors, la mélodie seule était connue. Ces combinaisons variées de sons, qui donnent sa profondeur à notre art moderne, et ouvrent derrière un premier plan musical de si riches horizons, nos ancêtres n'en soupçonnaient rien. Et qui sait? s'ils revenaient au monde, eux-mêmes, les artistes de la vieille Grèce, après une audition de Bach ou de Mendelssohn, se déclareraient abasourdis et ne manqueraient pas de textes de Platon pour nous convaincre de mauvais goût, voire d'immoralité. Ces superpositions de voix,

1. A moins qu'on donne à *organali* le sens de musique harmonisée. Voir Clerval, *l'Ancienne Maîtrise de Notre-Dame de Chartres*, p. 13.

ce chassé-croisé de mélodies, tout ce qui nous ravit, leur paraîtrait monstrueux, inintelligible... une abominable caco-
phonie, au prix d'un petit air de flûte, aigrelet, clair, et se
déroulant en sinuosités précises. Tout au plus, primitivement, les voix pouvaient-elles s'unir et chanter la même mélodie à une octave d'intervalle. On se hasarda pourtant un
peu plus loin. On soutint les unissons par des instruments,
qui, sous les chants, exécutaient de légères, bien légères
variantes. La musique moderne pouvait sortir de là; elle
n'en sortit pas. Des siècles se passent; au sixième, saint
Isidore de Séville nous dit que la « musique harmonique est
une modulation de la voix, la concordance et la coâptation
de plusieurs sons»; que «la symphonie consiste à faire con-
corder notes graves et notes aiguës, qu'on se serve de la
voix, des instruments à vent ou des instruments à percus-
sion »; enfin, que le contraire de la symphonie, « c'est la
diaphonie, laquelle se compose de voix discordantes ou dis-
sonantes ». Aux théoriciens de discuter ces textes et une
foule d'autres. L'harmonie commençait à apparaître dans les
scholæ cantorum, à l'époque de Charlemagne [1]. Scot Érigène
nous assure que cela ne manquait pas de charmes, *naturalem
quamdam dulcedinem reddentibus* [2].

Un peu plus tard, le mot *diaphonie* ayant changé de sens,
il devient synonyme de toute musique harmonisée. C'est un
« double son», un « chant harmonieux de sons dissemblables»
entendus simultanément. On dirait un orgue, d'où l'autre
expression *organum* [3]. Et les maîtres de chapelle du temps
s'épuisent en comparaisons ingénieuses pour nous faire entendre la douceur de ces combinaisons. Sons graves et sons
aigus : pour l'un, c'est l'union du corps si lourd et de l'âme
si légère. Pour un autre, les sons aigus se superposent aux
graves comme des fleurs, et cela donne à la mélodie une
suavité caressante et tout à fait convenable, *blandam atque
convenientem*. Un troisième, moins poète, estime que les sons
s'unissent alors comme les lettres dans un mot pour former

1. *Chronique du moine d'Angoulême*, édit. Duchesne, II, p. 75. Voir
Coussemaker, *Histoire de l'harmonie au moyen âge*, 1852.
2. *De Natura divina*. Cf. Coussemaker, *op. cit.*, p. 11.
3. Coussemaker, p. 13.

un sens. Tous tombaient d'accord que l'effet en était fort
agréable. Tous aujourd'hui sont d'avis que, pour nous autres
du moins, cette musique où, note contre note, deux ou trois
parties accompagnent le chant, ou plutôt le reproduisent ser-
vilement à divers intervalles, serait un pur supplice.

Cela était peu de chose, et laissait, en somme, petite
place aux inventions originales. Enfin, quelqu'un s'avisa,
dans la maîtrise de Chartres, de remplacer ce placage des
voix, brutal et monotone, par l'union de deux mélodies se
superposant sans se mêler, gardant chacune son mouvement,
mais combinant les intervalles et variant les combinaisons.
Un principe fécond était trouvé; plusieurs siècles devaient
se passer avant qu'on en tirât autre chose que des bizarreries.

Ce que purent être dans la maîtrise de Fulbert ces premiers balbutiements de l'harmonie moderne, le fragment
chartrain dont j'ai parlé devrait nous le dire; mais les savants
PP. Bénédictins eux-mêmes, dans leur *Paléographie musicale* [1], n'osent pas encore s'aventurer à le déchiffrer à fond.
L'archéologie, de plus en plus sûre d'elle-même, a pu ressusciter bien des choses mortes. Il est un art qui résiste plus
que d'autres, la musique. Tous les textes du monde, toutes
les théories accumulées, tous les efforts de reconstructions,
ne vaudraient pas un petit air, le plus insignifiant, noté par
un phonographe.

II. — DU XIII⁰ SIÈCLE A LA RÉVOLUTION

Si les monographies des anciennes maîtrises étaient plus
multipliées, on pourrait suivre la lente évolution qui les a
détachées des écoles épiscopales et leur a donné une vie
propre. C'était à l'époque où les universités naissantes faisaient à ces dernières une si terrible concurrence, les décou-
ronnant peu à peu de leur enseignement supérieur, leur
enlevant leurs meilleurs élèves et les réduisant à n'être guère
que des écoles préparatoires aux grandes Facultés. Toujours
est-il qu'aux environs du quatorzième siècle les maîtrises
prennent la forme définitive qu'elles garderont jusqu'à la
Révolution : minuscules collèges d'enfants de chœur, où

---

1. T. I, p. 151. Clerval, *op. cit.*, p. 14.

l'enseignement musical s'allie vaille que vaille aux études de grammaire.

I

C'était, en effet, bien peu de chose, qu'une maîtrise sous l'ancien régime. Une dizaine d'élèves, pas beaucoup plus, nourris, logés, entretenus, instruits, distraits aux frais du chapitre et payant ces bienfaits par un service continu, astreignant, souvent pénible ; sortant de là, pour la plupart, prêts à entrer dans les ordres, et à continuer comme chantres, chapelains, ou même chanoines, les fonctions sacrées qu'ils remplissaient petits enfants. Mais ces humbles institutions rachetaient par leur nombre leur peu d'importance individuelle : pas d'église qui n'eût la sienne. On en comptait près de quatre cents à la veille de la Révolution, et l'on estime à huit ou dix mille le nombre des artistes capables de chanter n'importe quoi à livre ouvert, sortis des maîtrises et vivant alors en France. C'est là que, quatre cents ans durant, s'est lentement élaborée notre éducation musicale. A ce titre, les vieilles maîtrises méritent bien qu'on s'intéresse à elles.

Le chapitre portait seul le poids des dépenses : il en voulait pour son argent. C'est lui qui avait la responsabilité des offices liturgiques. Il mettait son honneur à ce qu'ils fussent dignes et somptueux. Le rôle de la musique s'élargissant de siècle en siècle, une grande partie du luxe ecclésiastique consistait en des chœurs très exercés et rompus à toutes les finesses d'un art qui allait toujours se compliquant. Les petits choristes n'étaient pas nombreux ; mais il les fallait intelligents et pieux, car ils étaient censés devoir entrer un jour dans les ordres ; et, de plus, ils devaient avoir une jolie voix. Aussi était-on à l'affût pour découvrir les jeunes virtuoses ; et il se faisait des échanges, et l'on entreprenait des voyages, et l'on soutenait des procès, et l'on menait des intrigues pour s'assurer tel enfant découvert quelquefois très loin de là. Le chapitre ne s'en rapportait qu'à lui-même pour l'admission de ses soprani. Quand il y avait concours, tout se passait devant les graves personnages à l'heure et au lieu des réunions canoniales. Là, les enfants donnaient un spécimen de leur savoir-faire, les juges délibéraient, et, le choix fait, on installait solennellement le petit bonhomme — très ébahi sans doute — à sa place d'enfant de chœur. Il avait ordinairement entre six et huit ans.

A certaines époques, surtout au seizième siècle, il fallait compter avec de terribles rivalités. La passion musicale était telle que, non seulement les rois, mais aussi les cardinaux et les prélats voulaient avoir leur maîtrise à eux. Les chanoines n'avaient qu'à bien se tenir. Il n'était pas rare que leur richesse excitât la jalousie. On pouvait encore refuser à un cardinal, fût-il le cardinal d'Amboise ou le cardinal de Guise. On pouvait protester quand il y avait enlèvement d'enfant. Le cas n'était pas si rare. Une fois, par exemple, à Rouen, François Ier ayant trop admiré un soprano, le sire de Lautrec crut faire sa cour en venant la nuit assiéger la maîtrise, la prendre d'assaut et emporter à Paris deux des meilleurs choristes. Mais que faire, quand, très calme et sûr d'être obéi, le roi disait : « Je veux.», ou simplement envoyait une lettre de cachet ? Il n'y avait pas d'obstination canoniale qui résistât à cet argument. Plus honnête et plus délicate, la reine Anne de Bretagne donnait à la cathédrale de Chartres une cloche en échange d'un enfant de chœur : « Je vous prends une petite voix, je vous en rends une grosse. »

II

La vie était fatigante pour les maîtrisiens. Leur nombre était restreint, on l'a vu ; et il fallait quand même assister aux offices, et souvent y compris matines, qui longtemps continuèrent à se chanter la nuit, — à trois messes au moins, à des processions multipliées, à une foule de services extraordinaires ou de fondation. — Non, vraiment, c'était trop : où prenaient-ils le temps de se reposer et d'étudier ? Il ne suffisait pas d'être présent : il fallait chanter, et chanter de mémoire, d'où des répétitions sans fin.

Les chanoines de Lyon, d'une réputation européenne pour leur respect des choses saintes, voulaient des *clergeons* à leur image. Chez eux donc, on chantait fort bas, très lentement, par cœur, sans livre[1] ; et, aux offices de nuit, dans une

1. Sauf pour les leçons.

obscurité que dissipaient mal les six cierges du râtelier[1] et la
lanterne du lutrin. Les enfants n'avaient ni banc pour s'asseoir, ni stalle pour s'appuyer. La règle, en entrant au sanctuaire, était de marcher à pas comptés, d'autant plus lentement que la fête était plus solennelle. Une fois rendus à leur
place, il leur fallait se tenir absolument immobiles. Du reste,
qui n'aurait tremblé devant les terribles chanoines-comtes
de Lyon ! Quand ils traversaient le cloître, les clergeons présents là par hasard ne devaient-ils pas s'écarter, se cacher ?
ou du moins se mettre la main devant le visage jusqu'à ce
que le chanoine eût disparu ? Mais en revanche, qu'un de
ces hauts personnages s'avisàt d'arriver en retard à l'office,
passé tel verset, un petit sifflement malin des clergeons
l'avertissait de s'éclipser au plus vite. Que si une faute était
commise, un oubli, une négligence, immédiatement l'office
était interrompu, et on l'achevait à voix basse, en hâte, derrière l'autel. Aussi la réputation de la maîtrise lyonnaise était
européenne. Nous retrouvons plusieurs traits de cette police
canoniale à Saint-Brieuc. « Là doit entrer en cueur, disent
certains statuts du seizième siècle, humblement et reve-
remment, et ne doit-on point faire de station ny de parlement
en l'entrée du dict cueur ny à l'issue... Et aucun entrant ou
en yssant trespace ces choses devant dictes, en le corrigeant
et remontrant sa faulte, on peut siffler sur lui, ou battre les
chaeses de chanoine en chanoine, de chapelain en chapelain,
de bachelier en bachelier, de chureaux en chureaux, et non
autrement de degrez en degrez[2]. » Pourtant, je ne voudrais
point assurer que la nature n'eût parfois sa revanche. A Lyon
encore, les statuts du douzième siècle portaient qu'après un
manquement, les clercs du haut chœur seraient frappés par
le doyen, au sein du chapitre et les autres par leur maître
dans l'église même. A Rouen, les verges étaient à demeure.
pendues derrière le grand autel : à la moindre fredaine, le
diacre ou le sous-diacre prenait le délinquant à part et le

---

1. Le *râtelier* était une poutre de cuivre sur deux colonnes, en avant du
sanctuaire, et portant six cierges en souvenir des Églises de l'Apocalypse
fondées par saint Jean, patron de la cathédrale.

2. Geslin de Bourgogne et A. de Barthélemy, *Anciens Évêchés de Bretagne.
Diocèse de Saint-Brieuc.* I, p. 186. Paris, 1855.

châtiaient à discrétion. A Paris, on emportait les verges à la
procession.

La liturgie elle-même se chargeait de compenser par ses
fêtes ce qu'il y avait d'astreignant dans un tel service. Rien
n'était moins monotone que la vie de nos cathédrales avant la
Révolution.

Chaque église avait ses usages. Il en était de grotesques,
qu'on se transmettait depuis des siècles, si altérés que nul
n'eût pu en deviner le sens ou l'origine. Que signifiait, par
exemple, cette ronde qu'exécutaient les chanoines d'Auxerre,
sur le labyrinthe de leur grande nef, au chant du *Victimæ
Paschali*, quand ils recevaient un nouveau confrère ?... et
cette grosse pelote que le récipiendaire était forcé de
fournir et que le doyen, son aumusse sur la tête, lançait successivement à chacun des chanoines, qui la lui ren-
voyait[1] ?

Et ce qu'on appelait, à Chartres, le *bonhomme blanc* : une
pyramide de dix-sept cierges, autant que de chanoines, portée
en procession dans la crypte, poursuivie, bousculée par les
enfants de chœur qui essayaient d'éteindre le plus de lumières possible : Autant de cierges éteints, disait-on, autant
de chanoines à mourir dans l'année[2] ? D'où venait cette plaisanterie macabre ? Il ne suffirait pas pour l'expliquer de dire
que nos ancêtres aimaient à rire avec la mort.

Mais à côté de ces étrangetés, dont peut-être le *folk-lore*
nous dira un jour la lointaine provenance, il y avait d'autres
coutumes, purs symboles liturgiques, qui contenaient, sous
une forme parfois naïve, une grave leçon; ces verges[3], par
exemple, que, dans certaines églises du Midi, on déposait sur
un prie-Dieu dans le chœur, au mercredi des cendres, pour
y rester tout le carême.

La poésie y avait son compte aussi. Je ne cite que les usages
auxquels prenaient part les enfants de chœur. Aux matines
de la Toussaint, on les voyait venir au lutrin, un cierge à la
main, chanter les répons des vierges. A Rouen, pour mieux
parler aux yeux sans doute et se donner un faux air de

1. G. Durand, *Rationale.* Éd. Ch. Barthelemy, t. IV, p. 447, n. 8.
2. Clerval, *Maîtrise de Chartres*, p. 187.
3. Forest, *l'École cathédrale de Lyon*, p. 331.

moniales, ils portaient leur amict sur la tête[1]. A Saintes, en
signe de joie, pendant tout le temps pascal, et au delà, ils se
couronnaient de fleurs[2]. Les maîtrisiens de Paris, le jour des
Rameaux, suivaient l'archevêque à une prison voisine de
l'Hôtel-Dieu. Le prélat frappait de la crosse la porte en chantant *Attollite portas*, et un soprano lui donnait la réplique à
l'intérieur. A une seconde sommation, répondait une voix de
haute contre, et une basse-taille à la troisième. Après quoi
l'on délivrait un prisonnier[3].

A peu près dans toutes les églises, au samedi qui précédait la Septuagésime, on disait solennellement adieu à l'*Alleluia*. La gravité lyonnaise permettait d'ajouter un alleluia à
chaque verset du premier psaume et du *Benedicite* ; au
psaume *Laudate*, dès le troisième verset, on en intercalait
deux, et les voix allaient grossissant[4]. C'était trop peu pour
l'humeur expansive et l'exubérance d'autres régions. On
composa des offices exprès. On ne se contenta plus de
répéter à satiété la joyeuse exclamation ; on la traita comme
un personnage. On lui appliqua des textes bibliques soigneusement triés et on lui dit dans les antiennes et les
répons : « Reste avec nous aujourd'hui, alleluia, alleluia ;
tu partiras demain, alleluia, alleluia, alleluia ; quand le
soleil se lèvera, tu te mettras en route... Que le bon ange
du Seigneur t'accompagne, te donne un bon voyage, et
reviens joyeux parmi nous[5]. » Mais au moyen âge, les
formules se dramatisent vite. A la cathédrale de Toul, ce
jour-là, les enfants de chœur s'amusent. Il ne s'agit plus du
voyageur qui s'en va ; c'est un mort qu'on ensevelit ; une
motte de terre représente le cadavre ; et solennellement,
avec aspersions, encensements, cris de douleur, ils enter-
rent l'alleluia dans le cloître ; c'était l'usage allemand. On
était moins raffiné en Beauce ; les *enfants d'aube* chartrains,
après un office tout fourré d'alleluia, les laudes étant finies,
le cri d'adieu suprême étant poussé, tiraient de leurs poches

1. Collette, *op. cit.*, p. 13.
2. Grancolas, *Traité de l'Office divin*, p. 597.
3. Abbé Paguelle de Follenay, *Notice sur l'École épiscopale de Notre-
Dame de Paris*, p. 42.
4. Forest, p. 141.
5. Du Cange, *Glossaire* au mot *Alleluia*.

de grosses toupies, et, à grands coups de fouet, à travers le chœur et la nef, les expulsaient, ronflantes et tournoyantes, jusque sur la place[1].

Mais la fête des fêtes, dans ce petit monde clérical, par tous les pays, était le jour des Saints Innocents. Les abus ne doivent pas faire oublier l'idée première qui était touchante et belle. Comme pour faire entendre que les degrés de gloire au Paradis ne sont point subordonnés aux dignités hiérarchiques d'ici-bas et que, plus souvent qu'on ne croit, se vérifie le mot évangélique « Les premiers seront les derniers », en ce jour, tout était renversé au chœur, et ceux-là avaient les honneurs, qui pendant l'année étaient les humbles serviteurs de tous. Les chanoines pouvaient protester, et ne s'en faisaient pas faute, il leur fallait céder à la coutume, siéger sans insignes, sur un banc inférieur, et laisser leurs stalles, leurs titres sonores, leurs privilèges aux malins Innocents. Sans compter que presque partout, les chanoines devaient plus ou moins faire les frais des réjouissances. Les *novices* de Vienne, par exemple, recevaient de l'archevêque ce jour-là, trois florins, une mesure de vin et trois ânées de bois : chaque chanoine était tarifé à une ânée[2].

Les usages variaient avec les églises; et il serait fastidieux de les rechercher en détail. Presque partout la fête des Innocents faisait partie d'un cycle de solennités où tous les ordres inférieurs de la hiérarchie avaient leur jour. Les diacres commençaient aux secondes vêpres de Noël : au rapport de G. Durand[3], ils chantaient en dansant l'antienne de leur patron, saint Étienne : toute la journée suivante leur était consacrée. Le jour de saint Jean était pour les prêtres. Puis venaient les enfants de chœur. Restaient les sous-diacres et autres officiers intermédiaires qui, ne se découvrant pas de patron spécial aux environs de Noël, s'organisaient à des dates diverses ce qu'on appelle la *Fête des Fous*; le terme servit souvent à désigner l'ensemble de ces jours de joie un peu bruyante et désordonnée. Pour conclure, plusieurs églises ajoutèrent la fameuse *Fête de l'Ane*, et le cycle fut com-

1. Clerval, *Maîtrise*, p. 184.
2. Callombet, *la Sainte-Église de Vienne*, p. 328. Lyon, 1847.
3. G. Durand, *Rationale div. off.*, l. VII, chap. xlvii, n. 15.

plet. Ordinairement un évêque de circonstance présidait la
fête, évêque des fous ou évêque des enfants. L'élection n'allait pas toujours sans désordre ; à Tournay, par exemple, elle
se faisait par les chantres au cabaret, et, par manière de consécration, on jetait trois seaux d'eau à la tête du dignitaire.
A Rouen, l'installation se faisait plus gentiment. Le *Dominus
episcopus*, « petit bonhomme de neuf à dix ans, ganté, mitré,
la crosse en main, précédé de son chapitre enfantin, inaugurait sa dignité d'un jour par une solennelle bénédiction donnée, selon toutes les règles, à l'autel des Saints-Innocents. La
journée se passait joyeusement en cérémonies religieuses, où
les enfants jouaient leur rôle, où l'évêque bénissait, donnait
son anneau à baiser, conférait des grâces, se choisissait des
dignitaires. Celui de Reims se nommait spécialement un
maître d'hôtel, et c'était toujours, naturellement, le plus riche
des chanoines. D'autres clercs se faisaient encenser, se pré-
lassaient dans les stalles en costumes parfois trop riches, —
amour-propre des mères ! — entonnaient des antiennes. Un
banquet complétait la fête. Dans bien des églises, quand, aux
secondes vêpres, le chant du *Magnificat* en était arrivé au
verset *Deposuit potentes de sede*, on enlevait à l'évêque enfant
sa mitre et ses insignes ; il retournait à sa place de choriste,
et tout rentrait dans l'ordre. Il lui restait pourtant, à Rouen,
de sa gloire d'un jour, le droit de confisquer les éperons de
quiconque entrerait au chœur sans déposer ses armes[1].

On pense bien que de pareilles coutumes provoquaient les
réclamations. Si le peuple s'en amusait, les humiliés du jour
ne les eussent point vues disparaître avec regret. D'autant
que les abus venaient vite, renaissaient aussitôt que supprimés : luxe et mascarade extravagante des costumes, parodies
grotesques et inconvenantes ; dans les banquets, que les enfants se payaient des générosités du chapitre, plus d'une
petite tête épiscopale ou canoniale dut sentir ses idées se
brouiller. De là des luttes homériques, et qui duraient des
siècles.

En 1471, par exemple, un dominicain prêchant à Bourges,
avait tonné contre le vieil usage, et obtenu que, du moins, le

1. Collette, *op. cit.*, p. 34 ; — Carpentier, Suppl. à du Cange, au mot *Deposuit*.

petit archevêque ne donnât plus sa bénédiction. Cinq ans
après, le chapitre entre en guerre et prend des mesures res-
trictives équivalant à bannir la fête de l'enceinte du chœur.
Puis, recul ; les enfants ont promis d'être sages. En 1509,
nouvelle interdiction : la fête n'en est que plus folle.
Colère du chapitre, contrition des enfants, promesses solennelles, pardon, absolution et... rechute.— 1523, c'est définitif,
cette fois : à toutes les réclamations, les chanoines font la
sourde oreille ; — 1524, la fête recommence. Il faut donc en
venir aux grands moyens : les enfants sont fouettés. Là-dessus, insurrection et fuite ; on ne rejoignit les petits révoltés
qu'à vingt lieues de là. Il fallut bel et bien parlementer. Les
mutins avaient vaincu, et, longtemps encore la fête des Innocents continua à se célébrer sous les belles voûtes de
Saint-Étienne, tout comme par le passé [1].

III

On a cent fois raconté comment le théâtre, au moyen âge,
sortit de la liturgie. Timidement d'abord, puis avec une hardiesse croissante, le clergé tâcha de parler aux yeux pour
arriver plus sûrement à l'intelligence. Dès qu'un texte liturgique se prêtait à une interprétation dramatique, on le traduisait en actes. Il en est de curieux exemples. Dans le cloître
de la primatiale lyonnaise, trois églises étaient contiguës et
communiquaient par des couloirs. On commençait matines à
Saint-Jean, à voix presque basse. Quand, à l'invitatoire, on
en venait à ces mots : *Si vocem ejus audieritis*, « Si vous
entendez sa voix », on haussait le ton ; c'était le signal,
entendu par les chanoines de Saint-Étienne, qui aussitôt
entonnaient l'office, — et, par le même procédé, avertissaient
un instant après ceux de Sainte-Croix [2]. L'invitatoire du premier dimanche de l'Avent, était-il, comme à Auxerre, formé

1. *Semaine religieuse* de Bourges, 7 avril 1894. — Voir, dans l'abbé
Clerval, le détail complet des mesures qui, pendant quatre cents ans, de
1297 à 1700, furent prises et reprises par les chanoines de Chartres. C'est
un chapitre curieux de notre vieille histoire cléricale ; on y voit avec quel
soin l'on distinguait la fête des enfants de celle des fous. (*Maîtrise de
Chartres*, p. 90.); — Du Cange et Carpentier, au mot *Kalendæ*.
2. Forest, *op. cit.*, p. 91.

des mots *Ecce lux vera*, un enfant sortait de derrière l'autel un cierge à la main et le promenait à travers le chœur. A Clermont, ce même jour, quand on chantait le texte d'Isaïe (chap. XII) : *Audite, annuntiate in universa terra*, les enfants et les chantres montaient à la tour, et, là-haut, répétaient ces paroles en musique aux quatre points cardinaux. L'Évangile raconte que les mages, avertis par un ange, retournèrent chez eux, *per aliam viam* : en conséquence, à Chartres, à Poitiers et ailleurs, la procession de l'Épiphanie se faisait en sens inverse des autres jours. A la Pentecôte, c'était une colombe qu'on lâchait du haut de la voûte, ou, comme à Saintes, une pluie de pains d'autel, de flammèches, de gouttes d'eau, symboles de la nourriture, de la chaleur, de la pureté qui nous vient de Dieu. Ainsi tout prenait vie, tout se traduisait aux yeux. Bien vite ce que les récits évangéliques contenaient de dramatique fut mis en scène : l'église ellemême servait de théâtre, et le drame se promenait, selon les exigences du sujet, du sanctuaire au porche et de la nef aux galeries.

Les enfants devaient en être, et, le plus souvent, on en faisait des anges. A Noël, tandis que des chanoines en aube, l'amict sur la tête, un bâton à la main, représentaient les bergers, un jeune clerc, du haut de l'ambon, leur chantait : « Voici que je vous annonce une grande joie, un enfant nous est né. » Et d'autres, dans les galeries du *triforium* entonnaient le *Gloria*. Quelques jours plus tard, quand trois chanoines ou trois diacres faisaient les rois mages, couronne en tête et chape sur le dos, un enfant costumé, des ailes aux épaules, portait devant eux une étoile suspendue à un fil. Au drame de Rachel, joué le jour de leur fête, on pouvait, à Fleury-sur-Loire, voir les enfants de chœur suivre l'agneau divin à travers le monastère en chantant les textes bibliques appropriés ; puis, dans le chœur de l'église, immolés par ordre d'Hérode, étendus à terre comme morts ; Rachel venait pleurer sur eux, jusqu'à ce qu'enfin, à la voix d'un ange, ils se relevassent en chantant un hymne de victoire. On ne pouvait s'en tenir là : le drame devint envahissant, sortit de l'Église, s'installa en pleine rue, s'émancipa, se laïcisa, mais jamais tout à fait, et, pour être sorti définitivement de l'Église, n'en garda pas moins le souvenir de son origine. Des prêtres composaient des paroles : souvent aussi ils se réservaient quelque rôle dans la pièce. Les chanoines prêtaient leurs ornements, changeaient l'heure des offices, dispensaient du chœur ceux ·des leurs qui devaient jouer, faisaient taire les cloches pour ne pas troubler les acteurs, et prêtaient parfois le concours de leurs petits chanteurs[1].

IV

Faut-il maintenant, pour compléter cette esquisse, suivre de siècle en siècle le développement des études musicales dans les maîtrises? Si les monographies étaient assez multipliées, on pourrait déterminer avec plus de précision les étapes de ce mouvement artistique qui, parti de bien loin, aboutit à notre musique moderne. On y verrait dans le détail la lutte de la tradition avec l'attrait de la nouveauté. On pourrait faire à chacun sa part et diviser les responsabilités. Il est certain que toutes les églises n'ont point progressé du même pas. Aucune n'a poussé plus loin la répugnance pour les innovations que celle de Lyon. Jusqu'au dernier jour, elle maintint ses principes. Il fallut attendre l'année 1841 pour voir un orgue dans le chœur de Saint-Jean. En 1715, les auteurs bénédictins du *Voyage littéraire* pouvaient écrire : « On ne sait là ce qu'est la musique; mais le plain-chant qui se chante par cœur est si grave et si beau qu'il n'y a pas de musique qui en approche. Il enlève tous ceux qui l'entendent[2]. » Le plus grand nombre des églises n'eut point de ces scrupules, et, plus ou moins, s'ouvrit à toutes les nouveautés.

Pratiquement, dans la période où presque toutes les maîtrises prirent leur forme définitive, c'est-à-dire au treizième et au quatorzième siècle, on se donnait énormément de mal pour arriver sans doute à d'étranges résultats artistiques. Ce qu'on nous raconte des invraisemblables fantaisies musicales de nos ancêtres à la fin du moyen âge ne laisse pas que d'in-

1. Petit de Julleville, *les Mystères*. Tome I, chap. ii. — Sepet, *le Drame chrétien au moyen âge*, p. 63, 72, etc.
2. Mactène et Durand, *Voyage littéraire*. Tome I, p. 233. — Forest, *op. cit.*, p. 333.

quiéter sur le bon sens de l'époque. Ainsi, tandis qu'un
soprano chante le texte liturgique, un ténor l'accompagne
d'un autre morceau, parfois d'une mélodie profane. Sous les
paroles d'un *Sanctus*, se déroulera l'air de la chanson : *Las !
mon bel ami*. Heureux quand cet accompagnement ne rappelle pas à la mémoire des paroles obscènes. D'autres fois
c'était le contrepoint que les chantres se permettaient d'improviser sur le plain-chant, par des fioritures de leur façon ;
vieil usage qui remontait au onzième siècle. Il durait encore
au quinzième, et on le qualifiait de *diminutïon*, parce qu'il
fallait diminuer la valeur des notes pour en multiplier le
nombre dans un même intervalle musical. Deux ou trois personnes se livraient ensemble à cette haute voltige, ne s'occupant que de s'accorder avec le ténor. « Cependant, disait
Tinctor, un auteur du temps, je ne considère pas comme
blâmables, mais comme très dignes d'éloges les chantres qui
se concertent entre eux avec prudence, et s'entendent d'a-
bord sur le placement et l'ordre des consonances, car ils forment une harmonie beaucoup mieux remplie et plus suave. »
Le bon homme !... Et que penser, lorsque les instruments se
mettaient de la partie, tous improvisant à qui mieux mieux !
On composait aussi... et quels chefs-d'œuvre ! Le poète Cretin
ne loue-t-il pas le maître Ockeghem d'avoir pu

> Sans un seul point de ses règles enfreindre,
> *Trente six* voix noter esbrire et paindre
> En ung motet... ?

Faut-il parler des messes où l'on imitait les cris d'oiseaux,
— on chanta devant le pape la messe du *Coucou*, — et de
celles ou l'on prenait pour thème à variations des mélodies
profanes dont les paroles étaient parfois très libres ? Une
réforme s'imposait dans les maîtrises. Tout le monde connaît
la bulle de Jean XXII (1322), et la peinture peu flatteuse
qu'il y fait de l'art musical d'alors ; les chanteurs tout occupés
de la mesure pour intercaler à propos leurs « floratures »,
les vieux airs dédaignés et remplacés par d'autres à la mode
nouvelle, l'addition sur les graves mélopées ecclésiastiques de broderies légères faites de croches et de doubles
croches, sautillantes et martelées ; les mélodies hachées par
les « hoquets », efféminées par le déchant, farcies de « triples »

et de « motets » en langue vulgaire, l'oubli complet des principes fondamentaux de l'antiphonaire et du graduel, les différents tons du plain-chant confondus, et, par conséquent,
totale ignorance de cette base même sur laquelle on prétend
élever l'édifice d'un art nouveau, un fourmillement de notes,
mais qui ne savent plus, comme la musique grégorienne,
monter pudiquement leurs gammes, et gravement les redescendre ; enfin, pour mettre le comble à ce désordre, qui,
après tout, n'a rien qui doive étonner dans une époque qui
connut et applaudit la versification des Cretin, des Meschinot,
et autres rhetoricqueurs de haut goût, des « chantres qui ges-
ticulent et transforment le lutrin en treteaux de pantomime,
des lors plus de dévotion, et un étalage insolent d'immo-
destie [1] ».

La réforme vint à son heure ; et, à côté de l'antique musique grégorienne, à côté du plain-chant de nos écoles du
treizième siècle, les grands artistes d'Italie et de Flandre,
Palestrina, Orlando de Lassus, et leurs disciples, vinrent
ajouter au patrimoine déjà si riche de l'art catholique.

Malheureusement l'art nouveau était envahissant. Les
maîtres de chapelle composaient avec rage, et ne se bor-
naient pas toujours aux œuvres religieuses. Ils prenaient
part à de nombreux concours de musique. Il est clair que
les chanoines devaient subir au chœur les exécutions de ces
œuvres originales. Ce n'était point sans protester, et sans
réduire périodiquement ces exhibitions ambitieuses à une
dizaine de grandes fêtes, sans ordonner de s'en tenir au pur
plain-chant, du moins pour les jours ordinaires, sans rappeler l'antique usage de chanter sans livre. Mais rien n'y faisait. Le chapitre avait contre lui la mode, l'engouement,
parfois les désirs formels de l'évêque ; — parfois aussi il y
avait des intelligences dans la place. Tel chanoine était compositeur et alors... Et alors, sur le jubé massif qui coupait
l'église en deux, la maîtrise s'installait, chantres et orchestre :
— oh ! un orchestre rudimentaire, serpent, contre-basses et
bassons, et, plus tard... timidement, les violons ; — et de là-
haut la musique s'épanchait en cascades dans le chœur et la

---

1. *Extravag. comm.*, libr. III, tit. I, *De vita et honest. cleric.*

nef. Mais quelle musique, parfois ! On en riait à Paris ; en province, on se pâmait. L'aventure du rouennais Lesueur est célèbre.

Il concourait pour la place de maître de chapelle du roi. Encore inconnu, il s'avisa, pour s'assurer la bonne volonté des juges, de faire exécuter devant Louis XIV un morceau de façon normande. Il en attendait le plus grand effet. C'était un *Qui habitat.* Il y avait là, sur les mots *cadent in latere*, une fugue où la syllabe *ca* descendait avec fracas roulant de note en note pour s'écraser sur la dernière. « En voilà une qui ne se relèvera pas », murmura un auditeur. Le mot courut de chaise en chaise jusqu'au roi, et tout le monde de rire. Le roi fit un signe et l'on se tut. Arriva le passage *flagellum non appropinquabit.* Et les notes de claquer, de cingler, de siffler. « On se serait cru au milieu de cinquante capucins se donnant la discipline. » Le pauvre Lesueur ne s'en releva pas. Et le pire fut que, rentré à Rouen simple provincial comme devant, il crut devoir profiter de la leçon, et réduire sa musique à quelque chose de plus raisonnable. Cela ne faisait pas le compte des Rouennais habitués à plus de luxe. Ils le lui firent sentir [1].

V

On conçoit que tout cet envahissement artistique n'allât pas sans de graves inconvénients. Les enfants étaient trop absorbés par leurs études musicales pour s'adonner sérieusement à leurs travaux classiques. Dès qu'ils grandissaient, comme on leur avait appris aussi à composer, ils ne se faisaient pas faute de produire. A toutes les pages des registres capitulaires de Chartres, on voit des enfants solliciter du chapitre l'honneur de faire exécuter quelque morceau de leur fabrique. C'était presque une tradition pour le « grand enfant de chœur », le « second » et le « troisième », quand ils étaient sur le point de quitter la maîtrise.

Par malheur, s'il sortait de là d'excellents maîtres, il en sortait aussi de ces musiciens vagabonds, prêtres souvent, presque toujours clercs, qui faisaient leur tour de France, colportant leurs belles voix dans les églises. On appelait cela

1. Collette, *op. cit.*, p. 69.

vicarier[1]. Il faut entendre les protestations indignées du chanoine de Lescar en Béarn, Jean de Bordenave, dans son *Estat des églises cathédrales et collégiales* (1643), contre ces enfants qui « ne prennent soin de vaquer à aucune autre étude que la musique, et se rendent de tout inhabiles, ignorants et indignes des principaux offices de leur état ; jusque là qu'étant sortis de la psallette, ils sont « plus grands postes et coureurs de campagne que les ribleurs de nuict ». Ils doivent, ajoute-t-il, « être instruits non seulement en *la*, *sol*, *fa*, mais aussi en la doctrine qui est nécessaire à ceux qui désirent se faire promouvoir aux ordres sacrés ; estant chose inepte et ridicule de voir qu'entre tous ceux qui s'y présentent, il n'y en a point de moins capables que les chantres qui ont pris leur nourriture en ces églises ». Et, exigeant des maîtres qu'on leur apprît l'innocence, il apportait ce bel argument : *Cum puer a puritate proprie dicitur quasi purus aer.* Il avait raison le brave chanoine, malgré ses étymologies.

Il eût fallu revenir de plusieurs siècles en arrière ; redemander au chancelier Gerson de rééditer pour les temps nouveaux les règles si sages qu'il avait jadis rédigées (1408) pour la maîtrise de Notre-Dame de Paris[2]. L'illustre docteur, entre autres mérites, avait celui de tenir en haute estime l'éducation des petits enfants ; le traité consacré par lui à cet important sujet, n'a presque rien perdu de son intérêt et de son actualité. Une préoccupation domine tout, le souci de l'âme à sauver, le respect dû à la pureté, la responsabilité du maître devant Dieu. Pour qui sait lire entre les lignes, il est clair, d'après certaines pages, que de grands abus se glissaient jusque dans ce monde tout clérical, et, par vocation, par vœu même, astreint à une grande rigidité de mœurs. Il ne faut pourtant pas généraliser trop vite et crier au scandale : pas plus qu'il ne faut croire qu'un règlement, si beau soit-il, puisse être pris pour la peinture exacte de la réalité. La vérité historique est entre les deux. Toujours est-il que Gerson mettait l'idéal de son école assez haut.

1. Voir les *Lettres* de Gantez, qui fut longtemps *vicariant*, et finit par se retirer à Auxerre, où il mourut chanoine.
2. Gerson, *Doctrina pro pueris Ecclesiæ Parisiensis. — De parvulis trahendis ad Christum.*

« La société de ces enfants, tout dévoués au service divin, est la plus belle et la plus fleurie entre les catégories dont se compose l'Église, puisque le prophète a dit : « De la bouche des enfants et de ceux qui sont à la mamelle sort la plus parfaite des louanges. Eux donc, qui apparaissent au dehors comme des anges, seront de véritables anges dans leur cœur. Ils prendront pour modèle ce jeune saint de notre Église, Marcel, dont il est écrit qu'il remplissait son office sans l'ombre d'une négligence. »

Après quoi Gerson entre dans les détails. Et d'abord le maître ; qu'il soit irrépréhensible. Ici les citations ordinaires de Juvénal et d'Horace. Que l'enfant ne voie en lui rien qui puisse lui apprendre le mal. Pas de familiarités, pas plus à l'école ou à la campagne qu'au sanctuaire. Pour les écoliers, fréquentes exhortations à l'amour divin ; qu'ils s'habituent à se bien conduire par la seule pensée de la présence de Dieu et de leur ange gardien ; confession aux grandes fêtes : on doit les y préparer avec soin, et il faut pour eux un confesseur de prudence consommée ; tous les jours récitation de l'office de la sainte Vierge et des sept psaumes de la pénitence, ce qu'ils pourront faire deux à deux en allant à l'église, ou en revenant, à la grande édification des fidèles. Quant aux études, il y a d'abord le chant, — chant grégorien et contrepoint ; — peu de déchant, rien qui soit profane. Puis, en vue des offices, l'explication sommaire des Épîtres et des Évangiles ; enfin, les travaux de grammaire et de littérature, qu'on doit à tout prix sauvegarder de l'invasion de la musique.

On fait la lecture au réfectoire, et on parle toujours latin. Les récréations sont courtes et fréquentes. Jamais les enfants ne sont abandonnés à eux-mêmes : jour et nuit, un des maîtres doit être avec eux, et ils ne peuvent s'écarter des autres sans permission. Au dortoir, une lampe doit toujours brûler devant l'image de la sainte Vierge : affaire de dévotion envers Marie, et aussi de discipline. On use des verges, s'il y a lieu ; mais il faut se souvenir que, au témoignage de saint Paul, l'excès dans la répression rend pusillanime.

Bien d'autres détails seraient à noter : tous montrent que Gerson avait l'expérience des enfants et savait leurs faibles-

ses. Sur certains points, les mœurs ont changé : ainsi l'on
n'admettrait plus aujourd'hui la dénonciation érigée en règle.
Pour le reste, les siècles ont beau se succéder, la nature humaine est toujours la même, et toujours, quoi qu'en puissent
dire certains théoriciens, ce n'est qu'en surveillant les enfants, fussent-ils enfants de chœur de Notre-Dame, — et en
les surveillant de près, — qu'on arrive à sauvegarder leurs
âmes. « Gardez le silence, disait le chancelier, que tout soit
composé en vous quand vous servez à l'autel ; pas de rires,
pas de bavardages, pas de bruit, pas de mouvements désor-
donnés...; mais soyez là comme des anges, afin que l'on dise en
vous voyant : Ce sont vraiment des enfants angéliques, et dignes en tout point d'appartenir à la Vierge immaculée dans la
plus illustre église qu'elle ait sur terre. » Tel était l'idéal.
Mais voici le réel : « Il n'y a pas d'animal qui communique
plus facilement sa maladie aux autres qu'un enfant sa cor-
ruption à un autre enfant[1]. »

Les maîtrises disparurent avec l'ancien régime. Çà et là on
vit les enfants de chœur aux fêtes de la fédération parmi des
prêtres en écharpes tricolores. Puis, peu à peu, le silence se
fit dans les cathédrales ; le culte schismatique lui-même céda
la place à d'autres cérémonies ; là où des voix d'enfant mo-
dulaient naguère les antiques mélodies de saint Grégoire,
éclatait la *Marseillaise* ; il est vrai que l'hymne nouveau
était d'origine cléricale : simple larcin fait par Rouget de
l'Isle à un professeur de la maîtrise de Saint-Omer[2]. L'histoire est pleine de ces ironies.

Alexandre BROU, S. J.

1. *De Parvulis*. Consid. 3ª.
2. Grison. Voir *Univers*, 16 novembre 1885. Article de M. A. Loth.

BOURDALOUE INÉDIT

UN SERMON POUR UNE PROFESSION RELIGIEUSE

Ce n'est pas d'aujourd'hui que l'on a signalé dans le recueil manuscrit de Phelipeaux, à la Bibliothèque nationale, des copies des sermons de Bourdaloue antérieures à l'édition princeps. Mgr Blampignon, il y a treize ans, dans son *Étude sur Bourdaloue*[1], avait attiré l'attention sur cette source. « Les copies primitives, écrivait-il, offrent non seulement des différences considérables, mais un certain nombre d'instructions absolument négligées par le P. Bretonneau[2]. » Et le savant critique citait, comme exemple, « l'exhortation pour la vêture de Mlle d'Elbeuf », sermon inédit que les récentes études du P. Chérot, S. J.[3], m'ont mis à même de donner au public[4]. Le sermon pour la vêture de l'une des deux nièces du cardinal de Bouillon appartient au troisième des quatre gros in-quarto contenant les sermons collectionnés par Jean Phelipeaux, ce prêtre d'Angers entré au service de Bossuet, précepteur de son neveu et son guide trop passionné durant le séjour que les deux agents de l'évêque de Meaux firent à Rome depuis 1696 jusqu'à la condamnation de Fénelon. Ce volume (fr. 22947) est le plus riche en œuvres de Bourdaloue de toute cette collection et est même à peu près exclusivement composé de sermons de cet orateur. Il y en a bien quelques-uns aussi dans le premier volume d'où est tiré le sermon qu'on va lire ; car il ne faut pas s'arrêter seulement à ceux dont l'attribution est inscrite en toutes lettres, et c'est à bon droit que Mgr Blampignon se proposait jadis de revenir sur le manuscrit dans lequel il ne notait guère que « neuf sermons attribués à Bourdaloue[5] ». Je ne puis

1. Paris, Berche et Tralin. In-8, 1886.
2. *Op. cit.*, p. 38.
3. Bourdaloue, *Lettre au cardinal de Bouillon*. Retaux, 1899. Cf. *Études* du 20 mai 1899.
4. *Revue des Sciences ecclésiastiques*, août 1899 ; et *Un discours inédit de Bourdaloue*. Lille, B. Bergès. In-8, pp. 42.
5. *Op. cit.*, p. 39.

que le remercier vivement d'avoir indiqué cette mine, très digne d'être exploitée à fond.

En attendant je me contente d'éditer un sermon anonyme[1], mais sûrement de Bourdaloue, comme j'en ai acquis la certitude. Les preuves en sont d'ailleurs aisées à fournir : sans les développer, j'engage seulement les amateurs à confronter le texte qui sera publié ici avec le « sixième sermon sur l'estat religieux » imprimé dans l'édition Bretonneau de 1711, t. VIII (tome second des Panégyriques, p. 360 à 391). C'est le même thème sur un texte différent et dans des circonstances qui ont fait changer les termes, non le fond. Qu'on note surtout, page 362, la division tirée de saint Augustin qui est reprise dans notre sermon et en donne le dessein après l'exorde.

La démonstration sera plus complète si l'on compare certains mouvements d'un relief bien marqué qui se lisent dans ce sermon de profession avec les développements analogues qu'on rencontrera dans le sermon de vêture de Mlle d'Elbeuf.

Mon dessein n'est que de donner ici, sans en garder l'orthographe archaïque, le texte du manuscrit Phelipeaux. On verra, je crois, sans peine, avec quelle féconde originalité Bourdaloue reprenait des idées déjà traitées par lui, et comment ses « redites » pouvaient plaire à la ville comme à Versailles.

Le but de cette publication est sans doute de donner un *spécimen* de l'éloquence parlée de Bourdaloue prise sur le vif, avec ses négligences, mais aussi son animation, avec son abandon familier que les retouches soit de l'orateur lui-même revisant ses sermons, soit surtout de son éditeur, n'ont pas manqué de faire disparaître dans les œuvres imprimées. Mais ce ne serait qu'un mince profit et sans grande nouveauté. Plus d'une fois, en effet, avec le P. Lauras, et plus anciennement le P. Cahour, on avait remarqué à quel point les *copies* des contemporains (car il faut dire la même chose des éditions subreptices) tranchaient sur le style des sermons publiés par le P. Bretonneau.

Mon espoir est donc surtout qu'en vue de l'édition du centenaire, les appels adressés déjà, ici même, par le P. Chérot, soient entendus, et qu'on nous signale le plus grand nombre possible de ces *copies* qui devront suppléer à la perte des originaux.

---

1. Ms. Phelipeaux, t. I, p. 512-532.

Puisse la liste déjà longue, grâce à Dieu, de ces sources diverses et variées, grossir encore davantage. Il est à souhaiter que les chercheurs, dont nous sollicitons ainsi la collaboration, ne se laissent pas déconcerter par l'absence d'attribution. Il est impossible que les maisons religieuses et les archives de famille ne contiennent pas un grand nombre de ces anciennes copies de sermons qui, bien qu'anonymes, méritent d'être regardés de près.

Rien ne prévenait, dans notre recueil, que le sermon qu'on va lire était de Bourdaloue, alors que plusieurs autres sermons du même volume lui étaient explicitement assignés. Il n'en faut pas moins désormais ajouter à ce titre latin impersonnel : *In professione monialis,* le nom de Bourdaloue[1].

Voici une très courte analyse écrite en marge, en face du texte, de la main même de Phelipeaux, et qui nous fournit un titre pour le sermon : *Du mariage spirituel.*

1° Du choix de l'époux et de l'épouse ;

2° De l'engagement qu'ils contractent ;

3° De la société qui est le fruit du choix et de l'engagement.

Eugène GRISELLE, S. J.

IN PROFESSIONE MONIALIS

Venit ad me unus de 7. Angelis et locutus est ad me dicens :
Veni et ostendam tibi sponsam uxorem Agni. Apo. 31.

C'est la vision qu'eut autrefois, dans une de ses extases, le disciple bien-aimé ; mais quoique cette vision fût une des plus considérables et une des plus mystérieuses de son apocalypse, ce n'est après tout qu'une vision, mais de laquelle je prétends vous représenter la vérité par la considération de cette auguste cérémonie et de cette profession solennelle qui se va accomplir à la face du ciel et de la terre, et qui aura non seulement les hommes et les anges pour témoins, mais encore qui aura Dieu pour spectateur et pour rémunérateur.

---

1. Le sermon précédent, p. 482, aussi pour une profession religieuse, est donné comme de Le Boux. Je le recommande donc à M. l'abbé Rey, auteur d'une très intéressante étude sur cet orateur, parue dans la *Revue du Clergé français,* 1ᵉʳ et 15 septembre 1897, p. 5 et 147.

Cette épouse de l'Agneau, c'est l'âme religieuse qui se consacre au divin Époux des vierges par une profession solennelle, et qui contracte avec lui un mariage tout spirituel et
tout divin. C'est ainsi que les Pères parlent des vœux de la
religion; et c'est le sentiment du grand Tertullien dans le
livre qu'il a fait *De velandis virginibus*, lorsque, parlant à une
vierge, il lui dit que ce n'est point lui faire injure, mais c'est
lui faire justice et honneur de lui faire entendre que, quoiqu'elle soit vierge, elle ne laisse pas d'être épouse, puisqu'elle
est mariée avec Jésus-Christ : *Nupsisti Christo; illi tradidisti
carnem tuam; sponsasti maternitatem tuam.* Et pourquoi, dit
le dévot saint Bernard, cette vierge n'aspirerait-elle pas aux
noces de l'Agneau, puisqu'elle a les qualités d'une véritable
épouse? Je l'avoue, il est assis sur le trône de Dieu, mais
cette élévation ne doit pas l'empêcher de prétendre à cette
gloire, puisque c'est assez pour devenir épouse de ce divin
Agneau, de lui être conforme par l'imitation de sa pureté vir-
ginale et de lui être amie[1] par le lien d'amour : *Non tam ele-
vat celsitudo, quam sociat similitudo; amor conciliat, profes-
sio maritat.* En effet, pourquoi cette élévation de l'Agneau la
jetterait-elle dans le désespoir de contracter alliance avec lui,
puisqu'en suite de la ressemblance d'amour et de la conformité de la volonté, elle a la forme véritable de cette profession, par laquelle il s'engage à être l'époux d'une âme qui
renonce à tous les biens de la terre pour ne s'attacher qu'à
lui ? *Hoc est forma professionis : Ecce nos reliquimus omnia
et secuti sumus te.* Quand vous voyez donc une âme qui renonce à toutes les choses de la terre pour ne s'attacher qu'à
Jésus-Christ, ne craignez pas de dire : c'est la véritable épouse
de l'Agneau : *Vides virginem relictis omnibus Christo adhæ-
rere, voca conjugem et vocabo maritatam.*

   Cela étant ainsi, je ne dois pas me proposer d'autre dessein, dans cette auguste cérémonie, que de vous représenter
la vérité de cette vision mystérieuse du disciple d'amour :
Veni et ostendam tibi, etc. Je sais que toutes les âmes chrétiennes prétendent à cette gloire, je ne veux pas leur ôter ou
leur contester ce droit; mais mon dessein est de vous prou-

------

1. Peut-être faute du copiste pour *unie*?

ver que l'âme religieuse est par excellence et par principe l'épouse de l'Agneau immaculé, et que cette qualité lui convient dans un sens tout propre et tout particulier. Mais ne passons pas outre sans implorer le secours de celle qui a été la première épouse du Saint-Esprit, et pour l'obtenir, disons-lui tous ensemble : *Ave.*

Trois choses, selon saint Augustin, font les alliances et les mariages de la terre : Le choix, l'engagement et la société.— Le choix que l'époux fait de son épouse et que l'épouse fait réciproquement de son époux; l'engagement qu'ils contractent l'un pour l'autre, et la société qui est le fruit de ce choix et de cet engagement. Si ces trois choses se rencontrent dans les mariages de la terre, elles ne sont pas moins nécessaires aux mariages spirituels que les âmes contractent avec Dieu dans l'ordre de la grâce, et particulièrement dans la religion ; car, qui ne voit que ces trois choses sont indispensablement attachées à la profession religieuse, qu'elles en font une partie essentielle et qu'elles sont l'âme de la religion ? En effet, que fait une âme qui se consacre à la vie religieuse? Elle choisit Jésus-Christ pour époux et elle s'engage à lui pour toute sa vie; elle entre avec lui en société de biens d'une manière propre et particulière qui ne convient qu'aux épouses. Il faut donc conclure que la profession religieuse est un vrai mariage qui se contracte avec le fils de Dieu, et c'est, ma chère Sœur, le haut comble de gloire où Dieu vous élève aujourd'hui, et le prodigieux avantage que vous tirez de cette profession, qui vous va engager avec Jésus-Christ et qui vous va faire entrer en société de biens avec lui en suite du choix que vous en avez fait pour être votre époux et dans le temps et dans l'éternité. Tellement donc que ces trois choses considérables dans lesquelles consiste ce divin mariage que vous allez contracter avec votre divin Époux, à savoir le choix, l'engagement et la société de biens, c'est ce qui partagera ce discours en trois points, qui feront le sujet de vos attentions.

Les épouses de la terre ont une vue bien différente de celles de Jésus-Christ, elles cherchent plus souvent le bien, l'honneur et la liberté que l'époux ; mais pour vous, vous n'avez envisagé ni le bien, ni l'honneur, ni votre satisfaction, ni les plaisirs, mais Dieu purement comme le terme de votre choix. Il n'y a donc point de plus forte conviction que le mariage que vous allez contracter avec Jésus-Christ. C'est un vrai et parfait mariage, par le choix libre et désintéressé que vous avez fait de lui seul, renonçant aux choses de la terre. ·

Mais pour vous convaincre encore plus fortement que le choix que vous faites de Jésus-Christ dans la profession religieuse, c'est un vrai et parfait mariage, c'est qu'il vous donne tout le pouvoir d'abandonner votre père et votre mère qui sont ceux à qui la nature vous attachait avec des liens plus étroits au monde ; et bien loin que vous blessiez, en les quittant, la piété que la nature et la religion commandent d'avoir pour ses parents, je dis que vous faites la plus héroïque et la plus généreuse de toutes les actions que vous soyez capable de faire dans la religion chrétienne. Et qui est-ce qui vous donne ce pouvoir, c'est le choix que vous avez fait de Jésus-Christ pour votre époux. Vous savez qu'il n'y a que le mariage au monde qui puisse soustraire un enfant de la dépendance de ses parents, *propter hoc relinquet homo patrem et matrem*. Et si Dieu, dès le commencement, a dit ces paroles pour faire voir la force qu'ont les mariages communs et naturels de faire quitter père et mère aux enfants pour s'engager les uns aux autres, il a accordé le même privilège dans la loi nouvelle et évangélique aux âmes chrétiennes qui voudraient se consacrer à lui par un mariage spirituel dans la vie religieuse, conformément à la pensée de saint Bonaventure qui dit que ce mot, *propter hoc*, s'entend aussi bien pour la profession religieuse, par laquelle l'âme se marie à Jésus-Christ que pour le lien des mariages naturels sur la terre.

Mais je passe plus avant et je dis que le mariage spirituel, contracté avec Jésus-Christ par la profession des vœux, est encore plus étroit et plus séparant que celui que l'homme contracte avec la femme dans le monde. Car, si les épouses du siècle ne sont obligées qu'à quitter pères et mères, les épouses de Jésus-Christ, qui se marient à lui par la vie religieuse, sont obligées de quitter quelque chose de plus intime et qui les touche de plus près ; car il était juste que comme le mariage spirituel est bien plus noble et relevé que le naturel et le commun, aussi Dieu lui imposât une loi bien plus rigoureuse, qui fût conforme à sa grandeur et à sa noblesse, en obligeant les épouses de se séparer de ce qui leur est de plus cher, de plus proche et de plus intime [quel] les parents mêmes. Or, dit saint Bernard, les épouses de Jésus-Christ ne pouvaient pas quitter quelque chose qui leur fût plus proche et plus intime que pères et mères, à moins que de se quitter elles-mêmes. Donc le mariage spirituel est plus étroit, plus rigoureux, plus absolu et plus séparant que les mariages naturels et communs de la terre. *Propter hoc,* etc., et voilà pour les mariages charnels, dit saint Bernard. *Abneget semetipsum, tollat crucem suam et sequatur me,* voilà pour les mariages spirituels.

Voilà donc, ma chère Sœur, un principe infaillible sur lequel vous devez faire fond dans la profession que vous allez embrasser, et qui doit entrer dans toute la conduite de votre vie : Je suis l'épouse de Jésus-Christ ; donc je ne suis plus à moi ; donc je dois renoncer à ma propre liberté, à mon propre jugement et à ma volonté ; donc il faut que toutes mes actions, paroles, pensées, que tous mes soins, mes travaux, mes souffrances se rapportent à Jésus-Christ, pour ne plaire qu'à lui, pour ne rien faire ni souffrir qui ne soit digne de lui, et pour me faire reconnaître en toute ma conduite pour une épouse digne de sa divine alliance. N'est-il pas vrai que si une fille du commun venait à être mariée à un grand roi, il faudrait aussitôt qu'elle se comportât en reine et qu'elle se gardât bien de faire la moindre chose indigne de sa qualité, à moins qu'elle ne voulût se déshonorer et causer de l'infamie au roi même qui aurait fait choix d'elle ? De même, puisque Jésus-Christ vous a fait l'honneur de vous choisir entre des millions d'âmes pour être son épouse, votre condition vous engage indispensablement d'avoir tout l'amour et le zèle possible d'une véritable épouse d'un Dieu à l'égard duquel tous les plus grands rois ne sont que des néants.

1. La copie, au lieu de *que,* a *comme,* qui a peut-être été dit.

Et comme une véritable épouse, bien loin de trouver de la peine dans le service qu'elle rend à son époux, prend plaisir de dévorer avec joie tous les travaux qui pourraient se rencontrer dans le cours du mariage à cause de l'amour extrême qu'elle porte à son mari, qui ne sait ce que c'est que difficulté, ni même qui n'en connaît pas le nom, *nomen difficultatis non erubescit amor*[1]; de même il faut que vous fassiez état d'absorber par l'ardeur de votre amour toutes les peines, mortifications et austérités de la vie religieuse que vous avez choisie pour contracter alliance avec un époux qui, quoique infiniment relevé en dignité au-dessus de vous, n'a pas pourtant dédaigné de vous choisir pour épouse. *Ubi amatur, non laboratur; vel si laboratur, labor amatur;* et ce n'est peut-être que la force de l'amour qui vous fera tout faire et souffrir avec joie pour lui plaire. Où il y a beaucoup d'amour, il n'y a point de travail; où il y a du travail, la joie qui l'accompagne le rend doux et agréable.

Dites donc, de fois et d'autres, en vous-même : Ah! puisque j'ai l'honneur de porter la qualité d'épouse de Jésus-Christ, il faut que j'en remplisse tous les devoirs et que j'en aie toutes les conditions requises! Quelle confusion d'être dans un état si relevé et de n'en avoir pas la grâce et la perfection! Que me servirait d'avoir quitté père et mère et d'avoir renoncé à toutes les espérances de ce monde, si je n'avais pas une vie au-dessus du commun? N'aurait-il pas mieux valu n'avoir pas quitté le monde que d'être venue dans la religion pour déshonorer la profession ou trahir ma vocation par une vie commune et rampante?

Faites parfois réflexion sur cet avis important de saint Paul : *Videte, fratres, vocationem vestram,* et dites à part vous : S'il est vrai, comme il n'en faut pas douter, que la qualité d'épouse de Jésus-Christ m'oblige de détacher mon affection de toutes les choses de la terre, pour ne pas donner de jalousie à un époux si pur, si fidèle et si délicat, quel étrange désordre serait-ce de partager mon cœur?

Et si par malheur vous remarquiez quelque relâchement de votre ferveur, ne manquez pas de vous en faire aussitôt le

---

1. Faute de copiste pour *agnoscit?* ou citation inexacte dans la bouche de l'orateur.

reproche à vous-même : Ah ! fallait-il tout quitter pour en venir là ? Était-il besoin de renoncer à tous mes parents pour ne faire que cela ? Était-il besoin de faire tant d'avances pour profiter si peu de la grâce et des avantages de mon état ? Fallait-il s'engager par tant de vœux à la religion pour n'y pas mener une vie plus parfaite que les épouses communes font dans la vie du siècle ? Était-il besoin d'embrasser un état de perfection pour me mettre si peu en peine de la perfection de cet état ? Enfin la profession[1] que j'ai faite de la vie religieuse ne m'oblige-t-elle pas de faire tous les efforts qui sont possibles [avec[2]] le secours de la grâce, pour me rendre digne d'être du nombre des épouses que vit le disciple bien-aimé, qui étaient embellies de toutes les qualités requises à leur état, et dont le plus bel ornement était l'union inséparable qu'elles avaient avec le divin Époux, qu'elles regardaient sans cesse avec des regards d'amour et de reconnaissance : *Vidi Jerusalem novam paratam sicut sponsam ornatam viro suo.*

Car le choix que j'ai fait en Jésus-Christ non seulement m'oblige à cela, mais encore l'engagement que j'ai contracté avec lui en suite de ce choix. C'est mon second point[3].

Une des choses qui fait mieux connaître la grandeur et l'excellence de l'être de Dieu, c'est l'honneur et la gloire qu'il y a d'être allié avec lui par engagement et par profession.

Quand on contracte avec les hommes, il est de la prudence de ne s'y engager que le moins qu'on peut ; car plus on s'engage à eux, et plus on perd de sa liberté, et moins on est à soi, plus on est dépendant de la volonté d'autrui ; mais à l'égard de Dieu, le plus grand bonheur qu'on puisse avoir et le plus glorieux avantage qu'on puisse souhaiter est de s'engager à lui le plus qu'on peut ; car plus on s'engage à lui, plus on lui ressemble, plus on est parfait : puisqu'une

---

1. La copie porte : « la profession de cet état que j'ai faite de la vie religieuse ». Évidemment les mots *de cet état* sont répétés par erreur.

2. Copie : *à avoir*, qui peut être la leçon vraie.

3. Tout le développement, à partir de « *Voilà* donc, ma chère Sœur », se retrouve, mais abrégé, dans le sermon de vêture de Mlle d'Elbeuf. V. *Un discours inédit*, etc.; p. 37 et 38.

créature est parfaite à mesure qu'elle est unie à sa dernière
fin qui est Dieu. D'où il s'ensuit que, bien loin que l'union
et l'engagement qu'on a avec lui intéresse la liberté, c'est ce
qui la perfectionne ; parce que la perfection de la liberté consiste à lui être totalement soumis, uni et engagé. Et on peut
dire qu'un homme n'est jamais plus à lui-même que quand il
est attaché à Dieu comme au centre. La volonté n'est jamais
plus défectueuse et plus sujette au péché que lorsqu'elle se
soustrait de la dépendance de Dieu : *eo rea quo libera.*

Or, ma chère Sœur, c'est à cette union parfaite et à cet
engagement total avec Dieu que vous allez vous assujettir
par la profession solennelle que vous allez faire à la vue des
anges et des hommes. Et si vous étiez moins spirituelle que
vous êtes, [je[1]] vous ferais entendre les paroles du prophète-
roi : *Audi, filia, et vide;* voyez ce que vous allez faire ; con-
sultez, examinez et pesez bien l'état de vie auquel vous allez
vous engager. Mais je ne suis pas en peine de cela, je ne
doute pas que vous n'ayez bien considéré ce que vous êtes
prête de faire, et que vous n'ayez bien eu le temps d'en prévoir la conséquence. Je doute encore moins que vous n'ayez
reçu les grâces et les lumières requises pour une action si
généreuse. Mais, après tout, toutes les grâces et les lumières
requises se doivent rapporter à ce seul point, à savoir que
l'engagement que vous allez contracter avec Jésus-Christ ait
toutes les qualités d'un divin et parfait mariage, qui consiste en ce qu'il soit un engagement sacré, solennel, irrévo-
cable et inviolable. Remarquez, s'il vous plaît, toutes ces
paroles.

Ce mariage doit être un engagement sacré : et c'est la première qualité. Or il est tel, étant fondé sur un nom qui de sa
nature est surnaturel et de droit divin. Autrefois le mariage
naturel et commun n'était qu'un contrat civil et qui depuis
l'incarnation seulement a été sanctifié et élevé à la dignité de
sacrement par le Fils de Dieu. Ce qui a fait dire à saint Paul
que tout véritable mariage doit être commencé par le choix.
Car un mariage sans choix est plutôt un joug insupportable

---

1. Copie : *qui* vous ferais.

qu'un mariage, dit Platon ; la force et la tyrannie peut bien faire des esclaves ; l'autorité, des sujets, et la misère, des serviteurs ; la loi peut faire des dépendants, et l'intérêt, des mercenaires ; mais il n'y a que l'amour, et l'amour de choix et de pure ferveur, qui puisse faire des époux. Or, si cela est vrai des mariages de la terre, il l'est encore [plus] des mariages spirituels dans l'ordre de la grâce et qui se contractent [entre [1]] Dieu et la créature fidèle. Et c'est la première prérogative de la profession religieuse.

C'est un choix spécial et particulier que Dieu fait d'une créature et qu'une créature fait de Dieu. Je m'explique. Dieu donne une vocation toute particulière à une âme fidèle et vraiment chrétienne de se consacrer à lui ; voilà le choix qu'il en a fait. Cette âme chrétienne et fidèle à l'attrait et à la vocation de Dieu se consacre à lui par un vœu ; et c'est en cela que consiste le choix qu'elle fait de Dieu.

Dieu appelle une âme à la religion et la sépare du monde, il la réserve entre tant d'autres qu'il n'appelle pas si particulièrement et qu'il laisse dans la masse d'une vie commune ; il en fait une prédestinée dans l'ordre même des prédestinés, pour se l'approprier et l'épouser de la façon qu'il l'explique dans le livre des Cantiques : *Veni, sponsa mea ; veni, amica mea ;* venez, ma chère épouse ; venez, ma bien-aimée. *Veni, columba mea, in hortum meum ;* venez, ma chère colombe, dans le jardin de votre époux. Or le jardin de l'époux, selon les Pères, c'est le cloître, c'est la retraite de la religion ; c'est donc comme s'il disait : Venez, ma chère ; venez dans la religion ; *ibi sponsabo te,* c'est là que j'épouse les âmes choisies. Et que fait cette âme, quand elle suit l'attrait et le mouvement de Dieu, quand elle agrée ses recherches et qu'elle consent à ses poursuites ? Il arrive que, comme Dieu l'a choisie entre des millions d'épouses, elle quitte le monde, elle fait un divorce général avec toutes les créatures, et elle court à ce jardin délicieux de l'époux pour parvenir à l'honneur de son alliance.

Voilà, proprement en quoi consiste le choix mutuel que Dieu fait d'une créature et qu'une créature fait de Dieu.

1. Copie : *avec.*

Après ces principes établis, ma chère Sœur, je viens à vous
pour vous annoncer les nouvelles de votre bonheur en vous
disant que Dieu vous a choisie et que vous avez choisi Dieu
réciproquement; car votre choix n'est qu'une suite et un pur
effet [du choix] que Dieu a fait le premier de vous et dont il
vous a prévenue. *Nec enim sponsum nisi prius quæsita quæ-
reres Deum nec nisi prius electa eligeres*, dit saint Bernard.
C'est le divin Époux des âmes qui a fait les premières démarches pour vous appeler à son alliance, et l'amour qu'il
vous a porté le premier a été cause de ses recherches. Vous
n'avez rien digne de lui pour attirer ses amours et ses com-
plaisances et pour mériter la majesté de ses divins regards ;
si vous l'avez donc choisi, recherché et poursuivi, c'est un
pur effet de ses premières poursuites, et ce divin époux,
voyant votre fidélité et correspondance, ne croit pas avoir
trop fait de vous avoir prévenue et d'avoir entrepris les premières avances de ce mariage qu'il veut contracter avec vous.
Votre profession est le retour de son choix, les récompenses
de sa recherche et la conquête de son amour.

Ce ne sont point les hommes, mais c'est Dieu seul qui fait
les religieuses. Pourquoi, dit le sage, y a-t-il des jours si
différents, et d'où vient cette grande diversité, sinon du soleil ?
Pourquoi y a-t-il aussi des âmes qui rampent dans une vie
commune, et d'autres qui s'élèvent à une vie angélique; et
d'où vient cette différence, sinon de Dieu ? Ce n'est point la
nature qui fait les religieuses : elle sait que cela est au-dessus
de sa portée ; ce n'est pas la chair : elle est contraire à l'esprit;
ce n'est pas la vanité; elle n'a rien à démêler avec la vérité ;
ce n'est point l'amour-propre : il sait que la religion lui tient
lieu de tombeau; ce n'est point l'humeur, ni le naturel:
leurs maximes ne vont point jusqu'à persuader le choix d'un
état surnaturel; c'est Dieu seul qui a pris votre âme par la
main et qui la soutient sur des abîmes, où le monde ne voit
rien que de la terreur et du désespoir ; qui la mène par des
routes inaccessibles, où la nature lui fournit des combats
pour lui donner des victoires; il lui fait [moissonner [1] ?] des
palmes où votre condition n'a semé que des épines. C'est par

---

1. Copie : *semer.*

lui que votre âme monte de la région des corps au pays des intelligences, et qu'elle entre dans un royaume où le sens est sous la raison, la chair sous l'esprit et le temps sous l'éternité. Le divin mariage que vous allez contracter par la profession de vos vœux ne dépend que de Dieu et de vous ; et comme vous n'avez pu le commencer sans une grâce toute particulière de votre divin époux, il ne peut l'accomplir ni l'exécuter sans votre consentement.

Et ce qui fait le comble de votre bonheur, c'est que dans votre profession vous n'avez envisagé purement que Jésus-Christ en qualité d'époux. Les époux de ce monde ne s'engagent le plus souvent dans le mariage que par des motifs d'intérêt. Jésus-Christ a imposé aux religieuses une obligation plus étroite, non seulement qu'aux laïques et aux séculiers, mais même en quelque façon qu'aux prêtres. Et en effet les prêtres de la nouvelle loi ne prennent pas Dieu si précisément pour leur portion, qu'ils ne puissent encore posséder des biens de la terre ; la prêtrise ne leur ôte pas le droit de conserver les biens qui leur peuvent appartenir par droit de succession ou autrement. Ainsi, quand ils s'enrôlent dans l'état clérical, ils disent : *Dominus pars hæreditatis meæ* : Le Seigneur est une partie de ma possession ; qu'ils peuvent posséder quelque chose hors de Dieu. Mais l'âme religieuse prend tellement Dieu pour son héritage, que, pour le posséder pleinement et entièrement, elle renonce à tous les biens de la terre : *Dominus pars mea*, et non *pars hæreditatis meæ*.

Ce n'est pas sans raison que je dis qu'en suite de la profession des vœux et du mariage qu'elle contracte avec Dieu, elle a droit d'entrer en possession des biens de son divin époux, qui ne sont autre chose que lui-même, et d'y prétendre un droit d'autant mieux fondé que le renoncement qu'elle fait de toutes les possessions du monde est parfait, éternel et universel. Et je ne dis pas tant ceci, ma chère Sœur, pour relever le mérite de votre pauvreté, que pour vous faire mieux connaître le comble de votre repos (?), de votre propre abondance ; car Dieu vaut mieux tout seul que toutes les créatures du monde, qui ne font devant lui, dit le prophète, qu'une goutte d'eau que le soleil dessèche, qu'un atome invisible à

nos yeux et que le moindre souffle emporte ; et l'infinité
de l'Être [divin] absorbe tellement tous les biens créés qu'il
a rencontrés (?) dans la diversité de tous les êtres, que Dieu ne
vaut pas mieux avec toutes les créatures que tout seul et sans
elles ; et que toutes les créatures du monde, quelque innombrables et éclatantes qu'elles soient, ne sont pas capables,   .
étant ajoutées à Dieu, de faire qu'il soit quelque chose de
plus grand et de meilleur ; et même on peut dire en quelque
façon que Dieu vaut mieux tout seul qu'avec toutes les créatures ; parce que, pour l'ordinaire, les créatures, qui nous
devraient porter à Dieu, nous en détournent et nous empêchent de le posséder pleinement et purement dans le monde.
Mais, dans la religion, comme vous renoncez à toutes les créatures, vous possédez seulement Dieu pleinement et purement,
et la possession de Dieu pleine et assurée est la dot[1] de
l'âme religieuse en qualité d'épouse. Et comme, en cette qualité elle ne peut pas avoir un meilleur droit, aussi n'en doit-
elle pas avoir un moindre.

Mais voici une pensée qui ne me semble pas moins considérable que celles qui ont précédé. Si j'avais à vous parler
dans l'air du monde, ma chère Sœur, je vous dirais que votre
divin époux n'est pas seulement glorieux et [abondant[2] ?] en
biens célestes et spirituels, mais encore qu'il est pauvre, souffrant, plein de confusion et d'anéantissement, et qu'ainsi en
l'épousant, vous devez aussi bien entrer en possession de ses
maux que de ses biens, et qu'il ne serait pas raisonnable
d'accepter les uns et de laisser les autres, à la façon de la
fille de Sion qu'il appelle une épouse délicate, qui veut bien
participer aux biens et aux consolations de son époux, mais
non pas à ses afflictions. Si, dis-je, je vous parlais dans l'air
du monde, voilà ce que je vous dirais ; mais ce serait mal
l'expliquer, parce qu'à proprement parler, il n'y a point de
maux en Jésus-Christ, puisqu'il les a consacrés et changés en
biens, et qu'il les a mis au rang des béatitudes. Ce qu'un Dieu
loue ne peut être estimé mauvais ; n'a-t-il pas canonisé toutes
les afflictions et les souffrances : *Beati qui lugent* ?

1. Copie : *le dot*. Plus loin encore *dot* est pris une seconde fois comme
nom masculin.

2. Copie : *et abandonnant ces biens célestes.*

Je ne vous propose donc pas les souffrances et les anéan-
tissements de Jésus-Christ comme des maux, mais comme
des biens, des faveurs et des béatitudes dans lesquelles vous
allez prendre part. Vous ne devez pas avoir une dot plus
glorieuse[1] que celle que Dieu a choisie pour lui-même. La
profession religieuse est l'investiture des austérités; cet
habit, ce cloître, ce renoncement universel est une partie de
la croix de Jésus-Christ, et il nous assigne cette croix pour
dot.

Il y a des croix et de la pauvreté dans le monde ; mais elles
sont bien différentes de la croix et de la pauvreté de Jésus-
Christ, car elles sont pour l'ordinaire contraintes et forcées ;
mais dans le cloître tout cela est volontaire, et c'est purement
pour Jésus-Christ qu'on les endure, vu que c'est en cela
même que consiste une bonne partie de la dot de l'épouse.
Si la pauvreté de Jésus-Christ est un trésor, que sera-ce des
trésors du ciel; si pleurer et être anéanti avec Jésus-Christ
est un si grand trésor, que sera-ce d'être avec lui dans le palais de sa gloire? Et c'est aujourd'hui, ma chère Sœur, que
vous prenez possession des trésors de votre époux, et c'est
un grand trésor qui doit absorber tous vos petits travaux et
toutes vos amertumes.

Mais après avoir parlé à cette âme religieuse, il est temps
de parler aux personnes du siècle. Ah! chrétiens, si vous
aviez bien l'esprit et le zèle de votre religion, cette cérémonie
qui se va faire à vos yeux serait pour vous un grand sujet
d'émulation; cette ferveur avec laquelle cette bonne fille se
va sanctifier confondra devant Dieu votre lâcheté et votre ava-
rice. *Sacramentum magnum in Christo et in Ecclesia* : mais ce
mariage que vous lui allez voir contracter avec ce divin
Époux des vierges a toujours été sacré, saint, surnaturel
effectivement : c'est donc du moins que ce que fait l'engagement dans les mariages communs, le nom de la religion l'exige
dans l'engagement que fait l'âme avec Jésus-Christ. Il vous
parle de la fidélité indispensable qu'il doit rencontrer de part
et d'autre dans les épouses qui s'engagent à leurs époux. Car
quoique les engagements soient bien différents, ils ne lais-

1. Copie : *un dot plus gl*[orieu]*x que celuy...*

sent pas de s'accorder en cela qu'ils sanctifient tous les deux
les épouses qui contractent et les engagent à une fidélité inviolable ; d'où je conclus que, si les infidélités qu'une épouse
commet contre son époux sont des crimes détestables, qui
sont capables de faire rougir la nature et la grâce, à plus
forte raison celles que commettrait une épouse de Jésus-
Christ seraient encore bien plus énormes et abominables ;
parce que le mariage commun des hommes étant incompa-
rablement au-dessous du mariage qu'une âme religieuse
contracte avec le divin Époux, il exige une fidélité plus parfaite et plus sainte.

2° Je dis que l'engagement que vous contracterez avec
Jésus-Christ par le mariage de la profession religieuse doit
être solennel. L'Église a longtemps souffert les mariages
clandestins, et bien qu'elle ne les approuvât pas, elle ne laissait pas que de les confirmer ; maintenant, et depuis un siècle, elle veut qu'ils soient solennels et qu'ils se fassent à la
face de l'Église, autrement elle les invalide. Mais pour votre
mariage, il est solennel et s'est toujours fait à la face de
l'Église, en présence de ses ministres ; selon le modèle que
Dieu donna autrefois aux Israélites, lesquels entrant dans la
Terre sainte, s'allaient jeter aux pieds du grand prêtre pour
faire une profession publique des obligations qu'ils devaient
à Dieu de les avoir introduits dans cette terre promise et de
l'engagement qu'ils contractaient d'être à lui plus que jamais.
Et la formule de cette profession se voit au *Deutéronome*,
chap. XXVI : *Profiteor hodie coram Domino Deo tuo quod in-
gressus sum in terram pro qua juravit Deus patribus nostris
ut daret eam nobis.* Voilà la profession qu'ils faisaient aux
pieds du grand prêtre.

Ah ! que c'est une belle idée de la profession que vous
faites aujourd'hui, entrant en religion, de reconnaître toute
votre vie Jésus-Christ non seulement pour votre sauveur,
mais encore pour votre époux ! En effet, la profession que
vous allez faire ne se fait pas en secret et en particulier, mais
en public et à la face du ciel et de la terre par une cérémonie
auguste et solennelle. Quand le saint prophète dit : *Vota mea
Domino reddam in conspectu omnis populi ejus, in medio tui*

Jerusalem, il croyait faire et dire davantage que s'il eût fait tous les vœux en secret dans son cœur et dans son oratoire. En effet, il y a cette différence entre les vœux solennels et les vœux secrets, que l'on appelle simples, que l'Église accepte et ratifie les vœux solennels et s'y oblige ; mais elle ne confirme pas et ne ratifie pas les vœux secrets et ne s'y oblige pas.

Mais, quoi qu'il en soit, il paraît toujours que la profession religieuse est un vrai mariage avec le Fils de Dieu puisqu'il faut que les ministres y assistent et y interviennent, et que tout le monde qui est [présent ?] l'approuve et y consente, conformément à la belle expression de saint Ambroise qui, parlant à une vierge qui faisait profession de religion, lui fait entendre que tout le peuple souscrit à son action et dit *amen* : *Cum professionis tuæ vota pronuntias, omnis populus dotem tuam præscribens non atramento sed corde et voce dixit amen.*

Et sachez que ce n'est pas sans de grandes causes, ma Sœur, que le peuple assiste à votre profession et en conserve la mémoire ; car si par malheur vous vous oubliiez de vos vœux et de la qualité d'épouse de Jésus-Christ que vous allez contracter tout à l'heure, le peuple ne manquerait pas de s'élever un jour contre vous pour vous accuser et reprocher que vous auriez violé la foi promise à votre époux : celle qui ne doit être seulement inviolable comme celle des mariages du monde, mais encore davantage, puisque les obligations des mariages naturels cèdent à celles de la religion ; car n'est-il pas vrai[1] qu'une profession faite après le mariage rompe le mariage, et qu'au contraire un mariage fait après une profession serait nul ? Ce qui fait voir que l'union que vous contractez avec ce divin époux est bien plus étroite que celles que les épouses du siècle contractent avec leurs époux mêmes.

Ajoutez à cela que la mort dissout les mariages du monde et que le vôtre est éternel. Les mariages du monde ne sont pas éternels, parce que les contractants ne sont pas immortels ; mais votre mariage est éternel et durera autant que Dieu même, puisque Dieu qui en est l'époux est éternel, et que l'âme qui en est l'épouse est immortelle. Si l'engagement

---

1. La copie porte, par erreur évidemment : *car il n'est pas vrai qu'une profession... rompe.*

qui se contracte dans les mariages du monde était éternel, vous
trembleriez auparavant que de vous soumettre à un joug qui
serait à jamais indissoluble, et vous auriez d'autant plus de
sujet que vous vous exposeriez à la mauvaise humeur d'un
époux qui pourrait, avec le temps, s'ennuyer et vous manquer
de foi. Mais à l'égard du Fils de Dieu que vous prenez aujour-
d'hui pour époux, vous devez être convaincue que, plus le
mariage est indissoluble et éternel, plus il est aimable et désirable. La raison est que le divin Époux est Dieu et par conséquent infiniment éloigné de tous les défauts des époux de la
terre, et infiniment accompli dans toutes les perfections qui
sont attachées à sa condition et dues à la grandeur de son être.
Ainsi l'engagement qui fait la servitude dans les mariages du
monde, c'est ce qui fait le bonheur et une parfaite liberté
dans celui-ci.

N'ayez donc rien à craindre de la part de votre époux, mais
défiez-vous de vous-même ; car si votre engagement est éternel, votre volonté est fragile et inconstante ; et c'est la défiance de n'être pas inviolable dans votre foi comme votre
époux qui doit vous faire appréhender. Car quelle confusion
serait-ce pour vous et pour votre divin Époux s'il arrivait que
vous vous ennuyassiez de lui ; s'il arrivait que cet engagement vous devînt fâcheux et que vous vous repentissiez de
vous y être engagée ! Mais j'ai trop bonne opinion de la générosité de votre choix et des résolutions que vous avez prises,
pour croire que ce malheur vous arrive ; vous êtes trop bien
affermie dans la grâce de votre vocation.

Tout ce qui est à faire de votre part, c'est de persévérer
dans votre fidélité inviolable à l'endroit du divin Époux, à
laquelle vous allez vous engager ; c'est un des plus puissants
motifs que vous puissiez avoir. Tenez toujours cette fidélité,
non seulement dans la pratique extérieure des règles du cloi-
tre, mais encore dans la règle intérieure du cœur. C'est ce
qui vous fera entrer en suite de ce divin mariage en une
société parfaite de tous ses biens comme je vais vous faire
voir dans mon dernier point.

C'est le privilège des épouses d'entrer en société de biens
avec l'époux ; et cette société est une suite du choix et de

l'engagement, car l'union du corps et des volontés attire celles des biens, dit saint Bernard, et ce qui appartient à l'époux appartient aussi à l'épouse. Cela étant, ma Sœur, de quelle joie votre cœur ne doit-il pas être rempli, puisque l'heureux jour est arrivé auquel, en vertu du mariage spirituel que vous avez contracté avec le Fils de Dieu, vous devez entrer en société de tous ses biens? Voyez si jamais le monde vous en peut si avantageusement pourvoir. C'est Dieu même, dit saint Augustin, qui est son propre bien et celui de sa créature. Donc, entrer en société de biens avec Dieu, c'est entrer en possession de Dieu même; et c'est le bonheur que vous recevez entrant en religion en vertu du divin mariage que vous avez contracté avec Jésus-Christ.

Quand le roi prophète parle à Dieu, il ne l'appelle pas le Dieu du ciel et de la terre et de la mer ni des éléments, il l'appelle son Dieu, *Deus meus es tu*. Quand il nous veut donner l'idée du peuple bienheureux, il ne nous dit pas : C'est lui qui possède de grands biens. Il ne dit pas : C'est lui qui est secouru de Dieu; cela est considérable, mais il dit : C'est lui à qui Dieu appartient. *Beatus populus cujus Dominus Deus ejus*. Mais pourquoi, dit saint Augustin, Dieu n'est-il pas le Dieu commun de tout le monde, *numquid non omnium Deus est*? Oui, dit-il; mais cela n'empêche pas qu'il ne soit le Dieu particulier de ceux qui l'aiment et le servent et qui renoncent à tout pour ne posséder que lui : *omnium Deus sed privatim eorum qui cum eo sunt, amant, possident*. Or, si quelqu'un se peut jamais glorifier de cet honneur, c'est l'âme religieuse en vertu de sa profession; car Dieu, qui est le Dieu universel de tout le monde, devient particulier pour elle. Et comme Dieu a un droit particulier sur elle, puisqu'elle s'est consacrée et engagée à lui pour jamais, elle a un droit tout particulier sur Dieu. Comme elle a tout quitté pour ne posséder que lui et par conséquent renonçant à tous les biens de la terre par un vœu solennel de pauvreté, elle lui a fait une protestation publique qu'elle ne voulait posséder que lui et qu'elle prétendait qu'il lui tint lieu de tout.

Je ne sais si vous avez pris garde à la formalité de cette profession que faisaient les Israélites aux pieds du grand prêtre, entrant dans la terre promise, dont je parlais tantôt :

Profiteor hodie, etc. Je fais un vœu solennel, disaient-ils, en présence du Seigneur votre Dieu. Pourquoi ne disaient-ils pas au prêtre : *Coram Domino Deo tuo et meo* ? Est-ce que le Dieu des prêtres n'était pas le leur ? Oui, Messieurs, en parlant au prêtre ils n'osaient pas s'approprier Dieu, ou du moins ils devaient faire paraître que Dieu est plus particulièrement aux prêtres qu'à eux ; parce que, comme les prêtres appartiennent à Dieu d'une manière plus étroite en suite d'une consécration plus particulière, il est bien juste que Dieu soit plus à eux qu'au peuple et qu'ils aient plus de droit sur lui que le commun des hommes. La raison de cela est que, quand le peuple d'Israël fut introduit dans la terre promise, les prêtres et les lévites n'eurent point de part à cette terre qui fut partagée entre les tribus du peuple, parce que Dieu leur tenait lieu d'une assez ample portion. *Tribus Levi*, dit saint Jérôme, *non habuit portionem in terra quia Deus erat ejus portio*. Il était donc raisonnable que Dieu fût appelé d'une manière toute particulière le Dieu des prêtres, puisqu'ils n'avaient point d'autres biens ni d'autre portion que lui.

Voilà, ce me semble, une belle idée de la profession religieuse et une belle figure de ce qui se passe aujourd'hui. Cette âme, qui se consacre à Dieu par la profession des vœux, renonce pour jamais à tous les biens de la terre, pour ne se réserver que Dieu : il est donc bien juste qu'elle ait un droit tout particulier sur Dieu et qu'il lui appartienne d'une manière toute particulière.

Elle confondra toute votre mollesse et votre délicatesse ; il est vrai qu'elle s'engage à Dieu par un engagement qui est au-dessus de la profession commune du christianisme ; néanmoins saint Paul ne demande pas plus que la profession ordinaire du christianisme pour vous engager et unir à Dieu comme des vierges pures à un époux divin. *Despondi vos uni viro virginem castam exhibere Deo*. Mais quand il disait ces paroles, il ne parlait pas à des religieuses, mais à tous les chrétiens en général qu'il fiançait au Fils de Dieu. Il faut donc que les chrétiens s'étudient à acquérir la même perfection dans le monde à proportion que dans le cloître. Je dis, à proportion ; car si vous avez des biens temporels, ce qui n'est pas permis à une religieuse, ne vous y attachez pas ; si vous vivez dans les honneurs et dans les charges, qu'elles ne vous enflent pas.

Le grand zèle de saint Paul, c'était d'exciter une sainte jalousie entre les Juifs et les Gentils, afin qu'ils travaillassent à servir Dieu avec plus de piété, afin qu'ils s'efforçassent de se surpasser les uns les autres dans le chemin de la perfection. *Ad æmulationem excito zelum meum.* Ah ! plût à Dieu qu'à l'exemple de ce grand apôtre, je pusse vous inspirer aujourd'hui une sainte jalousie pour l'état de religion ! On vous entend dire que la profession que vous faites du christianisme est aussi éclatante que l'état de religion : ce n'est pas assez que de le prétendre ; il faut tirer avantage de cette prétention, en vous efforçant autant que les religieux de parvenir à la perfection, et à de plus grands mérites et à une plus étroite union avec Dieu que les religieux mêmes.

Ce n'est pas pour donner de la jalousie, c'est pour vous porter à les imiter et pour vous donner du zèle pour la religion : *æmulor vos Dei æmulatione.* Oui, j'ai du zèle pour vous, disait saint Paul, et je souhaite de vous voir dans un état de sainteté comme cette fille, afin de mériter d'être présentés à Jésus-Christ, et qu'après avoir reçu les faveurs de sa grâce en ce monde vous receviez sa gloire en l'autre. *Amen.*

UNE ŒUVRE SOCIALE

LA LUTTE CONTRE LA TUBERCULOSE PAR LES SANATORIA POPULAIRES [1]

Le Comité central allemand pour la création d'établissements destinés au traitement des maladies du poumon avait organisé, il y a quelques mois, à Berlin, un congrès international « pour la lutte contre la tuberculose, maladie endémique ». Ses séances s'ouvrirent le 24 mai dans la salle du Reichstag, en présence de Sa Majesté l'impératrice-reine. Le chancelier de l'empire en était président d'honneur; le ministre Posadowski, président; le prince de Ratibor avait la direction effective de l'assemblée, l'organisateur principal était le professeur Leyde. Le 28 mai, l'empereur et l'impératrice reçurent à Potsdam, les délégués des divers gouvernements, pour les remercier d'avoir apporté au Congrès, l'appoint de leur expérience et de leurs travaux.

On avait voulu faire grand, à la gloire de l'Allemagne, en offrant aux délégués « une leçon de choses » sur les *sanatoria* populaires, telles que l'administration allemande les conçoit, plutôt qu'on ne provoquait un échange de vues sur le traumatisme de la terrible maladie dont les ravages s'étendent sur toutes les classes de la société, mais qui sévit avec une impunité plus grande dans les milieux populaires. De ce chef, les représentants de la science française paraissent avoir subi une déception. Leurs mémoires documentés sur le traumatisme de la tuberculose (MM. Lannelongue et Achard), sur la propagation de la tuberculose des bovidés (M. E. Nocard), ont obtenu moins d'attention que les rapports (7 sur 27) concernant les sanatoria populaires, qui répondaient mieux aux préoccupations plutôt économiques et hygiéniques que thérapeutiques des organisateurs.

C'est en effet à ce point de vue spécial qu'il faut se placer, pour apprécier l'œuvre du Congrès; le rapport de nos délégués s'est.

1. Rapport lu à l'Académie de médecine de Paris, dans sa séance du 4 juillet 1899, par M. le Dr Landouzy. (*Journal officiel* du 12 juillet 1899, p. 4692-4695.)

concentré sur cet objet, et c'est pourquoi nous le signalons comme intéressant la science sociale.

L'impulsion est venue, en Allemagne, de l'Office impérial des assurances contre l'invalidité ouvrière. On s'était aperçu que 540 sur 1 000 ouvriers allemands de vingt à vingt-quatre ans, 521 sur le même nombre de vingt-quatre à vingt-neuf ans, étaient affectés de tuberculose commencée ou en activité[1]. Le remède le plus efficace à cet état de choses parut être la création de sanatoria populaires, dans lesquels « s'obtiennent 20 pour 100 de guérisons, 60 à 65 pour 100 d'améliorations telles que les tuberculeux sont parfaitement capables de reprendre leur travail, de gagner leur vie et celle de leur famille pour un long terme. » (*Rapport*, p. 4673.)

Dès lors, la Caisse d'assurances allemande s'est attachée à faire dépister, par ses médecins, la tuberculose pulmonaire dès ses tout premiers débuts et à faire soigner les malades dans les sanatoria dès leurs premières atteintes. Elle vise ainsi à protéger les compagnons et leurs familles contre la contagion, améliorant toujours, guérissant d'ordinaire, les malades soumis à temps à la cure disciplinée ; et leur rentrée à l'atelier décharge d'autant la Caisse d'invalidité.

« Du chef de l'organisation actuelle que nous avons curieusement étudiée, dit le rapporteur, comme schéma à imiter plutôt que comme modèle à copier, puisque les applications des sanatoria populaires sont corrélatives à des lois et règlements qui régissent ou ne régissent pas, en chaque pays, la prévoyance et l'assistance en matière d'accidents et de maladies, les Caisses d'invalidité ont déjà trouvé moyen de réaliser un bénéfice de plusieurs millions de marks, résultat qui, pour n'être pas négligeable, apparaîtra énorme, si l'on songe à toutes les contagions évitées aussi bien dans les ateliers que dans les familles, dont, à la première alerte, sortent les ouvriers constamment épiés par les médecins des Compagnies d'assurances. »

Ce que poursuivent nos voisins, c'est la prévention autant que

1. Au même temps, les Compagnies d'assurances dans la province de Liège, où le Dr Malioz est parvenu à faire créer un sanatorium populaire, constataient que la majeure partie des rentes à servir aux ouvriers incapables de gagner leur vie, allait à des tuberculeux.

la curation de la terrible maladie, et c'est pour coordonner tous les efforts dans ce but que le Comité central de Berlin s'est créé sous la présidence de Sa Majesté l'impératrice-reine et du chancelier de l'empire. Il ne s'agit de rien moins que de doter immédiatement l'Allemagne de trente nouveaux sanatoria populaires contenant trois mille lits. Tous les groupes sociaux de l'empire participent à l'établissement de ces sanatoria : État, provinces, communes, offices d'assurances, industriels, associations, œuvres coopératives, particuliers, la Croix-Rouge, etc.

Toutefois nos délégués n'ont point rapporté de Berlin l'engouement qui irait jusqu'à faire considérer le sanatorium comme l'unique instrument de lutte contre le fléau. Que l'on tente de réduire les foyers en les circonscrivant, si on ne peut les éteindre : ils n'admettent pas que le sanatorium « par lui-même, en lui-même, à soi seul, partout et toujours », pourvoit et suffit à toutes tâches antituberculeuses.

« Vos délégués, disent-ils, avaient, au nom de la clinique, à réclamer contre cette conception étroite de la science et de l'art thérapeutiques appliqués à la conduite des tuberculeux, en même temps qu'ils avaient à rappeler comment et combien notre pays était pourvu pour mettre au service des malades toute une série et toute une variante d'associations thérapeutiques : de mer, de montagne, de plaine, de climat, de soleil, d'eaux minérales ; que de tout temps, médecins et tuberculeux sont venus demander à la Méditerranée, aux plages de Bretagne, à l'Atlantique, aux plateaux du centre, de l'Auvergne et des Pyrénées, à la Riviera aussi bien qu'à Dax, qu'à Paris, qu'à Amélie-les-Bains ; aussi bien qu'à nos stations arsenicales de la Bourboule et du Mont-Dore, ou encore à nos eaux sulfureuses d'Enghien, d'Allevard, de Saint-Honoré et de Luchon. »

Ce que nos délégués réclament, c'est la prompte réalisation des mesures préconisées depuis plusieurs années par nos praticiens les plus compétents : par exemple, l'achèvement du sanatorium populaire d'Angicourt, demandé avec tant d'insistance par les membres de la commission de la tuberculose, et qui serait promptement rempli par les tuberculeux commençants que les hôpitaux de Paris gardent, sans pouvoir leur fournir le repos et l'alimentation, faute desquels le traitement de la tuberculose n'existe pas.

Ils insistent pour que la vigilance des médecins s'exerce par la « précocité diagnostique », solidaire de « l'efficacité thérapeutique ». « Ce sont les malingres, les lymphatiques, les déchus fatigués, amaigris, subfébricitants, dyspeptiques plus souffrants que malades encore, qui fourniront le gros de la clientèle du sanatorium, alors que leur aspect anémique ou leur facies chlorotique les dénoncera plus bacillaires encore que tuberculeux. Ce sont autant peut-être les candidats, ceux qui font leur stage dans la bacillose, que les gens arrivés à la tuberculose qui doivent être les premiers tributaires du sanatorium. Ce sont ceux-là que nous voyons, à la consultation d'hôpital, venir si nombreux, que notre premier sanatorium populaire, à peine ouvert, pourrait s'en trouver rempli. Ce sont ceux-là que le sanatorium devra recueillir pour les garder longtemps, très longtemps, car la cure devra pour eux s'y faire plus longue qu'on ne l'imagine d'ordinaire ; c'est par semestre et non par mois que doit se compter la durée de la cure hygiéno-diététique disciplinée, si l'on veut que vraiment elle libère son homme de la tuberculose, même commençante. »

M. Landouzy ne recule pas devant les conséquences budgétaires très lourdes qu'entraînera cette entrée en action de « la médecine sociale ». Suivant lui, l'organisation des sanatoria populaires ne sera « vraiment tutélaire et parfaite, que lorsque, non seulement elle pourvoira directement à la guérison des malades, mais encore lorsqu'elle assurera, par des manières de bourses de santé, le séjour prolongé que devra faire le tuberculeux hors de l'usine, de l'atelier ou du comptoir. Grâce à son livret de caisse de santé, le sanatorié pourra n'avoir plus d'autre souci ni d'autre devoir que sa guérison. Le sanatorium, pour remplir toute sa tâche, devra donc (au moyen d'allocations proportionnelles au nombre de bouches à nourrir) trouver dans son budget de quoi assister la famille qu'affamerait l'invalidité de son chef sanatorié. C'est par ce côté d'assistance personnelle et familiale que la question des sanatoria populaires est, on l'a compris, plus qu'une question de pure thérapeutique ; c'est par ce côté que les débats ouverts au congrès de Berlin se sont élevés bien au-dessus des questions de pratique médicale. »

Force nous est d'avouer que dans la lutte contre cet ennemi intime de la vie dans tous les rangs de la société nous nous sommes laissé distancer par nos rivaux. Presque rien n'a été fait chez nous par les pouvoirs publics. Il est vrai que nous avons manqué du stimulant de l'intérêt financier qui a mis en mouvement chez eux les administrateurs des caisses d'assurances obligatoires contre l'invalidité. Mais la charité française est-elle incapable de réaliser l'effort gigantesque que l'intérêt économique est en voie de développer chez nos voisins ?

Le rapporteur fait appel « aux efforts associés de l'Académie de médecine, de l'Assistance publique, de l'État, des départements, des communes, des Sociétés de secours mutuels, des œuvres coopératives, des grandes administrations et des initiatives généreuses dont l'union ne sera jamais trop grande pour atteindre à la hauteur de la tâche à remplir ». Très bien ; mais qu'il nous soit permis de combler une lacune dans cette énumération. Nous pouvons assurément compter, plus que nos voisins, sur le concours de l'initiative privée, si notre législation, nos administrations, cessent de jalouser, d'entraver la charité privée, surtout lorsqu'elle s'inspire de la foi religieuse. Celle-ci, divinement ingénieuse à découvrir les misères morales et physiques, a su, pour les soulager, faire naître partout les ressources, en même temps qu'elle préparait un personnel dont le dévouement et la compétence ont forcé l'hommage de ceux mêmes qui le combattaient, ne ferait pas défaut à cette nouvelle tâche. Je n'en veux d'autre preuve que cette floraison merveilleuse d'œuvres variées qui, malgré les obstacles et les défiances officielles, ont fait surgir sur tous les points de notre territoire, une variété infinie d'institutions, répondant à tous les besoins des classes souffrantes, dès qu'ils se sont manifestés.

L'enquête minutieuse à laquelle a procédé l'Office central, a mis en pleine évidence que l'assistance officielle a reçu des mains de la charité privée une grande partie de ses ressources et ses meilleurs moyens de secours. Elle doit aux libéralités individuelles presque tous les hôpitaux qu'elle administre aujourd'hui, cet asile des Enfants trouvés, dont elle a fait l'*Hospice des Enfants assistés* ; l'asile de la Roche-Guyon, où elle envoie les jeunes convalescents ; l'asile Vacassy, l'asile de la Providence, l'institution de Sainte-Périne, l'hospice Brezin, l'hospice Leprince, l'hospice Saint-Michel ; les maisons de retraite Devillas, Dheur, Tisserand, Chardon-Lagache, Galignani, Debrousse, où elle reçoit tant de vieillards; l'institution des Jeunes-Aveugles, et celle des Sourds-Muets; l'école Braille; la clinique ophtalmologique; le service des ambulances urbaines, etc. Elle doit à l'initiative privée les monts-de-piété, les crèches, les salles d'asile, les dispensaires, les asiles de nuit, les colonies de vacances, les patronages, les établissements d'assistance par le travail, qu'elle lui a successivement empruntés. Enfin, si cette initiative privée ne l'avait devancée, il n'y aurait encore aucun établissement spécial pour les enfants incurables ni pour les enfants tuberculeux de Paris [1].

Or, si l'Assistance publique doit à l'initiative privée ses plus belles œuvres, « il serait facile de prouver, poursuit M. Léon Lefébure dans un émouvant article sur l'*Organisation de la charité privée en France* [2], que l'initiative privée elle-même les doit, pour la plupart, à l'inspiration religieuse. Il suffit de se placer sur le terrain des faits pour se rendre compte du besoin que l'assistance officielle a du concours des œuvres fondées par la religion. » Il détache du faisceau des œuvres de la charité catholique ce seul exemple qui s'étale à tons les regards : « Sait-on, dit-il, quelle est la part que prennent les Petites Sœurs (des pauvres) dans les efforts tentés pour secourir la vieillesse ? On a fait le calcul du nombre de journées de présence fournies depuis leur fondation par toutes les maisons créées par elles en France et à l'étranger ; le total général obtenu ainsi dépasse cent trente millions ! Cent trente millions de journées auxquelles il a fallu pourvoir en courant chaque matin de porte en porte; il a fallu trouver moyen de loger, nourrir, chauffer, habiller la quantité de malheureux que suppose ce nombre de journées [3]. Supprimez ce concours et mesurez le vide qu'il laissera dans le service des pauvres ! Donnez à l'Assistance publique pareil nombre de vieillards à secourir, et voyez ce qu'il en coûtera à son budget. » (P. 1073-1074.)

Nous avouons faire plus de fond sur les inspirations d'en haut qui ont donné naissance à ces milliers de créations variées, que l'initiative administrative eût été impuissante à tenter, que sur l'intérêt bien entendu auquel fait appel l'auteur du Rapport officiel.

1. *Paris charitable et prévoyant.* Avertissement, p. vi.
2. *Le Correspondant*, 25 mars 1899.
3. *Paris charitable et prévoyant*, p. 589.

Sans doute, « la société recevra sa récompense immédiate, comme si le bienfait remontait naturellement à sa source, car la diminution de la tuberculose sera parallèle aux efforts destinés à la combattre, et, la contagion diminuant avec le nombre des malades traités aux sanatoria, les familles riches, solidaires, quoi qu'elles fassent, des malades pauvres, en matière de maladie et d'infection, se verront plus souvent épargnées, là où elles sont aujourd'hui si cruellement frappées ! » De sorte que les familles riches, « outre les raisons d'humanité, qui pourraient suffire, ont des raisons d'intérêt personnel et immédiat à apporter, non pas leur obole, mais leurs très généreuses offrandes à l'œuvre du salut commun. C'est la santé, la vigueur de leurs enfants et des générations futures qui sont en cause au fond de cette question des sanatoria pour tuberculeux pauvres. » (*Rapport*, p. 4674.)

Mais n'est-ce pas là un intérêt éloigné qui, s'il devait être le mobile principal, trouverait, nous le craignons, très faiblement sensibles ceux qui croient posséder dans leurs ressources personnelles les moyens de recourir, le cas échéant, aux sanatoria privés luxueux, aux cures dispendieuses pour prévenir ou guérir le mal qui viendrait à se déclarer chez eux ?

En tout cas, sur le terrain de la lutte contre la tuberculose, comme sur celui des œuvres charitables en général, ne serait-il pas urgent que la charité privée, qu'elle tire son concours d'une inspiration philanthropique, catholique, protestante ou israélite, fût débarrassée de toutes les entraves inutiles dont elle est chargée par nos lois ? M. Jules Simon a dit : « La liberté de donner n'est pas seulement quelque chose de beau, c'est ce qu'il y a de plus beau au monde. Réglementer outre mesure le droit de donner, c'est toucher à l'âme même, au cœur de la nation. » « De quelles difficultés, cependant, écrit M. Léon Lefébure, n'a-t-on pas entouré chez nous la liberté des fondations, la constitution et l'extension du patrimoine des pauvres ! Et combien est précaire la vie de la plupart des œuvres, incapables de recevoir les libéralités testamentaires, impuissantes à poursuivre de longs desseins et exposées à des vicissitudes de toutes sortes ! » (P. 1072-1073.)

Il est un petit royaume, peu éloigné, d'où nous viennent rarement des nouvelles sensationnelles de discordes parlementaires ou d'agitations sociales, qui possède en cette matière une législation beaucoup plus libérale que celle de notre régime républicain. En Hollande, la personnalité civile s'acquiert par suite d'une fondation par acte notarié, passé devant témoins, et où le gouvernement se borne à examiner, en cas de donation, si l'institution légataire jouit de la personnalité civile, si les dons et legs ont été faits légalement. Dans ce pays, la mendicité est inconnue.

« Dans un moment, observe M. Léon Lefébure, où l'État, où les corps élus se reconnaissent impuissants à soulager des misères criantes, il serait opportun de supprimer toutes les réglementations qui sont de nature à ralentir ou à enchaîner inutilement la générosité privée, opportun d'adopter une législation et des pratiques administratives qui n'inspireraient en aucun cas la méfiance vis-à-vis de la liberté et de l'initiative individuelle. » (P. 1073.)

Toutes ces choses ne pouvaient être dites par les délégués officiels ; mais je serais surpris qu'ils trouvassent à y reprendre. Pour moi, je sais un gré infini au rapporteur d'avoir signalé avec tant de franchise à la France charitable un pressant devoir à remplir, en dévoilant le redoutable ennemi social contre lequel doivent se liguer les efforts de tous.

La tactique à suivre, les armes à employer nous sont clairement enseignées par les maîtres éminents de la science française ; ils mettent au service des existences menacées ou déjà en péril cette vue nette du but à atteindre, cette conception large des moyens à employer, qui n'ont jamais fait défaut à notre corps médical, animé d'un patriotisme si désintéressé.

L'État a son rôle à remplir pour éclairer et encourager certaines initiatives qu'on ne saurait attendre de la seule inspiration privée; à lui aussi de provoquer et d'aider le concours des départements et des communes, auxquels se joindront les efforts des grandes associations financières et industrielles. Les générosités des particuliers ne feront pas défaut. Que les syndicats et les corporations, surtout les syndicats de patrons et les syndicats mixtes, voient s'élargir les dispositions de la loi de 1884, relatives à la capacité d'acquérir et de posséder des immeubles, dispositions dictées jadis par une terreur enfantine de la mainmorte. Qu'une large voie soit ouverte à la charité, même lorsqu'elle s'ins-

pire uniquement de motifs religieux. Alors l'armée de la charité
se trouvera largement constituée, sans qu'il soit besoin de recourir, comme chez certains de nos voisins, à cette ingérence perpétuelle de l'État qui semble préparer les voies à la concentration
collectiviste dont nous avons démontré, ici même, l'inaptitude à
rien fonder de durable.

Alors un puissant écho sera donné aux vœux si éloquents exprimés par nos délégués, à leur retour de Berlin : « Sortent de
terre nos sanatoria, et le malheureux atteint de tuberculose et
condamné jusqu'ici, par l'insuffisance de ses ressources, à une
mort presque certaine, trouvera dans nos villes, ou à leurs portes,
ou même en pleine campagne, un asile et un traitement, avec
l'espérance toujours et la guérison assez souvent. »

La France ne s'est jamais laissé vaincre sur le terrain du
dévouement aux classes souffrantes.

PAUL FRISTOT, S. J.

BULLETIN CANONIQUE

I. — ACTES DU SAINT-SIÈGE

Les *Études* ont reproduit, dans leur numéro du 5 juin, p. 648, la bulle du jubilé qui s'ouvrira, cette année, aux premières vêpres de Noël. Ce document, on l'aura remarqué, n'accorde les faveurs de l'année sainte qu'aux seuls habitants ou pèlerins de Rome. Il est en effet d'usage que le grand jubilé ne soit publié d'abord que pour la capitale du monde chrétien, exclusivement. Ce n'est que l'année suivante que cette grâce est étendue au reste de l'univers. Le Saint-Siège dérogera-t-il cette fois, comme il le fit pour l'un des derniers jubilés, à cette coutume traditionnelle? Aucun acte jusqu'ici ne nous l'a fait pressentir.

Nous aurons sans doute occasion de revenir sur cette question du jubilé et sur les conditions requises pour le gagner. Rappelons seulement aujourd'hui que cette matière est régie par un ensemble de constitutions émanées la plupart de Benoît XIV. Aux termes d'une réponse de la Congrégation des Indulgences, en date du 15 mars 1852[1], les règles fixées par ce pontife doivent être observées dans chaque jubilé en tout ce qu'elles n'ont pas de contraire à la bulle d'indiction.

L'une de ces règles suspend, *hors de Rome*, pour tout le temps où le jubilé est ouvert dans cette ville, les facultés qu'on aurait d'absoudre des cas réservés, de remettre les censures, de commuer les vœux ou de dispenser des irrégularités. Toutefois cette suspension n'atteint ni les facultés que le Saint-Siège, la Propagande ou la Pénitencerie accordent aux missionnaires pour les lieux de mission, ni les facultés concédées aux évêques par le concile de Trente ou le droit commun, ni celles données par indult du Saint-Siège pour des personnes et des cas déterminés, ni enfin les facultés dont les supérieurs réguliers jouissent *en faveur de leurs sujets*.

Rien n'est modifié pour le pouvoir d'appliquer l'indulgence *in articulo mortis* ou d'indulgencier les objets de piété. Mais il est à

1. Cf. *Decreta authent.*, n. 353.

noter — et c'est là une seconde règle — que durant toute cette
même période, où l'année sainte court pour la capitale du monde
chrétien, on ne peut, à Rome et hors de Rome, gagner d'indulgences, soit plénières soit partielles, en dehors de celle du
jubilé ; mais les indulgences pour les défunts subsistent, et
même les autres qui, en temps ordinaire, ne leur seraient pas
applicables, peuvent, durant ce temps, leur être appliquées.
Quelques indulgences cependant sont exceptées de cette suspension et continuent de profiter aux vivants, celles notamment
de l'*Angelus* et de l'article de la mort.

Il est vraisemblable que des instructions ultérieures du Saint-
Siège nous apprendront si et dans quelle mesure ces deux points
de la discipline jubilaire restent en vigueur pour l'année prochaine. Jusqu'ici, et à s'en tenir à la teneur de la bulle d'indiction, il n'y a pas été fait dérogation.

J'ai déjà eu occasion de signaler, dans un Bulletin précédent,
la sollicitude du Saint-Siège à corriger tout abus dans l'administration du trésor spirituel des **indulgences**. Nous avons une
preuve nouvelle de cette vigilance dans un décret général rendu,
le 26 mai 1898, par ordre du Souverain Pontife. La Congrégation
proscrit une dizaine de feuilles imprimées et condamne comme
apocryphes les prétendues indulgences qui s'y trouvent mentionnées : la même prohibition frappe les feuilles, s'il en existe,
qui seraient à peu près semblables, alors même que l'édition en
serait différente. Parmi ces publications se trouvent les litanies de
la bienheureuse Vierge des Douleurs attribuées à Pie VII ; la Couronne d'épines que l'on dit à tort expédiée par les PP. Croisiers, de
Belgique [1] ; le bref de saint Antoine de Padoue, et le chapelet des
mérites de la Passion et mort de Notre-Seigneur, auquel Pie V
aurait attaché diverses indulgences à la prière du duc de He-
rencia. Le *Canoniste* a reproduit dans son numéro de juillet,
p. 468, le texte intégral de ces feuilles. Si on les parcourt, on s'a-
percevra aisément qu'elles portaient, presque toutes, les marques

---

1. Il ne s'agit pas des chapelets indulgenciés par les PP. Croisiers en
vertu d'un privilège que Léon XIII a confirmé, mais d'une couronne dont
les grains représentaient un symbolisme peu convenable et que l'on plaçait
sur un crucifix ou un tableau ; une prétendue indulgence familiale y était
attachée. Elle est, du reste, entièrement inconnue auxdits Pères. Cf. *Nouvelle Revue théologique*, août 1899, p. 431.

évidentes de leur fausseté : elles contenaient, en effet, des indulgences et des promesses qui, par leur multiplicité ou leur nature,
présentaient une exagération manifeste ; ces faveurs reposaient
sur des visions ou des faits d'un caractère étrange ou inconvenant,
et quelques-unes étaient attachées à des pratiques ridicules. Il est
vraiment à désirer que les imprimeurs catholiques se tiennent en
garde contre ces sortes de production, et que les censeurs diocésains, auxquels elles devraient être soumises avant leur publication, se montrent inexorables à leur égard.

D'après le droit ecclésiastique, la consanguinité en ligne colla-
térale constitue un **empêchement** dirimant du **mariage** jusqu'au
quatrième degré canonique, inclusivement. Il peut même de ce
chef exister, dans ces limites, non pas un mais plusieurs empêchements, si divers liens de parenté unissent les mêmes personnes.
L'évêque du Mans, en 1896, soumit un de ces cas au Saint-
Office : celui de deux fiancés cousins germains, dont les grands-
parents étaient eux-mêmes cousins germains. La Congrégation
répondit qu'il y avait dans l'espèce et qu'on devait déclarer,
pour les dispenses, *trois* empêchements : un du second degré par
le fait du cousinage des deux fiancés ; deux du quatrième, à cause
du cousinage des grands-parents. Ceux-ci, en effet, figuraient
deux fois dans l'arbre généalogique : une fois, comme *souche* commune par rapport aux fiancés leurs petits-fils ; mais, à ce titre, ils
étaient considérés conjointement et donnaient naissance à un
seul lien de consanguinité ; une seconde fois, comme *intermédiaires* d'une souche plus éloignée, et, à ce titre, ils étaient considérés isolément et *transmettaient chacun de leur côté* une parenté
nouvelle.

Cette résolution soulevait une question dont l'importance pratique n'échappe à personne. Puisque, dans les unions de ce genre,
il y a trois empêchements, une triple dispense est nécessaire. Or,
supposons que la curie épiscopale, à laquelle du reste le cas concret est soumis tel qu'il existe en réalité, ne prenne garde qu'à
un double empêchement et par suite se contente d'accorder deux
dispenses, une du second et une du quatrième degré de parenté :
le mariage sera-t-il valide ? L'autorité épiscopale, malgré son erreur purement matérielle, n'est-elle pas censée vouloir lever tout
l'obstacle qu'oppose au mariage une espèce de parenté dont elle a

sous les yeux l'exposé sincère, et au sujet de laquelle on lui fournit tous les éléments suffisants d'appréciation ? Par suite n'accorde-t-elle pas implicitement toutes les dispenses nécessaires ?

Le Saint-Office en a ainsi jugé. Le 22 février dernier il a répondu que, sans doute, il fallait demander et obtenir, dans le cas proposé, dispense de trois empêchements, conformément à la résolution de 1896; mais que cependant la dispense demandée et obtenue seulement pour deux empêchements, l'un du second, l'autre du quatrième degré, était valide, nonobstant l'erreur matérielle d'évaluation, « pourvu que le cas soit exposé tel qu'il existe »; par suite il n'y a pas d'anxiété à avoir au sujet des mariages contractés dans ces conditions [1].

Un second doute naissait de la résolution de 1896. Dans l'hypothèse où deux frères épousent deux sœurs, devra-t-on raisonner ce nouveau cas d'une manière analogue à celui que nous venons d'examiner, et compter entre leurs enfants non pas deux mais quatre empêchements de parenté au second degré? Le Saint-Office, le même jour, a répondu qu'il n'existait qu'un double empêchement. En effet, dans cette nouvelle espèce, les parents par rapport à leurs enfants forment sans doute *souche* à un double point de vue, mais ils ne sont nullement *intermédiaires* de quelque autre parenté plus éloignée.

---

1. Cette réponse a été provoquée par M. l'abbé Boudinhon. Le distingué professeur étend la solution à toutes les espèces et formes de *parenté* ou *affinité* multiples pour lesquelles on présente à la Curie tous les éléments nécessaires et suffisants d'appréciation, soit par le moyen de l'arbre généalogique, comme c'était le cas dans la supplique, soit de toute autre manière. La Sacrée Congrégation a supposé que la Curie dispensait d'un des empêchements du quatrième degré : sa solution pourrait-elle être invoquée encore, si l'évêque se bornait à dispenser du seul empêchement du second degré sans statuer sur aucun des deux autres ? Je ne l'affirmerais pas sans quelque hésitation. Dans le premier cas, *par le fait même que l'Ordinaire accorde une dispense au quatrième degré*, il indique clairement qu'il a eu en vue l'obstacle qu'opposait le cousinage des grands-parents, et qu'il veut l'enlever : son intention implicitement, mais *réellement*, atteint le double empêchement qui en résulte. Dans le second cas, au contraire, n'est-il pas à craindre que son attention ne se soit portée que sur le cousinage des fiancés? Sans doute, s'il se fût rendu compte de l'autre obstacle, *il eût voulu* le lever; mais il reste douteux que de fait *il l'ait voulu*. A plus forte raison y aurait-il lieu d'hésiter s'il s'agissait de divers empêchements de nature différente. Ajoutons cependant que, dans ces cas obscurs, les circonstances peuvent parfois déterminer suffisamment l'intention : il faut les considérer.

Aux divers actes par lesquels, dans ces derniers temps, le Souverain Pontife a glorifié le **Sacré Cœur** est venue s'ajouter, le 21 juillet 1899, une lettre encyclique du Préfet de la Congrégation des Rites, écrite par ordre du Saint-Père[1]. L'éminentissime prélat y exhorte les évêques de tout le monde catholique à maintenir et développer le renouveau de dévotion qui s'est manifesté envers ce divin Cœur à l'occasion de la consécration prescrite par Léon XIII.

Outre les moyens qui paraîtront, selon la diversité des temps et des lieux, les plus aptes à atteindre ce but, le Saint-Père recommande particulièrement : 1° Les exercices du mois du Sacré Cœur, pour lesquels il accorde aux fidèles une indulgence de trois cents jours toutes les fois qu'ils y assisteront, et une indulgence plénière s'ils y assistent dix fois dans le mois ; 2° les exercices du premier vendredi du mois, avec la récitation des litanies approuvées par Sa Sainteté et de la consécration composée par elle ; 3° les pieuses associations ou congrégations du Sacré-Cœur, pour les jeunes gens, ceux surtout qui étudient ; 4° il invite les divers groupes d'adultes connus sous le nom de *sociétés catholiques* à fréquenter des réunions du même genre.

De plus, par un bref du 16 mars, le Souverain Pontife accorde une indulgence plénière, aux conditions ordinaires, aux fidèles de la France et de ses colonies, qui auront pris part une fois par an au moins, dans leur église paroissiale et devant le Très Saint Sacrement, à la récitation solennelle de la prière dite *Hommage au Sacré Cœur*, selon son texte authentique ; et une indulgence de trois cents jours à ceux d'entre eux qui d'un cœur contrit la réciteront, chaque jour, en leur particulier.

RELEVÉ DE QUELQUES AUTRES DÉCISIONS

I. SAINT-OFFICE. — 1° Dans un diocèse où les parents ont la funeste coutume de différer, sous de futiles prétextes, durant des mois et même des années, le **baptême** de leurs enfants, l'évêque demandait si la sage-femme pouvait ondoyer secrètement le nouveau-né, en avertissant le curé. Elle peut le faire seulement « quand il y a crainte *positive* que l'enfant durant le délai ne soit en danger de mourir ». (11 janvier 1899.)

2° Une résolution du 15 janvier 1899 étend à tous les évêques une permission accordée à l'un d'eux, dans une réponse du 30 janvier 1867,

1. Cf. *Études*, 5 août 1899.

au sujet de l'**assistance passive du** curé au mariage d'un homme
baptisé qui fait profession d'incrédulité sans cependant s'attacher à
une fausse religion ou à une secte hérétique. Nous avons rapporté
cette réponse dans le Bulletin de septembre 1898.

3° Relativement à la conduite à tenir par un catholique, quand un
malade hérétique demande l'assistance d'un ministre de sa secte, la
Congrégation, le 14 décembre dernier, a communiqué une réponse du
14 mars 1848 avec une déclaration du 5 février 1872, aux termes desquelles le catholique doit se comporter passivement; c'est-à-dire, quoiqu'il ne puisse se prêter directement à la demande du malade en appelant lui-même le ministre, il lui est permis de se servir pour cela d'une
personne de la même secte. Ainsi est sauf le principe qui défend la
communication *in divinis.*

4° Deux réponses du 14 décembre 1898 sur des **ordinations,** tran-
quillisent les consultants, inquiets au sujet de la simultanéité physique, dans un cas du contact des instruments avec la récitation des
paroles sacramentelles; dans l'autre, de l'élévation des mains de
l'évêque avec la prière *Oremus, fratres.*

5° J'ai rapporté dans le Bulletin de juin dernier, p. 667, une concession relative à l'absolution des **cas réservés** au Saint-Siège, et
dispensant sous certaines conditions du recours par lettre à la Pénitencerie. Une décision du 7 juin 1899 déclare que le bénéfice de cette
concession ne peut revenir au pénitent qui s'est transporté dans un
lieu étranger pour accuser une faute réservée, et qui dit à son confesseur ne pouvoir revenir pour recevoir la réponse de la Pénitencerie et
avoir de la peine à s'adresser chez lui à un autre confesseur. Il est à
noter que la situation particulière du pénitent, dans le cas proposé, lui
donnait, semble-t-il, toute facilité pour écrire *lui-même* à la Pénitencerie. Cette circonstance suffisait à elle seule pour qu'il ne se trouvât
pas dans les conditions que suppose le privilège en question.

II. Congrégation du Concile.—Le 21 novembre 1898, elle a jugé illicite la pratique d'un prêtre qui recueillait en Portugal des **honoraires
de messes,** puis faisait dire les messes en Espagne en remettant au
célébrant l'honoraire reçu, mais en gardant pour lui le bénéfice du
change de la monnaie portugaise en monnaie espagnole. Toutefois, la
Congrégation ne s'est pas prononcée d'une manière absolue sur le
point de savoir si cette faute tombait sous le coup de la onzième
excommunication réservée au Souverain Pontife; elle a ordonné de
recourir dans chaque cas particulier.

III. Congrégation sur la discipline régulière. — Un décret de
Clément X, 16 mai 1675, défend de donner l'habit et d'admettre dans
la clôture les **convers** avant qu'ils aient vingt ans accomplis. Le Procureur général des Dominicains a demandé dispense pour son Ordre
d'une loi dont l'observation souffre de nos jours de vraies difficultés.
La supplique les expose très nettement. Néanmoins, la Congrégation

n'a cru devoir accorder dispense que pour quinze cas, et pour des postulants qui auraient au moins dix-huit ans accomplis ; on ne pourra du reste leur faire commencer le noviciat proprement dit qu'à l'âge et dans le lieu fixés par les Constitutions apostoliques et par celles de l'Ordre.

IV. Congrégation des Rites. — 1° Durant le retour à la sacristie, **après l'absoute,** dans les offices et les messes chantées pour les défunts, on doit dire l'antienne *Si iniquitates,* avec le *De Profundis* et l'oraison *Fidelium.* (11 mars 1899, *in Vicentina.*)

2° Au chant de la Préface et du *Pater,* dans les messes chantées, on ne peut toucher les **orgues** : il faut observer le Cérémonial des évêques, l. I, c. xxviii, n. 9, qui s'y oppose. (27 janvier.1899.)

3° Quoique dans le cas d'occurrence, une fête fixe ait la préférence sur une fête mobile, et une fête qui est plus propre à une église ou à un diocèse sur une fête moins propre (*Rubriques gén.,* t. X, vi), cependant ces fêtes ne jouissent pas de la même préférence dans les cas de **concurrence.** (19 mai 1899.)

4° Pour un **défunt pauvre,** dont la famille n'a pas les moyens de faire les frais de la messe chantée aux obsèques, on peut permettre de dire une messe basse, de *Requiem,* sous les mêmes clauses et conditions que la messe chantée, pourvu cependant que les dimanches et jours de fête de précepte, on n'omette pas la messe qui correspond à l'office de ce jour. (9 mai 1899.)

5° L'**évêque diocésain** peut céder son **trône,** avec assistance des chanoines, à un autre évêque, à moins que celui-ci ne soit son coadjuteur, son auxiliaire, son vicaire général ou même une dignité ou un chanoine de ses églises. Il convient cependant que les évêques honorés de la pourpre romaine ne le cèdent qu'à d'autres cardinaux. (9 mai 1899.)

V. Congrégation des Indulgences. — 1° Divers privilèges et facultés sont accordés, on le sait, à tout prêtre qui fait partie des conseils et comités de la **Propagation de la Foi.** Or, dans beaucoup de diocèses, les évêques, au lieu d'un comité, établissent un seul directeur. Le Saint-Père, tout en recommandant vivement l'institution de comités réguliers, déclare que si l'évêque n'a désigné qu'un seul directeur, celui-ci, durant sa charge, jouit des avantages ci-dessus mentionnés. (14 mai 1899.)

2° Quatre **absolutions générales** avaient été concédées le 18 mai 1888 aux Tertiaires dominicains pour les fêtes de Noël, de Pâques, de saint Dominique et de sainte Catherine de Sienne ; le 4 avril dernier, permission a été donnée de les transférer à la réunion qui précède ou suit immédiatement ces fêtes.

3° Le Père Général des Dominicains a été autorisé à déléguer pour l'érection des **Confréries du Rosaire,** outre le prêtre désigné à cet effet, un autre prêtre que, en cas d'empêchement, celui-ci se substituerait avec l'agrément de l'Ordinaire. (8 février 1899.)

II. — PUBLICATIONS NOUVELLES

Le P. Wernz, professeur au Collège romain, continue la publication de son **Droit des décrétales**[1]. Le second volume s'occupe de l'organisation du pouvoir dans l'Église et correspond, en majeure partie, au premier livre des décrétales de Grégoire IX, auquel l'auteur, pour des raisons de méthode, rattache quelques titres du troisième et du cinquième livre. L'ouvrage suit les deux grandes divisions de la puissance ecclésiastique : la hiérarchie d'ordre et la hiérarchie de juridiction. Dans ce double cadre, le P. Wernz fait entrer d'abord les traités des saints ordres, irrégularités et ordination, des droits et devoirs des clercs, de leur déchéance; puis il donne d'une façon complète les notions générales de la juridiction (institution, innovation et suppression des offices ecclésiastiques; leur acquisition; leurs droits et obligations; leur amission; leur délégation), et étudie en détail chaque degré de cette hiérarchie, soit dans les individus, soit dans les assemblées.

L'enseignement du savant professeur est remarquable par la largeur du plan et la compréhension du détail. Il introduit l'élève dans la science intégrale des lois, en les lui présentant sous leurs trois points de vue théologique, historique et positif : avant d'exposer la discipline aujourd'hui en vigueur, l'auteur remonte aux principes dogmatiques dont elle est l'application, et il indique les transformations successives qui ont donné à cette application ses formes actuelles.

Dans cette triple synthèse d'un millier de pages, riche d'une érudition très au courant et de perpétuelles références, on appréciera, avec l'abondance des matériaux, leur disposition méthodique, la précision et la sûreté constante de la doctrine. Il peut exister ailleurs des monographies plus détaillées ou des manuels plus pratiques : mais je connais peu de traités généraux qui envisagent le droit canonique avec une telle étendue, et, dans un résumé relativement succinct, renferment plus de choses, de

---

[1]. *Jus decretalium* ad usum prælectionum in scholis textus canonici sive juris decretalium, auctore Francisco Xav. Wernz, S. J. Tomus II. Jus constitutionis Eccles. catholicæ. Romæ, ex typ. polyglotta S. C. de Propaganda Fide, 1899. In-8, pp. xvi-1125. Prix : 15 francs. (Rome, Deposito dei libri, via del Seminario, 120.)

science et d'exactitude. C'est le fruit d'un long enseignement qui
a exploré soigneusement tout le champ de la législation de
l'Église : il emprunte une valeur particulière au nom de l'auteur
et à sa situation dans les universités et les congrégations pontificales.

L'**Exposition du droit canonique**, de M. le chanoine Téphany[1],
est une œuvre de vulgarisation qui résume et complète des travaux antérieurs, Grandclaude surtout et les premières éditions de
Santi. L'auteur ne met à contribution que dans une mesure assez
restreinte nombre de publications qui dans ces derniers temps
ont enrichi l'histoire et la doctrine canoniques : il s'attache
plutôt à rassembler et coordonner avec clarté, sous chaque titre,
ce que l'on pourrait appeler le fond classique de la question, en
le modifiant d'après la discipline actuelle. On reprochera sans
doute à cette exposition de ne pas nous mettre en communication
suffisante avec le mouvement scientifique de notre époque ; mais
M. Téphany, je le crois, s'est proposé beaucoup moins de guider
les spécialistes dans une étude approfondie du droit que de
mettre à la portée d'un plus grand nombre de lecteurs sa connaissance générale et ses notions de détail. Quoiqu'il écrive en français, il a soin de reproduire presque toujours en latin la partie
essentielle du texte légal. Le premier volume comprend le premier livre des décrétales, le second les deuxième et troisième, le
dernier les quatrième et cinquième avec une trentaine de documents en appendice. L'auteur a tenu compte des nouveaux actes
du Saint-Siège : quelques-uns cependant lui ont échappé. Et il y
aurait aussi de-ci de-là diverses inexactitudes à relever.

Avec le quatrième volume de sa réédition des **Leçons de
Santi**[2], le Dr Leitner nous donne un excellent traité canonique

1. *Exposition du droit canonique selon la méthode des décrétales de Grégoire IX*, par M. l'abbé Joseph Téphany, chanoine de la cathédrale de
Quimper, doyen du chapitre. Paris, Bloud et Barral. In-8, pp. iv-725,
741, 779.
2. *Prælectiones juris canonici* quas juxta ordinem decretalium Gregorii IX tradidit in scholis Pont. Seminarii Romani Franciscus Santi
professor. Editio tertia emendata et recentissimis decretis accommodata
cura Martini Leitner, D[r] jur. can. vicerectoris in Seminario Clericorum
Ratisbon. L. IV. Ratisbonne, Pustet, 1899. In-8, pp. 463. Prix : 4 fr. 50.

du mariage qui, même après celui de Mgr Gasparri, sera bien
accueilli. J'ai déjà eu occasion de signaler le caractère et le mérite
de cette revision. Ce quatrième livre sera particulièrement apprécié. Le droit matrimonial est, pour ainsi dire, en pleine activité,
et fréquemment des décisions et des actes nouveaux viennent jeter
leur lumière sur les questions délicates qu'il soulève sans cesse.
A ce point de vue, l'œuvre de Santi, un peu sommaire, est complètement mise à jour ; et de nombreuses additions d'un véritable
intérêt doctrinal ou pratique ont presque doublé son étendue.
Contentons-nous d'indiquer, outre diverses instructions dont le
texte intégral a été inséré dans le corps de l'ouvrage, d'utiles
apports relatifs au mariage mixte, notamment sur la question des
censures, et à la procédure dans les causes matrimoniales, une
intéressante discussion sur la situation, vis-à-vis du décret
Tametsi, des paroisses hérétiques démembrées ; et les appendices sur les dispenses et le mariage civil.

C'est aussi une réédition que nous donne Mgr Cavagnis, celle
de ses **Institutions de droit public ecclésiastique.** Leur éloge
n'est plus à faire. C'est le mérite de cet ouvrage de ne pas établir
simplement la thèse générale et les grandes lignes du pouvoir
social de l'Église, mais d'examiner en détail, sous ses divers
points de vue et dans ses applications multiples, cette situation
publique de la cité surnaturelle, soit dans son organisation intérieure, soit dans ses relations extérieures. Cette troisième édition
reproduit, à peu de choses près, les deux premières ; mais, quant
à l'exécution typographique, elle leur est supérieure ; et elle s'est
enrichie d'un certain nombre d'additions utiles, en particulier
sur les questions scolaires. Quelques thèses auraient pu être
mises plus complètement au point des dernières conclusions.
Ainsi, sur la question des fausses décrétales, j'aurais aimé qu'on
signalât les travaux de Simson et de M. Fournier. Au sujet de la
Monarchie de Sicile, je crois avoir vainement cherché la mention
de Sentis ; et, à propos de cette même controverse, faut-il vraiment nier l'authenticité de la bulle d'Urbain VI ?
    Relativement à la valeur des concordats, l'éminent auteur
maintient la position intermédiaire qu'il avait déjà prise. Il reconnaît le principe fondamental de l'inaliénabilité de la juridiction ecclésiastique ; et il pense cependant que cette juridiction

peut être l'objet d'un contrat de justice : l'avouerai-je, je ne vois pas comment les conclusions s'accordent avec le principe ; car, si je suis inhabile à aliéner un objet, comment puis-je vous donner sur lui le *jus in re* ou même le *jus ad rem* ?

Un **Guide pratique des trésoriers des Fabriques**[1] n'a guère sa place dans une revue canonique, car il touche à un sujet tout à fait anticanonique. Cependant, « sans nous engager dans les controverses auxquelles ont donné lieu l'article 78 de la loi des finances du 26 janvier 1892 et le décret du 27 mars 1893 », disons seulement que le manuel de M. Roquejoffre « s'adresse à tous les trésoriers des Fabriques auxquels incombe l'obligation d'établir les comptes en se conformant aux règles générales de la comptabilité publique », et a pour but « de les initier au détail de cette comptabilité, leur rendre facile la préparation de leurs comptes ». La première partie traite des budgets et des comptes ; la deuxième, du compte de gestion avec la nomenclature des pièces justificatives ; la troisième renferme en annexes divers actes administratifs et les tableaux modèles avec la confection en exemple d'un compte imaginaire.

La pensée et le caractère de cette publication ressortent assez de ce fait, qu'elle est approuvée par l'évêque de Rodez et présentée au préfet de l'Aveyron. Mgr Germain loue, dans ce manuel, « un travail précis, consciencieux et vraiment pratique » ; et il ajoute : « Votre manuel rendra désormais facile la tâche des comptables... Vous avez fait une œuvre excellente et je la bénis. »

Jules BESSON, S. J.

---

1. *Guide pratique des trésoriers des Fabriques*, par J. Roquejoffre, secrétaire greffier du Conseil de préfecture de l'Aveyron. Rodez, Carrère ; Paris, Bloud et Barral. In-12, pp. 329.

REVUE DES LIVRES

Lettres apostoliques de S. S. Léon XIII, texte latin avec la traduction française. Tome V (Juin 1896 — Janvier 1899). Paris, Maison de la Bonne-Presse, 1 franc. — On aura dans cette excellente édition d'ensemble de textes parfois difficiles à retrouver, et dont l'importance capitale n'échappe à personne, une traduction littérale, fidèle et élégante, des documents pontificaux. Le format est maniable, le prix modique. Il sera facile de faire disparaître, à la prochaine réimpression, une double faute (Ηἐτρος = Πἐτρος) qui figure sur la couverture et sur le titre.

Léonce DE GRANDMAISON, S. J.

Paroissien de Carême, par Mme la vicomtesse D'HAUTPOUL, née DE GUERNE. Société de Saint-Jean, s. d. In-32, pp. XII-724-87*.

Toute personne pieuse a sa *Quinzaine de Pâques*; un *Paroissien de Carême* en sera, j'allais dire le complément, disons pour parler plus juste le précurseur obligé. Car toute personne pieuse entend la sainte Messe chaque jour : elle trouvera ici tout le *propre* de la sainte quarantaine jusqu'au dimanche des Rameaux, avec quelques lignes de commentaire pouvant servir de méditation sur l'épître et l'évangile, les vêpres, les complies, des prières liturgiques pour les saluts; enfin, en Appendice, quelques dévotions substantielles et surtout d'excellentes considérations pour l'*Heure sainte*. Par ce recueil, Mme la vicomtesse d'Hautpoul contribuera efficacement à rendre facile l' « œuvre unique », à laquelle chacun doit travailler pendant le carême : « la conversion (dans le sens étendu que ce terme comporte pour tout chrétien éclairé) par la vertu du sacrifice de la Croix. »   Paul POYDENOT, S. J.

Les Apologistes français au XIXe siècle, par le R. P. AT, prêtre du Sacré-Cœur. Paris, Bloud et Barral, 1898. In-8, pp. XII-460. — Le titre, un peu exclusif, de cet ouvrage, n'en épuise pas le contenu. On y trouvera un tableau rapide de la vie intellectuelle des catholiques français au dix-neuvième siècle. Non seulement les apologistes proprement dits y sont énumérés et appréciés, mais nombre de leurs adversaires, Cousin, Proudhon, etc... Le livre s'arrête en 1864. Certaines études plus développées fixeront particulièrement l'attention, celles par exemple qui concernent Le Play et le cardinal Pie. On aurait tort de chercher dans cette série d'articles une histoire complète et suivie, mais on y trouvera de nombreux éléments permettant de reconstituer, dans ses grandes lignes, cette histoire. L'auteur insiste sur la lutte des catholiques avec les socialistes de l'ancienne école, et les libéraux, adversaires du *Syllabus*. Les thèses qu'il défend, à juste titre, sont celles d'un catholicisme « intégriste », pour citer un de ses mots favoris : leur ensemble est inattaquable. On pourrait en discuter certaines applications, en particulier celles qu'il en fait aux « apologistes de l'histoire » (p. 81, *sqq.* ; 346, *sqq.*). L'Église n'a besoin que de la vérité, et l'historien est suffisamment « apologiste », qui cherche sincèrement et dit clairement toute la vérité.

Quelques expressions malheureuses, ou exagérées, rappellent au lecteur que ces articles ont paru dans un journal : le « Sabre-Plume » de Veuillot (p. 98) ; le « Cygne de Perpignan », Gerbet (p. 283) ; la « Lyre de la scolastique à deux cordes » (p. 276)... Les noms propres aussi ont trop souffert de l'impression : Heffelé, évêque de Rothenbourg (p. 417) ; de Rémuzat (p. 64) et de Résumat (p. 49) ; l'abbé Provost et D. Monfaucon (p. 7) ; etc...

Félicitons le courageux auteur d'avoir inscrit, à un titre nouveau, par ce livre, son nom dans la liste des *Apologistes français du XIXᵉ siècle.*   Léonce de Grandmaison, S. J.

Travaux de psychiâtrie (*médecine mentale, neurologie, psychologie*), publiés sous la direction de M. Édouard Toulouse. Paris, Maloine, 1899. Un vol. in-8, pp. 388. — M. le Dʳ Toulouse est l'heureux aliéniste que l'étude médico-psychologique sur Émile Zola a rendu célèbre. Son recueil est particulièrement consacré aux travaux sur l'aliénation mentale, mais il intéresse également les savants et les psychologues. Citons les travaux très sérieux sur la surdité verbale (Déjerine) ; sur l'hystérie mâle (Raymond) ; sur les centres sensitifs, sur les hémisphères cérébraux (Klippel).

Dans un article sur la *Critique scientifique*, M. Toulouse se plaint de n'avoir pas été compris et invoque comme précurseurs Sainte-Beuve et Michelet. Un de ses élèves, M. Papillault, dégage les principales aptitudes de notre poète V. Hugo et prétend « démontrer qu'elles répondaient aux conditions anatomiques qu'ex-

priment ses mensurations et à sa formule biologique ! » Un autre,
M. Félix Regnault, « mesure l'intelligence au chevelu des neu-
romes cérébraux » ! Et ces auteurs se plaignent de la superstition
spiritualiste ! Que Dieu préserve la science du matérialisme et des
aliénistes qui s'en font les mauvais apôtres !   Dr Surbled.

Questions sociales. — M. de Blaviel a réuni en un volume,
sous le titre de Questions philosophiques, politiques, sociales[1],
les articles publiés par lui dans la *Vérité*, et quelques autres du
même genre, en petit nombre, qui n'ont pas paru dans ce journal.
Ceci explique comment et pourquoi l'unité de composition se
trouve sacrifiée à la variété des matières. *La Science, le Socialisme, l'Église et l'État, la Démocratie chrétienne, l'Aumône, la
Révolution, le Miracle, les Études ecclésiastiques*, etc., etc.; en un
mot, la plupart des questions qui forment la trame des polémiques courantes sont passées en revue.

Si les aperçus manquent souvent d'originalité, si les idées et
les solutions ne sont pas très neuves, du moins la doctrine est
d'une solidité à toute épreuve.

L'orthodoxie la plus chatouilleuse ne saurait trouver en défaut
la science théologique mise au service des *Questions philosophiques, politiques et sociales*. Après avoir lu ces pages fortement
pensées et écrites avec une correction robuste, on ne peut s'empêcher de souscrire au vœu de Mgr l'Évêque de Cahors écrivant à
l'auteur : « Je bénis Dieu, qui vous conserve dans votre quatre-
vingtième année une telle vigueur intellectuelle. »

M. l'abbé de Blaviel n'aime pas les idées nouvelles, c'est à tout
le moins de la prudence. Dieu me garde de l'accuser de miso-
néisme !

Il n'est pas tendre pour la démocratie chrétienne, et dans huit
articles consécutifs il en explique longuement les dangers.

Le zèle de M. le Vicaire général ne s'est-il pas alarmé outre mesure? L'identité de but que sa sollicitude découvre entre la franc-
maçonnerie et la démocratie chrétienne existe-t-elle réellement?
« Il est difficile, dites-vous, de ne pas reconnaître chez les démocrates chrétiens les caractères du socialisme » (p. 200), et vous
définissez avec une parfaite exactitude le socialisme : « la doc-

1. *Questions philosophiques, politiques, sociales*, par l'abbé de Blaviel,
vicaire général. Paris, Retaux, 1898. In-16, pp. 383. Prix : 3 francs.

trine de ceux qui substituent la propriété collective à la propriété privée et qui remettent à l'État le soin d'administrer cette propriété » (p. 155). Eh bien, en vérité, les démocrates chrétiens détruisent-ils la propriété privée ? Transfèrent-ils à l'État l'administration de la propriété ? Non, car leur programme affirme, d'une manière très ferme et très explicite, le maintien, le développement même de la propriété privée.

Sur la question des études ecclésiastiques, M. de Blaviel exprime des idées très justes et très pratiques. Il est nécessaire de ne pas trop étendre l'enseignement de nos séminaires ; mais, d'un autre côté, on ne doit rien négliger pour le fortifier. Il faut que cet enseignement mette l'ensemble des sujets en état d'exposer clairement la vérité, de faire ressortir la force des preuves, de discuter sérieusement les principales difficultés. « Je crois, conclut l'auteur, qu'on obtiendra difficilement ce résultat si on accoutume le jeune séminariste à donner à des questions stéréotypées d'avance des réponses résumées de résumés parfois insuffisants eux-mêmes. On veut faciliter le travail et trop souvent on supprime, pour ainsi dire, le travail de l'intelligence et la mémoire fait à peu près tout. » La grande expérience de M. le Vicaire général de Cahors donne à ces paroles une autorité spéciale.

Il est difficile de rendre compte d'un livre qui du commencement à la fin n'est qu'une incohérente polémique, très irritante et très personnelle. Voici quelle en est la genèse. M. le Dr Scheicher, professeur de morale au séminaire de Saint-Poelten (Saint-Hippolyte), député au Reichsrath d'Autriche et au Landtag de Basse-Autriche, a publié en 1897, sous ce titre : le Clergé et la Question sociale[1], une étude de morale sociale destinée principalement aux jeunes prêtres. M. C. Morel, chancelier de l'Université de Fribourg (Suisse), fit paraître, de cet ouvrage écrit en allemand, une traduction sur la deuxième édition, avec une préface de M. Decurtins, député au Conseil national suisse. De discuter, de réfuter même les idées sociales de M. le Dr Scheicher, c'est assurément le droit de M. l'abbé Onclair. Encore est-il que la critique doit être impartiale et la discussion courtoise. Qu'un professeur de théologie, jouissant de l'estime et de la considération

1. *Le Clergé et la Question sociale, par le Dr Scheicher. Examen critique*, par Auguste Onclair, prêtre. Paris, Téqui, 1898. In-16, pp. x-172.

publique, enseigne les erreurs du collectivisme de K. Marx et du socialisme agraire de Henry George, une accusation aussi grave exige des preuves péremptoires, appuyées sur des textes précis, munies de documents authentiques. A chaque page, l'auteur affirme l'« ineptie », l'« ignorance », l'« outrecuidance », la « pantalonnade », les « monstruosités », les « hâbleries », les « billevesées » de son adversaire, sans justifier aux yeux du lecteur, surpris de ce débordement d'indignation, des expressions aussi graves. « L'auteur, écrit M. l'abbé Onclair, n'a pas étudié son sujet avec calme, sans parti pris, avec une sérénité impartiale. Son travail, sa diction même et son style sont échauffés, déclamatoires et outrés à dessein pour produire de l'effet et exciter la passion. Ce n'est pas le procédé de la vérité. S'il a lu les anciens théologiens et leurs modernes disciples, lui qui a la prétention d'enseigner la question sociale au clergé, il doit en être lui-même convaincu. Mais les anciens théologiens, qu'est-ce que cela en présence des hommes tout autrement éclatants qui de ce prétendu clergé social et de ses aristarques rayonnent sur le monde ? Quels hommes ! *Risum teneatis* » (p. 6). »

Quels hommes, au jugement de l'auteur? M. l'abbé Hitze est un fantaisiste; M. le comte de Kufstein prend ses rêves pour des inspirations et ne doute d'aucune de ses assertions, quelque saugrenues qu'elles soient (p. 121). Quant à M. l'abbé Naudet, c'est « le polichinelle de la question sociale » (p. 126). Tel est le ton de la discussion. S'il venait à dominer parmi les sociologues catholiques, la charité aurait tout à perdre, la science n'aurait rien à gagner, et les ennemis de l'Église se tordraient d'allégresse.

A tous ceux qui à un titre quelconque s'occupent de la **Réforme des impôts**[1] l'ouvrage de M. Derbanne sera d'une utilité incontestable. Ils trouveront, en effet, dans la nouvelle législation fiscale de la Prusse, un système d'impôts parfaitement homogène, s'appuyant sur des principes nettement définis et construit de toutes pièces et d'après les plans élaborés et longuement préparés de M. Miquel. L'auteur analyse la réforme de l'impôt sur le revenu sanctionnée par la loi du 24 juin 1891, la trilogie de Miquel

1. *La Réforme des impôts en Prusse*, par Jacques Derbanne. Paris, Chevalier-Marescq, 1899. In-8, pp. 226.

concernant la suppression des impôts d'État, la création d'un impôt de remplacement, la refonte des impôts communaux; ce sont les trois lois du 14 juillet 1893.

Une réforme semblable est-elle à désirer en France? Il semble — c'est la conclusion de l'auteur — que la partie relative aux taxes et cotisations municipales serait susceptible de certaines applications chez nous. On pourrait, par exemple, donner plus d'extension aux dispositions analogues qui régissent déjà nos finances communales.

Quant à la partie de la réforme qui concerne l'impôt sur le revenu, tel qu'il a été établi dans l'État prussien, la question est beaucoup plus grave, et nous ne saurions préjuger de la solution, car dans cette matière il faut tenir compte de l'esprit et des tendances des populations.

M. Vlieberg, désireux de doter la Belgique, son pays, d'une bonne organisation du crédit foncier social[1], est allé étudier cette question, en Allemagne, en France et en Italie. Observateur consciencieux, travailleur inlassable, il a rapporté de son voyage et donné au grand public, en même temps qu'une foule de détails intéressants sur l'organisation et le fonctionnement des institutions allemandes, françaises et italiennes, une saine appréciation des résultats obtenus.

Dans un chapitre préliminaire, l'auteur démontre l'utilité des sociétés de crédit foncier rural, donne un aperçu rapide de la législation foncière et hypothécaire de l'Allemagne, de la France et de l'Italie, et expose en détail l'organisation du crédit foncier dans ces trois pays.

La seconde partie contient une étude assez brève de la dette hypothécaire rurale en Allemagne.

Pour la France et l'Italie, on ne possède que des chiffres globaux; M. Vlieberg les cite en appréciant le rôle des institutions de crédit foncier dans ces pays. En Allemagne, la question de l'endettement du sol est considérée « comme la cause dernière de la crise agraire actuelle ». Elle a, dans les dernières années, donné lieu à des enquêtes et des études très intéressantes.

Des nombreux faits soigneusement recueillis dans son livre

1. *Le Crédit foncier* (Allemagne-France-Italie), par Ern. Vliebergh. Louvain, Ch. Peeters, 1899. In-8, pp. 254.

l'auteur dégage une courte conclusion. Ce que les sociétés de
crédit foncier ont prêté en Allemagne, en France et en Italie
n'est qu'une faible part de la dette hypothécaire qui grève dans
ces pays la propriété foncière. N'est-ce pas là une preuve manifeste de l'impuissance de ces institutions et une réfutation éclatante de la pompeuse prophétie de M. de Persigny qui écrivait à
l'empereur Napoléon III : « Ainsi donc, et grâce à vous, sire,
on peut dès ce moment prévoir le jour où le sol sera affranchi de
la dette hypothécaire que lui ont léguée les siècles » ? N'est-ce
pas aussi la condamnation de cette illusion de certains économistes qui croyaient pouvoir faire disparaître l'endettement, tout
en laissant subsister ses causes et en multipliant les facilités de
s'endetter ?

Le livre de M. Vigouroux est le résultat d'une enquête impartiale. Son but est de montrer pourquoi et comment les travailleurs
américains ont « concentré leurs forces[1] » dans certains métiers,
organisé des fédérations couvrant toute l'Amérique du Nord et noué
des relations avec les syndicats ouvriers du monde entier. Dans l'é-
tude du mouvement ouvrier américain, la concentration des forces
ouvrières s'est présentée à l'observation de l'auteur comme le fait
dominant, parce que c'est cette concentration qui forme la préoccupation constante des chefs, qui résume les aspirations de la
masse et enfin parce que l'évolution générale est orientée vers elle.
     La concentration des forces ouvrières possède en Amérique des
organes puissants et permanents. Sans parler des *Knights of
Labor*, très déchus aujourd'hui, l'*American Federation of Labor*,
fortement constituée et toujours grandissante, établit entre les
groupes des différentes professions des liens étroits et emportant
des obligations précises. Sans doute, elle laisse à ceux-ci leur
autonomie et ne cherche pas à empiéter sur leurs attributions
normales, mais elle forme au-dessus d'eux un groupe supérieur
permanent et agissant.
     Les unions professionnelles adhèrent à ses statuts, signent une
sorte de pacte fédéral et aliènent une partie de leur indépendance.

     1. *La Concentration des forces ouvrières dans l'Amérique du Nord*, par
Louis Vigouroux. (Bibliothèque du Musée social.) Paris, Armand Colin,
1899. In-18, pp. 362.

La Fédération américaine du travail est donc bien nettement un organe de concentration.

D'ailleurs, c'est un organe agissant; elle ne remplit pas seulement d'une façon passive son office fédéral, elle suscite aussi, partout où elle en découvre la possibilité, la formation de nouveaux groupements professionnels. Sa constante préoccupation est d'organiser les inorganisés.

Au-dessous d'elle et le plus souvent rattachés à elle, d'autres groupes locaux, mais non professionnels, travaillent au même but. Dans les villes, certains d'entre eux sont puissants et actifs; ce sont les *Central Labor Unions*, unions centrales du travail, parfois désignées sous un nom un peu différent, tel que Fédération du travail de Chicago, etc. Ce sont là encore des instruments de concentration.

L'auteur a divisé son livre en trois parties :

La première étudie un certain nombre de groupements professionnels (typographes, cigariers, charpentiers, etc). Le point de départ, l'unité, c'est l'*Union* (le syndicat professionnel) constituée localement par des ouvriers exerçant la même branche de métier. Les Unions locales forment des coalitions variées, entre elles ou avec d'autres groupements ouvriers ; elles aboutissent aussi à des Unions nationales ou internationales. On peut les ramener à deux types : c'est l'*amalgamation* quand les Unions locales abdiquent entre ses mains leur autonomie; dans la *fédération*, les Unions conservent jalousement la conduite de leurs affaires locales.

Dans la dernière partie, M. Louis Vigouroux examine le mouvement de concentration des forces ouvrières dans son ensemble, et non plus au point de vue de tel ou tel métier. Il en fait d'abord l'historique, puis il décompose les forces diverses qui le constituent, démonte les rouages qui le transmettent et montre comment ces rouages fonctionnent; il ne s'agit pas de cadres rigides, mais de groupements humains toujours mobiles, paraissant et disparaissant tout à coup, se reformant en des combinaisons toujours nouvelles.

Dans la troisième partie, connaissant l'organisation, les cadres, les procédés de mobilisation et l'armement des forces ouvrières, l'auteur cherche dans le caractère particulier de l'industrie américaine les raisons qui les ont poussées à essayer de nouvelles tactiques ; c'est, en d'autres termes, l'action politique et sociale des groupements syndicaux.

Il est impossible de suivre M. Vigouroux dans le tableau qu'il trace de la concentration des forces ouvrières aux États-Unis, sans remarquer l'importance du rôle des chefs de groupe, des *leaders* ouvriers. Avec des traits différents dans les détails, c'est, en Amérique comme en Angleterre, la valeur des hommes qui a été le principal moyen de succès. Plus on avance dans l'observation de l'organisation ouvrière moderne, plus on s'aperçoit que le secret du succès gît dans la clairvoyance et l'énergie des ouvriers eux-mêmes, comme aussi dans la force et la cohésion de leur association.

Des études impartiales et méthodiquement conduites, comme celle de M. Vigouroux, mettent ce résultat en pleine lumière. Et, en faisant avancer la science sociale, elles favorisent la paix de l'atelier.

C'est en 1869 que M. Hubert-Valleroux publia un premier ouvrage sur les sociétés coopératives ; depuis ce temps il n'a cessé d'apporter des contributions à cette importante étude, et aujourd'hui il offre au grand public un travail très complet et très intéressant sur les associations ouvrières et patronales[1]. Cet ouvrage a obtenu le premier prix au concours de Chambrun, et le rapporteur du concours, M. Lyon-Caen, membre de l'Institut et professeur à la Faculté de droit de Paris, s'exprimait en ces termes : « M. Hubert-Valleroux a mieux compris le sujet que les autres concurrents ; il a bien aperçu qu'il ne s'agissait pas simplement de présenter un tableau des faits, mais qu'il fallait les soumettre à une critique sérieuse et indiquer autant que possible les réformes à faire, les usages ou les pratiques à modifier. »

Dans une préface à la fois courte et substantielle, l'auteur, après avoir établi cette vérité d'évidence que, si l'association est utile à tous, elle est surtout indispensable aux faibles, divise en trois catégories, suivant leur but, les associations dont il doit s'occuper. Il y a d'abord celles qui tendent à augmenter les gains des travailleurs ou à améliorer les conditions du travail ; ce sont principalement les sociétés coopératives de production. Il y a

---

1. *Les Associations ouvrières et les Associations patronales*, par P. Hubert-Valleroux. Paris, Gauthier-Villars. In-8, pp. 357.

ensuite les associations permettant de vivre avec plus d'économie : sociétés coopératives de consommation, sociétés pour la construction de maisons à bon marché. Enfin, à côté des besoins quotidiens de l'existence, les ouvriers doivent songer aux besoins extraordinaires et imprévus que certains événements, la maladie, les accidents industriels, la vieillesse, la mort, pourront faire naître pour eux ou pour leurs familles. L'association peut parer à ces maux ou les restreindre. C'est le but des sociétés de secours mutuels et des diverses associations mutuelles dont il est question dans la troisième partie.

M. Hubert-Valleroux ne croit pas que la corporation de production soit destinée à remplacer le salariat ; sur ce point il se montre l'adversaire résolu de M. Gide. Outre que les ouvriers n'ont pas toutes les qualités morales et l'expérience commerciale nécessaires, beaucoup préféreront toujours un salaire fixe et certain aux risques d'une société commerciale ou industrielle. Mais, du moins, les sociétés coopératives de production peuvent contribuer à améliorer le sort d'un certain nombre de travailleurs formant une sorte d'élite par leurs qualités morales et professionnelles, et à faire une féconde propagande contre le collectivisme, en montrant aux membres de ces sociétés les avantages que présente l'appropriation individuelle du capital.

La partie consacrée aux sociétés ayant un but d'économie, telles que sont les sociétés coopératives de consommation, est très complète et particulièrement bien traitée. Elle est remplie de notions pratiques qui attestent la compétence de l'auteur, initié depuis longtemps au mouvement coopératif.

Après avoir réfuté les objections dirigées souvent contre les sociétés de consommation, il en fait ressortir très nettement les avantages multiples. Outre qu'elles permettent de se procurer à meilleur marché les divers objets nécessaires à la vie, elles rendent les fraudes au préjudice des consommateurs plus rares et donnent à leurs membres des habitudes d'épargne dont les effets moraux sont des plus salutaires.

Mais beaucoup de temps s'écoulera encore avant que le mouvement coopératif ait atteint en France l'extension qu'il a reçu en Angleterre, et jusqu'ici nos sociétés de consommation n'ont pas réalisé les bénéfices nécessaires pour pouvoir les consacrer, comme beaucoup de leurs sœurs anglaises, à l'acquisition d'immeubles et à la diffusion de l'instruction. Tout au plus, en France, ces bénéfices sont-ils parfois employés à la constitution de quelques modestes pensions de retraite.

Pour les sociétés de secours mutuels, M. Hubert-Valleroux réclame une plus grande liberté et souhaiterait que, sans faire aucune distinction entre les différentes espèces de sociétés de secours mutuels, toutes fussent investies d'une personnalité civile suffisante pour qu'elles eussent la capacité d'acquérir même des immeubles. Il voudrait aussi qu'on leur accordât la liberté du placement de leurs fonds. Il préfère un petit nombre de sociétés de secours mutuels comprenant chacune beaucoup de membres, à une grande quantité de petites sociétés, et souhaite que la mutualité s'étende aux campagnes où, jusqu'ici, elle semble ne pas exister.

M. Hubert-Valleroux a une peur exagérée, à notre avis, de l'intervention de l'État — *Ne quid nimis!* — Sous couleur de défendre la liberté individuelle, il ne faudrait pas repousser, de parti pris, l'action de l'État aidant et protégeant cette liberté, excitant l'initiative privée et la suppléant absente. Ce qu'il faut blâmer, c'est l'intervention de l'État tracassière, minutieuse, absorbante, intempestive, celle qui malheureusement s'exerce le plus souvent en France.

Voici une bonne contribution à l'étude de la famille ouvrière entreprise sous la direction de la Société d'économie sociale. La haute compétence, le talent d'observation, la parfaite loyauté scientifique de M. E. Delaire donnent à cette monographie du Petit fonctionnaire cambodgien [1] une autorité et un intérêt de premier ordre. L'auteur a pu observer sur place la dernière phase de la décadence politique d'un peuple autrefois puissant ; il n'a constaté que des vestiges à peine visibles de beaucoup de vieilles institutions. Un travail intéressant d'*archéologie sociale* pourrait être essayé. Le Cambodge n'est qu'une poussière d'hommes. La féodalité, quelle qu'ait été sa constitution, s'est transformée en un patronage moral que les lois ignorent à peu près. Le village, la

---

1. *Les Ouvriers des Deux Mondes.* Deuxième série, 44ᵉ fascicule. *Petit fonctionnaire de Pnom-Penh (Cambodge),* par M. E. Delaire, architecte. inspecteur des bâtiments civils au Cambodge. Paris, Firmin-Didot, 1899. In-8, p. 437-500.

commune n'existent plus administrativement ; les empiétements du pouvoir central ont tout détruit. L'exécutif et le judiciaire sont confondus ; partout l'arbitraire et la prévarication. Dans ce désordre général, la famille semble avoir surnagé ; elle demeure solide, elle sera le pivot, le centre de toutes les réformes et des reconstitutions dont la nation protectrice assume la charge. Puisse la méthode des monographies éclairer et faciliter cette tâche !

Dans l'action socialiste[1], M. Jean Jaurès présente au public une première série d'articles publiés dans la *Dépêche* de Toulouse et de discours prononcés à la tribune du Palais-Bourbon depuis 1886. Le besoin de cette publication était-il pressant ? On peut en douter, car la plupart des morceaux qui composent ce livre, écrits dans la furie du combat, ont perdu leur actualité. Aussi bien l'auteur nous avertit qu'il a été sollicité par un groupe de jeunes amis et, qu'après hésitation, il a cédé au désir et à l'enthousiasme de ses disciples. Les pages de ce livre sont tout imprégnées des qualités et des défauts du *leader* socialiste. Imagination vive et colorée, chaleur communicative, jonglerie des mots, affirmation outrancière, faiblesse du raisonnement, superbe dédain de ses adversaires : on reconnaît vite les traits caractéristiques de la psychologie du tribun. Sous ces deux rubriques : *le socialisme et l'enseignement* et *le socialisme et les peuples* sont effleurées, agitées, à peine traitées, les questions irritantes de la politique sectaire : l'école, l'université, l'action électorale, l'Église, le pape, la loi militaire, les massacres d'Arménie, et enfin l'Angleterre jusqu'à Fachoda. Chez le brillant orateur l'ivresse du verbe trop souvent tient lieu de raisonnement. Il ne suffit pas de faire sonner bien haut les grands mots de justice, de liberté, de solidarité, encore faut-il en exposer le contenu. Ne sait-on pas que, dans la langue collectiviste, justice sociale signifie confiscation de la propriété privée ; liberté, oppression des catholiques ; solidarité, conspiration des prolétaires ? A tous ceux qui étudient l'histoire contemporaine du socialisme en France le livre de M. Jean Jaurès sera un document utile à consulter.

1. *Action socialiste,* par Jean Jaurès. Première série. Paris, Georges Bellais, 1899. In-16, pp. 558.

Il faut dépasser Marx; les théories exposées dans le *Capital* ont vieilli et ne sont plus en rapport avec les phénomènes actuels, telle est la nouvelle orientation du socialisme international. M. Bernstein en Allemagne, M. Sorel en France, M. Vandervelde en Belgique et M. Merlino en Italie, travaillent avec ardeur à réparer la vieille bâtisse socialiste construite par K. Marx, et qui, paraît-il, menace ruine de toutes parts.

Le livre présenté au public français [1] est une adaptation faite par l'auteur de deux ouvrages italiens, *Pro e contro il socialismo* et l'*Utopià collettivista*.

M. Merlino a, de plus, utilisé les discussions auxquelles ses travaux ont donné lieu, pour mieux préciser sa pensée. Il y a dans le sociologue italien un destructeur puissant et un constructeur inhabile. On voit avec plaisir le premier mettre en pièces les formules collectivistes et communistes, démolir une à une les constructions anarchistes : l'anarchie individualiste de Tucker, l'anarchie communiste de Krapotkine et de Grave, l'anarchie socialiste de Malatesta, et porter une main hardie sur l'arche sainte contenant les théories de K. Marx. Aucune ne reste intacte, et, sous les coups d'une critique implacable, tombent successivement la conception matérialiste de l'histoire, la théorie de la plus-value, la loi de concentration capitaliste, et la lutte des classes, la conception catastrophique de l'histoire. Après avoir fait table rase du socialisme classique, M. Merlino s'efforce de construire le socialisme de l'avenir, un socialisme dépouillé des rêveries de la métaphysique, pratique, expérimental, positif.

Il présente d'abord le socialisme « comme une rectification des relations sociales rendues plus équitables et plus rationnelles ». A ce compte-là nous serions tous socialistes ; car il n'est personne qui n'ait à cœur de faire pénétrer dans la société plus d'équité, plus de raison. Au reste, voici comment M. Merlino entend l'équité sociale : « La collectivité, organisée démocratiquement, c'est-à-dire sans pouvoir dominateur, sans un centre de gouvernement, évoquant à soi la propriété permanente des grands instruments de travail (terres, fabriques, chemins de fer, etc.) ; mais elle n'en retiendrait pas la possession, n'exerce-

---

1. *Formes et essence du socialisme*, par S. Merlino, avec Préface de S. Sorel. Paris, Giard et Brière, 1898. In-12, pp. 294. Prix : 3 fr. 50.

rait pas les industries et le commerce, sauf en des cas exceptionnels. Elle concéderait l'usage de cet outillage aux particuliers et
aux associations, suivant des règles à établir, et elle exigerait une
rente qui aurait la double fonction d'égaliser les conditions des
travailleurs (car elle serait proportionnelle à la valeur de l'instrument du travail, c'est-à-dire à la productivité des biens), et de
mettre la collectivité à même de faire exécuter à frais communs
les services intéressant tous les citoyens indistinctement »
(p. 288).

Tel est le socialisme de l'avenir ! Il semble que M. Merlino ait
voulu faire la synthèse du collectivisme et de l'anarchie. Ne re-
tient-il pas les deux dogmes fondamentaux des deux systèmes
qu'il vient de rejeter comme de pâles et vides utopies ? Plus de
gouvernement, c'est le cri de l'anarchie; socialisation des instruments de travail, c'est du pur collectivisme. Il est vrai que
M. Merlino n'a cure des contradictions ; son livre n'en est pas
moins indispensable pour les personnes qui veulent connaître
l'état actuel des idées socialistes.

L'auteur des *Études sur Lassalle*, auxquelles l'Académie française a décerné le prix Marcelin Guérin, offre au public une
œuvre nouvelle, Littérature et morale dans le parti socialiste
allemand [1]. Ces essais, dont les lecteurs de la *Revue des Deux
Mondes* ont pu lire quelques pages, marquent une date, par l'analyse pénétrante et hautement impartiale qu'ils présentent du
mouvement intellectuel dans l'école marxiste allemande.

Les chapitres sur la littérature enfantine du parti socialiste,
sur le féminisme, sur Karl Marx, sur l'État dans la société de
l'avenir, enfin sur la conception matérialiste de l'histoire, exci-
teront le plus vif intérêt.

M. Seillière fait ressortir avec une grande puissance de relief
l'évolution de plus en plus sensible qui se fait dans le marxisme
allemand. Des groupes se forment qui présentent une physionomie propre, qui ont rompu l'unité de la première heure et la cohésion du premier peloton d'assaut. En tête on distingue les
vieux lutteurs qui ont présidé à la naissance du parti : organisateurs infatigables qui consacrent encore toute leur activité à favo-

1. *Littérature et morale dans le parti socialiste allemand*, par E. Seillière.
Paris, Plon, 1898. In-12, pp. 361.

riser le progrès sur le terrain électoral. Tels sont MM. Bebel et Liebknecht. Puis viennent des théoriciens rigoureux, héritiers directs de la tournure d'esprit de Marx, sinon de sa vaste intelligence. Ils dépensent un talent réel et une énergie parfois brutale à se maintenir sur les positions conquises par leur maître, car ils rougiraient d'abandonner un pouce de terrain à l'ennemi. MM. Mehring et Kaustkg sont à leur tête, suivis de près par les écrivains féminins du parti, Mmes Zetkin, Braun, Luxemburg.

Enfin, une école plus jeune et plus indépendante brise les vieux moules de l'école, rejette les formules surannées et entraîne le parti socialiste dans des voies nouvelles. MM. Bernstein, Cunow, Hugo, d'une main hardie renversent les idoles du marxisme : la théorie matérialiste de l'histoire, la lutte des classes, la loi de concentration du capital.

Pour préparer et assurer son triomphe, le socialisme se fait opportuniste, bourgeois, propriétaire. Que dis-je ! il devient ministre. Défiez-vous, l'ennemi est dans la place.

Charles ANTOINE, S. J.

Cours de géométrie cotée à l'usage des candidats à l'École spéciale militaire de Saint-Cyr, par N. CHARRUIT, ancien élève de l'École normale supérieure, agrégé des sciences mathématiques, professeur (cours de Saint-Cyr) au Lycée de Lyon. Nony, 1898. — Dans une première partie, l'auteur résume en quarante-cinq pages les éléments de la descriptive à deux plans.

Les trois autres parties (p. 45 à 279) forment une étude développée de la descriptive à un plan, avec cotes numériques : deuxième partie, géométrie cotée ; troisième partie, représentations des lignes et des surfaces ; quatrième partie, section plane des surfaces.

De nombreux exercices sont proposés à la fin des chapitres.

Joint au recueil d'épures et problèmes du même auteur, ce cours à la lecture facile permettra à tout candidat travailleur de réaliser de rapides progrès. Joseph D., S. J.

Résistance des Bouches à feu (*Encyclopédie scientifique des Aide-mémoire*), par P. LAURENT. Paris, Gauthier-Villars et Masson. In-16. — Brochure scientifique, très propre à délecter les amoureux d'x et de sinus, et qui peut avoir son utilité pratique, en sortant du cabinet du mathématicien pour l'usine, où les calculs abstraits se transforment en des tubes très concrets. L'auteur connaît son canon théorique, il en jauge la résistance en peu de pages fort remplies, et, comme il sait à qui il s'adresse, il parle le langage convenable. Nous laissons aux savants de l'Académie des sciences et à nos artilleurs scientifiques le soin de juger et d'apprécier la valeur technique de l'ouvrage. Nous n'avons qu'à l'enregistrer comme un article de la science militaire. GABY.

L'Art chrétien en Italie et ses merveilles, par Prosper FONTAINE. Lyon, Em. Vitte, 1898. 2 in-8 illustrés, pp. ii-408-366. — Cet ouvrage en deux volumes promène le lecteur à travers toute l'Italie artistique. Il le conduit successivement à Gênes, à Pise, à Rome (c'est la matière de la première partie); puis à Naples, à Orvieto, à Assise, à Pérouse, à Florence, à Sienne, à Bologne, à Padoue, à Venise, et enfin à Milan. L'excursion est complète. L'auteur n'a aucune prétention esthétique ; il aime le beau « d'instinct, non de science ni de pratique ». C'est précisément l'un des agréments de cette œuvre ; on croyait, en ouvrant le livre, trouver un artiste de profession ; on est charmé de rencontrer un homme, naturellement épris du beau, qui note avec sincérité ses émotions et ses jugements, à la vue des chefs-d'œuvre de l'art italien. C'est dire que l'ouvrage ne s'adresse pas aux gens du métier, mais à ceux que la belle nature et les beaux-arts ne laissent pas insensibles. La reproduction, trop rare, de quelques monuments, tableaux ou paysages, vient à propos *illustrer* le texte. Gaston DEBLAIN, S. J.

Grammaire comparée des langues sémitiques (*Vergleichende Grammatik der semitischen Sprachen*), par le Dr Heinrich ZIMMERN. Berlin, Reuter et Reichard, 1898. In-12, pp. 194. — Voilà bientôt dix ans que Robertson Smith réunissait en un volume quelques lectures publiques sur la grammaire comparée des langues sémitiques faites par W. Wright. C'était un essai. D'autres sont venus qui ont poussé plus loin l'œuvre si bien commencée. Coup sur coup ont paru deux ouvrages de ce genre. C'est d'abord la grammaire de M. Lindberg[1]; puis, et peu après, celle de M. Zimmern dans la collection bien connue *Porta linguarum orientalium.*

1. *Vergleichende Grammatik der semitischen Sprachen von O. E. Lindberg.* I. Lautlehre; A. Consonantismus. Göteberg, Wettergren. In-8, pp. xii-102.

En attendant que M. Lindberg ait terminé son travail, dont
il n'a publié encore que le premier fascicule, signalons l'œuvre
de M. Zimmern. Ne nous adressant pas ici à des spécialistes, nous nous bornerons à quelques réflexions à l'adresse
des exégètes. On peut, d'ailleurs, lire une critique plus technique dans la *Revue biblique* (1898, p. 297) ; elle est de
M. l'abbé Hackspill.

Quels services peut rendre à un exégète la grammaire comparée des langues sémitiques ? D'abord, cela va sans dire, elle
permet d'acquérir une connaissance solide et précise de l'hébreu ;
point fruste ni fantaisiste. C'est là un point généralement admis.
Inutile d'insister.

Ensuite, et par-dessus tout, cette étude comparée fournit un
appoint considérable à l'histoire et à l'ethnographie des peuples
bibliques. Il en est des peuples comme des individus : leur langage les trahit. Aux mots dont ils se servent, à leur prononcia-
tion, à leur accent de terroir on devine aisément qui ils sont et
d'où ils viennent. Les peuples sémitiques ont voyagé beaucoup ;
leur histoire n'est qu'une série de marches et contremarches
entre l'Euphrate et le Nil. Les ressemblances et les différences
que présentent leurs dialectes sont à ce point de vue révélatrices
et nous permettent de jalonner l'itinéraire qu'ils ont suivi. — La
question fondamentale du monogénisme ne saurait se passer des
études de grammaire comparée. J'avais, en 1895, publié dans le
Journal asiatique un assez long mémoire dont la conclusion tendait à admettre une origine commune pour la langue égyptienne
et la langue protosémitique. M. Zimmern se rallie à cette opinion
qui rallie tous les jours de nouveaux adhérents.

Le système des langues sémitiques sera *définitivement fixé*
avant un demi-siècle ; à la condition cependant que cette synthèse
reposera sur une analyse exacte et aussi complète que possible.
Sans cela on obéira au préjugé ou à l'arbitraire ; et tout sera à
refaire.   Alfred DURAND, S. J.

I. **Correspondance du cardinal H. Consalvi avec le prince
Cl. de Metternich,** par le R. P. VAN DUERM. Bruxelles, L. Lagaert,
1899. In-8, pp. cxxv-421. Prix : 10 francs. — II. **Cardinal Consalvi,** par le Dr FISCHER. Mainz, F. Kirchheim, 1899. In-8.

I. — Lorsqu'il y a trois ans, nous rendions compte ici-même

(V. *Partie Bibl.* 1895, p. 854) d'un autre ouvrage[1] du R. P. Van Duerm, nous émettions le vœu de voir l'auteur achever la publication des documents diplomatiques concernant les premières années du règne de Pie VII. Pour une raison ou pour une autre, l'historien belge a interrompu cette publication. Il nous présente aujourd'hui un travail de grand intérêt qui embrasse les dix dernières années de ce pontificat. Nous nous félicitons de l'apparition de ce livre. L'auteur a eu vraiment la main heureuse en compulsant les archives impériales de Vienne.

Après avoir mis au jour la correspondance que, du sein du conclave de Venise, l'ambassadeur-cardinal Herzan de Harras entretint avec le baron de Thugut, premier ministre du cabinet de Vienne, voici qu'il offre au public lettré la correspondance échangée de 1815 à 1824 entre le cardinal Consalvi et le prince chancelier de Metternich. Grâce à la haute bienveillance des illustres descendants du diplomate autrichien, le P. Van Duerm s'est vu à même de combler certaines lacunes qu'il avait eu le regret de constater dans les archives de la Hofburg. Son Altesse le prince Paul de Metternich a mis à sa disposition les archives privées de la famille dont il est le chef.

L'importance des diverses matières traitées au cours de cette correspondance est capitale au point de vue religieux, politique, social. Ce recueil ne se prête pas à l'analyse; il faut lire ces documents, les méditer, les comparer, les méditer encore. Là on trouve l'explication des antagonismes, des conspirations, des luttes sanglantes qui ont agité et bouleversé l'Italie moderne et contemporaine. Le recueil des lettres tantôt officielles, tantôt privées et confidentielles, est précédé d'un Avant-propos où l'écrivain résume à grands traits les événements divers qui forment la trame de l'instructive correspondance. Cet Avant-propos est en même temps une esquisse impartiale de la vie du grand ministre de Pie VII.

Dans le chapitre premier, qui sert d'Introduction à l'ouvrage proprement dit, se rencontre la correspondance complète qui, en 1813 et en 1814, fut engagée entre le pape et l'empereur François Ier. Le P. Van Duerm donne plus qu'il n'avait promis. Sa nouvelle publication apporte aux historiens une contribution im-

---

1. *Un peu plus de lumière sur le conclave de Venise.* Louvain, Ch. Peeters, 1896. In-8, pp. xiv-700.

portante. Son livre est indispensable à tous ceux qui s'occupéront désormais du règne de Pie VII et du ministère de Consalvi, du règne de François I⁰ʳ et du ministère du prince de Metternich.

II. — Selon les conseils exprimés à des époques différentes par M. Eugène Veuillot et par feu l'abbé Maynard, le R. P. Drochon des Augustins de l'Assomption pensa souder ensemble et agencer dans leur ordre logique et chronologique les Mémoires du cardinal Consalvi. Au dernier moment, il recula devant l'entreprise, changea de dessein et se contenta de rééditer la traduction faite par Crétineau-Joly. Il l'illustra, et fit bien ; il abrégea l'Introduction, et en cela fut moins bien inspiré. Ce que notre confrère n'osa prendre sous sa responsabilité aurait dû être tenté par le récent biographe du cardinal Consalvi, le prélat Fischer, de Mayence.

Dans l'ouvrage qui nous occupe, le docteur allemand s'est proposé de nous donner la vie du cardinal secrétaire d'État de Pie VII. En réalité, c'est tout autant et peut-être plus le règne de ce pape que la vie du ministre qu'il nous présente. Toutefois son ouvrage — et il ne nous en coûte rien de le dire — a de la valeur, et nous le recommandons vivement à ceux qui nous lisent. En même temps nous exprimerons sans détour une crainte : nous croyons que plus d'un lecteur, au courant des publications contemporaines, pourrait bien éprouver un sentiment de déception en refermant le livre.

Le digne prélat n'a pas utilisé plusieurs travaux qui ont vu le jour en France et en Belgique. Ainsi, pour ne citer ici que quelques-uns des plus importants, nous pourrions nous borner à signaler : *Négociations du Concordat de 1801*, par le comte Boulay de la Meurthe ; — *Mémoires du cardinal Maury*, par Mgr Ricard ; — *Un peu plus de lumière sur le conclave de Venise*, par le R. P. Van Duerm ; — *Mémoires du cardinal Consalvi*, par le R. P. Drochon (3ᵉ éd.).

Ce dernier écrivain a ajouté à l'œuvre de Crétineau un sixième fascicule des Mémoires de Consalvi, jusqu'à ce jour inédit et découvert récemment dans les archives du Vatican. Le P. Van Duerm a mis au jour des pièces qui, confrontées avec la correspondance de Maury avec Louis XVIII, ne permettent plus de reproduire sur le conclave de Venise certaines assertions fantaisistes qui trop longtemps ont été en faveur. Le comte Boulay complète singulièrement l'œuvre écrite par Theiner sur le Concordat de 1801. Mgr Fischer paraît ignorer tous ces travaux.

Dans une nouvelle édition de son ouvrage, que nous souhaitons bien prompte, le prélat aura également à tenir compte de la *Correspondance de Consalvi et de Metternich*, parue depuis la publication de sa Vie de Consalvi.   P. R*.

I. **Vie du Père Dominique de la Mère de Dieu, de la congrégation des Passionistes**, par le P. Luc DE SAINT-JOSEPH, traduite par le chanoine F. Labis. Tournai, Casterman, s. d. In-12, pp. 399. — II. **Vie du vénérable Cottolengo**, par Mgr CONSTANS. Paris, Bloud et Barral, s. d. In-8, pp. XIV-380. — III. *Une âme d'apôtre : le* Père Victor **Delpech**, *de la Compagnie de Jésus*, par le P. Pierre SUAU, S. J. Paris, Retaux, 1899. In-12, pp. IV-279. — IV. **Vie de la Mère Saint-Augustin de Jésus**, par dom M. J. COUTURIER, O. S. B. Paris, Retaux, 1899. In-12, pp. XII-380. Prix : 2 fr. 50. — V. *Une âme religieuse :* **Marie-Élisabeth de Louvencourt**, par l'abbé Gustave MONTEUUIS. Paris, Retaux, 1899. In-8, pp. XVI-302. Prix : 4 francs.

I. — « Cette nuit j'attends le P. Dominique passioniste, écrivait à un ami, le 9 octobre 1845, le Dr Newman ; dès sa jeunesse il a dirigé toutes ses pensées vers les peuples du Nord, notamment vers l'Angleterre ; après trente ans environ d'attente il fut envoyé ici, non par sa propre volonté... C'est un homme simple, un saint, doué d'un grand génie. Il ne connaît pas mon intention de lui demander d'être admis dans l'unique bercail de Jésus-Christ. » Ces lignes expliquent le nom d'*apôtre de l'Angleterre* donné au serviteur de Dieu, dépeignent son caractère et indiquent sa vraie mission.

L'humble passioniste, nommé Lecteur de philosophie, puis de théologie à la fin de ses études, était l'oracle de ses disciples qui ne le consultaient pas seulement pour leurs travaux, mais encore pour leur avancement spirituel. Son zèle, sa patiente charité, sa douceur inaltérable attirait les âmes ; sa parole persuasive était très goûtée, son activité lui permettait de mener de front, avec l'enseignement, la publication de beaucoup d'opuscules très estimés. Que de traits intéressants font connaître l'humilité du P. Dominique, provincial de son Ordre, la puissance de sa parole et les effets merveilleux qu'elle produisait ! Dès 1814, Dieu lui avait montré l'Angleterre comme le champ de ses labeurs apostoliques ; c'est vers ce but que se portèrent toutes ses pensées et toutes ses aspirations.

« Le P. Dominique, a déposé le cardinal Newman peu avant sa mort, fut un missionnaire qui remuait profondément les âmes et un prédicateur très zélé... Son regard seul faisait une sainte impression..., et sa bonté notoire, jointe à sa sainteté, était à elle seule une sainte prédication... Je fus affligé de sa mort subite et je pensais, j'espérais que Rome lui décernerait l'auréole des saints, comme cela arrivera bientôt. » Le souhait de l'éminent converti n'est pas encore réalisé ; mais Léon XIII, qui avait connu le Père pendant sa nonciature à Bruxelles, s'est plu à répéter jusqu'à trois fois à quelques religieux passionistes admis à l'audience pontificale : « C'était vraiment un saint ! »

II. — Joseph Cottolengo était chanoine du *Corpus Domini* à Turin : la pensée d'une vie plus parfaite le hantait sans qu'il connût encore clairement sa voie, quand son supérieur lui fit lire la Vie de saint Vincent de Paul. Il vit dès lors dans ce héros de la charité un modèle qui l'appelait à « l'apostolat de la confiance en la divine Providence ». Sa première inspiration fut d'avoir quelques chambres pour y recevoir les malades refusés dans les hôpitaux de la ville : ce fut le commencement de « la petite maison (la *piccola casa*) de la divine Providence, sous les auspices de saint Vincent de Paul » : tel est le nom qu'a conservé officiellement l'œuvre du vénérable Cottolengo. Puis il songea à « donner aux pauvres et aux malades d'humbles servantes pour les soigner et de vraies mères pour les aimer » : Marie Nasi Pullini fut la Louise Le Gras de celui qu'on appelle le saint Vincent de Paul de l'Italie, et la première des *Vincentines*. Il fonda plus tard, tour à tour, les Frères de Saint-Vincent de Paul pour s'occuper des malades et des recueillis ; — les « Prêtres séculiers de la Très Sainte-Trinité au service des pauvres », qui vivaient en communauté sous l'obéissance et le secondaient dans la direction spirituelle de son œuvre ; — une congrégation de jeunes gens, les *Rosarianti*, pour venir en aide aux infirmiers en se préparant à la vie érémitique ; — les *Fratini*, enfants de sept à douze ans qui, leurs études terminées, pouvaient sortir de la *Piccola casa* capables de gagner leur vie, y rester pour s'adonner à un métier, entrer enfin, s'ils avaient la vocation, chez les Frères de Saint-Vincent de Paul ou chez les *Thomassins;* — la fondation des Thomassins commença, en effet, par douze *fratini.*

Pour les femmes, le Vénérable institua aussi plusieurs « familles » religieuses : les Suffragines, les Piétadines, les Carmélites, les Thaïdines, les Pastorelles, les Crucines, les Ursulines, les Genevièves, dont chacune a son but, sa règle, son costume particulier décrit minutieusement par le biographe et donné par le fondateur. « Trente-quatre communautés religieuses ou séculières, dont vingt-trois fondées par le Vénérable et onze par ses successeurs, se trouvent réunies à la *Piccola casa*, et chacune a sa chapelle, son dortoir, son réfectoire, ses salles, ses cours, ses jardins » ; un ensemble de plus de quatre mille personnes vivant d'aumônes, sans un sou de capital. Qui s'étonnera que cet assemblage d'habitations, de malades, de pauvres, d'abandonnés, de sœurs, de religieux, ait pu être appelé l'encyclopédie de la charité catholique ?

III. — C'est bien l'*âme* du P. Delpech qui s'est révélée au P. Suau dans ses notes intimes, et que le biographe a incarnée dans ces pages écrites avec toute la délicatesse du cœur. L'auteur a estimé avec raison, dit excellemment le cardinal Mathieu, « que rien ne valait mieux pour peindre son héros que de le laisser parler lui-même ». Aussi a-t-il fait de larges emprunts à son *Journal* : « A les lire on gagnera de comprendre ce qu'est la sainteté et à quelle source vive, au milieu des angoisses de la lutte, l'apôtre peut toujours puiser la force et la joie. »

L'enfant, — *le religieux*, — *l'apôtre;* voilà les trois grandes étapes de cette existence. Il avait cinq ou six ans quand, dans l'église de Saint-Exupère, au moment d'une consécration solennelle de tous les enfants de Toulouse par Mgr Forbin-Janson, Victor entendit l'appel de Dieu ; le missionnaire le notait plus tard avec reconnaissance. « Le P. Delpech était né pour être missionnaire : son énergie de fer, son caractère enthousiaste, son éloquence naturelle, son goût pour les entreprises hardies, ses dons exceptionnels d'artiste le destinaient aux missions lointaines. » Aussi quelle joie, malgré les déchirements de la séparation, lorsque l'obéissance lui donne le signal du départ : « De-

puis que je suis dans l'expectative d'un prochain départ, je tâche
de m'exercer au détachement et à la magnanimité envers un Dieu
si libéral pour moi... Plus que jamais, mon Xavier, donnons-
nous à notre ami Jésus ! » Le P. Delpech s'embarque à Londres,
le 21 septembre 1863 et le 13 décembre il arrive à Trichinopoly.

Il ne faut défraîchir ni les récits du biographe, ni les impressions de l'apôtre : le lecteur savourera les détails de ces vingt
ans dans l'Inde pour apprendre, à l'exemple du missionnaire, à
« s'abandonner par amour au bon plaisir de Dieu ». Une dizaine
de planches hors texte ornent le volume : dus au pinceau du
P. Delpech, ces dessins ont été artistement groupés par le
P. Suau et gravés avec soin.

IV. — Parmi les fondatrices des nouvelles sociétés religieuses
suscitées par la Providence au lendemain de la tourmente révolutionnaire, on a jugé utile de faire connaitre, après tant d'autres,
Marie-Catherine Ruel. Après des débuts pleins de contradictions
et de souffrances, l'Institut approuvé par Mgr de Mazenod, évêque
de Marseille, était fondé. Vouées à l'enseignement, les Sœurs des
Saints-Noms de Jésus et de Marie tenaient, en moins de six ans,
une trentaine d'écoles rurales. L'esprit religieux qui les anime
force l'admiration de ceux mêmes qui étaient leurs adversaires.
Le lecteur verra dans ce livre compact le caractère propre et la
physionomie de l'Institut : l'humilité, le zèle, l'amour de la retraite sont les principales vertus que la mère Saint-Augustin pratique elle-même et inculque à ses filles. « A l'extérieur silence, à
l'intérieur humilité » : telle est sa formule.

V. — Marie-Catherine Ruel, humble fille du peuple, fonda
l'Institut des Saints-Noms de Jésus et de Marie; cinquante ans
auparavant, Marie-Élisabeth de Louvencourt fondait l'Institut des
Sacrés-Cœurs de Jésus et de Marie. Privée de son père à dix ans,
elle fut élevée par sa mère dont les soins attentifs et la sollicitude
vigilante furent secondés d'abord par les Dames du Paraclet (de
l'Ordre de Citeaux); à Amiens, puis par les religieuses du couvent de Panthemont (du même Ordre), à Paris, dont l'abbesse,
Mme de Béthisy, resta en correspondance avec celle qu'elle appelait sa « grande fille ». Marie-Élisabeth avait vingt ans, lorsqu'une
maladie contagieuse qui l'atteignit elle-même, lui ravit à la fois
son frère aîné et sa mère. « C'est à l'ombre du cloître de Moreau-

court, au milieu des religieuses bénédictines, que Mlle de Louvencourt vient abriter son deuil et consoler sa douleur. » Ce monastère fut son *Manrèse*, et Mgr de La Motte, qui avait été en relations intimes avec la famille de Louvencourt, son *Ananie*. Après
bien des attentes et des difficultés, la communauté des *Petites
Saintes-Claires* se formait pour l'adoration du Sacré Cœur de
Jésus dans le très saint Sacrement et pour le service des pauvres.
« Le 21 novembre 1775, Mlle de Louvencourt se consacra au service de Dieu et des pauvres d'une manière publique et définitive »;
et deux ans après, jour pour jour, « l'Institut des Sacrés-Cœurs
de Jésus et de Marie comptait ses premières religieuses ». Elles
n'étaient encore que cinq, lorsque la mort vint leur ravir leur
pieuse fondatrice, le 14 octobre 1778. Après la Révolution,
qu'elles traversèrent sans être trop inquiétées, les filles'de Mlle de
Louvencourt furent pressées de consacrer leur zèle à l'éducation
des jeunes filles : c'est le but principal qu'elles poursuivent encore. Les nécessités de l'enseignement ne leur font pas oublier
leur fin primitive ; bien mieux, elles élèvent « des générations
entières dans le culte du très saint Sacrement, l'amour du Sacré
Cœur et la pratique de la charité ».   Paul POYDENOT, S. J.

Ange Pitou, agent royaliste et chanteur des rues (1767-1846),
par Fernand ENGERAND. Paris, E. Leroux, 1899. In-8, pp. iii-332.
— C'est la biographie d'un Français qui n'eut point l'égoïsme
coupable de se résigner aux caprices sanglants, aux lois exclu-
sives et arbitraires de la Convention et du Directoire. Journaliste
chez lequel on perquisitionne tous les huit jours au nom de la
liberté individuelle, pamphlétaire, vaudevilliste, Ange Pitou se
glisse dans les clubs, se faufile dans les tribunaux et dans les
greffes, insaisissable longtemps pour la police qui le surveille
avec une colère toujours croissante. Pris, jugé, miraculeusement
acquitté, il ne sort de l'infirmerie de la Conciergerie, où il a souffert d'indicibles horreurs, de la prison qui fut pour tant d'innocents l'antichambre de la guillotine, que pour reprendre plus
audacieusement son métier de conspirateur.

L'agent de Marie-Antoinette travaille aux journées de Fructidor
et de Vendémiaire ; entre temps, il dirige « la savonnerie de Mont-
martre », c'est-à-dire la manufacture de poudre et d'armes où
s'approvisionnent les Vendéens : il fournit soixante mille livres à

Pichegru, il conspire en plein vent, lui-même, devant Saint-
Germain-l'Auxerrois. Cette place, grâce à Ange Pitou, devient le
rendez-vous des Incroyables et des hautes dames jusqu'au jour
où, pour un geste déplacé à l'adresse du Directoire, le chanteur
est déporté à Cayenne. Et là-bas, quelle lamentable existence !
Que de faits déconcertent la raison humaine ne pouvant supposer
que l'homme en arrive à être férocement pour l'homme le *lupus
lupissimus*, dont parle Hobbes. Que d'hommes aux instincts dé-
formés Pitou n'a-t-il pas rencontrés sur son chemin : les Marat,
les Carrier parmi les représentants officiels de l'autorité, en
France ; à Cayenne, les Beccard, les Burnel, les Hugues aussi
féroces et plus rapaces.

Aussi, Ange Pitou à la suite duquel nous pénétrons dans le
monde des publicistes, des frondeurs audacieux, des conspirateurs dont fut Pichegru, des policiers dont il usurpa, audacieusement, comme dans un vaudeville, titres et fonctions, se montre-
t-il à nous homme d'un caractère et d'une volonté que le malheur
ne peut entamer. Il est d'une souplesse et d'une dextérité merveilleuses, et son ingéniosité n'a d'égales que son audace et sa
bonne humeur. La constance de sa révolte contre le gouvernement de la Terreur et du Directoire, l'intrépidité de ses initiatives personnelles, la hauteur de ses indignations contre une force
gouvernementale violentant tous les droits de ce citoyen qui s'estime libre depuis 1789, le désintéressement de la majeure partie
de sa vie commandent l'estime et un certain respect, et ne vont pas
sans émouvoir l'admiration.

Il suffirait de dire à l'éloge de l'ouvrage, composé avec la scrupuleuse exactitude des historiens contemporains, qu'il a été couronné par l'Académie française. Nous ajoutons — et n'est-ce
point le louer mieux encore ? — qu'il a été refusé comme thèse de
doctorat ès sciences, en Sorbonne, par M. le professeur Aulard,
après avoir obtenu, d'ailleurs, à l'Université de Caen, le *visa* ré-
glementaire sur le rapport d'un honorable professeur, tout acquis
cependant aux idées de la Révolution française. Nous comprenons
facilement cet ostracisme.

Les documents, les preuves authentiques qui, si je puis ainsi
parler, « agissent » l'historien, ami de la seule vérité, sont matière gênante et bonne à supprimer pour celui qui écrit pour un
parti.

Nous aimons cet ouvrage qui met en relief un homme et un caractère, qui inspire la volonté de défendre la liberté individuelle et le droit de chacun, qui donne un exemple de ce que peut faire exécuter une conviction sincère au service d'une volonté droite. N'est-ce pas à ces marques que La Bruyère reconnaît les bons livres, faits de main d'ouvrier ?   J. R. M.

Monseigneur Henry Verjus, par le P. Jean VAUDON. Paris, V. Retaux, 1899. In-8, pp. VI-555. — La première impression à la vue de ce gros volume est, pourquoi ne point le dire ? point du tout favorable. Cinq cent cinquante-cinq pages in-8 sur la *vie* d'un missionnaire mort à trente-deux ans (1860-1892), c'est franchement inquiétant. On se dit : Voilà une compilation indigeste et fastidieuse. Des notes spirituelles, des lettres, des fragments de sermons, des essais, peut-être des vers ; des histoires à côté, des sujets *collatéraux*, on voit cela d'avance, et on laisse dormir le mort dans ce vaste mausolée biographique.

Eh bien ! pour une fois, le pronostic est menteur. La *vie* du jeune évêque, tombé à la fleur de l'âge sur le champ de bataille de l'apostolat, offre un intérêt qui se soutient. C'est, d'abord, un peu l'histoire de la jeune Société des missionnaires du Sacré-Cœur d'Issoudun ; puis celle de la fondation d'une mission en Nouvelle-Guinée, avec des scènes de mœurs, des aventures, des souffrances qui font revivre, en plein dix-neuvième siècle, les récits, tour à tour si émouvants et si gracieux dans leur naïveté, des missionnaires de la Nouvelle-France au temps héroïque des Hurons et des Iroquois. Inutile de dire que l'auteur de tant de charmants petits poèmes sait écrire en prose. Cela a son importance quand on prétend se faire lire. Un petit détail à noter. Le P. J. Vaudon raconte quelque part qu'il rencontra un jour, dans un asile d'aliénés, à Moulins, un malheureux qui vint lui demander pardon. C'était le commissaire de police qui avait exécuté le décret de 1880 sur la maison du noviciat des missionnaires où se trouvait alors le futur apôtre des Canaques. Si l'on prenait la peine de rechercher la trace des hommes qui ont eu une part de responsabilité dans l'effraction des couvents, on verrait vraisemblablement un long et curieux chapitre à ajouter à l'histoire des châtiments providentiels.   Joseph BURNICHON, S. J.

I. Liévin, Liévinette, par Ch. DE RIGAULT D'HÉRICAULT. In-18.

Paris. H. Gautier. — II. **Sœur Louise**, par le vicomte O. DE POLI. In-18. Paris; Lyon, J. Briguet, 1899. — III. **Pour la Patrie**, par Paul VERDUN. In-18. Tours, A. Mame. — IV. **Quand j'étais Romain**, par le vicomte Oscar DE POLI. In-8. Paris; Lyon, J. Briguet, 1899.. — V. **Les Fastes de l'Église**, par L. LE LEU. 6 vol. in-8 illustrés. Paris; Tournai, Casterman.

I. — *Liévin, Liévinette;* ces noms ne sont point des pendants de Roméo et de Juliette. Liévin est une ville de charbonnages en Pas-de-Calais; Liévinette, un château tout à côté. Les mineurs sont socialistes; un cabaretier, en passe de devenir député, est le vrai maître du pays; les châtelains sont riches et charitables, mais n'entendent rien à la question sociale. Arrive un officier-apôtre, qui s'est donné la mission de convertir ce peuple. Tous ces personnages sont vivants et connus : nous savons leurs vrais noms. Voilà un premier roman; on aurait aimé à le voir se poursuivre. Mais un autre commence, moins original; il y a au château une Juliette, et même deux Juliettes; l'officier et son jeune frère feront des Roméo de première marque. Et tout est bien qui finit bien. Je pense qu'une fois marié l'officier va reprendre son apostolat auprès des ouvriers. C'est d'ailleurs raconté avec entrain, et il y a de la littérature et abondance de sentiments purs et élevés.

II. — On mène la vie de château, c'est-à-dire qu'on s'amuse ferme; la société est très *select :* pas un seul nom roturier. Le soir, après le dîner, le thé, le cigare, on cause à l'ombre des charmilles, et l'aimable comtesse de C..., ou la charmante baronne de S... interpelle M. le vicomte Oscar de Poli : Contez-nous donc un de ces contes que vous contez si bien. Ce cadre fait toute l'unité du livre. Il renferme six nouvelles d'inégale valeur. *Sœur Louise* est assurément la meilleure; celle-là, on ne l'avait pas encore entendue.

III. — Un chimiste, Turpin par exemple, a inventé un explosif d'une puissance effroyable, la *stéphanite,* avec un engin pour opérer à distance. Il y a de quoi faire sauter la flotte anglaise, et l'Angleterre avec, sans sortir de Cherbourg. Un juif allemand veut acheter l'inventeur et l'invention. Refus patriotique. Sur quoi, complot machiné contre l'inventeur; il est accusé de trahison, jugé, condamné, mis aux fers. Son fils entreprend la *revi-*

sion du procès, et finit par l'obtenir. Ce n'est pas plus extravagant que les histoires de Jules Verne, le canon monstre, par exemple, qui expédie à la lune l'inventeur commodément installé dans le boulet. Et puis, c'est *pour la patrie !*

IV. *Quand j'étais Romain.* C'était, dit l'Avant-propos, de 1860 à 1870. Une circulaire ministérielle du duc de Persigny, ayant déclaré déchus de la nationalité française ceux qui s'engageaient dans l'armée pontificale sans le placet impérial, M. le vicomte O. de Poli, qui se trouvait dans ce cas, estima que, n'étant plus Français, il était alors Romain à double titre, comme catholique et comme soldat du Pape.

C'est lui encore qui nous dira comment et de quoi est fait son livre. « Les pages qui vont suivre — mélange, pour ne pas dire méli-mélo d'épisodes de guerre, de récits d'excursions, de portraits, de contes, de rimailles, d'esquisses historiques, d'essais d'archéologie, image sensible de l'état d'esprit d'un débutant qui s'essayait à tout et ne doutait de rien — furent écrites, les unes au temps où j'avais l'honneur de porter la casaque du volontaire pontifical, les autres au courant des différents séjours que je fis à Rome en touriste, en pèlerin, en militant ; elles portent donc la marque de leur époque, et doivent avoir tous les défauts de la jeunesse. Puissent-elles du moins en avoir, aux yeux du lecteur, toutes les généreuses qualités ! »

Le *lecteur* qui signe ceci peut rendre témoignage que le vœu de l'auteur est exaucé.

V. La série *les Fastes de l'Église* comprend six volumes, moitié histoire, moitié roman genre Fabiola. *La Promesse accomplie* raconte l'avènement du Messie ; *Rédemption*, sa vie et sa mort ; *l'Enfant du Tonnerre*, les débuts de l'Église ; *le Glaive et les Clefs*, l'apostolat de saint Pierre et de saint Paul ; *la Semence sanglante*, l'ère des persécutions ; *les Pieds maudits*, le châtiment de la nation déicide.

L'auteur paraît s'adresser spécialement au jeune âge ; assurément cette façon de dramatiser l'histoire des origines chrétiennes est pour intéresser les imaginations enfantines ; mais le langage un peu grandiloquent de l'auteur sera-t-il toujours compris de ce petit peuple ? Voici, par exemple, il expose à « ses chers lecteurs », l'ambition qui l'inspire en écrivant : « Il a le désir de

donner à votre esprit encore jeune un viatique de foi pour les
jours prochains de votre adolescence, pour l'âge mûr de votre
vie et ces heures de votre vieillesse dans lesquelles, lorsque lui-
même dormira depuis longtemps peut-être à l'ombre de la croix,
vous lui saurez gré, dans la paix solide de votre âme, d'avoir utilement charmé vos premières études et vos premiers loisirs, et
proposé à vos lèvres ce calice salutaire de la croyance solide, qui,
une fois assise sur des bases inviolables, ne risque pas de faire
naufrage au milieu des tempêtes de l'incrédulité dont les flots
ténébreux portent les épaves de tant de cœurs divisés par la ruse
de Satan, alors que Jésus-Christ les avait élevés jusqu'aux honneurs de l'unité dans la foi chrétienne et catholique. » (! ! !)

Joseph DE BLACÉ, S. J.

ÉVÉNEMENTS DE LA QUINZAINE

Août. 11. — A **Madrid**, la Cour suprême de guerre absout les généraux et commandants en chef impliqués dans la reddition de Santiago de Cuba. Elle ordonne une enquête sur le manque de moyens de combat.

— **A Dortmund**, inauguration par l'empereur d'Allemagne du port et du canal.

— **A Lourdes**, clôture du Congrès eucharistique international, présidé par le cardinal Langénieux, en qualité de légat du Pape.

— Mort de Mgr **Gérard Soubrier**, ancien évêque d'Oran. Né à Badailhac (Cantal), le 13 janvier 1826 ; préconisé évêque d'Oran, le 10 juillet 1886 ; démissionnaire et nommé évêque titulaire de Samosate, 24 mars 1898.

12. — Sous l'inculpation de complot pour changer la forme du gouvernement, on arrête M. Paul Déroulède et vingt-six autres personnes appartenant à la *Ligue des Patriotes*, à la *Jeunesse royaliste*, etc. M. Jules Guérin, président de la *Ligue antisémite*, s'enferme avec quelques compagnons, prêts à la résistance, au siège du *Grand-Occident de France*, rue de Chabrol.

14. — A **Rennes**, en se rendant à l'audience du Conseil de guerre, Mᵉ Labori, un des avocats de Dreyfus, est victime d'un attentat, dont l'auteur ne peut être retrouvé.

— A **Oporto** (Portugal), la peste bubonique éclate.

16. — A **Épernay**, clôture du Congrès tenu par le *Parti ouvrier français*. Le Congrès ne s'est pas nettement prononcé sur la participation des socialistes à des cabinets de concentration, mais il a adhéré au projet de Congrès général du socialisme français, où la question sera étudiée.

— **A Saint-Pétersbourg**, un rescrit impérial déclare qu'après l'achèvement des chemins de fer de Mandchourie, Ta-lien-wan sera port libre.

18. — A **Saint-Privat** (Lorraine), l'empereur d'Allemagne inaugure le monument commémoratif de la bataille livrée en 1870. De son allocution, nous détachons les passages suivants :

La forme de ce monument diffère de celle que l'on donne d'ordinaire aux monuments élevés sur les champs de bataille.

L'archange cuirassé s'appuie, la main tranquillement posée sur son épée, ornée de la devise du régiment : *Semper talis*.

Je veux, en conséquence, que cette statue prenne encore une signification générale. Sur ce sol abreuvé de sang, elle se dresse pour consacrer la mémoire de tous les braves soldats des deux armées qui sont tombés ici, des soldats français comme des nôtres. Car, si nos soldats sont morts en héros pour l'empereur et pour la patrie, les soldats français ont trouvé aussi une mort glorieuse. Et lorsque nos drapeaux s'inclineront en saluant devant la statue de bronze et lorsqu'ils flotteront mélancoliques sur les tombes de nos chers camarades, ils flotteront aussi sur les tombes de nos adversaires, pour rappeler que nous entourons les vaillants morts d'un hommage mélancolique.

En élevant nos regards avec une profonde reconnaissance vers le Dieu des armées, nous voulons reporter notre pensée vers notre grand empereur, qui les a si heureusement conduites, afin qu'en ce jour les âmes, groupées autour du juge suprême, de tous ceux qui, un jour, ont combattu ici les uns contre les autres, dans une ardente mêlée, unies dans la paix éternelle de Dieu, laissent tomber leurs regards sur nous.

19. — A Berlin, le Landtag rejette en troisième lecture le projet de canal de Dortmund au Rhin.

— A Paris, on reçoit la nouvelle de la mort du lieutenant-colonel Klobb, artillerie de marine, et du lieutenant Meynier, infanterie de marine, envoyés dans le pays de Damergou, pour mettre fin à la mission Voulet-Chanoine.

20. — A l'occasion de la fête du Souverain Pontife, de solennelles cérémonies ont lieu dans les églises de Rome, et le Pape tient cercle pour les cardinaux et prélats.

— A Chambéry, inauguration du monument élevé aux deux frères Joseph et Xavier de Maistre.

— A Paris, les anarchistes, convoqués place de la République, par Sébastien Faure, suscitent des troubles graves, au cours desquels l'église Saint-Joseph est saccagée.

21. — On annonce que la Russie adopte le calendrier grégorien, qui deviendra obligatoire à partir du 1er janvier 1901.

Le 25 août 1899.

Le gérant : Charles BERBESSON.

Imp. D. Dumoulin, rue des Grands-Augustins, 5, à Paris.

LE DROIT DE POSSÉDER

DANS

LES ASSOCIATIONS RELIGIEUSES

(Deuxième article[1])

I

Le contrat d'association est celui par lequel les associés conviennent de mettre en commun leurs apports ou leur industrie, non pour s'en partager les bénéfices, mais dans l'intention de poursuivre ensemble un but d'ordre moral ou intellectuel.

D'après le droit naturel, des personnes religieuses peuvent conclure entre elles un pacte de cette nature, pour une fin de piété ou de charité.

D'après le droit naturel, elles peuvent, ainsi que tous autres associés, insérer dans leur convention la clause de réversion, en vertu de laquelle la part des mourants accroît à la part des survivants ; la clause d'adjonction de nouveaux membres, en vertu de laquelle indéfiniment les membres anciens peuvent s'agréger de nouveaux sociétaires.

D'après le droit naturel, elles peuvent étendre la mise en commun de leurs apports, non pas seulement à tous leurs biens présents, mais à tous leurs biens éventuels dans l'avenir.

D'après la loi naturelle enfin, ces personnes religieuses sont copropriétaires de la masse ainsi constituée ; avec droits réels, revendicables devant toute juridiction compétente, limités seulement par l'affectation spéciale du patrimoine social et la réciprocité de droits entre les associés[2].

Il s'agit de savoir si le droit positif intervient pour contrarier, pour prohiber, en tout ou en partie, la convention que nous venons de décrire.

Voici d'abord le droit canonique que l'on essaye de nous opposer. Le droit canonique... est-ce que vraiment les adver-

1. V. *Études*, 20 juillet 1899, p. 145.
2. V. *Études*, loc. cit.

saires de la propriété religieuse auraient trouvé, dans l'arsenal des lois de l'Église, des armes contre ceux-là mêmes que
ces lois sont destinées à régir et à protéger ? Un appel aux
canons de l'Église : voilà assurément quelque chose de piquant dans la bouche de juristes qui ont pris le parti de
pousser la distinction entre la loi civile et la loi religieuse
jusqu'à la plus complète séparation. Invoquer devant les tribunaux civils un texte de loi ecclésiastique serait peut-être
un anachronisme trop criant; il y a trop longtemps que les
lois de l'Église ne sont plus lois de l'État; les avocats hésite-
ront à les citer au débat, et jamais les magistrats ne les inter-
caleront parmi les « attendus » ou « considérants » d'un
arrêt. Mais on ne se fera pas faute d'y recourir, sans d'ailleurs en préciser le texte ni la portée, dans les œuvres de
doctrine ou de polémique, pour surexciter l'opinion, et mettre,
par-devant le public, la conscience religieuse en contradiction avec elle-même.

C'est ainsi que le vœu de pauvreté a souvent servi de
thème à toutes sortes de variations déclamatoires : « Eh quoi,
s'écrie-t-on en interpellant les religieux, vous avez renoncé
aux biens de ce monde, vous vous en faites un mérite et une
gloire, mais ce qui constitue votre dignité engendre votre
incapacité; vous ne pouvez rien posséder, puisque, par l'effet
des engagements qui vous lient, tous les biens présents et à
venir de chaque religieux cessent de lui appartenir; les apports
que vous déclarez vous faire les uns aux autres, les dons et
legs qui vous sont adressés, en réalité, ne sont pas pour
vous; c'est pour le couvent ou la communauté qu'ils sont
offerts et acceptés; mais le couvent, la communauté ne sont
pas des personnes, on ne trouve là aucun sujet de droits;
toutes ces opérations sont nulles comme ayant pour terme un
être inexistant juridiquement; ces biens dont vous essayez
frauduleusement de faire une masse sociale sont vacants et
sans maîtres....», etc.

Il faut entendre avec quelle verve les nouveaux et fervents
zélateurs de la pauvreté religieuse développent ces idées;
avec quelle dureté ils s'élèvent contre ces religieux qui prétendent être les vrais propriétaires, les vrais donataires, les
vrais légataires; avec quelle vertu effarouchée ils leur repro-

chent d'être à double face, capables au regard du droit civil,
incapables au regard du droit canon; avec quelle âpreté il les
accusent de recourir aux arguties de la chicane et aux subtilités de la casuistique; comment enfin ils se vantent de leur
arracher leur masque, de pénétrer et de confondre leurs
ruses, de les rappeler au respect de leur vœu [1].

   Une simple remarque en passant, avant d'aborder le fond
du débat : pourquoi tant de sollicitude sur un point particulier de la législation religieuse, et tant de tiédeur à l'égard
des autres ? A côté du vœu de pauvreté, il y a le vœu de
chasteté, dont la profession solennelle constitue, d'après la
loi ecclésiastique, un empêchement dirimant au mariage.
Qu'un religieux, infidèle à ses devoirs les plus sacrés, rentre
dans le monde et essaye de se marier, ces mêmes hommes,
qui tout à l'heure plaidaient avec tant de véhémence la nullité
de tout acte de propriété dans un religieux, en appelleront-
ils au droit canon pour soutenir la nullité de cette tentative
sacrilège ? Non, et la preuve en est qu'on les a vus, il n'y a
pas longtemps, applaudir au jugement de la Cour d'assises
et à l'arrêt de la Chambre civile de la Cour de cassation
(25 janvier 1888), renversant l'ancienne jurisprudence et

---

1. Laurent, *Principes de droit civil*, l. XI, n. 162. « Il n'y a pas même ici,
dit cet auteur, l'illégalité de l'interposition de personnes ; il n'y a personne
pour posséder ; d'un côté, un être de raison, nul en réalité ; de l'autre, des
gens qui se sont faits eux-mêmes inhabiles et impuissants. »
   Voir encore : Clamageran, *des Communautés religieuses non autorisées*
(*Revue pratique*, t. III, p. 3 et suiv.);
   Les Congrégations religieuses devant la Cour de Paris. (*Revue critique*,
1879, p. 369 et suiv., article signé : Seligmann);
   M. Émile Ollivier, lui-même, *des Congrégations religieuses non autorisées.*
(*Revue pratique*, t. V, p. 97 et suiv.)
   L'Église et l'État au concile du Vatican, t. I, p. 176-185. Dans ce dernier
ouvrage, M. Émile Ollivier s'exprime ainsi : « Pour échapper à leur incapacité civile, comme elles avaient échappé à leur incapacité politique, les
corporations religieuses commencent contre la loi un long combat de ruse.
Elles disent : « Nous ne formons pas une corporation puisque nous n'avons
« pas été autorisées; soit ! mais nous sommes des individus capables, en
« possession de leurs droits ; nous les exerçons *ut singuli*, en constituant
« des sociétés, ou en nous faisant réciproquement des donations et des legs.»
— Sans doute, chaque membre de l'ordre conserverait sa capacité individuelle, si cette capacité pouvait s'exercer sans fraude et sans couvrir d'un
mensonge l'incapacité de l'être collectif non autorisé ; or, cela est impossible, à raison même du vœu de pauvreté. »
   L'éminent publiciste ne va pas jusqu'à la suppression complète des ordres

admettant la validité du mariage des prêtres[1]. Depuis l'arrêt
de la Cour d'appel, confirmé par la Cour de cassation, dans
l'affaire de la marquise de Guerry contre la communauté de
Picpus, qui eut en 1856 un si grand retentissement, il est
admis couramment par la jurisprudence qu'un religieux ou
une religieuse qui sortent de leur couvent ont le droit de réclamer les biens qu'ils avaient apportés. On ne s'inquiète
guère de la question de savoir si leur vœu les a rendus incapables de posséder en nom propre[2].

Au surplus, ces jurisconsultes, si sévères dans l'interprétation du vœu de pauvreté, ont-ils pris soin — nous parlons
des meilleurs et des mieux intentionnés — de s'enquérir
auprès de qui de droit, auprès des canonistes autorisés, de la
portée exacte de cet engagement ? Ne s'en font-ils pas une
idée fausse, unique fondement de leur argumentation fragile
et de leur vertueuse indignation ? Essayons de nous éclairer
sur une question qui ne laisse pas que d'avoir ses difficultés.

II

Les écrivains catholiques eux-mêmes n'ont peut-être pas
suffisamment remarqué de combien d'acceptions diverses est
susceptible le vœu de pauvreté, quelle variété de consé-

religieux : « Accordons législativement, dit-il, à des conditions déterminées,
l'autorisation d'exister et par conséquent de former des personnes civiles,
à tous les instituts consacrés par le temps, bénédictins, franciscains, dominicains, jésuites, oratoriens, trappistes, chartreux, etc. ; à tous ceux dont
la récente existence est justifiée par des services rendus ; soyons très larges
dans cette appréciation ; puis prononçons sans faiblesse *la dissolution de
toutes les corporations non autorisées...* Ne détruisons pas les asiles de la
douleur et de la prière, ce serait une cruauté ; contentons-nous de mettre
fin *à la vie de duplicité légale dont les religieux donnent l'affligeant spectacle,* et assurons-leur à la fois la dignité et la sécurité. La moralité publique profitera de ce redressement de situation, et nous ne subirons plus
cette inconséquence choquante d'ordres autorisés soumis à certaines limi-
tations dans l'intérêt des familles, tandis que les ordres non autorisés trouvent dans *leur révolte contre la loi* le privilège de n'être ni contrôlés ni
gênés, si ce n'est dans les cas rares *où leurs fraudes pieuses sont découvertes.* »

1. Voir *le Mariage des prêtres devant la loi civile,* par Armand Lods.
Paris, Thorin, 1888.

2. Voir Émile Ollivier, *l'Empire libéral,* t. IV. *Napoléon III et Cavour,*
p. 38-46.

quences et d'obligations il peut produire, quelquefois jusque dans l'intérieur du même ordre[1], depuis le simple retranchement du superflu jusqu'à l'incapacité absolue de tout acte de propriété. Qui dit pauvreté dit manque, restriction. Mais ce manque peut être plus ou moins grand, cette restriction peut aller plus ou moins loin. En conséquence, et en tenant compte de la discipline de l'Église aux différentes époques de son histoire, les auteurs qui ont le mieux étudié la question n'ont pas distingué moins de cinq degrés dans la pauvreté religieuse.

Le premier degré consiste à se défaire de ce qu'on appelle *richesses*, à ne se réserver que le modeste avoir nécessaire à l'existence; avoir dont on garde d'ailleurs, et la propriété, et le libre usage.

Dans le second degré de pauvreté, on conserve la propriété de ses biens et le droit d'en disposer *validement* et sans enfreindre la justice; mais, vu l'obligation que l'on s'est imposée, on n'en dispose *licitement* qu'avec la permission de ceux auxquels on a soumis sous ce rapport sa volonté.

Le troisième degré est la position de ceux qui se sont dépouillés des biens qui leur appartenaient en propre. De fait, ils ne possèdent plus rien en particulier, et, en outre, ils ont promis de ne plus rien acquérir, mais ils conservent encore la capacité radicale d'acquérir et de posséder. Les actes de propriété qu'ils se permettraient seraient illicites et fautifs, comme contraires aux engagements pris; ils ne seraient pas nuls par suite d'inhabileté.

Le quatrième degré commence à entamer cette faculté naturelle de posséder que tout homme apporte avec soi en naissant. Il annihile, ou, pour parler plus justement, il suspend, il lie le pouvoir de posséder *à titre particulier*, en sorte qu'il devient impossible à l'individu de dire, en justice et vérité, de n'importe quel objet : Ceci *est à moi*, ceci *m'appartient* à l'exclusion de tout autre. Tout acte de propriété individuelle est nul.

Le cinquième degré va plus loin, il atteint jusqu'au pouvoir de posséder conjointement avec d'autres, en sorte qu'il de-

---

1. Par exemple dans la constitution intérieure de la Compagnie de Jésus.

vient impossible de dire, non seulement : *Ceci est à moi*, mais : *Ceci est à nous ;* non seulement l'individu, mais la collectivité, est incapable de posséder, et c'est en dehors de la communauté ou de l'association qu'il faut chercher le propriétaire[1].

Est-il nécessaire pour être religieux, religieux profès, d'aller jusqu'à la nullité même des actes de propriété collective ? Ce fut jadis dans l'Église l'objet de grosses querelles. Les historiens ont raconté les fluctuations qu'eut à subir, au lendemain même de la mort de son fondateur, l'Ordre séraphique. On distingua bientôt, parmi les disciples du *poverello* d'Assise, les *Mitigés*, appelés aussi *Frères de la Communauté* ou *Conventuels*, et les *Spirituels* ou *Zelanti*. Le point principal qui les divisait était celui de la pauvreté : les uns voulant que l'Ordre ne pût rien posséder, pas même en commun ; les autres soutenant que cette interdiction de toute propriété, y compris la propriété collective, était une impossibilité pratique. On en appela aux Papes. En général, pendant toute la durée du treizième et la première moitié du quatorzième siècle, les Souverains Pontifes ne furent rien moins que favorables aux Spirituels, dont l'obstination dans

1. Le P. V. de Buck (*de Solemnitate votorum... epistola*), p. 79, s'exprime ainsi : « Quum sæpius deinceps sermo futurus sit de paupertatis gradibus, neque hæc res omnibus forte perspecta sit, placet eam brevibus declarare. Primus gradus est quum quis, relictis post se rebus fere omnibus, rei tantummodo moderatæ dominium et usum sibi retinet : unde gradus iste excessum solum procul abjicit, tanquam Christi consilio adversum ; paupertatem propterea secundum primum gradum voventi res ad suam conservationem necessarias habere eisque ceu propriis uti concessum est. Secundus gradus est qui, licet rerum dominium non expellat, neque etiam vi voti annexi statim auferat, usum tamen rei tanquam propriæ non admittit ; nec qui ita vovet, quamvis dominus et herus sit, rebus suis pro arbitrio licite uti potest. Tertius gradus est, qui, quamvis ex vi voti adjuncti dominium quodcumque excludat, privetque hominem usu rei ut propriæ, dominii tamen capacitatem secum patitur ; unde fit ut qui secundum hunc tertium gradum paupertatem voto amplectitur, dominii tantum capax sit, nullum tamen penes se habeat, sicut neque usum rei propriæ. Quartus gradus est quo tollitur non solum omne privatum dominium, verum etiam jus et capacitas id adipiscendi. Bifariam in eo consistitur : alii nil etiam communiter possident ; alii possident communiter. » — Pour plus de clarté et à cause de l'importance des deux classes entre lesquelles l'auteur a partagé son quatrième degré, nous avons fait, de ces deux catégories, notre quatrième et notre cinquième degré. Suarez, *de Religione*, t. III, lib. viii, chap. vii, n° 7, distingue également les quatre degrés énumérés par le P. de Buck.

l'austérité tourna plus d'une fois à la rébellion contre l'autorité religieuse; dont les doctrines, sur d'autres points, étaient
suspectes et rappelaient l'illuminisme apocalyptique qui
avait germé, à la fin du douzième siècle, dans l'imagination
d'un cistercien de Calabre, Joachim de Flore. Le pape
Jean XXII se montra particulièrement sévère à leur égard.
Nicolas III, par la bulle *Exiit qui seminat*, avait adjugé la
propriété des biens meubles et immeubles des Frères mineurs à l'Église romaine, ne leur en laissant que le simple
usage; Jean XXII révoque ce règlement par la décrétale : *Ad
conditorem canonum*, 8 décembre 1322. Les Spirituels avaient
invoqué à l'appui de leurs idées sur la pauvreté l'exemple de
Jésus-Christ et des apôtres; le 12 novembre 1323, par la décrétale *Cum inter nonnullos*, Jean XXII flétrit de la note
d'hérésie la proposition que Jésus-Christ et ses apôtres
n'avaient rien possédé ni en particulier ni en commun, et
n'avaient pas le droit d'aliéner les choses dont ils usaient.
Plusieurs parmi les Spirituels, et non les moindres, refusèrent de se soumettre; on les vit se liguer avec Louis de
Bavière, dont la cour était alors l'asile de tous les ennemis
du Saint-Siège, et avec son antipape qui était lui-même un
mineur. A vouloir résister, ils ne pouvaient que se briser.

Vers le milieu du quatorzième siècle, il semblait donc que
la cause de la règle stricte et de la pauvreté absolue eût succombé avec les Spirituels, qu'elle fût irrémédiablement compromise par leur indocile ténacité. C'est pourtant à cette
époque que commence, obscurément et sans bruit, le mouvement qui, sous le nom d'observance, devait finir par ramener à la rigidité primitive une portion considérable des
Frères mineurs. En 1517, Léon X, après avoir tenté une dernière fois d'unifier la règle et le gouvernement des disciples
de saint François, décida qu'il y aurait désormais comme
deux ordres indépendants l'un de l'autre, différents par le
nom, le costume, la manière de vivre; d'une part, les Frères
mineurs conventuels, de l'autre les Frères mineurs de l'observance régulière; les premiers usant de la licence, les seconds s'interdisant de posséder en commun[1].

1. Sur les péripéties de cette lutte dans l'intérieur de l'Ordre franciscain,

Des branches nouvelles jaillirent du tronc rajeuni de l'observance, sans toutefois s'en détacher : Déchaussés en Espagne, Réformés en Italie, Récollets en France. Au seizième siècle (1529), à côté d'elle, et pour réagir contre un certain relâchement, naissent les Capucins, qui ont leur organisation à part. D'autres ordres, les Carmes déchaussés par exemple, essayent d'imiter la sévérité de règle restaurée par l'observance en ce qui concerne la pratique de la pauvreté ; ils se défont de la propriété de leur avoir pour la remettre aux mains du Saint-Siège. Les inconvénients de ce système, que le pape Jean XXII avait déjà signalés au treizième siècle, ne tardent pas à se reproduire. L'interdiction de la propriété collective est restreinte par le concile de Trente aux Mineurs de l'observance et aux Capucins. Et ce qu'il faut conclure de ce rapide exposé de la longue querelle franciscaine au sujet de la pauvreté, c'est que cette interdiction est une exception dans la discipline religieuse ; qu'elle ne constitue pas le droit ordinaire et commun des Réguliers.

D'autre part, peut-on, à la rigueur, être religieux, religieux profès, et garder en même temps par devers soi la propriété même individuelle, plus que cela, le libre usage d'un modeste avoir ? L'histoire de la vie religieuse autorise à penser qu'il n'y a pas incompatibilité absolue entre ces deux termes ; d'une pratique longtemps reçue dans les différentes Églises d'Orient et d'Occident, il ressort que le premier des degrés que nous avons signalés dans la pauvreté, à savoir celui qui se contente d'exclure le superflu, la richesse, peut suffire pour constituer le fond et la substance de l'état de perfection.

On sait avec quelle merveilleuse fécondité la vie religieuse, germe jusqu'alors caché, se développa en Orient, sous sa forme primitive, à l'époque des dernières persécutions et des premières invasions barbares, entre le règne de Dèce et celui de Dioclétien. L'Égypte se peuple alors d'anachorètes et de moines. Du fond de la Thébaïde et des bords du Nil,

on pourra consulter *Saint Bernardin de Sienne* (1380-1444), par Thureau-Dangin, chap. v, p. 251-294. — Saint Bernardin fut le grand promoteur de la « Stricte observance ».

le mouvement érémitique se propage rapidement en Palestine, en Syrie, en Mésopotamie, sur les rives du Tigre et de l'Euphrate, dans toute l'Asie mineure; elle envahit les îles de l'archipel grec, et franchissant bientôt les frontières de l'empire, pousse son armée pacifique à travers l'Inde, la Perse et l'Éthiopie. Or quelles étaient, sur le point de la pauvreté, les prescriptions des vénérables patriarches de la loi nouvelle, les Antoine, les Pacôme, les Hilarion, les Isaïe ?... « Ne te réserve rien au delà du nécessaire ; fais l'aumône dans la mesure de tes ressources », voilà ce que saint Antoine disait à ses disciples. Et l'abbé Isaïe : « Garde-toi de l'amour des richesses » ; « ne refuse pas à qui te demande à emprunter » ; « toi-même, si tu empruntes, restitue le plus tôt possible, et répare le dommage causé » ; « quand tu vas vendre le produit de ton travail, ne dispute pas sur le prix, comme font les gens du siècle... » ; autant de textes qui impliquent la propriété et la libre disposition de ce qui est nécessaire à la vie. Telle était du reste la pratique courante, et la conséquence de l'isolement où les moines vivaient à l'égard les uns des autres : chacun d'eux avait à pourvoir à sa propre subsistance. La législation civile consacrait ce *modus vivendi*; en vertu du code théodosien, les moines pouvaient hériter, et l'on héritait d'eux ; ils disposaient validement et licitement de leurs biens durant leur vie et à l'occasion de leur mort. Cette discipline ne fut point particulière aux solitaires de l'Égypte ou de la Palestine. Nous la retrouvons dans les communautés de clercs réguliers instituées par saint Augustin. Nous la retrouvons dans les familles religieuses qui peuplèrent les îles de la Méditerranée, et dont l'île « bienheureuse » de Lérins fut le principal foyer. Elle persista longtemps en Occident. En 816, un concile d'Aix-la-Chapelle en fait la loi d'un nouvel institut créé par lui, l'institut des chanoines et des chanoinesses.

Sur cette faculté de posséder et de disposer en nom propre, retenue par certaines catégories de religieux, les documents abondent [1].

1. On les trouve dans Suarez, *de Religione*, t. III, lib. viii, n°ˢ 4 et suiv.; — Dans Thomassin, *de la Discipline ecclésiastique*, l. I, chap. xxv, p. 111 ; — Dans Mabillon, *Ann. ord. S. Benedicti*, t. I, et *Act. Sanctor. ejusdem*

La collection des *Chartes et Diplômes*, de Bréquigny et du Theil, renferme quantité de testaments et de legs faits par des abbés et des abbesses. On y peut voir le testament de sainte Fare, en 632. Mabillon dit que c'était l'usage non seulement en France, mais dans les autres États, et que cet usage n'était point condamné par les plus saints personnages.

Est-il question, dans les témoignages cités, de religieux proprement dits? Saint Thomas se pose la question pour les Solitaires des premiers siècles ; et il répond par l'affirmative [1]. A plus forte raison faut-il l'admettre pour les instituts des siècles suivants, où, avec le temps, la discipline religieuse se formule, se précise davantage.

Quelques auteurs pensent qu'il est plus probable que de tout temps la profession religieuse a exclu l'usage absolument libre et indépendant des biens possédés, que le religieux ne pouvait disposer de ses biens sans en référer, d'une manière plus ou moins explicite et détaillée, à un supérieur, prélat, abbé. Admettons cette opinion ; il n'en reste pas moins que la faculté radicale de posséder, le *jus dominii*, est parfaitement compatible en soi avec l'état de perfection.

III

De ce qui précède, il résulte que l'incapacité de posséder, quand elle accompagne le vœu de pauvreté, ne provient ni du vœu lui-même, ni de la solennité du vœu; qu'elle n'en fait partie ni comme élément essentiel, ni comme conséquence rigoureuse et inséparable. Elle ne provient pas du vœu lui-même ; car personne ne saurait, par son fait, se dépouiller d'une faculté naturelle ; elle ne provient pas non plus de la solennité du vœu, parce que cette solennité, nous l'avons montré, a pu exister sans produire cet effet moral, et qu'en général la solennité d'un acte, par elle-même, n'en étend pas les obligations mais seulement les confirme, en

ordinis, t. I ; — Dans Émery, *Mémoire sur cette question : Les religieuses peuvent-elles aujourd'hui (1795), sans blesser leur conscience, recueillir des successions et disposer par testament... ?* — Dans les Bollandistes, *Index des tomes IX et X d'octobre.*
1. 2. 2. q. CLXXXVI, art. x, ad 3, et q. CLXXXVIII, art. viii, ad 3.

les revêtant d'un caractère de publicité et d'authenticité. L'incapacité dont nous parlons a sa source dans le droit ecclésiastique positif; elle provient d'une loi de l'Église qui, surajoutant son effet à la force du vœu, frappe non seulement de prohibition, mais de nullité; déclare non seulement illicites mais invalides, en telles circonstances déterminées, tout ou partie des actes de propriété essayés par celui qui a prononcé le vœu.

Quelle est, sur ce point, la discipline actuellement en vigueur dans l'Église ?

Distinguons d'abord les religieux et religieuses à vœux simples, les religieux et religieuses à vœux solennels. Les premiers — c'est en France, sans comparaison, la catégorie la plus nombreuse — peuvent *validement* et, avec l'autorisation de leurs supérieurs, *licitement*, faire acte de propriété, même à titre individuel; ils peuvent revendiquer, devant les tribunaux ecclésiastiques comme devant les tribunaux séculiers, leurs droits de propriétaires véritables en leur propre et privé nom. Sur ce point il ne s'élève aucune contestation. S'il y a quelque part incapacité encourue, par suite du vœu de pauvreté, cette incapacité ne tombe que sur les profès des vœux solennels.

Mais ici il nous faut rappeler la distinction, déjà introduite, de la propriété collective et de la propriété individuelle. Incapables de posséder *individuellement*, les réguliers profès, d'après le droit canon, peuvent posséder *collectivement*[1]. Leur situation juridique est exprimée par cette sentence du théologien-canoniste Navarrus : *Bona regularium professorum omnia sunt communia eis, non ut singulis, sed ut universis*[2]. Les biens des réguliers profès leur sont communs; ils leur appartiennent non pas en tant qu'individus isolés, mais en tant que membres de la collectivité. En vertu du

---

1. Voir sur cette doctrine : *de l'État religieux en Belgique au XIX* siècle*, par le bollandiste Victor de Buck. Bruxelles, 1864 ; surtout la note 4, p. 85, et la note 13, p. 101 ; et *Solution amiable* du même auteur. — Voir également : *Étude sur le droit de propriété des religieux*, article du P. Sengler dans la *Revue des Institutions catholiques et du droit*, 10ᵉ année, 1ᵉʳ sem., vol. XVIII, p. 24-38.

2. *In Decretales*. Commentarius de regularibus, de dominio bonorum, t. I, p. 99.

droit canonique, les religieux qui constituent *hic et nunc* le couvent ne sont pas de simples usufruitiers, moins encore de simples administrateurs ; ils ne sont point assimilables aux commanditaires de nos anciennes abbayes, et moins encore aux gérants de nos fabriques actuelles ; ce sont de véritables propriétaires par indivis. Ils ont, vis-à-vis des biens de la communauté et dans tout ce qui concerne le temporel de la communauté, les mêmes droits que les séculiers qui possèdent un objet en commun. Si on les frustre d'aucun de ces droits, quant à l'usage, à la consommation des fruits, l'acquisition, l'aliénation, etc., ils peuvent porter plainte devant la juridiction compétente, devant les tribunaux ecclésiastiques. Telles sont les conséquences du contrat tacite passé entre la société et le religieux, au moment de l'admission de ce dernier, contrat qui lie tout le monde vis-à-vis de chacun et chacun vis-à-vis de tout le monde.

« C'est du communisme », dira-t-on. Oui ; mais lorsque Platon dans sa *République*, Thomas Morus dans son *Utopie*, Thomas Campanella dans sa *République du Soleil*, et les communistes dans leurs innombrables écrits, ont voulu introduire la communauté universelle des biens et détruire la distinction du *mien* et du *tien*, qu'ils considèrent comme la cause des guerres entre les nations, des contestations entre les particuliers et de l'oppression des faibles par les forts, personne ne leur a opposé que la possession en commun fût un mal en soi ; on a démontré contre eux que l'exclusivisme ou l'extension exagérée de leur système engendrerait plus de maux et produirait moins de bien que la conservation du principe de la propriété individuelle. Les défenseurs de la communauté universelle des biens ont dit incontestablement d'excellentes choses sur l'utilité de la propriété collective. Leurs adversaires ne le nient pas ; ils font seulement remarquer que cette utilité n'est réelle qu'à la condition de contenir la communauté dans de certaines bornes. Les communautés religieuses ne vont certainement pas au delà des limites du possible et du raisonnable. Si elles proscrivent dans leurs enceintes les mots de *mien* et de *tien*, elles admettent *nôtre* et *vôtre*, et même *tien* au dehors. Aucun patrimoine de communauté religieuse n'a eu l'extension des banques publiques, des grandes sociétés de chemins de fer et de beaucoup de compagnies anonymes, dont les économistes exaltent cependant les avantages.

Au surplus, ce n'est point par une application anticipée des théories socialistes modernes que la propriété religieuse a pris la forme sociétaire ou communiste. L'Église s'est inspirée, dans l'institution de cette discipline, du droit civil romain. Tant qu'on put être religieux sans faire partie d'une communauté régulière, ceux qui se trouvaient dans cette situation conservaient nécessairement tout ou partie de leurs droits et obligations en nom propre. Peu à peu, l'Église ne reconnut plus pour religieux que ceux qui s'agrégeaient à une communauté approuvée ; d'où la nécessité de réglementer la possession en commun. Dans ce but, l'Église transporta d'abord aux couvents les règles de droit déjà appliquées par les lois romaines aux groupes que celles-ci appelaient les *Collegia et Universitates*. Puis vint une législation faite de toutes pièces pour les maisons religieuses, celle de Justinien.

Ce fut de tout temps le penchant des empereurs byzantins de s'occuper des choses de religion. Justinien ne se contenta pas d'intervenir dans les discussions théologiques, il fit une œuvre plus sérieuse et plus durable, en donnant un code à l'ordre monastique. Avant lui, sous Valens, sous Théodose, sous Marcien, il s'était produit, dans ce sens, plusieurs essais. Mais ces tentatives, inspirées par des circonstances passagères, et presque aussitôt révoquées, n'ayant du reste pour objet que quelque point de discipline extérieure, n'avaient pas exercé d'influence appréciable sur l'avenir des instituts religieux. De même les canons des conciles, comme ceux de Gangres et de Chalcédoine, n'avaient point embrassé l'ensemble si complexe des droits et des devoirs de la vie religieuse ; reprenant et étendant l'œuvre commencée, Justinien composa et consigna dans ses *Novelles* une véritable législation monastique, où se trouvent fixés les moindres détails de la discipline intérieure et extérieure des couvents. N'en retenons que ce qui vient à notre sujet [1].

1. Sur cette œuvre de Justinien, on peut consulter *les Moines de Constantinople*, par l'abbé Martin, 1897, p. 291-295.

Tout d'abord, la seule forme de vie religieuse que Justinien approuve est la forme cénobitique ; les moines doivent habiter en commun, prendre en commun leurs repas ; les anachorètes sont seulement tolérés comme une exception. Si le nombre des moines est trop considérable pour qu'une même habitation puisse les recevoir tous, on en construira une ou deux autres, s'il le faut, afin que ce précepte de la vie commune soit toujours observé.

La communauté de la possession suit la communauté de l'habitation. Avant d'entrer dans un monastère, le religieux avait la libre disposition de ses biens ; aussitôt qu'il y est entré, il cesse d'en être le maître, ses droits de propriété sont transférés au monastère, sauf la part réservée aux enfants, s'il en existe. Les supérieurs des monastères, avec la plus grande partie des moines qui y remplissent quelque fonction, ont le pouvoir de dresser des contrats au nom de la communauté ; mais ils doivent éviter les acquisitions ruineuses ; les monastères ont aussi la liberté de faire entre eux des échanges, à condition que la mutation soit signée non seulement par les supérieurs, mais encore par les divers fonctionnaires de chaque couvent, toujours au nom de la communauté.

C'est à l'abri de la législation justinienne que se formèrent, pour les différents couvents orientaux, ces patrimoines monastiques qui ont subsisté jusqu'à nos jours, même après la conquête musulmane.

En Occident, la transformation fut plus tardive. Elle ne commença qu'avec le treizième siècle et la renaissance du droit romain dans le monde latin. En 1215, au IVe concile de Latran, il fut décrété que « quiconque voudrait être vraiment religieux eût à vivre dans une des sociétés religieuses approuvées par l'Église » : *Quicumque ad religionem converti voluerit unam de approbatis assumat.* (Conc. Lat. c. 13.) C'était le principe de la vie commune rendue obligatoire. De là il n'y avait qu'un pas à la communauté de propriété. En vertu du décret de 1215, et des dispositions explicatives du pape Innocent III, tous les religieux profès, par l'effet même de leur vœu solennel de pauvreté émis dans une religion approuvée, ne possèdent plus en nom propre et à titre privé. Ils font l'abandon des biens particuliers qu'ils possèdent au moment de leurs vœux ; ils renoncent à en acquérir de nouveaux pour eux pris individuellement. Ils n'auront plus rien dont ils puissent dire : Ceci est à moi et à personne autre.

Est-ce à dire qu'ils abdiquent toute espèce de propriété ? Non, d'après l'adage : *Quidquid monachus acquirit, monasterio acquirit*, qui devient comme l'expression et le résumé de la situation nouvelle, ce qu'ils acquièrent, désormais ils l'acquièrent pour la société tout entière, dont ils font partie. La société hérite, au jour de leur profession, de leurs droits et pouvoirs, quant aux successions à recueillir, aux transactions à passer. Les actes de propriété qu'ils se sont interdit de faire isolément, ils peuvent les accomplir collectivement. La propriété commune a remplacé pour eux la propriété individuelle. Cette propriété repose sur la tête de tous les membres, qui constituent *hic et nunc* le couvent, *qui sunt descripti in albo*. S'ils s'adjoignent d'autres membres, ils les rendent participants avec droit de survie, des biens communs ; au fur et à mesure des décès, la propriété commune résidera dans les survivants.

Et ainsi il est faux de dire que le droit canonique a complètement supprimé la propriété entre les mains des religieux ; il l'a consacrée au contraire, en obligeant les religieux à la posséder en sociétaires suivant le droit romain.

IV

C'est le moment de nous demander ce qu'il faut penser, au point de vue de la législation ecclésiastique, de la *mort civile*, de la *personnalité morale*, de la *mainmorte*.

On a dit, et parfois avec de louables intentions, que la *mort civile*, qui annihile complètement le religieux dans l'ordre de la possession et de la propriété, qui en fait un être sans puissance et sans droit sur les choses, dérivait en droite ligne du vœu de pauvreté, qu'elle en était la consécration, qu'elle ne pouvait se comprendre que dans une société où la plus étroite alliance rapprochait l'Église et l'État dans une indissoluble communauté d'idées et de sentiments.

C'était se faire une idée très fausse du vœu de pauvreté,

tel que l'entend l'Église, et des effets qu'il produit. Non, la
mort civile n'est pas une conséquence des engagements que
le religieux a pris, ni une sanction apportée par la législation
civile aux règles canoniques. Nous l'avons dit : aux termes
du droit canon, dans la vie religieuse, si rien n'est à personne, tout est à tous. Dépouillé du droit de propriété individuelle, le religieux conserve le droit de propriété collective. La *mort civile* qui le prive du second aussi bien que du
premier, qui le rend incapable de tout effet civil, concerté
aussi bien qu'isolé, est une invention de la puissance laïque.

Au treizième siècle, dans le temps même où l'Église, s'aidant des notions du droit romain ressuscité, s'efforçait de
régulariser l'état religieux, les légistes royaux, qui travail-
laient sur les mêmes textes, mais dans un esprit tout différent, et s'appliquaient à extraire du *Digeste* ou des *Novelles*
les formules du pouvoir absolu, commencèrent à tracer les
premiers linéaments de cette institution législative qu'on a
appelée la *mort civile*.

« Les biens que les religieux recevaient par succession,
dit Guyot, dans son Répertoire (art. *Incapacité*), appartenaient précédemment au monastère, en vertu de la novelle
123, ch. xli. Ce droit abusif — c'est le droit de propriété collective — fut entamé, dès 1226, par arrêt royal. » L'ordonnance
de 1532, l'ordonnance de 1629 ; la coutume de Paris (art. 337),
la commune d'Orléans (art 334), la coutume générale de France
(art. 117); tout un ensemble de mesures et d'édits complé-
tèrent graduellement la disposition inaugurée en 1226. Au
dix-septième siècle, l'ouvrage était achevé, et la mort civile
s'appesantissait, avec toutes ses conséquences, sur la tête
des religieux.

Ainsi que s'exprime l'ordonnance royale de 1747, le religieux profès est « incapable de tout acte civil ». En particulier, il est inhabile à posséder. Le premier effet de la profession est de le dessaisir de tous les droits qui, jusque-là,
pouvaient exister à son profit. Sa succession s'ouvre au même
instant, pour passer à ses héritiers légitimes, « comme par
effet de mort naturelle, et sans que le monastère puisse y
avoir aucune part ».

Incapable de garder, ni pour lui, ni pour son couvent, les

biens dont il était propriétaire, il devient, à plus forte raison,
incapable d'en acquérir de nouveaux. Il ne peut recevoir
aucune libéralité immobilière. Il ne peut être institué héritier
ou légataire. « Les religieux ne succèdent point, ne le monastère pour eux », dit Loisel, avec l'article 334 de la coutume d'Orléans. « Tous religieux et religieuses profès sont
forclos et inhabiles de succéder, répète l'article 102 de la coutume de Chartres, et le couvent et monastère où lesdits religieux et religieuses sont profès ou demeurants ne pourront
prétendre aucun droit, ne au nom et lieu desdits religieux
et religieuses ne autrement. »

Que si, par exception, sous forme de pécule, le religieux
profès peut se créer un avoir mobilier, il n'a pas qualité pour
en disposer librement. La dispense des vœux, lorsqu'elle est
accordée par le Pape seul, ne suffit même pas pour rendre au
religieux la capacité testamentaire qu'il a perdue par la profession. Il faut que cette sentence soit ratifiée et validée par
l'officier royal compétent.

Annihilés, assimilés à l'esclave antique, dépourvus d'existence civile, les religieux ne pouvaient pas plus, légalement,
posséder en commun qu'à titre individuel. La mort civile,
une fois encourue, s'étendait à tout, ainsi que fait la mort
naturelle, dont elle était l'image. La loi aurait été en contradiction avec elle-même, si, dans une mesure et d'une
manière quelconque, elle avait reconnu la capacité d'a-
gir civilement à celui qu'elle avait déclaré mort, quant
au civil.

Dès lors, il devenait nécessaire de créer, à défaut de propriétaires naturels et vivants, un propriétaire fictif, un être
purement intellectuel sur la tête de qui reposât, nominalement, la propriété conventuelle. C'est ce que l'on fit. La propriété commune fut censée appartenir, non plus aux associés,
mais à la communauté, considérée abstractivement comme
une personne distincte des membres qui la composent. « Les
communautés légitimement établies tiennent lieu de personnes », dit Domat [1]. « C'est pourquoi, ajoute Pothier, les choses
qui appartiennent à un corps n'appartiennent aucunement,

1. *Les Lois civiles*, l. I, t. II, sect. 2, § 15.

pour aucune part, à chacun des particuliers dont le corps est composé[1]. »

Entendons-le bien : il ne s'agit pas ici d'une expression figurée, destinée à représenter d'une manière concise et commode le groupement des associés reliés par leurs conventions réciproques[2]. Il s'agit d'une personne distincte des associés, inexistante naturellement, mais à qui le pouvoir souverain attribue la vie civile et l'existence juridique.

Cette conception légale d'un propriétaire fictif avait pour conséquence l'immobilité, la perpétuité indéfinie du patrimoine commun, qui, cessant d'être dévolu à un titulaire mortel, n'était plus sujet à passer d'une tête sur une autre. Selon l'expression reçue, ce patrimoine était *amortisé*, il devenait bien de *mainmorte*.

Grande garantie de sécurité, dira-t-on, que cette dévolution de la propriété à un être immortel. — Oui, si cet être était vivant, et si derrière ce propriétaire fictif on n'apercevait pas la main, très réelle et souvent très rapace, de l'État qui l'a créé. C'est ici qu'apparaissent le vice de tout le système et les graves dangers qu'il récèle.

Les religieux personnellement privés de tout droit, et réduits au rôle de simples régisseurs; au-dessus d'eux, à côté d'eux, un propriétaire nominal, un fantôme que le Pouvoir revêt d'attributions légales : il ne reste plus aucune barrière juridique pour arrêter le spoliateur, quand le spoliateur est le prince même, le souverain dont ce possesseur imaginaire est la création. Que les religieux viennent à s'éteindre, ou à être supprimés par un acte de l'autorité qui les avait autorisés à s'établir, les biens de la communauté dissoute resteront sans propriétaire. L'État se les adjugera, sous prétexte qu'ayant permis à la communauté, personne morale, pour motif d'utilité publique, d'acquérir ces biens, et le motif d'utilité

1. *Traité des personnes et des choses*, n° 210.
2. On emploie quelquefois dans ce sens les mots de *personne morale, personne civile*. Ainsi ce qu'on appelait *persona* dans le droit romain n'était pas une création de la loi avec des droits et des devoirs propres, mais une simple dénomination, inventée par les jurisconsultes pour la facilité du raisonnement. Et c'est pour cela même que ce mot avait dans l'ancien droit une étendue de signification plus grande; un héritage vacant était censé une *persona*.

publique faisant défaut, ils doivent retourner au public représenté par l'État.

Tel fut, on se le rappelle, le sophisme que firent valoir les
révolutionnaires français pour s'emparer des biens du clergé
en 1791. Telle fut aussi la tactique perfide de Tanucci à
Naples. Quand il eut résolu la confiscation, il commença par
obliger toutes les communautés et institutions pieuses à se
constituer en mainmortes; ce point obtenu, remarque Coleta
dans son *Histoire du royaume de Naples*, tout était gagné;
les gens de mainmorte cessant d'être propriétaires, la spoliation était plus qu'à moitié faite.

Mainmorte, mort civile, personne morale, au sens que nous
avons dit, rien de tout cela ne se trouve dans le droit canon.

Si les communautés religieuses étaient, en vertu des lois
ecclésiastiques, des mainmortes ou des personnes civiles,
jamais il n'y aurait eu place pour les violentes et parfois tragiques querelles qui s'élevèrent au sujet de la pauvreté parmi
les Franciscains. Lorsque le pape Jean XXII répudia la propriété du patrimoine de l'Ordre séraphique, il eût suffi, pour
couper court à toute difficulté, à la condition toutefois que le
droit canon eût connu la mainmorte, d'attribuer les biens
devenus sans maître à un propriétaire moral, fictif, créé par
la loi, tout à fait distinct des Franciscains. De la sorte, les
Zelanti n'auraient pas possédé en commun, ce dont ils ne
voulaient pas plus que de la possession individuelle.

Au regard du droit civil, dans l'association, les personnes
naturelles sont mortes, il n'y a qu'une société idéale qui
subsiste.

Au regard du droit canon, comme du bon sens, rien n'est
moins mort que les individus qui composent l'association en
général, les communautés religieuses en particulier; rien ne
subsiste moins, en dehors d'eux, que la société.

Aussi, y a-t-il un abîme entre les communautés créées conformément au droit naturel et au droit canonique, dont les
membres possèdent collectivement et en commun, et les
communautés soumises au système de la mainmorte, et dont
les membres sont à peine des régisseurs. Une communauté
religieuse, selon les principes du droit canon, n'est en aucune
façon une personne morale distincte des membres qui la for-

ment, ayant une existence, une action, des droits, des obligations à part, acquérant et possédant pour elle-même les
biens immobilisés entre ses mains. C'est un être moral à la
façon de toute autre société, se confondant avec les associés
qui en font partie, ne subsistant et n'agissant qu'en eux :
c'est l'ensemble des associés reliés entre eux par une convention librement consentie.

V

L'Église n'avait jamais que subi ou toléré la situation créée
à la propriété religieuse par l'ancien régime. La Révolution
détruisit l'ancien droit en France ; le code Napoléon rem-
plaça les coutumes de nos provinces et les ordonnances de
nos rois. Les sociétés religieuses se sont trouvées par suite
affranchies de la mort civile et de la mainmorte, ces institutions d'origine essentiellement laïque.

Elles pourraient donc, semble-t-il, se constituer sur la base
du droit naturel, tel que l'a sanctionné le quatrième concile
de Latran : tous les religieux seraient des sociétaires possédant collectivement et par indivis le patrimoine commun, en
vertu d'un contrat de société universelle quant aux biens, et
indéfinie quant au temps. Malheureusement, il y a à cela un
obstacle : ce nouveau droit ne se montre pas plus soucieux
que l'ancien de respecter, sur le point de la propriété religieuse, les facultés que donnent le droit naturel et le droit
canonique. Cette société, illimitée dans son objet et dans sa
durée, vient se heurter en particulier contre les articles 1837
et 1869 du Code civil, dont nous aurons à reparler. Il en résulte que les religieux ne peuvent guère, de nos jours, asseoir
leurs biens sur une base légale sans faire acte de propriété
individuelle. Qu'ils transfèrent le patrimoine de la communauté sur la tête d'un ou de plusieurs d'entre eux ; que ceux-ci
s'organisent ou non en société civile, selon l'une quelconque
des formes autorisées, il leur est difficile, impossible même,
de procéder à ces différentes opérations, et de remplir les
obligations juridiques qui en sont la conséquence, sans agir
comme propriétaires, et comme propriétaires à titre privé.

Ces actes de propriété privée sont-ils réels ? L'abbé Bouix, dans son traité *de Jure Regularium*[1], a proposé une distinction subtile, d'après laquelle les profès posséderaient *civilement*, tandis que la communauté posséderait *réellement;* c'est dans la communauté qu'il faudrait voir le vrai propriétaire ; l'affirmation du profès, par-devant le pouvoir civil, de son droit de propriété, ne serait qu'une fiction. Mais la plupart des auteurs ecclésiastiques qui ont écrit sur la matière, repoussent de toutes leurs forces une théorie qui prête par trop le flanc aux accusations de duplicité, dont nos adversaires se montrent si peu avares. A peine eut-elle vu le jour, que les Bollandistes saisirent la première occasion, dans les *Acta Sanctorum* (t. IX, octobr., p. 224), de la répudier et d'établir une doctrine contraire, — celle à laquelle l'abbé Émery[2], mêlé de si près aux affaires de l'Église de France, dans les premières années du siècle, avait compris, dès avant le rétablissement du culte, qu'il faudrait se tenir dorénavant, et qui attribue aux actes de propriété accomplis par les religieux, dans la vie civile, toute la vérité, toute la sincérité que leur teneur comporte.

Selon cet enseignement, les religieux qui prennent la place de leurs confrères sont réellement investis du droit de propriétés ; ils ont entre eux, vis-à-vis des tiers et vis-à-vis de l'État, les mêmes titres, obligations et charges que des laïques engagés en pareille situation. Ce n'est pas la communauté,

---

1. « ... Religiosus... poterit ex facultate, sibi ad id a Superiore data, contractum suo nomine inire, ita ut ad terminos legis videatur et ut talis, attenta lege, reputari debeat ; reapse tamen non ipse verus erit dominus sed communitas... » P. III, c. II, p. 395 *sqq.*

2. Voir ses deux mémoires sur les questions : *Les religieuses qui ont des vœux solennels peuvent-elles aujourd'hui, sans blesser leur conscience, recueillir des successions et disposer par testament ? Leurs supérieurs peuvent-ils, doivent-ils même leur en accorder la permission ?* Il termine le plus long des deux mémoires par ces paroles bien remarquables à cause de l'esprit de prévision qui y règne : « Je finis par faire observer que si l'état présent des choses, quant à la religion, subsiste, et si l'on croit cependant qu'il est de l'intérêt de l'Église que les communautés de religieuses se maintiennent et se perpétuent, il est bien évident qu'on ne peut espérer ce maintien et cette perpétuité qu'autant que les membres de ces communautés qui existeraient, non aux yeux de l'État, mais aux yeux de l'Église, seraient dans une pleine liberté de conscience... de posséder en leur propre nom et de disposer de même, sous la direction cependant et avec dépendance des supérieurs. »

ou la corporation, ou la congrégation, ou l'association, de quelque nom qu'on l'appelle, qui possède, qui acquiert, qui aliène, ce sont tels individus, tels citoyens français, usant comme tout autre d'un droit certain. Il n'y a donc point ici de *fidéicommis*, de *supposition de personne*, ou de fiction; c'est une véritable translation de propriété.

Hâtons-nous d'ajouter que cette translation de propriété, par cela même qu'elle est réelle et nullement fictive, impose une obligation très grave à la conscience des religieux propriétaires; en acceptant la propriété, ils s'engagent, devant Dieu, à la gérer et à la transmettre selon les intentions de leurs confrères; en cas de mort sans testament, la même obligation s'imposerait à leurs héritiers naturels. D'ailleurs, cette obligation, qui ne lie que la conscience des propriétaires, et où la puissance civile n'a rien à voir, ne saurait infirmer en aucune manière la validité de l'acte de translation.

Dira-t-on que ces actes de propriété sont inconciliables, d'après les dispositions du droit canon, avec le vœu de pauvreté?

Mais d'abord, il est à peine besoin de le rappeler, en ce qui concerne le religieux à vœux simples, l'objection ne porte pas. Le vœu simple, nous l'avons dit, laisse au religieux la capacité de posséder en nom propre et de disposer validement de ses biens; il lui impose seulement l'obligation de demander l'autorisation de son supérieur pour en disposer licitement.

Or, actuellement, la presque totalité des communautés établies en France est composée de religieux et religieuses à vœux simples. Les femmes, depuis la Révolution, à cause de l'instabilité des temps, ne font plus en France que des vœux simples. Quant aux religieux, ceux qui appartiennent à des ordres proprement dits sont les seuls qui prononcent des vœux solennels, et le nombre en est fort restreint; dans les *Congrégations*, ainsi nommées par opposition aux *Ordres*, on n'émet que des vœux simples.

On peut donc affirmer qu'en France, à l'heure qu'il est, toutes les religieuses et la plus grande partie des religieux peuvent, en conscience, devant Dieu et devant les hommes, à raison même de la nature de leur vœu, être véritablement propriétaires, posséder en nom propre, et disposer validement de leurs biens.

Restent les profès à vœux solennels. En ce qui les regarde, l'objection reprend sa force. Elle a frappé plusieurs bons esprits, entre autres M. Carrière, supérieur général de Saint-Sulpice, Mgr Bouvier, évêque du Mans, l'un et l'autre très versés dans les questions de droit, et dont les ouvrages ont été longtemps classiques en France ; elle les a frappés au point de leur inspirer l'opinion que, dans les pays régis par le code Napoléon, il n'y a plus de place pour les vœux solennels, parce que les profès, ne pouvant s'empêcher de posséder en particulier, ne peuvent être censés faire un vœu solennel auquel l'Église a rattaché l'inhabileté de la propriété individuelle.

Sommes-nous réduits à cette diminution, à cette mutilation de la vie religieuse dans l'Église de France ? Nous ne le pensons pas.

Encore qu'il ne se trouve dans tout le droit canon aucun texte formel établissant, comme loi générale, pour le religieux profès, l'incapacité de la propriété privée [1], nous ne rétracterons pas ce que nous avons dit tout à l'heure et ce qu'enseignent la presque unanimité des théologiens, à savoir que la défense faite au religieux profès de posséder en nom propre n'est pas seulement *prohibante*, mais *irritante*. Cette *irritation* s'est introduite par l'usage et la coutume, plutôt que par un décret positif; l'Église ayant peu à peu reçu, et, selon l'expression technique, *canonisé* les lois de Justinien au sujet de la vie commune des religieux.

Mais, ce point admis, on ne saurait contester que l'incapacité dont nous parlons, quelle qu'en soit l'origine, n'est fondée que sur le droit ecclésiastique positif [2]. Or, le droit

1. On trouve dans les constitutions approuvées de tel ou tel ordre des textes prononçant l'incapacité ; mais ces textes particuliers ne sauraient fonder une discipline générale. Quant aux documents tirés du droit canon, ils sont sujets à contestation. Voir *de Solemnitate votorum præcipue paupertatis religiosæ epistola* Victoris de Buck, p. 277 *sqq.*
2. M. Carrière et Mgr Bouvier enseignent explicitement que l'impuissance de posséder, chez le profès, est de droit ecclésiastique ; on s'étonne qu'ils n'en aient pas tiré comme conséquence la possibilité pour l'Église de dispenser sans entamer la substance du vœu.

ecclésiastique, plus indulgent que nos lois civiles, préfère
une justice qui sauve à une lettre qui tue. Une des règles du
droit canon, qui forment le dernier titre du cinquième livre
des Décrétales, pose ce principe général : *Quod non est licitum in lege, necessitas facit licitum.* Ce principe, les théologiens l'étendent même aux lois irritantes, tout en reconnaissant qu'elles *cessent* beaucoup plus difficilement que les lois
simplement prohibantes.

Saint Liguori[1], s'appuyant sur de graves autorités, applique la règle aux lois *irritantes*, même dans des cas particuliers ; et les Bollandistes citent le fait du pape saint Grégoire le Grand, qui, à une époque où la législation justinienne
était reçue dans l'Église du Midi de l'Italie, déclara, en se
fondant sur l'équité naturelle, qu'un ermite, devenu moine
et abbé, conservait, malgré cette législation et nonobstant
son vœu, la propriété et la disposition de ses biens personnels.

Et si tous les théologiens n'admettent pas que l'efficacité
des lois irritantes puisse être suspendue pour des cas particuliers, il n'en est pas de même lorsque la difficulté ou l'impossibilité ne sont plus particulières, mais générales, dans
un pays, pour toute la classe de personnes que ces lois concernent ; alors même les auteurs les plus sévères recourent
aux principes d'équité et de bon sens qui dominent toute loi.
C'est ainsi que l'empêchement dirimant de clandestinité, qui
est une loi irritante, tout autant que la loi de Justinien, cessa
de produire ses effets en Hollande au commencement du dix-
septième siècle, et en France à la fin du siècle dernier [2].

De nos jours, les embarras et les périls suscités à la propriété religieuse par la teneur des lois civiles et plus encore
par la malice de ceux qui les interprètent, sont-ils de telle
nature que le principe qui veut que la nécessité générale

---

1. *Theologia moralis*, lib. VI, tr. iv, num. 619; et lib. VI, tr. vi, num.
1008, vii.

2. Responsio Pii papæ VI ad episcopum Genevensem 1793 : « Ad du-
bium unicum, matrimonia contracta coram sæculari magistratu, aut coram
extraneo sacerdote, cum contrahentes ad parochum aut superiorem legi-
timum nullatenus aut nonnisi difficillime seu periculosissime recurrere pos-
sint, esse valida quoties duo saltem adfuerunt testes... resp. : affirmative.
Collectio brevium, t. I, p. 300 ; t. II, p. 139 et 206.

annule les lois irritantes trouve ici son application *ipso facto*, avant même toute décision du Saint-Siège ? De bons esprits l'ont pensé ; et, en effet, il y a tel royaume ou république où le péril va jusqu'à la menace de confiscation et de la destruction totale du patrimoine des communautés. Toutefois, comme il n'y a point péril en la demeure, il nous paraît plus sage, dans une matière aussi grave, de solliciter et d'attendre la réponse de Rome. L'Église peut relever les religieux profès de l'incapacité dont elle-même les a frappés. Appartenant au droit positif de l'Église, la loi irritante de pauvreté peut être suspendue, sans dommage pour la substance du vœu solennel, par l'autorité qui l'a surajoutée à ce vœu ; et si, dans les temps calamiteux où nous sommes, il n'est pas d'autre moyen de sauvegarder la propriété des religieux, l'Église, priée d'intervenir, ne fera sans doute pas défaut. C'est le cas de citer l'important rescrit du 31 juillet 1878 aux évêques de Belgique.

De l'audience de Sa Sainteté,

Son Éminence le cardinal Victor-Auguste-Isidore, archevêque de Malines, de concert avec ses suffragants, a demandé à Sa Sainteté de vouloir bien, pour écarter toute espèce de doute, expliquer et déclarer si le rescrit du 1er décembre 1820, par lequel la Sacrée Pénitencerie a accordé, en vertu de l'autorité apostolique, aux Réguliers belges de l'un et de l'autre sexe, même déjà admis à la profession solennelle, d'acquérir des biens, de les conserver, de les administrer et d'en disposer, nonobstant le vœu solennel de pauvreté, subsiste encore aujourd'hui dans toute sa vigueur.

Sa Sainteté Léon XIII, pape par la grâce de Dieu, sur le rapport de la Sacrée Congrégation des Affaires ecclésiastiques extraordinaires, et après avoir pris l'avis de quelques-uns des Éminentissimes Cardinaux, a ordonné de répondre *affirmativement,* et par la teneur des présentes a daigné déclarer, pour autant que de besoin, que tous et chacun des Réguliers belges de l'un et de l'autre sexe, même ceux qui ont émis des vœux solennels, ont exercé et exercent encore validement et licitement tous les actes susmentionnés, et, par conséquent, ont pu et peuvent encore, en toute sûreté de conscience, affirmer, même sous serment, qu'ils ont voulu acquérir la vraie propriété, telle qu'elle est définie par la loi civile, de tous les biens qu'ils possèdent, ainsi que le droit d'en disposer.

Ce sur quoi Sa Sainteté a ordonné de publier le présent décret et de l'insérer dans les actes de la Congrégation susmentionnée, nonobstant toute décision contraire.

Donné à Rome, à la secrétairerie de la même Congrégation, les jour, mois et année susmentionnés plus haut.

WŁADIMIR CZACKI, *secrétaire* [1].

On voit comment les profès, bénéficiant de l'indulgence de la législation canonique, peuvent se soustraire aux vexations de la législation laïque. Ce qui a été fait pour la Belgique peut être fait en faveur des autres pays régis par le même code. Rien dès lors n'empêchera les religieux profès de reconnaître aux titres de propriété dont ils seraient investis toute la réalité que les tribunaux les plus ombrageux veulent y trouver. Que l'on refuse à la communauté le droit, comme telle, de posséder, les religieux, institués *civilement* propriétaires, le seront *réellement* ; non pas comme prête-noms ou fidéicommissaires au profit d'un incapable, mais pour leur compte personnel, avec les mêmes titres, droits et charges de tous autres citoyens.

Que faut-il de plus pour échapper au reproche « de mentir à la société, d'entreprendre contre l'État un long combat de

---

1. E˙ et R˙ Dominus cardinalis Victor Augustinus Isidorus, archiepiscopus mechliniensis una cum suis suffragantibus a SS˙ Domino nostro expostularunt ut ad removenda quæcumque dubia explicare et declarare dignaretur utrum rescriptum de die 1ᵃ decembris anni 1820 quo S. Pœnitentiaria auctoritate apostolica concessit Regularibus Belgii utriusque sexus etiam solemniter professis ut bona acquirere, retinere, administrare deque iis disponere possent, non obstante solemni paupertatis voto, etiam nunc in integro suo robore permaneat.

SS˙ᵘˢ Dominus noster Leo divina providentia Papa XIII, referente me infrascripto secretario S. Congregationis negotiis ecclesiasticis extraordinariis præpositæ audita prius nonnullorum Eminentissimorum Patrum sententia respondendum esse mandavit *affirmative ;* ac præsentium tenore declarare dignatus est, quatenus opus sit, omnes singulosque Belgii Regulares utriusque sexus, etiam qui vota solemnia nuncuparunt, prædictos omnes actus valide et licite exercuisse et exercere, ac proinde potuisse et posse tuta conscientia etiam cum juramento asserere se voluisse ad normam legum civilium verum dominium bonorum a se possessorum acquirere, una cum jure de iis disponendi.

Super quibus Sanctitas Sua mandavit hoc edi decretum et in acta superius memoratæ Congregationis referri, contrariis quibuscumque minime obfuturis.

Datum Romæ e secretaria ejusdem Congregationis die, mense et anno prædictis.

WŁADIMIRUS CZACKI, *secretarius.*

Loco sigilli.

ruse, de recourir aux subtilités de la casuistique pour en éluder les lois » ?

Nous avons exposé les règles du droit canonique au sujet de la propriété des associations religieuses ; il nous reste à dire un mot des dispositions de la loi civile.

Hippolyte PRÉLOT, S. J.

FIGURES DE SOLDATS [1]

I. — LE DERNIER MARÉCHAL DE FRANCE

CANROBERT (1809-1895)

(Fin)

III

Le siège de Sébastopol a été le point culminant de la gloire de Canrobert, bien que lui-même n'y ait point cueilli les derniers lauriers de la victoire. Durant ce long siège, coupé par tant d'incidents divers, il put à loisir faire preuve de ses qualités sérieuses, de sa brillante valeur, de son entrain communicatif, de son influence sur le soldat, que fascinait sa bravoure et que touchait sa vigilante bonté, de son sang-froid dans les instants critiques, de sa décision dans les petites choses plutôt que dans les grandes. Cette dernière réserve ne laisse pas d'être grave et de révéler chez cet homme de guerre, si courageux, si loyal, si désintéressé, le défaut de la cuirasse.

La guerre entre la France et la Russie s'ouvrit avec les premiers mois de 1854. Le 23 février, le général Canrobert fut nommé commandant de la 1re division d'infanterie de l'armée d'Orient. Débarqué à Gallipoli le 31, il donne les premières instructions pour la réception de nos troupes; puis, à la nouvelle du siège de Silistrie par les Russes, il se dirige sur Varna à la tête de la 1re brigade de sa division.

Mais les Russes se retirent et repassent le Danube. Alors est projetée l'expédition de Crimée. Avec les colonels Trochu et Lebœuf, Canrobert étudie le lieu le plus favorable du débarquement. On s'arrête d'abord à la Katcha.

Sur ces entrefaites, sa division, envoyée en son absence en expédition dans la Dobrutcha, est décimée par le choléra. Il la rejoint au bivouac de Pallas, le 31 juillet.

De toutes parts, des acclamations s'élèvent, les bras se tendent vers lui ; les mourants veulent se relever pour aller au-devant de leur général... car peu de généraux ont été aimés des soldats comme l'est Canrobert.

1. V. *Études*, 20 janvier et 20 mars, 5 juin, 5 août et 5 septembre 1899.

Sans prononcer un mot, il joignit les mains, et les officiers qui l'entouraient virent des larmes rouler dans ses yeux. Puis, il se mit à parcourir le camp, parlant aux uns, relevant le courage des autres, ranimant les malades par l'espoir de prochains combats, se penchant sur tous ceux qui allaient mourir [1].

Sitôt que la malheureuse division eut levé le camp, le général lui fit lire un ordre du jour touchant. Il montre la Providence éprouvant le courage et la résignation de ces vrais soldats, dignes frères de leurs aînés les vainqueurs des Pyramides et du Mont-Thabor, plus grands encore à Jaffa, devant la peste, qu'ils ne l'avaient été devant l'ennemi. Le résultat n'était pas moins lamentable. Plus de cinq mille hommes de la 1re division avaient quitté le rang.

Le 20 septembre eut lieu la bataille de l'Alma. Les Anglais conduisaient l'attaque de droite, Canrobert celle du centre avec les 1re et 3e divisions; Bosquet accomplit sur la gauche le tour de force qui dérouta les Russes, en escaladant des escarpements impraticables. Canrobert, qui, de son côté, gravissait lui aussi les hauteurs par des pentes fort roides, fut frappé d'un éclat d'obus en pleine poitrine; il resta quand même à cheval jusqu'à la fin de la journée.

Le maréchal de Saint-Arnaud, le vainqueur de l'Alma, était dompté par la maladie. Il remit le commandement en chef, non au plus ancien de grade des officiers généraux, qui était Forey, mais à Canrobert, désigné par l'empereur. Les grandes opérations du siège de Sébastopol allaient commencer. On avait bien songé à un assaut immédiat; mais Canrobert, très ménager du sang de ses hommes et adversaire de l'aléa, craignit un coup de dé aussi dangereux. Niel et Bosquet pensaient de même.

Dans la nuit du 9 octobre s'ouvrirent les travaux de tranchée; ils devaient durer onze mois. Bientôt les alliés, Anglais, Français et Turcs, purent se rendre compte des obstacles considérables qu'il leur faudrait surmonter. Les Russes ripostaient au feu de nos batteries, multipliaient les surprises, enclouaient nos pièces, et étaient toujours prêts à jeter sur nos flancs leur armée de secours, que le prince Menschikoff avait eu la sagesse de ne point enfermer dans la place.

1. Bazancourt, *Expédition de Crimée.*

Le 5 novembre, les Russes surprenaient les Anglais. Dés-
agréablement réveillés sous la tente par les balles et la mitraille, ceux-ci se mettent sur la défensive ; mais les colonnes
russes, beaucoup plus fortes, atteignent bientôt le sommet
du plateau d'Inkermann. La promptitude de Canrobert et de
Bosquet à deviner le plan des Russes, l'activité de Canrobert
à faire marcher les secours, la ténacité des Anglais, eurent
enfin raison de cette redoutable attaque. Les Russes s'en-
fuirent en désordre. Canrobert, blessé, se fit, comme à l'Alma,
panser sur le champ de bataille, et ne cessa pas de diriger
son armée. La reine d'Angleterre, les Chambres des lords et
des communes, envoyèrent au général français, venu si à propos en aide à l'armée anglaise, des compliments plus qu'officiels et l'expression d'une reconnaissance vraiment sincère
et cordiale.

La fin de l'année 1854 était venue, amenant l'hiver avec
son cortège d'épreuves. On imagine difficilement combien de
souffrances journalières représentait pour les malheureux
soldats campés dans la boue fangeuse ou sur le sol gelé, la
prolongation du siège durant cette saison. Mais les troupes,
aussi patientes qu'intrépides, se seraient senties réconfortées
rien qu'à regarder le commandant en chef, aussi dur à lui-
même que bon pour autrui, dormant et travaillant sous une
tente de simple soldat. Quand il passait la revue, au bruit
du canon des assiégeants et des assiégés, il aimait à s'arrêter
devant ses hommes et à causer avec eux, en leur souriant,
de son sourire presque paternel. Plein de délicatesse envers
les officiers, il faisait passer par eux les récompenses de la
troupe, leur procurant ainsi le plaisir de faire des heureux
et l'avantage de s'attirer la gratitude.

Ce général, si généreux envers tous, surtout envers les
humbles, n'est pas, comme on l'a prétendu, un courtisan
vis-à-vis des grands. Sa lettre au prince Napoléon, qui invoquait une maladie de circonstance pour se retirer à Constantinople, est d'une étrange fermeté sous les formules ironiques de respect[1]. Le général, pas plus que le dernier des
petits soldats, n'avait perdu la gaieté gauloise des aïeux.

1. « V. A. I. m'apprend que vous êtes dangereusement malade, *ce dont*

Ses ordres du jour étaient brefs, mais allaient droit au cœur. « Prenez ce drapeau, disait-il au nouveau régiment des zouaves de la garde, et portez-le comme se portent les drapeaux de France. » Sur la tombe du général Bizot, ce commandant supérieur du génie, qui avait su tenir tête à l'habile ingénieur russe Totleben, en faisant son éloge, il se peignit lui-même : « C'est justement, dit-il, parce que Bizot était un noble caractère, donnant à tous, chaque jour, le modèle du courage, du devoir accompli, du dévouement, de l'abnégation ; c'est parce que Bizot avait toutes les vertus et toutes les mâles qualités que Dieu, dans sa justice infinie, lui a accordé le suprême bonheur de tomber en soldat, sur la brèche, en face de l'ennemi ! »

Canrobert n'eut point ce genre de bonheur, mais il fit tout pour le mériter.

Ceux-là ne me contrediront certes pas, écrit le capitaine Blanc, qui l'ont vu dans les tranchées de Sébastopol, revêtu de son grand uniforme, parcourant à pas lents tous les travaux, dont il dépassait la crête, aussi tranquillement que s'il avait été dans un salon des Tuileries. Jamais on n'a poussé plus loin le mépris de la mort[1].

Mais, avec cette nature toute chevaleresque, il manquait à Canrobert une qualité essentielle dans son poste. *Il ne savait pas s'imposer*. Or, aucune qualité n'était plus nécessaire au commandement en chef de l'armée française qui opérait, parallèlement avec d'autres armées alliées, dont chacune recevait des ordres directs de son propre gouvernement. Il y eut bientôt dissentiment complet entre le maréchal et lord Raglan. Celui-ci, fatigué, sans doute, des lenteurs du siège, ou comprenant autrement les conditions du succès final, prétendait marcher contre l'armée de secours de Menschikoff, au lieu de remuer éternellement de la terre, de bousculer des ouvrages et de battre en brèche le jour des murs qui se réparaient la nuit. Canrobert jugeait, au contraire, toute expédition à distance un hors-d'œuvre, et il craignait cette dispersion des alliés. Mais plutôt que de persuader lord Raglan, ou

je m'étais plu à douter jusqu'à ce jour, et me fait craindre de priver mon armée des services et de la présence d'un prince au nom duquel se rattachent pour les soldats français des souvenirs si émouvants. » Martin, p. 176.
    1. Blanc, *la Légion étrangère*.

de le contraindre à entrer dans ses vues, il donna sa démission.

Il la donna simplement, parce qu'il la regardait comme un devoir, refusa même de retourner tout de suite en France ainsi que l'empereur l'en pressait, et ne demanda à son successeur, le général Pélissier, que de servir sous lui, non point même comme commandant de corps, mais comme divisionnaire. Il prit le commandement de la 1re du 2e corps, rentrant ainsi dans le rang au milieu de cette immense armée dont il avait su conquérir l'estime, l'affection et la confiance. Autour de lui et dans toute l'Europe, on admira cette conduite *romaine*, digne du temps où les consuls devenaient les lieutenants de leurs successeurs.

C'était se conduire en homme de cœur, mais encore plus en homme de raison. Canrobert connaissait à fond Pélissier, ce caractère d'une trempe si différente du sien. La fermeté d'attitude et l'impérieuse volonté du nouveau commandant de notre armée d'Orient eurent bien vite raison des velléités d'opposition de lord Raglan, d'Omer-Pacha, de La Marmora, et même, assure-t-on, de Napoléon III et de ses ministres. Il ne fit qu'à sa tête, et il prit Sébastopol (8 septembre 1855). Canrobert n'était plus là. Son dernier exploit avait été de chasser les Russes des hauteurs qui dominent la Tchernaïa (25 mai), et son dernier exemple de faire le service de garde aux tranchées tous les trois jours.

Le rôle du maréchal Canrobert a-t-il été effacé ou non dans la guerre d'Italie ? Il est du moins discuté. Le maréchal Niel, qui eut les honneurs de Solferino, lui reprocha « de n'avoir jugé prudent de lui prêter son appui que sur la fin de la journée[1] ». A Magenta, c'est Mac-Mahon qui avait assuré la victoire, à laquelle Canrobert avait contribué en contenant les réserves autrichiennes ; à Palestro, Canrobert avait coopéré au succès des Sardes, mais ce succès eût été beaucoup plus grand, sans les incertitudes du maréchal. Trochu, traité

1. L'importance du rôle de Mac-Mahon à Magenta a été contestée par le général Fleury dans ses *Souvenirs*. Nous reviendrons sur ce sujet. Les témoignages pour ou contre sont cités par M. Edmond Biré, *Causeries historiques*, 2e série, 2e édit., p. 253 *sqq.* — Voir aussi, dans la *Revue des Deux Mondes* du 15 mai 1899, l'article de M. Émile Ollivier intitulé : *Napoléon III, général en chef. Magenta et Solferino.*

par lui, à cette occasion, de général d'Afrique, lui a durement retourné ce qualificatif, dans ses *Souvenirs*[1]. A Canrobert seul revient l'honneur d'avoir, au début de la campagne,
sauvé Turin, menacé par les Autrichiens. Il fit abandonner
les lignes de la Dora-Baltéa, impossibles à défendre, pour
s'établir entre Casal et Alexandrie, et menaça aussi le flanc
de l'ennemi, qui n'osa point s'avancer.

IV

La guerre de 1870 consacra une dernière fois, non l'idée
que l'on avait pu se former des talents de Canrobert, mais la
réputation qu'il s'était acquise par de réelles vertus militaires. Il ne pouvait guère monter ; il ne descendit guère non
plus, et se maintint à un niveau où il fait encore assez belle
figure. Si triste qu'ait été le sort définitif de l'armée du Rhin,
la France garde son respect au héros de Saint-Privat.

Le 17 juillet 1870, le maréchal Canrobert, alors commandant le 1er corps d'armée à Paris, recevait du maréchal Lebœuf, ministre de la Guerre, une lettre d'avis, l'informant
que d'après les ordres de l'empereur il était nommé au commandement du 6e corps de l'armée du Rhin, et que son quartier général serait établi au camp de Châlons. Le maréchal
quitta la capitale le 24 ; sa surprise fut vive à l'accueil qu'il
reçut au camp des bataillons indisciplinés de la garde mobile
parisienne. Comme sa sollicitude pour le soldat était légendaire depuis la Crimée, il crut pouvoir s'avancer en souriant
vers les recrues et leur dire familièrement : « Eh bien, mes
enfants, comment trouvez-vous la soupe ? » Des réclamations
contre l'intendance, des cris, des désordres graves éclatèrent
aussitôt. Mauvais augure d'une entrée en campagne, moins
par l'insubordination révélée chez des jeunes gens encore
sans aucune formation militaire, que par la désorganisation
générale dont ce n'était qu'un indice. Point d'approvisionnements. Tout manquait.

Les revers du 6 août, à Reichshofen, ouvrirent la période

1. Trochu, *OEuvres posthumes* : « J'eus alors, et j'ai gardé la pensée, que
c'était lui qui, par la force de l'habitude, se croyait encore à cette guerre. »
T. II, p. 385.

d'affolement qui aboutira à la période du découragement, sous les murs de Metz. Les dépêches les plus contradictoires se multiplient, augmentant presque d'heure en heure le désarroi. Le 5, Canrobert avait ordre d'aller s'établir à Nancy; le 7, l'empereur lui écrit de rappeler celles de ses troupes qui sont en route, de conserver celles qu'il a encore à Châlons et de lui indiquer celles qui étaient déjà à Nancy. En effet, la 1ʳᵉ division du 6ᵉ corps était arrivée dans cette dernière ville, mais sans artillerie.

Cependant Mac-Mahon, qui battait en retraite sur Saverne, télégraphiait à Canrobert de lui envoyer sans retard cent mille rations de biscuit et de vivres de campagne, avec des munitions. Canrobert expédia cinquante mille rations de pain, du sucre, du café, du biscuit, deux cent mille cartouches d'infanterie. Quant aux munitions d'artillerie, lui-même n'avait pas son parc. Le glorieux vaincu de Reichshofen le remercia par cette dépêche navrante : « Saverne, 9 h. 35 matin. Merci de votre empressement à me venir en aide. Envoyez-moi aussi du campement, gamelles, marmites, car *la plupart de mes hommes ont perdu leur sac et ne peuvent plus faire la soupe*. Mac-Mahon. » — « Recevez-vous des vivres en suffisance ? » répondit encore une fois le bon Canrobert, mais ce fut la dernière. Les communications avec Saverne étaient déjà interrompues et la dépêche ne parvint pas.

Hodie mihi, cras tibi. Bientôt Canrobert perdra lui aussi sa bataille, et, dans son rapport, il s'apitoiera sur ses pauvres soldats qui y auront laissé leurs sacs, et ses officiers leurs bagages. Mais il avait à son actif d'honneur mieux qu'une résistance héroïque : nous venons de voir qu'il n'avait pas été égoïste envers ses camarades dans le malheur.

Le 9 août, une dépêche de l'empereur lui ordonnait d'envoyer sur-le-champ une de ses divisions à Metz. Il s'y rendait lui-même, rentrait le soir au camp de Châlons, recevait le lendemain l'ordre de se mettre, à Paris, à la disposition de l'impératrice qui faisait appel à son dévouement, et arrivait auprès de la souveraine le 10 au soir. L'entretien est resté confidentiel. On peut supposer que l'impératrice régente offrit au maréchal de reprendre la direction de l'armée de Paris, combinaison qui lui eût assuré une

position indépendante. Canrobert préféra se battre à la frontière, dût-il devenir le subordonné de Bazaine. Le 11 août
au matin, le commandant du 6ᵉ corps partait pour Metz sur
une locomotive et y arrivait le 12, à trois heures du matin.
Déjà, sur sa route, il avait pu apercevoir des uhlans. Les
communications avec Châlons furent coupées avant que le
6ᵉ corps ait été entièrement constitué. Il lui manquait trois
régiments de la 2ᵉ d'infanterie, en sorte que cette division (général Bisson) n'était représentée que par un seul
régiment, le 9ᵉ de ligne ; il lui manquait de plus *toute sa division de cavalerie*, sa réserve d'artillerie, sa réserve de génie
et son intendance générale ; somme toute, le quart de son
effectif, les trois quarts de son artillerie, de ses réserves de
munitions et de son génie. Si l'on n'a pas présents à l'esprit
ces faits préliminaires, qui sont essentiels, impossible de
comprendre la suite.

Les batailles sous Metz furent perdues d'avance au camp
de Châlons et dans les bureaux du ministre de la Guerre. La
concentration du 6ᵉ corps n'existait, comme tant d'autres
dispositions à prendre, que sur le papier.

Le maréchal Canrobert n'eut aucune part à la bataille de
Borny (14 août); mais, deux jours après, il en prenait une
importante à celle de Rezonville, où le 6ᵉ corps perdit plus
de cinq mille hommes tués ou blessés, sur dix-sept mille hors
de combat du seul côté des Français. Les pertes des Allemands étaient plus considérables encore, et ils avaient échoué
dans leur attaque contre nos positions. Canrobert s'en vanta
plus tard, au procès Bazaine, en rappelant qu'au lieu des
cent vingt pièces réglementaires, il n'en avait eu que cinquante-quatre à son service.

Je ne dis pas cela pour faire ressortir le courage du 6ᵉ corps, qui a
fait son devoir comme les autres et rien de plus ; seulement je constate
un fait, c'est que dans ce duel d'artillerie, celui qui n'avait que cinquante pièces devait être assommé. Nous n'avons pas été assommé [1].

Encore si l'infériorité d'artillerie n'eût été que numérique !
Mais les canons de l'ennemi ayant une portée plus longue,
pouvaient foudroyer les nôtres, tandis que nos obus écla-

1. Audience du 21 octobre.

taient en l'air sans arriver jusqu'à lui. Nous en reparlerons quand nous nous occuperons de Bourbaki dans un autre article.

Le lendemain matin Bazaine faisait abandonner le terrain si vaillamment défendu. Canrobert reçut l'ordre de se porter sur Verneville. Mais la position, entourée de bois, lui parut défavorable, et il demanda au général en chef, qui .y consentit formellement, à en occuper une autre. Saint-Privat-la-Montagne lui fut indiqué. En même temps il lui était recommandé de se .fortifier sur les points faibles. Malheureusement, nous nous en souvenons, le parc de génie du 6° corps était resté à Châlons. En outre, Canrobert envoyait prévenir Bazaine qu'il n'avait *plus de cartouches, plus de munitions d'artillerie*, et point d'autres approvisionnements que ceux achetés sur place.

Le 18 août, à onze heures et demie, commençait la bataille de Saint-Privat, la troisième et dernière, la plus glorieuse aussi des batailles livrées par l'armée du Rhin. Canrobert avait établi ses troupes sur deux lignes entre Jaumont et Roncourt à droite, et Amanvilliers à gauche, où le 6° corps donnait la main au 4°, commandé par le général Ladmirault. Saint-Privat formait le centre, à deux kilomètres d'Amanvilliers. C'est une position admirable et qui semble avoir été faite exprès pour les évolutions de deux armées aux prises. Le vaste plateau s'infléchit en pente douce et présente une large déclivité au bas de laquelle, à deux kilomètres, se dresse le petit village de Sainte-Marie-aux-Chênes, relié directement à la crête par la grande route de Briey. Cette route était elle-même coupée à angle droit par celle de Saint-Privat à Amanvilliers, trait d'union entre les deux corps.

Les Allemands ouvrirent d'abord le feu sur Amanvilliers, puis sur Saint-Privat. Leurs coups partaient des villages d'Habouville et de Saint-Ail, situés à gauche de Sainte-Marie-aux-Chênes ; ils visaient à écraser le centre du 6° corps que deux colonnes s'apprêtaient à assaillir de front. Canrobert fait aussitôt occuper Sainte-Marie-aux-Chênes par la brigade Collin, avec ordre d'y tenir solidement et aussi d'empêcher l'ennemi d'opérer le mouvement tournant qu'il dessinait déjà sur la gauche, vers Amanvilliers. Il était évident que Saint-

Privat devenait la clé de la position générale et qu'il fallait le défendre à tout prix. Sur cette hauteur les Français dominaient, en effet, le champ de bataille, et ils y étaient à l'abri de toute surprise. Aussi, Canrobert n'hésita-t-il point à se dégarnir à droite, du côté de Jaumont, pour aller soutenir à gauche le 4ᵉ corps, celui de Ladmirault.

Ces manœuvres étaient habiles ; elles furent déjouées par l'infériorité fatale de notre résistance. Nos bouches à feu, en moindre nombre et de moindre calibre que celles de l'ennemi, manquaient de munitions. Le général Collin, blessé, abandonnait Sainte-Marie-aux-Chênes, et maintenant les Prussiens essayaient de tourner la droite du 6ᵉ corps par le village de Roncourt. Là, ils furent mal reçus par les généraux Lafont de Villiers et Tixier, qui se portèrent vigoureusement en avant et les obligèrent à rétrograder.

L'avantage est donc aux Français, s'ils peuvent tenir à Saint-Privat. Il est trois heures. A ce moment Frédéric-Charles donne l'ordre de faire tourner le 6ᵉ corps sur la droite par les Saxons, en même temps que la garde prussienne renouvellera l'attaque de front.

La garde royale prussienne !

Il y a déjà un mois, le 18 août, anniversaire de la formidable mêlée, j'assistais en plein champ de bataille de Saint-Privat, à l'inauguration du monument de la garde par l'empereur Guillaume II. Quatre escadrons de dragons èt de uhlans, douze bataillons de troupes à pied, un régiment d'artillerie, une compagnie du 1ᵉʳ régiment de la garde et divers détachements occupaient l'emplacement des assaillants de 1870. De trois côtés à la fois partaient des salves de canon, et des nuages de fumée s'élevaient sur les trois points où la victoire fut le plus chaudement disputée, soit sur les positions des vaincus, soit sur celles des vainqueurs. On eût dit un simulacre de combat. Et quand l'empereur passa devant le front des troupes rangées en lignes sur la pente du plateau, face au village de Saint-Privat, on pouvait se demander si l'on n'assistait pas à la représentation de la mise en mouvement, pour aller au-devant de la mort, des trois magnifiques régiments de la garde de 1870.

Il paraît bien, d'après Guillaume II, que son grand-père

Guillaume Ier eut quelque peine à consentir au sacrifice[1]. Dans son discours, le petit-fils a exprimé ainsi les sentiments de l'aïeul :

> Quoique le 1er régiment d'infanterie de la garde tînt étroitement par le passé à la maison des Hohenzollern, puisqu'il servait à faire l'éducation de ses princes et de ses rois ; quoiqu'il puisse par conséquent être regardé comme le régiment de notre famille et de notre maison, l'empereur mon grand-père *n'a pas hésité un instant* à lancer dans la bataille ces troupes qui lui étaient si chères ; car il s'agissait de servir la patrie.
>
> L'histoire nous apprend comment ce régiment a combattu, les pertes qu'il a subies, comment il a tenu le serment de fidélité au drapeau, comment son courage lui a valu les éloges du grand empereur à qui les ravages que la mort fit dans ses rangs ont arraché des larmes[2].

Pendant ce temps, que faisait la garde impériale française ? Accrochée aux flancs du fort Saint-Quentin avec soixante bouches à feu demeurant inutiles, elle ne s'avancera guère que dans la soirée, après maint délai, quand il sera trop tard et quand les Allemands, comme à la dernière heure de Waterloo, seront « trop ».

Ce dut être un beau spectacle de voir s'élancer à l'assaut, avec ses curieux costumes du temps du grand Frédéric, encore aujourd'hui conservés, la garde royale prussienne de Guillaume. Avec leur coiffure en forme de mitre argentée, leurs buffleteries blanches sur la tunique bleue, les géants qui la composaient offraient des points de mire nombreux et écla-

---

1. Le 18 août de cette année, en même temps que le monument de Saint-Privat, a été inauguré un banc de pierre sur l'emplacement occupé par Guillaume Ier à Vionville pendant la bataille.

2. On écrit couramment et on redit partout en Lorraine que si Saint-Privat a été englobé dans le territoire annexé, c'est parce que Guillaume Ier a voulu conserver en pays conquis le tombeau de sa garde. « Lorsque la garde prussienne, déjà décimée à Sainte-Marie-aux-Chênes, puis un corps d'armée saxon, puis un corps d'armée prussien vinrent se heurter contre les régiments que Canrobert, transfiguré par la bataille, électrisait de sa présence, enflammait du feu de sa grande âme, il y eut sur ce plateau et sur cette pente une hécatombe, une boucherie auxquelles le roi Guillaume fut forcé de consacrer un souvenir funèbre et attristé, puisqu'il écrivit que sa garde avait trouvé là son tombeau. Et jusqu'au bout de ses triomphes définitifs, les fantômes de cette élite, si dévouée et si fidèle, le poursuivaient à ce point que lorsqu'il s'agit de tailler dans les chairs meurtries de la France la rançon de nos défaites, son premier cri fut pour Sainte-Marie-aux-Chênes et Saint-Privat. » Du Barail, *Souvenirs*, t. III, p. 197.

tants[1]. Visibles, ainsi que j'ai pu le constater, à de grandes distances, ils dessinent comme des vagues qui se meuvent en étincelant au soleil. Les Français, heureusement, avaient en main un fusil supérieur au fusil prussien, le chassepot; ils en expérimentèrent ce jour-là toute la puissance. La garde fut fauchée presque entière; le 2ᵉ régiment d'abord, ensuite le 4ᵉ, enfin le 1ᵉʳ.

Le 2ᵉ perdit la plupart de ses officiers; il n'en resta que des groupes d'hommes insignifiants. Le 4ᵉ fut décimé, et ses officiers, exposés à la grêle des balles, payèrent à la mort un large tribut. Sur le 1ᵉʳ, le rapport de l'état-major prussien fait cet aveu : « Les compagnies fondaient à vue d'œil sous le feu meurtrier des chassepots... peu à peu ce régiment perdait, comme les deux autres, tous ses officiers[2]. Cette première et audacieuse attaque de l'infanterie prussienne n'avait donc pas abouti. L'élan était rompu pour le moment; des milliers de morts et de blessés jonchaient ce champ de bataille abreuvé de sang... La situation était devenue fort critique, car l'ennemi pouvait n'avoir subi que des pertes relativement faibles, et on devait s'attendre à tout instant à lui voir prononcer un vigoureux retour offensif et culbuter sur Sainte-Marie les lignes sans consistance de l'assaillant. Mais, chose singulière, rien de semblable ne se produisit. » Et comment ce mouvement se fût-il produit? Le 6ᵉ corps n'avait aucune réserve. Quant à Bazaine, il ne voulait rien savoir. Tout au plus avait-il envoyé cinq ou six voitures de munitions. C'est avec les caissons à moitié ou au tiers pleins, restés de Rezonville, que l'artillerie du 6ᵉ avait soutenu jusque-là le combat. Elle devait succomber dans ce duel trop prolongé pour elle. Vers six ou sept heures du soir, quatorze batteries de la garde prussienne, divisées en deux groupes, canonnaient Amanvilliers et Saint-Privat. L'église de ce dernier village était détruite. Le cercle de fer se rétrécissait toujours autour de ce boulevard de la défense de plus en plus réduit. Sans

1. Les soldats actuels de la garde, la plupart jeunes, ont encore une assez belle taille. Le plus petit ne mesure pas moins de 1ᵐ,80. Les officiers sont des hommes superbes.

2. J'ai relevé le chiffre des pertes, gravé au revers du monument : *Seinem Commandeur, 35 Offiziere, 104 Unter-Offiziere, 992 Grenadiere and Fusiliere.* Cette inscription fait suite à une autre qui se trouve sur la face.

compter l'artillerie hessoise, vingt-trois batteries faisaient
pleuvoir finalement des masses de fer sur cet abri en ruines,
balayant tout, poussant tout, broyant tout. Les murs des maisons s'effritent sous les projectiles qui tombent jusqu'au milieu du cimetière transformé en ambulance:

La retraite s'impose aux Français. Ils se retirent, mais en
défendant le terrain pied à pied. L'arrière-garde établie à
Roncourt dérobe habilement sa marche aux Saxons et rallie
le centre. En ce moment suprême, l'action reprend avec une
rage nouvelle. Le général Du Barail avec sa division de cavalerie, formée d'éléments disparates réunis le matin même,
reçut ordre de couvrir la retraite. « Il faut tenter une charge,
me dit le maréchal Canrobert, — c'est Du Barail qui parle, —
pour me permettre de respirer un peu... La charge était inutile, impraticable. Il nous aurait fallu faire six cents mètres
pour atteindre l'infanterie et deux kilomètres pour atteindre
l'artillerie. Je fis déployer la brigade Bruchard tout entière...
On n'avait pas fait cinquante mètres que les deux régiments
étaient désorganisés... Les balles et les obus avaient fait
dans les rangs de tels vides que les cavaliers dégringolaient
les uns sur les autres comme des capucins de cartes. Pourtant je réussis à protéger la retraite avec mon autre brigade,
celle du général de La Jaille. Les chasseurs d'Afrique se dé-
ployèrent en tirailleurs, ripostèrent de leur mieux aux salves
de l'infanterie allemande qui avançait sur eux[1]... »

Aux derniers rayons du soleil couchant, Prussiens et
Saxons se précipitent à l'assaut de Saint-Privat ; Prussiens au
sud et à l'ouest, Saxons au nord et nord-ouest, sans que les
obus cessent de pleuvoir sur les habitations en flammes,
écrasant au hasard les vainqueurs et les vaincus. Ceux des
officiers allemands qui survivent, exaltés par l'acharnement
de la lutte, triomphent de toucher enfin à la victoire et enlèvent les débris de leurs compagnies. La presse est telle que
de nombreux groupes sont contraints d'appuyer à gauche
pour trouver une autre voie. Les drapeaux, dont plusieurs
ont changé de mains jusqu'à cinq fois, claquent au vent, à
travers l'épaisse fumée du canon. Les renforts arrivent sur

1. Du Barail, *Souvenirs*, t. III, p. 198.

les renforts ; les troupes fraîches rivalisent avec les troupes épuisées qui retrouvent à leur contact un regain de vigueur.

Canrobert tenait toujours.

Seul, à pied, ne voulant pas exposer inutilement son état-major, ses longs cheveux tombant sur le cou, des larmes sillonnant parfois son rude visage, il parcourait les rangs des troupiers et les encourageait par un mot, une poignée de main, un geste d'affectueuse protection.

« Eh bien ! mon brave, nous ne lâcherons pas, hein [1] ?

« — Non, monsieur le maréchal, soyez tranquille. »

Le maréchal effectua sa retraite méthodiquement, et gagna en bon ordre les bois qui couvrent les hauteurs de Saulny, seul côté où le cercle des ennemis ne s'était pas fermé. Une batterie du 6ᵉ corps, à qui il restait encore quatre ou cinq coups par pièce, commença de ce point un feu soutenu, et sous la protection de cette batterie nos troupes se retirèrent sans être poursuivies par les Allemands.

Cependant Canrobert — comme un vieux lion d'Afrique qui recule face aux chasseurs et se retourne encore pour leur tenir tête — marchait tout doucement, s'arrêtant toutes les dix minutes dans l'espérance de recevoir des renforts, et il n'en recevait pas. La garde française, mise en mouvement fort tard sur la route de Plappeville, n'aborda point la fournaise de Saint-Privat.

Il était neuf heures et demie du soir. Canrobert fit porter à Bazaine la nouvelle du revers. Et Bazaine, qui n'avait pas su s'occuper à temps de ce 6ᵉ corps d'armée sur lequel s'étaient concentrés les efforts de l'ennemi, répondit avec calme : « Ne vous chagrinez pas d'une retraite qui devait avoir lieu dans tous les cas douze heures plus tard. » Il n'avait donc jamais voulu sérieusement s'éloigner de ces murs de Metz contre lesquels un général mieux inspiré que lui eût écrasé l'armée allemande.

V

Le pire est que le découragement passa du commandant en chef de l'armée du Rhin aux autres commandants de corps, 2ᵉ, 3ᵉ, 4ᵉ, et garde impériale, concentrés autour de la place.

1. Commandant Rousset, *les Combattants de 1870-1871.*

Canrobert, consciemment ou non, ne parvint pas à remonter
le courant général. Il suffit de lire son *Journal*, sèche énumération de dates et de faits, pour s'en rendre compte. Le
21, il écrit : *On s'attend à une nouvelle bataille*; mais la
bataille n'a pas lieu, et, le lendemain, il dépeint en trois mots
la situation qui désormais résumera à peu près tout : *Bi-
vouacs sous Metz*. Le 26, des ordres de marche sont de nouveau expédiés. A quatre heures du matin, les troupes passent
sur la rive droite de la Moselle. A onze heures et demie, le
6ᵉ corps s'établit en avant du bois de Grimont. Que fait Bazaine?
Au lieu d'envoyer aux généraux un ordre de combat, il les
invite à une conférence dans le château. Là, lui qui est averti
de la marche de Mac-Mahon en vue d'opérer sa jonction avec
son armée, a soin de n'en point parler; il laisse dire par le
général Soleille, commandant l'artillerie, qu'il n'a de munitions que pour une bataille, alors qu'en réalité l'armée, complètement réapprovisionnée depuis le 22 août, en a pour
plusieurs combats, et il ne contredit pas des assertions
comme celle-ci, à laquelle le général Coffinières, le commandant si peu énergique de Metz, n'est sans doute pas
étranger, que la place, sans le secours de l'armée, ne peut
pas tenir plus de quinze jours.

Frossard, Lebœuf, Ladmirault, hélas, et Canrobert, plus
ou moins trompés par ces affirmations mensongères, déclarèrent, conformément au vœu de Bazaine, qu'il ne fallait pas
compromettre l'armée par un mouvement offensif. La campagne de l'armée du Rhin était virtuellement terminée.

L'affaire des 31 août et 1ᵉʳ septembre (Sainte-Barbe et Nois-
seville[1]) fut sans conséquence. Elle témoigna seulement de la
persistance de l'esprit militaire chez Canrobert et du but secondaire qu'il poursuivait encore. A son avis, le moral de
l'armée ne pouvait être maintenu qu'à la condition de ne pas
rester dans l'inertie. « Frappons de tous les côtés, avait-il
dit dans la conférence de Grimont; donnons *des coups de
griffe* partout et incessamment. »

Le 13 septembre, il écrit : *On commence à manger les
chevaux.*

1. Voir dans les *Souvenirs* du général Du Barail, t. III, p. 162 *sqq.*,
l'émouvant chapitre intitulé : *L'agonie d'une armée. Au 6ᵉ corps.*

Comment, dès lors, sortir et tenir campagne?

Le 29 octobre, les Prussiens occupaient Metz. Canrobert avait cru jusqu'au bout, trompé par Bazaine, que les drapeaux seraient brûlés et non livrés à l'ennemi. Ces mensonges de Bazaine excusent en partie Canrobert de son attitude durant la dernière période du siège, mais ne sont que des circonstances atténuantes. Même après le désastre, le commandant du 6ᵉ corps n'ouvrit point les yeux sur la conduite de ce commandant en chef que le conseil de guerre du Trianon allait condamner à mort. Les lettres au « cher maréchal » en font foi. Il accuse la fatalité et la famine; il trouve « monstrueuses » les accusations lancées contre le général politicien qui se laissait jouer par Bismarck en de louches négociations, au lieu de mener à la bataille les 175 000 hommes que la France lui avait confiés pour la garde de ses frontières.

Les illusions et les préjugés de Canrobert ne tombèrent qu'avec la Commune. Deux jours après l'insurrection du 18 mars, il écrivait au chef du gouvernement provisoire :

Bruxelles, 20 mars 1871.

Dans les circonstances actuelles, le devoir de tout bon Français étant de se grouper autour du gouvernement régulier et de l'Assemblée nationale, je viens mettre à leur disposition mes services et mon expérience de vieux et loyal soldat, si vous les croyez utiles au salut du pays[1].

Ses offres ne furent pas agréées et ne pouvaient pas l'être. Mais cet ostracisme fut de courte durée. Le maréchal qui avait servi la France sous la Restauration, la royauté de Juillet et l'Empire, continua sous le nouveau régime. Il fut nommé membre ou président de différentes commissions militaires et du conseil supérieur de la Guerre. Dans ses fonctions, il montra un rare désintéressement.

Le 10 février 1883, il donna enfin sa démission. Il avait soixante-quatorze ans d'âge et cinquante-sept de service.

Le lundi 28 janvier 1895, il s'éteignit doucement et chrétiennement. La veille au matin, sur sa prière, il avait reçu l'extrême-onction de son fidèle ami, l'abbé Misset, curé de

1. Martin, p. 294.

Saint-Pierre-de-Chaillot[1]. La France fit de dignes funérailles à son dernier maréchal. L'empereur d'Allemagne, Guillaume II écrivit au président de la République française :

C'est de tout notre cœur que moi et le corps de ma garde regrettons avec vous le décès du défenseur héroïque de Saint-Privat, qui nous a toujours remplis d'admiration.

Et le 18 août dernier, devant le monument qui se dresse sur le promontoire arrosé de tant de sang, il proclamait que si les soldats du 1er régiment d'infanterie de la garde « sont morts en héros pour l'empereur et la patrie, les soldats français ont trouvé aussi une mort glorieuse ».

C'est le plus bel éloge de Canrobert d'avoir forcé pour plusieurs générations l'estime et le respect de ses adversaires, jusque dans la défaite. Il serait cependant plus grand devant l'histoire si Saint-Privat avait eu un autre lendemain que la capitulation de Metz et la perte de la Lorraine.

Sénateur de l'Empire, il avait connu aussi les batailles parlementaires. Dans la fameuse séance du 30 mars 1867, où Sainte-Beuve, atteint d'une sénile impiété, avait fait l'apologie de Renan, Canrobert, comme mû par un ressort, lui avait infligé cette riposte : « Ce n'est pas dans cette assemblée qu'on peut faire l'apologie de celui qui a nié la divinité du Christ, et qui s'est posé comme l'ennemi acharné de l'Église. Quant à moi, tout en laissant à chacun sa liberté d'action, je proteste formellement contre les doctrines qui sont émises, et je suis persuadé que ma voix aura ici beaucoup d'échos[2]. »

Trois ans après, Renan festoyait durant le siège de Paris par les Allemands. L'apostasie de la France officielle avait préparé sa défaite.

Henri CHÉROT, S. J.

---

1. Grandin, p. 343; — Félix, p. 225.
2. Grandin, p. 313.

L'AUTORITÉ HUMAINE DES LIVRES SAINTS

ET LE

« CONCESSIONISME »

(Deuxième article[1])

· I V

Que l'Église elle-même défende avec un soin jaloux la valeur humaine de nos Livres saints, nous avons promis de le montrer, et c'est chose facile sans qu'il soit besoin de grande érudition.

Nous le disions ici, l'année dernière[2], il y a deux méthodes d'apologétique consacrées dans l'Église. Et d'abord, on peut parfaitement démontrer la vérité de la foi chrétienne, l'origine divine de l'Église catholique sans recourir à aucun livre. Il suffit de s'appuyer sur les manifestations sans cesse renouvelées, toujours présentes, de la puissance de Dieu qui suit et accompagne son Église à travers les siècles, afin de montrer aux plus ignorants comme aux plus savants des hommes où est la vraie religion, où est la doctrine approuvée du ciel, quelle est, par conséquent, la vraie route qui y mène. C'est là cette méthode de démonstration que nous avons appelée la démonstration par le fait prochain, et l'on voit pourquoi, sans qu'il soit besoin de l'expliquer davantage.

Cette première méthode nous a été recommandée par l'Église elle-même au dernier de ses conciles, le concile du Vatican. Après avoir dit que pour nous amener à reconnaître la vraie foi, Jésus-Christ, en fondant son Église, avait eu soin de munir ses origines de tous les signes de crédibilité, le concile ajoute : « Bien plus, l'Église, par elle-même, du fait de son admirable propagation, de son éminente sainteté, de sa fécondité inépuisable en toutes sortes de biens, de son unité catholique, de son invincible stabilité, est un grand et

---

1. V. *Études,* 20 août 1899, p. 433.
2. *Etudes,* 5 novembre 1898, p. 292 *sqq.*

perpétuel motif de crédibilité, un témoignage irréfragable en faveur de sa divine légation [1]. »

Voilà les vrais miracles, toujours présents, toujours actuels, et que l'Église déclare être de grands et perpétuels motifs de crédibilité. Les orateurs chrétiens ont donc mille fois raison, quand ils s'adressent à des auditoires populaires, et même à des auditoires d'élite, de revenir sans cesse sur ces divers motifs de crédibilité que nous rappelle ici le concile du Vatican.

Mais, à côté de ce premier genre de démonstration, il en est un second que nous avons nommé la démonstration par le fait éloigné, le fait qui appartient au passé de l'histoire. Eh bien ! cette démonstration, elle est également traditionnelle dans l'Église. Ni les orateurs chrétiens, ni les théologiens ne la négligent. Prenez les conférenciers de notre temps; prenez les apologistes chrétiens; prenez les théologiens d'école; ouvrez surtout les deux traités, maintenant classiques, *de Religione*, *de Ecclesia*, qui, depuis trois siècles et plus, se sont adjoints à la grande théologie et forment comme une préface à la Somme de saint Thomas d'Aquin, et vous constaterez qu'il y a toute une série de thèses ou propositions que les maîtres font reposer sur les manifestations de la divinité dont l'histoire nous a gardé le souvenir certain. Mais où les prennent-ils, ces faits? Sur quels documents humains les appuient-ils? La plupart du temps sur nos Livres saints considérés comme des documents historiques qui sont certains et défient le doute prudent.

C'est ainsi, par exemple, qu'ils nous prouvent l'origine divine du judaïsme et du christianisme; la mission divine de Jésus-Christ; la divinité de sa personne; l'institution divine de l'Église chrétienne; l'unité, la sainteté, l'apostolicité, la catholicité de cette même Église; sa hiérarchie, son pouvoir doctrinal et gouvernemental, son infaillibilité; la primauté de Pierre comme de ses successeurs, l'infaillibilité de son magistère et son droit à régir l'Église universelle; et tout

---

1. « Quin etiam Ecclesia per se ipsa, ob suam nempe admirabilem propagationem, eximiam sanctitatem et inexhaustam in omnibus bonis fœcunditatem, ob catholicam unitatem, invictamque stabilitatem, magnum quoddam et perpetuum est motivum credibilitatis et divinæ suæ legationis testimonium irrefragabile. » *Conc. Vat.*, sess. III, cap. iii, *de Fide.*

cela, entendez-le bien, nos maîtres croient pouvoir le démontrer en se fondant, même uniquement, sur l'autorité humaine des Livres saints et, en particulier, des Évangiles.

Que nos théologiens, et avec eux nos orateurs chrétiens et nos apologistes, aient raison de s'appuyer ainsi sur l'autorité purement historique des Écritures, pour faire la preuve rigoureuse de toutes les propositions que nous venons d'indiquer, c'est ce que l'on ne saurait nier ; et il y aurait non seulement impertinence, mais grande témérité à contester la légitimité, la valeur d'un procédé de démonstration employé si universellement dans l'Église.

Du reste, s'il y fallait joindre le poids d'une parole souveraine, on la trouverait sans peine. Le souverain pontife Léon XIII, dans son encyclique *Providentissimus*, a lui-même exposé le double procédé de démonstration apologétique dont nous parlons. Après avoir dit que pour établir l'autorité *intégrale* « auctoritas integra » des Écritures, il n'y a pas d'autre moyen de l'obtenir *pleinement et universellement* [1] « plene universeque » que de recourir au magistère de l'Église, dont la divine légation peut à son tour se prouver sans livre et par les signes prochains de crédibilité que nous indique le concile du Vatican (nous le citions tout à l'heure), il ajoute ces paroles mémorables : « Mais parce que le magistère divin et infaillible de l'Église repose *aussi* sur l'autorité de la sainte Écriture, à cause de cela il faut d'abord établir et prouver *la foi au moins humaine qui est due à celle-ci, afin qu'au moyen de ces livres, comme des plus sûrs témoins de l'antiquité, puissent être démontrées et mises en évidence la divinité et la mission de Jésus-Christ, l'institution de l'Église hiérarchique, la primauté conférée à Pierre et à ses successeurs* [2]. »

1. A dessein nous soulignons ces mots. Nous avons dit plus haut que l'on peut démontrer l'autorité des Écritures, et par voie d'autorité (de l'Église), et par voie historique. Ici, le Souverain Pontife nous affirme que seule la voie d'autorité démontre *pleinement* et *universellement* l'autorité *intégrale* des Écritures. Il est évident que le Souverain Pontife tenait à affirmer la supériorité de la méthode d'autorité ; mais c'était reconnaître en même temps qu'il existe une seconde méthode, quoique moins efficace, moins universelle, moins adaptée à l'ensemble des intelligences.

2. « Quoniam vero divinum et infallibile magisterium Ecclesiæ, in auctoritate etiam sacræ Scripturæ consistit, hujus propterea fides saltem humana

Ainsi, nul doute n'est possible ; d'après les paroles mêmes du Pape, on peut démontrer, mettre en évidence le magistère de l'Église, la divinité et la mission de Jésus-Christ, enfin toutes les grandes thèses qu'il vient d'énumérer et qui forment aujourd'hui les traités *de Religione* et *de Ecclesia*, et cela, en s'appuyant sur l'autorité simplement humaine des Écritures, comme l'ont toujours fait et le font encore les apologistes catholiques, écrivains, théologiens ou orateurs.

De cette doctrine assurée, il suit premièrement que la valeur humaine des Livres saints auxquels on a recours pour établir les propositions indiquées ci-dessus par le Pape, est chose tout à fait certaine ; sinon, c'est en vain qu'on essaierait d'établir sur ces textes une démonstration rigoureuse. Il suit, en second lieu, qu'il n'est pas permis de dire que le magistère de l'Église ne se démontre pas efficacement par l'autorité humaine des Livres saints ; car, parler ainsi, ce serait aller droit contre les enseignements du Pape et de l'Église entière.

Nos lecteurs ne seraient sans doute pas satisfaits, si nous ne répondions aussi, et directement, aux difficultés qui ont été proposées, dès le début de ce travail, précisément contre la démonstration du magistère par l'autorité humaine des Évangiles. En deux mots, nous allons le faire.

On a dit : Il est impossible de déduire le magistère de l'Église du témoignage purement historique des Évangiles, et voici pourquoi :

1° On ne peut savoir si les Évangélistes, envisagés comme simples historiens, n'ont pas, à leur insu, tronqué les enseignements du Maître, quand ils ont énoncé ainsi les paroles du Christ sur lesquelles s'appuie le magistère : Allez, enseignez toutes les nations, toute puissance vous est donnée, je suis avec vous jusqu'à la consommation des siècles, etc.

Réponse. — Il suffit que ce que les Apôtres ont rapporté des paroles de Jésus-Christ, ait bien été dit par Jésus-Christ et

asserenda in primis vindicandaque est : quibus ex libris, tanquam ex antiquitatis probatissimis testibus, Christi Domini divinitas et legatio, Ecclesiæ hierarchicæ institutio, primatus Petro et successoribus ejus collatus, in tuto apertoque collocentur. » Encyclica *Providentissimus*.

dans le même sens. Les omissions ici ne peuvent nous nuire. Si pour croire à un historien, il fallait prouver qu'il a tout relaté, sans rien omettre, nous serions fort empêchés d'en croire un seul.

2° Qui me dit que la mémoire des Évangélistes pris comme historiens n'a point failli en rapportant ces paroles ?

Réponse. — Qui vous le dit ? Mais leur accord d'abord, et, par-dessus tout, les Évangiles en entier, qui, en dehors des textes dits classiques, partout nous montrent Jésus-Christ préparant la fondation de son Église, choisissant ses Apôtres, leur enseignant sa doctrine, la leur faisant enseigner à eux-mêmes, puis leur léguant son œuvre à développer après sa mort. Enfin, vous avez toute l'histoire de l'Église primitive, qui montre en action les Apôtres prêchant en vertu des pouvoirs qu'ils ont reçus de Jésus-Christ. Il est donc évident que les Apôtres ont bien rapporté l'essentiel des paroles du Christ sur la mission autorisée de son Église, et que leur mémoire n'a point failli.

3° Où prenez-vous cette évidence que la plume de Jean, de Luc ou de Matthieu rend adéquatement la doctrine du Christ?

Nous avons déjà répondu ; pas n'est besoin que les Évangélistes aient tout rapporté ; il suffit que ce qu'ils rapportent rende bien dans sa substance la parole du Christ. Or, de cela on ne saurait douter pour les raisons que nous venons de dire dans la réponse à l'objection précédente.

C'est à peu près tout ce que l'on nous a objecté contre la compétence humaine des Évangélistes. Comme on voit, elle ne saurait être sérieusement mise en doute dans cette question.

Ah! s'il s'agissait d'établir un dogme très élevé, très subtil, en se fondant sur certains discours de Jésus-Christ dont le sens est difficile à percevoir, ou dépasse même la portée de l'intelligence humaine, sans doute nous devrions nous dire qu'en pareil cas un historien, fût-il le plus honnête et le plus intelligent, peut fort bien se tromper, et rapporter d'une manière non seulement incomplète, mais encore inexacte, les discours si profonds de Jésus-Christ.

Par exemple, s'il s'agissait d'établir que d'après les paroles de Jésus-Christ, dans saint Jean, le Saint-Esprit procède du

Père et du Fils dans l'unité de principe, il est clair qu'une telle vérité si haute, si peu à la portée du commun des hommes, et sans lien apparent avec l'ensemble des vérités qui nous sont familières, a pu être mal comprise, mal rapportée par un écrivain qui n'est encore, à mes yeux, qu'un historien ordinaire. Aussi personne n'aura l'idée de prouver la procession du Saint-Esprit en s'appuyant sur la valeur purement humaine des Écritures.

Mais tel n'est point le cas du magistère de l'Église. Les Apôtres, pris comme de simples pêcheurs de Galilée, étaient parfaitement en mesure de comprendre ce que Jésus-Christ leur disait par ces paroles ou autres semblables : « Allez prêcher par le monde entier ce que je vous ai moi-même enseigné, et jusqu'à la fin du monde je serai avec vous; l'enfer ne prévaudra pas. Qui vous écoute, m'écoute; qui vous méprise, me méprise. Qui vous croira, sera sauvé; qui ne croira pas, sera condamné. »

Tout cela est très simple, très clair, à la portée de tout le monde, et Jésus-Christ l'a répété sous tant de formes qu'on peut être sûr de la fidélité et de l'exactitude de nos bons Évangélistes. Ainsi, l'on peut être tranquille et continuer de croire comme ci-devant que les Évangiles, à ne considérer même que leur valeur historique, prouvent très bien le magistère de l'Église.

V

Mais la démonstration du magistère par l'autorité historique des Évangiles n'est qu'une application particulière de l'usage qu'on peut faire de nos saints Livres pris comme livres simplement humains. Reprenons donc notre thèse générale, et après avoir montré comment la théologie dans ses procédés de démonstration, l'Église dans son apologétique font appel à l'authenticité des Écritures ou la supposent comme vérité certaine, essayons, pour contenter tout le monde, de répondre encore ici directement aux difficultés que l'on oppose à notre thèse générale elle-même.

Un livre, nous dit-on, pour être inspiré et canonique, n'a pas strictement à justifier d'abord de son authenticité humaine, ni à produire le nom et les qualités de son auteur

humain. Il doit donc nous suffire de maintenir et de défendre
le caractère inspiré de ce livre. Qui ne sait d'ailleurs qu'un
certain nombre de nos livres sacrés sont sans date et sans
nom d'auteur? Par conséquent, il est avéré que nos livres
saints n'ont aucunement besoin d'être munis des preuves de
leur authenticité humaine. Et alors que vient-on nous dire
qu'il faut défendre la valeur humaine, l'authenticité humaine
de ces livres, aujourd'hui surtout qu'elle est si contestée par
la critique?

Il y a dans ces paroles beaucoup de confusions, que l'on
éviterait à coup sûr si l'on se rappelait premièrement en quoi
consiste l'authenticité, ou autrement quelles sont les conditions nécessaires et suffisantes pour qu'un livre jouisse de
l'autorité humaine ; et secondement de combien de manières
la valeur historique d'un livre saint peut se trouver démontrée et irrécusable, quoi que l'on fasse. Expliquons ces deux
points; ils nous donneront la clé de toutes les difficultés
qu'on vient d'entendre.

Première question. — Quelles conditions sont requises pour
qu'un livre ait pleine autorité humaine ?

Un livre a l'autorité humaine ou historique du moment
qu'il conste de trois choses, à savoir : Que l'auteur est un
écrivain de probité incontestée ; que ce même auteur avait la
connaissance des matières sur lesquelles on a recours à son
témoignage ; et enfin que le texte de l'auteur n'a pas été falsi-
fié en route, qu'au contraire il rend bien fidèlement son
témoignage.

Voilà ce qu'il faut, ni plus ni moins, pour qu'un ouvrage
ait sa pleine valeur historique ; et tout livre dont on peut dire
qu'il nous arrive, sans altération substantielle, d'un auteur
probe et bien renseigné, est un livre qui mérite confiance,
qui mérite la foi humaine correspondant à sa valeur humaine.
En un mot, c'est un livre authentique, c'est-à-dire un livre
qui fait autorité en histoire.

On voit, d'après cela, qu'il n'est pas même requis de connaître le nom de l'auteur du livre. Et en effet, on peut très
bien arriver à savoir que l'auteur d'un écrit a parlé avec connaissance de cause et en parfait honnête homme, sans qu'on
sache pourtant quel est le nom de cet honnête homme. Voyez,

par exemple, les deux livres des Paralipomènes, ou, si vous
le préférez, les deux derniers livres des Rois. Qui sait le
nom de l'auteur de ces livres? Personne ne le peut dire, du
moins avec certitude. Et qui peut douter cependant de la
science et de la probité de cet auteur? Personne, en dehors
des gens à parti pris du rationalisme biblique. Par le nombre
des sources qu'il a consultées, et auxquelles il renvoie pour
s'excuser de ne pas entrer dans plus de détails, on juge, on
voit clairement que cet écrivain était au courant de l'histoire
qu'il raconte. D'autre part, l'accord constant de son récit avec
les récits parallèles de l'Ancien Testament, avec les Prophètes, avec les découvertes récentes de l'assyriologie,
montre bien, non seulement qu'il était exactement informé,
mais encore qu'il ne nous a pas voulu tromper, qu'il a écrit
au contraire en toute loyauté et avec un désir sincère de
l'exactitude. Concluons donc qu'un livre peut jouir d'une
pleine autorité historique, quand bien même on ne connaî-
trait pas le nom de son auteur.

S'ensuit-il qu'il soit indifférent, dans une question de valeur historique ou d'authenticité humaine, de connaître ou de
ne connaître pas le nom de l'auteur du livre? Non, pas toujours. Et pourquoi? Parce que souvent le nom seul suffit à
garantir la science compétente et l'honnêteté parfaite de
l'écrivain. Si c'est Moïse qui a écrit le récit de la sortie
d'Égypte, les longues pérégrinations à travers le désert; si
ce sont les Apôtres Matthieu et Jean, ou les disciples des
Apôtres, Marc, Luc, qui nous ont laissé la vie du Sauveur,
pas n'est besoin d'aller plus loin, nous avons affaire à des
gens bien informés et dont la probité est au-dessus de tout
soupçon. Voilà pourquoi, encore que parfois nous puissions
prouver la science et l'honnêteté d'un écrivain qui reste anonyme, il n'est pas indifférent, en bien des cas, de savoir ou de
ne pas savoir le nom de l'auteur, ce nom pouvant être à lui
seul une garantie, une preuve irrécusable de compétence et
de probité.

Aussi le théologien lui-même ne se désintéresse-t-il pas, en
pareille occurrence, du nom de l'écrivain sacré; car voici la
série d'arguments qui se développe alors sous ses yeux : le
nom de l'auteur garantit la loyauté et la science de l'écrivain;

la loyauté et la science de l'écrivain constituent avec l'intégrité du texte ce que l'on appelle sa valeur ou autorité historique ; et l'autorité historique enfin de nos saints Livres nous
sert à prouver les grandes thèses de la théologie fondamentale. Et l'on voit ainsi comment tout se tient et s'enchaîne ;
comment un fait, de sa nature historique, tel que le nom d'un
auteur, peut être en connexion étroite avec des vérités religieuses capitales.

C'est pourquoi l'Église elle-même ne reste pas indifférente à
ces questions de critique biblique, et l'on a vu Léon XIII, par
exemple, non seulement affirmer l'autorité historique des
Livres saints, mais encore déclarer que d'attribuer les livres
du Nouveau Testament à d'autres auteurs que les auteurs reconnus dans l'Église « evangelia et scripta apostolica aliis
plane auctoribus tribuenda », c'était commettre une erreur
monstrueuse « hujusmodi portenta errorum ». Avis à ceux
qui ont récemment imaginé de soutenir que les questions
d'authenticité ou d'autorité humaine des Livres saints sont de
pures questions de critique et d'histoire, qui ne touchent en
rien à l'orthodoxie.

Mais il y a une autre raison pour laquelle l'Église, en certains cas, ne se désintéresse pas et ne peut pas se désinté-
resser des origines même simplement humaines des Écritures, et cette raison la voici.

Il peut très bien se faire que tout ce qui concerne la valeur
humaine ou les origines historiques d'un livre, sa provenance, le nom de l'auteur, les titres et qualités de celui-ci à
nous imposer la vérité de son récit, soient aussi du domaine
de la foi, appartiennent au dépôt des vérités ou des faits
révélés, c'est-à-dire des faits contenus soit dans l'Écriture,
soit dans la tradition divine. Il dut même en être ainsi toujours au début, quand un livre inspiré paraissait et était
remis par son auteur à la Synagogue ou à l'Église.

Il fallait bien, en effet, pour qu'un livre sorti de la main
d'un homme, prince ou berger, prophète ou apôtre, fût
accepté un jour ou l'autre comme inspiré, que la Synagogue
ou l'Église pût vérifier les titres de l'écrivain qui se disait
inspiré ; en d'autres termes, que celui-ci déclinât ses titres et
qualités pour faire admettre son écrit au rang des écrits ins-

pirés et canoniques. L'écrivain se présentait donc de la part de Dieu, non point devant un bureau d'enregistrement, comme on l'a dit avec une ironie peu convenable en pareil sujet, mais à ceux auxquels il remettait son livre; il déclarait devant eux au nom de Dieu que lui, David ou Amos, Luc ou Jean était l'auteur inspiré et digne de foi de tel ou tel écrit; et il fallait prouver tout cela, sans quoi, je vous le demande, comment son écrit eût-il jamais pu pénétrer dans la collection des livres qui contiennent authentiquement le dépôt de la foi et qu'il faut croire comme parole de Dieu? On n'imaginera pas, je suppose, sauf exception possible, qu'une seconde révélation était faite à un intermédiaire sur la valeur divine des écrits composés par le véritable auteur inspiré? Non, c'était bien lui, d'ordinaire, le véritable auteur qui présentait son livre de la part de Dieu. La déclaration de ce prophète ou de cet apôtre étant donc faite au nom de Dieu était elle-même parole de Dieu. Aussi la trouve-t-on parfois enregistrée jusque dans le livre de l'écrivain inspiré, ou même encore, dans les écrits postérieurs d'hommes semblablement inspirés ; par conséquent, elle fait partie des Écritures elles-mêmes. Parfois, cette nécessaire déclaration n'est pas entrée dans l'Écriture, mais alors elle a dû se faire oralement et appartenir ainsi à la tradition divine purement orale.

Dans les deux cas, à l'origine, tous les éléments qui peuvent servir à établir, non seulement la valeur ou autorité divine d'un livre, mais encore sa valeur humaine, tels que science, probité, nom de l'auteur, etc., ont fait partie du nombre des vérités révélées[1]. Voilà ce que l'on n'aurait jamais dû oublier.

Il est vrai que des textes appartenant à l'Écriture, parfois même des faits de tradition, peuvent se perdre avec le temps; et, en réalité, beaucoup de choses se sont perdues sur la route des siècles. On a perdu jusqu'à des livres entiers, qui

1. On pourrait supposer encore, en ce qui concerne les apôtres, que l'Église a reçu leurs écrits comme inspirés, parce qu'elle savait les apôtres inspirés pour prêcher par écrit la doctrine de Jésus-Christ. Mais l'Église n'ayant pu recevoir cette connaissance que des apôtres eux-mêmes ou de la prédication de Jésus-Christ, il est évident que même en ce cas l'Église a reçu communication certaine de l'origine apostolique du livre et de sa valeur humaine.

étaient bien pourtant des livres inspirés; à plus forte raison a-t-on pu oublier l'époque d'un écrit, le nom de son auteur. Une seule chose est nécessaire et ne saurait manquer, c'est que l'Église garde dans ses traditions le dépôt des vérités que Dieu veut y conserver jusqu'à la fin des temps pour le salut ou le plus grand bien de l'humanité; le reste peut s'égarer, nous l'avouons sans peine.

Il n'en reste pas moins que si dans les Écritures ou dans les traditions divines, conservées par la Synagogue ou l'Église, on rencontre toujours, non seulement les éléments constitutifs de l'autorité divine des Livres saints, mais encore les éléments constitutifs de leur autorité humaine, on peut être tenu de croire même à cette autorité humaine ainsi affirmée par l'Écriture ou par la tradition. Et s'il n'y faut qu'un exemple, qu'on prenne le cas du Pentateuque et de son auteur. Qui nous assure que Moïse a écrit le Pentateuque dans sa substance? L'Écriture elle-même, Jésus-Christ, les Apôtres, toute la tradition tant juive que chrétienne. Et qu'on vienne donc nous dire en pareil cas que l'authenticité humaine, le nom de l'auteur sont des questions libres où l'on n'est pas tenu d'incliner sa raison! Non, certes, il n'en va pas ainsi. Quand l'Écriture ou la tradition parlent, quand elles nous indiquent les origines d'un livre, le nom de son auteur, moins que jamais on a le droit de soutenir que la question reste libre, que c'est une pure question de critique et d'histoire, sans lien avec l'orthodoxie.

Seconde et dernière question. — De combien de manières peut-on prouver la valeur humaine ou autorité historique des Livres saints?

Nous avons dit que pour établir l'autorité historique d'un livre, il faut prouver trois choses : La probité de l'écrivain; sa connaissance des matières dont il rend témoignage; la conservation ou intégrité substantielle du texte de l'auteur. En ce qui concerne le troisième élément de l'autorité historique, l'intégrité du texte, on a déjà vu qu'il peut se démontrer par deux méthodes : La méthode historico-critique et la méthode d'autorité. Il ne nous reste donc qu'à parler des deux premiers éléments : la probité et la science de l'écrivain.

Or, s'il s'agit de nos Livres saints, il y a une première mé-
.thode de prouver la compétence absolue de l'écrivain, la probité de sa rédaction et l'exactitude de ses informations; c'est
la méthode que j'appelle indirecte. Elle consiste à déduire
l'autorité historique du livre du fait de son inspiration, à
charge, bien entendu, de prouver d'abord cette inspiration,
et cela, en renonçant, sous peine de commettre une pétition
de principe ou de tomber dans un cercle vicieux, à se servir
de l'autorité historique elle-même. Qu'à ces conditions, on
puisse employer cette méthode, et qu'une telle méthode soit
rigoureusement démonstrative, la chose est évidente. Il est
absolument impossible, en effet, qu'un écrit sorti d'une plume
que Dieu dirige et inspire, n'ait pas en même temps pour auteur humain un écrivain parfaitement renseigné et très loyal
dans sa rédaction.

Une conséquence très importante à tirer de là, et sur laquelle il faut aussi appeler l'attention de nos « concessio-
nistes », c'est que jamais, au grand jamais, on ne doit accorder
qu'il y ait ou qu'il puisse y avoir parmi nos livres canoniques
des livres auxquels l'autorité historique ou l'authenticité
humaine fasse défaut. Dites, s'il y a lieu, que son auteur est
inconnu, ou encore, si c'est le cas, accordez que sa valeur
historique ne peut plus, dans l'état de nos documents, se
démontrer par la méthode purement historique dont nous
allons parler tout à l'heure, personne n'aura rien à réclamer.
Mais jamais l'on ne devra concéder, de manière absolue, qu'il
y ait un seul de nos livres inspirés auquel manque la valeur
ou autorité humaine, puisque, en effet, cette valeur est toujours démontrable, au moins par la méthode indirecte.

Donc, dans la Bible canonique, pas un livre qui n'ait sa
parfaite valeur humaine; pas un seul qui ne jouisse de l'autorité historique; pas un dont il faille laisser dire qu'il n'est
pas *authentique*. Un livre authentique, c'est un livre, quel
qu'en soit l'auteur, connu ou inconnu, dont l'autorité ne peut
étre contestée; or, tous nos Livres saints sont de cette nature; leur autorité, tant humaine que divine, est au-dessus
de toute contestation.

Une seconde méthode de prouver la science humaine et la
probité de nos auteurs sacrés, c'est la méthode historique,

et purement historique, à laquelle nous faisions ci-dessus
allusion. Elle consiste à recourir aux témoignages des autres
écrivains, sacrés ou profanes, contemporains ou postérieurs,
et aussi aux caractères internes de l'ouvrage, pour établir
que l'auteur de cet ouvrage, auteur dont l'histoire nous a
conservé ou ne nous a pas conservé le nom selon les cas,
est vraiment un homme loyal et qui a écrit de ce qu'il
savait bien.

On arrive par cette méthode à prouver avec certitude la
valeur humaine de beaucoup de nos saints Livres ; avec pro-
babilité seulement la valeur humaine de quelques autres ;
puis il faut convenir qu'il en est plusieurs, par exemple,
parmi les deutérocanoniques de l'Ancien Testament, dont
l'autorité humaine s'établirait difficilement par la méthode
purement historique. L'histoire ne nous a pas toujours conservé les renseignements ou témoignages qui seraient nécessaires. D'autre part, les seuls caractères internes ne suffisent
pas ; quelquefois même, ils font plutôt matière à difficulté.
Cela, une saine critique l'accordera volontiers ; mais là encore il ne faut pas trop se hâter, puisqu'on sait par ailleurs
qu'après tout, et nonobstant toutes les lacunes de l'histoire,
il n'est pas un seul de nos livres qui ne se prouve historique,
très authentique, sinon par la méthode purement historique,
au moins par la méthode indirecte.

Pour un certain nombre de nos Livres saints, il est d'autres
méthodes de démontrer encore leur valeur humaine ; nous voulons parler des livres dont la valeur humaine elle-même fait
toujours partie du dépôt de la foi ; parce que, comme on l'a
expliqué, soit l'Écriture elle-même, soit la tradition divine
ou apostolico-divine nous garantissent les divers éléments
qui constituent la valeur humaine d'un livre. Dans ce cas, on
peut prouver l'autorité purement humaine d'un livre selon
les méthodes théologiques, c'est-à-dire, comme on prouve
n'importe quelle vérité contenue dans les Écritures ou dans
la tradition, à la condition toujours de ne pas s'appuyer dans
sa démonstration sur un principe qui ne tiendrait à son tour
que grâce à l'autorité historique de l'Écriture ; autrement on
roulerait dans un cercle vicieux. Il n'échappe pas au lecteur

— nous l'avons déjà prévenu sur ce point — que, quand l'autorité historique d'un livre est ainsi l'objet d'une vérité révélée, personne n'a le droit de la contester, et qu'il peut facilement se présenter des cas où l'on ne saurait nier, par exemple, le nom de l'écrivain, sàns s'exposer à encourir les notes théologiques les plus graves, la note d'hérésie comprise.

VI

En voilà assez, j'espère, pour qu'on ne nous dise plus que l'authenticité des Livres saints n'a rien à voir avec l'orthodoxie. Qu'on me permette seulement, en terminant, de tirer de la doctrine précédemment exposée une conclusion d'ordre pratique : c'est que le clergé est tenu de savoir démontrer, non seulement l'autorité divine, mais bien encore l'autorité humaine des Livres saints, de ceux du moins dont l'apologétique ou théologie fondamentale emprunte sans cesse les témoignages. Comment! tous les jours nous répéterons, par exemple, que l'Évangile ne nous trompe pas, quand il affirme que Jésus-Christ a fondé une religion, une Église, et nous serions incapables de prouver que les Évangiles sont des livres authentiques, intègres, véridiques! Qu'est-ce donc à la fin qu'une démonstration appuyée sur des faits que l'on ne sait pas prouver ?

Or n'arrive-t-il pas parfois que l'on rencontre des prêtres qui ne sont pas en mesure de démontrer la valeur critique des Écritures, et pourtant, quand ils prêchent ou catéchisent, ils ne peuvent guère ouvrir la bouche sans la supposer comme une des bases de leurs démonstrations.

Dieu me garde de faire de la déclamation contre l'état des études dans le clergé catholique! On n'en a déjà que trop fait; et si j'avais à répondre aux insanités que débitent contre nous à propos des études bibliques les protestants d'outre-Manche et d'outre-Rhin, que répètent à leur tour de trop zélés confrères, il serait facile de montrer que, tout compte fait et tout bien considéré, la formation intellectuelle de nos prêtres vaut beaucoup mieux que celle de leurs pasteurs.

Dieu me garde pareillement, sous prétexte de fortifier nos études, d'étaler ici, sur une partie quelconque des sciences ecclésiastiques, un de ces programmes somptueux comme nous en avons tant vu, et dont le premier tort est d'être parfaitement inapplicables, parce qu'ils veulent imposer aux intelligences, même les meilleures, beaucoup plus qu'elles ne peuvent porter !

Mais, je le demande à mon bienveillant lecteur, est-ce là se montrer trop exigeant que de réclamer de tout prêtre assez de science théorique, pour être en état de prouver, d'une part, que les Écritures tout entières sont la parole de Dieu, et que par conséquent toutes les affirmations authentiques de l'Écriture sont des affirmations vraies, irréfragables ; et, d'autre part, que les livres dont nous nous servons dans la théologie fondamentale ou apologétique pour établir l'origine surnaturelle de la religion positive, la divinité du Christ, de la religion chrétienne et de l'Église, sont des livres parfaitement authentiques ; que les Évangiles, en particulier, et aussi les Actes, sont des livres bien certainement écrits par Matthieu, Marc, Luc, Jean ; que de soutenir le contraire, c'est une erreur tant historique que théologique ; et enfin que ces livres, ces Évangiles et ces Actes bien authentiques ont traversé les siècles et sont arrivés jusqu'à nous sans avoir subi d'altérations graves ?

Et, pour donner une sanction à ce programme restreint de critique sacrée, je voudrais que les deux questions *de Auctoritate divina* et *de Auctoritate humana Scripturæ*, toutes les deux fissent partie intégrante du programme général d'études de nos aspirants au sacerdoce, de telle sorte que l'on ne pût espérer d'être ordonné prêtre, si l'on n'avait, à un moment ou à l'autre de sa préparation, pleinement satisfait ses examinateurs sur l'une et l'autre. Or, qui n'a rencontré dans sa vie des prêtres, arrivés au sacerdoce, et qui n'ont jamais su comment on démontre, sinon l'autorité divine des Écritures, du moins l'autorité humaine des principaux livres du canon ? Ces cas, me dira-t-on, sont assez rares. Souhaitons-le ; à mon avis pourtant, ils sont encore trop fréquents.

Mais s'il est grave d'ignorer des vérités aussi capitales, il est pis encore de les méconnaître ou de les abandonner pour perdues, sous prétexte de se concilier la faveur d'adversaires qui viendraient à nous, pense-t-on, si nous paraissions moins exigeants. Fadaise que tout cela ! L'autorité des Écritures, tant humaine que divine, non seulement n'est pas un obstacle à la reconnaissance de la vraie Église ; elle est, au contraire, un moyen sûr de la trouver ; et ceux qui contesteraient ce principe fondamental doivent se tenir pour assurés qu'ils sont en opposition avec la doctrine de l'Église et la pensée de Dieu.

Lucien MÉCHINEAU, S. J.

L'EXPLORATION

DE

LA HAUTE ATMOSPHÈRE

LES BALLONS-SONDES [1]

I

Quel temps fera-t-il demain ?

Tel est, d'après bien des gens, le grand, l'unique problème que devraient résoudre les météorologistes... A quoi servent toutes vos observations, si vous ne pouvez me dire s'il pleuvra demain ?

Assurément, la prévision du temps constitue l'une des parties les plus intéressantes du programme de la météorologie ; intéressante non seulement pour le bourgeois qui projette de faire un tour à la campagne et qui se demande s'il fera bien d'emporter son parapluie, mais encore pour l'agriculteur, pour le marin, qui ont le plus grand besoin d'être renseignés, à temps, sur les gelées ou les coups de vent. Toutefois, il faut bien le reconnaître, ce n'est là que le côté étroit de la météorologie, ce n'en est, en effet, qu'une application ; or une vraie science déborde toujours ses applications. La météorologie se propose, avant tout, de connaître dans leur ensemble, dans leur complexité extrême, les lois qui régissent les grands phénomènes atmosphériques, et certes le sujet est vaste et bien fait pour effrayer celui qui cherche à l'aborder dans toute son ampleur. Il faudrait pouvoir embrasser d'un coup d'œil toutes les régions du globe, voir se former les météores, saisir les causes de leur origine dans les variations thermiques ou électriques qui se produisent incessamment, comprendre l'influence de la nature du sol, reliefs des montagnes, plaines liquides des océans, déserts

1. Indiquons ici une fois pour toutes, *les Ballons-Sondes*, par M. W. de Fonvielle, 2ᵉ édit., 1899. Paris, Gauthier-Villars ; — Deux articles du R. P. V. Schaffers, sur *l'Exploration de l'atmosphère* dans la *Revue des Questions scientifiques*. Bruxelles, janvier et avril 1899, et la collection du journal *l'Aérophile*, 1893-1899 ; nous y avons fait de nombreux emprunts.

arides, vallées encaissées, sur le développement de ces phénomènes, assister à leur croissance, à leur disparition, suivre les changements incessants de la température, de la pression barométrique, des vents et des nuages, de l'électricité atmosphérique et du magnétisme terrestre ; en tout cela saisir l'unité, ramener le variable à l'immuable, le phénomène fugitif à la loi qui demeure.

Or, bien loin de pouvoir ainsi percevoir l'ensemble des choses, chacun de nous est condamné à n'observer que ce qui se passe au point imperceptible de la surface terrestre où il se trouve. Et combien de temps l'humanité a dû se contenter de cela ! De là étaient nées ces lois empiriques, parfois ridiculement fausses, au moins dans leur expression naïve, dont quelques-unes ont toujours cours dans le peuple. Le désir, inné chez l'homme, de trouver une loi, combiné avec l'insuffisance de l'expérimentation ne donnait la plupart du temps rien qui vaille.

Le premier qui ait songé à utiliser des observations faites en plusieurs lieux à la fois est l'abbé Mariotte, au lendemain de la découverte de la pression atmosphérique et du moyen de la mesurer par le baromètre. Mariotte fit faire des observations à Paris, Dijon, Loches, Mont-de-Marsan et en déduisit des « maximes » telles que celle-ci : « Lorsqu'un vent de sud ou sud-ouest a soufflé quelques jours, et qu'il survient un vent de nord ou de nord-est, le mercure s'élève de 7 à 8 lignes plus haut qu'il n'était et se met à 28 pouces ou à 28 pouces et quelques lignes, et il fait ordinairement beau temps. » Et, après plusieurs autres observations, en général parfaitement justes, Mariotte ajoutait : « On pourrait mieux déterminer ces choses, si on conférait ensemble plusieurs observations faites en même temps en des lieux fort éloignés les uns des autres. »

Il devait se passer longtemps encore avant que l'on suivît cette indication.

Nous ne faisons pas ici l'histoire des services météorologiques. Rappelons simplement quelques dates. La première organisation en ce genre paraît avoir été la *Société météorologique de Mannheim*, fondée en 1780 par Charles Théodore, électeur de Palatinat-Bavière ; elle publiait les observations

de trente-neuf stations réparties en Europe et aux États-Unis.
Dès 1826, un savant physicien belge, Quételet, établissait le
service météorologique en Belgique. Peu après, en 1831,
Maury, alors simple aspirant de marine, commençait aux
États-Unis cette magnifique série de travaux, grâce auxquels,
recueillant et comparant des millions d'observations faites
en mer par des navires de toute sorte, il arrivait à tracer de
nouvelles routes marines, abrégeant parfois les trajets de
moitié, grâce à la connaissance et à la meilleure utilisation
des vents régnants aux diverses époques de l'année. La
découverte du télégraphe vint bientôt permettre la concentration rapide des documents. En 1843, Loomis, aux États-
Unis, avait bien présenté les cartes synoptiques, les premières
du genre, de deux tempêtes, mais de tempêtes de l'année
précédente. C'est en 1849 que furent publiées les premières
cartes météorologiques synchronisées à courte échéance.
Un météorologiste anglais, James Glaisher, dont nous aurons
bientôt à parler de nouveau, organisa, cette année-là, un
embryon de service de renseignements. Il se contentait encore
en effet de se faire transmettre par le chemin de fer des observations provenant de cinquante points de l'Angleterre.
Ces observations étaient faites simultanément à 9 heures du
matin et envoyées par le premier train. Sur une carte on
reportait les chiffres ainsi communiqués, ce qui permettait
de se faire une idée de l'ensemble de l'état atmosphérique à
la surface du pays. La première carte ainsi construite date du
14 juin 1849. Enfin, quelques semaines plus tard un météorologiste américain, Espy, établissait aux États-Unis un
semblable réseau météorologique mais dont les stations
étaient reliées au bureau central par le télégraphe.

A cette époque, les services et les Sociétés météorologiques
surgissaient un peu partout. La Prusse (1847), la Hollande
(1849), l'Autriche (1851), entraient dans le mouvement. La
Société météorologique de France se fondait en 1852. Enfin,
en 1853 se tenait la première conférence météorologique
internationale, à Bruxelles.

Un événement tragique vint encore hâter ce développement. Le 14 novembre 1854, une tempête terrible boulever-
sait les flottes anglaise et française devant Sébastopol et

faisait périr le vaisseau français le *Henri IV.* Presque en
même temps, des tempêtes s'étaient déchaînées sur divers
points de l'Europe. Frappé de ces coïncidences, le maréchal
Vaillant, ministre de la guerre, s'adressa à Le Verrier, directeur de l'Observatoire de Paris, et lui demanda d'étudier les
conditions dans lesquelles s'étaient produits ces phénomènes.
En réponse à cette invitation, Le Verrier adressa une circulaire aux astronomes et aux météorologistes de tous les pays,
et, grâce aux deux cent cinquante réponses qu'il obtint, il put
reconstituer le chemin parcouru à travers l'Europe par la
fatale bourrasque, et arriver à cette conclusion que le télégraphe aurait pu signaler son approche en temps utile.

Aussitôt le service de renseignements fut établi en France ;
bientôt les diverses nations mirent en commun leurs efforts
et leurs travaux, et l'organisation internationale actuelle prit
naissance. On put dès lors arriver à certaines idées générales jusque-là presque impossibles à dégager.

L'isolement forcé où se trouvaient les observateurs jusqu'à
l'invention des moyens rapides, et quasi instantanés, de
communication était l'occasion presque inévitable d'une
grande erreur qui consistait à s'imaginer qu'une tempête,
un orage, étaient choses locales, prenant naissance sur place
et finissant de même. Rien n'est plus opposé à la réalité. Les
masses aériennes sont dans une perpétuelle agitation, les
vents ne sont que d'immenses courants qui brassent l'atmosphère à la surface des continents. L'air qui caresse les prairies ou fait écrouler les cheminées vient d'ailleurs et va plus
loin ; pas une région qui soit indépendante des voisines ; tel
est le premier fait essentiel mis en évidence par la confrontation des observations simultanées faites dans un grand nombre de stations. En reportant en chaque point d'une carte
géographique les valeurs des divers éléments météorologiques correspondants, par exemple de la température, on
assiste, comme de haut, aux déplacements de la chaleur à la
surface du globe ; et des comparaisons semblables s'établissant pour la pression atmosphérique, la pluie, le vent, etc.,
il devient possible de suivre leurs variations, de saisir leur
allure générale, leur loi de répartition suivant les saisons, etc.
Nombreux déjà sont les résultats intéressants donnés par ces

incessantes collations de documents depuis trente ou quarante ans. Et cependant cet immense travail est bien incapahle de résoudre complètement les problèmes de l'atmosphère.

II

Nous rappelions, tout à l'heure, la difficulté insurmontable qui empêche un observateur isolé de connaître l'état de l'atmosphère à un moment donné sur la surface du globe; or, l'armée entière des observateurs et des météorologistes, prise dans son ensemble, n'est-elle pas, elle-même, en un semblable embarras ?

Confinés par la pesanteur à la surface de la terre, au fond de l'atmosphère, les pauvres humains ne peuvent étendre leurs investigations immédiates qu'à une mince couche d'air. Quant à ce qui se passe au-dessus d'eux, à quelques centaines de mètres, *a fortiori* à quelques milliers de mètres, qui le leur dira ? Quelqu'un serait-il tenté de penser ici que la couche inférieure de l'atmosphère, celle où nous vivons, est la seule dont l'étude nous intéresse ? Illusion profonde. Outre que cette façon de raisonner aurait le tort de supposer à la science météorologique un but simplement d'ordre pratique et supprimerait, du coup, l'étude de la haute atmosphère, rien n'est plus inexact que de refuser un intérêt, même pratique, à l'étude des régions supérieures de l'air. S'il existe, comme nous le disions, une intime et nécessaire connexion entre un point du globe et les régions voisines, au point de vue des phénomènes qui s'y produisent, il n'y a assurément pas moins de relations entre la surface et les parties situées au-dessus ; l'air n'est pas seulement brassé horizontalement, mais verticalement ; et, s'il nous importe d'avoir des renseignements sur l'état atmosphérique, au nord, au sud, à l'est et à l'ouest, il n'y a pas moins d'intérêt à savoir ce qui se passe au-dessus de nos têtes.

Singulière condition de l'homme qui ne peut, dirait-on, percevoir immédiatement que les surfaces des choses. Sans parler du point de vue de la pénétration intellectuelle, qui devient si ardue lorsque l'on veut entrer dans les profondeurs de l'être, n'est-il pas curieux que des trois éléments de notre globe, air, mers, terres, la surface inférieure du premier, les surfaces supérieures des autres, nous soient seules immédiatement accessibles ? Les travaux de sondages profonds dans les océans sont de date toute récente et ne vont pas sans difficulté; la croûte terrestre ne se laisse point percer sans résistance et combien faible est la profondeur atteinte, peut-être 2 000 mètres, dans les sondages les plus profonds, lorsque l'on songe aux 6 400 kilomètres que possède environ le rayon de la terre! Mais dans l'air, qui donc pourra monter, s'élever et dérober leur secret aux régions élevées, opérer des sondages en hauteur ?

Et les ballons ? répondra-t-on. C'est vrai ; mais, si la chose est facile à dire, il faut bien avouer que, pendant longtemps, elle a été moins facile à exécuter. Pendant longtemps, en effet, les ascensions ont été coûteuses, difficiles, forcément rares, et les renseignements rapportés de là-haut étaient, par le fait même, extrêmement décousus. Deux méthodes avaient permis, plus récemment, de tourner quelque peu la difficulté, non de la résoudre pleinement.

C'était, d'abord, l'observation des cirrus. Les cirrus sont ces petits nuages blancs, sans ombres, ayant souvent l'aspect de filaments, que l'on voit parfois passer dans le ciel en longues bandes. Extrêmement élevés, leur altitude atteint parfois 15 000 mètres, et oscille, en général, entre 8 000 et 10 000 mètres, ces petits nuages ne sont pas, comme les autres, de simples brouillards de fines gouttelettes d'eau condensée. Grâce au froid très vif de ces régions, les brouillards s'y congèlent et les cirrus sont formés de minuscules aiguilles de glace cristallisée. C'est même à la présence de ces petits cristaux que les cirrus doivent leur propriété de donner souvent lieu à ces beaux effets lumineux, connus sous les noms de halos, parhélies, etc. Formés par les réflexions et réfractions des rayons solaires, ou lunaires, à travers les facettes de ces petits prismes glacés, ces phénomènes sont même de sûrs témoins de la présence dans le ciel de cirrus qui, par eux-mêmes, sont parfois peu visibles et se réduisent à un léger voile.

On le comprend sans peine, l'observation de ces cirrus est fort instructive, car ils nous révèlent l'existence et la direction de courants d'air très élevés dans l'atmosphère ; leur apparition, sous certaine forme, est une annonce presque certaine de tempête. Mais s'ils nous apprennent la direction des vents supérieurs, si leur nature glacée nous dit qu'il fait froid là-haut, que d'autres choses ils ne nous disent pas !

On a cherché également à se procurer des renseignements sur les régions élevées en établissant les observatoires de montagne. Mais ici c'est à peine si l'on peut parler de haute atmosphère ; les montagnes qui ont pu être utilisées ne dépassent guère 4 000 mètres. Le mont Blanc, avec ses 4 810 mètres, porte bien un observatoire ; mais celui-ci est encore loin de fonctionner complètement ; un peu au-dessous du sommet, M. J. Vallot en a établi un autre qui donne des renseignements du plus haut intérêt. Quant aux autres, en France, en Suisse, en Autriche, aux États-Unis, ils vont s'étageant successivement ; mais, malgré les services qu'ils rendent, ils sont loin de pouvoir nous dire tout ce que nous voudrions savoir. Il est même nécessaire de le remarquer ; bien que placés en de hautes régions, ces observatoires n'en sont pas moins à la surface de la terre ; ils touchent la terre par toute leur masse, et qui oserait dire que les éléments météorologiques possèdent, dans un observatoire de montagne situé à 4 000 mètres par exemple, les mêmes valeurs que si, la montagne étant rasée, on pouvait observer en plein air au même point, à 4 000 mètres au-dessus de la surface du sol ? Le contraire est même absolument certain ; la masse de la montagne introduit évidemment des perturbations tant dans la direction du vent que dans la température, etc. Et puis, des montagnes ! on n'en fait pas d'artificielles, et les tours Eiffel ne pourront jamais passer pour des montagnes !

C'est donc bien aux ballons qu'il fallait s'adresser, mais il était nécessaire de rendre leur usage plus aisé, plus fréquent que par le passé. Rappelons d'abord les services qu'ils ont rendus jadis au point de vue qui nous occupe ici.

III

Il règne une certaine obscurité sur le point de départ de l'invention des aérostats par les frères Montgolfier ; toutefois,

il semble bien qu'ils se soient inspirés de certaines idées
concernant la météorologie. D'après le *Rapport fait à l'Académie des sciences sur la machine aérostatique de MM. de
Montgolfier*[1], en décembre 1783, ces deux célèbres inventeurs
cherchaient à imiter les nuages. Poursuivaient-ils un but pratique en ce faisant, et lequel? C'est un autre point, difficile à
éclaircir. Or, les nuages ne sont-ils pas des vapeurs qui s'é-
lèvent en vertu de leur légèreté? Jusqu'à quel point les Montgolfier avaient-ils ici des idées justes sur la gravité et la
pesanteur, c'est également ce qu'il serait difficile de dire.
Quoi qu'il en soit, ils cherchèrent quelque chose ayant des
apparences analogues aux nuages; la fumée leur parut dans
ce cas, puisqu'elle aussi s'élève dans les airs. La comparaison
était déplorable, à vrai dire. La fumée s'élève à cause de la
chaleur des gaz sortant du foyer, et ce sont les parcelles
solides qu'ils entraînent qui les rendent visibles, tandis que
les nuages se forment par suite de la condensation de la vapeur d'eau parvenant dans un air plus froid. Mais peu importe,
les inventeurs ont souvent une idée juste vers laquelle ils
tendent et qu'ils atteignent, même en passant à travers bien
des inexactitudes de raisonnement. Cette fumée donc, pour la
faire monter comme un nuage, il fallait la circonscrire, l'empêcher de se délayer dans l'atmosphère, et par conséquent
lui donner une enveloppe légère. Personne n'était mieux à
même de fabriquer cette cage à fumée que les grands fabri-
cants de papier d'Annonay. Toutefois, d'après le rapport cité
plus haut, le premier essai d'aérostat fut réalisé par Joseph
Montgolfier, l'aîné des deux frères, à Avignon, au mois de
novembre 1782, au moyen d'un parallélipipède en taffetas
ayant environ un mètre cube de capacité. Chauffé en dessous
avec du papier, ce récipient s'éleva jusqu'au plafond. Après
quelques autres essais, eut lieu la célèbre expérience du
5 juin 1783, devant les États particuliers du Vivarais et la
ville d'Annonay.

A peu de temps de là, sous la direction du professeur de
physique, Charles, les deux frères Robert construisirent le

1. Par MM. Le Roy, Tillet, Brisson, Cadet, Lavoisier, Bossut, de Condorcet et Desmarest, *Histoire de l'Académie royale des sciences*, année 1783
(1786).

premier ballon gonflé avec de l'hydrogène, et, avant la fin de
1783, les progrès de l'aérostation avaient déjà été si rapides
que les académiciens pouvaient prévoir, dans leur rapport, le
brillant avenir réservé à cette remarquable invention :
« L'aérostat pourra être employé encore dans beaucoup
d'usages pour la physique, comme pour mieux connaître les
vitesses et les directions des différents vents qui soufflent
dans l'atmosphère : pour avoir des électroscopes portés à une
hauteur beaucoup plus grande que celle où on peut élever des
cerf-volants ; enfin, comme nous l'avons déjà dit, pour s'élever
jusque dans la région des nuages et y aller observer les
météores. »

Ce fut vingt ans plus tard que l'on commença à monter
dans les nuages pour y observer les météores, et le premier
à qui en revient l'honneur est un certain Robert, ordinairement désigné sous le pseudonyme qu'il s'attribuait, Robertson[1]. Né à Liège en 1763, il avait d'abord fait ses études à
Louvain, puis était venu à Paris, où il s'était mis en relation
avec plusieurs savants, notamment avec Charles. Il s'attira
une grande renommée par ses expériences de fantasmagorie,
qu'il s'en alla répéter par toute l'Europe, donnant des représentations et joignant à ces spectacles celui de nombreuses
ascensions en ballon, mêlant d'une façon curieuse les préoccupations scientifiques avec une incontestable dose de char-
latanisme. La plus célèbre de ses ascensions eut lieu à
Hambourg, en compagnie de son compatriote Lhoest, le
18 juillet 1803. Robertson exécuta dans cette ascension toute
une série d'expériences des plus variées, quelques-unes sans
grand intérêt à vrai dire, par exemple la huitième, qui est
ainsi rapportée : « Les carbonates alcalins se dissolvent avec
une très grande effervescence dans les acides. Il a paru que
l'action était plus vive et plus forte avec l'acide muriatique.
Ces acides étaient au même degré de saturation. » D'autres
étaient plus sérieuses. Il évalua la hauteur à laquelle il s'était

1. Voir *Mémoires récréatifs, scientifiques et anecdotiques* du physicien
aéronaute E.-G. Robertson, connu par ses expériences de fantasmagorie et
par ses ascensions aérostatiques dans les principales villes de l'Europe.
Paris, 2 vol., 1831 et 1833. Robertson est malheureusement fort peu respectueux pour les choses de la religion quand il les rencontre, et l'on dirait
parfois qu'il les recherche à dessein.

élevé à 3679 toises, c'est-à-dire 7170 mètres ; en réalité, elle n'atteignait pas 7000 mètres, la température y était d'environ 7 degrés au-dessous de zéro. Le fait le plus curieux qu'il crut avoir observé était une diminution du magnétisme de l'aiguille aimantée, ainsi que le prouvait le ralentissement de ses oscillations. De même encore, l'analyse de l'air rapportée de là-haut lui donna une proportion d'oxygène moindre qu'au niveau de la mer.

Ces derniers résultats intriguèrent les savants de l'époque, et l'on résolut de procéder à leur contrôle par de nouvelles ascensions. En France, principalement sous l'influence de Laplace et Berthollet, l'Académie des sciences fit faire des ascensions à cette fin. Biot et Gay-Lussac partirent le 24 août 1804 du jardin du Conservatoire des Arts et Métiers ; mais leur ballon, trop faible de volume, ne put dépasser 4000 mètres. Les observations qu'ils firent parurent insuffisantes, et Gay-Lussac se prépara à faire, seul cette fois, une ascension plus décisive. Robertson, d'ailleurs, avait déjà fait une nouvelle ascension à Saint-Pétersbourg avec Sacharoff, le 30 juin 1804, mais, ne s'étant élevés qu'à 2700 mètres environ, ils n'avaient rien obtenu de bien remarquable. Gay-Lussac partit donc, le 16 septembre de la même année, du jardin du Conservatoire des Arts et Métiers, à 9 h. 40 du matin. Il s'éleva à 7016 mètres au-dessus du niveau de la mer (6977 mètres au-dessus de Paris), et s'en alla descendre à Saint-Gourgon, à six lieues nord-ouest de Rouen ; il était 3 h. 45. Au haut de sa course, il trouva — 9°,5 comme température ; il remplit d'air deux ballons, l'un à 6561 mètres, l'autre à 6636 mètres, et put faire des observations sur l'aiguille aimantée. La composition de l'air rapporté, qu'il étudia en collaboration avec Thénard, ne parut pas à ces deux savants différer de celle de l'air que nous respirons, sauf des différences de l'ordre des erreurs d'expérience ; quant à l'aiguille aimantée, il fut impossible encore d'arriver à une conclusion ferme. En tout cas, la décroissance indiquée par Robertson n'était pas sensible, et, somme toute, on doit encore considérer actuellement la question du magnétisme dans les hautes régions comme étant à l'étude.

IV

Pendant un demi-siècle environ l'attention des physiciens fut détournée de ce problème, et c'est à l'époque où nous constations l'éclosion du mouvement météorologique, que les ascensions scientifiques recommencèrent. En 1850, Barral et Bixio firent deux ascensions, le 29 juin et le 27 juillet. La première ne réussit pas. La seconde, au contraire, fut importante. La hauteur atteinte fut de 7 039 mètres et le minimum de température observé, —39° 67. Les aéronautes trouvèrent des nuages glacés, vers 6 000 mètres en montant, vers 4 000 mètres en descendant. C'était un fait nouveau et fort intéressant que la constatation de cette température de près de 40 degrés au-dessous de zéro le 27 juillet, alors que Gay-Lussac n'avait pas encore rencontré —10 degrés en septembre et sensiblement à la même altitude.

Bientôt commencèrent en Angleterre des séries méthodiques d'ascensions scientifiques. En juillet 1852, le Comité de l'observatoire de Kew en prit l'initiative. MM. Welsh et Green furent désignés, le premier comme observateur, le second comme aéronaute. Ils montèrent quatre fois, les 17 et 26 août, 31 octobre et 10 novembre. La dernière ascension les conduisit à 6 955 mètres environ, le minimum de température obtenu était de —23° 6. Puis, de nouveau, il y eut interruption dans cette entreprise.

Au *meeting* de la *British Association* de Leeds, en 1858, un comité fut désigné pour organiser de nouvelles expéditions aérostatiques. L'année suivante, à la réunion d'Aberdeen, il rendit compte de ses travaux ; une expédition avait été tentée, mais le ballon avait crevé avant le départ, et tout avait été remis à plus tard. En 1861, à Manchester, l'affaire fut reprise, et, cette fois, ce fut pour tout de bon. M. J. Glaisher, un des membres du comité, s'offrit comme observateur, et l'on choisit M. Coxwell comme aéronaute. La première ascension eut lieu le 17 juillet 1862, de l'usine à gaz de Wolverhampton. On avait choisi un point de départ placé vers le centre de l'Angleterre afin d'éviter tout danger de catastrophe en mer. M. Glaisher accomplit ainsi une série de vingt-huit ascen-

sions, la dernière eut lieu le 26 mai 1866. Le but qu'il se proposait était une exploration, la plus complète possible, de
l'atmosphère. L'un des résultats les plus nouveaux obtenus
par le savant ascensioniste fut la constatation de la grande
variabilité de la température aux diverses altitudes. Par
exemple, le 17 juillet 1862, date de la première ascension, la
température s'abaissa lentement jusqu'à — 3° 3 à l'altitude de
3 048 mètres, puis elle remonta à + 5° 5 à 5 943 mètres, pour
redescendre ensuite, et rapidement, à — 8° 8 à 7 978 mètres.
Ce fait met bien en évidence le manque d'homogénéité de
l'atmosphère. D'en bas, du fond de l'air, il nous semble avoir
affaire au-dessus de nous, à un océan de cristal où tout est
calme et tranquille, à part l'infime région des nuages qui
passent et repassent sur nos têtes. Il n'en est rien ; des re-
mous immenses existent dans cette mer aérienne, courants
d'air superposés qui se trouvent dans des conditions extrêmement variables de chaleur et d'humidité, qui se mêlent
lentement parfois et dont les luttes se traduisent d'autres
fois en orages et en tempêtes. La plus célèbre ascension de
J. Glaisher fut celle du 5 septembre 1862. Parti à 1 h. 3
de l'après-midi, de Wolverhampton, il avait déjà atteint
8 840 mètres à 1 h. 54, et le ballon montait avec une vitesse
de mille pieds par minute. Quelques instants après, Glaisher,
voulant remuer le bras, le trouva sans force, sa tête s'affaissa,
la parole lui devint impossible, enfin il perdit toute connaissance. Coxwell, de son côté, s'était également évanoui ; il
revint à lui le premier et réveilla Glaisher. Celui-ci reprit ses
observations à 2 h. 7 ; le ballon descendait, il était environ
à 8 100 mètres, et sa vitesse de chute était d'environ 2 000
pieds à la minute. De ces données, résultat positif de ses
observations, M. Glaisher chercha à déduire ce qui s'était
passé pendant son évanouissement, et, si l'on suppose que
le ballon n'a pas eu un instant de repos, on arrive sans peine
à conclure que l'altitude atteinte aurait pu être d'environ
11 000 mètres. Ce chiffre n'a pas trouvé grand crédit ; il est
hypothétique en tout cas, et l'on peut ajouter que la supposition d'un mouvement ininterrompu du ballon n'est pas
conforme à ce qui se passe en général : il y a ordinairement
une sorte de plateau auquel arrive et d'où repart le ballon

avec une vitesse ralentie; dans ce cas, les conclusions de M. Glaisher manquent de fondement, et nul ne peut dire la vraie altitude qu'il atteignit.

Après cette remarquable série et quelques ascensions isolées, dont la plus tristement célèbre est celle du *Zénith*, le 15 août 1875, dans laquelle Crocé-Spinelli et Sivel trouvèrent la mort, tandis que M. G. Tissandier, après avoir éprouvé, vers 8 000 mètres, les mêmes symptômes que M. Glaisher, resta seul en vie. En 1887, MM. Jovis et Mallet montèrent encore à 7 100 mètres dans le *Horla*; et c'est ainsi que, à travers bien des expériences, dont un grand nombre étaient trop décousues et sans grand résultat pratique, nous arrivons enfin à la période réellement définitive.

V

Est-ce bien aux ballons montés qu'il faut s'adresser pour cette étude de la haute atmosphère? Ils sont coûteux, les risques courus par les observateurs sont souvent assez graves, enfin les limites que l'on peut atteindre ainsi sont bien restreintes; 10 000 mètres peut-être; c'est peu de chose, l'atmosphère s'étend bien loin par delà. Comment pénétrer dans ces régions de plus en plus subtiles; à cette altitude de 10 000 mètres, les trois quarts de la masse atmosphérique sont à peu près dépassés; au delà, la raréfaction s'accélère étrangement, puisque ce qui reste de l'air doit se répartir encore sur bien des dizaines, peut-être sur deux ou trois centaines de kilomètres. Les dangers pour les aéronautes deviendraient de plus en plus grands; on n'imagine guère à quel genre de scaphandre on devrait avoir recours pour les protéger contre le froid et le vide. D'un autre côté, comment songer à faire un voyage d'exploration sans explorateur; comment instituer des observations sans observateur? La chose eût pu sembler impossible en effet jadis; sans doute on avait le thermomètre à maxima et à minima, et, à la rigueur, on aurait pu en faire emporter un par ballon non monté; mais on n'aurait même pas pu savoir l'altitude atteinte par le ballon, ni celle où les températures extrêmes avaient été enregistrées : c'eût donc été bien maigre et très peu significatif comme renseignement.

La difficulté s'évanouit, on peut le dire, lorsque parurent les instruments enregistreurs si légers, si compacts, et, somme toute, si précis, tels que ceux construits par MM. Richard. Nous n'avons pas à les décrire ici ; ces habiles constructeurs sont arrivés à faire inscrire une foule de phénomènes d'une façon automatique. C'est même là une remarquable application du principe des transformations de l'énergie. Chaque phénomène : pression, température, état hygrométrique, etc., agit, suivant sa nature, sur un récepteur approprié ; chacun produit son effet spécial, mais les modifications subies par le récepteur se ramènent à un changement de forme ou de volume que l'on dirige de manière à le transformer, en dernière analyse, en un mouvement communiqué à une plume inscrivant un trait sur un cylindre mis en rotation lente par un mouvement d'horlogerie. La courbe ainsi tracée donne la variation du phénomène considéré, tandis que la rotation graduelle du cylindre permet de repérer les heures où chaque point du tracé s'est inscrit.

Moins curieux, moins étonnants pour le public que les automates célèbres de Vaucanson ou de Robert Houdin, ces appareils ne sont pas moins remarquables que tant d'illustres jouets. Il y a plus d'intérêt et non moins d'ingéniosité à faire enregistrer automatiquement la loi de variation des phénomènes de la nature qu'à montrer un canard qui mange et qui digère, ou du moins fait semblant, ou encore un artiste mécanique qui dessine une levrette quand on lui demande quel est l'emblème de la fidélité !

C'est, paraît-il, M. Claude Jobert qui le premier, en 1873, proposa d'envoyer dans l'atmosphère des ballons non montés, des ballons perdus, comme on les appelle, bien qu'on les retrouve, en général, fort heureusement, en leur faisant emporter des instruments. Cette idée devint véritablement pratique lorsque l'on posséda les enregistreurs Richard. Et, cependant, on attendit encore bien des années avant d'entrer dans cette voie. Peut-être était-on trop craintif à l'égard du sort réservé à ces ballonnets livrés aux caprices de l'air, peut-être envisageait-on avec quelque effroi les dépenses auxquelles la perte des ballons et des enregistreurs pourrait donner lieu.

Une des premières séries d'expériences réalisées avec ces ballons perdus fut accomplie sans enregistreurs. Elle fut exécutée par M. Bonvallet, à Amiens[1]. M. Bonvallet fabriquait des ballonnets en papier léger, que l'on pétrolait pour les rendre imperméables au gaz d'éclairage. Pour tout bagage ils emportaient une carte postale sur laquelle était écrite d'avance l'adresse qui la ferait revenir à son point de départ ; au dos se trouvait un questionnaire à remplir par celui qui trouverait le ballon.

Sur quatre-vingt-dix-sept ballons expédiés ainsi, au hasard des vents, de mai 1888 à la fin de 1890, soixante donnèrent de leurs nouvelles. Ils étaient tombés en France, en Belgique, en Hollande. Dix d'entre eux avaient dépassé 200 kilomètres. Le plus favorisé, parti d'Amiens le 30 mai 1889 à 2 h. 15 du soir, descendit le même jour à 4 h. 30 à Yarsseveld (Hollande), franchissant ainsi 375 kilomètres à la vitesse de 46 mètres à la seconde ! Ces expériences ne pouvaient donner de résultat que sur la vitesse et la direction du vent régnant dans la contrée ; sauf cinq ou six exceptions, toutes les trajectoires formaient une sorte d'éventail s'étalant vers l'est et dont les deux branches extrêmes étaient dirigées l'une vers Dunkerque, l'autre vers Paris, qu'elle dépassait très légèrement du côté de l'ouest. C'était peu de chose comme renseignement. Il eût été intéressant de savoir du moins à quelle hauteur avaient voyagé ces ballons ; or, personne ne pouvait le dire, aucun tracé n'en gardait le souvenir.

VI

En 1891, deux jeunes et hardis aéronautes, MM. Gustave Hermite et Georges Besançon, songeaient à organiser une expédition en ballon au pôle nord. Fort heureusement, ils ne purent réunir les fonds nécessaires pour cette immense folie, et ils durent laisser au malheureux Andrée la triste gloire de se jeter dans une aventure que l'on pourrait qualifier, sans exagération, de suicide scientifique. Obligés donc de se rabattre sur des entreprises moins risquées et plus utiles, ils eurent l'idée de lancer de petits ballons perdus destinés à

---

1. *La Nature*, 26 septembre 1891, p. 259.

La difficulté s'évanouit, oɒuxquels ils donnèrent le nom ex-
les instruments enregistreui.
somme toute, si précis, tels que 'ancèrent de Paris, boulevard
chard. Nous n'avons pas à les ᴍunis de cartes-question-
constructeurs sont arrivés à faire insɕs fut retrouvée dans un
nomènes d'une façon automatique. C'ɗs avaient environ un
marquable application du principe des ᴜule. Cependant, à
l'énergie. Chaque phénomène : pression, tɷne tournure plus
hygrométrique, etc., agit, suivant sa nature, su; on commença
approprié; chacun produit son effet spécial, maɩafin « de dé-
cations subies par le récepteur se ramènent à ùn cɷ altitude à
de forme ou de volume que l'on dirige de manière ᴇs dimen-
former, en dernière analyse, en un mouvement comment ac-
à une plume inscrivant un trait sur un cylindre mis enètre à
tion lente par un mouvement d'horlogerie. La courbe ᴁ à la
tracée donne la variation du phénomène considéré, tanLes
que la rotation graduelle du cylindre permet de repérer lɕd,
heures où chaque point du tracé s'est inscrit.   'e

Moins curieux, moins étonnants pour le public que les
automates célèbres de Vaucanson ou de Robert Houdin, ces
appareils ne sont pas moins remarquables que tant d'illustres jouets. Il y a plus d'intérêt et non moins d'ingéniosité à
faire enregistrer automatiquement la loi de variation des
phénomènes de la nature qu'à montrer un canard qui mange
et qui digère, ou du moins fait semblant, ou encore un artiste
mécanique qui dessine une levrette quand on lui demande
quel est l'emblème de la fidélité !

C'est, paraît-il, M. Claude Jobert qui le premier, en 1873,
proposa d'envoyer dans l'atmosphère des ballons non montés,
des ballons perdus, comme on les appelle, bien qu'on les retrouve, en général, fort heureusement, en leur faisant emporter des instruments. Cette idée devint véritablement
pratique lorsque l'on posséda les enregistreurs Richard. Et,
cependant, on attendit encore bien des années avant d'entrer
dans cette voie. Peut-être était-on trop craintif à l'égard du
sort réservé à ces ballonnets livrés aux caprices de l'air, peut-
être envisageait-on avec quelque effroi les dépenses auxquelles la perte des ballons et des enregistreurs pourrait
donner lieu.

Le 4 octobre, un petit ballon de 5 mètres cubes fut donc lancé dans les airs emportant un de ces baromètres enregistreurs ainsi qu'un thermomètre à maxima et à minima ; il s'éleva, disparut dans le nord-est, mais... on n'en entendit jamais plus parler.

Il ne fallait pas se décourager. Le 11 octobre suivant, un ballon en baudruche, de 90 centimètres de diamètre, fut lancé ; il emportait un enregistreur de 150 grammes. Le surlendemain, la poste apprenait à M. Hermite que ballon et instruments avaient été recueillis à la ferme des Bohlins, sur la commune de Mont-Dauphin (Seine-et-Marne), à 75 kilomètres est de Paris. L'altitude atteinte avait été de 1 200 mètres. C'était un premier succès. Il fut rapidement dépassé. Douze autres ballons furent lancés jusqu'à la fin de 1892. Cinq eurent un sort plus ou moins malheureux : une fois, c'est un gamin qui vole le baromètre du ballon tombé dans une rue de Paris ; une autre fois, des paysans détériorent les instruments ; un troisième ballon se déchire à 300 mètres en l'air ; un autre descend après un quart d'heure de voyage ; le cinquième enfin fut perdu. Les sept autres ascensions furent plus favorisées du sort. Tous les aérostats furent entraînés vers l'est, sauf deux qui descendirent l'un à Chamarande au sud-sud-ouest de Paris un peu avant Étampes, et l'autre à Sainte-Florence (Vendée). A part ce dernier, qui parcourut 350 kilomètres, les autres ballons ne dépassèrent pas 150 kilomètres. Les altitudes atteintes dans les expériences utiles furent 3 350 mètres le 19 octobre, 2 000 mètres le 29 octobre, 8 700 mètres le 2 novembre, 7 600 mètres le 14 novembre, 8 200 mètres le 17 novembre, 6 600 mètres le 20 novembre et 9 000 mètres le 10 décembre ; c'est ce dernier ballon qui descendit à Sainte-Florence. Dans les trois dernières expériences la température minima avait été notée ; elle avait été respectivement, et par ordre, — 10, — 18, — 19 degrés.

A partir du 2 novembre, les ballons n'étaient plus en papier, mais en baudruche ; cependant M. Hermite songeait à revenir au papier : « En employant le gaz d'éclairage et des ballons de papier vernis, actuellement en construction par M. Besançon, mon collaborateur, je pense atteindre 20 000 et 30 000 mètres d'altitude ; en le gonflant au gaz hydrogène, rien ne limite plus, pour ainsi dire, l'altitude à laquelle un ballon peut s'élever[1]. » C'était voir les choses à travers le prisme du désir; la réalité se chargea de réduire ces prévisions.

Le 10 décembre, en effet, on employait un ballon en papier du Japon pétrolé, dont la résistance était des plus vantées. Ce fut ce ballon qui creva à 300 mètres en l'air et, justement, on lui avait confié cette fois un appareil tout nouveau, destiné à recueillir les poussières de l'air... Aussi revint-on à la baudruche et, ces premiers essais éclairant et dégageant la route, on put améliorer bien des choses.

C'était, d'ailleurs, bien un peu hardi de penser que rien ne limite plus l'altitude à laquelle un ballon peut s'élever, même lorsqu'il est gonflé avec de l'hydrogène. En théorie, peut-être, mais en pratique ? Pour un ballon de dimensions et de poids donnés, la force ascensionnelle diminue, en effet, au fur et à mesure que l'aérostat s'élève, par suite de la raréfaction de l'air, la poussée diminuant d'autant que l'air est moins dense, et l'on peut calculer sans peine la hauteur limite à laquelle un ballon déterminé peut s'élever. De même peut-on calculer quel volume il faudrait donner à un ballon formé d'une étoffe de densité connue, pour qu'il puisse monter à une certaine hauteur, et l'on s'aperçoit alors que le volume croît singulièrement plus vite que la hauteur à atteindre. C'est ainsi que le commandant Renard a obtenu les nombres suivants. En employant l'hydrogène et une étoffe pesant seulement 50 grammes par mètre carré :

un ballon de $1^{mc},25$ peut monter à $12\,900^m$.

— 10^{mc} — $18\,400^m$.

— 600^{mc} — $29\,500^m$.

— $80\,000^{mc}$ — $42\,300^m$.

— $1\,250\,000^{mc}$ — $49\,700^m$.

Ainsi, tandis que du premier au dernier de ces nombres l'altitude ne fait guère que quadrupler, le volume du ballon doit devenir un million de fois plus grand.

Voyez-vous ce ballon de un million deux cent cinquante

1. *Comptes rendus de l'Académie des sciences*, t. CXV, 1892, p. 864.

mille mètres cubes ayant près de 70 mètres de diamètre! C'est là, pourtant, ce qu'il faudrait pour monter à 50 kilomètres en l'air. D'une manière générale, on peut remarquer que si l'on prend des ballons de volumes de dix en dix fois plus grands, la hauteur qu'ils peuvent atteindre s'accroît chaque fois d'environ 6 000 mètres. Le commandant Renard[1] annonçait en même temps son intention de procéder au lancement de ballons-sondes; toutefois, il ne semble pas qu'il ait donné suite à cette idée, ou du moins rien n'a été publié à cet égard. Quelques mois plus tard, MM. Hermite et Besançon allaient enfin obtenir un succès d'une importance incontestable et aborder un champ d'études absolument nouveau.

Joseph DE JOANNIS, S. J.

(*A suivre.*)

1. *Comptes rendus de l'Académie des sciences*, t. CXV, 1892, p. 1049.

ESPRIT NOUVEAU ET NEUTRALITÉ

Le travail que nous avons publié ici, en avril et mai derniers, sur la *neutralité de l'enseignement supérieur dans l'Université*, ne s'inspirait pas d'une pensée de guerre contre l'Université ; il s'adressait aux catholiques et essayait de les prémunir contre la facilité trop grande avec laquelle plusieurs inclinent aux compromis en matière d'enseignement supérieur, sous prétexte que la neutralité affichée par l'Université offre, au moins dans cet enseignement, des garanties suffisantes pour rassurer les pères de famille catholiques. A ce propos, un organe attitré de la conciliation avec l'Université, dans un résumé d'ailleurs peu exact de notre travail, nous reproche de nier l'existence d' « une détente entre l'enseignement catholique et l'enseignement universitaire », et de méconnaître la modification produite dans ce dernier, depuis dix ans, « sous l'influence de l'esprit nouveau [1] ».

Nous aurions aimé qu'aux faits précis, nombreux, par lesquels nous avons éclairé l'attitude de l'enseignement supérieur universitaire à l'égard de la religion, — faits qu'on n'a pas contestés, qu'on reconnaît plutôt comme incontestables, — on eût opposé d'autres faits pour rendre sensibles cette « détente » et cette heureuse influence de « l'esprit nouveau ». A défaut du critique, essayons nous-même de dégager du vague les questions qu'il pose. Ce sera le complément naturel, et nous osons dire la confirmation de notre précédente enquête.

1. *La Quinzaine*, 1ᵉʳ mai 1899 ; *Revue des Revues* : « Le P. Targile n'admet pas qu'il y ait une détente entre l'enseignement catholique et l'enseignement universitaire, et en cherche la preuve dans la composition assez peu libérale de certains programmes. Mais la conclusion ne paraît pas s'imposer d'une manière péremptoire pour incontestables que soient les prémisses. Une comparaison entre ce qu'était l'enseignement universitaire il y a dix ans et ce qu'il est devenu sous l'influence de l'esprit nouveau serait sans doute de nature à éclairer d'un jour tout différent la thèse du savant religieux. »

I

Et d'abord, puisqu'on nous y invite, parlons un peu de cette fameuse détente. On sait bien qu'un moment cette question a été à l'ordre du jour. Nul n'ignore non plus qu'elle y a été portée par des catholiques : ce qui convient parfaitement aux fidèles d'une religion où tiennent tant de place l'esprit de paix et de charité et l'amour des ennemis.

L'histoire dit aussi que les premiers et plus ardents hérauts de cette trêve scolaire ont été des catholiques appartenant de près ou de loin à l'Université. Et ceci explique en partie qu'ils aient pris cette initiative : l'Université les reconnaissait pour siens ; toute espèce de liens les rattachaient à elle ; les moins doux et les moins forts n'étaient pas l'estime dont ils y jouissaient à titre d'élèves anciens ou actuels, de maîtres ou de coopérateurs.

Catholiques, d'autre part, il ne pouvait que leur être fort pénible d'entendre leurs frères dans la foi dénoncer cette Université comme la grande ennemie de l'Église en France.

Leur situation les désignait donc naturellement pour être les prédicateurs d'une croisade pacifique. Il est vrai qu'elle avait bien aussi quelques inconvénients. Le rôle de médiateur est toujours difficile et souvent ingrat. Ici il exigeait la plus grande délicatesse de procédés.

Les deux ennemis, ou plutôt, car ce premier terme nous est odieux et nous paraît moins juste, les deux rivaux à rapprocher se faisaient depuis longtemps une guerre acharnée ; en des occasions diverses, mais dont quelques-unes assez récentes, l'un y avait reçu des blessures profondes et toujours saignantes ; l'autre étonné du peu de résultats de ses victoires paraissait déjà inquiet et irrité du relèvement inespéré de celui qu'il avait cru à jamais abattu. Pour les amener à s'entendre, il faudrait essayer d'abord de leur faire reconnaître à tous deux quelques-uns au moins de leurs torts. Et aux premières ouvertures dans ce sens, ne devait-on pas s'attendre à les voir l'un et l'autre se retourner vers cet ami nouveau pour lui demander : « Qui êtes-vous, vous dont la première apparition dans nos rangs est pour nous reprocher nos fautes ? »

La difficulté était donc considérable ; elle était de celles qu'on ne surmonte qu'au prix de précautions et de ménagements infinis. On le comprit sans doute, et pour faciliter la tâche on la divisa. Les maîtres universitaires furent d'abord laissés de côté ; on y reviendrait plus tard. Pour le moment on s'adressa spécialement ou uniquement aux catholiques. Une fois de plus, c'était faire fond sur leur esprit d'abnégation lorsqu'il s'agit de la paix ; pourvu qu'elle ne leur parût pas dangereuse et décevante, cette préférence leur serait honorable.

La question s'est donc ainsi posée : Des universitaires catholiques se mettent un jour à prêcher le désarmement ; toujours convaincus que le bon exemple doit venir des catholiques, ce sont eux d'abord qu'ils s'efforcent de persuader ; sans se laisser arrêter par aucune considération, ils leur signalent les concessions à faire.

Les maîtres catholiques ont écouté. Que tout ne fût point parfait chez eux, venu d'en face le reproche pouvait en être dur à entendre ; mais enfin en avaient-ils jamais douté ? Bientôt cependant l'étonnement leur est venu d'être seuls l'objet de ces sollicitations pacificatrices. Aux apôtres de la nouvelle alliance quelques-uns ont demandé les raisons d'un zèle si exclusif : pourquoi leur parole ne se fait-elle jamais entendre sur d'autres terres ? Nous l'avons dit, nous croyons, nous, qu'ils se réservent d'y porter leurs pas un jour. Quand les catholiques ne laisseront plus de doute sur leurs intentions pacifiques et se montreront résolus à faire la paix à tout prix, ils se retourneront vers l'Université pour lui conseiller à son tour de désarmer.

Et voilà où en est la question : les catholiques ont été exhortés à la détente. Mais des preuves qu'en fait et des deux côtés cette détente a eu lieu, en a-t-il jamais été donné ?

Cependant, puisqu'on prêche le désarmement, il importe de voir sur quoi on veut le faire porter. Entre l'enseignement libre et l'enseignement universitaire la rivalité est possible sur le terrain politique, sur le terrain scientifique et sur le terrain religieux. Sur lequel des trois doivent-ils se rapprocher et s'entendre ?

II

Sur le terrain politique?

D'aucuns l'ont insinué; à leurs yeux il semble que c'est là le vrai, l'unique champ de bataille. Du moins quand ils ont énuméré les conditions de la paix, ils n'en ont signalé que de politiques.

Eh bien! non; tout n'est pas là : et même, à force d'être incomplet, ce point de vue est faux; il implique l'acceptation d'un reproche souvent adressé aux maîtres catholiques par leurs plus perfides ennemis, savoir : que leur opposition à l'Université était toute politique, affaire de parti, campagne antirépublicaine et antidémocratique déguisée sous le prétexte de l'enseignement religieux. Or ce reproche, cette injure, à nos yeux, manque de fondement; pour le montrer, rien ne vaut une franche explication.

Ce qu'ont été les sentiments personnels des membres de l'enseignement libre au sujet de la République il y a tantôt vingt ans, c'est inutile de l'examiner ici ou de l'apprécier : pour leurs persécuteurs et leurs bourreaux, les victimes ont le droit d'éprouver peu de sympathie.

Malgré leur défiance pour les hommes de 1880, les catholiques et le clergé de France n'oubliaient cependant pas que d'autres régimes leur avaient donné aussi bien des sujets de plainte. A la monarchie de Juillet jamais ils n'avaient pu arracher cette liberté d'enseignement, accordée ensuite par les Républiques de 1848 et de 1875. Après avoir d'abord capté leur confiance, le Second Empire avait bien douloureusement trompé leurs espoirs.

Aussi n'étaient-ils pas rares les ecclésiastiques qui, au scandale quelquefois de leurs confrères, témoignaient déjà leur indifférence à l'endroit du régime politique et promettaient leur confiance aux hommes, quels qu'ils fussent, résolus à gouverner suivant le droit et la justice. Que ces dispositions fussent dès lors assez générales, la preuve en a été fournie depuis : le prompt et fidèle écho que la parole de Léon XIII a eu dans le clergé de France ne s'expliquerait pas si ce clergé avait nourri à l'égard du régime républicain des sentiments d'hostilité aussi profonds et aussi universels qu'on se plaît à le répéter.

Mais, quoi qu'il en soit des préférences intimes des maîtres catholiques, il s'en faut bien que leur enseignement ait jamais été dans leurs mains une arme pour les faire prévaloir en politique. Ceux-là, je le sais bien, se plaisent à le dire, qui n'ont jamais su les attaquer que par la calomnie. Ils répètent d'ailleurs la même accusation depuis que l'adhésion en masse du clergé français à la République ne saurait être l'objet d'un doute.

Nul n'ignore par contre la place qu'ont toujours occupée dans l'enseignement universitaire les préoccupations politiques : aujourd'hui encore où l'on y parle tant de réformes à faire, où l'on s'y préoccupe beaucoup de réintroduire, sous une forme ou sous une autre, l'éducation morale, on ne paraît guère songer à autre chose qu'au civisme ; ce qu'on regrette surtout, ç'est de n'avoir pas assez travaillé dans le passé à former des républicains « purs ».

Heureusement l'enseignement libre n'a jamais accepté la lutte sur ce terrain : aux yeux des maîtres chrétiens, ce serait outrageusement rabaisser l'œuvre si haute de l'éducation de la jeunesse. Quand il leur confie ses enfants, le père de famille ne demande pas à ses suppléants d'inspirer, d'entretenir ou de développer des convictions politiques : qu'on en fasse des hommes, de bons chrétiens et de bons Français ; il saura bien lui-même, s'il veut, transmettre à ses fils les idées politiques qui lui sont chères.

Or c'est précisément pour s'être mis au-dessus des questions et querelles purement politiques ; c'est pour avoir évité de faire œuvre de parti, afin de faire plus efficacement œuvre d'enseignement et d'éducation religieuse, que ces maîtres ont vu les élèves affluer chez eux. Ici, je le sais bien encore, on se livre parfois à un travail d'inquisition particulièrement odieux ; l'enseignement libre est accusé avec fracas de recruter ses élèves surtout, voire exclusivement, parmi les ennemis de la République : à lui les fils du parti conservateur, de l'aristocratie et de la bourgeoisie ; à l'enseignement universitaire ceux du parti républicain et de la démocratie. Que dire donc

de ce partage ? N'est-il pas l'œuvre de la politique ? Et bien !
non encore.

Toute espèce de motifs, je le sais, peuvent contribuer à
fixer le choix des parents pour les maîtres de leurs enfants.
Les traditions, les idées politiques et sociales, la mode même
dans une certaine mesure, peuvent intervenir : mais qui osera
nier que le dernier mot soit dit par la religion ?

Et à ce sujet, j'en appellerais volontiers au témoignage des
pères et des mères de famille : plusieurs, j'en suis sûr, beaucoup même avoueraient qu'à certains points de vue ils auraient préféré l'enseignement universitaire : tous diraient
bien haut qu'à leurs yeux ce qui distingue les deux écoles,
c'est que l'une est religieuse, l'autre ne l'est pas. Et maintenant, que, par suite même de ces préoccupations religieuses,
les élèves de l'enseignement libre se soient trouvés en fait
appartenir en majorité à des familles peu ou point républicaines, a-t-on le droit de s'en étonner ? Et qu'y peuvent les
maîtres chrétiens, si, pendant si longtemps en France, républicain a passé pour être et trop souvent a été de fait synonyme d'irréligieux et d'ennemi de l'Église ? L'anticlérical ne
saurait vouloir pour ses enfants d'un enseignement essentiellement religieux et catholique.

Sur ce point d'ailleurs, la contre-épreuve nous paraît singulièrement intéressante et instructive.

Ce n'est ni une révélation ni une détraction malicieuse que
de rappeler que le parti conservateur comprend bien des
hommes fort étrangers aux idées religieuses ; chefs ou simples soldats, ils ont fait en d'autres temps ou seraient encore
prêts à faire acte, sinon d'hostilité, au moins de défiance, à
l'égard de l'Église ; aussi les considérations politiques qui
peuvent aujourd'hui leur interdire la manifestation publique
de ces sentiments ne les empêchent aucunement de s'en inspirer dans leur vie privée ou domestique. Que ceux qui
aiment les enquêtes de ce genre s'informent des dispositions
de ces conservateurs à l'égard des deux renseignements rivaux : à n'en pas douter, on trouve qu'ils ont donné des
élèves à l'enseignement libre à proportion de la place qu'ils
font aux convictions religieuses.

Et de même pour les républicains. Dans la mesure où ils

ont à cœur la formation morale et religieuse de leurs enfants, ils accordent la préférence à l'enseignement libre. Ceux qui déclament contre le caractère réactionnaire de la population scolaire catholique n'entendent-ils donc pas les protestations indignées qui de l'autre côté s'élèvent contre ces fonctionnaires, députés, sénateurs ou ministres coupables de refuser leurs enfants à l'Université? Du moins devraient-ils remarquer ce fait étrange : à mesure que la France, à en juger par les élections, est devenue plus universellement républicaine, l'enseignement libre a vu le nombre de ses élèves s'accroître; c'est au jour où la Chambre des députés compte à peine quelques dizaines de monarchistes, que cet enseignement arrive a égaler numériquement son rival. Cette progression parallèle nous paraît digne d'attention. En conséquence, ce raisonnement ne serait peut-être pas mauvais qui procéderait ainsi : Plus il y a de républicains en France, plus sont nombreux les élèves de l'enseignement libre ; ses maisons ne sont donc pas des nids de réactionnaires ; au contraire, comme le lycée reçoit bon nombre d'enfants de familles royalistes et impérialistes, le collège catholique doit en recevoir aussi souvent de familles républicaines.

De tout ce que nous avons dit, nous ne voulons cependant retenir qu'une chose : entre les deux enseignements la rivalité n'a jamais porté sur le terrain politique ; ce n'est donc pas là non plus qu'on a pu solliciter les catholiques à une détente.

Serait-ce par hasard sur le terrain scientifique? Personne ne s'est arrêté un instant à cette supposition. Prise en elle-même, la science en effet est une, comme la vérité; tant qu'il ne s'agit pas de religion, l'expression de science catholique n'a pas plus de sens que celle de science anticatholique. Tant que la lutte et la rivalité se renferment dans les efforts pour acquérir et communiquer la science, c'est une émulation dont nul ne songe à se plaindre. Proposer la suppression d'un rival serait s'avouer incapable ou fatigué de lui tenir tête.

III

Passons donc au terrain religieux. Là, il faut bien l'avouer, une détente serait possible ; entre les deux enseignements, la lutte y a été continuelle et ardente. A vrai dire il n'y a même jamais eu que ce champ de bataille. C'est parce que l'Université attaquait, défigurait, ou du moins écartait la religion que les catholiques ont créé pour eux des écoles où la religion eût sa place marquée et respectée ; c'est à cause de cela qu'ils ont contesté à l'Université, non pas son droit à exister ou à enseigner, mais son droit à un monopole quelconque, à l'éducation exclusive des citoyens jaloux de leurs droits de Français. Telle a toujours été la position prise par l'enseignement catholique ; jamais agressif, il s'est borné à maintenir et à défendre la foi religieuse que l'Université rejetait et combattait.

Mais voilà qui met dans l'embarras pour comprendre le sens des exhortations en faveur de la paix. Aux catholiques combattant pour la seule défense de leur foi, des catholiques ont-ils pu sérieusement proposer le désarmement ? Leur amour de la paix aurait-il pu les pousser à des concessions sur le terrain sacré de la croyance ? Tels qu'on les connaît, la supposition seule serait injurieuse pour eux.

Aussi n'est-ce pas tout le champ de bataille qu'ils ont parlé de neutraliser ; c'est dans une partie seulement que les catholiques ont été invités à se rapprocher de leurs adversaires : Dans l'enseignement supérieur, leur a-t-on dit, toute lutte a cessé ; elle y est même impossible ; la neutralité s'y impose à tout le monde.

Réservant l'appréciation de ce dernier principe, nous avons accepté l'invitation ; seulement nous avons voulu d'abord vérifier sur les faits ce qu'on affirmait avec tant de confiance, et, craignions-nous, surtout avec le désir que cela fût vrai : notre précédent essai d'enquête sur la neutralité de l'enseignement supérieur dans l'Université n'a pas eu d'autre but. Aussi, quelle qu'en soit la portée et quelque conclusion qu'il faille en tirer, nous ne pouvons aujourd'hui qu'y renvoyer : bien volontiers seulement nous la verrons poursuivre et étendre,

en lui conservant le caractère positif que nous nous sommes
efforcé de lui donner : Observer l'enseignement tel qu'il est
aujourd'hui[1] et l'apprécier sans idée arrêtée d'avance, sans
parti pris de tout dénigrer comme aussi de tout expliquer,
excuser et approuver.

Quant au principe lui-même, que l'enseignement supérieur
doit être, est nécessairement neutre, sans répéter ce qui a été
dit maintes fois de la distinction à établir entre l'acte même
de l'enseignement et la science positive qui en fait l'objet,
une remarque nous paraît s'imposer qui a bien son importance.

On se plaint beaucoup aujourd'hui que les convictions des
catholiques soient si rarement raisonnées et scientifiquement
établies ; on déplore qu'ils aient des notions si incomplètes
et inexactes sur la nature, le rôle, les droits de l'Église qu'ils
aiment et défendent ; on reproche à leur religion de se réduire trop souvent à un système de pratiques pieuses dont
ils ignorent les fondements et la portée.

Récriminations justes en partie au moins, nous le regrettons ; mais nous avions toujours cru qu'une des causes en
était la séparation depuis longtemps établie entre l'instruction et l'éducation. Pendant tout le cours des études,
pendant les études supérieures en particulier, c'est-à-dire
au moment où les idées doivent se préciser, se comparer, se
contrôler, pour ensuite se systématiser, on vide les esprits
de toutes les conceptions religieuses ; ce qui est l'objet de la
croyance est mis à part et tenu en dehors du travail scientifique ; dans l'esprit on tend à élever comme une cloison
étanche entre la science et la foi : après cela n'est-il pas naturel que certains hommes ne conçoivent plus ces deux
mondes que comme absolument distincts, sans communication possible de l'un à l'autre, soumis à des lois toutes différentes, où le même individu peut soutenir tour à tour avec la
même conviction les opinions les plus contradictoires ?

---

1. Nous tenons à rappeler en effet que tous les faits cités par nous sont
des faits actuels ; les plus anciens remontent à deux ou trois ans à peine,
beaucoup sont de cette année. A la logique de dire l'époque, ancienne ou
actuelle, à laquelle s'appliquent les conclusions qui se dégagent de ces prémisses.

A ce régime peuvent se former des catholiques de nom, des catholiques pratiquants par tradition, qui restent tels et continuent à défendre l'Église parce que leur famille, parce qu'eux-mêmes sont entrés dans cette voie, parce que le catholicisme est la religion nationale, et que travailler à la maintenir c'ést faire acte de patriotisme ; mais des catholiques convaincus et éclairés, sachant à quoi et pourquoi ils croient, puisant dans les enseignements de leur foi les règles de leurs pensées et de leur conduite, à part les exceptions, nous ne le pensons pas.

Et voilà pourquoi nous comprenons peu que des hommes ardents à dénoncer ce mal proposent encore d'accentuer le divorce de la science et de la religion ; convaincu que nous sommes de la sincérité de leur zèle, nous avons de la peine à expliquer qü'à un degré de l'enseignement ils en désirent la pénétration par l'esprit religieux, et qu'à un autre ils le trouvent inutile et hors de place ; avouons-le, il nous semble voir là une contradiction.

Et c'est pour nous une difficulté de plus à croire qu'en demandant une détente les catholiques dont nous parlons aient songé aux principes eux-mêmes ; bien plutôt ont-ils dû avoir en vue les personnes. Pour leur commun avantage comme pour celui de leurs élèves, du pays, et de la religion elle-même, ce sont les maîtres qu'ils veulent rapprocher. Et la pénsée en est belle, noble ; elle honore ceux qui l'ont conçue et mise au jour. Que catholiques et universitaires cessent de se considérer comme des ennemis ; rivalisant de zèle pour le bien de la jeunesse, le progrès de la science et la grandeur de la patrie, qu'ils se voient de plus près et d'un œil plus tranquille, afin de mieux se connaître, de se comparer, s'ils veulent, mais surtout afin de mettre en commun lumières, initiatives fécondes, tout ce qui peut améliorer l'enseignement. Telle est la détente à désirer : à la défiance et à la jalousie elle substituera la franche et belle émulation fondée sur l'estime réciproque.

A notre avis, cet appel non déguisé à la réconciliation n'a eu qu'un tort : celui de s'adresser trop manifestement aux seuls catholiques.

Malgré cela, les catholiques n'ont pas, semble-t-il, trop

mal accueilli nos médiateurs volontaires. Pourquoi ? Entre bien d'autres motifs, ne serait-ce pas qu'au fond ce qu'on proposait comme une nouveauté l'était beaucoup moins qu'on ne disait ?

Expliquons-nous.

IV

Quand on parle de l'Université et de ses sentiments à l'é-gard de l'enseignement libre, une distinction se présente : il y a ce qu'on pourrait appeler l'Université politicienne et admi-nistrative, et l'Université enseignante. De l'une à l'autre le passage reste toujours ouvert. On se tromperait fort si l'on considérait ces deux éléments d'un corps aussi solidaire comme distincts ou opposés au point de se croire des inté-rêts différents. Malgré tout, le même esprit ne semble pas les animer. Dans les bureaux, la politique, l'esprit de parti, le souci constant et immédiat des intérêts matériels, entre-tiennent les sentiments de malveillance à l'égard de l'en-seignement libre. Dans les chaires, les professeurs se trouvent élevés au-dessus du terrain des conflits : l'étude, les spéculations scientifiques, l'habitude même de communi-quer à autrui les richesses de l'intelligence, leur élargissent l'âme et y laissent moins prédominer l'esprit de secte.

Et de fait c'est surtout des bureaux que partent les décla-rations de guerre contre la liberté d'enseignement; ainsi le prétendent, du moins, les meilleurs amis de l'Université. Sauf des exceptions, et il faut bien avouer qu'elles ne laissent pas que d'être assez nombreuses, de leur chaire les profes-seurs se bornent à contempler les phases de la lutte. Non pas que l'Université enseignante ne soit heureuse au fond et n'ap-plaudisse aux campagnes menées en sa faveur par l'Univer-sité politique. La victoire sera toute à son profit; elle ne va pas au feu, mais elle recueille la gloire du triomphe : toute défaite, même partielle, de l'enseignement libre n'est-elle pas à ses yeux l'aveu public de sa supériorité scientifique et péda-gogique? Mais enfin, par sa position même et par la nature du rôle qu'il remplit, le professeur universitaire se trouve plus rapproché de ses rivaux : mieux placé par conséquent pour les connaître et les apprécier, il est amené par la communauté même des occupations à entretenir avec eux des rapports plus faciles.

Ce que nous disons là est vrai aujourd'hui et l'a toujours été. Et c'est ce qui nous fait trouver un peu exagérée la prétention de présenter comme une nouveauté le rapprochement à opérer entre les maîtres officiels et les maîtres indépendants. Comment ceux qui ont traité ces questions en public ne l'ont-ils pas remarqué ? Car enfin est-il besoin de citer des noms ? Ne suffit-il pas à chacun de rappeler ses souvenirs ? Pas plus en 1845 ou en 1880 qu'aujourd'hui, ils n'étaient rares les professeurs de lycée et de faculté qui tenaient à entretenir avec des catholiques de leur cité des relations au moins amicales. Dans une même ville, professeurs du lycée et professeurs du collège ecclésiastique entretenaient des rapports quelquefois intimes et fréquents, à peu près toujours très faciles.

Ne l'auraient-ils pas voulu, ce rapprochement mutuel aujourd'hui si désiré, la loi le produisait alors. Jusqu'en 1883, l'enseignement libre n'était-il pas représenté dans tous les conseils académiques ? Depuis le conseil supérieur de l'Instruction publique jusqu'au moindre des conseils départementaux, partout des membres du clergé siégeaient à côté des membres de l'Université ; dans tous les chefs-lieux d'Académies, les facultés de théologie catholique avaient leur place à côté des quatre facultés ; pendant quelque temps les jurys mixtes réunirent ce qu'il y avait de plus distingué dans les deux enseignements. Pour atténuer les rivalités et les réduire à une émulation de bon aloi, pour amener les maîtres à se connaître, à s'estimer, c'étaient là, semble-t-il, des moyens d'une certaine efficacité. L'expérience, on ne devrait pas l'oublier, le prouvait bien : trop bien sans doute, car tout cela a été supprimé. De la loi Falloux en effet, d'où dérivaient toutes ces mesures conciliantes et équitables, il reste aujourd'hui si peu que de tous les côtés on s'étonne qu'il puisse encore être question de l'abroger.

Après cela, est-on bien venu de reprocher aux catholiques l'éloignement où ils se tiennent à l'égard de leurs rivaux ? Entre eux, qui donc s'est efforcé de créer et d'élargir sans cesse le fossé ? Depuis si longtemps on travaille à les parquer en dehors et loin de tout ce qui est officiel et public. Faut-il donc s'étonner que par delà les barrières ils aient de la peine à reconnaître des amis ? S'il n'avait tenu qu'à eux, il y a long-temps que les claies dressées entre eux et leurs émules seraient enlevées.

Tout n'est pas là cependant, et ce serait singulièrement ré-trécir le débat que de le réduire tout entier aux rapports des maîtres entre eux. Ces rapports deviendraient-ils plus faciles que jamais, qu'il y aurait encore lieu entre les deux enseigne-ments à une détente, au désarmement vraiment indispensa-ble. Tant que les doctrines n'auront pas changé, — et de la doctrine catholique ou de la doctrine protestante rationaliste je n'ai pas à dire laquelle doit faire des concessions, — tant que les doctrines n'auront pas changé, la lutte, la rivalité existera. Avant de la suspendre, les catholiques ont le droit, le devoir impérieux de s'assurer que l'Université a bien mo-difié son enseignement.

Les politesses, les compliments, les amabilités, qui vont uniquement à quelques personnalités, ne sauraient suffire à rassurer les consciences. Ce sont là arguments et séductions dont l'Université fut toujours prodigue. Dès le début de ses campagnes pour la liberté d'enseignement, Montalembert eut à mettre les catholiques en garde contre ces pièges ou ces illusions. Plus que personne, s'il avait pu s'y laisser tromper, il aurait été comblé de la bienveillance universitaire. Son passé et ses relations lui en étaient les garants. Mais il voyait plus haut : pour la cohésion et la fermeté de ses troupes, il ne paraît avoir rien tant redouté d'abord que les poignées de main de Cousin et de Saint-Marc-Girardin[1].

Mais l'esprit nouveau ? Que faites-vous de l'esprit nouveau ?

Sans le nommer, nous en avons déjà peut-être bien parlé ; nous allons nous en occuper directement.

Paul TARGILE, S. J.

(*A suivre.*)

---

1. Cf. Lecanuet, *Montalembert*, t. II, p. 167.

BULLETIN DES SCIENCES BIOLOGIQUES

I

Parmi les sciences qui, dans ce dernier quart de siècle, ont fait de rapides progrès, il faut mettre au premier rang, peut-être, la biologie. L'étude de la vie sur l'être vivant s'est longtemps attardée à l'examen des formes extérieures. On a fait de la morphologie, des dissections, des descriptions, des monographies, un peu de physiologie. Quant à la biologie proprement dite, qui cherche à pénétrer les phénomènes vitaux dans les éléments premiers des organismes, chez les plantes comme chez les animaux, elle est de date relativement récente; mais, pour être jeune, elle n'en a pas moins donné des preuves incontestables de son sérieux et de sa fécondité. Ses prétentions, il faut le dire, sont grandes, et ne sont pas toutes également justifiées. Un simple coup d'œil sur la table de l'*Année biologique*, publiée sous la direction de M. Yves Delage [1], révèle toute l'étendue du champ qu'elle prétend explorer. La cellule, la fécondation, la parthénogénèse, l'ontogénèse, la tératogénèse, la mort, l'hérédité, la variation, l'origine des espèces, les fonctions mentales, tels sont les objets de ses recherches, souvent heureuses, souvent aussi imprudentes, à force d'être hardies. Le danger de cette science est, en effet, de confondre les faits avec la théorie, et de donner comme conclusion démontrée ce qui demeure encore à l'état d'hypothèse. Darwin a trop de ces admirateurs que rien ne déconcerte, et qui étudient les phénomènes biologiques pour les plier d'avance au système qui leur est cher, et n'en est pas, pour cela, plus voisin de la vérité.

On savait depuis longtemps que les animaux et les plantes étaient des organismes complexes, et que, malgré les différences morphologiques extérieures, ils présentaient la plus complète analogie dans leur structure anatomique. Cette structure intime, étudiée de nos jours avec une admirable précision, non seulement au point de vue histologique ou de la constitution des tissus, mais

1. *L'Année biologique*. Paris, Schleicher.

surtout au point de vue biologique, nous a livré, pour ainsi dire, les secrets de la vie dans ce qu'ils ont de plus mystérieux et, en apparence, de plus impénétrable. Un premier fait fondamental, aujourd'hui hors de doute, c'est que les animaux et les plantes sont formés d'unités élémentaires semblables. Le microscope seul en révèle l'existence et, dès lors, on conçoit que les progrès de la biologie soient liés aux progrès de l'optique. Ces individualités élémentaires s'appellent *cellules*. Elles jouissent d'une véritable autonomie, possèdent une vie propre, et l'on peut dire, avec l'illustre professeur de Louvain, J.-B. Carnoy, que « la vie organique d'un être supérieur n'est que la résultante de la vie individuelle de ses innombrables cellules ».

La connaissance de la théorie cellulaire est donc la base de toutes les études histologiques, biologiques et médicales contemporaines. L'anatomie, végétale ou animale ; la physiologie et l'anatomie pathologique, dès qu'elles veulent approfondir l'essence des phénomènes normaux ou morbides de la vie, sont tributaires de la biologie cellulaire. Puisque les cellules sont comme les *unités de la vie*, on conçoit qu'il devienne impossible de se rendre compte des manifestations vitales, des modifications ou des altérations qu'elles subissent, sans recourir à l'étude des éléments premiers de tout organisme. La théorie cellulaire devient ainsi la base fondamentale de la physiologie et de la pathologie. Le temps ne nous semble même pas éloigné où toute thérapeutique intelligente, et quelque peu sûre d'elle-même, devra reposer sur la connaissance des altérations que subit la cellule sous l'action des agents morbides, et des moyens de prévenir ces altérations, ou de les guérir, avec le concours d'autres agents réparateurs.

Une fois admis le fait que tous les organismes ont pour éléments constitutifs la cellule, les recherches de la science devaient se concentrer sur la structure et sur l'organisation de ces unités vitales. Il en fut ainsi dès le commencement du siècle. Les botanistes surtout frayèrent la voie, et bientôt l'anatomie et la physiologie animales profitèrent de leurs découvertes. La cellule fut définie une petite vésicule délimitée par une membrane solide, remplie d'une substance hyaline et munie d'un noyau. Cette théorie de la membrane délimitant la cellule est aujourd'hui abandonnée par un certain nombre de biologistes, à tort ou à raison. D'après quelques-uns ce serait à tort. La théorie du protoplasme a pris possession du terrain biologique. Ce protoplasme lui-même a subi diverses péripéties. On l'a considéré, tantôt comme une masse homogène, tantôt comme formé de deux substances différentes : une substance fondamentale hyaline, contractile, et un liquide finement granuleux. Les travaux de Frommann, de 1865 à 1884, semblent avoir révélé et démontré la véritable organisation de la matière vivante. D'après lui, le protoplasme présente une structure réticulée, dont le réticulum serait formé de fibrilles très fines. Les points nodaux apparaissent sous forme de granules et, quand les mailles du réseau sont d'une ténuité et d'une étroitesse extrêmes, on ne remarque plus que des granulations correspondant à ces points. Les fibrilles sont douées de contractilité, elles vibrent et elles oscillent.

Il faut bien le dire, l'unanimité est loin d'être acquise, sur ce point délicat, parmi les savants biologistes. Cependant, on peut regarder comme démontrée la structure réticulée du protoplasme, qui serait ainsi constitué de deux éléments : le réticule et une masse intermédiaire. La sagacité des chercheurs s'est exercée à plaisir sur un sujet dont on n'aura probablement jamais le dernier mot. Dans ce protoplasme, en apparence si simple de composition et de structure, on a découvert, avec Van Rambeke, le cytoplasma, le caryoplasma, l'archoplasma, le sarcoplasma et le neuroplasma.

D'autres, laissant de côté la question de l'organisation intime de la matière vivante, se sont attachés à décrire les zones du corps protoplasmique. Ils en ont d'abord trouvé deux : l'une externe, plus homogène, plus hyaline, dépourvue de granulations et d'enclaves ; l'autre centrale, granuleuse, chargée d'enclaves diverses et souvent creusée de vacuoles[1]. Bientôt, on ne s'est plus contenté d'une aussi simple structure. Les zones ont été divisées et subdivisées, et cinq ou six couches concentriques ajoutées aux deux autres ne nous permettent pas encore de croire que la matière soit épuisée. Bien entendu, sur ce chapitre, comme sur un grand nombre d'autres, dans les recherches scientifiques de notre temps, les appellations les plus diverses sont venues surcharger le vocabulaire de la biologie, sans aucun intérêt et sans aucune utilité pour la connaissance sérieuse de la cellule.

1. Cf. *les Progrès de la Biologie cellulaire*. Rapport présenté au Congrès scientifique catholique de Paris par L. Gedoelts.

Le protoplasme, dont nous venons de parler, est donc la partie essentielle de la cellule. Il est le siège des phénomènes vitaux de contractilité et d'irritabilité. Comme nous l'avons déjà dit, les deux autres éléments cellulaires sont la membrane et le noyau. La membrane est sacrifiée par bon nombre d'auteurs. Ils ne voient dans la cellule qu'une masse de protoplasme munie d'un noyau. C'est à tort, assurent d'autres savants, à la tête desquels se place M. le chanoine Carnoy. La couche limitante existe dans toutes les cellules: C'est elle qui règle leurs échanges avec le monde extérieur. La moindre lésion de cette membrane primordiale provoque la maladie et la mort, si la reconstitution ne peut pas se faire dans son intégrité. Cette couche extérieure se modifie avec les milieux, et l'on observe toutes les transitions entre la couche périphérique la plus imperceptible et les membranes les plus solides et les mieux dessinées[1].

Le troisième élément cellulaire, le noyau, lui aussi, a été contesté, et l'on a défini la cellule « une sphérule de protoplasme ». Cette définition n'a pas tenu devant une étude plus attentive et des méthodes d'observation plus exactes. L'existence du nucléus n'est plus guère mise en doute, comme élément essentiel et normal de toute cellule. Poussant plus loin leurs recherches, les biologistes ont résolu la question fort délicate de l'organisation du noyau. Là encore, comme dans le protoplasme, ils ont constaté la présence d'un réticule, dont la substance a reçu le nom de chromatine, susceptible d'être colorée par les réactifs, tandis que la substance fondamentale intermédiaire, ne recevant aucune coloration, est désignée sous le nom d'achromatine. Cependant Balbiani, en 1880, put démontrer que la partie du noyau dite réticulée se présente en réalité sous la forme d'un boyau continu. Dès lors les auteurs se partagèrent : les uns admirent la forme réticulée, les autres se prononcèrent pour la forme filamenteuse. C'est au savant professeur de Louvain que semble revenir l'honneur d'avoir fixé là-dessus la vérité scientifique. M. Carnoy, dans sa *Biologie cellulaire*, a pu définir le noyau : « une manière de cellule logeant un petit boyau ou filament tortillé de nucléine, jouissant d'une certaine autonomie, mais ne pouvant vivre qu'à l'intérieur du protoplasme, et doué d'une structure particulière.

1. Gedoelts, *op. cit.*

On peut en effet y distinguer trois parties également organisées :
une membrane, une portion protoplasmatique et un élément nu-
cléinien. »

Nous ne pousserons pas plus loin l'exposé des études innombrables qui, depuis quinze ans, ont eu pour objet la cellule. Il
serait plus que téméraire de dire que tout est sûr dans les assertions des auteurs et que le dernier mot soit prononcé sur ces éléments que l'on appelle avec raison les unités vitales. Mais il est
juste de faire remarquer qu'une foule de phénomènes, restés jusqu'à ce jour enveloppés d'une obscurité en apparence impénétrable, se sont éclairés d'une vive lumière. La genèse de la cellule,
ses modes de nutrition, de division, de reproduction, ses altérations, ses dégénérescences et la régénération dont elle est susceptible, c'est-à-dire les mystères les plus intimes de la vie, ont
reçu une explication qui n'est peut-être pas absolument définitive, mais qui fait le plus grand honneur à la science biologique. Nous reviendrons sur quelques-unes des théories ou des
conclusions que certains auteurs ont cru pouvoir déduire des propriétés de la cellule, et des modifications qu'elle subit dans le jeu
de la vie. Pour le moment, nous croyons qu'il ne sera pas sans
intérêt de donner au lecteur une idée de la valeur pratique de ces
études, en exposant quelques-uns de leurs résultats. L'*Année
biologique* nous fournit, sous ce rapport, un travail de M. J. Cantacuzène, dont il nous suffira de donner un aperçu pour montrer
combien remarquables ont été, dans ces derniers temps, les
découvertes de la biologie et les travaux des disciples de Pasteur[1].

II

L'étude de la structure intime des organismes a révélé, non
seulement qu'ils sont tous constitués par une infinité d'éléments
microscopiques, mais encore que ces unités constitutives conservent une indépendance considérable. Elles ont une vie propre,
une activité qui se manifeste par un choix dans les éléments
qu'elles englobent, et par des mouvements de locomotion qui
leur permettent d'émigrer, de se transporter là où se rencontrent
les substances qu'il leur est bon d'absorber. La vie cellulaire pré-

1. Cf. *l'Année biologique. La Phagocytose dans le règne animal*, par
J. Cantacuzène.

sente donc un double cararactère de mobilité chez un grand
nombre de cellules animales ou végétales, et d'englobement de
corps solides par beaucoup d'entre elles. Ce deuxième caractère
auquel on a donné le nom de *phagocytose* se rencontre dans la
série animale depuis les organismes les plus élémentaires, tels
que les Amibes, jusqu'à l'homme. Les exemples d'animaux ne
possédant pas de phagocytes sont exceptionnels, et deviennent
si rares qu'on a le droit de conclure que la phagocytose est une
loi générale. Elle s'exerce, du reste, chez l'adulte comme chez
le sujet encore à l'état embryonnaire. Le phagocyte aide à constituer le jeune animal, il le défend durant sa vie et finit par être
agent de la mort soi-disant naturelle ou par dégénérescence
sénile.

Le phagocyte est tout élément cellulaire fixe ou migrateur
capable de saisir et d'incorporer des parties solides placées en
dehors de lui. Toute cellule vivante a la faculté d'absorber des
substances en solution et de les digérer. Le phagocyte privé, en
tout ou en partie, de membrane cellulaire, capable d'exécuter des
mouvements amiboïdes sous l'influence d'une excitation extérieure, absorbe et digère les aliments solides. Cette absence de
membrane cellulaire lui permet de se fusionner avec d'autres de
même espèce pour former des amas, ou des plasmodies, quand il
s'agit d'une proie volumineuse ou d'un corps étranger de forte
taille à saisir et à dévorer. Chez les animaux inférieurs, tels que
les Amibes, cette propriété de digestion intracellulaire se confond avec la fonction de défense contre les parasites. Ils sont en
lutte constante contre les micro-organismes, bactéries, diatomées,
etc., qui les entourent. S'ils réussissent à les englober, ils les
digèrent et s'en nourrissent. Si, après l'englobement, la digestion
ne peut se faire, les parasites se multiplient à l'intérieur et déter-
minent la mort de leur hôte.

Les travaux mémorables de Metchnikoff, publiés de 1878 à
1884, ont mis hors de doute la réalité des phénomènes de phagocytose. Ils en ont aussi décrit le fonctionnement avec une précision qui défie toute contradiction sérieuse. Les appareils phagocytaires se présentent sous trois formes principales : sous la
forme d'éléments migrateurs, indépendants ; sous forme de cellules de revêtement des cavités lymphatiques ou sanguines, et
enfin sous forme d'amas de cellules fixes, amas lymphoïdes ou

organes phagocytaires proprement dits. L'action de ces agents, dans la lutte pour la vie, s'exerce tantôt chez l'individu dont l'état est normal, et tantôt chez un sujet atteint de maladie plus ou moins grave. Il y a donc une phagocytose normale et une phago-cytose pathologique. Elles présentent l'une et l'autre des phéno-mènes du plus haut intérêt. Voyons d'abord ce qui se passe dans la phagocytose normale.

Dès que la sensibilité des phagocytes est excitée, ces éléments entrent en action. Une lutte véritable s'engage avec les agents qui les ont excités, et qui ne sont autres que les tissus vivants de l'organisme. Ceux-ci pour se défendre n'ont que deux moyens. Ou ils sécrètent des produits neutres qui laissent endormie l'exci-tabilité des cellules phagocytaires, ou ils élaborent des produits qui repoussent les phagocytes. Si la nature de la sécrétion des tissus vient à varier, si les cellules migratrices ne sont plus re-poussées, aussitôt la lutte s'établit et tourne quelquefois au détri-ment de l'organisme. Ses éléments, affaiblis et rendus incapables de se défendre, sont attaqués et détruits. Une véritable sélection s'opère qui débarrasse l'individu des organes ou des tissus à fonc-tionnement ralenti. C'est de la sorte que sont détruits les élé-ments vieux, malades, incapables de réagir. C'est aussi sous l'ac-tion phagocytaire que disparaissent les tissus larvaires chez les insectes et la queue chez les têtards de Batraciens.

La phagocytose pathologique est une lutte de défense qui s'éta-blit entre les phagocytes d'un organisme et les envahisseurs étrangers qui le menacent ou qui déjà sont dans la place. Les conditions et les nécessités biologiques sont ici les mêmes que dans la lutte contre les tissus vivants de l'organisme. Les défen-seurs réagissent par l'éloignement ou par l'attaque directe, selon que les envahisseurs sécrètent des produits qui les repoussent ou des substances qui les attirent. Voici l'observation faite par Cuénot sur le Crabe. Celui-ci est attaqué par une Sacculine qui s'établit à l'état de parasite et plonge ses racines dans les tissus de son hôte. Les phagocytes demeurent inertes ou impuissants contre elles, tant que la Sacculine est vivante à demeure. Mais que le Crabe vienne à s'en débarrasser, tout en gardant les ra-cines de son parasite, aussitôt les phagocytes les attaquent et les dévorent.

Dans cette lutte on observe que les organismes les plus résis-

tants sont précisément ceux qui sont les plus exposés aux envahisseurs. Certains invertébrés, à téguments mous, communiquant
directement avec le milieu ambiant par leur cavité générale et,
par conséquent, exposés aux fréquentes invasions microbiennes
et parasitaires, se font remarquer par une résistance très grande.
On dirait qu'une sélection s'est faite parmi leurs éléments phagocytaires, et que l'appareil défensif a évolué, pour se perfectionner
et s'adapter ainsi aux conditions d'une lutte journalière. Au contraire, chez les insectes à forte carapace ou à revêtement chiti-
neux forts et solides, la résistance est faible, quelquefois jusqu'à
être nulle. Qu'un champignon parasite, après bien des efforts,
arrive à percer la cuticule de certains coléoptères tel que que le
Cleonus punctiventris, les cellules défensives demeurent impuissantes, et l'animal ne tarde pas à mourir. C'est ce qui arrive aussi,
d'après Balbiani, aux Lépidoptères, aux Diptères et aux Hymé-
noptères, très pauvres en phagocytes, et très sensibles à l'infection bactérienne.

Mais les recherches les plus nombreuses et les plus fécondes
ont été faites chez les Vertébrés supérieurs, en ce qui regarde la
phagocytose pathologique. Et c'est à M. Metchnikoff, et à ses
élèves, que revient principalement l'honneur d'avoir fondé sur la
matière une théorie vraiment scientifique. Les premières observations portèrent sur l'érysipèle, et Metchnikoff démontra que,
dans les cas mortels, les streptocoques étaient libres dans les
lymphatiques, et que, dans les cas de guérison ils étaient, au
contraire, englobés par les leucocytes. Dans une série d'expériences sur la bactéridie charbonneuse le savant biologiste établit, sur des preuves irréfutables, ce fait de l'englobement des
microbes virulents par les cellules protectrices de l'organisme.
Leur destruction n'est pas produite par un autre agent, tel que
l'humeur aqueuse des animaux réfractaires. Ils vivent et pullulent
dans ces liquides jusqu'à l'arrivée des phagocytes. Ce n'est pas
non plus à l'état de bacilles morts qu'ils sont englobés, mais bien
en pleine activité vitale ; car si, au moyen d'une goutte de bouillon
de culture, on tue les leucocytes, les bactéridies déjà englobées
ne subissent plus la destruction intracellulaire. Elles s'allongent
et se multiplient à l'intérieur de la cellule au point de faire saillie
en dehors d'elle.

Il y a parallélisme entre la résistance de l'organisme à l'égard des vibrions et l'activité des phagocytes. Si l'on injecte le bacille à forte dose dans un animal neuf, la phagocytose est presque nulle et l'animal meurt. Si la dose injectée est faible, après plusieurs heures de multiplication active des vibrions, les leucocytes affluent, la destruction intracellulaire des microbes se fait, et la guérison ne tarde pas à suivre. Enfin, si l'animal a été vacciné, l'afflux leucocytaire et l'englobement s'opèrent avec une grande rapidité. Ce double phénomène de pénétration d'un corps étranger d'une part, et de défense de l'autre par les phagocytes, se manifeste dans l'organisme sur le point attaqué et défendu par ce que l'on appelle *inflammation*. Elle ne se produit que chez les vertébrés. Les invertébrés, dépourvus d'un système vasculaire, réagissent simplement contre l'agent irritant au moyen de leurs phagocytes, qui s'accumulent autour de lui et l'englobent. Même chez les invertébrés pourvus d'un système vasculaire fermé, comme chez les Aunélides, les vaisseaux ne prennent aucune part à sa réaction phagocytaire. Voici, au contraire, comment se passe chez les vertébrés supérieurs le processus inflammatoire. M. Metchnikoff a décrit admirablement ces phénomènes dans son ouvrage sur la pathologie comparée de l'inflammation. M. Cantacuzène résume ainsi la doctrine du maître :

« Une dose non mortelle de Vibrions cholériques est injectée dans le péritoine d'un Cobaye. Ce changement brusque de milieu fait périr un certain nombre de Vibrions ; mais l'immense majorité y trouvent un milieu favorable, s'y multiplient et sécrètent leurs toxines. Celles-ci vont impressionner les leucocytes qui, surpris par cette modification subite du milieu, se mettent à l'abri dans les organes à circulation ralentie, d'où diminution des leucocytes dans le sang. Les leucocytes, présents dans la cavité générale, également mal à l'aise, séjournent au milieu des Vibrions sans les englober. Mais bientôt l'accoutumance se fait ; les leucocytes rentrent dans les vaisseaux en grand nombre ; la dilatation vasculaire autour du foyer injecté devient de plus en plus forte ; la diapédèse commence ; pendant quelque temps, l'afflux leucocytaire dans le péritoine est faible et l'englobement aussi. Puis ces deux phénomènes s'accentuent, et les leucocytes englobent rapidement les microbes qui, parvenus à l'intérieur des cellules, prennent la forme de granulations sphériques... Un certain nombre de Vibrions restent longtemps, souvent vingt-quatre à quarante-huit heures dans l'exsudat sans être englobés. Ce sont les plus virulents : ils luttent contre les phagocytes et les éloignent par leurs sécrétions. Cultivés, ils donnent une race bien plus virulente que celle dont ils dérivent. Mais, finalement, l'accoutumance des phagocytes se faisant, les derniers parasites survivants sont englobés et détruits. Au bout d'un nombre variable d'heures, de gros leucocytes mononucléaires pénètrent dans l'exsudat : une lutte s'établit alors entre les microphages bourrés de microbes et les macrophages, lutte dans laquelle les polynucléaires les moins résistants, les plus affaiblis, sont saisis et digérés. Le résultat de cette deuxième phase est la constitution, par sélection, d'une race de leucocytes plus adaptés à la lutte contre les Vibrions[1]. »

Telles sont les diverses phases de la réaction inflammatoire. Elle est salutaire pour l'organisme, puisqu'elle a pour résultat la destruction de ses ennemis par les phagocytes. Mais le phénomène essentiel est ici l'exsudat leucocytaire. La dilatation des vaisseaux et l'hyperhémie qui l'accompagne ne constituent pas l'inflammation elle-même. Voilà tout un côté de la pathologie singulièrement éclairé et expliqué par la microbiologie.

III

Cette lutte victorieuse des phagocytes contre l'envahisseur est un acte défensif de haute importance. Il amène tout naturellement la question de l'immunité. Celle-ci s'explique-t-elle par cette fonction phagocytaire ? La résistance d'un organisme aux agents infectieux est-elle uniquement due à l'action des leucocytes ? Voici, jusqu'à ce jour, ce que dit, à ce sujet, la biologie cellulaire.

Trois hypothèses principales ont été mises en avant pour expliquer l'immunité. En voici le résumé, d'après l'auteur dont nous suivons ici les idées. La première de ces hypothèses porte le nom de *théorie bactéricide*. Elle suppose qu'un organisme résiste parce que ses humeurs constituent un milieu incompatible avec la vie du microbe. L'école allemande surtout a soutenu la *théorie bactéricide des humeurs*. Il ne semble pas que ce soit avec pleine raison. Que certaines humeurs soient bactéricides, c'est là un

---

1. *Année biologique. La Phagocytose*, par J. Cantacuzène, p. 329.

fait incontestable. Le sérum défibriné, l'humeur aqueuse font périr *in vitro* un grand nombre de bactéries, ils ne les détruisent pas entièrement. De même, *in vitro*, le sang de lapin tue le Bacille charbonneux, et cependant le lapin est très sensible à ce microbe. Les choses ne se passent pas *in vitro* comme elles se passent dans l'organisme vivant, et il n'y a aucun rapport entre ces deux sortes de phénomènes. Le sang d'animaux vaccinés contre le charbon n'est pas bactéricide contre ce microbe, et le sang d'un animal possédant l'immunité naturelle n'est pas *in vitro* bactéricide. Du reste on a fait la preuve directe dans cette question de l'immunité. En injectant une culture microbienne dans l'organisme d'un animal vacciné et en l'isolant, non des humeurs, mais des cellules, le microbe ne meurt pas. Il suffit pour cela d'introduire sous la peau de l'animal en expérience des spores enfermés dans un sac de papier. Les humeurs de l'organisme pénètrent par osmose dans le sac ; les cellules, au contraire, sont arrêtées. Or, à l'intérieur, les spores, baignés dans les humeurs, prétendues bactéricides, germent, se multiplient, sécrètent leurs toxines et tuent l'animal que les leucocytes, arrêtés par une barrière, ne peuvent défendre. Devant un pareil fait il serait difficile de soutenir la théorie bactéricide des humeurs.

A la théorie bactéricide des humeurs on a voulu substituer, comme pour en sauver le principe, la théorie de l'atténuation. Les partisans de ce compromis, tels que Bouchard, Charrin, Roger, avaient observé que les cultures faites dans du sérum vacciné et injectées à un animal neuf, rencontraient dans celui-ci une résistance victorieuse. Ils concluaient de ce fait à l'atténuation de sa virulence. Malheureusement, pour leur système, ils oubliaient qu'en injectant le microbe ils injectaient aussi un liquide préventif, c'est-à-dire du sérum d'animal vacciné. Et de fait si, au moyen du filtre, on débarrasse les microbes de toute trace de ce sérum, leur virulence reparaît entière. La théorie de l'atténuation ne suffit donc pas pour expliquer l'immunité.

A la théorie des humeurs bactéricides les Allemands, avec Behring, Ehrlich et plusieurs autres, ont cru pouvoir substituer la théorie des antitoxines. Après avoir vacciné des animaux contre les toxines produites par les microbes, ils ont constaté que le sérum de ces animaux mélangé à la toxine rend celle-ci inoffensive à l'égard d'animaux neufs. Ils ont vu aussi que des animaux vaccinés contre la toxine sont souvent réfractaires à l'infection. Néanmoins, bien que l'immunisation antitoxique soit un fait établi, la théorie de Behring n'explique pas l'immunité des animaux contre l'infection. En effet les sujets, fortement vaccinés contre les Vibrions, le Pneumocoque, le Bacille pyocyanique, demeurent sensibles à la toxine de ces microbes. D'autre part on peut stimuler la défense de l'organisme contre les microbes, sans introduction préalable dans le sang de substances toxiques, et Behring lui-même reconnaît que l'antitoxine disparaît à la longue du sang des animaux vaccinés par la toxine, sans que l'immunité disparaisse pour cela. Ce n'est donc pas, encore une fois, aux propriétés antitoxiques des humeurs qu'il faut attribuer l'immunité des animaux contre l'infection microbienne.

Reste donc la théorie phagocytaire, ou l'intervention de cellules mobiles pour expliquer le fait de la résistance aux diverses infections. Cette résistance, qui va jusqu'à l'immunité, se produit sans l'intervention d'aucun pouvoir bactéricide ou antitoxique. Les microbes vivent plus ou moins longtemps dans l'organisme. Les phagocytes en ont raison plus ou moins vite, ils en détruisent des quantités plus ou moins grandes, suivant le degré d'immunité du sujet, mais toujours la mort suit l'invasion, si, par un artifice quelconque, on paralyse l'action des cellules protectrices. Les travaux de M. Metchnikoff et de ses élèves nous donnent donc le droit de conclure que les phagocytes sont les seuls agents de la destruction des microbes, dans l'immunité acquise comme dans l'immunité naturelle. Pas de phagocytose, pas d'immunité.

Comme conclusion de cette revue générale de la phagocytose nous pouvons, avec M. Cantacuzène, faire quelques observations qui ont leur importance scientifique et pratique. Les organismes inférieurs, tels que les Amibes, les Infusoires, ont la propriété d'englober et de digérer d'autres organismes de même ordre dont ils font leur nourriture. Mais une lutte s'établit toujours entre l'Amibe ou l'Infusoire et le microbe ingéré. Si celui-ci ne peut être ni rejeté ni digéré, il se transforme en parasite, et il finit par tuer son agresseur. Les Infusoires survivants seront donc ceux qui auront réussi à détruire l'envahisseur en le digérant. Il se formera ainsi, par voie de sélection, une race capable de résister à l'infection et douée d'immunité.

Ainsi doivent se passer les choses dans le reste de la série animale. Partout a dû se développer un appareil phagocytaire, représenté par des éléments d'une extrême sensibilité aux excitations extérieures, et surtout aux modifications dans la composition chimique du milieu où ils baignent. Ils réagissent soit en éloignant l'agent irritant, soit en l'englobant sans le détruire, soit enfin en le digérant. De son côté, l'élément étranger se défend, soit en s'enveloppant de produits qui repoussent les phagocytes, soit en se protégeant par d'épaisses membranes qui le mettent à l'abri des sucs digestifs. Dans cette guerre incessante, la sélection doit s'opérer entre les divers agents de résistance ou d'attaque. Nécessairement les organismes dont les phagocytes ont le dessous succombent, et ceux-là seuls survivent qui présentent une véritable immunité contre l'agent infectieux. L'appareil phagocytaire se perfectionne et s'adapte de plus en plus à ses fonctions de défense, et l'immunité naturelle est la conséquence de cette adaptation. On dira peut-être que cette manière de voir favorise singulièrement le système de l'évolution. Sans doute, il suppose que les phagocytes sont des organes destinés à se perfectionner pour accomplir parfaitement leurs fonctions. Il n'y a là rien qui ne soit conforme à la grande loi de la concurrence vitale et de la sélection sagement entendues. L'organe se perfectionne, il ne change pas pour cela de nature, de genre et de fonction. Les phagocytes seront toujours les défenseurs de l'organisme par la résorption des tissus nécrosés ou des organes à fonctionnement ralenti. Et, si les parasites prétendent envahir la place, ils la protègent en englobant et en digérant les envahisseurs.

IV

La Phagocytose ne pouvait rester sur le terrain de la zoologie, où elle était née, ni sur le seul terrain de la pathologie, où elle domine actuellement. Elle a voulu passer dans le domaine de la bio-chimie. Nous allons voir que ce n'est pas sans succès. Trois mémoires du Dr Besredka, publiés dans les *Annales de l'Institut Pasteur*, nous donnent des résultats fort intéressants de ce côté nouveau de la phagocytose[1].

Jusqu'ici, l'acte phagocytaire n'avait eu pour facteurs, de part

1. *Annales de l'Institut Pasteur*, 25 janvier, 25 mars et 25 juin 1899.

et d'autre, que des êtres vivants, leucocytes et microbes. On pouvait se demander si les cellules mobiles rempliraient leurs mêmes fonctions de défense en présence d'une substance toxique non vivante. C'est là ce qu'a voulu vérifier le Dr Besredka, et c'est dans le laboratoire de M. Metchnikoff qu'il a fait ses observations. Il s'est servi, comme poison, d'un *trisulfure rouge d'arsenic*, préparé par lui-même et qui ne semble pas encore avoir été décrit. La raison de ce choix d'une combinaison sulfurée d'arsenic est d'abord son pouvoir toxique élevé, puis sa couleur qui permet d'en déceler les moindres traces dans l'organisme. L'animal en expérience a été le cobaye, doué d'une extrême sensibilité aux moindres variations dans la quantité de sulfure injecté. Le trisulfure était à l'état de suspension aqueuse, dosée avec une précision rigoureuse.

On a d'abord injecté dans la cavité péritonéale du cobaye une dose non mortelle de trisulfure, et, de temps à autre, on a examiné une portion d'exsudat péritonéal. Voici ce qui s'est passé. Immédiatement après l'injection, le nombre des leucocytes, extrêmement nombreux à l'état normal, diminue d'une façon notable. C'est le phénomène de l'hypoleucocytose. Celle-ci dure d'autant plus que la dose de sulfure injectée a été plus forte. La diminution peut persister de dix à douze heures. Après cette phase de disparition, les leucocytes affluent de nouveau d'une façon continue et progressive dans le liquide péritonéal, qui n'est bientôt qu'une bouillie leucocytaire. C'est la phase d'hyperleucocytose, dont la durée varie plus ou moins selon le degré de fatigue que l'animal a subi. En moyenne, au bout de deux ou trois jours, tout rentre dans l'ordre, l'exsudat redevient limpide, le nombre des leucocytes retombe au taux normal. Le sujet en expérience revient à l'appétit et à la santé.

Mais, pendant cette phase de leucocytose, qu'est devenu le trisulfure d'arsenic une fois arrivé dans le péritoine? Le voici. Un quart d'heure après l'injection, si l'on retire une goutte d'exsudat, on trouve déjà dans le champ microscopique quelques leucocytes contenant une substance jaune, rougeâtre, facile à déterminer. Ce sont des grains de trisulfure devenus la proie des phagocytes. Les autres grains, en masse plus ou moins grande, flottent encore en liberté dans l'exsudat. Si l'animal ne peut résister au poison, le tableau reste le même ou s'accentue dans le sens d'une diminution des leucocytes. On constate des poussées de phagocytose qui alternent avec des phases où les leucocytes, ne pouvant fonctionner, laissent échapper les grains déjà englobés et aggravent la situation jusqu'au dénouement fatal. Si, au contraire, l'animal triomphe du sulfure, et dès qu'il entre dans la voie de la guérison, le spectacle change d'aspect. L'exsudat fourmille de leucocytes pleins de vigueur et d'activité. Plus de corpuscules libres, ils sont tous englobés. C'est l'apogée de l'acte phagocytaire, et l'animal est vite parfaitement rétabli. Cette crise phagocytaire dure plus ou moins longtemps ; mais au delà du douzième jour on ne retrouve plus de phagocytes bourrés d'arsenic.

En présence de ces faits, les questions qui se posent sont les suivantes. Quel est le mécanisme de l'intoxication par l'arsenic ? Que devient le trisulfure englobé ? Quelle est la vraie signification du processus phagocytaire ? Pour être distinctes, ces trois questions ne sauraient avoir une réponse indépendante, tellement les problèmes qu'elles posent sont liés l'un à l'autre.

D'abord, pour expliquer le mécanisme de l'intoxication, il faut, nous dit le Dr Besredka, se dégager de la notion courante en chimie, en vertu de laquelle les sulfures d'arsenic sont insolubles dans l'eau. La vérité est que le trisulfure est très difficilement soluble. Cette nuance est très importante, quand on opère avec des réactifs aussi sensibles que les cellules. Quand on prépare, en effet, avec des quantités égales de sulfure, deux émulsions, l'une très fine, l'autre formée de grosses particules, la première tue un cobaye, la seconde ne le tue pas. On fait mieux encore. On introduit dans un sac en moelle de roseau une dose de sulfure capable d'amener la mort dans quelques heures. Le sac est placé dans la cavité péritonéale d'un cobaye. L'animal meurt presque aussi rapidement que si on lui avait injecté directement cette dose d'arsenic. Bien plus, si l'on met dans le sac une quantité de sulfure qui, injectée directement, ne déterminerait pas la mort, le cobaye n'en meurt pas moins au bout de cinq à sept jours. L'autopsie permet de constater que le sac a perdu beaucoup de sulfure. La solubilité du tonique est donc bien établie.

Voyons maintenant la signification des phénomènes qui accompagnent l'inoculation. Quelle que soit la dose injectée, avons-nous déjà dit, une hypoleucocytose se manifeste et persiste jusqu'à la mort, ou cède la place à l'hyperleucocytose avec phagocytose intense. Dans ce dernier cas l'issue est favorable. Il se passe ici, en définitive, ce qui se passe avec tous les microbes pathogènes ou avec leurs toxines. Le sulfure introduit dans l'organisme se dissout en partie, et le liquide produit repousse les leucocytes. Si ces derniers ne peuvent s'habituer à la dissolution toxique, ils ne reviennent plus. L'animal succombe parce que, les leucocytes ayant abandonné le champ de bataille, le trisulfure a toute liberté pour se dissoudre et compléter son œuvre de destruction.

Dans le cas contraire, les cellules mobiles, après avoir disparu un moment, s'habituent au trisulfure soluble, sans doute parce qu'il est en moindre quantité. Elles reparaissent donc, la phagocytose entre en jeu, et la dissolution du sulfure dans le liquide ambiant est arrêtée. L'arsenic ne peut plus sortir de l'enceinte péritonéale pour aller atteindre les cellules nerveuses dont il est le poison spécial. Et ce pouvoir antitoxique de l'appareil phagocytaire est tel qu'il préserve l'animal contre une dose environ trois fois mortelle.

Poussant plus loin l'analyse des faits précédents, le Dr Besredka a trouvé le moyen de faire varier, à son gré, le nombre des leucocytes, afin de montrer qu'entre ces deux éléments, leucocytes et résistance de l'organisme, il y a un vrai rapport. Pour atteindre son but, il a pris un détour et usé d'un subterfuge. Il a injecté du carmin dans le péritoine. Cette poudre inoffensive a été aussitôt englobée par les leucocytes, qui s'en bourrent facilement. Et voilà tout autant de défenseurs mis de côté. Leur nombre, sans doute, n'a pas diminué; mais leur pouvoir phagocytaire, mis en jeu par le carmin, demeure inerte pour toute autre substance. Dès lors, une dose de sulfure, inoffensive dans les conditions ordinaires, suffit à tuer l'animal. L'expérience contraire, c'est-à-dire une production abondante de leucocytes, rend l'animal réfractaire à une quantité de poison plusieurs fois capable de le tuer.

Pour se faire une idée exacte de la portée biologique de la phagocytose, il faut suivre le trisulfure jusqu'à son élimination complète de l'organisme. L'englobement n'est qu'une partie de l'acte phagocytaire. On peut même dire que l'acte essentiel commence lorsque l'englobement est terminé. Le trisulfure subit alors une transformation qui le rend inoffensif. Au début de la période phagocytaire, les masses rouges de trisulfure englobées sont uniques, de grandes dimensions, et elles occupent le centre des leucocytes. Bientôt la scène change. La majorité des phago-cytes contient plusieurs corpuscules, de petites dimensions et situés surtout à la périphérie. On dirait qu'une désagrégation du sulfure s'opère, et que, d'abord réduit en miettes, il finit par se dissoudre dans le protoplasme du leucocyte. Mais, s'il se dissout, quelle est la composition chimique de ce produit? Est-ce simple-ment le trisulfure passé en solution? Est-ce un nouveau com-posé arsenical, formé aux dépens du contenu leucocytaire, et rendu moins toxique pour l'organisme?

L'auteur n'hésite pas à adopter la seconde hypothèse. Les rai-sons qu'il en donne ne peuvent laisser aucun doute dans l'esprit. Si le rôle des leucocytes se bornait ici seulement à retarder la solubilisation du trisulfure, l'animal succomberait ou serait ma-lade, une fois la phagocytose terminée. Or c'est le contraire qui arrive. L'animal va de mieux en mieux à mesure qu'elle progresse, et, quand elle finit, il n'éprouve plus le moindre malaise. On a donc le droit de conclure que la substance toxique ne l'est plus après le passage à travers le corps des leucocytes. Le poison y a subi une sorte de digestion intracellulaire. Quelle en est la nature intime? Voilà ce que le Dr Beresdka déclare ne pouvoir dire.

Ce qu'il y a de sûr, toutefois, c'est que l'arsenic reste comme partie intégrante du nouveau composé. On en retrouve, en effet, la trace à travers les organes et les voies de son élimination.

Tel est l'horizon nouveau ouvert dans le champ de la phago-cytose par le Dr Besredka. Son travail détruit une des objections les plus fortes opposées à la doctrine phagocytaire. Quelques-uns prétendaient, en effet, que les leucocytes ne pouvaient englober que des microbes atténués dans leur virulence par l'action préli-minaire des humeurs. Or nul ne prétendra que le sulfure d'ar-senic soit susceptible d'une atténuation quelconque. Les humeurs ne le modifient pas, puisque les animaux intoxiqués au moyen de sacs en moelle de roseau pleins de sulfure, succombent à l'in-toxication. Si les leucocytes sont ainsi capables d'englober une substance aussi toxique que le trisulfure d'arsenic, on ne voit pas pourquoi ils reculeraient devant des microbes, si virulents fussent-ils.

Tel est le résumé du beau travail du Dr Besredka. Il étend sin-

gulièrement le champ ouvert par Metchnikoff. La lutte pour la vie
apparaît comme une fonction dont les organes peuvent faire face
à des ennemis de tout ordre. Le rôle du biologiste est donc d'é-
tudier à la fois la nature de l'envahisseur et la tactique de la
défense. C'est ainsi que la science, qui semble quelquefois se
perdre dans un monde imaginaire, revient tout à coup sur le terrain pratique et surprend les plus sceptiques par la fécondité de
ses découvertes.

Nous nous contenterons, pour aujourd'hui, de cette courte
exploration dans le domaine de la biologie. Mais, à voir l'élan et
l'ardeur que mettent ses partisans à l'étude de ces questions si
délicates et si fécondes, nous sommes sûr d'avoir bientôt d'intéressantes découvertes à signaler à nos lecteurs.

HIPPOLYTE MARTIN, S. J.

REVUE DES LIVRES

Institutiones Theologiæ Moralis generalis, *auctore* G. Bernardo TEPE, S. J. Paris, Lethielleux, 1899. 2 vol. in-8. Prix : 8 francs. — Ces deux volumes sont un complément des *Institutiones Theologicæ in usum Scholarum*[1] publiées récemment par le R. P. Tepe et favorablement accueillies dans le monde ecclésiastique. On a loué dans ce cours de théologie une doctrine sûre, une méthode pratique jointe à un ordre logique, un style clair, l'art des notions précises et une riche concision qui dénote dans l'auteur une pleine possession du sujet. On a dit à bon droit, en Allemagne comme en France, que c'est un *Manuel* dans la meilleure acception du mot. Les *Institutiones Theologiæ moralis* méritent les mêmes éloges. L'objet général, ce sont tous ces traités qu'on trouve au début des Théologies morales : traités des *Actes humains*, des *Lois*, des *Péchés*, des *Vertus*, des *Dons du Saint-Esprit*, avec un appendice sur la *Perfection de la Vie spirituelle*. Mais le P. Tepe approfondit toutes ces matières beaucoup plus qu'on ne le fait dans un cours qui vise surtout la pratique. Et vraiment, il est bon que des notions aussi fondamentales soient un peu creusées ; c'est le moyen d'éviter l'inconvénient que pourrait présenter le procédé trop purement casuistique, qui ferait consister presque toute la science de la Morale dans une connaissance mnémotechnique ou empirique d'un certain nombre de solutions pratiques.

Chemin faisant, l'auteur rencontre et traite avec soin des thèses d'un grand intérêt : telles, la thèse 27 sur le probabilisme, avec ses *Scholia* relatifs à la doctrine de saint Alphonse de Liguori ; les thèses 53 à 56 sur les rapports de la puissance ecclésiastique et de la puissance civile en matière d'éducation. L'ouvrage se termine par un *Index* général fort utile ; il permet de retrouver aussitôt sous un titre l'ensemble de la doctrine relative à telle ou telle question ; qu'on cherche, par exemple, aux mots *Conscientia, Educatio, Lex, Peccatum, Scholæ*. X.-M. LE BACHELET, S. J.

1. Voir *Études*, partie bibliographique, 1894, p. 721-722, et 1895, p. 246.

I. **Instruction pour la Dévotion au Sacré Cœur de Jésus**, d'après l'édition de 1696. 1 vol. in-18, pp. 144. Prix : 60 cent. — II. **La Dévotion au Sacré Cœur de Jésus-Christ.** Nouvelle édition d'après la première parue en 1694 (par une religieuse de la Visitation). — III. **Entretien de Théotime et de Philothée sur la Dévotion au Sacré Cœur**, par le R. P. Bouzonié, S. J., d'après l'édition de 1697. 1 vol. in-18, pp. xxvi-324. Prix : 1 fr. 25. — IV. **L'Excellence de la Dévotion au Sacré Cœur de Jésus**, par le R. P. Joseph de Galliffet, S. J. 1 vol. in-8, pp. lxii-534. Prix : 4 francs. — V. **La Dévotion au Sacré Cœur de Notre-Seigneur Jésus-Christ**, par le R. P. Jean Croiset, S. J., d'après l'édition de 1694 (3e de Lyon). 1 vol. in-8 écu, pp. xxxii-404. Prix : 3 francs. — VI. **La Dévotion au Sacré Cœur de Jésus et au Saint Cœur de Marie**, par le R. P. de Franciosi (9e édition). 1 vol. grand in-8, pp. 356. Prix : 6 francs [1]. — Le Saint-Père a trop vivement insisté sur l'excellence de la dévotion au Sacré Cœur pour qu'il soit nécessaire, après lui, de la recommander aux fidèles. Les lecteurs des *Études* ne seront pas des derniers à s'associer au grand mouvement qui, à l'aurore du vingtième siècle, porte le peuple chrétien vers les autels dédiés au Sacré Cœur.

Il ne manque pas de bons livres qui nourriront la piété des chrétiens, et notre but, en ces quelques lignes, n'est pas d'en faire l'énumération.

Nous voudrions signaler quelques écrits, dont le moindre mérite est d'avoir les premiers répandu la dévotion au Cœur divin. Ces ouvrages, dus à la plume célèbre des PP. Croiset, de Galliffet, ou dont les auteurs ont humblement caché leur nom, étaient presque inconnus; le temps avait détruit les exemplaires anciens. Le P. de Franciosi les a réédités.

L'*Instruction pour la Dévotion au Sacré Cœur de Jésus*, imprimée pour la première fois à Pont-à-Mousson en 1696, n'est pas un ouvrage original, mais l'abrégé d'un livre antérieur publié à Lyon en 1691. La doctrine en est solide. Après quelques considérations générales sur la nature de la dévotion, l'auteur montre que, si la révélation faite à la bienheureuse Marguerite-Marie est récente, les saints l'ont déjà pratiquée dans les siècles plus re-

1. Pour toutes ces publications, s'adresser à l'imprimerie de Notre-Dame des Prés, Montreuil-sur-Mer.

culés ; puis il suggère quelques pratiques, quelques prières en l'honneur du Sacré Cœur.

On le voit, il ne parle guère des fondements théologiques de la dévotion nouvelle, mais s'applique de préférence à la justifier du reproche de nouveauté. C'était surtout un opuscule de propagande comme la *Dévotion au Sacré Cœur de Jésus-Christ*.

Ce second travail est l'œuvre de la mère de Bourdeny. La pieuse Mère, peut-être par modestie, met moins en relief la figure de sa sœur, la bienheureuse Marguerite-Marie, et s'appuie sur le témoignage du P. de la Colombière. Peut-être aussi l'autorité de ce nom donnait-il plus de créance à la dévotion que le Père avait été chargé de propager. C'est un livre de pratique avant tout. On ne prouve guère, on expose. N'avait-on pas, si l'on voulait, un arsenal où puiser des armes, le livre du P. Croiset ? Et le P. Croiset n'était pas le seul défenseur de la dévotion nouvelle.

D'autres jésuites répondaient à l'appel adressé par Notre-Seigneur à la Compagnie de Jésus. Le P. Bouzonié, par exemple, composait l'*Entretien de Théotime et de Philothée sur la Dévotion au Sacré Cœur de Notre-Seigneur Jésus-Christ*.

La forme de dialogue devait donner plus d'agrément au sujet ; l'auteur voulait se faire lire des gens du monde. Les gens du monde auraient pu lui reprocher une forme un peu trop didactique, mais non l'accuser d'ignorance ou de témérité. Tout est solide, tout est docte dans son *Entretien*. Et la science ne fait point tort à la piété ; l'Épître à saint Jean, placée par l'auteur en guise de préface, les Méditations qui suivent la partie théorique sont pleines d'onction. Maintenant encore on ne trouverait guère de pratiques plus recommandables que l'imitation du *Te Deum* ou les hymnes en l'honneur du Sacré Cœur.

Nommer le P. de Galliffet, c'est rappeler l'homme que la Providence fit le champion et le promoteur de la Dévotion au dix-huitième siècle. Il serait superflu de faire l'analyse de l'*Excellence de la Dévotion au Cœur adorable de Jésus-Christ*. Tous ceux qui ont écrit après le P. de Galliffet se sont inspirés de son livre.

La réédition qu'en a faite le P. de Franciosi a cet avantage sur les éditions précédentes qu'elle donne les dédicaces successives, fort intéressantes pour l'histoire de la Dévotion, et qu'on y trouve le texte authentique de l'autobiographie de la Bienheureuse. Le P. de Galliffet, selon la coutume de son temps, avait remanié le style, et le texte original ne fut connu qu'en 1867, par la publication qu'en firent les Visitandines.

Sur le même rang que le livre du P. de Galliffet nous pouvons placer *la Dévotion au Sacré Cœur*, par le R. P. Jean Croiset. Cet ouvrage, publié en 1691, eut l'honneur insigne de mériter l'approbation de Notre-Seigneur lui-même. Le bon Maître dit, en effet, à la Bienheureuse, qu'il la rappellerait bientôt à lui pour que sa présence ici-bas ne retardât plus l'apparition d'un livre, *dont il attendait de grands fruits*. La destinée de ce livre fut étrange. Le Père ne s'était pas mis en règle avec certaines prescriptions disciplinaires édictées en vue d'une situation spéciale créée par les circonstances. Il avait péché par ignorance. La Congrégation de l'Inquisition, en le frappant, n'incriminait pas le fond de son livre, puisqu'en 1887, sur la demande de Mgr Stadler, les Éminentissimes cardinaux, membres de la Congrégation, ont ordonné purement et simplement d'effacer le livre du P. Croiset de la liste des ouvrages prohibés.

Et Dieu, en permettant cette justification de son serviteur, n'a-t-il pas voulu recommander aux fidèles la lecture d'un livre qu'il avait daigné approuver, et auquel le temps n'a rien enlevé de ses solides qualités?

Le but restreint que nous nous sommes proposé ici : signaler la réédition de livres anciens, mais toujours utiles, nous autoriserait à laisser ici tomber notre plume. Nous serions ingrat envers celui qui, avec un zèle dont l'âge n'a point affaibli l'ardeur, les a publiés de nouveau, si nous ne rappelions son excellent ouvrage sur *la Dévotion au Sacré Cœur de Jésus et au Saint Cœur de Marie*. Là, le R. P. de Franciosi a donné le résumé succinct, mais complet, de tous les travaux précédents. Les nombreux éloges qu'a reçus l'auteur, et la rapidité avec laquelle se sont enlevées les éditions successives de ce livre sont une garantie de sa valeur.   Victor LOISELET, S. J.

Les Paradoxes de mon curé, par J.-P. MARYBERT. Paris, Flammarion, 1899. In-12, pp. VIII-263. Prix : 3 fr. 50. — Je vais dire du bien de ce livre ; j'en voudrais dire plus encore, mais trop de réserves, et trop graves, s'imposent. Le moyen, d'ailleurs, d'éviter toute exagération dans une revue des questions brûlantes intéressant le clergé français, et qui descend des plus graves pro-

blèmes d'administration épiscopale jusqu'à l'usage de la bicy-
clette et au cas de M. Victor Charbonnel? Le livre est actuel et
touche — un peu bien rapidement, mais enfin avec compétence
— aux points les plus débattus, aux tendances les plus discutées
qui occupent ou orientent les prêtres de notre temps. Dans un
style vif et alerte, le héros de M. Marybert revendique les droits
civils du curé, le venge des sottes calomnies et des préjugés plus
fâcheux encore, qui se croisent autour de sa personne, aussi drus
que les gouttes cinglantes en temps d'averse. La compétence du
prêtre en matière psychologique et pratique, l'exiguïté de ses ressources pécuniaires, ses droits à la justice et à la retraite (*le droit
à la retraite, les tribunaux ecclésiastiques*), et jusqu'à sa servante
(*Mon curé et sa bonne*), forment une série d'esquisses où l'on pourrait relever çà et là quelque trait un peu fort à l'adresse des évêques,
ou en témoignage de la faiblesse humaine (*le cri de la chair*), — mais
dont l'ensemble est certainement, même après les études cléricales
de Yves le Querdec et de Pierre l'Ermite, instructif et intéressant.

L'auteur est progressiste, moderniste, démocrate, et surtout
optimiste. La statistique des vocations sacerdotales empruntée
au *Matin* me laisse rêveur, et je ne voudrais pas affirmer que,
même en fait et dans l'ensemble, la loi militaire appliquée aux
clercs a plutôt servi leur formation. C'est déjà beaucoup, il est
vrai, qu'elle ne l'ait pas plus compromise.

Un chapitre que je dois relever, sans avoir le droit de m'appe-
santir, est intitulé : *Les Révérends Pères*. C'est une petite comédie
ecclésiastique, dans laquelle le rôle d'apologiste des réguliers est
tenu par un proche parent du fameux jésuite de Pascal. Naturellement, ce digne curé de Lieuville s'attire des répliques fou-
droyantes. « Si j'étais pape, s'écrie (p. 207) le belliqueux curé
de Vertamont, je ferais comme Clément XIV! » C'est, à cause
de la franchise, le meilleur mot du morceau[1]. Et puis, qui pourrait en vouloir au euré de Vertamont de faire bon marché, dans
ses boutades, d'une notable partie du corps enseignant et mis-
sionnant dans les deux mondes?

Je souhaite voir ce livre dans les mains de ceux qui « savent
lire ».   Léonce de Grandmaison, S. J.

---

[1]. Je me trompe : ce chapitre renferme aussi (p. 212) un éloge très senti,
et auquel je suis heureux de m'associer cordialement, des missionnaires
diocésains de Paris.

L'Éducation morale au lycée, par Jacques Rocafort, professeur de l'Université. Paris, Plon, 1899. In-18. — L'Université, disait jadis Saint-Marc-Girardin, donne l'instruction, non l'éducation; nous enseignons, nous n'élevons pas. Aujourd'hui, l'Université prétend mieux faire; et elle a grandement raison. Le savoir sans la culture morale est une arme plutôt dangereuse. Avec beaucoup d'élévation d'esprit et une belle ardeur de conviction, M. Rocafort explique comment cette culture doit être donnée au lycée. On s'efforcera d'inculquer la loi morale, appuyée elle-même sur le *sentiment religieux*, on développera l'individualisme entendu dans le bon sens du mot, c'est-à-dire le devoir de tirer de soi-même le meilleur parti possible; on y joindra l'esprit de solidarité, de charité même, de tolérance réciproque, et, pour couronner le tout, le patriotisme.

Tels sont les principaux articles du programme de l'éducation morale au lycée; la religion n'y figure que pour mémoire; c'est affaire à la famille et à l'aumônier.

Dans une seconde partie, l'auteur aborde tour à tour le rôle du professeur, du proviseur, du censeur, des maîtres d'étude, de la famille. Comme il le dit lui-même, il n'a pas la prétention de faire un traité complet de la matière, mais simplement d'exposer ses vues personnelles sur quelques points plus importants. Ces vues nous semblent généralement fort justes; M. Rocafort se tient également à distance de la routine obstinée qui ne veut rien voir et rien entendre de peur d'être obligée à changer ses habitudes, et de la témérité présomptueuse des novateurs qui estiment que, avant leur avènement, on n'a rien fait qui vaille. Il paraît que cet état d'esprit sévit dans certaines régions universitaires. Dans son compte rendu du dernier concours pour l'agrégation de l'enseignement des jeunes filles, le président du jury faisait observer que dans leur composition pédagogique la plupart des candidates avaient affirmé que la science datait d'hier. C'est apparemment qu'on le leur avait enseigné. Heureusement l'Université a des maîtres plus sages; M. Rocafort voudrait que le maître suivît sa classe pendant plusieurs années. Encore un retour au passé, et un emprunt à ces affreux jésuites; ce n'est pas le seul qu'on leur ait fait depuis quelques années qu'on s'occupe activement de réforme et de progrès. Ce n'est pas pour leur déplaire. A plus forte raison approuverai-je les idées de M. Rocafort sur la nécessité de la discipline, de l'obéissance et même de la contrainte pour former la volonté de l'enfant; puisqu'il me fait l'honneur de citer sur ce propos comme reflétant sa pensée des pages où j'ai assez malmené les théoriciens de la soi-disant discipline libérale.

Toutefois, l'honorable professeur serait probablement étonné si le compte rendu de son livre s'achevait sans aucune réserve. Je ne m'arrêterai pas à relever tels détails sur lesquels nous ne sommes pas d'accord. C'est sur le fond même de son œuvre, il le sait bien, que nous aurons de la peine à nous entendre. Il ne lui était guère possible de traiter ce sujet délicat de l'éducation morale au lycée de manière plus chrétienne. Il déclare être de ceux « qui pensent qu'en enlevant tout support religieux à la morale, on lui enlève du même coup toute efficacité ». Voilà un acte de courage qu'on ne saurait trop applaudir; mais le livre tout entier n'en est pas moins un acte de foi en la vertu d'une éducation morale à laquelle manquera fatalement tout support religieux, puisque ceux qui la donnent doivent s'interdire scrupuleusement toute incursion sur le domaine de la conscience religieuse. Puis, cette éducation morale telle quelle sera-t-elle donnée, et sous quelle forme? La question a été traitée au dernier congrès de l'enseignement secondaire. Aucune autre n'a présenté plus de difficulté ni provoqué de plus longues discussions. Et pour aboutir à quoi? A rien, ou peu s'en faut. La formule sur laquelle on a fini par se mettre d'accord ne laisse pas d'illusion aux gens du métier. Ce n'est pas un reproche, moins encore une satire à l'adresse de ces messieurs. Ils se trouvent en présence d'un problème insoluble.   Joseph BURNICHON, S. J.

Le Concile de Nicée, d'après les textes coptes et les diverses collections canoniques, par Eug. REVILLOUT. — I. Le Manuscrit Borgia, pp. 72; et Dissertation critique, pp. 216. Paris, 1881. — II. Dissertation critique (suite et fin), pp. 217-626. Paris, Maisonneuve, 1899. — Au commencement de ce siècle, Georges Zoëga avait découvert, parmi les parchemins de la Collection Borgia, quatre fragments coptes appartenant aux actes synodiques attribués au concile de Nicée. Il les reproduisit dans son Catalogus codicum copticorum. Par suite de circonstances malheureuses, les épreuves du travail furent presque toutes perdues, et l'ouvrage de l'archéologue danois est aujourd'hui très rare. En 1852, dom

Pitra, aidé de M. Ch. Lenormant, réédita les fragments en question (*Spicilegium*, t. I, p. 509 et suivantes).

M. Eugène Revillout, le savant professeur d'égyptologie à l'École du Louvre, dont la compétence dans la matière est hors de contexte, a repris, il y a quelques années, les recherches de Zoëga, de Pitra et de Lenormant; plus heureux que ses prédécesseurs, il a retrouvé les autres feuillets et reconstitué le manuscrit presque en son entier. Il y reconnut « les actes, jusqu'ici perdus, de ce Concile des confesseurs, par le moyen duquel saint Athanase rétablit l'œuvre de Nicée et en commenta la doctrine ».

C'est ce texte que M. Revillout a publié en 1881, avec une courte introduction, et le commencement d'une étude historique et critique de haute valeur. La publication interrompue vient d'être reprise cette année. On nous fait espérer le complément de l'ouvrage pour un avenir prochain.

Je dois dire un mot de la longue dissertation, ou plutôt de la série de dissertations, — elle n'a pas moins de six cent vingt-six pages, — menée d'un bout à l'autre avec une érudition solide et variée, chargée de notes nombreuses où le grec et le copte côtoient fréquemment le latin, l'arabe, l'arménien, etc. Les Collections conciliaires sont passées en revue, comparées et classées. Vient ensuite une dissertation intitulée : Résumé de l'œuvre propre du concile d'Alexandrie, promulgateur de celui de Nicée ; développement de la doctrine de Nicée. L'éminent professeur y étudie l'œuvre de saint Athanase au double point de vue dogmatique et disciplinaire, avec une connaissance de la doctrine catholique qu'on n'est guère habitué à rencontrer dans les ouvrages similaires de nos savants modernes.

Sans doute, tous n'admettront pas certaines conclusions de M. Revillout. D'autres, avec Héfélé, ne voudront pas reconnaître aux quatre fragments l'importance et la valeur que Zoëga et dom Pitra ont cru devoir leur attribuer. Mais tous les amis intelligents de l'Histoire ecclésiastique trouveront dans l'ouvrage de M. Revillout une mine, aux abords un peu pénibles, mais riche en métal précieux.   Antoine RABBATH, S. J.

I. **Expédition des émigrés à Quiberon.** *Le comte d'Artois à l'île d'Yeu*, par Charles ROBERT, de l'Oratoire de Rennes, avec une Préface de M. A. de La Borderie, membre de l'Institut. Paris,

Lamulle et Poisson. In-8. Prix : 7 fr. 50. — II. **Un évêque assermenté** (1790-1802). *Le Coz, évêque d'Ille-et-Vilaine, métropolitain du Nord-Ouest,* par A. ROUSSEL, de l'Oratoire de Rennes. Paris, Lethielleux. In-8, pp. 565. Prix : 7 fr. 50.

I. — De tous les ouvrages qui ont essayé de faire la lumière sur la déplorable affaire de Quiberon, celui du P. Robert est le premier où soient mis en regard, avec la plus stricte impartialité, les témoignages des divers partis. Ces témoignages surabondent, et plusieurs ont été puisés aux meilleures sources. Sans parler des précieux manuscrits de nos archives françaises, où l'auteur a su trouver des pièces inédites, des documents ignorés ensevelis au British Museum, au Record Office et à l'archevêché de Westminster, ont été exhumés et mis à contribution. A ces matériaux de premier ordre se joignent d'importants extraits des Mémoires de l'époque les plus complets et les plus sûrs; enfin, l'auteur a rendu hommage aux travaux de ses devanciers en leur empruntant les citations et les jugements les plus propres à éclairer le lecteur sur les personnes et les actes des principaux acteurs du drame. Il n'en faut pas davantage, croyons-nous, pour expliquer le légitime succès de ce livre, que nous regrettons de n'avoir pu signaler plus tôt à l'attention du public des *Études*.

On pourra, malgré les preuves accumulées par le P. Robert, différer d'opinion avec lui sur la question de la capitulation[1];

---

1. Au sujet des remords de Hoche, je me permets de signaler à l'auteur une « tradition » assez peu connue, que M. G. Monod dit avoir recueillie, à Versailles, dans une famille royaliste. Son récit a été publié, il y a dix ans, dans la *République française;* mais la *Revue historique* (1889, III, p. 224) en a donné un résumé qui peut tenir lieu de l'article paru dans le journal :

« Hoche était logé à Vannes chez J.-F. Callet, le fameux mathématicien, alors professeur au collège de la ville, marié à une demoiselle de Brignac, et qui avait à ce moment chez lui sa jeune belle-sœur, Marie-Françoise de Brignac. La veille de l'exécution, en présence de Mme Callet et de sa sœur, Hoche eut une violente crise de désespoir. Après avoir arpenté fiévreusement le salon et en versant d'abondantes larmes, il dit à Marie-Françoise : « Mon enfant, tu es jeune encore; tu entendras dire plus tard que le général « Hoche a manqué à sa parole; tu répondras à tous que ce n'est pas vrai. Je « t'en fais un devoir. Tu diras que Hoche n'était pas capable d'assassiner « des soldats sans défense. Tu diras le désespoir où tu m'as vu, et que, s'il « a été malheureux en la circonstance, c'était du moins un honnête homme. « On n'en dira pas autant de ceux de Paris. »

« Ce récit, souvent répété par Marie-Françoise de Brignac à sa fille, aujourd'hui Mme veuve Pachen (Pacheu?), a été, écrit M. Monod, dicté par

quelques-uns lui reprocheront peut-être de n'avoir pas suffisamment discuté la valeur de tel ou tel témoignage, d'avoir fait trop de cas d'une *Relation* anglaise qui, si elle est inédite, a le tort d'être anonyme; ses preuves, en un mot, pesées dans d'autres balances, pourront accuser d'autres poids; on n'en sera pas moins forcé de reconnaître que l'on a en main une œuvre de parfaite sincérité, très étudiée et très captivante, qui jette un nouveau jour sur ces effroyables scènes de juillet 1795, où l'on vit se heurter tout à coup, sur la falaise nue d'une presqu'île bretonne, les plus nobles comme les plus viles passions humaines : l'intrigue, la perfidie, la trahison; la générosité, le dévouement, l'héroïsme.

Relativement à la duplicité du gouvernement anglais, il nous semble que l'auteur aurait pu s'en tenir aux accusations si retentissantes de Sheridan et de Fox, qui resteront une flétrissure éternelle pour l'Angleterre. Quant aux autres actes de déloyauté imputés par l'historien au cabinet britannique, ils peuvent, malheureusement, s'expliquer par les seules intrigues des émigrés brouillons. Il ne faut pas oublier ces graves paroles du sage Malouet, qui vivait à Londres et se trouvait en situation d'être bien informé. Il écrivait alors à Mallet du Pan : « On ne sait pas assez combien l'Angleterre, dans toutes ses entreprises contre la France, a été trompée par les Français. *Ne croyez pas que ce soit le ministère qui ait projeté, combiné aucune de ces funestes opérations de l'intérieur; toujours il a été provoqué, tourmenté, harcelé par vos faiseurs, et j'ai lieu de croire que le cabinet a cédé à regret en plus d'une occasion.* »

Cette réserve faite, il nous reste à féliciter le P. Robert de son

---

celle-ci pour m'être transmis. Je tiens de la même source que Callet se plaisait à répéter que Hoche avait passionnément désiré sauver les royalistes condamnés et avait été désespéré de son impuissance? »

Pourquoi faut-il que cette « tradition », qui ne laisserait plus de doute sur le fait de la capitulation, ait une base si ruineuse et ne tienne pas debout devant les faits ?

1° Hoche n'habitait pas à Vannes chez J.-F. Callet, mais dans la maison Dondel, près de la porte Saint-Vincent, à gauche, en regardant le port;

2° Hoche n'était pas à Vannes le 27 juillet 1795, veille de l'exécution de Sombreuil. Le 24, il était allé à Quiberon voir l'immense butin conquis sur les émigrés; le même jour, il partait pour Landevant et, de là, marchait sur Saint-Malo « pour protéger, disait-il, les Côtes-du-Nord et celles de la Manche ». Du 24 juillet au 30, jour de sa rentrée à Rennes, il ne revit ni Auray ni Vannes. Il n'a donc pu tenir le beau langage qu'on lui prête.

excellent travail et à lui signaler quelques taches matérielles qu'une seconde édition fera aisément disparaître.

P. 4, note : il faut lire « robbers », et non *robers*.

P. 5. « Louis XVIII vagabondait... d'Italie en Espagne. » C'est en *Allemagne* que l'auteur a voulu dire. De plus, le mot « vagabondait » n'est pas heureux.

P. 14 et *passim* : on a imprimé *Descotes*, pour « Descostes ».

P. 38 : *concurramment.*

P. 42 : « petits enclos fermés par des *murettes.* » Le mot « muret » est seul français.

P. 106 : *s'appaisait.*

P. 196 : *cravatte.*

P. 220 : « il terminait par *ses* mots ».

P. 258 : « *tardant* de près d'un mois le départ d'un second convoi. »

P. 299 et suivantes : les textes anglais ont besoin d'une sérieuse revision.

II. — Pour avoir pris quelque part aux affaires publiques, l'évêque intrus d'Ille-et-Vilaine n'en reste pas moins une figure de quatrième plan, médiocre et peu attachante. S'il retire un certain honneur d'avoir été le condisciple et l'ami de La Tour d'Auvergne, ses relations trop cordiales avec Grégoire, le régicide amateur, et avec Audrein, le régicide de fait, devenus ses deux collègues en intrusion, ne sont pas pour lui un titre de gloire ; s'il faut le louer sans réserve d'avoir sauvé la vie à plusieurs prêtres insermentés, on ne peut pas toujours approuver les expédients que lui suggéra sa bonté d'âme, en particulier à l'égard de ses codétenus au mont Saint-Michel (p. 132); enfin, la grande charité du métropolitain de l'Ouest ne saurait faire oublier l'impardonnable légèreté avec laquelle le même prélat, devenu archevêque de Besançon, dénonçait à Portalis les anciens prêtres réfractaires de son nouveau diocèse, coupables à ses yeux de n'avoir pas vis-à-vis du grand empereur, du « thaumaturge des guerriers », comme il l'appelle, une souplesse d'échine égale à la sienne. Admirateur fanatique de la Constitution civile du clergé, Le Coz ferma l'oreille à toutes les condamnations pontificales qui frappèrent cette œuvre de schisme et de haine; un irrésistible besoin d'écrire lui fit dépenser en déclamations sentimentales toutes les ressources de son esprit, pour amener une impossible union entre réfractaires et assermentés ; son enthousiasme pour les idées nouvelles le jeta dans une agitation fiévreuse qui n'avait rien de commun avec le zèle évangélique ; son mépris pour les hommes et les choses du passé le rendit défiant jusqu'à la niaiserie et crédule jusqu'à la sottise.

Malgré le peu d'attraits du personnage, le P. Roussel a bien fait d'entreprendre cette biographie qui lui permettait de nous retracer, non seulement la physionomie d'un homme, mais le tableau d'une époque. L'auteur, très bien informé, s'est acquitté de sa tâche avec le talent et l'impartialité dont il avait fait preuve dans ses précédents travaux sur Lamennais. Rempli d'anecdotes curieuses, de traits piquants, de détails caractéristiques, cet ouvrage nous replace dans le cadre des événements et nous fait saisir, d'une part, toute l'âpreté de la guerre allumée entre les deux clergés par l'œuvre janséniste de la Constituante ; de l'autre, l'énergique attitude des populations bretonnes, également empressées à continuer leur confiance aux intrépides défenseurs de leur foi, et à flétrir de leurs mépris les coupables défaillances des intrus.

Pour témoigner à l'auteur de la sincérité de notre critique, nous demandons à lui soumettre quelques remarques. Plusieurs des sources auxquelles il a puisé éveillent la défiance : Duchâtellier, Grappin, les papiers Le Roux sont trop favorables à l'évêque jureur pour ne pas être suspects, et souvent on se demande, malgré soi, si les narrateurs n'ont pas trop accordé à l'amitié au détriment de l'exactitude.

Au fond, le meilleur de l'ouvrage est encore la correspondance de Le Coz avec son parent Daniélou, et surtout avec l'évêque du Loir-et-Cher, le trop fameux Grégoire. Tout le monde saura gré à M. Gazier d'avoir communiqué au P. Roussel cette curieuse et précieuse correspondance, et à celui-ci d'en avoir tiré un parti si avantageux. C'est là, en particulier, qu'il faut chercher la solution du problème discrètement posé par l'auteur : Le Coz, en restant jusqu'au bout le champion de la Constitution civile du clergé, était-il de bonne foi ? Le biographe, sans trancher absolument la question, soutient personnellement l'affirmative. Ses raisons n'ont pas dissipé tous nos doutes. Il nous semble qu'il y avait chez l'évêque intrus, outre l'entêtement foncier de la race, une certaine oblitération du sens moral, qui explique tout à la fois son ardeur révolutionnaire, sa résistance déguisée au Pape, et sa plate courtisanerie à l'égard de Bonaparte.

Nous convenons, toutefois, que Le Coz avait de réelles qualités de cœur et d'esprit. Il aimait surtout dans la Révolution son idéal de fraternité et gémissait tous les jours de la voir s'en éloigner de plus en plus. Il avait une sincère horreur de ses excès ; il les flétrissait, à l'occasion, avec une énergie qui n'avait d'égale que sa sensibilité. Il fut bien mal récompensé de son zèle : la prison, le dénûment, la faim, telles furent longtemps les épreuves imposées à cet infortuné confesseur de la foi constitutionnelle. Ne parlons pas des épreuves plus humiliantes encore et plus intimes qui lui vinrent de la part de ses diocésains, et surtout, dit-on, de ses diocésaines, peu respectueuses de sa dignité épiscopale et très susceptibles en matière de serment.

Une dernière critique s'impose à nous. Il y a dans le livre du P. Roussel deux pages que nous avons été surpris d'y rencontrer. La première concerne Leperdit. Pourquoi rééditer cette légende, dont MM. Macé et Biré ont depuis longtemps fait bonne justice ?

La seconde, reléguée dans l'appendice, reproduit la légende du chouan à son lit de mort, telle que l'auteur l'a entendu raconter par les gens du pays. La fantaisie joue là un trop grand rôle, nous semble-t-il, pour ne pas porter atteinte à la gravité de l'histoire.

Nous croyons également que le P. Roussel fera bien de supprimer dans une seconde édition ses réflexions au sujet de la mort de La Tour d'Auvergne, « qui, s'il avait vécu quatre siècles auparavant, eût été l'un des plus vaillants frères d'armes de Du Guesclin, son compatriote; ou, au combat des Trente, l'un des compagnons de ce Beaumanoir qui buvait son sang pour étancher sa soif ».

Enfin, le langage de l'auteur à l'égard des évêques émigrés (p. 424) n'est-il pas bien sévère ? Sans doute, quelques-uns mirent une hâte excessive à passer la frontière; mais était-il donc si criminel de fuir, quand la dictature des Danton et des Robespierre rendait impossible aux évêques l'exercice de leur saint ministère ?

Rentrés en France, un bon nombre d'entre eux refusèrent d'abord la démission que Pie VII, à l'époque du Concordat, leur

demandait. pour le bien de la paix. Ce fut une faute grave, sans
doute; mais est-il juste d'opposer à cette attitude mécontente
l'empressement des intrus à déposer leur dignité usurpée? La
situation était loin d'être la même de part et d'autre, et nous voudrions que l'auteur eût tenu plus de compte de la difficulté des
circonstances, des préjugés de naissance et d'éducation, qui rendaient l'obéissance immédiate beaucoup plus difficile aux uns
qu'aux autres[1].   Adrien HOUARD, S. J.

Correspondance de Montalembert et de l'abbé Texier, publiée
par M. Hubert TEXIER. Paris, Didot. In-18, pp. xi-387. — L'abbé
Texier (1813-1859) n'était qu'un modeste curé de campagne au
diocèse de Limoges, lorsque, fort de sa passion pour l'archéologie
sacrée, il s'enhardit à entrer en relations avec Montalembert.
Bien accueilli, comme l'était tout catholique, tout prêtre, tout
fervent du véritable moyen âge, il conquit vite l'estime, puis
l'amitié de son noble correspondant. Peu à peu l'art chrétien ne
fut plus l'objet unique de ce commerce épistolaire. Le mérite de
l'ancien desservant s'était fait jour; l'abbé Texier gouvernait le
petit séminaire du Dorat. Attaché de cœur à Montalembert, il
partageait ardemment toutes ses vues, tous ses griefs aussi, à
propos de la loi Falloux, par exemple, et des commencements de
l'Empire. Il faut l'honorer d'avoir refusé les dignités qu'on lui
offrait, à condition de rompre publiquement avec son illustre
ami. Si nous en croyons le biographe, cette fidélité l'aurait même
fait révoquer de son poste. Il mourut l'année suivante, à quarante-
six ans.

1. Nous avons relevé quelques légères erreurs que nous rejetons en note.
P. 277. Gobel fut guillotiné le 13 avril, et non le 15·
P. 284. « Il pleut, il pleut, bergère » n'est pas de Camille Desmoulins,
mais de Fabre d'Églantine.
P. 325. Pie VI ne mourut pas le 27 août, mais le 29.
P. 343. Le Coz ayant dit au concile national de 1797 que le culte était
rétabli dans 40 000 paroisses (p. 252) est mal venu à complimenter Bonaparte d'avoir rouvert les églises. Cette contradiction mériterait d'être
signalée dans une note.
P. 382. *Manuel à l'usage des Missionnaires.* Le titre exact est : *Manuel
des Missionnaires,* comme on peut le voir par les deux exemplaires, l'un de
la première, l'autre de la troisième édition, que possède la Bibliothèque
nationale. L'auteur était l'abbé Coste, curé de Hautefage (Lot-et-Garonne).
mort en 1796. Son ouvrage, qui avait circulé d'abord manuscrit, ne fut
publié que cinq ans après sa mort.

Parlant en général, peut-être saurait-on gré aux éditeurs de correspondances de s'en tenir aux quelques notes et éclaircissements qui font mieux comprendre les lettres publiées. M. Hubert Texier ne l'a pas entendu ainsi, et nous n'avons qu'à le remercier pleinement pour la partie archéologique de son œuvre. C'est chose agréable et de bon exemple que de voir les croyants du dix-neuvième siècle, prêtres et laïques, retrouver le sens et l'amour des âges de foi.

On serait heureux de prendre un égal plaisir à tout le reste; mais que l'auteur nous pardonne de l'avouer : il y a là des choses qui font peine et qu'il est impossible d'admettre. J'en indiquerai trois.

Pendant que s'élaborait la loi Falloux, le Supérieur du Dorat se serait facilement résigné, nous dit-on, au maintien du certificat d'études, « ne fût-ce que pour prémunir les familles et les jeunes gens contre certaines doctrines, et pour neutraliser l'action des collèges situés à l'étranger, comme ceux de Fribourg et de Brugelette, où l'on enseignait à de jeunes Français la haine contre le gouvernement de leur pays » (p. 290). Quelles étaient ces « certaines doctrines » dont il importait de nous préserver par deux années au moins d'enseignement universitaire? Je n'arrive pas à le concevoir. Quant à ce qui suit, on me permettra d'en parler comme témoin. J'ai passé quatre ans à Brugelette (1850-1854), et, dans ce court espace, la France a eu le temps de voir la République, la dictature présidentielle née du coup d'État, l'avènement du second Empire. Or j'atteste n'avoir jamais entendu sortir de la bouche de mes maîtres un seul mot qui pût m'inspirer haine ou mépris pour l'un ou l'autre de ces gouvernements. Que si le vénérable abbé Texier a eu, de fait, le malheur de se laisser gagner par le préjugé contraire, à quoi bon nous l'apprendre? A quoi bon reproduire de mémoire, sans explication ni preuve, une allégation toute gratuite, préjudiciable à des tiers et peu faite pour servir aujourd'hui la cause catholique et nationale de la liberté d'enseignement?

Ami de Montalembert, on s'explique, sauf à le regretter, que l'abbé Texier, à partir de 1850, ait eu quelque peine à goûter Louis Veuillot. L'éditeur enchérit au delà de toute mesure et de toute vraisemblance; le rédacteur en chef de l'*Univers* n'est plus ni un chrétien, ni un honnête homme : c'est un ambitieux, un

fourbe, un courtisan. N'entrons point dans le détail : les citations
seraient pénibles et la discussion, en vérité, bien superflue.
Hélas! est-il donc si difficile d'aimer Montalembert sans exterminer Louis Veuillot, et Louis Veuillot sans excommunier Montalembert?

Du reste, il y aurait à défendre Montalembert lui-même contre
un admirateur qui risque, une fois au moins, de lui faire grand
tort. Je lis dès les premières pages : « On pourrait croire, en
voyant l'opiniâtreté que mit M. de Montalembert à lutter pour la
liberté de l'enseignement, qu'il fut l'homme d'une seule question,
je veux dire de la question religieuse, tandis qu'il fut par-dessus
tout l'Apôtre (sic) de la liberté. » (P. 3.) Sans doute l'homme
public s'intéressa, comme c'était son droit, son devoir même, à
toutes les questions politiques ou sociales, et ses revendications
religieuses n'en eurent que plus de crédit. Mais ni ses éminents
biographes, le R. P. Lecanuet et M. le vicomte de Meaux, ne
nous le représentent comme ayant été plus libéral que catholique, ni lui-même n'eût pu consentir à se laisser figurer ainsi.
Montalembert fut catholique par-dessus tout ; c'est sa meilleure
gloire : ne la lui ôtons pas.   Georges LONGHAYE, S. J.

I. Au Congo belge, par Pierre MILLE. Paris, A. Colin, 1899.
In-18, avec carte. — II. Nouvelle-France et Nouvelle-Angleterre.
Notes de voyage, par Th. BENTZON. Paris, Calmann-Lévy, 1899.
In-18. — III. De Paris à Mexico, par le baron GOSTKOWSKI. Paris,
Stock, 1899. In-8 illustré. — IV. Les Anglais aux Indes et en
Égypte, par Eugène AUBIN, Paris, A. Colin, 1899. In-18. —
V. La Vie américaine. *Ranches, fermes et usines*, par Paul de
ROUSIERS. Paris, Firmin-Didot. In-18, pp. 370. — VI. Anvers
et la Belgique maritime, par Édouard DEISS. Paris, E. Bernard,
1899. In-18 illustré. Prix : 3 fr. 50.

I. — L'an dernier, les Belges inaugurèrent le chemin de fer
qu'ils ont construit de l'embouchure du Congo au Stanley-Pool.
Cet énorme fleuve cesse, en effet, d'être navigable à quelque
distance de la mer, grâce à un barrage de montagnes qu'il traverse par une série de rapides. L'État libre du Congo se trouvait
ainsi sans communication avec le dehors, et la première condition pour la mise en valeur de cet immense domaine était de re-
lier l'estuaire avec le lac qui précède les chutes. L'entreprise

était hardie ; la ligne à établir n'avait guère moins de cinq cents
kilomètres, et bien qu'à voie étroite, elle a entraîné une dépense
de cent soixante mille francs par kilomètre, trois fois supérieure
aux devis. M. P. Mille ayant assisté comme correspondant du
Temps aux fêtes de l'inauguration, en a pris occasion pour étudier l'œuvre de la colonisation belge. Elle présente un intérêt
exceptionnel, parce qu'elle est unique en son genre. On sait, en
effet, que le traité de Berlin a attribué en pleine souveraineté
non pas à la Belgique, mais au roi Léopold, des territoires grands
comme quinze à vingt fois la France et connus sous le nom d'État
libre du Congo. Le souverain n'a point à prendre l'avis de ses
ministres ni de son parlement, dans l'administration de son
royaume africain ; il agit en monarque absolu et, d'ailleurs, à ses
risques et périls. L'auteur pense que ces conditions ont été très
favorables au progrès du Congo belge. Les résultats sont déjà
considérables ; le peuple belge, d'abord très froid, s'est épris
d'une belle ardeur pour les entreprises coloniales ; plusieurs
grandes sociétés à monopole se sont fondées et exploitent dès
maintenant les produits disponibles du pays, l'ivoire et le caout-
chouc. La comparaison avec l'état rudimentaire du Congo français n'est pas pour flatter notre amour-propre.

On regrette de ne pas trouver dans ce livre un mot de sympathie pour l'œuvre des missionnaires, qui travaillent pourtant à la
civilisation du monde autant que les marchands. A noter aussi
une anecdote sur le cardinal Lavigerie que, jusqu'à plus ample
informé, nous nous permettons de révoquer en doute. Un homme
qui a quelque teinture de théologie catholique ne conseillera jamais de faire assassiner un chef de brigands. *Non sunt facienda
mala ut eveniant bona*[1].

II. — Mme Bentzon ajoute un volume à la série déjà longue
de ses études sur l'Amérique. Trois chapitres, sur quatre qu'il
contient, sont consacrés au Canada. L'auteur intitule cela modestement : *Notes de voyage* ; et ce n'est pas précisément un voyage
d'exploration. Montréal, Québec, le Saint-Laurent jusqu'au con-

---

1. Je signale une erreur de mesures, comme on en trouve malheureusement beaucoup trop chez nos écrivains voyageurs ou touristes : « Un territoire de 413 000 kilomètres carrés, c'est-à-dire qu'il égale la France et
l'Angleterre réunies (p. 133). » Non ; car la France, à elle seule, a 500 000
kilomètres carrés.

fluent du Saguenay, voilà pour le Canada. Mais partout où elle
passe, la voyageuse attentive observe, interroge, se fait raconter
l'histoire ancienne et la moderne, et tout cela mis en œuvre par
une plume exercée forme un récit attrayant, instructif même, que
la *Revue des Deux Mondes* n'a pas jugé indigne d'être servi en
primeur à son public. Comme elle avait précédemment étudié la
femme américaine, Mme Bentzon fait ici large place à la femme
canadienne. Mais peut-on parler de la femme canadienne et de
son rôle social dans le passé et dans le présent sans rencontrer au
premier plan les religieuses et les couvents? Admise par privilège
à pénétrer dans ces régions peu accessibles aux touristes ordinaires, Mme Bentzon dit, avec beaucoup de charme, ce qu'elle a vu
et remarqué. Au reste, bien que son langage trahisse çà et là une
connaissance insuffisante des choses religieuses, elle se montre
juste, non seulement pour les bonnes sœurs qui l'ont accueillie,
mais encore pour le clergé et les missionnaires : Récollets, Sulpi-
ciens, Oblats, Jésuites même. Mais l'excellente dame paraît croire
que les Jésuites sont des gens qui se dévouent corps et âme à
exécuter à l'aveuglette les volontés de leur général. Une personne
aussi intelligente, et qui a fait tant de livres, ne devrait pas accepter sans examen ces idées baroques.

III. — Le voyage fut fait en 1897, à toute vapeur et par la voie
la plus rapide : le Havre, New-York, Washington, Nouvelle-
Orléans, le Texas; on entre au Mexique par la frontière du nord
et, en quelques quarante-huit heures, en pulmann-car, on atteint
la capitale. Cette manière de voyager, très avantageuse pour les
gens pressés, n'est guère favorable à ceux qui veulent étudier
les hommes et les choses, ou simplement jouir des spectacles de
la nature. M. Gostkowski a noté une à une les étapes, avec les
menus incidents de la route. Son livre pourrait servir de Bædeker
de Paris à Mexico.

Mais, heureusement, il y a mis autre chose, je veux dire de
bonnes et sérieuses observations où l'on trouve encore à s'instruire, même après avoir lu beaucoup de livres sur l'Amérique.
Exemple : « New-York est, par excellence, la ville des plus
extraordinaires contrastes; à côté du luxe le plus effréné, la misère la plus noire; une masure en bois s'adosse à un palais de
marbre; de même que l'égoïsme le plus cynique coudoie l'esprit

de charité le plus chrétien. Les asiles sont encore insuffisants pour recueillir les pauvres diables qui grelottent et meurent chaque nuit d'hiver dans les rues et sur les quais; mais il n'est pas un seul arbre d'un square ou d'une avenue où on ne voie suspendues à ses branches plusieurs minuscules maisonnettes en bois, toujours pourvues de bonnes graines, pour donner abri et nourriture aux petits oiseaux qui ont faim et froid. »

Le Mexique, où notre voyageur a séjourné jadis, est pour lui l'objet d'une sympathie qu'on ne songe point à lui reprocher, mais qui paraît l'éblouir un peu, comme l'éclatante lumière de ce pays aimé du soleil. Les hommes d'État, leur politique, leurs œuvres, les progrès accomplis en ces derniers temps lui inspirent une admiration sans mélange et des éloges quelque peu hyperboliques. Il est vrai que cette heureuse République offre tout d'abord un tableau bien fait pour étonner un voyageur venu de France : un président en charge depuis vingt ans avec des ministres qu'on ne remplace que quand ils meurent et qui comptent douze, quinze et dix-huit années de services. D'autre part, le Mexique est un des pays du monde où la France a marqué le plus profondément son empreinte. Beaucoup de nos soldats, hélas ! y ont laissé leurs os; mais leur mort n'a pas été sans utilité pour la mère patrie. Outre que nulle part ailleurs, peut-être, on ne trouve une colonie française plus prospère, le peuple mexicain, loin de nous garder rancune pour notre malheureuse intervention en 1865, témoigne envers nous des dispositions les plus amicales. Notre langue est en grand honneur au Mexique; les sciences, le droit, la médecine y parlent français ; le théâtre et le roman plus encore. Malheureusement, là comme ailleurs, ce que l'on goûte le plus en fait de produits français, ce sont les plus malpropres et les plus malfaisants. Zola fait les délices des Mexicains et des Mexicaines. M. Gostkowski raconte que quand le *Lourdes* arriva chez le libraire de Mexico, plus de deux cents exemplaires furent enlevés au fur et à mesure qu'on déballait les caisses.

Pour tout dire, ce livre, *De Paris à Mexico*, intéressant d'ailleurs, n'est pas exempt de taches. Çà et là la langue française y est assez maltraitée ; la religion aussi, bien que l'auteur fasse profession d'une tolérance bienveillante. Puis le récit du général Escobedo, à qui l'empereur Maximilien se rendit, est sans doute un document pour l'histoire, mais trop préjudiciable à la mémoire du malheureux prince pour qu'on puisse l'accepter de confiance. Où sont les preuves ? Pas un mot non plus de protestation ni même de réserve sur le plaidoyer du général pour justifier le meurtre juridique de Maximilien. Et pourtant s'il y a une exécution sanglante contraire au droit public moderne des nations civilisées, c'est bien celle-là.

IV. — *Les Anglais aux Indes et en Égypte* est un recueil de lettres adressées au *Journal des Débats* par un Français d'Égypte, au cours des deux dernières années. Voici comme il en expose lui-même l'idée directrice et la physionomie générale : « On n'y trouvera point de récriminations contre le tort fait à notre communauté française d'Égypte. La perte de notre situation dans la vallée du Nil est une conséquence indirecte de nos désastres de 1870 et une conséquence directe du régime flottant sous lequel la France a vécu depuis lors... Cependant, il est bon que le fruit des leçons et des expériences par nous faites en Égypte depuis seize ans ne soit pas perdu pour nos compatriotes ; car le merveilleux exemple de la politique anglaise pourra nous servir utilement dans les diverses parties de notre empire colonial, qu'il s'agit d'organiser et de mettre en état de défense. Aussi n'ai-je point voulu raconter notre lente retraite, car les vaincus ne sont guère intéressants ; mais j'ai préféré montrer la marche progressive de la bande anglo-égyptienne, lancée à l'assaut du gouvernement de l'Égypte, l'absorbant peu à peu malgré les obstacles accumulés et ne s'arrêtant, en fin de compte, que devant la dernière barrière marquée par le droit public, le seul obstacle qui lui reste désormais à vaincre, mais qu'elle ne peut ni tourner ni franchir, et qu'elle doit briser d'un dernier effort. »

Cette « merveilleuse politique » faite surtout de patience, d'esprit de suite et de ténacité, l'Angleterre l'a expérimentée depuis un siècle et demi dans la création et la conservation de son empire des Indes. L'auteur est allé l'étudier sur place, et il expose avec une égale impartialité les côtés faibles et les aspects avantageux. Tout n'y est pas irréprochable, il s'en faut ; mais le succès a été assez beau pour donner à la nation anglaise une absolue confiance en sa méthode coloniale ; la nouvelle application qu'elle en a faite en Égypte a exalté encore ce sentiment et fait naître chez elle cet état d'âme si inquiétant pour la paix du monde, qu'on appelle

l'impérialisme britannique. Il faut souhaiter, sans l'espérer beaucoup, que les leçons que nous avons reçues et si chèrement
payées nous rendent plus sages et plus habiles pour l'avenir.
Mais il semble bien que les qualités aussi bien que les défauts de
notre race ne nous permettront jamais de réaliser hors de chez
nous une œuvre semblable à celle de l'Angleterre. Souhaitons du
moins de ne pas travailler pour elle, comme par le passé, dans
le vaste empire colonial que nous venons d'acquérir.

V. — Le volume publié par M. Paul de Rousiers est une réédition,
sous un aspect plus modeste, du magnifique ouvrage grand in-8
illustré, dont nous avons rendu compte en son temps. On l'a allégé
de quelques chapitres, je ne dirai pas de moindre intérêt, mais de
moindre importance au point de vue économique, dont M. P. de
Rousiers s'est fait une spécialité. Inutile de dire que le texte n'est
plus accompagné de sa riche illustration. Par ailleurs, le livre a
été mis à jour par des additions parfois assez étendues. Ainsi
l'histoire de la grande œuvre de M. Pulmann a été complétée par
un épilogue qui en renferme la morale ; morale assez mélancolique ; car, en somme, la création de Pulmann, plus merveilleuse
encore par son côté social que par son côté industriel, a abouti
à une crise ouvrière terrible ; si bien qu'à la mort du grand phi-
lanthrope américain, il fallut protéger sa dépouille contre la fureur
de la population de la ville qui porte son nom.

Nous souhaitons la bienvenue à cette édition ; l'autre était un
objet d'art à mettre sur une étagère ; celle-ci sera un instrument
de travail. Les études de M. Paul de Rousiers sur l'Amérique peuvent être considérées comme classiques du genre ; à dire vrai, la
dose d'optimisme y est quelque peu exagérée ; pour remettre
tout au point, on fera bien de recourir à l'œuvre si consciencieuse,
elle aussi, et qui n'a point encore trop vieilli, du regretté Claudio
Jeannet.

VI. — Anvers est de tous les ports de l'Europe celui dont le
progrès a été le plus rapide. Dès maintenant il se place au troisième rang, après Londres et Hambourg. Au reste voici le tableau
comparatif des avances réalisées depuis trente-sept ans par le
principal port de commerce des sept grandes puissances mari-
times. Les arrivages sont exprimés en tonneaux de jauge :

	1860		1897
Anvers.	546 444	. . . .	6 208 215
Gênes.	773 858	. . . .	3 596 926
Hambourg.	948 154	. . . .	6 708 070
Londres.	2 981 410	. . . .	8 933 285 (1896)
Marseille	1 060 093	. . . . .	3 715 751
Rotterdam.	592 978	. . . .	4 951 560
Trieste	717 296	. . . .	1 780 888 (1896)

Pour ne citer que deux des principaux articles du commerce d'Anvers, l'importation du blé a passé, dans ce même laps de temps, de moins de 700 000 hectolitres à 16 millions ; le pétrole, de 36 000 barils à près de un million.

Le livre de M. Éd. Deiss expose, avec de grands détails, ce développement prodigieux de la métropole maritime belge. Il en raconte l'histoire, et observe que les nationaux qui l'ont fait avant lui n'ont pas assez rendu justice à Napoléon qui, en rouvrant à la navigation l'Escaut, depuis longtemps fermé par les traités politiques, a inauguré pour Anvers l'ère de prospérité dont nous voyons aujourd'hui le plein épanouissement. Les causes de cette prospérité, l'auteur les trouve dans la situation géographique de la ville, à l'entrée du continent européen, sur la grande voie du commerce international ; puis ce sont les conditions matérielles, les avantages naturels que présente l'estuaire de l'Escaut, les magnifiques installations, l'outillage parfait dont les Belges ont doté leur grand port, l'exemption des droits sur la plupart des articles d'importation, et enfin l'activité industrielle et commerciale du pays lui-même.

Une seconde partie, un peu moins étendue que la première, est consacrée au reste de la Belgique maritime : Gand, Bruges, Ostende, Nieuport, le littoral belge, et enfin Bruxelles, qui est en train de dépenser beaucoup d'argent pour devenir Bruxelles-port de mer. On ne peut qu'admirer la belle ardeur de ce peuple à faire grand, et souhaiter que le goût militaire qui lui vient ne compromette pas, dans l'avenir, la prospérité que lui ont valu soixante années de paix et de travail.

Le livre de M. Éd. Deiss, précieux par l'abondance des documents qu'il renferme, paraît s'adresser à des spécialistes. Il serait à désirer qu'il en fît un autre sur le même sujet, d'allure moins technique et, par suite, accessible aux simples mortels, qui ne sont ni ingénieurs ni économistes.   Joseph BURNICHON, S. J.

La Poésie du Bréviaire. Essai d'histoire critique et littéraire. Tome I. Les Hymnes, par l'abbé Célestin Albin. Paris et Lyon, Emm. Vitte, 1899. Prix : 5 francs. — M. l'abbé Albin, dans le grand et bel ouvrage que nous annonçons aujourd'hui, se propose de faire apprécier, autant qu'il le mérite, ce trésor d'inspiration pieuse et poétique tout ensemble, qui s'appelle le Bréviaire romain. Nous n'avons encore que la première partie, celle où l'auteur commence par étudier l'hymnaire ; mais ce n'est pas la moins importante, au point de vue de l'art et de la piété.

Toutefois, l'auteur ne prétend faire ni une histoire complète et documentée des phases diverses, par lesquelles a passé l'hymnaire ecclésiastique, depuis saint Ambroise jusqu'à Urbain VIII, ni une étude de critique et de philologie, qui discute les textes, en note les variantes et apprécie leur valeur, sous le rapport de l'authenticité et du mérite littéraire. Son but est plus pratique.

Prenant le Bréviaire romain et son hymnaire tels qu'ils sont aujourd'hui, depuis la réforme du pape Urbain VIII, en 1631, M. l'abbé Albin se contente de fournir aux jeunes clercs les notions indispensables à qui veut comprendre les hymnes sacrées, goûter leur doctrine forte et suave, sentir le parfum de piété et de dévotion qu'y ont répandu leurs auteurs, presque tous des saints au cœur débordant d'amour. Pour chacune des hymnes, on trouvera donc dans ce volume :

1°) Une courte Introduction, qui indique le caractère général de l'hymne, son objet, sa division, son auteur, autant du moins qu'il peut être connu d'après les travaux de l'érudition contemporaine.

2°) Le texte revisé par Urbain VIII et, à côté, le texte ancien, tel qu'on le chantait avant la correction de 1629. Des notes accompagnent le texte ; elles font connaître le rythme dans lequel l'hymne a été composée tout d'abord ou corrigée ensuite, les variantes principales des manuscrits, le sens de certaines expressions ou mystiques ou poétiques.

3°) Une double traduction française, l'une en vers et signée des noms les plus classiques, Corneille, Racine, d'Aubigny, de Sacy, etc. ; l'autre en prose, faite par l'auteur lui-même d'après la méthode littérale-littéraire, c'est-à-dire en suivant le texte d'aussi près que possible.

4°) Un répertoire bibliographique, qui renvoie pour une étude

plus détaillée aux sources, anciennes et modernes, les plus pures
et les plus abondantes.

Comme on le voit, le plan est judicieusement tracé, l'utile s'y
joint à l'agréable, rien n'y manque. Une science solide, une érudition sûre et variée se retrouvent partout dans l'exécution, mais
sans enlever rien au sentiment artistique. L'œuvre est de celles
qui méritent d'être vivement recommandées au clergé, spécialement aux élèves de nos séminaires. Elle ne sera pas d'un moindre
profit aux fidèles, qui désirent connaître mieux cette belle liturgie
de l'Église, autrefois si goûtée du peuple chrétien, trop incomprise de nos jours et rarement appréciée par d'autres que par les
saints ou par les amateurs de littérature ancienne.

Au point de vue typographique, l'ouvrage est édité avec un
certain luxe, qui sied à son objet. Il est à désirer seulement
qu'une nouvelle édition en fasse disparaître les fautes encore trop
nombreuses qui ont échappé au correcteur des épreuves, et si
l'on a soin, chaque hymne formant un tout distinct, que les diverses parties en soient distribuées toujours dans le même ordre,
le livre gagnera beaucoup en clarté, dût-on pour cela laisser en
blanc les pages qui terminent chaque notice.

L'auteur me permettra maintenant de lui signaler quelques
points, qui paraissent demander un complément ou une correction pour être absolument exacts. Ce ne sont que des taches bien
légères dans une œuvre où le docte écrivain a réuni des études
très diverses et une somme de connaissances peu commune.

Dans l'Introduction (page 13), où il est parlé du dimètre et du
trimètre ïambiques, il serait bon de mentionner l'usage de la
dipodie dans la rythmique et la métrique des Grecs. Les formules
rythmiques que cite l'auteur pourraient alors être complétées au
moyen de nos barres de mesure entre chaque dipodie[1].

Page 15, l'auteur dit du mètre trochaïque, que c'est « un

---

1. L'indication rythmique $\frac{2}{6}$ au commencement de ces formules ne se comprend que si l'on adopte le système de notation musicale proposé par l'auteur du *Rythme dans l'hymnographie latine*. Il n'y a pas apparence qu'on
en vienne jamais là et, en attendant, le mieux est de garder la notation
habituelle qui écrit $\frac{6}{1}$ et non pas $\frac{2}{6}$. Ajoutons que la formule anacrousique du
dimètre aussi bien que du trimètre ïambique ne comporte pas de silence ou
temps vide à la fin du vers ; la dernière dipodie est complète et elle se lie
immédiatement à la première dans la succession des vers. Il en est autrement de la formule thétique.

rythme composé alternativement d'un temps fort et d'un temps faible ». Oui, sans doute, dans la poésie rythmique qui procède de l'accent, mais non pas dans la poésie métrique ou classique, qui suppose la quantité, c'est-à-dire des syllabes longues et des syllabes brèves, sans égard à leur accentuation.

Ce qui suit, relativement à la composition du vers trochaïque depuis une mesure et demie jusqu'à quatre, manque un peu d'exactitude. Bien que *mètre* signifie réellement *mesure*, on se sert du premier terme et non pas du second dans la prosodie grecque : on dit mètre, dimètre, trimètre, tétramètre; on ne dit jamais une mesure, deux mesures, trois mesures, etc... Alors même, d'ailleurs, qu'on appellerait mesure la dipodie trochaïque, le monomètre catalectique (dipodie incomplète, où un silence remplit le dernier temps) équivaudrait à une mesure seulement et non à une mesure et demie; tout comme l'octonaire (huit pieds ou tétramètre catalectique) renferme quatre mesures, rien de plus, ainsi que l'auteur le dit plus bas.

Page 16, on a écrit : *Istĕ cŏnfessŏr* pour *Istĕ cŏnfessŏr*.

Page 18. La formule du vers asclépiade me semble inexactement reproduite. Il faudrait : $--|-\smile\smile1-||-\smile\smile|-\smile|\smallsmile$

J'admettrais difficilement aussi que, dans la poésie syntonique, la mélodie du vers asclépiade ait le même rythme pour ses deux hémistiques. Il serait étrange, tout d'abord, que les poètes syntoniques, si fidèles par ailleurs à composer leurs vers sur les formules musicales de la poésie métrique, eussent fait une exception unique pour la formule du vers asclépiade connue de tous, puisqu'elle servait à chanter plusieurs hymnes très anciennes, comme le *Sanctorum meritis*. C'est une exception qu'il faudrait démontrer. Or les raisons que l'auteur en donne ne paraissent guère recevables.

Dans la poésie syntonique, les notes accentuées ne sont pas nécessairement des longues, pas plus que les atones ne sont toujours des brèves. Accent et quantité sont deux éléments rythmiques d'un genre tout différent et qui ne s'appellent nullement l'un l'autre. La quatrième syllabe de l'asclépiade peut donc être tout à la fois brève et accentuée. On le comprend mieux, si l'on se rappelle que, d'après la manière de battre le rythme dans la musique ecclésiastique, en Occident comme en Orient, chaque χρόνος ou temps long contenait réellement une thésis et une arsis, c'est-à-dire deux temps brefs dans le rythme égal. La quatrième syllabe du vers tombait alors sur la thésis et la cinquième occupait l'arsis du χρόνος.

Sa - cris so - lemni - is junc-ta sint gau - di - a.

Suivant la règle, la quatrième devait ou pouvait être accentuée et la cinquième devait être atone.

D'ailleurs, comment ferait-on pour rythmer en dactyles et trochées des vers syntoniques tels que les suivants, si les syllabes accentuées ne peuvent être mesurées que par des temps longs?

Recĕdānt vĕtĕra	Post ăgnŭm tÿpĭcum
Qua Christus créditur	Sic tótum ómnibus
Dedisse frátribus	Dat pánis cǽlicus, etc...

Quant à la rime intérieure, outre qu'elle n'est pas rare dans la poésie du moyen âge, l'auteur le sait, elle s'explique d'autant mieux ici que le vers asclépiade est partagé en deux parties égales par un silence d'un temps; ce qui lui donne effectivement les apparences de deux petits vers accouplés, et amène tout naturellement une rime différente pour chacun d'eux.

Je crois donc plus conforme à la vérité de dire que, pour le vers asclépiade comme pour tous les autres, les poètes syntoniques ont simplement calqué leurs vers sur la formule musicale du vers métrique, suivant leur procédé habituel, qui est ici le même que partout ailleurs.

Pages 8 et 16. L'auteur a voulu dire, sans doute, que l'hymne n° 2 était primitivement du mètre saphique *classique*, et non pas tonique; autrement il y aurait contradiction, entre les deux notes de la page 8 et de la page 16.

Page 100. Je ne m'explique pas comment l'antienne *Ave, regina cœlorum*, peut être composée en vers ïambiques dimètres classiques, avec formule thésique à tous les vers; la quantité serait alors bien incorrecte.

La version de cette antienne, telle que nous l'avons aujourd'hui dans le Bréviaire, ne semble pas la plus ancienne. Un antiphonaire manuscrit de la Bibliothèque nationale, à Paris (N. a. l. n° 1535) qui paraît être du douzième siècle [1], contient cette

1. L'*Ave, Regina cœlorum* n'est donc pas d'un anonyme du quatorzième

même antienne (*in Assumpt. B. M. V. ad Vesp.*) sous la forme
suivante :

Ave, Regina cœlorum	Salve, Virgo sancta, ex qua mundo
Ave, Domina angelorum ;	[lux est orta ;]
	Gaude, gloriosa, super omnes speciosa

Vale, valde decora, et pro nobis semper Christum exora.

La strophe mélodique se compose de trois phrases. La première phrase est répétée exactement semblable sur le premier et
le deuxième vers ; la deuxième phrase, sur le troisième et le quatrième vers ; la troisième phrase prend le reste du texte. Le sylla-
bisme est observé dans les vers qui se répondent et sont chantés
sur la même phrase mélodique ; mais, de quantité métrique, on ne
voit pas trace dans cette antienne.

Page 103. Le manuscrit n° 1535, dont je viens de parler, reproduit le *Salve, Regina* avec les trois invocations finales, qu'on attribue à saint Bernard. Il est vrai que cet antiphonaire, selon M. De-
lisle, provient de la cathédrale de Sens, où l'on a pu de très
bonne heure et du vivant même de saint Bernard, accepter l'addition faite à l'antienne par ce grand saint.

Page 269. Pourquoi omettre ici le texte latin des hymnes propres à la fête de saint Venant ? Un livre d'étude comme celui-ci
doit tout contenir, sans obliger de recourir à d'autres recueils
que les laïcs ne possèdent pas toujours. L'observation vaut également pour les n°s 86 (indûment placé avant le n° 85), 113, 114
et 115.

Pages 272, 275 et 278. Ces trois hymnes sont en réalité de
rythme ïambique tonique, avec élision des voyelles formant hia-
tus. Les règles du syntonisme y sont partout observées ; deux
vers tout au plus semblent faire exception :

Non córde díscedánt tuó, et *Et sǽva nóstrorúm cohórs.*

L'accent des mots *discedant* et *nostrorum* se trouve reporté de
l'avant-dernière syllabe à la syllabe finale ; mais les licences de ce
genre ne sont pas rares dans la poésie syntonique du moyen âge
et surtout plus récente. Les proses en offrent d'assez nombreux
exemples. Serait-ce une marque d'origine, une conséquence
de la rythmique française qui accentue toujours les finales non
muettes ? Antoine Dechevrens, S. J.

siècle. Il semble aussi ancien que le *Salve, Regina* et même que l'*Alma
Redemptoris,* auxquels il est adjoint dans le manuscrit comme antienne du
Magnificat.

ÉVÉNEMENTS DE LA QUINZAINE

Août 29. — Mort de Mgr **Prosper-Marie Billières**, évêque de Tarbes. Né à Bertren (Hautes-Pyrénées), le 10 août 1817, nommé évêque de Tarbes, le 20 septembre 1882 ; préconisé, le 25 du même mois ; sacré, le 30 novembre de la même année.

Septembre 1er. — A Bruxelles, la Chambre des Représentants répousse le projet de revision de la Constitution entraînant le suffrage universel.

4. — A Paris, le Président de la République signe un décret, par lequel le Sénat, constitué en Haute Cour de justice, est convoqué pour le 18 septembre, afin de juger les personnes dernièrement arrêtées et inculpées de complot contre la sûreté de l'État.

5. — En Prusse, une vingtaine de *landräthe* (sous-préfets), faisant partie du Landtag, sont révoqués pour avoir voté contre les projets de canaux. Deux ministres, MM. Von der Recke, intérieur, et Bosse, cultes et instruction publique, sont aussi remplacés.

6. — Mort de Mgr **Jean-Baptiste Frérot**, évêque d'Angoulême. Né à Buncey-sur-Seine (Côte-d'Or), le 12 juillet 1830 ; vicaire général de Dijon ; nommé évêque. d'Angoulême, le 2 avril 1892 ; préconisé, le 11 juillet suivant ; sacré, le 24 août.

8. — **Aux Philippines**, sur intervention de la *Croix-Rouge*, Aguinaldo relâche, sans rançon, les prisonniers espagnols.

9. — A Rennes, le conseil de guerre, réuni depuis le 7 août, par cinq voix contre deux, déclare le capitaine Dreyfus coupable de trahison, et le condamne à dix ans de détention.

10. — **Dans la Mayenne**, M. Dubois-Fresney, républicain, est élu sénateur, en remplacement de M. Tribert, décédé.

Le 11 septembre 1899.

Le gérant : CHARLES BERBESSON.

TABLES DES MATIÈRES

DU TOME 80

PREMIÈRE TABLE

ARTICLES DE FOND

DEUXIÈME TABLE

BIBLIOGRAPHIE

FIN DU TOME 80

Imp. D. Dumoulin, rue des Grands-Augustins, 5, à Paris.